한국정치사연구 2

한국정치의 역사적 기원

진덕규 지음

지식산업사

이 책을 쓴 진덕규 교수는 연세대학교를 졸업하고 그 학교 대학원에서 정치학 석사, 박사 학위를 받았다.

이화여자대학교에서 가르쳤으며 이화여대 한국문화연구원장, 대학원장 등을 역임했다. 한림대학교 한림과학원 특임교수를 지냈으며, 현재 이화여자대학교 석좌교수이자 대한민국 학술원 회원이다.

지은책으로는 《현대민족주의 이론구조》, 《현대정치사회학이론》, 《현대정치학》, 《한국현대정치사서설》, 《한국정치의 역사적기원》, 《글로벌리제이션 그리고 선택》, 《민주주의의 황혼》, 《한국정치와 환상의 늪》 등이 있다.

한국정치의 역사적 기원

초판 1쇄 발행 2002. 10. 9.
초판 4쇄 발행 2007. 2. 28.

지은이 진 덕 규
펴낸이 김 경 희
펴낸곳 (주)지식산업사
주 소 서울시 종로구 통의동 35-18
전 화 (02)734-1978(대)
팩 스 (02)720-7900

인터넷한글문패 지식산업사
인터넷영문문패 www.jisik.co.kr
　　　　전자우편 jsp@jisik.co.kr

등록번호 1-363
등록날짜 1969. 5. 8.

ISBN 89-423-3051-7 03400
ISBN 89-423-0041-3 (세트)

책값 33,000원

이 책을 읽고 문의하고자 하는 이는 지식산업사 전자우편으로 연락 바랍니다.

★ 이 책은 대한민국학술원 우수학술도서(2004년)로 선정된 책입니다.

서장 : '집요한 저류'를 찾아서

1. 단재 신채호의 탄식

일제 식민지 통치기에 민족독립운동에 온몸을 던진 애국지사는 한둘이 아니었다. 낯선 외국 땅에서 군병을 일으켜 일본군 격퇴에 앞장섰던 이도 있었고, 국내에서 애국동포들을 모아서 일제에 맞섰던 지사도 있었다. 미국 등 강대국에 독립청원서를 보내려고 동분서주했던 망명 정객들도 있었다. 이 많은 애국지사들 가운데 민족혼과 식견을 지녔던 대표적인 독립운동가로는 단재(丹齋) 신채호(申采浩)가 먼저 떠오른다. 그는 1923년에 의열단 선언으로 알려진 〈조선혁명당선언〉을 기초함으로써 독립운동의 민족주의적 지향을 가슴 깊이 토로했다.[1]

신채호의 주장은 당시 민족운동 노선으로 등장했던 투항주의적 자치론은 물론, 이른바 세계사조의 수용자로 자처하던 사회주의자들에 대한

---

1) 그는 이 선언에서 먼저 독립운동에서 잘못을 저지르는 몇몇 인사들의 주장과 그 계보를 비판하고 나섰다. 그의 비판은 우선 당시 국내 일각의 친일파들이 주장했던 이른바 참정권 운동과 문화운동론의 허상에 집중했는데, 이러한 비판은 당시 민족운동의 이름으로 저질러졌던 단견적이고 기회주의적인 성향에 대한 강력한 경고이기도 했다. 민족주의 이념을 바탕으로 한 독립운동이라면 마땅히 걸어야 할 길이 분명하게 전제되어야 했으며, 그 길로 나아가야 한다고 믿고 있었다. 그러므로 그는 올바른 민족의 독립운동을 위해서는 우선 잘못된 길로 접어들고 있는 민족운동가들의 행동을 바로잡아야 하기 때문에, 이를 위해서는 한국 민족의 본질적 의미와 가치를 밝혀야 한다고 확신했다.

개탄으로 이어졌다. 그는 상해 임시정부에 대해서도 분노감을 가지고 공
박했다. 임정 안에서 독립운동에 앞장섰던 동지들이 임정의 직책을 대단
한 벼슬로 여기고, 그 자리를 두고 서로 권력투쟁을 벌이는 분파적인 갈
등에 절망했다. 이동휘, 이승만, 안창호, 그리고 김구 등에 대해서도 그는
이러한 관점에서 바라보았으며, 결과적으로 상해 임정에 대해 심한 좌절
감을 가질 수밖에 없었다.

그가 품은 의문은 독립운동 진영 안에서도 당쟁처럼 심한 갈등과 분파
적인 노선이 왜 일어나고 있는가 하는 것이었다. 이것에 대한 그의 생각
을 밝혀 놓은 것을 살펴보면, 그 원인의 본질을 그가 생각하기에 한국 정
치의 전통성이라 해도 좋을, 한국 역사에서 찾을 수 있는 과잉적인 이념
지향성으로 설명하고 있다. 이러한 사정은, 걸핏하면 대세와 조류 또는
시대사조라고 말하면서 강자의 논리에 맹목적으로 추종하고 획일적인 사
유체계에 집착해온, 한국 정치사의 전통이 되어 버린 이념적 경직성에 대
한 강한 질타였다. 이 점에 대해서는 다음의 두 인용에서 그의 생각을 짚
어볼 수 있다.

> 내가 수십 년 전에 오향(吾鄕)에 있을 때에 '가래울'이란 인동에 갔었
> 다. 꺽룡 아비란 한 노인이 자기 동리의 폐풍을 말한다. "이래 가지고야
> 살 수 있습니까? 누구든지 신을 삼아 이익을 보면 온 동리가 다 신장사가
> 됩니다. 떡을 팔아 이익을 보면 온 동리가 다 떡장사가 됩니다. 무엇이든
> 지 한 사람이 이렇다 하면 온 동리가 우- 합니다. 그러나 그 결과는 장사
> 는커녕 죽도 밥도 안되고 너나 내나 다 못 살게 됩니다." 지금에 이를 회
> 상하니 마치 조선 근세사의 강연을 듣는 것 같다.
>
> 조선 근세의 인심이 매양 한 곳으로 몰리어 불교시대에는 모두 불교,
> 유교시대에는 모두 유교, 심성(心性) 이기(理氣)의 촌(村) 중에는 모두 심
> 성 이기, 행시의 촌 중에는 모두 행시가 되어 그 권 외에는 조금도 머리
> 를 들어 살피지 못하다가 아산이 무너지고 평택이 깨어진 뒤(청일전쟁)
> 에야 "이것이 무슨 세상인가" 눈을 비비었다.

> 어떤 조사가 죽을 때 그 제자들과 이렇게 문답이 되었다.
> "누워 죽은 이는 있지만 앉아 죽은 이도 있느냐?"

"있습니다."

"앉아 죽은 이는 있지만 서서 죽은 이도 있느냐?"

"있습니다."

"바로 서서 죽은 이는 있지만 거꾸로 서서 죽은 이는 있느냐?"

"그는 없습니다."

"그러면 나는 거꾸로 서서 죽으리라" 하고 머리를 땅에 박고 두 발로 하늘을 가리켜 서서 죽으니라. 희(噫)라! 이는 남대로 하지 않는 일종의 괴물이다.

우리 사회는 이와 반대가 되어 남이 체증으로 밥을 먹을 때 간장을 떠먹으면 나도 간장을 떠먹어 죽기를 한하고 남을 따라가는 사회이다. 십년 전에 돌아다니는 지사는 모두 애국자이며, 십년 전에 배우려는 청년은 거의 병학이더니 금일은 거의 문학이로다.

어느 나라이고 시대의 조류를 안 밟으랴마는 그러나 그 무슨 주의, 무슨 사상이 매양 그 사회의 정황에 따라 혹은 성하고 혹은 쇠하거늘 우리 사회는 그렇지 아니하며 발이 아프거나 말거나 세상이 외씨버선을 신으면 나도 외씨버선을 신나니 이는 노예의 사상이다.

사람이 이미 사람 노릇을 못할진대 노예와 괴물에 무엇이 더 나으랴? 나는 차라리 괴물을 취하리라. 괴물! 괴물![2]

위의 두 인용은 식민지 시대 국내 인사들, 특히 지식인들의 사유체계를 묘사한 것으로, 단재는 유행처럼 번지고 있던 문예계의 움직임을 개탄했다. 그의 핵심적인 비판대상은 자기 자신과 국가에 대한 정확한 성찰도 모색하지 않은 채 시세에 따라 부침하는 지식인의 태도였고, 그들에 의해 이루어지는 사회조류를 한탄했으며, 이것이 바로 한국 사회의 지배이데 올로기가 갖는 한계점이라고 지적하기도 했다. 신채호의 주장에 따르면, 불교가 이 땅에 들어왔을 때 사람들은 모두 너나 할 것 없이 불교도가 되어 유명한 산천은 온통 사찰로 가득했고, 호국불교의 주장은 결국 불교를 위한 나라처럼 만들어 버렸다. 고려 말부터 유교의 영향력이 커지면서 조선왕조는 스스로를 소중화(小中華)로 비하했으며, 성리학을 추종함으로써

---

2) 丹齋申采浩先生紀念事業會, 〈문예계 청년에게 참고를 구함〉, 《丹齋 申采浩 全集》 下, 형설출판사, 1977, pp.23∼24.

그 시대 지배층에서는 사대주의 속성에 떨어지지 않는 이가 없을 정도가 되어 버렸다. 성리학의 통치이데올로기화는 국왕을 비롯한 몇몇 특권 통치세력의 권력 장악과 유지를 위해 백성들을 종복으로 강제했으며, 결국 정치사회를 시대의 흐름에서 유리 고착시켰다고 개탄했다. 그는 기독교가 들어왔을 때도 상황은 크게 다르지 않았다고 적어 놓았다. 나라 밖에서 유입되어 온 사상이나 이념이라면 무조건 그 쪽으로 쏠려버리는 이 땅 지식인들의 사고와 행동에 그는 강한 거부감을 가지고 있었다. 자기 나라 역사의 본질은 잘 모르면서 유대인의 발자취를 외우고 다니는 기독교 지식인에게 코웃음 칠 수밖에 없었다. 더 나아가 중국의 역사를 자기 나라 역사로 여기면서 으스대는 당시 사대부들의 지적 태도와 행태에 분노감을 감추지 않았다.

자기 것에 대한 정확한 인식과 그에 대한 지킴과 발전을 추구하기보다는, 외래사조에 맹종하여 그 결과로 특정 강대국의 지원을 기대하는 지배세력의 태도를 비판하였다. 민중을 위한다는 주장이나 이념이라도 그것이 실제로 민중들의 삶에 의미 있는 가치를 제공할 수가 없다면, 결국 그것은 단지 주장하는 사람들의 개인적인 욕망일 뿐이며, 그것의 수용에 앞장섰던 특정 인사들의 권력 장악을 위한 논리로 떨어지게 된다는 것을 절감했다. 그러므로 한국 정치사회에서 이념은 역사적으로 사회구성원 모두를 위한 것이기보다는 지배층의 자기 합리화에 지나지 않는다는 것을 강조하게 되었다. 이념은 나라의 발전이나 사회통합보다는 고착과 퇴영 또는 분열로 치닫는 요인이 되었다. 결과적으로 자신과 자기 사회에 대한 정확한 인식을 결여하게 하는 계기가 되기도 했다. 이러한 상황을 절감했기에 단재는 다른 사람이 추구하지 않던 새로움, 즉 민족과 민중을 함께 포용할 수 있는 그 어떤 것을 본질적으로 시도하게 되었고, 그것을 통해 자신과 민족과 민중의 존재와 의미를 설정하려 했는지도 모른다. 자신만이라도 그렇게 해야 하는 것이 곧 먼 앞날을 위한 하나의 약속일 수 있으며, 한국 민족의 미래를 위해 마땅히 해야 할 의무라는 신념을 가지게 되었다.

2. '집요한 저류'에 대하여

이 책의 머리에서 단재를 이야기하는 데는 그 나름의 이유가 있다. 그 것은 첫째로 단재로부터 한국 정치사에 이어져온 전통의 본질을 밝힐 인식의 한 단초를 얻을 수 있기 때문이다. 앞에서도 밝혔지만 단재한테서 비로소 한국 정치사의 본질, 특히 그것에 대한 매서운 자기 성찰의 비판적 인식을 맛볼 수 있었기 때문이다. 애국심을 불어넣고 민족의 위대함을 드높이는 것을 역사 연구의 본령으로 알고 살았던 시절에, 참된 민족주의자였던 단재의 한국 역사에 대한 인식과 주장은 충격적이었다. 역사를 논한다면 자기 나라의 과거를 무조건 미화하고 그렇게 하는 것만이 국민의 애국심을 드높이는 것으로 여겨, 그렇게 하는 것이 지식인의 의무처럼 자리잡았던 지적 풍토에서 단재의 이러한 인식은 실로 충격 그 자체였다. 비판을 통해서 문제점을 바로 밝힐 수 있으며, 또한 그렇게 해야만 옳은 극복방법을 확보할 수 있다는 그의 인식태도야말로 어떤 면에서는 지식인의 본질적인 자세이다. 진실로 비판이 없는 미화는 반(反)학문적이고 반(反)지성적이며, 결국에는 애국과 어긋나므로, 비판적인 성찰만이 애국의 본령임을 말해 주고 있었다.

둘째로, 우리는 단재로부터 한국 정치사의 본질, 즉 한국 정치의 전통이라고 규정할 수 있는 한국 정치사에서 지속적으로 작용해온 그 어떤 특징적인 성격의 본질에 대한 생각을 얻을 수 있다. 그는 왜 한국의 정치사에는 외국을 침범한 기록은 드물고 외국에게 침략받은 기록으로만 차 있으며, 끝내는 무릎을 꿇어 강화나 신복의 항서를 바쳐야 했는가 하고 질문하면서 자탄하였다. 이 문제를 "한국 민족이 가지고 있는 평화 애호적인 기질"로 답하려 했던 그 답답함도 정치사 전통에 대한 인식을 필요로 했다. 그러나 그러한 대답만으로는 선뜻 이해되지 않는 부분이 너무나 많이 남는다. 그러면서도 중국을 대국이라 부르면서 만동묘를 만들어 명나라 황제를 지극한 정성으로 섬겼던 그 사고와 행태를 바라보면 이미 사대의 관념은 고칠 수 없는 병이 되었음을 말해 주는 것이었다. 그러한 자세가 숭앙되었던 시대, 그리고 그것을 기리는 상황에 자리잡은 통치체제라면 민족이나 독립을 이야기할 바탕은 잃어버리고 만다. 그 통치체제의 본질을 밝히는 일이야말로 한국 정치사의 전통을 규명하는 작업일 수 있다. 이 점에서 이 연구는 단재로부터 받았던 정신적인 부채를 갚고, 그를 기리는 마음에서 이루어진 조그만 시도라고 말해도 그렇게 큰 과장은 아닐 것이다.

　이러한 생각에서 시작하여 한국 정치사에 관한 수많은 의문들을 구체적으로 밝히기 위한 첫 출발로 이 연구를 시작하게 되었다. 사실 개인적으로 한국 정치사를 공부하면서 갖게 된 의문들이 적지 않았는데, 그 가운데도 한국 정치사의 본질에 관한 것이 으뜸이었다. '왜'라는 의문들, 왜 한국 정치사에서는 근대 국민국가를 이룩할 수 없었을까? 다른 말로 표현하면, 한국 정치사에서는 시대의 흐름과 함께 달려가는 민족사회의 역동성을 찾을 수 없을까? 과거로부터 현재로 단순히 시간적으로만 이어져 온 통치체제를 지속적으로 존재하게 만든 원인을 무엇이라고 설명해야 할까? 이러한 물음들은 어떤 면에서는 지극히 단순할 수도 있다. 그러나 실제로 그것들은 한국 정치사의 본질에 대한 물음일 수 있다.

　너무 멀리는 그만두고라도 가깝게만 견주어보아도 그러한 사정을 알 수 있다. 가령 오늘 발간된 신문의 정치면 기사 제목이나 30년 전의 그것이나 별 차이가 없다. 부정, 부패, 인사 청탁, 가신, 강제 수사, 도청, 파벌, 저항, 분당, 탈당, 낙하산 인사, 지역감정, 특혜, 사대주의 등과 같은 그 많은 신문기사의 제목들은 어제와 오늘의 시간적인 간격을 넘나들고 있다. 하기야 세상 사람들의 일상이고 보면 완전히 달라질 수도 없고 쉽사리 변할 수도 없을 것이다. 그러나 이러한 지속성을 단순히 세상의 일상사로만 치부하기에는 그 의미나 내용에 중요함이 배어 있다. 한국 정치사에는 전혀 달라지지 않고 그대로 이어져 내려오는 그 어떤 '집요한 저류' 같은 것이 있다고 말해도 틀린 말은 아닐 것 같다.

　앞에서 30년 전의 신문기사 제목과 오늘의 그것 사이에 아무런 차이가 없다고 적었지만, 그때만이 아니라 조금 더 거슬러 올라가면 해방 공간에서도, 식민지 통치체제에서도, 조선왕조 후기에서도 이러한 사정은 그다지 다르지 않았고, 또 그러한 말들이 그대로 통용되어도 좋을 상황이었다. 어느 면에서 조선왕조 후기가 아니라 그 이전에도 그러한 성격을 추단할 수 있을 정도이다. 그렇다면 어제와 오늘 사이의 시간적 간격을 넘나들면서 관통하는 것이 있다면 그것이 '집요한 저류'로 지속되고 있다고 해도 틀린 말은 아닐 것이다. 그리고 왜 그것이 그처럼 오랫동안 강고한 지속성을 가지고 있는 것일까? 이들 물음은 자연히 어제와 오늘의 정치를 연관시켜 인식해야 할 필요성을 제기하게 된다. 즉 '오늘이야말로 어제의 흐름'이라는 관점에서 인식해야 할 필요성을 의미하고 있다.

오늘의 정치 문제의 의미나 성격을 단지 오늘의 시점에서 바라본다면 결국 어느 한 면만 바라보는 것이 될 수 있다. 다시 말하면 그만큼 인식의 객관성이나 적실성이 있는 실체로 접근하기가 어렵다는 의미이다. 그런데도 현실정치의 한계를 인식하려고 할 때 지나칠 정도로 현재에만 한정시켜 접근하고 강조하는 경향을 찾아볼 수 있다. 그것도 현재 다른 나라를 기준으로 삼으면서, 어느 면에서는 절대적인 기준처럼 설정하기도 한다. 물론 그러한 기준 설정도 필요하다. 그렇게 하는 것이 객관적인 성찰도 될 수 있다. 그러나 우리의 눈으로 바라보는 인식 관점의 설정이 중요하다는 것을 지적할 필요가 있다. 기준으로 삼는 다른 나라의 역사나 삶의 모습이 우리와 같다면 몰라도 우리와 다른 사회를 기준으로 삼는 경우가 없지 않다. 그러한 인식도 중요한 참고사항이 되는 것은 분명하다. 물론 이렇게 된 데는 그 나름의 이유도 없지 않다. 한국의 정치학이 서구 정치학에서 연원하였고, 그것에 따라서 한국의 현실정치를 분석해 왔던 학술사적 배경에서 빚어진 것일 수도 있다.

한국 정치학의 이러한 성격은 결국 한국 정치의 오늘에 대한 인식에도 영향을 미치고 있다. 그러나 이러한 성격으로만 이어질수록 현실정치의 한계를 극복할 수 있는 하나의 가능성, 즉 적실성 있는 정치발전과 통합을 위한 정치학적 과제를 점점 더 유예시키는 것이 될 뿐이다. 한국 정치와 한국 정치학의 관계는 어느 면에서는 비극적이다. 현실적인 정치의 필요성에 응답하기보다는, 전업정치인들의 권력 장악을 위한 수단적 의미로나 합리화의 논리로 활용되어 온 전과가 너무 크기 때문이다. 이러한 성격에서 벗어나 한국 정치의 한계를 극복할 수 있는 정치학적 논리의 정립이 필요하고, 정치 현실에서 그러한 논리의 실천을 모색할 수 있을 때 비로소 한국의 정치학도 그 의미를 가질 수 있을 것이다. 이러한 뜻에서 한국 현대정치사에서 빚어졌던 비극적인 사건들, 즉 분단, 종속, 갈등, 대립 그리고 바람몰이의 광풍과 삼류 패거리들의 전업정치인적 작태와 같은 온갖 정치적 혼돈 등은 어느 면에서 한국 정치학을 요청하는 시대적 바람으로 이해해도 좋을 것 같다. 그것을 이룩하기 위해서 정치 현실에 대한 정확한 분석과 극복의 대응방안을 학문적으로 설정하는 것 자체가 한국 정치학의 현실적 과제라고 할 수 있다.

소재 불명인 한국 정치학의 존재성을 밝혀주는 작업은, 우선 한국의 정치학으로서 자리잡을 수 있어야 하고, 그러기 위해서는 한국 정치의 전통이 갖는 본질을 밝히는 일부터 시작해도 좋을 것이다. 그 본질을 밝히는 일은 한국 정치의 어제와 오늘을 하나로 연관시켜 설명함으로써, 그리고 안과 밖을 서로 견주고 비교함으로써 얻을 수 있을 것이다. 이 점에서 우선 제기될 수 있는 중요한 성격은 한국의 정치에서는 다른 사회와 달리 어제와 오늘 사이에 강하게 이어져 내려오는, 즉 '집요한 저류'로서 정치적 전통을 경험하였다는 것이다. 이러한 전통의 본질을 밝혀내지 않고서는 한국 정치학은 끝내 소재 불명에서 벗어날 수 없게 될 것이다.

물론 '집요한 저류'로 설정될 수 있는 정치적 전통 가운데는 가치로운 것들도 들어 있다. 그러나 대부분은 한계 있는 것들로 채워져 있다. 그렇기 때문에 결국 집요한 저류를 이루는 정치적 전통은 한계로만 점철된, 어느 면에서는 비판의 대상일 수밖에 없다. 그러므로 비판만이 능사가 아니라는 반론도, 나아가 얼마든지 좋은 것을 찾을 수 있다는 주장도 제기될 수 있을 것이다. 그러나 이 책에서는 어제와 오늘을 잇는 정치 전통의 문제점들, 즉 집요한 저류에 대해서만 인식하기로 국한시켰기 때문에 그럴 수밖에 없다는 점을 미리 말해 두어야 할 것 같다. 좋은 것들은 계승되기보다는 소멸되었고, 이어져 내려온 것은 오히려 비판 극복되어야 할 것들로 차 있기 때문이다. 그러한 것들이 한국 정치사의 정치적 전통으로 자리잡아 왔으며, 그 전통이 바로 오늘에서도 그대로 움직이고 있다. 이

점은 다른 말로 표현하면 '단절 없는 통치체제적 지속성'이 '집요한 저류'의 본질로서 기능하였다고 할 수 있다.

정치 전통의 집요한 저류가 곧 단절 없는 통치체제에서 비롯된 것일 때, 이것은 어느 면에서는 과거의 긴 세월 동안 자리해온 통치체제의 본질 같은 것이 오늘의 정치 속에도 그대로 이어지고 있다는 의미이기도 하다. 단절되지 않은 채, 시대의 변화와도 무관하게 그대로 지속되어 온 그 집요한 저류를 일구어온 정치 전통을 밝혀내는 일을 이 책에서는 먼저 이데올로기에서, 지배세력에서, 사대주의적 관념에서, 그리고 피지배층에 대한 약탈기구로 기능했던 왕조체제에서 살펴보려고 한다. 그리고 이러한 속성들이 '전제적 왕조체제'의 정치적 전통의 기본 틀로 자리잡은 뒤에, 어느 한 시기도 달라지지 않은 채 그대로 이어지고 있음을 역사 과정에서 밝혀보려는 것이다.

3. 역사학에 빚진 역사정치학적 접근

한국 정치사에서 정치 전통의 집요한 저류를 밝혀내는 작업이야말로 한국 정치학의 의미 있는 시도일 수 있다. 이 점에서 이 책에서는 역사정치학의 접근방법을 원용할 것이며, 그것은 결과적으로 역사학과 손잡는 관계 위에 설 수밖에 없다. 역사정치학은 정치사와는 구분되는, 어느 면에서는 정치사의 정치학적 해석이다. 그러므로 역사정치학은 기본적으로 정치학의 한 영역이다. 다만 그것이 다루는 시대적인 대상은 역사일 수밖에 없고, 이 점에서는 역사를 연구한 역사학자들로부터 학문적인 빚을 질 수밖에 없다.

한국 정치사에 대한 역사정치학적 접근에서 한 가지 다행스러운 것은 이 분야에 대해 많은 역사학의 연구가 이루어졌으며, 그 연구의 결과에 쉽사리 접할 수 있었다는 점이다. 어느 면에서 너무 많은 역사학 연구자료 때문에 자료의 숲속에서 길을 잃어버린 기분을 가질 때도 있었다. 한국 정치사의 역사 연구에서 서로 다른 주장은 물론 같은 주장이라도 관점에 따라 주장의 강도에서는 현격한 차이를 보여주었다. 심지어 같은 연구자에 의해 이루어진 연구 결과라도 시대에 따라 다른 주장을 보여준 연구 결과를 접할 때도 없지 않았다. 물론 이러한 차이점 자체가 연구의 왕성함을 뜻하는 것이며, 그것은 바로 학문 연구의 발전을 의미한다 해도 좋을 것 같다. 그러기 때문에 자연히 이 분야의 역사 연구 결과에 대한 선택은 오로지 필자의 판단에 귀착될 수밖에 없었다.

그러나 때로는 역사적 정황과 의미를 되짚어볼 필요 때문에 실제 사료를 뒤적이게 되었고, 역사의 함성이 배어 있는 현장을 찾기도 하였다. 지금은 침묵의 바람만이 불어오는 황량한 땅에서 목소리 터지도록 울부짖었던 민중들의 함성을 가슴으로 전해 들을 수 있었던 것도 역사의 현장에서 얻게 된 소득이었다. 이러한 감격들이 역사의 매력임을 알게 되었을 때 그만 역사의 미로 속으로, 그것도 흥미로움 속으로만 점점 더 빠져들게 된 스스로를 발견할 수 있었다. 겨우 허우적이면서 빠져 나올 수 있었던 것은 오로지 다산(茶山)의 시문선(詩文選) 안에 있는 〈장기농가〉(長鬐農歌)와 같은 현장시의 충격 때문이었다. 그가 장기에 유배되어 실제로 굶주리는 백성들의 참상을 보게 되었을 때, 그가 할 수 있었던 일은 단지 몇 줄의 시를 남기는 것뿐이었다. 그 시대 통치체제의 실상이었고, 그에 분노했던 그의 시구는 절절하게 그 시대 피지배층의 삶의 현장을 증언해 주고 있다.

보리 고개 험하기가 태항산보다 더 험해라
단오 명절 넘자마자 보리추수 시작했네.
그 누가 풋보리죽 한 사발 퍼서
비변사 대감 상에 맛 보라 바쳐볼까!

풋보리죽 한 사발을 비변사의 대감 상에 올려놓아, 그것으로 겨우 허기진 배를 달래야 했던 백성들의 고달픈 참상을 전해줄 수 있을까 생각했던 다산에게 마음이 닿게 되었다. 그리고 정말로 풋보리죽 한 사발로 연명했던 지난날의 참상을 보는 듯이 머릿속에서 선명하게 떠오르는 것이었다. 장기와 같은 곳에 살아야 했으므로 배고픈 백성들의 가혹한 삶의 언저리를 서성댔던 다산과 수많은 민초들을 떠올릴 때, 지적 상상력이라는 말로 허우적거리는 스스로의 일상이 죄스러울 뿐이었다. 그들의 궁핍과 억눌림이 모두 전제적 왕조체제로 말미암아 극소수 지배층만을 위한 통치에서 비롯하였음을 다시 한번 외치고 싶었다. 그렇게 해야만 먼저 살다 간 조상들에 대한 후손의 예가 될 것 같았고, 학인이라는 이름에 덧씌워진 못난 허물을 조금이라도 벗을 수 있을 것 같다는 생각으로 용기를 얻게 되었다. 그러한 생각을 품고서 마침내 역사학자들의 연구에 대해서도 취사선택의 과감함을 발휘할 수 있게 되었다. 물론 그것 자체가 잘못하면 지적인 만용으로 흐를 수 있다는 것을 알면서도 말이다.

이러한 의미에서 이 책은 실로 역사학자들의 연구를 읽고, 생각하고, 다져본 조그만 결과물이라는 것만은 분명하다. 그러나 이 책이 절대로 역사학의 연구라고 말하려는 것은 아니다. 수많은 역사정치학자들이 그러했던 것처럼, 필자 역시 역사학자들의 도움으로 정치학적 논리 구축의 한 가능성을 모색할 수 있었다는 정도로 만족해야 할 것 같다. 그러면서도 역사학자들이 내린 역사적 인식이나 해석에 그대로 동의할 수 없음이 아마 필자 자신의 역사학 지식의 한계 때문인지, 아니면 정치학에서 얻은 지적 토양 때문인지는 더 두고 생각해 보아야 할 것 같다. 한국 정치사에서 '집요한 저류'로서의 정치적 전통, 즉 오늘의 정치사회를 어제의 역사에서 찾아볼 수 있는 정치 전통의 지속성은 결국 한국 정치의 본질 가운데 한 가닥으로 이해되어도 좋을, 즉 '전제적 왕조체제'의 정치적 전통의 반복임을 밝히는 작업으로 이 책을 시작하였음을 적어 놓기로 한다.

한가지 덧붙여야 할 것은, 이 책에서 다루는 대상이 정치 그 자체이기 때문에 그 밖의 사실들, 즉 성리학이 미친 인류의 도덕성에 대한 기여와 같은 문화적 종교적 사실이나, 특정 정치가가 보여준 영웅적인 모습이며 관민일체의 애국심, 그리고 뛰어난 예술적 창조에 대해서는 다루지 않았다는 것이다. 이것은 이를 무시하거나 폄하하기 위해서가 아니라 지배-복종의 통치구조가 갖는 본질을 밝혀보려는 것이 이 책의 기본 의도이기 때문이다. 그러기에 때로는 지나치게 비판적인 인식이 책 속에 흐르게 되었는데, 이는 지난날의 역사에 대한 맹목적인 비난이 아니라 비판을 통한 긍정적인 지향을 이룩해 보려는 의도에서 비롯되었음을 밝혀 놓고 싶다.

비판의 대상이 된 그 역사일지라도 우리의 역사로 가슴에 담아야 하고, 그렇게 하는 것만이 앞으로는 비판의 대상에서 기림의 대상으로 옮아갈 한국 정치를 기약하도록 할 것이라고 확신하기 때문이다.

차 례

제1장 권력의 역사정치학

1. 정치사와 역사정치학

한국 정치사는 오늘의 한국 정치를 일구어온 텃밭이다. 그것은 단순히 지난날의 기록이기보다는 오늘과 내일을 바라보게 하는 거울이다. 어느 면에서, 오늘의 정치라는 거대한 호수를 이루고 있는 심원한 물줄기이다. 그 속에는 한국 정치의 온갖 것들이 담겨 있다. 한국의 정치사회에서 흔히 지적되는 문제들, 가령 학연, 혈연, 지연의 배타성이나 시비곡직에 대한 과도한 이념적 결백논리, 가신집단으로 불리는 전근대적인 정치세력, 종교와 정치 사이의 비합리적 연계성, 그리고 강대국에 대한 사대적인 종속의식 등은 어제나 오늘이나 여전히 정치의 중요한 구성요인이기도 하다. 이러한 요소들에 따라 이루어진 한국의 정치를 인식하기 위해서는 오늘의 시점에 한정하여 그 본질을 찾는다는 것은 무리이다. 그보다는 오늘을 잉태한 어제의 연원, 즉 정치사의 궤적을 추적해야만 그 본질을 조망할 수 있다. 이처럼 오늘의 한국 정치는 어제의 정치상황, 즉 정치사에서 그 기원을 찾아야 하며, 이 점에서 역사에서 잉태된 어제의 표출이 오늘의 정치라고 이해하여도 틀린 것이 아니다.

물론, 한국 정치는 한계점만으로 이루어지지는 않았다. 긍정적이고 가치로운 것도 들어 있는데, 이것들도 역시 정치사에서 그 성격을 찾아볼 수 있다. 가령 IMF 경제위기에서 자발적으로 금 모으기에 나섰던 서민들의 애국심이며, 올림픽을 성공적으로 치르기 위해 교통질서를 잘 지켰던 것도, 그리고 한번 신나면 물불 가리지 않고 뛰어드는 열정적인 민중 정서도 사실 정치사의 맥락에서 바라보면 그 의미와 내용이 한층 더 선명하게 떠오른다. 외국 군대가 침탈할 때 국왕을 비롯한 통치세력은 도망치기에 바빴다. 식민지 기간 동안 독립운동을 위해 희생한 왕족이나 고위 양반지배층은 눈을 씻고 봐도 찾기가 힘들었다. 그러나 전란 때마다 의병으로 나섰던 이들은 지배층들이 천시했던 바로 그 '상놈'들이었다. 연해주며 만주벌의 혹한 속에서도 독립군으로 조국 광복에 진력했던 사람들은 양반들의 억압에 신음했던 민중들이었다.

민중이 지키려 했던 것은 왕조나 양반의 나라가 아니라 모두의 나라였다. 그러나 그 나라는 왕조체제로 지속되었거나 특정 통치세력들의 점유물로 되어 있었다. 그러므로 양반들에게 유린당했던 민중들은 그 분노를 스스로 내면화할 수밖에 없었다. 그 분노가 때로는 불가마에 태워져 청자와 백자의 천고의 미로 창출될 수 있었다. 그 시절 도공들의 분노는 오늘날 열악한 작업장에서 밤 새워 일하는 어린 여공들의 의지로 외연되고 있다. 외국 기업체로부터 천문학적인 리베이트를 부정한 방법으로 챙겨서 자자손손 재력가가 되었으면서도 이를 '떡고물'이라는 말로 변명하는 것은 조선시대에 가렴주구에 혈안이 된 부패한 척신들의 모습과 조금도 다르지 않다. 국민의 혈세를 절취하는 특정 지배층 인사들의 부정과 부패는 왕조체제의 왕실이며 외척 등 고관대작들이 그 원형이라고 해도 틀린 말이 아니다. 뇌물로 관직을 사고 인정이라는 말로 부정을 자행했던 왕조시대의 그 뻔뻔스러움이 이제는 정치자금이라는 말로 둔갑해서 면책특권이라고 내세우고 있다.

자신의 삶의 의미를 자식의 일류대학 진학에 두고 온갖 고생을 감내하는 부모들의 열망은 과거시험에 합격해서 청요직을 거쳐 정승 판서로 올라서기를 기대했던 조선시대의 어버이와 차이가 없다. 학문을 연구하고 진리를 탐구하기 위해서가 아니라 오직 출세하기 위해 일류대학을 찾는 모습은 어제와 오늘이 다르지 않다. 지식을 권력의 수단이나 지배자의 무기로 활용하여 일문의 복락만을 추구했던 것은 조선시대에만 그랬던 것은 아니었다. 거리를 누비는 시위군중들의 주장과 거친 몸짓은 당쟁의 소용돌이에 휩쓸린 성균관 유생들의 권당이나 지방 선비들의 만인소에서 그 원형을 찾는다고 해도 그렇게 틀린 일은 아니다. 이처럼 오늘의 정치에서 빚어지는 일들은 과거 정치의 변용이거나 그 증폭이다. 다만 내용이나 성격에서 정도의 가감도 있고 증폭도 있겠지만 본질만은 여전히 그대로 지속되고 있다.

현실정치의 인식에서 정치사를 이해해야 할 필요성도 오늘의 정치에 대한 인식과 내일의 정치에 대한 자리매김, 즉 가치로운 정치 지향을 이룩하기 위함이다. 이 점에서 정치사는 어제 정치의 기록으로만 치부될 수 없다. 정치사의 검토는 어제와 오늘을 통시대적으로 교감하고 비교할 수 있어야 한다. 그렇게 함으로써 오늘 정치의 본질을 밝혀낼 수 있다.

물론 오늘의 정치와 어제의 정치를 비교하면, 서로 다른 점도 찾을 수 있다. 그러나 그것은 전체에서 한 부분일 뿐이다. 차이점은 표현에서나 외관의 차이일 수 있다. 본질은 그대로 이어져 내려오고 있다. 그렇다고 해서 역사의 연원만 강조하면서 마치 과거와 현재 사이에 불변성이 지배한다는 주장을 내세우려는 것은 아니다. 과거와 현재의 정치는 분명히 다르다. 정치의 무대는 물론이고 주역에서도, 그리고 정치 지향의 가치에서도 다름을 찾아볼 수 있다. 그러면서도 정치의 본질이 지배-복종의 메커니즘을 이루고 있음은 정치에서 어제와 오늘의 동질성을 말해준다. 이처럼 그 다름은 같은 것에서 다름이기에 기본적으로 동질적일 수밖에 없다. 완전히 다른 것도 아니고 그렇다고 완전히 일치되는 것도 아니면서 시대라는 연속성이 마련해준 결과들이 퇴적되어 온 것이다. 어제와 오늘 사이의 차이점, 그것은 오랜 시간이 만들어 놓은 것이기에, 같음에서 새로움으로의 변형이지 어제로부터 단절된 완전한 새로움일 수는 없다.

학문적으로, 현대정치학과 정치사의 관계도 마찬가지다. 정치사는 지난날의 정치적 기록으로만 존재하는 것은 아니며, 그보다는 오늘을 바로 보기 위한 '자기성찰'이기 때문에 그것은 내일을 위한 '나침반'이라 할 수 있다. 정치사가 맡아야 할 주요 과제는 과거와 현재에서 같은 점과 다른 점을 밝혀내는 일이다. 어제와 오늘을 하나의 궤적 속에 넣어 바라봄으로써 그 사이에서 이루어진 차이점을 밝히고 그 거리를 측정하는 것이야말로 정치사 연구의 기본 인식이다.

정치사가 어제의 정치를 연구영역으로 설정하는 것도 이 점에서 이해할 수 있다. 그러나 어제의 기록에만 초점을 모을 것이 아니라 오늘의 정치에 서서 과거를 바라보아야 하고, 그 과거와 오늘 사이의 인과관계를 찾을 수 있어야 한다. 이를 위한 정치사 연구의 새로운 시도를 역사에 대한 역사정치학적 접근이라고 불러도 좋다. 역사정치학은 역사적 사실을 오늘의 정치에 연결시키고, 둘 사이에 인과관계를 설정하여 그 전개과정에서 나타나는 의미를 밝히려는 것이다. 그러므로 그것은 정치학의 지평을 과거의 정치사에까지 넓혀가는 것이며, 그렇게 함으로써 어제와 오늘을 통시적으로 조망하는 거시정치학적 논리를 세울 수 있게 된다.

여기에 하나의 의문이 제기될 수 있다. 그것은 정치사와 역사정치학의 차이점이다. 정치사는 말하자면, 정치의 역사적 전개과정에 인식의 초점을 둔다. 그것은 과거의 정치에 대한 분석, 논의, 평가이다. 그러나 역사정치학은 인식의 초점을 과거보다는 현재에 두고 있다. 현재에 대한 설명이나 인식대상을 과거의 역사에서 찾아 실증적으로 설명하려고 한다. 이 점에서 과거의 정치는 역사로서가 아니라 현실과 연계된 정치로 재구성된다. 역사정치학은 정치사와는 달리 현재의 정치에 관한 인식의 대상을 현재와 과거를 하나로 연계시켜 다루는 것이다. 이 점에서 역사정치학은 역사에 대한 정치학적 인식이라고 해도 좋다. 역사정치학은 정치학의 이론적 기반에서 정치사를 현재와 연계하기 때문에 인식의 대상이나 근거가 정치사에 자리잡게 된다.

2. 역사정치학의 인식논리

정치는 사회구성원들 사이의 영향력 관계, 특히 권력 관계의 표현이다.[1] 권력 관계는 일정한 연계망을 형성하며 그것이 지속적인 제도로 발

---

1) 여기서는 권력을 일정한 목적이나 목표를 달성하기 위해 주변의 상황을 복속시킬 수

전한 것이 국가라고 할 수 있다. 국가는 구성원들 사이의 권력 관계의 제도적 결집체로, 이것을 중심으로 구성원들 사이의 정치적 영향력이 만들어지고 작동하게 된다.[2]

정치와 국가 사이의 관계는 역사적으로 발전되어 왔기 때문에 고정적인 것은 아니다. 국가체제나 지배-복종의 권력 관계는 시간에 따라 변화하게 된다. 다시 말하면 과거의 정치와 현재의 정치는 본질 면에서는 같아도 표현이나 제도에서는 다른 면도 보여준다. 시간적인 차원에서 국가나 정치는 변화의 과정을 거쳐온 셈이다. 과거와 현재의 정치에서 같은 면과 다른 면을 밝히고, 그렇게 된 인과관계를 찾는 일은 곧 한 시대 정치사회의 본질을 파악하는 것이 되며, 이것이 역사정치학 학문 연구의 기반이기도 하다.

있는 능력으로 규정한다. 특히 권력의 의미에서 논의되는 대상은 주로 사회적 권력(social power)으로 두 가지의 특정적인 의미를 갖는다. 하나는 더 규제적인 의미로서 한 사람이 다른 사람을 제압할 수 있는 능력이라는 의미로 받아들이는 경우이다. 여기에 속하는 것으로는 베버(Max Weber)에 의해 규정된 권력 개념, 즉 "권력은 일정한 사회 관계 안에서 한 행위자가 자신의 의지를 저항의 상황에서도 관철시킬 수 있는 개연성"으로 인식한다. 이러한 권력 개념은 사회 관계를 일종의 제로-섬 관계로 파악하여, 한편의 권력 행사는 다른 한편을 희생시켜 이득을 차지하는 것으로 여기게 된다. 그러므로 파슨스(T. Parsons)는 이러한 성격의 권력을 배분적 권력(distributive power)으로 규정하였다. 다른 하나의 의미로 권력은 어느 면에서 사람들의 협력에 의하여 제3의 집단이나 자연적인 현상이 가져다주는 결과보다도 더 많은 가치를 창출할 수 있는 능력으로 인식하는 경우이다. 이러한 성격의 권력을 집합적 권력(collective power)으로 규정할 수 있으며, 이는 곧 한편이 다른 한편을 강제하고 통제함으로써 이익을 확보하는 것과는 구분되며, 결과적으로 총체적인 집합체적 귀결로 파악하는 것으로 이해할 수 있다.(Michael Mann, *The Sources of Social Power*, vol.1, Cambridge University Press, 1986, p.6)

2) 정치와 국가 사이의 관계를 일치성으로만 이해할 수 있는가에 대해서는 많은 논의가 있다. 즉 국가 없는 상황에서도 정치는 존재해 왔다는 역사적 사실을 전제하면서 둘 사이의 일치성을 부인하기도 한다. 그러나 이 경우 국가의 의미를 근대적인 개념, 즉 주권, 영토, 국민의 3대 요소를 기준으로 해서 파악할 때 설정될 수 있는 논의이다. 이보다 국가의 개념을 확대해서 생각한다면 사실상 정치는 국가와의 일치성을 보여주는 면도 없지 않다. 즉 사회구성원들 사이의 권력 관계의 지속적 행사, 즉 지배-복종의 관계를 제도화한 장치로서 국가를 생각할 수 있기 때문이다. 물론 국가에 대해서는 특히 근대국가에 대해서는 그 개념 정의가 분명한데, "국가는 특정 영역 내에서 합법화된 강제력을 독점적으로 행사한다고 주장하는 (정치사회적) 제도"라고 규정한 베버의 주장이 그러하다. 이 점에 대해서는 Max Weber, *Economy and Society*, vol.1, University of California Press, 1978 참조.

정치의 문제들, 즉 권력 관계에서 빚어지는 사실들, 구체적으로 권력 관계의 통합과 연대, 모순과 갈등, 나아가 지배세력의 억압과 강제, 그것에 맞서는 피지배층의 저항과 투쟁을 이해하기 위해서는 이러한 문제를 오늘의 문제로만 한정시킬 수는 없다. 현재를 잉태한 과거도 함께 다루게 될 때 비로소 정확한 인식이 가능하기 때문이다. 현재로 이어지는 전반적인 전개과정을 추적하는 것이야말로 현재의 정치는 물론 과거의 정치에 대한 정확한 인식에 이를 수 있다.

지금의 한국 정치의 문제들, 즉 당위적 가치와 현실 사이의 괴리의 극복은 물론이고 정치 구성원들의 삶에서 안전과 통합의 실현, 그리고 가치로운 정치의 모색에 대한 해답을 결코 오늘에서만 찾을 수는 없다. 특정 지배세력의 억압과 강제와 동원은 오늘날에만 있는 일이 아니라 과거로부터 비롯되었다고 해도 좋다. 이러한 문제를 극복하기 위한 원인 규명과 적절한 대응전략도 역사적 맥락에서 파악할 때 비로소 적실성 있는 대답을 발견할 수 있다.

역사로부터 현재를 인식해야 한다는 논의는 자칫하면 역사에 대한 지나친 편향성으로 이해될 여지도 없지 않다. 그뿐 아니라 지난날에 대한 회고적 감정으로 이끌 수도 있다. 그러나 이러한 접근은 구체적인 상황전개와 그것의 인과관계를 파악하기 위한 것이기 때문에 그만큼 더 구체적이고 실증적인 연구를 위한 것에 지나지 않는다. 이 점에서 역사정치학은 역사를 미화하기 위한 것도 아니고 역사학에 대한 의존도를 강조하는 것도 아니다. 그보다는 정확한 인식과 그것의 논리설정을 위한 지적 작업이다. 그러므로 역사정치학의 인식논리와 그 틀을 사전에 설정하지 않은 채, 단지 지난날의 역사를 현실과 결부시켜 논의하는 것은 자칫하면 회고적 취향으로 흐를 위험을 안게 된다.

역사정치학은 일정한 인식의 분석틀을 설정하고 그 틀에 의해 대상을 객관적이고도 합리적으로 설명할 수 있어야 한다. 이 점에서 역사정치학은 정치사를 정치학적 관점에 의해 분석하려는 접근의 틀이라 할 수 있다. 그러한 분석틀로 과거의 정치와 현재의 정치 사이의 연계성은 물론이고, 이를 이론화함으로써 현실정치 문제를 해결하고 내일의 정치에 대한

지향성을 마련하려는 것이다.[3]

　역사정치학의 관점에서 정치사를 인식할 경우, 권력 관계의 연계망이라는 차원에서 아래 도표와 같은 분석틀을 생각할 수 있다. 역사적으로 정치사회는 권력 관계의 사회망을 이룩해 왔으며, 이는 다음 네 가지 기본 요소의 연계관계로 생각해볼 수 있다. 이데올로기, 지배세력, 통치기구, 강대국의 영향력이 그것이다. 이들이 교차적인 연관관계를 이루어 서로 어우러져 나타나는 표현이 곧 한 시대의 정치라 할 수 있다. 그러므로 지배세력과 피지배층으로 사회구성원을 구분할 수 있고, 이들 사이에 빚어지는 권력 관계를 바탕으로 권력구조의 제도화, 즉 국가를 이루게 된다.[4]

역사정치학의 인식논리

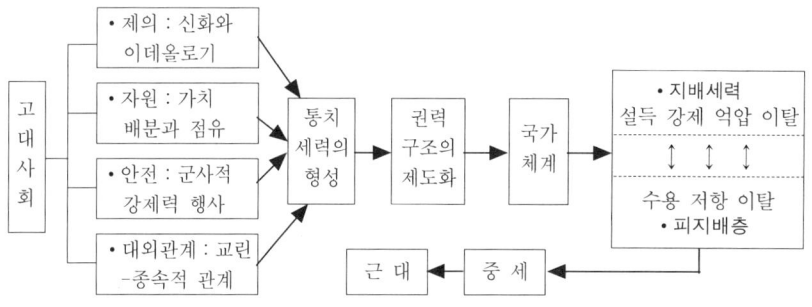

---

3) 역사정치학에 입각한 오늘의 정치에 대한 파악은 한국 정치학의 현실적 요청이라고 할 수 있다. 지금까지 한국의 정치에 대하여 정치학은 사실상 상황과 이론 사이에 접합이 이루어지지 못한 실정을 보여주었다. 외국 정치학의 이론적 수용이야말로 더 할 수 없이 중요하지만 그것의 수용과 적용의 논리적 적실성을 높이기 위해서는 한국 정치가 놓여 있는 역사에 대한 인식을 그만큼 필요로 하게 된다. 오늘 한국에서의 정치학이 '한국 정치학'이 될 수 없는 치명적인 오류는 바로 한국에 대한 역사적인 인식의 결여에서 비롯되었음을 전제로 할 때 한국 정치학의 정립을 위한 시도로 역사정치학적 인식의 필요성이 그만큼 강조될 수밖에 없다.

4) 여기에서 논의하게 되는 권력 관계의 네 가지 연계망은 앞에서 인용한 만(Michael Mann)의 IEMP 모델, 즉 이데올로기, 경제, 군사, 정치를 중심으로 한 분석 모형을 참고한 것이다. 만은 위의 네 가지가 특정 영역에서 지배적인 권력구조로서의 국가를 이룩하게 된다고 설명하는데, 여기서 그가 말하는 정치는 곧 국가를 의미한다. 그러나 그의 이러한 논의를 한국의 정치사에 대입할 경우 변용할 필요성이 제기되는데, 이러한 변용으로는 지배세력과 외부의 영향력을 첨가할 필요성이 있기 때문이다. 이데올로기, 경제, 군사, 정치가 서로 연계되면 저절로 지배세력이 나오는 것이 아니라 일정한

앞의 도표에서 알 수 있듯이, 고대로부터 중세를 거쳐 근대에 이르기까지 권력 관계를 드러내는 중요한 성격으로는 첫째, 이데올로기를 생각해볼 수 있다. 이데올로기의 형성과 전개에서 제의나 신화, 종교 등은 중요한 영향력을 미쳐왔다. 어느 면에서 그것들 자체가 이데올로기의 성격을 지니기도 했다. 둘째로는 특정한 자원의 배분을 둘러싸고 그것에 우세한 영향력을 배타적으로 행사해온 통치세력의 등장도 생각해볼 수 있다. 즉 한 사회가 존립하기 위해서는 자원의 확대 재생산과 배분이 효율적으로 이루어져야 한다. 이를 위해 특정 통치세력이 그 사회의 중심부에 자리잡게 된다. 이들은 통치권을 행사하기 위해 통치기구를 성립시키게 된다. 셋째로 고대로부터 현대에 이르기까지 한 사회는 외부로부터 전쟁이나 침탈의 위협에 놓일 때도 있었는데, 이를 극복하기 위해 군사력을 갖게 되었고 그것을 효과적으로 활용하기 위해 강제성도 확보해야 했다. 마지막으로 전쟁을 막기 위해서는 대외적으로 다른 나라와 화해하고 교린하거나 또는 사대관계도 이룩해야 할 필요성에 놓이게 되었다. 이를 통해 그 사회의 지속적인 존립은 물론이고 발전도 이룩할 수 있는 정치사회적 안정을 얻을 수 있기 때문이다.

이들 네 가지 요소들로 이루어진 관계망의 얽힘이 국가로 발전했는데, 이 과정을 고대부터 살펴보기로 하자. 먼저 고대에는 제의가 지배이데올로기의 구실을 맡고 있었다. 제의는 고대사회의 구성원들의 삶을 담았던 주요한 내용이자 기원의식이기도 했다. 고대사회에서 삶과 죽음, 자연환경과의 관계, 재해 등은 그 시대 사람들의 지적 수준으로는 이해할 수 없는 불가해한 것들이었다. 이런 것들에 대해 자신을 약자로 규정하여 귀속시킴으로써 그것에 합류된 자신을 인식하게 되는 일종의 일체화 감정을 가지게 됨으로써 정신적인 안정감을 얻을 수 있었다. 자신들이 절대적인 의미와 존재라고 생각한 대상에 대해서 기원과 감사를 드리는 제의가 행

지배세력에 의한 이데올로기와 통치양식, 그리고 가치배분의 권위적 동원에 따라 지배세력의 통치기구로 국가가 대두하게 된다. 물론 여기에는 국가의 대외관계, 즉 외세에 대한 일정한 수용-반응의 성격을 한국의 정치사에서도 쉽사리 찾을 수 있다.(Mann, 앞의 책, pp.28~30)

해질 수 있었던 것도 이러한 상황에서 이루어졌다. 따라서 제의는 자신들의 욕구에 대한 기원일 수 있었다. 그들의 삶에서 연대와 결속을 가져다주는 일종의 이데올로기적인 영향력이 미칠 수 있었던 것도 이러한 의미에서였다.

고대의 사람들은 하늘과 땅, 산, 큰 나무, 거대한 바위 등이 그 어떤 절대적인 존재, 즉 천신에 의해 만들어졌다고 생각했다. 이것들은 모두 일정한 정령을 가지고 있으며 이 정령은 개개인의 일상사에 영향을 미친다고 생각했다. 이러한 믿음은 이런 대상물에 대한 기원의식으로 되어 제사를 드리는 대상으로 자리잡게 되었다. 이러한 기원의식의 대상으로는 조상신도 포함되었는데, 이는 사람들의 사후세계에 대한 그들 나름의 이해에서 비롯된 것이다. 조상이야말로 자신들의 기대감을 실현시켜줄 최고로 의미 있는 존재였다. 천신과 조상에게 경배함으로써 그들의 욕망을 실현하려고 했던 기원의식, 그것은 자연히 기복적인 것으로 자리잡게 되었다. 이를 위해 제사 드리는 과정에서 구성원 모두가 갖게 되는 감정적 충일과 충족감은 그들을 하나로 연대시키는 결과를 가져다주었다.

이처럼 고대에서 제의는 집단구성원들에게 하나의 집단의식과 결속감을 마련해 주었다. 이 점에서 제의의 이데올로기적 성격은 천신과 정령의 의지를 빌려 구성원들로 하여금 현실에 대한 설명은 물론이고 미래에 대한 지향성도 설정할 수 있게 해주었다. 이는 결과적으로 그 사회구성원들 사이에 일어난 지배-복종의 이분적 사회구조에 대해서도 긍정적으로 여겨서 이를 수용할 수 있게 했다. 이러한 현상은 그 사회가 자연히 통치세력을 중심으로 나아갈 수 있도록 하는 계기로 작용하였다.

제의는 고대사회의 주요한 집단적 행사였으며, 그것을 주관했던 특정인이나 집단이 점차 중요한 위치를 차지하게 되었다. 물론 사회구성원이 소수였을 때는 제의의 주관자가 따로 없었으며, 모두가 함께 그 제의에 참여할 수 있었다. 그러나 구성원의 수적 증대와 제의절차가 번잡해지자 제의를 주관하는 특정 인사나 집단이 필요해졌다. 이들 제의의 주관자, 즉 제관에 의해 집행되는 제의로 집단성원들은 천신이나 정령과 소통할 수 있다고 여겼다. 따라서 제관은 고대사회에서 최초의 지배자적 성격을 가질 수 있게 되었다. 다시 말하면 제의는 고대사회에서 이데올로기적 기능을 수행함과 동시에 그 사회의 지도층을 형성한 한 계기를 제공했다.

제의와 함께 고대사회는 구성원들의 생존을 위한 물적 가치의 확보와 배분이 중요했다. 일상의 생존과 욕구를 충족시켜줄 식량 등 필수품은 수렵시대나 농경시대도 풍족했던 것은 아니었다. 시대와 장소에 따라 차이가 있었지만, 사람들의 욕구는 점점 증대했고, 인구의 성장은 지속적으로 상승했다. 그러므로 물적 가치와 그것의 충족을 요구하는 구성원들의 욕구는 물적 가치의 배분에 따르는 갈등을 수반하게 되었다. 더 많은 물적 가치의 창출은 고대사회에서도 중요한 사회적 과제일 수밖에 없었다. 수렵에서 농경에 이르기까지 이 과제의 실천을 모색하기 위한 노력이 문명화로 달려가게 했던 한 동인으로 작용했다. 공동으로 수렵에 참여했고, 홍수도 막았으며 경작에 필요한 수로와 길을 닦는 일 등은 공동노동으로 가능하게 되었다. 이렇게 함으로써 생산력의 증대를 가져왔다. 그러나 그것만으로는 구성원들의 욕구를 완전히 충족시켜줄 수는 없었다.

재화의 확보와 배분에 대한 주민들의 욕구는 효과적이고 합리적인 배분에 의해서만 어느 정도 충족될 수 있었고, 이는 그 집단을 안정적으로 지속시키는 요소가 될 수 있었다. 그만큼 고대사회에서 가치배분은 물적 기반에 대한 소유문제를 제기하게 되었다. 누가 어느 정도로 물적 가치와 재화를 점유해야 하는가는 그 공동체의 합의에 의해서만 이루어질 수 있었고 그렇게 되어야만 비로소 그 집단의 지속도 가능할 수 있었다. 만일 가치배분에 대해 구성원들 사이에 합의 기준이 설정되지 않는 상황에서는 약탈과 강제적 점유가 필연적이었다. 그것은 곧 강자의 소유를 의미했으며, 이는 결과적으로 말 그대로 '만인의 만인에 대한 투쟁'의 극단적인 상황으로 몰고 갔다. 이런 상황에서 벗어나게 하는 것이야말로 고대사회를 유지하는 방법이었다. 이를 위해 동원될 수 있었던 수단은 정당한 강제력에 의한 가치의 배분과 구성원의 합의에 따른 배분, 이 두 가지뿐이었다.

고대에서 물적 가치의 배분은 그 가치를 창출한 사람, 가령 더 많은 짐승을 잡은 사람이나 더 많이 생산한 사람에게는 더 많이 배분해야 했고,

나아가 사회질서의 유지에 앞장서는 지배층에게도 그 대가로 더 많은 가치를 차지할 수 있게 해주어야 했다. 이 과정에서 더 많은 가치를 점유한 집단이나 인사들은 그것을 영속시키기 위해 이것에 불만을 가진 사람에 대해서는 규제와 강제로 임하게 되었다. 그뿐 아니라 대다수 구성원들로부터 기존 가치배분의 정당성을 확보해야만 했다. 이러한 가치 배분과정에서 유리한 위치를 점유한 인사나 집단은 앞에서 말한 제의의 주관자들과 어울려 일정한 지배집단을 형성할 수 있었다. 즉 고대사회에서 제의의 주관자이자 물적 가치의 점유자들은 동일체일 수도 있었고 다를 수도 있었지만 결과적으로 이들은 하나의 지배세력으로 귀결되었다. 즉 제의는 지배세력의 현실적 지위에 대한 합리성과 정당성을 부여한 신탁의 기능을 행사했다. 물적 가치배분에서 우월한 지위는 이들에게 지배자의 존재임을 확인시켜 주었다. 이처럼 제의와 물적 가치의 배분은 서로를 교호적으로 강화시켰다.

제의와 물적 가치의 점유가 지배층 등장의 계기가 되었다면 이를 강화시킨 것은 대내외적 군사활동이었다. 고대사회는 집단 안의 갈등과 함께 외부집단의 공격에 항상 노출되어 있었다. 더 좋은 주거환경을 찾아, 노예를 확보하기 위해, 또는 자신들이 믿는 신앙체계를 전파하기 위해 다른 집단과 치열한 투쟁을 전개할 수밖에 없었다. 이러한 투쟁이나 침탈에서 집단이나 공동체의 보호를 위해서는 물론, 때로는 다른 집단이나 사회를 침공해야 하는 군사행위도 필요했다. 고대사회에서 군사행동은 그 구성원 모두가 참여한 전군사체제로 행해졌다. 전업적인 군인도 있었지만 대부분은 일시적으로 충원된 군사력이었다. 물론 사회가 점점 일정한 제도를 이루고 난 뒤 군사제도도 자리잡게 되었으며 그것에 따르는 군사지도체제도 등장했다.

고대사회는 군사활동에 관한 한두 가지 특징을 보여주었다. 하나는 군사지도자의 겸직이다. 다시 말하면 제의를 주관한 제관이나 물적 가치의 점유자가 군사지도자로 되는 경우가 대부분이었다. 그리고 군사지도자는 그 사회의 강제수단을 점유했고 이를 독점적으로 행사했다. 이러한 사실은 외부 공격은 물론 내부 반란이나 저항에 대한 통제수단으로도 군사력을 활용했으며, 이는 곧 지배세력이 군사력을 독점 사용했음을 의미했다.

고대사회에서 외부 침탈이나 내부 반란은 그 사회의 전반적인 변혁을 가져오게 하는 한 요소였다. 외부의 공격으로 붕괴되기도 했고 승리할 때도 있었으며, 일정한 협정으로 군사행동을 중지하는 경우도 있었다. 이 경우 그것이 미치는 영향은 즉각적으로 기존 체제나 구조에 변화를 가져왔다. 전공에 대한 논공은 물론 전쟁포로나 약탈한 물적 자원, 그리고 전쟁 동안 다른 집단과 교호하는 과정 등은 그 집단을 변화시키게 한 원인이 되었다. 전쟁은 내부 반란에서 비롯하였거나 외부 침탈에 의해서였거나 간에 기존 사회체제가 전반적으로 다시 짜여지게 했으며, 이 과정에서 기존 지배체제의 강화 또는 새로운 지배세력의 등장을 가져오기도 했다. 특히 고대사회에서 지배체제의 교체는 대부분의 경우 전쟁에 따라 이루어졌음도 이러한 의미에서 이해될 수 있다.

제의, 물적 가치의 점유, 군사행위와 함께 고대사회에서 지적되어야 할 또 다른 사실은 외부집단과 맺는 대외관계이다. 대외관계는 고대사회에서도 중요하게 여겨졌다. 하나의 집단이 다른 집단의 영향권에서 벗어나 독자적으로 존립할 수 없었기 때문에 이웃 집단과 일정한 관계를 맺을 수밖에 없었다. 통상을 위해, 전쟁 때문에, 때로는 자연재해에 대한 공동 대처로 이웃 집단과 관계를 맺어야 했다. 실제로 외부와 아무런 관계를 맺지 않고서 독자적으로 지속할 수 있는 집단은 고대사회에서는 찾을 수 없다. 특히 소금이나 후추와 같은 특정 물품이 생산되지 않는 지역에서는 그것을 얻기 위해 교역해야 했고, 이는 자연히 그것을 산출하는 지역과 거래할 수밖에 없었다. 이러한 관계를 통해서 그 집단이나 사회의 문화나 종교도 유입되었으며, 때로는 서로간의 이해 갈등으로 전쟁과 같은 대립도 일어나게 되었다.

이웃 집단들은 서로 영향력의 우월성을 확보하기 위해 경쟁적인 대립 관계에 놓이기도 했다. 집단의 활동공간을 더 확장하고 필요한 자원을 더 많이 확보할 수 있는 유리한 지역을 차지하기 위해 이들 사이에서는 격심한 경쟁관계를 보여주었다. 그것은 곧장 전쟁으로 표출되기도 했다. 이렇게 해서 일어난 전쟁은 한편을 승자로 다른 한편을 패자로 만들었으며,

승자독식과 패자전무로 귀결되었다. 강자의 위치에 서게 된 집단과는 달리 약자의 경우 일종의 제로-섬 관계와 같은 전쟁위기에서 벗어나는 것이 중요한 과제로 제기되었다. 이를 위해 이들이 선택할 수 있는 방안의 하나는 스스로 약자임을 자처하면서 상대방을 높여주는 것이었다. 약자가 강자에게 보여주는 사대 - 종속의 대외관계가 여기에서 연유했는데, 약자가 강자에 대해 스스로 그 복속체로 자인하면서 강자가 설정해준 일정 범주에 자기 자리를 정하는 것이라고 할 수 있다.

고대사회의 사대-종속 관계에서는 의례, 조공, 군사 복무와 같은 의무를 강자가 약자에게 부과하였다. 의례는 강자에 대한 약자의 복속의 정신적 존중의 상징화였다. 스스로 칭신하는 등 복속적 존재임을 대외적으로 드러내야 했다. 약자는 강자에 대한 복종의 표시로 강자가 주관하는 일정 행사에 의무적으로 참여해야 했다. 가령 정월 초하루나 강대국 통치자의 탄신일 등의 경조사에 종속국가는 사절을 파견하고 축하해야 했다. 조공은 약소국이 강대국에 일정한 품목이나 심지어 인신까지 제공하는 것으로, 조공 품목은 강자와 약자 사이의 협의로 정해지기보다는 강자에 의해 일방적으로 부과되는, 일종의 강자 약탈의 형식을 취하였다.[5] 또한 복무는 약소국이 강대국의 군역에 종사하거나 왕궁 숙위와 같은 군사 의무를 부담하고 국경선에서 국방의 의무를 맡아야 하는 것 등이었다.

사대-종속 관계는 결과적으로 약자가 살아남기 위한 방안이었다. 그것은 또한 약소국가 안에서는 그 사회 지배세력에게 정당성을 부여하는 것이기도 했다. 즉 강자에 의한 약자의 통치체제에 대한 지지 지원으로 활용되었는데, 대표적인 것의 하나가 책봉이었다.[6] 이러한 상황에 놓이면,

---

5) 조공이 고대사회에서는 일종의 물물교역의 형식을 갖게 되었다는 주장도 제기되고 있다. 그러나 여기서 더 정확하게 인식해야 할 것은 고대사회에서 조공은 무역의 의미로 행해진 것이기보다는 사대 종속의 전개과정에서 이루어진 강자에 대한 약자 종속의 물질적 신표로 이해해야 한다는 것이다. 이것이 결과적이고도 부수적으로 무역의 의미로 자리잡게 된 경우도 있었을 것으로 여겨지지만, 실제로 그것은 단지 상층 지배층의 경제적 욕구충족이라는 한정된 성격에 국한되었음도 지적되어야 할 것 같다.

6) 즉 책봉은 약자에 속하는 그 집단의 지도자에게 강자가 일정한 벼슬을 내리는 것을 의미한다. 물론 이 경우 벼슬은 대부분 강자의 벼슬에 의한 관직 임명이지만 실제로는 약자의 통치권에 대한 인정을 공식적으로 천명하는 것으로 되어 있었다. 즉 책봉과 같

그것은 현실적인 상황의 불가피함에서 생긴 것이 아니라 약소국 자체가
정신적으로 강대국에 굴종하는 정신적 종속성으로 전환되며, 이렇게 되
면 그 사회의 주민들은 전형적인 사대의식을 일상적으로 갖게 된다.

위에서 지적한 고대사회 통치체제의 등장요소들은 그것 자체가 어떻
게 결합되는가에 따라 고대사회의 정치가 갖는 성격에서 차이를 보여준
다. 즉 제의는 고대사회에서 이데올로기의 기능을 맡았다. 물질적 가치점
유와 배분 문제는 그것의 불균등 배분으로 가치의 누적적 점유 현상으로
증폭되어, 결과적으로 사회계층의 양대 분화를 가져왔다. 대외안전의 군
사활동은 그 사회의 지휘자-추종자의 관계를 수직적인 위계구조로 틀
지우게 하였다. 대외관계는 그 사회지배층의 정당성 확보의 논리적 정서
적 근거로 선전될 수 있었다. 결국 제의, 자원, 안전, 대외관계 등은 서로
간에 영향을 미침으로써 고대사회에 특정 지배층의 등장을 가져왔다. 제
의를 통해 제관이 등장했다. 그리고 제의는 이데올로기적 기능을 수행했
다. 그뿐 아니라 물적 가치의 우월적 점유나, 군사력과 같은 강제력의 확
보나, 대외관계에서 정당성을 마련함으로써 결국 고대사회에서 특정 지
배층의 등장을 가능하게 했다. 이들의 등장은 단순히 단선적으로 전개되
었다기보다는 복합적이고도 다차원적으로 일어났으며, 때로는 거듭되는
단절과 승계, 대립과 갈등의 과정을 거쳤다. 단일 지배세력이 아니라 경
쟁과 참여로 다수의 세력들끼리 갈등과정을 거쳤다. 그러나 결과적으로
고대사회는 지배층과 피지배층으로 양분된 사회구조로 점차 그 틀을 지
워가고 있었다.[7]

은 방식에 의하여 약자의 지도체계에 대한 정당성을 강자로부터 부여받았기 때문에
이는 곧 지배체제의 정당성 논리로 활용될 수 있었다.

7) 이 경우 지배층은 제의나 물적 가치의 점유, 안전의 유지, 대외관계 등에 의해 스스
로 유리한 위치로 올라설 수 있었으며, 이를 기회로 삼아 피지배층을 통치 복속시킬
수 있었다. 지배층은 제의를 통하여 자신들이 천신의 계시로 지배자가 되었음을 주창
하였다. 이 점에서 제의는 고대사회에서 지배이데올로기적 기능을 맡고 있었다. 그리
고 지배층은 피지배층에게 물적 가치를 약탈할 수 있었는데, 주로 그 집단의 안전 유
지라는 이름으로 이러한 일을 행했다. 이렇게 확보한 물적 가치는 결과적으로 지배층
의 소유로 귀속되었으며, 그 결과 지배층은 그 부의 누적적 확대를 이룩할 수 있었다.
안전의 유지를 위한 폭력수단도 이들 지배층이 독점하였기 때문에 피지배층의 복종을
강요하는 위협적이거나 실제적인 효과를 확보하는 수단으로 활용되었다. 이 점에서는

기본적으로, 지배세력과 피지배층으로 이분화한 사회구조였던 고대사회도 지배세력에 의한 피지배세력의 복종을 확보하기 위해 구성원의 일체감 조성, 피지배층에 대한 설득, 억압, 강제 등이 자행되었고, 이것을 확립하기 위한 제도가 불가피해졌다. 사회구성원의 일체감을 효과적으로 확보하기 위해 제의가 집행되어야 했고, 물적 가치의 창출과 배분 문제를 신속하게 처리해야 했으며, 군사적인 폭력수단을 효과적으로 동원하기 위해서, 그리고 대외관계를 적절하게 수행하기 위해서도 이러한 일들을 전문적으로 행할 수 있는 책임자와 그를 중심으로 한 일정한 제도를 마련해야 했다.

이러한 제도의 기능은 주로 통합기구, 동원기구, 약탈적 배분기구 등에 의해 이루어졌다. 통합적 상징기구는 흔히 제의나 지배세력의 통치에 수반된 의전과 예식을 주관했다. 여기에는 대외적인 사대-종속 관계도 포함되었다. 이러한 기구를 통해서 지배세력의 통치에 따르는 정당성을 피지배세력으로부터 공고하게 확보할 수 있었다. 동원기구는 주로 강제력 행사에 필요한 인적 물적 자원의 확보에서 시작했다. 대부분의 경우 외부의 침탈에 대한 방어와 국내 치안유지 기능을 수행했다. 약탈적 배분기구는 곧 조세 징수로 피지배세력으로부터 일정한 물적 가치를 강제적으로 수탈했다.

고대국가에서 피지배세력은 지배세력이 행사하는 강제와 약탈의 설득에 대해 무조건 수용했던 것은 아니다. 상황에 따라 각기 다른 대응을 하였는데, 이를 구분하면 첫째로 지배세력의 의지를 그대로 수용하는 경우, 둘째로는 지배세력의 통치에 맞서서 도전하는 경우, 그리고 셋째로는 그 지배체제로부터 이탈하는 것 등이었다. 여기서 수용은 피지배세력이 자발적으로 또는 소극적으로 지배세력의 통치행위 — 그것은 약탈과 강제이지만 — 를 그대로 받아들임으로써 지배세력의 의도에 따르는 일정한 통치효과를 확보해 주는 것을 말한다. 즉 지배층이 부과하는 과세나 부역이나 군역을 그대로 받아들이는 것을 의미한다. 이러한 성격과 정반대되

대외관계 역시 마찬가지였다.

는 것으로는 피지배층의 도전인데, 이것은 지배세력의 통치에 적극적인 저항으로 그 체제를 대신하는 새로운 지배체제나 권력구조를 수립하려는 것이다. 흔히 민중반란이라는 말로 기록된 수많은 저항이 여기에 속한다. 이탈은 고대사회에서는 흔히 있었던 일로, 지배세력의 강제나 약탈에 대항하여 피지배층의 구성원들이 개인적이나 집단적으로 그 지배세력의 통치영역에서 벗어나 다른 곳으로 이주해 버리는 것을 의미한다. 개인적으로는 통치세력의 영향력이 미치지 않는 지역으로 숨기도 했다.

이처럼 고대사회에서 지배세력과 피지배층 사이의 영향력 관계의 제도적인 정착과 발전이 앞에서 말한 고대국가였다. 이렇게 해서 등장한 고대국가는 이데올로기, 가치의 창출과 배분, 군사적 강제력 행사, 교린-종속의 대외관계라는 네 가지 요소를 바탕으로 시대상황에 따라 각기 다른 국가체제로 변하게 되었다. 다시 말하면 이들 네 가지 요소가 교차 연계되어 어떤 특징을 드러내는가에 따라 그 국가의 성격을 이루게 되었다. 이 장에서는 고대사회와 국가 발전을 이 네 가지 요소를 바탕으로 인식함으로써 그 체제의 정치사적 특성을 살펴보기로 한다.[8]

3. 무두(無頭) 부족사회, 군장사회, 그리고 도시국가

한국 정치사 연구는 국가를 대상으로 삼는다. 그러므로 먼저 국가발전

---

8) 여기서 한국의 고대사회와 국가에 대한 논의에서 전제해야 할 사실은, 고대국가의 형성에 대한 설명논리로 전쟁론, 관개론, 인구론, 교역론 등 다양한 주장이 활용될 수 있다는 점이다. 그래서 이들 논의는 그 나름의 일정한 영역에 터잡은 논리로 활용되어야 한다는 점이다. 또 다른 한가지 사실은, 한국의 고대국가 형성에서 관념론적 설명이나 목적론적 주장에서는 벗어나야 한다는 점이다. 특정 종교의 신앙체계나 민족의 우수성을 강조하기 위한 국가 기원의 주장은 실증성을 결여한 신화적 성격에 지나지 않기 때문이다. 특히 특정 종교에 바탕해서 기존 국가의 존재를 가치적으로 논리화하는 것은 이미 학문적 범주를 넘어서는 일이기도 하다. 셋째로 고대사회에 대한 인식에서 실증적 자료의 문제인데, 사실 역사적으로 오랜 시간의 경과 때문에 그러한 자료의 확보는 불가능하기 때문이다. 이 경우 실증-합리화의 과정을 통하여 유추 해석함으로써 어느 정도 목적을 이룩할 수 있을 것으로 여겨진다. 다시 말하면, 유사한 사회의 실증적인 자료를 바탕으로 이를 한국의 고대사회로 대입하는 형식의 합리적 유추화의 논리가 역사정치학적 연구에서 이론 정립의 한 방법이 될 수 있기 때문이다.

의 의미를 인식할 필요가 있다. 이렇게 함으로써 한 시대 정치사의 전반
적인 성격을 파악할 수 있기 때문이다.[9]

　고대사회에서 국가에 대한 인식은 정치사의 중요 연구대상이다. 여기
서는 서유럽을 기준으로 이를 단계적으로 살펴봄으로써 그것에 비추어
한국의 전통국가를 이해해 보기로 한다. 이렇게 함으로써 한국 정치사에
서 국가를 비교론적으로 파악할 수 있을 것이다. 국가의 본질은 물론이고
그것의 보편성과 특수성도 밝혀질 것이며, 정치사의 전반적인 전개를 규
명할 수 있을 것이다.

　일반적으로 정치사에서 국가발전의 단계는 각 시대와 사회에 따라 다
르지만 대체로 서유럽 정치사를 기준으로 이를 나누어 살펴볼 수 있다.
서유럽의 국가발전단계를 근대적 국가 이전의 시대, 즉 전통적 국가에 한
정시켜서 4단계로 나누어 인식하고 있다.[10] 국가 이전의 단계, 전통적 국

---

9) 먼저 전통적 국가의 개념에 대해서는 다음 글에서 찾아볼 수 있다. "(전통적 국가로
　서) 초기국가는 한 사회에서 지배자와 피지배자의 두 영역으로 양분된 사회관계를 규
　제하기 위해 다음 7가지의 제도적 특징을 가지고 있다. 1) 그 제도에 소속된 일정 수의
　사회구성원, 2) 특정한 영역에서 출생과 함께 차지하는 국가구성원으로서의 자격, 3)
　중앙에 권력이 집중된 정부의 기능 행사, 4) 사회구성원 사이의 분열을 막을 수 있는
　정부의 독립성, 5) 잉여가치의 창출과 보유, 6) 기존 사회계급에 대한 사회계층 분화의
　지속성과 영향, 7) 공통된 이데올로기이다." 이러한 구분은 시기적인 성격을 중심으로
　생각할 수 있지만 실제로는 보편적인 국가의 성격으로도 이해할 수 있다. 물론 이러한
　성격의 국가의 변모가 시대적인 상황의 결과물로 나타나게 되지만, 구체적으로는 중세
　봉건제의 등장이 중세국가를 가져온 중요한 계기로 설명되고 있다. 고대국가가 노예제
　를 바탕으로 했다면 중세국가는 영주-농노의 사회관계를 중심으로 했다는 것도 이러
　한 인식에서 비롯된다. 그러므로 고대국가는 군주의 전제통치를 핵심으로 생각할 수
　있고, 이것에 비해 중세국가는 군주의 권한이 가장 강력한 힘을 가진 영주의 수준과
　비슷한 성격을 보여주었다. 이러한 의미에서 중세국가에서는 국가의 권위와 군주의 통
　치력이 상대적으로 약화되었다고 할 수 있다.(Martin Van Creveld, *The Rise and
　Decline of the State,* Cambridge University Press, 1999, pp.118~126)
10) 일반적으로 역사적인 시대구분은 관점에 따라 다양한 견해가 제기되고 있다. 고대,
　중세, 근대의 3분법이 지배적인 것으로 되어 왔지만 최근에 들어와 여러 가지 주장이
　제기되고 있다. 그 전통적인 논리로는 켈러(Christopher Keller)에 따라 설정된 것으로
　창세기부터 콘스탄티누스 대제까지를 고대사로, 1453년 터키의 콘스탄티노플 함락까
　지를 중세로, 그리고 그 뒤를 근대로 설정하였다. 그러나 이러한 시대구분은 일정한
　기준의 설정과 각 시대마다 특이성이 전제되어야 하기 때문에 여러 가지 다른 주장이
　나올 수밖에 없었다. 그러나 이러한 구분은 각각의 인식관점에서 설정되는 것으로 여
　러 가지 주장이 제기될 수밖에 없다.(차하순, 〈시대구분의 이론과 실제〉, 《한국사시대
　구분론》, 소화, 1995, pp.42~51)

가 단계, 이행기적 단계, 근대적 국가 단계가 그것이다. 그리고 각 단계를
다시 세분하는데, 국가 이전의 단계만 해도 다시 이를 무두(無頭) 부족사
회, 군장사회로 세분한다. 전통적 국가는 고대국가, 중세국가로 구분한
다.[11] 이러한 성격을 도식적으로 정리하면 아래와 같다.

국가 발전의 단계적 구분[12]

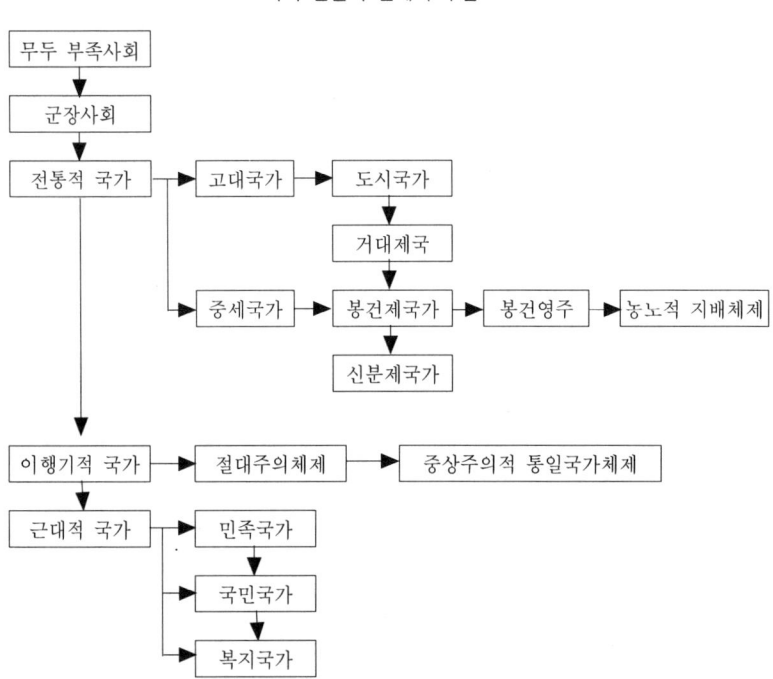

서유럽 국가의 발전과정은 경제사회의 시대적 변화와 연관되어 발전
했다. 그것은 관점에 따라 다르지만, 생산양식의 조응으로 파악할 수도

---

11) 물론 이행기적 국가단계에 속하는 절대주의 체제가 민족국가의 성격을 보여주고 있
다. 즉 민족국가는 이행기적 단계에서부터 근대적 국가의 단계에 걸쳐서, 더 나아가
근대적 국가 이후에 등장하기도 한다. 그러나 여기서는 인식의 편의상 민족국가를 근
대적 국가의 단계에 넣어 생각하기로 한다.

12) 여기에서 이행기적 국가발전단계 이전의 구분에 대해서는 Martin Van Creveld, 앞의
책, p.2 참조

있고, 종교와 문화적 가치관념에 의해 설명할 수도 있다. 그러나 여기서는 권력의 관계망으로서 정치체제, 즉 지배와 복종을 근간으로 한 권력구조의 차원에서 살펴볼 수 있다. 다시 말하면 '누가 누구를 어떻게 지배했는가?'를 중심으로 국가발전을 파악하려는 것이다. 이러한 인식은 권력의 연계, 즉 권력구조만을 분석의 대상으로 삼는 것과는 다르다. 그것의 형성에 기능했던 중요한 요소들, 즉 이데올로기, 지배세력, 군사통치, 대외관계의 차원에서 살펴봄으로써 권력의 연계망으로 국가를 인식하게 된다. 이러한 성격에 따라 등장한 최초의 정치적 조직체가 무두 부족사회와 군장사회, 그리고 도시국가였다. 이들에 대한 인식은 전통국가의 본질을 밝히기 위한 역사적 성격을 중심으로 하게 된다. 그러므로 한국의 고대국가 인식에도 역사학적 연구를 기반으로 삼을 수밖에 없다.

서유럽만이 아니라 다른 지역에서도 최초 인간의 조직체는 무두 부족사회로 시작했다. 이것은 말 그대로 지배자가 존재하지 않는, 부족사회로서는 가장 단순한 형태의 공동체였다. 엄격한 의미에서 권력구조가 제도화되지 못한 상태를 의미한다. 그러기 때문에 권력 이외의 요소들, 즉 제의와 같은 이데올로기적 성격, 비록 지배자는 없었지만 그 나름의 지배체제라 할 수 있는 지도자의 성격, 그리고 전쟁과 같은 대외적 관계나 가치배분 등에서 그 사회 나름의 일정한 정치적 성격을 보여주기도 했다.

무두 부족사회는 가정의 확대판이었다. 전통적인 가정에서 남성, 연장자, 부모가 우월자에 속하고 어린이, 여성, 사위 등은 열등계층으로 구분된 경우와 비슷하다. 물론 무두 부족사회에서는 이러한 구분조차도 무의미할 정도로 권력 행사는 미미하게 전개되었다. 부족사회에서 권위의 행사나 의무의 수행, 다시 말하면 제도화된 사회관계는 혈족에서만 이룩된 단순한 우애관계였다. 혈연관계에 의해 개인은 성별, 연령, 결혼 여부에 따라 그 부족 안의 위치가 결정되었다. 가족관계 이외의 제도화된 권위관계는 없었기 때문에 부족 안의 어떤 문제가 일어날 경우, 그 결정을 위해서는 모두가 대등하게 참여했으며 민주적으로 결정했다. 특히 결혼한 성인 남성들은 대등한 권리를 가졌으며, 어떤 사람도 다른 사람에 대해 강제적으로 명령하거나 규제 구속할 수 있는 권한은 없었다. 이른바 '공적인 과제'들, 가정의 단위를 넘어 행해져야 할 문제들, 예를 들면 제의, 공동수렵, 고래잡이나 맹수 사냥, 삼림 벌채, 그리고 전쟁 등은 특정 지배자에 따라 지도되는 것이 아니라 그 부족의 최고 연장자가 지도력을 행사했다. 마치 오늘날 작업 동아리처럼 부족 결사체(solidarity)적 성격을 가지고 있었다. 이들 결사체는 그 나름의 악기나 토템으로서의 짐승, 장식, 특수한 제의와 복장, 신성한 장신구 등을 가지기도 했다. 그리고 그 결사체를 지켜주는 수호신에 따라 부여된 신성한 곳을 설정했으며 여기에다 제의에 사용한 물건들을 보관하고 어린이나 여성 또는 외부인의 접근을 막았다.[13] 이러한 내용은 무두 부족사회에서 가장 중요한 집단의 공동적 관심이나 과제가 제의였음을 의미하며, 그것에 따라 하나의 동질적 결속이 이루어졌음을 말해 준다. 이 점에서 제의는 곧 그들에게 일종의 지배이데올로기였다.

무두 부족사회에서 지도자의 구실을 맡았던 최고령의 노인이 사망하면 그가 차지했던 권위는 그 아들 세대의 젊은이들 가운데 적임자를 골라 전승했다. 이 과정에도 일정한 제의의식에 따라 그 승계를 정당화했다. 이렇게 선발된 지도자는 젊은이들 가운데 연령, 웅변, 용기, 경험, 그리고 그 부족의 존립을 보장할 마력과 같은 기본 능력의 소유자로 여겨진 젊은이 가운데 부족구성원들의 전원 일치적 지지로 선정했다. 오늘날과 같은 규제적인 성격의 법 같은 것은 없었지만 그 대신 관습의 구속력이 행사되었으며, 이는 대부분 주술적이기도 했다.

이들 사회에서 범죄자의 처벌은 최고령자가 맡거나 나이 든 어른들이나 특정 능력의 소유자로 여겨진 사람들의 모임, 즉 장로(長老)들이 처리했다. 젊은이들은 장로들의 모임에 참여할 수 없었을 뿐 아니라 아무런 반대도 할 수 없었다. 장로들의 모임에 대한 소집요구는 그 구성원에 따라 행해졌으며, 주로 신성한 곳으로 여겨진 거대한 나무 그늘 아래에 범죄자를 불러 심문하거나 주술가에 따라 범죄 여부를 점치게 했으며, 일정

---

13) Murphy and R. P. Murphy, *Woman of the Forest*, Columbia University Press, 1974, pp.92~95.

한 주술적 시련을 부과하여 범죄 유무를 시험했다.[14] 개인들 사이의 분쟁에 대한 해결방식은 주로 보상이나 보복방식을 취했는데, 이른바 '눈에는 눈으로, 이에는 이로' 앙갚음할 수 있게 했다.

무두 부족사회에서 가장 자주 일어난 것은 전쟁이었다. 전쟁은 복수전의 성격이 있었는데, 다른 부족으로부터 자기 부족의 구성원이 상해를 입었거나 가축이나 곡식을 도둑맞았거나 모독당했거나 여성이 유린되었고 어린이가 유괴되었을 경우 전쟁은 필연적으로 일어날 수밖에 없었다. 이외에 약탈물을 얻기 위해 전쟁을 치르기도 했다. 여성이나 어린이를 납치하기 위해서도 전쟁을 행했다. 물론 무두 부족사회에서는 중앙집권화한 정책결정기구가 없었기 때문에 전쟁과 같은 주요한 일의 결정은 심사숙고해서 결정하기보다는 남성들만의 용맹성을 보여주는 행동으로 표출하기도 했다.

전쟁에서 군사적인 위력을 보인 남성이 중심이 되어 승리로 이끌게 되면 그 다음 전쟁에서는 그가 군사지도자가 되어 다른 남성들로부터 강한 복종을 확보할 수 있었다. 그러나 무두 부족사회에서는 이들의 지도력은 지속되지 않았으며, 전쟁이 끝나면 더 이상 그 직위가 유지되지 않았고 그도 역시 일반 사람들의 위치로 되돌아갔다.[15] 전쟁에서 확보한 노획물이나 노예 등을 군사지도자가 독점하거나 장로들만이 차지하는 것은 아니었다. 다시 말하면 사적 소유가 전제되지 않았기 때문에 재화의 개인적인 누적 소유현상은 일어나지 않았다. 노획물은 모두 공유였기 때문에 공평하게 배분 소유되었고, 필요한 포로의 노동력도 역시 공유했다. 이처럼 무두 부족사회에서는 사적 재산의 소유가 없었기 때문에 사회의 계층적 분화도 일어나지 않았다.

무두 부족사회에서 한가지 중요한 변화 조짐은 종교에서 찾을 수 있

---

14) 이러한 시험 가운데에는 독약을 마시게 하거나 끓는 물에 손을 담그게 하는 등의 시련을 부과하기도 했다.(H. Turney-High, *Primitive War: Its Theory and Concepts*, University of South Carolina Press, 1937)

15) 이러한 현상은 예를 들면 Cherokee, Pueblo, Jivaro, Dinka, Masai 부족에서 찾아볼 수 있다고 한다.(Martin Van Creveld, 앞의 책, p.8)

다. 이들 사회에서 종교의식, 즉 제의를 맡았던 제사장의 구실을 장로들이 수행할 수는 없었다. 장로들도 종교적 권위만은 가질 수 없었고 행사할 수도 없었다. 샤먼이나 예언가, 사제와 같은 특정 인사만이 제의를 배타적으로 집전할 수 있었다. 제사장의 구실은 단순히 제의에만 국한되지 않았으며 수확이 이루어진 뒤의 축제도, 승전의 축하의식도, 중요한 경사, 질병, 그리고 가뭄이나 홍수와 같은 자연재해를 극복하기 위한 기원도 제의를 통해 행해졌다. 이러한 제의로 집단구성원들 사이에는 강한 연대감이 이루어졌다. 대부분의 경우 제사장은 비록 여성의 도움을 받았지만 남성들이 맡았다. 제사장은 주술로 또는 약초로 질병을 치료했고 천문을 보고 기후를 예견했는데, 이는 앞선 제사장으로부터 장기간 도제식 훈련을 받은 결과이기도 했다. 초기에 제사장은 집단의 젊은이들 가운데 마음대로 특정인을 뽑아 훈련시켜서는 제사장의 구실을 이어받게 했다. 그 뒤 제사장의 승계는 그들 가문의 젊은이, 특히 아들이나 조카에 한정해서 전승되는 세습적 성격으로 변모했다. 물론 제사장의 승계는 장로들의 동의를 받아야 했기 때문에 몇 사람의 후보자 가운데 장로들이 최종 선발하는 경우도 있었다.

한 번 제사장으로 선임되면 그는 특징적인 의복이나 의식 등으로 자신의 신성성을 강조했는데, 예를 들면 온몸에 문신하거나 제사장만의 모자를 쓰거나 복장으로 치장했으며, 종자를 데리고 다녔고, 그가 거주하는 곳을 특별하게 치장하기도 했다. 물론 제사장은 다른 구성원들보다도 더 심한 자기규제, 즉 터부가 있었다. 가령 머리를 자르지 않는다거나 부정한 물건에 손대지 않고, 특정 음식은 먹지 않으며, 일정한 조건을 가진 여성에게만 결혼하는 것 등이 그러했다. 집단의 주민들은 제사장 때문에 풍요한 수확을 얻는다고 생각했으며, 질병에 걸리지 않고 전쟁에도 승리할 수 있으며 안전하게 생활하고 있다고 믿었기 때문에 제사장의 권위는 점점 높아지게 되었다. 만일 가뭄이나 홍수가 잦아서 농산물을 수확할 수 없거나 전쟁에 패하면 그것은 제사장의 위력이 떨어진 결과로 여겨졌으며, 따라서 제사장을 추방하거나 살해했고, 새로운 제사장을 추대하기도 했다.

제사장은 그들의 제의적 권위를 통치적 권위로 전환시키기 위해 의도적이고도 조작적인 행동을 자행하는 경우도 있었다. 단순히 제의만 주관하는 것이 아니라 부족구성원의 일상생활에 대한 심판관 구실도 맡았으며, 외부집단에 대해 그 부족을 대표하기도 했다. 그렇다고 해서 외부 세력의 침탈을 막고자 스스로 군사지도자로 나서는 경우는 드물었다.[16] 이 점에서 제사장이 그들 집단구성원들에게 과세하거나 그들의 개인적인 욕구를 실현하기 위해 추종자를 조직하는 일은 맡지 못했던 셈이다. 제사장의 유일한 무기는 강제력이 아니라 단지 설득과 예언, 그리고 제전의 집행이었다.

무두 부족사회에 이어 군장사회가 등장했다. 군장사회는 말 그대로 군장이라는 이름의 특정 지배자를 가진 부족사회를 뜻한다. 부족사회 구성원들을 지배할 수 있는 권한을 가진 특정 개인이 등장, 그 집단을 사실상 총괄 지배했으며, 자기의 아들에게 그 지위를 물려주는 세습을 보여주었다.[17] 군장사회는 시기적으로는 유럽에서는 기원전 1000년이나 750년 이전까지 지속했다.

군장사회는 이전의 무두 부족사회와는 달리 노동분업이 이루어졌으며 계층적 사회구조도 보여주었다. 한 집단 안에서 노동의 분업은 사람들이 수렵, 채취, 경작, 어업, 장인 등 여러 직종으로 나누어 그 일에 종사했음을 의미한다. 물론 이러한 구분이 명백했던 것은 아니지만 각기 특정분야를 중심으로 전문적 노동이 수행되었음을 알 수 있다. 그뿐 아니라 군장사회에서는 군장을 최고정점으로 삼아 그 사회의 상층과 하층, 그리고 노예와 같은 최하층으로 구분된 사회의 계층구조를 이루게 되었다. 이들 사

---

16) 제사장들은 군사작전의 사령관과 같은 구실이나 실제 전투와 같은 것에는 참여하지 않는 것이 일반적이었다. 이들은 단지 개전이나 종전의 의식을 집전하는 것으로 한정되었다. 이 점에서 군사활동에서 확보한 노획물의 배분에서 제사장이 특별히 더 유리한 위치에 있었던 것은 아니었다.(위의 책, p.10)

17) 무두 부족사회는 인구 증가와 이웃 집단과 전쟁 수행 등으로 더 이상 지속될 수 없었으며, 이를 대치하여 등장했던 것이 군장사회였다. 이 점에 대해서는 E. E. Service, *Primitive Social Organization : An Evolutionary Perspectives,* Random House, 1964 참고.

회에서 군장이 제의를 맡아 주관하는 집사장의 일도 행했으며, 전쟁과 같은 군사작전의 수행에 전공을 세운 군사지도자가 군장이 된 경우도 있었다. 그러나 최초의 군장은 무두 부족사회의 장로들이 선임했을 것으로 여겨지며, 그렇게 선임된 군장은 자신의 권위와 능력에 따라 자기의 위치를 자신의 장자에게 세습시켰을 것이다.

군장사회는 일부다처제의 가족제도였다. 상층 신분일수록 많은 아내를 가질 수 있었으며, 아내의 숫자는 곧 그 자신의 신분을 표시하는 지표였다. 군장사회의 이러한 성격은 자연히 군장의 세습성 문제를 제기했다. 즉 군장은 다수의 아내를 가졌고 이 아내들은 각기 다른 가문이나 부족 출신이었으며, 이 아내들이 낳은 수많은 아들들은 각기 군장의 후계자가 되기 위해 경쟁을 하였다. 물론 군장의 첫째 부인은 가장 유력한 가문 출신이기 때문에 여기에서 출생한 큰아들이 법적으로 정당한 승계자였다. 그러나 군장이 갑자기 사망했을 경우, 장남이 무능할 경우, 또는 첫째 부인이 사망했을 경우에는 군장의 여러 아들들 가운데 격심한 경쟁이 일어난다. 이렇게 해서 군장이 된 아들의 어머니 가문은 권력 행사자의 위치로 올라설 수 있었다. 그러므로 어느 면에서 이러한 성격은 모계사회적 성격도 갖고 있었다.

앞에서도 적었지만, 군장사회는 계층사회로 그 첫번째 상위계층에는 군장을 중심으로 하는 특권집단이 차지하였다. 여기에는 군장 가문에 한정된 인사들로만 이루어졌다. 즉 군장의 아들, 조카, 사위 등으로 군장에 대한 승계권을 가진 사람들이었다. 이들 군장 가문의 구성원들이 전사했거나 부상했을 경우는 후하게 보상받았으며, 반역 이외의 범법행위는 처벌을 면제받았다. 이들은 주거와 복장에도 신분을 나타내는 특별한 것들로 치장했다. 대부분의 경우 군장사회에서 이들 가문의 일족이 지방 수장으로 임명되었으며 이렇게 임명된 인사들이 지방을 통치했는데, 다만 중앙에서 군장을 직접 호위하는 경호 책임자의 구실은 맡겨지지 않았다.

군장의 일가친척이 상층을 구성했다면 그 아래층, 즉 하층에는 평민들로 이루어졌다. 평민들에게는 여러 가지 제약이 따랐는데, 물론 이러한 제약도 사회마다 약간씩 차이가 있었다. 어느 곳에서는 가축을 소유하지 못하게 했으며, 말을 탈 수 없게 했고, 또 다른 곳에서는 가죽옷을 입도록 규제했으며, 신분을 표시하는 모자를 쓰도록 강요했다. 이들 평민들이 부상을 당했거나 살해되었을 때는 상층 사람들로부터 별다른 보상은 받지 못했다. 그러나 그 반대의 경우, 즉 평민들이 상층 사람을 상해 또는 살해 했을 경우에는 엄격하게 처벌받았다. 대부분의 경우 이들 평민들은 정복 된 다른 부족민과 그 혈족으로 되어 있었다.

이처럼 상층과 하층을 구분하는 중요한 기준은 혈통이었다. 상층 혈통 과 무관한 사람들이 곧 하층의 평민이었다. 이들은 목축, 고기잡이, 상인, 장인, 그리고 간혹 사제의 일을 맡기도 했다.[18] 상층 지배세력은 하층의 피지배층을 통치하기 위해 권력의 집중화와 경제력의 축적, 군사력의 독점을 강화했으며, 이들 권력은 군장인 특정 개인을 중심으로 누적적으로 집중되었다.

무두 부족사회에서 제사장은 제의의 집전과 주술이나 예언에 통해 그 영향력을 행사했지만, 군장사회에서 군장은 기본적으로 이러한 제사장의 기능과는 구분되는 면에서 영향력을 확보했다. 그것은 곧 군장이 갖고 있는 하층에 대한 통치권이었다. 군장 등 상층 인사들은 노동에 참여하 지 않았으며, 그들이 가진 강압적인 통치수단으로 하층에 조세나 부역을 부과하였고, 이를 통해 풍요하게 살았다. 이들 군장들은 이전의 제사장과 는 비교할 수 없을 정도로 거대한 권한을 행사했는데, 하층민에 대해 생 사여탈권까지 행사할 수 있었다. 군장이 내리는 명령이나 지시는 바로 법이었으며, 그 집단을 통치하는 유일한 기준이었다. 이 점에서 군장은 그 사회의 입법·사법·행정의 모든 통치권을 완전 장악했던 셈이다.

군장이 다스리는 지역은 이전의 무두 부족사회에 견주어 광대했기 때 문에 각 지방에는 군장의 자제나 친척에게 지방의 수장직을 맡겨 놓았다. 그러므로 권력구조의 피라미드적 위계가 전국적으로 이루어졌다. 지방의 수장들도 중앙의 군장을 모방해서 각기 그 지방의 최고 통치자로 군림했

---

18) 군장사회에 이르게 되면 사실상 사제는 더 이상 지배세력에 속하지 않게 되었으며 평민과 같은 하층으로 여겨졌다. 이러한 사정은 곧 권력의 전이현상을 의미함과 동시 에 사실상 권력구조의 층화가 제도화했음을 의미한다.

으며, 마치 봉건제의 영주처럼 그 권한을 행사했다. 지방 수장들은 군장의 세습화 과정에서 자주 권력 장악을 위한 경쟁관계에 돌입했으며 군장과 대립적인 갈등을 보여주었는데, 이 경우 대부분 중앙의 군장에 의해 진압되거나 추방되었다.[19] 물론 군장이 지방 수장에 대해 항상 이렇게만 대처했던 것은 아니었다. 때로는 이들을 회유하기 위해 식량, 의복, 가축, 토지, 보석, 또는 군장의 딸과 결혼하게 하는 조치도 취했다. 이러한 시혜적 조치에 필요한 경제적 부담을 조달하기 위해 군장은 그가 지배하는 전 영역에 조세를 과중하게 부담시켰으며, 지방 수장에게는 조공을 바치도록 강권했다.[20]

군장사회에서 군장이나 지방 수장, 그리고 상층 지배세력에 속하는 군장 가족들은 과세나 조공 등에 의해 축적된 물적 자산으로 호화롭게 생활할 수 있었다. 그뿐 아니라 일반 하층민들부터 거두어들인 조세나 지방 수장들로부터 간접적으로 획득한 자산들을 군장의 창고에 모아두었으며, 때로는 외부의 다른 집단과 물물거래로 더 많은 물적 자산을 확보할 수 있었다. 이렇게 확보된 물적 자산도 가뭄이나 홍수와 같은 자연재해나 전쟁 등으로 하층민의 생활이 어렵게 되면 이들을 구원하기 위해 적절히 배분해 주었다. 이 점에서 군장사회에서 물적 가치의 축적은 어느 면에서는 군장만을 위한 것이기보다는 구성원 모두를 위한 비상시기의 대비책이었으며, 때로는 외부와 교류하기 위한 물적 자산이기도 했다. 이는 곧 군장사회에서 군장의 권위는 비록 그의 개인적인 능력에 따른 것이지만 일반인들의 지지로 지속될 수 있었음을 의미하는 것이기도 했다.

군장사회는 이전의 무두 부족사회보다 규모가 컸기 때문에 지방과 연락하기 위해 도로를 닦았으며, 이것에 의해 지방과 중앙을 긴밀하게 소통했다. 이것은 결과적으로 군장이 거주하는 지역이 도시로 발전하게 되는

---

19) 군장사회에서 군장과 지방의 수장들 사이의 관계는 국왕과 봉건영주 사이의 관계와 비슷했는데, 특히 지방의 수장들의 충성을 확보하기 위하여 그들의 자제를 일종의 볼모로 삼아 군장의 왕정에서 근무하도록 했다. 이러한 성격은 로마제국에서나 중세의 일본 봉건제에서 행해졌던 것과 상당한 정도로 비슷했다.

20) S. L. Seaton and H. J. M. Claessen, eds., *Political Anthropology : The State of Art*, Mouton, 1979, pp.150~155.

계기가 되었다. 도로 건설은 지방 수장에 대한 군장의 지휘감독을 용이하
게 했으며, 나아가 군장의 통치력과 권위를 상대적으로 높이는 계기가 되
었다. 군장은 통치권의 효율적인 집행을 이룩하기 위해 경찰, 군사, 그리
고 자신의 종자로 관리의 일을 맡아보게 했다. 그러나 군장은 효율적으로
통치하기 위해 일정한 제도로 이들의 일을 정착시키지는 못했다. 그보다
는 제의와 같은 종교적인 지원을 더 받으려고 노력했다. 즉 제사장의 협
조로 제의에 의한 자신의 권위를 일반인들이 수용하도록 시도했다. 이러
한 성격은 군장사회를 평등보다는 위계적인 불평등의 사회로 만들었으
며, 잠정적인 지도체계가 점점 영구적인 권위체계로 세습되었다. 그리고
일정한 공물과 조세가 이전의 자의적인 상납을 대신했다. 특히 군장사회
에서는 군장에 의한 가혹한 처벌이 징벌로 부과됨으로써 통치의 효과를
확보할 수 있었다.

무두 부족사회에 견주어 훨씬 더 강화된 조직체계, 더 많은 구성원과
더 넓은 영역의 통치, 더 강한 권위와 통치의 행사야말로 무두 부족사회
와 군장사회를 구분하는 차이점이다. 그러나 군장사회에서는 지방 수장
들이 있었기 때문에 다른 사회에 비해 자주 군장이 교체되는 현상이 일
어났는데, 가령 군장이 사망했을 때 그 승계 때문에 내란이 일어나기도
했다. 그만큼 군장사회는 특정 군장가문의 지배는 짧았으며 빈번하게 군
장이 교체되었다.[21] 그러므로 군장사회는 더 안정적이고 지속적일 수 있
는 새로운 정치체제로서의 국가를 필요로 했으며, 따라서 그것은 국가제
도로 나아가는 과도기적인 현상이었다.

무두 부족사회와 군장사회가 전통적 국가 이전의 통치형태였다면, 전
통적 국가로 옮아오면서 등장한 것이 도시국가였다.[22] 앞의 무두 부족사

---

21) Martin Van Creveld, 앞의 책, p.20.
22) 여기서 한 가지 지적해야 할 사실은 모든 군장사회가 다 도시국가로 발전했던 것은
   아니었다. 그리고 무두 부족사회가 군장사회로 변한 것도 아니었다. 한 사회의 역사적
   발전은 어느 하나의 단선적인 발전과정만을 거치는 것은 아니기 때문이다. 어느 사회
   는 무두 부족사회로부터 군장사회로 그리고 도시국가로 옮아갔지만 다른 사회는 여전
   히 무두 부족사회로 남아 있는 경우도 있고 ,또 설사 군장사회로 옮아갔다 해도 도시
   국가로 옮아가지 않고 그대로 지속되는 경우도 있었다. 이처럼 고대사회에서 국가의

회나 군장사회가 주로 농촌을 중심으로 유목적인 성격을 가졌다면, 도시
국가는 말 그대로 도시라는 일정 공간을 중심으로 발전했다. 도시의 성곽
안에 석재나 벽돌로 영구적인 집을 짓고 거주했던 도시민들의 정치적 사
회형태였다.[23] 도시 안에는 사원이나 그리스의 아고라, 로마의 광장처럼
시장이 그 중심부에 자리잡았고, 정부청사, 그리고 상업이나 대외교역에
종사하는 사람들의 가옥이 들어서 있었다. 도시국가의 규모는 한 사람이
도보로 하루 걸리는 정도의 비교적 좁은 영역이었다.[24]

　도시국가는 혈연적 군사적 집단체제의 성장에 따른 그것의 조직화였
다. 초기 도시국가는 그 나름의 신앙공동체적 성격을 지니고 있었다. 공
동으로 신앙생활을 영위했으며, 공동의 군사행동에 참여함으로써 도시국
가 구성원들 사이에는 강한 결속감을 가지고 있었다. 이처럼 일정 영역에
서 강한 연대성을 가진 거주민들이 성곽으로 둘러싸인 도시 안에 연대적
인 생활과 자치적인 조직체를 이룩했던 것이 도시국가였다.[25]

발전과정이나 단계는 각 사회마다 다양성을 보여주었다.

23) L. Mumford, *The City in History*, chs.1, 2, Penguin Books, 1961.

24) 도시국가의 규모는 그리스 도시국가 중에서 제일 큰 시라큐스에 연이어 있었는데, 최
고의 번성기에 인구숫자가 25만 명이었으며, 그 가운데 3만 명에서 4만 명 정도가 자
유민이었으며 나머지는 여성과 외국인 노예로 구성되었다.(Martin Van Creveld, 앞의
책, p.36) 대표적인 도시국가는 기원전 800~500년 동안 지속된 그리스 도시국가들을
생각해볼 수 있다. 이들 도시국가의 기원은 최초 몇몇 유력가문이 일정 도시를 중심으
로 부족적으로 연대해서는 공동으로 생활영역을 확보한 것에서 비롯되었다. 폴리스
(polis)로 알려진 도시국가는 주로 지리적인 성격에 따라 그 규모와 성격이 결정되었으
며, 소규모의 지역중심체제가 그 특징이 될 수밖에 없었다. 고대 그리스의 도시국가에
서는 혈족과 비슷한 집단적 조직체로 씨족, 즉 파라트리(phratry)라는 것이 있었으며,
이보다 더 규모가 큰 일종의 공동체적 연대성을 가지고 있었단 조직체로 히테이리아
(heteiria)가 있었다.(Andrew Vincent, *Theories of the State*, Basil Blackwell, 1987,
p.12)

25) 여기서 특히 그리스어로 도시국가 폴리스에 해당되는 폴리테리아(politeria)라는 말은
시민권, 도시의 구성체, 공동체와도 같은 뜻을 갖고 있다. 이러한 성격의 폴리스는 이
와 비슷한 그리스의 표현어인 코이노니아(koinonia)의 의미를 갖고 있는데, 이는 곧 오
늘날 공동체의 개념에 통하는 말이기도 하다. 그리스의 도시국가는 바로 공동체적 성
격을 갖고 있었음을 의미하는 것으로, 이는 경제적 자급자족적 성격에 따른 공동체가
아니라 그보다는 공동적인 운명의식이나 공통된 신앙체계를 향유하는 것을 중심으로
한 것이었다. 이처럼 그리스의 폴리스는 어느 면에서는 종교적인 성격을 기본적으로
공유한 것으로 이해할 수 있다.(위의 책, p.12)

도시국가는 자유민과 비자유민으로 구성되었는데, 실제 정치에 참여할 수 있는 것은 자유민이었다. 자유민으로 구성된 민회가 정치의 핵심이었다. 민회도 도시국가마다 조금씩 차이가 있었는데, 그리스의 경우 단일적인 민회가 있었지만, 로마의 도시국가에서는 4개로 구성되었다. 그리스의 민회에서는 여성이나 외국인 노예를 제외한 모든 성인 남성들이 참여했으며, 여기에서 내린 결정이 최종적인 효과를 가졌다. 특히 여기에서는 법을 제정했으며, 집정관의 선출, 선전포고와 평화선언도 행했다. 그리스의 민회, 특히 아테네의 민회에서는 민주주의에 위험인물이 될 수 있는 정치 지도자는 패각추방(ostracism)했으며, 대체로 민회는 1년에 약 40회 정도 열렸다.

민회에서 선출된 집정관의 임기는 1년이었고, 이들은 주로 추첨제로 선출되었다. 그 밖에 집정관은 실제 전쟁의 지휘와 공공건물의 건축, 시장의 관리, 재정과 치안을 담당했다. 도시국가의 시민들은 민회에 참가해서는 지도자의 정치적 견해를 듣고 투표로 제안된 문제를 결정하는 등 참정권을 행사했지만 그 대가로 조세와 군역을 부담했다. 도시국가의 종교행사는 특정 사제가 집전했으며, 이들은 거대한 신전에서 주기적으로 제의를 집행했다. 사제는 일정 가문에 세습되었으며, 그렇다고 해서 아버지로부터 아들로 직접 세습되었던 것은 아니었다. 민회에서 선출된 집정관 가운데 이 일이 맡겨졌는데, 이 경우 그 집정관 자리는 대체로 특정 가문의 독점물로 인정받고 있었다.

도시국가에서 민회가 일반 평민들의 정치적 조직체라면, 원로원은 그 도시 장로들로 구성된 또 다른 정치 조직체였다. 그리스에서 원로원은 별로 의미 있는 조직체는 아니었지만 로마에서는 오히려 민회보다 더 큰 권력을 가지고 있었다. 그리스 도시국가의 원로원은 임기 1년의 의원으로 구성되었으며, 이들의 선출은 주로 귀족들의 추첨으로 이루어졌다. 로마 도시국가의 원로원은 이전의 원로원들로부터 임명되는 형식을 취했는데 임기는 종신직이었다.

도시국가가 보여주는 이러한 성격, 즉 주민 전체의 참여에 따른 의사결정과 특정인의 권력 점유를 배제시킨 것은 시민들의 자유권 신장이라

는 점에서는 보탬이 되었다. 그러나 전문적인 행정기구나 정규 군인제도
와 같은 것은 발전하지 못했다. 그 결과 전쟁이나 외교와 같은 중요 문제
에 부딪히면 국론의 통일에 상당한 시간이 걸렸으며, 효과적인 대응책도
신속하게 마련할 수 없었다. 그래서 민회가 중심인 그리스 도시국가에서
는 실천을 위한 효과적인 방안보다는 주민들에게 인기 있는 선동적인 정
치가의 웅변 속에 결정되었다. 그 결과 지속적이고도 장기적인 국가발전
계획 같은 것은 이루어질 수 없었다.

또한 도시국가에서는 정규적인 상비군 제도가 확립되지 않았다. 전쟁
이 일어나면 주민들 가운데 지원을 받아 이전에 군사 경험이 있는 인사
의 지휘로 전쟁을 치렀으며, 그 전쟁이 끝나면 다시 군대는 해산되었고
군대의 지휘자는 본래의 직업으로 되돌아갔다. 이러한 현상은 고대 도시
국가에서 나타났는데, 특히 아테네는 상비군이 없었기 때문에 필요할 때
마다 용병에 의존할 수밖에 없었다. 펠로폰네소스전쟁부터 용병이 동원
되었으며, 전쟁이 끝나면 이들에게 일정한 대가를 제공한 뒤 국경 밖으로
떠나게 했다. 아테네에서는 전문적이고 직업적인 행정관리도, 유능한 군
사지휘자도 없었다. 단지 있었다면 웅변가만 있었고 선동가만 난무했다.
그 결과 주민들에게 일정한 과세제도에 따른 효과적인 세금도 부과되지
못했다.

이 도시국가들은 대부분 항구를 중심으로 삼았기 때문에 해상교역에
치중했으며, 무역에 따르는 관세가 징수되었다. 이것만으로는 도시국가
의 행정을 맡았던 정청의 재정문제가 해결될 수는 없었다. 다만 도시국가
에서 해상교역에 종사했던 특정 상인들은 거대한 부를 축적할 수 있었고,
이들이 도시국가의 전제권을 장악하려는 음모를 행할 때도 많았다. 그러
므로 도시국가의 정청에 부유한 상인들은 경제적으로 지원했으며, 이것
때문에 그나마 행정체제를 유지할 수 있었는데, 이는 곧 부유 상인들의
정치적 발언권을 강화하는 계기가 되었다.

이처럼 도시국가는 외부로부터 강대국의 침탈이나 지배를 받지 않았
을 때, 내부로는 전제군주가 되기를 획책하는 선동가나 부유한 상인의 정
치적 음모가 없었을 때 비로소 도시국가의 주권이 도시민에게 부여될 수

있었다. 이러한 상태에서만 주민들은 자유롭게 생업에 종사할 수 있었으
며 신전의 종교행사에도 참여하는 등 최대한 자율적인 시민으로 살 수
있었다. 그들은 어느 누구에게도 조공을 바치지 않았으며 특별히 법으로
부터 강제받지 않았고, 중요 문제에 대해서도 자신의 주장을 자유롭게 펼
칠 수 있었다. 이러한 상태야말로 전형적으로 '법 앞의 평등'이 이루어진
자유로움의 의미를 간직할 수 있었다.[26)]

도시국가는 그 뒤 제국에 병합됨으로써 마침내 거대제국으로 옮아갔
다. 시기적으로는 기원전 5세기부터 기원후 5세기까지가 여기에 속했으
며, 동서양을 막론하고 이 기간은 거대제국이 지배했던 기간이었다. 제국
은 도시국가가 한창 번성을 누렸던 그 시기에도 그 나름의 일정한 통치
체제로 존속하였다. 가령 고대 이집트나 중국처럼 단일 인종이 거대 영역
을 통치하는 제국으로 존립하였다.[27)] 기독교가 공인되기 이전에는 황제가

---

26) 그러나 도시국가는 도시민의 자유로운 공화국으로 장기적인 지속이 어려운 내외적
상황에 직면하게 되었다. 안으로는 선동적인 정치가의 난무 속에서 결국 특정 전제적
지배자의 등장이 불가피했으며, 밖으로는 거듭된 외국의 침탈에 사실상 무방비 상태로
노출되었기 때문이다. 자유의 보장은 단지 자유민들에게만 국한되었기 때문에 여기에
서 소외된 노예 등의 반발도 심했으며, 경제적으로 점차 빈곤상태로 떨어진 빈민들은
상대적으로 부유한 교역상인들에 대한 반감을 드러내게 되었고 그 결과 반란이 거듭
되었다. 이러한 사실은 도시국가가 거대 제국체제의 침탈로 그것에 복속될 수밖에 없
는 그 자체의 약점을 의미하는 것이기도 했다. 그렇지만 '자유민의 공화국'으로서 도시
국가의 가치성은 정치사에서 오래도록 기록될 수 있었다. 실제로 이러한 의미에 대한
가장 극적인 표현은 다음과 같은 투키디데스의 글에서 읽을 수 있다. "우리의 헌정체
는 권력이 소수자의 수중에 놓여 있는 것이 아니라 전체 민중들의 수중에 있기 때문에
민주주의라고 불리어지고 있다. 개인적인 분쟁의 해결에서는 모든 사람은 법 앞에 평
등할 뿐이다. 어느 한 사람이 다른 사람보다 앞서서 공적인 책임을 맡겨야 할 경우 우
선적으로 고려되어야 하는 것은 그가 어느 특정 계급에 속하는가가 아니라 그 사람이
갖고 있는 실제적인 능력이 어떠한가에 대한 것이다. 폴리스에 봉사하기 위해 그 자신
이 갖고 있는 모든 힘을 쏟아 붓는 한 그가 가난하다는 이유만으로 그는 정치적으로
난처한 궁지로 전락하지는 않는다. ― 우리들은 일상생활에서 자유롭고 관용적이며 ―
우리는 권위있는 자리에 우리가 앉혀놓은 그 사람에게 복종하며 우리는 법을 지키고
특히 억압받는 사람들을 보호하기 위해 마련된 그 법을 준수하며 법을 지키지 않아 수
치감을 갖게 될 불문법조차도 우리는 진심으로 지키고 있다."(Thucydides, *The
Peloponnesian War*, Heinemann, 1921, p. II, 36)
27) 거대제국은 거대한 숫자의 인구를 포용했다. 가령 잉카제국처럼 영토는 남북의 길이
가 2천 마일이나 되었으며 거주민의 수는 600만~800만 명이었다. 로마제국도 한창 시
기에는 오늘날의 이탈리아, 유고슬라비아, 루마니아, 불가리아, 그리스, 터키, 아르메니
아, 시리아, 메소포타미아, 팔레스타인, 이집트, 리비아의 북부, 튀니지, 알제리, 모로코,

지상에서 유일 절대적인 신이라는 주장까지 나올 정도였다. 로마 이외의
다른 황제들, 예를 들면 잉카나 고대 이집트의 황제들은 지상에서 태양신
의 유일한 후계자로 자칭했으며, 중국의 황제는 스스로 하늘의 아들로 행
세했다.[28] 그러므로 이들은 지상에서 교회나 성전의 최고 주재자로 성전
을 관리하는 사제를 임명했다. 이 경우 황제는 세속권과 함께 신성권을
가졌음을 의미했다. 황제는 세속적으로 최고의 통치자였으며, 종교적으
로도 그의 위치를 보장받았기 때문에 실제로 이들 두 가지 권한이 하나
로 결합됨으로써 황제의 절대권은 전제권으로 발전할 수 있었다.[29] 제국

스페인, 프랑스, 브리튼, 남부 독일, 스위스, 오스트리아의 일부와 헝가리까지 포함하고
있었다. 인구수는 그 당시로 약 5천만~8천만 명으로 추계된다. 실제로 제국의 역사적
기원에 대해서는 별로 알려져 있지 않지만 대부분 경우 군장사회의 발전형태라고 이
해하고 있다. 즉 특정의 군장사회가 다른 군장사회를 정복하여 그 영역을 넓힘으로써
이루어진 군장사회의 확대 현상이라고 할 수 있다. 여기에 속하는 대표적인 경우가 아
즈텍과 잉카제국이다. 이들 제국은 공통적으로 유능한 군장에 따라 다른 군장사회나
부족을 군사적으로 정복하고 나아가 이들 지역에 자신들의 부족만이 지배층으로 군림
하는 지배형태를 구축하였다. 즉 앗시리아, 바빌로니아, 페르시아, 아랍, 몽고, 오트만
터키, 무갈제국 등이 이러한 범주에 속한다. 그러나 순수하게 도시국가로부터 제국으
로 발전된 경우도 없지 않았다. 여기에 해당되는 것이 기원전 4세기부터 시작된 로마
제국으로, 이들 제국은 단 한 사람의 황제를 최고 정점으로 삼는 권력구조를 이룩하였
다. 로마나 중국에서는 황제의 후계자는 바로 황제 자신에 따라 그의 아들이나 양자
가운데 선정되었다. 황제 직위의 계승을 둘러싸고 정치적 분란이 자주 일어났으며, 심
지어 제국을 분열시켜 내란상태로 떨어지기도 했으며, 이 때문에 이 문제를 극복하기
위한 여러 가지 대비책이 마련되기도 했다. 가령 오트만 터키에서는 수많은 왕자들을
모두 '새장'(cage)이라고 불렀던 왕궁의 일정 건물에 함께 생활하게 하여 외부인사들
의 음모와 연관되거나 그것에 휘말리지 않게 했으며, 그 가운데 한 사람이 술탄의 자
리를 차지하게 되면 다른 왕자들은 모두 교살되었다. 때로는 황제의 딸들도 황제로 승
계될 수 있었다. 아버지로부터 승계해서 황제가 되면 그 후계자는 예외 없이 그 통치
권이 하늘로부터 부여된 절대적 신성성이 있다고 믿었고 또 이를 위한 여러 가지 조치
를 취하기도 했다.(Lord Kinross, *The Ottoman Centuries : The Rise and Fall of the
Turkish Empire*, Morrow Quill, 1977, p.333)
28) 황제 자신이 절대적인 신성성을 강조하지 않는 경우도 있었는데 가령, 비잔티움에서
   는 황제가 스스로 신으로나 예언자로는 자처하지 않았으며 다만 지상에 있는 성전의
   주관자로 행동했을 뿐이다.(Martin Van Creveld, 앞의 책, p.38)
29) 황제의 절대자적 존재에서 비롯된 전제권도, 로마제국에서 기독교가 공인된 이후는
   점차 신성권과 세속권 사이에 분리현상이 나타나게 되었다. 즉 황제는 최고의 세속권
   자로 여겨졌으며 종교적 신성권은 별도로 구축하게 되었다. 그러나 세속권만으로도 제
   국의 황제는 절대자의 위치를 차지할 수 있었으며 입법, 행정, 사법의 최고권을 그의
   수중에 장악하고 있었다. 이러한 현상에 대해 "법은 단지 황제에게 선하고 유리한 것
   일 때만이 그 효력을 갖는다"는 말과, "황제는 법 위에 군림한다"는 표현, 그리고 "황

의 단계로 옮아온 뒤에 비로소 전통적 국가로서 체제를 정비하였으며 그에 따르는 일정한 제도를 마련할 수 있었다. 이때부터 고대국가의 의미도 사실상의 실체적인 모습으로 자리잡을 수 있게 되었다.

4. 통치체제 발전의 이념형

서유럽 국가의 발전단계를 한국의 국가체제에 대한 인식 기준으로 원용할 수 있다.[30] 물론 한국의 단계적 국가 발전의 인식에 관한 여러 가지 주장이 펼쳐지고 있다. 이는 한국에서 국가 발전을 단계적으로 구분할 정도로 그 변화나 차별성이 분명하다고는 말하기 어렵기 때문이다. 한국의 전통적 국가를 서유럽처럼 일정 기준에 따라 구분할 만큼 단계의 명료성은 찾기가 어렵다. 고대국가로부터 중세국가로 변화했음을 구분할 명백한 기준도 설정할 수 없고, 근대국가로 전환하는 것도 한국 사회의 내재적 사회변동으로만 설명할 수 없는 한계에 놓여 있다.[31]

제의 통치는 모든 사람의 현실과 종교적 신념까지도 지배한다"는 말에서도 황제의 전제권의 일단을 이해할 수 있다. 황제의 통치권은 기본적으로 두 가지 성격으로 구성되었는데, 하나는 온정주의이며, 다른 하나는 엄격한 율법주의이다. 전자의 경우 황제는 마치 가정의 어버이와 같은 존재로 미화했으며, 그 자신이 통치하는 신민들에게 온정을 베풀어 그들의 생업에 아무런 지장이 없게 해야 하는 존재라는 의미였다. 그리고 후자는 황제 자신이 법의 실체이기 때문에 자신의 명령에 대한 불복종이나 기존의 관념에 대한 위반에 대해서는 엄격하게 처벌하는 것이 사회와 개개인을 안전하고 평화롭게 하는 것이라는 의미를 가지고 있었다. 즉 제국의 모든 법은 황제의 자의에 따라 제정되며 그 처벌의 내용과 성격도 황제의 개인적 자의성이 지배할 수 있었다.

30) 이러한 사실은 한국의 정치사회와는 달리 서유럽에서는 이미 앞에서 지적한 사회변동이 시대적으로 구분될 수 있을 정도로 전개되었기 때문인데, 이러한 변화를 가져온 것은 종교와 같은 문화적 성격과 함께 실제로 그 기반이 된 생산양식의 변모에서도 일치적인 변화양식을 보여주었기 때문이다. 즉 고대 노예제 사회로부터 중세 봉건제 사회로의 변화나 그 이후의 산업화에 따라 자본주의 사회로의 전개 등은 기본적으로 생산양식의 변화와 함께 문화적 성격의 변화를 동시에 수반했음을 찾아볼 수 있다. 그러나 한국에서는 문화적 변화와 사회경제적 변화의 동시적 전개와 같은 것은 비교적 분명하게 드러나지 않는 성격을 보여준다.

31) 한국사 시대구분에 대해 지금까지 논의된 중요한 사실을 다룬 것으로는 이기동, 〈한국사 시대구분의 여러 유형과 문제점〉, 《한국사시대구분론》, 소화, 1995, pp.77~125를 참고. 특히 이 글에서는 마르크스주의적 역사발전론의 단계의 한계를 설득력 있게 지적하고 있다.

물론 한국의 전통사회도 국가의 성격이나 전개에서 일정한 발전과정을 거치게 되었다. 고착적인 정치사회가 있을 수 없듯이 한국의 정치사회도 변화의 전반적인 과정을 거쳤다. 한국에서 국가발전의 단계를 설정할 경우 그것은 서유럽과는 다른, 즉 경제적 생산양식이나 사회구성체의 관점에서가 아닌 상부구조에서 구분할 수 있을 것이다. 앞에서 살펴본 것처럼 한국 사회에서 국가의 제도화는 제의와 경제적 가치 점유와 배분, 그리고 내외적 안전의 유지 기능, 그리고 대외관계 등을 초점으로 하여 그것들 사이의 교차적인 전개로 빚어졌다고 인식할 수 있다. 이 점에서 국가의 발전과정은 곧 통치체제의 제도화 과정이라고 생각할 수 있으며, 이것을 구성하는 지배세력, 이데올로기, 가치 배분, 강제력 동원, 대외관계 등의 차원에서 분석할 때, 그것의 성격이 시대상황과 함께 분명히 드러나리라 여겨진다. 그러므로 여기서는 이 각 요소들을 세분해서 생각해 보기로 한다.

먼저 이데올로기를 살펴보면, 고대사회로부터 근대국가에 이르기까지 지배이데올로기는 통치체제의 기능적 효율화를 위한 핵심요소였다. 구성원에게 통치체제의 존립과 그것으로부터 부과되는 규제를 정당하다고 여기도록 하여 이를 수용하게 하는 논리적 관념적 장치가 이데올로기이다. 특히 한국의 고대사회는 이데올로기의 영향력이 강했는데, 이는 제의와 같은 무속적 영향에 따른 결과였다. 구체적으로, 고대사회에서 제의는 천신과 조상에 대한 제사의식이었으며, 이는 그 전개과정에서 무속적 성격을 갖고 있었다. 무속에 바탕을 둔 제의는 무(巫), 즉 집사장이 주관해도 여기에는 구성원 모두가 참여하는 형식을 보여주었다. 그것은 집사장만의 욕구나 기원이 아니라 구성원 모두의 표현이었다. 이 점에서 무속은 구성원 사이에 연대성을 갖게 하였으며, 나아가 그 집단의 존립 의미와 미래에 대한 구성원의 기원을 총체적으로 표현하게 되었다. 무속은 한국 사회에서 최초의 지배이데올로기적 기능을 수행하게 되었다. 그러나 정치사회의 변동으로 그것의 지속적 행사가 위기에 놓이기도 했다.

무속이 지배했던 고대사회에서 그것을 주관했던 제사장, 즉 무의 기능에 대한 문제가 변화하는 사회적 성격에 조응될 수 없는 일종의 모순 상

황을 빚기도 했다. 즉 제사를 주관했던 무에 대한 구성원 모두의 기대감
은 점점 일상생활에 대한 기원으로 옮아가고 있었다. 삶과 죽음, 질병과
건강, 외적의 침범과 안전, 가뭄과 홍수, 집단의 안전, 질서의 유지와 범
법자 문제의 해결 등은 사실상 제의의 주관자인 무의 능력만으로는 극복
할 수 없는 것들이었다. 이러한 변화는 특히 집단구성원의 수적 증대로
더 한층 심화되었다. 집단구성원의 욕구는 주로 몇 갈래로 표현되었다.
하나는 기존의 무속적 관념에 근거하여 그것을 주관하는 집사장, 즉 무의
교체로 나타났다. 제사의 효험이 미약한 것은 무의 개인적 한계에서 기인
한다고 생각하여서 새로운 무를 등장시켰다. 다른 하나는 새로운 무속적
제의와 그 관념을 발전적으로 변화시키는 경우이다. 기존의 무속적 관념
이나 제의와는 다른 변화된 관념과 제의 절차를 신설하고 이를 구성원에
게 설득하는 모색이 무속적 범주 안에서 행해졌다. 즉 무속은 정형화된
형태로 지속하는 것이 아니라 가변적이었으며, 여기에 새로운 의미나 절
차가 부가되는 일종의 가치 갱신의 모습을 보여주었다. 그런가 하면 때로
는 무를 대치할 수 있는 새로운 가치관념이 수용되기도 했다. 이러한 성
격의 한 사례가 불교의 수용이었다.

지배이데올로기로서 무속이 불교로 대치되었다고 해서 무속이 한꺼번
에 없어진 것은 아니었다. 고대사회에서 새로 유입된 불교가 지배이데올
로기로 행사되어도 그것은 무속과 일정한 부분의 접합에서 이루어질 수
있었다. 무속이 지배이데올로기의 위치만을 가졌던 것이 아니라 구성원
의 생활양식 속에도 깊게 자리잡고 있었기 때문이다. 이 점에서 새로 유
입된 고등종교로서의 불교도 일거에 무속을 완전히 대치할 수는 없었으
며, 때로는 상대방의 영역을 인정하면서 점진적으로 그것의 극복이나 접
합으로 대안적 기능을 수행할 수밖에 없었다.

불교가 지배이데올로기가 되었음은 최소한 무속과의 접합과정을 거쳤
다는 것을 의미한다. 이 과정에서 불교는 지배이데올로기로서 자체의 교
리에 바탕을 둔 일체적이고 교조적인 기능을 수행했다. 즉 무속을 극복해
야 했으며 불교의 교리에 입각한 새로운 이념 정립에 의거한 지배이데올
로기의 위치를 확보해야 했다. 특히 이러한 성격은 특정 통치세력과 연계

될 때 필연적이었으며, 이는 결과적으로 왕권강화로 이어졌다. 그러나 다른 한편으로 일반 민중에게는 이전부터 잔존된 무속과 새로 유입된 불교와의 통합적 성격, 어느 면에서 불교의 무속화적 성격의 수용이기도 했다. 이것은 획일적인 불교 사상체계에 의한 지배자 중심의 이데올로기라기보다는 민중적이었고, 무속적인 요소를 수용하는 통합적인 성격으로 이어졌다. 이처럼 불교는 지배층 중심의 새로운 지배이데올로기로서의 의미를 가졌으며, 한편 민중에게는 무속과 접합된 점진적이고도 대안적인 이데올로기로 자리잡게 되었다.

물론 불교의 지배이데올로기를 바탕으로 한 통치체제는 국왕이나 특정 지배층 중심의 통치이념으로서 불교의 강화를 가져왔으며, 따라서 그 통치체제는 불교의 지원을 받는 국왕 중심의 전제적 통치의 성격을 가지게 되었다. 즉 통치체제의 지배이데올로기로서 불교를 활용한 결과였다. 물론 전제적 통치를 견제했던 것은 앞에서 말한 민중에 의한 대안 이데올로기로서의 불교의 또 다른 성격에 맡겨졌다. 대안적 이데올로기는 민중적 요소를 그 속에 담았기 때문에 민중의 기본 욕구, 즉 현실의 가혹한 규제에서 벗어날 수 있는 미래의 기대감을 충족시켜야 했으며, 획일적이고 중앙집권적인 통치에서 벗어나려는 이탈적 성격도 나타내었다. 지배이데올로기로서의 불교는 이처럼 한편에서는 왕권의 전제적 통치에 도움을 주었지만, 다른 한편으로는 그것에 맞서는 민중의 대안 이념으로 자리잡고 있었다. 그러므로 이들의 길항관계가 불교에 의한 지배이데올로기의 기본 속성으로 지속되었다.

불교가 그렇듯이 유교도 역시 지배세력이 유입했다. 유교는 불교의 이분적 성격, 즉 통치이념의 성격과 민중적인 성격에서 벗어나 처음부터 하나로 획일화된 지향성을 추구했다. 지배세력이 유교를 지배이데올로기로 유입했다는 점에서도 알 수 있듯이, 그 이념적 성격은 강력한 계서의식의 지향과 함께 더 교조적이었다. 불교의 지배이데올로기가 획일적 이탈적 성격의 반복상황을 보여주었다면, 유교는 나말여초(羅末麗初)부터 중앙집권적이고 획일적인 교조성을 추구했다.

유교의 덕치주의는 중앙집권적 전제왕권의 강화로 귀결되었으며, 그것은 사회구조를 계층적이고도 위계적인 것으로 만들었다. 이러한 성격은 구체적으로 조선왕조에서 찾아볼 수 있는데, 조선왕조의 유교는 이데올로기적 차원에서 획일적 이탈적 순환과정을 반복했던 신라와 고려의 불교를 대신해서 통치세력의 전제권 강화를 위한 이념적 기반으로 작용했다. 대안 이념으로, 민중 욕구의 실현으로, 또는 통치체제의 분권으로 지향하기보다는, 지배세력 중심의 전제왕권 확립과 사회계층적 위계질서의 정립, 그리고 배타적인 순수관념의 논리체계로 고정된 유교의 이데올로기적 성격으로 자리잡음으로써 결과적으로 통치체제는 이른바 '닫힌 국가'로 고착될 수밖에 없었다.[32] 이러한 상황에서 유교의 지배이데올로기는 지배세력의 통치만을 위한 합리화의 논리였으며, 그것은 민중을 억압하는 통치이념으로 기능할 수밖에 없었다. 정치이데올로기의 차원에서 성리학은 다른 이념과의 공존이나 경쟁적인 성격을 결여한 독점적인 통치이데올로기였으며, 그 결과 극단적인 민중 규제적 이념체제로 굳어지게 되었다.

지배이데올로기와 함께 지배세력도 인식의 주요 대상이다. 실제로 국가는 지배세력, 엄격하게 말하면 그 지배세력 가운데 실제 통치권력을 장악한 소수의 인사로 구성된 통치세력을 등장시켰는데, 이들이 장악한 국가의 통치기구에 의해서 통치권력이 행사될 수 있었다. 누가 통치세력이며 그들이 행하는 실제적인 통치기능이 무엇인지를 밝히는 것이야말로 국가 유형의 구분에 주요한 전제가 될 수 있다. 물론 이 경우 특정 개인의 의미보다는 집단적 성격의 통치세력과 이와 연계된 지배세력을 인식의 대상으로 삼게 된다.

통치구조는 무두 부족사회나 군장사회나, 소수의 지배에서 비롯되었다. 무두 부족사회는 통치구조의 제도화나 지속적 영향력의 행사가 다소 미약했다는 정도는 있었을 수 있었다. 그렇다면 한국의 고대사회에서 최

---

32) 여기서 의미하는 '닫힌 국가'(closed state)의 개념은 이른바 폐쇄체제를 뜻한다. 즉 정치체제에서 투입이 산출에 비하여 결여된 상태를 의미하며, 그 결과 정치사회에서 계층적 유동성이 일어나지 않게 되며, 지배세력 안에서 단순한 권력 장악의 경쟁만이 정치의 중심으로 자리잡는 국가체제를 의미한다.

초의 통치자는 누구였을까? 이 점에 대한 논의로 생각해볼 수 있는 것은 제의의 주관자였던 제사장 — 무(shaman)일 수도 있었고 집사장일 수도 있었다 — 에 따른 제정일치이다. 제정일치는 고대사회에서 제의가 중시된 상황에서의 통치양식이었다. 제의는 다른 영역, 즉 군사, 안전, 농경의 문제보다 더한층 중요시되었다. 제사장은 천신의 의지를 현실 속에 실현하는 대역자였으며, 집단구성원의 기원과 욕망의 표현자였고, 상황과 문제에 대한 독점적인 해석자였다. 제사장의 권위는 천신과 조상신에 따라 부여되었기 때문에 그에 따른 규제와 복속은 필연적이었다.

그러나 이러한 제정일치는 구성원의 수가 늘어나서 사회계층화되고 대외관계의 압력 때문에 인하여 통치체제가 변모되었다. 즉 사회계층화는 고대사회에서 이익 배분과 기회 점유의 불평등성에 따른 결과였는데, 상층에 속하는 제사장 일족은 더 많은 소유와 기회를 가졌으며, 하층으로 내려갈수록 그와는 다른 상황에 놓이게 되었다. 따라서 이러한 배분과정에서 소외된 하층의 불만을 충족시켜줄 유일한 가능성은 제의 이외 다른 방도가 없었다. 그러나 결과적으로 이들의 불만족을 잠재울 수 없었으며, 이는 자연히 제의의 주관자인 제사장 개인에 대한 불만으로 옮아가고 있었다.

제사장의 제정일치적 권위에 결정적으로 타격을 준 것은 대외관계에서 일어난 군사활동이었다. 외부집단의 군사적인 도전으로 그에 대한 응전은 물론이고, 이를 지도할 특정 지도자가 필요했다. 물론 제사장도 군사지도자가 될 수 있었다. 그러나 이 경우는 예외적이었다. 제사장이 제천의식을 주관하는 신의(神意)에 대한 감응성(感應性)을 중시했다면 군사지도자는 용감하고 지략적이며 통솔력을 필요로 했기 때문에 둘 사이에는 차이점이 있었다. 군사지도자가 군사활동에서 승전하면 이들 군사지도자는 군사 영역만이 아니라 다른 영역에서도 지도자로 올라설 수 있었다. 평화로운 상황에도 전쟁에 대한 대비가 필요했으며, 그러한 대비가 필요한 한 군사지도자의 위치는 공고화될 수밖에 없었다.

군사지도자는 물론 그 일족은 전쟁 승리의 대가로 다른 구성원보다 사회적으로 우월한 위치를 차지했으며, 상층 신분으로 세습될 수 있었다.

이들은 그 집단의 권력구조에서 통치세력으로 자리잡았으며, 여기에서 군왕도 배출되었고, 이들 대부분은 왕족이나 귀족으로 자리잡았다. 제정 일치에서 벗어나 군장사회로 전환됨에 따라 통치구조는 대부분 군사지도 자의 점유물이 되었으며, 통치구조의 체제화가 점점 이루어져 갔다. 계속 되는 군사활동으로 군왕으로 자리잡은 통치세력은 그들과 다른 군사지도 자가 등장했을 경우 이들을 자신들의 권력구조 속에 편입시켰으며, 그것 은 곧 상층 구성원으로 자리잡게 되는 계기로 작용했다. 물론 상층에는 이전의 제정일치시대의 제사장도 포함되었다.

통치구조가 등장하여 그 사회의 가치배분에서 상층 지배세력이 우월 한 자리를 차지할 수 있었기 때문에 하층을 억압할 수 있었고, 이것 자체 가 그들의 통치구조를 지속시킬 수 있게 했다. 그러나 통치구조의 위계적 인 체제화, 즉 군왕을 정점으로 한 통치세력의 위계질서는 단일적이고 일 사불란한 조직성을 보여주는 것은 아니었다. 기존 권력의 직위와 더 큰 영향력을 행사할 수 있는 새로운 권력 직위 사이의 경쟁으로 통치구조는 항상 유동적일 수밖에 없었다. 이러한 유동성을 가속시킨 또 다른 요소로 는 통치의 효율화를 이룩하기 위해서 활용된 관인들의 정치행동이었다. 이들 관인들은 처음에는 상층 통치구조에 포함되지 못한 하층 출신으로, 그들이 갖는 문자 해독과 행정관리 능력 때문에 하급 관직에 임명되었지 만 점차 상층 관인으로 진출할 수 있었다. 이렇게 진출한 관인 지도자들 대부분은 문신의 성격을 갖고 있었다. 이 점에서 군사지도자와 대치되었 기 때문에 점차 그들과 협력적 경쟁관계가 이루어질 수 있었다. 군사지도 자가 군왕이 되어 통치체제의 핵심세력이 된 상황에서 그 체제를 효과적 으로 운영했던 것은 이들 문신들이었다. 문신들은 군사지도자와 협력관 계에서 벗어나 때로는 경쟁관계로 돌변하기도 했다. 이러한 도전에서 문 신들이 유리했던 것은 새로 유입된 지배이데올로기 때문이었다. 즉 불교 로부터 새로 유입된 성리학과 같은 지배이데올로기 덕분에 문신-관인들 이 통치체제의 집권세력으로 등장하는 특성을 보여주게 되었다.

제정일치에서 제사장의 집권, 군사지도자의 등장, 그리고 문신-관인의 등장은 한국 정치사회에서 지배세력의 전개를 보여주는 기본 성격이다.

이들을 앞에서 설정한 지배이데올로기와 연결 지우면 다음과 같은 지배세력-지배이데올로기 사이의 연관성을 도식적으로 조합할 수 있다.

지배세력과 지배이데올로기의 연관성

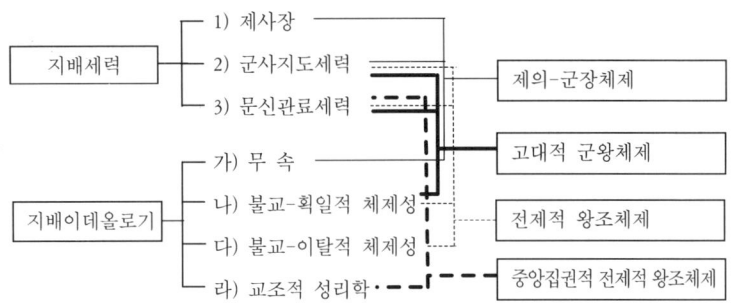

위의 도식에서, 한국의 국가 발전의 단계에서 제사장이 핵심 통치자로 자리잡아 무속을 지배이데올로기로 활용했던 이른바 제정일치의 단계를 먼저 생각할 수 있다. 이러한 성격의 통치체제를 [Ⅰ] 제의-군장체제(1, 2, 가)라고 부를 수 있다. 제의-군장체제에 이어 등장했던 것으로 군사지도자가 통치세력의 핵심이 되고 여기에 불교가 지배이데올로기로 기여하여 영향력을 행사했던 통치체제를 설정할 수 있게 된다. 물론 이 체제는 곧이어 문신 관인들에 따른 불교의 이데올로기적 통치체제를 등장시키기도 했다. 여기에 해당되는 체제를 [Ⅱ] 고대적 군왕체제(2, 3, 나)라고 할 수 있다. 비록 이전의 지배세력으로 군사 지도세력의 세습적 영향력이 잔존했지만 실제로는 문신 관인세력이 주도하면서 불교의 지배이데올로기적 활용으로 최고통치자의 전제권이 확립된 상황에서는 [Ⅲ] 전제적 왕조체제(2, 3, 나, 다)를 설정할 수 있게 된다. 그리고 문신-관인이 지배세력의 핵심이 되어 성리학의 지배이데올로기를 통치에 활용하면서 이전 체제보다 더 심한 중앙집권적인 통치구조를 보여주었던 [Ⅳ] 중앙집권적 전제적 왕조체제(3, 라)를 생각할 수 있다.

이처럼 한국의 정치사회에서 통치체제는 제의-군장체제, 전제적 왕조체제, 중앙집권적 전제적 왕조체제로 발전했다고 할 수 있다. 여기서 제의-군장국가체제는 한국에서 최초의 통치체제로 무두 부족사회를 거쳐 군장사회 그리고 고대국가의 초반기까지가 여기에 해당한다고 할 수 있다. 즉 고조선에서 삼국시대 초기까지이다. 그리고 고대적 군왕체제는 통일신라 이전까지를, 전제적 왕조체제는 통일신라 이후에서 고려까지로 설정할 수 있다. 그리고 조선왕조는 중앙집권적 전제적 왕조체제라고 할 수 있다. 물론 이러한 설정은 그 시대에 그러한 성격만이 배타적으로 존재했다는 뜻은 아니다. 다른 요소도 있었지만 그 가운데 더 강한 성격을 보여준 것으로 이해할 수 있다.

통치체제를 이렇게 유형화했을 경우, 그것이 시대적 성격에 비추어 지금까지 논의해온 정치사회의 발전과는 어떤 연관성을 가지는가를 살펴볼 필요가 생긴다. 즉 한국의 역사적 발전에 대하여 일반적으로 역사발전의 3분법적 유형화가 자리잡아 왔는데, 구체적으로 초기 고대국가, 중세국가, 근대국가 등의 구분이 그것이다. 이러한 시대적 구분을 앞에서 말한 통치체제의 발전단계와 연관시키면 다음과 같이 가능해진다.

[Ⅰ] 제의-군장체제-초기국가, 고대국가
[Ⅱ] 고대적 군왕체제-통일신라 이전의 국가체제
[Ⅲ] 전제적 왕조체제-통일신라에서 고려까지
[Ⅳ] 중앙집권적 전제적 왕조체제-조선왕조

그리고 조선왕조에 이르는 시기까지의 통치체제는 전근대적인 전통적 국가체제, 그 이후 일정 기간은 근대적 국가체제로의 이행기라고 할 수 있다. 근대적 국가체제의 기간도 다음과 같은 구분이 가능해진다.

[Ⅴ] 근대적 국가체제
(1) 근대적 이행기-조선왕조 말에서 일본제국주의 조선총독부 통치까지
(2) 외삽적 국가체제-1945년 이후부터 1950년대까지
(3) 권위주의 통치체제-1950년대 후반부터 1960년대 초반까지
(4) 산업화 통치체제-1960년대 중반부터 1980년대까지

한국의 근대국가체제에 대한 이러한 시기구분은 앞에서도 적었지만 지배세력과 이데올로기를 근간으로 한 통치구조와, 그 속에 편입된 피지배층의 대응양식을 중심으로 한 것이다. 하나의 통치체제, 즉 한 국가체제로부터 다른 단계로 전환하는 것은 통치구조의 변화를 의미하며, 이는 또한 그 내부에 새로운 변모가 일어나게 되었음을 뜻한다. 즉 지배세력의 새로운 교체현상과 이데올로기의 변화에서 비롯된 통치세력의 재편과 그들에 의한 통치권의 행사, 그리고 피지배층의 정치적 반응, 즉 수용, 인퇴, 저항의 행동양식을 고려함으로써 한 시대의 통치체제의 전반적인 성격을 밝힐 수 있을 것으로 여겨진다. 그리고 하나의 통치체제가 다른 성격의 통치체제로 전환되는 기본 동인을 밝히는 것이야말로 역사정치학의 기본 연구과제이기도 하다. 이러한 인식을 위한 하나의 이념형의 논리체계, 그것이 곧 위에서 설정한 통치체제 발전단계로 이해할 수 있다. 이것을 역사에서 인식하는 것이야말로 이 연구에서 다루어 보려는 기본 내용이다.

제2장 한국 고대국가의 형성

1. 건국신화의 성격

한국 정치사에서 고대국가에 관한 연구는 실증이기보다는 신화나 고고학, 그리고 문헌에 바탕을 한 지적인 상상력으로 이루어져 있다. 즉, 몇 가지 역사적인 기록, 신화, 고고학, 그리고 중국이나 일본의 사서 등을 중심으로 한 해석으로 엮어져 있다. 그러므로 다양한 주장과 해석이 따를 수밖에 없으며, 한국의 고대국가에 관한 많은 주장이 제기될 수밖에 없다. 그러나 여전히 이들 주장에는 객관적 실증의 문제가 남아 있다.

한국 고대국가에 대한 인식의 한 기준으로 서유럽 고대국가 연구를 활용하는 것도 이러한 맥락에서 이해될 수 있다. 한 예로, 이른바 '국가 없는 사회로부터 국가로의 발전'[1]에 대한 논리가 그것이다. 서유럽 고대사회에는 부족장 시대를 상당 기간 거치면서도 국가적인 통치제도가 결여된 채 집단성원들 사이의 '사회적 형태'만을 이루고 있었던 것으로 설명된다. 그러나 역사가 전개됨에 따라 이들 사회에서도 상당 기간 자율적인 시민공동체를 경험하면서 사회구성원들의 합의 또는 강제력에 따른 권력 행사를 근간으로 하는 통치체제가 등장하였는데, 이것이 국가를 형성하

---

1) Gianfranco Poggi, *The Development of the Modern State : A Sociological Introduction*, ch. 2, Stanford University Press, 1992 ; 박상섭 옮김, 《근대국가의 발전》, 민음사, 1995, 제2장 참조.

게 된 최초의 발전이었다.

그러나 사회-국가의 단계적 발전논리를 한국 고대사회에 그대로 적용시킬 수는 없다. 한국의 고대사회는 앞에서도 말했지만 실증적인 기록보다는 신화로 기록되어 있다. 처음부터 신화와 국가적 실체가 하나로 합일되어 있다. 한국의 고대사회도 최소한 국가 없는 단계를 일정 기간 경험했을 것으로 여겨진다. 그 뒤 국가 형성과정을 거쳤을 것이다. 그런데도 국가 없는 단계에 관한 논의는 없으며 곧장 국가와 연관된 신화가 등장하고 있다. '국가의 실체적 존재'로부터 한국의 고대사회가 시작되었다 해도 틀린 말이 아닐 정도로 둘 사이는 일치되어 있다. 그 결과 국가 이전 단계에 대해서는 미지의 역사로 남겨졌으며, 국가의 실체로부터 한국고대사가 시작되고 있다.[2]

물론 한국의 고대사회도 씨족사회와 부족사회를 거쳤다. 그것에 대한

---

2) 여기서 의미하는 사회와 국가의 관계는 전자가 단순히 개인의 기능적인 연대성과 상호 보완성에 의한 모둠체를 의미한다면, 후자는 구성원들 사이의 권력 관계의 제도화라는 차이점을 보여준다. 그러므로 씨족사회가 부족사회로, 다시 국가 단계로 경과했다는 논의는 서유럽의 정치사에서는 일반적인 전개과정으로 보고 있다. 사회와 국가 사이의 연관성이 어떻게 이루어졌는가는 사회발전의 단계에 대한 논의에서 중요한 의미를 가지게 된다. 어느 시기부터 국가가 등장했으며 그 시기에 사회는 어떤 성격을 보여주었는가는 역사의 성격 규정에서 주요한 의미를 갖게 된다. 즉 국가는 언제부터 이루어졌으며, 어느 시기에 들어가면 국가와 사회가 하나로 연계되었는가는 정치사회의 성격 규정에서도 주요한 요인으로 논의될 수 있다. '국가 없는 사회'로부터 '국가를 가진 사회'로 발전해온 정치 사회의 경우, 국가와 사회는 이원적인 발전과 둘 사이의 관계, 즉 때로는 경쟁적 대립과 갈등을, 때로는 통합적 성격을 보여주는 다양한 발전과정을 거치게 되었다. 국가는 사회구성원의 의사를 반영하는 제도적 장치이면서도, 국왕이나 귀족과 같은 권력 소유자의 의지가 사회구성원의 행동을 구속하기 위한 통치기구였기 때문이다. 그러나 이러한 권위나 권력도 전통적 국가의 단계에서는 국가와 사회라는 이분화된 관계 위에서 기능했던 것이 서유럽의 정치사였으며, 따라서 국가-사회 사이의 상호 규제적인 성격이 주요한 특징으로 지속될 수 있었다.(Reinhard Bendix, *Nation-Building and Citizenship*, University of California Press, 1977, p.2)

한국에서는 이러한 구분의 적실성 문제가 별로 논의되지 않고 있는데, 다만 북한에서 간행된 《조선전사》에서 고대국가로서 고조선에 대한 설명을 마르크스주의적 인식논리의 도식적인 설명에 치중함으로써, 원시공산사회, 고대 노예제사회로 설정하고 있다. 그러나 이러한 설명은 존재했던 것과 '존재했던 것으로 상정하는 것' 사이에 차이점을 극복하지 못하고 있다. 《조선전사》외에도 북한 학계의 이러한 성격은 북한에서 간행된 이 분야의 논의에서 거듭 반복되어 드러난다. 장국종, 《조선정치제도사》, 한국문화사 영인본, 1989에서도 이러한 성격을 읽을 수 있다.

연구는 여전히 고고학적 연구영역으로 남아 있다. 그러므로 한국 고대사회에 대한 인식은 신화에 의존하는 비중이 높아졌다. 물론 신화는 전적으로 가공적이거나 또는 그 시대 구성원의 기원의식으로만 이해될 수는 없다. 그것은 실체에 대한 은유와 개연성을 담고 있다. 즉 신화는 가공적이기보다는 존재했던 것에 대한 의미 부여와 그 가치를 높이기 위한 의도를 담고 있기 때문이다. 이러한 사실을 전제로, 먼저 한국 고대국가의 등장을 설명해 주는 신화들, 그 가운데 하늘로부터 지배자가 지상으로 내려왔다는 천강신화(天降神話)로서의 환웅~단군신화와 신라 박혁거세 신화, 부여의 건국신화, 그리고 가락국의 수로왕 신화 등에 대해서 살펴보기로 한다. 이들 신화에서 천손(天孫)으로 자처하면서 기존의 지배체제에서 이탈해서 새 국가를 만들었던 백제의 신화에 대해서도 함께 다루어 보기로 한다.[3]

2. 천강신화의 함의성

먼저 환웅~단군신화의 내용 가운데 핵심 부분을 다음과 같이 인용할 수 있다.

옛날 환국의 서자 환웅이 늘 천하에 뜻을 두어 인간 세상의 일을 탐구하였다. 그 아버지가 아들의 뜻을 알고 굽어 살펴 세 가지의 위험이 있음을 발견하였다. 태백산 주변이 널리 인간을 이롭게 할 수 있음을 알고 곧 천부인 세 개를 주고 가서 다스리게 하였다. 환웅이 무리 삼천명을 거느리고 태백산 마루턱 신단수 아래로 내려와 그곳을 신시라 하였으니 그가 이른바 환웅천왕이었다. 풍백, 우사, 운사를 거느리고 곡식, 인명, 질병, 형벌, 선악 등을 주로 맡아 보살피되 무릇 인간의 360여 가지 일을 두루

---

3) 한국 고대사회의 건국신화에 대해서는 그 성격의 유형화에 대한 여러 가지 주장이 제기되고 있다. 그러나 여기서는 이러한 성격을 국가권력의 형성과 연관시켜 살펴보기 때문에 그것의 유형논리에 치중하기보다는 권력 발생의 의미에 더 비중을 두기로 한다. 건국신화의 유형화에 대해서는 이지영, 《한국신화의 신격 유래에 관한 연구》, 태학사, 2000 참조.

맡아 다스렸다. 이때 한 곰과 한 범이 한 동굴 속에서 함께 살면서 항상 신인 환웅에게 빌어 사람으로 탈바꿈하기를 원하였다. 신인은 곧 신령스러운 쑥 한줌과 마늘 스무 개를 주면서 '너희들이 이것을 먹고 백일 동안 햇빛을 보지 않는다면 곧 인형(人形)을 얻게 되리라'고 일러주었다. 곰과 범이 이것을 얻어먹고 기한지 삼칠일 만에 곰은 여자의 몸으로 변했으나 범은 잘못하여 사람이 되지 못하였다. 웅녀는 더불어 혼인할 사람이 없으므로 매양 신단수 밑에서 잉태할 수 있게 하여 줄 것을 빌었다. 환웅이 다른 사람으로 변신한 뒤 혼인하여 아들을 낳아 단군왕검이라 불렀다. 당요가 제위에 오른 지 쉰 해가 되던 경인에 평양성에 도읍하고 비로소 조선이라 하였고 또 지금의 미달이라고도 하였다. 나라를 다스린 지 천오백년이었다. 주 호왕이 즉위하던 해 기묘에 기자를 조선에 봉하자 단군은 곧 장당경으로 옮겼다가 뒤에 아사달로 돌아와 숨어서 산신이 되었고 수는 1908세를 누렸다.[4]

이것은 한국에서 국가의 기원[5]을 설명해 주는 최초의 신화이다. 이 신화에서 주목할 수 있는 것은, 한국 고대사회 구성원들의 삶에서 권력적 영향력의 침투에 대한 것인데, 고조선의 건국에서부터 이러한 내용이 서술되어 있다. 위의 신화는 두 부분으로 되어 있다. 전반부는 하늘에서 내려온 환웅의 이야기이며, 후반부는 그 아들 단군에 대해서이다. 환웅은 무리 삼천을 거느리고 하늘에서 태백산 마루턱으로 내려와서 그곳의 선주 부족을 아우르고 그들 무리의 터전을 잡았다. 이러한 표현에서 태백산 아래나 그 주변에 이미 다른 선주 부족이 살고 있었음을 암시해 주는 것을 곰과 호랑이에 대한 묘사에서 알 수 있다. 이들 부족 가운데 곰 부족을 합쳐 단일적인 통치체제를 형성했음을 설명해 주고 있다. 이 신화에서 이들 사이의 관계를 곰의 인간화 과정으로 묘사해 놓았다. 다시 말하면, 환웅을 중심으로 한 무리 3천여 명이 태백산 마루턱으로 옮겨왔으며 환

4) 이가원 역, 《삼국유사》, 태학사, 1991, p.46.
5) 여기서 의미하는 국가는 이른바 초기국가로 이해할 수 있는데, 이는 고대국가가 등장하기 이전 시기에 존재했던 국가적 통치체제로 설명되고 있다. 이것에 대한 논의는 관점에 따라 상당한 차이를 보여주는데, 고대국가 이전의 준국가 또는 소국가 등을 초기국가로 표현하는 경우도 있다. 이 점에 대해서는 이종욱, 〈한국 초기국가의 정치발전단계와 정치형태〉, 《한국사상의 정치형태》, 일조각, 1993, p.2 참조.

웅을 지배자로 삼아 통치효과를 높이기 위해 풍백, 우사, 운사로 등장한 일정 기능의 담당자들을 동반했음을 짐작하게 한다. 이들은 사람들의 일상생활에 필요한 것들, 즉 곡식의 재배, 인명의 보호, 질병의 치료, 형벌의 집행, 선악의 권장 등 360여 가지나 되는 일들을 책임지고 처리하는 관리자였다. 이 일들의 처리야말로 이 시기 통치체제 기능의 기본이었음을 의미한다.

환웅신화에서 찾아볼 수 있는 또 다른 의미는 초기국가의 권력구조에 대한 암시이다. 이는 여러 촌락으로 분산 거주했던 고대사회에서 추장이나 존장(尊長) 중심의 사회 성격을 전제하고 있다. 여기에서 발전한 것이 초기의 통치체제, 즉 제의-군장체제로, 고조선의 등장이야말로 이 단계에 해당된다고 할 수 있다. 고조선에 대한 신화적 설명은 새로 대두한 통치체제가 이전의 촌락이나 부족집단의 존장들과는 구분되는, 새로운 통치체제였음을 말해 주고 있다.[6]

---

6) 이러한 사실에 대한 몇 사람의 설명을 지적하기로 한다. 먼저 최남선은 단군신화에 나오는 곰과 호랑이를 종족 안의 칭호로 삼아 그 종족의 선조로 숭배하는 토테미즘의 한 표현으로 이해했다. 그리고 환웅이나 단군의 출생을 모계적 사실로 여겼으며, 이렇게 해서 탄생한 단군이 고조선의 건국자가 되었다는 것은 이족혼(異族婚) 제도의 수용과 토템적 종족 조직의 완성이라고 생각했다. 그 결과 추장제가 생겼으며, 이것을 거쳐 그 다음의 정치조직체로 발전했다는 것이다. 그는 단군의 어원을 무(巫)인 당굴에 두었으며 천인(天人), 즉 사천자(事天者)를 뜻하며, 왕검은 왕호 특히 무군적(巫君的) 칭호라고 여겨, 단군왕검을 천군(天君) 또는 무군(巫君)의 의미로 해석했다.(崔南善, 〈檀君 及 其 硏究〉, 李基白 편, 《檀君神話論集》, 새문사, 1990, pp.14~19)

이병도는 환웅을 천신족(天神族)이라고 했으며, 웅녀는 고마족인 곰 토템의 여성으로 지상족인 국신족(國神族)이라 했다. 그러므로 단군신화는 천신족인 환웅과 지신족(국신족)인 고마족의 여성이 결혼해서 단군을 낳은 것을 설화화한 것이라고 설명했다. 그는 단군이 환웅의 아들인 동시에 그를 봉사하는 후계 천왕, 즉 천군(天君)으로서 정치적 군장보다는 제사장의 의미를 더 많이 가졌다는 것이다. 그러나 왕검에 이르러 정치적 군장의 의미를 더 많이 갖게 되었다고 설명한다. 제정일치시대는 단군만이었으나 제정이 분리된 후에는 제사단체의 장은 단군으로, 정치단체의 장은 왕검으로 불렸으며 각기 맡았던 지역도 달랐다고 설명한다.(李丙燾, 《韓國古代史硏究》, 1976, pp.29~34)

천관우는 단군신화에서 선주 어렵민인 고(古)아시아인, 후래 농경민인 북몽골인의 두 계통의 동화 내지 교체에 의한 한민족의 원형으로서 예와 맥의 형성과정이라고 파악한다. 즉 단군조선은 곰과 범을 상징으로 하는 두 개의 족단이 선주하던 곳으로, 국가 이전의 문화권이 존재했다고 주장했다. 그곳에 천제의 아들임을 자처하는 지배자와 그 집단이 동방으로 이주해 와서는 선주민을 동화시키고 정복했다는 것이다. 이처럼 단군은 처음 고조선 지역의 어느 대표적인 족단의 지배자였다가, 뒤에 그 족단의 조상

특히 환웅이 천부인 세 개를 가지고 내려왔다는 것, 천부인이 구체적으로 무엇을 의미하는가에 대해서는 이 신화는 밝혀 놓지 않았지만, 그것은 주민들의 생활수준보다 더 발전된 새 문명을 나타내는 특정 물품일 것으로 추정된다. 이들 물품을 과시함으로써 새로 이주한 환웅의 집단이 한 단계 더 높은 문명의 소유자였음을 자처했을 것이고, 그에 따라 새 통치자의 영향력이 커졌을 것으로 생각된다. 상징물, 즉 통치자의 신성함을 드러내고 그것이 하늘에 의해 주어졌음을 강조하는 의미가 그 속에 담겼음을 이해할 수 있다.[7]

환웅신화의 후반부는 단군의 출생과 그의 통치를 설명해 주고 있다. 단군은 환웅과는 다른 존재로 구분하고 있다. 환웅이 하늘에서 내려온 존재라면 단군은 하늘에서 온 아버지와 땅의 존재인 어머니 사이의 아들로, 아버지가 물려준 왕업을 계승해서 이를 통치했던 것으로 되어 있다. 환웅이 하늘에서 내려왔으며, 인간사회의 모든 일을 자유자재로 주관할 수 있는 능력과 그것을 보좌해줄 유능한 인사들을 가졌다면, 단군의 경우는 그 아버지가 물려준 국토와 주민을 통치하는 더 현실적인 인간사회의 지배

신이 되었고, 그 뒤 역사 전개에 따라 한반도와 만주에 거주하는 주민들의 조상신이 되었다고 생각했다. 천관우는 여기에서 한민족 직계조상의 형성을 설명하려고 했다. (千寬宇, 〈古朝鮮의 몇 가지 問題〉, 《韓國上古史의 諸問題》, 1987, pp.121~137)

또한 이종욱은 이렇게 적어 놓고 있다. "환인-환웅으로 이어지는 집단, 곰과 범으로 상징되는 집단, 웅녀-단군으로 이어지는 집단들이 있다. 이들 세력은 고조선의 국가 형성시 관계가 있던 집단들이다. 그 가운데 환인과 환웅은 하늘로 표현되는 곳에서 살던 세력이다. 그런데 환웅은 고조선 지역으로 이주한 집단이라 생각된다. 그리고 범으로 상징되는 집단은 단순히 선주세력으로 보기 어렵다. 왜냐하면 은나라에는 범으로 상징되는 집단이 있었기 때문이다. 따라서 범 집단을 은말 주초의 은나라 계통의 이주민으로 볼 여지가 있다."(李鍾旭, 《古朝鮮史硏究》, 一潮閣, 1994, p.5)

7) 이 점에 대해 이종욱은 다음과 같이 적어 놓고 있다. "단군신화에 나오는 바와 같이 환웅은 환인으로부터 천부인 3개를 받았고 무리 3천을 거느리고 이주한 것으로 나오고 있다. 이는 그대로 인정하기 어렵기는 하지만 천부인이 보다 앞선 문명의 산물을 상징하는 것으로 볼 수 있다. 천부인이 구체적으로 무엇을 뜻할 수도 있다. 그리고 그러한 물건들은 단순한 도구이기보다도 정치적 종교적 의미를 지닌 것들로 보여진다. 그리고 3천의 무리는 그 수를 그대로 인정할 수는 없으나 이주민들이 이주할 때 일정한 무리를 지었음을 상징한다. 주몽이 부여를 떠날 때와 온조가 고구려를 떠날 때에도 일정한 무리를 이루었다. 그밖에 신라, 가야의 건국신화 안에도 국가를 건국한 세력들이 이주할 때 무리를 이루었던 사실을 볼 수 있다."(이종욱, 《한국고대사의 새로운 체계》, 소나무, 1999, p.151)

자임을 말해 주고 있다.

이 점에서 환웅과는 달리 단군은 인군(人君), 즉 사람의 통치자였음을 의미한다. 나중에 그가 산신이 되었다거나 하늘로 올라갔다는 식으로 설명함으로써 결국 그는 인간의 땅인 아사달로 들어가게 되었음을 묘사해 놓았다. 그러나 이 신화는 결국 환웅이 하늘에서 내려온 것도, 그리고 그가 태백산 신단수의 언저리에 신시를 열어 치세한 것도 궁극적으로는 주민들을 아울러서 하나의 왕국을 형성하는 데 있었고, 그것을 그의 아들인 단군에게 물려주기 위한 것임을 말해 주는데, 이는 단군의 준 신격적 존재성을 확보하기 위한 설명으로 이해할 수 있다. 다시 말하면 환웅의 존재는 단군을 위한 그 전 단계적 위치로서 의미를 갖고 있다. 이렇게 이해한다면 환웅에서 단군에 이르기까지 고조선의 존재에 대한 신화적 함축성과 현실적 실체성을 연관시켜 이해할 수 있는 계기를 마련할 수 있게 된다.

환웅-단군의 신화와 비슷하게 하늘에서 군왕이 내려왔다는 천강신화로는 북부여의 해모수(解慕漱) 신화를 들 수 있다. 이에 대한 기록은 《삼국유사》, 《삼국사기》 등에서 읽을 수 있다. 여기서는 비교적 그 내용을 자세하게 기록한 〈동명왕편〉의 핵심 부분만 인용하기로 하자.

> 부여왕 해부루(解夫婁)가 늙도록 아들이 없어 산천에 제사하여 아들 낳기를 구하였다. 탄 말이 곤연(鯤淵)에 이르러 큰 돌을 보고 눈물을 흘렸다. 왕이 괴이하게 여겨 사람을 시켜 그 돌을 굴리니 금빛 나는 개구리 형상의 작은 아이가 있었다. 왕이 "이는 하늘이 내게 아들로 내림이로다" 하고 거두어 길러 금와(金蛙)라 하고 태자로 삼았다. 정승 아란불(阿蘭弗)이 왕에게 "일전에 천제(天帝)가 제게 내려와서 '장차 내 자손으로 하여금 이 곳에 나라를 세우려 하니 너는 피하라. 동해가에 가섭원(迦葉原)이라는 땅이 있어 오곡이 잘 되니 도읍할 만하다'고 합니다"라고 아뢰었다. 아란불은 왕에게 권하여 도읍을 옮기고 동부여라 이름하였다. 그 옛 도읍터에는 해모수(解慕漱)가 천제의 아들로 내려와 도읍하였다. 한(漢) 신작(神爵) 3년 임술년에 천제가 태자를 보내어 부여왕의 옛 도읍에 내려와 놀게 하였는데, 이름은 해모수였다. 하늘에서 내려오는데 그는 오룡거(五龍車)를 타고 종자 100여인은 모두가 흰 고니를 탔다. 채운이 위에 떴고

음악 소리는 구름 속에서 울렸다. 웅심산(熊心山)에 머물렀다가 10여 일이 지나 내려오는데, 머리에는 오우관(烏羽冠)을 쓰고 허리에는 용광검(龍光劍)을 찼다. 아침에는 정사를 보고 저물면 하늘로 올라가니 세상에서 천왕랑(天王郎)이라 일컬었다.

청하(靑河)의 하백(河伯)에게 아름다운 세 딸이 있었는데 큰 딸은 유화(柳花)라고 하고 다음은 훤화(萱花), 셋째는 위화(葦花)라고 하였다. 청하에서 나와 웅심연(熊心淵)에서 놀았다. 신자(神姿)가 아름답고 여러 가지 패물(佩物)이 찬란하여 한(漢)나라의 고(皐)와 다름없었다. 임금이 좌우에게 말하여 가로되 비(妃)를 삼을 수 있으면 가히 후윤(後胤)을 얻을 수 있을 것이라 하였다. 그 딸들이 천왕랑을 보고 물에 들어갔다. 좌우가 가로되 대왕이 궁전을 짓고 여자들이 방에 들어가는 것을 기다려 문에서 가로막으면 어떻습니까? 임금이 그렇게 하도록 하였다. 임금은 세 여인이 많이 취하는 것을 기다려 급히 나오는 것을 가로막았다. 딸들이 놀라 달아나니 장녀 유화가 왕에게 붙잡혔다. 하백이 그 딸에게 크게 노하여 네가 내 가르침을 따르지 않고 드디어 우리 가문을 욕되게 하였다고 하고 좌우로 하여금 딸의 입을 비틀어 빼니 그 주둥이 길이가 3척이나 되었다. 노비 두 사람과 더불어 우발수(優渤水) 중에 들어가게 하였다. 임금이 이어 그물로 끌어올리게 하니 그 그물이 찢어졌다. 다시 철망을 만들어 끌어올리니 비로소 한 여자가 바위에 앉아 나왔다. 그 여자의 주둥이가 길어서 말을 하지 못하였다. 주둥이를 세 번 자르니 이어 말을 하게 되었다. 임금이 천제(天帝) 자(子)의 비(妃)인 것을 알고 별실에 있게 하였다. 그 여자의 품속에 해가 비쳐 이어 임신하였다. 신작(神雀) 4년 계해세(癸亥歲) 여름 4월에 주몽(朱蒙)을 낳았다.

위의 신화는 두 부분으로 되어 있는데, 하나는 해부루와 해모수에 대한 것이고 다른 하나는 주몽의 탄생에 대한 것이다. 먼저 부여왕 해부루는 산천에 기도를 드려 금와를 얻어 태자로 삼고 정승 아란불의 꿈에 천제가 신의를 드러냄에 따라 해부루는 도읍을 옮겨 천제가 가르쳐준 동해의 가섭원에 동부여를 건국했다. 그리고 천제는 부여의 옛 도읍지에 자신의 태자였던 해모수를 하늘로부터 그 종자들과 함께 내려보내고서는 웅심산에 10일 동안 머물게 했다가 그곳에서 부여의 왕으로 삼았다고 되어 있다.[8]

이 신화의 두 번째 단락은 천제의 아들인 해모수와 청하(靑河)를 주재하는 신 하백(河伯)의 큰딸 유화 사이에서 탄생한 주몽의 이야기로 되어 있다. 주몽은 단군신화와 마찬가지로 하늘에서 내려온 존재와 지상에 있었던 존재 사이의 탄생으로 신격화되고 있다. 이렇게 함으로써 주몽이야 말로 땅을 주재하는 하늘과 땅의 생명을 받쳐주는 강의 신에 의하여 탄생한 자손이라고 미화하고 있으며, 이로써 그의 절대성을 드러내고 있다. 그 뒤 주몽이 부여에서 벗어나 고구려를 세운 과정은 뒤에서 다시 다루겠지만, 어느 경우나 부여의 건국신화 역시 환웅-단군신화와 마찬가지로 하늘과 땅이나 강의 절대적 존재들 사이에서 태어난 최고의 권위자로서의 주몽을 묘사하고 있다.[9]

하늘에서 내려온 지배자의 존재에 대한 설명은 박혁거세의 신화도 마찬가지이다. 이 신화에서도 군왕은 하늘의 존엄한 곳으로부터 땅으로 내려온 신성한 존재로 미화되고 있다. 이를 구체적으로 살펴보기 위해 먼저

---

8) 이지영은 《한국신화의 신격 유래에 관한 연구》에서 《삼국유사》, 《삼국사기》, 〈동명왕편〉을 검토한 결과 다음과 같이 신화의 체제를 잡고 있다. 참고로 이를 전문 인용하기로 한다. "한신작 3년 임술년에 천제가 태자를 지상에 보냈다. 태자는 하늘에 내려올 때 오룡거를 탔고 종자 100여인은 모두 흰 고니를 탔다. 웅심산에 머물렀다가 10여 일이 지나 내려왔다. 그는 흘승골성(訖升骨城)에 도읍을 정하여 왕이라 일컫고 국호를 북부여라 하였다. 그리고 그는 자기 이름을 해모수라 하였다. 해모수는 아침에 정사를 보고 저물면 하늘로 올라가니 세상에서 천왕랑이라 일컫었다." 그리고 이어서 이지영은 해모수 신화와 얽혀 있는 동부여 건국신화도 다음과 같이 정리하였다. "해모수의 아들로 되어 있는 해부루는 아란불의 권유로 동해가에 있는 가섭원으로 옮겨 나라를 세우니 동부여라 하였다.(북부여의 계승을 자처하는 고구려가 고도에 졸본부여를 세움) 해부루가 아들이 없어 산천에 기자하여 곤연에서 금와를 얻었다. 금와를 태자로 삼았는데 부루가 죽자 그가 왕위를 이었다. 금와의 아들 대소가 왕위에 있을 때 그는 고구려의 무휼(無恤)에게 피살되어 나라가 망했다."(이지영, 같은 책, pp.24~25)

9) 특히 이 신화에서 말하는 부여는 고대사에서 송화강 주변의 농안 지방을 중심으로 성장했던 왕국이었다. 부여에 대한 기록은 기원전 4세기경부터 나타나고 있는데, 1세기 초에 흉노나 고구려와 함께 왕망(王莽)의 신(新, 8~23년)에 위협적인 존재로 비쳐질 만큼 큰 세력을 형성하고 있었다. 그 뒤 부여는 중국과 교류하면서 독자적인 세력을 형성하였다가 선비족의 연(燕)에 쫓겨 동해안 쪽으로 이동하게 되었는데 고구려 광개토왕에 의해 복속(410)되었다가 문자왕 때(494)에 합병되었다. 그러나 부여는 고구려와 같이 단일국가라기보다는 일종의 연맹왕국의 형태를 유지했던 것으로 설명되고 있으며, 부여족이 동으로 이동하면서 북부여, 동부여, 졸본부여(고구려) 등으로 이어져 내려왔다고 기록하고 있다.(위의 책, pp.19~20)

사로 6촌장의 설화와 박혁거세의 신화를 적어보기로 한다.

진한 땅에는 옛날에 6촌이 있었다. 첫째는 알천 양산촌(閼川 楊山村)이니 지금의 남쪽 담엄사(曇嚴寺) 방면이다. 촌장은 알평(謁平)인데, 처음에 하늘에서 표암봉(瓢嵓峰)에 내려왔으며 급량부(及梁部) 이씨의 조상이 되었다. 둘째는 돌산 고허촌(突山 高墟村)이니, 촌장은 소벌도리(蘇伐都利)이다. 그는 처음에 하늘에서 형산(兄山)에 내려왔으며 사량부 정씨(沙梁部 鄭氏)의 시조가 되었다. 지금은 남산부(南山部)라 하여 구량벌(仇良伐), 마등오(麻等烏), 도북(道北), 회덕(廻德) 등 남촌(南村)이 이에 속한다. 셋째는 무산(茂山) 대수촌(大樹村)이니 촌장은 구례마(俱禮馬)이다. 그는 처음에 이산(伊山)에 내려왔으며 점량부(漸梁部) 혹은 모량부(牟梁部) 손씨(孫氏)의 조상이 되었다. 지금은 장복부(長福部)라 하여 박곡촌(朴谷村) 등 서촌이 이에 속한다. 넷째는 자산 진지촌(觜山 珍支村)이니 촌장은 지백호(智伯虎)이다. 처음에 화산(花山)에 내려왔으니 이가 본피부 최씨(本彼部 崔氏)의 조상이다. 지금은 통선부(通仙部)라 하니 시파(柴巴)와 같은 동남쪽 마을들이 여기에 속했다. 다섯째는 금산 가리촌(金山 加利村)이니 촌장은 지타(祇沱)였다. 처음에는 명활산(明活山)에 내려왔으니 그이가 한기부(漢岐部) 또는 한기부(韓岐部) 배씨(裵氏)의 조상이 되었다. 지금은 일러 가덕부(加德部)라 하니 상서지(上西知) 하서지(下西知) 내아(乃兒) 같은 동쪽 마을이 여기에 속한다. 여섯째는 명활산 고야촌(明活山 高耶村)이니 촌장은 호진(虎珍)이다. 처음 금강산에 내려왔으니 이가 습비부(習比部) 설씨(薛氏)의 조상이 되었다. 지금은 임천부(臨川部)라 하니 물이촌(勿伊村) 잉구미촌(仍仇旀村) 궐곡(闕谷) 같은 동북촌이 여기에 속한다. 6부의 조상들은 모두 하늘에서 내려왔다.

전한(前漢) 지절(地節) 원년 임자 3월 초하룻날 육부의 시조들이 각기 자제를 거느리고 알천 언덕 위에 함께 모여 의론하기를 "우리들은 위로 임금이 없어 뭇백성을 다스리지 못하므로 백성들이 모두 방일하여 제 마음대로 하니 어찌 덕있는 사람을 찾아 군주를 삼아 나라를 세우고 도읍을 설치하지 않으리요"라고 하고는 곧 높은 곳에 올라 남녘을 바라보았다. 양산 및 나정 곁에 이상한 기운이 마치 번개 빛처럼 땅에 드리우고 흰말 한 마리가 꿇어앉아 절을 하는 시늉을 하는 것이었다. 그곳을 찾아 점검하였더니 붉은 알 한 개가 있고 말은 사람을 보고 길게 울면서 공중으로 올라가 버렸다. 곧 그 알을 쪼개어 보니 얼굴이 단정하고 아름다운 어린 사내 하나가 있었다. 놀라고 이상히 여겨 동천에 가서 목욕시켰더니 몸에서 광채가 나고 날새와 짐승들이 따라와 춤을 추며 천지가 진동하고 일월이 청명하였다. 이내 혁거세왕이라 부르고 위호를 거술한이라 하였다. 이때 사람들이 다투어 축하하기를 "이제 천자가 이미 하강하였으니 마땅히 유덕한 여군(女君)을 맞이하여 배필을 삼아야 할 것이다"라고 하는 것이었다. 이날 사량리 알영정 가에 계룡이 나타났는데 왼편 갈비에서 동녀가 탄생되었다. 그 자태와 얼굴이 유달리 고왔으나 그 입술이 닭의 부리와 같았다. 곧 월성 북천에 가서 목욕을 시키려 할 제 그 부리가 저절로 떨어지기에 이내 그 냇물을 발천이라 이름하였다. 궁실을 남산 서녘 기슭에 경영하고 두 성아(聖兒)를 받들어 길렀다. 사나이는 알에서 났고 알은 또 박 같았다. 그 시골 사람들이 바가지를 박이라 하였으므로 이내 성을 박이라 하였고, 계집아이는 그의 나온 우물이름을 따서 이름하였다. 이성의 나이가 열세 살이 되던 오봉 원년 갑자에 남자는 왕이 되어 여자를 왕후로 삼고 국호를 서라벌 또는 서벌이라 하였고, 더러는 사라 또는 사로라고 했다. 처음 왕이 계정에서 났으므로 혹은 계림국이라 하였으니 이는 계룡이 상서를 나타내었기 때문이다.[10]

신라의 건국신화는 6촌 촌장들에서 비롯되었으며, 국왕의 옹립으로 귀결되고 있다. 6촌은 초기국가 이전에 존재했던 부족집단으로 촌장들에 의해 지배되었다.[11] 6촌의 촌장들은 변화된 시대상황에 대응하기 위해 6촌의 연합체제를 이룩하기에 이르렀다. 그렇다면 최초로 이들 6촌은 어떻게 이루어지게 되었을까? 이 점에 대해 신화에서는 6촌의 촌장들이 직접 하늘에서 내려왔다고 말하고 있다. 하늘에서 신성한 산으로 내려와서 그 산 주변지역을 통치한 것으로 되어 있다. 이 설명은 곧 이들이 외부에서 그 지역으로 이주한 집단이었음을 의미한다. 이렇게 시작된 촌락은 서로 연대성을 갖게 되었으며, 그들을 위협하는 외부의 적대세력에 대한 공동방어의 필요성에서, 그리고 농경이나 관개와 같은 특정의 집합적 노동

---

10) 이가원 역, 《삼국유사》, 태학사, 1991, pp.65~66.
11) 이를 이종욱은 소국으로 설정하면서 그 뒤 이들 소국의 소국연맹의 단계와 소국병합 단계를 경과하는 것으로 설명하고 있는데, 이 점에 대해서는 뒤에서 다시 살펴보기로 한다.

력의 동원 때문에 서로 협력하게 되었다. 이 과정에서 이루어진 6촌 사이의 연대를 실제화하기 위해 상징적인 통치자가 필요하였고, 여기에 부응하여 국왕을 옹립하게 되었다.

박혁거세 신화는 이들 6촌장의 왕 옹립에 대한 협의과정을 설명하고 있다. 6촌 촌장들의 연대와 그것에 의한 통치체제 형성 이전에도 각 촌락에는 촌장을 중심으로 하는 일정한 통치 기능이 행해졌을 것으로 여겨진다. 이러한 전제 위에 박혁거세 신화를 살펴보면, 6촌 사이의 연대는 결국 그들 가운데 특정 촌락인 사로국을 중심으로 한 신라의 건국과정으로 이해할 수 있다. 더 강한 촌락이 나머지 다른 촌락을 병합해서 하나의 국가적 통치체제로 통합, 즉 사로국에 의한 소국 병합으로 신라가 건국되었음을 설명해 준다.[12]

왕으로 옹립된 박혁거세는 하늘에서 내려왔으며 그 배우자인 알영 역시 그런 존재로 묘사되고 있다. 군왕에 대한 특별한 의미 부여로 이 신화는 결국 6촌의 결속을 선언적으로 파급시켜 놓고 있다. 물론 이 일이 한 번에 이루어졌거나 쉽게 통합될 수는 없었을 것이다. 통치권력에 대한 이해 당사자 사이의 대립이나 경쟁, 또는 갈등이 상당 기간 있었을 것이며, 이 과정을 거친 뒤 통합적인 국가체제로 자리잡았을 것이다. 이러한 갈등

---

12) 6촌의 촌락에서도 국가의 성격을 가지는 통치체제적 성격을 찾아볼 수 있다는 주장이 제기되었는데, 이에 대한 주요한 논의로는 이기백의 성읍국가론을 들 수 있다. 즉 이기백은 6촌과 같은 촌락의 단계에서도 국가적 성격이 형성되었다고 설명하고 있다. 그가 말하는 성읍국가는 고조선이나 예맥과 같은 국가의 등장 이전에 있었던 것으로 설명한다. 성읍국가는 이 책 제1장에서 다루었던 도시국가와 유사한 개념임을 짐작할 수 있다. 성읍국가에 대한 이기백의 논의를 직접 인용하기로 한다. "청동기의 사용과 더불어 형성된 성읍국가를 기본으로 하고 각지에 정치적 사회가 탄생하였다. 북쪽 송화강 유역의 부여, 압록강 중류지역의 예맥, 요하와 대동강 유역의 고조선, 동해안에 있는 함흥평야의 임둔, 황해도 지방의 진번, 그리고 한강 이남의 진국 등이 그러했다.……성읍이란 말은 우리나라의 옛 기록에 초기국가를 말하고 개편한 행정구획의 명칭으로 사용된 예가 있기 때문에 그 전 단계의 국가를 지칭하는 데 이를 사용하는 것이 매우 자연스럽다. 마치 신라의 신분제도를 카스트제라고 하지 않고 골품제라고 부르듯이 우리나라의 초기국가를 성읍국가라고 부르는 것이 가장 적절할 것으로 생각한다. 이 성읍국가는 한국에 있어서 최초의 국가였으며, 따라서 한국에 있어서 국가의 기원은 성읍국가로부터 잡아야 할 것이다." 이기백의 논의에 따르면, 6촌장이 모여 이룩한 신라는 조그만 성읍국가들의 집단화 현상으로 이해할 수 있다.(이기백, 《한국사신론》 수정판, 일조각, 1992, pp.32~33)

관계 속에 새로 옹립된 군왕의 위치 설정, 즉 6촌 촌장들의 연합체적 상징성만을 가졌는지, 아니면 최고 통치자인 군왕에 해당되는 권위와 권한을 실제로 행사했는지, 또는 군왕 통치의 제도화에 따라 기존의 6촌 촌장과 마찰이 일어나지 않았는지에 대한 것도 논의의 대상이 될 수밖에 없다.[13] 특히 이러한 성격은 신화의 내용이 군왕의 권위에 대한 절대성을 강조했다 해도 그 속에 담겨 있는 의도는 현실적으로 권력구조의 제도화이기 때문에 지배체제의 전개과정으로 이해할 수 있다.

이와 비슷한 건국신화로는 가야의 수로왕 신화를 들 수 있다. 이 신화에서 수로왕이 하늘에서 내려왔음을 이야기해 주는 대목에서는 환웅-단군신화와 유사함을, 그리고 알에서 태어났다는 점에서는 박혁거세의 난생신화의 성격도 찾아볼 수 있다. 《삼국유사》에 들어 있는 이 내용의 핵심 부분을 적으면 다음과 같다.

천지가 개벽한 뒤에 이 땅에 아직 나라의 이름이 없고, 또한 군신의 이름이 없었다. 아도간(我刀干), 여도간(汝刀干), 피도간(彼刀干), 오도간(五刀干), 유수간(留水干), 유천간(留天干), 오천간(五天干), 신귀간(神鬼干) 등 9간이 있어 이들 존장이 백성을 다스렸다. 후한 광무제 건무 18년(42) 임

---

13) 신라의 건국설화와 국가 형성에 대한 해석에는 다음 두 가지 견해가 제기되고 있는데, 이종욱의 다음 글에서 읽을 수 있다. "첫째 건국신화를 통해 기존의 통설에 문제가 있음을 알 수 있다. 《삼국사기》도 《삼국유사》에 나오는 신라의 건국신화에는 6촌을 통합해 사로국이라는 소국을 형성한다는 내용이 있다. 사로국을 형성한 혁거세 세력은 6촌 중의 한 촌장이 아니라 6촌 전체를 다스리는 정치 지배자가 되었으며 그 거처도 금성이었다는 것을 알 수 있다. 그런데 통설에서는 혁거세를 육촌 가운데 한 촌의 세력으로 보고 있다. 그 결과 심지어는 법흥왕대까지도 왕이 6부 가운데 한 부의 부장 정도였다는 部體制說이 널리 받아들여지게 되었다. 이는 신라의 왕은 6촌을 통합해 사로국을 형성하는 순간부터 6촌 전체를 다스리는 지배자가 되었다는 사실을 무시한 결과 부체제설까지 나올 수 있었던 것이다."(이종욱, 《한국고대사의 새로운 체계》, p.52) 이러한 인식은 이종욱이 주장하는 촌락사회→소국→소국연맹→소국병합에 대한 국가 발전론에서는 주장될 수 있는 논리이기도 하다. 그러나 여기서 지적되어야 할 사실은 과연 6촌이 평화롭게 소국이나 그 이상의 단계로 통합되었는가의 문제일 것이다. 정치권력의 속성상 통합은 지배-복종의 과정에서 벗어난 평화적인 경우는 사실 드물기 때문이다. 그러므로 부체제설은 이러한 통합과정에서의 갈등을 전제로 하는 것이라면 6촌의 전체적 통합론은 이러한 권력구조의 속성에서 벗어난 논리로 귀결될 수 있다는 점이 지적될 수 있을 것이다. 즉 일거에 6촌이 통합되어 단일의 국가체제로 신라의 통치구조가 형성되었는가는 여전히 문제의 관건이기 때문이다.

인 3월에 계욕일(禊浴日)에 북쪽 구지봉에 이상한 소리가 있어 백성들 2, 3백인이 이곳에 모였다. 사람의 목소리 같은 것이 있는데, 그 형체는 보이지 않고 소리만 발하여 가로되 "여기 사람이 있느냐" 하였다. 9간들이 이르되 우리들이 여기 있다 하였다. 또 말하기를 거기 있는 곳이 어디냐 하니 대답하여 구지라 하였다. 또 가로되 "황천이 나에게 명하기를 이곳에 와서 나라를 세우고 임금이 되라고 하였으므로 이에 하늘에서 내려왔다. 너희들은 산마루의 흙을 파면서 노래하기를 '거북아 거북아 머리를 나타내어라. 만약 나타내지 않으면 불에 구워 먹으리라' 하고 춤을 추면 대왕을 맞이하여 기뻐 춤추는 것이리라" 하였다. 9간들이 그 말과 같이 하여 모두 기뻐하고 노래하며 춤추었다. 얼마 있어 쳐다보니 붉은 끈이 하늘로부터 내리드려 땅에 닿았다. 끈이 드리운 곳을 찾아가 보니 붉은 보자기에 금합자(金合子)를 싼 것이 있어 열어 보니, 황금란(黃金卵) 6개가 둥글기가 해와 같았다. 여러 사람이 다 놀라 기뻐하였다. 여러 사람이 백배를 올리고 보자기에 싼 대로 안고 아도의 집으로 가서 책상 위에 놓고 각각 돌아갔다. 12시를 지나 이튿날 밝을 녘에 여러 사람이 모여 합을 열어 보니 여섯 알이 화하여 동자가 되었다. 용모가 빼어났다. 이어 상에 앉히고 여러 사람이 절하고 공경하여 마지않았다. 날마다 커서 10여 일이 지나 신장이 9척이나 되었다. 처음으로 나타났다고 하여 수로(首露)라고 이름지었다. 나라의 이름은 대가락이라고 하고 또는 가야국이라고 일컬었다. 즉 대가야의 하나이다. 다른 5인은 각각 돌아가서 5가야의 임금이 되었다.

이 신화에서는 가야의 각 지방 촌장에 해당되는 9간을 구지봉에 모아놓고 그들에게 황천, 즉 천신이 스스로 하늘에서 내려온 과정을 알리는 것으로 되어 있다. 천신의 감응을 의미하는 붉은 끈이 하늘에서 내려와 그 끝에 황금알 6개가 들어 있는 금합을 내리고 이것이 이튿날 밝은 햇볕을 받아 어린 동자로 변했다. 그 가운데 가장 뛰어난 이가 수로였으며, 사람들은 너무 기뻐 노래하며 춤추었다. 이 신화는 부족시대와 같은 나라 없는 상황에서 벗어나 국가를 이룩하는 과정에 대한 설명으로, 그 지배자가 천신에 의해 하늘에서 내려온 존재, 즉 특출한 존재임과 동시에 이들 9간이 왕을 옹립하여 그에게 완전히 복속하게 된 과정을 설명해 주고 있다. 이 신화에서도 지배자, 즉 군왕이 하늘에서 내려왔다는 것은 그들 9

간들 속에서 옹립된 것이 아닌 특별한 존재였음을 의미하면서, 이를 하늘의 뜻으로 받아들여 국가가 이루어졌음을 의미하는 것이다.

수로왕의 신화와 함께 더한층 관심을 끄는 것은 수로왕의 아내 허황후 신화이다. 이 신화에서는 신화적 성격이 실체적 성격으로 전화되고 있음을 보여준다. 즉 하늘에서 온 수로가 멀리 바다를 건너 그 배필이 되기 위해 온 허황후를 맞이하는 과정 설명은 역사적 실체성을 느끼게 해 준다. 여기에서는 그 내용 가운데 중요 부분만을 간추려 적어 보기로 하자.

건무(建武) 24년 무신 7월 27일에 9간들이 조알(朝謁)하는 계제에 임금에게 아뢰어 가로되 "대왕이 하늘에서 내려온 이래 아직 좋은 배필을 얻지 못하였습니다. 청컨대 신들이 좋은 처녀를 선택하여 궁궐에 들여보내 배필로 삼도록 하고자 합니다" 하였다. 왕이 가로되 "짐이 하늘에서 내려온 것은 천명이다. 배필을 얻어 왕후로 삼는 것도 또한 하늘의 명이니 경들은 염려하지 말라" 하였다. 드디어 유천간에게 명하여 망산도(望山島)에 가서 기다리게 하였다. 갑자기 바다 서남쪽으로부터 붉은 빛의 돛을 달고 붉은 기를 세우고 북쪽을 향하여 오는 배가 있었다. 왕이 산변에 가서 만전(幔殿)을 설하고 기다렸다. 왕후는 산외의 별포진(別浦津) 어구에서 배를 내려 육지에 올랐다. 왕후는 높은 언덕에서 쉬면서 입은 비단바지를 벗어 그것을 선물로 삼아 산령(山靈)에게 주었다. 왕후가 점점 행재소에 가까이 오니 왕이 나아가 맞이하여 함께 만전으로 들어왔다. 왕과 왕후가 침전에 계실 새 왕후가 조용히 임금에게 말하여 가로되 "저는 본래 아유타국(阿踰陁國)의 공주로 성은 허요 이름은 황옥이요 나이는 16세입니다. 금년 5월에 본국에 있을 때 부왕이 황후로 더불어 저를 보고 말씀하시기를 '어젯밤 꿈에 황천의 상제를 뵈었는데 말하기를, 가락국 원군(元君) 수로는 하늘이 내려보내 왕위에 오르게 하였으니 신(神)이요 성(聖)이요, 다만 사람이 아니다. 또 새로 나라를 세우매 아직 배필이 정해지지 못하였으니 경들이 공주를 보내어 이에 배필이 되게 하라고 하시고 말이 끝나자 하늘로 올라갔다. 상제의 말이 아직 귀에 쟁쟁하니 네가 어버이와 작별하고 그 쪽으로 가라' 하셨습니다." 왕이 대답하여 가로되 "짐은 나면서 성(聖)이요 먼저 공주가 먼 곳에서 올 것을 알았소. 하신(下臣)이 납비(納妃)의 청(請)이 있으니 감히 따르지 않을 수 없소." 드디어 합환(合歡)하였다.

이 신화에서 주목해야 할 것은 허왕후의 모국인 아유타국은 실제 그 시기에 인도에 있던 국가였다는 것이다. 수로왕에 대한 신화로 그가 하늘에서 온 사람임을 말해 주는 또 다른 내용으로는 아유타국의 왕에게 천제가 명령하여 그의 딸을 수로의 배필이 되게 하였다는 것이다. 그 과정에서 천제가 말한 수로가 사람이 아니라 신이요 성인이라고 말한 부분이다. 가야의 군왕이 되었지만 그는 신과 같은 존재요 사람들을 통치할 수 있는 성인임을 입증하는 것이다. 특히 수로왕 신화에서는 박혁거세와 달리 천제가 친히 9간을 구지봉에 불러모아 새로 군왕을 내려보낼 것임을 명령하고 있다. 그들에게 임금의 필요성이 당장 긴박했던 것이 아니라 천제가 내려보낸 왕을 맞아야 하는 상황이었다. 이 점에서 수로왕의 신화를 어느 면에서 외래 유민의 존장이 군왕으로 자리잡게 되는 과정으로 해석할 수 있다. 그뿐 아니라 수로의 배필로 허왕후를 보낸 경우도 역시 하늘에서 내려온 존재가 아니라 비록 천제가 명한 것이지만 실제로는 인도의 한 나라에서 왔다는 점에서 사실적인 가능성을 갖게 된다. 이 점에서 수로왕의 신화는 단순히 신화만이 아닌 역사적 실체와 혼합된 성격이 들어 있음을 짐작할 수 있다.[14]

3. 분리건국의 신화적 의미

고조선과 신라, 가야의 건국신화는 천제(天帝)와 관계됨에 대한 기록이다. 이 신화들에서 등장하는 군왕은 모두 하늘에서 하강했기 때문에 절대성을 갖고 있다. 천강신화가 갖는 이러한 성격과는 달리 다른 부족의 핍박이나 부당함에서 벗어나 별도로 더 의미 있고 가치로운 국가를 수립했음을 설파하는 건국신화도 찾아볼 수 있다. 즉 특정 부족이나 초기국가의 기존 지배체제와 왕권에 대한 위협적인 또는 잠재적 위협 가능성의 인물로 간주되었기 때문에 여기에서 벗어나 다른 지역으로 이탈해서는 새 국가를 건설했다는 신화가 그것이다. 이러한 성격의 신화는 새 국가를 수립

---

14) 수로왕의 신화에 대해서는 金廷鶴, 《韓國上古史硏究》, 범우사, 1992, pp.41~47 참고.

한 인물을 미화하면서 이전 국가가 갖는 사악함을 드러내는 데 의미를 두고 있다. 특히 그러한 인물들이 천신과 지신, 해신 등의 막강한 지원을 받았다고 기록함으로써 그 지도성에 대한 특출함을 강조한다. 이러한 내용은 먼저 주몽의 탄생신화에서 빚어진 그 이후의 상황, 즉 주몽이 부여에서 도망하여 고구려를 건국하는 과정과, 고구려에서 벗어나 백제를 건국했던 온조의 신화에서 읽을 수 있다. 먼저 고구려의 건국신화부터 살펴보기로 하자.

고구려는 곧 졸본부여이다. 더러는 말하기를 지금의 화주(和州) 또는 성주라고들 하나 모두 잘못이다. 졸본주는 요동 지역에 있다. 국사 고구려본기에 이르기를 "시조 동명성제의 성은 고씨요 이름은 주몽이다. 처음에 북부여 왕 해부루가 동부여로 자리를 피하고 나서 부루가 죽으매 금와가 왕위를 이었다. 이때에 왕이 태백산 남쪽 우발수(優渤水)에서 한 여자를 만나서 사정을 물었더니 그녀는 말하기를 "나는 본시 하백(河伯)의 딸로서 이름은 유화(柳花)인데 여러 아우들과 함께 나와 놀던 중 때마침 웬 사나이가 있어 천제의 아들 해모수라고 자칭하면서 나를 유인하여 웅신산(熊神山) 밑 압록강변의 방 속에서 알게 되고는 가서 돌아오지 않았습니다. 부모는 내가 중매도 없이 남의 말을 들었다고 꾸짖고는 마침내 이곳으로 귀양 보냈습니다"라고 하였다. 금와가 이를 이상히 여겨 방 속에 깊이 가두었더니 햇빛이 그녀를 비추었다. 그녀는 몸을 이끌어 이를 피하였으나 햇빛은 또 쫓아와 비추곤 하였다. 그로 인해 태기가 있어 알 한 개를 낳으니 크기가 다섯 되 들이는 되었다. 왕이 이것을 버려 개와 돼지에게 주니 모두 먹지 않았다. 다시 이것을 길바닥에 버렸더니 소와 말이 피해 갔다. 이것을 들에 버렸더니 새와 짐승이 덮어주었다. 왕이 이것을 쪼개려 하여도 깨뜨릴 수가 없어 그만 그 어미에게 돌려주었다. 어미는 이것을 물건으로 싸서 따뜻한 곳에 두었더니 아이 하나가 껍질을 깨고서 나왔는데 골격이나 외양이 영특하고 신기롭게 생겼다. 나이 겨우 일곱 살에 뛰어나게 숙성하여 제 손으로 활과 화살을 만들어 백 번 쏘면 백 번 다 맞혔다. 이 나라 풍속에 활 잘 쏘는 자를 주몽(朱蒙)이라고 하므로 이로써 이름을 지었다.

금와에게 아들 일곱이 있어 언제나 주몽과 함께 노는데 재주가 그를 따를 수 없었다. 맏아들 대소(帶素)가 왕에게 말하기를 "주몽은 사람의 소생이 아니니 만일 빨리 처치하지 않는다면 아마도 후환이 있을 것이외다"라고 하였으나 왕은 이 말을 듣지 않았다. 왕이 그를 시켜 말을 먹이게 하였더니 주몽은 그 중에 날쌘 놈을 알아서 먹이를 덜 주어 여위게 만들고 굼뜬 놈은 잘 먹여서 살찌게 하였다. 왕은 살진 놈을 자신이 타고 여윈 놈은 주몽에게 주었다. 여러 왕자들과 여러 신하들이 장차 그를 모해코자 하는 것을 주몽의 어머니가 알고 그에게 일러 말하기를 "이 나라 사람들이 장차 너를 해치려 하는데 너 같은 재주를 가지고 어디간들 못살 것인가? 빨리 손을 쓰는 것이 좋을 것이다." 이에 주몽은 오이(烏伊) 등 세 사람과 동무가 되어 엄수(淹水)까지 가서 물에게 말하기를 "나는 천재(天宰)의 아들이요 하백의 손자인데 오늘 도망을 가는 길에 뒤따르는 자가 쫓아 닥치니 이 일을 어쩔 것인가?"라고 하였다. 이때에 고기와 자라들이 나와 다리가 되어 물을 건너게 하고 나서 곧 흩어지니 추격하던 말 탄 자들은 물을 건널 수가 없었다. 주몽은 졸본주까지 와서 드디어 여기에 초막을 짓고 살면서 나라 이름을 고구려라 하고 나라 이름을 따라 고씨로 성을 삼으니 당시 나이가 열두 살이요 한(漢)나라 효원제(孝元帝) 건조(建昭) 2년 갑신(기원전 37)에 즉위하고 왕으로 일컬었다.[15]

이 신화에서도 역사적 실체와 신화라는 형식의 이중성의 교직을 찾아볼 수 있다. 이것의 기본 내용은 동명왕이 고리국에서 엄표수를 거쳐 부여까지 망명하여 도읍을 정했다는 부여족의 이주 전설이며, 고구려의 건국과정에 대한 설명이다. 이 신화에서 알 수 있듯이 특정 부족이 그 부족으로부터 분리해서 국가를 이룬 경우에 그 이전 부족과 관계를 설정하는

---

15) 리상호 역, 《삼국유사》, 까치, 1999, pp.62~64. 또한 이와 유사한 내용으로는 다음 글을 들 수 있다. "옛날 북방에 고리(橐離)라는 나라가 있었는데 그 왕의 시녀가 임신을 하였다. 왕이 그녀를 죽이려 하자, 시녀는 '달걀 만한 크기의 기운이 나에게 떨어졌기 때문에 임신을 하였습니다'라고 하였다. 그 뒤에 (그녀는) 아들을 낳았다. 왕이 그 아이를 돼지우리에 버리자 돼지가 입김을 불어주어 죽지 않았고 마구간에 옮겨 놓았으나 말도 입김을 불어 주어 죽지 않았다. 왕은 천제의 아들일 것이라고 생각하여 그 어머니에게 거두어 기르게 하고는 이름을 동명이라 하고 항상 말을 사육토록 하였다. 동명이 활을 잘 쏘자 왕은 자기 나라를 빼앗길까 두려워하여 죽이려 하였다. 이에 동명은 달아나서 남쪽의 엄표수(俺淲水)에 당도하여 활로 물을 치니 물고기와 자라가 떠올라와서 다리를 만들어 주었다. 동명이 물을 건너간 뒤 물고기와 자라가 흩어져버려 추격하던 군사는 건너지 못하였다. 동명은 부여지역에 도읍하여 왕이 되었다. 이런 고로 북이에 부여국이 있게 되었다."(《論衡》〈吉驗編〉; 송호정 〈부여의 성립〉, 《한국사》 4, 국사편찬위원회, 1997, p.154 재인용)

문제와 새 부족의 지배자를 미화하는 논리로 되어 있음을 알 수 있다. 새 부족의 지배자는 천제의 아들이며 신령하기 때문에 건국의 대업을 이룩할 수 있는 존재임을 이야기하는데, 이는 앞의 환웅--단군신화나 부여의 건국신화와 비슷하다.[16] 주몽이 특별한 인물로 천제의 아들이요 하백의 손자라는 것은 그의 존재성 자체가 천신과 하신(河神)의 혈통을 이어받았음을 강조함으로써 지상에서 최고의 권위를 가진 존재임을 드러내는 것이다. 특히 주몽의 건국설화는 이전 북부여의 왕 해부루와 그를 이은 금와, 그리고 그 아들대에 이르러 국가 통치의 정당성이 소멸되어 가는 과정과 그것에 대립해서 주몽이 등장하여 영특한 능력과 권위로 졸본 부여를 승계할 수밖에 없었음을 말해 주고 있다. 고구려 건국신화는 비록 천신 하강과 지신 융합의 성격을 갖고 있지만, 국가 건설과정에서 이전 체제로부터 이탈해서 새 체제가 등장했음을 설명해 준다.

이러한 이탈의 논리는 주몽에 뒤이어 고구려의 왕이 된 유리왕에게도 적용된다. 이 신화에는 처음 주몽이 부여에 있을 때 예(禮)씨를 부인으로 얻었는데, 그가 부여에서 이탈해서 망명한 후 모둔곡(毛屯谷)에서 마의(麻衣), 납의(衲衣), 수조의(水藻衣)를 입은 세 사람을 만나 이름과 성을 각기 재사(再思), 무골(武骨), 묵거(默居)라 지어주었으며, 이들과 함께 졸본천에 이르러 도읍을 정하고 나라를 고구려로, 성을 고씨로 했다. 그 때 주몽의 나이 22세였다. 주몽이 상류에 있는 비류국(沸流國)을 찾아가 그 왕 송양(宋讓)을 만나 서로 부용하기를 우기다가 변론과 활쏘기를 했는데, 송양이 이기지 못했기 때문에 항복했으며, 그곳을 다물도(多勿都)라 하고 송양을 그곳의 주인으로 봉했다고 되어 있다.[17] 그리고 그의 아들 유리와 관계된 것도 기록해 놓았다. 즉 처음 주몽이 부여에 있을 때 예(禮)씨라는 여인을 얻었는데 혼자 망명했으며, 그가 떠난 뒤 예씨가 아들 유리(類利,

---

16) 앞의 동명설화에 대한 설명에서 그것이 부여국의 형성을 논의한 것임을 다음과 같이 적고 있다. "고리국에서의 세력 갈등을 피하여 남하 망명함에 따라 송 요 평원의 선주 濊族들이 이들 동명 집단을 구심점으로 하여 국가를 형성하였음을 시사한다. 즉 부여의 건국자들은 '고리'라고 이름하는 송화강 북쪽 어느 곳에서 남하하여 정착한 것으로 볼 수 있다"(위의 글, p.155)

17) 이병도,《국역 삼국사기(上)》, 을유문화사, 1996, pp.213~218.

또는 孺留)를 낳았다. 유리가 어렸을 때 어느 여인의 물동이를 깨뜨렸는데 그 여인이 유리에게 아비 없는 자식[無父之子]이라 욕했다. 이에 유리는 어머니에게 왜 자기에게 아버지가 없는가를 물었고, 어머니로부터 자신의 출생 이야기를 듣게 되었다. 그리고 주몽이 예씨에게서 떠나면서 후일 아들이 태어나 자신을 찾을 때 가지고 올 신표로 감추어둔 유물이 있음을 알았다. 유리는 주춧돌 밑에서 그 신표로 부러진 칼을 찾아 세 명의 친구 옥지(屋智), 구추(句鄒), 도조(都祖)와 함께 졸본으로 아버지 주몽을 찾았다. 주몽은 유리가 가져온 칼과 자기가 갖고 있는 칼이 하나임을 확인하자 유리를 태자로 삼게 되었다.[18]

　주몽이나 유리의 신화는 백제 온조에도 적용되고 있다. 백제 건국설화의 전체적인 구성과 내용도 고구려와 비슷하며, 단지 이름이나 지명만 다를 뿐이다. 이전에 같은 부족이나 국가에 속한 특정 인사가 그 소속 집단에서 왕권승계의 갈등에서 실패함으로써 더 이상 그곳에 잔류할 수 없게 되어 이탈했음을 보여주고 있다. 왕권승계에 실패한 인사는 자신을 따르는 무리를 이끌고 다른 지역으로 옮겨가 그곳에서 국가를 이룩했음을 말해 준다. 이러한 설화에서는 그가 이전에 속했던 국가나 부족을 폄하하는 내용을 담고 있으며, 다른 곳으로 이주해서 새롭게 국가를 세우는 그 자체가 천제가 마련해 준 운명적인 적지임을 신화의 형식으로 합리화하고 있다. 이러한 사실을 백제의 온조왕 설화에서 찾을 수 있다.

　　백제 시조는 온조왕이다. 그의 아버지는 추모(鄒牟)인데, 혹은 주몽(朱蒙)이라고도 한다. 주몽이 북부여로부터 난을 피해 졸본부여에 이르렀다. 부여왕에게는 아들이 없고 다만 세 딸이 있었는데 주몽을 보자 보통 사람이 아닌 것을 알고 둘째 딸을 그에게 시집보냈다. 얼마 뒤에 부여왕이 세상을 떠나자 주몽이 왕위를 이었고 두 아들을 낳았다. 큰아들은 비류라 했고 작은 아들은 온조라 했다.(혹은 주몽이 졸본에 이르러 월군녀에게 장가들어 두 아들을 낳았다고도 한다.) 주몽이 북부여에 있을 때 낳은 아들이 와서 태자가 되자, 비류와 온조는 태자에게 용납되지 못할까 두려워

---

18) 위의 책, pp.219~220.

해 마침내 오간 마려 등 10신(臣)과 함께 남으로 떠나니 백성 가운데 따르는 자가 많았다. 마침내 한산에 이르러 부악에 올라 가히 살 만한 곳을 살폈다. 비류는 바닷가에 살기를 원하니 10신이 간해 말했다. "생각건대 이 하남의 땅은 북으로 한수를 띠고 동으로는 높은 산악에 의거하였으며 남으로는 옥택을 바라보고 서로는 대해가 막고 있으니 그 천험의 지리는 얻기 어려운 지세입니다. 여기에 도읍을 만드는 것이 좋지 않겠습니까?" 라고 했다. 비류는 듣지 않고 그 백성을 나누어 미추홀로 가서 살았다. 온조는 하남 위례성에 도읍을 정하고 10신을 보익으로 삼아 국호를 십제라 했다. 그때는 전한 성제 홍가 3년(기원전 18년)이었다. 비류는 미추의 땅이 습하고 물이 짜서 편히 살 수 없었다. 돌아와 위례를 보니 도읍이 안정되고 백성들이 편안한지라 마침내 참회하며 죽으니 그 신민들이 모두 위례로 돌아왔다. 후에 올 때의 백성들이 즐겨 따랐으므로 백제로 국호를 고쳤다. 그 세계는 고구려와 같이 부여에서 나왔기에 부여로써 성으로 삼았다.[19]

《삼국사기》〈백제본기〉 온조왕 즉위조의 협주에서도 그 기본 성격은 같지만 가계에 대해서 한층 더 분명히 설명해 놓고 있다. 이를 인용하기로 한다.

일설에는 시조가 비류왕이다. 그의 아버지는 우태이니 북부여왕 해부루의 서손이고 어머니는 소서노로서 졸본인 연타발의 딸이었다. 처음 우태에게 시집가서 아들을 낳으니 큰아들은 비류라 하였고 작은 아들은 온조였다. 우태가 죽고 졸본에 홀로 살았다. 후에 주몽이 부여에서 용납되지 못해 전한 건소 2년 봄 2월에 남으로 도망해 졸본에 이르러 도읍을 정하고 국호를 고구려라 하고 소서노에게 장가들어 왕비로 삼았다. 그가 나라를 세우고 왕업을 여는 데 자못 내조가 있었으므로 주몽이 그를 총애함이 자별하였고 또 비류 등을 마치 친아들과 같이 대우하였다. 주몽이 부여에서 낳은 아들, 예씨의 아들 유리가 오자 그를 태자로 세우고 왕위를 잇게 했다. 이에 비류가 아우 온조에게 말하기를 "처음 대왕이 부여에서 난을 피해 여기로 도망해 오자, 우리 어머니가 가재를 기울여 방업을 이루는 것을 도와 그 근로가 많았다. 대왕이 세상을 떠나자 나라는 유리

---

19) 《삼국사기》 권 23, 〈백제본기〉 1, 온조왕 즉위조.

의 것이 되었으니 우리는 한갓 여기에 있어 혹과 같을 뿐이다. 차라리 어머니를 모시고 남쪽으로 가서 땅을 택해 별립국도하는 것만 못하다" 했다. 마침내 아우와 함께 당류를 거느리고 패수와 대수를 건너 미추홀에 이르러 살았다.[20]

백제의 건국설화는 고구려에서 왕위승계에 실패한 비류와 온조가 고구려에서 벗어나 다른 곳을 찾아 건국하는 것으로 되어 있다. 백제의 건국설화는 고구려의 것을 기본 바탕으로 삼고 있는데, 주몽이 북부여에서 이미 결혼한 상태에 있었던 소서노와 결혼했으며 소서노의 아들인 비류와 온조를 자신의 아들처럼 대했다고 적었다. 그러나 북부여로부터 주몽을 찾아온 그의 핏줄인 유리가 왕위를 이었고, 왕위승계과정에서 실패했던 비류와 온조는 무리를 이끌고 미추홀에서 별립국도하게 되었다고 설명한다. 실제로 백제의 건국과정에도 비류와 온조 사이에 대립과 분리가 있었음을 암시해 주고 있으며, 온조가 비류의 땅을 합쳐서 십제에서 백제로 발전했음을 적어 놓았다.

이런 신화나 설화들을 통해서 알 수 있는 건국과정은 천강신화의 경우, 즉 천제의 자식으로 지상에 강림한 경우는 외래 부족이 선주 부족을 정복했거나 특정 부족이 인근 부족을 병합하는 과정의 설명이라고 할 수 있다. 그러므로 새로 등장한 외래 부족의 지배 정당성을 미화하기 위해 특정 부족이나 인사가 하늘로부터 근원하였다고 하여 특별한 능력과 사명을 받았다고 강조하였다. 즉 고조선이나 신라의 건국설화가 여기에 속한다. 고조선은 기존의 부족과 외래 부족 사이의 대립과 병합의 과정이 있었음을 인식할 수 있게 된다. 신라의 경우도 서로 병존적인 상태의 여러 촌락들이 경쟁과 대립을 거치면서 마침내 특정 촌락이 여러 부족을 병합하여 국가를 건설했음을 암시하고 있다.

분리설화의 경우, 기존의 부족 안에서 빚어진 권력구조의 갈등과 여기에서 실패한 세력이 새로운 지역을 찾아 별도의 국가를 형성하는 과정을 설명하고 있다. 즉 이전의 특정 부족에 속했던 어느 한 무리의 집단이 다

---

20) 《삼국사기》 권 23, 〈백제본기〉 1, 온조왕 즉위조 협주.

른 지역에서 새 국가를 형성했기 때문에 이전 지역에 대한 대립적 관계
는 물론이고 때로는 부족의 연대성으로 교류할 수 있었음을 알 수 있다.
천강신화에 의한 건국설화에 따르면 새로 대두한 통치체제는 이미 하늘
로부터 정당화한 존재이기 때문에 지배-복종의 관계가 제도적으로 무리
없이 정착될 수 있었고 또한 군왕의 영향력도 강화될 수 있었다. 그러나
분리신화의 경우, 국왕 중심의 강고한 통치체제의 출발보다는 그 집단구
성원 사이의 연대에서 이룩된 것이기 때문에 통치구조의 제도화나 왕권
의 강화는 전자와는 다른 성격을 지녔을 것으로 생각된다.

4. 부족사회의 역사적 실체

환웅-단군신화를 비롯한 건국신화를 살펴보면 여기에는 몇 가지 특징
을 찾아볼 수 있다. 첫째, 건국의 주인공들이 하늘과 연관된 존재라는 천
강신화를 가지고 있다. 이들 건국시조들은 그들이 통치했던 지역에 살았
던 부족이나 집단의 구성원이 아니라 이들을 통치하기 위해 외부로부터
이주해 온 존재, 즉 하늘로부터 내려온 신성한 존재로 되어 있다. 그러나
그들은 단순히 외부로부터 들어온 존재가 아니라 하늘의 명, 즉 천제로부
터 그곳으로 내려왔으며, 따라서 하늘이 부여한 특별한 능력과 신통력을
갖고 그곳의 새 통치자가 되었음을 강조하고 있다.

둘째로 이들의 존재는 그 지역에 살았던 집단이나 부족의 현실생활에
일대 변혁을 가져다줄 정도로 새 문명의 이기나 생활방식을 전해 주었음
을 신화 속에서 암시하고 있다. 새로운 문명의 이기, 즉 청동기나 또는 철
기와 같은 새로운 도구를 만들고 사용할 수 있는 앞선 문명의 소유집단
에서 이들 지도자가 왔다는 사실을 신화적으로 암시하고 있다. 가령 환웅
이 풍백, 운사, 우사 등을 데리고 왔다는 것이나 천부인을 가졌다는 것,
그리고 해모수가 하늘로부터 오룡거를 탔으며, 다른 종자들은 고니를 탔
다는 것 등은 그 부족에서는 그때까지 찾아볼 수 없었던 새로운 이기가
있었음을 말해주며, 그것으로 그들의 삶에도 새로운 변화의 계기를 맞게
되었음을 암시하고 있다.

셋째로 이들 건국신화에서는 새로 등장한 세력이 이전에 존재하였던 집단이나 부족에 대해 군사적인 정복이나 억압 과정을 거쳐서 새 국가를 형성했던 것이 아니라, 두 세력 사이에 비교적 평화로운 통합과정을 거치게 되었음을 그려 놓고 있다. 즉 다른 지역에서 온 이주민 집단이 이미 그 지역에 거주하고 있는 선주집단을 강압적으로 정복하거나 또는 그 과정에서 선주집단의 반발로 강한 반격이 있었던 것이 아니라 이주집단을 받아들이고 그들의 통치를 수용한 것으로 되어 있다. 이러한 성격은 신화에서 흔히 말해지는 천부지모(天父地母), 또는 천남지녀(天男地女)의 구성 내용의 해석에서 읽을 수 있다.[21] 이처럼 서로 다른 집단이 하나의 집단으로 통합되어 새 국가를 이룩했으며, 그것이 더 나은 새 삶의 체제로 발전되었음을 신화는 이야기하고 있다.

물론 건국신화를 살펴보면, 상당 부분 내용 면에서 겹치고 있다. 가령 부여의 건국신화와 주몽의 건국신화는 물론이고 환웅-단군의 신화와 박혁거세 신화도 상당 부분 서로 겹쳐 있다. 이러한 사실은 만주 일대와 한반도의 고대사회에 존재했던 집단들이나 부족들이 서로 연관되었음을 짐작할 수 있게 해준다. 즉 이 지역들에서는 새 집단이 다른 지역으로 이주하여 그곳의 선주집단과 어울려 새로운 변화를 가져옴과 동시에 통합적인 집단으로 나아갔음을 의미한다. 대부분의 경우 이 집단들은 중국의 북부 지방에서부터 만주 일대를 거쳐 평양 중심의 대동강 일대에 흩어져 생활하다가 그 뒤 한강 주변과 경주 일원, 김해 등지로 들어갔는데, 이미 이 지역에 거주하고 있던 선주집단과 일정한 결합과정을 겪었을 것으로 생각할 수 있다. 따라서 중국 북부지방과 만주, 한반도 일대에서는 고대사회의 각 집단들 사이에 이동과 교류가 잦았을 것으로 짐작할 수 있다.

그렇다면 구체적으로 건국신화가 담고 있는 고대사회의 시대상황과 집단은 어떤 모습을 보여주었을까? 이 문제는 신화와 실체 사이의 관계

---

21) 건국신화를 천부지모형과 천남지녀형으로 양분한 것은 이지영의 《한국신화의 신격 유래에 관한 연구》에서 읽을 수 있다.

를 생각하게 하는 질문이다. 물론 고대에서 이 집단들의 존재양식에 대한
논의는 고대사의 특수성, 즉 기록의 한계와 거기에서 빚어지는 다양한 해
석으로 통일적으로 이루어질 수 없는 것도 사실이다. 이를 전제로 하면서
도 여기에서는 기존 역사학계의 연구를 중심으로 고조선과 부여, 그리고
초기의 삼국에 대한 논의를 살펴보기로 하자.

구체적으로 환웅-단군신화는 한국 고대사의 어느 시기에 해당되며, 그
시기의 사회형태는 어떠했을까? 이 점에 대해서는 대체로 알타이계 예맥
족이 환웅의 종족일 것으로 추정하고 있는데, 이들이 한반도에 이주했던
유이민으로 무문토기를 사용했을 것으로 추정하고 있다. 이 점에 대해 천
관우(千寬宇) 선생은 김원룡(金元龍) 교수의 《한국고고학개설》의 견해가
설득력이 있다면서 그 내용을 아래와 같이 정리해 놓았다.

1) 서기전 8000년경 빙하시대가 끝나고 후빙기가 시작되자 한반도에 살았
   던 구석기인은 어디론가 이동해 갔다.
2) 서기전 5000년경부터 신석기인이 한반도에 들어와 어렵생활을 영위하면
   서 초기 신석기 문화와 중기 신석기 문화를 남겼는데 그 담당자가 곧 '고
   (古)아시아 족'이었다.
3) 서기전 2000년경에 이르러 한반도의 문화는 농경의 개시라는 일 대 변
   화를 일으키면서 후기 신석기 문화로 들어갔는데, '퉁구스족'이 서남만주
   방면에서 이동해 오기 시작한 것이 그 배경이 되었다.
4) 퉁구스 족은 파상적으로 잇따라 들어와 '고아시아 족'과 대체로는 평화
   적으로 그리고 서서히 융합되면서 이른바 예(濊), 맥(貊)의 부 족을 형성
   했다. 그 뒤 서기전 700년경부터 청동기 문화, 그 뒤를 잇는 철기문화의
   담당자는 이들 예, 맥이었다.
5) 한반도 중남부의 한(韓)은 예와 맥이 지역화된 것이다.[22]

위에서 말한 한, 예, 맥은 지역적으로는 중국의 북방에서 만주와 한반
도에 걸쳐 거주했으며 이들이 바로 중국의 《후한서》 동이전에 기록된 동
이족이라고 설명한다. 대체로 그 이전에 선주 토착종족인 곰 부족과 호랑

---

22) 千寬宇, 《古朝鮮史·三韓史硏究》, 일조각, 1995, pp.4~5.

이 부족이 살았으며 이들은 고아시아계 종족으로 즐문토기를 사용했다고 설명하고 있다. 선사시대부터 만주와 한반도 일원에는 이들 즐문토기를 사용했던 부족을 대신해서 무문토기를 만들어 사용했던 부족이 살았으며 이들이 이곳으로 들어왔을 것으로 짐작한다.[23] 이어서 중국으로부터 청동기문화가 유입되어 새로운 변화를 경험하게 되었는데, 이것이 청동기시대와 철기시대에 해당되며, 다만 청동기시대는 짧았고 곧장 철기시대로 돌입했을 것으로 여기고 있다. 그 시기는 대체로 고조선의 초기로 보고 있다.[24] 한국 고대사에서 청동기시대는 대체로 기원전 10세기경에서 기원전 4세기경까지인데, 이 시기에 들어서면 벼농사가 행해졌고, 상당할 정도의 농경문화도 발달했으며, 군사적인 정복활동도 행해졌고, 종교의식도 체계적으로 거행되었다. 이 시기에 축조된 고인돌의 발견은 이 시기부터 지배자나 지배세력이 존재했음을 설명해 주는 단서이기도 하다. 다시 말하면, 환웅-단군의 신화가 전개되었던 시기는 한국 고대사에서 최초의 통치양식인 제의-군장체제에 해당되는 시기로 이해할 수 있다.

특히 이 시기에는 만주 일대와 한반도를 중심으로 다수의 부족이 흩어져 있었으며, 따라서 단군의 고조선은 이 부족들 가운데 하나로 대동강 하류에 존재했을 것으로 추정할 수 있다. 단군신화는 곧 이 부족들의 조상신화로 시작했지만, 그 뒤 역사에 따라 단군신화는 한반도와 만주 일대에 거주하는 부족집단이 공통으로 섬기는 조상신이 되었다. 다시 말하면 곧 단군이 지배했던 조선은 그 시기 여러 부족 가운데 하나였지만 대표적인 집단으로 생각할 수 있다. 물론 그 뒤 고조선은 다른 부족을 통합했을 것이며, 특히 그것의 지속기간이 1천여 년 이상이었음은 한국 고대사회에서 최초로 강력하고도 거대한 통치체제가 이룩되었음을 의미하는 것이다.[25] 특히 고조선을 단군조선, 기자조선, 그리고 위만조선으로 이어왔

23) 김철준,《한국고대사연구》, 서울대출판부, 1993, p.117.

24) 천관우,〈한국사의 조류—환웅족의 등장〉,《신동아》 1972년 6월호 참고.

25) 이 점은 흔히 고조선을 단군조선, 기자조선 위만조선으로 나누어 인식하는 데서 알 수 있다. 기자조선에 대해서는 한때 그 존재 자체를 부정했지만 최근에는 이를 인정하는 연구가 나오고 있으며 그것의 실제성을 주장한 것으로는 千寬宇,〈箕子攷〉,《古朝鮮史·三韓史硏究》, 一潮閣, 1995 참고.

다는 전제에서 고조선은 한반도 일원에서 최초로 강력한 통치체제를 구축했고, 중국의 영향에 맞서면서 존속했던 통치체제라고 할 수 있다. 그러나 그것은 흔히 논의하는 국가체제, 즉 고대국가와 구분되어야 하는, 이미 말한 제의-군장체제로 파악해야 할 것으로 생각된다. 이 체제는 통치에서 제의적 성격을 중심적인 것으로 삼으면서 이것에서 나아가 실제 통치와 군사활동에 바탕을 둔 군장의 통치영역이 확보됨과 동시에 후반기로 넘어가면 제의와 군장 사이에 기능적 분화가 일어나는 통치구조로 변모했을 것으로 여겨진다.

여기서 한 가지 지적할 것은, 단군조선이 기자조선과 위만조선으로 이어졌다는 주장이다. 이것에 대해서는 이전만 해도 기자동래설(東來說)을 부인하는 것이 일반론으로 되어 있었다. 그러나 그것이 갖는 지나친 민족의식에서는 벗어나야 한다는 주장이 제기되기 시작했다. 특히 최근에는 이를 역사적인 사실로 인정해야 한다는 주장도 제기되고 있다.[26]

기자동래설에 대한 기록은 최초로 전한(前漢)대에 시작되었는데, "기자가 조선으로 도망하니 주의 무왕이 기자를 그대로 조선에 봉했다"로 적어 놓았는가 하면, "주 무왕이 기자를 조선에 봉하였으니 기자는 신례(臣禮)를 취하지 않았다"고 적어 놓기도 했다. 이 점을 근거로 천관우 선생은 기자를 특정 인물이기보다는 집단으로 이해했으며, 이들의 조선 동래 과정을 다음과 같이 설명했다. 기자족은 처음에는 중국 산서성 태곡에 거

---

26) 천관우 선생이 주장한 논지는 다음과 같다. "먼저 기자조선에 대한 기록으로는《삼국사기》에서 '周 武王이 기자를 조선에 봉하자 단군은 藏唐京으로 옮겼다가 阿斯達로 숨었다'고 적혀 있으며 후대의 《제왕운기》에서는 '단군이 아사달로 숨은 뒤 164년 동안 나라 없는 상태 즉 雖有父子無君臣에서 기자가 단군조선에 와서 나라를 세우니(遺來至此自立國) 주 무왕이 멀리서 형식적인 봉후를 하였다(周虎遙封降命緰)'라고 기록되어 있다. 이 글만을 중심으로 생각해도 단군조선—기자조선 교체라는 전통적인 견해가 흔들리게 된다"라고 주장하면서 이렇게 말하고 있다. "비록 기자가 殷人이라 해도 그들은 오늘날의 중국인을 형성하는 많은 요소 가운데 극히 일부요, 또한 東來後 箕子族도 오늘날의 한국인을 형성하는 많은 요소 가운데 극히 일부이다. 檀君族도 韓滿지방에서 자생한 증거가 없는 이상 다른 어디선가 이동해 온 것이라 하겠고 또 한민족의 구성에 북 몽고-알타이계가 들어온 것은 상관없지만 殷系가 들어온 것은 거북하다는 입장도 잘 이해되지 않는다. 더구나 곧 뒤에서 말하듯이 殷은 華夏系 아닌 東夷系로 보이는 것이다. 그런 뜻에서 나는 箕子朝鮮의 부인 대신 그 재해석의 시도가 필요하다고 하는 터이다."(위의 책, p.11)

주했던 은나라 사람들로, 당시 중국을 통일한 주(周)의 지배 아래 들어갔는데, 이 기간에 주 황실은 기자를 조선에 봉했다. 기자 집단은 일부 산서성에 있었지만 다른 일부는 산동성으로 이동했으며, 나중에 조선으로 이동하게 되었다. 조선의 평양 근처에 온 기자족은 이 지역의 지배권을 장악, 단군조선을 대체하게 되었다. 근 천년 동안 지배권을 행사했으며 주가 망한 후 전국시대에 연(燕)과 충돌했지만 기자조선의 대부 예(禮)의 중재로 무력충돌을 벗어날 수 있었다. 그 뒤 연은 장군 진개(秦開)를 보내어 기자조선을 침범했으며, 진의 시황제가 등장했을 때 기자조선은 부(否)가 왕으로 즉위, 진에 복속을 약속했지만 조회(朝會)에 불긍(不肯)했다. 부가 죽고 아들 준(準)이 즉위했지만 위만에 나라를 빼앗겼으며, 이로써 위만조선이 잇게 되었다.[27]

위만조선 역시 동이족으로 위만이 처음 조선에 왔을 때의 모습을 중국의 《사기》 조선전에서는 "상투를 틀고 오랑캐의 옷을 입고 있었다"고 한 것에서 알 수 있듯이, 당시 한족만이 상투를 틀었다는 점에서 그가 조선인이었으며, 따라서 처음 위만이 무리를 이끌고 기자조선으로 왔을 때 기자조선의 왕인 준은 기자조선 영역에서 사람이 살지 않았던 조선 서계(西界)에 살게 했으며 위만을 신임해서 국경 수비를 맡기게 되었다. 그 뒤 위만이 군사를 일으켜 준왕을 몰아내고 새 왕조를 세워 이를 위만조선이라 했으며, 사방 천리에 이르는 지역을 정복하여 그 영역을 넓혔다. 그러나 서기전 109년에서 108년에 한 무제의 침략으로 위만조선은 무너지게 되었고, 그 땅에 낙랑군 등 한의 직할지로 4군이 설치되기에 이르렀다. 그리하여 사실상 고조선의 역사도 종식된 것으로 설명되고 있다.[28]

---

27) 위의 책, pp.12~15.
28) 여기에서 천관우 선생은 기자의 동래를 인정한다고 해서 그것이 결코 민족사에 한계일 수 없다는 점을 강조하면서 다음과 같이 적고 있다. "······따라서 기자가 은인이요 기자의 동래가 사실이라고 가정하더라도 이것을 가리켜 '중국인 기자'니 '한족의 식민국가'니 하는 것은 매우 부당한 표현임은 분명하다. 한편 기자조선을 단군조선의 연장으로 본다 하더라도 그것이 한국사의 자주성을 강조하는 데에 얼마나 도움이 되었는지에도 의문이 없지 않다. 단군족 또한 한반도에 자생한 증거가 없는 이상 중국 방면이건 시베리아 방면이건 어디선가 이동해왔을 것임에 틀림없기 때문이다.(위의 책, p.37)

고조선이 단군조선, 기자조선, 위만조선으로 옮아갔으며, 이러한 흐름은 그 시기 다수의 부족이 중국에서 만주와 한반도로 이주했음을 의미하는 것이다. 그리고 위만에 나라를 빼앗긴 고조선의 말왕(末王) 준왕은 남으로 피난했던 것으로 기록되어 있다. 이는 그 당시 부족집단으로 구성된 이들 사이에 잦은 이동이 있었음을 나타낸다. 이렇게 이동한 부족집단은 기존의 선주집단과 함께 어울렸으며, 때로는 새 부족집단으로 통치체제를 조직하기도 했다. 가령 위만의 우거(右渠)가 망하기 직전 그와 뜻이 맞지 않아 남방으로 옮겨간 역계경(歷谿卿)에 대한 다음과 같은 《위략》의 기록은 대규모의 집단이동이 이루어졌으며, 그것이 다른 지역에서 새로운 집단통치체제를 이룩할 수 있었음을 말해 준다. 즉 "朝鮮相歷谿卿以諫 右渠不用 東之辰國 時民隨出居者二千餘戶"의 표현으로, 역계경이 비록 조선의 상(相)의 위치에서 우거를 간해도 들어주지 않자 그를 따르는 2천여 호를 데리고 다른 지역으로 갔음을 말해 주는데, 이 지역이 동쪽의 진국이었다. 이러한 기록은 그가 실제로 특정 부족의 장이었음을 말해 준다. 이 점에서 위만조선은 앞에서 말한 것처럼 여러 부족집단의 연합체적 통치체제를 구축했다고 말할 수 있다.

그 뒤 위만조선을 정벌하기 위해 한의 무제가 6만의 육로병과 7천의 해병을 동원하여 1년여에 걸쳐 공격하여 마침내 위만을 멸망시켰다. 한은 4군을 설치했으며, 특히 대동강 일대에 낙랑군을 설치하였다. 이 시기에도 만주와 한반도에는 여러 부족이 위만 하나에 합쳐져 있었던 것은 아니었다. 가령 북으로는 예군남려(濊君南閭)가 총 28만의 인구를 포괄하는 큰 부족을 이룩했고, 한반도의 남에는 직산을 근거지로 한 목지국(目支國)이 중심이 되어 한강 이남의 여러 부족에 대한 영도력을 행사했던 진(辰)이 자리잡고 있었다. 진은 위만과 상쟁하는 과정에서 한에 청병하여 위만조선을 멸망할 수 있었지만, 그 고토에 낙랑이 들어서서 새로운 한의 식민지가 되었다. 그리고 예군남려의 세력기반에는 뒷날 고구려가 대두하게 되었다.[29]

---

29) 김철준, 앞의 책, p.13.

이러한 사실은 곧 한국의 고대사회, 즉 고조선시대는 만주와 한반도를 중심으로 다양한 부족집단이 존재했으며, 이들 대부분은 중국에서 유입되었거나 북만주 시베리아로부터 이주하여 거주했음을 의미한다. 이 부족집단들은 그 지역의 선주부족과 대립이나 투쟁 또는 접합과정을 거치면서 통합되기도 했다. 부족의 연대로 대부족이 형성됨으로써 비로소 통치제도가 구체적으로 필요하게 되었다. 이 점에서 부족사회의 통치체제의 전개과정을 논의하는 것이 주요한 의미를 갖는다. 즉 부족이 더 큰 부족적 결집체가 되었을 때 빚어지게 될 결합의 양상이 어떠했는가가 그만큼 중요하기 때문이다. 대부분의 경우 이들 부족은 다른 부족과 결합하여 하나의 거대한 부족연맹을 구성하게 되었다는 주장이 제기되고 있다. 그런가 하면 부족 자체가 일종의 국가의 성격을 보여주었으며 소국의 위치에 설 수 있었고, 소국연맹으로 발전하게 되었다는 주장도 제기되고 있다. 이처럼 이 시기의 통치체제에 대한 인식은 다양한 견해로 제기되고 있다. 그만큼 한국 고대에서 이 시기의 부족사회로부터 고대국가의 등장에 이르는 인식문제는 한국 고대사 연구에서 중요한 과제이기도 하다.

5. 고대사회의 단계적 발전

고대국가의 형성에 대한 신화는 부분적으로 역사적 실체와 혼존하고 있기 때문에 그것에 대한 해석과 인식 자체가 당시의 시대상황은 물론 국가를 밝혀낼 수 있는 의미 있는 작업이 될 수 있다. 최근 학계의 연구는 고고학과 인류학에 힘입어 고대국가 형성 문제에 관해 신화와 역사적 실체를 연계하기 위한 시도를 행하고 있다. 이러한 논의는 실증적이기보다는 해석 위주의 성격을 갖고 있기 때문에, 주장의 수준에 머무르는 경우도 없지 않다. 그뿐 아니라 개념의 불일치와 인식 관점의 다양성에서 오는 혼돈도 빚어지고 있다. 이러한 점을 고려하면서 여기서는 한국의 초기국가에 대한 역사학의 연구 성과를 개괄함으로써 고대사회의 통치체제를 살펴보기로 한다.[30]

지금까지 주장된 논의에는 몇 가지 공통점을 찾아볼 수 있다. 가령 신

석기시대까지를 원시씨족사회나 원시공동체사회로 파악하는 경우가 그
러하다. 이렇게 인식함으로써 이 시기를 평등적인 공동체사회로 이해하
고 있다. 그리고 노예국가, 고대국가, 귀족국가, 중앙집권국가 등 용어에
는 상당한 차이가 있지만 대체로 고구려 소수림왕(4세기 후반), 백제 근초
고왕(4세기 중엽), 신라 법흥왕(6세기 전반) 이후를 중앙집권적 고대국가시
기로 인식하는 데는 일치된 견해를 보여주고 있다.[31] 다시 말하면 그 이전
부터 이 시기까지는 고대국가 이전의 기간으로 파악하고 있으며, 그것의
통치체제나 권력구조는 중앙집권적 고대국가와는 다른 차원으로 설명하
고 있다. 고대국가에 이르기까지 씨족사회나 부족사회의 통치체제는 어
떤 단계를 거쳤는가에 대해서는 주장자들의 관점에 따라 각기 다른 견해
가 제기되고 있다.

이처럼 다양한 견해 가운데 먼저 김철준 교수의 주장을 살펴보기로 하

---

30) 이 점에 대해서는 지난 몇 차례 이른바 국가발전 단계론에 대한 논의가 있었으며, 이
   를 바탕으로 한국 고대사회의 국가형성에 관한 다양한 주장이 제기되었다. 여기서는
   이 주장들을 체계적으로 정리한 김태식의 논문을 인용하기로 한다.(김태식, 〈가야의
   사회발전단계〉, 《한국고대국가의 형성》, 민음사, 1990, p.42)

한국 고대사회 발전단계에 대한 여러 가설

	신석기시대	청동기시대	초기철기시대	원삼국시대	삼국시대
白南雲	원시씨족사회		원시부족국가		노예국가
孫晉泰	씨족공동사회		부족국가		귀족국가
金哲埈	씨족사회		부족국가, 부족연맹		고대국가
李基白 1	씨족사회	부족국가	부족연맹		고대국가
千寬宇	씨 족 제		성읍국가	영역국가	대제국
李基白 2	공동체사회	성읍국가	연맹왕국		귀족국가
金貞培	(군사회)	부족사회	군장사회		국가사회
李鍾旭		추장사회	소국, 소국연맹 소국정복		중앙집권왕국
邊太燮	부족사회	군장사회	초기국가		고대국가

 * 위의 도표를 작성한 김태식의 지적에 따르면 이병도, 노태돈의 연구는 김철준의 견해
   와 대체로 같다는 것이다. 또한 이기백 1은 《한국사신론》(1967)의 시대구분이고 이기
   백 2는 《한국사신론》 개정판과 이기백·이기동 공저, 《한국사강좌 : 고대편》(1982)의
   시대구분임을 밝혀 놓고 있다.

31) 김태식, 위의 글.

자. 그는 〈한국고대국가발달사〉의 '부족국가(部族國家)와 부족연맹(部族聯盟)' 장에서 가야제국(加耶諸國)의 성장과정을 중심으로 고대국가의 발전을 다루고 있다.[32] 그는 가야제국의 성장과정을 사회기반의 통합단계와 일치시켜서 설명한다. 즉 3세기 무렵 철기문화를 소유한 북방유민의 파급이 김해를 중심으로 가락국을 비롯한 부족국가를 형성하게 되었다는 것이다. 그 뒤 가장 강했던 대가야와 금관가야가 결속해서 상하가야연맹(上下加耶聯盟)을 만들었지만 고대왕권을 확립하는 단계까지는 나아가지 못했다.[33] 이 과정에서는 부족사회에서 부족국가가 존립했을 것으로 전제하면서 여기서 부족국가연맹 등의 과정을 거쳐서 삼국시대로 들어가게 되었고, 이때부터 비로소 고대국가가 등장했다는 것이 그의 핵심 주장이다.

천관우 선생은 《삼국사기》와 《삼국유사》, 그리고 중국의 역사서를 중심으로 고대국가의 발전단계를 설정하고 있다. 특히 《삼국사기》 〈신라본기〉에 보이는 감문국(甘文國) 소문국(召文國) 등이 성읍국가에 해당한다고 설명하고 있다. 이들 국가가 점점 더 영역을 넓혀 그 규모가 커졌으며, 이것이 영역국가로 발전하게 되었으며, 여기에 속하는 것으로는 사로국(斯盧國)을 들었다. 이는 파사왕(婆娑王)대에 그러했고, 백제는 온조왕 때부터 영역국가로 발전하게 되었다는 것이다.

이기백 교수의 이 시대에 대한 설명은 그의 '성읍국가론'에서 읽을 수 있다. 여기서 말하는 성읍국가는 부족사회의 권력적 조직체제를 의미하며, 이것에 의해서 국가로 발전하는 단계를 거치게 되었는데, 성읍국가, 연맹왕국, 중앙집권적 귀족국가의 단계로 전개했다는 것이다. 그리고 중

---

32) 김철준, 〈한국고대국가발달사〉, 《한국문화사대계》 1, 고려대 민족문화연구소, 1964, pp.484~487.

33) 그는 부족국가와 부족연맹, 그리고 고대국가에 대한 개념으로, 전자는 씨족사회의 전통을 그대로 유지하면서 가부장적인 특정 가족이 권력 행사의 주체적인 담당자가 되어 그것에 의하여 마련된 정치기구라고 생각한다. 부족연맹은 우세한 부족이 열등한 부족을 정복한 경우도 정복된 부족을 완전히 해체시키지는 못하며 직접 지배하지도 못하고, 단지 복속적인 관계만을 유지한 채 어느 정도는 각 부족의 자주성이 유지되는 경우로 설명한다. 고대국가는 족장들의 횡적인 병렬상태인 부족연맹 안에서 한 부족의 영도권이 확립되어 각 족장들을 종적이고도 일원적인 지배체제로 통합하여 그들에게 일정한 등급을 부여하는 사회체제로의 변화라고 인식했다.(金哲埈, 《韓國古代國家發達史》, 春秋文庫, 1975, p.49 ; 千寬宇 편, 《韓國上古史의 爭點》, 一潮閣, 1976, p.202)

앙집권적 귀족국가의 등장이 곧 고대국가의 핵심적 성격이었으며, 이는 삼국시대에서 비롯되었다고 주장한다. 그의 이러한 논의에서 중요한 의미를 갖고 있는 것 가운데 하나는 성읍국가론으로, 이것에 대한 그의 논지를 여기서 인용해 보기로 하자.

> ……그러면 청동기를 권위의 상징물로 소유하고 고인돌에 묻힐 수 있는 특권을 지닌 것은 어떤 사람들이었을까. 그들은 아마도 신석기시대의 부족장의 후예로서 그 전통을 이어받은 자였을 것이다. 그러나 이제 정치적 지배자로 등장한 그들은 농경에 의한 생산물을 보다 많이 거둬들이고 또 전쟁에 의하여 얻은 전리품을 보다 많이 점유할 수 있었을 것으로 보인다. 이리하여 그들은 경제적인 재부를 누릴 수 있었을 것으로 보인다. 이들 정치적 지배자가 다스리는 영토는 그리 넓지가 못했을 것이다. 나지막한 구릉 위에 토성이나 목책을 만들고 스스로 방위하면서 그 바깥 평야에서 농경에 종사하는 농민들을 지배해 나가는 정도의 것이었다고 생각된다.[34]

이기백 교수는 종전의 부족국가를 성읍국가로 파악한다. 부족국가의 의미는 단순히 부족의 통치체제에 불과하다는 점에서, 그리고 그것의 내용을 전제하지 않는다는 점에서 그 시기 국가의 속성을 성읍적인 것으로 파악하는 것이 더 실제적이라고 인식한다. 그러므로 그의 성읍국가는 최초의 국가적 통치체제이자 고대국가로 이행하는 과정적 단계성을 지니는 것으로 이해할 수 있다.

이기백 교수의 성읍국가론을 부분적으로 수용하면서도 이를 발전시킨 것이 이종욱 교수이다. 이종욱 교수는, 촌락사회→소국→소국연맹→소국병합의 단계를 거쳐 비로소 고대국가로 나아간다고 주장한다. 그의 논지는 고대국가에 이르기까지 고대사회의 발전단계와 변모에 인식의 초점을 두면서, 사회변동에 따른 권력구조를 정확하게 인식하기 위해서는 이를 단계적으로 세분하는 것이 바람직하다고 생각하고 있다. 그는 특히 한국

---

34) 이기백, 《한국사신론》, 일조각, 1992, p.32.

고대사회에서 국가와 같은 통치체제의 존재양식과 그 변화를 전제로 하는 체계적인 인식 관점의 설정이라는 점에서, 그리고 역사적 사실의 분석에 기반한 입론을 설정했다는 점에서는 중요한 의미를 갖게 된다.

김철준, 이기백, 이종욱 교수 등이 한국 고대사회를 사료 중심으로 논리화했다면, 김정배 교수는 인류학을 기반으로 삼아 한국 고대사회를 전반적으로 재해석하고 있다. 그는 부족국가 대신에 군장사회의 단계를 설정하고 있는데, 부족사회와 고대국가의 중간단계가 군장사회의 시기라고 할 수 있다. 다시 말하면, 삼한사회를 국가 이전 단계인 군장(chiefdom)에 의한 지배체제, 즉 군장사회라고 주장하고 있으며, 국가의 기원을 고조선에서 찾고 있다. 김정배 교수의 이러한 인식은 인류학적 논의를 한국 고대사회에 적용시켰다는 점에서, 그리고 역사발전의 보편적 논리의 전개라는 의미에서 중요한 성격을 갖고 있다. 즉 역사에서 지역적 특수성은 근본적으로 보편성 위에 논의되어야지 그 보편성 자체를 극복할 수 있는 것이 아님을 전제하고 있다. 이 점에서 김정배 교수의 논의는 한국 고대사를 세계사의 보편적 전개로 파악하려는 객관적 인식의 시작이라고 할 수 있다.

김정배 교수의 논지를 받아들인 변태섭 교수는 이를 다시 세분해서 군장사회, 초기국가, 고대국가로 이어지는 정치발전단계론을 주장하고 있다. 즉 부족사회에서 고대국가에 이르는 과정은 군장사회와 초기국가 단계를 거친다고 설명함으로써 어느 면에서는 김정배 교수의 주장을 받아들이면서 여기에 초기국가를 새롭게 하나의 단계로 설정하고 있다. 그러나 역시 문제는 군장사회와 초기국가를 확연하게 구분할 수 있는 기준이 무엇인가에 대해서이다. 단순히 시간적 외연만으로 이를 두 단계로 설명할 수는 없다. 이 점에서 생각할 때 군장사회를 거쳐 초기국가로 이어진다는 김정배 교수의 논의가 주목받는다.

이상의 논의들을 살펴보면 고대사회의 단계적 구분에서 핵심적인 논의 대상은 부족사회로부터 고대국가의 형성까지 어떠한 단계적인 과정을 거쳤는가에 관한 문제라고 할 수 있다. 다시 말하면 고대국가의 등장은 그 이전에 존재했던 사회집단이 어떤 권력 관계에 따라 발전적으로 이루어졌는가 하는 점이다. 이는 곧 부족사회에서 고대국가까지의 전개에 대한 논의이기도 하다. 어느 사회에서나 부족사회에서 일거에 고대국가로 발전할 수는 없다. 여기에는 그 나름의 단계 설정이 가능할 정도로 발전의 계기성과 단계적인 성격이 있기 때문이다.

이 문제에 대한 논의는 기본적으로 다음 두 가지 관점으로 집약될 수 있다. 하나는 가족체적 촌락사회에서 부족사회를 거쳐 고대국가로 발전하는 과정에 초기국가라는 개념을 설정할 수 있는가에 대한 문제이다. 즉 고대국가 이전의 제도화된 권력구조를 초기국가라는 말로 통칭할 수 있는가, 그렇게 설정할 경우 그것에 합당한 통치체제를 어떻게 설명할 것이며, 이것이 고대국가와 어떤 차이점을 갖는가의 문제가 그것이다. 그리고 부족사회의 권력구조가 어떻게 그 다음 단계인 고대국가로 전환했는지도 문제로 남게 된다. 다른 하나는 한국의 고대사회는 넓은 의미에서 부족사회─군장사회─고대국가라는 논의를 그대로 적용시킬 수 없는 어떤 특이성을 갖고 있지는 않은가에 대한 문제도 인식되어야 한다. 이 두 가지를 인식하기 위해 여기서는 전자의 논의로 이종욱 교수와 후자의 관점에서 김정배 교수의 주장을 차례로 살펴보기로 하자.

이종욱 교수는 그의 일련의 연구에서 고대국가의 발전단계를 주장하는데, 특히 그는 《신라국가 형성사 연구》(1982)에서 고대국가 발전단계론을 이렇게 주장하고 있다.

> 필자(이종욱)는 1982년 이래 촌락(추장)사회─소국연맹─소국병합단계로 나누어 한국의 초기국가 형성과정을 시대 구분했다. 그 중 촌락(추장)사회와 소국단계는 과거 부족국가, 성읍국가로 부르던 정치발전단계를 나눈 것이고, 소국연맹과 소국병합단계는 과거 부족연맹, 연맹왕국, 소국연맹체로 부르던 정치발전단계를 나눈 것이다. 이는 한국 초기국가 형성과정에 대한 지금까지의 2단계 시대구분과는 달리 4단계의 시대구분을 한 것을 뜻한다.[35]

---

35) 여기에 인용한 글은 이종욱의 고대국가에 대한 많은 연구논문과 저서에서 일관되는

이종욱 교수는 먼저 촌락사회 단계를 설명하는 사료로《삼국유사》권 2,〈기이〉2, 가락국기에서 시작하고 있다.[36] 그는 이 글에서 가락 9촌의 추장들이 다스렸다는 100호, 7만 5천 인이라는 기록에 문제가 있다고 말하면서 가락국이 형성되기 이전에 9촌이 있었다는 점, 각 촌에는 간이 지배했다는 점, 그리고 촌락의 백성을 다스리는 정치세력이 추장이었다는 기록을 적으면서 이를 역사적으로 입증하려고 했다. 이 작업을 거쳐 그는 고대사회를 촌락(추장)사회라고 주장한다. 이러한 성격은 신라의 건국에도 해당되는데, 사로국의 건국신화에서 나오는 신라 시조 혁거세의 기록을 거론하면서 사로국 건국 이전에 존재했던 6촌과 그 촌의 촌장은 앞에서 말한 가락국의 9촌 9간과 같다. 즉 그의 논의에서는 가락 9촌이 합쳐져서 가락국으로, 사로 6촌이 합쳐져서 사로국이 되었으며, 그 바로 앞의 사회는 앞에서 말한 추장사회라는 것이다.

그는 자신의 논의를 고대국가 형성 이전에도 적용시키고 있는데, 단군 신화에 나오는 곰과 웅녀로 상징되는 집단은 고조선의 국가 형성 이전의 사회 정치적인 집단으로, 촌락사회적 성격을 가졌을 것으로 추정했다. 그는 한국 고대국가의 촌락사회에 대해서는 이렇게 적어 놓고 있다.

……촌락(추장)사회는 한국 초기국가 형성 이전에 널리 분포되어 있었던 것을 알 수 있다. 그런데 그 존재 시기에는 차이가 있어 고조선 지역에서는 기원전 15세기에서 12세기경까지, 후일 백제, 신라, 가야 등의 정치세력이 성장하였던 한반도 남부지역에서는 기원전 7세기에서 2세기까지 존속되었다. 부여나 고구려 등의 경우는 그 사이의 어느 시기에 존속되었다고 여겨진다. 여기서 촌락사회라고 하더라도 고조선 지역에서는 비파형 동검이 나타나기 이전의 청동기시대에 해당하고 한반도 남부에서

주장으로, 이를 집약해서 서술한 것으로 이해할 수 있다.(이종욱,〈초기국가형성기의 정치발전단계〉,《한국사상의 정치형태》, 일조각, 1993, p.14)

36)《삼국유사》권 2,〈기이〉2, 가락국기의 해당 내용을 적으면 다음과 같다. "개벽한 이후로 이곳에는 아직 나라의 이름이 없었고 또한 군신의 칭호도 없었다. 이때 아도간, 여도간, 피도간, 오도간, 류수간, 류천간, 오천간, 신귀간 등의 9간이 있었다. 이들은 추장으로 백성을 다스렸으니 무릇 100호, 7만 5천인이었다. 산야에 스스로 도읍하여 우물을 파서 마시고 밭을 갈아 먹었다."

는 철기시대에 들어선 후에도 촌락사회가 지속되었던 것을 알 수 있다. 이는 촌락사회와 고고학적인 자료를 연관지을 때 주의할 사실이라고 할 수 있다.[37]

그는 촌락사회의 뒤를 소국단계가 이었다고 설명하면서 주몽이 세운 고구려, 온조가 세운 십제(백제), 혁거세의 사로국과 같은 초기국가야말로 소국단계에 해당된다고 주장하였다.[38] 이 점에 대한 그의 주장은 이렇게 계속된다. "한국의 초기국가의 첫 시작을 소국으로 부르면 어떨까 한다. 한국의 초기국가 형성기에 등장하였던 소국들은 그리스의 도시국가에 해당한다."[39] 그가 말한 한국의 초기국가를 소국으로 규정함으로써 그 형성기는 지역에 따라 다를 수 있음을 암시하고 있다. 즉 요동지역에서는 고조선 등 여러 나라가 기원전 12세기 말을 전후로 국가를 형성했던 것으로 설명하고 있다. 초기국가로서의 소국들은 몇 개의 촌락이 통합되어 형성되었으며, 사로국의 크기도 대체로 지름 10여 킬로미터 정도의 촌 6개가 통합된 것으로 그 인구는 1만 명 정도일 것으로 파악하고 있다.[40]

이종욱은 촌락사회와 소국의 차이점을 인구와 영역의 크기로 설명하는데 소국이 더 큰 것은 물론이다. 소국단계를 거쳐 소국연맹단계로 나아가는 것으로 보고 있다.[41] 소국연맹에 대한 구체적인 사례로 든 마한은 50여 개의 소국으로 구성되었으며, 마한의 통치는 목지국의 진왕에 의해 이루어졌고, 그가 마한을 구성한 소국들의 맹주였을 것으로 추정했다. 이

---

37) 그는 촌락사회들의 규모를 사로 6촌 모두가 직경 10km 정도의 영역으로 이루어졌다고 생각하고 있다.

38) 이종욱이 말한 소국단계는 지금까지 학계에서는 부족국가, 또는 성읍국가로 불렸던 것이다.

39) 이종욱, 〈초기국가형성기의 정치발전단계〉, 《한국사상의 정치형태》, 일조각, 1993, p.24.

40) 위의 글, p.25.

41) 이종욱은 소국연맹에 대한 구체적인 사료로 《후한서》〈동이열전〉한 부분을 들고 있다. 그가 인용한 것을 여기에 적으면 다음과 같다. "마한은 서쪽에 있는데 54국이 있으며 그 북쪽은 낙랑의 남쪽으로 왜와 접하고 있다. 진한은 동쪽에 있는데 12국이 있으며 그 북쪽은 예맥과 접하고 있다. 변진은 진한의 남쪽에 있는데 역시 12국이 있으며 그 남쪽은 왜와 접하고 있다. 모두 78국인데 백제는 그 중 한 나라이다."(위의 글, p.26 재인용)

경우 마한이 곧 소국연맹에 해당된다. 소국연맹의 형성시기는 기원전 1세기 전후로 보고 있다. 소국연맹은 많은 수의 소국이 특정 맹주를 중심으로 연맹관계를 맺었기 때문에 맹주국과 소국들 사이에는 부용관계였지만, 연맹 안에 이들 소국들은 정치적으로는 독립국의 위치를 누렸을 것으로 여겨진다. 앞에서 말한 소국과 소국연맹 사이의 기본 차이점은 전자는 특정 맹주가 없었지만 후자는 있었다는 점이다.

소국연맹단계 뒤에 소국병합단계가 이었는데, 이는 특정 국가에 의해 다른 소국들을 복속시켜 하나의 독자적인 국가체제를 정립한 것을 의미한다. 이종욱 교수는 소국연맹과 소국병합단계의 차이점에 대해서는 이렇게 적어 놓고 있다.

> 소국연맹은 일정 지역의 소국들 사이에 맹주국이 등장하여 대외적으로 군사적 경제적인 문제를 주관하게 되었고 소국연맹 내의 정치적 경제적 군사적인 문제를 관장하였다고 생각하여 보았다. 그런데 소국연맹 내의 국가들 사이에는 맹주국과 그의 통제를 받는 부용국이 생기기는 하였으나 모든 나라는 독립국으로 존재하였다. 따라서 각 소국에는 왕이 있었고 일반 백성들은 각 소국에 속하였다. 그에 비하여 소국 병합 단계에 이르게 되면 피병합 소국은 왕을 둘 수 없었고 독립국으로서의 지위를 잃었으며 백성들은 각 소국의 백성들이기보다 병합을 주도한 나라의 백성으로 되었다. 이에 피병합 소국은 병합을 한 나라의 지방행정구역으로 편제되거나 제후국적인 지위를 갖게 되었다. 실제로 소국 병합 단계의 중앙정부에서는 지방관을 파견할 수 없어 과거 소국의 지배세력을 지방세력으로 인정하여 주고 제후적인 존재로 삼는 나라도 있었다.[42]

소국병합단계를 이룩한 나라로는 고조선, 부여, 고구려, 백제, 신라이며, 소국연맹에 이른 나라로는 임둔, 진번, 예, 가야라고 적었다. 소국단계에만 머물렀던 국가는 수백 개였을 것으로 설명한다.

이종욱 교수의 초기국가의 단계적 발전에 대한 논의와 구분되는 김정배 교수의 군장사회론은 고대국가로 발전하는 단계를 부족사회, 군장사

---

42) 위의 글, p.33.

회 그리고 고대국가로 삼분하고 있다. 그의 핵심 논의는 한국의 삼한시대가 군장사회라는 점이다. 삼한시대를 이종욱 교수가 소국, 소국연맹단계로 설정한 것과는 차이가 있다. 김정배 교수의 논의는 군장사회에 대한 개념에서 찾아볼 수 있다. 그는 서비스(E. R. Service)의 진화주의적 관점을 받아들여 이를 설명하고 있다. 즉 국가의 발전단계를 군(群, Band), 부족(Tribes), 군장사회(君長社會, Chiefdoms), 국가(Primitive State)로 파악한다. 이 기준에 따라 한국에서는 종전부터 사용해온 부족국가, 부족연맹, 고대국가의 발전 도식을 대신하는 더 객관적인 구분으로 나아가야 한다고 주장한다. 특히 김정배 교수는 종전까지 부족연맹으로 설정했던 기간을 군장사회로 파악하면서 이렇게 적어 놓았다.

> 삼국시대와 그 이전의 역사 서술은 구분의 기준이 확연하여 삼국 이전은 이른바 부족국가 혹은 부족연맹이라는 단계로 처리되었던 것이다. 《사기》〈조선전〉이나 《삼국지》〈위지〉동이전에 실려 있는 내용은 그렇기 때문에 바로 부족국가나 부족연맹을 설명하는 최적의 자료로 이용되었지만 엄밀한 의미에서 부족의 개념을 정립한 것도 아니고 국가의 개념도 정의치 않은 채 너무나 막연하게 부족과 고대국가라는 술어가 통념화된 것이다.[43]

김정배 교수의 이 논의를 살펴보기 위해 먼저 군장사회의 개념을 생각할 필요가 있다. 그의 설명에 따르면 군장사회, 즉 치프덤(chiefdom)은 국가가 발전되기 이전의 사회이다. "서비스가 제시한 치프덤(chiefdom)의 의미는 복합사회를 설명하는 데 유익한 개념"임을 지적하면서 서비스 이외의 다른 학자들도 국가의 전 단계로 군장사회 즉 치프덤을 설정했음을 부기해 놓고 있다.[44] 군장사회는 그 이전 사회가 보여주는 군(群) 사회와는 다른 몇 가지 특징을 갖고 있다. 첫째로 생산성의 향상으로 잉여물의 축적이 가능하고 인구밀도가 조밀하여 한층 복잡한 사회로 변모하게 되

---

43) 金貞培, 《韓國古代의 國家起源과 形成》, 1986, p.46.
44) 김정배, 〈국가형성이론의 한국사 적용문제〉, 《한국사》 4, 국사편찬위원회, 1997, p.20.

었다. 둘째로 정치, 경제, 종교 등 여러 활동을 조정하는 중앙기구의 출현으로 더욱 조직적인 사회로 변모했다. 이 가운데 치프덤 단계에서 가장 중요하게 지적할 수 있는 것은 경제적으로 재배분이 이루어질 수 있는 사회로 발전되었다는 점이다. 이러한 성격에 대해 김정배 교수는 아래와 같이 적어 놓았다.

> chiefdom 사회의 chiefdom은 사회 정치적 중심이 되는 집무소를 따로 가지고 있으며 그의 직책은 장자 상속 등에 의해 세습되고 있다. 결국 chiefdom 사회는 사회통합적 측면에서는 불평등사회이고 경제적 측면에서 재분배사회이며 정치적 측면에서는 중앙통제의 사회이다. 아울러 종교적인 측면에서 본다면 샤머니즘적인 관행이 잔존하나 보다 규모가 큰 사회적인 종교의식이 거행되는 사회이다. chiefdom의 지위와 사제의 지위는 반드시 동일시 할 수는 없지만 권위의 양면에서 함께 흥기한 것처럼 이해된다. 이때문에 chiefdom 사회는 거의 합의 하에서 신정단계의 사회라고 불리기도 한다.[45]

군장사회의 개념을 한국 사회에 적용할 경우, 김정배 교수는 먼저 사서에 기록된 국(國) 자와 왕(王) 자의 성격을 오늘의 국가와 동일한 것으로 이해할 수 없음을 지적하고 있다. 따라서 삼한사회의 70여 개 국명은 그것을 국가로는 볼 수 없으며, 이는 단지 군장사회에 지나지 않는다는 것이다. 여기에서 한층 발전된 사회, 즉 목지국이나 사로국의 경우는 그 뒤에 가서야 비로소 국가로 변모했다는 것이다.[46]

구체적으로 삼한의 여러 나라의 인구를 예를 들면서, 군장사회에 적합한 인구수로 설정되는 1만 명에서 1만 2천 명 선을 기준으로 할 때 삼한

---

45) 위의 글, pp.28~29.
46) 이 점에 대한 그의 주장은 다음과 같다. "《삼국지》동이전 한조에 보이는 소국 또는 대국이라는 표현은 규모를 나타낼 뿐 국가라는 의미가 아니므로 '국'자가 붙어 있다고 해서 전부 국가로 보는 것은 발전단계를 고려하지 않는 것이라 하겠다. '국'이란 국가 이외도 지역이라든가 또는 지역의 정치집단이라는 의미가 내포되어 있는 것이다. 따라서 한국사에 존재한 여러 정치체들의 구체적인 성격을 확인하기 위해서는 각 정치체들이 반영하고 있는 사회조직의 내용과 규모 등에 대한 검토가 요구된다."(위의 글, p.31)

여러 나라야말로 보통 1만 명 선에 해당되며, 이 규모에 적절한 숫자라고 지적했다. 그러면서 그는 군장사회의 성격을 인구수로만 산정할 수 없다는 점도 적으면서도 이것이 중요한 하나의 기준일 수는 있음을 강조했다.[47] 그는 삼한 70여 개국 가운데 마한의 건마국(乾馬國)을 한정시켜 이것이 군장사회임을 입증하는 논리의 근거로 설명하고 있다. 그의 건마국에 대한 분석은 다음 글에서 읽을 수 있다.

> 乾馬國의 인구는 약 10,000여 명 정도이며 지역의 크기는 오늘날 전북 익산군 금마면, 왕궁면, 팔봉면, 삼기면과 그 주변의 일원이라는 사실을 알게 되었다. 건마국의 인구수는 한 군 현의 일개 현의 규모와 거의 같으며 이것은 지역적인 규모 면에서도 비슷한 것으로 보여진다. 이러한 정도의 규모라는 것은 정치 발전 단계에서 볼 때 이 사회가 군장사회에 해당되는 것이다.[48]

삼한시대를 군장사회로 규정하기 때문에 국가는 군장사회 뒤에 나타난 존재이다. 즉 그것에 해당되는 것으로는 사로국을 들고 있으며, 그것이 군장사회에서 고대국가로 옮아가는 전이기를 거치게 되었다는 것이다. 이 주장의 근거로 먼저 사로국의 인구수가 삼한의 다른 나라에 비해 더 많은 2만 명에서 2만 5천 명으로, 이는 보통 군장사회에서 찾아볼 수 있는 1만 명 내외보다도 더 많고 지역적으로도 영역이 팽창되었다고 지적했다. 즉 사로국은 점점 동해 지역으로 팽창했는데 이것은 내륙보다는 동해 쪽으로 그 세력이 확대되었기 때문이다. 사로국은 경주시 일원의 중심지에서 1세기경에 이르면 그 세력은 울산, 안강, 포항 등지로 확대되었다. 그러므로 사로국은 처음에는 군장사회였지만 그 뒤 새로운 사회, 즉 고대국가로 옮아갔다고 해석했다. 이러한 주장의 근거로 조양동 38호 토광묘를 설명함으로써 고고학적 입론에 따른 증거로 삼기도 했다.

고대국가는 군장사회를 거친 뒤에 나타났기 때문에 고조선도 이러한

---

47) 金貞培,《韓國古代의 國家起源과 形成》, pp.204~205.
48) 위의 책, p.240.

관점에서 설명되어야 한다. 이 점에서 김정배 교수는 한국사에서 국가 기
원과 형성은 고조선에서 그 시발을 찾을 수 있으며, 흔히 고조선으로 지
칭되는 최초의 정치체제는 기본적으로 단군조선, 기자조선, 위만조선 등
을 모두 포함해서 인식해야 한다는 것이다.[49] 여기서 한가지 지적되어야
할 사실은, 한국에서 국가의 기원과 형성은 기자조선과 관련하여 논의하
면서 위만조선의 성립 이전 이른바 기자조선 후기 단계, 즉 기원전 4세기
에서 기원전 3세기에 국가로서 조직체를 갖춘 것으로 설명하는 것이 역
사학계의 일반적인 논리이기도 하다.[50]

여기서 김정배, 이종욱 교수의 논지를 길게 살펴본 것은 그들의 논의
가 한국 고대사회의 통치체제에 대한 인식에서 주요한 논의가 되고 있기
때문이다.[51] 가령 이종욱 교수의 주장에 따르면 한국 고대사회는 처음부
터 통치체제가 국가적 성격을 가졌으며 그것은 소국, 소국연맹, 소국병합
의 발전단계를 거친 것으로 인식한다. 즉 통치체제 자체가 바로 국가로
시작했다. 이러한 성격은 고대국가를 시기적으로 더 이전으로 끌어올리

---

49) 이 점에 대해 김정배는 "한국사에서 국가의 기원 논의는 일단 청동기 문화의 기반 위
    에서 출발해야 원칙적으로 옳다고 믿는다.……일찍이 필자는 고조선을 단군조선과 예
    맥조선(종래의 기자조선)으로 구분한 바 있거니와 예맥조선은 군장사회와 국가단계를
    모두 밟게 되었다.……반면에 위만조선은 정복국가의 성격을 강하게 띠고 있었다. 우
    리는 한국의 고대 역사에서 성읍국가 단계를 설정하는 것보다 군장에 의하여 한동안
    통치되어 온 군장사회 단계를 고려하는 것이 우리나라 국가 기원을 고찰하는 데 실상
    에 맞는 발전단계라고 보고자 한다."(위의 책, pp.337~338)
50) 이 점에 대해서는 사료에서 조선후(朝鮮侯)라는 최고의 정치적 존재가 왕을 자칭한
    것으로 되어 있으며 그 신하로 대부라는 존재가 나타나 있음을 적고 있다. 김정배는
    이 점에 대해서 다음과 같이 적고 있다. "또한 준왕은 위만이 망명하여 오자 그를 博士
    로 임명하여 圭를 하사하고 백 리의 땅을 봉하여 주며, 서쪽 변경을 지키게 하였다. 따
    라서 고조선 사회의 통치체제는 왕을 정점으로 하여 왕의 명령을 받고 조언하는 중앙
    행정 관리로서 '大夫'가 있었으며 지방통치를 대행하는 존재로서 '박사'가 있었음을 알
    수 있다. 그러므로 위만이 망명하기까지 고조선 사회의 통치구조는 왕과 중앙의 대부,
    왕과 지방의 박사 등으로 연결되어 있는 체제였다고 볼 수 있다."(김정배, 〈고조선〉,
    《한국사》 4, 국사편찬위원회, 1997, pp.94~95)
51) 김정배나 이종욱의 논의 가운데 어느 하나만 옳다는 식의 선택이 중요하지 않다. 어
    느 것이 타당한가의 논의보다는, 한국 고대사회 인식의 다양한 접근이 있을 수 있으며,
    이는 곧 실제적인 설명력을 갖기 위한 학문적 시도로 이해해야 할 것이다. 다시 말하
    면 어느 관점이 더 구체적이고 객관적으로 논리화할 수 있는가에 대한 상대적인 평가
    라 할 것이다.

는 것이 될 뿐 아니라 고대사회 자체를 고대국가와 등치시키는 것으로 인식한다. 그런가 하면 김정배 교수는 군장사회를 설정함으로써 고대사회의 단계적 설정을 진화론적 인식에 바탕하였음을 알 수 있다. 이 경우 시기구분이 지나치게 자의적일 수 있다는 문제가 지적될 수 있고, 나아가 군장사회와 고대국가와의 본질적 차이점, 특히 통치구조에서의 차이점에 대한 논의가 필요해진다.

이러한 사실을 고려할 때 이 책에서는 고대사회의 정치적 성격을 고대국가적 차원에서가 아니라 지배-복종의 권력 관계라는 차원에서 바라보려는 것이다. 즉 통치체제의 차원에서 그것이 어떻게 행사되었고, 그리고 역사적 전개를 통하여 일정 성격의 개념적 충족성, 즉 고대국가의 이념형적 설정에 적실성 있는 단계적 발전을 거칠 수 있었는지를 밝혀 보려는 것이다. 이는 곧 고대사회를 통치체제의 차원에서 실제 통치권의 행사자라는 점에 국한해서 제의-군장체제로, 그리고 그것이 통치권의 제도화로 이어지게 된 고대적 군왕체제와 전제적 왕권체제로 발전했음을 논의하려는 것이다.

6. 신화와 실체의 거리

앞에서도 적었지만, 몇 개의 가족체로 이루어진 씨족집단이나 부족집단에서도 일정 형태의 통치권의 작동을 찾아볼 수 있다. 그렇다고 해서 이들 통치권이 처음부터 특정 개인에게 영속적이고도 세습적으로 지속되었던 것은 아니었다. 이 시기 통치권의 소유자를 군왕으로 이해한다거나 또는 군왕을 중심으로 한 통치집단을 국가로 인식한다는 것은 무리이다. 그렇다면 고대사회에서 군왕이나 국가를 어떻게 개념 정의를 해야 할까? 일반적으로, 고대사회에서 국가는 인식의 필요에 따라 일종의 조작적 개념으로 활용되고 있다. 다시 말하면 연구자의 인식과정에서 자의성이 지배한다는 의미이기도 하다. 그러나 이러한 조작적 개념을 설정해서 적용할 경우, 그 대상의 본질적 유사성이 전제되어야 한다. 유사한 대상에 대해서 연구자의 조작적 개념이 적용될 수 있을 때 비로소 그 나름의 의미를 인정받을 수 있게 된다. 이 점에서 한국 고대사회에서 국가나 권력구조에 대한 인식은 조작적 개념화의 대상으로 파악할 수밖에 없게 된다.

고대사회에서 사람들은 집단을 일구어 공동체적 삶을 이루는 과정에서도 지배-복종의 사회관계가 등장할 수밖에 없었다. 이러한 사회관계는 비록 정형화된 제도로는 발전하지 못했지만 그 나름의 지속적인 영향력을 행사했을 것으로 여겨진다. 지배-복종의 사회관계는 고대사회에서는 한정적이면서도 부분적인 영향력을 미쳤을 것이다. 일상적인 삶에서는 지배-복종의 관계 이외의 것들이 더욱 중요한 의미를 차지할 수도 있었다. 어느 면에서 지배-복종의 사회관계는 사회집단의 규모와 비례관계를 보여주었다. 씨족사회의 지배-복종의 사회관계보다도 부족사회에서는 그것이 더한층 강화되었으며 그 영향력의 적용범위도 넓어졌다. 이를 좀더 구체적으로 살펴보면, 수렵채취시기에 사람들의 집단적 사회관계는 비정형적이었으며 사람들의 단순한 모둠체 자체였다. 이 시기에는 집단구성원의 총의에 따른 결정이나, 또는 특정 개인에 의한 지배력이 지속적으로 행사되었던 것은 아니었다. 그보다는 자연과 같은 집단을 둘러싼 환경의 변화나 외적 충격에 따라 집단의 결정과정과 행위결정의 집행이 다양하게 행해졌을 것으로 여겨진다. 그러므로 이 시기 모둠체의 통제권이나 그것의 행사는 자연만큼이나 가변적이고 일시적이었을 것이다. 이 점에서 초기의 모둠체에서는 계급도 없었고 지도층도 단지 단속적으로 존재했을 것으로 생각된다.

그러나 그 뒤 삶의 공간이 넓어짐에 따라 주변환경에 대해 집단적이고도 지속적으로 대응할 필요성이 생겼다. 자연과 관계 속에서 집단이 존속하기 위해 효율적으로 그러한 문제를 처리해야 할 필요성 때문이었다. 그러한 필요성 자체가 사람과 사람 사이의 관계에 새로운 제도를 부과하게 했으며, 이것이 일정한 사회관계로 자리잡게 되었다. 즉 지배-복종의 사회관계가 그것이다. 특히 노동분업이 일어남에 따라, 그것에 따르는 가치배분도 행해져야 했으며, 이는 자연히 그 집단구성원의 가치점유에서 불균등성을 보여주었다. 이러한 성격은 지배-복종의 사회관계를 더한층 구체화하는 계기가 되었다.

이러한 제도의 기능이 지속적으로 행사됨으로써 비로소 국가적 성격이 등장할 수 있었다. 특히 고대사회에서 구성원의 노동분업으로 가치창출이 이루어졌고, 그것에 대한 배분의 불평등이 가져온 사회계층의 불평등은 지배층의 우위적 현상을 확립할 수 있었다. 그리고 이것은 나아가 사회적 관습으로 또는 법으로 자리잡아 세습되던 상황도 고려해야 한다. 권력을 점유한 세력과 그렇지 못한 세력 사이에 지배-복종의 제도가 자리잡아서는 이것의 효과적인 기능을 확보하기 위해 지배세력은 정신적으로나 물리적으로 폭력적 수단을 강구하게 되었다. 이러한 현상은 한 영역에서 제도로 체계화되었는데, 이것이 바로 국가였다. 국가라는 조직체는 그 이상의 어떤 존재도 거부하게 되며 그것만이 절대적인 성격을 갖는 절대적이고도 독립적이며 배타적인 영향력 행사의 최고단위였다.[52]

결과적으로 고대국가의 등장은 사회적인 불평등이 조성되었음을 의미하며, 특정 집단에 권력이 편중적으로 집중되었음을 뜻한다. 이는 곧 지배-복종을 바탕으로 하는 '권력관계의 제도화'가 사회적으로 자리잡았음을 말하는 것이기도 하다.[53] 다시 말하면 고대국가의 등장은 권력 관계의 제도화, 그리고 권력 점유자에 대한 정당성 확보, 가치배분의 불평등성에 대한 사회적 수용이 전제된 통치세력의 세습화라고 할 수 있다.[54]

---

52) M. I. Finley, *Politics in the Ancient World*, Cambridge University Press, 1983, pp.51~52.

53) Michael Mann, *The Sources of Social Power 1*, Cambridge University Press, 1986, p.34. 이러한 관점에 입각해서 베버도 국가의 개념을 근대국가에만 한정시키지 않고 이를 고대국가에도 그대로 적용시킴으로써 국가 개념에 대한 일종의 보편성을 전제하게 되었다. 이러한 관점에서 베버는 국가에 대해서 이렇게 개념화하고 있다. "국가란 일련의 분화된 제도적 기능과 중앙 집중화된 인사제도로 이루어진 것이며 여기에서 명백히 경계가 설정된 일정 영역 안에 정치적 관계에서 빚어지는 영향력이 그것에 속하는 모든 사람과 사물을 포괄하게 되며, 또한 이 영역 안에서는 물리적 폭력의 지원을 받게 되는 독점적 구속력과 영속적인 법의 제정권을 확보하게 된다."(Max Weber, *Economy and Society*, Bedminister Press, 1968, p.69)

54) 고고학과 인류학의 관점에서 한국 고대사회를 연구한 최몽룡은 한국 고대사에서 구석기시대부터 고대국가의 형성까지를 다루었다. 그는 엘만 서비스 등의 인류학적 논의를 받아들여 위만조선에 들어와서 최초로 국가 성격을 가졌다고 주장한다. 이러한 성격은 최몽룡의 '위만조선' 연구에서 찾을 수 있는데, 그는 한국 고대국가의 발생에 대한 논의를 인류학과 고고학의 차원에서 정리했다.(최몽룡, 〈위만조선〉, 최몽룡·최성락 편저, 《한국고대국가형성론 : 고고학상으로 본 국가》, 서울대출판부, 1997, p.242)

정치사의 관점에서 국가발전의 단계, 즉 제의-군장체제, 고대적 군왕체제, 그리고 전제적 왕조체제에서 바라보면 한국의 고대사회는 고대국가의 형성 이전을 한 단계로 설정할 수 있게 된다. 이 시기의 기준으로 삼국시대에서는 내물왕, 고이왕, 태조왕에서 비로소 고대적 군왕체제가 등장했다고 할 수 있다. 그리고 그 이전 시기는 제의-군장체제로 인식할 수 있게 된다. 그러므로 성읍국가나 읍락국가, 부족연맹체국가, 소국병합도 넓은 의미에서는 제의-군장체제 안에 속하는 것으로 이해할 수 있다.

통치체제에 입각한 이러한 구분도 다시 세분해서 생각할 수 있는데, 가령 제의-군장체제에서도 권력의 점유와 행사에서 제의가 어느 정도 지배적인가, 그리고 군사통치는 어느 정도 행해졌는가에 따라 차이를 보여주었다. 고대적 군왕체제도 그 발전과정에서 왕족에 해당되는 특정 집단이 귀족으로 발전했는지, 이전의 지역 군장들이 통치집단으로 발전했는지에 따라 차이를 보여주었다. 이 점에서 고대 군왕체제가 이전의 제의-군장체제를 단절시키고 곧이어 그 뒤를 이었다고는 할 수 없다. 무릇 대부분의 통치체제의 전승이 그렇듯이 이전 체제와 그 뒤 체제 사이에는 일정 기간 혼돈스런 접합과정을 거치게 된다. 이 점에서 앞에서 말한 통치체제의 단계, 즉 제의-군장체제에서 고대적 군왕체제, 그리고 전제적 왕조체제에 이르기까지는 일종의 혼돈기적 전환성을 보여주었을 것으로 여겨진다. 그것은 때로는 통치세력의 교체와 관련된 혼돈이나 접합일 수도 있었고, 때로는 사회구성체의 변모에서 오는 혼돈일 수도 있었으며, 외국의 영향력에 따른 것일 수도 있었다. 그러나 분명한 사실은 고대사회의 이러한 변화를 국가체제의 변화로 파악하기보다는 통치체제로 파악하는 것이 그 시대 지배-복종의 권력 관계를 인식하는 데 적실성이 있을 것으로 여겨진다.

제3장 고대사회의 통치체제와 지배양식

1. 고대사회의 역사적 전개

고대사회의 통치체제를 인식하기 위해서는 먼저 고대사회의 역사를 살펴볼 필요가 있다. 제의-군장체제의 시기를 중심으로 고대국가 등장 이전을 다루어 보기로 한다. 즉 고조선, 부여, 삼한과 삼국시대의 초기를 그 대상으로 삼게 된다.[1] 이 시기의 지배체제를 국가 개념에 따라 인식하는 것은 문제가 있다. 그보다는 통치권을 중심으로 권력구조와 그 기능의 인식을 중심으로 하는 통치체제의 관점에서 접근하는 것이 정치적 상황 인식에 도움이 될 것으로 생각된다. 핵심 통치층과 이들과 연계된 지배세력 등 상층과 피지배층인 하층으로 이분화된 권력구조를 이루고 있었다. 이들에 대한 인식은 곧 지배양식으로서의 통치체제에 대해 접근할 때 누가 어떻게 통치했으며 피지배층은 이에 어떻게 대응했는가를 밝힘으로써 더욱 동태적인 인식일 수 있다.

한국 고대사회 최초의 통치체제는 환웅-단군신화에서 읽을 수 있다. 기원전 3세기에 예, 맥, 한의 종족 가운데 예족이 고조선을 건국했다.[2] 단

---

1) 부족사회로부터 고대사회에 이르기까지 한국인의 종족적 구성은 다음의 글에서 알 수 있다. "한, 예, 맥이 보여주는 양계는 지역과 시기를 따라 혹은 분리 혹은 결합을 거듭하는 가운데 한국상고사가 형성되었다고 볼 수 있을 것이다."(千寬宇,《古朝鮮史 · 三韓史硏究》, p.205)

군조선이 자리잡았던 지역은 이들이 사용했던 비파형 단검의 출토범위를 중심으로 추정할 때 오늘의 요동반도와 요서 지방, 그리고 한강 유역 등이 포함되었을 것으로 여겨진다. 고조선은 이전의 씨족적 공동체에서 부족적 지배체제로 전환했으며, 단군을 정점으로 한 세습적 통치세력으로 권력구조를 이루고 있었을 것이다.

고조선은 단군조선, 기자조선, 위만조선으로 이어졌다.[3] 기자조선, 위만조선은 고조선 땅에서 고조선 사람들과 어울려 생활했으며, 고조선의 통치구조를 근간으로 한 지배체제를 지속시켰을 것이다. 기원전 3세기의 기록에 따르면 기자와 고조선의 관계를 이렇게 적어 놓았다. "중국 주(周) 무왕(武王)이 은(殷)을 멸망시키고 은에 갇혀 있던 기자를 놓아주었는데, 기자는 자기 나라인 은을 멸망시킨 무왕에 의해 석방된 것을 달갑게 여기지 않고 곧장 조선으로 망명해 버렸다. 이 소식을 들은 무왕은 기자를 조선후(朝鮮侯)로 봉함으로써 자신의 위엄을 나타내려 했다."[4] 이 기록에

---

2) 기원전 3세기 이후 예, 맥에 대해서는 여러 가지로 설명되고 있는데, 이 두 집단을 서로 다른 것으로 설명하는 경우도 있고 같은 것으로 다루는 경우도 있다. 이러한 성격은 이들 두 집단이 사실 구분할 수 없을 정도로 하나로 결합되었음을 의미한다. 그러므로 비록 고조선을 세운 종족이 예족이었다 해도 그들 속에는 맥족의 주민들도 포함되었을 것으로 여겨진다.

3) 즉 단군조선의 건국신화로는 《삼국유사》나 《삼국사기》 이외에도 1675년 북애자가 저술한 《규원사화》나 그 밖에 《단기고사》를 들 수 있는데, 이들 책자는 비기(秘記)이지만 단군조선의 역사적 인식에 일정 부분 도움을 주고 있다. 이들 비기에 따르면, 단군조선의 국왕 재위는 47대로 되어 있다. 《규원사화》에 따르면, 단군조선은 단군으로부터 47대의 왕들을 적어 놓았는데 왕위승계가 세습적이었음을 알려 준다.

4) 이 기록의 진위에는 많은 논의가 주장되고 있다. 기자조선에 대해서는 학계에서는 이른바 기자동래설을 부인해왔다. 그러나 최근 천관우, 김철준 등의 연구로 이를 역사적인 사실로 받아들이고 있다. 이들의 주장에서 기자 동래를 부정하는 것은 역사적 자료의 실증성을 무시하는 것이며, 기자동래설을 뒷받침할 역사적 기록들을 서로 연계시킴으로써 이것의 사실성을 지적하고 있다. 여기에서 정리한 것은 천관우의 "기자조선고"를 중심으로 한 것이다. 1) 기자가 속했던 은(殷)도 동이족이며 기자도 동이족이다. 2) 기자는 특정 개인이기보다는 기자족이라는 집단으로 파악할 수 있으며, 그 근거지는 중국 산서성(山西省) 태곡(太谷)이다. 3) 기자집단은 주(周)의 무력에 의한 통일로 그 지배 아래에 놓였기 때문에 기자족들은 산서성(山西省)을 떠나 동으로 옮기게 되었다. 4) 주(周)는 신흥왕조의 명분을 확립하기 위해 기자를 조선의 지배자로 봉했다. 그러나 이것은 본격적인 봉건적인 지배체제의 성격과는 구분되는 형식적인 것이었다. 5) 기자족은 산서에 일부가 있었고 다른 일부는 요서로 이동하여 오늘의 북경 근처에 있었던 고죽국(孤竹國)에 한동안 정착했다. 기자가 봉함을 받았다는 지역은 그 집단이

따르면, 기자는 중국에 거주했던 어느 집단의 명칭으로 이해할 수 있으며, 이들 무리가 동쪽으로 이동해서 그곳에 거주했던 고조선 사람들과 어울려 통치체제를 이루게 되었을 것이다. 기자조선은 외견상으로는 중국의 속국이었지만 실제로는 독립국가였다.

기자조선에 이어 등장한 위만조선은 기자조선의 통치권을 빼앗아 왕검성에 자리잡았다.[5] 위만조선은 주변집단을 복속시켰고 지리적 위치를 이용하여 한반도와 중국 사이의 중개무역으로 부를 축적했다. 위만은 초기부터 중국과 평화로운 관계를 유지하고자 중국 변경지대의 여러 부족이 중국과 내왕하는 것을 방해하지 않기로 한(漢)과 약정했다. 그 결과 한의 외신(外臣)이 되었으며, 여기에서 '병위(兵威)와 재물(財物)'을 얻게 되어 인근 소읍을 복속시켰고, 진번(眞番), 임둔(臨屯)도 지배하는 등 그 방(方)이 수천 리나 되었다. 그러나 중국의 정세 변동과 한(漢)의 강성으로 기원전 128년 위만의 후국인 예군남려가 28만의 주민을 이끌고 한에 투항했으며, 한은 그곳에 창해군을 설치했다. 이 때문에 위만과 한 사이에는 갈등이 일어났으며 이에 한이 위만을 멸망시키고 그 땅에 한사군을 설치했다.[6]

고죽국에 있었을 때 일이었다. 6) 기자는 오랜 기간의 이동과정에 별세했지만 기자족은 연대 불명의 어느 시기에 대동강 하류에 도달했다. 그 뒤 상당기간 이 지역의 지배권을 잡아서는 단군조선을 대치할 수 있었다.(천관우, 앞의 책, pp.11~13)

5) 기자조선에 이어 등장한 위만조선에 대한 기록은 중국의 《삼국지》와 《후한서》, 그리고 《위략》 등에서 찾아볼 수 있다. 먼저 《삼국지》에 따르면, "중국에서 진승(陳勝) 등이 일어나고 천하가 진나라를 배반했을 때 연, 제, 조 나라의 백성들 가운데 조선 땅으로 피난한 자가 수만 명이나 되었다. 이때 연인 위만이 상투를 틀고 오랑캐 옷을 입고 이곳에 와서 왕이 되었다." 위만은 기자조선의 왕 준의 총애를 받으면서 그 서방에서 약 15년 동안 스스로 정치 기반을 마련했다. 이어 기원전 195년 중국의 한(漢)에서 연왕(燕王) 노관(盧綰)의 반역사건이 일어났으며, 이것에 대응해서 한의 군사가 연으로 쳐들어오자 연나라 사람들은 이를 피해 고조선으로 대거 넘어왔다. 기자조선을 무너뜨리기 위해 기회를 엿보던 위만은 기자조선의 왕인 준에게 "중국 한나라의 군대가 10개의 방향으로 쳐들어오니 내가 가서 왕궁을 지키겠다"고 거짓으로 보고하고 군사를 이끌어 일거에 기자조선의 수도 왕검성을 점령해 버렸다.

6) 기원전 109년 한나라 사신 섭하가 한의 황제 서신을 갖고 위만을 찾았지만 위만의 왕 우거는 이를 받지 않았다. 섭하는 귀국하는 길에 그를 호위해준 위만조선의 장군 조선 비왕 장을 죽였는데, 한의 무제는 그를 칭찬하고 요동군 동부도위로 임명했다. 이것에 불만을 품은 위만은 군사를 일으켜 패수를 건너 요동군의 동부도위를 공격, 섭하를 살

위만의 패망으로 고조선은 사실상 멸망했다. 그러나 고조선 북방에는 이전부터 다른 부족들이 있었는데, 그 가운데 부여로부터 고구려가 일어 났다. 남방에는 진국이 있었는데, 여기에서 삼한과 가야 등이 이루어지게 되었다. 삼한의 하나인 진한에서 신라가 일어났으며 마한의 옛 지역에서 백제가 발전했다. 이로써 만주 일대와 한반도를 중심으로 한 고대사회는 고구려, 백제, 신라의 삼국시대로 들어설 수 있었다.

부여는 고조선 북부에 있었던 맥족이 송화강 일대로 이동해서 기원전 5세기경에 그곳의 원주민을 정복하여 이룩되었으며, 그 영토는 사방 2천 리였고 수도는 예성(濊城)이었다. 기록에 따르면, 부여의 왕 해부루는 북 부여왕 해모수의 아들로, 그가 산천에 제사를 지내 금와를 얻었으며, 해 부루는 금와를 하늘이 준 아들로 여겨 태자로 삼게 되었다. 해부루가 죽 자 금와가 왕위를 이었고,[7] 금와의 뒤를 그의 맏아들 대소가 이었다. 부여 도 고조선과 마찬가지로 왕위세습제를 취했다. 그렇다고 해서 국왕의 절 대권이 확립되었던 것은 아니었다. 고구려와 부여의 국왕은 부족집단 사 이의 연대적 합의체에 따라 자리잡게 된 지도자였으며, 비록 왕권이 세습 되었다고 해도 전제적 왕권으로는 발전되지 못했다.[8] 이는 유력한 부족집

해해 버렸다.(《사기》권 115, 〈조선열전〉) 여기에 분노한 한의 무제는 기원전 109년 가을에 5만의 군사로 산동반도로부터 발해를 건너 해로로 위만을 공격했으며, 다른 한 편 육로로는 1만 명의 군사를 요동에서 발진시켰다. 처음에는 위만의 적극적인 방어로 한의 군대도 고전했지만 이어 한의 군대가 왕검성을 포위하게 되었다. 위만조선에서는 한에 대한 강화파가 등장했는데 조선상 노인, 상 한도, 니계상 참, 장군 왕협 등이었다. 이들 강화파는 한에 투항했다. 위만의 강경파는 한의 군대와 맞서서 기원전 108년까지 왕검성의 방어전에 진력했다. 그러나 니계상 참은 자객을 시켜 위만의 우거왕을 살해 하고 적진으로 도망쳤으며, 왕자와 왕족들도 한에 항복했다. 위만의 대신 성기장군의 항전이 있었지만 그도 살해되었기 때문에 왕검성은 한에 함락되고 말았다. 위만을 멸 망시킨 한은 그 지역에 새로 4군을 설치했다. 한사군에 대해서는 한무제 원년(기원전 128)에 예(濊)의 땅에 창해군(蒼海郡)을 설치했으며 2년 뒤 기원전 126년에 이를 폐지 했으며, 다시 기원전 108~107년에 예맥의 땅에 진번, 임둔, 낙랑, 현도 등 4군을 설치 했으며, 낙랑군 밑에 조선현(朝鮮縣)을 두었다. 진번·임둔군은 설치 26년 만에 한소제 (漢昭帝) 시원(始元) 5년(기원전 82년)에 폐지했다. 그리고 현도군은 한소제 원봉(元 鳳) 6년(기원전 75)에 요동군 근처로 옮겼다.(천관우, 앞의 책, pp.92~93)

7) 《삼국유사》권 1, 〈기이〉동부여조.

8) 특히 부여에서 국중대회인 영고 행사에서도 이러한 성격을 찾아볼 수 있다. 즉 영고 에서는 감옥에 갇힌 죄수들을 재판하기 위해 여러 부족의 대표자들로 구성된 제가(諸

단 대표자들의 영향력이 강했음을 의미한다.[9]

이 시기 부여 남쪽에 새로이 고구려가 등장했다. 고구려와 부여는 초기에는 우호적이었다. 그러나 부여는 고구려의 성장에 위협을 느꼈으며, 이를 제약하기 위해 고구려에 군사행동을 취했기 때문에 양국 관계는 급격하게 악화되었다.[10] 부여는 고구려를 제압하기 위해 중국의 후한과 돈

加)회의가 그 일을 맡고 있었다. 본래 가(加)라는 말은 고대 조선어에서는 한, 가한, 간, 한 등과 같이 귀한 사람이나 큰 어른이라는 존칭의 의미를 갖고 있었다. 부여의 우가, 저가, 마가, 구가는 벼슬이름임과 동시에 각 지방의 읍락을 통치했던 인물이었다. 즉 부여의 읍락들은 그 규모가 수백 호에서 수천 호에 이르렀으며 부여의 전체 호수가 어느 시기에는 약 8만 호로 되어 있다. 이러한 호수를 다스렸던 우두머리를 가라고 이해할 수 있으며 이들에 의한 모임이 제가회의였다.(《삼국지》권 30, 〈위서〉 부여전)

9) 부여의 중앙 관직은 국왕 밑에 마가, 우가, 저가, 구가 와 같은 최고관직자들로 이들은 왕의 친척이었다. 이들 밑에 중앙에서 실제 행정일을 맡은 사람은 대사, 대사자, 사자 등의 관직자들이었다. 그리고 부여는 전국을 5개의 행정구역으로 나누어졌으며, 중앙에 국왕의 직할 지배지가 있었고 그 밖의 동서남북 4개의 영역으로 나누어져 앞에서 말한 제가들이 각각 그 책임을 맡았다. 실제로 부여의 지방 행정구역에 대해서는 고구려의 광개토대왕이 부여를 공격해서 차지했던 지역이 64개의 성과 1,400여 개의 촌이었다는 점에서, 성과 촌은 당시에는 읍락으로 불렸다. 그리고 각 성의 통치자는 압로라고 불렸는데, 이러한 기록에서도 부여의 통치체제가 여러 부족의 대표자들, 즉 제가회의체의 통치구조로 이루어졌음을 이해할 수 있다.

10) 부여는 고구려에 사신을 보내어 볼모를 요구했다. 고구려도 이 요구를 받아들여 당시 태자 도절을 부여에 보내려 했지만, 도절이 거부했기 때문에 부여의 요구를 들어줄 수 없었다. 이에 부여는 5만 명의 군사로 고구려를 공격했지만 성공하지 못했다.(《삼국사기》권 13, 〈고구려본기〉 유리명왕 14년 11월)

그 뒤 부여는 고구려가 소국이기 때문에 대국인 부여를 섬겨야 한다는 점을 강조하는 국서를 보내기도 했다. 이 국서는 《삼국사기》 13권 〈고구려본기〉 유리명왕 28년 8월조에서 읽을 수 있다. 부여의 국서는 다음과 같았다. "나라에는 크고 작은 구분이 있고 사람에도 어른과 아이의 순서가 있으니 작은 나라로서 큰 나라를 섬기는 것은 예절이며 아이가 어른을 섬기는 것은 도리이다. 이제 왕이 만일 예절과 도리로써 우리를 섬긴다면 하늘이 반드시 도와서 나라의 운명이 영원히 보존될 것이지만 그렇지 않으면 왕조는 아무리 보존하려고 하여도 어려울 것이다." 이러한 국서를 받았던 고구려왕의 태도는 다음과 같았다. "나라를 새운 역사가 짧으며 백성은 약하고 군사는 적으니 이러한 정세로는 치욕을 참고 굴복함으로써 후일의 성과를 도모하는 것이 옳다고 생각하고 여러 신하들과 의논한 후 부여왕에게, '내가 예에 대한 것을 듣지 못하였으나 이제 대왕의 가르침을 받고 보니 명령에 따르지 않을 수 없습니다'라고 대답하였다." 고구려는 겉으로만 부여를 대국으로 섬겼기 때문에 13년에 부여는 군사를 동원하여 고구려를 공격했으나 오히려 패퇴했다. 이 시기부터 고구려와 부여는 힘의 역전관계를 보여주었다. 고구려는 22년 2월 대규모의 군사를 동원, 부여의 군대 1만 명을 격퇴했으며 부여왕 대소를 죽였다. 이때부터 부여는 패전으로 내분에 휩싸였으며, 그 연장선에서 대소의 동생은 22년에 따로 갈사국을 세웠으며, 부여의 국력은 점점 더 약해졌다.

독한 관계를 맺었다.[11] 그러나 실제로 부여를 치명적으로 공격했던 것은 고구려가 아니라 모용 선비족이었다. 모용 선비는 부여를 침략했으며, 285년에는 부여의 수도까지 육박했다. 이 침략으로 부여의 왕 의려는 자살했으며 왕족들은 옥저로 도망했고, 대다수의 부여 사람들은 모용 선비의 포로가 되었다. 그리하여 부여는 극도로 약화되었으며, 5세기말 부여의 지배를 받았던 읍루족이 오히려 부여를 공격하게 되었다. 여기에 대항할 수 없었던 부여왕은 494년 고구려에 투항함으로써 부여는 그 종말을 맞았다.[12]

부여를 복속시켰던 고구려는 주몽이 나라를 세웠을 때만 해도 주변에 강한 부족세력들이 많이 있었다. 고구려의 건국은 《삼국사기》에 따르면 기원전 37년으로 주몽을 중심으로 한 여러 부족 세력들의 연합체였다.[13]

---

11) 후한도 부여가 고구려와 동맹할 경우 그들의 동쪽 국경이 위협받을 것으로 걱정했기 때문에 군사적인 대결보다 화친을 원했다. 부여는 49년에 후한에 특산물을 보냈으며 후한도 역시 극진하게 답례했다. 이렇게 함으로써 둘 사이에는 해마다 사신을 교류하게 되었다. 한동안 두 나라 사이에 긴장이 팽배한 적도 있었다. 111년 부여왕은 7천~8천 명의 보병과 기병으로 후한의 동방 침략기지인 낙랑군을 공격한 적도 있었다. 이 일로 후한과 부여의 관계는 악화되었으며, 부여왕은 이를 개선하기 위해 자신의 아들 위구태를 후한의 왕에게 사절로 보내 특산물을 진상하기도 했다. 후한도 위구태에게 비단으로 답례품을 제공했다. 이때부터 부여는 고구려에 대해서 적대적인 태도를 취했으며, 중국의 후한과 더한층 긴밀하게 지낼 수 있었다. 121년에 고구려가 예맥의 기병 1만으로 현도군을 공격했을 때 부여왕은 위구태에게 군사 2만 명으로 현도군을 지원 고구려군을 공격할 정도로 고구려와 멀어져가고 있었다. 그 다음해 122년 고구려가 마한 예맥과 함께 요동군을 공격하자 부여는 군사를 보내어 한의 요동군을 지원할 정도였다. 부여와 후한 사이의 밀접한 관계는 136년 부여왕이 후한을 방문함으로써 최고조에 이르렀다. 그러나 이러한 관계도 30여 년 뒤 167년 부여는 다시 2만의 군사로 후한의 현도군을 공격하게 되었다. 또한 중국 산동반도에 요동태수 공손도가 독립왕국으로 행세했으며 부여와 화친관계를 맺게 되었다. 후한의 멸망 이후 그 뒤를 이은 중국의 진(晉)과도 부여는 한동안 친교관계를 맺고 지냈다. 그러나 부여의 서부지역에는 새롭게 등장한 모용선비의 위협이 가중되었으며 부여의 안전에 직접적인 위협으로 작용했다. 요서지역에 있었던 선비는 흉노나 오환과 마찬가지로 역대 중국왕조들이 강할 때면 그에 복종하고 약할 때면 반기를 들고 변방의 군·현들을 침입하곤 하였는데, 진나라 때도 사정은 마찬가지였다. 진나라 때 요서지역에서 큰 세력으로 자라난 대표적인 세력은 모용선비, 우문선비, 단선비였으며, 그 가운데 묘용선비가 부여의 서쪽 제일 가까운 곳에 있었다.(《조선전사》 2, p.149)

12) 《삼국사기》 권 19, 〈고구려본기〉 문자명왕 3년 2월.

13) 이것에 대해 《삼국사기》는 이렇게 적어 놓았다. "주몽은 모둔곡(毛屯谷)에 이르러 세 사람을 만났는데 한 사람은 마의(麻衣)를 입고, 한 사람은 납의(納衣)를 입고, 또 한 사

주몽의 건국과정에는 졸본의 토착세력인 연타발의 딸 소서노 세력도 지원했는데, 이들 여러 세력의 지원으로 비류수 가에 고구려를 세웠다.[14] 그 뒤 주몽은 주변의 행인국을 정복했고 북옥저를 통합하여 왕국의 터를 닦을 수 있었다.

주몽의 뒤를 이은 유리명왕은 동부여에서 옥지, 구추, 도조 등과 함께 아버지 주몽을 찾아와서는 태자가 되어 왕위를 계승했고 송양왕의 딸과 결혼했다.[15] 유리명왕은 자신에 대해 적대적인 소서노와 비류 온조를 몰

람은 수조의(水藻衣)를 입었다. 주몽이 묻기를 '그대들은 어떠한 사람이며 성명이 무엇이냐' 하니 마의 입은 사람은 말하기를 이름이 재사(再思)라고 하고, 납의 입은 사람은 말하기를 무골(武骨)이라 하고, 수조의를 입은 사람은 말하기를 묵거(默居)라 하고 성은 말하지 아니하였다. 주몽은 재사에게 극(克)씨란 성을, 무골에게는 중실(仲室)씨, 묵거에게는 소실(少室)씨를 사하고 여러 사람에게 이르기를 '내가 지금 대명을 받아 국가의 기업을 개창하려 하는데 마침 이 세 현인을 만났으니 어찌 천사(天賜)가 아니냐' 하고 드디어 그 재능을 헤아려 각각 일을 맡기고 그들과 함께 졸본천에 이르렀다. 그 토양이 비미(肥美)하고 산하가 험고함을 보고 거기에 도읍을 정하려 하였는데 궁실을 지을 겨를이 없어 단지 비류수 가에 집을 짓고 거기 거하여 나라를 고구려(高句麗)라 하고 인하여 고(高)로서 씨를 삼았다." 또한 처음부터 주몽과 연합했던 세력으로는 그가 부여에서 탈출했을 때 함께 한 오이(烏伊), 마리(摩離), 협부(陜父) 등으로 이들은 고구려 초기 권력구조에서 핵심부를 이루고 있었다.(《삼국사기》권 13, 〈고구려본기〉1)

14) 주몽은 비류수변의 비류국의 송양왕을 복속시켜 그를 다물후로 삼아 그 지역의 책임을 맡겼다. 이 점에 대해 《삼국사기》는 이렇게 적어 놓았다. "왕(주몽)은 비류수중에 채엽(菜葉)이 흘러 내려오는 것을 보고 상류에 사람이 살고 있음을 알았다. 그래서 사냥을 하면서 비류국(沸流國)을 찾아가니 그 국왕 송양(宋讓)이 나와 보고 '과인이 해우에 벽재하여 일찍이 군자를 만나보지 못하다가 오늘 의외에 서로 만나니 또한 다행한 일이 아니냐. 그런데 그대는 어디서 왔는지 모르겠다' 하였다. 대답하기를 나는 천제의 아들로 모처에 와서 도읍을 하였다고 했다. 송양이 말하기를 '우리는 여기서 여러 대 동안 왕 노릇을 하였지만 땅이 작아 두 임금을 용납하기는 어렵다. 그대는 도읍을 정한 지 며칠 안 되니 우리의 부용이 될 수 있겠느냐'고 하니 왕은 이 말에 분노하여 그와 시비를 하다가 또한 서로 활쏘기를 하여 재주를 시험해 보니 송양이 항거치 못했다. 2년 6월에 송양이 나라를 바치고 항복하므로 왕은 그곳을 다물도(多勿都)라 하고 송양을 봉하여 그곳의 주를 삼았다. 고구려 국어에 구토의 회복을 다물(多勿)이라 하므로 그와 같이 이름한 것이다."(《삼국사기》권 13, 〈고구려본기〉1)

15) 유리명왕(琉璃明王)에 대해서 《삼국사기》는 이렇게 적어 놓았다. "처음 주몽이 부여에 있을 때 예씨의 딸을 취하여 아이를 배었는데 주몽이 떠나온 뒤에 낳게 되었다. 이가 곧 유리니 어릴 때 밭두둑에 나아가 새를 쏘다가 잘못 물 긷는 여자의 물동이를 깨뜨리니 그 여자가 꾸짖어 말하기를 '이 아이는 아비가 없는 까닭에 이같이 완악하다' 하였다. 유리가 부끄러워 들어와 어머니에게 묻기를 '우리 아버지는 누구며 지금 어디 계십니까' 하였다. 그 모가 말하기를 '너의 아버지는 보통 사람이 아니어서 나라에서

아내고 왕권을 강화했으며, 선비족을 굴복시켰고, 수도를 졸본에서 국내
성으로 옮기는 등 남만주 일대를 지배하는 왕국을 이룩했다. 이 과정에서
주몽의 고구려 건국을 도왔던 협부가 유리명왕에 반대해서 남쪽으로 도
망갔으며, 유리명왕은 졸본에 있는 해명태자를 죽이기도 했다.[16] 이러한
사실은 통치세력 안에 심한 갈등이 일어났음을 의미하는 것이었다.[17]

용납이 되지 못하고 남쪽 땅으로 도망하여 나라를 세우고 왕이 되셨단다.' 떠날 때 나
에게 이르기를 '그대가 남자를 낳거든 그 아이에게 이르되 내가 유물을 칠릉석(七稜
石) 위 소나무 밑에 감추어 두었으니 능히 이것을 찾는 자가 나의 아들이다' 하였다고
하니 유리가 듣고 곧 산곡에 가서 그것을 찾다가 찾지 못하고 지쳐서 돌아왔다. 하루
는 그가 마루 위에 있을 때 무슨 소리가 주초 틈바구니에서 나는 것 같았다. 가서 살펴
보니 그 초석이 일곱 모로 되었는지라 곧 기둥 밑을 찾아보니 부러진 칼 한 조각이 나
왔다. 드디어 그것을 가지고 옥지(屋智), 구추(句鄒), 도조(都祖) 등 세 사람과 함께 졸
본에 가서 부왕을 보고 단검을 바쳤다. 왕은 가지고 있던 단검을 꺼내어 맞추어 보니
완연한 한 자루가 되었다. 왕이 기뻐하여 유리를 세워 태자를 삼더니 이에 이르러 위
(位)를 계승하였다."(《삼국사기》 권 13, 〈고구려본기〉 1)

16) 이 점에 대해 《삼국사기》는 이렇게 적었다. "왕 태자 해명이 고도로 힘이 세고 무용
을 좋아하는지라 황룡왕이 듣고 사람을 보내어 강궁을 증여하였다. 해명은 그 사자 앞
에서 활을 당겨 꺾으며 말하기를 '내 힘이 센 것이 아니라 활 자체가 굳세지 못하다'고
하였다. 황룡왕이 부끄럽게 여겼다. 유리명왕이 이를 듣고 노하여 황룡왕에게 말하기
를 해명이 자식으로서 불효하니 청컨대 나를 위하여 죽여주시오" 하였다. 3월에 황룡
왕이 사람을 보내어 태자와 상견하기를 청하니 태자가 가려고 하였다. 간하는 자가 있
어 태자에게 말하기를 "지금 인국이 무고히 회견을 청하니 그 뜻을 헤아릴 수 없다"
하였다. 태자가 말하기를 "하늘이 나를 죽이려 하지 않는데 황룡왕이 나에게 어찌할까
보냐" 하고 드디어 갔다. 황룡왕이 처음에는 해명을 죽이려 꾀하다가 마침내 그를 보
고서는 감히 해를 가하지 못하고 도리어 예로써 보냈다. 28년 3월에 사람을 졸본에 보
내어 해명에게 말하기를 '내가 천도한 것은 백성을 편안히 하여 방업을 굳게 하려 함
이거늘 너는 나를 따라오지 않고 힘센 것만 믿고 인국과 원을 맺었으니 자식된 도리가
이와 같을 수 있느냐' 하고 칼을 주어 자결케 하였다. 태자가 자살하려는데 어떤 사람
이 말하기를 '대왕의 장자가 이미 죽었으므로 태자는 정당하게 후사가 될 터인데 지금
사자의 일차 내도로 자살하려 하니 그 전언이 혹 거짓이 아님을 어찌 알리요' 하였다.
태자가 말하기를 '저번에 황룡왕이 센 활을 보내 주었을 때 나는 그가 우리나라를 가
벼이 여길까 염려하여 활을 꺾어 그에게 보답한 것인데 뜻밖에 부왕에게 꾸지람을 받
아 지금 부왕이 나를 불효자라 하여 칼을 주어 자결케 하시니 어찌 아버지 명을 어길
수 있으랴' 하고 이에 여진의 동원에 가서 창을 땅에 꽂고 말을 달려 거기에 찔려 죽었
다. 그때 태자의 나이 21세였다. 태자의 예로 동원에 장사하고 사당을 세워 그곳을 창
원이라 이름하였다."(《삼국사기》 권 13, 〈고구려본기〉 1)

17) 유리명왕의 왕위계승에 대해서는 몇 가지 사실을 들어 그것이 순탄하게 이루어지지
못했음을 주장하는 논리도 있다. 가령 다음의 글에서 그러한 사실을 찾아볼 수 있다.
"……유리명왕이 즉위하는 기록을 보면 추모왕(주몽)에게서 평화적으로 정권을 이양
받았다고 하기에는 무리가 따른다. 광개토대왕 비문에는 추모왕이 왕위에 있는 것을

고구려가 확고한 통치체제를 이룩하게 된 것은 6대 태조대왕 때부터였다. 태조대왕은 주변 소국을 병합했으며, 이들 지역을 직접 수습하여 각 지역의 민심을 안정시켰다. 태조대왕 69년(121)에는 부여를 찾아가서 유화부인의 묘에 제사지냈고 후한과 전쟁을 치르기도 했다. 그 뒤 후한과 화친하여 짧은 기간이나마 주변세력과 평화롭게 지내기도 했다.

그러나 그 뒤 고구려의 5부 부족세력 사이에 통치권을 장악하기 위한 정쟁이 일어났으며, 태조대왕을 이은 차대왕, 신대왕의 왕위계승에서도 이러한 성격이 드러났다.[18] 이러한 갈등은 주로 왕실 부족인 계루부와 왕비족인 연나부 사이에서 빚어졌으며, 이 갈등을 정착시킨 것은 고국천왕이었다. 그는 계루부와 대립적인 연나부의 핵심인물인 어비류와 좌가려 등의 반란을 진압했으며, 을파소를 국상으로 등용하며 진대법을 실시했다. 고국천왕의 뒤를 그의 둘째 아우 연우가 계승하여 산상왕이 되었으며,[19] 동천왕-중천왕-서천왕-봉상왕-미천왕-고국원왕으로 이어졌다.[20] 이

즐거워하지 않아서 용을 타고 승천하니 유리명왕이 명을 받아서 왕이 되었다고 하며, 《삼국사기》에는 유리명왕이 4월에 부여에서 돌아오자 추모왕은 9월에 나이 40세에 죽고 왕위는 유리명왕이 계승하였다고 한다. 기록을 보면 마치 추모왕은 유리명왕이 부여에서 남하해 오기를 기다리다가 그가 오자마자 왕위를 넘겨준 것으로 되어 무척이나 부자연스럽다. 게다가 왕의 성씨가 다른 점과 고구려 왕실이 비류나부에서 계루부로 바뀌었다는 《삼국지》 기록을 참고해 보면 두 왕 사이에는 혁명에 가까운 부족간의 정권교체가 있었던 것으로 보인다."(김용만, 앞의 책, p.99) 고구려는 5부 중심의 연합체였기 때문에 왕권 장악과 그것을 지속하기 위해 이들 사이에 격심한 경쟁이 건국 초기부터 일어나고 있었음을 알 수 있다. 그러한 시도의 하나로, 고구려 5부의 하나였던 비류부의 족장 구도, 일구, 분구 등 3인이 일반 백성들의 재산을 뺏는 횡포를 저질렀다는 이유로 이들의 지위를 박탈했고, 그들을 대신해서 새로 비류부의 족장으로 추발소를 임명한 것 등은 곧 왕권강화의 한 진전으로 이해할 수 있다.

18) 《삼국사기》에 따르면 태조대왕은 7세의 나이로 왕위에 올라 94년 동안 재임했으며 그의 아들 차대왕(次大王) 20년에 죽었는데, 그때 나이가 119세로 되어 있다. 차대왕도 같은 해 죽었으며 그는 76세에 왕위에 올라 95세에 죽었다. 또 차대왕의 뒤를 이은 그의 동생 신대왕(新大王)은 77세에 왕위에 올라 15년 동안 재위하다가 91세에 죽은 것으로 되어 있다. 차대왕은 왕이 되자 자신에게 반대했던 세력을 죽였다. 태조대왕의 큰 아들 막근도 죽였으며, 이때 막근의 동생 막덕은 스스로 자살했다. 차대왕의 동생 백고(伯固)도 화를 피해 산골로 도망다녔으며, 차대왕이 연나부 출신의 명림답부(明臨荅夫)에게 죽임을 당하고 백고가 왕위를 이었는데, 그가 신대왕이다.

19) 고국원왕이 재위 19년 만에 죽자 우씨 왕후는 이를 숨기고 고국원왕의 첫째 동생인 발기(發岐)의 집에 가서 왕이 될 것을 암시했으나 고국원왕이 죽은 것을 몰랐기 때문에 도리어 왕후가 자신의 집을 방문한 것을 힐난했다. 이에 우씨 부인은 둘째 동생인

동안 동천왕 20년(246)에 중국 위의 관구검의 침입으로 수도 환도성이 함락, 약탈당했지만 동천왕은 위의 군사를 몰아내었으며 수도를 평양성으로 옮겼다.[21]

고국원왕은 모용 선비의 공격으로 시달림을 받기도 했으며 백제와 치른 전쟁에서 전사했다. 고국원왕을 이어 등장한 소수림왕 때부터 고구려는 비로소 제의-군장 통치체제에서 벗어나 고대국가적 성격을 가질 수 있게 되었다. 이는 전적으로 불교의 유입과 영향에 따른 것으로 비로소 고대국가적 통치체제로 발전할 수 있었다.[22]

연우(延優)의 집을 찾았는데, 연우는 예로써 왕후를 맞았으며 왕후와 함께 왕궁에 갔다. 우씨 왕후는 그 다음날 고국원왕의 거짓 유언을 내세워 신하들에게 연우를 왕으로 할 것을 지시하였는데, 이렇게 하여 왕이 된 것이 산상왕(山上王)이었다. 이에 형인 발기가 반발하여 후한의 요동태수 공손도에게 가서 군사 3만을 빌려 고구려를 공격했지만 패했다. 산상왕은 재위 31년 만에 죽고 그 뒤를 이은 것이 동천왕이다. 산상왕이 제사에 쓸 돼지가 도망가자 이를 주통천의 여자가 잡아 주었는데, 이 여자를 산상왕이 몰래 만났으며 여기에서 아들을 얻었는데 그가 동천왕이다.

20) 이들 왕 가운데서 특히 봉상왕은 즉위하자 자신의 작은 아버지인 달가를 죽였으며, 자신의 동생 돌고(咄固)도 죽였으며, 돌고의 아들 을불(乙弗)은 신분을 숨기고 도망갔다. 당시 국상인 창조리는 가뭄과 지진 등 이상기후로 백성이 궁핍해졌는데도 궁궐을 증축하고 사치하는 봉상왕을 간했으나 듣지 않자 왕을 폐위하기로 마음먹고, 왕이 후산 북쪽에 사냥할 때 여러 신하들을 모아놓고 "나와 마음을 같이 하는 사람은 내가 하는 대로 하라"며 갈대잎을 모자 위에 꽂았다. 이에 많은 신하들이 그렇게 하자 창조리는 마침내 왕을 가두고 을불을 왕위에 오르게 했다. 바로 그 을불이 미천왕(美川王)이었다.

21) 동천왕은 위의 침입으로 대패했으며, 그는 1천여 기병으로 남옥저로 피난했는데 그 도중 죽령에 이르자 군사도 흩어져 일대 위기에 놓이게 되었다. 이때 밀우(密友)가 나서서 결사대를 조직, 적군에 대항하여 왕이 도망할 수 있는 시간을 벌어주었다. 왕은 밀우를 구할 사람을 찾았는데, 이때 유옥구(劉屋句)가 자청하여 전장에 나가 땅에 쓰러진 밀우를 구해 왔다. 왕이 남옥저로 도망갔지만 위의 군사는 추격을 늦추지 않았는데 유유(紐由)가 적장을 죽이기 위해 계책으로 음식을 마련하여 거짓 항복하는 순간 적장을 찔러 죽이고 그도 죽었다. 적장이 죽자 위의 군대는 물러갔는데 이로써 동천왕도 반격의 기회를 얻어 국토를 회복하게 되었다.

22) 여기에서 다시 한번 검토되어야 할 문제는 진국이다. 진국으로부터 삼한이 성립되었는데 그 과정에서는 먼저 마한이 성립되었고 마한이 나누어져 삼한이 되었다는 주장이 제기되고 있다. 또 다른 주장으로는 삼한의 성립은 진국에서 이루어진 것이 아니라 기자조선에서 이어졌다는 견해도 주장되고 있다. 그러나 일반적으로 《후한서》〈동이열전〉의 '韓有三種 一曰馬韓 二曰辰韓 三曰弁韓……皆古之辰國也'라는 기록을 신빙하는 경향이 지배적인데 여기에 근거해서 삼한의 성립기반을 진국으로부터 찾고 있다. (文昌魯,《三韓時代 邑落과 社會》, 신서원, 2000, p.33) 물론 이러한 주장도 몇 갈래로 나눌 수 있는데, 가령 진국에서 마한과 변한으로 이어졌다는 주장이 있는가 하면, 진한

한편 이 시기 한반도의 중남부에는 한(韓)족이 부족집단을 이루고 있
었는데, 기원전 4세기 한족은 진(辰)을 세웠다. 물론 그 이전 이 지역에는
선주집단들이 있었다. 위만에 패배했던 기자조선의 준왕이 일족을 데리
고 대동강을 거쳐 바다로 이 지방에 들어오게 된 것도 이때였다. 이들 이
주 집단이 선주집단과 함께 진국을 세웠다고 생각할 수 있다. 진국으로부
터 삼한의 발전이 일어났는데, 먼저 마한이 일어났고 마한에서 진한과 변
한이 나타남으로써 삼한이 성립되었다.[23]

은 진국과는 무관한 한반도 북부로부터 중부로 남하한 유이민 부족에 불과하며 기원
전 1세기경 한강 유역을 중심으로 발전했다는 주장도 제기되고 있다. 진국은 안성천
이남의 충남, 전라도 지역의 선주민 부족이며, 여기에서 마한이 발전하였고, 그 중 다
른 일부분은 변한과 진한으로 발전함으로써 이른바 3한이 되었다는 주장이 그것이다.
(千寬宇, 〈三韓의 成立過程〉, 《歷史研究》 26, 1975) 다른 주장으로는, 진국은 북에서
남하하던 한족의 이동 과정에서 한강 유역에 일시적으로 세운 정치집단이라는 것이다.
익산 일대를 중심으로 자리잡았던 고조선의 준 왕계의 집단이 진국이며 여기에서부터
다시 경상도 지역으로 이동하여 진한의 일부를 구성했다는 것이다.(金貞培, 〈準王 및
辰國과 三韓正統論의 諸問題〉, 《韓國史研究》 13, 1976) 여기에서 특히 지적되어야 할
것은, 이곳으로 온 위만조선의 이주민이 한반도 남부의 선주집단을 지배할 수 있었던
것은 위만의 철기문화에 기인되었다는 점이다. 이 점에 대해 이현혜는 이렇게 적어 놓
았다. "실제 진·변한 소국들이 독립된 정치집단으로 성립되는 시기나 문화 배경, 정
치적 계기등도 상당히 다양하였을 것이나 고고학 자료상으로 나타나는 특징을 토대로
BC. 2세기 말엽~AD. 1세기 초엽 경상도 지방에서 진행되었던 정치 문화적 전환과정
이 추정될 수 있으며 이를 통하여 진·변한 소국 성립의 중요한 패턴들이 추출되어 진
다. 즉 경상도 방면에서도 지역에 따라서는 철기 반출 이전 단계에서부터 이미 상당한
범위의 지배권력을 행사하는 정치집단들이 존재하고 있었으나 소수에 불과하다. 이에
비해 B.C. 1세기 이래 위씨조선(위만조선)계 유민과 철기 문화의 유입, B.C. 1세기 후
반부터 본격화하는 철자원의 개발, 철기 제작기술의 확산, 철기의 광범위한 보급 등을
배경으로 청동기 문화단계의 토착세력 집단들을 통합하는 새로운 형태의 정치집단들
이 보편적으로 대두하고 있었던 것으로 나타난다. 경주 대구 낙동강 하류, 남해안 일
대를 중심으로 전개되고 있었던 이러한 변화는 대다수 진·변한 소국 성립의 직간접
적인 계기로 간주되어도 좋을 것이다."(李賢惠, 《三韓社會形成過程研究》, 一潮閣, 1997,
p.101)

23) 이와는 다른 주장으로는 삼한이 진국에서 이루어진 것이 아니라 기자조선에서 이어졌
다는 견해도 있다. 그러나 일반적으로 《후한서》 〈동이열전〉의 '韓有三種 一曰馬韓 二
曰辰韓 三曰弁韓……皆古之辰國也'라는 기록을 신빙하는 경향을 보여주고 있으며 이
것에 근거해서 삼한의 성립기반을 진국으로 인식한다. 물론 이 주장도 몇 갈래로 나눌
수 있는데, 가령 진국에서 마한과 변한으로 이어졌다는 주장이 있는가 하면, 진한은 진
국과는 무관한 한반도 북부로부터 중부로 남하한 유이민 부족에 불과하며 기원전 1세
기경 한강 유역을 중심으로 발전했다는 주장도 있다. 진국은 안성천 이남의 충남, 전
라도 지역의 선주민 부족이며 여기에서 마한이 발전되었고, 그 중 다른 일부분은 변한

  진한은 지역적으로 한반도 중부 이남과 동부에 자리잡고 있었으며, 6
개의 소국은 12개로 발전했고, 그 가운데 사로국은 경주 일원에 걸쳐서
자리잡고 있었다. 사로국도 마한의 통치자였던 진국의 통제를 받고 있었
지만 점차 주변의 소국들을 병합했는데, 42년에는 이서국(경상북도 청도군
지역)을 정복했고, 우시산국(경남 울산지역)과 거칠산국도 통합했다.[24] 사
로국은 박혁거세를 왕으로 추대, 제의-군장체제를 이룩했는데, 이 시기의
사람들의 생활을 《삼국사기》는 다음과 같이 적어 놓았다.

  낙랑인이 군사를 이끌고 침범하다가 이 지방(사로국) 사람들이 문을
  닫지 않고 노적가리가 들에 가득함을 보고 말하기를 '이곳 사람들은 서로
  도적질을 하지 아니하니 과연 도가 있는 나라, 우리가 가만히 군사를
  이끌고 와서 습격하는 것은 도적과 다름이 없으니 어찌 부끄럽지 아니하
  냐' 하고 곧 군사를 이끌고 돌아갔다.[25]

  이 글에서 알 수 있듯이 사로국은 진한의 다른 부족 집단보다 안정된
사회를 이룩했으며 이웃 집단을 병합하여 그 세력을 키워가고 있었다.
  제의-군장체제로서 초기 신라의 성격을 구체적으로 살펴보기로 하자.
사로국의 등장은 박혁거세와 연관해서 생각할 수 있다. 사로국에서 혁거
세가 왕이 되었다는 것은 그의 개국신화에서도 알 수 있듯이 이주집단과
선주집단 사이의 관계 정립으로 이해할 수 있다. 박혁거세와 그의 아내

  과 진한으로 발전함으로써 이른바 삼한이 되었다는 주장이 그것이다.(李丙燾, 〈三韓
  問題의 新考察〉, 《震檀學報》 3, 1935)
24) 사로국에 의한 주변 소국의 병합은 지속적으로 행해졌으며 음집벌국, 실직국, 압독국,
  비지국, 다벌국, 초팔국, 굴아화촌, 나령군등을 정복했다. 사로국은 2세기 중엽 낙동강
  동쪽 지역을 거의 다 지배할 수 있었다. 사로국을 읍락국가로 파악하면서 그것의 형성
  에 대해서는 다음의 글을 참고할 수 있다. "……신라는 경주분지에 자리잡고 있던 조
  그마한 사로국이 주변의 읍락국가들을 흡수 통합하면서 성립된 국가였다. 《삼국지》
  30권 동이전 한조에 의하면 적어도 3세기 전반까지만 하더라도 사로국은 진한을 구성
  한 12개 읍락국가 가운데 하나에 지나지 않았다. 진한사회에서 차지하는 사로국의 정
  치적 위상에 큰 변화가 초래된 시기에 대해서는 논란이 많지만 대체로 3세기 후반에
  서 4세기 중반에 걸치는 사이가 아니었을까 싶다."(朱甫暾, 《新羅地方統治體制의 整備
  過程과 村落》, 신서원, 2000, p.25)
25) 《삼국사기》 권 1, 〈신라본기〉 1.

알영은 이성(二聖)으로 불릴 정도로 숭배되었다.[26] 박혁거세의 뒤를 이은 것이 그의 적자 남해차차웅이다. 그는 시조묘를 세웠고 탈해의 어짊을 듣고 그의 딸을 맞아 왕비로 삼았으며, 탈해를 대보로 삼아 군국정사를 맡겼다. 그는 재위 21년 만에 돌아갔으며, 그 뒤를 이어 그의 태자 유리이사금이 왕이 되었다. 왕은 먼저 시조묘에 제사지냈으며 죄인을 대사하는 조치를 취했다. 유리이사금에 들어와서 군장적 통치체제로서 일정한 제도화도 이루어졌는데, 사로 6부의 이름을 고쳐 성을 주었고 관직을 17등으로 나누기도 했다.[27] 박혁거세-남해차차웅-유리이사금은 박혁거세의 직계였지만, 유리이사금의 뒤를 이은 탈해이사금은 석씨였다. 탈해이사금에 대해서는 박혁거세와 같은 신화로 설명되고 있는데, 《삼국사기》는 이렇게 적어 놓고 있다.

　　탈해는 본디 다파라국의 출생으로 그 나라는 왜국의 동북 1천리쯤 되는 곳에 있었다. 처음에 그 국왕이 여국왕의 딸을 데려다 아내를 삼았더니 아이를 밴 지 7년 만에 큰 알을 낳았는데 왕이 말하기를 사람으로서 알을 낳는 것은 상서롭지 못한 일이니 버리라고 하였다. 그런데 그 아내는 차마 그리하지 못하고 비단에 알을 싸서 보물과 함께 궤짝 속에 넣어

---

26) 이러한 사실은 왜인이 침범했으나 박혁거세의 이야기를 듣고 물러났다거나 낙랑군이 쳐들어왔다가 그냥 갔다는 기록에서도 짐작할 수 있다. 특히 마한과의 관계에서 박혁거세는 호공(瓠公)을 마한에 보내 수빙을 청하자 마한 왕이 진, 변한 등이 속국인데도 최근에는 공물을 보내지 않는다 하여 호공을 죽이려 했지만 박혁거세의 이야기를 듣고 그를 돌려보냈다고 기록했다. 이 당시 마한왕의 힐문에 대해서 호공의 대답을 《삼국사기》는 이렇게 기록하고 있다. "우리나라는 二聖이 일어나심으로부터 인사가 바로 잡히고 천시가 고르고 창름이 충실하고 인민이 경양하여 진한 유민으로부터 변한, 낙랑, 왜인에 이르기까지 두려워하지 아니함이 없는데도 우리 임금은 겸손하여 下臣을 보내어 인사를 닦으니 이는 예에 지나친다고 할 수 있거늘 도리어 대왕이 진노하여 兵으로써 협박하니 무슨 뜻이냐고 하였다."(《삼국사기》권 1, 〈신라본기〉 1)

27) "유리이사금 9년 봄에 楊山部를 梁部로 하고 그 성을 李라 했으며 高墟部를 沙梁部로 그 성을 崔라 하고 大樹部를 漸梁部로 그 성을 孫으로 于珍部를 本彼部로 그 성을 鄭으로 加利部를 漢祇部로 그 성을 裵라 하고 明活部를 習比部로 그 성을 薛이라고 했다. 관직은 제1은 伊伐飡, 제2는 伊尺飡, 제3은 迊飡, 제4는 波珍飡, 제5는 大阿飡, 제6은 阿飡, 제7은 吉飡, 제8은 沙飡, 제9는 給伐飡, 제10은 大奈麻, 제11은 奈麻 제12는 大舍, 제13은 小舍, 제14는 吉士, 제15는 大烏, 제16은 小烏, 제17은 造位였다."(《삼국사기》권 1, 〈신라본기〉 1)

바다에 띄워 갈 대로 가게 내버려두었다. 그것이 처음 금관국 해변에 가서 닿으니 금관국 사람은 이를 괴이하게 여겨 취하지 아니하고 다시 진한의 아진포구에 이르니 이때는 시조 혁거세가 재위한 지 39년이 되던 해였다. 그 때 해변의 노모가 그것을 줄로 잡아당겨 바닷가에 매고 궤를 열어 보니 거기에 한 어린 아기가 들어 있었다. 그 노모가 아이를 데려다 길렀더니 커지매 신장이 9척이나 되고 인물이 동탕하고 지식이 남보다 뛰어났다. 어떤 이가 말하기를 이 아이는 성을 알지 못하니 처음 궤짝이 와 닿을 때 까치 한 마리가 날아와 짖으며 따라다녔으니 작자의 한쪽을 생략하여 석씨로 성을 삼고 또 그 아이가 온독(담은 궤짝)을 풀고 나왔으니 이름을 탈해라 지으라고 하였다. 탈해가 처음에는 고기잡이로 업을 삼아 그 노모를 봉양하되 한때도 게으른 빛이 없었다. 노모가 말하기를 너는 범상한 사람이 아니요 골상이 특이하니 학문을 배워 공명을 이루라고 하였다. 이에 탈해는 학문에 오로지 힘쓰고 겸하여 지리를 알게 되었는데 양산 밑에 있는 호공의 집을 바라보고 그 터가 길지라고 하여 거짓 꾀를 내어 이를 빼앗아 살았으니 후에 월성이 그곳이었다.[28]

탈해는 많은 사람들의 신망을 얻었으며,[29] 왕이 되자 '호공(瓠公)을 배(拜)하여 대보로' 삼을 정도로 인재를 중용했으며, 마한의 장군 맹소(孟召)의 항복을 받았고, 백제의 침략을 막았으며, 가야를 제압했다. 탈해가 죽자 그 뒤를 파사이사금이 맡았다.[30] 그도 주변국가의 침략을 막았고 즉위 8년 7월에는 영을 내려 "짐이 부덕한 사람으로 나라를 다스려 서로 백제를 이웃하고 남으로 가야와 접하였으므로 덕은 능히 인민을 편하게 못하고 위엄은 족히 원방을 두렵게 못하니 마땅히 성루를 증축하여 적의 침

---

28) 《삼국사기》 권 1, 〈신라본기〉 1.

29) 이때의 일화를 《삼국사기》는 이렇게 기록하였다. "……탈해는 말하기를 신기대보(神器大寶)는 나와 같은 용렬한 사람이 감당할 바가 아니다. 내가 들으니 지혜 있는 사람은 이가 많다 하니 떡을 물어 시험하자고 하였다. 유리 이사금이 많았으므로 이에 좌우로 더불어 그를 받들어 왕을 삼고 호를 이사금이라 하였다."(《삼국사기》 권 1, 〈신라본기〉 1)

30) 파사이사금은 유리왕의 제2자였는데 탈해가 죽자 신하들은 유리의 태자인 일성(逸聖)을 세우려 했지만 일성이 비록 맏아들이지만 위엄과 현명함이 파사를 따르지 못한다 하여 파사이사금을 왕위에 세웠다. 파사는 검약하여 용도(用度)를 덜고 백성을 사랑하므로 국인(國人)들이 그를 아름답게 여겼다.(《삼국사기》 권 1, 〈신라본기〉 1)

입에 대비하라"고 명령했다. 국가안보에 대한 확고한 관념으로 가소(加召), 마두(馬頭) 등 두 성을 신축하였으며, 왕의 사자를 지방에 보내어 주의 군주(郡主)로 공사를 게을리하고 농토를 거칠게 한 관리를 염찰하여 폄출(貶黜)했다. 그는 또한 실직국의 반란을 진압하고 비지국, 초팔국, 다벌국을 정복하는 등 신라의 영역을 확장하기도 했다.

파사이사금의 뒤를 지마이사금(祇摩尼師今)이 이었고, 그 뒤를 일성이사금이 이었다. 그는 유리왕의 장자로서 재위 21년 동안 외부의 침탈에 시달렸는데, 이러한 사정은 그 뒤에도 계속되었다. 일성이사금, 아달라이사금, 벌휴이사금, 내해이사금, 조분이사금, 첨해이사금 등도 모두 이러한 성격에서 크게 벗어나지 못했다. 첨해이사금은 처음으로 궁남(宮南)에 남당(南堂)을 지었는데, 이는 왕이 정사를 돌보았던 정청이었다. 그 뒤 미추이사금은 김씨 성을 가진 시조가 되었으며,[31] 유례이사금, 기림이사금, 흘해이사금, 내물이사금, 실성이사금, 눌지마립간,[32] 소지마립간을 거쳐 마

---

31) 미추이사금의 선조는 알지(閼智)로 계림에서 나왔다. 알지에 대한 신화는 탈해이사금 9년 3월에 "왕이 밤에 금성 서편 시림(始林) 숲 사이에서 닭 우는 소리가 남을 듣고 새벽에 호공(瓠公)을 보내어 살펴보게 하였더니 거기 나뭇가지에 한 금색의 작은 궤가 걸려 있고 그 밑에 흰 닭이 울고 있었다. 호공이 돌아와 그대로 고하니 왕이 사람을 보내어 그 궤를 가져다 열어 보니 그 속에 조그만 사내아이가 들어 있었는데 그 외모가 통탕하였다. 왕이 기뻐하며 좌우에게 말하기를 '이는 하늘이 나에게 아들을 준 것이 아니냐' 하고 거두어 길렀다. 차차 자람에 총명하고 지략이 많으므로 이름을 알지라 하고 금독(金櫝)에서 나왔으므로 성을 김(金)씨라 하고 또 시림을 고쳐 계림(鷄林)이라 하여 써 국호로 삼았다"고 되어 있다.(《삼국사기》 권 1, 〈신라본기〉 1) 궁중에서 자란 알지는 대보 벼슬을 했으며 세한−아도−수유−욱보−구도−미추로 이어지는 가계를 보여주었다.

32) 눌지마립간의 등장에는 왕권을 장악하기 위한 왕족 사이의 갈등이 노출되었음을 알 수 있는데 이것에 대한 기록은 다음과 같다. "눌지마립간은 내물왕의 아들로……내물왕 37년에 실성을 고구려에 볼모로 보냈더니, 뒤에 실성이 돌아와 왕이 됨에 이르러 전에 내물왕이 자기를 외국에 볼모로 보낸 것을 원망하여 그 아들을 죽여 원수를 갚고자 하여 사람을 보내어 자기가 고구려에 있을 때 서로 알던 사람을 불러서 그에게 비밀히 알리기를 눌지를 보거든 곧 죽이라고 말하고, 실성이 드디어 눌지로 하여금 가서 중로에서 고구려 사람을 맞게 하였다. 고구려 사람은 눌지의 용모 기상이 명랑하고 단아하여 군자의 품이 있음을 보고 드디어 일러 말하기를 '그대 나라의 임금이 나로 하여금 그대를 해치라 하였는데 지금 그대를 보니 차마 해칠 수 없다' 하고 이내 돌아가 버렸다. 눌지는 이를 원망하여 도리어 실성왕을 죽이고 자립한 것이다."(《삼국사기》 권 3, 〈신라본기〉 3)

침내 지증마립간으로 이어졌다. 지증마립간으로 들어서면서 신라는 비로소 고대국가적인 체제 정비를 보여주었다. 신라가 제의-군장적 통치체제에 속했던 기간에는 주로 외국과 벌이는 전쟁이 중요한 대사였는데 왜와 전쟁이 가장 잦았다. 이러한 침탈과정에서 왕 자신이 군사지휘자, 즉 군장이 되어 방위하는 군사활동과 통치를 책임지고 있었다.

사로국에서 시작된 제의-군장체제로서 신라는 지증왕과 법흥왕 직전까지는 그 성격을 그대로 유지하고 있었다.[33] 《삼국사기》에 따르면, 신라가 제의-군장체제의 성격에서 벗어나 고대국가적 제도를 이룩했던 때는 22대 지증왕, 23대 법흥왕, 24대 진흥왕의 3대에 걸친 시기였다. 제의-군장체제와 고대국가적 통치체제 사이의 구분에 대해서는 지증왕대를 예로 들어 생각해볼 수 있는데, 이를 《삼국사기》는 아래와 같이 적어 놓았다.

······영을 내려 순장을 금하였다. 전에는 국왕이 돌아가면 남녀 각 5명씩 순장하더니 이때에 이르러 그것을 금하였다. 왕이 친히 신궁에 제사하였다. 3월에 각주 군주에게 명하여 농사를 권장하게 하고 처음으로 소를 밭가는 데 사용하였다. 4년 10월에 군신이 말하기를 '시조께서 창업한 이래로 국명이 일정치 아니하여 혹은 사라(斯羅)라 하고 혹은 사로(斯盧)라 하고 혹은 신라(新羅)라 하였으니 신들은 생각건대 신(新)은 덕업(德業)이 날로 새로운 뜻이요, 라(羅)는 사방을 망라한다는 뜻이므로(新者德業

---

33) 신라사의 시대구분에 대해서는 김철준의 다음과 같은 도식이 유효한 의미를 갖는다. 다만 사회적인 시대구분, 즉 부족연맹기, 고대국가성립기, 고대국가발전기, 고대국가해체기는 김철준의 개인 주장이다.(김철준, 《한국고대사연구》, 서울대출판부, 1993, p.51)

신라사 시대구분표

구분기준 \ 왕명	박, 석, 김	17대 내물~ 22대 지증	23대 법흥~ 28대 진덕	29대 태종~ 36대 혜공	37대 선덕~ 56대 경순
《삼국사기》	상대(성골)			중대(진골)	하대
《삼국유사》	상고		중고	하고	
왕실구성	박,석,김	김, 김	김, 박	김, 김	김, 박
왕위호	이사금	마립간	왕		
왕 명	신라고유식왕명시대		불교식왕명시대	한식시호시대	
사 회	부족연맹기		고대국가성립기	고대국가발전기	고대국가해체기

日新 羅者網羅四方之義) 그것으로 국호를 삼는 것이 좋을 듯하오며, 또 생각하건대 자고로 국가를 가진 이가 대 제왕이라 칭하였는데 우리 시조가 건국한 지 지금 제22대에 이르도록 단지 방언으로 칭하여 존호를 정하지 아니하였으니 지금 군신은 한 뜻으로 삼가 신라 국왕이란 존호를 올리옵니다' 하니 왕이 그에 따랐다.[34]

지증왕 때 들어와 국호를 정했고 왕실을 체계화했으며 조상에 제사를 드리는 신궁도 건축했다. 그리고 이사부가 우산국을 항복시킨 것도 이때였다. 그 뒤 법흥왕 때에 들어와서부터 본격적으로 고대국가적 체제를 이룩하게 되었다. 불교의 유입에 힘입어서 새로운 통치체제를 정립할 수 있었다. 최초로 율령을 공포했으며, 백관의 공복을 정하고 차서를 정해 직위의 순서를 드러나도록 했다. 그리고 처음으로 건원(建元)이라는 연호를 제정했다.[35]

신라와 비슷한 시기에 한반도 서남지역 특히 한강 이남에 백제가 자리잡고 있었다.[36] 백제는 마한 54개 소국의 하나로 시작했으며, 백제의 건국

---

34) 《삼국사기》 권 4, 〈신라본기〉 4.

35) 신라의 시기구분에 대한 논의에서 주목할 수 있는 것으로는 먼저 이기백에서 찾아볼 수 있다. 그는 혜공왕 10년을 획기적인 시대변혁의 선으로 설정했으며 신라를 상·중·하대로 구분하는 대신에 귀족연합, 왕전제, 귀족연립으로 설명하고 있다.(이기백, 《신라정치사회사연구》, 일조각, 1974, p.4) 그리고 김철준은 신라의 전 기간을 4기로 나누는데, 제1기는 부족연맹기로 이 시기에는 토착의 김씨 부족과 이주민인 박·석씨 부족의 연맹사회로 인식한다. 제2기는 소지왕에서 진덕왕의 기간으로 고대국가성립기로 이해하고 있다. 제3기는 무열왕에서 혜공왕까지로 고대국가발전기로 이해한다. 그리고 제4기는 선덕왕에서 경순왕에 이르는 기간으로 고대국가해체기로 삼았다.(김철준, 《한국고대국가발달사》, p.509) 그리고 신형식은 신라의 전 기간을 5기로 구분하였는데, 국가형성기를 박혁거세로부터 소지왕까지, 제2기를 국가체제 완성과 민족결정기로 하여 지증왕에서 문무왕에 이르는 기간을, 제3기는 민족문화개발기와 민족국가발전기로 하여 신문왕에서 선덕왕까지로, 제4기는 국가체제 동요기로 하여 원성왕에서 안강왕까지, 마지막 제5기는 국가체제해체기로 진성여왕에서 경순왕에 이르는 기간으로 설정하고 있다.(申瀅植, 《新羅史》, p.101)

36) 백제사 시대구분은 이기동의 견해를 들 수 있다. "수도의 위치를 기준으로 하여 백제사의 여러 시기를 구분한다면 1) 한성시대(B.C.18~A.D.475), 2) 웅진시대(475~538), 3) 사비시대(538~660)의 3시기가 된다. 그런데 그 중 첫 번째 한성시대는 493년간이나 되어 백제 전역사의 대략 4분의 3에 해당한다. 이는 단일 시기로서는 너무나 장구한 기간이다. 더욱이 한성시대에 백제는 큰 변화를 겪었다. 왜냐하면 마한의 일국으로 탄생한 백제가 차츰 성장하여 종주국인 마한을 압도한 끝에 마침내 마한사회 전체를 통

신화에서 알 수 있듯이 부여족 계통의 고구려 유이민이었다.[37] 온조가 고구려 유민이라는 것은 그의 원년 5월에 동명왕묘를 세웠다는《삼국사기》의 기록에서도 드러난다. 그는 위례성을 도읍지로 삼아 왕궁을 짓고 족부(재종숙부)인 을음(乙音)이 지식과 담력이 있기에 우보에 배(拜)하고 병마사의 일을 맡겼다. 그 뒤 그는 여러 번 말갈의 침입을 막았고 마한을 정복하여 그 영역을 차지함으로써 제의-군장체제를 이룩했다. 이렇게 시작된 백제가 고대국가체제로 전환한 시기는 3, 4세기 8대 고이왕에서 13대 근초고왕에 걸친 기간이었다. 그러므로 여기서는 그 이전 시기의 백제의 성격을 구체적으로 살펴보기로 하자.

백제의 시조 온조는 전쟁을 통하여 그 세력을 강화했는데, 특히 마한과의 관계에서 그러했다. 온조는 마한에서 백제를 시작했지만 마한을 병합했다.[38] 그리고 좌보(右輔) 을음(乙音)이 죽었기 때문에 북부의 해루(解

일했기 때문이다. 그러므로 백제의 마한통일을 전후하여 한성시대를 두 시기로 나누는 것이 합리적이다. 이렇게 되면 백제사는 다음과 같이 모두 4시기로 정리해볼 수 있다. 제1기 : 한성시대 전기(B.C.18~A.D.369), 제2기 : 한성시대 후기(369~475), 제3기 : 웅진시대(475~538), 제4기 : 사비시대(538~660)."(李基東,《百濟史硏究》, 일조각, 1996, p.12)

37) 이 점에 대해서는 이기동의 글을 여기에 인용할 수 있다. "백제를 건국한 주체세력이 부여족 계통의 고구려 유이민이었던 것만은 믿어도 좋을 것으로 생각된다. 백제왕실이 그 성씨를 부여씨, 국호를 한때 남부여라 칭한 데서도 알 수 있듯이 왕실 스스로가 부여족의 한 갈래라고 주장했다. 백제가 동명왕묘를 세워 제사를 지낸 것이라든지 개로왕 472년 중국 북위에 보낸 국서에서 백제를 고구려와 마찬가지로 부여족에서 근원했다고 자칭한 것 등은 그 한 예이다."(위의 책, p.14)

38) 이 과정에 대해《삼국사기》는 이렇게 적고 있다. "24년 7월에 왕(온조)은 웅천책(熊川柵 : 安城)을 세우니 마한왕이 사신을 보내어 나무라기를 '왕이 처음 하수(河水)를 건너 용족(容足)할 곳이 없자 내가 동북 100리의 땅을 떼어 안거케 하였으니 왕을 대우함이 두터웠다 할 것이다. 마땅히 이에 보답할 생각이 있어야 할 것이어늘 이제 나라가 완전하고 인민이 많이 모여들어 대적할 자가 없다 하고 크게 성지(城池)를 만들고 우리의 영역을 침범하니 의리에 그러할 수가 있겠는가' 하였다. 왕이 부끄러이 여겨 드디어 책을 헐었다." 그러나 온조는 진한과 마한을 병탄하고 26년 7월에 이렇게 말한 것으로 기록하고 있다. "마한은 점점 쇠약해지고 상하의 인심이 이반하니 능히 오래 지탱하지 못할 형세이다. 만일 남에게 먹힌다면 순망치한(脣亡齒寒)의 격이 될 것이니 후회하더라도 이미 늦을 것이다. 남보다 먼저 취하여 후한을 면하는 것만 같지 못하다"고 하였다. 그는 사냥한다는 평계로 군을 동원하여 마한을 쳐서 그 국읍을 병합하였지만 원산(圓山)과 금현(錦峴)의 두 성은 함락하지 못했다. 그러나 이것으로 온조는 사실상 마한을 점령한 셈이 되었다.(《삼국사기》권 23,〈백제본기〉1)

婁)를 배하여 우보로 삼았으며, 위례성을 수축하는 등 초기의 통치체제를 확립했다. 온조의 뒤를 그의 아들 다루왕이 이었으며, 그는 말갈의 침략을 막았고 신라와 자주 전쟁을 하는 등 주변세력들을 정복했다. 3대 기루왕 때도 신라의 변경을 침략했지만 기근과 지진으로 국내의 안정이 위협을 받았다. 4대 개루왕, 5대 초고왕, 6대 구수왕 때도 주변세력들과의 군사적인 충돌이 잦았으며 외부 침탈을 막기 위한 성을 축성하는 등 백제의 사정은 그 이전과 크게 차이가 없었다.

8대 고이왕 때서야 백제는 비로소 이전의 수세적인 위치에서 벗어나서 적극적으로 주변세력들을 병합하였다. 그는 먼저 신라를 공격했으며 이어 위(魏)의 유주자사(幽州刺史) 관구검(毌丘儉)은, 낙랑태수 유무(劉茂)와 대방태수 왕준(王遵)이 고구려를 공격했을 때를 이용해서 백제의 좌장 진충(眞忠)을 보내어 낙랑 주변의 성을 치게 했다.[39] 그는 사람들이 겨울에 굶주리면 창고의 문을 열어 진휼했으며 1년 동안 지세(地稅)로서의 조(租)와 호세(戶稅)로서의 조(調)를 면제하기도 했다. 그는 또한 통치체제의 제도화에 노력하여, 6좌평 제도를 설치하기도 했다. 이렇게 함으로써 백제는 이전의 군장 중심의 통치체제에서 벗어나 점차 고대국가적인 위치로 옮아가게 되었는데, 이러한 성격은 특히 근초고왕 때부터 강화되었다. 그리하여 백제는 고구려나 신라 또는 중국으로부터 일방적으로 침략을 받았던 위치에서 벗어날 수 있었고 다른 나라를 정복하기 위해서 군사적인 행동을 취하기도 했다.[40]

백제의 근초고왕은 고구려를 침략했을 뿐 아니라 대방과 마한을 병합했으며, 동시에 동진, 일본 등과도 외교관계를 맺었고 국내적으로는 박사

---

39) 이렇게 점령한 이 지역을 낙랑태수 유무가 듣고 노했기 때문에 왕은 그들이 침범할까 두려워 민구(民口)를 되돌려주었다.(《삼국사기》 권 24, 〈백제본기〉 2)

40) 이런 사실에 대해 《삼국사기》는 이렇게 적어 놓았다. "근초고왕 26년에 고구려가 군사를 일으켜 오므로 왕이 듣고 패하(浿河 : 예성강) 강변에 군사를 매복시켰다가 그 옴을 기다려 급격하니 고구려병이 패배하였다. 겨울에 왕이 태자와 함께 정병 3만 명을 거느리고 고구려에 침입하여 평양성을 공격하였다. 고구려왕 사유(斯由)가 역전하여 막다가 유시에 맞아 죽으니 왕이 군사를 이끌고 물러왔다."(《삼국사기》 권 24, 〈백제본기〉 2)

고흥(高興)을 시켜 서기(書記)를 짓도록 했다. 이리하여 백제는 최초로 국 사를 가질 수 있게 되었으며, 나아가 국가로서의 확고한 체제를 정립할 수 있었다.

이처럼 한국 고대사에서 제의-군장체제는 삼국시대 초기까지 지속되었다고 할 수 있다. 그 뒤 일정기간을 거친 뒤 비로소 고대국가로 발전할 수 있었다. 비록 왕과 왕국 등의 명칭을 사용했다고 해도 실제 통치체제의 측면에서는 왕은 군장의 위치에서 벗어나지 않았으며, 그러한 군장을 위한 사적 통치집단의 성격이 강했다. 비록 왕위가 세습되었다 해도 그것은 군장의 권위가 확립된 결과로 그것의 제도화라고 할 수 있다. 이 시기 군왕이 지배했던 통치체제의 기본목표는 외부의 침탈을 막는 것이며, 이를 위한 통치, 즉 군사적인 행동이 가장 중시되었다. 군장으로서 군왕은 특히 제의를 통해서 군사활동에 대한 천신과 조상신의 가호를 기원하기도 했으며, 이 점에서 제의와 군사활동은 군장체제를 확고하게 자리잡게 했다. 그러므로 바로 이 점을 고려하여 제의-군장체제가 고대국가로 발전한 전반적인 성격을 인식하기 위해서는 먼저 제의-군장체제의 성격, 즉 그것의 형성과정과 내용, 그리고 지배양식을 살펴볼 필요가 있다.

2. 제의와 통치이데올로기

제의-군장체제에서 제의는 다른 어떤 것보다도 중요한 의미를 갖는다. 제의는 이 체제를 등장시킨 계기의 하나였으며 상당 기간 동안 이 체제를 존속시켰던 기반이었다. 혈연공동체의 붕괴, 즉 원시공동체 대신에 씨족집단을 거쳐 부족집단으로 옮아감에 따라 그 집단의 공동적인 기원을 천신에게 제사지내는 기원적 행사가 더욱 확대되었는데, 그것이 제의였다. 이 집단들의 공동의 문제, 즉 제의의 집행, 질서의 유지, 외부 침략의 방어 등을 이끌어 갈 특정 지도자가 필요했다. 씨족집단으로 발전한 이후, 특히 제의와 같은 공동행사를 주관하기 위해 지도자를 필요로 하게 되었다. 씨족집단에서 지도자의 명령이나 권력 행사는 지도자의 자의보다는 구성원의 의견의 지지를 바탕으로 하고 있었다. 초기에는 대부분 최고 연장자가 제의의 주관자 역할을 맡았다. 제의는 부족사회에서부터 본격적으로 행해졌는데, 이 시기에 들어서면 단순히 연장자라고 해서 제의를 주관할 수 있었던 것은 아니었다. 왜냐하면 제의에서 섬기는 대상, 즉 천신이나 조상신과 영적 교류가 가능한 신성성을 지닌 사람들이 집전하는 것으로 여겨졌기 때문이다. 이러한 신성성의 요구는 자연히 샤먼을 등장하게 하였다.[41]

샤먼에 의한 제의의 집행은 부족사회만이 아니고 그 이전의 씨족사회에서도 그대로 행해졌다. 그러나 부족사회로 들어서면서부터 토템적인 신앙에 의한 집단의 결속력 강화가 중요한 의미를 가지게 되었다. 토템적 신앙은 그들에게 자비로움과 시혜만을 베풀어주기보다는 공포감을 안겨주기도 했다. 토템에 대한 고대사회 구성원들의 신앙은 결과적으로 이들을 단일한 신앙공동체로 결속시키는 계기로 작용하였다. 최초로 이들이 믿었던 신앙의 대상은 태양이나 달, 별, 거목, 기암, 산, 강 등이었으며, 때로는 곰, 호랑이와 같은 짐승이기도 했다. 여기에 덧붙여 조상의 영혼도 자신들을 돌봐주고 있다고 믿었으며, 조상신에 대한 숭배가 점점 심화되었다.[42]

---

41) 샤먼은 최초 고대 사람들이 불행과 실패를 사전에 막기 위한 일정한 마법을 찾으려는 것에서 비롯되었는데 이러한 일을 전업적으로 할 수 있는 신비하고도 초능력적인 능력, 즉 천신과 영적으로 교류하는 것으로 여겨진 사람들만이 그 자리를 차지할 수 있었다. 샤먼은 고대사회에서 천신의 힘을 빌려 화복을 미리 예측하고 그 중에서 화를 피할 수 있는 방법을 강구할 수 있는 사람으로 여겨졌다. 샤먼이 사용했던 '명도'와 같은 원판형 금속판과 방울 또는 북은 샤먼의 천신숭배의식에서 필수적인 도구였다. 샤먼에 대한 설명으로는 다음의 글을 인용할 수 있다. "만일 샤먼이라는 말이 ……모든 주술사, 요술사, 주의(呪醫) 또는 접신 상태의 경험자를 의미하는 말로 쓰인다면 우리는 대단히 복잡하고 애매한 개념에 이를 수밖에 없다.……샤먼은 물론 주술사이기도 하고 주의이기도 하다. 샤먼은 원시적인 샤먼이든 근대적인 샤먼이든 간에 의사들처럼 병을 치료하기도 하고 주술사들처럼 고행자풍의 이적을 행하기도 하는 것으로 믿어진다. 그러나 샤먼은 여기에 머물지 않고 영혼의 안내자 노릇을 하는가 하면 사제 노릇도 하고 신비가 노릇도 하는가 하면 시인 노릇도 한다."(미르치아 엘리아데, 이윤기 옮김,《샤마니즘 : 고대적 접신술》, 까치, 1991, pp.23~24)
42) 이들은 사람이 죽으면 그 영혼은 죽지 않고 하늘로 올라가서 그곳에 있으면서 땅과 하늘 사이를 자유자재로 왕래한다고 생각했다. 그뿐 아니라 지상에 있는 자기 자손들의 길흉화복을 좌우하는 것으로 여겼으며, 하늘이나 땅위에 존재하는 모든 것들, 즉 별이나 나무나 돌에도 영혼이 있어서 사람들에게 길흉화복을 가져다주는 영향력을 행사

토템신앙을 통해 구성원들은 자신들의 욕구를 표현하게 되었다. 그들의 기원을 성취시켜줄 중간 매개자로 샤먼의 존재를 받아들이게 되었으며, 샤먼은 그들의 열망과 기원을 실현시켜줄 천신이나 조상신의 중간 매개자 일을 맡게 되었다.[43] 샤먼이 제의를 주관했던 시기는 씨족집단에서부터 부족집단 초기까지로, 이 시기에 제의는 샤먼의 영적인 신비로움에 따라 그 의미가 부여되었다. 그러나 점차 부족집단이 다른 부족집단과 연대하게 되었고, 하나로 어울림으로써 그들의 공동적인 제의의 주관자로서 제사장이 등장하였다. 샤먼에 의한 제의만이 아닌 제사장의 제의, 즉 더욱 공적인 제의절차의 집행과정을 보여주었다. 이 경우 제사장은 그 집단에서 최고의 경륜을 가진 유능한 연장자나 지도자로 인정받았던 인물이 맡았다. 제사장이 주관하는 제의는 천신에게 그 집단의 중요한 일을 보고하고 그들 집단의 공동문제도 함께 의논하는 기회가 되기도 했다. 추수에 대한 감사 축제도 행해졌다. 그만큼 제의는 부족집단의 연대단계에서는 그 집단을 결속시킨 접합제였으며 공동체의 존립을 위한 정신적인 기반으로 받아들여졌기 때문에 이를 신성하고도 엄숙하게 집행하였다.

제의는 부족집단을 일종의 사회 조직체로 발전시키는 계기가 되었으며, 특정적인 사회제도로 정착되었다. 이 점에서 어떤 성격의 제의가 누구에 의해 어떤 형식으로 이루어졌는가는 고대사회의 제의-군장 통치체제의 이해에 중요한 요인이 되기도 한다. 그러므로 고대사회의 중요한 제의, 특히 제천의식과 조상숭배를 살펴봄으로써 그 성격의 한가닥을 짚어보기로 한다.

한다고 믿었다. 그러므로 사람들은 조상신을 잘 섬김으로써 자신에게 닥치는 화를 사전에 막고 복을 더 많이 얻을 수 있다고 생각했다.

43) 샤먼은 최초 두 가지 전제를 충족시켜줄 수 있는 사람이라고 생각되었다. 하나는 특이성이다. 일반인과 다른 비정상적인 특이성을 가진 존재이어야 했다. 그들의 일상성이 특별하고도 기이한 행동으로 점철된, 즉 일반 사람들에게는 단순한 호기심의 대상이나 놀림감의 대상 이상의 의미를 전해 주어야 했으며, 그들의 행동은 일반 사람들로서는 도저히 이해할 수 없을 정도로 심오한 느낌을 줄 수 있어야 했다. 다른 하나는 정상적인 기대를 벗어난 특별한 상황을 창출할 수 있는 이적을 실현할 수 있어야 했다. 즉 그들의 예언은 적중된다는 믿음이 확보되어야 했다. 이러한 믿음은 곧 그들의 개인적인 열망을 샤먼이 천신이나 조상신에게 전달해줄 것이라는 기대로 이어졌다.

제의에 대한 기록으로는 먼저 부여, 동예, 고구려, 삼한 등에서 행해진 제천의식에서 찾아볼 수 있는데, 먼저 《삼국지》 동이전에서 부여의 영고를 살펴보기로 하자.[44] 기록에 따르면, 부여 사람들은 은정월(음력 12월)에 영고라는 제천의식을 가졌는데, 온 나라 사람들이 함께 어울려 며칠 낮밤에 걸쳐 잘 차려진 음식을 나누면서 춤과 노래로 의식을 집행했다. 이 자리에 모인 사람들은 천신에 대한 제의를 시작하는 신호로 먼저 큰 북을 쳤으며, 그렇게 함으로써 천신이 그 제의에 강림한다고 믿었다. 천신을 맞기 위해 큰북을 치는 제의라는 의미로 영고라고 불렀다. 영고가 열린 자리에서는 죄수들을 재판해서 방면하는 절차도 행해졌다. 영고는 시기적으로 추수가 끝난 뒤 사냥으로 잡은 짐승들의 갈무리가 마감된 그 해의 마지막 은정월에 구성원들이 천신에 감사하기 위해 음식을 장만해서 제사했던 것이다.[45] 제관이 군중에 앞장서서 제의를 주관하고 진행했을 것으로 짐작된다. 즉 이 시기는 제사장이 주관했을 것이다. 제사장의 지시로 사람들은 제단으로 마련한 큰 나무나 바위, 강변, 또는 언덕에 배열해서는 천신에게 경배했을 것이며, 그 집단의 중요한 일들도 보고했을 것이고, 그들이 바라는 기원의식도 함께 거행했을 것이다. 때로는 이러한 제천의식에서 공동체의 안전을 어지럽히거나 규칙을 어긴 범죄자를 천신의 이름으로 처벌했을 것이다. 그것은 곧 벌의 집행이었지만 천신에 대한 번제의 의미도 있었을 것으로 여겨진다. 제천의식이 끝난 뒤 제의에 참여했던 사람들은 제관의 지시로 사전에 마련된 술과 음식을 함께 나누어 먹었을 것이며, 가무와 춤으로 즐기면서 축제의 시간, 즉 풍년제의 성격도 맛보았을 것이다.[46]

---

44) "以殷正月祭天 國中大會 連日飮食歌舞 名曰迎鼓 於是時斷刑獄 解囚徒".

45) 여기에서 한가지 지적할 수 있는 것은 당시 부여의 영고의 규모에 대한 문제이다. 영고가 부여 전체에서 국중대회로 열렸음을 의미한다. 당시 부여의 크기나 인구는 기록에 따르면 "方可二千里 戶八萬 其民土著 有宮室倉庫牢獄 多山陵廣澤 於東夷之域 最平敞 土地宜五穀 不生五果 其人麤大 性彊勇謹厚 不寇鈔"로 되어 있다. 즉 규모는 사방 2천리이며 인구는 8만이니 한 호당 5명으로 계산해도 40만 명의 인구로 계산된다. 이 점에서 국중대회의 참가는 그 집단의 어른이나 대표자들이 참여했던 것으로 생각할 수도 있다. 여기서 말한 인구수의 계산은 다음 책을 참고로 하였다.(최광식, 《고대한국의 국가와 제사》, 한길사, 1994, p.143)

부여와 비슷하게 예(濊)에서도 제천의식을 거행했는데,[47] 이것도 수확이 다 끝난 10월에 행해졌다. 제수용으로 추수한 곡식으로 떡을 빚었고 과일을 나누었으며 춤추고 즐겼을 것이다. 이때가 되면 예의 사람들은 날마다 술을 마시고 춤추고 즐겁게 지냈는데, 이를 무천이라고 불렀다. 무천이라는 말에서 알 수 있듯이 이들이 음식과 술을 먹은 뒤 노래 부르며 춤추는 것은 그들만의 즐거움을 위한 것만이 아니라 그보다는 천신을 즐겁게 하기 위한, 즉 천신에 바치는 감사의식이었을 것이다.[48] 무천도 그것을 주관했던 제관은 더 이상 샤먼이 아니었을 것이며, 제사장이 이를 맡았을 것이고, 그 제사장은 그 집단의 사실상의 통치자로 자리잡게 되었을 것으로 짐작된다.[49]

---

46) 이 점에 대해서는 다음의 기록들이 중요한 의미를 갖게 된다. "有軍事亦祭天 殺牛觀蹄以占吉凶 蹄解者爲凶 合者爲吉"라는 구절이 그것인데, 이는 군사적인 일이 발생하면 역시 제천의식을 갖게 되며, 이때는 소를 죽여서 그 발굽을 보아 점을 쳤는데 발굽이 갈라져 있으면 흉하고 합쳐져 있으면 길한 것으로 생각했다. 이 점에 대해서 최광식은 이렇게 해석하고 있다. "여기서 소의 발굽으로 전쟁의 승패를 점치는 것은 전쟁의 승리를 위한 하나의 이데올로기적 의의를 지니는 것으로 볼 수 있다. 흩어지면(解)지고, 뭉치면(合)이길 수 있다는 것이다. 만약 전쟁에 이긴다면 군왕의 권위가 더욱 절대화될 것이고 이 전쟁에 지더라도 군왕의 권위에는 손상이 가지 않고 다만 점복에게 그 책임을 돌릴 수 있는 것이다. 따라서 이미 당시에는 왕권이 매우 강화되어 있었다고 할 수 있다."(위의 책, p.147)

47) "常用十月節祭天 晝夜飲酒歌舞 名之爲舞天 又祭虎以爲神"이라는 기록에서 읽을 수 있다.(《삼국지》〈위지〉동이전)

48) 특히 예의 무천에서는 호랑이를 신으로 삼아 제사지냈다는 점이다. 호랑이는 예가 자리잡았던 지역에 대해서는 "濊南與辰韓 北與高句麗 沃沮接 東窮大海 今朝鮮之東皆其地也 戶二萬"이라는 기록에서 알 수 있듯이 호랑이가 서식했던 한반도 북부와 만주일대에 연접된 곳이었다. 그러므로 예의 사람들에게는 지상에서 가장 강한 자가 호랑이로 여겨졌으며 하늘의 절대적인 존재와 지상에서의 강자인 호랑이를 서로 연관시켜 호랑이를 신으로 삼는 것이 하늘을 섬기는 것과 같다고 생각했을 것이다. 즉 호랑이를 통하여 하늘의 절대성과 위엄을 받아들였다.(《삼국지》〈위지〉동이전 한조)

49) 이 점에 대해 같은 기록에서는 이렇게 적었다. "自是以後 胡漢稍別 無大君長". 즉 이 시기만 해도 예에서는 비록 그 규모가 2만 호에 이르렀다 해도 대군장이 없었던 것으로 되어 있다. 2만호의 전체 구성원을 통치하는 대군장이 없었으며, 제의를 주관했던 제사장이나 부족장이 중심이 된 장로들에 의해 지배되었음을 알 수 있다. 대군장이 없는 상황에서는 제의를 주관했던 제관에 의한 지도력의 행사, 즉 제사장의 위치가 상대적으로 중요한 의미를 가진 것으로 이해할 수 있다. 그러면서도 그의 지도력은 곧 제천의식에서 연유된 것으로 천신과 조상신에 대한 영적 교류자라는 자기 설정에 의하여 구성원으로부터 지지와 통합의 결속력을 확보할 수 있었다.

고구려의 동맹도 10월에 행해졌다.[50] 동맹에는 사람들이 비단과 금은으로 장식된 화려한 의복을 입고 각자 신분에 맞는 모자를 쓰고 여기에 참여했다. 동맹이라는 말에서 짐작할 수 있듯이 제의의 일정한 집행절차가 엄격하게 지켜졌을 것이다.[51] 즉 수혈이라는 큰 굴에서 수신을 맞아들여 국동상에 신좌를 만들어 안치시킨 후에 제의를 올리는 절차를 엄숙히 치렀다. 고구려의 제천의식은 국중대회의 성격을 가졌는데, 동맹 이외에도 여러 차례의 제의가 수시로 열렸으며, 특히 봄철에는 그러한 제의가 집중적으로 행해지기도 했다.[52] 특히 이 시기의 제의는 해마다 3월 3일 낙랑 언덕에서 많은 사람들이 모여서는 함께 사냥대회를 열기도 했으며, 잡은 돼지나 사슴으로 제수를 삼아 하늘과 산천에 제사지내기도 했다. 특히 동맹에서는 제의만 행했던 것은 아니었다. 사람들은 그들의 당면문제도 의논했을 것이며, 특히 그들 집단에서 이탈자나 범죄자에 대한 심판도 행했을 것이다. 또 사냥이나 전쟁에서 노획한 물품도 적절하게 배분하는 의식도 거행했을 것이다. 이 점에서 동맹은 제천의식이면서도 집단의 주요문제를 직접 토론, 결정했던 정치집회이기도 했다. 제천의식이나 국중대회나 이 일을 앞서서 주관했던 지도자는 그 집단의 현안들을 심의 결정할 수 있는 권한을 가졌을 것이다. 즉 제사장으로서 제관의 역할을 맡으면서 동시에 통치자로서의 위치도 점점 차지할 수 있었을 것으로 여겨진다.

이러한 성격의 제천의식은 삼한에서도 마찬가지로 행해졌다.[53] 삼한에서는 5월에 씨를 뿌린 뒤 귀신에게 그 해의 농사를 기원하는 제사를 지냈다. 귀신에게 제사를 지냈다는 것은 토템적인 흔적을 의미하는 것이다. 천신과 귀신 등에 대한 믿음은 이 시기 사람들이 가졌던 신들의 세계에 대한 관념, 즉 신들도 일정한 위계질서로 이루어졌을 것이며, 따라서 풍

---

50) 동맹에 대해서는 다음과 같이 기록되어 있다. "以十月祭天 國中大會 名曰東盟", "其 國東有大穴 名隧穴 十月國中大會 迎隧神還于國東上祭之 置木隧于神坐".

51) 최광식, 앞의 책, p.151.

52) 이러한 사정은 《삼국사기》에서 읽을 수 있는데, "古記云……又高句麗常以三月三日 會獵樂浪之丘 獲猪鹿祭天及山川"라고 적어 놓았다.(《삼국사기》 권 32, 제사지)

53) 이에 대한 기록으로는 "常以五月下種訖 祭鬼神 群聚歌舞 飮酒晝夜無休 其舞數十人俱 起相隨 踏地低仰 手足相應 節奏有似鐸舞 十月農功畢 亦復如之"로 되어 있다.

년을 주관하는 신이 따로 있다고 믿었음을 보여준다. 이날 사람들은 함께 모여 귀신에게 제사지낸 뒤 몇 날을 계속해서 음식과 술을 마시면서 흥겹게 노래 불렀는데, 이는 곧 이러한 제의가 집단축제의 성격이었음을 의미한다. 특히 수십 명의 사람들이 함께 손잡고 농지를 밟으면서 춤추었다는 기록이 남아 있는데, 이는 축제와 기원의 양면적 의미를 함께 지니고 있었음을 의미하는 것이기도 하다.

삼한의 제의에서 한 가지 지적해야 할 사실은, 삼한에서는 국읍에 한 사람의 제주를 세워 이를 천신이라고 불렀으며, 그가 제의를 주관했다고 기록하고 있다는 것이다.[54] 즉 천군은 국읍, 그러니까 삼한에서 제일 큰 거주지역에만 존재하면서 제의를 주관했다는 것이다. 국읍과 구분되는 소도라는 별읍도 있었으며, 여기서는 귀신에 제사하는 일을 맡았던 샤먼이 존재했던 것으로 이해할 수 있다.[55] 천군이 샤먼 가운데 최고의 존재인지, 삼한 전체의 제의를 주관했던 제사장인지는 명백하게 구분하기 어렵지만, 최소한 샤먼적인 성격을 가진 제사장이었을 것으로 짐작된다.[56]

부여에서나 고구려, 그리고 삼한에서 천신에 대한 제의는 신앙적 성격도 가지고 있었으며, 결과적으로는 집단의 결속력을 강화하고 지배자의 통치를 효율적으로 만들어줄 일종의 통치이데올로기적 성격을 가지기도

---

54) 이에 대한 기록은 다음과 같다. "信鬼神 國邑各立一人主祭天神 名之天君".

55) 즉 삼한에는 소도라는 별읍을 두었으며 방울과 북을 매달아 귀신을 섬겼다. 이곳으로 도망해온 사람들은 그들이 범법자라도 되돌려 보내지 않았다. 소도 자체가 귀신을 섬기는 별읍이기 때문에 그 책임을 맡은 담당자의 영향력은 그 별읍에만 한정되었을 것이며, 여기에서 귀신을 섬기는 데 지장이 될 수도 있는 세속권, 즉 일반 통치권으로부터 예외 지역으로 인정받았던 것으로 여겨진다.

56) 이 점에 관해서는 "又諸國各有別邑 名之爲蘇塗 入大木 縣鈴鼓 事鬼神 諸亡逃至其中 皆不還之"에서 국읍과 별읍을 다른 것으로 파악할 것인지, 같은 것으로 파악할 것인지는 의문의 여지가 없지 않다. 최광식, 앞의 책, pp.160~161에서 이 문제에 대해서 이렇게 적어 놓았다. "……국읍에 각 1인을 세워 천신에게 주재하게 하였다고 하고 이를 천군이라고 하였으므로 귀신과 천신은 같은 것으로 이해할 수도 있다.……또 여러 나라에는 각각 별읍이 있어 이를 소도라고 하며 큰 나무를 세우고 방울과 북을 걸어 귀신을 섬긴다고 하였는데 천신에 대한 언급이 없다.……그렇다면 국읍에서는 각 한사람을 세워 천신에게 제사하는 것을 주재하게 하였는데 그가 천군이며, 별읍에서는 무당이 큰 나무를 세우고 방울과 북을 걸고 귀신을 섬겼다고 볼 수 있는 것이다"고 말함으로써 둘을 구분하여 설명한다.

했다. 즉 제의를 통해서 지도자로 선정된 제사장의 통치권 행사를 천신이
나 조상신의 의지의 발현이라고 설명할 수 있으며, 따라서 그만큼 그의
통치권 행사가 효율적으로 발동될 수 있었다. 그리하여 제의의 주관자였
던 제사장은 점점 통치자의 역할을 더욱 원활하게 수행할 수 있게 되었
으며, 마침내 통치자의 위치를 공고하게 마련할 수 있게 되었다. 제사장
에서 비롯된 지도자의 위치 확립은 그의 통치적 영향력의 확대를 제의를
통하여 점점 더 공고화하게 되었을 것이며, 그 집단의 군장 자리로 올라
설 수 있었을 것이다.

　물론 군장으로 지도체제가 발전한 것은 제사장에서만 비롯된 현상이
라고는 단정할 수 없다. 제사장 가운데에서 군장이 나올 수 있었음은 몇
가지 요인이 부가되었을 때 비로소 가능했을 것이다. 외부의 침범이나 군
사적인 활동에서 그 집단을 실제로 지휘해서 전공을 세우게 되었을 때
비로소 그 제사장은 군장으로 발전할 수 있었을 것이다. 물론 이 경우에
도 제사장이 항상 군장으로 군사적인 전공을 세울 수 있었던 것은 아니
다. 제사장이 별도로 있고 전쟁에서 공을 수립한 지도자로서의 군장이 따
로 있을 수도 있었다. 이렇게 되면 제사장과 군장의 관계는 점점 대립적
인 것에서 협조적인 것으로, 그리고 마침내는 군장 중심의 위계적인 관계
로 변모할 수 있었다. 한번 군장으로 등장하면 그 이전의 제사장에 비해
서 더 큰 영향력과 통치권을 자행할 수 있었기 때문에 그 직위는 세습적
인 성격을 가지게 되었다.

　제사장에서 군장으로 지배체제가 변화했음은 그의 위치가 특권적 통
치자로 자리잡게 되었음을 의미하며, 배타적 통치권의 행사자로 군림할
수 있었음을 말해 준다. 한번 군장으로 통치권을 세습화하는 것의 정당성
을 강화하기 위한 조치로, 그리고 피지배층의 복종을 효과적으로 확보하
기 위한 수단으로 제의를 이전보다도 더한층 엄숙하고도 성대하게 행하
였다. 그리고 군장은 그 자신의 정당성을 강화하는 양식으로 집단의 시조
묘를 조성하기도 했다. 시조묘를 통해 제사장-군장으로서의 위치를 공고
하게 다져갈 수 있었다. 시조묘에 대한 기록은 삼국시대 초기에서 흔히
찾아볼 수 있는데, 이는 곧 이 시기부터 군장이 등장하였음을 의미하는

것이기도 하다.[57] 시조묘의 건조와 제사는 신라의 경우 제2대 국왕 남해 차차웅 때부터 마련되었다. 이때 세운 시조묘에 대한 제사는 박혁거세를 사시절에 걸쳐 제의했으며, 이 일을 박혁거세의 친누이로 하여금 주재하게 했다.[58] 시조묘는 군장의 권위 확립으로 더한층 강화되었으며, 뒤에는 신궁으로 발전되기도 했다. 신궁은 이전의 시조묘를 더욱 확대시킨 것이며, 전각을 짓고 그것을 관리하는 책임자와 함께 신성한 영역을 설정함으로써 군왕 자신이 그 후계자임을 강조하려고 했다.[59] 물론 새로 군왕이 등장하게 되었을 때나 신년, 그 밖의 주요한 국사에 왕은 시조묘나 신궁을 찾아 참배했는데, 이것은 신라만이 아니라 고구려와 백제에서도 마찬가지였다.[60]

이처럼 제의나 시조묘는 고대사회에서 집단의 지도체제를 확립하는 제도적 계기를 마련해 주었는데, 특히 제의의 주관자로서 지배체제가 샤먼으로부터 제관 그리고 제사장으로 옮아갔다. 제사장의 영향력 증대는 제의의 주관과 함께 이 시기에 자주 벌어진 외부와의 전쟁으로 새로운 지도

---

57) 가령 삼한의 변진 12국에는 여러 소·별읍이 있었으며, 여기에는 각각 거수(渠帥)가 있었고 그 크기에 따라 신지(臣智), 험측(險側), 번예(樊濊), 살해(殺奚), 읍차(邑借) 등으로 세분화하여 기록해 놓고 있다. 이들은 단순히 제사장이 아니라 군장의 성격을 가졌으며 그 중에서도 신지가 특히 더한층 그러했다. 이에 대해서는 다음 글을 읽을 수 있다. "弁辰亦十二國 又有諸小別邑 各有渠帥 大者名臣智 其次有險側 次有樊濊 次有殺奚 次有邑借".(《삼국지》〈위지〉동이전 변진조)

58) 이에 대해서는 다음의 글이 있다. "三年春正月 立始祖廟".(《삼국사기》권 1,〈신라본기〉1, 남해차차웅조) 그리고 다음 글도 마찬가지다. "按新羅宗廟之制 第二代南解王三年春 始立始祖赫居世廟 四時祭之以親妹阿老主祭".(《삼국사기》권 32,〈잡지〉1, 제사조)

59) 최초로 신궁이 신라에서 등장한 것은 21대 소지왕대로 시조 박혁거세가 태어난 가을에 신궁을 건설했다. 신궁 설치의 기록은 다음과 같다. "九年春二月 置神宮於奈乙 奈乙始祖初生之處也 三月始置四方郵驛命所司 修理官道 秋七月月城 冬十月雷".(《삼국사기》권 3,〈신라본기〉3, 소지마립간조)

60) 고구려에서는 동명왕 14년 8월 왕모인 유화가 동부여에서 죽자 금와왕이 태후의 예로 장례를 지내고 신묘를 세웠다. 그 뒤 태조왕 69년 10월에 부여에 순행하여 태후묘에 제사지냈으며 대무신왕 때는 동명왕묘를 세우기도 했다.(《삼국사기》권 14,〈고구려본기〉2, 대무신왕조) 그리고 백제에서도 이러한 내용을 찾아볼 수 있는데, 다루왕 2년 정월에 시조동명묘에 배알했다고 기록되었으며, 이어서 채계왕, 분서왕, 계왕, 아신왕, 전지왕 정월에도 역시 그러했음을 기록하고 있다.(《삼국사기》권 32,〈잡지〉1, 제사조)

체계, 즉 군사적인 지도자를 군장으로 삼게 됨으로써 제의는 곧 군장의 통치권 강화의 한 계기가 되었다. 제사장-군장의 통치자가 등장했던 하나의 계기로서 제의는, 앞에서도 말했지만 통치자를 위한 통치이데올로기적 성격도 발휘했으며, 그것의 제도화에도 일정 부분 기여하게 되었다.

3. 전쟁과 군장의 등장

고대사회, 특히 부족사회는 자주 전쟁을 경험했다. 씨족집단에서는 전쟁과 같은 위기 상황에 놓이면 그것에서 벗어나기 위해서 피난의 방법으로 대응하기도 했다. 집단구성원 모두가 전쟁을 피해 새로운 주거지를 찾아 다른 곳으로 이거했던 것도 이러한 방법의 하나였다. 씨족사회에서 집단적인 거주이동이 잦았던 이유도 이 점에서 설명할 수 있을 것이다. 그러나 부족집단으로 발전하면 거주지의 이전은 이전처럼 용이하지 않았다. 어느 면에서는 기존의 거주지를 지속적으로 유지해야 할 필요성이 있었다. 그들의 거주지는 장기적이고 영속적인 생활권이었다. 여기에는 필요한 수로, 가로, 성곽은 물론이고, 시장, 광장, 주택 등이 축조되어 체계적으로 도시나 주거지로서 자리를 잡게 되었다. 그러면서도 그들은 이웃의 다른 집단과 일정한 관계 — 우호적이거나 비우호적이거나 — 를 맺는 상황에 놓였다. 부족사회로 옮아가면 이러한 관계는 곧잘 전쟁으로 표출되었다. 침탈을 당했거나 침탈했으며, 이 점에서 이전보다 더 자주 전쟁을 치를 수밖에 없게 되었다.

부족집단 사이에 일어났던 전쟁은 다음과 같은 특징이 있었다. 하나는 그것의 발발이 일상적이었으며, 다른 하나는 전면전의 성격도 보여주었다는 점이다. 부족집단의 생활에서 전쟁은 이처럼 점점 더 중요한 비중을 차지하게 됨으로써 마치 집단의 전체적이고도 일상적인 삶처럼 자리잡아가고 있었다. 마치 사냥이나 농경처럼 자주 전쟁이 행해졌다. 또한 전쟁은 그 전쟁에 전문적으로 종사하는 특정 집단이나 세력을 조직하여, 이른바 전업 전투단으로서 특징을 가지고 있었던 것은 아니었다. 집단구성원들 모두가 전사로서 직접 전쟁에 참여하고 있었다. 한번 전쟁이 일어나면 남녀노소 할 것 없이 전체 구성원 모두가 다 전사로 참전했으며, 자신에게 적합한 전쟁 행위에 전력을 발휘해야 했다. 전쟁에서 패하면 모든 것을 잃게 되었고, 파괴 약탈당했으며, 노예가 되었다. 반면에 승자가 되면 패자의 것을 모두 다 소유할 수 있었다. 이 점에서 전쟁은 승자독점(勝者獨占), 패자완결(敗者完缺)의 상태를 가져왔다.

그러나 전쟁은 침략전이거나 방위전이거나, 소요되는 병사와 전쟁물자, 병기 등을 효율적으로 동원, 통제, 관리할 필요가 있었다. 체계적이고 전략적인 대응만이 승리로 이끌 수 있었기 때문에 이를 위해서는 강력한 지도체계를 필요로 하였다. 지도체계는 그 이전과는 구분되는 다른 성격을 갖게 되었다. 제의나 농경, 수렵의 지도체계, 그리고 자연재해를 수습하고 방비하기 위한 지도체계도 다른 성격의 지도성을 요청했기 때문이었다. 용감하면서도 결단력이 있어야 했고 강한 전투력을 진두지휘할 수 있어야 했으며, 신속한 판단과 강압적인 통제력도 행사할 수 있어야 했다. 이러한 성격은 샤먼이나 제사장이 그 일을 맡기에는 한계가 있었다. 그뿐 아니라 연장자라도 이러한 요구를 충당시킬 수 없었다. 군사지도자는 실제 전장에서 전공을 세울 수 있어야 했고, 최소한 그럴 수 있는 인물이라는 확신이 구성원들 사이에 확인될 수 있어야 했다. 일종의 입증된 지도자적 능력의 소유자라야 전쟁의 지도자로 등장할 수 있었고, 실제로 앞장서서 그 전쟁을 지도할 수 있었다.

군사지도자는 많은 전쟁 경험을 통해 그의 지휘성과 영향력을 발휘했으며, 이로써 더한층 그의 지도성은 확대될 수 있었다. 전쟁 이후의 평화 시기 역시 또 다른 전쟁을 예비하는 기간으로 여겨졌으며, 평화시의 일상사는 전시 대비기, 즉 전쟁의 초기 단계와 같았다. 그래서 군사지도자의 지도성과 영향력은 그 사회구성원들에게는 평상시에도 여전히 강한 영향력을 행사할 수 있었다. 이러한 성격은 고대사회에서 지도자의 위치를 차지했던 샤먼이나 제사장의 권위를 약화시키면서 때로는 점차 그들과 대치하기도 했다. 그리하여 군사지도자 자신이 군장으로 통치의 역할을 맡기도 했다. 즉 군장은 군사지도자로서 그 사회에서 최고 영향력을 행사하는 자였으며, 이는 전쟁의 최고지휘자로 평상시에는 전쟁 준비를 위해 그의 영향력을 행사할 수 있는 통치자의 위치에 올라서게 되었음을 의미했다. 이렇게 됨으로써 군장은 마침내 구성원의 절대적인 복종을 강요할 수 있는 위치에 오를 수 있었다.

군장의 통치 영향력 강화는 그 직책의 세습성으로 이어졌다. 이를 정당화하기 위한 일련의 조치들로서 제의를 통해 천신과 조상신에 고하는 절차를 거치기도 했고, 전쟁에서 확보한 노획물을 효과적으로 집단구성원에게 배분함으로써 군장 중심의 지배구조를 형성할 수 있었다. 이제 군장은 단순히 샤먼이나 제사장처럼 일이 있을 때만 영향력을 행사하는 것이 아니라 일상적으로 통치권을 행사하는 지배의 제도화로 나아가게 되었다. 이 과정에서 집단 안의 특정 역할을 전문적으로 맡아 군장을 보좌해줄 직책도 마련하게 되었고, 그 직책에 부응하는 권력과 영향력도 행사될 수 있도록 조치함으로써 통치자층이 형성될 수 있었다. 그래서 고대사회는 군장적 통치체제라는 새로운 지배양식을 보여주었고, 이와 부합한 권력구조도 자리잡을 수 있었다.

군장적 통치체제에서 군장은 샤먼이나 제사장과 대립적이었거나 갈등적이었던 이전의 관계만 보여주었던 것은 아니었다. 샤먼이 맡았던 일은 대부분 그대로 존속되었으며 때로는 제사장의 위치도 그대로 인정되었다. 샤먼은 고대사회 구성원들 개개인의 길흉화복을 위해서, 제사장은 그 집단의 공식적인 제의 담당자 기능을 수행함으로써, 이들 모두가 그 집단의 존속과 번영을 위한 존재로 여겨졌다. 이와 동시에 군장의 효율적인 통치체제를 사실상 보좌하는 위치에 서게 되었다. 군장적 통치체제로 들어서면서 비로소 고대사회는 이전의 제사장 중심체제보다 더욱 체계적으로 편제화될 수 있었으며 일정한 형태의 통치기구도 등장하게 되었다. 그리고 그 일의 전문 담당자도 나타났다. 그리하여 군장적 통치체제는 고대사회에서는 준국가적 성격을 보여주게 되었다.[61]

---

61) 여기서 의미하는 준국가적이라는 것은 고대국가 이전의 통치체제를 의미한다. 고대국가로서의 제도나 구조, 이념적 성격은 결여하였지만 통치구조에서는 국가적 일면을 보여주었기 때문이다. 이 점에 관해서는 이 책 4장에서 고대국가를 논의하는 과정에서 다시 다루게 되겠지만, 준국가적 성격과 고대국가의 성역은 이데올로기, 통치구조, 그

한국의 고대사회에서 군장 통치체제의 등장은 앞에서 말했지만, 전쟁
과 연관성이 크다. 비록 기록의 한계는 있지만, 전쟁이 잦은 상태였음을
짐작할 수 있다. 실제로 고대사회는 전쟁으로 비로소 한 단계 발전된 통
치체제로 나아갈 수 있었다. 이전의 소규모 충돌이나 일시적 침탈 등은
때로는 전체 집단이 다른 곳으로 이주함으로써 벗어날 수 있었지만, 대규
모 전쟁에서는 그 성격이 달랐다. 이러한 사실을 다음의 몇 가지 사례에
서 살펴봄으로써 전쟁이 곧 군장체제 등장에 결정적인 영향력을 미쳤다
는 것을 알려 준다.

한국의 고대사회에서 대규모 전쟁에 대한 기록은 중국과 벌인 전쟁에
서 찾을 수 있다. 중국에서 통일국가의 등장 이전이나 또는 통일국가 해
체 이후에 새로운 통일국가로 전환했던 과정에는 여러 제후들 사이에 전
쟁상태로 돌입하는 혼돈기를 보여주었다. 전쟁이 중국에서 한번 일어나
면 그 여파는 곧장 중국의 동북부와 한반도에 미치게 되었다. 전쟁을 당
해 중국 변방으로 피난했던 중국 유민들은 흔히 동방으로 이주했다. 그리
고 중국 동북부의 제후들은 그 지역의 안전을 확보하기 위해 배후지인
만주와 한반도에 군사작전을 전개하는 것도 일반적인 현상처럼 되었다.
한반도의 고대사회가 중국과 접경하여 자주 전쟁을 치렀던 것도 이러한
시대상황 때문이었다.

중국과 치른 전쟁은, 중국을 평정한 황제에 의한 것이거나 또는 중국
동북부에 자리잡은 제후에 의한 것이거나, 한국 고대사회에는 중요한 변
혁적 충격으로 작용했다. 그 전쟁과정에서 중국 군사들이 사용한 선진 무
기는 물론이고, 새로운 병참술과 군사작전, 전략 등은 한국의 고대사회에
서 일대 변혁적 충격이었다. 이러한 연관성 때문에 한국의 고대사회에도
새로운 사회적 변혁, 즉 강력한 지배체제를 정립시키는 계기가 되기도 했
다. 이는 곧 '전쟁 없는 국가 없다'라는 논지가 한국 고대사회에서도 그대
로 적용되는 상황이었다.

고대사회에서 중국과 벌어진 군사 관계는 중국과 국경을 접했던 고조

리고 통치양식, 가치배분 등에서 차이점을 찾아볼 수 있다.

선과 부여, 고구려 사이에 주로 빚어졌다. 이들 국가들은 한반도와 만주에서 중국의 군사적 영향력을 차단했던 방파제와 같은 위치에 놓여 있었다. 중국의 침탈을 막았기 때문에 한반도 안의 다른 부족집단들은 비교적 큰 전쟁에서 벗어날 수 있었다. 중국의 침탈이 심해지자 이를 피해 고구려의 군사작전은 그 방향을 주로 한반도 중부 이남으로 옮기기도 했으며, 비로소 한반도에도 대규모 전쟁을 경험하게 되는 계기로 작용했다. 이 점에서 먼저 중국과 접경했던 지역의 전쟁에 대해 살펴보기로 하자.

중국과 치른 전쟁에 대한 최초의 기록은《삼국지》한전에서 읽을 수 있는데, 다음과 같다.

> 중국의 주나라가 쇠약해진 것을 보고 연은 왕으로 자칭하고 그 동쪽 지방을 점령하려 하자 조선도 왕으로 자칭하면서 군사를 동원하면서 거꾸로 치려 하였다. 조선의 대부 예가 충고하였으므로 왕은 공격을 중지하였다. 조선은 예를 사신으로 파견하여 연나라를 설복하여 공격하지 못하게 했다. 그 뒤 조선왕이 점차 교만 포악해졌으므로 연의 왕은 장군 진개를 보내어 조선의 서쪽을 쳐서 2천여 리의 땅을 취하여 경계를 삼았다.[62]

위의 글은 중국의 동북부에 자리잡고 있었던 제후국인 연과 고조선 사이의 충돌에 대한 것으로, 그 시기는 기원전 4세기 말에서 3세기 초로 추정할 수 있다. 중국 연의 소왕이 기원전 311년에 왕으로 자칭하면서 조, 제와 동맹해서는 중산국을 멸망시키고 고조선에도 침략전을 전개했다. 고조선도 군사력을 동원해서 반격작전으로 나섰다. 그러나 고조선의 대부였던 예가 외교를 통해 연의 무력행동을 막자고 주장했고, 이에 고조선 당국은 그렇게 하기로 결정했다. 고조선에서는 대부 예를 연에 파견해서 외교적으로 평화로운 관계를 이룩할 수 있게 되었다. 그러나 그 뒤 고조선의 국력이 강해지자 연은 이를 우려했으며, 고조선이 더 강해지기 전에 고조선을 정복하기 위해 연은 장군 진개로 하여금 침략하게 했다. 진개는 군사행동으로 고조선의 땅 2천여 리를 차지할 수 있었다. 그러나 그 뒤

---

62)《삼국지》권 30, 한전.

고조선은 고토를 회복하기 위해서 전면전에 돌입했으며, 이를 지도할 수 있는 더욱 유능한 지도자에 의한 통치체제를 확립하게 되었다. 이러한 시도는 일정 부분 성공을 거두었으며, 또한 중국이 내전상태에 들어가자 이를 기회로 군사행동을 일으켜서 잃었던 고토의 상당 부분을 회복할 수 있었다.[63]

중국에서 진이 일어나 천하를 통일한 뒤에 그 국력이 강성해지자 이를 두려워한 고조선의 국왕 부는 진에 복속하기에 이르렀다. 그러나 그 복속은 신하로서가 아니라 일시적으로 그들 집단의 안전을 도모하기 위한 방안책에 지나지 않았기 때문에, 다른 복속국들과는 달리 고조선은 진의 조회에는 일체 참석하지 않았다.[64]

그러나 고조선은 뒤에 연나라 사람 위만 때문에 멸망했는데, 그 과정을 살펴보면, 먼저 기원전 209년에 위만은 고조선으로 들어와 고조선의 준왕의 신임을 얻은 후 박사가 되어 고조선의 서변을 지키는 임무를 맡게 되었다. 《삼국지》예전에는 "진승 등이 일어나고 천하가 진나라를 배반하였을 때 연, 제, 조나라 백성들로 조선 땅에 피난한 자가 수만 명이나 되었다. 연나라의 위만이 상투를 틀고 오랑캐 옷을 입고 와서는 왕이 되었다"라고 적혀 있다. 이 과정에 대해 《위략》에서는 좀더 구체적으로 다음과 같이 기록했다.

> 고조선에서 준이 선 지 20여년에 진(진승), 항(항우)이 일어나 천하가 어지러워지니 연, 제, 조의 백성들이 차츰 준에게 망명하였다.……노완이 반역하여 흉노로 들어가니 연인 위만이 망명하여 오랑캐 옷을 입고 동쪽으로 취수를 건너 준에게 가서 항복하였다. 그가 준왕을 설복하여 서쪽 변경에 살면서 옛 중국의 망명자들을 조선의 울타리로 삼겠다고 하니 준

---

63) 연은 중국에서 새롭게 강성해진 제나라에게 70여 개의 성을 빼앗겼으며, 그 결과 국력이 급격히 약화되었다. 기원전 226년에 중국의 전국시대를 끝내고 천하를 통일한 진나라에 의하여 연의 수도 계가 점령당했으며 기원전 222년에는 멸망했다.

64) 고조선이 진에 대해 명목상 복속한 것처럼 하면서 실제로는 독립국가로서의 위치를 지킬 수 있었던 것은 중국의 진과 고조선 사이에 요동이 있었으며, 이 시기 요동은 이들 두 국가 사이의 격리지대로서의 성격을 갖고 있었기 때문이다. 즉 진이 고조선을 침범하려면 먼저 요동을 정벌해야 했다.(《삼국지》 권 30, 한전)

이 그를 믿고 총애하여 박사 벼슬을 주고 규(圭)를 주었으며 100리 땅을
봉토로 주어 서쪽 변방을 지키게 하였다.

이 기록에서 알 수 있듯이 고조선 사회는 자체적인 힘으로 서변을 방
위하기에는 한계가 있었다. 고조선의 국왕 준은 비록 그가 군장이었지만
군사지도자로 중국의 침탈을 막을 정도로 강력한 군사적 통치력을 발휘
하지는 못했다. 그러므로 그는 중국의 침탈을 막는 역할을 위만에게 맡기
게 되었다. 위만은 10여 년 동안 기회를 엿보다가 기원전 195년에 중국의
한에서 연왕 노완의 반역사건을 기회로 삼아 통치권을 차지하게 되었다.
즉 연왕 노완의 반역이 있자 중국의 한에서는 주발을 총지휘자로 토벌군
을 편성해서 연을 치자 연의 모든 지역은 전쟁터가 되어 버렸다. 이 전쟁
에서 수많은 피난민들이 고조선으로 몰려들었는데, 위만은 이들 피난민
들 가운데 군사들을 선발해서는 자기의 군사력을 강화하기에 이르렀다.
이어서 그는 고조선의 준왕에게 "한 나라의 군대가 10개의 길로 쳐들어
오니 내가 가서 왕궁을 지켜야 좋을 것 같다"고 거짓 보고하면서, 자신의
군사로 1천 리의 길을 가로질러서는 고조선의 수도 왕검성을 일거에 점
령해 버렸다. 위만의 침탈을 사전에 알지 못했던 준왕은 가까운 신하와
가족, 그리고 호위군사만으로 대동강으로 도망쳐 서해바다를 거쳐 마한
으로 피난하게 되었다.

위만조선과 중국의 관계는 그 뒤 위만 자신이 중국 한의 신하가 되어
한의 변경지대의 안전을 보장해 주기로 약속했으며, 주변 소국이 한나라
로 가는 왕래 통로를 차단하지 않기로 약조하기도 했다. 이로써 한동안
위만조선은 중국과 평화롭게 지냈지만, 그 뒤 중국에 흉노가 침범하고 국
내 정세가 불안해지자 중국의 한이 먼저 위만과 군사적인 충돌을 일으키
게 되었다.[65] 위만조선과 한의 갈등에 대해서는 이렇게 기록되어 있다.

---

65) 이 시기에 해당되는 기원전 128년에 예군남려가 주민 28만 명을 거느리고 한에 투항
   한 일이 일어났다. 한은 예군남려의 지방에 창해군을 설치한다고 선포하게 되었다. 그
   뒤 한의 어사대부 공손홍의 제의로 창해군이 3년 만에 폐지된 것으로 기록하고 있다.
   그러나 이것은 당시 위만조선이 적극적인 군사적 활동으로 이 지역을 고조선의 영향
   권 안으로 편입했던 것으로 짐작된다.

만이 군사적 위력과 재물을 가지고 주변의 작은 고을들을 침략하여 항복시키고 진번과 임둔 등이 모두 복속되어 그 땅의 넓이는 사방 수천 리에 달하게 되었다. (위만의) 손자 우거 때 이르러 한 나라 망명자들을 수많이 유인하여 끌어 들였고 일찍이 한번도 한의 조정에 예방한 일이 없으며 진번 옆의 여러 나라들이 글을 올려 (중국)천자를 만나려 하지만 그곳으로 가는 길을 위만이 막아 통하지 못하게 하였다.[66]

물론 이러한 갈등은 중국의 한이 이미 중국 안의 제후국을 정복, 천하를 통일했기 때문에 일어난 주변지역에 대한 군사적인 침탈일 수도 있었다. 한의 무제는 위만에게 사신을 보내어 위만의 복속을 종용했지만 위만은 거절했으며, 그때 사절로 왔던 섭하 때문에 갈등은 더욱 심화되었다. 즉 위만은 요동태수 섭하를 군사적인 기습으로 살해해 버렸다.[67] 이 사건이 계기가 되어 기원전 109년 가을, 한무제는 누선장군 양복으로 하여금 5만의 군사로 발해를 건너 뱃길로 위만을 공격했으며, 한의 좌장군 순체를 요동지방에서 공격하게 하는 양방의 침략을 자행하기에 이르렀다.

한의 공격을 받았던 위만은 처음에는 완강하게 방어하여 한의 침략군을 한번에 격퇴하기도 했다. 이것에 대해서는 다음과 같이 적어 놓았다.

좌장군 순체가 요동으로부터 나가 (위만)의 우거를 치니 우거는 험한 지형에 의거하여 방어하였다. 좌장군 졸정 다는 요동지방 출신 군사를 이끌고 먼저 공격하였으나 패배하여 흩어지고 다는 도망쳐 돌아왔으므로 법에 따라 그를 목 베었다.[68]

---

66) 《사기》 권 115, 〈조선열전〉.
67) 위만과 한과의 갈등은 사신인 섭하가 한 무제의 서한을 위만에 제시했지만 이를 접수하지 않자(기원전 109) 그를 호송해 주는 위만조선의 장군을 살해하였다. 이러한 사정에 대해 《사기》에서는 다음과 같이 기록하고 있다. "섭하가 경계상에 이르러 패수에 임하게 되자 그를 호송했던 조선비왕 장을 찔러 죽이고 강을 건너 중국의 새로 도망쳐 들어갔다. 그는 중국의 황제에게 '조선 장수를 죽였다'고 말했다. 중국의 항제는 추궁하지 않고 오히려 섭하를 요동군 동부도위로 임명하였다. 위만조선은 섭하를 원망하면서 군사를 동원하여 그를 습격 처단하였다."(《사기》 권 115, 〈조선열전〉)
68) 《한서》 권 95, 조선전.

처음 한의 공격을 위만은 성공적으로 방어했다. 한의 누선장군 양복이 5만 명의 수군을 이끌고 왕검성에서 멀지 않는 열구(요하 하구)에 상륙했으며, 그 가운데 7천 명의 군사로 왕검성을 공격했지만 위만은 이를 격퇴했다. 한의 누선장군의 군대는 위만을 위협하면서 속으로는 위만군에 두려움을 갖고 있었기 때문에 항복만을 종용했다. 위만과 한 사이에 강화회담이 잘 진척되지 않자 한의 군대는 재차 공격했는데, 이때 위만은 누선장군과 강화를 모색하기에 이르렀다. 그러나 한의 무제는 일거에 위만을 정복하기 위해 제남태수인 공손수를 보내어 대대적인 군사작전을 총괄하게 했는데, 이에 공손수는 먼저 위만과 강화에 임했던 누선장군 양복을 반역 혐의로 체포하고, 그의 군대를 자신의 군대에 통합하는 등 체제를 재편한 뒤 강력하게 위만을 공격하기에 이르렀다.

위만조선에서는 한의 공격을 받자 내분이 일어났으며, 조선상 노인, 상한도, 니계상 참, 장군 왕협 등이 항복을 주장했지만 위만은 항전을 고집했다. 조선상 노인, 한도, 왕협 등은 끝내 한에 투항해 버렸지만 싸움은 계속되었다. 그 과정에서 니계상 참은 자객을 시켜 우거왕을 살해한 뒤 적진으로 도망갔으며, 왕자를 비롯한 왕족들과 고관들은 모두 항복했다. 그러나 왕검성에 있었던 위만군과 관리들은 새로 대신 성기장군을 지도자로 삼아서는 강력하게 방어전을 치르면서 계속 항전했다.

한은 성기장군의 방어전에 눌려 왕검성의 함락이 어려워지자 한에 투항했던 우거왕의 아들 장, 노인의 아들 최 등을 시켜 성기장군의 투항을 권고했으며 결국 이들은 성기장군을 살해해 버렸다. 지도자를 잃었던 왕검성의 군사들은 패할 수밖에 없었으며 성은 마침내 점령되었다. 거의 1년 동안이나 지속되었던 한의 군대의 왕검성 공격은 실로 힘든 정벌이었지만 결국 100여 년 지속되어 온 위만조선은 패망하고 말았다. 이로써 단군조선, 기자조선, 위만조선으로 이어온 고조선 3천여 년의 역사도 끝났으며, 그 터에 중국의 한이 설치한 낙랑을 비롯한 4군이 들어섰다. 그리고 4군의 동부 지역에는 맥, 예, 남옥저 등 소국들이 자리잡고 있었다.

위만에 대한 중국의 정벌은 한국 고대사회에 전면적인 변화를 가져다준 충격적인 계기가 되었다. 이 전쟁은 제의-군장체제에서 이전의 제사장 중심의 통치체제가 군장 중심의 통치체제로 옮아가게 되는 계기가 되었다. 사회적으로도 계급적 성격이 부가되었고, 중국의 새 문명을 직접 접하게 되는 기회를 맞을 수 있었다. 즉 전쟁으로 사회의 발전적 변혁을 경험할 수 있었다. 제의 중심의 통치체제로부터 군장 중심의 통치체제로 이행은 이미 앞에서도 적었지만 준국가적 성격으로 달려가는 계기가 되었다.

중국의 침탈은 고조선이 멸망한 뒤에도 되풀이되었는데, 이러한 사정은 고구려에서 찾아볼 수 있다. 고구려가 만주 일원과 한반도에 걸친 통치체제를 건설하자 중국과 군사적인 마찰을 빚게 되었다. 고구려와 중국 사이에는 전쟁이 간단없이 되풀이되었다. 고조선을 무찌른 지역에 설치한 한의 현도군에 대한 고구려의 공세는 현도군을 물리칠 정도로, 고구려는 중국 등 이웃 나라와 지속적인 전쟁을 벌여 나갔다.[69] 그러나 고구려는 초기부터 중국의 침략에 대해서는 방어적인 위치에 놓여 있었다. 고구려는 때로는 위계를 써서 중국군을 몰아내었고, 성을 굳게 지키는 방어전으로 중국군을 물러나게 하였다.[70] 이러한 방어전에서 때로는 추격전을 전

---

69) 이러한 성격은 전한에서 외척 왕망이 왕위를 찬탈하여 신을 건국하였으며 이어 고구려를 제후국으로 봉하려 하자 고구려가 이에 응하지 않았으며 왕망은 흉노와의 전쟁에 고구려의 지원을 요구했지만 이를 거절했다. 이에 고구려는 현도군을 물리쳤고 황룡국와 안평국을 통합하는 등 세력을 강화하였다.

70) 이러한 사정을 설명하는 것으로 다음의 기록을 볼 수 있다. "신무대왕(大武神王) 11년 7월에 중국 한의 요동태수가 군사를 거느리고 와서 치므로 왕이 여러 신하를 모으고 전수(戰守)의 책(策)을 물었다. 우포(右輔) 송옥구(松屋句)가 말하기를 '신이 들으니 덕을 믿는 사람은 창성하고 힘을 믿는 자는 망한다 하였습니다. 지금 중국은 연사(年事)가 황검(荒儉)하고 도적이 봉기함에도 불구하고 까닭 없는 군사를 일으키니 이는 군신의 정책이 아(亞)니요 필시 변장이 이(利)를 낚으려고 우리 나라를 무단 침입한 것입니다. 천도(天道)를 거스리고 인리(人理)를 어기면 반드시 공을 거두지 못할 것이니 험한 곳을 의지하여 기병(奇兵)을 내면 반드시 깨뜨릴 수 있습니다' 하였다. 좌포(左輔) 을두지(乙豆智)는 말하기를 '소적(小敵)의 강(强)은 대적(大敵)의 금(擒)이외다. 신이 헤아리건대 대왕의 병력과 한나라의 병력은 어느 쪽이 많다고 하겠습니까. 아군이 소수이니 모략으로 치는 것은 가하나 실력으로는 이길 수 없습니다'라고 하였다. 왕이 '모벌(謨伐)은 어떻게 하랴' 하니 대답하기를 '지금 한병이 멀리 와서 싸우니 기봉(其鋒)을 당할 수는 없습니다. 대왕이 성문을 닫고 스스로 굳게 하여 적군의 피로함을 기다려 나가 치는 것이 좋겠습니다'라고 하였다. 왕이 그렇게 여겨 위나암성(慰那巖城)에 들어가 수십일 동안 고수하니 그래도 한병은 에움을 풀지 아니하였다. 아군의 힘이 다하고 군사가 피로하니 왕은 을두지에게 '방수불능(防守不能)'의 형세이니 어찌하면

개하며 중국의 군대를 대패시키기도 했는데, 대표적인 사례가 고구려 신대왕 8년의 전쟁이었다. 이때의 전쟁에 대한 기록을 옮기면 다음과 같다.

> (신대왕) 8년 11월에 한의 대병으로 우리를 향하여 쳐오므로 왕이 여러 신하에게 싸움과 수비 중 그 어느 것이 유리한가를 물었다. 중의(衆議)는 말하기를 "한병은 수를 믿고 우리를 업신여기므로 만일 나아가 싸우지 아니하면 그들은 우리를 다겁(多怯)하다 하여 자주 쳐올 것입니다. 또 나라는 산이 험하고 길이 좁으니……한병의 병사가 비록 많다 하여도 우리를 어찌하지 못할 것이니 청컨대 군사를 내어 방어하십시오" 하였다. 명림답부(明臨荅夫)가 말하기를 "지금 한인은 천리원정에 양식을 운전하게 되므로 오래 지속할 수는 없을 것이니 우리가 만일 못을 깊이 하고 성루를 높이하고 들을 비워 기다리면 그들은 반드시 몇 달을 넘지 못하고 기근으로써 철귀할 터이니 그 때 우리가 경졸(勁卒)로써 육박하면 뜻을 가히 이룰 것입니다"라고 하였다.……한인이 치다가 이기지 못하고 사졸이 주리므로 이끌고 돌아가므로 답부가 수천 명의 기병을 이끌고 그 뒤를 쫓아 좌원(坐原)에서 싸워 한군이 대패하여 한 필의 말도 돌아가지 못하게 했다.[71]

고구려군과 중국군 사이에 빚어졌던 치열했던 전쟁의 하나로는 그 뒤 고구려 동천왕 20년에 중국 위의 유주자사 관구검의 침범에서 비롯되었다. 이를 맞은 동천왕은 기병 2만 명으로 비류수에서 중국군을 격파하여 3천 명의 목을 베었으며, 양맥 골짜기에서도 3천여 명을 참획했고 "관구

좋으냐' 하고 물었다. 두지가 말하기를 '한인(漢人)의 생각은 이곳이 암석의 땅으로 수천(水泉)이 없을 것이라 하여 이로써 오랫동안 에워싸서 우리의 곤궁을 기다리는 모양이니 지중(池中)의 이어를 취하여 수초(水草)로 싸서 지주(旨酒) 약간과 함께 가지고 가서 한군을 먹임이 좋겠습니다' 하였다. 이에 왕이 청종하여 서(書)를 보내어 말하기를 '과인이 우매하여 상국에 죄를 얻어 장군으로 하여금 100만 명의 군사를 거느리고 이곳에 갑자기 나타나게 하니 후의를 갚아 보낼 것이 없어 다만 변변치 못한 물건으로 좌우에게 이바지한다'라고 하였다. 이에 한나라 장군은 생각하기를 성내에 물이 있으니 갑자기 깨뜨릴 수 없다 하고 답서하여 말하기를 '우리 황제가 나를 노둔하다 아니하시고 영을 내려 군사를 내어 대왕의 죄를 묻게 하심인데 지금 내서(來書)를 보니 말이 온순하고 공손하므로 입을 빌어 어찌 황제께 보고하지 아니하랴' 라고 하고 드디어 철퇴하였다."(《삼국사기》 권 14, 〈고구려본기〉 2, 대무신왕조)

71)《삼국사기》 권 16, 〈고구려본기〉 4, 신대왕조.

검과 같은 중국의 명장도 그의 목이 우리 군에 수중에 있다"고 호언할 정
도로 고구려군은 승전했다. 그러나 관구검이 방진을 치고 죽기로 싸웠기
때문에 오히려 고구려군은 패전했으며, 고구려왕은 겨우 1천여 명의 기
병으로 압록원으로 도망해 버렸다. 왕은 관구검의 추격을 피해 남옥저로
달아나 죽령에 이르렀을 때는 군사가 다 흩어져버렸다. 이때 밀우와 유유
의 도움으로 겨우 목숨을 구할 수 있었다.[72]

고구려와 주변국가 사이의 전쟁은 그 뒤에도 자주 되풀이되었는데 그
가운데 큰 것만 적으면, 28년, 49년, 105년, 111년 118년, 121년에서 122년,
146년, 168년에서 169년, 172년 등의 전쟁을 들 수 있다.[73] 이 전쟁에서 때
로는 고구려가 먼저 중국을 공격한 경우도 있었는데, 태조대왕 53년(105)
에는 군사를 동원하여 중국의 요동군 6개 현을 함락시키고 많은 사람들
을 포로로 삼고 물자를 빼앗기도 했다. 그러나 전반적으로 중국을 비롯한
주변국가의 침범을 고구려가 삼국 가운데에서 가장 많이 받았다. 어느 면
에서 고구려는 중국과 국경을 접했기 때문에 중국의 침범을 일차적으로
막아야 했던 한반도의 방파제와 같았다. 신라와 백제는 상대적으로 중국
이나 그 밖의 국가로부터 침략을 당한 경우가 적었다. 그러므로 신라와
백제는 주로 한반도 안에서 그들 사이에 전쟁을 치렀으며, 이는 군사동원
의 수나 전쟁기간에서도 차이가 있었다.

고구려가 경험한 것 같은 큰 전쟁이 없었던 대신에 신라와 백제 사이
에는 소규모 충돌이 자주 있었다. 신라는 건국 초기부터 주로 낙랑, 가야,
왜의 침범을 받기도 했다.[74] 백제가 마한을 아울러 그 영역이 신라와 접경

---

72) 동천왕이 관구검(毌丘儉) 군대의 장군 왕기(王頎)의 추격을 받아 죽령에 이르러 군사
    가 다 흩어졌다. 이때 동부(東部)의 밀우(密友)라는 사람이 적의 추격을 막겠다고 자
    청, 결사대를 모집 항전하여 왕을 도망하게 했다. 왕이 도망가면서 밀우를 구할 사람
    을 구했는데 이때 하부(下部)의 유옥구(劉屋句)가 나서 그 일을 맡아 밀우를 구했다.
    왕이 남옥저에서 다시 위급한 상황을 맞았는데 이때 동부 사람 유유(紐由)가 계책으로
    거짓으로 위군에게 항복하면서 음식을 위나라의 장군에게 바치면서 품에 감추었던 칼
    로 위장의 가슴을 찌르고 그와 함께 죽었다. 이에 놀란 위군이 도망가고 동천왕은 위
    기에서 벗어날 수 있었다.(《삼국사기》 권 17, 〈고구려본기〉 5, 동천왕조)

73) 손영종, 《고구려사의 제문제》, 신서원, 2000, p.111.

74) 신라에 대한 낙랑의 침범이 있었다. 가령 남해차차웅 원년 7월에 낙랑군이 침범했는
    데 이 점에 대해서는 이렇게 적어 놓았다. "낙랑군사가 와서 두어 겹으로 금성을 에워

하게 되자 백제와 신라 사이에 갈등이 본격적으로 일어났다. 신라와 백제의 갈등에 대한 최초 기록은 신라 탈해이사금 때로, 탈해이사금 5년 8월 마한의 장수 맹소(孟召)가 신라와 벌인 전쟁에서 항복하여 복암성(覆巖城)을 신라에 바쳤다는 기록에서 시작된다. 이어 이사금 7년 10월 백제왕이 백제의 영역을 낭자곡(청주)까지 개척하자 사자를 신라로 보내어 회견을 청하게 되었다. 그러나 신라는 이에 응하지 않았으며, 그 다음해 8월에 백제가 군사를 보내어 와산성(蛙山城, 보은)과 구양성(狗壤城)을 공격했기 때문에 신라는 기병 3천 명으로 이를 방어했다.[75] 이처럼 신라와 백제 사이의 군사적 충돌은 잦았지만 규모는 한정적이었다.

신라와 백제 사이에 일어났던 초기의 대립과 갈등은 거의 매년 되풀이되었는데, 탈해이사금의 통치기간 동안에만 있었던 군사작전을 적어보면 다음과 같았다.

1. 탈해이사금 8년 : 백제의 와산성 공격
2. 탈해이사금 8년 : 백제의 구양성 공격과 신라의 반격
3. 탈해이사금 10년 : 백제의 와산성 점령
4. 탈해이사금 14년 : 백제의 내침
5. 탈해이사금 17년 : 왜의 침범
6. 탈해이사금 18년 : 백제가 국경을 침범
7. 탈해이사금 19년 : 백제가 와산성 점령
8. 탈해이사금 20년 : 백제의 와산성을 신라가 공격 함락
9. 탈해이사금 21년 : 가야병의 공격을 황산진구(黃山津口, 김해와 양산사이의 낙동강)에서 격파

특히 고구려가 한반도의 남부를 군사적인 활동대상으로 삼음으로써

썼다. 왕이 좌우에게 말하기를 '이성이 돌아가시고 내가 국인의 추대로 외람되게 왕위에 있어 위구함이 마치 강물을 건너는 것과 같다. 지금 이웃나라가 침범해 오는 것도 나의 부덕한 까닭이다. 이를 어찌하면 좋으냐'고 하였다. 좌우가 대답하기를 적이 우리의 국상이 있음을 다행히 여겨 함부로 군사를 이끌고 와서 치니 하늘이 반드시 그를 돌봐주지 아니할지니 족히 두려울 것이 없습니다'고 하였다. 얼마 아니하여 적이 물러났다."(《삼국사기》 권 1, 〈신라본기〉 1, 남해차차웅조)
75) 《삼국사기》 권 1, 〈신라본기〉 1, 탈해이사금조.

신라와 백제도 대립하는 관계에 놓이게 되었다. 그래서 고구려와 신라 사이에도 군사적인 갈등이 일어났는데, 이 점에 대해서는 《삼국사기》에 따르면, 신라 조분이사금 16년에 "고구려가 북변을 침범하니 이찬 우로(于老)가 군사를 거느리고 나아가 치다가 이기지 못하고 물러와 마두책(馬頭柵)에 의거하였다. 그날밤이 몹시 추워 우로는 사졸을 위로하며 몸소 나무에 불을 살라 그들을 따뜻하게 하니 군중이 모두 감격하였다"고 적어놓을 정도였다. 즉 고구려군의 침입을 신라가 물리치지 못한 채 뒤로 물러나 마두책의 성으로 피난 은거하면서 장기전을 펴게 된 것이다.[76]

고구려, 백제, 신라 삼국 사이의 갈등은 초기부터 일어났다. 이들 사이의 전쟁은 규모, 전략, 기간, 그리고 영향 면에서도 시간이 갈수록 군사적인 충돌 수준을 넘어서게 되었으며, 더욱 조직적이고 체계적인 군사작전으로 전개되었다. 이는 필연적으로 삼국의 통치체제를 이전의 제의-군장체제의 단순성에서 벗어나게 했으며, 군장적 통치체제를 더욱 중앙집권적인 통치체제로 옮아가게 하는 계기로 작용하였다. 군장체제에서는 그 체제에 필요한 군장에 대한 보좌 기능과 군장의 기능을 대신하는 대역적 활동이 요청되었다. 여기서 말하는 보좌 기능은 군장 중심 군사작전의 전략 수립과, 군사의 동원, 성책의 방비, 군수품의 지원 등의 일을 전문적으로 처리해줄 행정적 지원업무를 의미한다. 대역적 활동은 자주 치렀던 전투에 군장이 항상 진두지휘할 수는 없었다. 그 때문에 군장의 명을 받아 그를 대신해서 특정 군사작전을 지휘할 지휘관, 즉 군장으로부터 부여받은 권한과 역할을 수행할 인사가 필요했다. 이러한 사실은 군장의 위치가 그만큼 강화되었음을 의미하며, 군장과 군장을 보좌하는 인사들로 구성된 통치세력이 지배계급으로 자리잡게 되었음을 말해준다. 그렇다고 해서 이전의 제의 중심적인 지배체제에서 제사장의 역할이나 영향력이 완전히 군장 중심체제로 대체되었다는 의미는 아니다. 이들 사이에도 위계질서가 형성되었는데, 제사장이 군장인 경우도 있었으며, 군장이 제사장의 역할을 겸하는 경우도 있었고, 때로는 제사장이 군장의 지휘감독을 받

---

76) 《삼국사기》 권 1, 〈신라본기〉 1, 조분이사금조.

는 경우도 있었다. 어느 경우나 이미 군장은 이들 집단에서 최고의 영향력 행사자로 통치자의 위치를 차지할 수 있었다. 이처럼 한국의 고대사회는 삼국시대 초기까지, 즉 고대국가 등장 이전까지는 군장 중심의 통치체제였으며, 이 경우 군장은 국왕으로 불리기도 했지만, 그것은 그 뒤의 국왕, 즉 고대국가의 국왕과 구분되는 성격을 가지고 있었다.

4. 강제와 약탈의 통치제도

군장체제는 제의 중심의 통치체제와 다른 성격을 갖고 있었다. 전쟁에 대한 대응과 같은 군사활동을 더 중요시했으며, 이것이야말로 집단 존립의 기본이었기 때문에 이를 위한 제도적 장치를 마련하게 되었다. 이러한 장치는 군장의 통치권 강화로 이어졌으며, 그의 통치에 필요한 여러 가지 기능적 보조자도 등장시키게 되었다. 전쟁에서 체제화된 조직활동, 즉 군사 지휘자의 명령 이행이 철저하게 요구되기도 했다. 이러한 성격은 군장의 특권으로 자리잡게 되었고, 그것에 기반을 둔 철저한 위계질서도 형성되었다. 군사집단 안의 계급관계도 군장을 정점으로 지휘관의 서열이 이루어졌으며, 전업적인 지휘관으로서의 장군 등 무관 관직도 생기게 되었다. 군장적 통치체제는 제의 중심의 통치체제보다는 집단이 더욱 조직적이고도 제도적인 것으로 발전할 수 있도록 통치했다.

제의-군장체제에서 관직자들은 군장 주변에서 그 기능을 행사했으며, 군장의 통치권이 효과적으로 행사될 수 있도록 지원했다. 이들 관직자는 피지배 민중에 대해서는 강력한 영향력의 행사자였기 때문에 지배층의 일원으로 소속되었다. 특히 군장에 대한 구성원들의 복종을 강화하기 위하여 군장 중심의 구성원들의 정신적 귀속감을 확보하는 데 노력했으며, 그 결과 구성원들 사이에는 강한 결속감이 일어나게 되었다. 이러한 일들이야말로 군장적 통치체제의 주요한 과제로 자리잡게 되었다. 따라서 제의-군장체제는 이전부터 행해져 왔던 천신과 조상신에 대한 제의를 그대로 집행했으면서도 이를 군장의 권위를 강화하는 방안으로 활용했다. 군사활동에 필요한 통치 기능들, 즉 군사작전, 군사지휘관의 임명, 군대의 동원, 군수물자의 비축과 관리, 포로와 약탈품의 배분을 효과적으로 처리하기 위한 제도적 장치와 관인들도 나타나게 되었다.

제의-군장체제는 그 형성과정에서부터 단일적인 위계체제로 이루어졌는가 하면, 여러 집단의 촌장들이나 제사장들에 의한 연대적인 합의체로 이루어진 경우도 있었다. 전자의 경우, 통치체제는 주로 외부로부터 유입된 세력으로, 이들은 선진문화를 가진 외래집단으로서 주변의 집단을 복속시켜 통치권을 확립한 경우에 해당된다. 이러한 성격의 통치체제에서는 중앙 관직으로는 군장→최고 보좌관→고위 행정관인→일반 관인의 순서로 통치제도가 조직화되기 시작했다. 지방에서는 제후나 그 밖에 중앙에서 파견된 지방행정관이 통치하는 형태를 취하게 되었다. 군장의 직위는 장자상속으로 승계하는 세습체제로 제도화되었다.

이와는 달리, 여러 집단의 존장들이 연대해서 통치체제를 이룬 경우에는 그 체제에서 군장의 권위는 비교적 약했으며, 유력한 집단의 수장이나 존장들의 권위가 꾸준하게 유지되는 등, 결국 지배세력들 사이의 합의적 통치구조로 자리잡게 되었다. 고대사회의 제의-군장체제를 이렇게 나눌 경우, 고조선과 백제는 전자였으며, 부여나 고구려, 삼한, 그리고 신라 등은 후자에 속했다.

구체적으로, 통치체제의 제도적 성격과 이어 군장체제에서 사회구조의 성격, 그리고 하층에 대한 지배층의 약탈과 강제를 살펴보기로 하자. 고조선의 건국신화에서 풍백, 우사, 운사 등은 제사장 중심의 통치층이었음을 의미한다. 제사장을 보좌했던 이들의 직위는 통치체제를 효과적으로 작동하기 위해 천신과 조상신에 대한 제의의 집행과 그 과정에 필요한 여러 가지 일들을 보좌하는 기능을 맡고 있었다. 군장 중심의 통치구조가 정립되면 통치자의 권한이 세습되게 되었는데,[77] 구체적으로 고조선에서는 기원전 3세기말 부(否)왕이 죽은 뒤 그의 아들 준이 왕위를 이은 것에서도 알 수 있다. 기원전 2세기 초 위만조선이 들어선 뒤도 왕위가 세습

---

77) 집단에서 지배자의 세습은 바로 그 지배자의 통치권이 강화되어 특정 개인의 가문에만 한정되었음을 의미한다. 즉 통치권이 배타적이기고도 독점적으로 점유되는 신성성을 차지했다는 의미이기도 하다.

되었으며, 위만의 아들과 손자 우거가 통치권을 장악했으며 우거도 그 아들을 태자로 삼기도 했다.[78]

제의-군장체제의 초기적 성격, 즉 제의 중심의 통치체제였던 고조선에서도 최고의 통치자를 왕이라고 불렀으며, 그를 중심으로 한 지배세력이 수도와 지방에 자리잡고 있었다. 고조선의 주요 관직으로는 비왕, 상, 대부, 박사 등 중앙 관직의 명칭을 찾아볼 수 있으며, 이 가운데 특히 비왕은 왕의 통치를 직접 보좌했던 최고 관직자로, 가령 109년에 한(漢)의 사신이 왔을 때 그를 배웅했던 비왕 장에 대한 기록이 이러한 사실을 말해 준다. 상도 고위 관직이었음을 알 수 있는데, 고조선 말기 "조선상 역계경이 우거왕에게 간했다"는 표현에서 이러한 사실을 짐작할 수 있다. 상은 왕에게 잘잘못을 직접 간할 정도로 높은 관직이었다. 《사기》〈열전〉의 기록에 따르면 고조선의 상에 대한 것으로는 상 한음, 조선상 노인, 니계상 참 등의 표현이 나오는데, 이는 상이라는 관직은 하나만 있었던 것이 아니라 여러 명이 있었음을 말해 준다. 이들 가운데 조선상, 니계상 등과 같이 특정 지역을 앞에 붙인 것과 상 한음이라는 기록처럼 그렇지 않은 것이 있는데, 전자는 일정 지역의 최고 통치자였으며, 일반적인 상은 중앙 관직자라고 할 수 있다.

고조선의 관직인 대부는 상보다는 아래였으며, 실제 행정의 담당자로 국왕을 직접 보좌하면서 특정 행정영역에 대한 책임을 맡았다. 이처럼 고조선에서는 왕을 정점으로 하는 고위 관직자가 지배층을 형성했으며, 다시 이들 아래에서 보좌해 주는 중하급 관인들이 있었을 것으로 여겨진다. 제의-군장체제에서 통치영역이 넓을수록 지방의 통치기구도 자리잡고 있었다. 고조선 역시 기원전 2, 3세기경 이들 모든 지역을 국왕이 혼자서 통치할 수 없었기 때문에 국왕이 직접 통치하는 국왕 직할지 이외의 지역은 제후국처럼 지방의 유력자가 통치했을 것으로 여겨진다. 국왕의 직할지는 제후국보다는 그 영토가 광대했으며, 중심부에 자리잡은 요지였을 것이다. 모든 영역을 효율적으로 통치하기 위해 여러 층의 행정단위도

---

78) 장국종, 《조선정치제도사》, 백산자료원, 1998, p.23.

정비했을 것이며, 그 기초단위가 읍락이었을 것이다. 읍락에는 지방 행정관이 주재하면서 통치를 전담했을 것이다. 고조선에서 제후국의 통치자는 왕족이나 왕의 심복 또는 그 지방의 유력자로 구성되어 있었다. 특히 제후국은 고조선에 복속된 지역으로, 이러한 지역의 제후는 이전의 지배자가 그대로 남아 통치자의 역할을 맡기도 했다. 고조선의 국력이 미약했거나 주변국가와 영향력 관계로 제후국이 이탈하는 경우도 있었는데, 대표적인 사례로는 예군남려(濊君南閭)를 들 수 있다. 예 지역의 군장이었던 남려가 고조선에 복속했지만 곧 28만 명의 주민을 이끌고 고조선으로부터 이탈해서 중국으로 넘어가 버렸던 것이다. 또한 피지배 민중을 효율적으로 통치하기 위해 일정한 법규를 만들었을 것이며 시행했을 것이다. 이 규정에 따라서 피지배층에 대한 통치를 행했을 것이며 고조선의 8조 법금도 이러한 성격의 대표적인 예라고 할 수 있다.[79]

다양한 집단의 촌장들로 이루어진 연대적 연합체의 통치구조로는 부여를 생각할 수 있다. 부여에서도 군장은 세습제였지만 연합체적 성격으로 국왕을 추대했다. 부여의 군왕은 해모수→해부루→금와→대소……위거→마여→의려로 전승되었는데 이 가운데에서 금와는 해부루의 아들은 아니었으며 제가평의회의 추대로 왕이 된 경우였다. 위거왕이 죽자 서자인 마여도 제가평의회의 추대로 왕이 되기도 했다. 이러한 사실은 부여의 왕은 상대적으로 미약한 통치권을 가졌을 것으로 짐작할 수 있는 근거이기도 하다. 그 대신 지배층 연합체 사이의 합의로 통치권의 상당 부분 작동했을 것으로 생각된다. 부여의 지배층 연합체로서의 제가평의회는 마가, 우가, 저가, 구가들로 구성되었으며, 이들 가운데 중앙 요직을 담당했던 4명의 최고위 관직자를 대가라고 불렀다. 또한 부여에는 지방 읍락을 다스렸던 통치자를 가(加)라고 했으며 이들 가운데는 수천 호를

---

79) 지금까지 알려진 것으로는 그 가운데 세 가지로 1) 사람을 죽인 자는 즉시 사형에 처하며, 2) 남에게 상처를 입힌 사람은 곡식으로 보상해야 하고, 3) 남의 물건을 훔친 자는 물건을 도적맞은 사람의 노예가 되며, 여자인 경우에는 그 집의 여자 노예가 되고, 이 죄를 벗어나려면 50만의 돈을 지불해야 한다고 되어 있다. 이러한 사실은 고조선 사회에서 노예가 법적으로 보장되어 있었고 일정한 법적 규정에 의한 통치가 행해졌음을 의미한다.

다스린 가도 있었고 수백 호를 다스렸던 가도 있었다. 마가, 우가, 저가, 구가 밑에는 중앙 관직자로 대사, 대사자, 사자 등이 있었다. 부여의 제가들은 통치에서 주요한 결정, 즉 전쟁에서 상벌에 이르기까지 온갖 일들을 협의 결정해야 했다. 그러므로 제가는 통치권을 장악했으며 그 스스로 군대도 가질 수 있었고, 전시에 그 자신이 군사 지휘자로 활동했다.[80]

고구려도 지배자 연합체적 성격을 갖고 있었다. 고구려도 5부 세력으로 이루어졌으며, 연노부, 절노부, 순노부, 관노부, 계루부가 그들이다.[81] 이들 5부의 연대로 고구려를 세웠기 때문에 국왕의 선임도 이들의 영향력에 크게 좌우되었다. 연노부 출신에서 주로 국왕이 선출되었지만 뒤에는 계루부 출신으로 바뀌었으며, 모본왕, 봉상왕, 영류왕 등은 군주의 자리에서 추방되었는데, 이는 5부 세력들의 갈등 때문이었다. 그 과정에서도 군왕은 점점 통치권을 강화할 수 있었으며 통치의 중핵으로 자리잡게 되었다. 그를 보좌하는 체계적인 통치제도도 마련했다. 국왕을 보좌하는 최고 직위를 초기에는 대보라고 불렀으며, 뒤에는 좌우보로 나누었다.[82] 그러나 군왕의 통치권 강화로 5부의 영향력도 견제할 수 있게 되었다. 왕으로부터 통치권의 일부를 위임받은 국상제도가 등장했는데, 이것도 사실은 국왕 권위의 강화를 뜻하는 것이었다. 국상은 국왕 바로 밑에서 실제로 통치권을 행사했으며, 한번 임명되면 평생 그 직을 차지했다.[83] 국상

---

80) 부여에는 범죄자들을 잡아 가두는 감옥이 있었으며 이들 감옥은 수도에만 있었던 것이 아니라 지방에도 있었는데, 이들 중에서 중죄인은 부여의 국중대회인 영고에서 제가평의회에 의해 심판되었다.(《삼국지》 권 30, 〈위서〉 부여조)

81) 이 5부 외에도 그 뒤 《삼국사기》에서는 비류부를 비롯한 다른 부가 기록되어 있다. 이 부들은 고구려 건국 이후 제후국으로 새롭게 편입된 것으로 여겨진다.(《삼국지》 권 30, 〈위서〉 고구려전)

82) 고구려 유리명왕 22년조에 대보의 관직을 가졌던 협보가 왕을 간하는 기사가 기록되어 있다. 이는 곧 고구려 건국초기부터 대보라는 관직이 설치되어 있었음을 의미한다. (《삼국사기》 권 13, 〈고구려본기〉)

83) 최초의 국상으로는 연나부(椽那部) 출신의 명림답부(明臨荅夫)가 임명되었는데, 이는 곧 제가평의회적 기능을 수행했던 5부 연대세력의 영향력이 상당부분 차단되었음을 의미하는 것이다. 국상은 국왕 바로 아래에서 국정의 총괄책임을 맡았다. 국상으로 임명된 기록을 찾아보면 166년 신대왕 2년에 명림답부가 국상이 되었는데 좌우보를 국상으로 승격했다. 그는 13년 동안 국상으로 있었다. 191년 고국천왕 13년에는 을파소가 국상이 되어 12년간 지속되었으며, 그 뒤를 고우루가 국상이 되어 27년을, 다시 명

다음의 관직자로는 중외대부, 평자 등이 있었다.[84]

고구려 관직의 등급은 10등급으로 고추가, 패자, 대주부, 대사자, 우태, 조의, 주부, 사자, 대형, 소형 등이었다. 이 가운데 고추가는 왕족과 5부의 대가들이 차지했으며, 연노부와 절노부의 수장들이 자리를 차지했으며 일반 신하들은 이 자리에 오를 수 없었다. 고추가를 제외한 등급 가운데 제일 높은 것은 패자로, 패자 가운데 최고 관직인 좌보에서 국상이 임명 되었다. 패자 다음은 대주부였고,[85] 대주부 다음 등급은 대사자였다. 이처 럼 고추가, 패자, 대주부, 대사자, 우태, 조의는 모두 좌보, 우보, 국상, 중 외대부 등 최고 관직자로 임명될 수 있는 직위였다.[86]

고구려는 점차 지방 제후들의 영향력을 감소시켰으며, 중앙에서 지방 관리를 임명, 파견하게 되었다. 이는 중앙집권적인 제도의 정착을 의미했 으며 국왕의 통치권이 제가평의회의 영향력을 차단할 수 있었음을 뜻했 다. 고구려의 지방관직은 각 지방의 중심지인 성의 규모를 중심으로 대성 과 소성이 구분되어 대성에는 태수를, 소성에는 재를, 그리고 조그만 성 읍인 곡에는 지방관을 임명하였다. 지방관리는 사자, 대사자, 소형 등에 서도 임명되었다.

신라도 부족집단의 연대적 협의체로 시작했다는 점에서는 고구려와 차이가 없었다. 6촌 촌장들의 협의체로 시작한 신라의 주요 국정은 회의

림어수가 국상이 되어 24년을, 음우가 국상이 되어 294년 봉상왕 3년에 죽었으며 23년 동안 국상으로 있었다.

84) 《삼국사기》에는 중외대부에 대한 기록으로 147년 차대왕 2년 비류나부의 양신을 중 외대부로 삼고 관직 등급을 우태로 하였다는 기록이 있으며, 190년 고국천왕 12년에는 중외대부 어비류 등이 왕후의 친척으로 나라의 권력을 장악하였다는 기록도 있다. 그 리고 191년 고국천왕 13년에는 을파소를 불러다 중외대부로 삼고 벼슬등급을 우태로 올렸다고 기록하였다.

85) 이것에 대해서는 차대왕이 "환나부 우태 어지류를 좌보로 삼고 또한 그에게 대주부 의 작위를 더하였다"는 기록에서 알 수 있듯이 대주부는 패자 다음에 해당된다는 것을 알 수 있다.(《삼국사기》 권 15, 〈고구려본기〉 3, 차대왕조)

86) 여기에서 한 가지 지적되어야 할 것은 조의의 작위에 불과했던 명림답부가 일약 패 자로 올라가게 된 것은 그가 차대왕을 죽이고 신대왕을 왕위에 앉혔기 때문에 그의 이 러한 특별한 공로에 의한 승급으로 이해할 수 있을 것이다. 이것에 대해서는 《삼국사 기》에 기록하기를 "연나부 조의 명림답부가 백성이 견디지 못함을 이유로 왕을 시해 하니 차대왕이라 호하였다."(《삼국사기》 권 15, 〈고구려본기〉 3, 차대왕조)

체로 결정되었다. 그 가운데 최고의 협의기구로는 화백과 남당을 들 수 있는데, 화백은 신라 6부의 고위 관직자들이 국왕의 추대와 폐위, 전쟁의 개시와 중지, 휴전 등 중차대한 일들을 협의 결정했던 제도였다. 신라에서는 전국에 4개의 신령한 곳 가운데 한 곳을 골라 6부의 대표들이 모여서 주요한 국사를 의결했다.[87] 남당도 화백과 마찬가지로 지배층의 회의체였지만 국왕이 직접 이 회의를 주재했다는 점을 고려하면 국왕 통치권 집행의 최고회의체로 생각할 수 있다. 남당에 대한 기록은 "봄과 여름에 비가 오지 않았다. 여러 신하들을 남당에 모이게 하고 왕이 친히 형벌이 잘 되고 못 된 것을 물었다"고 적어 놓았으며,[88] "남당에서 노인들을 위한 연회를 베풀고 왕이 친히 음식을 집어주고 곡식과 비단을 등급에 따라 나누어주었다"는 기록도 있는데, 이는 곧 국왕의 통치와 연관성이 있는 문제들을 직접 논의하고 집행을 협의했던 기구임을 알려 준다.[89]

이들 기록에서 알 수 있듯이 신라 초기는 전제적 통치체제가 정립되지 못했다. 여전히 군장체제로 여러 집단 촌장들의 연합체였다. 국왕은 이들 연합체에서 선임 또는 승인받아야 했으며, 국왕이 마음대로 임명하는 특별한 보좌기구 같은 것은 없었다. 단지 조세를 수납하는 관청으로 늠주, 물장고 등이 있었을 뿐이다. 군사적인 편제도 이웃 여러 집단과 잦은 전쟁 때문에 군사제도가 마련되어 있었을 것으로 짐작될 뿐이다. 기록에 따르면 전쟁으로 새로 병합했던 지역에 중앙의 왕족 가운데 주주나 군주라는 이름의 지방통치 관리가 파견되었다.[90]

화백이나 남당도 3세기 말부터 4세기 초에 들어서면 국왕 중심의 통치

---

87) 여기서 말하는 네 곳의 신령한 곳은 동은 청송산이고 남은 우지산, 서는 피전이고 북은 금강산으로 진덕왕 때 남산 우지바위에서 6명의 회합이 있었음을 기록하고 있다. (《삼국유사》 권 1, 〈기이〉)

88) 《삼국사기》 권 2, 〈신라본기〉 미추이사금 7년조.

89) 《삼국사기》 권 3, 〈신라본기〉 눌지마립간 7년조.

90) 이것에 대하여 "박씨의 귀척으로써 국내의 주군을 나누어 다스리게 하니 호를 주주(州主), 군주(郡主)라고 하였다"는 기록도 이를 말해 주고 있다.(《삼국사기》 권 1, 〈신라본기〉 탈해이사금 11년조) 이어서 신라가 주변 소국을 적극적으로 병합했던 4~5세기경에는 지방의 군, 현은 모두 52개로 그 명칭을 탁평 또는 읍륵이라고 불렀다. 탁평은 고을 안에 있는 성을 의미했으며, 고을 밖에 있는 성은 읍륵이라 했는데 6개의 탁평과 52개의 읍륵이 있었던 것으로 기록되어 있다.

제도로 편입되었는데, 이는 이 시기부터 겨우 국왕의 통치권이 행사되었음을 의미했다. 특히 4세기경 박, 석, 김의 왕의 성(姓) 가운데 강력한 정치 경제적 기반을 가졌던 김씨에 의한 왕위세습이 이루어졌고, 왕권의 상대적 강화를 가져왔으며, 왕을 보좌하는 통치제도가 본격적으로 등장했다.[91] 물론 신라 통치기구의 전반적인 제도화는 초기의 제의-군장체제에서 벗어나서 고대국가적 성격을 갖게 된 5, 6세기경에야 이루어질 수 있었는데, 이 시기부터 국왕은 화백회의의 최고 책임자인 상대등을 일반 관료체제 속으로 끌어들였으며, 화백회의도 국왕의 통치기구 속에 통합시킬 수 있었다.[92]

신라에서는 국왕의 승계와 관직의 임명에 골품제도가 기준으로 작용했다. 이는 신라 건국의 핵심세력인 사로국 귀족들의 후예에게 부여된 신분적 특권이었다. 이 제도에 따라 왕이 될 수 있는 특정가문으로 골(骨)제도를 확립하였으며, 그 아래 신분층으로는 두품이 마련되었다. 골은 성골과 진골로 나누었으며, 진덕왕 이전의 국왕은 성골로, 무열왕 이후의 국왕은 진골에서 나왔다. 성골 출신들끼리만 혼인했을 때 그 자식도 성골이 될 수 있었다. 두품은 6개로 나누었는데, 기록에는 6두품, 5두품, 4두품 등이 있었다.[93] 신라는 초기부터, 즉 32년 유리이사금 9년부터 관료의 위계를 17등급으로 마련했다.[94] 그리고 17관등과는 무관하게 최상층의 위계로는 대각간, 태대각간을 그 뒤 따로 설치했다.

---

91) 4세기 중엽 박, 석, 김의 3성 가운데에서 정치 경제적으로 강한 기반을 가지고 있었던 김씨에 의해서 왕위가 장악되었으며 왕권의 강화에 대한 상징으로 왕의 명칭을 그 이전에 사용했던 거서간, 차차웅, 이사금 대신에 마립간을 사용하였다.

92) 상대등은 531년 법흥왕 18년에 제정되었는데 이는 일반 관직과 구분되는 특별 관직이었다. 상대등에 임명된 자는 관부의 어떤 것에도 소속되지 않았으며 정책수행에서 잘못이 있다 해도 국왕이나 다른 사람으로부터 견제받지 않았다. 그리고 상대등의 재직기간은 왕의 재위기간과 일치했다.

93) 6두품은 득난으로 부르기도 했으며, 진골 다음 가는 귀족신분이었다. 5두품은 중간급 관료가 될 수 있는 신분이었고, 4두품은 하급관료의 신분층이었다. 4두품 아래에 일반 평민즉 백성이 자리잡고 있었다.

94) 이를 적으면 1등급에 이벌찬, 2등급에 이척찬, 3등급에는 잡찬, 4등급에는 파진찬, 5등급에는 대아찬, 6등급에는 아찬, 7등급에 일길찬, 8등급에 사찬, 9등급에 급벌찬, 10등급에 대나마, 11등급에 나마, 12등급에 대사, 13등급에 사지, 14등급에 길사, 15등급에 대오, 16등급에 소오, 17등급에 조위이다.

 백제는 근초고왕 이전까지를 제의-군장체제기로 잡을 수 있기 때문에
이 기간에는 관료체제의 제도화도 조금씩 진행되었다. 그러나 고이왕 시
기에 들어서면 비로소 관료제도가 정비되었고, 고구려 제도의 유습에서
벗어나 새로운 면모를 보여주게 되었다. 백제는 고구려에서 시작되었기
때문에 초기의 중앙관직으로 좌보, 우보 등 고구려의 제도를 그대로 받아
들이고 있었다. 백제는 특정 지도자에 의해 이루어진 통치체제로 시작했
기 때문에 주변 집단을 병합함으로써 중앙집권적 왕국을 초기부터 갖고
있었다. 이 점에서 여러 집단의 협의체적 성격, 즉 국왕을 견제하는 기능
이 약했으며, 그 결과 백제의 국왕은 상대적으로 전제적 통치권을 행사할
수 있었다.

 고이왕 이전에는 군장적 통치체제였기 때문에 최고통치자를 국왕으로
불렀다고 해도 전제적 왕조체제와 거리가 있었다. 관리는 단지 군장을 보
좌했으며, 일정한 제도적 장치를 마련했다고 해도 그것은 왕의 통치와 편
의의 효율성을 위한 것에 지나지 않았다. 그러나 후대에 들어서면 중국의
관제를 모방했으며, 이때부터 관인체제적 성격이 나타났는데, 시기적으
로는 대략 3세기 이후였다.

 중국의 당제를 모방해서 6좌평 제도와 관직의 16등급제를 마련했다. 6
좌평 제도는 백제의 중앙 통치제도로 국가의 주요 통치 기능을 여섯 가
지로 구분해서 그 책임자를 좌평이 맡는 것으로 되어 있었다. 내신좌평은
왕의 명령을 전달하고 지배세력의 의견을 왕에게 보고하는 책임을 맡았
다. 내두좌평은 물자와 창고의 일을 맡았는데, 이는 재정과 경리의 책임
자였다. 내법좌평은 예법과 외교 교육의 책임자였으며, 위사좌평은 왕궁
의 수비와 수도의 경비를 위한 군대의 총괄 지휘자였다. 병관좌평은 지방
주둔의 군대를 지휘 감독했으며, 조정좌평은 형별과 감옥의 일 등 경찰과
사법의 일을 맡았다.[95]

 좌평 아래의 관리는 위계적 등급을 따르게 했다. 달수(2품), 은수(3품),

---

95) 408년 전지왕 4년에 6좌평 위에 다시 상좌평을 두었는데, 이는 고구려의 국상이나 신
  라의 상대등과 같은 성격을 갖고 있었다.

덕수(4품), 한수(5품), 나수(6품), 장덕(7품), 시덕(8품), 고덕(9품), 계덕(10품), 대덕(11품), 문독(12품), 무독(13품), 좌군(14품), 진무(15품), 극우(16품) 등이었다. 관리들은 각기 그 등급에 맞는 복색을 입었으며, 백제의 관리는 크게 3등급으로 구분되었다. 자색의 관복을 입는 제1급 관리층은 핵심지배층 인사들로 되었으며, 붉은색 관복을 입었던 관리는 제2급 관리층으로 지방의 유력자와 호농 등이었고, 마지막 제3급 관리층, 즉 푸른색의 관복을 입었던 관리들은 일반 평민층 출신의 하급관리들이었다. 백제의 6좌평 제도는 그 뒤 더한층 발전되어 내관과 외관으로 양분된 중앙통치기구로서 21개의 관청을 마련하기도 했다.[96]

백제에서는 중앙의 관제와 함께 지방관 제도도 4세기경에 5부 5방제로 정립되었다. 백제는 수도를 중심으로 전국을 5부로 나누었으며, 그 아래에 다시 5항을 두었다. 백제의 서울인 부여를 상부, 전부, 중부, 하부, 후부의 5부제로 나누었으며, 각 부에는 군인 500명을 주둔시켰다. 그리고 지방에는 5방제를 실시하여[97] 각 방에는 2급의 관급에 해당되는 방령이 책임을 맡았으며, 이들 밑에 방좌라는 이름의 관리 2명을 두었다. 군사적인 방어 때문에 각 방에는 700명에서 1,200여 명의 군대가 주둔했다. 백제의 통치체제는 앞에서도 말했지만 고이왕에서 근초고왕 시기에 이루어졌기 때문에 이는 군장 중심의 통치체제와 어느 정도 거리가 있었다.

이러한 통치체제의 제도화는 군장 중심의 통치체제로 정착됨에 따라 사회계급구조의 이분화도 나타났는데, 하층에 대한 상층의 약탈과 강제 그리고 억압이 가중되는 현상이 나타났다. 이 시기의 그러한 상황에 관해 농업적 생산양식을 중심으로 민중들의 삶을 상층과 연계시켜 생각해볼

---

96) 내관은 전내부, 곡내부, 내경부, 외경부, 마부, 도부, 공덕부, 약부, 목부, 법부, 후궁부로 되어 있었고 외관은 사군부, 사도부, 사공부, 사구부, 점구부, 객부, 외사부, 주부, 일관부, 시부로 되어 있었다. 그리고 이 21개의 내외관부와 6좌평의 관계나 그 시기적인 존립의 성격에 대해서는 분명하지 않지만 대체로 6좌평 산하에 더욱 체계적인 관리를 위한 제도적 정비로 21개의 내외 관부를 마련하였을 것으로 짐작할 수 있다.

97) 부여의 5방제는 부여를 중심으로 5개의 주요 지방의 성을 두어 국방의 역할을 맡게 했는데 그 위치는 다음과 같다. 중방-고사성(고부), 동방-득안성(은진), 남방-변성(장성), 서방-도선성(?) 북방-웅진성(공주)이 그것이다.

필요가 있다. 먼저 제의-군장체제 자체는 시기적으로는 청동기시대까지이기 때문에 농경적 생산양식이 주도하고 있었다. 고조선시대도 농경이 중심이었으며 기장, 조, 수수, 콩, 팥 등 오곡과 대마와 황마 등을 재배했다. 야생동물의 가축화도 이루어졌기 때문에 돼지와 닭 등이 양축되었으며, 소와 말은 농경용과 교통수단 그리고 군사용으로 활용했다.

특히 농업의 생산력은 철기의 보급으로 급속하게 증대하였다. 부여도 고조선과 마찬가지였다. 부여에 대한 기록을 보면, 철기를 이용하여 농구나 무기류를 생산했고, 이에 따라 농업 생산성의 증대가 이루어졌음을 짐작할 수 있다. 부여는 고조선보다 생활수준이 높았는데, "부여의 부유한 층은 일상적으로는 흰 천으로 만든 긴 소매가 달린 도포와 바지를 입었으며, 외국으로 나갈 때는 문양이 새겨진 고급 비단옷을 입었다"는 기록에서도 알 수 있다.[98] 하층의 대다수 주민들은 삼으로 된 질 낮은 천으로 의복을 마련했다. 부여에서는 금·은 세공술이 발전하였으며, 대가들은 금이나 은으로 장식된 모자와 장신구를 사용했다. 이러한 사실은 상층과 하층의 생활수준이 점차 격차를 이루었음을 의미한다. 농업 생산성은 삼국시대에는 철제기구의 보급과 휴경농법의 도입으로 높아졌다. 백제에서는 관개농법을 발전시켰으며[99] 이 시기에 이르면 논에서 벼와 보리를 재배하게 되었다.

고대사회에서는 야금술의 발전으로 수공업적 생산이 일어났으며, 이에 따라 제작된 각종 철기를 일반인들이 사용했으며, 금·은의 세공기술도 발전했다. 수공업 기술의 발전은 상업 활동을 촉발시켰다. 그 결과 고대 사회도 단순히 농업 중심의 고착적인 사회로는 머물지 않았으며 상업 활동이 일어나서 사회변동의 요소가 내재할 수 있었다. 특히 뽕과 삼을 직조하는 기술이 보급되어 비단과 가는 삼베 등도 생산되었고, 이것은 물물유통의 기준 화폐로도 활용되었다.

상업은 단순히 근거리에 한정된 물물유통의 성격을 넘어서서 원거리

---

98) 《삼국지》 권 30, 〈위서〉 부여전.
99) 330년에 백제에서는 큰 규모의 저수지인 벽골지를 건설했으며, 510년에는 제방공사도 했던 것으로 기록되어 있다.(《삼국사기》 권 26, 백제 무령왕 10년 정월조)

무역으로 발전했다.[100] 고조선에서는 상업 활동에 필요한 명도전과 같은
화폐가 통용되었으며, 이는 곧 그만큼 경제영역의 발전이 이루어졌음을
의미했다. 경제의 발전은 고조선 사회를 자급자족적 원시공산사회의 성
격을 넘어설 수 있게 했으며, 생산의 잉여가치는 결국 그것의 점유에 따
른 불평등을 조성시켰다. 잉여가치의 점유계층과 잉여가치의 창출계층으
로 양분되었는데, 전자는 사회구조의 상층으로 그리고 후자는 하층으로
자리잡았다. 물론 이러한 계급적 이분화는 소수의 상층과 다수의 하층이
라는 계급적 속성을 그대로 반영하고 있었으며 상층은 군장을 비롯한 통
치자층이었거나 그 가족구성원들로 이루어졌고, 여기에 속하지 못한 사
람들은 하층에 놓이게 되었다.

　상층은 통치권력과 근접한 위치 때문에 영향력이 극대화되었으며, 이
는 주로 하층을 상대로 하는 약탈적 목적을 성취하기 위해 사용되었다.
하층은 생산의 실제적인 담당자였으며 상층에 의한 약탈의 대상자였다.
상·하층의 구분은 제의-군장체제의 초기단계에서는 그렇게 심각하지 않
았다. 그러나 점차 권력 점유자로서의 통치자와 그를 중심으로 하는 지배
층의 형성이 이루어지자 여기에 합류하지 못한 대다수 구성원은 하층으
로 남게 되었다. 이러한 구분을 가져왔던 중요한 계기는 전쟁과 같은 군
사활동에서 전공을 세웠거나, 군사지휘부에 소속된 인사들이 승전했을
때 포로를 노예로 삼을 수 있는 특권을 가질 수 있었고, 전장에서 약탈된
물자를 배타적으로 독점할 수 있었으며, 군장으로부터 전공의 대가로 더
많은 노예와 농경지를 하사받았기 때문이었다. 이러한 과정을 거쳐 이 소
수의 인사들이 상층 지배층으로 자리잡을 수 있었다. 여기에 해당되지 못
한 다수 하층 사이의 차이는 초기에는 그렇게 심하지 않았지만 시간이
지남에 따라 심화되었으며, 종국에 가서는 상하의 양대 계급적 구분을 가

---

100) 기원전 2세기에 고조선은 중국의 한과 활발한 무역을 하였다. 한의 교역상인들이 자
　주 고조선에 왔으며, 고조선에서 조를 비롯한 곡식, 그리고 고조선에 이름난 활인 낙
　랑 단궁과 말의 일종인 과하마, 범 또는 표범의 가죽, 돈피, 반어피 등 특산물과 그 밖
　의 수공업제품, 그리고 해산물을 구입하여 중국으로 가져갔다. 그리고 중국으로부터
　고조선은 비단, 거울, 귀금속과 같은 상층을 위한 물품들을 사들였다.(《후한서》 권
　85, 〈열전〉 동옥저, 예)

져왔다.

　고대사회에서 상층의 하층에 대한 지배와 억압은 단순히 그들 사회의 안전을 위해서가 아니라 지배층이 통치권을 장악하고 행사했던 일반적인 통치과정 그 자체였다. 상층 통치자들은 하층에 대해 경제적인 약탈, 즉 조세나 공물, 부역과 같은 통치체제적 징발행위를 일상화함으로써 그들의 경제력을 축적했다. 물론 이러한 축적이 그 집단의 안전과 발전 그리고 공동체적 연대를 위해 행해진 경우도 있었지만, 대부분의 경우 지배층의 사적 소유를 위한 독점이었으며, 결과적으로 대다수 하층을 빈곤 상태로 몰아넣어 전형적인 피지배 민중적 존재로 만들어 버렸다.

　여기서 한 가지 지적해야 할 사실은, 고대사회, 특히 고조선 사회를 노예제 사회로 인식할 수 있는가이다. 이 시기를 노예제 사회로 보는 것은 하층의 피지배상황에 대한 인식에서 비롯되었지만 그렇다고 해서 노예제 사회라고 단정하기에는 논리적인 면에서나 실증적인 면에서 한계가 없지 않다. 이른바 사적 유물론에 의한 역사발전단계론에서는 이 시기를 노예제 사회로 규정하고 있지만, 그보다는 '노예가 있었던 사회'로 인식하는 것이 더 정확한 논의일 것으로 여겨진다. 즉 상층 지배자들은 가내 노예를 소유했지만 그렇다고 해서 이들 노예들이 전체 사회의 생산력을 전담했던 것은 아니었기 때문에 노예제 사회로 규정하는 것은 적절성이 약하다.[101] 그보다는 소수의 상층과 다수의 하층으로 구성된 이분적 사회로 파악하는 것이 설득력이 있다. 물론 하층 안에도 중하층에 해당되는 일종의

---

101) 여기서 한 가지 지적되어야 할 것은 고조선 사회를 노예제 사회로 인식하는 논리에 대해서이다. 이 논리는 주로 유물사관에 입각한 것으로 원시 공산사회, 고대 노예제사회, 중세 봉건제사회, 근대 자본주의사회, 그리고 공산주의 사회라는 역사발전의 단계론을 한국의 고대사회에 무리하게 적용시킨 논의로 이해할 수 있다. 한국의 고대사회를 고대 노예제사회로 파악하기 위해서는 먼저 노예제사회의 본질적 의미와 과연 그러한 노예가 고조선 사회에 있었는가 하는 점을 밝혀야 한다. 물론 고조선시대의 고분 발굴에서 귀족이나 통치자층으로 보이는 인사의 무덤에 많은 수의 순장이 발견됐다는 점을 근거로 무덤에 순장될 수 있는 존재를 모두 노예로 설정해서 설명하는 것이 일반적인 인식으로 되어 있다. 과연 순장만 있으면 그것을 모두 노예라고 볼 수 있을까? 그리고 노예가 있었던 것과 노예제사회는 기본적으로 다른 것이다. 노예제사회는 노예가 사실상 그 사회의 생산력이자 생산수단임을 의미하는 것이다. 이 점에서 상층의 지배세력의 가문에 종복으로 종사하는 노예와 노예제사회는 엄격히 구분되어야 할 것이다.

자영농민층과 그렇지 못한 하층으로 구분될 수 있지만, 이러한 논의 역시 지나치게 도식적일 수 있다. 이 시기에 자영농민층의 존재는 극히 미미했으며 대다수가 하층으로 같은 범주에 놓여 있었을 것으로 여겨진다.[102]

전근대사회에서는 국왕을 중심으로 한 지배층의 경제적 약탈이 공식적으로는 조, 용, 조의 방식으로 행해졌는데, 이것은 고대사회도 크게 다르지 않다. 토지경작자는 지세를 납부했으며, 피지배 민중들은 강제노역에 동원되었음은 고대사회에서도 일상적인 약탈수법이었다. 조의 경우 전체 호수를 경작농지의 규모에 따라 상, 중, 하로 나누어 호당 1섬, 7말, 5말의 3등급으로 징수했다.[103] 또한 고구려에는 인두세가 있었는데 한 사람당 곡식 5섬, 베 5필이었다. 인력의 강제동원인 용은 15세 이상의 남자를 대상으로 해서 군정의 의무와 노역을 제공하게 했다. 특히 고대사회에서는 궁전이며 성곽, 그리고 신전, 별궁의 공사가 잦았기 때문에 필요한 노동력을 강제동원으로 충당하였다. 따라서 일반 민중에게는 가장 큰 고역이었다. 구체적으로《삼국사기》〈백제본기〉에 따르면 왕궁 건설이 10건, 사원 건축이 2건, 다리 건설이 1건, 축성이 25건 등 총 46건의 건설 예를 찾을 수 있는데, 이때마다 장정의 강제동원이 있었다. 특히 축성이 가장 힘든 일이었는데, 백제는 모두 200여 개의 성을 쌓았다. 또한 지배층의 개인적인 약탈도 민중들을 고통 속으로 몰아넣었으며 지배세력에 의한 토지겸병은 그들의 부를 확대하는 방법으로 그만큼 민중의 고통이 심화

---

102) 북한 학계에서는 이 문제에 대해서 이렇게 적어 놓았다. "고조선은 노예제가 지배하는 나라였으나 경리형태는 획일적인 것이 아니었다. 단군조선 시기의 경리형태를 크게 나누어 보면 노예소유자적 경리형태와 자영농민적 경리형태, 공동체적 경리형태가 있었다. 그것을 소유형태별로 보면 국가적 소유와 사적 소유, 공동체적 소유가 있었고 사적 소유에는 노예주들의 소유와 자영 소농민들의 소유가 포괄되어 있었다."(사회과학출판사 엮음,《고조선력사개관》, 중심, 2001, pp.62∼63) 이러한 논의는 결국 이념형적 인식, 즉 마르크스주의적 경제사관에 입각한 논리의 번안에 지나지 않는다. 왜냐하면 과연 고조선에 자영농민층이 존재했는가의 문제가 따르기 때문인데 최소한 자영농민층의 개념은 농업적 생산품의 상거래에 의해 일정 이익을 지속적으로 취득할 수 있는 경제적 상황이 전제될 수 있어야 하기 때문이다. 과연 고조선에서 농산물의 거래로 이득을 취할 수 있을 정도로 활성화된 경제구조를 가졌을 것인가는 여전히 의문으로 남기 때문이다.

103)《수서》권 81, 〈열전〉고구려.

되었다.[104]

민중들의 생활고는 일상적이었으며, 특히 가뭄과 홍수로 실농했을 때나 황충의 피해는 민중들을 극심한 빈곤 속으로 몰아넣기도 했다. 《삼국사기》 〈백제본기〉를 보면 기아와 빈곤, 호구의 감소, 민중들의 유리걸식 등을 자주 기록하고 있다. 이러한 사정은 이 시대 민중들이 극심한 고통 가운데에 놓여 있었음을 의미한다. 이렇게 되어서 민중들은 유리걸식하게 되었으며, 심한 경우 도적이 되거나,[105] 다른 나라로 대거 이주했다.[106]

전반적으로 제의-군장체제는 일정한 통치이념을 바탕으로 하는 통치 기구를 조직적으로 성립시켰다기보다는 군장 자신의 편의에 따라 필요한 기구를 마련했다. 군장의 신격화를 위해서, 조상신과 천신에 대한 제의를 집행하게 위해서, 외부의 적을 막기 위해서, 군왕의 개인적인 출납을 위해서 관직을 만들었다. 특히 군장의 호위를 맡았던 측근인사들을 배려하였으며, 지방은 군장 일가나 주변 총신들이 그 책임자로 임명됨으로써 일종의 하사지와 같은 성격을 갖게 되었다.

물론 제의-군장체제가 외부로부터 유입된 정복자의 성격을 가졌는지, 여러 집단의 연대로 의한 것인지에 따라 통치체제의 차이점을 보여주었음은 앞에서도 살펴보았다. 이러한 차이점은 그 뒤 국왕의 통치권 확립에 중요한 요소로 작용했다. 즉 전자의 경우는 중앙집권적이고 전제군주적

---

104) 고구려에서 궁전의 건축만 해도 기원전 34년 동명왕 4년의 공사, 3년 유리왕 22년의 국내성 천도와 연관된 공사, 247년 동천왕 21년의 평양 수도에 의한 공사, 295년 봉상왕 7년의 공사 등 수없이 행해졌으며, 이러한 공사에는 하층 민중들의 강제동원으로 행해졌다. 이 시기 고구려에서 지배층이 하층에게 했던 개인적인 약탈로 기록되어 있는 것으로는 대무신왕 15년 동명왕의 부하인 구도, 일구, 분구 등이 비류부장으로 있으면서 직권을 남용하여 남의 처첩과 소와 말, 그리고 재물을 빼앗으며 이를 주지 않는 사람에 대해서는 심하게 매질까지 했다는 기록이 있다.(《삼국사기》 〈고구려본기〉 대무신왕 15년조)

105) 이것에 대해서는 "가을에 누리와 가뭄이 있어 곡식이 순조롭게 자라지 못하였다. 도적이 많이 일어나니 왕이 백성을 안무하였다"고 기록되었다.(《삼국사기》 권 23, 〈백제본기〉 1, 초고왕 43년조)

106) 백제에서는 극심한 생활고에 놓여 있었던 민중들은 다른 나라로 대거 유리했는데 이웃나라인 신라로 또는 고구려로 옮겨갔다. 이 점에 대해 《삼국사기》 25권 〈백제본기〉 3의 아신왕 8년 8월조에는 이렇게 적고 있다. "왕이 고구려를 치려하여 크게 병마를 징발하였다. 백성들은 병역이 괴로워 신라로 많이 도망하니 민호가 쇠잔하였다."

인 성격을 일찍부터 갖게 되었으며, 각 지방은 국왕에 복속된, 또는 중앙에서 파견된 관리가 통치했다. 그러나 후자는 각 지방의 독자성을 어느 정도 유지했을 뿐 아니라 이 집단들의 존장들이 서로 연대하며 국왕을 옹립하거나 폐위하는 등 통치권에 직접 영향력을 미치기도 했다.

제의-군장체제의 형성과정에서 나타났던 이러한 차이점은 그 뒤 고대국가에서 특정 통치세력의 등장과 이들과 국왕과의 관계 설정에서도 중요한 변수로 작용했다. 즉 중앙집권적 군장 중심의 체제에서는 일반적으로 군장→지배세력연합의 순서로 통치권의 궤적을 그려 놓았다. 그 반면에 연대적 협의체로 출발한 군장체제에서는 지배세력연합→군장체제라는 성격을 보여주었다. 이러한 성격은 후대의 국왕과 귀족과의 관계 설정에서도 주요한 영향을 미치기도 했다.

5. 제의-군장체제의 의미

한국 고대사회에서 제의-군장체제는 앞에서 살펴본 것처럼 다음과 같이 도식적으로 정리할 수 있다.

제의-군장체제의 구도

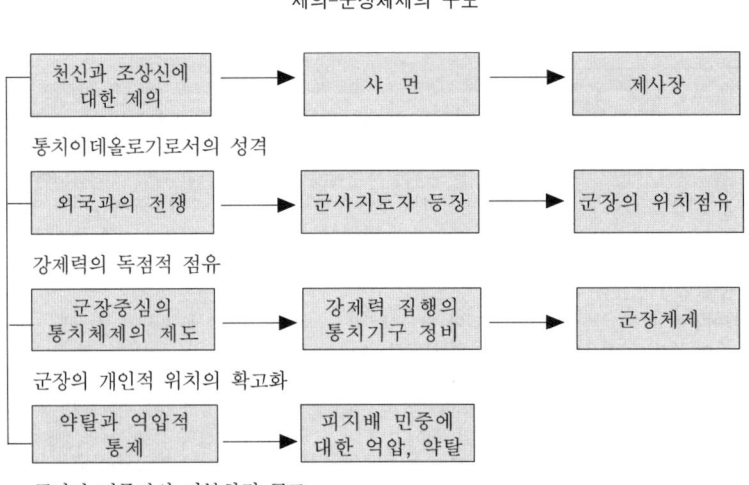

앞의 도식에서 알 수 있듯이 제의-군장체제는 고대사회의 샤먼과 제
사장의 위치가 발전적으로 변형된 것이다. 이들이 최초로 지배자로 등장
했던 것은 천신과 조상신에 대한 제의에서 비롯되었으며, 그 과정에서 이
들의 위치는 지배자의 성격을 보여주었다. 그러나 그들의 권능과 영향력
은 한정적이었으며 부분적이었다. 비록 최초의 지배자였지만 제의의 주
관자로서 이들의 지배자로서 위치는 결코 통치자적인 것으로 바로 전환
될 수는 없었다. 제사장의 위치가 군장으로 변모되었거나 대치될 수 있었
음은 오로지 외부의 침탈과 충돌 때문이었다. 이 점에서 군장의 등장은
전쟁의 산물로 이해할 수 있다. 그것도 외부의 강한 적대세력의 침탈이
군장의 등장을 가져왔다.

전쟁과 같은 군사행동은 그 집단을 전쟁체제로 변형시켰으며, 이는 필
연적으로 강력한 지도체계, 즉 이전에는 존재하지 않았던 새로운 통치구
조를 조성했으며 그 중심에 군장이 자리잡게 했다. 이렇게 등장한 군장은
자신의 위치 점유와 이와 연계된 영향력을 확대했으며, 결과적으로 군장
체제로 나아갔다. 군장적 통치체제가 고대국가나 국왕의 명칭으로 불렸
다고 해도 그것은 국왕 전단계의 성격으로 파악해야 할 것이다. 즉 군장
은 고대 왕조국가체제 이전 단계의 과도기적인 통치체제라 할 수 있다.
한국의 고대사회에서 군장적 통치체제는 두 가지 단계를 거쳤는데, 제의
는 군장적 통치체제를 위한 전단계적인 전초기지였다. 그 뒤 군장은 거듭
되는 외부세력의 침탈로 빚어진 전쟁 때문에 전장으로 대두하였다.

그러나 제의와 전쟁은 비단 군장체제만이 아니라 그 뒤의 체제로 발전
하게 한 계기가 되기도 했다. 그 요인들은 군장적 통치체제를 형성시켰지
만 동시에 그것을 와해시키고 그 대신 고대국가로 발전할 수 있게 했다.
특히, 여기서 지적할 것은 제의 중심의 통치이데올로기가 외부에서 유입
된 불교와 같은 고등종교 때문에 무용한 것으로 변모하여 그 체제로부터
한정성을 부과받게 되었다는 것이다. 그 뒤 대규모의 전쟁도 군장과 같은
지도자 위주의 전쟁으로부터 전문적인 군사조직체의 동원과 전략의 필요
성 때문에 더욱 발전한 전쟁으로 나아갔으며, 이는 군장의 위치에도 커다
란 변화를 몰고왔다. 이러한 변화로 고대 왕조국가체제가 생기게 되었다.

고조선에서부터 삼국시대 초기에 걸쳐 존재했던 군장통치체제의 이러한 성격 가운데 주요한 것만을 다시 한번 정리하면 다음과 같다.

1. 한국 고대사회는 천신과 조상신에 대한 제의 중심의 사회를 이룩하며 집단적 삶을 공동적으로 영위했다. 제의를 통해 천신에 대한 공동체 구성원 모두의 경배와 공동체 문제의 해결을 기원했고, 이를 통해 집단구성원들 사이에 결속력을 높일 수 있었다. 이 점에서 제의는 고대사회에서 통합적인 면에서나 미래지향적인 의미에서 지배이데올로기적 기능을 하였다.

2. 제의의 주관자가 샤먼이나 제관 또는 제사장으로 변화하면서 제의의 내용도 기원이나 감사에서 벗어나 집단 안의 주요 문제를 협의, 결정하는 공론장으로 변모했으며, 범죄자의 심판과 경제적 가치배분에 이르기까지 여러 문제를 결정하는 기회로 활용했으며, 특히 제사장을 비롯한 지배층의 위치를 점점 더 높이고 고착시키는 계기가 되었다.

3. 고대사회의 부족집단은 외부에 대하여 공동방어가 필요하였으며, 특히 중국과 놓인 관계에서 그러하였다. 중국에서 제후들 사이의 전쟁이나 특정 제후에 의해 천하가 통일되었을 때, 그 여파는 만주나 한반도에 미쳤다. 중국의 침략으로 인해 그에 맞설 군사지도자를 필요로 하였다. 이 지도자들은 제사장일 수도 있었고 전쟁에서 실제로 전공을 세운 인물일 수도 있었다. 거듭되는 전쟁으로 군사지도자는 그 집단의 지도자적 위치, 즉 군장으로 올라설 수 있었다.

4. 한국 고대사회에서 군장의 등장과정은 두 가지 통로를 보여주었는데, 하나는 외부로부터 유입된 세력이 기존 집단을 통치하는 경우로, 이 경우 군장은 제사장임과 동시에 군장으로서 더욱 강력한 영향력을 행사했다. 그 반면에 외부의 군사적인 침탈에 대응하기 위해 다수의 집단들이 연대하여 새롭게 군장을 옹립한 경우에는 이들 세력이 미친 영향력이 군장에게 작용함으로써 군장은 제약된 위치에 서게 되었다. 특히 전자는 군장-지배세력, 후자는 지배세력-군장체제로 옮겨가는 서로 다른 전개과정을 보여주었다.

5. 군장은 천신과 조상신에 대한 제의로 그 자신의 통치자적 위치를 합리화하여 구성원의 복종을 확보했으며, 실제 전쟁에서 탁월한 지도성을 발휘함으로써 자신의 특출함도 입증했다. 이렇게 하여 구성원들의 복종의식이 강화되었다. 군장은 점점 더 강력한 통치자의 위치를 차지했으며, 이를 위한 제도적 장치로 관인적 통치기구가 마련되었다.

6. 군장을 지원하는 통치기구는 기본적으로 군장을 보좌하는 성격을 가지고 있었으며, 이는 군장의 통치과정에서 효율적인 권력행사를 위한 수단으로만 활용될 수 있었다. 특히 군장의 세습제도와 관인들이 최고위지배층으로 자리잡게 되어 특정 통치세력으로 군림할 수 있었으며, 결과적으로 군장의 신격화와 전제적 권력행사를 가능하게 했던 주요한 계기가 되었다.

7. 군장적 통치체제는 군장을 포함한 지배세력으로 구성된 소수의 상층과 그들에 의해 억압, 강제, 또는 약탈되었던 하층으로 양분되는 이분적 사회구조를 형성하였다. 군장체제는 기본적으로 양대 계급적 분화과정에서 상층이 하층을 억압하는 체제였기 때문에 군장체제 자체가 강화될수록 하층 민중들의 억압이 그만큼 커졌다. 군장적 통치체제는 매우 억압적이어서 하층 민중들은 새로운 가능성에 대한 기대감을 갖게 되었는데, 그것은 바로 외래의 고등종교에 대한 적극적인 수용의지로 표현되었다. 민중의 이러한 열망은 현실적으로 군장적 통치체제가 갖는 한계점에 맞서려는 집단적인 변혁의식으로 표현되었다기보다는 기존 상황에 대해 소극적으로 수용하는 데 머물렀다. 그러므로 군장적 통치체제의 질적 변화, 즉 고대 왕조국가로 변화하는 것은 군장을 중심으로 한 상층 지배자들이 새로운 종교를 수용하여 함께 유입된 선진문화를 따르는 제도적인 체제 정비로 이행한 것이었다. 즉 군장적 통치체제는 하층계급의 도전과 같은 사회구조의 내적 변혁보다는 상층에 의한 개혁적 변화, 즉 궁극적으로는 군장적 통치체제의 자기 변용을 낳게 되었다.

한국의 고대사회는 제의-군장체제로 시작되었으므로 후대의 정치사적 성격에도 중요한 영향을 미쳤다. 그러한 영향의 하나로는 제의와 같은 성격이 강하게 작용했다는 사실을 지적할 수 있다. 즉 종교적 신앙체계의 이데올로기적인 성격이 갖는 이념적 귀속감이 강화되었으며, 그로 인해 다른 어느 사회보다도 더 강한 이데올로기적 정치구조가 대두하게 되었다. 다른 하나는 군장체제가 갖는 전쟁의 중요성, 즉 외국 강대국의 침탈이 야기한 군사적 영향력이 한국 사회의 내적 구조에 질적인 변화를 가져온 요인이라는 것이다. 사회구조의 내재적 변혁에 따라 새로운 체제로 발전한 것이 아니라 단순히 외국의 영향력에 따라 외부에서 부과된 변화의 수용이라는 소극적이고 한계 있는 성격을 내재화하게 된 것이다.

제4장 고대국가의 군왕체제

1. 군왕체제의 의미

한국 고대의 통치체제는 군왕체제로부터 통치구조의 뼈대를 정비했다. 부분적으로는 군장체제의 일면도 있었지만 여기에 새로운 요소들이 부가되었다. 그러므로 먼저 고대국가의 군왕체제를 개념화할 필요가 있다. "고대국가의 군왕체제는 통치이데올로기와 제도화된 통치기구, 그리고 법적 기준에 따라 군왕을 중심으로 하는 통치세력이 그들의 사적 이익을 확보하기 위해 통치하는 초기 국가적 성격을 갖고 있다." 고대국가의 군왕체제는 군장체제와는 달리 1) 통치이데올로기, 2) 관료체제와 율령에 따른 피지배층 강제의 제도, 3) 사회계급구조의 편제 등을 보여주었다.

앞에서도 말했지만, 군왕체제는 삼국시대 초·중반기 이후부터 발전하였다. 이 시기로 들어서면, 제의와 군사활동 중심의 통치구조는 새로 유입된 불교의 영향으로 통치의 효율성이 높아졌으며, 이를 위해 새롭게 재편된 체제의 성격을 갖고 있었다. 새로 유입된 불교는 새로운 통치이데올로기로 기능했으며, 그에 따라 통치체제의 성격도 변모하였다. 무속적 기원이 핵심이었던 고대사회에 불교라는 새로운 가치관념의 수용은 심대한 충격이었으며, 따라서 그것에 적실성 있는 통치체제의 등장은 필연적이었다. 이에 근거한 통치이념도, 통치제도도 구성원에게 새로운 관계를 부과했다.[1]

이 시기 불교에 입각한 통치이데올로기의 정립은 그에 부응하는 통치 구조의 재편으로 나아갔다. 그 가운데 대표적인 변화는 이전의 군장에서 전제적 통치자로서의 군왕으로 대두시킨 것이다.[2] 이는 불교와 함께 수용된 선진문화가 가져다준 충격이기도 했다. 즉 불교를 매개로 들어온 중국의 선진문화는 군장사회를 변모시켰다. 불경과 함께 문자가 도입되어 활용되었으며, 지식계층도 등장했다. 지식계층의 등장은 그에 상응하는 새로운 사회지위를 요청했으며, 이는 곧 군왕의 통치를 지원하는 통치제도로 자리잡았다. 이 제도들은 중국의 제도를 모방했다. 군왕을 비롯한 상층 지배층의 복식과 생활관습도 중국의 선진문화를 따랐다. 그러므로 불교의 유입은 이 시기 한국의 고대사회를 한 단계 발전시킨 계기가 되었다. 불교를 바탕으로 한 통치이데올로기의 형성은 군장과 같은 지배자를 한층 더 관념화한 지도자의 위치로 논리화했다. 즉 천신이나 조상신으로

---

1) 불교의 유입이 군장적 통치체제를 군왕적 통치체제로 변모시키게 한 독립변수였는가 아니면 하나의 매개변수의 위치에 불과한가에 대해서는 많은 논란이 있다. 일반적으로 그 시기에 귀족과 왕권 사이의 대립에서 이미 왕권의 강화가 시도되는 상황이었기 때문에 불교가 군왕의 이러한 요구에 부응할 수 있는 요건을 제공하였다고 설명하는 것도 이러한 의미에서다. 그러나 귀족과 군왕 사이의 권력적 갈등은 비단 이 시기만의 문제일 수는 없다. 그보다는 불교의 유입이 어느 면에서는 군왕체제를 이룬 권력 강화를 가능했던 하나의 계기를 마련해 주었다는 점에서 군왕체제를 한 요인으로 설명될 수 있다고 여겨진다. 이 문제에 대한 논의는 주로 후자의 관점이 다수로 되어 있는데 이에 대해서는 李基白,〈三國時代 佛教 受容과 그 社會的 意義〉,《新羅思想史研究》, 一潮閣, 1997, pp.48~49 참고.

2) 군장체제에서 지배자의 영향력 행사의 효율성을 확보하기 위한 제도적 지원은 미약했으며, 그 결과 지배자의 위치 자체가 단기간에 한정될 수밖에 없었다. 그러므로 이들 집단의 주요 결정은 지배자의 자의적인 성격보다는 그의 주변 인사들과 합의를 전제하였다. 바로 이 점에서 군장사회와 초기국가의 주요 결정과정을 '귀족적 민주정'이라는 표현으로 설명하기도 했다. 여기서 말하는 귀족적 민주정은 귀족에 속하는 지배층 인사들의 전원협의체적 결정에 따라 정책의 결정과 집행이 행해진다는 의미를 담고 있다. 즉 귀족 가운데 특정 세력이 집권해서는 그들만이 권력을 전단하는 경우 이를 귀족정이라고 말할 수 있지만 귀족적 민주정은 귀족에 속하는 인사들 전원이 다 참여하여 중요한 결정을 내린다는 의미로 받아들일 수 있다.

군왕체제에서 군왕은 상대적으로 그 위치가 공고해졌는데, 이들은 시간이 지남에 따라 전제적 통치자의 성격을 보여주었다. 비록 귀족이나 그들과 비슷한 상층 지배세력의 지지를 필요로 한 경우도 있었지만, 상대적으로 이전보다 그들의 영향력이 약화될 수밖에 없었다. 즉 상층 지배세력의 영향력 약화는 곧 군왕의 영향력 강화를 의미하는 것이었으며 이는 전제적 왕권체제로의 발전을 예비하였다.

부터 불교에 바탕을 둔 통치이데올로기의 등장은 군장에 대해 특별한 의미를 부여했다. 고대사회 구성원들에게 군장은 천신의 대역자였으며, 그의 통치는 천신이 부과한 역할을 수행하는 것이었고, 천신에 따라 운명 지워진 것을 앞장서서 수행하는 존재로 여겨졌다. 군장은 통치과정에서 그 자신의 자의성조차도 천신이 마련해준 것으로 정당화되었으며, 그의 능력은 오로지 천신의 영향력에 의존할 수 있었다.

그러나 불교의 통치이데올로기에서 군왕은 현실사회의 최고통치자로 불교 가치관을 구현하는 실현체이며, 그의 존재 자체가 불교의 속성으로 여겨졌다. 즉 불교의 불(佛)을 곧 군왕의 존재로 여겼다. 군왕은 살아 있는 부처였다.[3] '왕즉불'(王卽佛)이었기 때문에 왕은 현실세계를 제도하는 정신적이고도 현실적인 지도자였으며, 과거와 현재 그리고 미래를 유기적으로 연계하는 존재였다. 현실 상황에서 군왕의 자의성은 결정적인 영향력을 행사했는데, 이는 불교에 의해 합리화되었다. 물론 군왕의 통치에 대한 평가는 군왕의 사후만이 아니라 현재에서도 일정한 한계를 넘으면 부처의 심판을 받을 것으로 여겨졌다.

군왕의 통치권을 뒷받침해준 불교의 이러한 성격은 군왕의 통치에 필요한 제도를 효과적으로 정립하는 데 도움을 주었다. 군왕은 불교에 따라 선택된 통치자라고 스스로 주장했으며, 이를 불교의 종교의식으로 구성원들에게 널리 파급시켰다. 군왕의 자기 미화는 이전 어느 때보다 더한층 광범하게 행해졌다. 조상신과 개국신화를 불교의 신앙으로 승화시켰으며, 이를 현실 속에서 뒷받침하기 위해서 조상묘의 영조와 사당, 신당, 사원 등을 만들었다. 이 영조물들은 자연히 군왕의 위력을 과시하는 상징체계로 자리잡았으며, 피지배층으로부터 자발적인 복종을 확보하는 통치수단

---

3) 이 점에 대해서 이기백은 이렇게 적어 놓았다. "이 같이 신라의 왕족이 석가와 같은 찰제이종으로 생각되었다고 한다면, 신라의 국왕이 석가에 비기어질 수 있는 가능성이 더욱 커진다고 하겠다. 이같이 신라의 국왕을 석가에 비기어 보려는 생각은 결국 석가의 권위를 빌어서 왕권의 강화에 이바지하게 하려는 것으로 해석된다."(李基白, 〈新羅初期 佛敎와 貴族勢力〉,《新羅思想史硏究》, 一潮閣, 1997, p.82) 그리고 김철준은 고구려에서 '왕즉불'의 성격이 있으며 이는 곧 북방불교의 영향 때문이라고 말했다.(김철준, 〈신라상대 사회의 Dual Organization〉,《한국고대사회연구》, 서울대출판부, 1994)

으로 활용되었다.

불교가 유입된 뒤 군왕은 전쟁과 같은 군사작전에 그 자신이 직접 출
정할 필요가 없게 되었다. 군장체제에서 전쟁의 지휘자는 명실공히 군장
이었지만 고대국가의 군왕체제에서는 역할이 분화되었으며 위계적 계층
화도 이루어졌다. 군왕이 현실세계의 최고지도자가 됨으로써 전쟁과 같
은 군사문제에 대해서도 그는 명령자이자 최종 결정자였다. 실제 군사작
전의 책임은 군왕이 임명한 장수들 몫이었다. 군장체제에서는 군사지도
자가 군장 자신이었거나 그와 대등한 위치의 인사들이었지만 군왕체제에
서는 장군이 그 일을 맡았다. 장군의 위엄과 지휘권은 오로지 군왕이 부
여한 권위에 따라 행해졌다. 심지어 장군의 군사적인 승리, 즉 전공도 군
왕의 명령을 충실하게 집행했던 결과로 여겨졌으며, 군왕에게 그 공이 돌
려졌다. 만일 장군이 전쟁에 패했다면 군왕의 명령과 지휘를 충실하게 따
르지 않았던 장군의 과실로 여겨졌다. 군왕체제에서 장군은 군왕을 정점
으로 한 위계질서 안의 종속자에 지나지 않았다.

또한 군왕은 자신의 위엄을 나타내고 통치의 효율성을 확보하고자 구
성원들을 동원해서 왕궁을 건축하고 왕도(王都)를 확장하며 요새를 축성
하는 등 거대한 공사를 실시했다. 왕궁은 왕권의 권위를 나타내는 일차적
인 상징물이었다. 거대하게 건설된 왕궁이야말로 왕실 권위의 상징이었
으며 피지배 민중의 복종을 확보하기 위한 효과적인 전시물이었다. 왕궁
을 중심으로 왕도가 축성되었으며, 왕실의 권위를 높이기 위해 사직단,
국조 사당, 거대한 왕묘 등 대대적인 공사를 일으켰다. 또한 왕과 관료들
의 회합을 위한 회의실, 각종 관아의 조성, 지배층의 거주지역 정비, 물물
거래를 위한 시장의 건설, 그리고 가로의 정비 등이 이루어졌다. 이러한
일들은 이전의 군장체제에서는 볼 수 없는 대규모적이고 체계적인 민중
동원 방식으로 진행되었다.

군왕체제의 이러한 사건들, 즉 전쟁, 관료제도, 거대한 규모의 건축 등
은 몇 가지 사실을 전제로 하였다. 그 하나는 경제적 여건이며, 다른 하나
는 인적 자원의 동원이었다. 전자를 위해 군왕은 민중들에게 과세와 부역
을 강제적으로 부과했다. 과세와 부역을 사회 전체의 구성원들에게 일률

적으로 적용시킬 수는 없었다. 군왕체제의 구성원들 사이에서는 이미 부와 경제적 능력 면에서 차등을 보였으며, 따라서 그에 합당한 과세와 수납체제가 필요했다. 과세의 수납은 전문적인 조세행정제도와 수취권 확보를 위한 인적 요원과 행정절차를 필요로 했는데, 이러한 사실은 자연히 관인층을 발전시켰다.[4] 이렇게 해서 등장한 관인들 가운데 상층 관직자는 군왕의 친족, 군왕체제에 연합한 집단의 존장, 그리고 통치자들과 연관된 인사들이 차지했다. 하층 관인은 신분적으로는 이들과 달랐지만 관료 기능의 수행력을 가지고 있었던 사람들이었다. 상층 관리와 하층 관리는 대부분 엄격하게 구분되었으며, 하층 관리가 상층으로 상승하는 것도 막아 놓았다.[5]

관리의 등장과 발전에는 관인의 계층화와 직무수행 제도, 그리고 행정 집행절차가 필요했으며, 이것을 위한 규칙도 제정되었다. 군왕의 영향력이 커짐에 따라 관인의 역할도 또한 커졌으며 관인의 수도 많아졌다. 따라서 관인의 직위와 권위를 체계적으로 구분하였으며, 책임도 합당하게 부여했다. 이처럼 관인의 계층화는 전적으로 관리와 군왕 사이의 거리에 따라 그 권위와 책임이 비례하게 되는 권력과 권위의 피라미드 구조를 이루었다. 관인의 계층적 구조화는 군왕체제에서는 군왕의 통치권 행사의 작동기제였으며, 통치자층인 군왕과 관인층은 상층의 구조화를 이루었다.

---

4) 군왕체제에서 관료는 지배세력의 한 구성요소이며, 군왕 중심의 통치체제를 효율적으로 기능하게 하는 장치이다. 그러므로 이들은 지배세력과 피지배세력 사이의 접촉고리로 지배세력에 의한 피지배세력의 통치장치였다. 군장체제에서의 관료는 단순히 군장의 개인적인 가신의 범주에서 크게 벗어나지 않았다. 그러나 군왕체제에서는 군왕의 가신적 성격도 없지 않았지만 이것이 발전된 통치체제의 기능적 장치였기 때문에 수적으로나 기능적으로 그리고 제도적인 체제화 등이 이루어졌다. 이는 구체적으로 삼국의 경우 관료의 제도화는 등급에서 구체화되었는데, 고구려에서는 12관등으로, 백제는 16관등, 그리고 7~8세기 신라는 관직 총수가 188이나 되었으며 그 가운데 문관직은 125, 무관직은 47, 외직은 16이었다. 《삼국지》〈직관지〉의 기록에 따르면 신라 관료는 전부 3,690명으로 되어 있다.(《삼국사기》〈직관지〉, 권 38, 39, 40) 또한 여기서 계산된 숫자는 다음 책을 참고로 하였다. 볼코프, 박노자 옮김, 《한국고대불교사》,서울대 출판부, 1998, p.24.

5) 상층 관료와 하층 관료의 구분의 대표적인 사례로 신라의 골품과 6두품을 들 수 있다. 이 점에 대해서는 뒤에서 다시 논의하게 될 것이다.

또한 관인들로부터 지속적인 충성을 확보해야 했던 군왕은 그 반대급부로 관인들에게 경제적인 급여는 물론이고 사회신분에서도 일정한 권력행사를 허용하는 관인체제적 특권을 부여해 주었다. 이를 통해 관인 제도의 효율성과 기능화를 확보할 수 있었다.[6] 군왕이 부여한 급여와 권위는 군왕 주변의 상층 세력, 그리고 관인층을 하나로 엮어서 단일한 통치세력으로 결속시켰으며, 이들이 곧 군왕체제의 실제적인 통치권의 집행자였다. 다시 말하면 군왕체제는 피지배층을 강제하고 억압하는 데 의미를 두었기 때문에 군왕과 관인 등 상층은 그들만의 연대적 결속력을 구축할수 있었다. 이러한 현상은 사회구조를 통치세력 중심의 지배세력과 그들로부터 약탈이나 억압을 받았던 피지배층으로 이분화하였으며, 이러한 현상은 점점 더 경직되어 구조화하였다. 이 점에서 군왕체제의 확립은 한편으로는 고대국가의 자기 변화를 가져오는 계기가 되기도 했다. 즉 억압과 약탈을 당했던 피지배층이 반발했음은 물론이고, 지배세력도 권력 점유와 가치배분에 대한 상대적인 불만을 품게 되어 분열이 일어나게 되었다. 그 결과 사회적 분열은 불교의 영향력에 따라 또 다른 사회적 지배체제로 변화하게 되는 계기를 가져왔다. 그 때문에 정치사회는 분열과 혼란으로 떨어졌다. 종교적으로는 종교의 최고 지도자, 군사문제에서는 최고의 결정자였던 군왕의 위치는 권력구조의 최고정점에 놓였으며, 이는 군왕으로 하여금 점점 더 자의권을 확대시킨, 즉 전제권이 확대되는 요인으로 작용했다.

---

6) 즉 군왕을 위한 전문적인 참모기능과 통치의 행정적 집행을 위한 보좌기능의 수행이 필요했다. 이러한 성격을 가진 관료는 군장체제에서 보여준 지배집단의 통치를 위한 보조자에서 벗어나 더 체계적인 관등체제를 구비한, 즉 지속적인 군왕의 사적 욕구의 실현을 위하여 그것이 고대국가라는 의미에서 표현된 제도로 자리잡게 되었다. 고대사회에서 관료는 관료제가 확립된 18세기적인 성격과는 차이가 있다. 이 시대의 관료는 우선 지배계급 안의 인사로 일정 부문에 대한 전문적인 기능의 수행자였다. 그런데 관료의 전문영역, 책임범위, 권력과 영향력의 행사, 관료에 대한 보상체계 등에 대한 일정한 규제적 조건이 미비된 채 군왕과 관료의 개인적인 관계, 즉 사적 위계성에 근거를 두고 있었다. 이 점에서 고대사회의 관료는 엄격한 의미에서 군왕의 개인적인 보좌적 집행자의 성격을 갖게 된다.

2. 불교와 군왕체제의 발전

군장체제가 군왕체제로 변모했던 기본 요인의 하나가 불교라고 단정하기보다는, 군왕체제의 발전에 불교가 기능적인 영향력을 미쳤다고 말하는 것이 더 정확한 표현일 것이다. 즉 불교와 군왕체제는 밀접한 연관성을 맺고 있었다. 군장체제가 무속을 기반으로 한 존장들 사이의 합의체적 통치체제였다면, 군왕체제에서 군왕은 개인적인 영향력을 더 강하게 행사할 수 있었다. 군왕의 자의권 행사는 존장들 사이의 협의체적 결정에 대해서도 맞설 수 있을 정도로 강력한 권력적 존재로 성장했다. 결과적으로 존장들은 군왕의 영향력에 종속될 수밖에 없었다. 즉 존장의 협의체적 통치를 넘어서게 되었으며 왕권이 강화되었다. 불교는 이러한 전개과정을 촉발시켰던 기능적 영향력을 미쳤다.

군왕체제에서 불교는 지배이데올로기로서 새로운 통치체제의 정립에 따른 영향력의 위계구조에도 새로운 변모를 수반하였다. 즉 존장들은 군왕에 종속되어 위치가 격하되었으며, 때로는 존장 등 상층 세력의 일부가 군왕의 영향력을 수용하지 않으려는 반발적인 저항도 보여주었다. 그러나 이들의 반발을 완화하고 결과적으로 군왕의 위치를 확고하게 정립시키고 군왕의 통치권을 강화시켜준 요인의 하나는 불교였다. 불교의 유입과 공인, 또는 국교로 정립되는 과정은 군왕체제의 확립과 그 맥을 같이 했다. 불교의 유입과정에서는 무속과 대립되는 성격도 나타났다. 특히 무속은 존장들의 협의체를 뒷받침해 주었기 때문에 불교의 유입은 이 존장들의 위치에 일대 타격이 될 수밖에 없었다. 그러므로 존장 등 상층 인사들은 불교의 유입이나 공인에 대해서 처음에는 배척하는 태도를 취하였다. 그러나 군왕의 경우, 불교는 존장들의 협의체적 영향력의 강화를 단절시키고 군왕 자신의 위치를 공고하게 만들어주는 지배이데올로기적 기능을 수행했기 때문에 불교의 유입에 대해서 호의적이었으며, 때로는 적극적으로 친불교적인 자세를 취하기도 했다.

불교의 이러한 영향력을 구체적으로 알아보기 위해서 여기서는 먼저 불교가 유입되고 전파된 과정을 살펴보기로 한다. 전파의 최초 단계는 불교가 먼저 일반 민간인들에게 전파된 시기부터 생각해볼 수 있다. 불교는 최초로 중국사람들과 접촉을 통해서, 특히 중국에서 포교하려고 건너온 승려들이 민간인들과 접촉하면서 전파되었다. 즉 상층 지배세력이나 왕실보다도 민간인들이 먼저 불교의 교리와 의식 절차 등을 접할 수 있었다. 물론 처음부터 민간인들이 불교를 무속과 다른 고등종교로 인식했던 것은 아니었다. 그보다는 그들의 길흉화복을 충족시켜줄 효능이 큰 기복신앙의 하나로 여겼다. 이렇게 유포된 불교는 그 뒤 점차 상층 지배층과 접촉했으며, 그 과정에서는 무속에 의존하고 있던 상층 인사들과 군왕 사이의 대립과 갈등도 일어났다. 그 다음 단계로 들어서면 불교의 공인 여부를 둘러싸고 군왕과 상층 사이에 직접적인 충돌이 빚어졌다. 이러한 갈등단계를 거쳐서 마침내 군왕이 불교를 공인하는 단계를 맞았다. 이로써 불교는 현실적으로 왕권을 강화해 주는 통치이념으로 기능하게 되었으며, 그 결과 상층 세력들은 불교를 옹호했던 군왕에게 종속되는 존재로 떨어지게 되었다. 이어 세 번째 단계로 들어서면 불교는 국교의 위치를 차지하였는데, 이른바 호국불교의 위치 확립이 그것이다. 불교는 군왕을 비롯한 왕국의 전면적인 지원을 받으면서 전국에 사찰을 건축했으며, 불상과 불탑이 조성되었고, 승려 가운데 왕사가 임명되었으며, 군왕도 이들 불승을 최상으로 예우했다. 네 번째 단계에서는 불교가 일반 민간인들의 일상에서 확고한 신앙체계로 자리잡았으며, 민간인들은 불교에 따라 극락왕생을 기원하면서 종교적으로 생활화하였다. 이 단계에 이르면 불교는 고대국가의 군왕체제적 성격을 사실상 끝내는 계기가 되었다. 즉 군왕을 위한 통치이데올로기로서 통합적이고도 중앙집권적인 성격을 효과적으로 마련해 주기보다는 개개인의 기복과 지방분권적인 성격을 강화하는 측면을 보여주었다. 결국 이러한 상황은 군왕체제 종언의 계기가 되었다.

위에서 설정한 불교의 단계적 성격을 구체적으로 밝히기 위해서 먼저 불교의 유입단계에서 민간인들과 접촉에 대해 설명해 주는 신라 눌지왕 때의 다음 기록을 보기로 한다.

앞서 눌지왕 때 묵호자란 중이 고구려에서 신라의 일선군에 이르니 군민 모례란 자가 자기 집에 토굴을 파고 그를 모셔 두었다. 그 때 마침 양나라에서 사신을 신라에 보내 의복과 향을 주었다. 군신이 그 향의 이름과 그것의 소용을 알지 못하여 사람을 시켜 향을 가지고 국내로 돌아다니며 물었다. 묵호자가 이를 보고 그 이름을 일러주며 말하기를 "이것을 사르면 향기가 아름답게 퍼져 신성에게 정성을 통할 수 있으며 이른바 신성은 삼보에서 더 지나갈 것이 없으니 삼보는 첫째 불타요, 둘째 달마요, 셋째 승가다. 만일 이를 살라서 축원을 드리면 반드시 영험이 있으리라"고 하였다. 이때 마침 왕녀가 갑자기 병으로 위독하니 왕이 묵호자로 하여금 향을 사르고 축원을 드리게 하였더니 왕녀의 병이 곧 낫는지라 왕이 매우 기뻐하여 묵호자에게 예물을 후히 주었다.[7]

위의 글에서 알 수 있듯이, 신라의 불교는 중국이 아니라 고구려에서 들어왔다. 그것도 왕실이나 상층에 전교되기 이전에 일반 민간인들 사이에 퍼져 나가고 있었다. 민간인들 속에 포교된 불교는 새로운 신앙으로 전파되었기 때문에 제의 중심으로 기복에만 치중했던 무속과 마찰을 빚을 수밖에 없었다. 그러므로 일선군에 살았던 민간인 모례는 묵호자를 보호해 주기 위해 자기 집에 땅굴을 파고 그를 숨겼다. 국법에 따라 금지된 행동, 즉 이방인에게 호의를 베푸는 일은 대단히 위험스러운 것임에도 그렇게 했던 것은 종교적 신앙이 아니었다면 할 수 없는 일이었다. 중국의 양(梁)나라로부터 보내진 향의 용법과 그것이 불교의식에 사용되는 것임을 알림으로써 묵호자는 자연스럽게 불교를 왕실과 상층에도 전파할 수 있는 계기를 갖게 되었을 것이다. 특히 왕녀의 병을 묵호자 자신이 향을 사르고 축원해서 고쳐줌으로써 이전의 무속적 치병과는 다른 더 효과적인 결과를 얻을 수 있었고, 이것이 계기가 되어 신라 지배층은 불교에 대해 관심을 기울였다.

불교가 공인받기 이전, 특히 왕실이나 상층의 사람들보다 먼저 민간인들 사이에 퍼져 나갔다는 사실은 중국 동진(東晉)의 고승 지둔(支遁) 도림(道林, 314~366)이 고구려의 승려에게 보낸 글에서도 알 수 있다.[8] 도림이

7) 《삼국사기》 권 4, 〈신라본기〉 4.

글을 보낸 시기는 고구려에서 불교가 공인된 소수림왕 2년(372)보다 6년 전의 일이었다. 이 글에서 도림은 중국 동진의 고승인 축법심(竺法深) 도잠(道潛)을 소개하고 있다. 중국의 고승인 도림이 고구려의 어느 승려에게 중국의 또 다른 고승인 대덕을 소개하면서 그의 법문을 알려주는 글을 보냈음은 이미 이 시기에 승려들의 활동이 활발하게 이루어지고 있었음을 의미하며, 불교신앙이 민간인들 속에 널리 퍼져 나가고 있었음을 말해 준다.

백제의 경우도 사정은 마찬가지였다. 백제에서 불교의 전파는 "침류왕 원년(384)에 호승(胡僧) 마라난타(摩羅難陀)가 진(晉)에서 들어오니 왕이 그를 맞이하여 궁내에 두고 예경(禮敬)하므로 불법이 이로부터 비롯되었다"는 기록에서 읽을 수 있다.[9] 그러나 《해동고승전》에는 왕이 직접 교외로 나가 마라난타를 극진히 맞이했으며, 궁중에 모셔 두고 공경하여 받들면서 공양했다고 적어 놓았다. 그리고 다음해 2월에 한산(漢山)에 절을 짓고 10명의 승려를 두었다.[10] 이러한 기록을 통해서 이들 승려들이 오기 이전에 백제에도 불교가 퍼져 있었음을 짐작하게 된다.[11]

고구려나 신라, 백제에서 군왕과 상층의 지배세력이 불교와 접하기 이전에 이미 민간인들 사이에 불교가 전교되었으며, 그러한 전교는 무속과의 접합에서 오는 혼돈을 보여주기도 했다. 곧 불교에 대한 민간인들의 관심이 점점 높아져 갔다고 할 수 있다. 이는 결국 민간신앙에서 불교가 무격신앙을 교체하고 있던 셈이었다. 무속을 대치했다기보다는 무속과

---

8)《양고승전》권 4,〈축잠〉법심전.

9)《삼국사기》권 24,〈백제본기〉2.

10)《삼국사기》권 24,〈백제본기〉2.

11) 이와 관련해서 김영태 교수의 다음 글을 인용할 수 있다. "이것이 백제 불교의 처음 인데 여기서 잠시 생각해볼 것은 마라난타에 대한 왕의 대접이다. 먼저 고구려에 왔던 순도의 경우는 중국 북방을 거의 차지하여 대국의 왕으로 군림했던 전진왕이 사신과 더불어 보낸 국가적인 성격을 띠고 있었다. 이에 견주어 이번의 마라난타는 동진을 거쳐서 바다를 건너 온 한사람의 외국승에 불과하였다. 국가사절도 아닌 한 사람의 거무스레한 외국 승려가 들어온 것을 한 나라 왕이 몸소 교외에까지 나가 맞이하여 궁중에 있게 하고 예경을 다했다고 하는 것이다. 이것은 백제에서 이미 불교에 대한 사정을 듣고 있었으며 왕도 불교를 갈망하고 있었으리라는 것을 짐작케 하는 것이라고 하겠다."(김영태,《한국불교사》, 경서원, 2000, pp.37~38)

불교가 혼합된, 즉 불교가 중심이 되고 무속적인 것이 뒤섞여 들어가게
된 모습을 보여주었다.[12] 그러나 이들의 접합 초기에는 불교가 무속신앙
을 극복하는 모습이 나타나기도 했으며, 이러한 사실에 대해서는 밀본법
사(密本法師)와 김양도(金良圖)에 대한 설화에서 그 성격을 짐작할 수 있
다.[13] 이 설화는 불교가 무격신앙을 대치하는 과정을 서술하고 있다. 이는
일반인들에게 불교적인 기원이 지배적인 신앙체계로 자리잡아가고 있었
음을 의미하는 것이다.[14]

---

12) 오늘날 사찰에서 찾아볼 수 있듯이 불사의 본당 이외에 토착신을 모신 명부전, 십왕
   전, 산신각, 칠성각 등은 불교 속으로 토착적인 무속이 파고 들어간 것으로 그 밖에 사
   찰연기설화, 연등회, 팔관회, 탱화 등에서도 이러한 성격을 찾아볼 수 있다. 또한 토착
   신앙 속으로 불교가 파고 들어간 경우로는 무당의 무의, 무구, 무신도, 무속 용어 등에
   서 불교적 성격을 찾아볼 수 있다.(최광식,《고대한국의 국가와 제사》, 한길사, 1994,
   p.44)
13) 밀본법사에 대한《삼국유사》의 기록은 다음과 같다. "이때 밀본법사라는 이가 있어
   덕행으로 국내에 소문이 났으므로 왕의 측근자들이……그를 대궐로 맞아 들였다. 밀본
   이 임금이 거처하는 내전 밖에서 약사경을 읽는데 두루마리가 막 풀려 끝나자 그가 가
   졌던 고리 여섯 개를 단 지팡이가 임금의 침실로 날아들어가 늙은 여우 한 마리와 법
   칙을 함께 찔러서 뜰 아래 거꾸러뜨리니 왕의 병이 곧 나았다. 이때 밀본의 머리 위에
   신비로운 오색광명이 뻗치니 쳐다보던 이들이 모두 놀랐다." 그리고 김양도에 대해서
   는, 그가 승상이었지만 어릴 때 입이 붓고 몸이 굳어져 움직이지 못하는 병에 걸렸는
   데, 이는 매양 큰 귀신이 작은 귀신을 데리고 와서는 집안에 있는 반찬을 모두 먹어 치
   웠기 때문이었다. 무당을 불러 굿을 했지만 귀신들이 욕을 하면서 맞섰다. 김양도의
   아버지가 "법류사(法流寺)"에서 이름이 전하지 않는 중을 청해다 경을 읽혔더니 큰 귀
   신이 작은 귀신을 시켜 쇠망치로 중의 머리를 때려 땅에 거꾸러뜨려 피를 토하고 죽게
   하였다.……밀본법사가 온다는 말을 듣고 여러 귀신들이 모두 실색하였다. 작은 귀신
   이 말하기를 '법사가 온다면 이롭지 못할 것이니 피하는 것이 좋지 않으리까'라고 하니
   큰 귀신이 경멸스럽게 여기면서 '무슨 걱정이 있으랴'고 하였다. 조금 뒤에 사방에서
   힘센 귀신들이 모두 쇠갑옷에 긴 창을 들고 와서 뭇 귀신을 잡아 묶어 갔다. 그 다음에
   수많은 천신들이 둘러서서 기다렸다. 조금 지나 밀본이 이르러 경(經)을 읽을 사이도
   없이 그의 병은 곧 나아 말이 통하고 몸이 풀려 사건의 이야기를 자세히 하였다.……"
   (《삼국유사》권 5, 신주 6)
14) 이러한 성격은 신라의 원광법사에 따라 행하여졌던 가슬사(嘉瑟寺)의 점찰법회(占察
   法會)에서도 찾아볼 수 있다. 점찰법회는《점찰선악업보경》(占察善惡業報經)에 의해
   참법(懺法)을 행하는 것을 의미한다. 이 참법을 행하는 목적은 죄악을 멸하고 선을 일
   으키며 각(覺)을 증진시키며 국가를 진호하며 재앙을 막고 생명을 연장시키는 등 지극
   히 현실적인 이익을 증진시키는 것이었다. 현세적인 이익을 추구하면서 점복(占卜)과
   같은 소박한 방법으로 이를 기원하는 것으로 이는 곧 이전의 무격신앙의 한 요소를 그
   대로 갖고 있었다.(이기백, 〈원광과 그의 사상〉, 《신라사상사연구》, 일조각, 1997, pp.
   99~100)

불교에 대한 민중들의 반응에 기초해서 불교는 공인의 단계로 접어들었다. 불교의 공인은 고구려 소수림왕 2년(372) 6월로, 중국 진나라 왕 부견이 승려인 순도와 함께 불상과 불경을 고구려에 보냈을 때였다.[15] 고구려 왕실에서는 왕이 뭇신하들을 거느리고 직접 성문까지 나가 순도를 극진하게 봉영했다. 2년 뒤 소수림왕 4년에 승려 아도(阿道)가 고구려로 왔으며, 5년 2월에는 성문사(省門寺)를 지어 순도를 머물게 했고, 이불란사(伊弗蘭寺)를 건축, 아도를 머물게 했다. 이어 그 다음 광개토대왕 3년에는 평양에 9개의 사찰을 지었으며, 같은 왕 5년에는 중국 진(晉)나라의 승려 담시(曇始)가 불경 수십 권을 갖고 요동에 와서 전교했으며, 21대 문자왕 7년(498) 9월에는 금강사가 창건되었다.

이처럼 군왕이 적극적으로 불교를 수용하여 국교로 삼았던 이유는 무엇일까? 불교는 군왕의 통치를 지지하였으며, 불교를 기반으로 사회통합의 정치체제를 구축할 수 있었다. 불교는 군왕체제 구현의 이념으로 활용되었다. 이러한 성격을 인식하기 위해 초기 불교의 성격을 살펴보기로 한다. 삼국시대 초기에 전래된 불교의 교리는 "삼승(三乘)의 가르침을 전해 주고 삼귀오계(三歸五戒)의 법을 세웠다"는 논의에서 알 수 있듯이 삼론종(三論宗)이 주종을 이루고 있었다. 삼론종은 구마라집(鳩摩羅什)이 번역한 불경의 중론(中論), 백론(百論), 십이문론(十二門論)을 근본 경전으로 삼아서 성립된 학파였다. 삼론의 주요 사상으로는 중도(中道)의 실체(實體)를 바르게 드러내는 것을 본으로 삼았으며, 모든 존재는 현상적인 측면에서 보면 유(有)라 할 수 있지만 그 존재는 인연이 임시로 만나 형성된 것이기 때문에 가유(假有)라고 일컬을 수 있다. 그러므로 모든 사물이나 현상은 한낱 가유로서 현존하는 실체에 불과하므로 가체(假體)라고 말할 수 있다. 그러나 본체(本體) 면에서 본다면 그것은 아무런 자존적 실체일 수는 없는 것이다. 이것은 곧 공(空)이라고 할 수 있다. 모든 것은 공인연(空因緣)으로 생성된 것으로 이해할 수 있는 것도 이때문이다. 삼론종은 유(有), 가(假), 공(空)의 논리를 형성화해서 공(空), 가(假), 중(中)의 진

---

15) 《삼국사기》 권 18, 〈고구려본기〉 6, 소수림왕 2년 6월조.

체(眞體)를 체득하게 하려는 불교의 교리로 받아들여졌다.[16]

불교는 또한 왕권강화의 이념적 기반으로 왕즉불(王卽佛) 관념을 심어주었다. 왕즉불, 즉 군왕 자신이 불교에서 말하는 부처의 현신으로 받아들여졌으며, 통치자의 위치를 전생에서 부여받은 운명적 존재로 합리화했다. 이러한 성격은 신라에서 불교가 유입된 초기부터 군왕을 전륜성왕(轉輪聖王)으로 여긴 사실에서도 알 수 있다.[17] 진흥왕은 전륜성왕으로 자처하면서 법흥왕의 조카로 왕위를 이어받아 불법에 따른 흥국이민을 목표로 삼았다. 그는 사원을 건축하는 등 불교사업을 진작했다. 그는 법흥왕과 마찬가지로 불교에 대한 신심이 강했기 때문에 불법에 따른 왕실의 안녕을 기원하기 위해 백좌강회는 물론이고 팔관연회도 자주 열었으며, 불교를 통합의 이념으로 삼아서는 국선화랑의 풍월도를 창설했다.

신라에서는 군왕을 전륜성왕으로만 여긴 것이 아니라 석가불과 미륵불로도 생각했다. 석가불은 과거불이지만 현세와 가장 가까운 시대에 지상에 와서 설법했던 여래였기 때문에, 불교를 수용했던 당시에는 석가불이 대표적인 여래였고 왕권의 상징이 될 수 있었다.[18] 왕의 위치를 석가불과 전륜성왕으로 설정했던 것은 군왕이 현세에서 일반 사람들을 구원해주는 존재라고 생각했기 때문이며, 이는 군왕을 현실적으로나 정신적으로 최고의 통치자로 여겼기 때문이다.

또한 군왕은 거대한 불교의식으로 그의 통치권위를 강화할 수 있었다. 불교의식 가운데 백좌강회는 호국불교의 성격을 가졌는데, 이는 결과적으로 군왕의 권위를 강화시켰다. 백좌강회는 주요한 사건들이 일어났을 때 이를 불법의 힘으로 극복하려 했던 기원의식이었다. 즉 군왕과 왕족이

---

16) 金煐泰, 〈고구려 불교사상〉, 《崇山朴吉進博士華甲紀念 한국불교사상사》, 원광대출판부, 1975 ; 김영태, 앞의 책, p.51.
17) 전륜성왕(轉輪聖王)은 수미사주(須彌四洲)의 세계를 통솔하는 왕이며 윤보(輪寶)를 굴리면서 사방을 위엄으로 굴복시켰기 때문에 전륜성왕으로 불렸다. 전륜성왕이 굴리는 윤보에는 넷이 있는데, 금륜(金輪), 은륜(銀輪), 동륜(銅輪), 철륜(鐵輪)이 그것이다. 신라의 국왕이 전륜성왕으로 여겨졌던 구체적인 사례로 이기백은 진흥왕과 그 두 아들에 대해 설명하고 있다. 그 둘의 이름이 동륜과 금륜이었다고 적었다.(이기백, 〈원광과 그의 사상〉, 《신라사상사연구》, 일조각, 1997, p.81)
18) 이기백, 〈신라초기 불교와 귀족세력〉, 《신라사상사연구》, 일조각, 1986, p.80.

발병했거나 천재지변, 전쟁 등이 일어났을 때 이를 극복하기 위해 마련된 불교의식이었다. 신라의 최고 사찰인 황룡사에서 국왕이 친림한 자리에 100명의 고승들이 이 의식을 주관했으며, 상층 통치자들과 관인들, 그리고 일반 신도들이 함께 참가했다. 고승들의 심오한 설법을 듣고서는 함께 부처 앞에 예불하는 형식을 취했다. 백좌강회에서 고승들은 주로 《인왕경》(仁王經)을 강론했다.[19] 이처럼 체계적이고 대규모의 불교의식을 거행한 것은 결과적으로 군왕의 권위 확립에 크게 도움이 되었으며, 그에 대한 복종을 백성들의 의무로 받아들이도록 하였다. 이와 동시에 상층 지배세력들 역시 군왕을 현실적으로나 종교적으로 최고의 존재로 받아들일 수 있었다.

　군왕을 정점으로 한 통치체제가 불교에 힘입어 처음부터 순조롭게 체계화되었던 것은 아니었다. 앞에서도 말했지만 불교의 유입과 전교과정에서 군왕과 상층 지배세력 사이에 갈등이 일어나기도 했다. 그리고 군왕은 불교의 힘을 빌려 상층의 저항을 극복함으로써 군왕 중심의 호국불교, 즉 국교로 정립할 수 있었다. 그 결과 군왕은 적극적으로 불교 포교에 힘썼으며, 불사의 창건에도 진력하였다.[20] 군왕의 이러한 활동은 초기에는 무속에 젖어 있던 상층 지배세력의 반발을 불러왔는데, 대표적인 사례가 신라 법흥왕의 불교 공인 과정에서 빚어진 갈등이었다. 이차돈의 처형까

---

19) 이기영의 설명에 따르면, 백좌강회는 《인왕경》을 강독하는 법회로 인왕회, 혹은 인왕도장이라고 했는데, 이는 《인왕경》 호국품에서 국토가 어지러워지고 여러 재난이 일어나고 외적이 침입하였을 때 백 개의 불상, 백 개의 보살상, 백 개의 나한상을 모시고 백 명의 비구승을 청해 《인왕경》을 들으면 각종 재난이 사라지리라고 한 데에서 비롯되었다.

20) 백제의 경우를 생각해 보면, 15대 침류왕 원년(384)에 불교가 유입한 이후 왕은 한산(漢山)에 절을 신축하여 10명의 승려를 득도시킨 것으로 기록되어 있다. 17대 아화왕 원년(392)에 불법을 숭신하여 복을 구할 것을 국왕이 명령함으로써 불교를 국교로 정하게 되었다. 그 뒤 백제 성왕 4년(526)에 사문 겸익을 중국과 인도에 보내어 경율의 원본을 구하여 오게 했으며, 중국 양(梁)에 사자를 보내어 《열반경》 등 불경을 구해 왔다. 특히 29대 법왕 원년(599) 10월 왕명으로 일체 살생을 금하고 일반 사람들이 집에서 기르는 매와 수리 등을 날려보내게 했으며 고기잡이 도구를 불지르게 했는데, 이는 불교의 불상생행(不殺生行)을 백성들의 일상생활 속에 실천하게 하려는 것이었다. 이어 2년 뒤 왕흥사를 창건, 승려 30명을 득도하게 했으며 같은 해 큰 가뭄에 왕이 직접 칠악사(漆岳寺)에 가서는 기우제를 지냈다.(《삼국사기》 권 26, 〈백제본기〉 4)

지 불러왔던 이 사건은 먼저 법흥왕과 상층 지배세력 사이의 갈등에서 빚어졌는데,《해동고승전》은 이렇게 적어 놓았다.

　　법흥왕은 즉위 이래 언제나 불법을 일으키고자 하였으나 군신이 반대하므로 그 뜻을 이룰 수가 없었다. 그러나 아도의 지원을 생각하고 군신을 소집하여 물었다. "성조(聖祖) 미추왕께서 아도(阿道)와 더불어 처음으로 불교를 흥선하였으나 대공을 이루기 전에 돌아갔으므로 불타의 묘화가 행하여지지 못하게 되었는데, 이를 짐은 매우 통탄하게 생각한다. 그러므로 마땅히 대가람을 세워 불법을 다시 일으키는 것이 도리에 옳은 일이라고 보는데 경 등은 어떻게 생각하는가?" 그러나 대신 공알(恭謁) 등이 말하였다. "근자에 흉년이 들어 백성들은 편안하지 못한데 이 위에 또 이웃나라가 경계를 침범하여 싸움이 그치지 아니합니다. 이러한 형편에 어찌 작역으로 백성들을 괴롭혀서 쓸데없는 집을 지으려고 하십니까?" 이에 왕은 좌우에 믿을 자가 없음을 한탄하였다. "과인이 부덕하여 대보를 계승하였으나 음양이 고르지 않고 백성들이 편안하지 않으므로 흥법코자 하는 것인데 신하들이 뜻을 어기고 따르지 않으니 누가 능히 묘법의 술로 미혹한 사람들을 깨우칠 것인가?" 그로부터 오랫동안 왕의 뜻을 알아주는 사람이 없었는데 마침 그 때 나이 26세에 강직하고 의로우며 용맹스러운 내사(內史) 사인(舍人) 박염촉(朴厭觸, 이차돈, 혹은 거차돈)이 있었다. 그는 왕의 홍원을 돕고자 은밀히 아뢰었는데 "폐하께서 불교를 일으키고자 하신다면 신은 청하옵건대 불사를 창건코자 한다는 왕명을 유사(有司)에게 거짓 전하겠습니다. 그렇게 한다면 군신이 반드시 간언해 올 것입니다. 그 때 폐하께서는 짐이 그러한 영을 내린 일이 없는데 누가 왕명을 사칭하였는가라고 말씀하신다면 그들은 신의 죄를 추궁할 것입니다. 그 때 신이 불사 창건의 가함을 아뢰오면 그들도 마땅히 따를 것이라고 봅니다."[21]

이차돈은 왕명을 내세워 천경림에 절을 건축했다.[22] 이를 보고 군왕 주

---

21)《해동고승전》권 1, 유통 1, 석법공전. 여기에 번역된 글은 金煐泰,《韓國佛教史正論》, 불지사, 1997, pp.169~170을 참고하였다.

22) 불교 유입 이후, 이전의 제천의례를 행했던 지역에 거대한 사찰을 건조하여 이 사찰을 중심으로 불법에 따른 설법이 행해지는 불교의례로 발전했다. 구체적인 사례로는 다음의 글을 인용할 수 있다. "《삼국유사》에서 일연이 아도본비를 인용하여 신라는

변의 신하들, 특히 상층 지배세력들의 반대가 격렬했으며 국왕에 이를 항의하였다. 왕은 자신이 그 명령을 내리지 않았다고 말함으로써 그들의 공세로부터 벗어날 수 있었다. 이에 이차돈이 불사의 건축은 자신의 독단적인 행동이었으며 이는 오직 불법을 행하면 온 나라가 태안하고 경세제민에 유익하기 때문에 행했다고 주장했다. 이차돈의 주장에도 불구하고 상층 지배세력들이 이차돈의 처벌을 강청하자 왕도 할 수 없이 이차돈을 처형하게 되었다.[23]

이러한 과정을 거쳐서 마침내 불교를 공인할 수 있었으며, 그 뒤 군왕들은 적극적으로 사찰의 건축과 불승의 우대, 불교의식의 집행으로 민중들의 불교 수용을 적극 권장했다. 이러한 사실은 신라만이 아니라 고구려

그 서울 안에 일곱 개의 가람터가 있으니 하나는 금교 동쪽의 天鏡林이요, 둘째는 三川岐요, 셋째는 龍宮의 남쪽이요, 넷째는 용궁의 북쪽이요 다섯째는 沙川尾요 여섯째는 神遊林이요, 일곱째는 西請田이니 모두 전시에 가람의 터로 법수가 길게 흐르는 땅이라 하였다. (이들 지역은) 사원건립 이전부터 토착신앙의 종교적 공간으로 여기에 불교사찰이 들어섰던 것이다."(최광식, 앞의 책, p.44)

23) 법흥왕과 이차돈의 불교 순교에 대한 논의는 그것을 불교의 공인으로 볼 것인지 아니면 그 뒤로 이해해야 할 것인지에 대해서는 견해의 차이가 있다. 그러나 이 시기를 전후로 불교는 신라에서 공식적으로 국가의 주요 대사를 주관했을 뿐 아니라 지배이데올로기적 성격을 갖게 되었다. 불교를 공인하고 법흥왕 스스로 불교에 귀의하는 등 일련의 과정은 점차 불교가 사실상 왕실과 일체화하는 과정으로 나아갔음을 의미하였다.(신종원, 〈불교〉, 《한국사》 8, pp.72~73) 또한 이 과정에 대한 기록으로는 다음 글이 있다. "……이에 이르러 법흥왕도 또한 불교를 일으키려 하니 군신은 믿지 아니하고 입으로 떠들기만 하므로 왕은 주저하였다. 근신 이차돈이 말하기를 '청컨대 신의 목을 베어 중의를 정하소서' 하니 왕은 말하기를 '본시 도(道)를 일으키자는 것이 근본인데 무고한 사람을 죽일 수는 없다' 하였다. 이차돈이 대답하기를 '만일 도를 행할 수 있다면 신은 죽어도 유감이 없습니다' 하였다. 왕은 이에 군신을 불러 물으니 모두 말하기를 '지금 보건대 중들은 머리를 깎고 이상한 옷을 입었으며 언론이 기괴하고 거짓스러워 보통의 도가 아니오니 지금 만일 이것을 그대로 내버려둔다면 혹 후해가 있을지 모릅니다. 신들은 비록 중죄를 입을 지라도 감히 어명을 받들지 못하겠습니다'라고 하였다. 그러나 이차돈만이 홀로 말하기를 '지금 군신의 말은 옳지 못합니다. 대개 비상한 사람이 있은 연후에 비상한 일이 있나니 들건대 불교는 그 뜻이 깊다 하오니 불가불 믿어야 하겠습니다'고 하였다. 왕이 말하기를 '여러 사람의 말은 깨뜨릴 수 없고 너 혼자 의론이 다르니 둘 다 좇을 수는 없다' 하고 드디어 그를 형리에게 내리어 장차 목을 베려 할 때 이차돈이 죽음에 임하여 말하기를 '나는 법법을 위하여 형을 받으니 불이 만일 신령이 있다면 내가 죽은 후에 이상한 일이 있으리라' 하였다. 그를 베자 잘라진 데서 피가 용솟음치는데 핏빛이 젖과 같이 희었다. 여러 사람이 보고 괴이하게 여겨 다시는 불사를 반대하지는 못했다.(《삼국사기》 권 4, 〈신라본기〉 4)

와 백제도 마찬가지였다. 구체적으로 고구려에서는 소수림왕의 뒤를 이었던 고국양왕이 백성들에게 불교를 신봉하여 복을 구하라[崇信佛法求福]고 명함으로써 불교는 국교로 자리잡게 되었다.[24] 백제에서도 제17대 아화왕 원년(392)에 국왕은 불법을 숭신해서 복을 구하도록 명을 내렸다. 신라에서 불교의 공인은 이차돈의 순교로 법흥왕 14년(527)에 이루어졌으며, 법흥왕 22년부터 본격적으로 불교의 포교활동이 이루어졌다. 진흥왕(540~576) 때 들어오면 불교는 국정 지도원리, 즉 지배이데올로기로 정립되었으며, 특히 진흥왕 11년(550)에 안장법사(安藏法師)를 대서성(大書省)에, 혜량(惠亮)을 승통(僧統)으로, 승통 밑에는 대도유나(大都唯那), 도유나랑(都唯那娘) 등을 두는 등 불승의 자문을 국가기관으로 정립함으로써 불교국가적 체제를 갖추었다.[25] 법흥왕의 불교 공인과 진흥왕의 불교의 국교정책은 신라의 존립을 불교에서 찾으려는 경향으로까지 나아갔다.[26]

불교는 군왕의 통치체제를 통합하는 결속체 기능을 맡았다. 이러한 통합기능은 결과적으로 군왕의 권위강화로 이어졌다. 군왕체제의 통합은 군왕과 상층 지배세력, 그리고 민중들 사이에 현실적인 위계질서를 수용하면서 기존 체제의 정당성과 가치를 수용하는 것을 의미한다. 이 점에서 피지배층이 통치체제에 대해서 자기 구속성을 보여준 것이라 할 수 있다. 군왕이 왕즉불의 석가불이나 전륜성왕으로 일치시켰다면, 상층 지배세력은 미륵불에 견줌으로써 그 의미를 설정하기도 했다. 이러한 사실에 대해 이기백 교수는 다음과 같이 주장했다.

---

24) 金東華, 《三國時代의 佛敎思想》, 民族文化社, 2001, p.15.
25) 불교의 유입과 함께 고구려, 신라, 백제에서는 유학승이 다수 중국에 갔으며, 이들은 그곳에서 선진문화를 배웠고, 이를 다시 고국에 전하는 역할을 맡게 되었다. 즉 유학승은 그 시대 발전된 문화 유입의 창구 역할을 맡았다. 그뿐 아니라 중국에서도 삼국에 불교의 승려를 파송함으로써 이들에 의해 새로운 문화를 전하게 했다.(鎌田茂雄, 《羅佛敎史序說》, 東京大出版會, 1988 참고)
26) 진흥왕은 스스로 불즉왕, 또는 전륜성왕으로 자처했으며 중요한 불교시책으로 국왕 5년(544) 흥륜사를 완공하고 일반인들이 승려가 되는 것을 허가했으며 중국 양나라가 보내온 불사리를 봉영했고, 안장법사를 대서성으로 삼았으며 황룡사를 창건했다. 진흥왕 33년에는 전사한 사졸들을 위한 팔관연회를 7일 동안 열었다. 그리고 황룡사 장육상도 완성했으며 진흥왕 37년 죽기 전에 왕은 삭발하고 승의를 입었으며 스스로 법운(法雲)이라고 자호하면서 사문의 생활을 한 것으로 되어 있다.

　　그런데 전륜성왕의 치세는 미륵의 출현과 더불어 시작되는 것으로 되
어 있어서 전륜성왕과 미륵보살과는 서로 뗄 수 없는 관계에 놓여 있었
다. 이는 마치 불교적 이상국가의 두 면 — 정치적 세계와 종교적 세계와
의 두 면 — 을 나타내 주는 듯한 느낌이다. 그런데 그것이 신라에서 하나
는 국왕이요 하나는 화랑이었다. 화랑은 귀족의 자제, 아마도 진골귀족의
자제가 되는 것이었으며 이는 문자 그대로 신라 귀족의 꽃과 같은 존재
였다. 말하자면 귀족세력의 상징적 존재였다. 국왕과 화랑이 전륜성왕과
미륵보살로 생각된 사실에 근거해서 신라사회에서 왕권과 귀족 세력이
불교 신앙 면에서 어떤 조화를 얻고 있었다고 보는 것은 결코 지나친 억
측만은 아닌 듯 싶다.[27]

　이기백 교수가 말한 귀족은 상층 지배세력으로 이들은 진골의 자제였
던 화랑이었으며 미륵보살의 현신으로 여기고 있었다. 그렇다면 미륵보
살은 어떤 존재일까? 미륵신앙에서 미륵불은 아미타불로 의역하여 무량
수불이라고도 불리는 존재로, 십겁(十劫) 이전에 성불하여 현재 서방 극
락세계에서 대중을 위해 설법하고 있다는 것이다.[28] 그는 미래에 오는 부

---

27) 李基白, 〈新羅初期 佛敎와 貴族勢力〉, 《新羅思想史硏究》, 一潮閣, 1997, p.83.

28) 이에 대한 설명으로는 다음의 글을 인용할 수 있다. "과거 구원겁(久遠劫)에 정광여
　래(錠光如來)가 출세(出世)하였고 이어 원광여래(光遠如來) 등 52불(佛)이 차례로 출
　세한 다음 세자재왕여래(世自在王如來)가 세상에 나왔을 때 어느 국왕이 그의 설법을
　듣고 매우 기뻐 무상(無上)의 보리심(菩提心)을 발하여 왕위를 버리고 사문(沙門)이
　되어 이름을 법장(法藏)이라 하였다. 법장비구는 세자재왕여래의 처소에 나아가 활송
　으로서 여래를 찬탄하고 스스로 정불국토(淨佛國土)의 법을 수행하려고 그 뜻한 바를
　말씀 드렸다. 이에 세자제왕불은 120억의 제불국토(諸佛國土)에 대한 천(天)과 인(人),
　선(善)과 악(惡)의 국토를 구분 설법하고 또 그 심원(心願)에 응하여 제불국토를 하나
　하나 나누어 보였다. 이에 법장비구는 무상수승(無上殊勝)의 원(願)을 발하여 5겁(劫)
　동안에 사유하고 그들의 제국토에 대해 선택한 다음에 다시 여래의 앞으로 나아가 48
　의 대원(大願)을 세워 이 대원이 성취 안되면 성불하지 않겠다고 서원하였다. 그리하
　여 조재겁(兆載劫)의 기간에 공을 쌓아 드디어 정각(正覺)을 이루어 아미타블(阿彌陀
　佛)이 될 수 있었다. 아미타불의 나라인 극락세계에는 고(苦)가 없고 낙(樂)만이 있어
　서 모든 것이 풍부하고 뜻대로 되며 또 그 나라는 칠보(七寶)와 팔공덕수(八功德水)와
　연화(蓮華)와 천락(天樂) 등의 가지가지로 장엄하다는 것이다. 그 극락세계에 나기를
　원하는 중생은 아미타불의 명호(名號)를 듣고 신심환희(信心歡喜)하여 일념이라도 지
　심회향(至心廻向)하면 곧 왕생할 수 있게 되는데, 그 때 서방 극락에서 성중(聖衆)이
　와서 그 사람을 맞이하여 간다는 것이다. 그 세계에 살게 되면 다시는 전생(轉生)하지
　않으므로 생사의 윤회가 없다는 것이다."(김영태, 〈신라의 미륵사상〉, 《신라불교연
　구》, 민족문화사, 1997, p.19)

처로, 현세에서 석가불이 제도하지 못한 중생을 성불시킬 수 있는 존재
다. 미륵신앙은 소의경전(所依經典)에 따라 일반적으로 두 종류로 나뉘는
데, 하나는 현재 도솔천에 있는 미륵보살을 믿어 사후 천상에 가서 왕생
하기를 희구하는 상생(上生)신앙이며, 다른 하나는 먼 미래에 이 땅이 낙
토가 되어 미륵이 하생하여 용화수 아래에서 세 번의 설법으로 중생을
제도할 때 여기에 참여하려는 하생(下生)신앙이다.[29] 그리고 미륵이 출현
하는 국토에서는 전륜성왕이 나타나서 정법으로 나라와 백성을 다스린다
고 믿었다.[30]

국왕을 석가불로 여기고 상층 지배세력은 미륵불의 신앙을 믿었으며,
그 결과 불교는 하나의 거대한 우주관으로 모든 사람들이 각기 조화롭게
자리잡을 수 있는 신앙적 귀의처로 여겼다. 이는 왕과 화랑, 또는 왕과 지
배세력 사이의 조화로운 관계의 설정이었다.[31] 특히 민중들이 미륵신앙을
믿게 되면서부터 중대한 변화가 일어났는데, 그것은 민중들이 현실을 수
용하는 결과를 가져오게 했다. 즉 군왕과 상층 지배세력의 통치를 현실적
으로 받아들였다. 현실세계의 고통과 전쟁의 참화, 조세와 통제를 수용했
으며, 이생의 고통도 내생의 복락으로 나아가게 하는 것일 수 있다는 기

---

29) 미륵신앙에 대한 경전은 《관미륵보살상생(觀彌勒菩薩上生)도솔천경》, 《미륵대성불
경》, 《미륵내시경》, 《미륵하생경》, 《미륵하생성불경》 등을 들 수 있다. 이 가운데 상
생경, 성불경, 하생경을 미륵3부경이라고 부른다. '미륵상생경', '도솔천경' 또는 '상생
경'으로 불리는 《불설관미륵보살상생도솔천경》의 요지는 세존이 지수급고독원(祇樹
給孤獨園)에서 우파리(優波離)의 청문에 응하여 아일다(阿逸多)가 명종(命終)하면 반
드시 도솔천상에 태어날 것이며 그 천상에 종종의 장엄이 있다는 것과 칠보대내(七寶
臺內) 마니보전상(摩尼寶殿上)의 사자좌상에 삼십이상 팔십종호를 갖추고 화생한 미
륵보살이 항상 불퇴전지법륜을 설하여 제중천(諸衆天)을 도(度)하며, 이를 관(觀)하는
자나 미륵보살의 이름을 듣고 환희공경하거나 상형을 조성 예배하는 자는 명종(命終)
하여 도솔천에 왕생하게 된다고 설했다. 또 미륵보살을 예경하는 자는 백엽겁의 생사
죄를 제멸하게 되고 설사 그 천상에 왕생하지 못한다 해도 미래세중에 용화수(龍華樹)
아래 법회에 치우(值愚)함을 얻어 무상심(無上心)을 발한다는 것을 설했다. 또한 《불
설미륵하생경》에서는 미래 세상에 미륵보살이 도솔천에서 내려 지상에 하생하고 성장
한 뒤 출가하여 용화수 아래에 정각을 이루어 불타가 되고 제불세존이 설한 법을 설하
여 삼회(三會)의 설법을 통해 무량인(無量人)이 아한나과를 얻도록 한다는 것 등을 설
했다.(김영태, 〈신라의 미륵사상〉, 《신라불교연구》, pp.210~211)

30) 김영태, 《신라불교연구》, 민족문화사, 1993, pp.192~193.

31) 이기백, 〈신라초기 불교와 귀족세력〉, 일조각, 1986, pp.85~86.

복적 기대감이 생기게 되었다. 군왕체제를 불가피한 통치체제로 수용함으로써 그 통합에 불교가 기반으로 기능했다.

또한 민중에게 불교는 윤회전생의 관념으로 자리잡았다. 윤회전생의 6도 가운데 지옥, 아귀, 축생의 3도를 빨리 벗어나 미륵을 만나서 극락왕생을 기원하거나, 이 지상에 귀한 존재로 다시 태어나기를 기원하였다. 죽은 사람의 명복을 빌고 지상에서 죄업을 다 썼고 다시 인간세상으로 태어나기를 기원하였다. 미륵사상에 바탕을 둔 윤회전생의 기원은 신라의 민중들에게 강한 기복의식을 심어주었다. 특히 현세에서 부처를 믿고 공덕을 쌓는 일이야말로 내세에서 복을 받는 유일한 방법이라고 생각했다. 윤회전생에 대한 신라인들의 믿음은 현실상황, 즉 통치체제의 가혹한 억압도 인정할 수 있게 했으며, 이는 결과적으로 기존 체제의 강화로 나아갔다.

3. 불연국가와 불교의 사회통합

불교는 군왕체제의 강화와 통합을 가져왔다. 불교는 군왕을 비롯한 상층 관인 등 지배세력과 일반 민중들에게 기원의식과 기대감정을 심어주었고, 사회통합의 구심점이 되었다. 지배의 정당성, 통치체제의 가치성, 그리고 구성원들의 일체감 확보는 이 시기 불교가 가져다준 결과였다.

불교가 통합의 이념으로 작용했음은 먼저 신라의 지배층과 민중들에게 불교에 의한 호국관념으로 수용된 세속오계에서도 찾아볼 수 있다. 원광법사의 세속오계는 원광 자신이 말했듯이 "불교에는 보살계라는 것이 있어 지켜야 할 십계가 있지만 사람들에게는 그것이 적합하지 않기 때문에" 화랑은 물론이고 신라인들 모두가 실천해야 할 삶의 계율로 제시한 것이다.[32] 세속오계는 군왕에 대한 충성, 부모에 대한 효도, 벗에 대한 신의, 전쟁에서 물러나지 않음, 선택적인 살생으로, 이를 일상생활에서 지

---

32) 진흥왕 시기에 원광법사가 귀산(貴山)과 추항(箒項)이라는 두 사람에게 세속오계를 가르쳐 준 것에서 비롯되었다.(《삼국사기》권 45, 〈열전〉5)

켜야 할 계율[世俗之善戒]로 규정하였다.

세속오계는 군왕의 권위를 정당화했고 군왕 중심의 통치체제에서 민중들이 맡아야 할 생활의 기본덕목을 제시해 놓았다. 어느 면에서 그것은 민중들의 삶에 대한 규제적 의미를 갖고 있었는데, 이 가운데 충·효·의·용을 중시했으며, 여기에 불교의 불살생(不殺生) 계율을 살생유택으로 바꿔 놓았다. 세속적인 일상생활은 작거나 크거나 가릴 것 없이 살생이 필요하다는 점에서, 불교의 불살생을 구체적으로 연계시켰다고 할 수 있다. 더 큰 존재, 더 위대한 가치를 위해서 선택적인 살생의 필요를 인정했다. 이렇게 함으로써 관념적인 신앙의 대상이었던 불교를 현실적인 삶의 기준으로 정립했으며, 이것은 신라인들로 하여금 현실 통치구조에서 적극적으로 참여할 수 있게 했다. 화랑의 세속오계로 알려진 이 계율은 신라인들에게 삼국을 통일하게 한 국력 결집의 정신적 기준으로 작용했다. 이 점에서 불교는 신라의 핵심적인 가치체계였다.

신라 스스로 불교국가로 천명함으로써 통치체제의 정당성을 확보했는데, 이것의 정립을 위해 주장되었던 것이 신라 삼보였으며, 신라를 불연 국가로 정립할 수 있었다. 이에 대한 주장은 대부분 설화로 되어 있는데, 군왕의 통치를 합리화하고 그 체제의 당위성을 확보하려는 것이었다. 즉 신라 삼보는, 부처의 특별한 가호로 신라는 외국의 침범도 물리칠 수 있기 때문에 신라야말로 부처가 지켜주는 불교국가라고 천명했으며, 이것을 또한 신라인들은 확고하게 믿었다.[33] 신라 삼보 때문에 외국 군대가 침범해도 격퇴시킬 수 있다는 신라인들의 믿음은 그들 사이에 더한층 강한 결속감과 일체성을 확립해 주었다. 구체적으로 신라의 삼보와 그것의 의미를, 먼저 황룡사 장육상의 조성과정을 적은 《삼국유사》의 기록에서 찾아볼 수 있다.[34]

---

33) 다음 글이 이를 말해 준다. "후에 고려왕이 신라를 치려다가 말했다. '신라에 삼보가 있어서 침략할 수 없다고 하는데 그것은 무엇을 이름한 것이냐?' 그 물음에 '황룡사 장육과 구층탑 그리고 진평왕 옥대입니다.' 이에 그 침략할 계획을 중지하였다."(《삼국유사》 권 3, 황룡사 구층탑조)

34) 신라 삼보 가운데서 제일 먼저 성립된 것이 황룡사에 봉안된 장육상인데 이는 진흥왕 35년(574) 3월에 조성된 것으로 높이가 일장(一丈) 육척(六尺), 약 4.8미터의 거대한

바다 남쪽에 배 한 척이 떠와서 하곡현(河曲縣) 사포(絲浦, 울주의 곡포)에 닿았다. 조사해 보니 첩문이 있었는데 그 내용이 "서축(西竺)의 아육왕(阿育王)이 황철 5만 7천 근과 황금 3만 푼을 모아서 석가 삼존불을 주조하려다 이루지 못해 배에 실어 바다에 띄우면서 인연 있는 나라에 가서 장육존용을 이루어 달라"고 하였고 불(佛) 한 개와 보살(菩薩) 두 개의 상도 함께 실려 있었다. 현리(縣吏)가 문서로 자세히 아뢰었다. 사자를 시켜 그 현성(縣城)의 높고 메마른 땅을 택하여 동축사(東竺寺)를 지어 그 삼존불을 모시고 금과 철은 서울로 옮겨 대건 6년 갑오 3월에 장육존상(丈六尊像)을 주조했는데 단번에 이루어졌다. 그 무게는 3만 5천 7근으로 황금 1만 198푼이 들었으며 두 보살상에는 철 1만 2천 근과 황금 1만 136푼이 들었다. 황룡사에 모셨더니 이듬해 불상에서 눈물이 발꿈치까지 흘러내려 땅이 1척 가량이나 젖었는데 대왕이 돌아가실 징조였다.[35]

이 글은 인도 아육왕이 석가의 삼존상을 조성하기 위해 노력했지만 만들 수 없었기 때문에 삼존불 주조에 필요한 황철, 황금 등을 배에 싣고 불교와 인연이 깊은 나라로 흘러가게 해서 그곳의 신심 깊은 사람들에게 삼존상을 만들게 했다는 내용이다.[36] 이 설화는 신라의 불연국토사상을 설명하는 대표적인 논지이다. 인도는 물론이고 세계의 종교로 불교를 자리잡게 했던 아육왕은 '정법의 치자이자 불교왕'의 자리에 있었다. 그 아육왕이 만들지 못한 불상을 불교와 특별한 인연이 있는 신라가 만들었다는 것은 불교와 신라만의 특별한 관계, 즉 불연국가적 성격의 강조이기도 했다.[37]

석가여래상으로 두 협시보살을 거느린 입상이었는데, 몽고의 침략으로 황룡사가 불탔기 때문에 석대좌만 남아 있다.

35) 《삼국유사》 권 3, 황룡사 장육조.
36) 《삼국유사》에서는 이를 더 구체적으로 적고 있는데, 인도의 아육왕이 삼존불을 만들기 위해 3번이나 주조했지만 만들지 못했다. 그래서 그 주조에 필요한 것들을 모두 배에다 실어서는 불교와 인연이 깊은 나라를 찾기 위해 16대국, 500중국, 7천 소국 8만 촌락을 떠돌아다니게 했지만 찾지 못했으며, 끝내 신라로 흘러 들어와 비로소 그 소원이 이루어질 수 있었는데 이 시기가 진흥왕 때였다. 이 배를 발견하자 왕은 문잉림(文仍林)에서 철과 황금을 녹여서는 불상을 만들 수 있었다. 이러한 전후 사정을 아육왕이 알고서는 비로소 마음을 놓게 되었다는 것이다.
37) 이처럼 불교와 특별한 인연은 뒷날 승려 자장이 중국에 유학할 때 중국 오대산에서 문수보살이 현신 비결을 전수하는 과정에서 그가 부탁하기를 "너의 나라 황룡사는 바

신라 삼보에서 두 번째는 천사옥대(天賜玉帶)로, 진평왕의 즉위(579)를 축하해서 하늘의 상황(上皇)이 천사를 보내 가져다주었다는 것이다.[38] 《삼국유사》에 이렇게 적혀 있다.

> (진평왕) 즉위 원년에 천사가 전정에 내려와서 왕에게 말하기를 '상황이 나에게 명하여 이 옥대를 전사하라' 하셨나이다 함에 왕이 친히 무릎을 꿇고 받으니 천사는 하늘로 올라갔다. 그 뒤 진평왕은 郊廟大祀 때에는 으레 이 옥대를 띠었다.[39]

천사옥대의 설화는 불연국가인 신라의 존재를 한층 더 상징적으로 설명하며[40] 어느 면에서는 군왕으로 진평왕의 위치를 상징하고 있다. 그가 천신에 의해 선정된 영명한 군주라고 합리화해 주었다.[41] 이 설화로 진평왕은 통치자로서의 카리스마를 확립할 수 있었고, 그를 중심으로 하는 정치사회의 통합을 이룩했으며, 그 통치의 효과도 높일 수 있었다. 진평왕은 나라의 주요한 의식이나 교묘대사(郊廟大祀)에 이 옥대를 띠고 행차했으며, 그렇게 함으로써 그의 위엄을 더 높일 수 있었다. 실제로 진평왕은

로 석가와 가섭불이 강연한 땅으로 연좌석이 아직 거기에 있다. 이때문에 천축의 무왕이 황철 약간 근을 모아 바다에 띄워서 1,300여 년이 지난 뒤에 그것이 너의 나라에 닿아 불상을 만들어 그 절에 모시게 되었으니 이는 부처님의 위엄과 인연이 시킨 것이다"라고 하였다. 처음 배가 닿은 곳에 동축사(東竺寺)를 지었다는 것도 서축(西竺, 인도)과 대칭된 부처의 생연국인 인도는 서천축(西天竺)이고, 신라는 동천축(東天竺), 즉 동방의 불교국가라는 의미를 갖고 있었다.(《삼국유사》 권 3, 〈탑과 불상〉 4)

38) 이 옥대는 금과 옥으로 장식된 길이 10위(圍) 62과(銙)로 보통사람은 띨 수 없을 정도로 긴 것이다. 진평왕은 몸이 장대했으며 신장이 11척이라고 기록되어 있다.(《삼국유사》 권 1, 천사옥대조)

39) 《삼국유사》 권 1, 천사옥대조.

40) 김영태는 이렇게 적어 놓았다. "진평왕에게 옥대를 내려보낸 상황이 제석천제(帝釋天帝)였다는 것은 틀림없으며……천제석이 신라를 항상 옹호한다는 것을 엿보게 해준다.……천사옥대는 제석이 진평왕과 신라인의 불법 숭봉심에 감응한 것을 나타내 보인 것이며, 천신당호지(天神常護持)의 신라 국토라는 자부심을 가졌던 당시 신라적 불교신앙의 한 산물이었다."(金煐泰, 〈新羅佛敎天神考〉, 《佛敎學報》 15, 1978, p.67)

41) 진평왕의 선대왕이었던 진지왕이 정란황음하다는 이유로 재위 4년 만에 폐위되었기 때문에 뒤를 이은 진평왕은 상층 지배세력의 영향력을 차단할 필요성이 있었으며, 이 점에서 자신의 통치에 대한 정당성은 물론이고 신령함을 강조하고자 마련된 장치였던 것으로 이해하는 논리도 제기된다.(김상현, 《신라의 사상과 문화》, 일지사, 1999, p.62)

재위 3년에서 13년 기간 동안 정치개혁을 단행했다. 그가 53년 동안 왕위를 차지했음도 천사옥대와 같은 설화로 신민들의 복종을 확보할 수 있었기 때문이다.

신라 삼보로 세 번째는 황룡사의 구층탑이다. 이는 선덕왕 5년(646)에 이룬 신라 최대의 목조건물이다. 자장의 건의로 이루어졌는데, 그는 중국 유학 중에 문수보살로부터 "너희 나라 왕은 천축의 찰리종왕(刹利種王)인데 일찍 불기를 받았으므로 특별한 인연이 있으며……다른 족속과는 같지 않다. 그러나 산천이 험준하므로 사람들의 성질이 조잡하여 사교를 많이 믿어 때로는 하늘이 재앙을 내리기도 하나 무릇 고명한 중들이 국내에 있기 때문에 임금과 신하들이 평안하고 백성들이 화평"하다는 말을 들었다.[42] 자장은 신인으로부터 황룡사 구층탑을 건축하라는 말을 들었는데 다음 설화가 이를 말해 주고 있다.

> 자장(慈藏)이 중국의 태화지(太和池)를 지날 때 홀연히 신인이 나와서 "어떻게 이곳에 왔소" 하고 물었다. 자장이 대답하기를 보리(菩提)를 찾기 위해서라고 답하자 신인은 예배하고 다시 물었다. "그대 나라에 어떠한 어려운 일이 있소?" "우리나라는 북으로 말갈에 이어졌고 남으로 왜국에 인접되었고 고구려 백제 두 나라가 변경을 침범하여 이웃의 구적이 횡행하니 이것이 백성들의 환난이 됩니다." "지금 당신네 나라는 여자를 임금으로 삼아 덕은 있으되 위엄이 없으므로 이웃나라가 도모하려는 것이니 빨리 본국에 돌아가도록 하시오." "고향에 가서 무엇을 하면 이익이 되겠습니까?" "황룡사 호법룡(護法龍)은 나의 장자로 범왕(梵王)의 명을 받아 그 절을 보호하고 있으니 본국에 돌아가 그 절에 구층탑을 이룩하면 이웃나라가 항복하고 구한(九韓)이 와서 조공하여 왕업이 길이 태평할 것이오. 탑을 세운 뒤에 팔관회를 베풀고 죄인을 구하면 외적이 해치지 못할 것이며 다시 나를 위해 경기 남쪽에 한 정사를 짓고 함께 나의 복을 빌면 나도 또한 은덕을 갚겠소." 신인은 말을 마치자 드디어 옥을 바치고 문득 형체를 숨기고 나타나지 않았다.[43]

---

42) 《삼국유사》 권 3, 황룡사 구층탑조.
43) 《삼국유사》 권 3, 황룡사 구층탑조.

자장은 선덕여왕의 부름을 받아 중국에서 귀국하여 황룡사 구층탑 건립을 왕에게 건의하면서 위의 사실을 이야기했다. 선덕여왕은 정치적 안정을 이룩할 수 있는 상징적인 조형물로서 그것을 조성하였다. 이 탑에는 신라의 국왕이 찰제리종(刹帝利種)으로 불기를 받았다고 강조되어 있는데, 이는 신라 국왕이 범천(梵天)의 명을 받은 황룡사 호법룡이 보호하는 신성한 존재임을 의미했다. 석가의 진신사리를 모신 탑을 호법룡이 지키는 황룡사에다 건립하여 민중들에게 불법에 귀의할 것을 권유했으며, 이렇게 함으로써 정치사회를 통합시키려 했다. 또한 이 탑은 삼국통일의 염원도 담고 있었다. 탑을 세우면 "隣國降伏 九韓來貢" 하게 될 것임을 자장이 신인의 이름으로 밝혀 놓은 것에서 이러한 의도를 읽을 수 있다.

불교를 정치사회적 통합의 구심점으로 삼았으며, 불연국가로서 신라는 범천에서 정해준 상황(上皇)의 축복을 받고 있으며 불법으로 삼국통일을 이룩하게 될 것이고, 마침내 대제국을 건설할 것이라는 믿음을 갖게 되었다. 불연국가 군왕으로 펴게 될 통치의 성격, 그것은 지배자와 민중이 하나가 되어 사민동락하는 이상사회를 이루는 것이며 이것이 곧 불교적인 사회의 지향이었다. 이러한 성격은 만파식적의 설화에서도 읽을 수 있다. 이 설화는 시기적으로는 삼국통일을 이룩한 문무왕의 뒤를 이었던 신문왕시대를 배경으로 했지만 신라통치의 이상향을 그려놓고 있다. 만파식적을 살펴보면 먼저 신문왕이 즉위(681)한 뒤 그 아버지 문무왕을 위하여 동해변의 감은사(感恩寺) 창건에서 시작하고 있다. 문무왕과 김유신은 신라 호국의 이성(二聖)이었다. 만파식적의 이야기를 《삼국유사》는 아래와 같이 적어 놓았다.

"동해에 조그만 산이 하나 나와 감은사를 향해 물결에 따라 떠돈다"는 보고를 받은 신문왕은 일관에게 그 의미를 묻자 일관은 "문무왕이 지금 해룡이 되셔서 삼한(신라)을 진호하시며 김유신 공이 삼십삼천의 일자로 내려와 대신(大臣)이 되었는데, 이 이성께서 동덕(同德)으로 호국의 보물을 내어놓으려 함이니 폐하께서 해변으로 행행(行幸)하신다면 반드시 무가의 대보(大寶)를 얻게 될 것"이라고 보고했다. 이 말을 듣고 신문왕은

194

그 해 5월 7일에 이견대로 갔으며 거기에서 바다에 떠 있는 산을 보았는데 거북 머리 모양이었고 그 위에 대나무가 하나 있어서 낮에는 둘로 되었다가 밤이면 하나로 합쳐진다는 사자의 보고를 받았다. 그날 밤 왕은 감은사에 머물렀는데 이튿날 오시(午時)에 대나무가 합쳐지면서 천지가 진동하고 7일 동안을 캄캄하게 풍우가 내리쳤다.

그 달 16일에 물결이 잠잠해지자 왕은 배를 타고 그 산에 올랐는데 그때 용 한 마리가 흑옥대(黑玉帶)를 왕에게 바쳤기에 왕은 "이 산의 대나무가 혹 갈라졌다가 혹은 합쳐지는 이유는 무엇인가?"라고 물으니 용은 "한 손으로 손뼉을 치면 소리가 없고 두 손으로 쳐야 비로소 소리가 나는데 이 대나무도 물건이라 합쳐진 연후에야 소리가 납니다"라는 대답을 들었다. 그리고 그는 말하기를 "이 소리로 천하를 다스릴 상서로움이니 왕은 이 대나무로 적을 만들어 부신다면 천하가 화평해 질 것"이라고 말하면서 문무왕은 해중의 용이 되었고 김유신은 천신이 되었는데 이 이성(二聖)이 무가의 대보(大寶)를 나로 하여금 바치게 했다고 대답했다. 왕은 기뻐 금옥으로 용에게 보답하고 대나무를 베어 가지고 바다에서 나왔을 때 산과 용은 다시 보이지 않았다. 왕이 감은사에서 자고 그 달 17일에 지림사(祇林寺) 서쪽 계천(溪川) 가에 이르러 태자의 경하를 받은 뒤 태자 그 옥대를 찬찬히 본 후에 "이 옥대의 모든 구멍(窠)은 진짜 용입니다"라고 말하자 왕은 그것을 어떻게 아느냐고 묻자, 태자가 그 구멍을 떼어 물에 넣으니 곧 용이 되어 하늘로 날아갔다. 용이 날아간 그 자리가 깊은 연못이 되었는데 이를 용연이라 불렀다. 왕은 그 대나무로 피리를 만들어 월성의 천존고에 장치하였으며 병란, 질병, 가뭄, 폭풍, 흉년에 불면 마치 폭풍우가 개이듯이 해결되었다는 의미에서 이를 만파식적이라고 불렀다. 만파식적의 이러한 성격은 곧 "적군이 물러가고, 병이 나으며, 가물 때는 비가 내리고, 장마질 때는 개이며, 바람이 그치고, 물결이 잠자게 되었으므로 그 이름을 만파식적이라고 불렀다"(吹此笛卽兵退病愈旱雨雨晴風定波平號万波息笛稱爲國寶)는 것이다.

만파식적은 군왕의 권능을 상징했는데, 아무리 억센 적병이 침입해도 퇴각시킬 수 있는 군사력을 통솔할 수 있고, 사람의 인명을 앗아가는 악한 질병도 치유할 수 있으며, 가뭄과 홍수를 조절하고, 비바람을 막을 수 있는 초월적인 힘이 있다고 여겨졌다. 만파식적은 국왕 권능의 신성함을 의미했다. 만파식적은 결국 국왕 전제권을 확립하는 데 도움이 되었으며, 신라가 통합된 국가로 발전할 것을 상징화했다. 다시 말하면 태평성대는 신라인들이 바랐던 최고의 목표였다. 이를 이룩하기 위해서 신라 사람들은 불교에서 구현하려 했으며, 실제로 그렇게 될 수 있을 것으로 믿었다. 이 과정에서 군왕의 통치는 효율적일 수 있었고 정치사회의 통합을 이룰 수 있었다.

4. 군왕체제의 지배구조와 사회의 편제

신라와 같은 군왕체제에서 불교는 종교 그 이상의 성격, 즉 선진문화를 수용하는 통로였고 그것을 전파하는 매개자이자 발전의 촉매제였다. 국교로서 불교는 관념이나 의식 차원에서 이전과 구분된 새로운 사회로 전환하게 했던 계기였다. 그리고 그에 따른 제도적인 조치가 필요했다. 즉 불교를 국교로 자리잡게 하는 데는 정치 사회적 문제도 일어났기 때문에 이를 해결하기 위해 새로운 제도를 만들어야 했다.

군왕체제에서는 군장체제처럼 지배세력들 사이의 협의체와 같은 통치구조로는 정치 사회의 문제들을 신속하게 해결할 수 없었다. 군왕체제에서 군왕이 최고 통치자가 되어 불교의 국교화에 따라 불교행사를 자주 전국적으로 집전하였다. 불사와 사탑도 거국적으로 조성되었고 외국과 교류도 잦았다.

군왕체제는 구체적으로, 불교의 영향으로 강화되었는데, 그것은 군왕의 지위와 구실에 새로움을 마련해 주었다. 즉 불즉왕이나 전륜성왕과 같은 불교적 관념으로 군왕의 지위를 합리화했고, 왕을 최고 통치자로 하는 합당한 제도도 마련할 수 있게 했다. 군왕을 부처의 화신으로 최고통치자이자 정치사회의 중핵으로 옹립하는 제도를 마련해야 했다. 왕궁, 가신, 그리고 군왕의 명령을 출납하는 측신, 왕실 경호원, 그 밖에 왕족에 대한 특별한 예우도 강화되었다. 이러한 성격은 이전의 군장과는 비교될 수 없을 정도로 군왕의 특권이 강화되었으며 다수의 인적, 물적 자원을 군왕이 마음대로 동원할 수 있게 했다.

　둘째로 불교가 국교로 정립됨에 따라 통치세력은 물론이고 전체 구성원들도 자주 불사에 참여했다. 특히 거대한 사찰과 사탑의 건축, 불상의 조상, 그리고 백좌강회와 팔관회 등에는 군왕은 물론이고 왕족과 지배세력, 일반 민중들이 적극적으로 참여했다. 따라서 그 절차와 의식에는 장엄함이 지배했다. 불사를 효과적으로 집전하기 위해 불승만이 아니라 관리들도 대거 동원되었으며, 군인들의 경호도 따랐다. 이는 곧 물적, 인적 자원이 크게 필요했고 그것을 충당시켜야 했다.

　셋째로 불교의 급속한 수용으로 무속과 갈등을 빚는 경우도 있었으며, 때로는 불교를 구실로 하는 민중들의 과잉 종교화, 즉 극락왕생에 대한 지나친 몰입에 따른 생업 경시나 출가 불승의 문제들도 대두했다. 이것은 한편으로는 불교에 대한 민중적 수용일 수 있었지만 다른 한편으로는 이를 견제할 수밖에 없는 문제점을 일으켰다. 사회구조가 전면적으로 위기에 빠질 요인을 안게 되었다. 이 점에서 군왕체제는 불교의 적극적인 포교를 지원하면서도 다른 한편으로는 과잉적인 불교화를 조정해야 했다. 이러한 기능의 수행에는 유능한 관인들이 필요했다.

　넷째로 불교의 유입과 국교화는 불승들로 하여금 자주 중국 유학에 나서게 했으며, 그 결과 중국의 문물이 대거 삼국으로 유입되었고, 중국과 국교문제도 일어났다. 중국과 국교문제는 기본적으로는 왕실 사이의 문제로 한정되었지만 그 뒤에는 강자에 대한 약자의 관계가 자리하고 있었다. 즉 약자였던 삼국의 국가들은 강자인 중국 왕실에 대해서 공물 또는 예물을 제공해야 했다. 그러므로 불교를 통한 중국과의 잦은 교류는 이를 전담할 관리와 제도적 장치를 필요로 했다.

　이러한 필요성들, 즉 불즉왕으로서 군왕, 잦은 불사의 집전과 사찰의 영조, 민중들의 불교 수용, 그리고 중국과 국교문제 등은 두 가지 사실을 특별히 요구하였다. 하나는 이들 문제를 전문적이고 체계적으로 담당할 관인들의 제도적 장치였다. 즉 관인제도의 등장이 그것이다. 관인제도의 등장으로 자연히 전체 사회구조가 군왕을 정점으로 계층화하였는데, 가령 군왕과 왕실, 그리고 이전의 존장들과 그 후예들로 이루어진 상층 지배세력에 대한 제도적 조치였다. 이들을 특별히 예우함으로써 한편으로는 그들의 불만을 완화할 수 있었으며, 다른 한편으로는 군왕의 지지층으로 이들을 계속 묶어둘 수 있었다. 그러나 이들의 지나친 권력 행사에 대한 개입이나 관여를 차단하기 위해 치밀한 통치제도를 마련할 필요가 있었다. 그 밖에 전면적인 관인제도화의 마련에 따르는 사회의 계층적 제도화도 필요해졌다.

그리고 다른 하나는 군왕의 통치에 소요되는 경제적 재원을 확보하는 문제였다. 이전의 군장체제보다 더 팽배해진 경비를 부담해야 했기 때문이다. 재원 조달의 필요성은 그것을 위한 제도적 장치를 불가피하게 했다. 피지배 민중으로부터 경제적 재화를 조달해야 했으며, 이전보다 체계적이고 효율적인 방법으로 행해야만 했다. 이를 위해 때로는 강압적인 통치도 자행했으며, 그 결과 피지배 민중의 이탈과 저항이 일어났다. 이러한 저항을 차단하기 위해 중앙-지방의 관제를 정비했고, 군사력을 전국에 걸쳐 주둔시켰다.

군왕체제의 제도화는 기본적으로 관인제도 확립과 민중에 대한 억압과 수탈제도의 정비로 나타났으며, 이는 곧 군왕의 위치를 점점 더 강화시켰다. 그 결과 군왕 중심의 중앙집권체제가 정립되었으며, 이에 비례하여 관인들의 기능도 확대되었다. 특히 불교와 함께 유입된 문자가 사용됨으로써 관인층은 물론 상층 지배세력의 문자 활용이 확산되었다. 문자의 보급은 불교의 신앙과 사유체계를 심화시키는 계기가 되었지만, 또한 상층 지배세력의 관념을 그 시대의 세계관으로 확장시키게 했다.[44] 이러한 사정은 일반 민중과 상층 사이에 간격을 가져왔으며, 민중들에 대한 지배세력으로서 상층을 합리화하였다. 특히 관인들은 문자로 통치에 소요되는 행정의 문서체제를 마련하였다. 그리하여 민중들에 대한 과세를 비롯한 각종 통제를 기록으로 작성, 분류, 저장할 수 있었으며, 그 통제적 효과를 한층 더 조직적이고 효과적으로 만들 수 있었다. 군왕체제의 정립은 결과적으로 관인들의 제도화로 중앙집권적 통치체제를 발전시켰고, 이것

---

44) 물론 이 경우 세계의 의미에는 중국과, 불교의 발생지인 서천축(西天竺)으로서의 인도, 티베트 등이 해당되었지만, 기본적으로는 중국이 인식의 중심에 놓여 있었다.

은 또한 일반 민중들에 대한 억압과 수탈 그리고 강제를 강화했다.

이 시기 삼국의 관인제도는 일정한 체제를 구축하기에 이르렀으며 관직과 품계가 정해졌다.[45] 백제는 삼국 가운데 가장 먼저 관직체제를 정비하고 마련하여 이른바 6좌평, 16관등 제도를 실시했다.[46] 이러한 제도적 정비는 곧 군왕의 통치권 확립을 의미하는 것이다. 물론 군왕의 통치체제 정립은 몇 가지 문제에 놓이게 되었다. 상층 지배세력과 군왕 사이의 위계관계와, 군왕체제로서 관인제도를 살펴봄으로써 그것이 중앙집권제도로 접근한 일련의 내용에 대해 생각해 보기로 하겠다.

군왕체제가 전개되면서 지배세력과 군왕과의 관계 정립은 하나의 문제로 제기되었다. 즉 군장체제에서는 군장도 여러 존장들 가운데 단지 더 큰 영향력과 권위의 소유자였지만, 군왕체제에서는 존장들을 군왕의 권위 밑에 종속시켜야 했으며 군왕만이 절대적 우월성을 확보해야 했다. 이를 위하여 초기의 신분제나 골품제를 더욱 확고하게 정비하여 이들을 특권층으로 예우해 주면서 군왕 아래에 자리잡도록 하였다. 한편은 종속자

---

45) 이러한 성격을 총체적으로 보여주는 것으로는 백제에서 군왕체제가 정립되었던 고이왕 27년의 관직에 대한 다음의 글이 있으며, 그 성격의 흐름을 짐작할 수 있다. "봄 정월에 내신좌평(內臣佐平)을 두어 왕명의 출납에 관한 일을 맡기고 내두좌평(內頭佐平)은 창고와 재정에 관한 일, 내법좌평(內法佐平)은 예법과 의례에 관한 일, 위사좌평(衛士佐平)은 왕을 호위하고 왕궁을 지키는 일, 조정좌평(朝廷佐平)은 형벌과 감옥에 관한 일, 병관좌평(兵官佐平)은 일반 군사업무를 맡게 하였다. 또 달솔(達率), 은솔(恩率), 덕솔(德率), 한솔(扞率), 나솔(奈率), 장덕(將德), 시덕(施德), 고덕(固德), 계덕(季德), 대덕(對德), 문독(文督), 무독(武督), 좌군(佐軍), 진무(振武), 극우(克虞)를 두었다. 6좌평은 모두 1품, 달솔은 2품, 은솔은 3품, 덕솔은 4품, 한솔은 5품, 나솔은 6품, 장덕은 7품, 시덕은 8품, 고덕은 9품, 계덕은 10품, 대덕은 11품, 문독은 12품, 무독은 13품, 좌군은 14품, 진무는 15품, 극우는 16품이다."(《삼국사기》,〈백제본기〉 고이왕 27년 정월조)

46) 백제의 관제 정비가 삼국의 다른 나라보다 일찍 이루어진 점에 대해서 고구려나 신라보다는 부족의 조직 기반이 약했기 때문에 더 쉽게 중국의 전제국가적 제도를 마련할 수 있었다는 견해가 제기되었다. 그러나 이에 대한 반론도 제기되고 있다. 반론으로 다음의 글을 인용할 수 있다. "그러나 3세기 중엽의 관제 정비는 고구려, 신라에 비할 때 너무도 빠른 진전이기에 다소 의심스럽다. 먼저 3세기 중엽을 묘사한《삼국지》〈위서〉 동이전에는 당시 백제가 허다한 마한의 소국 가운데 하나로만 소개되었을 뿐 같은 책의 고구려전과는 매우 다른 취급을 받았다는 사실이 마음에 걸리고 또한 근초고왕 이전의 왕실 계보가 많이 훼손되었다는 점도 무시할 수 없다. 관제정비와 같은 중요한 사실은 왕실계보와 함께 훼손되었을 가능성이 높기 때문이다."(김기섭,《백제와 근초고왕》, 학연문화사, 2000, pp.219~220)

로, 다른 한편은 지배자로 자리잡게 하는 지배-종속의 제도적 장치를 고안하였다. 즉 상층 지배세력은 군왕의 권위에 종속적이면서도 상층 지배층으로서의 위치는 그대로 확보할 수 있게 했다.

상층 지배세력에 대한 예우로 우선 이들을 군왕의 측신임과 동시에 최고위층으로 인정해 주었다. 이들 상층은 왕실과 결혼관계를 맺는 등 직간접으로 연계하는 일종의 혈연적 결속으로 이어졌다. 그러면서도 상층 지배세력이 소유했던 지방 소유지에 대한 배타적인 특권도 배려했다. 따라서 군왕체제 초기에는 상층 지배세력의 영향력이 이전과는 크게 달라지지 않았다. 그러나 불교의 유입으로 군왕의 위치가 상대적으로 올라가면서부터 군왕 통치의 정당화가 이루어졌고, 상층 지배세력에 대한 견제가 필요해졌다. 그래서 군왕은 새롭게 제도적 장치를 마련하여 이들을 견제했는데, 가령 신라에서 볼 수 있는 상대등과 같은 관직의 설정이 그에 속한다. 상대등의 설치에는 화백회의에 대한 군왕의 견제 의도가 깔려 있다. 남당, 화백회의에서 상층의 결정은 군왕의 통치에 직접적인 영향력을 행사하였고, 이것은 때로 군왕의 권위와 위치에 대한 타격이 될 수도 있었다. 그러므로 화백의 이러한 영향력을 차단하려 했던 조치가 바로 상대등의 설치였다. 화백회의 의장격인 상대등 관직은 법흥왕 18년(531)에 마련되었으며, 일반 관직과 구분된 특수 제도였다. 상대등에 임명된 자는 어떤 관직에도 소속하지 않았으며, 그의 정책 결정과 수행에서 잘못이 있어도 군왕이나 다른 관직자에게 아무런 추궁이나 문책을 받지 않도록 하는 일종의 면책특권을 부여받았다. 그리고 상대등의 재직기간은 군왕의 그것과 일치했다. 화백회의의 수석인 상대등을 임명하고부터 군왕은 그와 연대함으로써 화백회의뿐만 아니라 상층 지배세력의 영향력을 정치적으로 견제할 수 있게 되었다. 이전의 화백제도를 유지하면서도 화백을 구성했던 상층 세력과 군왕 사이의 합리적인 관계가 정립됨으로써 상대적으로 군왕의 통치권은 그만큼 강화될 수 있었다.

또한 상층 지배세력의 신분적 특권을 제도적으로 인정하는 골품제를 강화했다. 군왕체제의 초기 단계에서는 상층 지배세력에게 관직을 부여함으로써 군왕의 통치세력 안으로 그들을 편입시켰으며, 그들의 영향력

도 인정해 주었다. 그러나 제도적으로 이들의 상층 신분을 분명하게 제도
화해준 것은 군왕체제 확립과정과 일치하고 있다. 신라에서는 골품제도
가 두드러졌지만 고구려나 백제도 같은 제도가 있었다.[47] 신라에서는 상
층 지배세력의 신분상의 특권을 명확하게 규정했다. 골품제도에 대해서
는 다음 글에서 그 성격을 짐작할 수 있다.

> 신라는 그 팽창과정에서 그에 의해 병합, 정복된 대소 지방세력을 골
> 품제라는 원리 아래 등급을 구분하여 중앙의 지배체제 속에 편제하였다.
> 아울러 원신라(原新羅) 국가를 구성하였던 6촌의 유력 씨족들도 같은 원
> 리에 의해서 편제되었다.[48]

골품제는 군왕체제 확립기 이전의 지배세력이나 지방의 유력자들을
지배층으로 흡수함으로써 군왕을 수장으로 한 통치구조 속으로 정착시켰
다.[49] 군왕체제의 실제 통치를 맡았던 관인제도는 대체로 5세기부터 삼
국에서 거의 비슷한 시기에 등장했다. 신라는 법흥왕과 진흥왕 때부터 본
격적인 관인제도를 확립할 수 있었다.

관인제도는 크게 네 영역에서 발전했는데, 하나는 군사적인 면이었다.
전국적으로 군사문제의 행정 책임을 특정한 관인에게 맡겼다. 법흥왕 4
년(517)의 병부가 그러했으며, 그 책임자를 병부령이라고 불렀다. 병부령
설치 이전에도 군사행정의 책임자로 서불한이 있었지만, 한정된 군사행
정만을 맡았을 뿐이다. 실제 군사작전의 책임은 별도의 제도를 두어 수행
하였다.

---

47) 고구려에서는 왕족인 계루부 고씨가 세습왕권을 누리면서 최고의 지배자로, 최고의
    신분층으로 자리잡았으며 왕비족으로는 절노부와 전 왕족이었던 소노부가 고추가라는
    존칭을 받으면서 상층 귀족적 위치를 차지하고 있었다. 백제에서는 왕족인 부여씨 이
    외에 8성이 있었으며 사(沙), 연(燕), 협(劦), 해(解), 진(眞), 국(國), 목(木), 백(苩) 등이
    그것이다. 이 가운데 왕비족인 진씨나 해씨는 왕족과 함께 중요 관직을 독점했다. 백제
    의 관료제도로 16관등이 있었는데 세 가지의 색복으로 그 직위와 권위를 구분하였다.
48) 이기동,《신라골품제사회와 화랑도》, 일조각, 1994, p.20.
49) 이 점을 더 구체적으로 설명한 논의로는, 골품제의 기원을 신라의 정복활동에 수반하
    여 요청된 새로운 사태에 대비하기 위한 귀족세력의 재편성, 즉 혈연의 제도화라는 관
    점에서 설명한 논리가 있다.(李德星,《朝鮮古代社會硏究》, 정음사, 1949)

둘째로는 주로 군왕의 개인적인 보좌 기능을 담당하는 기관이 설치되었다. 군왕체제는 군왕의 개인적인 권위를 강화한 것이었기 때문에 이를 위한 관인들을 필요로 하였다. 왕실의 건축과 관리, 그리고 군왕의 행차 등 전반적으로 군왕을 직접 보좌하는 관인들을 필요로 했다. 가령 군왕의 행차에 이용되는 수레의 관리를 맡았던 기관으로 승부를 마련했으며, 성격이 다르긴 하지만, 진평왕 5년에는 선부서를 두어 선박을 건조, 관리했으며, 그 책임자를 대감이라고 불렀다. 왕실의 재정을 책임졌던 3궁, 즉 대궁·양궁·사량궁이 설치되어 그 책임자를 사신이라고 불렀던 것도 이 시기였다. 군왕의 직접 지휘 아래 일반 관리를 규찰했던 사정부와, 진평왕 3년(581)에 설치된 위화부는 군왕의 관인 임면에 대한 책임을 지고 있었다.[50]

셋째로는 군왕체제의 유지 발전에 소요되는 재정문제를 충당하기 위해 피지배층에 대한 조세를 강제했는데, 이를 위한 관인제도로 늠주를 설치했다. 이것을 584년에는 조부라고 고쳤으며, 진덕왕 5년(651)에는 창부를 설치하여 더한층 체계적이고도 조직적인 조세행정을 실시했고, 그 책임자를 경이라고 불렀다. 이러한 조치는 군왕체제에 필요한 재정을 조세로 충당해야 했기 때문에 민중에 대한 가혹한 수탈을 효과적으로 하기 위한 것이었다.

넷째로는 불교와 대외적인 외교관계의 일을 예부에서 맡았는데, 주로 중국과 발생하는 외교문제를 다루었으며, 그 밖에 왕실이나 국가의 주요 행사를 주관하기도 했다. 영객부를 설치하여 외국사신의 접대를 맡았고, 불사와 승려의 일을 맡는 대도서를 설치했으며, 민간인들이 자의적으로 승려가 되는 것을 제약하는 일도 행사했다.

군왕 중심의 관인제도의 정비로 피지배층에 대한 통제도 그만큼 강화되었다. 특히 군왕체제는 경제적 재화의 확보가 시급했기 때문에 과세 등 필요한 경제적 가치의 조달을 모색했다. 따라서 조세와 공부, 요역은 일

---

50) 여기서 사정부라는 이름은 이보다 뒤인 659년에 생겼다. 그 전에는 단순히 경이라는 이름의 규찰 책임을 맡은 관인이 있었을 뿐이었다.

반인들에게 강압적으로 부과되었다. 이 시기의 경제적 기반은 농업이었기 때문에 농토는 부의 원천이었다.[51] 일반인들은 자영지, 즉 농경지를 경작했는데, 이는 그들 자신이 개간했거나 다른 사람에게서 구입한 토지였다. 대부분의 담세자들은 이들 자영농민층이었다.

고대국가의 군왕체제에서 조세는 성인 단위의 인두세였으며, 그 뒤에 각 개인의 소유재산에 따라 부과하는 재산세의 형식을 취하게 되었는데, 전국의 양민들을 3등급으로 구분해서 포(布)와 곡식을 일정 세율로 납부했다. 일반 양민들은 실제 군역을 담당했고 군병으로 국경의 성을 일정 기간 동안 수비해야 했으며, 그 밖에 축성, 축제 시설의 노력동원을 감수해야 했다. 하층의 빈민들은 상층 권문세가의 토지를 용작했으며, 빈곤한 생활로 유리걸식하는 상황으로 내몰리기도 했다.[52] 그러나 군왕은 이들 피지배층에게도 과세를 부과해서 강제로 징세함으로써 왕실의 경비를 충당했다. 따라서 징세는 자연히 피지배층과 지배층 사이에 갈등을 일으킨 첨예한 문제였으며, 특히 관인들의 권위와 통치력을 점점 강화시켰다. 즉 왕권이 부여한 특권으로 관인들은 일반 민중들을 억압했고, 조세 수탈을 적극적으로 추진했다. 그러므로 관인들은 군왕체제의 제도적 기반이었고 통치권 행사의 실제 담당자였다.

또한 통치체제의 정립으로 자연히 사회체제도 편제화되었는데, 이것이 앞에서 말한 골품제였다. 골품제는 지배세력 안의 계층분화였다. 이렇게 되어 권력구조에서 등위관계가 설정되었고, 나아가 피지배세력에 대하여 권위와 영향력 행사에서 차등을 보였다.[53] 이것은 법흥왕 7년(520)에 재편

---

51) 모든 토지의 진정한 소유주는 군왕이었으며 지배층이나 피지배층의 토지 소유도 군왕에 따라 부여되었다. 비록 그들이 군왕으로부터 직접 부여받지는 않았지만, 때로는 군왕의 등장 이전부터 그 토지를 경작했어도 그 원소유자는 바로 군왕이라고 여겼다. 군왕은 전쟁이나 그 밖에 특별히 공을 세운 사람에 대해서는 식읍이나 녹읍으로 일정한 토지도 하사했으며, 전쟁에서 잡은 포로를 노비로 주기도 했다.

52) 이기백, 《한국사신론》, 일조각, 2000, p.73.

53) 골품제는 왕실과 혈연관계를 중심으로 하는 골제로서 성골, 진골이 있었으며, 두품으로는 6, 5, 4두품이 있었는데, 이들은 왕족이 아닌 중앙의 통치세력을 표현한 것으로 이해할 수 있다. 골품제의 형성은 일정한 시기에 확정된 것이 아니라 이전부터 그러한 제도가 있었던 것이 실제로 강화된 것으로 이해할 수 있다.

되었으며, 진흥왕 18년(557)에 확정되었다.[54] 골품제에서 성골은 불교와도
연관이 있다. 성골이라는 말 자체가 의미하듯이 군왕의 신성성이 불교적
관점에서 강조되었다. 불교에 의한 군왕 권위의 논리화는 법흥왕, 진흥왕
대에 불교를 권위화하고, 그 뒤 지증왕대에 천사옥대 등으로 군왕의 정통
성을 불교로 회복했던 것에서도 짐작할 수 있다. 즉 성골과 진골 등 골품
제는 기본적으로 불교적 관념에 따른 왕권강화의 사회제도적 표현이었
다.[55] 골품제와 함께 관등의 위계적 조직구조의 정비는 일반 평민과 구분

---

54) 골품제의 형성시기에 대해서는 여러 가지 주장이 있다. 김철준은 그 기원을 부족국가
    시대 대·소 족장 층의 전개과정에서 이를 설명하고 있으며, 신동하는 박, 석, 김의 세
    성씨 집단이 지배족으로 골족을 이루었고, 그 뒤 복속족장이 여기에 편입되었다고 주
    장한다. 또한 이종욱은 골품제도는 사로국 이전의 군장(chiefdom)단계에서 성립되었으
    며 법흥왕 7년 율령반포 때 그것이 편성되었다고 주장한다. 여기에서는 이종욱의 설이
    타당성이 크다고 생각되기 때문에 이를 받아들인다.(김철준, 〈고구려 신라의 관계조직
    과 성립과정〉, 《한국고대사연구》, 지식산업사, 1975 ; 신동하, 〈신라 골품제 형성과
    정〉, 《한국사론》 5, 서울대, 1979 ; 이종욱, 〈신라골품제의 기원〉, 《동방학지》 30, 1982)
    그러나 그것이 법흥왕대의 소산이었을 것으로 여기는 논의로는 다음의 글을 인용할 수
    있다. "다만 그것이 하나의 제도로서 매듭된 시기를 찾아본다면 필자는 신라의 정치제
    도 전반의 정비과정과 짝해서 찾고자 한다. 그렇다면 법흥왕 이후 관부의 발생, 왕권의
    강화, 불교의 공인 등 전반적인 사회발전과정에 따라 왕족신분의 권위를 보장하려는
    제도적 장치가 필요했을 것이다. 다시 말하면 골제의 성립시기는 왕의 세습제가 확립
    된 때와 궤를 같이하겠지만 그것을 제도적으로 규정한 것이 6세기 이후라는 뜻이다. 더
    구나 골품제와 관련된 17관등의 성립시기가 6세기 중엽 이전이라는 사실과 결부할 때
    법흥왕 7년(520)의 율령반포는 단순한 공복제정의 뜻만은 아니라고 하겠다. 이때 골품
    제에 대한 법적 규정을 성문화한 것으로 보아 이 시기에 골품제도 특히 골제는 골격을
    갖추었으리라 여긴다."(申瀅植, 《新羅史》, 이화여대출판부, 1985, pp.161~162)
55) 이 가운데 성골의 경우는 군왕의 신성성을 전제로 한 것이며, 이를 정신적으로 지원
    한 것이 바로 불교였다. 진골의 경우에 대하여는, 진평왕에서 진덕여왕대의 왕통을 성
    골로 규정하여 그 뒤 통치권을 장악했던 신흥세력인 무열왕과 김유신계의 합작에 따
    라 신흥귀족층이 그 이전의 왕족에게 성골이라는 칭호를 부여함으로써 정치에 초연한
    정신적 우월감을 갖도록 만들고, 무열왕계와 김유신계는 정치적 실권을 장악한 진골이
    되었다는 주장이 제기되고 있다.(신형식, 위의 책, p.165) 이러한 논의에 따르면 성골의
    형식적 우월성과 진골의 정치적 실리 면이 서로 합쳐진 것으로 여길 수 있다. 신라 중
    고 이후 통치의 주도권은 진골이 장악했다. 진골은 정치적 권위와 특권을 유지하고자
    여러 가지 제도적 조치를 취했는데, 집의 크기를 24척을 넘지 못하게 하고 그 아래 등
    급인 6두품은 21척을 못 넘게 규정했으며, 관복에서도 차이를 두었다. 6두품은 일반 귀
    족의 최상층으로 중앙관직으로는 시랑, 외직으로는 태수, 잡직으로는 사천, 율박사 등
    에 종사했으며 제한된 정치적 참여가 가능할 뿐이다. 6두품의 형성에 대한 이기백의
    논의에 따르면 초기 사로국 시대의 압독국 왕족인 설씨 임나후손과 고구려·백제의
    구 귀족 등을 비롯하여 이·최 등의 가문과 진골에서 강등된 김씨 등이라고 밝혔다.

된 사회신분층을 이루었으며, 이는 곧 전체 사회의 편제를 이룬 전형적인 군왕체제를 자리잡게 했다.

5. 중앙집권적 통치체제로 귀결

군왕을 뒷받침해준 관인제도는 상층 지배세력이 군왕에게 부가하는 영향력을 상당 부분 차단시킬 수 있었다. 따라서 군왕은 점점 더 절대자의 위치로 올라가게 되었다. 특히 군왕은 관인을 동원하여 민중을 효과적으로 통치함으로써 전국적인 통치망을 확립할 수 있었다. 군왕체제의 확립은 이미 앞에서도 살펴보았지만 불교국가로 자리잡음과 연관이 있었다. 군왕체제에서 불교는 통치이념으로만 활용된 것이 아니라 민중들 자신이 불교를 받아들여 생활화하였기 때문에 불교는 그 시대의 지배이데올로기로 정착될 수 있었다. 이 점에서 삼국의 군왕체제는 불교적 국가이자 그것을 국가목표로 설정했던 통치체제였다. 즉 이전의 부족적 집단의식에서 벗어나 왕국으로서 일정한 영역을 갖게 되었으며, 그것을 불교적인 가치의 실현으로 여겼다. 결국 불교는 국가 구성원들의 일체감의 근원이 되었다.

불교의 지배이데올로기는 민중들이 왕국을 그들 자신의 국가로 받아들이게 한 정신적 일체감을 형성시켰다. 왕경(王京)과 지방민들 사이에 종교나 신념체계가 다르면 중앙집권적 단일체제를 이룩할 수 없다. 불교의 국교화는 삼국에서 중앙집권제 발전의 계기를 가져왔다.

중앙집권체제는 권력구조에서 전국 단위의 위계성, 즉 군왕 중심의 단일하고도 위계적인 권력구조의 형성을 뜻한다. 서울과 지방이 하나의 권력구조로 통합되었음을 뜻한다. 지역마다 서로 다른 권력구조의 존립이 아니라 전국적으로 통일된 하나의 권력구조의 형성을 의미한다. 물론 전국적으로 단일화된 권력구조 안에서도 각 지역마다 세분된 권력구조가 그 아래 자리잡을 수도 있지만, 그것은 전국적인 단일 권력구조 안의 하

(이기백, 《신라시대 국가불교와 유교》, 한국연구원, 1978, pp.39~52)

부구조일 뿐이다. 이 점에서 중앙집권체제는 전국적으로 군왕의 영향력이 침투되었다는 의미이다.

단일화된 권력구조에서는 중앙에서 임명한 관리가 지방으로 파견되어 통치기능을 수행하게 된다. 중앙집권제는 지방의 독자적인 위계체제나 지배자를 인정하지 않는다. 그러한 지배자가 있어도 그의 권위는 중앙으로부터 부여된 것에 지나지 않는다. 이전부터 존재한 지방의 권위구조나 지배세력은 중앙에서 파견된 관리들에 따라 한꺼번에 대치되지는 않았지만 점차적으로 중앙 관직자가 지방을 직접 통치하게 되었는데, 이것이 중앙집권제의 기본 속성이다. 중앙에서 지방으로 파견된 관리들이 지방민에게 과세를 부과하고 징세했으며, 중앙의 통치에 직접적인 대상으로 고정시켰다. 이전의 지방 유력자 중심의 간접과세로부터 벗어났음은 중앙 통치권이 실제로 지방으로 침투하고 단일한 통치권으로 확정되었다는 의미이다.

중앙집권제의 몇 가지 요소들, 즉 전체 구성원들의 단일적 이념체계, 단일적 통치구조의 위계체제, 중앙에 의한 직접통치 등을 통해 군왕체제 중심의 통치체제가 공고화되었다. 이러한 사실을 전제로 할 때, 삼국의 군왕체제는 각기 그 지역을 통합하는 중앙집권제의 정립과정을 거쳤다. 군왕 중심의 중앙집권제도 군왕과 상층 지배세력이 어떤 관계를 맺고 있는가에 따라 저마다 다른 성격을 보여주었다. 가령 고구려의 경우, 군왕과 상층 지배세력 사이에 협의적 성격이 강했기 때문에 그 과정에는 자주 권력투쟁이 펼쳐졌다.[56] 그러나 군왕의 영향력이 강화되자 고국천왕이 여러 권신들의 비방에도 불구하고 을파소를 관리의 최고층에 임명할 정도로 군왕의 권위가 강화되었다. 그에 따라 군왕의 영향력은 지방에까지 침투하였는데, 군왕은 지방의 큰 성에 도독과 같은 직위로 욕살을 배치하였으며, 그 다음 급의 성에는 처려근지(도사), 그리고 그 아래의 성에는

---

56) 고구려에서는 국상이나 막리지와 군왕 사이의 갈등이 자주 있었다. 가령 고구려의 국상 명림답부는 166년에 정변을 일으켜 정권을 장악했으며, 창조리 역시 300년에 정변을 일으켜 봉상왕을 죽였으며, 음우는 국상의 자리를 자신의 아들 상루에게 넘기기도 했다.

가라달, 이보다 더 작은 조그만 성에는 누초라는 현령을 배치했다. 그 밖에 고구려에는 성과 함께 흘, 곡, 달, 탄, 압 등의 명칭을 가진 지방행정단위도 있었는데, 이는 곧 중앙집권체제가 정비되었음을 의미하였다.

중앙집권제도의 구체적인 사례는 신라에서도 찾아볼 수 있는데, 3, 4세기 무렵만 해도 이전의 사로국이 주변국가를 통합하고 있었다. 이러한 통합으로 중앙의 관리나 통치자들이 직접 지방에 파견되어 통치하기보다는 그 지방 유력자나 지배자를 회유, 수용하는 정책을 채택하였다.[57] 군사적으로 지방을 정복했지만 그 지방 지배자를 회유하여 관직을 부여했으며, 그로 하여금 그 지방에 대한 통치권을 행사할 수 있게 했다. 단지 복속의 표시로 중앙의 관직에 임명되었던 것이 아니고, 실제로 중앙의 통치권 안으로 포섭하는 성격을 갖고 있었다. 그러므로 이들은 중앙의 중요한 의례에 직접 참여해야 했고 지방의 조세와 공물을 중앙에 바쳐야 했다. 이는 일종의 간접통치였는데, 중앙의 통치권이 지방을 직접 통치할 상황이 아니었다는 의미이기도 했다. 그러므로 이 지역에서는 이전의 통치자가 그대로 남아 있었으며 때로는 그들의 영향력을 강화하여 중앙에 저항하는 군사행동을 벌이기도 했다.[58]

군왕은 정복한 지역을 직접 순수하기도 했으며, 수시로 감시관의 성격

---

57) 신라가 그 주변의 다른 나라를 병합하여 통치하는 것에 관한 주보돈의 연구에 따르면, 신라는 네 가지 형태로 통치했다. 첫째는 정복당한 국가가 신라에 대하여 의례적인 공납 등의 형식으로 신속을 표시하는 경우, 둘째는 정복지역에 자치는 허용하지만 중앙으로부터 일정한 재편과정을 거치는 경우, 셋째는 피복속지역의 유력자를 중앙에 이주·귀족시키는 경우로, 이 경우에는 그 지역을 이들 귀족화한 유력자의 식읍으로 만들었으며, 넷째는 피복속지의 군사적 요충지에 대해서는 중앙에서 파견한 군관이 상주하여 통치하는 경우가 그것이다.(朱甫暾, 《新羅 地方統治體制의 整備過程과 村落》, 신서원, 1998, pp.43~47)

58) 신라의 파사이사금 25년(104)에 정복당했던 실직이 모반했으며, 압독은 일성이사금 13년(146)에 반란을 일으킨 것으로 되어 있다. 이러한 반란에 대해서 중앙의 토벌군이 진격하여 모반의 책임자를 처벌하고 그 지방의 주민을 다른 지역으로 집단 이주시키는 대응책으로 나아갔다. 기록을 찾으면 "7월에 실지국(悉直國)이 반하므로 군사를 일으켜 토평하고 그 여중(餘衆)들을 신라의 남비(南鄙)로 보내었다."(《삼국사기》 권 1, 〈신라본기〉 1, 파사이사금조) 그리고 "10월에 압독(押督)이 배반하므로 군사를 일으켜 쳐 평정하고 그 여중(餘衆)을 남지(南地)로 보냈다."(《삼국사기》 권 1, 〈신라본기〉 1, 일성이사금조)

을 띤 관원을 파견하여 지방을 통제했다. 그런가 하면 때로는 그 지방 유력자에게 중앙의 고위관직을 제수했으며, 따라서 상층 세력권으로 편입시키기도 했다. 주보돈 교수의 다음 글은 지방에 대한 간접통치 형식을 취했던 당시의 상황에 대해서 설명해 주고 있다.

> 당시 촌락은 기본적으로 자치였다. 다만 피복속 지역의 재지 세력은 국가에 의해 승인을 받은 위에 기존의 세력기반을 온존하면서 자치를 행하였다. 재지 세력의 촌락지배권은 전통적인 권위에 기반하면서도 다른 한편으로 국가의 승인을 받았다. 촌락에 대한 중앙의 지배권이 강화되면 상대적으로 재지 세력의 그것은 약화되어 갈 수밖에 없었다. 그런 의미에서 간접통치는 읍락국가인 사로국이 왕조국가인 신라로 이행하는 시기에 행해진 과도기적 지방지배형태였다고 하겠다.[59]

그 뒤 중앙집권제도의 일환으로 중앙에서 관리가 파견된 것은 대체로 5세기 전후였으며, 특히 신라에서는 소지마립간 9년에 전국적으로 우역(郵驛)을 설치했으며, 관도(官道)도 수리했고, 중요 지역에 도사(道使)를 파견했다. 중앙이 지방을 통치하는 성격을 갖는 제도가 수립된 시기는 대체로 4세기 중엽부터였다. 이 시기는 박, 석, 김의 왕성 가운데 강력한 정치 경제적 기반을 가졌던 김씨의 왕위세습이 이루어진 뒤였다.[60] 이 시기 이후 비로소 군왕의 개인적인 권위나 왕실의 신성성을 강화하는 거대한 신궁과 궁성이 건설되었다. 구체적으로 487년 김씨 시조 출생지인 나을에 신궁을 건축했고, 497년에는 관리들에게 지시해서 지방관리의 후보자를 추천받았다. 이러한 조치는 중앙집권제가 점차 자리잡아가고 있었음을 의미했다.[61] 신라에서는 법흥왕을 전후로 지방 소국이 모두 병합됨으로써 사실상 소국통일이 이룩되었으며, 따라서 이 시기 이후 지방에 할거

---

59) 주보돈, 앞의 책, p.60.
60) 김씨에 따른 왕위세습은 신라에서 왕의 권위를 부여하기 위한 명칭으로 '마립간'의 칭호를 쓰면서부터이다. 이것은 기원 전후 시기의 '거서간,' '차차웅'과 같은 칭호나 1세기 중엽 이후부터 쓰인 '이사금'보다 더 높은 권위를 가진 군왕의 칭호로 사용된 것이다.
61) 《삼국사기》 권 3, 〈신라본기〉 소지마립간 9년 2월, 19년 7월.

했던 유력한 지방 통치세력들이 회유, 복속 또는 제거되었다.

5세기 전후, 신라는 거의 전역을 군현제로 된 중앙집권제도로 정비했는데, 지방의 군현으로는 52개가 있었으며 그 단위를 읍륵이라고 불렀다.[62] 이 점에 대해 《양서》 신라전에는 "민간에서는 성을 건모로 했으며 그 고을은 중앙에 있는 것을 탁평이라 했으며 밖에 있는 것을 읍륵이라 불렀다.……나라에는 6개의 탁평과 52개의 읍륵이 있었다"고 적어 놓았다. 그리고 이들 하부의 지방행정단위를 관할했던 상급의 지방 군사 행정관으로 군주를 벌휴이사금 2년(185)부터 설치한 것으로 기록되어 있지만, 그 뒤의 기록에 따르면 지증왕 6년(505)에 "실직주를 설치하고 이사부를 군주로 삼았다. 군주의 이름은 이때부터 시작되었다"는 기록이 더 신빙성이 있다.[63] 지방 군주는 뒷날 총관으로, 그리고 다시 도독으로 이름이 바뀌었으며, 도독은 지방 군사행정단위로 고려의 도와 같은 성격을 가진 지방장관이었다.

이처럼 군왕체제가 중앙집권제로 발전하여 군왕의 지위와 영향력은 점차 강화되었다. 특히 군왕의 세습제 확정에 따른 통치의 제도화는 왕경-지방을 단일 통치구조 아래 놓는 한편, 이를 통치할 관인제도의 발전을 가져왔다. 따라서 군왕체제는 자연히 관인을 앞세워 군왕의 자의적 통제권을 강화함으로써 마침내 군왕의 전제적 왕조체제로 변화하게 되었다. 구체적으로 이러한 과정의 전개가 신라에 의한 삼국통일이었다. 즉 군왕체제는 그것이 제도적으로 정립되자 곧 전제적 왕조체제로 발전할 수 있었다.

---

62) 《수서》 권 81, 신라전.
63) 《삼국사기》 권 2, 〈신라본기〉 2, 벌휴이사금 2년조.

제5장 불교, 전쟁, 그리고 전제적 왕권체제

1. 견제받지 않는 통치권

고대국가의 전제적 왕조체제는 왕 한 사람에게 권력이 집중되어 국왕의 자의적인 통치권 행사가 가능하다는 의미이다. 즉, 왕권의 행사에 아무런 견제장치가 없는 통치 형태이다.[1] 전제적 왕조체제에서 통치자인 왕과 피지배자인 민중은 주인-노예의 관계와 같다.[2] 고대사회에서 주인은 노예에 대해 생사여탈의 권한을 가지며, 주인의 의지에 따라 노예를 자의적으로 부릴 수 있다. 국가도 왕의 사적 소유물이며 피지배 민중은 왕의 종복으로 그에 대한 절대적 복종만이 요구될 뿐이다.[3] 일반적으로 전제적

---

1) 전제적 왕권체제에 대한 논의는 자연히 그것과 비슷한 개념으로 혼용되고 있는 절대주의와 구분해야 할 필요성이 있다. 절대주의는 중세 봉건제와 근대 초기 자본주의의 혼혈적 속성을 지니고 있다. 이는 곧 그 속에 근대성이 부분적으로 내포되어 있음을 의미한다. 그러나 전제적 왕권체제는 중세 봉건사회 이전의 고대사회적 체제이며, 흔히 아시아적 전제체제라는 표현도 이러한 의미를 함유하고 있다. 물론 절대주의가 아시아적 전제주의의 일면적 속성을 갖고 있는 것은 사실이지만 그것과 구분될 수 없을 정도의 것은 아니다. 특히 설대주의는 통치자의 사적 영역과 종교적 신성성 사이에 구분이 가능하지만 전제적 왕권체제에서는 왕의 행동 자체가 곧 종교적 신성성을 갖게 된다.(Anthony Giddens, *The Nation-State and Violence*, Polity Press, 1998)

2) Vernon Bogdanor, ed., *The blackwell Encyclopedia of Political Institutions*, Blackwell, 1987, p.171.

3) 전제주의는 아리스토텔레스에 따라 최초로 개념화되었는데, 그는 이것을 그 시대의 아시아적 왕권체제로 파악했으며 동시에 비서구적인 전통성의 통치양식으로 이해했다. 특히 전제적 통치자(despotes)는 한 집안의 가장, 노예의 주인과 같은 존재인데 국

왕조체제는 다음의 성격을 특징으로 갖는다.

1. 국왕 통치의 정당화를 위한 가치체계.
2. 국왕의 자의적인 전제권 행사.
3. 국왕에 대한 견제 장치의 결여.
4. 법과 관인, 상비군 등 국왕의 전제적 통치기구.

먼저 전제적 왕조체제에서는 국왕의 권위를 강화해 주는 일정한 가치 관념으로 특정 종교가 그 역할을 맡았다. 특정 종교는 왕국에서 획일적인 가치체계이며 통치이데올로기이다. 신앙의 확산으로 국민의 절대다수가 신도가 되어 국왕의 의지와 종교의 이념을 동일시하게 되었다. 따라서 국왕의 통치권도 강화될 수밖에 없었다. 종교는 곧 국왕의 안위는 물론이고 그를 중심으로 하는 왕국의 발전에 순기능적 영향력을 행사하였다. 국교로서 특정 종교의 이러한 기능으로 왕은 물론이고 그가 통치하는 왕국은 그 종교의 이념적 지향성을 추구하게 되었다. 그 결과 현실 통치는 전적으로 그 왕국의 종교에 따라 이루어졌다.

특정 종교가 국왕의 전제권 확보에 기여하는 이유는 그 종교가 국왕의 왕국과 종교적 지향을 일체적인 것으로 논리화했기 때문이다. 그 종교의 미래 가치가 국왕의 통치에서 이룩될 수 있다는 신념을 민중 속에 심어 주었기 때문이다. 그 결과 일반 민중은 그 종교를 믿게 되었고, 자신의 내세 구원도 확신하게 되었다. 현실적인 고통에서 벗어날 수 있고 미래의

가의 관점에서는 신민을 자신의 노예로 생각하는 통치자를 의미한다는 것이다. 전제주의가 정치사상에서 주목을 받은 것은 17세기 몽테스키외에 의해서인데, 그는 전제체제를 관리나 참모들을 동원하여 자신의 의지를 관철하고자 피지배 민중을 초법적으로 통치하는 것으로 규정했다. 이러한 통치에서는 강제와 억압이 일상적으로 반복됨으로써 피지배 민중에게 공포감을 조성하고 복종을 확보하고 있음을 지적하였다. 특히 그는 전제주의는 비서구적인 정치체제, 즉 아시아적 통치의 한 양식임을 적고 있다. 그 뒤부터 전제주의의 개념은 아시아적 의미의 또 다른 표현인 오리엔트(Orient)와 결부되어 동양적 전제주의라는 표현으로 정착되었는데, 특히 헤겔은 전제주의라는 말에 역사적 진보와는 다른 정체성의 의미를 부가했다. 전제주의가 가장 최근에 주목을 받게 된 것은 카를 비트포겔(Karl Wittfogel)의 연구에서 소비에트 전체주의를 아시아적 전제주의의 전통을 새롭게 변혁시킨 것으로 논의한 데서 비롯되었다. 이 점에 대해서는 P. Anderson, *Lineages of the Absolute State*, New left, 1974 ; K. Wittfogel, *Oriental Despotism*, Yale University Press, 1957을 참고할 것.

낙원으로 인도될 수 있다는 믿음도 국왕의 통치에 대한 복종으로 담보될
수 있다고 생각하였다. 민중의 종교적 믿음의 정도에 따라 국왕의 위치도
확고하게 자리잡게 된다. 이렇게 되면 국왕은 민중의 충성을 확보할 수
있으며, 그의 통치권은 그 종교의 외피 아래 영향력이 행사되어 정착된
다. 이 점에서 전제적 왕권체제의 종교는 그 체제를 형성시키고 안정적으
로 지속시키는 기반이었다.

전제적 왕조체제에서만 국왕의 자의성이 지배적으로 기능한 것은 아
니다. 그 이전의 군장체제나 군왕체제에서도 통치자의 자의성은 작용할
수 있었다. 그러나 군장체제나 군왕체제에서 군왕의 통치권 행사는 그를
둘러싼 주변세력들로부터 차단당하거나 견제당하는 경우가 일반적이다.
왜냐하면 군장이나 군왕체제가 상층 지배집단이나 세력들로 이루어진 연
대적 통치체제이기 때문이다. 그러므로 상층 지배세력이나 주변 인사들
로부터 군장이나 군왕의 행동은 흔히 제약받을 수밖에 없다. 심한 경우
군왕은 상층 통치세력이나 지배집단의 합의사항을 집행하는 존재에 불과
하였다. 그러나 전제적 왕조체제로 들어서면 국왕의 통치권은 점점 커지
고 그것을 규제할 효과적인 견제장치나 유력한 상층 지배집단조차 존재
할 수 없게 된다. 비록 그러한 집단이 있었다 해도 그것은 단지 왕권을
정당화하고 합리화하기 위한 국왕 통치의 지원기구에 불과할 뿐이었다.

국왕의 전제권 행사는 그 자신의 사적 영역에만 한정되지 않았다. 그
것은 왕국의 통치에 그대로 적용되었다. 왜냐하면 전제적 왕조체제에서
는 왕의 사적 영역은 따로 존재하지 않았기 때문이다. 다시 말하면 국왕
의 사적 영역도 바로 통치의 영역이었기 때문이다. 국왕의 개인적인 생활
이 곧 국왕의 통치행위였으며, 이 영역에서 국왕의 결정과 행동은 거의
대부분 국왕의 의지에 따라 이루어졌다. 물론 약간의 예외도 없지 않았
다. 국왕의 전제권을 제약하는 종교교단의 영향력이 있었을 수도 있다.
즉 국왕의 사적 활동이나 그의 통치에 대한 유일한 견제는 종교교단이나
승려들로부터 나타났다. 그러나 이들의 견제도 현실적으로는 국왕의 권
위 강화와 통치 효율화를 확보하기 위한 종교적 기여였을 뿐이며, 국왕의
통치권을 약화시키거나 제약하기 위한 것은 아니었다.

전제적 왕조체제라고 해서 국왕의 일상적인 것에서 국가통치까지 국왕 단독으로 모든 것을 자의적으로 결정하고 집행했던 것은 아니다. 이를 위해 수많은 관인과 제도적 장치가 조직되었으며, 그렇게 해야만 국왕의 통치도 효율적으로 집행될 수 있었다. 물론 관인들은 넓은 의미에서 국왕의 하인과 크게 다르지 않았다. 어느 면에서는 왕과 공간적 거리에 따라 그들의 영향력이 결정되었기 때문에, 비록 관인들의 직위가 높아도 왕의 종복적 성격에서는 벗어날 수 없었다.[4] 왕은 자신의 통치를 효과적으로 수행하고자 관인집단은 물론이고 사적인 비밀사찰기구도 활용했다. 특히 비밀기구에 의해 수집된 정보로 국왕은 관직자들을 감시했고, 적대적인 기능자를 제거할 수 있었으며, 그들의 충성을 확보할 수 있었다. 그러므로 전제적 왕권 확립은 국왕 중심의 비밀기구의 확대와 일치했다. 대부분의 경우 이들 비밀 기능은 왕의 최측근, 즉 친위대나 왕실 경호기능을 하였던 호위대가 맡았다. 그러므로 전제적 왕권체제에서 비밀기구의 활동과 그들의 영향력에 따라 그 체제의 안전성이 지속되었다.

전제적 왕권의 강화는 여러 요소가 결부된 결과물이었다. 앞서 말한 종교는 물론이고 전쟁, 강대국과의 사대관계도 왕의 전제권 강화에 크게 보탬이 되는 영향을 미치게 되었다. 왕권이 전제적 통치권으로 자리잡으면 왕에 대해 견제나 비판적인 집단, 또는 특정 신료들은 국왕 자신보다는 바로 그의 비밀기구 또는 다른 관인에 의해서 견제받거나 제거되었다. 따라서 왕권은 점점 더 전제적으로, 즉 무자비한 통치체제로 변모했다. 왕권은 피지배층에 대해서도 폭압적인 통치체제의 성격을 보여주었다.[5]

---

4) 국왕이 자신의 왕실에서 사적으로 소유하는 가신들에 대해서는 기든스의 다음과 같은 구절을 인용할 수 있다. 기든스는 사실 가신들이나 이른바 전문적인 기능을 행사하는 신료들과의 차이점을 크게 구분하지 않는다. "왕실에서 찻잔을 나르는 종복, 환관, 타구 청소인, 머리 손질을 담당하는 사람, 왕의 손톱을 다듬는 사람, 문지기, 요리사, 잡다한 심부름꾼, 그리고 왕의 주변에서 즐거운 말과 노래를 불러 주는 예인, 경호인, 그리고 수많은 하인들은 별로 할 일 없이 왕의 주변에서 서성이면서 마치 장식품처럼 그렇게 존재할 뿐이다."(Anthony Giddens, 앞의 책, p.61)

5) 전제적 왕권체제에서 국가는 국왕의 개인적 사유물이기 때문에 신민은 국왕에 대한 종복이며 국왕의 안위와 복락을 위한 도구일 뿐이다. 그 어떤 것도 국왕의 통치권 행사를 견제할 수 없었다. 법이 있지만 국왕에게는 미치지 않았다. 단지 왕의 통치를 위한 규제수단으로 활용되었을 뿐이다. 상층 지배층 중심의 각종 회의가 제도화했지만,

어느 면에서 전제적 왕권체제의 가장 큰 피해자는 일반 민중이며, 상층 지배세력도 그들이 누려왔던 통치세력으로서의 위치에서 점차 물러나는 상황으로 내몰리게 되었다.

전제적 왕권체제에서는 왕권만이 유일하게 강화되었던 것은 아니다. 전제왕권의 강화로 대항적인 집단이나 세력도 자기생존을 위해 노력하였는데, 주로 왕족이나 상층 지배집단에서 이러한 움직임이 일어났다. 왕권의 전제화가 왕조의 체제 안전에 오히려 심각한 우려를 던져준다는 확신에서, 그리고 개인적으로는 통치권의 행사과정에서 이탈되었기 때문에 상층 지배집단 일부에서는 스스로 위기감을 갖게 되어 결국 왕권에 대한 저항을 표출하게 되었다. 이 점에서 전제적 왕권체제의 등장은 어느 면에서는 그 체제를 마감할 씨앗이 파종되었다고 할 수 있다. 왕권의 극단적인 강화현상으로서 전제적 왕권체제는 그러한 점에서 그 시작부터 체제의 종말을 담보하게 되었다. 특히 전제적 왕권체제는 다른 체제에 비해 통치과정에서 값비싼 고비용이 필요한 통치체제였다. 그것은 왕권강화의 상징조작을 거대하게 조성해야 했으며, 국왕이 자의성을 행사함으로써 그에 따르는 일련의 막대한 비용이 필요했기 때문이다. 이렇게 되면 전제적 군왕체제는 민중으로부터 비용을 조달할 수밖에 없다. 결국 가혹한 민중 탄압과 약탈은 피지배 민중의 저항을 불러왔으며, 이들의 저항은 거의 일상적일 정도로 격화되었다. 이 점에서 전제적 왕권체제는 가장 위험한 통치체제였는데, 안으로는 상층 지배집단으로부터 모반의 위험을 안았으며, 밖으로는 일반 민중의 도전에 놓이게 되었다. 그러므로 전제적 왕권체제로 들어감은 왕국 자체가 체제변혁이나 그 교체기적 상황에 놓여 있다는 것을 의미하기도 한다.[6]

그것은 왕의 정책결정에 대한 견제기능이 아니라 국왕에 대한 보좌기능에 한정되었다. 특히 군왕은 자신의 전제권을 효과적으로 행사하기 위해 관료와 상비군을 체제화하여 동원하기도 했다. 이 경우 상비군과 관료는 군왕의 호위군대이거나 군왕의 명령을 무력에 따라 집행하는 가신적 종복이었을 뿐이다. 따라서 이들은 군왕만을 위해 피지배 민중을 억압, 약탈하는 도구로 활용되었다.

6) 전제적 왕권체제는 이미 그 통치체제의 종언을 통고받는 일종의 통치적 한계에 직면하게 되었다. 그 구체적인 표현으로 왕실 안에서 왕권장악을 위한 대립과 갈등은 물론

앞에서 말한 전제적 왕권체제의 등장과 전개에 따른 여러 요소들, 즉 불교의 영향, 전쟁과 사대적인 대외관계, 왕권승계에서 드러난 대립과 갈등, 중앙집권적인 관인제도 정비 등, 그 가운데 어느 하나만이 특별히 우선적인가를 구분한다는 것은 쉬운 일이 아니다. 어느 면에서 그 영향력은 순차적일 수도 있지만, 그와는 달리 혼합된 모습으로 나타날 때가 대부분이다. 이 요소들은 시기와 상황에 따라 다르게 표현되었으며, 다른 결과를 가져왔다. 전반적으로 전제적 왕권체제는 이러한 요소들이 서로 뒤섞여 이루어진 복합적인 관계망의 결과물이었다.[7]

2. 왕권의 세습과 권력구조의 갈등

고대국가에서 전제적 왕권체제의 내적 요인의 하나는 왕위세습의 갈등과 대립에서 연유하였다. 왕실 혈족이나 그 인척이면 누구나 주변 상황을 이용하여, 즉 권신과 왕실의 유력자들과 협력하거나 또는 전왕(前王)의 힘으로 왕위를 승계할 수 있었다. 왕권의 세습성은 그만큼 경쟁자들 사이에 격렬한 투쟁을 몰고 올 수밖에 없었다. 결과적으로 왕권 장악은 경쟁자를 제거함과 동시에 앞으로 그럴 수 있는 위험 가능성을 지닌 정치세력을 차단해야 했다. 왕권의 세습과정에서 일어나는 갈등과 대립, 그리고 그 귀결은 결과적으로 왕권이 약화되는 계기가 되거나 강화의 시점으로 작용했다. 왕권의 약화는 왕권의 세습이 상층 지배집단들의 타협에 따라 이루어졌을 경우에 특히 그러한 성격을 보여주었다. 이와는 달리 선

상층 지배집단 사이의 대립을 기점으로 한 전국적인 정치적 반란과 민중의 도전적 저항이 결과적으로 왕국을 내전상태로 몰아넣었던 것이다.

7) 전제적 왕권체제는 단순히 고대사회에서만 찾아볼 수 있는 현상이라고 단정할 수는 없다. 고대사회에서는 일반적인 통치체제의 현상이었지만 고대사회에만 한정되지는 않았다. 어느 면에서 그것은 고대사회 이후의 시대상황, 즉 중세나 심지어 근대에서도 찾아볼 수 있는데, 특히 한국 정치사에서 이러한 성격은 시대와 무관하게 작동했음도 사실이다. 한국 정치사에서 일상적으로 찾아볼 수 있는 통치체제의 본질도 사실상 전제적 왕권체제의 잔존물이라 해도 틀리지 않는다. 그러므로 전제적 왕권체제에 대한 인식이야말로 어느 면에서나 고대사회의 통치체제는 물론이고 한국 정치사의 통치구조를 규명하는 접근일 수도 있다.

대의 국왕에 의해 적대적 경쟁자들을 제거한 뒤에 왕권을 장악했다면 그 왕권은 점점 더 강화되는 특징을 보여주었다. 대체로 고대사회에서 전제적 왕권체제가 자리잡게 된 것은 주로 후자의 경우, 즉 경쟁자에 대한 강력한 제거 이후에 일어났다.

한국 고대사회에서 전제적 왕권체제는 군왕체제가 중앙집권적인 제도를 정비하고 난 뒤에 나타났는데, 시기적으로는 삼국시대 중·하반기부터였다. 고구려, 백제, 신라도 이러한 시대상황에서 전제적 왕권체제로 이행하였다. 이에 대한 구체적 사례로는 자료 분석이 비교적 쉬운 신라왕조를 중심으로 살펴보기로 한다.

신라에서 전제적 왕권체제는 군왕체제에서도 그 모습의 일단을 드러내었다. 특히 진흥왕 이후 불교의 국교화, 군사조직체인 대당(大幢)의 설치, 화랑도의 활동 등으로 왕권의 강화가 점점 더 심화되었다. 그 후 진덕왕 때는 중국의 당(唐)에 사대외교로 강대국의 인정을 받아 왕권의 강화가 이루어질 수 있었다. 당나라로부터 군사력을 지원받았던 무열왕과 문무왕이 삼국을 통일한 뒤 신라 국왕의 권위는 더한층 강화되었다. 이것은 전쟁에서 승리한 통치체제의 일반적인 성격이었다. 신라에서 왕권강화는 신문왕 때부터 본격적으로 전제적 왕권체제로 정립되었다.

전제적 왕권체제의 등장과정에서는 상층 지배집단 안의 대립과 갈등이 일어났다. 즉 국왕 자신이 왕위의 계승과정에서 전제왕권을 쟁취했기 때문에 이러한 성격이 드러날 수밖에 없었다. 이 과정은 통치권 행사에 이전까지 직간접으로 영향력을 미쳤던 상층 지배집단에 정치적인 불안 요인이 되었으며, 동시에 국왕은 그들에게 불만의 대상으로 되었다. 왕위 세습을 둘러싼 상층 지배집단 사이의 권력투쟁은 바로 여기부터 비롯되었다. 물론 그 이전에도 왕권장악을 위해 왕실이나 상층 지배집단 사이에 경쟁이 없지는 않았다.[8] 전제적 왕권체제 이전에도 왕권의 승계는 특정

---

8) 왕권 장악에 대한 경쟁은 초기 신라에서도 없었던 것은 아니었다. 화백에 따라 왕권 장악이 결정되었지만 그것은 단순한 협의적인 과정의 결과로만 이해할 수는 없다. 왕권 장악을 위한 6부의 실력자들 사이의 이해 추구 과정에서 타협과 조정의 결과로 이루어졌다. 그러나 이 시기만 해도 왕권은 화백회의 등 상층 지배세력의 영향을 직접

상층 지배집단의 위치에 영향을 미쳤지만, 그 파장은 전제적 왕권체제에 견준다면 그렇게 크다고는 할 수 없다.[9]

왕위계승은 왕실혈통의 세습으로 되어 있었지만 신라의 화백과 같은 상층 지배세력의 협의로 결정될 수도 있었음은 왕권 자체가 상대적으로 미약했음을 의미하는 것이었다.[10] 화백과 함께 신라 초기의 상층 지배세력의 영향력 관계를 보여주는 제도적 장치로는 갈문왕제도와 상대등을 들 수 있다. 갈문왕은 왕의 아버지나 왕비의 아버지, 또는 왕의 동생을 그 자리에 책봉해서는 국왕에 준하는 최고의 정치적 영예직으로 삼은 것이었는데, 그것의 영향력이나 위치는 국왕 다음에 위치했다. 그 직위는 왕위 결정과정에서 소외된 인사를 회유하기 위한 타협적인 경우도 있었고, 새로 국왕이 등장했을 경우 그의 혈통을 정당화하고자 국왕의 아버지를 갈문왕으로 추존한 경우도 있었다.[11] 상대등도 이러한 성격에서 크게 벗

받고 있었기 때문에 왕의 통치권은 그 뒤 전제적 왕권체제에 견주어서는 미약했다.

9) 왕위의 세습과정에는 권력투쟁이 불가피했다. 실제로 왕위승계는 왕족 사이의 대립은 물론, 상층 지배집단들 사이의 권력투쟁으로 이어졌다. 왕위를 세습한 군왕의 통치권 행사도 결국은 상층 지배집단의 판도에 따라 영향을 받게 되었다. 때로는 새로 등장한 국왕의 통치권이 강화되어 적대적인 경쟁자를 제압할 수 있었고, 반대로 상층 지배집단의 영향력을 차단할 수 없었기 때문에 이들과 연대하기도 했다. 그러나 전제적 왕권체제의 등장은 전자의 성격, 즉 왕권에 맞서서 견제적 영향력을 행사했던 상층 지배집단의 제거로 이어졌으며 그들을 왕권에 복속시킬 수 있었다. 전제적 왕권의 등장은 그것에 복속을 강요당했던 상층 지배세력들 사이의 내적 결집을 가져왔으며, 이들의 조직적인 대항의지는 일정한 시기를 기대하는 상황으로 이어졌다. 즉 왕권 자체의 강력한 통치 기반이 어느 면에서 약화되는 상황, 시기적으로 주로 왕위의 세습기간이 여기에 속했는데, 이러한 시점에서는 이들 상층 지배세력들의 이합집산이 이루어졌다.

10) 박혁거세-남해차차웅-유리이사금까지는 박씨계가 왕위를 차지했으며, 그 뒤 4대는 탈해왕이 등장함으로써 석씨계의 왕이 등장했다. 탈해왕은 남해차차웅의 딸 아효 부인의 남편, 즉 왕실의 사위라는 신분을 갖고 있었다. 그리고 5대 파사이사금은 3대 유리왕의 차남이었고 6대 지마이사금은 파사왕의 적자였다. 7대 일성이사금은 3대 유리이사금은 적장자였고, 8대 아달라이사금은 일성왕의 적자였다. 그러나 9대 벌휴이사금은 4대 탈해이사금의 손자로 되어 있으며, 10대 내해이사금은 벌휴이사금의 손자였다. 이러한 왕위승계를 살펴보면 왕의 적자나 장손으로 이어지는 장자세습제라기보다는 왕실과 연관된 인물 가운데 선택되었기 때문에 이 과정은 화백과 같은 상층 세력의 협의적 기구의 영향력에 좌우되었을 것으로 여겨진다.

11) 갈문왕의 성격에 대해 이기백은 다음과 같이 적고 있다. "갈문왕은 왕위계승권이 없는 준왕과 같은 존재로서 왕과의 일정한 관계를 기준으로 하고 책봉되었다. 남성에 한하여 책봉된 갈문왕은 왕족 및 왕비족, 왕모족이 왕권과 이에 준하는 귀족세력과 맺은

어나지 않았다.[12]

그러나 전제적 왕권의 등장은 상층 지배집단의 영향력을 어느 정도 차단했기 때문에 화백이나 갈문왕, 상대등의 영향력 행사에도 변화를 보여주었고, 왕권에 따라 이들의 위치도 제약되었다. 즉, 신라에서 전제왕권의 등장은 화백의 약화, 갈문왕의 쇠퇴, 그리고 상대등의 영향력 위축 등으로 이어졌으며, 국왕만이 유일한 통치권자로 자리잡게 되었다.

이러한 현상이 신라에서 드러나기 시작한 것은 무열왕부터였다.[13] 물론 그때까지도 왕권장악을 위해서 상층 지배집단 에서는 권력투쟁이 지속적으로 일어나고 있었다. 왕통의 세습성 이면의 이러한 성격을 인식하기 위해서는 신라 중고대의 왕통을 살펴볼 필요가 있다. 신라 중고대의 왕통 승계의 변화는 내물왕(17대) 이후 김씨 왕족의 등장에서 찾아볼 수 있다.[14]

관계를 반영시켜 주고 있는 것이다."(이기백, 〈신라시대 갈문왕〉, 《신라정치사회사연구》, 일조각, 1994, p.27)

12) "……왕에서 상대등으로의 변화는……귀족회의의 기능 자체의 변화를 뜻하는 것은 아닐까. 즉 귀족회의는 왕 주재하의 결의기관에서 귀족들 의견의 대변기관으로 되었다고 믿어지는 것이다. 이런 의미에서 상대등은 귀족의 통솔자일 뿐 아니라 그 대변자요 대표자이기도 하였을 것이다. 그러므로 왕의 권력은 상대등의 존재에—사실은 그로서 대표되는 귀족의 세력—의하여 제약을 받았다고 보아야 할 것이다. 따라서 상대등의 설치는 그 이전보다는 왕권이 전제화했다는 것을 말하여 주는 것이겠지만, 한편 아직 왕의 전제적 권력행사가 귀족세력에 따라 상당한 제약을 받고 있었음을 나타내 주는 것이기도 하다는 설명이 된다. 이런 뜻에서 대등 및 상대등으로 상징되는 정치적 성격은 귀족연합적인 것이었다고 생각된다."(李基白, 〈上大等考〉, 《新羅政治社會史硏究》, 一潮閣, 1994, pp.95~96)

13) 이기백은 전제권의 시작을 신문왕으로 설명하고 있다.(이기백, 〈통일신라와 발해의 사회〉, 《한국사강좌 고대편》, 일조각, 1982, p.309)

14) 신라에서 전제적 왕권의 등장을 신문왕(681~692)부터라고 인식하는 것이 일반적이지만 왕권장악을 위한 상층 지배집단 안의 권력투쟁은 그 전부터 지속되고 있었다.(이기백, 〈통일신라와 발해의 사회〉, 《한국사강좌 고대편》, 일조각, 1982, p.309) 왕통의 세습성 이면에 놓여 있는 이러한 성격을 인식하기 위해 신라 중고대의 왕통을 살펴보면, 신라 중고대의 왕통 승계의 한 전환기는 내물왕(17대) 이후부터였다. 이때부터 김씨에 의해 왕통이 승계되었다. 이종욱은 내물왕의 등장의 의미를 다음과 같이 말한다. 왕위계승에서 제1기는 박씨족이 왕위를 계승하였고 이들 박씨족은 제4기에는 왕비족이 되었다고 말한다. 제2기는 석씨족이 왕족이었고, 제3기는 김씨족이 왕족이 되었으며, 김씨족의 시조는 알지이고 김씨로 최초 왕이 된 인물은 미추왕이며, 그리고 김씨 왕위를 확립한 인물은 내물왕으로 설명하고 있다.(李鍾旭, 《新羅上代王位繼承硏究》, 嶺南大 民族文化硏究所, 1980, p.284) 즉 내물왕의 뒤를 이은 실성왕(18대)은 미추왕(13대)의 조카이자 내물왕의 사촌동생이었으며, 그 뒤에 내물왕의 아들인 눌지왕(19대)으

218

그 뒤 진지왕(25대)은 그의 정란황음(政亂荒婬)이 이유가 되어 폐위되었으며, 이는 왕실의 갈등으로 진지왕이 추방되었음을 의미한다.[15] 진지왕 이후 진평왕계 왕권이 확립된 것은 사실상 전제적 왕권체제의 세습적 성격의 등장을 의미한다. 물론 진평왕의 왕권장악 과정에서도 이전에 추방된 진지왕계 인사들의 모반사건이 일어나기도 했는데, 진평왕 53년(631)의 이찬 칠숙(柒宿)과 아찬 석품(石品)의 모반사건 등이 그것이다.[16] 이러한 모반사건은 그 뒤에도 되풀이되었다. 가령 비담(毗曇) 염종(廉宗)의 반란도 이러한 성격을 담고 있었다.[17] 이들 반란을 강압적으로 진압하는 과정과 그 결과는 그것에 상응된 왕권의 강화를 확립하게 되었다.[18] 특히 비담 염종의 반란을 진압한 것은 김춘추와 김유신이었으며, 이들이 새롭게 상층 지배집단으로 부상하게 되었다. 이 반란을 진압한 뒤 진덕여왕을 거쳐

로, 그리고 눌지왕의 장남인 자비왕(20대)으로, 자비왕의 셋째아들 소지왕(21대)으로 이어졌다. 지증왕(22대)은 내물왕의 증손으로 박씨족의 부인을 맞았다. 지증왕 다음에는 법흥왕(23대)으로, 법흥왕의 뒤는 그의 조카인 진흥왕(24대)이 이었다. 진흥왕 이후는 장남인 동륜 계통과 차남인 진지왕(25대)계로 대립했는데, 장남계는 진평왕(26대) -선덕왕(27대)-진덕여왕(28대)으로 이어졌다. 차남계인 진지왕계에서는 무열왕(29대)의 등장으로 사실상 신라 중대의 왕통에서 김씨계의 확고한 정립이 이루어졌다.

15) 진지왕에 대한 기록에는 정란황음(政亂荒婬)을 이유로 국인(國人)이 그를 폐위시키고 진평왕이 즉위하였다고 되어 있다. 그 내용이 도화랑과 비형에 대한 이야기로 되어 있지만 실제로는 진지왕을 제거한 진평왕의 즉위와 연관된 왕위 승계의 권력투쟁으로 이해할 수 있다.(《삼국유사》 권 1, 도화녀 비형랑조)

16) "5월에 이찬 칠숙이 아찬 석품과 함께 반란을 꾀할 새, 왕이 이를 알고 칠숙을 잡아 동시에서 목을 베고 아울러 9족을 멸하였다. 아찬 석품은 도망하여 백제 국경까지 갔다가 처자를 보고 싶은 생각이 나서 낮에는 숨고 밤에는 걸어 총산(叢山)에 이르자 어떤 나무꾼 하나를 보고 옷을 벗어 나무꾼의 해진 옷과 바꿔 입고 나무를 지고 가만히 집에 왔다가 잡혀 사형에 처해졌다."(《삼국사기》 권 4, 〈신라본기〉 4, 진평왕 53년조)

17) 비담과 염종의 모반은 선덕여왕 16년(647)에 일어났는데, 이는 다음 두 기록에서 읽을 수 있다. "정월에 비담(毗曇)과 염종(廉宗) 등이 여주(女主)는 정치를 못한다 하고 이내 모반하여 군사를 일으키다가 이기지 못하였다. 8월에 왕이 돌아가매 시(謚)를 선덕(善德)이라고 하고 낭산(狼山)에 장사하였다."(《삼국사기》 권 5, 〈신라본기〉 5, 선덕왕 16년조) 그리고 다른 하나는 "진덕여왕 원년 1월 17일에 비담을 주하니 그에 연좌하여 죽은 자가 30인이었다"는 기록이다.(《삼국사기》 권 5, 〈신라본기〉 5, 진덕여왕조)

18) 비담의 난이 갖는 의미에 대해서는 이호영의 주장을 여기에 인용한다. "여하튼 비담의 난은 이 시기 신라정치사회의 전개에 대단한 의미를 지니고 있다. 진덕여왕을 옹립한 왕당파가 승리함으로써 이른바 신흥세력인 김춘추 등이 정치적 실권을 장악하고 나아가 태종무열왕권이 성립할 수 있는 기반을 마련하는 결정적인 계기가 되었던 것이다."(李昊榮, 《新羅三國統合과 麗濟敗亡原因研究》, 書景文化社, 2001, pp.95~96)

김춘추가 왕위를 계승하였다.[19]

또한 이때부터 성골 중심의 왕계가 진골로 대치되었다. 성골은 선덕여왕과 진덕여왕을 마지막으로 끝났으며, 그 뒤를 진골 출신의 태종무열왕(654~661)이 이었다.[20] 태종무열왕의 왕위계승은 왕권장악을 위한 일정 부분의 갈등과정을 거쳤으며, 그렇게 이루어진 왕권장악으로 무열왕은 상대적으로 강한 통치권을 행사할 수 있었다. 실제로 그의 주도로 이루어진 삼국통일은 그의 왕권강화의 한 현상이었다.

특히 김춘추는 가야에서 투항한 신김(新金)씨계의 김유신의 누이를 왕비로 맞아들임으로써 김춘추-김유신의 연계를 확고하게 마련할 수 있었으며, 이는 왕권강화의 실질적인 기반이 되었다. 무열왕은 즉위 원년 5월에 율령을 심사하여 중요 조목을 개정하는 등 이른바 율령통치의 성격도 보여주었다.[21] 이어 그는 이찬 김강(金剛)을 상대등으로, 파진찬 문충(文

19) 《삼국사기》는 이렇게 적었다. "영휘(永徽, 당의 고종 연호) 5년(654)에 진덕왕이 돌아가고 후사가 없었다. 유신(庾信)이 재상(宰相)인 알천(閼川)과 의논하고 춘추(春秋) 이찬(伊湌)을 맞아 즉위케 하니 이가 태종대왕이었다."(《삼국사기》권 5, 〈열전〉 2, 김유신) 태종무열왕(29대)의 등장으로 사실상 신라 중대의 왕통은 전제적 왕권체제의 모습을 보여주게 되었다. 무열왕은, 진지왕의 아들이었지만 왕이 되지 못했으면서도 진평왕대 왕실의 핵심 관직인 내성의 사신이 되었던 용수(龍樹[春])의 아들이었다. 특히 무열왕은 가야에서 투항해 온 신김(新金)씨계의 김유신의 누이 문희를 왕비로 맞아들임으로써 그의 왕권을 강화할 수 있었다.

　김유신의 가문은 법흥왕 19년(532)에 금관국주(金官國主) 김구해(金仇亥)가 신라에 투항했는데 신라 왕실은 그를 귀족으로 편입시켰으며 금관국을 식읍으로 주었다. 그의 아들 김무력(金武力)은 이사부, 거칠부와 함께 북방 경략에 참여했으며 그 공으로 아찬이 되었고 신주(新州)의 군주(軍主)가 되었다. 그의 아들 김서현(金舒玄)은 만노군(萬弩郡)의 대수(大守)가 되어 갈문왕 입종(立宗, 법흥왕의 동생)의 아들인 숙흘종(肅訖宗)의 딸 만명(萬明)과 야합하여 유신을 낳았다. 유신의 여동생 문희(文姬, 文明夫人)가 김춘추와 결혼함으로써 김유신과 김춘추의 관계는 더한층 밀착되었다.(《삼국사기》권 14, 〈열전〉 1, 김유신 상조)

20) 태종무열왕의 즉위과정에서 왕권을 둘러싼 갈등을 짐작할 수 있게 하는데, 이에 대한 기록으로는 "군신(群臣)은 알천(閼川) 이찬(伊湌)에게 섭정을 청하였더니 알천이 짐짓 사양하며 '나는 나이 늙고 이렇다 할 만한 덕망도 없다. 지금 덕망이 높기는 춘추공(春秋公)만한 이가 없으니 그는 실로 제세(濟世)의 영웅이라 할 수 있다'고 하였다. 군신이 드디어 춘추를 추대하여 왕을 삼으니 춘추는 재삼 사양하다가 마지못해 왕위에 올랐다."(《삼국사기》권 2, 태종무열왕 즉위년조) 이는 곧 알천과 김춘추 사이에 상당한 왕위경쟁을 암시하는 것이기도 하다.

21) 율령 개수(改修)에 대해서는 "5월에 이방부령(理方府令) 양수(良首) 등에게 명하여 자래(自來)의 율령을 심사하여 이방부격(理方府格) 60여 조를 수정하였다"라고 기록했

忠)을 중시로 삼았다가 그 뒤 왕자인 문왕(文王)을 중시로 했으며 이어 김유신을 상대등으로 삼았다. 그리하여 이전까지 통치권 행사에 직간접으로 관여했던 전통적인 상층 지배집단을 제거할 수 있었다. 이렇게 함으로써 그는 이전 왕비족인 박씨를 도태시킬 수 있었고, 종전까지 관례처럼 왕제나 왕족에게 부여했던 갈문왕(葛文王) 직위도 폐지했다. 그 결과 왕 자신에 대한 경쟁적인 존재나 견제장치 등은 사실상 약화되었다. 통일의 대업을 추진했던 군왕으로서 태종무열왕은 전제적 왕권을 확립했으며, 이때문에 통일도 이룩할 수 있었다. 물론 그의 왕권강화는 시대적 성격과 정치상황이 빚어놓은 결과였다. 즉 유약한 왕권으로는 고구려와 백제를 상대로 한 부단한 전쟁에 대응할 수 없었으며, 이 점에서 전쟁 상황 자체가 전제적 왕권의 기반을 제공하였던 셈이다.

무열왕의 뒤를 이은 문무왕도 이러한 성격을 지속적으로 강화했다. 이미 전제적 왕권체제로 옮아갔던 상황에서 국왕의 통치권을 제약할 수 있는 견제기구는 이 시기에 들어서면 존재하지 않게 되었다. 이 점에서 문무왕도 전제군주의 성격을 그대로 보여주었는데, 그가 개인적인 열락과 호화로움을 누렸던 것도 그 때문이었다.[22] 문무왕의 전제적 통치권의 행사는 문무왕 자신의 유언에서도 나타난다. 그는 후대 국왕의 통치에서 기존의 "율령(律令)이나 격식(格式)에 불편한 점이 있거든 곧 개정하라"고 말할 정도로 비록 율령일지라도 왕권행사를 저해한다면 이를 제거하라고 명할 정도였다. 물론 율령 그 자체가 왕의 자의적인 전제권 행사의 표현이기 때문에 만일 그 율령이 왕의 개인적인 의지나 욕구와 다른 것으로 존재한다면 이를 없애도 된다는 인식이 들어 있는 것도 사실이다. 이처럼 왕의 전제권 행사에는 어떠한 견제도 폐지해야 한다는 인식은 이 시기 전제적 국왕들이 가지고 있던 기본 의식이었다.[23]

다.(《삼국사기》 권 5, 〈신라본기〉 5, 태종무열왕조)
22) 구체적으로 문무왕 14년에 왕은 "궁궐 안에 연못을 파고 산을 만들었으며 화초를 심고 진기한 금수를 길렀으며" 나아가 "궁궐을 거대하게 중수하여 자못 화려하게 꾸몄고 왕궁의 여러 출입문에는 액호를 붙이는 등 왕궁을 거대하고도 웅장하게 조성"함으로써 군왕 자신의 호사와 개인적인 열락은 물론이고 나아가 그의 통치권이 갖는 전제적 위력을 위압적으로 마련하였다.

무열왕–문무왕대에 그 기반을 마련했던 전제적 왕권체제는 신문왕 때부터 본격 정착되었다.[24] 신문왕 즉위 때 일어난 김흠돌의 난과 이에 대한 국왕의 가혹한 진압과정은 그 계기가 되었다.[25] 김흠돌의 난은 신문왕의 왕위승계에 따른 적대적 경쟁세력의 암약에 대한 신문왕의 일대 반격이었다. 이 난을 주도했던 김흠돌은 대표적인 진골귀족이었고 신문왕에게는 국구였다. 김흠돌이 이 난을 주도했던 것을 단순히 왕권에 대한 도전으로 이해하기보다는 상층 지배집단 안의 특정 세력이 국왕에게 도전한 것으로 이해할 수 있다. 비록 무열왕대에 이르러 상층 세력의 일부가 제

---

23) 李昊榮, 《新羅三國統合과 麗濟敗亡原因研究》, p.209.

24) 물론 신라의 전제적 왕권체제 정립에 대해서는 일반적으로 다음과 같은 논의가 제기되고 있다. 이는 신라의 전반적인 정치사의 단계적 인식에 대한 문제이기 때문에 관점에 따라 다른 인식이 나올 수 있다. 그 대표적인 논의로는 먼저 이기백의 주장을 생각할 수 있는데, 그는 신라 상대에 화백회의를 통하여 귀족연합정치가 이루어졌다고 주장한다. 이러한 주장은 곧 왕권이 상대적으로 미약했음을 의미하는 것이며, 왕을 단지 귀족연합체의 결정과 합의에 따른 존재로 이해하고 있다. 한편 신라의 중대, 즉 통일신라기로 넘어서면서부터 관인제도로 집사부가 자리잡게 됨으로써 점차 국왕의 전제권이 성장하게 되었으며 이것이 확립된 시기로는 문무왕과 신문왕대라고 파악하고 있다. 그러나 이 기간에도 여전히 진골 귀족세력에 따른 전제왕권에 대한 제약이 행해졌으며 경덕왕대 이후 진골귀족의 도전에 의해 전제왕권이 붕괴되어 다시 진골귀족 사이의 대립이 일어났다고 말한다. 신라의 정치사를 귀족연합에서 전제주의로, 그리고 다시 귀족연립으로 설명하고 있는 것이다.(李基白, 《新羅政治社會史研究》, 一潮閣, 1994 ; 李基白, 《韓國史新論》, 一潮閣, 1976, pp.488~490 ; 金壽泰, 《新羅中代 政治史研究》, 一潮閣, 1996)

25) 김흠돌(金欽突)의 난은 신문왕 원년(681) 8월 8일에 일어났다. 김흠돌은 진골 출신의 대당장군(大幢將軍)으로 신라 통일에 앞장섰던 인물이었다. 신문왕이 태자로 책봉되었을 때 태자비로 그의 딸을 바칠 정도로 문무왕대의 대표적인 진골귀족이었다. 그러나 신문왕과 왕비 사이에 왕자가 없었으며 이로 인해 갈등이 생겼을 것으로 짐작할 수 있다.(金壽泰, 《新羅中代政治史研究》, 일조각, 1996, pp.8~12) 김흠돌의 난을 진압한 뒤 신문왕은 다음과 같은 교서를 내리고 있다. "고굉(股肱)의 신으로 더불어 방가를 편안케 하려 한 바인데, 상복(喪服) 중에 난이 서울에서 일어날 줄을 누가 생각하였으랴. 수괴인 흠돌, 흥원, 진공 등은 그 벼슬이 재주로 높아 간 것도 아니요, 실은 왕은으로 올라간 것이지만 능히 시종(始終)을 삼가거나 부귀를 보전치 못하고……관료를 모멸하고 상하를 속이어 매일 그 무염(無厭)의 뜻을 나타내고 포학한 마음을 드러내어 흉사(凶邪)한 자를 불러들이고 근수(近竪)와 교결(交結)하여 화가 내외에 통하고 같은 악인들이 서로 도와 기일을 약정한 후 난역(亂逆)을 행하려 하였다.……다행히 종묘의 도움을 받아 악이 쌓이고 죄가 가득 찬 흠돌 등의 꾀가 드디어 발로되니, 이러므로 중병(衆兵)을 모아 그 효경(梟獍)과 같은 나쁜 놈을 없애려 하니……그러나 그 지엽을 탐색하여 죄다 주살하고 3, 4일 동안에 죄수가 탕진함은 이 마지못할 일이었고……." (《삼국사기》, 신문왕 원년 8월 16일)

거되었지만 그래도 여전히 왕권의 장악을 놓고, 특히 왕권 점유에서 경쟁
적인 영향력을 행사하고 있었으며, 그만큼 왕권을 중심으로 하는 상층집
단 안의 권력 갈등이 격렬했음을 의미했다.

어느 한편이 왕권을 장악했다는 것은 다른 경쟁세력을 모두 탄압, 제
거했다는 의미이기도 했다. 이는 곧 전제적 왕권체제의 공고화로 이어졌
다. 그러므로 전제적 왕권체제는 다른 어느 체제보다도 왕권장악의 경쟁
세력들, 즉 상층 지배집단들 사이의 권력 갈등이 일상화하였다. 이러한
성격 자체가 신라에서 전제적 왕권체제가 더 확고하게 정립할 수 있었던
요인이며 상층 지배세력들 사이의 권력구조의 재편이기도 했다. 결과적
으로 이러한 갈등은 왕국을 멸망으로 치닫게 했던 한 원인이기도 했다.
왕권승계에 대한 제도화가 확고히 정립되고, 그것의 충실한 이행이 담보
되지 않았던 정치상황에서는 그 자체가 곧 왕권의 전제권을 강화하는 계
기가 되었던 셈이다. 그리고 그것은 결국 왕국의 몰락으로 몰아간 원인이
기도 했다.

3. 전제적 왕권체제의 불교적 기반

고대국가를 전제적 왕권체제로 이행하게 했던 견인차는 불교와 전쟁
이었다. 이 두 가지는 군왕체제의 정립에 기여했지만, 그것은 전제적 왕
권체제로 나아가게 한 요인이었다. 불교와 전쟁은 군왕체제에서는 왕권
의 정립과 국왕 중심의 통치체제 정립에 기여했으면서도, 그 연장선에서
'견제 없는 왕권'의 비대화, 즉 전제적 왕권체제를 불러온 요소이기도 했
다. 특히 군왕체제의 통치이데올로기로 불교의 '왕즉불'(王卽佛)은 호국불
교의 차원을 점점 넘어서고 있었다. 이러한 사정을 이해하기 위해서 신라
에서 불교의 전개를 살펴볼 필요가 있다. 신라불교의 역사적 전개는 흔히
이분적으로 설명되는데, 왕실과 상층 지배집단 중심의 초기불교와 민중
들 속에 뿌리내린 민중불교로 구분된다.[26] 신라 불교의 전개에서 나타난

---

26) 신라에서 불교에 의한 시대구분에 대해 이기백은 이렇게 적어 놓았다. "필자는 여기

이러한 성격을 이기백 교수는 다음과 같이 적어 놓았다.

> ……우선 종파로 보더라도 삼국시대에는 아직 뚜렷한 것이 서지 못하였으니 유독 戒律宗만이 왕성을 극하였으며 통일을 전후하여 소위 五教 특히 華嚴宗이 성립되었고 또 민중의 종교인 淨土信仰이 성하게 되는 것은 중대한 사실이 아닐 수 없다. 여기서 알 수 있는 바와 같이 통일 전의 신앙은 현세적인 것이었고 통일 후의 신앙은 염세적 도피적 내세적인 경향이 강하였다. 또한 통일 전은 귀족 특히 왕실 중심의 불교로서 신라에서는 소위 불교 王名時代라는 특색 있는 시대를 이루고 있는데, 통일 후는 그 위에 민중―피압박층―의 참여가 두드러져 나오는 시대이다. 이에 따라 통일 전은 주로 都城 중심의 불교였으나 통일 후는 산간 불교, 巷間佛教로서의 색채가 보다 진하여진다. 물론 통일 전에 있어서도 왕실의 열성적인 創寺, 造佛 및 고승의 西學 유행 등 불교에 대한 열렬한 동경을 엿볼 수 있으나 아직 생소한 감을 감출 수 없다. 이제 慈藏이 나서 勇激弘通하여 一代의 護法이 이에 성하여 受戒奉佛하는 자가 十室에 八, 九가 되며, 元曉가 千村 萬落에 돌아다니며 전도에 힘써서 오막살이집 무지몽매한 자라도 모두 불타의 號를 알고 모두 南無의 稱을 부르게 됨에 미처 불교가 사회에 푹 젖어 드는 것을 느끼게 된다. 만일 인물로서 두 시기를 구별하는 표식을 삼는다면 慈藏은 통일 전 불교의 집대성자요, 元曉는 통일 후 개척 선구자라 하겠다.[27]

전제적 왕권체제에서 불교는 왕실이나 상층 중심의 불교로부터 벗어났으며 점차 민중불교의 신앙체계로 변모하였다. 특히 민중들의 가치관념으로 불교가 자리잡게 되어 한편으로는 전제왕권의 정립에 기여했고, 다른 한편으로는 민중들이 수용하도록 하는 민중신앙으로 정착했다.[28] 이

서 대략 신라의 반도통일로써 그 하한으로 잡는다. 블교사의 시대구분에 있어서 李能和는 그의 《朝鮮佛教通史》下 新文館, 1918, pp.5~6에서 第一 經教創興時代(불교 수용으로부터 신라 헌덕왕대까지), 第二 禪宗蔚興時代(헌덕왕대부터 고려초까지)로 나누었고 ……."(李基白, 〈三國時代 佛教 受容과 그 社會的 意義〉, 《新羅思想史硏究》, 일조각, 1997, p.13. 각주 16)

27) 이기백, 위의 글.

28) 이 시기에 이르면 당과 잦은 교류로 당에서 성행했던 불교의 여러 종파가 유입되었는데 그 대표적인 것이 열반종·계율종·법성종·화엄종·법상종 등 이른바 교종 5교

러한 사정은 원효의 등장에서 찾아볼 수 있다. 그의 주장은 기본적으로 전제적 왕권강화의 이론적 기반으로 활용되었다. 이것은 그의 주장에서 읽을 수 있는데, 그는 대승불교 철학의 양대 조류인 중관종(삼론종)과 유식종(법상종)의 방법론적 오류를 지적했다. 삼론종은 모든 것을 덮어놓고 부정만 하려 하고, 긍정적인 요소들을 섭취하여 창조적으로 활용할 줄 모르는 편협함을 지녔다고 비판했다. 그런가 하면 법상종은 모든 것을 긍정만 하고 그릇된 것을 부정할 줄 모르는 부당한 이론적 성격을 지녔다는 것이다. 원효는 긍정적이면서도 스스로 부정하고 또한 부정하면서도 긍정하는 것이 바람직한 방법이라고 인식했다.[29] 원효의 이러한 주장, 즉 긍정에서 부정을 찾고 부정에서 긍정을 모색하려는 논의는 어느 한편으로 기울어지는 것이 아니라 전체성을 객관적으로 그리고 종합적으로 파악할 필요성의 강조였다. 이것이 모든 논쟁을 규합하여야 한다는 의미의 그의 화쟁론으로, 널리 유포된 삼론종과 유식종의 이론적인 합일의 모색이었으며, 그것은 현실적으로는 전제적 왕권을 합리화하는 것으로 이어졌다. 더 높은 수준에서 하나로 융회통일되어야 한다는 '십문화쟁론'은 그 당시 군왕의 전제체제가 갖는 모순을 사상적으로 해소해 보려는 의도를 담고 있었다. 여러 분파로 분열적인 경쟁체제를 지원했던 불교의 여러 종파를 군왕 중심의 단일체제로 결합해서는, 기존의 전제적 왕조체제를 지원하려 했던 일면을 보여주었다.[30]

의 성립이다. 불교는 신라가 앞선 선진문화를 유입할 수 있는 창구 기능을 담당했으며, 특히 당에 유학했던 승려를 통하여 이러한 일이 이루어지고 있었다. 당에서 성립된 불교의 여러 종파들이 신라로 들어왔으며, 교종 5교가 성립된 것도 이 시기였다. 이들 여러 종파들은 각기 불교의 교리체계이자 신앙의 내용이었지만 그 가운데 신라 지배층에게 가장 큰 신뢰를 얻고 있었던 것은 화엄종이었다. 이 시기에 당에 유학했던 신라의 승려로는 원광·자장·의상·원측 등이 있었고, 혜초는 인도까지 구법여행을 한 것으로 되어 있다. 당에 유학했던 신라 학승의 수가 많았던 만큼 당의 문물이 즉각 신라에 유입되었으며 이는 또 다른 측면에서는 당을 존봉하는 사대의식의 정신적 바탕을 마련하는 역작용의 한 계기도 될 수 있었다.

29) 원효는 99부 240여 권의 책을 저술했으며, 이 가운데 현재 남아 있는 것으로는 20부 23권이다. 여기서 중요한 것은 《기신론소》, 《대승기신론별기》, 《금강삼매경론》, 《십문화쟁론》, 《법화경종요》, 《화엄경소》, 《열반경종요》, 《무량수경종요》, 《중변론소》, 《유심안락도》 등이다. 이론에 대한 인식은 《대승기신론별기》에서 읽을 수 있다.

30) 그의 주장은 "화엄의 唯心哲學이 一心 惟心에 의하여 만물을 통섭하는 것이고 보면

　특히 원효의 사상체계의 핵심은 일심(一心)사상으로, 그에게 일심의 의미는 세계의 시원으로서 발생하지도 않고 소멸하지도 않는 영원하고도 절대적인 존재로, 그 내부에 순수함과 불순함이 서로 모순된 상황에서도 하나로 통일을 이루는 것이면서 그 자체적인 운동과정을 전개하기 때문에, 여기부터 정신적이고 물질적인 현상들이 발생한다고 생각했다. 곧 일심의 자기 운동과 자기 발전의 표현형태를 현실세계로 생각했다. 그리하여 사람이나 자연은 이러한 일심의 운동과정에서 형성된 표현일 뿐이며, 따라서 사람들은 이 일심의 운동법칙에 따라 부단히 정신수양을 해야만 진리로 나아갈 수 있다고 강조했다. 결국 원효의 일심사상체계는, 기존의 사회제도나 기구도 일심운동의 표현이기 때문에 이를 받아들여야 한다는 논리로 귀착했으며, 이것은 전제왕권에 대한 사상적 지지로 이어지게 되었다. 특히 그는 신라의 통치체제는 일심의 체현이기 때문에, 이에 맞서거나 불만을 갖는 것 자체가 죄를 짓는 것이 되며, 영원한 고통의 나락으로 떨어질 것이라고 설교함으로써 그러한 성격을 강조했다.

　전제적 왕권체제의 정립과정에서 원효의 사상을 계승하여, 이를 화엄종 차원에서 더한층 발전시켜 궁극적으로는 전제적 왕권체제에 도움을 주었던 것이 의상이었다. 그는 원효가 밝혀내지 못한 점, 즉 세계의 본체와 현실의 관계에서 상호 연관된 운동법칙을 규명하는 데 중점을 두었다. 본체와 현상이 하나라는 점에서 그 개별적인 차별성은 어느 것이나 그 하나하나가 본체적인 것일 수밖에 없다고 생각했다. 본체 가운데 현상이 있으며 현상 가운데 본체가 있다고 주장했으며, 본체와 현상을 불가분리적인 것으로 파악했다. 따라서 이들 사이에는 아무런 차이가 없이 서로 교통하고 방해함이 없이 융통할 수 있다고 주장했다. 그는 한 걸음 더 나아가 전체와 부분, 동일과 차별, 긍정과 부정 사이의 차별성에 대해서도 궁극적으로는 구분될 수 없는 것이라고 주장했다. 의상의 핵심적인 논지의 하나인 '사사무애설', 즉 개개의 사물들은 서로 방해함이 없이 무차별

　이 화엄 철학의 근본인 心은 帝王에 비유되어지고 또 사해지배체제에 부합되어지는 것으로 이해할 수 있다"는 것이다.(李基白, 〈三國時代 佛敎 受容과 그 社會的 意義〉, 《新羅思想史硏究》, 일조각, 1997, p.106)

적이며 평등하다는 견해는 이 세상에 존재하는 모든 것은 다 부처의 체
현으로 합리성을 갖는다는 주장이었다. 이는 결국 정치사회적으로는 신
라의 전제적 왕권체제에서 사회구조의 차별성이나 불평등성조차도 옹호
하는 것으로 활용되었다. 지배세력과 피지배층, 관인과 농민들은 사실상
신라라는 하나의 거대한 실체 속에서 서로가 필수불가결한 존재가 되었
으며, 이는 마치 세계의 모든 사물들이 원만하고도 서로 방해함이 없이
존재하고 있는 것처럼, 이들도 아무런 구분 없이 평화로이 존재해야 한다
는 논지로 주장될 수 있었다.

이처럼 불교의 화엄종과 법상종은 전제왕권체제의 대표적인 이념으로
서의 성격을 갖고 있었으며, 그 가운데 화엄종이 더한층 적극적으로 이를
수행했다.[31] "화엄종이 갖는 일즉다(一卽多), 다즉일(多卽一)의 중중무진
(重重無盡)의 원융사상(圓融思想)이니만치 사회적 기반으로서의 강력한
중앙집권적 국가를 필요로 하는 것"이었음을 찾아볼 수 있다.[32] 화엄종은
하나가 모두를 통섭할 수 있고 그 모두는 하나로 귀일됨으로써 마침내
하나 속에 모두가 합류하는 일체성을 포함할 수 있다고 말한다. 왕이라는
절대적 존재를 전제로 하고 상층 지배세력이나 일반 민중들 모두가 그에
귀속됨으로써 왕에 의해 전체의 의지를 모두 포용할 수 있다는 논지가
가능했으며, 이에 따라 국왕의 전제권 정립의 근거를 마련할 수 있었다.[33]

국왕 정점의 통치체제에 대한 일체감을 갖게 했던 불교의 여러 경전은

---

31) 화엄종이 신라의 전제적 왕권체제와 연관이 있음을 주장하는 대표적인 연구자는 이
　　기백을 비롯하여 안계현 등을 들 수 있다. 이러한 논리에 의심을 표하는 주장도 있지
　　만 여기서는 통설로 되어 있는 이기백의 주장을 받아들이기로 한다. 이에 대해 대립적
　　인 주장을 하고 있는 글로는 金相鉉,〈新羅中代 專制王權과 華嚴宗〉,《東方學志》44,
　　1984가 있다.

32) 이기백은 이러한 논리가 다음 글에서 최초로 논의되었다고 밝히고 있다. 金文經,〈儀
　　式을 통한 佛敎의 大衆化運動〉,《史學志》4, 1970.

33) 특히 화엄종이 전제왕권에 미친 영향에 대한 안계현의 다음 주장은 이를 다시 한번
　　더 논리화해 주고 있다. "화엄경은 우주의 질서를 미적으로 표현한 경전이지만 그것은
　　동시에 통일국가의 상징이기도 했다. 화엄의 가르침은 서로 대립하고 항쟁을 거듭하는
　　정계나 사회를 정화하고 또 지배층과 피지배층과의 대립도 지양시킴으로써 인심을 통
　　일하는 데 알맞았다. 여기에 무열왕 시대부터 시작되는 전제왕권에 따라 전개된 율령
　　정치체제의 정신적인 뒷받침을 하는 구실을 화엄종이 크게 담당하게 되었던 까닭이
　　있었던 것이다."(安啓賢,《韓國佛敎史硏究》, 同和出版公社, 1982, pp.79~80)

진호국가(鎭護國家)의 호국사상을 옹호하였으며, 상층 지배집단을 중심으로 한 호국 관념의 구체적인 제도가 화랑도였다. 화랑도야말로 상층 지배집단에 파급된 불교의 호국사상적 제도였으며, 그러한 영향력은 민중의 호국 관념으로도 행사될 수 있었다. 즉 불교는 상층에서는 화랑도를 중심으로 하는 구체적인 호국의지, 즉 임전무퇴의 충(忠)으로 표현되었다.[34]

전쟁은 신라의 불교에서 호국 관념의 실천이었다. 전쟁에 적극적으로 참전하는 것도 부처의 가르침이며 용감하게 적과 맞서 싸우고 전사하는 것도 불교국가를 위한 순교로 정의되었으므로, 결과적으로 전승하게 했던 정신적인 기반이 될 수 있었다. 전쟁에서 죽음을 마다하지 않았던 전사들의 투혼에는 불교가 그 밑받침이 되었다. 이는 왕즉불(王卽佛)에서 부처인 국왕의 왕국이야말로 수호해야 할 가치로운 불국토(佛國土)라고 여겼기 때문이었다. 이 점에서 불교와 전쟁의지를 더욱 강력히 접합시켰고, 이는 결과적으로 전제적 왕권을 강화하는 데 크게 보탬이 되었다.

전쟁과 불교 사이의 이러한 접합, 즉 불교에 의한 전쟁의 합리화와 그 결과에 대해서는 원광법사의 세속오계에서 읽을 수 있다.[35] 신라의 젊은 이인 귀산(貴山)과 취항(箒項)이 가슬사(嘉瑟寺)로 원광을 찾아 그들이 종신토록 지켜야 할 계(戒)를 간청했는데, 원광법사는 불교의 원칙을 가르쳤다. "왕즉불＝불국토＝국왕에 대한 절대 충성＝그리고 임전무퇴"라는

---

34) 화랑도의 기원은 진흥왕 37년(576)에 원화라는 이름으로 기록되고 있다. 청년을 유취군유(類聚群遊)케 하여 그들의 행위를 살핀 뒤 우수한 자를 선발하여 국가의 중요한 인재로 등용하려는 것이었다. 처음에는 2명의 젊은 미인을 중심으로 청년들을 모았는데 이 2명의 미인을 각기 남모(南毛)와 준정(俊貞)이라고 불렀다. 그러나 이들 사이에 시기와 질투로 살해하는 비행이 있었기 때문에 이를 혁파하였다. 그 대신 선발했던 것이 청년남자로 이를 화랑이라 불렀다. 김대문의《화랑세기》에는 "賢佐忠臣이 從此而秀하고 良將勇卒이 由始而生"이라고 했다. 화랑의 출신으로 통일의 대업에 참여했던 김유신, 백제와의 싸움에서 황산벌에서 전사한 김흠춘, 관창 등은 대표적이었다. 기록에 따르면 "三代花郞 無慮二百餘人而芳名 美事具如傳記"라고 하였다.(《삼국사기》권 47, 〈열전〉 7)

35) 원광법사는 이미 진평왕 30년(608)에 수나라에 청병하는 내용의 〈걸사표〉를 작성했을 정도로 호국적인 관념이 강했다.《삼국사기》에서는 다음과 같이 적어 놓았다. "自存을 구하여 他를 멸함은 沙門의 행할 바 아니나 貧道가 대왕의 토지에서 대왕의 水草를 먹으니 명을 따르지 않을 수 없습니다."(《삼국사기》권 4, 〈신라본기〉 4, 진평왕 30년조)

등식의 가르침이 그것이다.[36] 보살계에서 지켜야 할 것이 열 가지이지만 이를 축약하고 현실화하면 다섯 가지라면서 그 가운데 임금에 대한 충을 으뜸으로 설정했다. 이 경우 물론 왕은 곧 왕국 그 자체이자 불교의 현실적 상징이었다. 그러므로 그를 지키는 것, 그의 명에 복종하는 것이 불교적인 삶의 기본이라고 강조했다. 어버이를 섬기는 것이 왕에 충성하는 것보다 그 순차가 뒤라는 것은 국왕에 대한 충성을 우선해서 강조했기 때문이다. 무릇 친구들과 신의로 사귀는 것도 바로 충과 효의 실천이 젊은 이들 사이의 연대성의 끈이라고 생각했기 때문이다. 그 연장선 위에서 의연히 참전해야 한다고 생각하도록 했다. 전쟁은 충과 효, 그리고 신의의 표상이었기 때문에 전쟁에서 퇴각은 배신으로 여겨졌다. 젊은이들에게 유일한 선택은 왕국을 지키기 위해 전쟁에 자진 임하는 것이며, 그 전쟁에서는 절대로 퇴각하지 말아야 한다는 문자 그대로 '임전무퇴'를 중요한 가치로 여기게 했다. 그러면서도 이를 불교적으로 합리화한 것이 마지막 다섯번째의 가르침인 생물을 죽이되 가려서 죽이라는 구절이었다. 이 구절에 대해 귀산 등 젊은이가 다시 그 구체적인 설명을 요구하자 원광의 이렇게 설명했다.

> 여섯 재계일(齋戒日)과 봄, 여름에는 죽이지 않는 것이니 이는 때를 가리는 것이다. 말·소·닭·개 등의 가축을 죽이지 말며 고기가 한 점도 안 되는 작은 것을 죽이지 않는 것이니, 이는 대상을 가리는 것이다. 이같이 소용되는 것만 죽이고 많이 죽이기를 구하지 않는 것을 세속의 선계(善戒)라고 하겠다.[37]

원광은 적의 군사를 죽이는 것은 부처의 가르침에 위배되는 것이 아니

36) "불계에는 보살계라는 것이 있어서 그 조목이 열이 있으나 그대들은 남의 신자이니 아마 능히 감당하지 못할 것이다. 지금 세속오계가 있으니 첫째는 충으로써 임금을 섬기는 것이요, 둘째는 효로써 어버이를 섬기는 것이요, 셋째는 신으로써 벗과 사귀는 것이요, 넷째는 전쟁에 임하여 물러나지 않는 것이요, 다섯째는 생물을 죽이되 가려서 하는 것이다. 그대들은 이를 실행하여 소홀히 하지 말라."(《삼국사기》권 45, 귀산전)
37) 《삼국사기》권 45, 귀산전.

며 오히려 임전무퇴나 충의 의미로 해석될 수 있다고 가르쳤다. 용감하고
도 충성스럽게 적군을 물리치고 죽이는 것이 부처의 가르침을 따르는 것이
이며 왕을 위하는 충성스러움이고 믿음직스러움의 징표라고 강조했다.
원광의 세속오계는 이 시기 젊은 전사들에게 큰 영향을 미쳤으며, 그것은
수많은 젊은이들이 호국전사를 기리는 사회적 기풍을 만들었다.[38] 이런
분위기는 결과적으로 그 최종 귀착점이 국왕으로 귀결되었으며, 국왕을
이들 젊은이들이 죽음으로 사수해야 할 가치로운 존재로 섬기게 하였다.
그만큼 국왕의 존재와 권위는 절대적이었다. 젊은 화랑들이 전쟁에서 죽
음을 택했을 정도로 충과 효를 같은 것으로 생각하도록 했으며, 그 표현
을 임전무퇴로 받아들였음을 곳곳에서 찾아볼 수 있다.[39] 신라 삼국통일
의 이념으로 불교가 자리잡게 되었음도 이러한 사정에서 알 수 있다.[40]

---

38) 이기백은 원광의 〈세속오계〉는 승려들이 지켜야 하는 보살계와 일반인들이 불교에
　　따라 지켜야 하는 도덕률을 구분한 것으로 이해하고 있다. 즉 세속인에게는 그들에 맞
　　는 도덕률을 그가 제시했고 이에 따르게 할 정도로 원광의 폭넓은 이해심을 보여주는
　　것이라고 주장한다. 그뿐 아니라 〈세속오계〉가 처음부터 화랑도의 계율로 제시된 것
　　이 아닌 젊은이들의 계율이었음을 귀산과 추항이 화랑도가 아님에서 알 수 있다고 말
　　한다.(이기백, 〈원광과 그의 사상〉, 《신라사상사연구》, 일조각, 1997, p.110)

39) 화랑 관창의 이야기가 대표적이다. 《삼국사기》의 다음 기록은 이러한 사정을 말해주
　　고 있다. "……양편의 군사가 서로 대치하였을 때 그 아버지 品日이 官昌에게 이르기
　　를 '네가 비록 어린 나이지만 사기가 있다. 오늘은 공명을 세워 부귀를 취할 때니 어찌
　　용맹을 내지 않겠느냐' 하였다. 관창이 '그렇습니다' 하고 말에 올라 창을 비껴 들고 곧
　　장 적진으로 달려가 여러 명을 죽였는데……적에게 사로잡혀 그대로 백제의 元帥 階
　　伯앞에 가게 되었다. 계백이 갑옷을 벗기게 하고 그의 연소함과 또 용감함을 사랑하여
　　차마 가해하지 못하고 탄식하기를 '신라에는 기특한 선비가 많다. 소년도 오히려 이러
　　하거늘 하물며 장사에 있어서랴' 하였다. 살려 보내기를 허락하였다. 관창이 돌아와 말
　　하기를 '내가 아까 적진에 들어가 장수를 베고 旗를 꺾지 못하였으니 깊이 한 되는 일
　　이다. 두 번째 들어가면 반드시 성공할 수 있으리라' 하고 손으로 우물물을 움켜 마신
　　뒤 재차 적진으로 돌입하여 사납게 싸웠다. 계백이 사로잡아 머리를 베어 말안장에 매
　　달아 보냈다. 품일이 그 머리를 쳐들고 소매로 피를 씻으며 '내 아이 면목이 살아 있는
　　것 같다. 능히 국사에 죽었으니 뉘우칠 것이 없다'고 하였다. 삼군이 이를 보고 강개하
　　여 뜻을 세운 다음 북을 치며 떠들며 진격하니 백제가 대패하였다."(《삼국사기》 권
　　47, 〈열전〉 7)

40) 이를 드러내 주는 한 사례로는 《삼국유사》의 기록이 있다. "진지왕 시대 흥륜사에
　　진자라는 중이 있어 매양 법당의 주장 부처인 미륵상 앞에 발원하기를 '원컨대 우리
　　부처님이 화랑으로 몸이 화하사 세상에 나타나시면 제가 항상 당신의 모습에 친근하
　　여 모든 뒷바라지를 맡아 받들어 모시겠나이다'라고 하였다. 그가 정성껏 기도하는 충
　　정이 날로 더 독실하더니 하루 저녁은 꿈에 웬 중이 나타나 말하기를 '네가 熊川 水源

교종 중심의 불교가 전제적 왕권체제를 강화하는 데 보탬이 되었다면, 또 다른 불교 종파인 정토신앙은 민중종교로 받아들여졌으며, 역시 전제적 왕권체제의 정립에 일정 부분 긍정적이었다. 정토신앙은 교종의 난해하고도 추상적인 인식체계와는 달리 일반 민중들이 쉽게 접할 수 있는 내용으로 구성되었다. 즉 불경의 깊은 교리를 몰라도 아미타불에 귀의한다는 뜻으로 단지 '나무아미타불'을 염불하면 아미타불이 살고 있는 서방정토, 즉 극락세계로 왕생할 수 있다는 교리가 민중들 속에 파고들게 되었다. 특히 정토신앙은 전제적 지배체제의 약탈대상으로 전락한 민중들에게 그대로 수용되면서 새로운 구원의 가능성으로 여겨졌다. 현실의 억압과 강제, 그리고 삶에 지쳐 있던 민중들은 현재나 미래에 대한 새로운 기대감으로 정토신앙을 열렬하게 받아들였다. 따라서 정토신앙은 엄격히 말하자면 군왕의 전제체제에 대한 민중의 정신적 탈출구였다.[41]

寺로 가면 미륵 선화를 볼 수 있으리라' 하였다. 진자가 꿈을 깨니 놀랍고도 기뻐서 그 절을 찾아가는데 열흘 동안의 행정에 한 걸음마다 한 번씩 절을 하면서 그 절에 당도하니, 대문 밖에 아름다운 화랑 한 명이 반가이 맞아서 작은 대문으로 인도하여 들여 객실에 이르렀다. 진자가 객실로 올라가면서 절을 하고 말하기를 '낭께서는 평소에 나를 조금도 알지 못하는 터에 어찌하여 이같이도 친절하게 접대하나이까?' 하니 화랑이 말하기를 '나 역시 서울 사람으로 스님이 먼 길을 걸어 이곳까지 오시는 것을 그저 위로할 따름이외다' 하고 잠깐 있다가 문밖으로 나가 버렸는데 간 곳을 알 수 없었다. ……진자가 그 산밑에 갔더니 산신령이 노인으로 변모하고 나와 맞으면서 '무엇 하러 여기에 왔느냐?' 하였다. 그가 대답하기를 '미륵선화를 만나고자 합니다' 하니 노인이 말하기를 '전일 수원사 문밖에서 미륵선화를 만나고 와서 무엇을 찾느냐' 하였다. 진지왕이 이 말을 듣고 불러서 그 사유를 묻고 말하기를 '화랑이 자칭 서울 사람이라고 한다니 성인이 거짓말을 하랴?' 하였다. 진자가 임금의 뜻을 받들어 화랑 무리를 모아 동리와 거리에 퍼져서 그를 찾았더니 웬 도련님이 화장을 단정히 하고 얼굴이 빼어나게 고왔는데 영묘사 동북쪽 길옆 나무 아래서 놀고 있었다. 진자는 그를 보자 '이가 미륵선화로구나!' 하면서 묻기를 '낭의 집은 어디 있으며 성이 무엇이오?' 하니 대답하기를 '내 이름은 미시(未尸)라고 하는데 어릴 적에 아버지와 어머니가 다 죽고 성은 무엇인지 알 수 없소' 하였다. ……왕이 그를 경애하여 국선을 삼으매 여러 자제들과 화목하는 것이라든지 예의범절이 여느 사람과 같지 않았다."(《삼국유사》권 3, 미륵선화조)
41) 정토신앙은 아미타불이 있는 서방정토에 다시 태어나기를 기원하는 것으로 《무량수경》,《관무량수경》,《아미타경》을 소외경전으로 삼고 있다. 서방정토를 주재하는 아미타불은 서방 극락정토에서 설법하는 부처로 《무량수경》에 따르면, 아미타불은 과거에 법장이라는 보살이었을 때 중생을 제도하려는 서원을 세우고 오랫동안 수행을 거듭한 끝에 아미타불이 되었고 극락세계를 이룩할 수 있게 되었다. 아미타불에서 극락정토는 그 본원이 성취되어 건립된 세계이기 때문에 이를 서방정토라고 불렀으며, 내세에 왕생할 세계이므로 서방에 있다고 믿었다. 극락세계에 대해서는 《아미타경》에서

극락왕생하려는 민중들의 의지는 그 시대 민중수탈과도 관련이 있었다. 민중들은 현세의 고통에서 벗어나기 위한 종교적 기원으로 성토신앙에 침잠하게 되었는데, 누구나 극락왕생을 기원하는 염불을 암송 기원하면 서방정토에 갈 수 있다고 믿었고 또 그렇게 했다. 심지어 살아 있는 사람이라도 그렇게 한다면 곧장 서방정토로 갈 수 있다고 믿었으며, 이러한 사정을 설명해 주는 것의 하나가 욱면비의 현신 왕생설화였다.[42] 현실에서는 노비의 위치에 있었지만 지극 정성으로 염불만 하면 곧장 서방정토로 왕생할 수 있다는 그 믿음은 민중들에게는 현실적인 고통을 감내하게 했던 힘이 되었다. 서방정토로 왕생할 수 있다는 믿음은 비단 현세에 살고 있는 사람만이 아니라 죽은 사람도 이승에 있는 사람이 추선(追善)하게 되면 서방정토로 왕생할 수 있다고까지 믿게 되었다. 이러한 믿음은 조상숭배의 관념과 합쳐져서 일반 민중들의 신앙생활로 굳건하게 자리잡을 수 있었다.

불교는 이처럼 상층 지배세력에게는 국왕에 대한 절대권의 상징체계

이렇게 적어 놓았다. "그 국토는 여기서 십 만 억 불토를 지나서 있으며, 현재 아미타불이 거기서 설법하고 있다. 거기에 태어난 자에게는 고통이 없고 오직 즐거움만이 있으므로 극락세계라고 한다. 대지는 황금색으로 되어 있고 집이나 나무들은 칠보로 되어 있다. 바닥에 금모래가 깔려 있는 연못에는 수레바퀴 만한 연꽃들이 아름답게 피어 있고 부처의 화신인 아름다운 온갖 새들이 맑은 소리로 노래하는데, 그 노래는 바로 부처의 설법으로서 그것을 듣는 자들은 모두 불·법·승의 삼보를 생각한다. 하늘에서는 음악이 들리고 밤낮으로 세 번씩 하늘에서 꽃이 떨어진다. 여기에는 한량없는 부처의 제자와 아라한이 있으며 다음 생에 부처가 될 자의 수효도 한량없다.(곽철환,《불교의 길라잡이》, 시공사, 1999, p.83)

42) 이에 대한 대표적인 기록을 여기서 인용하면, "욱면(郁面)이라는 한 노비가 있어 주인을 따라 절에 가서 안뜰에 서서 승려를 따라 염불하였다. 주인은 그 직분에 어긋남을 미워하여 매양 곡식 두 섬을 주어 하룻저녁에 다 찧게 하니 비(婢)는 일경(一更)(8시)에 찧기를 끝내고 절에 가서 염불하되 하룻저녁도 게을리 하지 않았다. 뜰 좌우에 긴 말뚝을 세우고 끈으로 두 손바닥을 꿰어 말뚝 위에 매고 합장하고 좌우로 흔들며 격려하였다. 때에 하늘에서 천창(天唱)이 있어 '욱면비는 당에 들어가 염불하라' 하였다. 절의 무리들이 이를 듣고 비에 권하여 당(堂)에 들게 하니 예에 따라 정진하였다. 얼마 안 있어 하늘의 음악이 서쪽으로부터 들어오거늘 비가 솟구쳐서 집 들보를 뚫고 나아가 서쪽으로 갔다. 교외에 이르러 해골을 버리고 변하여 진신(眞身)이 되어 연꽃 대좌에 앉아 큰 광명을 발하면서 천천히 갔는데 음악 소리가 공중에서 그치지 않았다. 그 당에는 지금도 뚫린 구멍이 있다고 한다."(《삼국유사》 권 5, 〈감통〉 욱면비염불서승)

였고 일반 민중에게는 국왕을 현세의 부처로 받아들이게 했다. 그러므로 국왕이 부과한 온갖 어려움, 즉 강제와 약탈까지도 수용했으며, 그렇게 하는 것이 이 세상에서 적선이 되며, 서방정토로 왕생할 수 있게 한다고 여겼다. 불교에 의한 전제적 왕권체제의 공고화는 결과적으로 왕권의 강화로 이어졌고, 이는 그 계승과정에서 갈등을 심화시키는 요인이 되기도 했다. 그뿐 아니라 한번 장악한 왕권은 그것에 대한 일체의 도전을 제거했으며, 이를 위해서 한편으로는 대외적 전쟁을 치렀으며, 다른 한편으로는 민중을 수탈했다. 이러한 상황을 전제로 한다면 불교는 전제적 왕권의 정립에 보탬이 되면서도 그렇게 하는 순간 그 체제의 붕괴요소를 조성하는 일면을 내포하였다. 상층 지배세력에 대해서는 엄격한 권력적 통제로 갈등을 극복하려 했고, 잦은 전쟁으로 일체감을 확립했으며, 여기에 소요되는 자원의 부담 주체인 민중에게는 가혹한 약탈을 자행했던 것이다. 이러한 약탈과 억압의 고통에 젖었던 민중을 서방 정토사상으로 위무하려 했다. 그러나 이것은 동시에 기존 체제에 대한 이탈감정을 가속화하는 계기가 될 수도 있었다. 신라 통일기 이후에 등장했던 전제적 왕권체제도 그 이후 곧장 몰락하게 된 것은 바로 이러한 상황에 기인한 결과였으며, 특히 일반 민중들의 현실적 도피감정의 심화가 그 원인이 되었다.

특히 민중의 현실 도피감정의 대상으로 등장했던 것이 미륵신앙이었다. 이 점에서 이제 불교는 또 다른 새로운 체제로의 정치변동을 예비하는 기능을 담당할 수밖에 없었다. 그것은 상층 지배세력에게나 지방의 유력자들에게는 교종에서 벗어난 선종으로 옮겨간 것에서 볼 수 있으며, 일반 민중들에게는 법상종의 미륵신앙에서 나타났다. 이러한 성격 자체가 신라를 멸망으로 나아가게 한 유도했던 요인이었다. 즉 불교에 의해 이루어진 군왕체제와 전제적 왕권체제도 바로 그 불교 때문에 붕괴하게 되는 운명을 맞을 수밖에 없게 되었다.

4. 사대와 전쟁, 그리고 전제적 왕권체제

전제적 왕권체제를 정립시킨 또 다른 요소로 전쟁을 들 수 있다. 전쟁은 왕국의 존립에 최대의 위협이었으며, 승리만이 그 체제를 지속할 수 있었다. 그러므로 국왕의 최대 과제는 전쟁의 승리였으며, 승전하지 못한 국왕은 존립할 수 없었다. 군왕체제에서 전쟁은 중요한 영향을 미쳤지만 전제적 왕권체제에서도 마찬가지였다. 특히 신라는 삼국 가운데 뒤늦게 왕권체제를 정립했으며 국토 방위에도 불리한 조건에 놓여 있었다. 이러한 한계를 가졌음에도 신라가 삼국을 통일한 것은 불교의 영향으로 구성원의 일체감이 형성되고 전제적 왕권체제의 강력한 통치에 말미암은 결과이기도 했다. 신라에서 전쟁은 전제적 왕권체제의 등장의 한 계기가 되었는데, 실제로 국왕이 전쟁의 최고사령관으로 직접 나서기도 했으며 때로는 외교를 진두지휘한 국왕도 있었다. 신라는 삼국통일을 이룩하기 위해 중국과 사대관계를 강화했으며 신라의 국왕이 될 인사가 당의 황실을 직접 예방했는가 하면 동맹을 체결하기 위해 고구려를 방문하기도 했다. 이처럼 신라 통치자들의 삼국통일을 위한 노력으로 전쟁에서 승리할 수 있었으며, 결과적으로 모든 것이 국왕의 공으로 돌아갔다. 물론 이러한 사실은 국왕의 전제권 강화에도 크게 보탬이 될 수밖에 없었다.

한강 유역으로 진출하기 이전만 해도 신라는 고구려나 백제와 전쟁 상태에 놓여 있었다. 신라는 고구려의 침입을 받으면 백제와 손을 잡았고, 백제의 침탈에는 고구려와 연대함으로써, 그리고 이웃의 수나라와 당나라의 힘을 빌리기도 하는 등 강대국과 연대하여 대응적인 태도를 취하기도 했다.[43] 신라의 삼국통일 그 자체는 전제적 군왕체제의 확립과 강화에 영향을 미치게 되었다. 이러한 사정을 인식하기 위해 먼저 신라의 군제와 군사력을 살펴볼 필요가 있다. 실제로 전투에 임하는 병사들의 사기, 그리고 대외적으로 외국의 군사적인 지원체계 등이 주요한 관건이기 때문에 이들에 대해서도 함께 살펴보기로 한다.

신라의 군사제도로는 법흥왕 4년(517) 군대의 최고 통수기관으로 병부를 설치했는데, 이로써 통일적이고 체계적인 행정체제를 구비할 수 있었

---

43) 신라는 4세기 후반에는 고구려와 결혼관계를 맺었고, 433년부터 553년까지는 백제와 연계하는 이른바 나제동맹을 체결하였으며, 553년 이후부터는 독자적으로 고구려, 백제를 상대하였다.(이호영, 앞의 책, p.51)

다. 그리고 7세기 중엽에 군대의 편제를 대폭 정리해서 그 기본 단위를 당(幢)으로 규정했다. 군대는 일정한 주둔지가 있었으며 그것을 정(停)이라고 표시했으며 이를 전국적으로 정비했다. 이렇게 함으로써 군사력의 전국적인 체계는 물론이고 군율과 군령에 따르는 책임과 역할을 분명히 할 수 있었다. 또한 신라는 군사들을 중앙군과 지방군으로 양분했으며, 중앙군 중심의 군사편제를 마련하여 실제 중요한 전쟁에는 중앙군이 맡았다. 중앙군에 소속된 부대들은 국왕의 시위부 소속 부대로 9서당 6정, 계금당, 백관당, 경여갑당, 4설당 등으로 구성되었다.[44] 물론 중앙군은 경주와 그 인근 지역에만 주둔했던 것은 아니며, 국방의 필요성이 있는 지방 요충지에 배치되었다.

이들 가운데 시위부는 국왕을 호위하기 위해 651년에 설치되었으며, 117명이 여기에 소속하고 있었다. 시위부 군사들은 주로 상층집단의 자제들이었으며, 장군 6명, 대감 6명의 지휘부로 이루어진 최정예부대였다. 그리고 수도를 방위하는 군대로는 6세기 중엽에 대당, 귀당 등이 있었으며 각기 장군 4명, 대관대감 5명씩이 배치되어 있었다. 대당이나 귀당 이외에 주요지역을 방위했던 부대로 9서당을 편성했다.[45] 이 밖에도 중앙군에 해당된 부대로 주요 전략요충지에 주둔한 6정으로는 한산정(광주), 우수정(춘천), 하서정(강릉), 완산정(전주) 등이 있었다. 이들 부대는 지방의 최고행정관인 도독이 지휘했던 지방군과 협력했지만, 때로는 이들 지방 부대를 견제하는 기능도 행사했다.[46] 지방군은 각 주 도독의 지휘를 받고

---

44) 시위부는 국왕의 시위가 목적인 근위병이었다. 이 점에서 시위부의 군관직 설치를 전제왕권의 구축을 위한 정치적 조치로 설명하는 견해가 있다.(申瀅植, 〈三國時代 戰爭의 政治的 意味〉,《韓國史硏究》 43, 1983 참고) 시위부의 성격과 성립 등에 대한 문제를 다룬 연구로는 李文基,《新羅兵制史硏究》, 一潮閣, 1997, pp.148~175를 참고.

45) 9서당은 진평왕 5년(583)에 설치된 서당과 625년에 설치된 낭당이 기본이 되어 편성된 것이었다. 여기에는 신라인만이 아니라 이전의 백제, 고구려, 말갈 등의 사람들도 포함하고 있었다. 9서당은 후기 신라의 대표적인 지방군인 10정과 대비될 정도의 국왕직속 중앙군부대이기도 했다. 9서당의 부대편성을 체계적으로 정리하면 다음과 같다. 녹금서당(진평왕 5년, 583), 자금서당(진평왕 47년, 625), 백금서당(문무왕 12년, 672), 비금서당(문무왕 12, 672), 황금서당(신문왕 3년, 683), 흑금서당(신문왕 3년, 683), 벽금서당(신문왕 6년, 686), 적금서당(신문왕 6년, 686), 청금서당(신문왕 7년, 687)이다.

46) 6정 가운데 대당(진흥왕 5년, 544년에 설치)은 자주색과 흰색의 옷깃 색을 사용했으

있었으며, 여기에 해당되었던 부대로는 10정, 5주서, 9주 만보당, 소경여
갑당, 외여갑당, 2계당, 2궁, 3변수당, 신삼천당이 있었다.[47)]

군사제도에서 알 수 있듯이 신라는 중앙집권의 왕조체제였기 때문에
효과적인 군사동원이 가능했으며 전쟁에 효율적으로 임할 수 있었다. 신
라는 백제와 고구려 사이에서 끊임없는 전쟁상태에 있었는데, 진흥왕에
서 무열왕대에 와서야 비로소 군사적인 우위권을 차지할 수 있었다. 그
이전만 해도 신라는 고구려는 물론 백제의 침탈에도 시달리고 있었던 소
국이었다. 이러한 신라가 삼국을 통일한 것은 앞에서 지적했다시피, 불교
에 의한 전체 구성원의 일체감 형성과 화랑도의 등장, 팔관회와 같은 불
교의식에 따른 신라인들의 강력한 연대의식에서 정신적 기반을 마련했기
때문이었다.[48)]

특히 신라의 삼국통일은 중국의 당나라와 같은 외세의 지원을 받았기
때문에 가능했는데, 그 결과로 당나라와 사대외교 관계를 맺었음을 이해
할 수 있다.[49)] 신라의 통일과정에 당나라의 영향력이 중요하기 때문에 당

며 경주에 배치되었다. 귀당(진흥왕 13년, 552)은 푸른색과 붉은 색의 옷깃을 사용했으
며 상주와 경주에 있었다. 한산정(진평왕 26년, 604)은 누런색과 푸른색의 옷깃 색을
사용했고 경기도 광주에 두었다. 우수정(문무왕 13년, 673)은 초록색과 백색의 옷깃 색
을 사용했고 춘천에 설치했다. 하서정(태종 5년, 658)은 초록색과 백색의 옷깃 색을 사
용했고 강릉에 두었다. 완산정(신문왕 5년, 685)은 흰색과 자주색의 옷깃 색을 사용했
고 전주에 설치했다.(《삼국사기》권 40, 〈직관지〉)

47) 이들 10정에는 각기 대대감 1명과 산천당주 6명, 삼천감 6명, 소감 2명, 화척 2명의
무관을 배치해 놓고 있었다. 이들 지방군은 각 도독의 지휘 아래 있었지만 실제는 중
앙군의 지휘 감독을 받으면서 동원되었다.

48) 신라의 삼국통일에서 선두 지휘부에 자리했던 김유신의 경우에서 이 시기 통일관념
을 살펴볼 수 있는데, 김유신은 15세에 화랑이 되었으며 17세에 고구려, 백제, 말갈의
침범에 비분강개하여 중악의 석굴에 들어가 하늘에 고하기를 "적국이 무도하여 시랑
과 범이 되어 우리 강역을 침요하여 거의 평안한 해가 없습니다. 나는 한낱 미약한 신
하로서 재주와 힘을 헤아리지 않고 뜻을 화란소청(禍亂掃淸)에 두고 있사오니 상천은
하감하시와 나에게 수단을 빌려 주십시요"라고 기구한 지 4일 만에 갈의(褐衣)를 입은
노인, 난승(難勝)을 만나 비법을 전수받은 것으로 기록되어 있다. 이 설화는 곧 당시
김유신과 같은 지도자들이 갖고 있던 정신적 자세를 보여주는 것이기도 하다.(《삼국
사기》권 41, 〈열전〉 1, 김유신 上)

49) 이 시기 중국에 대한 조공을 일종의 무역으로 파악하여 조공무역이라는 말을 사용하
고 있다. 그러나 조공을 무역으로 파악하는 것에는 몇 가지 문제가 따를 수 있다. 무역
은 비록 물물이거나 그렇지 않거나 간에 나라 사이의 경제적 교류이기 때문에 기본적

나라에 대한 신라의 사대관계를 개관할 필요가 있다. 먼저 지적해야 할 사실은, 중국에 대한 사대외교는 비단 신라에 국한된 것이 아니라는 점이다. 백제는 물론이고 심지어 고구려까지도 그러한 면을 보여주었음을 생각할 때 중국에 대한 주변국의 사대관계는 그 시대의 동아시아 국제관계에 비추어 이해해야 할 것이다. 그러나 신라는 백제나 고구려보다는 더한층 중국에 대한 사대외교에 치중했다.

신라의 중국에 대한 사대관계는 "진흥왕 25년 중국 북제(北齊)에 사신을 보내어 조공했다"는 기록에서 그 첫 시작을 읽을 수 있다.[50] 신라의 조공을 받았던 중국 북제의 무성황제는 조서를 내려 신라의 군왕에게 사지절동이교위낙랑군공신라왕(使持節東夷校尉樂浪郡公新羅王)의 관직을 제수했다. 여기서 알 수 있듯이 신라 군왕의 권위는 바로 중국의 북제가 부여해 준 것으로 설정하고 있었다. 진흥왕 때는 북제만이 아니라 중국의 진(陳)에도 사신을 보내어 방물을 바치는 일을 매년 몇 차례나 행하기도 했다. 중국에서 새 왕조가 들어서면 곧바로 사신을 보내 조공했으며, 중국으로부터 새롭게 신라왕의 관직을 제수받는 절차를 밟았는데, 가령 진지왕 16년 중국 수나라 문제는 신라왕을 상개부낙랑군공신라왕(上開府樂浪郡公新羅王)으로 봉하기도 했다. 신라는 수나라에 몇 차례나 사신을 보내 고구려로 출병해줄 것을 요청했다. 중국에서 당나라가 등장하자 신라는 사신을 보내 조공했으며, 당나라 고조는 신라에 조서와 그림, 병풍과 비단 300필을 보내주었다. 그리고 진평왕 46년 3월 당나라의 고조가 신라왕을 주국낙랑군공신라왕(柱國樂浪郡公新羅王)으로 봉하기도 했다.

으로 등가적 교류에 의한 경제적 이익을 얻을 수 있어야 한다. 그러나 이 시기의 부용국가나 종속국가는 사대하기 위해 진기한 물건이나 특산품을 조공하며 중국은 그에 대한 답례로 약간의 진기한 물품을 내려보내는 형식을 취했다. 그러므로 그것은 양국의 경제적 성장이나 발전과는 사실상 무관하며, 단지 지배층의 사치나 과시물로 활용되었을 뿐이다. 특히 사절로 왕래하는 인사들에 의하여 물품이 반입되었다고 말하지만 그것은 무역으로 일컬을 정도는 아니었다. 물론 조공을 무역으로 인식함으로써 이 시기의 사대 종속관계를 논리적으로 약화시키면서 경제적 교류의 의미를 강화할 수는 있지만 그것 자체가 지나친 사실의 해석일 수 있다. 특히 이러한 성격은 신라와 당의 관계에서는 더한층 그러하다. 즉 그것은 조공이었지 무역은 아니었다.

50) 《삼국사기》 권 4, 〈신라본기〉 4, 진흥왕 25년조.

중국으로부터 책봉의 형식을 취함으로써 신라왕의 정당성을 확립하였음은 중국에 대한 사대관계의 한 전형으로 이해할 수 있다. 이는 신라가 당나라에 보낸 지나친 조공에서도 알 수 있다.

> 7월에 대당에 사신을 보내어 미녀 두 사람을 바치니 (당의 명신) 위징이 받지 않는 것이 옳다 하므로 上(당 태종)이 기뻐하여 말하기를 "저 임읍(지금의 안남지방)에서 바친 앵무도 오히려 고한을 부르짖으며 제나라로 도로 가려고 하는데 하물며 두 여자가 친족을 이별함에 있어서랴" 하고 (도로) 사자에게 주어 돌려보냈다.[51]

당 태종의 환심을 사기 위한 신라의 사대외교와 조공은 점점 증가했다. 선덕왕 12년 정월과 9월에 사신을 보내어 방물을 바쳤고, 백제와 고구려가 거병하려 하니 당이 군대를 파견해서 구원해 달라고 요청하기에 이르렀다.[52] 그뿐 아니라 신라의 왕족이나 왕제(王弟)를 당의 궁정에서 숙위하게 했으며, 당제(唐帝)의 생일이나 사망기일에는 신라의 경주에서도 의식을 거행하기도 했다. 당은 신라가 보여준 지속적인 조공과 사대의 답례로 신라의 국왕이 사망했을 때는 추도하는 예식을 올려 주기도 했다.

신라 군왕의 중국에 대한 사대는 고구려, 백제의 군사적 위협을 막기 위한 전략일 수도 있으며, 삼국통일을 위해 군사적 지원을 얻으려는 방책으로 이해할 수도 있다. 그러나 그 과정에서 보여준 조공과 사대가 극심한 종속으로 흐르게 되었음도 분명한 사실이었다.[53] 그러나 통일과업을

---

51) 《삼국사기》 권 4, 〈신라본기〉 4, 진지왕 53년조.
52) 이 요청을 받았던 당제는 몇 가지 계책을 말하면서 놀랍게도 이러한 말도 하고 있다. "그대 나라는 임금이 부인이어서 (선덕왕) 이웃나라에 업신여김을 받으니 이는 임금을 잃고 적을 받아들이는 격이라 해마다 편안할 적이 없다. 내가 나의 친족 한사람을 보내어 그대 나라의 임금을 삼고 자연 혼자서 갈 수는 없으므로 마땅히 군사를 보내어 보호케 하고 그대 나라가 안정함을 기다려 그대의 자수에 맡기려 하니 이것이 셋째의 방책이다."(爾國以婦人爲主 爲隣國輕侮 失主延寇 靡歲休寧 我遣一宗支 與爲爾國主 而 自不可獨王 當遣兵營護 待爾國安 任爾自守 此爲三策 ; 《삼국사기》 권 5, 〈신라본기〉 5, 선덕왕 12년조)
53) 삼국통일을 주도했던 문무왕의 경우도 이러한 성격을 찾아볼 수 있는데, 당에 보낸 그의 다음 글에서 알 수 있다. "……우리는 전래로부터 조공을 끊지 아니하다가 근자에 백제 때문에 직공을 빠뜨리니 드디어 성조(聖朝)로 하여금 성언(聲言)을 내게 하

추진했던 신라의 대당 교섭은 김춘추에 의해서 마침내 성과를 얻게 되었다. 648년 김춘추는 그의 아들 문왕과 함께 입당해서는 삼국통일을 위해 당과 교섭했는데, 다음의 기록을 통해 이 과정을 알 수 있다.

왕이 이찬 김춘추와 그 아들 文王을 보내어 당에 입조케 하였더니 당 태종이 광록경(光祿卿) 유형(柳亨)을 보내어 교외에서 춘추를 위로해 맞게 하였다. 춘추가 당도하자 태종은 춘추의 외모가 영특함을 보고 후히 대접하였다. 춘추가 국학에 가서 석존과 강론을 참관하기를 청하니 태종이 이를 허락하고 이내 자기가 지은 온탕비(溫湯碑) 및 진사비(晉祠碑)와 새로 지은 진서(晉書)를 하사하였다. 또 어느 날 태종이 춘추를 불러들여 한가로이 보고 금백(金帛)을 더욱 후히 주며 묻기를 '그대는 소회가 있는가'라고 하였다. 춘추가 무릎을 꿇어앉아 말하기를 '우리나라가 해우에 벽재하여 천조(天朝)를 섬긴 지 이미 여러 해였는데 백제가 그간 굳세고 교활하여 여러 번 침략을 일삼았으며 더구나 왕년에는 대대적으로 군사를 거느리고 깊이 쳐들어와 수십 성을 공함하여 조종의 길을 막았으니 만약 폐하가 천병(天兵)을 빌리어 그 흉악한 놈을 없애 주지 아니하면 우리의 백성은 다 그에게 사로잡혀 제항술직(梯航術職)은 다시 바랄 수도 없습니다'라고 하니 태종이 깊이 동정하여 출사를 허락하였다. 춘추가 또 예복을 고쳐서 당제(唐制)의 것을 좇기를 청하니 당주(唐主)가 이에 진귀한 의복을 내어 춘추와 그 종자에게 주고 조명으로 그들에게 벼슬을 주어 춘추는 특진(特進)을 문왕은 좌무위장군(左武衛將軍)을 삼았다.[54]

당은 무열왕 7년(660)에 백제를 정벌하기 위해 수륙군 13만을 출병했

고 장수를 명하여 나의 죄를 치니 (나는) 죽어도 여형(餘刑)이 있을 것입니다. 남산의 대나무로도 나의 죄를 족히 쓸 수 없고 포야의 나무로도 족히 나의 계(械)를 만들 수는 없을 것입니다. (우리의) 종묘와 사직을 헐어 소지(沼池)를 만들고 나의 몸을 죽여 찢더라도 황제가 이 사정에 귀기울여 친히 판단해 주신다면 감심으로 형륙(刑戮)을 받겠습니다. 나의 친여가 곁에 있고 이수가 아직 마르지 아니하여 피눈물로 조명을 기다리고 형명을 엎드려 듣겠습니다.……만일 복사(服捨)의 용서를 내리시고 요령(腰領)을 보전시키는 은혜를 주신다면 비록 죽어도 산 것과 다름이 없습니다. 바라기 어려움에도 불구하고 감히 소회를 말하여 황공한 마음을 이기지 못하겠으며 삼가 원천(原川) 등을 보내어 표(表)를 올려 사죄하고 칙지(勅旨)를 엎드려 듣겠습니다. 모(某, 문무왕)는 돈수돈수(頓首頓首) 사죄합니다."(《삼국사기》 권 7, 〈신라본기〉 7, 문무왕 12년조)
54) 《삼국사기》 권 5, 〈신라본기〉 5, 진덕왕 2년조.

다. 신라도 그 해 5월 26일 무열왕, 태자 법민, 김유신, 진주, 천존 등이 군
사를 거느리고 경주를 출발했다. 태자 법민은 병선 100척으로 소정방이
지휘하는 당병을 덕물도(덕적도)에서 맞이했다. 신라군은 황산(黃山)에서
계백의 오천 결사대의 항전에 부딪혀 진군하지 못했으며, 특히 계백의 분
전으로 신라군은 4전 4패의 늪에 떨어지기도 했다. 그러나 김유신의 동생
흠순의 아들 반굴과 좌장군 품일의 아들 관창 등 어린 화랑의 전사로 자
극받았던 신라군의 분전으로 백제군을 격파할 수 있었다. 신라군과 당군
은 기벌포에서 만나 부여성으로 진공하여 함락시켰다. 그해 7월 13일 백
제왕자 융, 대좌평 천복 등이 법민에게 항복했으며, 웅진성으로 피난했던
의자왕도 사비성으로 돌아와서는 나당연합군에 항복했다.[55]

　백제를 멸망시킨 당은 동북방의 안전을 확보하기 위해 고구려를 정벌
했는데, 이 과정에서도 신라의 요구로 고구려에 원정했다. 당은 오랫동안
고구려를 정벌하려 했지만 고구려의 철저한 방위로 격퇴당했다. 그러나
고구려 연개소문의 병사로 그의 아들 남생, 남건, 남산 사이에 정쟁이 빚
어졌으며, 남생이 처음 막리지가 되었지만 남건이 그 자리를 빼앗는 극
심한 분쟁상태에 빠졌다. 이에 남생은 국내성으로 도망해서는 그의 아들
헌성을 당에 보내어 당군의 원조를 요청하였다. 또한 연개소문의 아우
연정토는 12성을 갖고 신라에 투항해 버렸다. 고구려의 내분을 기회로 삼
아 당은 고구려를 침입했고 신라도 이에 호응했다. 특히 당의 함자도총
관 유덕민이 신라에 와서 평양으로 군량의 수송을 요청했기 때문에 662
년 1월 김유신, 김인문, 김양도 등 9명의 장군이 고구려군과 전쟁을 치르
면서 소정방에게 군량을 전달해 주었다. 3년여 동안 당과 신라군의 협공
을 받았던 고구려는 결사적으로 방위했지만 668년 평양성이 포위당하는

---

55) 그 해 8월 2일 신라는 큰 잔치를 열어 당병을 위로했는데, 이것에 대해서는 이렇게 적
　　어 놓았다. "왕과 정방(定方) 및 제장(諸將)들은 당상(堂上)에 앉고 의자(義慈)와 그 아
　　들 융(隆)은 당하(堂下)에 앉히어 혹은 의자로 하여금 술잔을 치게 하니 백제의 좌평
　　(佐平) 등 여러 신하들이 목이 메어 울지 아니하는 자 없었다."(《삼국사기》 권 5, 〈신
　　라본기〉 5, 태종무열왕 7년조) 그리고 백제는 패망의 아픔이 극단적이었는데, 정벌군
　　소정방은 백제의 왕과 태자 효(孝), 왕자 태(泰), 융, 연(演)을 비롯하여 대신 장사 88명
　　과 백성 12,807명을 포로로 하여 사비(泗沘)에서 배를 타고 당으로 돌아갔다.

위급한 상황에 놓이게 되었다. 평양이 포위된 지 한달 남짓 만에 부도 성신이 당군에 내응해서는 평양의 성문을 열어주었고, 이로써 신라와 당군은 평양에 입성할 수 있었다. 그리고 고구려 보장왕과 남건을 포로로 잡을 수 있었다. 신라는 3년 동안 당과 연합하여 고구려 정벌에 참여했으며 668년 평양성 입성의 선봉을 맡았는데, 이 전쟁에 참가한 신라군의 총수는 20만 명이었고, 승전한 뒤 7천 명의 고구려인을 포로로 이끌고 개선하였다.[56]

신라는 당의 지원을 받아 백제와 고구려를 침략함으로써 삼국을 통일할 수 있었다. 이 과정은 사실상 신라 국왕의 전제권 확립의 커다란 계기가 되었다. 특히 관심 있게 살펴보아야 할 것은 신라의 국왕인 무열왕과 문무왕이 이 시기에 직접 전쟁에 참전했다는 사실이다. 왕국의 최고사령관으로 그들의 지휘권을 직접 전장에서 행사했다. 무열왕은 직접 당에 들어가 백제 정벌군의 발진을 외교적으로 교섭했으며, 왕 자신도 백제 침공에 참전해서 금돌성(今突城)까지 진군하기도 했다. 고구려 정벌에도 문무왕이 직접 군사를 동원 참전함으로써 전쟁의 최고 지휘자 역할을 수행했다. 왕이 직접 참전함과 동시에 전승을 거두었음은 왕의 위세와 권위를 최고로 확보하는 기회가 되었다. 이 시기 신라 국왕의 이러한 태도는 그만큼 국왕 위세의 강화로 이어졌고, 결과적으로는 '승리한 전쟁' 자체가 전제적 왕권체제를 강화시키는 한 계기가 될 수 있었다.

5. 통치체제의 정립

불교에 의한 전제적 군왕체제의 이념 기반의 확립과 전쟁의 승리로 국왕의 전제권은 강화되었으며, 실제 왕국의 통치를 전문적으로 전담할 체계적인 관인집단도 제도화되었다. 관인집단의 제도화는 왕국의 통치를 효율적으로 집행할 수 있는 계기였지만, 이것은 왕권강화의 구체적인 증

---

56) 20만 명의 대병이 고구려 정벌에 참전했다는 것에 대해 이호영은 의문을 제기하면서 백제정벌에 신라가 5만 명을 동원했다는 점에서 약 2만 명 정도였을 것으로 추산하고 있다.(이호영, 앞의 책, p.206.)

좌이기도 했다. 이러한 성격을 강화하기 위해서 관인제도는 기본적으로 다음 각 영역에서 구체적으로 제도화되었다. 하나는 왕국의 통치권을 국왕에게 집중시키고 그를 정점으로 한 집행권의 발동을 제도화하였다. 이는 곧 최고통치권이 협의체적 또는 분산적인 권력구조에서 벗어났으며 국왕에 의한 단일 통치체제로 변모하였음을 뜻한다. 다른 하나는, 관인제도의 정비가 국왕의 권력 행사의 효율성을 극대화하기 위한 국왕의 사적 통치수단이기도 했다. '국가가 곧 국왕'이라는 일치의 관점이 마련됨으로써 국왕에 대한 충성을 관인들로부터 확보하는 것이 더욱 중요했다. 이렇게 하여 왕실의 보호와 국왕 자신의 안전, 그를 보좌하는 관인들의 위치가 확고하게 자리잡을 수 있었다. 그리고 전제왕권의 확립으로 말미암은 과도한 통치비용을 확보하기 위한 조세수탈기구도 체계화되었다. 이렇게 함으로써 중앙집권적인 전제왕권이 효율적으로 통치될 수 있었다. 그 밖에도 전제왕권의 제도적 장치는 시기적으로 삼국통일의 전후 기간에 이루어졌기 때문에 군사적인 통합이 우선 목적으로 떠오를 수 있다.

관인제도의 정비는 이전의 관인제도에 새로운 변화를 부과시키는 것이기도 했다. 즉 군장체제 때부터 지속해온 관인제도는 시대의 변화로 중복 부설되었으며, 그 결과 기능의 복합성은 물론이고 효율성도 떨어지고 있었다. 관인들의 위계질서나 충원과 예우도 일률적이기보다는 시의에 따라 달랐기 때문에 혼돈이 가중되었다. 이러한 사정을 극복하고 효율성을 확보하기 위해서는 관인제도의 전면적인 재정비가 불가피해졌다. 이러한 조치는 국왕의 전제권에 의해서만 이루어질 수 있었다. 그러므로 국왕의 전제권 확보는 관인제도의 정비로 이어졌고, 그렇게 정비된 관인제도는 또다시 국왕의 전제권을 강화하게 되었다.

전반적으로, 신라에서 관인제도의 정비는 법흥왕에서 신문왕까지 지속적으로 전개되었지만 특히 신문왕 때 대폭적으로 정비되었는데 이른바 율령의 정비가 그것이다.[57] 그 가운데 중요한 변화로는 화백제도의 기능

---

57) 신라의 관제는 법흥왕 4년(517)에 병부를 설치한 이래 중앙행정관부를 정비해 나갔다. 신라의 중앙 행정관부에 대한 기록은 《삼국사기》〈직관지〉에 대부분 전하고 있다. 법흥왕 7년(520)에는 율령을 반포하였고 그 뒤의 관제를 율령관제로 파악할 수 있다.

적 약화를 들 수 있다.[58] 상층 지배집단의 통치를 위한 합의체 기구였던 화백은 실제로 왕권을 상당 부분 견제하고 있었다. 따라서 왕의 전제권 강화와 화백 사이에는 대립각이 형성될 수밖에 없었으며, 국왕은 화백의 견제를 차단할 필요성을 절감하였다. 화백의 기능 약화에 대한 구체적인 사례로는 화백회의의 주관자인 상대등의 영향력 위축에서도 알 수 있다.[59] 상대등이 화백회의를 주재하여 그의 의사를 화백회의의 이름을 빌려서 왕에게 전달하였기 때문에 자신의 정치적 영향력을 확보하는 수단이 되기도 했다. 이러한 성격은 곧 왕권의 상대적인 제약을 불러왔다. 그리하여 상대등을 왕과 밀착된 인물이나 또는 그 협조자 가운데에서 임명함으로써 상대등의 영향력을 약화시키려는 시도가 일어났다. 결국 화백회의는 국왕의 전제적 통치에 대한 협조적이고도 자문적인 위치로 점차 변모하였다.

또한 왕명에 따른 직접적인 통치효과를 확보하기 위해서는 모든 통치 행정체계가 국왕에서 관인으로, 그리고 일반 민중으로 명령이 전달되는 수직적인 체계화가 정립되어야 했다. 이러한 필요로 중요 관직에 변화가

이 점에 대해서는 李仁哲, 《新羅政治制度史研究》, 一志社, 1993, pp.22~23 참고.

58) 신라에서 중요한 정치적 문제의 결정은 원칙상 6부의 수장들의 협의기관이었던 화백에서 토의, 결정되었으며, 이를 주재했던 상대등의 영향권이 강했던 것은 이러한 맥락에서 이해할 수 있다. 그러나 654년 김춘추가 왕이 된 것은 전제적 왕권체제의 수립을 지향했던 김춘추-김유신 등 신흥 통치집단이 이전부터 존속되어 온 전통적 지배집단을 제압한 것으로 이해할 수 있다. 이러한 정치적 변화의 한 반영이 곧 화백의 영향력으로 이해될 수 있다. 그 뒤 660년에는 김유신이 상대등이 되어 김춘추에 더한층 협조적인 관계에 놓이게 되었기 때문에 상대적으로 화백의 위치는 약화될 수밖에 없었다. 화백은 결국 국왕의 통치에 대해 한낱 자문기구의 성격으로 전환되었다.

59) 상대등은 법흥왕 18년에 처음 설치되었는데, 《삼국사기》의 기록에 따르면 "법흥왕 18년 여름 4월에 이찬 철부를 상대등으로 임명하여 국가정치를 도맡게 하였다. 상대등 벼슬은 이때부터 시작되었는데 오늘의 재상과 같다."(《삼국사기》 권 4, 〈신라본기〉, 법흥왕 18년 4월조) 여기에서 알 수 있듯이 상대등은 정부 관청의 모든 관리들 위에 군림했던 최고의 관리라고 할 수 있다. 상대등 아래에 정부의 최고 관리로 조선왕조의 영의정에 해당하는 중시가 따로 있었다. 중시가 집사부라는 한 개의 고정된 관청에 소속되어 있었다면 상대등은 어느 관청에도 속하지 않았으며 모든 관청 위에 존재하였다. 상대등의 임기는 군왕의 즉위와 함께 시작하여 군주의 사망으로 끝나는 것으로 되어 있었다. 이러한 성격을 고려할 때 상대등은 대귀족 세력의 대표자였으며 화백제도의 의장의 역할을 맡았다고 할 수 있다.(李基白, 《新羅政治社會史研究》 참고)

일어났는데, 먼저 집사부의 설치를 들 수 있다. 왕명을 직접 수납하고 전체 관인들을 체계적으로 통솔 집행하는 제도를 마련하기 위해 진덕여왕 5년(654)에 이전의 늠주(일명 조주로 불리기도 했다)를 개편, 집사부를 만들었다. 집사부는 상대등의 위치 약화와 맞물린 국왕의 직접 통치권 행사 기구였다. 그러므로 집사부는 최고 행정관부로, 그 수장을 중시(뒤에는 시중)로 했으며, 백관을 대표한 수상 역할을 맡고 있었다. 그의 관직 등급은 상대등이나 병부령보다 낮았지만 국가 행정의 통할에서는 더 강한 권한을 행사했다. 중시가 국가 행정의 최고책임을 맡았기 때문에 큰 흉년이나 질병이 만연할 경우 책임을 묻기도 했으며, 따라서 아주 심각한 위기에 놓이면 중시를 해임시키기도 했다. 이러한 조치는 국왕의 책임을 중시가 대신한다는 의미를 가진다. 그만큼 중시는 국왕과 최근접한 존재였으며, 동시에 국왕을 대신해서 실제 행정권을 통어하고 있었다.[60]

이 시기 또 다른 중요 관제는 위화부였다. 이것은 중앙의 모든 관인들의 인사문제를 담당했던 기구로, 기구의 설치로 이전에 화백이 추천권을 가졌던 임명절차는 유명무실해졌다. 모든 관인은 국왕의 의사로 임면되어 이것이 국왕의 고유권한으로 자리잡을 수 있었다. 이로써 국왕에 대한 관인들의 충성을 확보할 수 있었다.[61]

그 밖에 관인들에 대한 감찰과 사정, 그리고 일반 민중을 효과적으로 감시하고 통제하기 위한 제도를 정비하였는데, 여기에 속한 것이 우리방

---

60) 중시(2~5등급)가 관장했던 집사부에는 그 밖에도 전대등(6~11등급) 2명, 대사(12~13등급) 2명, 사(12~17등급) 14명의 고위 관직자가 있었으며, 이들을 둠으로써 더 효과적인 통치체계를 확립할 수 있었다. 본래 집사부의 장관인 시중은 고관이었지만 병부령보다 급이 떨어진 관리였다. 그러나 경덕왕 16년(757)에 상대등 사인이 병으로 벼슬을 그만두자 시중이었던 이찬 신충이 상대등으로 되었으며 그 뒤 9명의 상대등이 시중 출신이었다. 이처럼 시중 벼슬의 성격 변화는 집사부의 성격에 변화를 주었으며, 흥덕왕 4년(829)에 그것은 집사성으로 확대 개편되었다. 이는 후기 신라에서 점차 집사부와 그 관장의 직위가 높아졌음을 보여주는 동시에 집사부가 최고 중앙기관의 기능을 수행했음을 말해 준다.(장국종, 《조선정치제도사》, 백산자료원, 1998, pp.135~136)

61) 신문왕 때 위화부의 책임자를 금하신 3명, 그 아래 상당을 2명 두었다. 이는 종전의 대사 2명과 사 8명으로 한정했던 것에서 벗어나 그 아래 인원을 늘렸으며, 따라서 더 체계적인 관인의 통제가 가능할 수 있었다.

부(667)였다. 우리방부는 범죄자를 심판했던 기관으로, 그 심판권은 물론 국왕이 위임한 권한을 대행하는 형식을 취했다. 앞서 말한 위화부가 관인을 임명하는 기관이었다면, 실제 관인들의 잘잘못에 대한 사정과 감찰기능은 사정부에서 맡았다. 사정부의 설치(659)로 관인들에 대한 국왕의 통제권이 강화되었으며, 전체 관인들은 국왕의 의지를 실천적으로 집행하는 존재가 되었다.

이러한 제도들이 관인들을 임면하고 통제하기 위한 기구로서, 관인체제의 정비에 목표가 있었다면 당시의 시대적 필요에 따라 마련해야 할 기구도 나타났다. 가령 신라의 국역 확대에 따른 교통문제, 특히 해운의 직무를 담당할 기관도 필요했기 때문에 이를 위해 곧 선부(678)를 설치했다. 선부는 배의 제작은 물론이고 선원을 관리했으며, 각 해항의 하역 운송 일을 맡았고, 특히 중국과 교역에 필요한 선박을 운영함으로써 원활한 대외관계를 이룩할 수 있게 했다. 또한 늘어난 관인과 그들에 합당한 녹봉을 지불해야 했기 때문에 이 일을 처리하기 위한 기관으로 새로 좌사록관과 우사록관을 각각 677년과 681년에 설치했다. 그 밖에 공장부가 설치(682)되어 도기를 제작, 왕실과 상층 지배세력에 공급했으며, 일반 민간인도 사용할 수 있게 했다. 국가의 주요한 토목공사, 즉 왕궁의 신축, 중요 사찰의 건조와 같은 토목공사를 맡았던 예작부도 이 시기에(686)에 설치되었다.[62]

각 관부의 관직은 영, 경, 대사, 사지, 사를 기본 등급으로 한 5단계 관료조직체계로 이루어졌다. 그뿐 아니라 실제로 각 관부의 관직자의 수를 확충했으며 그 기능을 실제적이고도 효과적인 것으로 정비했다. 가령 조세와 공물의 행정기능을 맡았던 조부에는 최고 관직자로 경 1명을 더 두었으며 그 뒤 다시 사 1명을 추가시켰고, 왕국의 의례와 대외관계의 일을 맡았던 예부와 영객부에도 각기 경 1명을 더 두었다.[63]

전제왕권체제의 확립을 위한 중앙관직의 정비와 체제화는 필연적으로

---

62) 이 시기 관제는 삼국통일 이후에도 답습했는데 중앙의 주요 부처와 역할을 살펴보면 다음과 같다.(이호영, 앞의 책, p.211)

그에 수반된 지방행정조직체계도 새롭게 마련해야 했다. 6세기 이후, 특히 7세기로 들어서면 신라의 국토가 급격히 확장되었기 때문에 신문왕 5년(685)에 대대적으로 지방행정체제를 정비했는데, 9주 5소경제의 군현제도를 실시했다. 소경의 설치는 정복, 편입된 지방에 대한 중앙의 통치권을 침투시키기 위한 조처였다. 678년 원주에 북원소경을, 680년에는 가야의 중심지인 김해에 금관소경, 685년에는 청주에 서원소경, 남원에 남원소경을 설치했다. 이들 소경에는 사신 또는 사대등이라고 불렀던 최고 관직자를 임명했으며 차관급으로는 사대사 또는 소윤을 파견했다.

7세기 중엽에 이르면 신라는 국토를 9개의 지역으로 정비한 9주 체계

관 부	담당사무	장관
집사부	국가의 기밀사무	중시(시중)
병 부	군 사	영(令)
조 부	공 부	영
창 부	제 정	영
예 부	의 례	영
사정방	관리감찰	영
이방부	형 률	영
위화부	관리위계	영
영객부	외 교	영
예작부	토목영선	영
사록관	녹 봉	영
선 부	선 박	영
승 부	마 정	영

63) 특히 병부에는 대감 1명, 노사지 1명, 사 5명, 노당 1명 등을 668년부터 672년 사이에 부가함으로써 군사활동의 중요성을 반영하였다. 특히 창부에서는 본래 관직자가 8명이었던 것이 671~672년 사이에 10명을 더하여 총 18명으로 늘어났고, 772년에는 30명으로 늘어났는데 이는 그만큼 조세행정 기능이 늘어났음을 의미하는 것이었다. 즉 신라에서 국왕의 전제권 확장으로 국토와 주민의 수적 증대에 따라 이를 더 효과적으로 관리하기 위한 대응적 조치가 행정통치기구의 확장과 함께 관직자의 수적 증대를 가져오게 하였다. 이 관직들에서 한가지 특이한 것은 중앙기관의 최고 책임자인 장관으로는 1명이 아니라 2~3명씩 임명하는 경우이다. 가령 병부만 해도 그 장관이었던 영이 2~3명이었고 대감이 2명, 제감이 2명이 있었다. 그 밖에 조부, 창부, 예부, 영객부, 위화부, 좌우 이방부 등에도 장관에 해당되었던 영이나 금하신이 2~3명이었다. 물론 차관급 이하의 관료도 2~3명이 있었다. 이처럼 복수의 숫자로 최고 관직자가 임명되었다는 것은 그들간의 관직 수행에서 합의제적 성격도 있었지만 더 중요한 의미는 이들 사이에서 견제적 영향력을 구축하려는 것으로 이해할 수 있다.

를 완성했는데, 본래의 신라가 자리잡았던 지역에 삽량주(양주, 지금의 경
남 양산), 사벌주(경북 상주), 청주(강주, 지금의 진주)를 설치했고, 새로 신
라로 편입된 이전의 백제 지역에는 무진주(무주, 지금의 전남광주), 완산주
(전주), 웅천주(웅주, 지금의 공주)를 설치했으며, 이전의 고구려 지역에는
한산주(한주, 지금의 경기도 광주), 수약주(삭주, 지금의 강원도 춘천), 하실라
주(명주, 지금의 강릉) 등을 편성했다. 이들 지역에는 각기 중앙에서 최고
책임자를 파견했으며, 그 명칭은 군주, 총관, 도독 등으로 변화했다. 도독
밑에는 그를 보좌하는 주조, 장사라는 관직을 설치했으며, 이들 역시 중
앙에서 파견되었다.[64]

9주 5소경으로 전국을 포괄하는 중앙집권제의 확립과 이를 효율적으
로 관리하기 위해서 중앙의 진골이나 상층 지배집단의 인사들을 지방 책
임자로 임명하여 정주하게 했다. 또한 새로 신라에 복속한 백제, 고구려
의 왕족이나 그 지배층 일부를 9주 5소경으로 이주시켜 지역 행정의 책
임을 맡도록 했다. 이들 외에도 경주의 부호들도 5소경으로 이주, 생활하
게 했다. 이러한 조치는 중앙에 자리잡은 상층 지배집단의 세력을 약화시
킴으로써 왕권을 강화할 수 있는 방안이기도 했으며, 한편으로는 지방의
토착지배세력을 견제하기 위한 것이기도 했다. 물론 지방으로 옮겨간 중
앙의 상층 지배집단에게는 그에 상응한 특권과 이익을 보장해 주었으며,
따라서 이들을 점차 지방 중심의 지배세력으로 자리잡을 수 있었다.

---

64) 통일신라의 9주를 표로 표시하면 다음과 같다.

원주명	경덕왕시 개칭명	주치소	군의 수	현의 수
사벌주	싱 주	상 주	10	30
삽량주	양 주	양 산	12	34
청 주	강 주	진 주	11	27
수약주	삭 주	춘 천	11	27
한산주	한 주	광 주	27	46
하서주	명 주	강 릉	9	25
웅천주	웅 주	공 주	13	29
완산주	전 주	전 주	10	31
진 주	무 주	광 주	14	44

각 주의 산하에 평균 10여 개의 군과 30여 개의 현을 설치했으며, 군의 행정책임자를 태수, 현의 책임자는 소수 또는 영이라고 불렀다. 군과 현에는 다수의 향리 즉 아전들이 통치의 하수인 역할을 맡았다. 군과 현 아래에는 향, 부곡이 있었고 촌, 방, 리로 되어 있었는데, 향, 부곡은 군이나 현과 같은 행정 기초단위였다. 향은 비교적 지역이 좁고 가호가 많지 않아 군과 현이 될 수 없는 곳으로 정해졌으며, 부곡은 천민들의 거주지였다. 촌이 최하의 기본 행정단위였기 때문에 촌주가 행정의 책임을 맡았으며, 이들은 그 지방의 토착지배세력으로 뒷날 향리층을 이루었다. 신라에서는 주, 군, 현, 향, 부곡, 촌, 리 등의 위계적 체계로 되어 있었으며, 군사적으로나 행정적으로 상급 행정단위가 하급 행정단위를 감독 통제하게 했다. 물론 주와 군에 대해서는 중앙의 행정기구가 직접 통제했으며 그 아래의 현이나 향에 대해서도 중앙의 영향력이 미치고 있었다.

관인체제의 제도화는 전제적 왕권체제를 강화했으며, 그 체제의 운영을 맡았다. 관인체제의 제도를 살펴보면 다음과 같은 성격을 가졌다. 하나는 권력의 중앙집권화를 이룩하기 위한 제도적 장치였다. 국왕의 전제권 강화와 그 통치 효과의 확보에 치중했기 때문에 강제적인 요소는 물론이고 국왕의 자의권을 비대화시켰다. 신라 중기까지 지속되었던 국왕에 대한 견제 또는 협의체적 제도들, 예를 들면 화백의 기능은 약화되었으며 상대등도 단순히 국왕의 협력자나 조언자의 성격을 갖게 되었음도 알 수 있다. 둘째로 국왕 전제권이 비대해짐에 따라 이를 뒷받침하는 관인제도의 기능도 점점 강화되고 있었다. 국왕의 자의권 행사의 효율성을 확보하기 위해서 관인들의 직무와 능력에 대한 감시와 규제가 행해졌으며, 국왕은 이들 관인들을 자의적으로 임면하는 등 여러 제도를 마련하게 되었다. 물론 관인집단 자체가 곧 국왕의 전제권 행사를 위한 도구였다고 말할 수 있다. 셋째로 민중에 대한 약탈과 강제를 효과적으로 수행하기 위해서 강제적 제도도 마련되었는데, 이들 기구에 의해 행사되는 통제권의 강화가 점점 뚜렷하게 부각되고 있었다. 전제적 왕권체제의 발전에 필요한 비용을 염출하기 위해서 조세의 수탈이 강제된 것도 그러한 성격의 것이었다. 넷째로 국왕의 전제권 행사는 그에 대한 상층 지배집단의 대응적 반발이 일어날 가능성이 높았기 때문에 이를 규제하기 위한 각종 정보의 수집과 규찰이 강화되었다. 이는 곧 전제적 왕권 자체가 다른 어느 체제보다도 '불안한 통치'였기 때문에 빚어질 수밖에 없는 것이기도 했다. 마지막으로 전제적 왕권의 이념적 기반인 불교사찰을 지원하기 위한 기관, 즉 각 사찰에는 성전이라는 기관을 두어 여기에 관인들을 배치하기도 했다. 이러한 조치는 불교의 위치를 고려할 때 최고 승직으로 불승에 대국통의 관직과 9주에는 각기 주통을 두게 하는 등 위계적인 체제화도 강구했다.

결국 이러한 조치는 전제적 왕권이 갖는 '불안한 통치'를 반영하는 것이며, 어느 면에서는 그 체제의 효용적 한계를 내포하는 것이기도 했다. 즉 전제적 왕권체제는 그것을 위한 관인제도를 비롯한 각종 통치제도가 마련되었지만 그러한 기구가 자행했던 가혹한 통치는 전제적 왕권체제를 위기로 몰아넣는 요인이 되었다. 이는 관인제도가 구비해야 할 자발적 창의성, 합리적 경쟁성, 상호견제적 대응성, 그리고 민중의 참여 보장 등이 고려되지 않았던 상황에서는 불가피한 일이기도 했다. 특히 전쟁과 같은 대외적인 위협이 꾸준히 존재하는 상황이 끝나고, 그것을 지원해 주는 이념적 기반인 특정 종교가 세속화된 상황에서 관인제도의 기능은 통합보다는 분열을 유발하여 그 체제를 비효율적인 것으로 전락하게 하는 결과를 가져다준다. 이러한 사실은 신라 후대의 상황에서 찾아볼 수 있다.

6. 전제적 왕권체제의 귀결

신라를 중심으로 고대국가의 전제적 왕권체제의 등장과 그 전개를 살펴봄으로써 그것이 이전의 군왕체제와 차이가 있음을 알게 되었다. 물론 군왕체제에도 고대국가의 성격이 내포되어 있었기 때문에 이전의 군장체제적 성격을 상당 부분 갖고 있었다. 군왕체제는 정책결정과 집행에서 협의체적 성격을 가질 수밖에 없었다. 그러나 이러한 성격도 전제적 왕권체제로 들어서면 국왕의 전제권 확보로 권력은 국왕에게만 집중되었고, 그에 따른 권력의 자의적 행사가 이루어지는 이른바 '견제 받지 않는 통치권'의 행사가 가능해졌다.

그렇다면 이러한 성격을 가져다준 기본 요인은 어디에서 찾을 수 있을까? 이 점에 대한 논의를 밝히기 위해 그것을 분석할 구체적인 사례를 신라에서 찾아볼 수 있다. 그 하나로는 불교의 영향력이다. 신라의 불교는 신라 중기에 접어들면, 즉 전제적 왕권체제의 시대적 상황에 이르면 왕실과 상층 지배집단을 위한 불교로 자리잡게 되었다. 특히 왕즉불의 관념과 불연국가론은 전형적으로 불교 자체가 왕권의 전제화에 보탬이 되었다. 국왕은 단순히 세속적인 통치자가 아니라 불교에서 설정한 현존하는 부처였으며 불교적 관념세계에서 최고 수장이었다. 국왕에 대한 숭앙과 복종은 부처에 대한 그것에 비견되었으며, 그렇게 하는 것이 불교적 신앙체계의 전형적인 행동으로 여겼다.

불교는 곧 왕실과 상층 지배집단의 지원에 따라 발전할 수 있었고, 자연히 불교의 승려들이 왕국과 국왕을 위한 현실적 지원자로 기능함으로써, 국왕과 불교의 관계는 완전히 일치하는 성격을 띠었다. 불교가 미친 이러한 영향, 즉 국왕은 현실에서 부처라는 인식을 입증해주는 것은 전쟁에서 승리하는 길을 예비하는 것이었다. 전쟁은 왕국의 구성원을 총동원할 수 있는 계기였으며, 그 과정은 새로운 사회변혁의 가능성도 담고 있었다. 특히 전쟁에서 승리는 이를 지휘, 주관하는 국왕의 개인적 승리로 귀착될 수 있었다. 그리고 전쟁에서 패전한다 해도 이는 부처의 새로운 계시라고 해석되었다. 불교와 전쟁의 연계점을 마련했던 것이 화랑제도였는데, 이는 단순히 청소년의 심신훈련이나 전사단의 육성을 위한 제도만이 아니라 불교의 관념에 의한 전쟁 주도의 제도로도 이해할 수 있다. 특히 세속오계와 같은 불교관념과 참전의지에서 충과 효, 신과 용의 결합은 불교와 전쟁을 하나로 결속시켰으며, 이는 결과적으로 국왕의 전제권 확보에도 보탬이 되었다.

이렇게 이루어진 국왕의 전제권은 이를 지탱시켜줄 장치가 필요해졌는데, 그것이 관인제도였다. 관인제도는 전적으로 국왕의 전제권 강화에 복무했다. 관인제도는 국왕 개인의 권위와 통치권 확보를 위한 기능부터 민중 억압과 약탈까지 수행하면서 국왕을 위한 위치를 확보할 수 있었다. 관인제도의 정비는 그것의 효율화를 의미하며, 이는 상대적으로 민중들에 대한 수탈과 억압이 가중되었음을 뜻하는 것이었다. 관인제도는 계층성, 즉 위계적인 질서체제를 확립함으로써 신분적인 질서관념도 마련했는데, 이에 따라 관인들 사이의 상대적인 불만이 일어날 수 있는 계기를 맞게 되었다.[65]

불교와 전쟁으로 강화된 전제적 왕권은 관인제도의 정비와 체제화로 그 통치의 효율성을 확보할 수 있었지만, 이는 상대적으로 지배층의 권력 점유에 따르는 격심한 경쟁을 가져왔으며, 이것의 구체적인 표현이 왕권 쟁탈전이었다.[66] 그리고 다른 하나는 일반 민중들에 대한 가혹한 수탈로

---

65) 이전까지 군왕과 귀족이 하나의 지배층으로 결속되어 있었다면 그 결속도가 점차 약해졌는데, 이는 왕권의 전제체제화와 특권 귀족층의 등장으로 생긴 결과였다. 앞에서도 설명했지만 군왕의 통치가 전제체제로 변함에 따라 화백제도가 폐기 또는 무력화되었으며, 심지어 진골귀족 세력을 제약하는 현상도 나타났다. 이러한 성격은 군왕에 대한 귀족층의 반감을 가져왔다. 이는 특히 이 시기 중국에서 유입된 유학을 통하여 학문적으로 일정 수준에 올랐던 6두품 세력이 군왕의 막료로 대두함으로써 더한층 심각해지게 되었다. 신라의 17관등 가운데서 이벌찬, 이척찬, 잡찬, 파진찬, 대아찬과 같은 상위 5등급 이상에는 오직 진골귀족만이 충원될 수 있었는데, 여기서 배제된 6두품은 그 대신 학문적인 수학을 통하여 군왕에 대한 정치적 접근을 이룩할 수 있었다. 당대의 이름난 유학자였던 강수·설총이 군왕의 총애를 받게 되었고, 최치원도 이러한 성격을 보여주었다.

66) 군왕의 전제체제로 열세에 몰린 귀족은 군왕에 대한 반감을 가지게 되었으며, 군왕의 전제체제에 직접 도전하게 되었다. 물론 진골귀족의 이러한 움직임에 대해서 군왕의 방어책도 모색되었다. 가령 경덕왕(742~765)은 진골귀족의 반감을 약화시키기 위해서 이른바 한화정책을 사용하기도 했지만 별다른 효과를 얻을 수 없었다. 귀족은 때로는 군왕의 직위를 무력으로 장악하기도 했으며 그들의 위세를 회복하기 위해 군왕을 살상하기도 했다. 즉 이 시기에는 상층 귀족 중심의 궁정 음모극이 연속으로 일어나고 있었다. 혜공왕 16년(780)에 이찬 지정(志貞)이 왕궁에 침입했을 때 상대등 김양상은 지정의 무리를 주살했으며 왕위는 선덕왕(780)으로 이어졌다. 그러한 성격의 대표적인 사례로 혜공왕 4년(768)의 대공(大恭)의 난을 들 수 있다. 이 난은 일길찬 대공과 그 아우 아찬 대염(大廉)이 공모하여 왕궁을 에워싸고 왕권에 도전했는데, 이때 전국의 96각간들이 서로 싸웠다고 말해질 정도로 격심한 대란으로 3년 동안 계속되었다. 그 뒤에도 대아찬 김융(金融)의 모반이 혜공왕 6년(770)에 있었으며 11년(775) 6월에는 이찬 김은거(金隱居)가 반란을 일으켰다. 결국 혜공왕 10년(774)에 김양상(金良相)과 시중 정문(正門)이 정권을 탈취함으로써 사실상 왕은 허수아비가 되어 버렸다. 이러한 상황을 극복하고 다시 군왕의 전제체제로 되돌리기 위한 시도가 없지 않았지만 실패했다. 선덕왕의 뒤를 이은 것이 원성왕(785)으로 이로써 태종무열왕계가 끊어지고 원성왕계가 왕위를 차지했다. 흔히 이 시기부터를 신라 하대라고 부르는데, 신라 하대는

나타났으며, 그 결과 민중들은 기존 체제에 격심한 반감을 갖게 되었으며
체제를 이탈하기도 했다. 물론 불교의 정토사상이 이러한 성격을 완화해
주는 장치로 작용하기도 했다. 정토사상에 의하여 현실의 불만을 해소하
려는 기풍이 일어났지만 그것은 한정적이었다.

득히 삼국통일 후 전쟁이 사라진 상황에서 전제적 왕권체제는 이전의
절제에서 벗어나 극심한 열락과 황음으로 이어지는 내적 혼돈이 지배층
의 일반적인 현상으로 나타났으며, 이것은 그만큼 일반 민중들의 불만
을[67] 이러한 불만은 민중들에게 미륵신앙에 대한 기대감으로 옮아가게
했다. 이 점에서 전제적 왕권체제는 군사행동이 끝나면, 즉 전쟁 상황이
종식되면 전제적 통치도 와해되는 단계로 달려가게 된다. 이러한 의미에
서 불교는 다시 한번 그 영향력을 행사하게 되었는데, 이번에는 국왕의
전제권 확보 대신에 민중들에게 미래에 대한 기대감의 충족, 즉 미륵불에

결국 진골귀족이 반란을 일으켜서는 군왕을 업고 실권을 장악하는 형식을 취했다. 또
한 김양상은 자신들의 위치를 굳히기 위해 반란을 물리쳤지만 국가를 위한 일이었으
며 더 이상 그들이 장악하고 있는 왕권에 도전하지 말라는 의도로 그들의 위세를 모든
사람들에게 알리고 불법의 가호를 바라는 의미에서 성덕대왕신종을 만들기도 했다.
 신라 하대에서 볼 수 있는 왕권 도전과 군왕의 폐위 등은 진골귀족 세력들 사이의 연
합적 성격, 즉 신라를 건설했던 초기 지배층의 협의체적 성격을 부분적으로 보여주었
지만, 이는 기본적으로 다음 몇 가지 문제에 직면하게 되었다. 하나는 이미 군왕의 전
제체제가 구조화한 정치사회를 이전의 화백제도와 같은 귀족연합체제로 되돌리기에는
그 효율성과 통합성에 문제가 일어날 수밖에 없었다. 또 다른 한가지는 귀족들 사이의
세력균형이 이루어졌을 때 정국이 안정을 유지할 수 있었지만, 이러한 상황은 이 시기
의 신라에서는 기대할 수 없었으며, 유력한 귀족세력의 등장은 곧장 왕권에 대한 도전
으로 전개되었다. 따라서 그만큼 정치적 혼돈이 심화되는 결과를 가져왔다. 귀족세력
사이의 분열과 왕권에 대한 도전은 신라 하대 통치체제의 기본 속성이 되어 버렸다.
신라 하대의 중요한 왕위 도전을 중심으로 한 갈등은 김헌창(金憲昌), 김범부(金梵父)
의 난이었다. 본래 김헌창의 아버지 김주원은 태종무열왕의 6세손으로 선덕왕에 이어
당연히 왕이 되어야 했는데, 귀족의 반대로 원성왕에게 왕위를 빼앗겼다. 김헌창은 이
에 불만을 품고 헌덕왕 14년(822)에 웅주에서 국호를 장안, 연호를 경운으로 하는 독
자적인 세력권을 형성하게 되었다. 그러나 경주를 중심으로 한 중앙의 귀족세력들이
연합하여 이를 분쇄하였으며, 그 아들 김범부가 다시 헌덕왕 17년(825)에 한산에서 거
병했지만 실패하였다.

67) 구체적으로 흥덕왕 종제(從弟) 균정(均貞)이 궁성에 들어가 스스로 왕이 되었으나 균
   정의 조카 제융(悌隆)이 무력으로 균정을 타도하고 희강왕(僖康王)이 되었다. 그러나
   희강왕도 그의 6촌 민애왕(閔哀王)에게 죽음을 당했다. 이에 균정의 아들 김우징(金祐
   徵)은 왕위를 찾기 위해 청해진(淸海鎭) 대사로 거상이었던 장보고(張保皐)의 군대로
   부터 도움을 얻어 민애왕을 축출하고 신무왕(神武王, 839)이 되었다.

대한 기원으로의 표상이 그것이었다. 그리하여 불교는 그것이 마련해준 전제적 왕권체제를 이번에는 붕괴시키면서 새로운 지배체제를 등장시키 게 한 또 다른 정치변동의 요인으로 작용하였다.

제6장 중세 왕조체제의 정치학적 인식

1. 중세와 중세의 국가체제

한국의 고대국가는 고대사회로부터 중세로 이행하는 과정에서 붕괴하였다. 그렇다고 해서 고대국가가 일시에 종식되고 중세적 왕조국가가 곧바로 등장했던 것은 아니다. 중세적인 성격이 대두했거나 고대적인 성격도 곧장 소멸한 것은 아니었다. 이것이 부분적으로 지속되면서 둘 사이에 혼돈과정을 겪게 되었다. 단절이 아니라 혼합적인 과도기의 성격을 보여주었으며, 상당 기간의 지난 뒤 비로소 중세의 시대성을 가질 수 있었다.[1]

고대국가에 이어 등장한 중세적 통치체제를 인식하기 위해서는 먼저 중세에 대해서 생각해볼 필요가 있다. 중세는 단순히 시대구분으로나 고대와 근대의 중간에 놓인 특정 시기로만 이해할 수는 없다. 중세도 그 나름의 시대적 의미를 가지고 있다. 그렇다면 중세의 특징은 무엇인가? 이

---

1) 물론 한국의 고대 정치사에서는 고대와 중세의 시대구분이 분명하지 않다. 다만 마르크스주의적 접근논리에 따라 고대 노예제사회의 붕괴와 중세 봉건제의 설정이라는 관점에서 이를 논리화하고 있지만, 이러한 인식은 논리와 역사적 실체성 사이의 간격을 메우지 못하는 한계성을 갖고 있다. 이 점에서 이 절에서는 고대사회가 중세로 이행되었다는 주장보다는 고대사회가 붕괴하는 성향이 나타났으며 연이어 중세적인 요소가 상당 기간 등장함으로써 둘의 불분명한 혼존이 계속되었다고 보는 관점에서 논의를 시작할 것이다. 즉 통치체제의 차원에서 이러한 시대적 전환을 인식하려는 데 목적을 두고 있기 때문이다.

물음의 대답은 먼저 서유럽의 중세를 하나의 기준으로 삼아서 생각해볼수 있다. 유럽 정치사에서 중세로 전환은 일반적으로 생산양식의 전개과정에 따라 설명한다. 노예제 생산양식에서 봉건제의 이행에서 그 의미를찾는다. 생산양식의 변화로 중세의 통치체제는 영주 중심의 봉건제로 변모했으며, 따라서 지방분권의 속성을 가지게 되었고, 교황권과 군주권의통치 사이에 일정한 관계를 이루게 되었다. 일반 민중들은 기독교적 가치관에 따른 획일적인 정신적 통합에서 벗어나 '그들 자신을 위한 기독교'를 요구하는 움직임을 곳곳에서 보여주었다. 중세에는 황제의 통치권에맞선 봉건영주들의 지방분권적인 속성이 자리잡았으며, 교황의 획일적인종교의 가치관념에 맞서서 각 지방마다 그 나름대로 특수한 종교를 확립하려는 움직임으로 갈등과 대립이 주조를 이루었다.

　서유럽의 이러한 성격을 기준으로 한국의 중세를 시기적으로 설정한다면, 특히 생산양식에 따른 사회변동의 관점으로 인식한다면, 여러 가지제약이 따르게 된다. 그러므로 오히려 통치체제의 관점, 즉 권력의 전개와 그 궤적을 중심으로 인식하는 것이 더 적실성이 있을 것으로 여겨진다.[2] 통치체제의 관점에서 이 문제를 인식할 때 먼저 지배이념에 대해서생각해볼 수 있다. 지배이념, 즉 통치이데올로기는 이전과는 다른 면을보여주었다. 즉 고대사회가 단일적이고 위계적인 가치 관념에 기반을 두었다면, 중세로 들어서면 지역 위주의 특화현상, 즉 자기 집단이나 지역사회만을 전제로 하는 특정 가치관의 추구가 이루어졌기 때문이다. 이 점에서 고대사회의 통치이데올로기가 구심적 성격을 가졌다면 중세 상황에서는 원심적인 성격을 보여준다.

　한국의 중세는 통치이데올로기의 중앙집권적 획일화가 강화되는 면도있었으며, 여기에 맞서 자기 집단이나 지역에 따른 특정화를 시도하는 일

---

2) 한국 정치사회에서는 고대로부터 중세로의 이행기를 구분해줄 수 있을 정도로 생산양식이 뚜렷한 변모를 보여주지 못했다. 한국의 고대사회가 노예제사회인지의 여부도불분명하며 심지어 중세를 봉건제적 생산양식에 따라서 논의한다는 것도 무리이기 때문이다. 이 점에서 한국의 고대사회나 중세사회에서는 기본적으로 생산양식의 구체적인 변동이 이루어졌다기보다는 아시아적 생산양식이라는 더 광의의 의미에서 파악할수밖에 없을 것으로 여겨진다.

면도 보여주었다. 이러한 성격은 곧 이데올로기의 원심력 관계로 전개되었으며, 이를 바탕으로 새로운 형태의 통치이데올로기가 부각될 수 있었고, 새 왕조체제가 자리잡을 수 있었다. 이러한 사실은 곧 통일신라 이후 불교에서 교종과 선종 사이의 갈등에서 발견할 수 있으며, 선종 위주의 통치체제가 새롭게 구축될 수 있었다. 그러면서도 여전히 교종의 성격도 영향력을 이어왔기 때문에 통치이데올로기 차원에서는 그 자체 안에서 구심력과 원심력의 일정관계를 이루고 있었다. 새로 등장한 통치체제의 이러한 성격, 즉 중앙집권적인 구심력과 지방분권적인 원심력을 접합해서 조정, 통제해야 할 상황에 놓이게 되었다. 바로 이러한 성격이 한국 중세적 왕조체제의 속성이기도 했다.

구심력과 원심력의 관계를 좀더 살펴보면, 먼저 구심력은 중앙에 자리잡은 체제에서 통치이데올로기를 전국적으로 일원화하려는 경향을 보여주었다. 이는 일정한 위계적 기준이나 관념으로 이론적인 체제화를 이루었으며, 사회구성원들의 일상에서 규제적인 영향력을 미쳤다. 그리하여 통치체제에 대한 구성원들의 복종을 담보할 수 있는 관념으로 자리잡았다. 물론 중세로 들어서면서 사람들의 사고에 변화가 일어났다. 고대의 다신교적 사고에서 벗어나 점차 고등종교로 이행하였으며, 이는 새로운 가치체계로 자리잡게 되었다. 따라서 사회조직체나 사회관계도 이러한 성격을 바탕으로 종교적인 가치 관념으로 구조화될 수 있었다. 사람들의 일상에서도 이러한 성격을 수용하는 것이 가치롭다는 믿음이 강화되었다. 이들의 신앙에서나 일상적인 삶의 관계에서 그 최고정점에는 특정의 권위자를 설정했으며, 그로부터 현실사회를 통치하는 권력이나 권위가 연유된다고 믿게 되었다. 그러므로 현실사회는 물론이고 통치체제도 수직적인 위계구조로 짜여졌다. 특히 이러한 가치 관념은 국왕과 왕실, 그리고 통치세력이 가진 기본 관념으로 자리잡았다.[3]

---

3) 이러한 성격은 중세 서양 종교에서도 마찬가지였다. 절대자로서 하나님을 설정, 그를 기점으로 모든 사상(事象)의 관계를 위계적으로 설정했던 것과 비슷했다. 현실사회도 하나님을 정점으로 계서적으로 자리잡아야 한다는 위계 관념의 지배가 그것이다. 즉 종교적 관념과 현실적 삶을 일체적으로 여기게 되었다. 하나님을 정점으로 그 연장선

통치세력이 가졌던 단일적 위계 관념은 사람들의 삶에서 다양성과 다
원성을 배격하는 요인이 되었다. 통치세력은 획일적 관념이나 생활양식
만을 가치롭다고 강조하면서 이질적인 것에 대해서는 적대감을 드러냈
다. 일원적 가치 관념과 사고가 모든 영역을 지배하였으며, 하나의 원칙
에 기준한 위계적 지배체제가 굳건하게 확립되었다.[4]

한편, 중세기의 세속적인 통체체제가 등장하면서 단일한 고대제국이
와해되었기 때문에 소국들의 분립과정을 거쳤으며, 몇 개의 왕국으로 귀
결되기도 했다. 이 소국들은 봉건영주의 지배 아래 놓이는 특징도 나타났
다. 영주국가적 존재였지만 여전히 그들만을 위한 특정적이고 분화적인
가치 관념이나 제도를 추구하려 했다. 즉 중앙의 강력한 위계질서를 수용
하면서도 다른 한편으로는 그들만의 독자성을 추구하는 분권적 지향성도
나타냈다. 그 결과 중세 왕국은 비록 다른 영주국가보다는 더 큰 영향력
을 행사해도 이전의 거대제국과는 구분되는 어느 면에서는 '약한 국가'의
위치에 있었다.[5]

에 국왕과 귀족, 성직자 등 상층이 자리잡고 그 다음에 관리나 군인 등 중간관리층이
존재하며, 도시 상인과 농민들이 그 다음 자리를, 그리고 최하층에는 이방인과 노예라
고 생각했다. 위계적인 사회 구성이 종교나 현실에서 합당하다고 믿었으며 이것에 대
한 파괴는 사악한 것으로, 즉 기존의 위계질서체제에 대한 위협으로 간주되었기 때문
에 적대적일 수밖에 없었다. 성직자도, 교황에서 일반 사제까지 일정한 직위와 층화
구조를 이루었으며, 일반 신도도 신앙과 종교적 헌신성에 따라 계층적으로 구분했다.
다시 말하면 서유럽의 중세는 위계적 질서체제를 관념적으로나 현실적으로 승인했고
수용했던 시기였다.

4) 서유럽에서 기독교적 삶의 양식의 이러한 표현은 중세적 성격의 한 특징이라 할 수
있다. 이 점에서 중세 서유럽 군주의 세속적 권한은 교황의 종교적 권위와 갈등적인
관계로 돌입할 수도 있었으며, 하나의 단일한 위계체제만이 존재해야 하는, 즉 다양성
에 대한 극단적인 배격이 중세의 온 기간을 지배했다. 물론 중세의 생활양식, 좁게는
생산양식도 이전과는 다른 모습을 보여주었다. 고대사회가 노예제 생산양식이었다면
중세는 봉건제 생산양식이었다. 고대 노예제 생산양식은 귀족과 노예라는 양분된 사회
구조였지만 중세 봉건제로 이행하면서 변화가 일어났다. 즉 일정한 봉토를 가진 봉건
영주의 지배체제와 그로부터 통제받았던 농민들 사이의 지배-복종 관계가 서유럽 전
역에서 자리잡게 되었다.

5) 봉건제도는 중세 서유럽의 지배적인 사회구조였다. 서유럽의 모든 영역은 수많은 봉
건영주에 의해 분할되었으며 이들 봉건영주들은 이전 노예로부터 농노로 전환된 민중
들을 직접 통치했다. 바로 이 점에서 서유럽의 중세는 일원적 가치관념과 분화적 봉건
제라는 둘 사이의 공존이 확보된 시대적 성격을 보여주었다고 할 수 있다. 위의 두 가

'약한 국가'의 존재는 일반 민중들의 일상을 이중적인 종속 아래 놓이게 했다. 하나는 봉건영주에 대한 종속이며, 다른 하나는 중앙의 국왕에 대한 종속이었다. 특히 중앙의 왕국에서 부과되는 전국적이고도 위계적인 제도나 법에 따라 규제를 받았다. 그러므로 피지배세력인 민중의 처지는 억압구조나 약탈의 강도에서 이전보다 더 심한 종속상태에 놓였다. 그결과 민중들에게 새로운 삶의 모색은 예외적일 정도로 규제받고 있었다. 중앙의 왕국이 규정한 국가 종교를 추종해야 했으며, 그 종교적 가치를 소중하게 받아들여야 했다. 모험이나 개척, 발명과 같은 새로움을 모색하거나 활동하는 것도 극도로 배제되었다. 1천여 년의 중세가 그 종말기에 접어들어서야 비로소 겨우 새로움에 대한 모색이 이루어질 수 있었다. 그러한 구체적인 사례가 종교개혁인데, 그것은 중세적인 상황에서 벗어나 자기다움의 개별성을 확보하려는 새로움의 추구였다.

서유럽의 중세와 중세국가가 모든 중세적 변화의 보편적인 기준일 수는 없다. 그러나 그것을 하나의 기준으로 삼아 한국 사회의 분석에 참고할 수 있음도 사실이다. 그렇다면 한국에서 중세는 언제부터 시작되었을까? 그리고 한국 중세국가의 성격을 어떻게 규정해야 할까? 이들 물음에 대한 대답으로 먼저 생각해야 할 것은 한국사에서 고대와 중세, 그리고 근대의 시기구분 문제인데, 여기에는 적지 않은 어려움이 따른다. 이는 시대구분의 기준과 연관된 문제로, 서유럽의 경우는 사회체제나 경제에서 일정한 단계성을 보여주었지만, 동아시아나 한국의 경우 이러한 성격은 비교적 미약한 것도 사실이다. 그러면서도 여전히 서구를 기준으로 삼

지 사실, 즉 일원적 가치체제와 봉건제도는 통치체제에 영향을 미쳤다. 중세는 이전에 비해 국가의 존재나 기능이 미약했다. 고대사회가 군장사회를 거쳐 도시국가나 초기국가, 그리고 고대제국으로 발전하면서 규모나 영향력에서는 다른 어느 시기보다 더 강력한 통치권을 행사할 수 있었다. 고대제국이 해체되고 그 자리에 봉건제도가 들어서면서 결국 국가도 이전에 비해 약화되었다. 즉 국가는 봉건영주 가운데 가장 강한 영주의 통치기구였다. 그러면서도 다른 영주로부터 부단히 견제를 받았기 때문에 어느 면에서는 통치영역이 한정될 수밖에 없었다. 따라서 중세국가는 기본적으로는 '약한 통체체제'였다. 봉건제도 아래에서 국가는 외국이나 국가 안의 강한 영주의 도전을 받았기 때문에, 전쟁이 잦을 수밖에 없었다. 그 결과 전쟁을 위한 집단, 즉 기사단과 같은 조직체가 지배층의 보위수단이자 통치수단으로 기능했다.

아 이를 원용해서 한국의 역사적 발전과정을 설명하는 것이 일반적이다. 그 대표적인 하나가 생산양식론에 의한 발전단계의 구분이며, 그 연장선 위에 아시아적 생산양식론이 제기되기도 한다. 그러나 이러한 구분을 한국에 그대로 적용하는 것은 마치 '존재하지 않는 역사를 존재하는 것'처럼 전제하게 되는 상황을 빚을 수밖에 없다.[6]

한국 사회는 언제부터 중세로 들어갔는가를 정확하게 규정할 수는 없지만, 통치체제의 관점에서는 고대의 전제적 왕권체제 이후에 지방분권적 도전으로 권력투쟁기를 거쳐 새 왕조체제가 등장했던 시기를 들 수 있다. 삼국통일 후 신라의 전제적 왕권체제가 상층 지배집단 사이의 격심한 권력투쟁과 민중들의 이탈로 말미암은 내란 등의 혼돈기를 거친 뒤 다시 새 통치체제로 등장한 고려에서 그 출발점을 찾을 수 있다.[7]

---

6) 이러한 인식의 연장선 위에서 먼저 생각해 보아야 할 것은, 과연 한국의 고대사회를 노예제 생산양식으로 생각할 수 있는가의 여부이다. 서유럽에서 의미하는 고대 노예제 생산양식은, 생산수단적 존재로 노예를 설정했으며, 이들 노예가 농장이나 광산에서 실제로 생산활동에 중심적인 생산의 담당자 역할을 함으로써 이들이 경제적 가치를 전적으로 산출했음을 의미한다. 그러나 한국 고대사회는 이와는 전혀 다른 모습을 보여주었다. 노예는 존재했지만 그들에 의해 이루어진 생산활동은 노예제 생산양식은 아니었다. 왜냐하면 한국에서 노예는 특정 통치자의 개인적 수하에 종속된 존재로 그 통치자나 주인에게 도움을 주는 일종의 가노적 존재였기 때문이다. 간혹 생산활동에 참여하는 노예가 있었다 해도 그것은 노예제 생산양식이라고 말할 정도는 아니었다. 어느 면에서 이들 노예는 오히려 일반 민중에 대해서는 그들 주인이나 통치자층의 위세에 힘입어 군림하는 일면도 보여주었다. 그러므로 한국의 고대사회에서 노예는 생산양식의 주역이기보다는 그 노예가 섬기는 지배자의 집안일을 도와주는 존재였다. 고조선에서 순장 풍습을 말하면서 노예가 주인과 함께 순장되었다는 사실로 노예제 생산양식의 한 성격, 즉 노예가 주인의 단순한 생산수단으로 기능했다는 논의도 있지만 이것 역시 이러한 의미에서는 설득력이 약해진다. 왜냐하면 엄격한 의미에서 생산에 참가하는 노예가 그러한 순장의 대상일 수 없기 때문이다. 가노이기 때문에 그 노예가 섬겼던 주인의 죽음을 자신의 죽음으로 받아들인다는 점에서는 순장도 가능했을 것이다. 가노의 성격에 불과했던 노예의 존재를 고대 유럽사회의 생산노예처럼 인식했던 것도, 영주가 없는데도 봉건제와 연계시켜 '봉건적'이라는 말로 고대나 중세사회를 규정하려는 것도 결과적으로는 '존재하지 않았던 역사를 존재했던 것'처럼 인식해서 이를 생산양식론에 결부시키는 논리적 비약으로 흐를 수밖에 없었다.

7) 물론 단순히 왕조 교체가 시대구분의 기준이라는 것은 아니다. 왕조체제이지만 그것이 어떤 통치체제로서의 성격을 보여주었는가에 따르는 구분이라 할 수 있다. 특히 중세적 봉건제도를 결여했던 한국 사회에서 고대와 중세를 구분할 확연한 기준을 찾는다는 것은 힘든 것이 사실이다. 이러한 성격을 보여준 것으로, 다음의 글은 단순히 고려왕조의 등장을 하나의 시대적 내용물로 파악하여 이를 중세로 보고 있다. "중세, 즉

중세의 시기적 불명확성에도 불구하고 일반 민중의 종교적 관념에서는 그 나름의 변화가 일어났다. 앞에서도 지적했지만 획일적 지배 관념으로부터 분화적 성격이 신라 말부터 고려 초에 대두하였다. 그 이전에는 불교의 교종으로 일원적인 위계성이 형성되어 신라의 전제왕권이 확립될 수 있었으며, 구성원의 사회적 일체감도 확립될 수 있었다. 그리고 그것은 궁극적으로 통치세력을 강화할 수 있었다. 그러나 점차 민중들 사이에는 자신들을 위한 불교 신앙을 추구하는 양상이 나타났으며, 여기에 부응한 것이 선종이었다. 구체적으로는 서방정토신앙으로나 미륵신앙, 풍수지리 등으로 표현되면서 민중들과 연계되었다.

한편 고대의 전제적 왕권체제, 즉 견제받지 않는 통치권의 행사는 상층 지배집단 사이에 권력투쟁을 몰고 왔다. 이러한 현상은 삼국통일 이후 지방세력들의 영향력 확대로 점점 더 심화되었다. 지방유력자들은 국왕에 의해 임명되었지만, 그 지방에서는 그를 중심으로 한 독자적인 위계체제나 관념를 편성하려는 움직임이 나타났다. 즉 그 자신의 지배영역을 마치 독자적인 통치영역처럼 여기면서 그 자신을 위한 종교적 관념을 확립하려고 했다. 이것이 신라 말에 지방세력이 선종의 지원을 받았던 이유였으며, 이는 그만큼 교종 중심의 왕실불교로부터 벗어났음을 의미했다.

물론 시대적으로는 신라 말기도 중세로 전환되는 조정국면이었다고 할 수 있다. 이전의 통치체제가 국왕을 중심으로 한 중앙집권적 전제체제였다면, 그것이 갖는 획일성에서 벗어나려는 시도, 즉 지방호족이나 통치자들에 의한 세력권이 형성되었으며, 그 결과 둘 사이에는 갈등이 필연적일 수밖에 없었다. 그러한 상황의 전개가 신라 말부터 후삼국까지의 정치상황이었다. 왕실 중심의 획일적인 계서의식에 맞섰던 지방호족이나 유력자들은 각기 그 나름의 가치 관념에 따른 새 이념을 모색하였으며, 결국 종교신앙의 혼돈적인 과도기를 경험하게 되었다. 이러한 과정을 거친 뒤 여러 세력들 사이의 균형적 결합체로 등장한 것이 고려였다. 고려는

고려시대는 중세로서의 특색을 지니고 있을 뿐만 아니라 고대와 근세를 연결하는 교량적인 위치를 차지하고 있는 것이다."(金庠基,《高麗時代史》, 서울대출판부, 1991, p.1) 그러나 여기서 지적한 중세로서의 특색에 대한 별다른 설명은 찾아볼 수 없었다.

이전의 종교를 중세적인 것으로 정립하려는 것과 궤를 같이했다. 이 점에서 고려는 중세의 종교와 그것에 바탕을 둔 통치체제를 구축하는 시대적 성격을 가진다.

2. 신라 하대 통치체제의 혼돈

신라 후기에서 고려의 등장에 이르는 시기의 정치적 성격을 살펴보기로 하자. 신라에서 전제적 왕권체제는 무열왕 때부터 그것에서 연유한 상층 세력들 사이의 권력투쟁을 내재화하였다. 상층 통치집단들 사이의 왕권장악을 위한 투쟁과 대립은 국왕과 그에 맞선 상층 지배집단 사이에 빚어진 대립이었지만, 본질적으로는 전제적 왕권체제가 갖는 내재적 의미에서 파생한 현상이라고 할 수 있다. 전제적 왕권에 대한 견제는 기존의 제도에서는 존재하지 않았다. 이에 맞설 수 있는 저항세력은 그 체제 내부에서 조성될 수밖에 없었다. 그러므로 왕권에 맞섰던 일부 상층 지배집단은 일정한 정치적 계기에 따라 왕권을 탈취하려는 기도를 자행하였다. 그리하여 통치체제의 갈등이 본격적으로 표출되었다.[8]

삼국통일 이후 신라의 통치체제는 전제적 왕권체제가 고착됨에 따라 '발전적 통합체제'와는 거리를 보여주었다.[9] 통일신라는 거대제국으로 효율적인 통치체제로 재편되기보다는 기존 통치체제의 강화에만 국한시켰

---

8) 이 시기의 신라에 대한 설명으로는 이른바 진골귀족세력을 전제왕권에 대립하는 존재로 설정하는 논리가 있다. 이들 세력과 왕권 사이의 대립이 바로 전제적 왕권시기의 대립과 갈등이었다는 것이다. 그러나 이러한 주장은 왕권 대 비(非)왕권이라는 이분적 속성을 역사적 지속성에서만 구하고 있기 때문에 나온 논리라는 점을 지적할 수 있다. 그보다는 왕권을 장악한 세력과 거기에서 이탈한 세력 사이에 빚어지는 정치 사회의 권력 기능화 과정에서 야기된 일반적인 갈등 양상으로 파악할 수 있으며, 이 점에서 왕권을 장악한 세력이나 여기에 저항한 세력 모두가 상층 통치세력에 속했다고 할 수 있다. 왕권을 장악한 바로 그 세력도 진골귀족세력에 속했기 때문이다.
9) 여기서 의미하는 '발전적 통합체제'는 새로 부가되었거나 편입된 세력들에게 왕권의 옹립과 그 결정에 사실상 참여할 수 있는 기회가 부여되거나 또는 중요한 정책결정에서 영향력을 행사할 수 있는 통로가 제도적으로 확립되었을 때 비로소 가능해진다. 그렇지 않고 새로 편입, 부가된 지역이나 세력을 기존 체제 안의 하부 인자로만 간주하는, 즉 기존 통치체제의 강화만을 추구하는 경우는 이러한 발전적 통합체제와는 다른 성격을 보여주게 된다.

다. 그 결과 신라는 몇 가지 어려움에 빠졌다. 하나는 통치제도 자체를 전면 재편해서 국왕과 상층 통치세력은 물론 새로 편입된 지배세력과 유기적이고 통합적인 제도를 마련해야 할 필요가 있었다. 이러한 제도 개편으로 상층 지배층의 유동성은 물론이고 통치의 효율화도 강화되어야 했다. 그러나 이러한 재편이 이루어지지 않았기 때문에 신라는 경주 중심의 전제적 왕권체제로 한정될 수밖에 없었으며, 결과적으로 통일된 모든 영역을 효율적으로 통치할 수 없었다. 다른 하나는 군사적으로 정복한 지역 주민들도 경주와 같은 대우를 받게 하여 통합적인 일체감을 갖도록 해야 함에도 신라는 그렇게 하지 못했다. 통일 후 신라는 지방통치체제나 권력 구조에 커다란 변혁이 일어나서 새로운 정치 사회적 성격으로 발전적 전환이 있어야 했다. 정복-피정복 지역이라는 불평등 관념에서 벗어나 거대제국으로 통합적인 체제를 이룩해야 했는데도 신라는 그렇게 하지 못했다. 그 결과 통일 자체가 오히려 신라의 멸망을 내재하게 하는 요인이 되었다. 이러한 현상은 특히 신라의 통치세력들 내부에서 빚어지고 있었다. 왕권장악을 둘러싸고 펼쳐진 이들 사이의 갈등과 대립은 기본적으로 신라라는 특정 왕실과 통치세력에게만 한정된 전제적 왕권체제가 부딪힐 수밖에 없는 상황이기도 했다.[10]

이러한 갈등은 국왕을 중심으로 하는 집권세력과 그에 맞섰던 상층 통치세력 가운데의 도전세력으로 대립구도를 이루었다. 왕권장악의 위한 갈등은 왕실 안 국왕의 형제, 숙질 등 왕족 사이에 치열하게 전개되었으며, 6촌의 전통적 통치세력들 사이에도 벌어졌다.[11] 신문왕, 효소왕, 성덕왕, 경덕왕, 혜공왕으로 왕권이 승계되면서 이들 사이에 빚어졌던 권력

---

10) 760년대부터 780년까지 20여 년 동안 왕위승계를 위한 권력투쟁이 격렬하게 전개되었다. 원성왕 때부터 시작된 신라 후대에서는 왕권장악을 위한 상층 통치세력 안에서 갈등이 심화되어 표출하였다.(金壽泰, 《新羅中代政治史硏究》, 일조각, 1996, p.124)

11) 이에 대해서 태종무열왕 이후 전제적 왕권강화와 여기에 맞섰던 세력들로 양분해서 설명하고 있는데, 후자를 진골귀족으로 설정하여 논의하는 것이 일반적이다. 물론 이러한 논의는 무열왕 이후의 왕권 장악자들이 보여준 전제적 왕권과 여기에서 소외된 이전의 상층 통치세력을 진골귀족으로 설명하고 있다. 둘 사이의 갈등이 결국 상층 통치세력에 의한 반란으로 이어졌다고 설명한다. 대표적인 논의로는 李基白, 《新羅政治社會史硏究》, 일조각, 1974 참조.

갈등은 점점 더 첨예화되었는데, 혜공왕 때 각간 대공의 반란(768)은 대표적이었다.[12] 마침내 상대등 김양상과 이찬 김경신이 연합해서 혜공왕과 그 왕비를 살해한 뒤에 김양상은 선덕왕으로, 그리고 김경신은 상대등으로 자리잡았다가 선덕왕의 뒤를 원성왕이 이은 왕실 안의 권력 쟁투는 점점 더 격심한 과정을 거쳤다.

760년대부터 780년대까지 20여 년에 걸친 왕권을 둘러싼 투쟁은 김춘추의 등장에 따른 지배집단 안의 양분화에서 이해될 수 있다. 원성왕 이후에도 왕권을 장악하기 위한 갈등은 상층 지배집단 안에서 공공연하게 전개될 정도로 심한 혼란이 일어났다.[13] 지배세력 안의 권력 갈등은 지방에 은거했던 세력과 토호세력들로 하여금 경주의 왕실과 집권층에 도전하게 했는데, 구체적인 사례가 헌덕왕 때(822) 김헌창의 난이었다.[14] 문성왕, 헌안왕, 경문왕, 헌강왕, 정강왕이 그 뒤를 이었지만 결국 왕권은 점

---

12) 대공은 군사력으로 33일간 왕궁을 포위할 정도였다. 이 반란에 전국 96명의 각간이 연루되었다. 그리고 770년에는 대아찬 김융의 반란, 775년 6월 이찬 김은거의 반란, 같은 해 8월 이찬 염상과 시중 정문의 반란, 780년 2월에는 이찬 지정의 반란이 있었다.

13) 원성왕의 왕위를 그의 장손 소성왕이 이어 1년 5개월 동안 치세했다. 이어 13세의 애장왕이 왕이 되었으며, 그 숙부인 병부령 언승이 상대등이 되어 정사를 맡았다. 그는 809년 애장왕을 죽이고 헌덕왕이 되었다. 헌덕왕의 등장은 신라의 왕권이 유력자들 사이의 군사투쟁에 의하여 확보되는 대상물에 불과했기 때문에 신라의 정치는 극단적인 혼란을 보여줄 수밖에 없었다는 사실을 반영한다.

14) 김헌창의 난도 엄격한 의미에서는 경주 신라 왕실의 왕권장악을 위한 경쟁의 표현이라고 할 수 있다. 김헌창은 태종무열왕의 후손으로 선덕왕의 뒤를 이을 왕위계승자였으나 원성왕(김경신)이 등극함에 따라 명주군왕으로 물러났던 김주원의 아들이 이었다. 그는 무진도독으로 지방에 있다가 814년 경주에 와서 시중이 되었으며, 다시 청주도독(경상도 진주)을 거쳐 시중이 되었으나 821년에 물러나 웅천주 도독으로 임명되었다. 여기에서 그는 경주의 조정에 반기를 들고 국호를 '장안,' 연호를 '경운'이라 정했다. 당시 김헌창 세력에는 웅천주, 무진주, 왕산주, 청주, 사벌주(상주) 등 전국 9주 가운데 4주와 국원(충주),서원, 금관(김해) 등 3소경, 그리고 그 주변의 군현들이 포함되었다. 이 반란은 중앙의 정부군의 토벌로 무너졌으며 239명이 주살되었다. 김헌창의 아들 범문은 농민들과 합세하여 투쟁했으나 이 역시 오래가지 못하고 무너졌다. 김헌창 부자의 난은 결국 그 뒤 일어났던 후고구려 성립의 전주곡이라고 할 수 있다. 헌덕왕이 죽었을 때 왕의 사촌 균정과 그 조카 제륭 사이의 왕위쟁탈전을 거쳐 제륭이 왕(희강왕)이 될 수 있었다. 이 싸움에서 균정이 죽자 그의 아들 우징이 청해진 대사 장보고에 의탁하는 현상을 보여주었다. 이 과정에서 또 다른 반란으로 원성왕의 증손이자 희강왕의 6촌인 김명이 838년 반란을 일으켜 희강왕을 죽이고 왕이 되었는데 그가 민애왕이었다. 우징은 청해진의 장보고의 도움으로 이 민애왕을 죽이고 신무왕이 되었다.

점 더 미약해졌고 진성여왕을 고비로 신라는 멸망의 길로 접어들었다.[15]

신라 멸망은 단순히 상층 지배층 안의 권력투쟁에서 빚어진 결과라고만 할 수 없다. 경주의 통치세력에 대한 민중들의 저항도 큰 영향을 미쳤다. 민중들의 저항은 지배-피지배 관계에서 지배층에 대한 도전이었다. 국가의 토지는 국왕의 사적 소유물이었으며, 국왕에 의해 그 소유와 경작권이 확보되었다. 특히 통일신라 이후 국왕은 토지를 자의적으로 상층 지배세력과 사찰에 대거 하사했으며, 여기에 소외된 지배층과 피지배층의 불만은 점점 더 커졌다. 신라 후대로 넘어가면 삼국통일의 공신에 대한 예우로 국왕은 공신에게 거대한 토지를 하사해 주었다. 또한 식읍제도와 녹읍제도로 상층 지배층의 경제적 특권도 더한층 강화되었다.[16] 그뿐 아니라 왕실과 특별한 관계에 있던 사찰에 거대 토지가 하사되었다.[17] 왕족 중심의 상층 통치세력과 사찰의 거대 토지 점유는 민중에게는 억압의 가중으로 나타났다.[18]

---

15) 다만 이들 왕 가운데 헌강왕 시기만은 비교적 안정기에 해당되었다. 《삼국유사》는 이렇게 적었다. "헌강왕 시대에는 서울로부터 동해어구에 이르기까지 집들이 총총이 늘어섰지만 단 한 채도 초가집을 볼 수 없었고 길거리에는 음악소리가 그치지 않았으며 사철의 비바람마저 순조로웠다."

16) 대표적인 사례로 김유신과 김인문을 들 수 있다. 이들은 통일에 대한 공로로 662년 본피궁의 전장과 노복을 절반씩 나누어 가질 수 있는 특전을 누렸다. 김유신은 국왕으로부터 663년에 500결의 토지를 하사받았으며, 668년에는 식읍 500호를, 669년에는 6개소의 말 목장을 물려받았다. 김인문은 655년 300호, 668년 500호의 식읍을 하사받았다.(《삼국사기》 권 43, 〈열전〉 김유신 ; 권 44, 〈열전〉 김인문 ; 권 6, 〈신라본기〉, 문무왕 2년, 9년조)

17) 693년 효소왕은 금, 은으로 된 그릇과 비단 300필과 토지 1만 경을 백율사에 기증했고, 705년 선덕왕은 진여원에 해마다 봄과 가을에 가까운 고을 창고 벼 100섬과 기름 1섬을 주기로 했으며 나무 산판 15결, 밤나무 숲 6결, 집터 2결을 주기도 했다. 또한 경덕왕은 승려 진표에게 벼 7만 7천 섬을 주었으며 왕족들이 비단 500단, 금 50냥을 주었다.(《삼국유사》 권 4, 〈의해〉 진표전간)

18) 이 시기 민중들의 삶에 대한 구체적인 인식 자료로는 〈신라장적〉이 있다. 이것은 일본 정창원에서 나온 신라시대 고문서로, 서원경(청주) 부근의 4개 촌락의 호구, 토지면적, 유용식물, 가축에 대한 통계를 담고 있다. 1933년에 발견되었으며, 세상에 널리 알려진 것은 1953년이었다. 작성연대에 대해서는 여러 주장이 있지만 816년 설이 유력한 것으로 여겨진다. 이 문서에 따르면 촌락의 총 인구수는 사해점촌이 142명이며, 여기에 9명의 노비가 있었다. 살하지촌은 124명에 노비 7명, 이름이 알려지지 않는 촌에는 69명, 서원경직촌은 106명에 9명의 등록된 노비가 있었다. 그리고 호당 인구수는 사해점촌 14.2명, 살하지촌 8.2명, 이름이 알려지지 않는 촌은 8.6명, 서원경직촌 10.6으로

왕실과 통치세력이 거대한 토지를 점유하고, 심한 민중 수탈은 어느 면에서는 신라의 토지제도와 연관이 있었다. 신라 후대는 722년의 정전제의 실시로, 모든 장정들에게 일률적으로 토지 2결씩을 나누어주었다. 물론 진황지나 새로운 토지의 개간은 개인들이 맡아서 했다. 정전제도의 효과적인 실시에 대해서는 알려지지 않고 있다. 다만 이 제도도 지속적으로 유지될 수는 없었다. 제도는 현실적으로 상층 지배세력이나 지방호족의 토지겸병을 막을 수 없었다. 그 결과 농민들의 경작지는 줄어들었으며 민중들은 어려운 생활로 떨어졌다. 민중들은 생존에 위협을 느껴야 했으며, 이들이 부담하는 각종 조세와 공납 요역 등은 전제적 왕권체제의 물적 조건이기 때문에 상층 통치세력의 부패와 타락을 가속시키는 물적 자원으로도 활용되었다. 그 결과 민중들은 점점 더 고통스러운 삶으로 전락했다.

신라에서 조세는 곡물 형태로 민중들로부터 거두어들였으며, 이를 주와 군의 관인들이 받아 국가의 창고에 저장했다. 물론 상층 지배세력이나 관인 등은 이러한 조세의 납부에서 면제되었다. 이렇게 거두어진 조세를 왕실이 사용했으며, 다른 한편으로는 국왕 자신이 최대 지주가 되어 왕실 사유지를 소유하였다. 국왕의 사유지는 오로지 왕 개인 용도로만 사용되었으며, 민중들로부터 거둔 조세도 왕조의 경비와 왕의 사적인 용도에 충당되었기 때문에 실제로 둘은 구분이 없었다.

요역은 국가의 일에 부역하여 노동력을 제공하는 것으로, 축성이나 도로의 건설, 교량의 건축, 사찰의 신축, 왕궁 건설 등에 민중이 강제로 징모되었다. 요역 대상자는 16세에서 59세의 장정이었으며, 동원된 공사기간 동안 먹고 입을 것을 스스로 부담했다. 신라는 오랫동안 전쟁에 시달렸기 때문에 그것을 위한 국가 공사가 많았으며 요역도 점점 더 가혹해

되어 있다. 그 밖에 거주 이동에 대한 통계도 담았는데 여기에서 알 수 있듯이 신라에서는 주민에 대한 통제가 더 체계적으로 행해졌음을 알 수 있다. 즉 관인들에 의한 주민의 통제를 일층 효율화하기 위한 자료가 완비됨으로써 통제의 조직화가 이루어질 수 있었다. 따라서 이러한 성격에 비례해서 민중에 대한 상층 세력의 약탈도 더욱 효과적으로 자행되었음을 의미하는 것이기도 하다.

졌다. 따라서 신라 하대로 접어들면 조세와 요역의 부담은 더한층 심해졌
는데, 이는 상층 지배세력의 수적 증대와 왕권의 잦은 교체가 민중 수탈
을 심화시켰기 때문이다. 물론 신라도 법적으로 조세와 요역 공납에 대한
규정을 마련했지만 현실에서 그대로 적용되지 못했다. 그러므로 각급 관
인들, 즉 아전, 촌주 등이 이를 집행하는 과정에는 부정과 부패가 끼여들
수밖에 없었다. 따라서 가혹한 약탈과 억압 상태에 놓여 있던 민중들의
고달픔은 경주에서 떨어진 지방일수록 한층 더 심했는데, 이는 경주가 국
왕 등 상층 지배세력의 거주지였다면 지방은 이들로부터 약탈당하는 민
중들의 거주지라는 특성 때문이었을 것이다.[19]

상층 통치세력 사이의 대립과 잦은 정변, 그리고 상층 세력과 지방 유
력자들이 사용했던 물적 인적 자원 등을 충당하기 위하여 민중에 대한
수탈이 행해질 수밖에 없었다. 따라서 이러한 성격은 민중의 삶을 전반적
으로 붕괴시켰다. 삼국통일 이후 신라 하대에서 민중들은 왕실과 상층 통
치세력, 그리고 그들을 종교적으로 지원해준 교종 중심의 불교에 대해서
도 점점 거리를 두게 되었으며, 그들 스스로의 가능성을 찾아야 하는 상
황에 놓였다.

3. 피지배세력의 저항 : 미륵신앙과 농민군의 투쟁

신라 하대 정치적 혼돈의 희생자는 민중이었다. 통치체제에 말미암은
가중된 억압은 물론이고, 지나친 조세 수취로 극단적인 불만이 민중들의

---

19) 《삼국사기》는 신라 후기 경주의 규모가 길이 3,075보, 너비 3,018보이고 35리 6부로
되었다고 기록했다. 한편 《삼국유사》는 신라 전성기 때 수도 안에는 17만 8936명이 살
았고 1,360방 55리라고 적어 놓았다. 전반적으로 경주에는 우선 호화로운 궁궐이 건축
되었을 것이며 여기에는 대궁, 양궁, 사량궁 등이 들어 있었을 것이다. 이 궁궐들 사이
에는 거대한 사찰이 자리잡고 있었을 것으로 여겨지며 그 사찰에는 높게 치솟은 탑들
이 화려하게 장식되었을 것이다. 그리고 주요한 공공건물이 늘어섰을 것이며, 그 밖에
상층 지배층의 화려한 집들이 즐비했다. 즉 35개의 큰 부잣집이 있었으며 그 가운데
김유신 집 재매정댁도 포함되어 있었다. 헌강왕 때 경주의 모습을 설명한 것에는 "성
안에는 초가집이란 하나도 없었으며 추녀가 맞붙고 담장이 연달아 이어졌으며 노래와
풍류소리가 가득 차서 밤낮 그치지 않았다"라고 적었다.(《삼국유사》 권 1, 〈기이〉 우
사절유택)

마음속에 쌓였다. 여기에서 벗어날 수 있는 한가지 길은 또 다른 종교적 신앙을 찾거나 아니면 최악의 상황에서는 농민란을 일으키는 것이었다. 물론 이 둘은 개별적으로 일어났다기보다는 서로 연관된 면도 있었다. 불교적 구원의식의 현실 표현이 농민의 폭력투쟁으로 표출되었다고 할 수 있다. 그러므로 먼저 이 시기 농민들의 신앙, 종교적 상황을 살펴보기로 하자.

이 시기에 이르면, 불교의 통합적인 성격을 드러내고 있던 원융(圓融) 사상도 점차 영향력이 약해져 갔다. 불교의 대표적인 교종인 화엄종과 법상종의 지원을 받던 전제적 왕권체제도 상층 통치집단의 분열로 영향력이 한계에 부딪히게 되었다. 대신 상층 통치집단, 그 가운데서도 권력의 기반을 마련할 수 있었던 특정 세력이나 호족들은 그들의 정치적 욕망을 지원해줄 새로운 불교 종파와 연대를 모색하였다. 이에 연계되었던 것이 선종이었다. 선종은 7세기 초에 당나라에서 시작되어 교학(敎學) 의례(儀禮)의 중요성을 평가절하했으며, 그 대신 '교외별전 내관자성'(敎外別傳 內觀自省)을 통한 자증삼매(自證三昧)에 도달할 것을 내세웠다. 선종이 기존의 경(經), 논(論), 율(律)과 탑(塔), 상(像)에 대해 부정적인 태도를 취한다는 점에서 이를 불교와 다른 것으로 여기려는 주장이 있을 정도로 둘 사이에는 큰 차이가 있었다.[20]

이 시기 불교는 5교 9산으로 분화되었으며, 왕권장악을 위해 경쟁했던 여러 세력들은 그들을 옹호해줄 불교세력을 확보하는 것이 중요했다. 각 지역에 자리잡고 있던 호족들이나 그 지방의 통치세력들은 그들과 연관된 불교사원을 지원했으며, 이에 대해 그 사원은 불사나 기원의식으로 답례했다. 둘 사이의 밀접한 관계는 결국 불교가 그 이전에 주었던 정신적인 일체감과 통일적인 것에서 벗어나 분열의식을 심화시켰다. 그리하여 신라 하대의 불교는 지배층 안의 분열과 갈등을 조성하고 그것을 정당화하는 정신적 영향을 미치게 되었다.

지배층과 달리 피지배 민중들도 더 이상 호국불교의 관념에만 머물 수

---

20) 볼코프, 박노자 옮김, 《韓國古代佛教史》(서울대출판부, 1998), p.101.

는 없었다. 그렇게 하기에는 현실상황, 즉 통치체제가 부과하는 가혹한 억압구조와 그들 삶의 질곡이 너무 심했기 때문이었다. 그러므로 이들은 서방정토 왕생을 기원하게 되었으며, 나아가 당장 그들을 구원해줄 미륵불이 용화수 아래로 내려올 것을 기대하는 마음에 젖어 들었다. 현실의 고통에서 구원해줄 종교적 갈망이 분출되었다. 그 결과 정토신앙은 일반 농민들이나 민중들에게 미륵불신앙으로 구체화되기 시작했다.[21]

현실적으로 국왕을 비롯한 경주의 상층 통치집단으로는 더 이상 자신들의 고통을 구제할 수 없을 것이라는 민중들의 생각은 새로운 가능성을 다른 사람, 특히 경주의 통치체제에 저항하는 세력에서 찾으려고 하였다. 민중들의 이러한 성격을 저항세력들도 이용했다. 그 결과 전국적으로 경주의 통치세력에 반대하는 도전이 일어나게 되었으며, 농민들의 투쟁도 속출했다.

이러한 상황은 결과적으로 혜공왕 이후, 특히 진성여왕 때부터 사실상 '국가 없는 상황'으로 신라를 몰아넣었다. 신라는 단지 빈 이름뿐인 왕조였다. 지방 여러 곳에는 왕실에 도전하는 세력이 많이 등장했으며, 이들은 저마다 그 지방을 소국가로 만들어갔다. 이러한 현상은 민중에게 때로는 이중 삼중의 고통으로 작용했으며, 농민의 다수는 유민으로 전국을 떠돌거나 도적 떼에 가담하기도 했다.[22] 특히 신라 진성여왕 3년(889) 사벌

---

21) 미륵불은 석가불의 제자로 죽은 뒤 천상에서 다시 태어나 현재는 도솔천에서 모든 천중을 상대로 설법 교화하며, 다음 세대에는 주불이 될 보살이다. 인간의 수명이 8만 4천 세가 되어 전륜성왕이 출현하여 세상을 다스리면 미륵보살도 도솔천으로부터 이 지상으로 하생하여 용화수 아래서 성불하고 석가불 때 제도하지 못한 유연(有緣)의 중생들을 모두 제도한다는 것이 그 요지였다. 미륵을 믿고 숭앙함으로써 사후에 도솔천으로 올라가 미륵보살의 설법을 듣고 교화를 받으려는 것을 상생신앙이라고 하고, 내세에 미륵불이 용화수 아래에 성도하여 3회에 걸친 설법으로 모든 중생을 제도할 때 그곳에 함께 하기를 기원하는 것을 하생신앙이라고 한다. 물론 상생신앙과 하생신앙은 별개의 것이 아니다. 상생은 현재의 도솔천에 있는 미륵보살을 대상으로, 하생은 용화수 아래에서 성불할 미륵불을 대상으로 하지만 결국 동일한 것으로, 도솔상생은 결과적으로 하생성불을 기다리는 것으로 생각할 수 있다.(金煐泰, 《新羅佛敎硏究》, 민족문화사, 1993, pp.209~210)

22) 당시 농민들의 생활상에 대하여 한 저서는 이렇게 적어 놓았다. "이들의 압박에 시달린 농민들은 유민이 되어 사방으로 흘러다니거나 세력 있는 귀족들의 장원에서 보호받으며 그들의 사병이 되기도 하고 노예가 되기도 하였고 또 때로는 무리를 지어 도적

주(沙伐州, 상주)에서 일어난 원종(元宗)과 애노(哀奴)의 난을 시발로 전국은 사실상 무정부상태로 떨어졌다.[23] 당시의 급박한 상황을 《삼국사기》는 이렇게 적어 놓고 있다.

……국내 여러 주군에서 공부(貢賦)를 바치지 아니하여 국고가 허갈하고 용도가 궁핍하므로 왕이 사자를 보내어 이를 독촉하니 이로 인하여 도처에 도적이 벌떼와 같이 일어났다. 이때 원종(元宗) 애노(哀奴) 등은 사벌주에 거하여 반기를 들었다. 왕이 내마(奈麻) 영기(令奇)로 하여금 이를 포착하게 하였는데 영기는 적루(賊壘)를 바라보고 두려워 진공치 못하고 촌주(村主) 우련(祐連)이 애써 싸우다가 전사하였다. 왕은 영을 내려 영기를 참하고 나이 10여 세 된 우련의 아들로 촌주를 이어받게 하였다.……5년 10월에 북원(北原, 지금의 원주)의 적의 괴수 양길(梁吉)이 그 부장 궁예를 보내어 100여 명의 기병을 거느리고 북원 동쪽의 부락과 명주 관할안인 주천(酒泉, 지금 영월) 등 10군현을 침습하게 하였다. 6년에 완산의 적 견훤이 주에 거하여 후백제라 자칭하니 무주 동남쪽의 군현이 모두 이에 항속하였다.[24]

위에서 알 수 있듯이 상주 지방에서는 원종, 애노 등이 농민폭동을 이끌었으며, 북원에서는 양길이 폭동군을 주도했다. 892년 궁예가 양길의 부하로 그의 신임을 얻어 명주, 주천 등 10여 군을 공격했으며, 치악산 석남사를 거점으로 삼아 주천, 나성(영월근처), 을오(평창), 어진 등 여러 지역을 습격, 점령했다.[25] 898년 궁예는 평안도 일대까지 영향력을 넓혔으며

이 되어 질서를 교란시켜 왔었다."(박한설, 〈고려의 건국과 호족〉, 《한국사》 12, 국사편찬위원회, 1993, p.14)

23) 이 시기에 전국적으로 일어났던 반란세력으로는 원종과 애노를 비롯하여 죽주(竹州, 안성의 죽산)의 기훤(箕萱), 북원(北原, 원주)의 양길(梁吉), 완산주(完山州, 전주)의 견훤(甄萱), 철원의 궁예(弓裔) 등이 있다. 그리고 실제로 이 시기부터 근 50여 년 동안 한반도는 '국가 없는 상황'에 놓이게 되었다.

24) 《삼국사기》 권 11, 〈신라본기〉 11.

25) 894년 농민군은 모두 3,500여 명에 이르렀으며, 이를 14개 대오로 편성했다. 김대겸 · 모흔 · 장귀평 · 장일 등은 사상(부대장)이, 궁예는 장군이 되었다. 이때부터 궁예는 양길에게서 떨어져 나와 독자적인 세력을 형성했다. 궁예는 양길군을 격파했으며 901년 스스로 왕으로 자칭했다. 한편 이 시기에 개성 중심의 신흥 지배세력인 왕건이 궁예에

황해도와 경기도 양주 부근을 통치하기도 했다.[26]

또한 892년에는 견훤이 등장하여 서남 지방 군현의 농민군들을 모아 5천여 명의 부대로 무진주(전라도 광주)를 치고 892년에는 완산주에서 왕이 되어 국호를 후백제라고 칭했다.[27] 견훤은 전라도 일대를 중심으로 기반을 확보했으며, 이전의 백제 지역 주민들의 반신라 감정을 이용하여 백제를 부흥한다고 선전했다. 900년에는 완산주를 수도로 정했으며, 국가의 관제와 체제를 수립했다. 그는 901년 신라의 대야성(합천)을 공격했으며 907년에는 일선군(경북 성산) 이남의 신라 10여 성을 점령하였다. 후백제는 점점 그 영역을 넓혀 궁예의 세력과 충돌했으며, 이로써 후삼국시대를 열게 되었다.

후삼국으로부터 고려에 이르기까지 전쟁은 지속되었다. 신라의 경주도 전화에 휩쓸렸으며, 그 밖의 지방은 전쟁 때문에 성주나 촌주가 자주 바뀌고, 국가의 소속도 달라지는 등 격심한 혼돈상태를 보여주었다. 이 과정에서 민중이 받아야 했던 강제와 억압의 극심함은 결과적으로 수많은 유민을 속출시켰다. 민중들은 한편으로는 농민군으로 참여하면서도 다른

투항, 그 부하가 되었다.

26) 궁예는 신라 헌안왕(憲安王)의 서자로 성이 김씨였다. 왕궁 내 권력투쟁으로 죽게 된 것을 유모가 안고 도망가서 몰래 길렀는데 이 사건 때 유모의 실수로 한쪽 눈이 멀었다. 그는 그 뒤 세달사(世達寺)의 승려로 선종(善宗)으로 이름을 고쳤고, 뒤에는 다시 고씨로 성을 바꿨다. 북원의 양길(梁吉)의 부하로 시작하여 국가를 세우기에 이르렀다. 궁예는 송악군에 수도를 정했고 왕건으로 하여금 충주·당성·청주 등을 공격하게 했다. 궁예가 단기간에 그 영역을 넓힐 수 있었던 것은 그가 "신라가 당의 출병을 요청하여 고구려를 격파했기에 이제 그 원수를 갚을 때가 되었다"고 이전의 고구려와 백제의 유민들을 선동한 것이 주효했기 때문이며, 904년 나라 이름을 마진으로, 연호를 무태로 고치고 도읍을 개성에서 철원으로 옮겼다. 그리고 청주의 주민 천호를 그곳으로 옮겨 수도의 면모를 구비했으며, 911년 다시 국호를 태봉으로, 연호를 수덕만세로 고쳤다.

27) 견훤은 본래 상주 가은현 출신인데 그의 아버지 아자개는 농민으로 상주 지방에서 농민반란군을 지휘했다. 뒤에 견훤과의 불화로 아자개는 고려의 왕건에게 항복했다. 견훤의 본래 성은 이씨였는데 견씨로 성을 삼았다. 그는 체구가 크고 유달랐으며 의기가 충만하여 군인이 되어 서남해 방면에서 공을 세워 비장이 되기도 했다. 진성여왕의 실정과 기근으로 백성이 유리하고 도적이 사방에 봉기하자 견훤 자신도 무리를 모아 서남지방의 주현을 쳐서는 강한 힘을 가진 반란세력으로 성장할 수 있었다. 견훤은 반란 초기에 스스로 '신라서면도통지휘병마제치지절도독, 전무공주군사행전 주자사 겸 어사 중승 상주국 한남군 개국공'이라는 긴 이름의 신라벼슬을 가졌다고 행세하기도 했다.

한편으로는 새 세상을 기대하는 종교적 기대감으로 가득 찼다. 그러한 희
망의 발로가 앞에서 말한 미륵불에 대한 기대감이었다. 미륵불에 대한 기
원은 이를 통해 그들의 어려운 현실상황을 극복할 수 있다고 믿었기 때
문이었다. 그만큼 당시 민중들의 삶은 절박했다.

　민중들의 욕구는 각 지역에서 왕국을 개창했던 농민군의 지휘자들로
하여금 스스로 미륵불이라고 자처하는 계기를 제공하였다. 그 가운데 대
표적인 인물이 궁예였다. 궁예는 승려 출신이었기 때문에 일반 민중들의
이러한 욕구를 잘 알았고, 이를 자신의 권력 장악과 확대에 이용했다. 그
는 자신이 그 미륵불이라고 선전했다.[28] 그러나 궁예의 행동은 일반 민중
들을 일시적으로 현혹시켰을 뿐이다. 민중들이 바랐던 것은 거듭되는 전
화의 종식이었고 안정된 삶을 위한 평화의 기원이었다. 궁예는 자신의
권력 기반을 확립하기 위해 유력한 지방세력이나 견훤과 전쟁을 했으며,
민중에게는 또 다른 억압적인 학정을 부과했다. 그 때문에 왕건의 등장
은 궁예를 극복, 대체할 수 있는 새로운 가능성으로 예비될 수 있었다.
왕건은 궁예가 사용했던 그 방법, 즉 자신이 미륵불의 현신임을 강조함
으로써 민중들이 믿었던 신앙적 기원의식을 그의 권력 장악과 통치체제
에 이용할 수 있었다. 그는 불교에 의해 이 세상의 통치자로 정해졌다고
선전했으며, 그의 왕국은 불교국가임을 민중들에게 주지시켰다. 그리하
여 또 다시 불교, 선종과 미륵불, 도참사상이 고려 건국의 중심으로 자리
잡게 되었으며, 이 종교들은 왕건의 통치체제를 정당화하는 데 앞장섰다.
이는 민중들의 욕구를 구현하는 것이 아니었으며, 시대적 변화를 적극적
으로 수용하기보다는 수동적으로 반응하는 통치세력의 단순한 교체에
지나지 않았다.

---

28) 그는 자신의 큰아들은 청광보살(靑光菩薩)이고, 작은아들은 신광보살(神光菩薩)이라
　고 주장했다. 또 이를 드러내기 위해 미륵불 형상의 금책(金幘)을 쓰고 방포(方袍)를
　입었으며 외출할 때는 백마를 탔고 채단으로 그 갈기와 꼬리를 장식했으며, 동남동녀
　로 범패(梵唄)를 부르게 하고 뒤따르게 했다. 즉 민중들에게 그가 미륵불임을 주지시
　키는 상징 체계를 동원했다.

4. 고려의 건국과 불교, 그리고 도참비기

왕건의 고려 건국도 후삼국시대의 혼란에서 말미암은 지방세력의 권력 장악의 한 결과였다. 이 과정은 격심한 대립과 갈등을 거쳤으며, 한편으로는 전쟁으로, 다른 한편으로는 일반 민중들의 정신적 복속을 통해 건국을 이룩할 수 있었다. 왕건의 통치권 장악은 통치체제의 등장이 거치는 단계를 그대로 거쳐야 했다. 통치세력의 형성, 권력 장악을 위한 군사적 도전으로 통치권을 장악하고, 통치세력이 중심이 된 제도화의 완성, 그리고 피지배세력의 정신적 지지를 위한 종교 등이 그러한 단계에 부합하였다. 이 과정에서 주요한 영향력을 행사한 것은 불교와 군사활동이었다. 즉 불교와 군사력으로 새로운 왕국을 출현시킬 수 있었다.

고려왕조는 그 나름의 시대상황의 반영이었다. 그것은 새로운 정치세력으로, 기존 체제에 대한 극복과 함께 승계의 의미도 갖고 있었다. 통일신라 이후의 정치적 한계, 예를 들면 삼국통일의 물리적 강제에서 빚어졌던 갈등 극복의 의미도 있었으며, 이렇게 함으로써 통일의 결합을 이룩하려 했다. 그러면서도 고려는 통일신라의 가치 관념, 즉 불교적 지배는 윤리를 그대로 계승했다. 그러나 신라 왕실과 연관된 깊은 교종, 즉 화엄종과 법상종의 통합적이고도 체제 긍정적인 것에서는 벗어났는데, 이는 선종의 유포와 관계가 있었다. 선종은 교종에 비해 상대적으로 개인 중심의 성격이 강했으며, 통합보다는 독자적 개별성을 강조했다. 그렇기 때문에 신라 하대의 지방유력자들은 교종보다는 선종과 관계를 맺었으며, 일반 민중들도 선종에 귀의하는 모습을 보였다. 이는 신라 하대에 미륵신앙이 민중들에게 영향을 미쳤던 것과 무관하지 않았다. 이러한 성격은 이제 더이상 불교가 통합이나 기존 체제의 권위에 기여하기보다는 개별적인 분열성을 그 속에 담게 되었음을 뜻한다.

고려 왕건은 이러한 불교의 시대적 변화를 수용하면서 특히 민중들의 미륵신앙에도 관심을 가졌다. 그는 자신이 미륵불의 현신이라고 하면서 새 세상을 앞장서서 일굴 수 있는 미륵불로서의 위치를 설정했으며, 이에 대한 민중적 기대감을 결집시켜 나갔다. 왕건은 새 왕조의 건설과 안민책의 기본을 불교적인 관념에 그 바탕을 두었으며, 따라서 국가통치의 기본도 그것에서 구하려고 했다. 이것은 새 세상에 대한 민중의 열망을 왕건 자신이 앞장서서 실현하고 있음을 드러내는 것이었다.[29]

불교와 왕건의 깊은 관계는 불승은 물론 일반 민중들의 신앙과도 연계되었다.[30] 먼저 그는 상층 지배세력과 연관성이 있는 불승과 관계를 맺어 전국 주요 지역에 사찰을 건립했으며, 그 가운데 충청도 연산(連山)에 개태사(開泰寺)를 창건했고, 이곳의 원문(願文)에도 그러한 내용을 밝혀 놓았다. 이 글에서 그는 "후삼국 통합이 천명을 따라 간악한 무리들을 제거하고 약한 자를 구제함과 동시에 기울어진 사람들을 받쳐주는 불법의 실천"이라고 강조하면서 "하남 30여 군의 민중을 포용해서는 이들을 조금도 범하고 상함이 없이 편안하도록 하는 것이 자신의 책임이며, 이것이야 말로 불법의 가르침을 실천하는 것"이라고 천명했다.[31]

왕건의 불교에 대한 관심은 이를 통치이데올로기로 활용하려는 것 이상의 더욱 적극적인 것으로, 불교사상과 관념을 현실통치에 그대로 실천

---

29) 불교도인 왕건이 불교에 의한 국가 건립과 그것을 통치의 근본으로 삼았다는 점은 분명하다. 그러나 통치자로서 왕건에게 불교가 가장 효과적인 통치이념이었으며 그것에 따른 통치가 더 효과적이라는 점을 인식했다는 점에서 불교는 곧 지배이데올로기의 성격을 갖게 되었다고 할 수 있다.

30) 왕건은 일찍부터 불교와 연관을 맺고 있었다. 왕건 집안의 활동근거지는 송악의 예성강 지역이었으며, 이곳은 신라 말기 중국 유학을 떠났던 신라 불승들의 관문이었다. 이곳의 유력세력가인 왕건 일가는 자연히 불승들과 교분을 맺을 수 있었다. 고려 건국 이전 왕건과 관계가 있었던 승려, 사무외사(四無畏士) 여엄(麗嚴), 이엄(利嚴)과 행적(行寂), 충담(忠湛) 등은 대부분 선승(禪僧)들이었다. 이들은 왕건이 불법을 밝혀줄 군왕임을 민중들에게 전파했으며, 다른 한편으로 왕건에 적대적인 지방 유력자들을 포섭하는 역할도 수행했다. 여기에 앞장섰던 승려는 탄문(坦文), 찬유(璨幽), 현휘(玄暉), 긍양(兢讓), 경보(慶甫), 개청(開淸) 등이었다.

31) 《신증동국여지승람》 권 18, 연산현, 불우 개태사. 개태사의 창건이 갖는 의미에 대해서는 다음 글을 인용할 수 있다. "왕건은 개태사를 창건하여 후백제인들을 교화하고 민심을 수습하고자 했다. 이 사찰은 화엄도량으로 성립되었는데 화엄교학이 신라 이래 중앙의 왕실에 의해 수용되었고 지방세력을 포함한 모든 사회체제를 중앙의 왕실에 통합시키는 데 유력한 사상체계였던 점으로 보아, 왕건은 후백제 영역 내의 각 지역의 이질적인 지방세력을 통합하고 이어 삼한의 통일에 있어서 민족의 대융합을 도모하자고 이 개태사를 창건했던 것이다."(박한설, 앞의 글 재인용, p.73)

해 보려는 단계까지 이어졌다. 불법에 의한 통치, 그것이 그가 추구했던 국가통치의 기본이었다. 이러한 성격은 그가 통치권을 장악한 뒤 개경에 다 법왕(法王), 왕륜(王輪), 자운(慈雲), 내제석(內帝釋), 사나(舍那), 천선(天禪), 신흥(新興), 문수(文殊), 원통(圓通), 지장(地藏) 등 10여 개 사찰을 세운 것에서도 알 수 있다. 그는 팔관회와 연등회를 통해 불교의식과 의례를 문무관료와 민중이 다 함께 참여하는 국가의 거대한 행사로 발전시킴으로써 지배층과 피지배층 사이의 통합적인 일체화를 모색했다. 고승 대덕을 국사나 왕사로 선임하여 왕 자신과 사제관계의 예로 표시했으며, 불승으로부터 국정 자문을 받기도 했다. 왕건의 이러한 불교 중심의 통치는 고려가 그 뒤 내외의 환란에 휩싸이면서도 통합적인 통치체제를 비교적 오래 유지할 수 있었던 연대감의 한 요인으로 오랫동안 작용했다.

한편, 불교는 그 시기 민중들 사이에 퍼져 있던 풍수지리설과 도참비기사상을 활용하여 민중들에게 왕건이 통치자의 위치를 차지해야 한다고 설파했다. 왕건은 풍수지리설의 강한 신봉자였으며, 도선에게 크게 영향을 받았다.[32] 신라 말에 풍수지리설은 선종과도 연관됨으로써 경주 통치

---

32) 도선과 왕건의 만남은 왕건의 나이 17세 때였다. 그때 도선은 왕건에게 "당신은 이 혼란한 시기, 즉 백육지운(百六之運)에 상응하여 하늘이 정한 명당 터에 태어났으니 삼국 말세의 창생들을 당신이 구제해줄 것을 기다리고 있다"고 말했다. 그 뒤 도선은 왕건에게 군대 지휘와 진을 치는 법, 유리한 지형과 적당한 시기를 선택하는 즉 천시를 읽는 법, 산천의 형세를 바로 보아 감포, 보우하는 이치 등을 가르쳐 주었다. 도선은 왕건의 스승으로 천하의 대업을 일구어 나갈 왕재(王材)를 길렀다고 할 수 있다. 물론 왕건이 후삼국을 통일할 왕재임을 강조하는 것으로는 풍수지리설 외에 설화에 의한 합리화도 있었다. 즉 신화와 민중불교적 성격이 혼합되어 왕건의 가계를 민중적 설화의 내용으로 만들어 그가 국왕의 운명을 타고났다고 강조했다. 즉 왕건의 가계를 호랑이의 신화와도 연계시켜 신비화시킨 것도 이러한 성격을 갖고 있었다. 이에 대해서 《고려사》는 다음과 같이 적어 놓았다. "옛날 호경(虎景)이라는 사람이 성골장군(聖骨將軍)이라고 자칭하면서 백두산으로부터 산천을 두루 구경하다가 부소산(扶蘇山) 왼쪽 산골에 와서 장가들었다.……하루는 마을 사람 9명과 평나산(平那山)에 매를 잡으러 갔다가 마침 날이 저물었다. 여러 사람들이 굴속에서 자게 되었는데 그 때 범 한 마리가 굴 앞을 막고 큰 소리로 울었다. 열 사람이 서로 말하기를 범이 우리를 잡아먹으려고 하니 시험삼아 각자의 관을 던져 보아서 그 관을 범에게 물리는 사람이 나가서 일을 당하기로 하자고 하면서 모두 관을 던졌다. 범이 호경의 관을 무는지라 호경이 나가 범과 싸우려고 하는데 범은 갑자기 없어지고 굴이 무너져 아홉 사람은 나오지 못하고 죽었다.……평나군 사람들이 호경을 대왕으로 봉하는 동시에 사당을 세워 제사 지내고……"(《고려사》, 세계) 심지어 중국 황실과도 혈연관계가 있는 것처럼 설정했

에 대한 혁명적인 변혁논리로 발전했다. 더 이상 신라의 명운은 유지될 수 없었으며 새 왕국이 등장할 것이라는 신앙이 민중들 속에 널리 퍼져 나갔다.[33] 특히 풍수지리에서 군왕이 나올 터로 점지된 곳에 왕건이 태어 났으므로 그가 이미 군왕으로 점지된 존재였다고 선언했다.[34] 왕건의 출

다. 왕건의 조상으로 첫 기록에 나오는 호경은 강충(康忠)이라는 아들을 낳았고, 강충 은 서강(西江) 영안촌(永安村)의 부잣집 딸 구치의(具置義)에게 장가들어 둘째아들 손 평술(損乎述)을 낳았는데 뒤에 보육(寶育)이라고 이름 불렀다. 보육은 형 이제건(伊帝 建)의 딸 덕주(德周)를 아내로 삼아 두 딸을 낳았는데, 둘째딸 진의(辰義)가 당나라 숙 종이 왕위에 오르기 전 패강(浿江) 서포(西浦)에 와서 자기의 터진 옷을 꿰매 달라고 했는데 그때 마침 큰딸이 그 방에 들어서자 코피가 나와 되돌아 나왔다. 부득이 둘째 딸 진의가 이 일을 맡았으며 숙종과 함께 한달 동안 지내는 동안 태기가 있게 되었다. 당의 숙종은 태기 있는 진의에게 자신의 아들이 출생하면 활과 화살을 주라면서 이를 남겨 놓고 떠났다. 이렇게 해서 출생한 것이 왕건의 할아버지 작제건(作帝建)이었다. 작제건은 백발백중의 신궁으로 아버지를 찾기 위해 상선을 타고 중국에 가는 길에 안 개를 만나자 뱃사람들이 점을 쳐 고려사람을 내려놓아야 한다면서 그를 바위에 내려 놓고 떠나버렸다. 작제건은 그곳에서 용왕을 만났으며 용왕의 어려움을 구해 주고 그 대가로 용왕의 딸을 아내로 맞아 아들 넷을 낳았으며 그 맏아들 용건이 다시 왕건을 낳았다는 것이다. 《고려사》는 이러한 설화를 비판적으로 바라보면서 이렇게 적어 놓 았다. "슬프다. 옛날부터 임금의 세계를 논하는 사람들은 대개 괴이한 말을 많이 하였 고 그 중에서도 혹 견강부회하여 만든 설도 있으니 뒤 사람들은 거기에 의심을 하지 않을 수 없게 되는 것이다. 그러므로 여기 《고려사》 실록에 기재된 바 3대 추증에 관 한 기록을 옳은 것으로 하고 김관의(金寬毅) 등의 설도 역시 세상에 오래 전해온 것이 기 때문에 함께 붙여서 기록하여 둔다."(《고려사》, 세계)

33) 최유청(崔惟淸)의 도선비문(道詵碑文)은 "이후 신라의 정치와 교화가 날로 쇠퇴하여 멸망의 조짐이 있었다. 도선이 장차 천명을 받은 성인이 일어날 줄 알고 가끔 송악군 에 가서 놀았다"고 적어 놓았으며, 이미 왕건이 어릴 때부터 그와 관계가 있었음을 보 여주고 있다. 또 다른 책에서는 "도선이 송악에 가서 17살 된 왕건에게 출사치진(出師 置陣), 지리(地理), 천시(天時)의 법(法)과 망질산천(望秩山川)과 감통보우(感通保佑)하 는 이치를 알려 주었다"고 적어 놓았다.(박한설, 앞의 글, p.75)

34) 왕건이 풍수지리설을 믿게 된 것은 도선과 맺은 깊은 관계 때문인데, 이는 다음 글에 서 읽을 수 있다. "그 때는 동이산(桐裏山) 조사(祖師) 도선(道詵)이 당나라에 들어가 서 일행(日行)의 지리법을 배워서 돌아왔는데 백두산에 올랐다가 곡령까지 와서 세조 (왕건의 아버지 용건)의 집을 보고 '기장을 심을 터에 어찌 삼을 심었는가?' 하고는 가 버렸다. 부인이 마침 그 말을 듣고 세조에게 이야기하니 세조가 천방지축 급히 따라 가서 그와 만났는데 한번 만난 뒤에는 담박 구면과 같이 되었다.……시운을 살핀 다음 도선이 다음과 같이 말하였다. '이 땅의 지맥은 북방 백두산 수모 목간(木幹)으로부터 내려와서 마두(馬頭) 명당(名堂)에 떨어졌으며 당신은 또한 수명(水命)이니 마땅히 수 (水)의 대수(大數)를 쫓아서 6×6=36구(區)의 집을 지으면 천지의 대수에 부합하여 명년에는 반드시 슬기로운 아들을 낳을 것이니 그에게 왕건(王建)이라는 이름을 지을 것이다.' 도선은 그 자리에서 봉투를 만들고 그 겉에 쓰기를 '삼가 글을 받들어 백 번 절하면서 미래에 삼한을 통합할 주인 대원군자(大原君子) 당신에게 드리노라'라고 하

생 자체가 산천 음우의 은택에서 비롯되었다고 강조하였다.

왕건이 불교에 의해서 이상적인 새 세상을 이룩할 부처가 정해 놓은 인물이라는 주장은 《고려사》에서도 읽을 수 있다. 왕건의 나이 서른에, 바다 가운데 서 있는 9층 금탑 꼭대기에 올라간 꿈을 꾸었다고 적어 놓음으로써 그가 장차 왕이 될 운명을 가졌다고 선전했다. 이 소문은 곧장 민중들 속으로 파고들었는데, 이러한 소문의 확산은 이 시기 참서의 영향도 크게 받았다. 즉 918년 3월 중국 상인 왕창근(王昌瑾)이 장터에서 한 거사로부터 거울을 구입했는데, 그 속에는 왕건이 왕이 된다는 참서의 글이 적혀 있었다는 것이다.[35]

이처럼 왕건의 등장은 민중들의 새 세상에 대한 기대감을 충족시켜 왕

였으니……태조는 도선의 말대로 집을 짓고 살았는데 그 달부터 위숙이 태기가 있어 태조(왕건)를 낳았다."(《고려사》, 세계)

35) "삼수중과 사유아래 옥황상제가 진마에 아들을 내려보냈다.(三水中四維下上帝降子於辰馬) 먼저 닭을 잡고 뒤에 오리를 칠 것인바 이를 일러 운수가 일삼갑에 찼다.(先操鷄後搏鴨此謂運萬一三甲) 밤이면 하늘에 오르고 낮이면 세상을 다스려 자년이 되면 중흥위업을 이룩하리.(暗登天明理地遇子年中興大事) 종적과 성명을 감추거나 혼돈 속에서 누가 신과 성을 알리요.(混蹤跡混名姓混沌誰知愼與聖) 부처님 뇌성이 진동하고 신령한 번개가 번쩍이며 사년에 두 용이 나타나서 그 하나는 청목 속에 몸을 감추고 다른 하나는 흑금 동쪽에 형적을 드러내리.(振法雷揮神電於己年中二龍見一則藏身靑木中一則現形黑金東) 지혜로운 자는 이것을 보고 우매한 자는 보지 못하나 구름을 일으키고 비를 따르면서 사람들을 대리고 정벌을 한다.(智者見愚者盲興雲注雨與人征) 때로는 성하고 때로는 쇠하기도 하나니 이렇게 하는 것은 악독한 잔재를 없애기 위함이다.(或見盛或見衰盛衰爲滅惡塵滓) 이 용의 아들 서넛이 여섯 갑자에 대를 바꾸어 가면서 계승하리.(此一龍三四遞代相承六甲子) 이 사유에서 기필코 축을 멸하리니 바다 건너오는 때는 유를 기다려라.(此四維定滅丑越海來降須待西) 이 글을 만일 현명한 임금에게 보이면 나라와 백성이 편안하고 임금은 길이 행복하리.(此文若見於明王國泰人安帝永昌) 나의 기록은 전부가 147자이다.(吾之記凡一百四十七字)"(《고려사》, 〈세가〉 1, 태조, p.72) 이 참서의 실제 본문은 145자인데, 여기에는 147자로 쓰고 있다. 이 시대 참서들은 중국의 난세에 자주 등장했던 것으로 새 왕조의 등장을 예언해 주는 것으로 되어 있었다. 물론 이 참서도 왕건이 국왕이 될 것임을 미리 알릴 의도로 유포된 것이었다. 《고려사》에 따르면 이 거울을 가졌던 왕창근은 이것을 궁예에게 바쳤고, 궁예는 이 거울을 판 인물을 찾았다. 이 거울 주인은 동주(東州, 철원) 발삽사(勃颯寺)의 치성광여래(熾盛光如來) 불상 앞에 토성(土星)을 맡았던 신(神)이라고 판명되었다. 이를 알게 된 궁예는 놀라 그 글의 내용을 해석해 오도록 송사홍(宋舍弘), 백탁(白卓), 허원(許原) 등에게 명했다. 이들은 이 글이 왕건이 왕이 되어 계림(신라)을 복속시키고 압록강까지 국토를 회복할 내용임을 알고서도 궁예에게 거짓 보고를 해서 왕건의 생명을 구해 주었다.

건의 고려 건국을 미륵불의 하생으로 합리화시키기도 했다. 불교를 비롯한 당시의 신앙체계를 동원해서 왕건의 등장이 필연적임을 강조했다. 실제로 왕건 자신도 불교에 깊은 신앙심을 가졌기 때문에 이를 바탕으로 하는 통치체제의 정립을 이상적인 통치라고 여겼다. 그러므로 왕건의 등장은 고대사회로부터 중세사회로의 이행과정에서 불교의 영향력이 미친 결과물로 이해할 수 있다. 다시 말하면 삼국시대나 신라에서 나타난 왕실이나 상층 지배집단 중심의 불교, 즉 왕즉불(王卽佛)의 관념에서 한 걸음 더 나아가 불교이념에 바탕을 둔 통치체제의 구축을 모색한 것이 고려왕조라고 말할 수 있다. 이는 곧 고대사회의 제의-종교적 관념에 따른 왕실 불교와 민중신앙의 이분적 성격에서 벗어나 불교와 국가 사이의 일체감을 조성하여 일종의 중세적 통치체제의 특징, 즉, 종교국가적 성격을 가지게 된 것이다.

5. 전쟁과 통합의 제도화 과정

왕건은 궁예의 막장으로 태봉(후고구려)에서 전공을 세워 해군 대장군인 파진찬이 되었고 그 뒤 시중이 되었다. 왕건은 출장입상으로 종국에는 자신의 세력을 결집해서 궁예를 축출했으며 왕권을 장악했다. 그의 왕권 장악 과정은 전형적인 궁정 쿠데타의 성격을 보여준다.

그는 먼저 궁예를 잔학하고 실덕한 군왕이라고 비난하여 그러한 소문을 피지배 민중들 속에 전파시킴과 동시에 상층 통치세력을 분열시켜 그가 집권할 수 있는 가능성을 마련할 수 있었다. 왕건 자신은 궁예와 대비되는 후덕한 지도자로 합리화되었다. 그리하여 그의 등장이 필연적이라고 선전했다. 왕건은 자신을 따랐던 참모들의 건의로 왕이 되었다고 《고려사》에 기록되어 있다.

그러나 최고 권력의 승계는 단순히 주변 인사들의 추천으로만 이루어지는 것은 아니다. 왕건을 옹립했던 쿠데타 세력과 궁예를 지지했던 기존 통치세력은 서로 격렬한 권력투쟁을 전개했을 것이며, 그 투쟁을 통해 왕건측이 승리했을 것으로 여겨진다. 그러나 사서(史書)에는 왕건의 즉위과정을 그의 참모들의 강권으로 마지못해 왕위에 올랐던 것처럼 기록함으로써 그의 위명을 극대화하고 있었으며, 실각한 궁예를 매도하는 편향적인 논리로 채워져 있다.

> 그해(918) 6월 을묘에 기병장군 홍유(洪儒), 배현경(裴玄慶), 신숭겸(申崇謙), 복지겸(卜智謙) 등이 비밀히 짜고 밤중에 태조(왕건)의 저택으로 가서 그를 왕으로 추대할 뜻을 함께 말하였다. 태조는 굳이 거절하여 허락하지 않았으나 부인 유씨가 손수 갑옷을 들어 태조에게 입히니 여러 장수들이 옹위하고 나오면서 사람을 놓아 말을 달리며 외치기를 '왕공이 벌써 의기를 들었다'라고 하였다. 이때 분주히 달려와서 함께 참가한 자들이 이루 세일 수가 없었고 먼저 궁문으로 와서 북을 치고 떠들면서 기다리는 자도 만여 명이나 되었다. 궁예가 이 소문을 듣고 깜짝 놀라 말하기를 '왕공이 벌써 승리를 얻었으니 내 일은 다 글렀다' 하고 어찌 할 줄을 몰랐다. 이리하여 그는 변복을 하고 북문으로부터 도망쳐 나가니 궁녀들이 궁안을 깨끗이 하고 태조를 맞아 들였다. 궁예는 산골로 도망하였으나 이틀 밤을 지난 후에는 배가 몹시 고파서 보리 이삭을 잘라 훔쳐먹었다. 그 뒤 곧 부양(평강) 백성에게 살해되었다.[36]

궁예를 군사력으로 몰아내는 궁정 쿠데타를 감행한 뒤 왕건은 그 다음 날 포정전에서 왕위에 올라 국호를 고려로, 연호를 천수(天授)로 고쳤으며 군왕으로서 조서를 내렸다. 이 조서의 전반부는 궁예를 비난하는 글로 채워졌다. "이전 임금 궁예는 비록 전국을 통일하려 했지만 위압과 모멸로 사람들을 가혹하게 통치했으며 그 결과 백성들의 원망을 사게 되었다"고 적었다. 이 조서 후반부에 왕건은 앞으로 완전히 다른 새 세상을 만들 것임도 밝혀 놓았다. 즉 자신은 "여러 신하들의 추대로 왕위에 올랐으며 이제부터 새 규율을 만들어 지킬 것이고, 임금과 신하가 마치 고기와 물처럼 화합하여 강산이 편안하고 밝아지는 경사를 맞게 될 것"임을 천명했다.

궁정 쿠데타로 권력을 장악했던 왕건은 확고한 기반을 마련하고자 그

---

36) 《고려사》 권 1, 〈세가〉 1, 태조.

의 지지세력을 중심으로 권력구조를 재편했다. 주요 관직에 측근이나 지지자를 임명했으며, 새로 다수의 관직자를 등용했다. 왕건은 이들을 임명하면서, 이들이 유능한 인재임과 동시에 충실한 성품을 가진 인물이라고 평했으며, 궁예시대의 관직은 너무 번거롭고 복잡하기 때문에 신라의 관제를 기본으로 삼아 필요한 것만 새롭게 고치거나 만들라고 지시하기도 했다. 이어 그는 반혁명세력들, 즉 이전 궁예에게 충성했던 인사들을 대거 숙청함으로써 통치구조의 안정성을 확립했다.

왕건은 또한 자신을 도와 통일왕조의 건국에 전력했던 최측근인사들을 공신으로 표창했다. 구체적으로 홍유, 배현경, 신숭, 복지겸 등을 일등공신으로, 견권(堅權), 능식(能寔), 권신(權愼), 염상(廉湘), 김락(金樂), 연주(連珠), 마난(麻煖)은 이등공신으로, 그리고 약 3천 명에 해당되는 인사들을 삼등공신으로 봉했으며, 이들 공신들에게는 각기 등급에 따라 비단과 곡식 등을 나누어주었다.

왕건은 관직의 새로운 임명과 동시에 고려 국가체제를 안정시키기 위한 제도화에 들어갔으며, 그 과정에서 자신의 집권에 반대했거나 맞섰던 세력들에 대해서도 몇 가지 방법으로 해결했다. 한편으로 직접 무력으로 그에게 맞섰던 반대세력들을 제압했으며, 다른 한편으로 유화적인 방법으로 포섭했다. 일반 민중들에 대해서는 적극적인 위무정책을 실시함으로써 그에 대한 지지기반을 넓혀갔다. 이러한 정책 추진에는 왕건 자신의 군사적인 우월성이 배경을 이루었으며, 적대세력의 군사적 도전을 차단할 수 있었다.[37]

고려왕조의 건국과정에서 일찍부터 궁예를 적극적으로 지지했던 지방의 유력한 세력들 사이에는 심한 동요가 일어났는데, 충주 지방이 가장

---

37) 대표적인 것으로는 환선길(桓宣吉)의 반란의 진압이 있으며, 궁예의 마군대장(馬軍大將)으로 왕건에 복속하지 않았던 웅주(熊州, 공주)의 이흔암(伊昕巖)의 처단이었다. 본래 환선길은 고려 왕건의 건국에 공을 세운 마군장군으로 정예군을 통솔하여 왕궁의 숙위를 맡았지만 논공행상에 불만을 갖고 50여 명의 군사를 동원하여 왕건을 공격했으나 왕건은 이를 물리쳤으며, 환선길을 추격하여 살해했다. 그리고 웅주의 이흔암도 왕건에 반역했기 때문에 처단했는데, 환선길과 연계되었던 것으로 짐작되고 있다.(박한설, 앞의 글, pp.23~24)

심했다. 이곳의 호족들은 지리적으로 일찍부터 강한 지방세력으로 자리 잡고 있었다. 특히 청주사(靑州帥) 진선(陳瑄)과 그의 아우 선장(宣長) 등이 반란을 일으켰으며, 왕건은 군사를 동원해서 이들을 진압했다. 또한 김유신계의 후예로 신라의 상층 통치세력이었던 김주원(金周元)의 지배 아래 있었던 명주는 일찍이 궁예에 항복하여 그의 군사력으로 편입되었기 때문에 왕건에 대해 적대적이었다. 이들을 왕건은 일면 포섭, 일면 진압하였다. 그 결과 명주 장군 순식, 벽진군(경부 성주) 장군 이총언, 고울부 장군 능문 등도 왕건에 투항했다. 왕건은 지역 요충지인 강주(진주)의 장군 윤웅(閏雄)을 복속시켰으며, 경주 인근 지역인 흥례부(興禮府, 울산)도 왕건에 귀부했다. 왕건은 고려를 건국한 직후 918년에 지방에 신하를 파견하여 성주와 장군들에게 고려왕조의 건국을 알리면서 귀순할 것을 종용했으며, 이에 따른다면 물질적 대우는 물론이고 특권적 지위를 보장해 주었다.[38] 또한 922년 6월에 투항한 하지현(경북 안동) 장군 원봉에게는 원윤의 관직을 주었고 그 지역의 격을 높여 통치하게 했는데, 이는 투항한 인사의 위치와 군사의 수를 고려하여 고려의 상층 통치세력으로 받아들였던 것이다.

왕건은 투항해온 지방 성주나 장군들을 포용하기 위해 자신의 성 왕씨를 하사함과 동시에 이름을 지어줌으로써 왕족으로 예우했고, 왕건의 혈족이나 측신과 혼인시켜 집권층으로 포섭했다.[39] 이러한 포섭정책을 통해 10년 동안 군사적인 큰 충돌 없이 여러 지역의 장군을 복속시켰으며, 후백제와 신라를 제외한 모든 영역을 고려의 영토로 장악할 수 있었다.

고려가 통합해야 할 대상은 신라와 후백제로, 고려는 신라에 대해서는

---

38) 왕건은 벽진군 장군 이총언에게 사신을 보내 힘을 합쳐 반란을 진압하자고 설복하면서 그를 그 지방의 장군으로 임명해 주었다. 그리고 이웃 지방의 229호를 녹읍으로, 쌀 2,200섬과 소금 1,785섬을 예물로 주었다. 927년 8월 고려로 투항했던 홍달에 대해서는 그와 세 아들에게 청주(경북 선산군), 진주(경남), 한수, 장천(경북 상주군) 지방을 각각 녹읍으로 주기도 했다.(《고려사》 권 92, 〈열전〉 5, 왕순식)

39) 왕건은 명주장군 순식에게는 대광의 벼슬과 왕씨 성을 내려주었고 그의 아들 장명의 성과 이름은 왕렴으로 고쳐주었다. 강주 장군 윤웅의 아들 일강은 행훈의 누이와 결혼하도록 하였다.

그들의 환심을 얻는 데 치중했다. 이를 위해 후백제의 신라 침략을 견제하는 역할까지 기꺼이 맡았다. 즉 고려는 신라의 보호국 위치에 있었는데, 이 시기 신라는 경주 일원만 겨우 유지하여 멸망할 수밖에 없는 작은 왕국에 지나지 않았다.[40] 특히 930년 1월, 고창군 병산에서 고려군이 후백제군을 격파하여 결정적인 승리를 거둔 뒤에 이를 신라에 알리자 신라 조정은 스스로 왕국 유지가 불가능함을 절감했으며, 따라서 931년 2월 고려에 사신을 파견하여 신라의 왕을 비롯한 상층 세력이 고려에 투항하려 한다는 의사를 전달했다. 이에 응답하여 왕건은 경주를 방문했으며, 8월에는 신라의 왕실과 통치세력들에게 예물을 보내주었다. 935년 10월 신라의 경순왕 김부는 고려에 귀순할 의사를 알려 왔으며, 왕건은 사신을 보내 이를 받아들인다는 것을 통지해 주었다. 그 해 11월 신라의 경순왕은 왕족과 상층 통치세력들을 이끌고 고려로 귀순했다.[41]

고려의 후백제 병합은 사실상 후삼국의 완전한 통일을 의미했다. 이 점에서 고려 왕건의 후백제에 대한 대응도 신중할 수밖에 없었다. 후백제는 먼저 신라를 병합하여 영토와 군사력을 확대하여 고려와 결전하려고 했다. 왕건은 925년부터 본격적으로 후백제와 맞섰다. 초기에는 고려가 후백제군의 기습과 공격으로 연패했지만, 929년 12월 고창군(안동) 전투와 930년 1월 병산(고창군) 전투에서 후백제군을 격파하고부터 전세는 균형을 이루었다. 934년 9월 왕건은 후백제의 운주를 공격했으며, 여기에

---

40) 고려와 신라의 우호적인 관계는 920년 신라 사신이 고려를 찾았던 것에서부터 시작되었는데, 그 뒤 920년 10월 후백제 군사가 대량(경남 합천)과 구사(경주 부근)을 침입했을 때 고려는 신라의 요청으로 군대를 보내 이를 물리쳤다. 심지어 925년 10월 신라의 고울부(경북 영천) 장군 능문이 고려에 투항했을 때는 이곳이 경주와 가까운 고장이라는 이유를 들어 몇 사람의 관리들만 남게 하고 나머지는 되돌려 보내기도 했다. 927년 3월 왕건이 후백제의 운주(충남 홍성)를 공격했을 때는 신라가 군대로 지원했다. 이 해 9월 후백제가 경주를 침입했을 때 고려는 시중 공훤으로 1만 명의 군대를 거느리고 후백제를 물리치게 했으며 견훤이 경주를 약탈했을 때는 왕건 자신이 정예군 5천 명으로 출전하기도 했다.

41) 신라의 경순왕 김부가 투항했을 때 그 일행이 탄 수레와 각종 보물을 실은 마차는 연 30리에 이르렀다. 왕건은 투항한 김부에게 자신의 맏딸 낙랑공주로 처로 삼게 했으며, 12월에는 김부를 위국공신 낙랑왕으로 책봉하고 식읍 8천 호를 주었다. 그리고 매년 5천 섬의 녹을 주도록 조치했다. 또한 그를 경주의 사심관으로 임명하여 그곳의 부호장 이하의 향리를 통제할 수 있는 권리를 부여해 주었다.

견훤은 5천의 정병으로 맞섰기 때문에 일진일퇴의 교착상태에 놓였다. 그러나 고려의 유금필이 수천의 기병으로 공격함으로써 마침내 고려군은 승리할 수 있었다. 이 전쟁으로 웅주(공주) 이북의 30여 성이 고려에 투항했다.

후백제의 결정적인 붕괴는 935년 3월 견훤의 장자 신검의 정변 때문인데, 이 정변으로 견훤도 고려에 투항했다.[42] 후백제에 대한 마지막 공격은 936년 6월에 이루어졌다. 태자 왕무(뒤에 혜종이 됨)와 장군 박술희가 보병과 기병 1만 명으로 천안에서 후백제군을 쳤다. 그리고 9월에 고려는 8만여 명의 군대를 동원하여 일리천(경북 선산)을 사이에 두고 후백제군과 격전을 벌였으며, 이 전투에서 3,200명의 후백제군을 포로로 잡았고, 5,700명을 전사하게 했으며, 신검이 문무 관료와 함께 고려에 항복함으로써 마침내 전 지역은 고려로 통합되었다.

왕건에 의한 고려의 후삼국 통일은 50여 년 동안 전란으로 황폐화된 국토에 비로소 평화를 가져오게 하는 계기가 되었으며, 여기에는 전쟁만이 아니라 포용정책이 큰 영향을 미치기도 했다. 왕건은 지방호족들을 포섭하기 위해 사자를 파견하여 후한 예물과 겸손한 언사로 화친의 뜻을 전하는 등 전쟁을 피하기 위한 노력을 하기도 했다. 그의 이러한 포용정책은 그 뒤에도 계속되었는데, 그 결과 고려는 후삼국 사이의 오랜 갈등과 대립을 치유할 수 있었다. 왕건은 지방호족들을 포섭하기 위해 결혼정책,[43] 사성정책,[44] 사심관제도,[45] 기인제도[46] 등을 광범하게 활용했으며, 그

---

42) 견훤은 10여 명의 아들 가운데에서 넷째 금강을 특별히 총애했으며, 그에게 왕위를 물려주려 했다. 여기에 맏아들 신검은 둘째아들 양검과 셋째아들 용검 등과 힘을 합쳐 금강을 죽였으며, 견훤을 금산사에 구금하였다. 금산사에서 탈출한 견훤이 고려로 투항했으며, 이에 왕건은 그에게 특별히 우대해 줌과 동시에 양주를 식읍으로 주었다.

43) 왕건은 호족의 이탈을 막고자 각 지방 호족의 딸과 결혼하는 방법을 강구했는데, 그 결과 29명의 후비를 두게 되었다. 왕건이 왕위에 오르기 전의 결혼은 신혜왕후(神惠王后) 유씨(劉氏), 장화왕후(莊和王后)   2명이었다. 알려진 것만으로도 신명순성태후(神明順成太后) 유씨(劉氏)는 충주 호족 유경달(劉兢達)의 딸이고, 광주원부인(廣州院夫人), 소광주원부인(小廣州院夫人) 왕씨(王氏)는 광주의 호족 왕규(王規)의 딸이며, 예화부인(禮和夫人) 왕씨(王氏)는 춘주인(春州人) 대광 왕유(王柔)의 딸이며, 정목부인(貞穆夫人) 왕씨(王氏)와 대명주원부인(大溟州院夫人) 왕씨(王氏)는 명주의 호족 왕경(王景)과 왕예(王乂)의 딸이었다. 그 밖에 승주(昇州) 호족 박영규의 딸인 동산원부인

리하여 점차 하나의 통일국가로 자리잡을 수 있었다.

왕건의 통일정책은 달성해야 할 필요성에 대한 논리도 동원했다. 구체적으로는 고려 건국의 역사적 당위성과 통일의 중요성을 알리는 것이었다. 고려 건국이 오랜 전란으로 고통에 빠진 민중들에게 안정된 삶을 이룰 수 있도록 하기 위하여 필요한 조치이며, 따라서 지방의 관리된 자나 지배층은 옳은 정사를 해야 한다고 강조하기도 했다. 이는 곧 민중들의 지지를 확보함으로써 실질적인 통일국가를 정립하기 위한 것이었다. 왕건이 왕으로 즉위한 2년(934) 뒤 예산진에서 지배층에게 내린 조서에서도 그러한 의도를 찾아볼 수 있다.

지난날 신라의 정치가 혼란하여 뭇 도적이 사방에서 일어나고 백성들이 유리 분산하여 그들의 백골이 거친 들판에 널렸었다. 전 임금(궁예)이 온갖 분쟁을 평정하고 국가 기초를 닦았으나 말년에 무고한 백성들에게 해독이 미쳤으며 사직이 전복되었다. 내가 그 위급한 뒤끝을 이어 새 나라를 창건하였는데, 도탄 속에 신음하여 온 백성들에게 고된 노역을 시키는 것이 어찌 나의 본의이겠는가?……우리 백성들로 하여금 도적들의

(東山院夫人) 박씨(朴氏)와 신라왕 김부(金傳)의 백부 억염(億廉)의 딸 신성왕태후(神成王太后) 김씨(金氏) 등이 있으며, 1등공신 홍유의 딸 의성부원부인(義城府院夫人) 홍씨(洪氏), 평주(平州) 호족 박수경과 그의 형 박수문의 딸 몽양원부인(夢良院夫人) 박씨(朴氏)와 월경원부인(月鏡院夫人) 박씨(朴氏), 평주 호족 유금필의 딸 동양원부인(東陽院夫人) 유씨(庾氏), 황주의 황보제공의 딸 신정왕후(神靜王后) 황보씨(皇甫氏) 등이 있었다.

44) 왕건은 지방의 유력호족들에게 자신의 성인 왕씨 성을 하사하여 이들과 일종의 가족적인 친척관계를 맺었다. 그 구체적인 사례로, 22년 명주의 장군 순식의 아들 수원이 귀부하자 그에게 왕씨 성과 전택을 하사했고, 순식이 항복하자 그에게도 왕씨 성을 주었고 대광으로 임명하였다.

45) 신라왕 김부가 항복해 오자 왕건은 그를 경주의 사심관으로 임명하여 부호장 이하의 관직 등에 대한 사무를 관장하게 했다. 사심관제도는 그 뒤 다른 공신들의 경우에도 각기 그 출신지에 임명하여 실시했는데, 이렇게 함으로써 지방의 유력자를 왕건의 진영에 적극 참여할 수 있게 했다.(박한설, 앞의 글, p.43)

46) 기인제도는 후삼국시대 각 지역의 호족들이 고려나 후백제에 대한 충성의 표시로 자신들의 자제를 인질로 삼게 한 것에서 시작되었다. 이 제도는 지방 호족들의 이탈을 방지하는 방법이었다. 그러나 후대로 내려오면서 그 성격이 변했으며 지위도 격하되었지만 왕건 시대만 해도 개경에 거주했던 지방 호족의 자제들을 우대함으로써 정치적인 통합과 안정을 도모할 수 있었다.(위의 글, p.44)

난은 면하게 하려는 것이다. 이리하여 남자는 전부 군대로 나가게 되고 여자들까지 부역에 동원되었다. 그들은 고통을 참지 못하여 혹은 산중으로 도망하고 혹은 관청에 와서 호소하는 자들이 얼마나 많은지 모르겠다.……너희들 공경 장상으로 나라의 녹봉을 먹는 자들은 마땅히 백성들을 자기 자식과 같이 사랑하는 나의 뜻을 충분히 체득하고 자기의 녹읍 백성들을 사랑하여야 할 것이다.……너희들은 나의 훈계를 중시하고 나의 상벌에 복종하라. 죄가 있는 자는 귀천을 막론하고 자손에까지 책벌이 미칠 것이요, 공이 많고 죄가 적은 자는 그대로 참작하여 상벌을 시행할 것이다. 만일 허물을 고치지 않는다면 1년 동안 혹은 2~3년 내지 5~6년 동안에 걸쳐 그 녹봉을 추징할 것이요, 심한 경우에는 종신토록 등용하지 않을 것이다.[47]

이 조서는 자신의 왕조가 민중을 안돈시키기 위한 것이기 때문에 지방호족이나 지배세력도 자신의 의도를 받아들여야 한다고 강조하고 있다. 그는 안민(安民)의 기본을 관리들의 가렴주구를 뿌리뽑는 데 있다고 생각했다. 그뿐 아니라 벼슬아치들이 앞장서서 근검절약해야 할 것도 강조했으며 조세 부담의 경감도 지시했다.[48] 왕건은 안민정책으로 민중들의 지지를 얻을 수 있었으며, 왕조의 기반도 다질 수 있었다. 그의 이러한 인식은 다음의 조서에서도 읽을 수 있다.

주(周)나라 무왕(武王)은 은(殷)의 주(紂)를 내쫓고 곡식과 재물을 풀었으며 한(漢)나라 고조(高組)는 항우(項羽)를 멸하고 산택(山澤)에 은신한 백성을 각 전리(田里)로 돌아가게 하였다. 짐은 덕이 적은 사람으로 왕업을 창건한 것을 깊이 부끄럽게 여긴다. 비록 하늘이 도와주는 위업에 힘입었으나 역시 백성의 추대하는 힘에 의지하였으니 백성들로 하여금 편

---

47) 《고려사》, 〈세가〉 2, 태조 2년조.
48) 다음의 조서가 대표적이다. "태봉주(궁예)는 자신의 욕구를 채우기 위해 백성들에게 오로지 가혹한 수취를 일삼고 예전의 제도를 준수치 않아 1경(頃)의 토지에 조세를 6(石)이나 받고 역(驛)에 속한 호(戶)에 사(絲)를 3속(束)이나 부과하여 마침내 백성들로 하여금 농사를 걷어치우고 길쌈하는 일을 그만두게 한 뒤 떠돌아다니고 도망치는 농민들이 줄을 잇게 하였다. 지금부터 조세의 부과는 마땅히 천하의 통법(通法)을 써서 상례로 삼으라."(《고려사절요》 권 1, 태조 원년 추7월)

안히 살아 집집마다 모두 착한 사람이 되게 하려 한다. 그러나 쇠락한 데에 조세를 면제해 주고 농업을 권장하지 않으면 어찌 집마다 넉넉하고 사람마다 풍족하게 할 수 있겠는가. 백성들에게 3년 동안 조세와 부역을 면제해 주고 사방으로 떠돌아다니는 자는 전리(田里)로 돌아가게 하며 곧 대사(大赦)하여 함께 휴식토록 하라.[49]

실제로 민중들은 신라 하대 이래 계속되어 온 상층 통치세력의 권력투쟁에서 오는 학정과 그 뒤 오랜 전쟁으로 정상적인 삶을 이룰 수 없었다. 지방호족이나 세력가들은 대부분의 장정을 군인으로 징모했으며, 부녀자도 축성에 동원되었고 가혹한 조세로 이들을 극빈상태로 몰아넣었다. "기근이 거듭 들게 되었고, 질병이 계속 유행했으며, 백성들은 집을 버리고 길에서 굶어 죽는 자가 허다했다. 가는 포(布) 1필이 겨우 쌀 5되 밖에 안 되어 백성들 가운데 자신과 처자를 팔아 남의 노비가 된 자도 적지 않았다."[50] 왕조의 확립은 곧 민중들의 안민에서만 가능했기 때문에 왕건의 민중에 대한 위무책도 그만큼 절실할 수밖에 없었다. 왕건의 고려 건국, 곧 고대사회의 전제적 왕조체제가 갖는 한계와 그것이 놓여 있었던 종교적 기반의 와해, 즉 왕실 중심 불교의 타락과 그것에 대응하는 선종의 파급과 미륵신앙의 민중적 수용 등은 이미 중세적 사회로 이행됨을 전제하는 것이었다. 그리고 그러한 이행과정, 다시 말하면 고대국가의 전제적 왕권체제와 그것을 승계하는 새로운 체제로서 중세적 왕조체제 사이에는 50여 년 동안의 전쟁과 혼돈의 긴 과정을 거쳤던 셈이다

6. 권력구조와 통치체제의 재편

고려는 중세적 왕조국가였기 때문에 기본적으로는 종교적 가치, 즉 불교의 정치적 실천이 통치의 기본 목표로 자리잡았다. 중세적 왕조국가이기도 한 종교국가로서의 성격은, 비록 그것이 중앙집권적인 구심력과 지

---

49) 《고려사절요》 권 1, 태조 원년 8월.
50) 《고려사》 권 1, 〈세가〉 1, 태조 원년 8월 신해.

방분권적인 원심력 사이의 균형관계를 특징으로 한다고 해도, 궁극적으로는 구심력에 의한 중앙집권적 통제로 귀착될 수밖에 없었다. 그것을 가능하게 했던 이념적 기여가 불교에 의해 이루어졌다. 고려는 불교를 위한 통치체제로서의 시대적 속성을 가지고 있었다. 고려가 새로운 통치체제로 재편되는 데 우선 고려되었던 것은 불교왕국의 정립이었다. 이를 기반으로 통치세력의 제도적 안전을 확보하려 했으며, 전반적인 사회체제도 재정립했다. 이것은 단순히 상층 지배세력들의 관직점유를 교체하는 것만을 의미하는 것은 아니었다. 여기에 경제적 개편도 뒤따라야 했다. 이러한 개혁의 대상은 그 시대의 물적 가치 기반이었던 토지제도에 집중되었다. 고려 역시 통치세력과 피지배 민중들로 이루어진 이분적 사회구조였기 때문에 지배세력에 의한 피지배 민중들의 수탈과 억압이 자행되었으며 이 과정에서 관인과 군사제도에 따르는 강압성이 강화되었다.

고려 통치이념의 초기 성격은 왕건의 〈훈요십조〉에도 잘 드러나 있다.[51] 그가 중요하게 여겼던 것은 불교국가로서 고려의 정립이었다. 그는 고려가 불교 사상으로 이루어진 나라임을 천명했다. 또한 중국 문물의 수

---

51) 〈훈요십조〉는 고려 태조가 죽기 한 달 전에 내전에서 대광 박술희(朴述希)를 불러 훈요(訓要)를 준 것으로 되어 있다. 여기에는 태조가 후대 국왕들이 고려를 통치하려면 기준으로 삼아야 할 내용을 담고 있다. 이 내용 가운데 다른 것은 다 사리에 합당하나 여덟째의 지역차별 등은 적실성이 문제로 제기될 수 있다. 〈훈요십조〉의 요지를 적으면 다음과 같다. "첫째로 국가의 왕업은 반드시 모든 부처의 도움을 받아야 한다. 둘째로 모든 사원들은 도선의 의견에 따라 국내의 산천이 좋고 나쁜 것을 가려서 창건했기 때문에 마구 남설하지 말 것. 셋째로 왕위계승은 적자에게 하는 것이 정당한 것이지만 형편에 따라 왕위를 지차에게 물려줄 수 있어야 한다. 넷째로 중국의 풍습을 받아들이되 서로의 풍습이 다르니 억지로 맞추려고 하지 말며 거란의 풍속이나 의관은 받지 말라. 다섯째로 서경은 수덕이 순조로워 나라 지맥의 근본이니 만대 왕업의 기지로 국왕은 춘하추동 사시절의 중간 달에 백일 이상 그곳에 체류하라. 여섯째로 연등과 팔관을 함부로 증감하지 말라. 일곱째로 왕은 백성의 신망을 얻는 데 중점을 두어야 하며 신상필벌을 엄정하게 하라. 여덟째로 차현 이남 공주강 바깥 지역 주민을 인재로 중용하지 말라. 아홉째로 백관의 녹봉은 나라의 대소에 따라 일정한 제도를 마련하는 것이니 현재의 것을 증감하지 말라.……강하고도 악한 나라(거란)가 인방으로 있으니 평화시기에도 위험을 잊어서는 안 된다. 병졸들을 보호하고 돌보아 주어야 하며 부역을 면제하고 매년 가을에 무예가 특출한 자들을 검열하여 적당히 벼슬을 높여 주라. 열째로 나라를 가진 자나 집을 가진 자는 항상 만일을 경계하여 경전과 역사 서적을 널리 읽어 옛일을 지금의 교훈으로 삼을 것"을 강조하였다.(《고려사》 권 2, 〈세가〉 2, 태조 2)

용을 강조하면서도 기본적으로 중국과 다른 풍습을 가지고 있기 때문에 주체적인 관점에서 중국 문물의 수용을 주장했다. 이러한 주체의식은 강건한 상비군과 서경의 지역적 중요성을 지적하기에 이르렀으며, 거란에 대한 방비에도 치중할 것을 말함으로써 국방에 대한 관심을 표명하기도 했다. 특히 왕건의 〈훈요십조〉에서는 관리들의 엄정한 녹봉을 강조했으며, 그렇게 함으로써 가렴주구의 근절을 모색했고, 백성들이 편안하게 살수 있는 이른바 안민통치의 실현을 표방하였다. 왕건의 생각은 중세적 왕조국가의 통치이념을 그대로 보여주었다. 불교, 왕실, 대외관계와 국방, 관리와 백성의 관계를 설정한 이러한 이념적 성격은 여전히 그 기반을 불교에 두고 있었다. 이러한 의미에서 불교왕국으로서 고려의 통치적 의미를 살펴볼 필요가 있다.

지배이데올로기로서 불교도 통치이념에서는 때때로 역기능을 드러낼 때가 있었다. 불교는 고려 초기부터 민중과 지배층을 통합시킨 접착제와 같은 기능을 수행했다. 주로 팔관회나 연등회 같은 불교의식에 따라 이러한 일들이 이루어졌다. 그러나 그 과다한 비용은 국가 재정의 낭비를 가져왔다. 또한 승려 수의 증대, 사찰의 남설 등으로 왕국을 빈곤으로 몰아넣었다. 불교의 통치논리는 설화의 영향력에도 의존했다. 물론 불교에 바탕을 둔 이상적 통치에 대한 논의는 몇몇 승려의 불교교리에서도 설법되었다. 이러한 현상도 민중의 지적 인식의 상승에 견주어 볼 때 그것만으로 통치를 합리화하기는 어려움이 따랐다. 이 점에서 불교의 통치이념은 종교적 계율에 따른 사회변동의 저지라는 특성으로 기능하는 한계를 드러내게 되었다.

고려는 후삼국 통일과정에서 불교의 지원을 받았지만 곧 새로운 한계가 생겼다. 이러한 성격은 다음 몇 가지 사실에서 알 수 있다. 하나는 불교사원의 남설이다. 개경에는 수많은 불사가 왕실에 의해 건립되었으며 지방 요지에도 고려 왕실의 후원을 받아 사찰을 건립했다. 특히 개경에 세운 사찰들은 왕실 사찰의 성격을 가지고 있었다. 이 사찰들의 건축과 유지에 지나친 경비를 지출하였고, 국왕은 이를 다른 어떤 것보다 더 중요한 통치의 기본으로 삼았다. 이러한 사정은 다음 글들에서도 짐작할 수 있다.

> 왕(정종)이 의장병을 갖추어 불사리(佛舍利)를 받들고 왕궁에서 10리
> 나 떨어진 개국사(開國寺)까지 걸어가서 이를 모시는 한편 곡식 7만석을
> 보내어 여러 큰 사원들에 헌납하여 각각 불명경보(佛名經寶)와 광학보(廣
> 學寶)를 설치함으로써 불법을 배우는 자들을 장려하도록 하였다.[52]

> 승려 혜거(惠居)를 국사로 삼고 탄문(坦文)을 왕사로 삼았다. 왕이 아
> 첨하는 말을 듣고 많은 사람을 죽였으므로 내심으로 가책을 받게 되었다.
> 이리하여 자기 죄악을 덜기 위하여 재회(齋會)를 광범히 가지게 되니 많
> 은 무뢰배들이 가짜로 중이 되어 배부르게 먹을 것을 생각하고 모여들었
> 다. 이따금 떡과 쌀, 땔감 등을 가지고 서울과 지방의 길거리에서 일반에
> 게 나누어주는 것도 수 없이 많았다. 또 방생소(放生所)를 많이 설치하여
> 놓고 부근 사원들에게 불교를 강연하였다. 동물의 도살을 금지하고 왕궁
> 에서 쓰는 고기도 시장에서 사들이었다.[53]

> 갑신일(숙종 원년, 1101년 9월)에 왕이 총지사(摠持寺)에 가서 동복아
> 우인 중 후(煦)의 병을 위문하였다. 회경전(會慶殿) 구정(毬庭) 및 외산(外
> 山) 절들에 인왕경(仁王經) 도량을 베풀고 중 5만 명에게 음식을 먹였
> 다.[54]

위에서 알 수 있듯이 고려 초기 국왕들의 통치행위는 불사의 건축, 불
승의 예우와 같은 불교의 지원에 상당 부분 자원을 쏟았다. 그 결과 왕실
의 특별한 지원을 받았던 전국의 주요 사찰은 서유럽 중세의 사원이나
장원과 비슷한 상황에 놓였다. 이들은 막대한 토지를 소유했으며 본사(本
寺)에서 멀리 떨어진 말사(末寺)에는 장사(莊舍)를 두어 사찰에 속한 거대
한 농장을 직접 감리, 경영할 정도로 위세가 당당했다. 즉 고려에서 승려
는 특권층이었고, 사찰은 특권세력의 중심지였다. 왕의 자제, 즉 세자를
제외한 다른 왕자들까지도 기꺼이 불승이 될 정도였으며 때로는 왕으로

---

52) 《고려사》 권 2, 〈세가〉 2, 정종.
53) 《고려사》 권 2, 〈세가〉 2, 광종.
54) 《고려사》, 〈세가〉 11, 숙종 원년조.

내정된 세자조차 궁중의 권력다툼에서 안전을 얻기 위해 이들 사찰의 도움을 받을 정도였다.[55] 군왕도 특정 사찰을 자주 찾았으며, 여기서 통치를 위한 기원의식을 갖기도 했다.

고려 왕실의 불교에 대한 특별한 지원은 자연히 승려의 수적 증대로 이어졌으며, 이는 사찰의 방대한 농지 소유와 함께 생산인구의 격감을 불러왔고, 민중 경제를 빈곤으로 몰아넣는 심각한 피해 요인이 되기도 했다.[56] 이러한 불교의 폐해는 고려 후대로 내려가면서 한층 심해졌는데, 이에 대해서는 뒤에서 다시 다루겠지만, 여기서는 불교의 지배이념이 초기 국가건설 과정 때의 기여에서 점점 벗어나게 되었음을 지적하고자 한다.

고려는 통치세력의 형성에서도 불교국가라는 특성을 필연적으로 내포할 수밖에 없었다. 고려의 통치세력은 비록 오랜 전쟁 과정을 겪어 형성되었지만 실제로는 이전 지배세력의 지속이라는 성격을 지니고 있었다. 이들은 피지배 민중의 위치에서 고통당하는 경험을 갖지 못했다. 그들은 신라 하대에 자주 일어났던 농민반란의 주도적 참여세력이 아니었으며, 오히려 그에 대적했거나 때로는 그것을 이용했던 전통적 지배세력에서 크게 벗어나지 않았다. 이 점에서 고려의 불교는 농민반란의 저항적 성격을 갖는 변혁적 사상체계라기보다는 지배세력의 집권을 합리화하면서 민중들에게는 현실의 고통을 수용하도록 유도하는 요인으로 작용했다. 이렇게 된 중요한 이유는 불교가 지배세력과 연계를 맺고 있었으며, 특히 대다수 선승들이 고려왕국의 건국에 도움을 주었기 때문이었다. 이 점에

---

55) 대표적인 것으로는 다음 글을 읽을 수 있다. "현종(顯宗)은……조금 장성하여 대량원군으로 책봉되었으며 당시 나이 12세였다. 천추태후가 그를 미워하여 억지로 머리를 깎고 중노릇을 하게 하였다. 그는 최초에 숭교사(崇敎寺)에 가 있게 되었다.……삼각산 신혈사(神穴寺)로 가 있었다. 이때에 천추태후는 비밀리에 여러 번 사람을 파견하여 그를 해치려 하였다. 이때 신혈사의 노승이 방안에 땅굴을 만들어 그를 숨기고 그 위에 침대를 놓아 불의의 사변을 방지하였다.……목종(穆宗) 12년 2월 기축일에 여러 신하들이 대량원군을 모셔다가 연룡전(延寵殿)에서 즉위케 하니 이가 곧 현종이다." (《고려사》권 4, 〈세가〉 4, 현종 1)

56) 불교의 이러한 폐해를 극복하기 위한 시도가 없었던 것은 아니었다. 성종은 즉위 3년(984)에 사람들이 자기 집을 희사하여 불교사원으로 만드는 것을 금했으며, 성종 6년(987)에는 개경과 서경의 팔관회를 폐지했다. 물론 성종은 불교를 억압하거나 배척한 것이 아니라 그 폐단을 없애고자 노력했다고 할 수 있다.(《고려사절요》권 2, 성종)

서 고려의 통치집단과 지배세력은 피지배 민중, 즉 농민적 사회기반과는 다른, 전통적 지배세력의 연장선 위에 놓여 있었다고 할 수 있다.

이러한 사실을 구체적으로 인식하기 위해 고려왕국을 형성했던 초기의 권력구조를 살펴보기로 하자. 왕건 중심의 통치세력은 다음 몇 갈래로 구성되었다. 하나는 왕건 직계세력이다. 이들은 왕건을 도와 그가 왕권을 차지할 수 있게 했으며, 후삼국을 통일하는 과정에 참여하여 고려 건국에 앞장섰던 인사들이었다. 둘째 집단은 지방의 유력자들, 이른바 호족들로 이들은 후삼국 통일과정에서 왕건을 도왔던 인사들이었다. 셋째는 고려에 귀부했던 신라의 경순왕을 비롯한 신라 지배층이었다.

먼저, 왕건의 측근인사로는 왕식렴(王式廉), 박수경(朴守卿), 박수문(朴守文), 유금필(庾黔弼), 태평(泰評) 등을 들 수 있다. 이들의 공통성은 왕건과 같은 개성 인근 지역의 출신들로 왕건이 궁예의 막장으로 있을 때부터 그를 도왔다. 그리고 왕건이 고려를 창건한 뒤 후삼국의 통일 과정에 직접 군사 지휘자로 활동했던 인사들이기도 했다.[57] 이 밖에 왕건이 궁예를 축출하고 왕이 되는 쿠데타 전개과정에서 그를 적극 지지했던 인사들도 이 부류에 속했다. 즉 홍유(洪儒), 배현경(裵玄慶), 신숭겸(申崇謙), 복지겸(卜智謙) 등은 처음에는 궁예에게 속했지만 왕건의 쿠데타에서 주모적 위치를 맡기도 했다. 실제로 이들 가운데 복지겸을 제외한 다른 사람들은 피지배 평민 출신으로 궁예의 막장이기도 했다.[58]

---

57) 왕식렴은 왕건의 종제(從弟)로 고려건국 뒤 서경건설의 책임을 맡았고, 박수경과 박수문은 형제로 평산 출신이며 일찍부터 왕건의 집안과 깊은 관계를 맺고 있었으며, 유금필도 평산 출신으로 왕건을 도와 마군장군이 되었다. 태평은 염주 출신이며 왕건을 일찍부터 섬겼으며 고려 건국 이후에는 순군낭중(徇軍郎中)이 되었다.(《고려사》 권 92, 〈열전〉 5) 이 부분에 대한 최근의 연구로는 李孝鍾, 〈王建의 勢力形成과 高麗建國〉, 洪承基 편, 《高麗太祖의 國家經營》, 서울대출판부, 1996, pp.25~30 참고.

58) 이처럼 왕건의 건국과정에 참여했던 인물은 그 뒤 통치세력이 되었는데, 이들을 정리하면 왕건의 직계가문 출신으로는 왕식렴, 유천궁(柳天弓, 왕건의 장인)을 들 수 있으며, 개성 인근의 황해 출신으로 최응(崔凝), 태평(泰評), 유금필(庾黔弼), 박수경(朴守卿), 박수문(朴守文)을 들 수 있고, 강원도 출신으로 박유(朴儒), 홍유(洪儒), 신숭겸(申崇謙), 배현경(裵玄慶), 복지(卜智), 환선길(桓宣吉), 박술희(朴術熙) 등이 있었고, 청주 출신으로는 능달(能達), 문식(文植), 명길(明吉), 김근겸(金勤謙), 관준(寬駿), 김언규(金言規), 현율(玄律), 총일(聰逸) 등, 그리고 실제 앞장서서 군사행동을 자행했던 인물로는 견권(堅權), 능식(能寔), 권신(權愼), 염상(廉湘), 김악(金樂), 연주(連珠), 마난(麻煖)

고려를 건국한 왕건은 지방호족들에게 서로 화해하여 고려 건국에 참여해줄 것을 희망하는 사절을 파견했다. 사절들은 지방호족을 높여 겸손하게 행동했으며, 후한 예물을 전달했다.(分遣單使 重幣卑辭) 왕건의 포섭정책으로 지방의 호족들은 왕건의 고려에 귀부하게 되었다.[59] 앞에서도 말했지만 왕건은 이들에게 고위관직은 물론, 왕씨를 하성했고, 자신의 딸과 결혼시켰다.[60] 이들도 후에 고려의 중신으로 자리잡았다.

세 번째 부류에 속했던 신라 상층 세력은 견훤과 경순왕 김부가 투항하자 왕건은 각기 남궁(南宮)과 신란궁(新鸞宮)을 주었고 식읍을 마련했으며, 견훤을 상부로 삼아 백관의 위에 있도록 했다. 그리고 김부를 특별히 우대했으며 정승으로 태자의 윗자리에 예우해 주었다. 특히 그에게는 태조의 장녀 낙랑공주는 물론이고 또 다른 딸과 혼인시켜 사위로 삼았다. 신라왕 김부에 대한 이러한 예우는 그 뒤 그의 가문이 고려 조정에 상당한 영향력을 행사할 수 있었던 계기가 되었다.

왕건은 그를 중심으로 한 권력구조를 재편함과 동시에 이에 입각해서 통치기구도 재정비했다. 그의 통치기구는 통일신라의 전제적 왕권체제와

등을 들 수 있다. 그리고 왕건의 권력 장악을 추인하면서 고려에 출사했던 인사로는 김행도(金行濤), 검강(黔剛), 박명필(朴明弼), 박희(朴曦), 진원(陳原), 염장(閻萇), 귀평(歸評), 손형(孫逈), 진경(秦勁), 진정(秦靖), 황보제공(黃甫悌恭), 김순식(金順式) 등이 었다.(《고려사》 권 1, 〈세가〉 1, 태조)

59) 왕건이 왕이 된 직후 투항한 청주의 견금(堅金), 상주의 아자개(阿字盖), 윤선(尹瑄) 등이 있었지만, 대부분의 지방 호족들은 왕건의 후삼국 통일과정에서 승기를 장악한 뒤에 이루어졌다. 성달(城達), 능문(能文), 왕순식(王順式), 염흔(廉昕), 선필(善弼), 박영규(朴英規), 이총언(李恩言), 윤웅(閏雄), 양문(良文), 홍술(洪術,) 홍달(興達,) 원봉(元奉), 능현(能玄), 훤달(萱達), 공직(龔直) 등을 들 수 있다.

60) 대표적인 사례로는 명주의 본주 장군 왕순식과 이총언의 경우를 들 수 있다. 왕순식은 태조 11년 고려에 투항했다. 그보다 먼저 고려에 투항했던 왕순식의 아들 수원(守元)에게 왕건은 왕씨의 성을 주었으며, 왕순식의 다른 아들 장명(長命)이 600명의 군사로 고려에 와서 숙위했는데, 그에게는 대광의 벼슬을 내린 것으로 되어 있다. 이총언은 신라말 벽진군을 지켰는데 태조의 회유를 받고 그의 아들 이영(李永)에게 군대와 함께 태조를 돕게 했다. 이때 이영은 나이 18세였는데, 태조는 대광 사도귀(思道貴)의 딸로 그의 처를 삼게 하고 이총언을 본읍 장군으로 임명하고 이웃 읍의 정호 229호를 더 주었다. 또 충주, 원주, 광주, 죽주, 제주 창고의 곡식 2,200석, 소금 1,785석을 주고 친필로 편지를 써서 금석같이 굳은 신의를 표하였다. 그 글에 이르기를 '후대 자손에 이르기까지 이 마음은 변치 않으리라(金石之信)'고 하였다.(《고려사》 권 92, 〈열전〉 5, 왕순식)

는 다른 성격을 갖고 있었다. 먼저 궁예가 설정한 통치기구를 수용했는
데, 이 체제는 당나라 제도를 모방했다. 이는 신라 후기의 고대사회를 극
복하려는 것이었으며, 통치기구의 체제화를 모색하는 것이었다. 고대사
회의 전제적 군왕의 사적 소유물에 불과했던 국가 관념에서 벗어나 국왕
이 국가의 핵심이기는 하지만 국가 나름의 일정한 체제적 속성을 가진다
고 생각했던 중세적 개념이 왕건 시대에 들어와서 일정 부분 드러나고
있었다. 국가 최고의 실권자는 국왕이지만, 국가는 국왕의 단순한 소유물
은 아니며, 국왕을 정점으로 상층 통치세력과 지배세력의 권력구조가 일
반 민중을 일정 부분 보호해 주는 제도적 성격을 가져야 한다고 믿었다.
이 점에서 고려는 왕조국가 나름의 성격을 확보하려는 경향을 보여주었
던 셈이다.

　구체적으로 고려의 초기 통치기구는 최고 관청인 정책결정기구로는
광평성(廣評省), 내봉성(內奉省)과 뒤에 내의성(內議省)의 3성체제를 근간
으로 삼았다.[61] 그리고 재정과 경제 분야의 기능을 수행하기 위해 마련된
삼사와, 물장성, 선관, 병관, 민관, 형관, 예관, 공관 등 뒷날 6부(조)로 개
편된 기구들을 마련했으며, 그 밖에 약 10여 개의 중앙 관청들로 구성되
었다. 이 통치기구 가운데 광평성의 서열이 가장 높았으며, 또 수상에 해
당하는 시중이 관료의 최고 책임자였기 때문에 이 부처가 최고 관부였다.
이것은 그 이름에서 알 수 있듯이 조정의 여러 고위 관직자들이 모여 통
치사항을 논의 결정했던 회의기구로, 신라 집사성의 후신이기도 했다. 내
봉성은 왕의 측근에서 왕명을 받들어 시행하는 행정기구로 광평성이 심
의 기능을 맡았다면 내봉성은 집행을 맡았다.[62] 순군부와 병부는 둘 다 군

---

61) 이 시기의 통치기구는 임시변통적인 성격이 강했다. 즉 이전 궁예 시기의 통치제도와
　　신라의 통치기구를 그대로 혼합시켜 활용했다. 이러한 현상은 그 뒤 약 70여 년 동안
　　지속되었다.
62) 광평성에 대한 견해는 여러 가지로 나누어져 있는데, 구체적으로 광평성을 고려왕조
　　의 호족세력에 의한 정책결정기관이고, 내봉성은 왕권을 배경으로 하는 정책의 집행기
　　관으로, 이 둘을 대립적으로 파악하여, 뒤에서 다루겠지만, 호족연합정권설을 뒷받침
　　하는 견해가 없지 않다. 그러나 이러한 견해는, 변태섭이 지적했듯이, 광평성이 궁예
　　때부터 있었으며 이 시기는 궁예의 전제통치가 있었기 때문에 호족의 발언권이 인정
　　되지 않았던 시기였고, 광평성에 시중이 있었음은 왕을 보좌함과 동시에 정부의 수장

사에 대한 일을 맡았지만 순군부가 병마권을 행사했다면 병부는 순수하게 군사행정만 맡았다. 이 점에서 순군부가 병부보다 상위기관이었다. 태조 통치의 중반부로 들어서면 새롭게 내의성이 설치되는데, 이는 왕에 대한 측근인사들의 고문기관으로, 국왕의 조서 작성 등 국왕에 대한 자문 역할을 맡았던 것으로 여겨진다.

이처럼 앞에서 말한 광평성, 내봉성, 순군부, 병부, 내의성의 5개 관부는 고려 초기 재부(宰府)로 국가통치의 중추였다.[63] 이들 기구 이외에 창부, 의형대 등 많은 관서가 설치되어 각기 자체 기능을 수행했지만 이것들은 이전 신라의 제도와 태봉의 제도를 뒤섞어 놓은 것들이었다.[64] 이 시기 중앙 정부의 관인들은 궁예의 태봉국 관직자들보다는 신라 말의 관인들이 더 많았던 것으로 조사되고 있다. 이는 곧 고려 초기에는 신라 계통의 관인들이 들어와 태봉의 잔존세력을 진압했던 것으로 여겨진다. 일종의 쿠데타적 권력이동의 한 단면이라 할 수 있다.

고려의 통치기구가 더 체계적으로 정비된 것은 성종 때였다. 이 시기부터 비로소 고려 국가체제의 통치기구가 정비될 수 있었으며, 아울러 군왕의 전제권도 이전보다 더 강화되었다. 성종 원년(982)에 중앙의 최고 행정기관 또는 합의기관인 문하부와 광평성이 내사문화성과 어사도성으로 각기 고쳐 불렸으며, 그 밖의 기구도 합쳐지거나 새롭게 설치되는 등 전면 개정이 이루어졌다. 그 다음해 지방제도가 처음으로 마련되어 12목이

이라는 점, 광평성과 내봉성의 관리 임명에 실제 개국공신이 포함되지 않았다는 점, 서경유수관과 같은 지방관아에도 광평성에 해당되는 낭관이 있었다는 점 등으로 근거가 약하다. 이러한 논의를 고려할 때 역시 변태섭의 논의가 더 타당성이 있는 것으로 여겨지는데, 이는 고려의 초기 건국이 결코 호족연합정권이 아니라는 인식에서도 그러하다.(변태섭, 〈중앙의 통치기구〉, 《한국사》 13, 국사편찬위원회, 1993, pp.13~14)

63) 위의 글, p.15.

64) 태조 초기의 관직과 관직자를 살펴보면 그 수도 소수였으며 그 기능도 다른 군사적인 활동보다는 약했다. 이것은 당시 고려가 후삼국을 통일하기 위해 전쟁을 수행하고 있었기 때문에 왕건의 충복들이 개경의 행정관직에 임명된 것이 아니라 실제 전쟁에서 고위급 지휘관으로 활동했음을 의미한다. 이 점에 대해서는 고려가 건국된 918년 공신의 표창에서 1등공신인 홍유, 배현경, 신숭겸, 복지겸과 2등공신인 견권, 능식, 권심, 염상, 김락, 연주, 마난과 그 밖의 이름난 군사지휘관 가운데에서 중앙 행정관리로 임명된 자는 찾을 수 없다는 데서도 알 수 있다.

설치되었으며, 중앙의 관리가 지방 통치의 기능을 수행했다. 성종 2년 5월에는 중국 당(唐)의 제도를 모방해서 "처음으로 3성(省) 6조(曹), 7사(寺)를 설치했다."[65]

성종 때는 중앙 관제 외에 중앙 상비군의 모체가 된 6위의 골간인 좌우위의 두 군영도 조직되었다. 그 이전에는 동북면과 서북면의 군사를 지휘하는 병마사들이 파견되고 있었다.[66]

이처럼 관제의 체계적인 정립은 6대 성종 14년(995)에 이루어졌는데, 중앙 행정 집행기관의 핵심 역할을 담당한 6부의 권한도 이때부터 강화되었다. 이 시기 6관의 이름을 6부로 고쳤으며, 6부 관할부서의 격도 높아졌다. 또한 이 시기에 중추원도 설치되었다. 중추원 설치는 관료제도의 기본 골격이 전면 정비되었음을 의미하며, 일반적으로 동아시아의 전통사회에서 관직의 이상적인 조직체제로 여겨졌던 하늘의 5개 별을 상징하는 재신(宰臣)으로서의 영, 시중, 평장, 참정, 정당과 북두칠성을 상징하는 추밀원을 구분함으로써 비로소 5재(宰) 7추(樞)의 기본 골격을 고려왕조도 마련할 수 있게 되었다.[67]

고려의 관직이 다시 한번 전면 재정비, 강화된 것은 11대 문종 30년(1076)의 일이었으며, 중요 관직으로 2군 6위의 군영을 기본 골격으로 삼았다. 7대 목종 5년(1002)부터는 응양과 용호 2군이 설치되었으며, 왕의 간관으로 양사(兩司)제도도 마련했다.[68] 그러나 본격적으로 완전하게 재정비, 강화된 것은 앞서 말한 11대 문종 때였다. 이 시기에 관제의 재정비과정을 거친 뒤 정립된 고려의 통치기구는 3성체제로, 중서성, 문하성, 상서

---

65) 《고려사》 권 96, 〈지〉 30, 백관 1. 그러나 이 시기에 이러한 제도가 처음 이루어진 것이 아니라 체제정비를 기록했던 것으로 이해할 수 있다. 왜냐하면 이미 그 이전에도 이러한 기구가 조직되어 있었기 때문이다.

66) 《고려사》 권 81, 〈병지〉 5, 군 ; 권 77, 〈백관지〉 외직.

67) 이기백, 앞의 책, p.136.

68) 고려의 군제는 왕건의 친위군에서 기원했으며 990년 성종 9년에 개편된 좌·우 군영을 골간으로 6위가 완비되었고, 그 뒤 추가로 2군이 설치되었다. 2군 6위의 관하에 45령(군단)이 있었고 군사지휘관으로는 각 군에 상장군(정3품) 대장군(종3품), 각 영에 장군(정4품), 중랑장(정5품), 낭장(정6품), 별장(정7품), 산원(정8품), 대정 등이 배치되어 있었다. 2군 6위의 지휘관들은 지방 군사지휘관들과 함께 고려 무신들의 기본 구성체였다.(장국종, 《조선정치제도사》, 백산자료원, 1998, p.178)

성으로 되었다.[69] 또한 문종의 관제 정비 뒤에 관리의 수도 늘어났다. 이는 그만큼 중세국가적 통치체제의 효율성을 높이기 위한 조치라고 할 수 있다. 구체적으로, 《고려사》〈백관지〉에 따르면 11세기 후반기 관리의 수는 동반 관리가 1품에서 9품까지 532명, 서반 관리는 3품까지 3,867명에 이르렀다.[70] 그러므로 총 4,500명 내외의 관인들이 사실상 고려의 통치체제의 근간을 이루었으며, 이들이 지배세력으로 피지배 민중을 통치하고 있었다.

---

69) 이 시기의 관제를 도식적으로 정리하면 아래와 같이 그릴 수 있다.(이기백, 《한국사신론》, p.135와 변태섭, 앞의 글, p.46을 종합해서 작성했음)

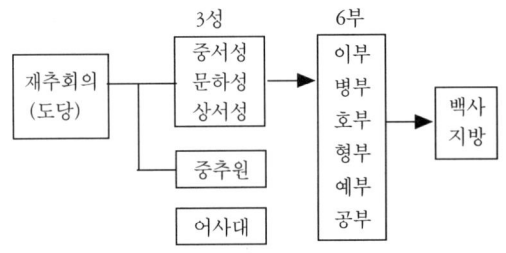

이 가운데 가장 중요한 것은 중서성과 문하성으로 이를 합쳐 중서 문하성이라고 불렀다. 중서 문하성이 재부로 국가의 중요 정책의 결정기관이었다면, 여기에서 내린 결정을 집행하는 것은 상서성으로, 그 산하에 다시 이, 병, 호, 형, 예, 공의 6부가 있었다. 3성과 같은 급에 자리잡은 것이 중추원으로 왕명의 출납과 군사상의 기밀인 군기를 장악했다. 중서 문하성과 중추원을 양부 또는 재추라고 불렀으며, 양부의 고관 즉 재신, 추신들이 함께 모여 국가의 중대사를 결정하는 재추회의를 가졌는데, 이를 도당이라고 불렀다. 그밖에 정치의 잘잘못을 논하고 관리의 잘못을 규탄하는 어사대가 있었다. 고려의 통치기구에서 찾아볼 수 있는 또 다른 특징은 왕실이나 지배세력의 수요에 응하는 궁정수공업적 관청들이 다수 그 자리를 차지했던 점이다. 문종 때 개정 설치된 관제에서 좌창, 우창 등 창고와 관청 수공업기관인 장야서, 도교서, 도염서, 잡직서, 내궁전, 복두점 등과 국가경제기관들인 급전도감, 동, 서재장 등이 그것인데, 이들은 왕을 비롯한 통치세력들에게 사치품을 비롯한 중요한 일용품을 직접 생산하여 제공하거나 마련해 주는 일을 맡았다. 이러한 사실은 일반 민중들의 삶과 구분되는 지배자층만의 특권적인 생활이 이루어졌으며 그들만을 위한 통치가 당연했음을 의미했다.

70) 이와는 다른 숫자도 계산되고 있는데, 《계림유사》에서는 "고려국에서는 벼슬아치들이 한 달에 여섯 번 청사에 나왔다. 문반은 710명, 무반은 540명이었다"고 되어 있다. 여기에서 문반에는 실제 벼슬자리는 가진 현직관리만이 아니라 명예직의 첨설직 관리들까지 포함되었으며 무반은 2군 6위의 참상관인 6품 낭장 이상을 전제로 한 것으로 생각할 수 있다.(《해동역사》 권 31, 〈관시지 관제〉; 장국종, 앞의 책, p.202)

7. 중세적 중앙집권체제의 성격 : 호족연합정권론의 한계

중세적 통치체제로서의 고려는 고대사회의 통치체제와는 차이가 있었다. 고대국가의 전제적 통치체제가 제의와 종교 위주의 통치, 견제받지 않는 군왕의 전제권, 그리고 피지배세력에 대한 억압과 약탈의 강제가 근간이었다면 고려는 이러한 성격에서 벗어나고 있었다. 즉 국왕을 중심으로 지배세력의 연대가 이루어졌으며, 지배세력과 피지배세력 사이의 사회적 관계가 제도적으로 설정되었고, 종교국가적 속성도 자리잡는 등 중세적 중앙집권체제의 성격을 담고 있었다.

구체적으로 고려 통치체제의 이러한 성격을 이해하기 위해 여기서는 지배-피지배세력의 존재양식을 살펴볼 필요가 있다. 지배세력과 민중 사이의 이분적 존재성과 그들의 일상성을 인식하는 것이야말로 고려의 통치체제를 밝히는 단서이기 때문이다. 먼저 상층 지배세력을 살펴보면, 이미 앞에서도 적었지만 국왕을 정점으로 공신세력, 고려 건국에 참여했던 지방 호족세력, 그리고 고위 관인들에 의해서 상층 지배세력이 형성되었다. 개국공신들은 왕건과 연관된 인사들로 군공을 세웠으며, 지방 호족들은 후삼국시대의 혼란스런 과정에서 왕건의 건국과정에 편입된 인사들이었다. 그리고 신라 왕실의 귀부와 함께 개성으로 이거했던 신라 6두품 출신의 관인들이 상층 관인들로 자리잡았다. 이 가운데 중요한 위치를 차지했던 것이 지방의 유력세력들, 즉 호족들이었다. 고려 건국에서 지방 호족들이 차지했던 위치에 대해서는 이른바 호족연합정권론이 주장되고 있다. 이 문제를 다루는 것은 고려 초기 왕조의 성격 규정에서 중요한 의미를 가지고 있다.

호족연합정권에 대한 논의는 오래 전부터 주장되어 왔다.[71] 먼저 다음 글에서 그 주장의 내용을 살펴볼 수 있다.

요컨대 고려 국초에 있어서의 국왕과 호족과의 관계는 호혜적인 데 바탕을 두고 유지되어 갔던 것이다. 그러므로 개성에 올라와서 태조 왕건을 섬기는 호족이라 할지라도 호족이 지니고 있는 독자적인 세력기반은 왕권에 의해 전혀 침해받지 않았던 것 같다. 다만 국왕은 호족을 통하여 그 세력 기반을 이용하였을 뿐이며, 호족의 세력 기반을 국왕 자신의 것으로 흡수할 수는 없었던 것이다. 따라서 고려 국초의 권력구조에서 주도권을 쥐고 있었던 것은 오히려 호족이 아니었던가 한다.

그러면 호족은 구체적으로 어떤 양상으로 권력구조에 참여하고 있었던 것일까? 결론부터 말한다면 호족들은 중앙에서도 완전히 독립된 단위로서 활동하고 있었던 것이라 생각된다. 즉 호족 자신의 세력기반은 각각 독립성이 인정되어 있었으며 그 기반이 중앙의 권력구조에 용해·흡수되지 않았던 것이다.[72]

이 주장에 따르면 고려의 초기 통치체제는 지방에 널리 산재했던 호족들이 연합해서 성립된 정권이며, 왕권 역시 지방의 한 호족 출신으로 그들 가운데 하나라는 것이다. 그리고 이들 호족들이 서로 이해가 일치되어 호혜적인 관계로 이룩된 것이 고려왕조라고 이해하고 있다. 나아가 호족들의 정치적 위치와 사회세력은 그대로 온존되었으며, 각기 그들 나름의 독자성을 갖고 있었다는 주장이 가능해진다. 그뿐 아니라 각 지방을 단위로 중앙에 진출한 호족들은 마치 그 지방의 독자성을 반영했던 존재로 중앙에서도 주체적인 권력집단으로 활동할 수 있었다고 주장한다.

그러나 이 주장이 성립되기 위해서는 다음 몇 가지 전제가 해결되어야 한다. 하나는 지방 호족이 독자적이고 주체적인 정치적 단위로 기능할 수 있었고, 또한 그렇게 했는가 하는 문제이다. 이는 그 지방의 유력가문으로 자신의 가문을 보위하기 위해 사병을 거느리는 수준이 아니라 마치 준(準)독립국가와 같은 독자적이고 주체적인 정치 단위로 권력 통치의 행사자 위치를 확보할 수 있었는지에 대한 의문이 해결되어야 한다. 이를 위해서는 최소한 그 지방의 독자적 관인체제는 물론이고 지속적인 통치구조의 제도화가 기능할 수 있어야 했다. 과연 나말여초(羅末麗初)의 지

---

72) 河炫綱, 〈高麗王朝의 成立과 豪族聯合政權〉, 《한국사》 4, 국사편찬위원회, 1984, p.48.

방 유력가문, 즉 호족들이 군림했던 지역이 이러한 성격의 체제적 통치성
을 행사하고 있었는가는 분명히 의문일 수밖에 없다. 뿐만 아니라 통치체
제의 성격상 중앙에서 정치적 활동을 보여주었던 호족들이 그 나름의 독
자적인 주체성을 가질 수 있었다는 주장이 가능하려면, 여기에 최소한
'이중정부' 또는 '복합정부'로서의 구조적 성격이나, 중세적 봉건체제의
존재가 실증되어야 한다. 그렇지 않다면 하나의 왕조가 성립된 통치구조
에서는 그 어떤 조직체나 개인도 이미 그 왕조 통치구조의 하부 구성요
소에 불과할 뿐이다. 이 점에서 고려 초기를 호족연합정권으로 인식하는
것은 정치체제가 갖는 본질적 성격을 전제하지 않는 논리가 되고 만다.
최소한 호족연합정권이라는 개념이 성립되기 위해서는 그 구성요소들 사
이에 대등한 존립과 그들 사이의 지속적인 기능과 영향력 행사의 체제화
가 이루어져야 한다는 점을 생각할 수 있다. 그러나 실제로 고려왕조 초
기에 지방 호족들이라고 불렸던 세력들이 이러한 요건을 충족시켰다고는
할 수 없다.

　이러한 사실에 따른 호족연합정권론에 대한 또 다른 논의로서 주목해
야 할 것으로는 다음의 주장도 인용할 수 있다.

　　　새로운 왕조를 건설하는 데 성공한 왕건은 자기 스스로를 여러 호족들
　　의 최고 대표자로 한 호족연합정권을 수립하려고 하였던 것으로 보인다.
　　즉 왕건은 지방의 호족들을 무력으로 타도할 것이 아니라 그들과 서로
　　손잡고 협력해야 할 것으로 생각하였다. 이것은 어쩌면 호족출신인 그에
　　게는 몸에 배어 있는 생리였는지도 모른다. 그리고 이러한 호족과의 굳은
　　결속이 왕건으로 하여금 드디어 후삼국을 통일케 하는 가장 큰 힘이 되
　　었다고 할 수 있는 것이다.[73]

이 글도 역시 앞의 인용문과 큰 차이가 없지만, 왕건 스스로 처음부터
호족연합정권을 수립하려고 했다는 논지로 되어 있다. 이는 그 자신이 호
족 출신이었기 때문에 몸에 배인 생리 때문에 바로 이러한 성격이 왕건

---

73) 李基白, 〈太祖王建과 그의 豪族聯合政權〉, 《高麗貴族社會의 形成》, 1994, p.21.

으로 하여금 후삼국을 통일할 수 있게 했던 한 요인이었다고 파악하고 있다. 그러나 이 논의가 성립되기 위해서도 역시 다음 몇 가지 사실을 검토해야 할 것이다. 중세적 왕조국가로서 고려가 호족연합정권으로 지향할 수밖에 없었거나 또는 그렇게 되어야 하는 나름의 어떤 필연적인 통치체제적 속성이 있었는가 하는 점이다. 실제로 어떠한 통치체제도 왕권을 전제로 하는 왕조의 건국에서 호족연합통치체제로 귀착하는 것은 통치체제의 속성으로 보면 불가능할 수밖에 없다. 왜냐하면 왕조나 국가의 최고 통치권은 양립될 수 있거나 다차원적이고 병립적인 복합적 권력구조로는 존재할 수 없기 때문이다. 그것은 어느 경우에서나 단일적이고 독점적인 통치의 위계질서를 확보하기 때문이다. 물론 명목상 통치권자와 실제적인 통치권자가 구분되는 차이점은 있을 수 있다. 이 경우에도 통치권의 분점이 아니라 실제는 하나이면서도 단지 명목적으로 그렇게 구분해 놓고 있을 뿐이다. 이 점에서 왕건이 처음부터 호족연합정권을 목표로 삼았다는 논의는 통치체제의 권력 속성상 불가능할 수밖에 없다.

왕건이 지방 호족들을 무력으로 타도할 것이 아니라 그들과 손잡고 협력해야 할 것으로 생각했다는 것에도 역시 문제점이 제기될 수 있다. 물론 그러한 생각을 왕건이 할 수 있었을 것이다. 그것은 단지 전략적 차원에서 배태된 것일 수 있지만 실제 목표에서는 단일 권력구조에 따른 통합국가 형성, 즉 무력에 의해서나 설득에 의해서나 지방세력을 그의 왕권 아래 복속시키는 것이 최종 목표일 수밖에 없다. 바로 그것이 정치 권력의 속성이다. 왕건의 의도가 호족연합정권의 수립에 있었다면 그 뒤의 통치체제에서도 이러한 성격이 드러나야 했다. 구체적으로 통치세력의 제도화 과정에서 그것이 확정적으로 보장될 수 있어야 했으며, 지방 호족들에 대한 사실상의 특별한 조처나 예우가 지속될 수 있는 법적인 보장이나 제도의 설정이 이루어져야 한다. 그러나 이러한 성격을 고려 초기 관인체제나 통치구조에서는 찾아볼 수 없으며, 그 뒤의 일련의 통치적 상황이 오히려 지방의 유력가문이나 세력을 포섭하여 권력구조의 한 요소로 수용하거나 군사적으로 복속시키는 방향으로 전개되었다는 점에서 이러한 성격의 차이점을 인식할 수 있다. 당장에 군사적으로 이들 지방의 유력자들을 복속시킬 수 없었기 때문에 그들에 대해 군사행동을 자행할 수 없었을 뿐이었다. 따라서 이들을 적절한 선에서 회유 포섭했을 것으로 여겨진다. 이러한 과정에서 그들 가운데 일부가 고려왕조의 통치세력으로 편입될 수 있었으며, 그것을 거부했을 경우 군사력으로 배제했을 것이다.

또한 고려 초기 통치체제를 호족연합정권으로 설정하려고 할 때 먼저 각 지방의 유력가문이나 세력들을 호족으로 특징화하는 것부터 사실상 논리적 한계에 부딪히게 된다. 호족이라는 개념 자체는 중앙의 통치 권위에 맞설 수 있는 정치적 독자성의 소유가 전제될 수 있어야 한다. 그렇지 않고서는 호족이라는 말의 사용에 적실성 문제가 따를 수 있기 때문이다. 지금까지 호족에 대한 논의는 주로 다음과 같은 관점에서 이루어지고 있는 것 같다. 즉 신라 말 후삼국시대의 각 지방에 성주 또는 장군이라는 이름을 가진 지방 유력자나 세력이 등장하여 그 지방 민중을 직접 지배했으며 독자적으로 군사력을 가졌다는 점을 들어, 이들이 준국가적 독자성을 가졌다는 것이다. 그뿐 아니라 앞에서 적었듯이 왕건이 고려를 건국한 직후 사신을 각 지방 유력자에 보내어 중폐비사(重幣卑辭)했으며, 그 결과 귀부자들이 늘어났는데, 이는 전적으로 왕건과 지방 세력 사이의 호혜적인 관계에서 말미암은 것이었다는 주장으로 이어지고 있다. 왕건이 실행했던 지방 유력가문과 혼인하는 정책도 이러한 성격의 반영이라는 것이다. 마지막으로 광평성과 순군부에 지방 유력가문의 인사들이 공동으로 참여했다는 점도 지적하면서 호족의 전제를 설명하는 근거로 삼고 있다.[74]

신라 말에서 후삼국시대까지 각 지방에 존재했던 유력가문이나 세력을 과연 호족으로 규정해도 좋은가 하는 문제는, 비교사적 관점에서 접근해야 할 문제이다. 호족의 개념 규정이나 그 적용이 중요한 관건이 될 수 있음은, 사실 이 시기만 아니라 한국의 정치사에서 지방분권적 가능성의 한 계기로 인식될 수 있기 때문이다. 즉 1) 광대한 토지소유로 경제적 기

---

74) 이러한 논의에 대해서는 김갑동, 〈왕권의 확립과정과 호족〉, 《한국사》 12(국사편찬위원회, 1993), pp.125~144 참고.

반을 갖고 있고, 2) 중앙 정부로부터 일정한 관직을 제수받았거나 인정받음으로써 그 지방에 대한 실제적인 통치권의 행사자임이 인정되어야 하며, 3) 독자적으로 가병과 사인, 빈객을 가지면서 유사시에는 이들을 자의적으로 활용할 수 있어야 하고, 4) 지속적으로 그 영향력을 유지하면서 이를 세습할 수 있을 때 비로소 호족이라는 표현, 즉 특정 지방에서 독자적이고 주체적인 통치집단으로서 설정할 수 있기 때문이다. 다시 말하면 호족은 중앙 정부의 통치적 의도로 그 존재가 인정되고 소멸되거나 융합될 수 있을 정도의 존재라기보다는, 현실적으로 중앙의 통치구조에서 주체적인 독자성을 유지할 수 있어야 한다. 그랬을 때 비로소 호족의 존재도 그리고 호족연합정권론도 논의될 수 있기 때문이다.

이러한 사실을 전제로 할 때, 고려 건국 직후의 지방 유력자들을 호족으로 규정하고, 이들이 마치 지방에서 독자적이고 주체적이며 세습적인 통치체제를 이룩했다는 관점에 서서 논의하는 것에는 실증성의 문제가 따를 수밖에 없다. 엄격히 말한다면 후삼국시대의 혼란기에 지방 유력자들이었던 특정 가문이나 문벌로서, 중앙의 지방에 대한 통치권이 약화되자 상대적으로 그 위치를 강화했던 존재에 지나지 않았던 것이 이른바 호족으로 인식된 세력이었다 해도 틀린 말이 아닐 것이다. 물론 이들도 가병을 가질 수 있었고 중앙 정부와 대결하는 태도도 취할 수 있었으며, 독자적으로 그들 지방의 주민들에 대해서 과세하고 통치하는 경우도 있었을 것이다. 그러나 이러한 상황은 단지 전시상황이었거나 정치적 왕조의 몰락기와 같은 혼돈기에 있을 수 있는 현상일 뿐이다. 특히 전쟁과 같은 상황에서는 비슷한 지방세력 사이에 연대도 이루어질 수 있었을 것이다. 때문에 중앙 정부로서는 이들에 대해 특별히 예우해서 포섭할 필요성이 있었을 것이고, 그것이 왕건이 지방의 유력세력에 대해서 행해졌던 정책으로 나타났을 것이다.

고려의 왕조체제 등장은 지방의 유력자들을 포용하는 데 시간이 걸렸지만, 차츰 이들 지방세력을 모두 복속시킬 수 있었다. 이 과정에서 지방세력들은 현실적 예우에 대한 불만으로 중앙 정부에 반감을 드러낼 수도 있었을 것이다. 이러한 반감에서 빚어진 것이 고려 초기 이들 지방 유력세력들에 의한 저항적 도전이었으며, 특히 왕권을 중심으로 행해졌던 통치세력 안의 대립도 이를 부분적으로 반영한 것이었다. 특히 왕건의 건국과정에서 군사활동에 참여했던 군지휘자들과 중앙의 통치구조에서 실제 행정업무를 관장했던 관인들 사이에 미묘한 관계가 형성되었음은 불가피한 일이었다. 바로 이러한 성격의 연장선 위에서 빚어졌던 것이 그 뒤의 무인정변이라고 이해할 수 있다.

그러므로 고려 초기의 왕조는 호족연합정권이라기보다는 이전 고대사회의 전제적 왕조체제의 연장선 위에서 발전된, 중세적 왕조체제의 성격을 가지게 되었다. 이 체제에서는 불교 중심의 사회적인 재편 강화 현상도 보여주었다. 그러므로 고려의 통치체제는 군왕－왕실－고위 통치세력을 상층으로, 농민, 노비 등을 하층으로 하는 전형적인 이분적 통치구조를 이룩했으며, 통치세력은 국왕을 정점으로 하는 피라미드적인 단일 위계체제를 정립시켰던 중세적 왕조체제 그 자체였다. 이는 어느 면에서는 그 이전에 작용했던 원심력의 성격을 구심력으로 전이시키는 과정에 놓이게 되었다.[75]

통치체제에서 구심력과 원심력의 적절한 균형 유지를 보여줄 수 있는 통치제도의 장치, 그것이야말로 중세적 왕조국가의 기본 속성이며, 이 점에서 중세적 왕조국가는 통치의 불안정성을 스스로 일상화하고 왕권 자체의 확립에 따라 그것의 강화와 약화가 순환되는, 즉 구심력의 성격과 원심력의 성격을 반복할 수밖에 없었다. 따라서 중세적 왕조체제는 구심력의 차원으로 치중할 경우에는 전제적 성격을, 원심력의 차원으로 나아갈 경우에는 분권적인 체제와 때로는 봉건적인 성격으로 지향하게 되었

---

75) 물론 둘 사이의 균형관계가 안정성을 이룩할 수 있었을 때나, 그렇지 않았을 때, 바로 왕조의 통치구조적 안정성과도 직결되는 상황을 보여주기도 했다. 교종 중심의 불교가 갖는 구심력과 선종이나 풍수지리설의 원심력적 전개 사이에 이룩된 균형은 물론이고, 중앙의 공신들을 중심으로 하는 상층 통치세력과 여기에 연관된 무신들과 그리고 새로 등장했던 문신들 사이의 영향력 관계도 일종의 구심력과 원심력의 관계로 파악할 수 있는데, 전자의 경우는 왕권에 대응되는 각자의 권력적 위치를 추구하는 원심력적 성격을, 그리고 새로 대두한 문신들의 경우는, 왕권강화를 위한 기제로서의 위치를 가졌다는 점에서는 구심력적 기능의 수행자라고 할 수 있다.

다. 그러므로 고려왕조는 권력구조에서 구심력과 원심력 사이의 일정한
균형점의 정립보다는 단순한 반복과정으로 전개되는 통치체제적 한계,
즉 불안정성을 담게 되었다.

제7장 문신, 권신, 그리고 무신의 집권체제

1. 지배구조의 삼각구도

고려는 중세적 왕조체제로 시작부터 권력 갈등의 소용돌이 속에 놓이게 되었다. 이는 고대사회로부터 중세적 사회로 이행하는 시기에 맞게 되는 상황적인 성격 때문이었다. 이 시기로 들어오면 민중의 불교는 교종에서 선종으로 변했다. 중국에서는 당(唐)이 무너져 혼돈기를 맞았고 그 여파가 한반도까지 미치고 있었다. 호족으로 불렸던 지방 세력자들로 이루어진 상층 통치세력이 형성되었고, 그들의 사회경제적인 지배는 전반적으로 사회변화의 한 표현이기도 했다. 이 요소들 가운데 어느 하나가 다른 것으로 파급되는 과정에는 혼돈을 수반하였으며, 그 결과 변동의 중첩현상을 보여주었다. 그러한 시기에 통치체제도 혼돈 속에 놓이게 되었다.

정치적 혼돈은 통치세력들 사이에 갈등을 일으켰으며, 이것은 자주 정변 등으로 이어졌다. 이러한 갈등은 통치권의 제도화와 통치권력의 전개과정 사이에 일어난 불일치의 결과물이다. 이 문제들은 대부분 권력구조 안에서만 환류되었으며, 일반 피지배 민중들에게 정변 등의 통치체제 변화는 오히려 그들에 대한 가중되는 억압과 약탈의 심화로 이어졌다.

고려왕조의 지배구조는 기본적으로 3대 통치세력들의 연결로 이루어진 삼각구도를 이루었다. 국왕을 정점으로 한 왕실세력이 그 삼각구도의 정점에 있었다. 국왕이나 왕실과 연관된 외척 등은 호족으로 세력의 근간

을 이루고 있었다. 이들 지방세력 가운데 왕실과 직접 연관되지 않은 경
우도 있었는데, 이들은 주로 무신으로 건국에서 공을 세운 인사들이었다.
삼각구도의 아래편 한 축은 문신의 고위관리들이 차지했고, 다른 한 축은
무신의 고위관리들로 되어 있었다. 삼각구도의 양편을 상층 통치세력이
문무로 구분한 것은 그 정점의 왕권을 강화하고 통치의 효율성을 높이기
위해서였으며, 국왕의 통치권 행사에서 문무 양관을 분리해서 서로를 견
제하려는 의도도 담겨 있었다. 문신과 무신의 구분과 그들 사이의 경쟁을
통해 실제로 국왕은 그 권한을 꾸준히 강화시킬 수 있었다.[1]

상층 통치세력들로 이루어진 삼각구도의 아래편에는 이것과 연접해서
피지배층이 일종의 사다리꼴과 같이 접합되어 있었다. 이 사다리꼴을 구
성했던 피지배층은 대부분 농민과 노비 등이었다. 상층 통치세력으로 구
성된 삼각구도와 그 하층의 사다리꼴이 서로 합쳐져서 하나의 거대한 삼
각구도, 즉 고려의 전반적인 통치체제를 이루었는데, 바로 이 접합의 연
결고리와 같은 구실을 한 것이 불교였다. 이 점에서 불교는 고려 통치체
제의 안정과 유지의 기반으로, 지배이데올로기 그 자체였다.[2]

상층 삼각구도의 정점에 있었던 왕권은 자체로는 효과적인 통치가 불
가능했기 때문에 저변의 문신이나 무신과 연계되어야 했다. 문신을 활용

---

1) 고려는 초기부터 문관 우위를 확립하기 위해서 전제, 녹봉제, 그리고 관인의 위계적
   체제에서도 문신을 우월하게 대우했다. 무신들은 관인으로 승급하는 데 제약을 받았는
   데, 정3품 이상의 벼슬에는 오를 수 없게 했으며 문관과 같은 등급의 경우도 문반에
   비해서 차별을 받았다. 또한 2품 이상의 관인들이 맡게 되어 있었던 중서문하성의 재
   신과 중추원의 추신 자리는 문신 가운데에서도 특정 벌족 출신으로 한정되었으며, 무
   반의 최고관직, 즉 군사 관계 일을 맡았던 병부의 고위직과 군사통수권도 문관 겸직으
   로 되어 있었다. 지방의 관직자조차도 반드시 과거합격자를 임명하였기 때문에 무신들
   은 여기에 임명될 수 없었다.
2) 일반적으로 권력구조의 삼각구도는 국왕, 문신, 무신으로만 이루어지는 것은 아니다.
   때로는 문신과 무신이 하나로 통합된 관인집단으로 그리고 여기에 대응되는 다른 한
   축을 승려와 같은 종교지도세력이 차지하는가 하면, 또 때로는 자산가 집단, 즉 부르주
   아나 귀족과 같은 사회신분세력이 차지할 수도 있다. 다만 고려왕조에서는 이들 저변
   의 두 축이 문신과 무신으로 이루어졌으며, 나아가 불교가 상층의 삼각구도와 하층의
   사다리꼴 구도를 하나의 거대한 삼각구도로 결집시키는 연계적 기능을 수행했다고 할
   수 있다. 물론 상층의 삼각구도와 하층 사다리꼴 사이의 간격이 넓어지면 정치 사회의
   통합이 이루어지지 못하여 통치체제가 변혁의 소용돌이 속에 빠짐을 의미하는 것이다.

하고 무신을 통제하거나 반대로 무신의 힘을 빌려 문신의 독주를 견제하는 등 이들 3자 사이에는 일정한 관계의 설정이 필연적이었다. 이러한 관계에서 만일 국왕이 문신과 가까워지면 이는 곧 무신과 더 간격을 두는 것이 되고 만다. 이렇게 되면 결과적으로 상층 지배세력의 삼각구도는 그 하단의 사다리꼴을 이룬 피지배층과 관계에서 국왕-문신의 짧아진 선을 메우기 위해 상층 삼각구도와 그 아래 사다리꼴 위에 그려진 피지배층 사이의 연결선이 길어질 수밖에 없다. 이는 곧 통치세력과 피지배층 사이의 거리가 그만큼 멀어지게 됨을 의미한다. 다른 말로 표현하면 문신 지배층에 의한 강제와 억압이 더 심해진다는 의미이다. 물론 그 반대도 생각할 수 있다. 이 경우에는 무신에 의한 피지배 민중에 대한 억압의 가중을 의미한다. 어느 경우나 피지배 민중은 억압과 강제의 대상이었지만, 그것이 문신 또는 무신 주도인지에 따라 성격의 차이를 보여준다. 가령 억압과 강제의 제도화와 효율성의 차이점이 그러한데, 문신이 지배했을 경우 이것이 더 강조되는 특징이 나타난다.

효율적으로 통치구조를 정립하기 위해서는 국왕을 정점으로 해서 문신과 무신 사이에 균형적이고도 대등한 거리 관계, 즉 정삼각형의 구도가 바람직하였다. 대등한 거리 관계는 곧 왕권의 정당성과 효율성의 확립에 따른 안정된 통치체제를 의미한다. 이렇게 되면 상층의 삼각구도와 연결된 피지배세력의 사다리꼴은 완전 접합적일 수 있으며, 그 결과 하나의 거대한 삼각구도가 국가 전체를 포괄할 수 있다. 즉 안정된 통치체제의 작동이 이루어지는 것이다. 바로 이 점에서 왕권강화와 통치체제의 안정을 유지하기 위해서는 문신과 무신 사이에 일정한 거리 관계는 물론이고 때로는 경쟁적 대립을 필요로 하였다. 이것이 고려에서 무신과 문신을 구분했던 기본 의도이기도 했다.

고려 통치체제의 지배구조는 왕건의 건국 초기부터 이미 상층의 삼각구도가 정삼각형과는 거리를 보여주었다. 고려 건국은 50여 년 동안의 전쟁을 통해서 이루어진 결과물이며, 그 과정은 '전쟁-정복-지배체제' 확립이라는 일반적인 통치체제 형성과정과는 달리 '전쟁과 포섭'에 따른 왕조의 건설이었다. 전쟁으로 대립적인 저항세력을 완전 정복하지 않은 채

적대적 세력을 부분적으로 포섭하여 권력 점유의 길을 보장해 주는 형식
으로 왕조를 건설했다는 것은, 그 통치체제 상층에 다양한 세력들의 혼재
현상을 내재했다는 뜻이다. '전쟁-정복-지배체제' 확립과정이 갖는 강
력한 통치권은 통치세력의 구성에 일정한 한정성을 부과하며, 그들 사이
에 강한 연대성도 이룩하게 된다. 그러나 '전쟁과 포섭'의 과정에 따른 국
가 건설은 이와는 다른 성격을 보여줄 수밖에 없다. 즉 포섭된 저항세력
도 통치세력으로 잔존하고, 일정한 영향력도 지속되기 때문에 결국 상층
통치세력 사이에 갈등을 수반하며 결과적으로 통치체제를 혼란으로 몰아
넣고 만다.

고려 광종 초까지 통치세력은 군사력을 사적으로 활용했던 개경세력
과 서경세력, 지방세력들로 형성되어 있었다. 개경세력은 왕건의 직계 막
장으로 후삼국 통일전쟁에 참여했던 인사들이다. 이들이 무신의 지도부
를 이루었다. 서경세력은 왕건이 풍수지리설에 따라 서경을 중시했기 때
문에 그가 신뢰했던 지방세력이나 장수들을 서경으로 이거시켰으며, 여
기서 이들은 군사력을 유지할 수 있었다. 따라서 군사 면에서 상대적으로
유리한 위치를 차지할 수 있었다. 그 밖에 지방세력들은 군사력을 비롯한
일정한 권력 기반을 고려 초기까지 유지할 수 있었으며, 개경의 중앙 정
치에도 그 나름의 영향력을 미칠 수 있었다.

지방세력에 대한 왕건의 포섭정책, 특히 혼인정책 등으로 개경에는 왕
건과 결혼한 지방 유력가문 출신의 왕비들과 왕자들이 개경의 통치세력
을 이루었다. 그러므로 이들 사이에 왕위쟁탈전은 필연적이었다. 처음에
는 개경세력과 서경세력 사이에 갈등이 일어났으며, 여기에 지방 유력세
력들도 관여했다. 특히 유력가문은 왕실의 외척으로 그들의 외손을 왕으
로 옹립하기 위해 경쟁적 갈등을 보이기도 했다.[3]

---

3) 특히 이러한 성격을 심화시킨 요인의 하나는 왕위세습에 대한 왕건의 불명확한 유
훈 때문이었다. 그는 〈훈요십조〉에서 '장자 상속을 원칙으로 하되 능력이 없다면 형제
사이에도 상속할 수 있게 하라'는 유훈을 남김으로써 왕자를 가진 왕비 가문과 지방호
족들 사이에 왕권경쟁이 치열하게 일어날 수밖에 없었다. 〈훈요십조〉의 제3항에는 이
렇게 적어 놓았다. "전국하는 데 있어서 적자로 함은 비록 상례라 할 것이나 단주(요
의 아들)가 불초하였으므로 요는 순에 선양하였는바 이는 실로 공심이라 할 것이다.

무신세력들이 고려 초기부터 통치세력으로 우월한 위치에 서서 서로 격렬한 대립과 갈등을 빚었다면, 이들과 구분되는 또 다른 세력은 신라 경순왕 김부를 위시해서 고려에 투항했던 경주계 인사들이었다. 이들은 신라의 6두품 출신의 유학자들이었다. 고려에 투항한 뒤 이들은 고려 초기부터 통치의 실질적인 행정 관리자로 기능했으며, 이 점에서 이들이 곧 문신의 주류이기도 했다. 이들 문신들은 유학을 바탕으로 한 새로운 지적 기반을 가졌기 때문에, 왕조의 통치와 그 운영에서 행정관리로 기능할 수 있었다. 상층 통치세력의 이러한 성격은 고려 초기부터 무신과 문신의 양대 집단으로 존속되었는데, 초기에는 주로 무신들 사이에만 왕권장악을 위한 대립이 일어났지만, 4대 광종의 왕권강화가 이루어지고 난 뒤에는 문신과 무신 사이에 대립이 나타났다.

왕건 이후 혜종, 정종의 짧은 치세기간을 거쳐 광종(949~975)에 이르기까지 통치세력 안의 반란도 잦았는데, 이러한 사정은 '전쟁과 포섭'에 따른 왕조 건설이라는 성격 때문이었다. 광종 이전까지만 해도 왕권은 확고히 자리잡지 못했다. 이는 고려 건국 직후 자주 발생했던 반란에서도 짐작할 수 있다.[4] 특히 혜종 때 왕규의 참소와 반란의 획책 등은 이러한 상황을 설명해 준다.[5] 그만큼 고려 초기에는 전쟁과 유력가문을 포섭하여

만일 원자가 불초하면 차자에게 주고 차자가 또 불초하면 그 형제 가운데에서 여러 사람의 추대를 받는 자에게 주어 대통을 잇게 하라.(傳國以嫡雖曰常禮 然丹朱不肖, 堯禪於舜 實爲公心, 若元子不肖 與其次子 又不肖 與其兄弟之衆所推戴者 俾承大統)" (《고려사》, 〈세가〉, 태조 26년조)

4) 왕건이 즉위한 직후 마군대장군 이흔암(李昕巖)이 반역사건이 대표적이다. 이흔암은 궁예의 통치 말에 웅주(공주)를 지킨 장군으로 왕건이 즉위하자 반감을 품고 제멋대로 철원으로 돌아와 버렸다. 그 결과 웅주는 후백제 소유가 되었다. 이러한 사정을 그 이웃집에 살았던 염장(閻萇)이 왕건에 고변하였다. 왕건은 이흔암을 잡아 저자에서 참하고 그 집을 적몰하였다. 그보다 더 심각한 사건은 마군장군 환선길(桓宣吉)의 반역이었다. 환선길은 그 아우 향식(香寔)과 함께 왕건을 도왔던 공이 있었기 때문에 왕건이 즉위한 뒤 그를 마군장군으로 삼아 심복으로 궁성을 숙위하게 하였다. 환선길과 그의 무리 50여 명이 무기를 들고 내정에 난입하는 반란을 획책했다. 왕건이 궁중에서 학사 몇 사람과 국정을 의논하고 있었는데, 왕건은 환선길의 난입을 보고 "짐이 비록 너희들의 힘으로 왕이 되었지만 이는 어찌 하늘의 뜻이 아니리요. 천명은 이미 정해졌는데 너희들이 감히 이럴 수가 있느냐"고 질책하자 환선길은 왕건이 태연자약함을 보고 주위에 복병이 있을 것으로 의심하여 그 무리와 함께 도망쳐 나왔으나 위사들이 추격하여 모조리 죽임을 당했다.(《고려사》 권 127, 〈열전〉 40, 이흔암, 환선길)

생긴 결과로 왕권이 강화될 수밖에 없었다. 왕권의 세습화과정에서 왕건 자신도 왕실의 공고화를 위한 대응책을 세우지 않을 수 없었는데, 이는 왕권의 세습화과정에서 치열한 경쟁에 대한 하나의 대응책이기도 했다.[6]

태조 왕건의 뒤를 맏아들 무(武)로 정해서 2대 혜종으로 세습했는데, 이 과정(943)에서도 그러한 경쟁을 찾아볼 수 있다. "혜종이 일곱살 때 태조가 그를 태자로 세우고자 하였으나 그 어머니 오씨가 측미하였기 때문에 세우지 못할까 저어하였다." 그리하여 당시 지방세력 출신이었던 박술희에게 태조는 자신의 뜻을 전함으로써 그가 앞장서서 태자 승계를 주청하고 이를 받아들이는 형식으로 왕위를 물려줄 수 있었다.[7] 그러나 혜종은 왕실과 지방유력자들의 갈등으로 자신을 이을 후계자를 정하지 못했으며, 왕권은 태조 왕건의 또 다른 아들인 정종으로 넘어갔다. 정종의 등장은 서경세력 왕식렴의 지원 때문이었으며, 이러한 사실은 상층 통치세력들이 권력투쟁의 소용돌이에서 벗어나지 못했음을 의미한다.[8]

---

5) 왕규(王規)는 광주(廣州)를 기반으로 하는 호족 출신으로 대광이 되었다. 또한 태조 왕건은 왕규의 두 딸(제15비와 제16비)을 비로 맞았다. 왕규는 자신의 딸인 제16비의 소생인 광주원군이 왕이 되지 못했기 때문에 혜종을 제거하려 했다. 한번은 혜종이 깊은 잠을 자고 있는 중에 암살하려 했지만 혜종이 잠에서 깨어 자객을 물리쳤다. 또 한번은 최지몽이 혜종에게 무슨 변이 일어날 것을 예언하여 그의 잠자리를 신덕전에서 중광전으로 몰래 옮겼다. 왕규는 그것을 모르고 그날 밤 직접 무리를 끌고 벽을 뚫고 침입하였지만 침실이 비어 있는 것을 보고 최지몽에게 육박했지만 그가 말을 하지 않아 뜻을 이루지 못했다. 그 뒤 서경의 왕식렴이 군을 동원하여 왕규와 그의 무리 300여 명을 주살했다.(《고려사》 권 2, 〈혜종세가〉 권 92, 왕식렴전)

6) 왕건은 자신의 왕실을 강화하고 지방 호족을 포섭하는 정책적 배려에서 지방 호족의 딸을 비로 맞아 여기에서 25명의 왕자와 9명의 왕녀를 낳았다. 그러면서도 그는 이들의 혼인에서도 이복남매 간에 결혼하게 하는 근친혼을 보여주었다. 이렇게 함으로써 지방 호족들을 왕실 주변에 묶어두려 했던 것으로 짐작할 수 있다. 그러나 바로 이들 호족들의 후손들, 즉 왕자들이 왕건의 세습에 대한 경쟁자로 등장함으로써 치열한 왕위 계승의 경쟁이 일어날 수밖에 없었다.(河炫綱,《韓國中世史研究》, 일조각, 1988, p.79)

7)《고려사》 권 92, 박술희전.

8) 정종이 서경의 왕식렴과 손을 잡고 왕권을 장악한 것은 왕권장악의 투쟁에서 이른바 서경세력의 군사력에 의한 개경의 진공으로 설명하고 있다. 왕식렴은 삼중대광(三重大匡) 평달(平達)의 아들이며 태조 왕건의 종제였다. 그는 처음 군부서사가 된 이래 많은 관직을 역임하였다. 태조 때 왕명으로 평양에 파견되어 그곳을 지키는 임무를 맡았으며 혜종 2년까지 27년 동안 그 임무를 수행하였다. 그 동안 왕식렴은 서경을 중심으로 강한 세력기반을 쌓았으며, 정종의 왕위계승에 결정적인 영향력을 미친 것으로 짐작할

지배구조의 삼각구도에서 정점에 놓인 국왕의 위치가 확고하지 못했기 때문에 자연히 이들은 왕실과 연관을 맺은 상층 통치세력과 연대할 수밖에 없었으며, 그들을 지원해 주는 관인이나 군사적인 지지세력을 필요로 하였다. 따라서 고려의 통치체제는 초기에는 국왕-왕실과 연관된 상층 통치세력 사이의 결속으로 나타났으며, 이들 상층 통치세력은 가병 등 군사력을 동원할 수 있었기 때문에 무신 위주의 모습을 가지게 되었다. 물론 이 경우 무신들은 후삼국 통일기에 왕건 진영에 참전했던 지방세력들이었다. 왕권 자체가 이들에 의해 경쟁과 견제의 대상이 되었으며, 따라서 문신들의 위치는 미약할 수밖에 없었다. 문신들의 위치가 격상되고 무신들에 맞서서 지배구조에서 국왕과 밀접한 거리관계를 보여준 것은 대체로 왕권이 강화되었던 4대 광종 이후라 할 수 있다.

2. 왕권의 강화와 문신의 진출

광종은 그 앞의 혜종이 2년, 정종이 4년이라는 단기간 왕위에 있었던 것과는 달리 26년 동안 통치했으며, 그 기간을 통해 왕권을 강화할 수 있었다. 광종에 이르러 비로소 고려의 왕권은 확고해졌다. 광종은 먼저 상층 통치세력의 구성요소였던 유력한 지방세력으로, 왕실과 연관된 이른바 공신들을 거세했으며, 나아가 그들과 연관성이 큰 무신들을 제약함과 동시에 문신들을 활용하였다. 그는 공신과 강력한 영향력을 가진 무신들의 사회적 위치를 약화시키고자 노비안검법도 실시했으며, 문신을 등장시키기 위한 제도적 장치로 과거제를 실시하기도 했다. 이러한 그의 조처는 초기에 상당한 효과를 얻었으며, 고려왕조가 나름대로 지속할 수 있었던 것은 광종의 이러한 조치에 힘입은 것이라고 해도 지나치지 않다. 광종의 초기 8년여는 최승로(崔承老)의 평가처럼 "가히 삼대(三代)에 견줄 만할 정도"로 안정된 통치체제를 이룩하였다.[9] 그는 특히 대외적으로 중

수 있다.(하현강, 앞의 책, p.104)

9) 최승로의 평가는 이러했다. "예(禮)는 아래로 접함에 더 함이 있고 감(鑑)은 사람을 아는데 잃음이 없으며 친귀(親貴)에 아부하지 않고 항상 호강(豪强)을 억제하였으며

국의 후주와 외교관계를 맺었으며, 고려왕국의 국왕으로 봉함을 받음으로써 왕권의 정당성을 대내외적으로 강화하기도 했다. 이를 통해 고려는 중세적 왕조체제의 정립에 성공적으로 안착할 수 있었다.

노비안검법은 광종 7년(955)에 실시되었다.[10] 이 제도를 통해 후삼국 통일과정을 전후로 지배세력으로 인해 강압적으로 노비 신분으로 전락한 수많은 평민들을 본래의 신분으로 회복시켜 주었다. 이렇게 함으로써 노비를 재산물목으로 여겼던 권신과 지방 유력가문의 기세를 약화시킬 수 있었다.[11] 광종 9년(957)에 과거제를 실시하였고, 광종 치세기에 여덟 차례나 과거를 행함으로써 새 인재를 배출했다.[12] 이 제도로 지방 유력세력과 무신 중심의 체제, 즉 문신을 무신의 하부 존재로 여겼던 체제에서 벗어나 새로운 지배구조를 마련할 수 있었다. 이 시기 과거로 등장한 대표적인 문신으로는 최섬(崔暹), 최광범(崔光範), 왕거(王擧), 김책(金策), 최거업(崔居業), 양연(楊演), 백사유(白思柔), 한난경(韓蘭卿), 최량(崔亮) 등을 들 수 있다. 이들의 등장으로 새 시대의 흐름은 물론, 앞선 선진문물을 수용하는 계기가 마련되었으며, 나아가 왕권강화에도 도움이 될 유교를 기반으로 활용할 수 있었다. 광종은 과거제와 함께 백관의 관복도 제정함으

소천(疎賤)을 버리지 않고 혜택이 환과(鰥寡)에 빛나니 즉위한 해부터 8년에 이르기까지 정교(正敎)가 청평(淸平)하고 형상(刑賞)이 남용되지 않았습니다."(《고려사》권 93, 〈열전〉 6, 최승로)

10) 노비안검법(奴婢按檢法)은 본래 노비가 아니었지만 전쟁에 포로가 되었거나 빚 때문에 강제로 노비가 된 자를 가려서 이전의 상태, 즉 자유민으로 되돌려 놓은 법이었다. 이 당시 노비들은 지방의 유력가문이나 공신들의 개인 소유물로 되어 있었으며, 그들의 경제적 군사적 기반으로 작용하였다. 노비들을 자유민으로 되돌려 놓는다는 것은 공신들과 유력자들의 권한을 사실상 축소시킨다는 의미가 들어 있었다.(김갑동, 〈왕권의 확립과정과 호족〉,《한국사》12, 국사편찬위원회, 1993, p.102)

11) 이에 대해서 최승로는 상소문에서 이렇게 적어 놓았다. "광종대에 이르러 비로소 노비를 안검하여 그 시비를 가리게 하였는데 이에 공신등은 차원(嗟怨)하여 마지 않았으나 간(諫)하는 사람은 없었습니다. 대목왕후(大穆王后)가 간절히 간하여도 듣지 않았습니다. 이에 천예(賤隷)가 뜻을 얻어 존귀를 능멸하고 다투어 허위를 꾸며서 본주(本主)를 모함하는 자가 헤아릴 수 없이 많았습니다."(《고려사》권 93, 〈열전〉 6, 최승로)

12) 광종은 왕권강화의 한 시도로 광종 9년에 과거제를 실시했다. 후주(後周)인으로 귀화한 쌍기(雙冀)를 지공거에 임명하여 시, 부, 공, 시무책을 중심으로 하는 시험을 치러 진사를 선발했는데, 광종 자신이 위봉루에 나가 방을 발표하였으며, 첫해에는 최섬(崔暹) 등 2명을 선발하였다.

로써 문신우대정책을 폈으며, 국왕에 대한 그들의 충성을 확보할 수 있었다.

　문신의 지원을 받았던 광종은 그들의 힘을 빌려 권신들을 제거했는데, 구체적으로 광종 11년 평농서사(評農書史) 권신(權信)이 대상(大相) 준홍(俊弘)과 좌승(佐丞) 왕동(王同) 등을 역모로 고발한 것이 시발이었다. 일개 평농서사에 불과한 문신이 지방의 유력세력 출신인 준홍과 왕동을 참소했으며, 이를 계기로 광종은 지방 유력세력 출신들을 고위관직에서 축출하였다.[13] 광종 말기는 개혁과 숙청, 그리고 혼란으로 훈신들이 가장 큰 타격을 받았다. 그들 대부분은 주살되었고, 살아 남은 구신은 단지 40여 명에 지나지 않았다.[14]

　이리하여 고려왕조의 상층 통치세력으로 자리잡았던 공신과 지방 유력세력들, 그리고 이들과 연계된 무신들은 몰락하였으며, 그 뒤를 이어 신라 6두품 출신의 유학자들과 과거로 출사했던 신진문신들이 두각을 나타내었다. 다시 말하면 국왕과 무신의 근접거리는 무너지게 되었고, 그 대신 문신이 점점 국왕과 가까운 거리로 다가서게 되었다. 특히 이들 특정 문신들은 과거를 통해 고위관직을 세습할 수 있었고, 심지어 왕실과 결연하여 외척이 됨으로써 이른바 문벌 높은 족망(族望)으로 자리잡을 수 있었는데, 대표적인 문벌로는 유(柳), 최(崔), 김(金), 이(李)의 4성을 들 수 있다.[15]

---

13) 광종의 이러한 숙청을 계기로 지방 유력자에 대한 참소가 줄을 이었고, 그 결과 이들의 상당수는 추방될 수밖에 없었다. 이 시기에 대해서《고려사》에서는 이렇게 적어 놓았다. "이때부터 아첨하는 자들이 득세하여 충성 있고 현량한 사람들을 모함하였으며 노비가 제 주인을 걸어 고소하고 아들이 제 아비를 참소하여 감옥이 항상 가득 차게 되었다. 이리하여 따로 임시 감옥이 설치되었다. 죄 없이 잡혀 죽는 자가 계속 생겨나고 시기하는 버릇이 날로 심하였다. 왕실 일족들도 많이 잡혀 죽었고 왕의 외아들 伷까지도 역시 의심을 받아 왕에게 가까이 하지 못하게 되니 모든 사람들이 두려워하며 감히 마주 앉아서 이야기도 하지 못하였다."(《고려사》권 2,〈세가〉2, 광종조)

14) 최승로는 상소문에 적기를, "구신(舊臣) 숙장(宿將)이 차례로 주리(誅吏)되었다.…… 하물며 때마침 광종 말년에 세상이 어지러워지고 참소가 흥해서 무릇 형장(刑章)에 연루된 자는 대부분 죄가 없는 자였으니 역세(歷世)의 훈신(勳臣) 숙장(宿將)이 모두 죽음을 면치 못하였고 다 죽었다. 경종이 천조(踐祚)함에 미쳐서 구신(舊臣)으로서 살아남은 사람은 40여 명뿐이다."(《고려사》권 93, 최승로전)

15) 이 4성 가운데 유(柳)씨는 고려 초 정주(貞州)의 거부로 왕건의 제1 왕후와 제6 왕후

　문신 중심의 지배구조는 6대 성종이 유교를 통치의 기본으로 삼으면서
한층 강화되었으며, 그 뒤 문종과 인종을 거쳐 약 80여 년 동안 이런 구
조가 지속되었다. 특히 유교를 통치이념으로 삼음으로써 문신의 위치가
강화되었고, 마침내 무신이 문신의 지배 아래 놓이게 되었다. 이러한 사
실은 다른 한편으로는 왕권의 강화였는데, 이 점에 대해서 좀더 구체적으
로 살펴보기로 하자. 유교가 통치이념으로 활용되었지만 지배세력이나
일반 민중의 현실생활에서는 여전히 불교가 지배적이었다. 왕조의 통치
이념, 즉 국왕의 전제권이나 그 행사의 제도적 장치, 그리고 치자의 도리
로는 유교를 바탕으로 삼았는데, 이는 그것 자체가 이러한 요구에 부응할
내용을 가지고 있었기 때문이었다. 어느 면에서 유교는 왕도의 이념체계
였다.[16)

　가 이 가문 출신이었다. 최(崔), 김(金), 이(李)씨는 신라의 대관 또는 왕실의 후예로 최
　승로(崔承老), 최항(崔沆), 김부식(金富軾), 김경용(金景庸), 이자연(李子淵) 일가가 그
　러했다.(金潤坤,〈高麗貴族社會의 諸矛盾〉,《한국사》7, 국사편찬위원회, 1977, p.27)
16) 성종대의 유교는 기본적으로 천명설(天命說)에 입각한 통치, 즉 천일합일설(天人合一
　說)의 정립을 위한 통치체제를 이룩하는 것을 주안점으로 삼았다. 통치자나 왕국의 건
　립은 전적으로 천명에 의한 것이며, 군왕은 천명이 부과해준 의무와 책임을 지는 것으
　로 여겼다. 이 점에서 군왕은 천명을 받은 도덕정치의 실천자였으며, 통치의 근원은
　천(天)에 있고, 그 천(天)에 의하여 내려진 명령, 즉 천명의 실시야말로 군왕의 의무일
　수밖에 없었다. 만일 군왕이 천명을 거스르고 도덕정치를 하지 않으면 하늘에 의한 제
　재가 행해지며 그것은 천문, 자연재해로 표현되는 것이었다. 군왕은 천의에 의해 통치
　해야 하기 때문에 항상 책기수성(責己修省)의 자세를 가져야 했다. 이 점에서 유교의
　통치관은 군왕의 도덕성을 강조하게 되었다. 천명설에 의한 유교적 통치관념은 그 사
　회적 실천성으로 효를 중시했으며 이를 부조(父祖)에 대한 자식의 도리로 여김으로 결
　국 효와 충을 하나로 이어질 수 있게 했다. 이 점에서 효는 "夫孝 天之經也 地之義夜
　民之行也"라고 규정할 수 있었다. 구체적으로, 군왕은 오행설에 입각해서 통치해야 하
　는데 이는 하늘에 있는 오운(五運), 즉 제왕의 자리를 부여하는 오행의 운행에 따라야
　했다. 땅에는 오재(五材), 즉 금(金), 목(木), 수(水), 화(火), (土)가 있고, 사람에게는 오
　성(五性), 즉 희(喜), 노(怒), 욕(欲), 구(懼), 우(憂)의 성정이 있으며, 이것이 일상적으
　로 오사(五事), 즉 모(貌), 언(言), 시(視), 청(聽), 사(思)로 나타난다고 생각했다. 이 오
　제, 오성, 오사는 서로 연결되어 있기 때문에 군왕의 천명에 합당한 통치만이 이들을
　효과적이고도 합당하게 자리잡게 한다고 생각했다. 특히 홍범오사(洪範五事)라고 해서
　군왕이 가져야 할 오사를 다음과 같이 규정함으로써 오운에 적합한 국왕의 존재를 설
　정하고 있다. 모지불공(貌之不恭), 언지부종(言之不從), 시지불명(視之不明), 청지불총
　(聽之不聰), 사심불용(思心不容)이 그것이다. 언지부종(言之不從)은 언어 사용이 불순
　한 것을 경계한 것이며 이렇게 되면 하늘이 가뭄을 벌로 내리고, 시지불명(視之不明)
　은 사물을 잘 관찰하지 못하면 밝지 못하다고 했는데 이렇게 되면 하늘이 더위를 계속

성종의 유교통치는 먼저 불교 폐단을 극복하는 데서 시작되었으며, 동시에 유교에 바탕을 둔 문물과 제도를 체제 정비의 목표로 삼았다. 이러한 시도는 오묘제나 전적제의 정립, 오복제도와 그에 따른 휴가제의 제정, 그리고 효자·절부의 표창 등으로 나타났다.[17] 성종의 유교적 통치체제의 정립은 다수의 유학자들로부터 도움을 받았다. 최승로(崔承老), 이양(李陽), 김심언(金審言) 등이 그들이었다. 성종대 유학자들의 영향력이 어느 정도였는가를 알 수 있는 자료의 하나로 최승로의 〈시무28조〉를 들 수 있는데, 이는 성종은 물론이고 그 뒤의 통치자에게 중요한 영향력을 미치기도 했다.[18] 이를 살펴봄으로써 유교를 바탕으로 한 통치의 성격을 짐작할 수 있다. 먼저 최승로는 고려 태조부터 경종까지 5대에 걸친 국왕의 치적을 평한 이른바 〈오조정적평〉(五朝政績評)을 적었다. 태조는 유교적인 덕치를 통해서 후삼국을 통일했다는 점을 지적하면서 다음과 같이 적어 놓았다.

> 후삼국을 통일한 후에 태조는 예로써 큰 나라를 섬겼으며 도의로써 인접 국가와 사귀고 아랫사람을 대할 때는 공손하게 대했다. 절약과 검소함을 숭상하여 궁궐이나 의복이 도를 넘지 않았고 상벌을 공평하게 하였으며 인재를 적재적소에 배치했다.……다만 건국 초기이기 때문에 종묘와 사직이 아직 빛나지 못하고 예악과 문물이 결핍된 것이 많았으며 백관의 품계와 격식, 그리고 대외적인 규정과 의식이 미처 제정되지 못한 점이 있었다. 이러한 점은 태조의 단점이기보다는 창업 초기라 어쩔 수 없는 한계였다.[19]

하며, 청지불총(聽之不聰)은 말을 잘 알아듣지 못함을 불모(不謀)로 여겼으며 이렇게 되면 추위가 계속되며 궁핍한 시대가 되고 만다는 것이다. 그리고 사심불용(思心不容)은 사려가 깊지 못함은 성덕이 되지 못하며 이렇게 되면 바람이 연속적으로 분다는 것이다.(이희덕, 〈유학사상의 실천적 전개〉, 《한국사》 16, pp.231~233)

17) 김갑동, 〈고려 귀족사회의 성립〉, 앞의 책, p.155.
18) 최승로는 당의 사신(史臣) 오긍(吳兢)이 《정관정요》를 편찬하여 당의 현종에 올린 것을 본받아 그도 국가 발전을 위해 행한 것임을 밝혀놓고 있다.
19) 김갑동, 〈고려 귀족사회의 성립〉, 앞의 책, p.156에서 재인용.

혜종에 대해서는 스승을 존경하고 빈객과 관리를 잘 대우하였지만 장
졸에게 상벌을 균등하게 주지 못해 조정에 원망이 생겼고 인심이 떠나게
되었다고 적었다. 정종은 왕실을 지킨 공이 있지만 도참설에 빠져 서경천
도를 꾀한 것은 정종의 잘못된 고집 때문이었다는 것이다. 광종은 즉위 8
년 동안은 아랫사람을 예로 대접하고 부호자와 억센 자를 억제하는 등
많은 혜택을 베풀었지만, 쌍기의 등용 이후 남북의 용렬한 인사에게 특별
한 은총을 주는 잘못을 저질렀으며, 불교를 혹신하여 국고를 낭비하고 무
고한 사람들을 죽였다는 것이다. 경종은 죄 없는 사람으로 옥에 갇힌 자
를 석방하니 조정과 민간이 모두 찬양했지만 소인의 말을 들어 정사를
어지럽혔다는 것이다.

최승로는 앞의 〈오조정적평〉을 통해 군주는 무릇 항상 겸손한 마음으
로 신하를 대해야 하며 넓은 도량으로 만백성을 포용해야 한다고 강조했
다. 즉 군주는 인과 예를 갖추고 덕치를 하는 통치자여야 한다.[20] 그는 이
어 자신이 생각한 주요한 시무책을 건의하고 있는데, 이는 유교 중심의
덕치를 기본으로 해야 한다는 내용이다.[21] 이처럼 유학자들의 등장으로

---

20) 위의 글, p.158.
21) 최승로의 〈시무 28조〉 가운데 22개 조의 내용을 정리하면 아래와 같다.(위의 글, p.159)
　　1조 서북변경의 수비 강조
　　2조 공덕제 폐단에 대한 시정 건의
　　3조 왕실 시위 군졸의 감소 건의
　　4조 보시행의 금지와 공평한 상벌과 권선징악의 정치 강조
　　5조 중국에 대한 사신 감축
　　6조 불보의 곡전에 대한 엄중한 관리
　　7조 외관 파견 주장
　　8조 굴산의 승려 여철에 대한 지나친 환대의 비판
　　9조 의복제도의 정비를 통한 사회신분질서의 확립 강조
　　10조 승려들의 객관 역사에서의 유숙 금지 건의
　　11조 고려 고유의 토풍 준수를 건의
　　12조 섬 주민들에 대한 공역의 균등화 주장
　　13조 연등회, 팔관회와 우인의 조성에 따른 백성들의 고충을 덜어줄 것
　　14조 군주는 신하를 예우해줄 것
　　15조 궁중의 노비와 구마의 수 감소 건의
　　16조 불우의 남설 비판
　　17조 가사제도의 확립을 통한 신분질서의 강조
　　18조 금, 은, 동, 철을 사용한 불상제작과 사경의 금지 건의

군왕의 덕치를 강조하는 유교적 정치 관념이 확립되기 시작했다. 이러한 내용은 위의 〈시무28조〉 가운데 14조에서도 읽을 수 있다.

《주역》에 이르기를 성인은 인심을 감동시키므로 천하가 평화롭게 된다고 하였으며, 《논어》에 이르기를 '아무것도 하는 일이 없는 듯이 보이면서도 나라를 잘 다스린 자는 순(舜)입니다. 그는 대체 어찌한 것인가? 자기 몸을 공손히 하여 왕위에 앉아 있을 뿐이었다'고 하였습니다. 성인이 하늘과 사람을 감동시킨 것은 그가 순일한 덕이 있고 사심이 없기 때문입니다. 만약 전하께서 겸손한 마음을 가지고 항상 조심하고 두려워하며 신하를 예로 대우한다면, 누가 자기의 성심과 정력을 다 바치어 조정에 나아가서는 좋은 계책을 진언하고 집에 가서는 국정을 보좌할 것을 생각지 않겠습니까. 이것이 이른바 임금은 예로서 신하를 부리고 신하는 충성으로써 임금을 섬긴다는 것입니다. 바라건대 전하께서는 매일을 하루같이 근신하시며 스스로 교만하지 마시고 아랫사람을 대할 때는 공손함을 생각하고 혹시 죄를 범한 자가 있으면 그 경중을 모두 법에 의해 논죄케 하소서. 이렇게 하시면 태평한 위업을 가히 이룩할 수 있을 것입니다.[22]

성종은 유교적 통치체제의 제도화를 구체화하기 위해 사직단과 태묘를 설치하는 등 조상에 예를 다함과 동시에 이것이 효의 근본이라고 홍보했다. 스스로 조상에 대한 효의 실천자로 자임했으며 모범을 보이려 했다. 성종은 태묘에 제사했으며, 태조, 혜종, 정종, 광종, 대종, 경종의 신주를 모시는 등 조상숭배의 예를 다했다. 심지어 관리들이 부모상을 당했을 때는 특별휴가를 주기도 했다. 성종의 유교통치는 당의 삼성체제를 모방하여 삼성 6조의 제도를 확립했으며, 지방의 군현제도를 정비했다. 이렇게 하여 사실상 지방의 호족세력들을 억제할 수 있게 되었고, 중앙의 통치권을 지방으로까지 파급시킬 수 있었다.[23]

19조 삼한공신과 세가의 자손들에 대한 관직제수 건의
20조 불교에 대한 혹신을 버리고 유교사상에 입각한 국정운영
21조 번잡한 제사를 감하고 공손과 자기 반성의 군왕의 유교적 몸가짐 강조
22조 양천지법의 확립을 통한 엄격한 사회신분제의 유지
22) 《고려사》 권 93, 〈열전〉 6, 최승로.
23) 이 시기 성종의 이러한 유교를 바탕으로 한 통치가 갖는 의미는 다음의 글에서도 읽

또한 성종은 유교를 펼치고자 학교를 건립했다. 중앙에서 지방관을 파견하여 여러 주·군·현의 유력가문의 자제들을 선발, 개경에 유학시켰으며, 다시 지방으로 돌아가서도 학업을 계속할 수 있게 했다.[24] 일반 민중에게는 유교에 의한 효를 생활의 가치덕목으로 강조했으며, 특히 유학에 바탕을 둔 교육은 이를 강화하는 수단으로 활용했다. 구체적으로, 성종 때 지방의 학생들을 가르칠 스승으로 경학박사, 의학박사 각 1명을 지방의 12목에 파견했으며, 경서를 열심히 읽고 효제로 소문난 인재를 중앙에 천거토록 했다. 성종의 유학 교육은 성종 11년에 교서를 내려 "경치 좋은 곳을 택하여 학교를 크게 세우고 적당한 토지를 주어 학교의 식량을 해결하며 국자감(國子監)을 창설하라"고 명령할 정도였다.[25] 성종의 유교에 대한 관심은 곧 '유교를 숭상하여 주공의 풍교를 일으키며 당우의 정치를 본받자'는 것이었다. 지방 자제들을 교육시키려 했던 것은 유학으로 왕실에 대한 충성을 강화하고, 동시에 관리로 활용함으로써 전통적인

을 수 있다. "요컨대 성종은 국가체제를 유교사상을 바탕으로 하는 중앙집권체제를 구축하려 하였다. 그것은 그 자신이 상당한 유교적 소양을 갖추고 있었기 때문이기도 하였다. 그는 불교의 폐단을 시정하면서 유교적인 제도와 문물의 정비에 노력하였다. 오묘제나 적전제의 정립, 오복제도와 그에 따른 휴가제의 제정, 그리고 효자와 절부 표창 등의 정책을 실시하였던 것이다. 그런가 하면 당의 제도를 모방하여 관제를 정비하고 향호세력의 통제에도 힘을 기울였다. 내사문하성이나 상서 6부의 성립, 문무산계의 정비, 그리고 지방 향리직의 개편과 지방관의 파견 등이 이루어지게 되었던 것이다. 또한 과거제도나 교육제도의 강화를 통한 인재 양성에도 힘을 기울였다. 동경이나 서경의 경영을 통하여 자신의 지지세력을 확보하려 하였으며, 북방 민족의 위협에 효과적으로 대처하기도 하였다. 성종은 이러한 정책을 통하여 지방의 향호 세력을 억제하고 어느 정도의 중앙집권 체제를 달성할 수 있었던 것이다."(김갑동, 〈고려 귀족사회의 성립〉, 앞의 책, p.155)

24) 여러 주에서 개경에 온 학생 가운데 고향을 생각하는 자가 많았기 때문에 고향에 돌아가게 했는데, 그 결과 207명이 돌아갔고 53명이 남았기 때문에 향리에 간 학생들에게는 포를 주었고 남은 학생에게는 복두 2매와 쌀 5섬을 주었으며 주과를 하사하기도 했다.(《고려사》권 74, 〈지〉 28, 선거 2, 학교 성종 5년 7월조)

25) 《고려사》권 74, 〈지〉 28, 선거 2, 학교. 국자감 설치에 대해서는 다음과 같은 해석을 내린 연구가 있다. "국자감은 이전에 이미 설치되었고 이 기록은 종래의 국학이 국자감으로 개편 정비되었거나 단순한 국자감 건물의 창건을 뜻하는 것으로 보는 것이 합리적일 것이다."(김갑동, 〈고려 귀족사회의 성립〉, 앞의 책, p.153) 이에 대한 또 다른 연구로는 다음과 같은 것이 있다. 민병하, 〈고려시대 성균관의 성립과 발전〉, 《대동문화연구》 6, 1969 ; 박성봉, 〈국자감과 사학〉, 《한국사》 6, 국사편찬위원회 ; 신천식, 〈고려전기 학제성립과 교육이념〉, 《고려교육제도사연구》, 형설출판사, 1983.

지방의 유력세력을 억제하고 왕권을 강화하기 위한 일종의 중앙집권적
통치책으로 이해할 수 있다.[26] 다음의 교서는 이러한 생각을 드러내 주고
있다.

> 혹시 그 부모가 국풍을 알지 못하고 가산만 경영하여 다만 눈앞의 이
> 익만 보아 장래의 영화를 생각지 않고 '학습을 하면 무엇하며 독서를 하
> 면 무슨 이익이 있겠는가. 도리어 編柳에 방해가 되니 오직 負薪케 하겠
> 다'고 한다면 그 자식은 종신토록 이름이 알려지지 못할 것이요 그 어버
> 이는 몸을 영화스럽게 하지 못할 것이다.[27]

유학에 기반을 둔 통치체제의 제도화는 신라 경주계 문신들이 개경에
서 통치권에 접근할 수 있는 기회를 제공했으며, 이들 특정 문신들이 상
층 관직을 세습하여 문벌을 형성하게 되었다.[28] 이들을 뒷받침해준 제도
는 앞에서 말한 과거제와 음서제였다.[29] 특히 음서제는 문신 가문을 지배
적인 세습가문으로 강화하는 기반이었다. 고려 중대 이들 특정 세습 문신
들은 주로 왕실의 외척이나 권신이 되어 권력을 사유화하고 정변을 일으
키기도 했다. 문신들의 부정과 부패는 결과적으로 세습적인 벌족의 형성
으로 이어졌으며, 왕실과 관계를 맺어, 즉 외척이 되어 권신의 위치로 등
장하기도 했다.

---

26) 김갑동, 위의 글, p.153.
27) 《고려사》 권 3, 〈세가〉 3, 성종 6년 8월.
28) 이 시기 대표적인 문신관료로 최승로(崔承老) 가문, 한언공(韓彦恭) 가문, 이겸의(李
   謙宜) 가문, 서희(徐熙) 가문 등은 유학자로서 세습적으로 관직을 차지하고 있었다. 즉
   최승로의 아들 최숙(崔肅), 그 손자 최제안(崔齊顔)은 문하시중이 되었다. 한언공의 아
   들 한조(韓祚)는 왕실의 외척이 되었고, 이겸의의 가문은 그의 아들 이공승(李公升) 등
   이 활동했다. 서희의 가문도 아들 서눌(徐訥)이 관직을 차지하였다.(김갑동, 〈고려 귀
   족사회의 성립〉, 앞의 책, p.180)
29) 음서제는 관직을 가진 부조의 지위와 국가에 대한 헌신적 공로를 고려하여 그 자식
   들에게 일정한 관직을 부여하는 제도이다. 주로 왕족의 후예에게 주는 관직과 공신의
   자손에게 부여되는 것, 그리고 5품 이상의 고급관료들의 자손에게 제공되는 관직 등 3
   종류로 되어 있었다. 이들 자제들은 과거제를 거치지 않고 일인일자 원칙에 의하여 관
   직을 차지함으로써 사실상 관직의 세습을 가져오게 되었다.(朴龍雲, 〈고려시대 음서제
   의 실제와 그 기능〉 上,《韓國史研究》36, 1982, pp.26~29)

성종에 이어 목종, 현종, 정종을 거쳐 문종까지는 또 다른 혼란기에 해당된다. 성종의 유교 중심의 통치가 목종에 와서는 다시 무신들이 권력의 핵심부로 등장하는 기회를 부여하였으며, 특히 서경세력이 개경의 중앙 정계로 등장하게 되었다. 서경세력은 목종의 모후 천추태후가 서경세력의 중심인 황주 황보씨 출신이었기 때문에 이를 기회로 개경의 정계를 주도할 수 있었다. 물론 이들은 왕후를 권력의 배후로 삼았으며 이들에 맞섰던 세력은 앞에서 말한 유교적 문신세력들이었다. 그러나 이 시기에는 문관세력의 전반적인 퇴락이 일어나고 있었다. 이러한 현상은 성종대의 관직 변화와는 무관한 것으로, 새로 등장했던 서경세력조차도 관직 점유를 통해 통치권을 행사하게 되었으며, 김치양의 역모사건으로 목종의 명을 받은 서경세력이었던 강조가 개경을 점령했지만 오히려 목종을 폐하고 현종을 즉위시키는 등 영향력을 행사했다.[30] 그러나 거란의 침입으로 강조가 피랍되었기 때문에 서경세력도 몰락했다. 이러한 현상은 서경세력만이 아니라 무신들도 상대적으로 약화되었다. 현종의 왕권강화를 위한 여러 가지 정책은 문신 중심의 통치체제의 환원이었지만 확고하게 자리잡지는 못했다. 현종-덕종-정종을 거쳐 문종에 이르러 겨우 왕권은 다시 안정을 이룰 수 있었고, 왕조도 정상성을 찾게 되었다.[31]

---

30) 김치양(金致陽)은 천추태후(千秋太后) 황보씨의 외족으로 승려였다. 일찍부터 천추궁에 출입, 천추태후와 사통하여 아들을 낳았다. 왕위세습권자인 대량군(大良君)을 위협하여 중이 되게 했으며 여러 번 죽이려 했다. 목종이 병석에 눕자 김치양은 정변을 일으키려 했는데, 왕은 신혈사(神穴寺)에 있었던 대량군을 불러오게 했으며 서북면 도순검사 강조(康兆)를 개경에 오게 하였다. 강조는 5천 명을 인솔하고 개경에 와서는 김치양 부자 등 7명을 죽이고 태후의 친속인 이주정(李周楨) 등 30여 명을 유배시켰다. 강조는 목종을 폐하고 대량군에게 왕위를 승계하게 했는데 이가 현종이었다. 목종은 충주로 유배되는 도중 강조가 보낸 안패(安霸) 등에게 죽임을 당했다.(《고려사》 권 3, 〈세가〉 3, 목종 ; 권 127, 〈열전〉 40, 강조)

31) 문신통치의 사회적 배경으로는, 왕실과 문신들에 의해 유교가 강조되었음에도 일반 민중들의 실제 생활에서는 여전히 불교가 주도하고 있었으며, 그에 의한 사회적 기풍의 이완현상이 나타나고 있었다. 국왕에 대한 충을 절대시했던 유교의 한정성과 달리, 이러한 성격의 불교는 필연적으로 왕권약화의 한 계기를 마련해 주었다. 또한 불교에 의한 사회적인 기강의 이완이 나타났으며, 이에 대해서는 다음 사실을 찾아볼 수 있다. "절간은 떠들썩하고 불교행사에는 더러운 냄새가 풍기며 중이 속민과 어울려 가축을 기르고 밥장사를 하면서 놀아나고 행패를 부리니 엄하게 다스리라"는 군왕의 명령이 내려 올 정도의 상황이었다.(《고려사》 권 7, 〈세가〉 7, 문종 10년 9월 병신)

그러나 그 뒤 벌족에 의한 권신들이 대두했으며, 이들 사이에 경쟁과 갈등이 일어났다. 이는 필연적으로 왕조를 혼돈으로 몰아넣는 계기가 되었다. 결과적으로 이들 벌족에 의한 권신들의 권력 점유와 그 행사과정에서 드러난 불법과 파당성은 그 뒤의 정변이나 혼란의 원인이 되었으며, 무신정권 등장을 예고하는 의미를 갖기도 했다. 이 시기의 대표적인 벌족이 이자겸 일문인 인주 이씨였다. 이들은 문종에서 인종까지 7대 80여 년 동안 왕실과 중첩된 혼인관계를 맺었으며, 불교의 사원세력과도 연결되는 등 대표적인 권문으로 자리잡았다.[32] 왕실의 외척으로 인주 이씨 가문에 속했던 이자의(李資義)의 난도 이들 벌족이 왕위세습과정에 대한 영향력을 행사하는 과정에서 빚어진 것이었다.[33]

그 뒤 외척과 왕실인사들 사이에는 극심한 대립이 일어났다. 이 과정에서 왕권은 미약해졌고 권신과 무신들 사이에는 결착을 이루어 왕권을 점점 더 압도하게 되었다. 이자의의 난이 지나고 난 뒤 등장한 숙종은 왕권을 강화하기 위해 의천의 불교로부터 지원을 받기도 했다. 불교세력의 지원은 문신들의 유교 통치이념과 거리를 보여주었다. 따라서 문신들은 점점 더 위기감에 휩싸이게 되었다. 왕권을 둘러싼 대립과 갈등은 불교

---

32) 인주 이씨는 이자연(李子淵)부터 권신문벌로 자리잡았다. 문종의 후비인 인예태후(仁睿太后), 인경현비(仁敬賢妃), 인절현비(仁節賢妃)가 모두 그의 딸이다. 즉 문종에게 딸 셋을 모두 왕비로 보냈다. 첫째딸인 인예태후는 순종(12대), 선종(13대), 숙종(15대)을 낳았다.

33) 이자의는 왕실 외척으로 병약한 헌종(14대) 대신 수렴정치를 맡았던 모후 사숙태후(思肅太后, 李子淵의 孫女)를 물리치고 자신의 생질인 한산후(漢山候) 구(昫)를 왕으로 옹립하기 위해 난을 일으켰는데, 이는 헌종의 왕위계승을 중심으로 그 승계권자인 계림공(鷄林公) 희(熙, 뒤에 15대 숙종이 됨)측의 세력과의 대립이었다. "헌종 원년(1095) 7월에 이자의(李資義)는 군사를 궁중에 모아 장차 거사를 하려 했다. 그 때에 계림공 희(뒷날 숙종으로 문종의 제3자)는 명복궁(明福宮)에 이르러 가만히 이 기미를 알고 문하시랑(門下侍郎) 평장사(平章事) 소윤보(邵允輔)에게 위급함을 알리며 이자의를 도모할 것을 부탁하였다. 소윤보는 상장군(上將軍) 왕국모(王國髦)로 하여금 군사를 이끌고 입위케 하는 한편 장사(壯士) 고의화(高義和)를 시켜 이자의와 아들 작(綽), 장군 숭열(崇列), 택춘(澤春) 등 17명을 체포, 처단했으며 평장사 이자위(李子威), 소경 김의영(金義英) 등 50명을 남방 변지에 유배시키고 잔당의 처자를 모두 몰입하여 양계(兩界) 주진(州鎭)의 노비로 삼았다. 그 뒤 계림공은 중서령이 되었다가 동년 11월에 헌종의 선위를 왕이 되었으며 그가 숙종이다."(金庠基,《高麗時代史》, 서울대출판부, 1991, pp.169~170)

종단이나 불사 또는 승려와 연관되었는데, 특히 이자의 난 외에 이자겸(李資謙)의 난에서도 그러한 성격을 보여주었으며, 이들 난에는 승병들도 참여했다.

이자의 난 뒤에 등장했던 이자겸은 숙종에 의해 처벌된 이자의의 종형제로 인주 이씨의 핵심인물이기도 했다. 숙종의 뒤를 이은 예종(16대)이 죽자 이자겸 등이 앞장서서 인종(17대)을 왕위에 오르게 했으며, 통치의 실권까지도 장악했다.[34] 권력을 잡은 이자겸은 지나치게 독주했으며, 여기에 맞서서 반이자겸 세력이었던 한안인(韓安仁) 등 신진 문신들이 이자겸과 그의 군사력의 핵심 척준경(拓俊京)을 제거하려 했지만 실패했다. 그러나 인종은 척준경을 회유하여 이자겸 세력을 추방했다. 그리고 척준경도 정지상(鄭知常)의 탄핵을 받아 유배되었다.[35] 척준경의 유배로 인주 이씨 세력은 종식되었으며, 그 대신 경주 김씨 세력이 등장했다. 김부의(金富儀), 김부일(金富佾), 김부식(金富軾) 일족이 그 중심이 되었지만 이전의 안주 이씨와 같은 영향력은 행사할 수 없었다.

정국을 주도한 김부식 일가는 서경천도와 칭제북벌론(稱帝北伐論)을

---

34) 기록에는 이 과정을 이렇게 적어 놓고 있다. "왕(예종)이 죽자 태자는 어리고 여러 왕제들이 왕위를 넘보았는데 이자겸이 태자를 받들어 즉위케 하니 이가 인종이다.……자겸의 권세가 날로 성하여 자신에게 아부하지 않는 자는 온갖 꾀로 중상하였다. 왕제 대방공 보는 경산부로 유배하고 평장사 한안인은 해도로 귀양보냈다가 죽였으며 최홍제., 문공미, 이영, 정극영 등 50여 인을 귀양보냈다."(《고려사》 권 127, 〈열전〉 40, 반역 1, 이자겸)

35) 인종은 이들을 제거한 후 이른바 〈유신지교〉 15개조를 발표하였다. 내용은 다음과 같다. 1) 방택에서 토지의 신에게 제사 지낼 것. 2) 사신을 지방에 보내어 자사 현령의 잘잘못을 조사하여 포상 좌천할 것. 3) 수레나 복장의 제도를 검약하게 하도록 힘쓸 것. 4) 쓸데없는 관원이나 급하지 않는 사무는 제외할 것. 5) 농사를 힘쓰게 하여 백성의 식량을 풍족하게 할 것. 6) 시종관이 한 사람씩 관료를 천거하게 하고 올바른 인물이 아니면 그 천거한 사람을 벌할 것. 7) 국고의 식량을 저축하여 백성의 구제에 대비할 것. 8) 백성으로부터 조세와 공역을 일정하게 하고 함부로 하지 말 것. 9) 군사를 보살펴서 일정 훈련시점 이외는 복무하지 않게 할 것. 10) 백성을 보살펴서 도망하지 않게 할 것. 11) 제위보와 대비원에 저축을 충분히 하여 병든 사람을 구제할 것. 12) 국고의 묵은 식량을 억지로 백서에 나누어주고 이자를 받지 않을 것. 13) 선비의 선발에 시부론을 쓰게 할 것. 14) 모든 고을에 학교를 세워 교육을 확충할 것. 15) 삼림이나 못에서 생산되는 것을 백성과 함께 나누어 가지며 이를 침해하지 않을 것 등이다.(《고려사》 권 15, 〈세가〉 15, 인종 5년 3월 ; 《고려사절요》 권 9, 인종 5년 3월조)

주장했던 윤언이(尹彦頤) 일가와 갈등을 빚었다.[36] 서경천도에 앞장섰던 묘청의 난을 진압한 뒤 김부식 일가는 정국을 주도했지만, 이어 빚어진 정중부 난(1170)으로 사실상 문신 주도체제는 종식되었다.

문신 주도 아래에서는 벌족이 등장하여 사실상 국왕의 왕권을 상당 부분 제약하기도 했으며 문신들은 벌족을 이루어 격심한 대결을 보여주기도 했다. 이러한 상황은 곧 국왕의 존재가 단지 형식적인 것에 불과했음을 의미한다. 이는 곧 국왕, 문신, 무신 사이의 삼각구도의 지배구조가 정상적으로 기능하지 못했음을 의미한다. 따라서 통치는 혼란 속으로 떨어지게 되었다. 국왕과 왕실, 외척 등 문벌 사이에 빚어진 대립은 지배구조의 삼각구도에서 벗어나 이원적 대립구도를 만들었는데, 한편으로는 국왕과 그를 지지하는 문·무신과, 그리고 다른 한편은 벌족 중심의 문·무신의 결합으로 빚어진 이분적 상황을 그려 놓았다. 그 과정에서 둘 사이의 관계는 권력투쟁이라는 극단적인 상황으로 돌입했으며, 따라서 정상적인 왕조의 지배구조나 통치는 사실상 소멸되었다. 이러한 상황은 다른 말로 표현하면 중앙과 지방 사이의 구심력과 원심력 관계가 중앙의 구심력에 의해 단일화됨에 따라서 이제는 그 자체에서 분화를 일으켜 다시 국왕 중심의 구심력과 그것에 맞서는 벌족 등의 원심력적인 파벌 사이의 대립으로 이어졌음을 의미한다. 이는 곧 또 다른 형태의 원심력과 구심력 사이의 갈등구조라 할 수 있으며 그 결과 통치체제는 안정성을 잃게 되었고 국왕의 위치도 약해질 수밖에 없었다.

---

36) 여진이 대금국을 자처하고 "兄大女眞金國皇帝 致書于弟高麗國王"라는 국서를 보냈다. 굴욕적인 금의 요구에 김부식 일가, 특히 김부의는 여진의 요구를 받아들이자고 주장했다. 그 뒤 금은 거란을 멸한 뒤 고려에 대해 더한층 오만해져서 신례를 요구하게 되었다. 이것에 대해서도 당시 집권문벌인 이자겸(李資謙) 일가는 이소대사(以小事大)는 선왕지도(先王之道)라면서 이를 수락하게 되었다. 중앙 정계의 이러한 흐름에 대해 반발했던 세력은 주로 서경을 중심으로 했던 세력으로 여기에는 윤언이(尹彦頤), 묘청(妙清), 정지상(鄭知常) 등, 칭제건원파(稱帝建元派)였다. 이 과정은 곧 김부식 일가와 윤언이 일가의 대립이었다. 인종 13년(1135) 정월, 묘청은 서경에서 반란을 일으켰으며 인종 14년(1136) 2월 9일 김부식이 주도하는 관군의 총공격을 받아 진압되었다.

3. 무신정변과 무신정권의 등장

몇몇 문벌세력은 전통적인 지배세력의 성격 때문에 신진 문신으로부터 도전을 받았다. 앞에서 설명한 인주 이씨 등은 전통적 통치세력에 속했다. 새로 등장한 문신으로는 한안인(韓安仁), 문공인(文公仁), 최홍재(崔弘宰), 정금영(鄭克永) 등으로 이들은 지방의 토착세력, 즉 향리의 자제들로 중앙 정계로 진출할 수 있었던 신진 관인들이었다.[37] 전통적 문벌과 신진 문신 사이에 빚어진 대립은 앞에서 살펴본 것처럼 신진 문신세력의 몰락으로 이어졌으며, 벌족의 위세는 더한층 강화되었다. 이들 벌족들은 자신들에 종속한 문신들에 대해서는 일종의 동반자적 세력으로 받아들이기도 했다. 그리고 무신들에 대해서는 이들 벌족의 가병처럼 산하에 두었다. 이러한 성격은 곧 벌족과 문신 사이의 합일체적 모습을 보여주었으며, 여기에 유학을 바탕으로 한 문신이 앞장선 통치체제로 지속되었기 때문에 자연히 무신들을 경시하는 것이 일상처럼 되고 말았다.[38]

무신에 대한 문신들의 지나친 하대는 무신에게 모멸감을 갖게 했다.[39] 무신들의 고유영역이었던 군사지휘권조차도 문신들이 장악했으며, 무신

---

37) 金潤坤, 앞의 글, p.48.
38) 무신정권의 등장은 대외관계 즉 외부세력에 대한 전쟁에 의해서만 비롯되지는 않았다. 그보다는 문신의 통치권 행사와 그들의 휘하로 종속되어야 했던 무신들의 상대적인 불만에 말미암은 것이었다. 무신정권은 성격상 대외관계에서는 군사적인 저항과 투쟁을 주조로 했으며 대내적으로는 통치권의 사유화에 따른 전제적 강압체제로 일관하게 되었다. 그러면서도 무신정권은 대외적인 투쟁 자체가 체제 유지의 명분이기 때문에 그를 위한 강경한 투쟁을 일상화하는, 즉 '전쟁의 일상화'가 이루어졌다. 어느 면에서 대외적인 투쟁과 전쟁은 무신정권의 존립의 근거이기도 했다. 그 당시 몽고의 영향력이 중국은 물론 유럽에 이르는 대제국을 건설했던 시기였음에도 고려가 그처럼 장기간 저항할 수 있었음은 무신정권에 기인한 현상으로 이해할 수 있다. 중국의 정통국가를 멸망시킨 한낱 오랑캐에 불과하다는 몽고에 대한 고려 지배층의 적대감, 그리고 불교의 원력이 몽고군을 퇴출시킬 것이라는 종교적 믿음 등도 여기에 가세하였다.
39) 이 시기 무관들 사이에는 문신에 대한 불평이 늘고 있었는데 "문신들은 의기양양해서 취하도록 술을 마시고 배부르도록 음식을 먹고 있는데 무신들은 모두 굶주리고 피로해졌으니 이래서야 어찌 참을 수 있겠는가"라고 자탄할 정도였다.(《고려사절요》권 11, 의종 24년 4월)

들은 그 휘하의 한낱 장병에 지나지 않게 되었다. 장군으로 널리 알려진 강감찬, 윤관, 김부식 등도 실제로는 문신으로, 군부 최고지휘부의 사령관을 맡았던 인사들이었다. 그 결과 무신들의 불만은 극도에 이르렀으며 이를 부채질했던 것이 경제적인 차별 대우였다. 이 당시 군인전은 명목뿐이었고 공역에까지 무신들을 동원하고 있었기 때문에 무신들의 반발은 그만큼 지속적이었다.[40] 무신들이 일으킨 정변은 고려 중반기의 통치구조를 실질적으로 변화시켰으며, 고려 초기와는 다른 통치체제를 이룩할 수 있었다. 어느 면에서 무신정변은 왕건이 이룩했던 고려 초기의 성격이 쇠락했음을 의미한다. 그뿐 아니라 중세적 특징으로서 지적한 원심력과 구심력의 대립에서도 구심력에 의한 권력의 집중화가 결과적으로 그 구심력 안에 또 다른 분화를 생성하여, 즉 왕권 중심의 구심력의 강화에 맞섰던 무신들의 이탈 성향을 유발하여 원심력을 등장하게 했다고 이해할 수 있다.[41] 결국 이러한 시대적 배경에서 의종 24년(1170)에 무신란이 일어나게 되었다.[42]

---

40) 무신란이 일어나기 이전, 즉 현종 때도 김훈(金訓), 최질(崔質) 등 무인에 의한 정변 기도가 있었다. 중추원사(中樞院使) 장연우(張延祐)와 일직(日直) 황보유의(皇甫兪義) 등 문신들이 경군영업전(京軍永業田)을 빼앗아 백관녹봉에 충당할 것을 건의하였고, 상장군(上將軍) 최질이 변공(邊功)이 있었는데도 문관직을 얻지 못한 데 불만을 품고 현종 5년(1014)에 상장군 김훈, 최질 등이 제위군인(諸衛軍人)을 이끌고 반란을 일으켰다. 한때 이 반란은 성공하여 문신 장연우와 황보유의가 제명 유배되었고, 상참(常參) 이상의 무관이 모두 문관직을 겸하는 무인정치를 보여주었다. 그러나 왕이 서경에 행행(行幸)하는 틈을 타서 문신들이 김훈, 최질 등 집권무신들을 주살했기 때문에 종식되었다.(邊太燮, 〈武臣亂과 崔氏政權의 成立〉, 《한국사》 7, 국사편찬위원회, 1977, p.91)
41) 고려 무신란은 3단계로 구분해 볼 수 있다. 첫 단계는 정중부. 경대승. 이의민 등이 집권했던 26년 동안(1170~1196)이고, 2단계는 최충헌과 그의 증손까지가 집권했던 62년(1196~1258) 동안이었다. 그리고 3단계는 김인준과 임연 부자가 집권했던 12년(1258~1270)년 동안으로 나누어 볼 수 있다.
42) 무신란에 대한 기록을 여기서 옮기면 다음과 같다. "왕이 보현원(普賢院)으로 가는 길에 오문(五門) 앞에 다다라 시신들을 불러 놓고 술을 마셨다. 왕은 술이 거나하게 취하매 좌우 신하들을 돌아보면서 '훌륭하구나. 이곳은 군사기술을 연습할 만하다'라고 하면서 무신들에 명령하여 오병수박(五兵手博) 놀이를 하게 하였다. 저물 무렵 왕이 보현원 근처에 이르렀을 때 이고(李高)가 이의방(李義方)과 함께 앞질러가서 왕의 명령을 위조하여 순검군(巡檢軍)을 모아 놓았다. 왕이 원문에 막 들어가고 여러 신하들이 물러서려는데 이고 등이 임종식, 이복기, 한뢰 등을 죽였으며 모든 호종 문관과 대소 관료, 환시들도 모조리 살해했다. 또 서울에 남아 있던 문신 50여 명도 학살했다.

정변을 일으킨 무인들은 무자비하게 문신들을 학살했다. 이에 당황한 의종은 무신란의 핵심인물인 이고(李高)와 이의방(李義方)을 응양, 용호군 중낭장에 임명했고, 다른 무인들의 계급도 높여 주는 등 회유책을 썼지만 효과가 없었다. 무신란의 핵심인물인 정중부(鄭仲夫) 등은 왕을 군기감(軍器監)으로 옮겼고, 그 뒤 거제도로 유배시켜 살해하였다. 왕의 동생을 새로운 왕으로 옹립했는데 그가 명종이었다. 이 정변(경인의 난)으로 무신들이 권력을 장악하자 이에 반대한 서경의 일부 무신과 이들과 연계된 문신들의 저항이 일어났다. 그러나 이것이 빌미가 되어 집권무신들은 더욱 권력을 전횡했으며, 이것은 결과적으로 무신정권의 등장을 가속화시켰다.[43] 그 결과 무신들은 문신들이 차지했던 최고의 관직인 재상직도 차지했으며, 심지어 문한(文翰)을 관장하는 유관직(儒官職)까지도 겸할 정도에 이르렀다. 무신은 또한 중앙의 유력한 관직만이 아니라 지방의 외직까지 차지했는데, 3경 4도호 8목의 관원은 물론이고, 군현관이나 관역(館驛)의 임직에도 무인이 병용되기도 했다.

정중부 등이 왕을 끼고 궁으로 돌아왔다."(《고려사》권 19, 의종 3, p.378) 덧붙이면 왕이 보현원에 가기 전에 이미 정중부, 이의방, 이고 등 무신들의 모의가 있었으며 기회를 보고 있었다. 마침 오병수박 놀이에서 이기지 못하고 달아난 대장군 이소응(李紹膺)을 문신 한뢰(韓賴)가 뺨을 때려 계하(階下)로 떨어뜨렸다. 이미 그 이전에 김부식(金富軾)의 아들 김돈중(金敦中)에게 촛불로 수염을 태운 정중부가 큰 소리로 한뢰를 나무라며 "이소응은 비록 무인이지만 관이 삼품인데 어찌 그리 욕을 뵐 수 있느냐"고 하였다. 저녁때 왕가가 보현원에 가까워지자 이고와 이의방은 거짓 왕지로 순검군을 모아 한뢰 등 호종 문관과 대소신료 환관을 몰살하니 이것이 무신란의 시발이었다. 무신들은 개경에 들어가자 군졸을 보내 "무릇 문관(文冠)을 쓴 자는 서리(胥吏)라도 씨를 남기지 말고 모조리 죽여라"고 하니 많은 문신들이 화를 입게 되었다. 이를 경인(庚寅)의 난이라 불렸다.(《고려사》권 128, 〈열전〉 41, 정중부전)

43) 무신정권에 대한 구 문신계의 반항은 구체적으로 먼저 김보당(金甫當)의 난을 들 수 있다. 김보당은 명종 3년 동북면 병마사 간의대부로 동북면 지병마사 한언국(韓彦國) 등과 공모하여 정중부, 이의방의 무신정권을 무너뜨리고 의종을 복위하기 위해 동계(東界)에서 군사를 일으켰다. 김보당은 장순석(張純錫), 유인준(柳寅俊)을 남로 병마사로 배윤재(裵允材)를 서해도 병마사로 삼아 군사를 발하고, 장순석 등으로 거제도에 가서 전왕을 받들고 경주로 나오게 하였다. 그러나 김보당은 붙잡혀 피살되었으며, 경주로 출거한 의종도 이의민(李義旼)에 의하여 참혹하게 죽음을 당했다. 이것이 계기가 되어 1170년(경인)과 1173년(계사)에 수많은 문신들이 살육되었는데, 이를 경계의 난이라고 불렸다. 명종 4년 서경유수 병부상서 조위총(趙位寵)이 정중부, 이의방을 토멸하기 위해서 서경에서 기병하였으나 2년 뒤 관군에 의해 서경이 함락되면서 종식되었다.

무신정권은 정중부에서 최씨정권을 거쳐 김준(金俊), 임연(林衍)에 이르기까지 100여 년 이상 계속되었다.[44] 초기의 무신정권은 정중부, 이고, 이의방 3인이 연대해서 행했지만, 이들 사이에도 심한 분열이 일어나 이의방이 이고와 채원(蔡元)을 주살했고, 정중부의 아들 정균(鄭筠)은 이의방을 주살, 정중부가 한동안 정권을 장악하여 스스로 문하시중이 되었다. 그러나 경대승(慶大升)이 정중부 일당을 주륙한 뒤 권력을 잡았지만 병사했기 때문에 그 뒤를 이의민(李義旼)이 이었다. 이처럼 초기 단계의 무신정권에서는 무신들 사이에도 대립과 혼돈을 보여주었다. 그러나 최충헌(崔忠獻) 형제에 의해 이의민이 주륙됨으로써 최씨 무신정권시대가 열렸다.[45]

최충헌의 통치기간은 명종, 신종, 희종, 고종으로 이어졌으며, 그 기간 동안 최충헌은 군왕을 마음대로 폐위시키기도 했다.[46] 구체적으로 최충헌

---

44) 일반적으로 무신정권을 시기에 따라 구분하는데, 그 성립기는 의종 24년부터 최충헌이 등장할 때까지로 잡고 있다. 이 시기는 무인정권이 확립되지 않았기 때문에 무인들 사이에도 치열한 권력경쟁을 보여주었다. 즉 무신란을 주도했던 이의방은 이고를 주살했으며 정중부의 아들 정균은 이의방을 살육하였다. 그리하여 정중부가 집권할 수 있었다. 그러나 뒤 이어 정중부 부자의 전횡에 대항하여 경대승이 이들 일당을 주륙하였다. 한동안 경대승이 득세하였으나 그가 병사하자 이의민이 정권을 장악했다. 이어서 최충헌 부자에 의해 이의민이 주살되었고 최충헌의 무단통치가 자행됨으로써 제2기를 맡게 되었다. 최씨의 무단통치는 철저한 무신독재체제로서 사병조직을 강화하여 실제 통치에 활용하는 성격을 보여주기도 하였으며 4대 60여 년 동안 실질적으로 고려를 통치했다.

45) 명종 26년 최충헌은 이의민을 주살하고 정권을 빼앗았다. 그리고 그는 왕에게 봉사를 올렸으며 여기에서 적신 이이민의 실정을 논박하면서 다음 10조의 혁구도신(革舊圖新)을 건의하였다. 즉 1) 왕은 구기지설(拘忌之說)을 믿고 새 궁실에 임어하지 않는데 길일을 잡아 이궁할 것. 2) 지나친 관인의 녹봉에 문제가 있으니 관인의 수를 줄일 것. 3) 관직자가 공사전을 약탈하여 대토지를 겸병하고 있는바 이를 원주인에게 돌려줄 것. 4) 공사조부(公私租賦)에서 향리의 침탈이 많으니 유능한 수령을 파견하여 이를 금지시킬 것. 5) 양계 5도의 도사들이 왕실 공진(供進)을 구실로 주구하여 사비로 돌리니 도사의 공진을 금할 것. 6) 승려가 왕궁에 출입하는 등 그 피해가 크기 때문에 승려의 왕궁 출입과 곡식 대여를 금할 것. 7) 주군(州郡)의 관리 중 탐오한 자를 처벌하고 유능한 자를 발탁할 것. 8) 조신(朝臣)의 제택(第宅)과 사치를 막고 검소하게 생활하게 할 것. 9) 산천의 순역을 가리지 않고 군신이 원당(願堂)을 세우는 것을 막아 비보사찰 이외는 모두 헐어버릴 것. 10) 언사(言事)를 맡은 성대관(省臺官)이 그 임을 못하니 새 사람을 골라 임명할 것 등이었다.(邊太燮, 앞의 글, pp.109~110)

46) 최충헌은 명종을 내쫓았으며 신종과 희종도 그렇게 했다. 그리고는 강종을 왕이 되게 했다.

의 무단정권은 농민과 노비 등 피지배 하층민들의 전국적인 반란을 진압하기도 했으며, 군왕의 서자로 승려가 된 소군(小君)들이 승병들의 힘으로 권력 장악에 도전하자 이들을 차단했다. 최씨정권은 무단적인 억압책으로 정치 사회를 통치했으며, 이들의 강압적인 통치는 그 체제의 지속성을 어느 정도 가능하게 했다. 4대 62년 동안 통치권을 자행했던 최씨 무신정권은 일종의 군사적 막부와도 같았다. 군왕은 있었지만 형식적인 존재였으며, 실제로는 최씨 일문에 의한 통치권이 독점되었다. 최충헌은 자신의 특권행사에 저해적인 세력에 대해서는 철저히 제거했다. 평장사 권절평(權節平), 손석(孫碩), 상장군 길인(吉仁) 등을 모반의 가능성이 있다는 이유로 주살했으며, 참지정사 이인성(李仁成), 상장군 강제(康濟) 등 36명을 살해했고, 자신의 모반에 참여했던 대장군 이경유(李景儒), 최문청(崔文淸), 상장군 주광미(周光美) 등도 제거할 정도로 무자비했다. 왕의 측근세력들도 제거했는데, 호부시랑 이상돈(李尙敦) 등 50여 명의 내시를 내쫓았고, 왕자승(王子僧) 소군(小君) 홍기(洪機) 등 6명을 정치에 관여한다 해서 절로 되돌려 보냈다. 최충헌의 자의적인 통치권의 행사는 명종이 소군을 가까이한다는 이유를 내세워 태자와 함께 축출할 정도였으며, 왕의 동생 평량공(平凉公) 민(旼)을 왕이 되게 했는데, 그가 신종(神宗)이었다. 그리고 최충헌 자신은 신종 옹립의 공으로 '정국공신 삼한대광 대중대부 상장군 주국'의 공신 칭호를 받았으며, 그의 아우 최충수(崔忠粹)도 공신으로 고위직을 차지할 정도였다. 그러나 최충수가 딸을 강제로 태자비로 삼으려는 것을 최충헌이 반대했기 때문에 형제 사이에도 시가전을 벌였고, 최충수가 패살되어 최충헌의 1인통치체제가 확립될 수 있었다.

최씨 무신정권은 전대 무신정권의 기존 통치체제를 그대로 이용하여 그들이 최고의 관직을 모두 차지했으며, 상장군과 대장군 등 무관 관직자들을 모아서는 군사 실무문제를 토의하게 했던 합의기구로 중방의 권한을 확대했다. 여기서 그들 사이에 협의 결정하는 과정을 거치기도 했다. 그러나 최씨 무신정권은 그 나름의 사적 통치기구를 만들어 통치하기도 했다. 최충헌만 해도 왕으로부터 진강후로 봉해진 뒤 흥녕부라는 통치기관을 별도로 산하에 두었으며, 여기에 도방, 정방, 서방 등을 설치해서는 통치권을 자행하기도 했다. 도방은 대소 문무 관리와, 한량으로부터 군졸까지 힘있는 자들을 모두 초치하며, 사병집단을 만들어 전체를 6번으로 나누어 그의 사가를 직숙하도록 했다. 그는 사제에서 문무관의 인사를 관장했으며, 이를 왕에게 형식적으로 올렸는데, 이러한 체제는 그 뒤 정방으로 발전했다. 그는 관군보다 더 강력한 사병을 조직, 활용하여 정적과 군왕까지도 위협했다. 무신이었기 때문에 군사력을 효율적으로 활용할 수 있었고, 그 영향력도 충분히 인식하고 있었다.

최씨정권의 실제적인 통치기구로 희종 때 진강부(晉康府)와 교정도감(教定都監)이 설치되었다. 특히 희종은 최충헌을 신례로는 대하지 않고 항상 은문상국으로 부를 정도로 예우했다. 그는 진강후에 봉해졌으며, 이 때 설치된 흥녕부는 그 뒤 진강부로 이름이 고쳐졌는데, 이는 형식적으로는 무신정권의 집정부였지만 실제로는 식읍의 일을 맡았다. 실제적인 집정 기능은 앞에서 말한 교정도감이 맡고 있었는데, 주로 사찰의 기능을 수행했으며 이를 통해서 반대세력을 억압 감찰했다. 그 뒤 이 기구는 인사와 조세 등 모든 정령을 발행하는 등 실질적인 집정부의 위치를 차지했다. 최씨 무신정권의 통치기구의 책임을 맡은 인사들은 군왕의 관직에도 임명되었기 때문에 이중적인 관직 점유자였지만, 사실상 최씨 통치기구의 직위를 더 중요하게 여겼고, 그것을 통해 자신의 영향력을 행사할 수 있었다.

최충헌이 20여 년을 집권하고 그의 아들 최우(崔瑀)가 뒤를 이었다. 그는 자신의 위치를 굳건히 하고자 먼저 경쟁자였던 최충헌의 동생 최향(崔珦) 일파를 제거했다. 이 과정에서 희생된 인물은 같은 최씨 무단정권에 속했던 최준문(崔俊文), 지윤심(池允深), 유송절(柳松節) 등이었다. 그리고 최충헌의 가신으로 일반 민중들의 원망을 쌓았던 염영린(梁永麟), 최사겸(崔思謙) 등을 유배에 처했다. 또한 그는 최충헌의 실정을 시정하고 국왕과 일반인의 환심을 얻기 위해 최충헌이 모았던 금은과 진완(珍玩)을 국왕에게 바쳤으며, 약탈한 공사전을 주인에게 되돌려주었고, 부정부패한 관리들을 추방하고 유능한 인재를 관리로 등용했다.[47] 최우는 30년 동안 집권했는데, 그것은 몽고군의 침략에 대항하기 위해 강구된 군사적인

대응책 때문이었다.[48]

최우는 자신의 사병의 군사력을 강화했다. 이를 위해 가병 집단인 도방(都房)을 확대해서 내외도방을 설치했고, 이전부터 운영했던 야별초(夜別抄)를 삼별초로 개편하여 그의 사적 무력기반으로 삼았다. 그뿐 아니라 그의 통치체제 유지에 필요한 경제력을 확보하려고 했는데, 국왕으로부터 하사받은 진양부 식읍에서 받는 세공미만으로는 이를 충당할 수 없었다. 그리하여 강대한 농장을 확보했으며, 각 도에 교정수확원을 두어 직접 징세했던 조세와 공부를 적극적으로 조달했다. 그의 이러한 경제적 약탈은 경상도에서 거두어들인 것만 50여 만 섬이나 되었고, 그 밖에 금·은 등 보물이 허다할 정도였다.

최우가 죽은 뒤 최씨 무단정권은 3대 최항(崔沆)으로 이어졌다. 최항은 정실 출생이 아니기 때문에 정권장악 과정에 어려움이 많았다. 또한 시기적으로는 몽고 침략기였다. 최우가 죽자 상장군 주숙(周肅) 등은 야별초와 내외도방을 이끌고 국왕에 복정(復政)하려 했다. 그러나 전별(殿前) 이공주(李公柱), 최양백(崔良伯), 김준(金俊) 등 70여 명이 최항 편을 들었기 때문에 주숙도 이들에 합세할 수밖에 없었고, 결국 최항이 집권하였다. 최항은 자신의 집권을 반대했던 세력들을 제거했으며 민심을 수습하기 위해 먼저 세공을 제외한 각 지방의 조부를 징수하는 교정수확원을 철수시켰으며, 안찰사에게 그 일을 대신 맡김으로써 인망을 얻기도 했다.

최씨 무단정권의 마지막인 4대 최의(崔竩)도 처음에는 인심을 얻기 위해 노력했지만 점차 실정을 자행했다. 그의 심한 학정으로 민심의 이반이 일어났으며, 이를 기회로 유경(柳璥), 김인준(金仁俊) 등이 삼별초군을 이용하여 최의와 그 일당을 주륙함으로써 최씨 무단정권은 4대 62년 만에 문을 닫았다. 이를 무오거사(戊午擧事)라고 불렀다.[49]

---

47) 邊太燮, 앞의 글, p.114.

48) 최우도 최충헌과 마찬가지로 진양후(晉陽侯)에 봉해졌으며, 교정도감의 기능을 강화하여 인사와 조세에 대한 행정을 담당하게 했다. 그리고 이를 통해 시정에 대한 명령을 내리기도 했다. 그는 고종 12년에 자기 집에 정방(政房)을 두었으며 백관의 전주(銓注)를 주의(注擬)하고 서방(書房)을 두어 당대의 명유(名儒)를 3번으로 나누어 직숙하게 함으로써 그의 통치에 대한 자문역을 행하게 했다.

최씨 무단정권이 종식되었다고 해서 무신정권이 종식된 것은 아니었다. 비록 형식상으로는 왕정복고가 이룩되었지만 실제로는 최의를 주륙했던 유경, 박송비 등이 실권을 장악했으며, 왕의 편전 옆에 정방을 설치하여 이전의 무단정치를 되풀이하였다. 실제로 최씨 무단정권을 몰락시킨 것은 왕권이 아니었고 문신들도 아닌 결국 최씨 무단정권에 소속된 일부 무신들이었다.[50] 그 결과 김인준이 다시 해양후(海陽侯)가 되어 입부(立府)함으로써 이전의 무단정권을 계승하기도 했다. 그러나 김인준(김준으로 개명했음)과 사이가 나쁜 임연이 왕의 측신인 환관 등과 손을 잡아 궁중에서 김준을 암살했으며, 김준의 동생 김충(金沖)과 그 아들들, 그리고 측근들을 처단했다. 임연은 국왕인 원종을 폐하고 왕제 안경공 창(淐)을 즉위시켰으며, 자신은 교정별감이 되었다. 그러나 몽고에 의해 다시 원종이 복위했으며, 임연은 병사했다. 임연의 뒤를 그의 아들 임유무(林惟茂)가 이어서 교정별감이 되었지만 몽고의 지원을 받고 있던 원종이 홍문계(洪文系)와 송송례(宋松禮)를 시켜 삼별초를 움직여서는 임유무 일당을 축출했다. 이로써 왕정복고를 이룩하게 되었다.

4. 불교의 통치체제 통합 기능

국왕과 권신, 그리고 문신 벌족의 지배체제를 거쳐 무신정권으로 이어지면서 고려 초기의 지배구조의 기본 성격인 구심력과 원심력의 균형에

---

49) 《고려사》는 이렇게 기록해 놓았다. "병자일에 대사성 유경(柳璥), 별장 김인준(金仁俊) 등이 최의를 죽이고 정권을 다시 왕에게로 올렸다. 유경을 추밀원 우부승선으로, 박송비(朴松庇)를 대장근으로, 김인준을 장군으로 각각 임명하고 기타 인원들에게도 다 벼슬을 차등 있게 주었다.……백관이 마치 새로 왕위에 오른 때처럼 축하를 드리고 예식이 끝난 뒤에 나갔다. 박송비, 김인준 등이 시복을 입고 모든 관신, 좌우 별초, 시의군, 도방 등을 거느리고 대궐 뜰에 들어가서 절을 하면서 만세를 불렀다. 최의의 가산을 몰수하여 그들에게 차등 있게 나누어주었다."(《고려사》 권 24, 〈세가〉 24, 고종 3)

50) 무오거사에 주도적으로 참여한 뒤 공신이 된 8명은 유경, 김인준을 비롯하여 김승준(金承俊), 박희실(朴希實), 이연소(李延紹), 박공비(朴公庇), 임연(林衍), 이공주(李公柱) 등으로 이들은 위사공신(衛社功臣)으로 봉해졌으며, 이들 외에 차송우(車松佑) 등 19명은 동력보좌공신(同力輔佐功臣)이 되었는데 이들 대부분이 무인이었다.

의한 안정이 유지될 수 없게 되어 상층 지배구조는 불안정성에 놓이게 되었다. 결국 상층 통치세력 사이의 격심한 권력 갈등으로 파쟁성을 드러내었다. 이러한 사실은 앞에서도 언급했지만 중세적 왕조체제로서의 구심력과 원심력 사이의 역학관계에서 구심력의 일방적인 지배를 의미하는 것이었다. 그러면서도 그 구심력이 다시 양분되는 양상을 보여주기도 했다. 그것은 문신과 무신 사이의 갈등이었으며, 결과적으로 무신정권, 즉 과두적 전제체제로 후퇴하는 모습을 보여주었다. 이렇게 된 요인은 구심력과 원심력에 따른 사회체제의 재편이나 그 제도화가 이루어지지 못했기 때문이다. 다른 말로 하면 사회의 전반적인 상황이 구심력 대 원심력의 균형적 구도로 전개되었지만 이를 효율적으로 통합할 수 있는 사회제도적 기능을 확보하지 못했기에 빚어진 현상이라는 것이다. 그 결과 달라진 사회 성격과 달리 통치는 여전히 과두적 전제체제에서 벗어날 수 없었고, 갈등과 혼돈이 일상화되었다.

고려왕조는 중세적 성격, 즉 종교에 의한 통치구조와 지배세력의 권력구조의 제도화 사이의 불일치로 자주 정변이 일어났다. 어느 면에서 이는 통치권에 가까운 위치를 차지하기 위한 개인과 개인, 집단과 집단 사이의 대립이라 할 수 있으며, 이 과정에서 국왕은 때로는 전제군주로 때로는 명목상의 군주로 그 자리를 겨우 지탱했다.

그렇다면 여기에서 제기될 수 있는 의문은 왜 권신이나 무신들은 왕을 폐립시키고 스스로 국왕이 될 수 있었는데도 그렇게 하지 않았을까 하는 것이다. 그리고 연이어 제기될 수 있는 의문은 피지배 민중들은 거듭되는 약탈과 억압에 자주 폭동을 일으켰는데도 왕조 그 자체를 붕괴시키기 위한 혁명적인 지향성을 보여주지 못했는가 하는 점이다.[51]

---

51) 피지배 민중들에 대한 가혹한 약탈과 억압의 과중성은 고려 중기에 더한층 심했다. 권신벌족에 의해서건 무신정권에 의해서건 정상적인 조세나 요역이 부과되었던 것은 아니었다. 왕조에서 부과된 법적인 조세는 물론이고 권신과 관인층에 의한 약탈이 자행되었기 때문에 민중들은 이중 삼중의 약탈상태에 놓이게 되었다. 고려 초만 해도 양민은 왕조에게 조세로 쌀 1섬(15말)에 모미 1되를 납부했는데, 무신집권 이후는 모미가 2말 이상으로 늘어났다. 1176년 조세로 쌀 한 섬에 모미까지 합쳐 17말 이상을 받을 수 없다고 규정했지만 이는 실제로는 실시되지 못했다.(《고려사》 권 78, 〈식화

이러한 물음들은 곧 고려사회를 지속시킨 기본 성격을 논의하는 것으로 연결된다. 하나의 가능성 있는 해답은 먼저 지배의 삼각구도와 피지배의 사다리꼴을 밀접하게 결합시키면서 국왕의 위치를 강화해 주었던 이데올로기로 설명될 수 있을 것이다. 고려를 유지시켜온 내면적인 접합제이자 결속체는 불교였다. 불교가 갖는 '호국호왕지교'(護國護王之敎)의 성격은 대립과 분열에 놓여 있던 고려 통치체제를 그 정도나마 하나로 결속시켰던 요소로 기능했다.

고려의 국왕과 지배세력은 불교와 유교로 그 위치를 정당화했으며 통치의 명분으로도 이를 활용했다.[52] 비록 결과적이기는 하지만 불도에 의한 왕국의 건립을 이룩하기 위해 고려의 창건이 이루어졌음을 강조했으며, 이 과정에서 승려와 신도들의 지지를 얻는 데 중점을 두었다. 군왕과

지〉 전제 조세, 명종 6년 7월) 이 당시 권신들이나 무신들은 방대한 토지를 소유했으며 이 토지의 실제적인 경작자는 농민들이지만 여기서 산출된 양의 반 이상을 이들이 절취했다. 그뿐 아니라 지방의 관리들은 공물을 빙자하여 지방민의 재산을 약탈해서는 실제로는 그것을 사복에 충당했다. 지방의 토호나 유력자들은 농민들에게 쌀을 빌려주는 대가로 고율의 이율로 곡물을 수취했기 때문에 이를 감당할 수 없는 농민들에게는 토지를 강압적으로 빼앗기도 했다. 그러므로 이 시기 일반 민중들의 삶의 가혹한 상황은 다음처럼 기록되어 있다. "정령이 몹시 가혹해져서 일반 백성의 생활이 더한층 곤궁에 처하게 되었다."(《고려사절요》 권 12, 명종 11년 9월) 그런데도 벌족은 물론이고 관인들은 "스스로의 일문, 일가의 욕심을 충족시키기 위해서 일반 백성들의 고혈을 짜내는 것을 조금도 부끄럽게 생각하지 않았으며 탐오죄가 이미 드러나도 오히려 요직에 있는 권문에 청탁하여 자기 죄를 모면해 보려 했다."(《고려사절요》 권 13, 명종 20년 9월) 약탈과 강제에 놓여 있었던 농민들은 유민으로 전락할 수밖에 없었고, 극단적인 경우에는 폭동을 일으켰다. 이러한 폭동이 특별히 빈발했던 것은 무신란이 일어났던 의종 시대였다. 구체적으로 의종 6년(1152) 홍주(홍성)에서 일어났던 농민 폭동군을 비롯하여 삼남지방과 서북지방 등 개경과 원거리에 있던 지역에서 농민들의 항쟁이 일어나고 있었다.

52) 고려왕조에서 불교만이 보탬이 되는 영향력을 행사한 것은 아니었다. 불교와 함께 유교도 그러한 성격을 보여주었는데 성종은 불교 기반의 통치구조를 유교에 의해 재구조화함으로써 이른바 유교적 전제체제의 확립을 시도했다. 불교에 입각한 고려 건국이라는 기본 범주는 그대로 유지하면서도 이를 구체적으로 전개하기 위한 제도의 설정은 유교적인 방식에 의거했다. 즉 성종은 기본적으로 불교의 폐단을 시정하려 했으며 그 과정에서 한때 팔관회를 폐지했고 사원의 남설도 금했다. 그러나 그의 이러한 조치는 불교를 탄압하거나 조선왕조에서와 같은 배불정책으로 전개된 것은 아니었다. 둘 사이의 상호보완적 관계의 설정이었다고 할 수 있다. 즉 불교국가로서의 고려라는 기본 범주를 유지하면서도 이를 강화하기 위한 수단으로 통치구조의 전개에서는 유교적인 방식을 취했다고 할 수 있다.

지방 유력자들은 그들의 군사력 동원도 불교의 계시성과 지원에 따라 행했다고 말할 정도로 불교와 깊은 관계를 맺고 있었다. 가령 지방 유력세력이 군사력을 동원하거나 중앙의 권문세가가 군대를 동원할 경우에도 이를 예고하고 계시해준 사원이나 승려의 지원이 뒤따랐으며, 이들의 뒷받침이 없었다면 이러한 시도는 이루어질 수 없었던 것이 당시의 상황이었다. 다시 말하면 지배세력의 권력 행위는 불교와 연관성 속에서 이루어지고 있었다.

왕건은 불교, 특히 선종과 풍수지리설을 왕조 건설의 통치이념으로 최초로 활용했다.[53] 그 당시 지방의 유력자들도 그들을 지원해준 사원 및 승려들 — 대다수가 선종 계열이었던 — 과 깊은 연관을 맺고 있었다. 왕건의 건국은 지방의 선종계 승려들의 포섭과 활용에 의존한 면도 없지 않았다. 그는 불승들에게 자신의 왕권장악이 불교에 의해 예정된 과정임을 설법하게 했으며, 불교에 대한 자신의 지극한 헌신에서 얻어진 결과라고 민중들에게 강조했다.[54] 그가 불교사원을 대대적으로 건축했던 것도 이러한 성격의 반영이었다.[55]

---

53) 이러한 사실은 고려의 기본 헌법이라 할 수 있는 그의 〈훈요십조〉에서도 드러나 있다. 왕건의 〈훈요십조〉는 왕건이 내전에서 박술희에게 구술한 것으로 그 내용 가운데 불교에 관한 것은 1조와 2조에 기록되어 있다. 1조는 "우리 국가의 왕업은 반드시 모든 부처의 도움을 받아야 한다. 그러므로 불교 사원들을 창건하고 주지들을 파견하여 불도를 닦음으로써 각각 직책을 다하도록 하는 것이다. 그런데 후세에 간신이 권력을 잡으면 승려들의 청촉을 받아 모든 사원을 서로 쟁탈하게 될 것이니 이런 일을 엄격히 금지하여야 한다"고 했다. 그리고 2조는 "모든 사원들은 모두 도선(道詵)의 의견에 따라 국내 산천의 좋고 나쁜 곳을 가려서 창건한 것이다. 도선의 말에 따라 자기가 선정한 이외에 함부로 사원을 짓는다면 지덕을 훼손시켜 국운이 길지 못할 것이라고 하였다. 내가 생각하건대 후세의 국왕, 공후, 왕비, 대관들이 각기 원당이라는 명칭으로 더 많은 사원들을 증축할 것이니 이것이 크게 근심되는 바이다. 신라 말기에 사원들을 야단스럽게 세워서 지덕을 훼손시켰고 결국은 나라가 멸망하였으니 어찌 경계할 일이 아니겠는가?" 했다.(《고려사》 권 2, 〈세가〉 2, 태조 2, p.115)

54) 왕건은 독실한 불교신자로 그 자신이 고려의 건국에 대해서 이렇게 말했다. "짐이 부덕한 사람으로 대업을 얻어 지키는 데 있어 어찌 불교로서 국가의 안정을 이룩하지 아니하랴(朕以不德 護守大業 盡衣佛敎安輯邦家)."(《고려사절요》 권 1, 태조 원년 11월조)

55) 왕건은 개경에만 법왕(法王), 왕륜(王輪), 자운(慈雲), 내재석(內宰釋), 사나(舍那), 천선(天禪), 신흥(新興), 문주(文殊), 원통(圓通), 지장(地藏) 등 10개의 사찰을 건축했고, 오관산(五冠山)에도 대흥사(大興寺)를 창건했으며, 지방의 사찰 중에는 후백제군을 격

그러나 왕건은 선종만을 일방적으로 수용하고 교종을 배척했던 것은
아니었다. 당시 교종과 선종의 이분 현상을 전제로 할 때, 비록 민중적 불
교의 성격이 선종으로 기울어지고 있었고 신라 왕실과 진골 귀족은 교종
과 관련되어 있었지만 교종을 배격했던 것은 아니었다. 즉 교종에 대한
그의 관심도 전제되고 있었다. 이러한 성격은 어느 면에서는 균형적일 정
도였는데, 그가 선종 출신의 사무외(四無畏)와 교종 출신의 행영사법사(行
營四法師)를 대등하게 우대했던 것도 이러한 성격을 의미하는 것이었다.[56]

왕건은 왕조의 안정과 중앙집권정치를 실현하기 위해 더 이상 교종 중
심의 불교를 지향할 수 없다는 것을 알고 있었다. 즉 지방 유력자들의 지
지기반인 선종을 받아들일 수밖에 없었다. 그러면서도 중앙집권적인 군
왕의 통치권을 강화하기 위해서 이에 맞는 화엄교학에도 관심을 가졌다.
이것은 통치권력의 전개과정에서 불가피한 일이었다. 그가 화엄종의 개
태사(開泰寺)를 창건하고 화엄 학승들의 활동을 후원한 것도 이러한 성격
의 반영이었다. 왕권을 강화하기 위해서는 지방호족을 억누르고 중앙집
권적인 통치체제를 확립해야 했기 때문에, 선종으로부터 교종으로 관심
이 옮아가는 것은 자연스런 추세였다. 이러한 사정은 왕권강화가 확립된
광종 4년에 더한층 분명하게 나타나 화엄 승려인 겸신(謙信)을 국사로 삼

파한 황산군(黃山郡)의 천호산(天護山)에 개태사(開泰寺)를 건축하여 왕건 자신이 그
원문을 지어 낙성화엄법회(落成華嚴法會)를 행할 정도였다. 이는 후백제 유민을 교화
하려는 민심수습의 일면으로 행해졌다. 그 원문 내용은 다음과 같다. 1) 어려운 시기
에 태어나 많은 어려움과 병란을 겪었으며 사람들은 살아가기가 어렵게 되어 집안에
서도 안도하지 못했다. 2) 왕건은 하늘에 맹세하고 백성을 도탄에서 구하고자 하였다.
몸소 전장에서 시석(矢石)을 맞기도 했으며 친히 방패와 칼을 잡고 잠들기도 하였다.
그리하여 병신년에 백제병과 교전하여 그 흉악함을 물리치고 개가의 소리를 높이 드
날리었다. 3) 스스로 죄과를 뉘우친 적당과 흉악한 자들을 품에 받아들여서 추호라도
다치지 않게 하였다. 4) 불성이 계속 도와준 것에 보답하고 산령이 찬조해 준 것을 갚
고자 하여 유사에게 명하여 절을 창건하고 개태라 이름지었으며 그 산명을 천호(天護)
라 하였다.(《신증동국여지승람》 권 18, 연산현, 불우 ; 김두진, 〈나말여초의 교종과 선
종〉,《한국사》16, 국사편찬위원회, 1994 재인용)

56) 왕건은 고려를 창건하고 난 뒤 교종인 화엄교학에도 관심을 가졌으며, 태조 4년(921)
왕건은 화엄교의 승려 탄문(坦文)을 법회에 불러 특별히 별화상(別和尙)으로 대우하면
서 승과를 주관하게 할 정도로 관심을 보였다.(許興植,《高麗佛教史研究》, 일조각, 1986,
p.14)

을 정도였다.[57] 물론 고려 초기에도 구체적인 통치제도의 정립에 유교가
활용되기도 했지만 보완적 성격에 불과했으며 불교가 중심이 되었다.

고려 초기에는 선종 중심의 불교에 의해 이데올로기적 통합현상이 일
어났는데, 이것이 바로 선종에 의한 교종의 통합이었다. 이는 고려 왕실
이 점차 안정을 찾아가면서 왕권강화가 이루어지고 있었다는 의미이기도
했다. 왕건 이후 광종에 이르기까지 왕권장악을 위한 일련의 갈등은 광종
대에 들어와서 겨우 수습되었으며, 이는 상대적으로 교종에 대한 관심으
로 나타났다. 물론 선종을 완전히 배척했다는 것은 아니다. 그보다는 둘
의 융합이라 할 수 있다.[58] 선종이 주도했던 왕건의 시대와는 달리 그 뒤
에는 지방 유력자에 대한 규제의 필요성 때문에 그들을 뒷받침했던 선종
을 규제해야 했다. 이 단계에서 강화된 왕권, 특히 광종대에 교종이 중심

---

57) 앞에서도 말했지만 왕건의 통치기에 선종이 통치이념의 중심을 차지했던 것은 건국
과정에서 일반 민중의 종교적 열정과 호족세력의 포용, 그리고 건국과정에서 활약한
무신들이 주로 선종을 믿었기 때문이었다. 선종은 화엄종 등 교종이 보여준 중앙집권
적이고 전제군주를 강화시켜 주었던 성격보다는, 개인 중심적이었고 지방분권적인 요
소를 더 많이 갖고 있었기 때문에 선종은 신라 말 이래 지방 호족들과 연관을 맺었다.
(金杜珍, 〈불교사상의 전개〉, 《한국사》 16, 국사편찬위원회, 1994, p.25)

58) 선종의 관점에서 교종을 융합하려는 움직임으로 인식할 수 있는데, 이러한 성격을 현
휘의 다음 글에서도 찾아볼 수 있다. "생각건대 세간(世間) 출세간(出世間)은 모두 불
성(佛性)으로 돌아가야 되고 체(體)에는 분별(分別)이 없으므로 모두 일승(一乘)으로
만나게 된다. 그러므로 일탁(一託)의 송문(松門)이 십경(十經)의 괴율(傀律)로 된다"고
말하고 있다.(〈忠州淨土寺法鏡大師慈證塔碑〉, 《조선금석총람》 상, pp.153~156) 여기
서 말하는 일탁의 송문은 바로 선문(禪門)을 뜻하고 십경(十經)의 괴율(槐律)은 교종
사상(敎宗思想)을 의미한다. 즉 일탁의 송문, 즉 선문이 십문의 괴율, 즉 교종을 포용
한다는 의미로 받아들일 수 있다. 현휘의 선교일체의 논의에 대해서는 다음과 같은 설
명을 참고할 만하다. "현휘는 만상을 천만 갈래로 흐르는 개천물로 비유하여 그것이
바다에 이르기까지 비록 차이가 있으나 바다에 들어가면 동일하게 된다고 하였다. 현
휘에게서 문제가 되는 것은 자기 안에 있는 불성을 깨치는 데 그치는 것이 아니다. 중
생이나 모든 법은 같은 진성을 가졌으므로 그는 그 안에서 동질성을 발견하여 융합하
려 했다. 그렇기 때문에 바위에 떨어지는 물이 바로 바다를 생각할 정도로 동질성을
내세워 큰 하나로 돌아감을 강조했다."(김두진, 위의 글, p.27) 한편, 교종 차원에서 선
종을 융합하려는 움직임도 있었는데 가령 탄문이 대표적인 인물이었다. 그는 밖으로
경론을 추구함이 율교, 즉 화엄종이라면 안으로 자성을 깨치는 면이 선근, 즉 선종으로
인식했다. 그는 둘의 융합만을 참다운 대오(大悟)로 여겼다. 탄문의 이러한 노력은 그
가 광종 26년에 보원사(普願寺)로 돌아왔을 때 교종 선종의 승려 1천여 명이 영접한
것으로 되어 있는데, 이는 곧 두 종파로부터 그가 존경을 받을 정도로 융합에 힘을 기
울였음을 알 수 있다.(김두진, 같은 글, p.29)

이 되어 선종을 융합하려는 경향도 보여주었다. 이것은 곧 중앙집권적인 지배층 중심의 교리와 신앙 양식을 제공한 교종에 대한 왕권의 의존을 의미하는 것이기도 했다.

광종대에 이르기까지 고려 왕실의 이러한 변동은 불교와 연관 속에서 전개되었다. 왕건의 경우는 그만두고라도 2대 혜종과 3대 정종의 통치는 철저히 불교적이었다. 특히 정종의 불교에 대한 성격을 《고려사》는 다음과 같이 적어 놓고 있다.

> 병오 원년(946) 봄 정월에 왕이 장차 현릉(태조 왕건의 능)을 참배하기 위하여 정성을 들이던 날 저녁에 궁전 동쪽 산 소나무 속에서 왕의 이름을 부르면서 다음과 같이 말하는 소리가 들렸다. "너 요야 세민들을 잘 돌보아주는 것이 임금의 가장 요긴한 정무니라." 이 해에 뇌성을 듣고 대사령을 내렸다. 왕이 의장병을 갖추어 불사리를 받들고 10리나 떨어진 개국사까지 가서 이를 모시는 한편 곡식 7만석을 내어 큰 사원들에 헌납하여 각각 불명정보와 광학보를 설치함으로써 불법 배우는 자들을 장려하도록 하였다.[59]

정종은 불교에 심취했으며 도참사상도 믿었다. 도참의 예언에 따라 서경천도를 결정할 정도였으며 장정들을 징발하여 시종 권직(權直)으로 하여금 궁궐을 짓게 했다. 이 때문에 생긴 부역은 끝이 없었고 민중들의 원한도 높았는데, 정종이 죽었다는 소식을 듣자 사람들은 기뻐 날뛰었다고 기록되어 있다. 앞에서도 지적했지만 그는 불사리를 들고 10리나 떨어진 개국사까지 걸어갈 정도였으며 7만 석의 곡식을 단 하루 만에 승려들에게 나누어줄 정도로 깊은 불교신앙을 간직하였다.

고려 초기 군왕들의 불교에 대한 믿음은 광종에도 그대로 이어졌다. 그는 홍화(弘化), 유엄(遊嚴), 삼귀(三歸) 등의 사찰을 대대적으로 건립했으며, 불교 승려를 왕사와 국사로 삼았는데, 혜거(惠居)를 국사로, 탄문(坦文)을 왕사로 임명했다. 광종은 아첨하는 사람들의 말을 믿고 많은 사람

---

59) 《고려사》 권 2, 〈세가〉 2, 정종.

들을 죽였으며, 이에 대한 죄책감을 덜기 위해 불교의 재회(齋會)를 열기도 했다. 승려는 물론이고 많은 무뢰배들이 승려로 위장해서 그 재회에 모여들었기 때문에 이에 소비되는 양식도 만만치 않았다. 그뿐 아니라 시시때때로 떡, 쌀, 시탄 등을 개경과 지방의 길거리에서 민중들에게 나누어주었으며, 전국 곳곳에 방생소(放生所)를 설치했고, 사찰에 불경 설법회를 갖도록 했다. 소나 돼지 등 가축의 도살을 전면적으로 금지시켰고 왕궁에서 쓰는 고기조차도 시장에서 사들일 정도였다.

특히 왕권이 강화된 이후 왕은 특정 불교 종파를 지원했으며, 이를 중심으로 다른 불교 종파를 통합하기도 했다. 그러나 왕권이 약화되자 불교의 각 종파는 유력자의 후원을 기대하게 되었으며, 그 후원자를 위한 원당(願堂)으로 문벌 귀족의 지원세력으로 활용되었다. 불교사원과 승려의 이러한 정치적 성격은 점차 사원 자체가 독자성을 가질 수 있는 상황으로 나아갔는데, 이것은 또한 사원경제의 축적에 따른 결과이기도 했다. 따라서 사찰은 특정 권문세가와 인연을 맺고 정치적 영향력까지 행사하게 되었다. 불교와 왕권과의 관계를 보여주는 대표적인 사례로 광종을 들 수 있다. 광종은 불교를 전제적 왕권 강화의 정신적 기반으로 삼았다.

광종 이전의 혜종과 정종은 단명하여 왕권을 제대로 행사하지 못했지만, 광종은 그것이 모두 불교의 인과응보라고 믿을 정도였다. 따라서 그의 정책 결정과 통치는 더한층 불교적인 성격을 강조했다. 불교를 근간으로 왕권을 강화했던 광종의 통치는 통치체제의 강화와 지방유력자의 제거라는 두 가지 과제를 실현하는 데 초점을 두었다. 광종이 그의 왕권강화 과정에서 보여준 극단적인 시책은 결국 많은 사람들을 공포 속으로 몰아넣었으며, 이는 곧 정치적인 갈등의 심화로 이어졌다. 이러한 갈등, 즉 이전 지방유력자들의 불만을 극복하고 개경에 전제왕권을 확립하려는 의도는 결국 불교의 활용에 의해서 그 가능성이 열렸다. 이러한 기능의 수행은 균여의 교선융합을 전제로 한 성상융회사상(性相融會思想)에서 표현되었다.[60] 광종의 중앙집권적 전제통치를 뒷받침했던 사찰이 귀법사였

60) 균여는 태조 6년(923)에 황주(黃州)의 형악(荊岳)에서 태어났다. 속성은 변(變)씨로

는데 그 사찰의 주지가 균여였다. 균여의 성상융회사상은 교종에서 성종(性宗)에 속하는 화엄종과 상종(相宗)에 속하는 법상종을 융합시키려는 것으로, 이는 화엄교학이 갖는 이질집단에 대한 통합적 성격과 법상종에서 개체의 현 상태를 바탕으로 한 수행을 통해 성불이 되어야 한다는 관념을 수용한 것이며, 둘을 융합시키려는 의도에서 이루어진 것이다.[61]

균여의 화엄종에 바탕을 둔 융회사상에는 일종의 신이적인 면도 있었다. 이러한 성격은 그의 논의가 순수하게 화엄종의 교리만 중시했다기보다는 그 시대의 토착적인 민중신앙적인 요소를 흡수해서 나름대로 사상 체계를 정립하여 성상융회사상으로 완성하였기 때문이다. 균여의 사상이 가지는 이러한 성격은 자연히 일반 민중들에게 친근감을 줄 수 있었다. 그는 이 점을 중요하게 여겼기 때문에 향가를 지어 성속을 구별하지 않고 하나로 묶어 보려고 노력했다. 이 점에서 그의 주장을 성속무애사상이라고 말할 수도 있다. 그의 논리에 따르면 본래 부처의 경지는 세속에 있으며 속과 진은 하나이다. 그의 사상은 곧 성과 속, 지방과 중앙, 동방과 서방, 남과 여, 귀한 것과 천한 것이 모두 하나로 어울릴 수 있고 하나여야 한다는 것으로 요약될 수 있다. 이와 같이 하나로 어울림으로써 그 현실적인 귀착점은 국왕 중심 통치체제로 귀속되는 것이며, 이는 결과적으로 전제왕권을 강화하게 되었다. 군왕의 전제적 통치에서는 모두가 하나로 귀일될 수 있고, 따라서 하나로 어울릴 수 있는 융합만이 중요한 가치를 지니는 것이다.

아버지는 환성(煥性)이며 어머니는 점명(占命)이다. 그의 집안은 지방의 군소 토호였으며 그 지방의 대토호인 황보씨 가문과 연계를 맺고 있었다. 그는 영통사의 의순에게 수학했으며, 광종 4년에 균여는 국사 겸신의 추천으로 기청제를 주관하였다. 이로부터 광종과 밀접한 관계를 맺고 광종의 전제왕권의 강화에 일익을 담당하였다.

61) 이를 구체적으로 설명한 김두진의 글은 다음과 같다. "균여가 말한 性은 理를 의미하고 相은 事를 뜻하게 된다. 그러므로 성상융회사상은 理와 事의 융합사상, 즉 理事無碍사상으로 연결된다. 相이 실체를 갖지 않는다면 性은 주체가 되는 점이 다를 뿐 성과 상이 다같이 민멸되어 혼연된 일체를 이루게 된다. 따라서 균여의 성상융회사상은 성상무애사상으로 이해할 수 있다. 균여는 이러한 성상융회사상을 相在不在門, 相是不是門, 空不空門의 3門으로 나누어 설명하였다. 상재부재문에서는 事相의 민멸을 논했다. 공불공문에서는 성과 상이 혼연된 일체로 융합되는 주체를 논했다."(김두진, 앞의 글, pp.34~35)

군여 이후 국사가 된 탄문은 광종의 전제왕권을 강화하기 위해 재회를 자주 열었으며 광종을 위해 설법했다. 광종은 그가 했던 수많은 인명살상에 대한 불교적 해원과 천도를 얻기 위해 더한층 불교에 귀의하게 되었는데, 이 시기의 이러한 성격을 다음의 기록에서도 읽을 수 있다.

> 광종은 참소와 간사를 믿어 죄 없는 사람을 많이 죽이고 불교의 인과 응보설에 미혹되어 죄업을 제거하려고 백성의 고혈을 짜내어 불사(佛事)를 많이 일으켰다. 그리하여 혹은 비로자나(毘盧遮那)의 참회법(懺悔法)을 베풀기도 하고 혹은 중을 구정(毬庭)에 모아 공양하기도 하고 혹은 무차수륙회(無遮水陸會)를 귀법사에 베풀었다. 매양 부처에게 올리는 날을 당하면 반드시 걸식하는 중에게 밥을 먹이기도 하고 혹은 내도량(內道場)의 떡과 과일을 걸인에게 내어주기도 하였다. 혹은 신지(新池), 혈구(穴口), 마니산 등의 어량(魚梁)을 방생소로 삼아 한 해 동안 네 번이나 사자를 보내어 그 지방의 사원에 나가서 불경을 설법하였다. 또 살생을 금하여 어주(御廚)의 육선(肉膳)은 재부(宰夫)를 시켜 짐승을 도살하지 않고 시장에서 사서 바치게 하였으며, 대소 신민으로 하여금 모두 다 참여케 하여 미곡 시탄(柴炭) 마료(馬料)를 운반하여 서울과 지방의 길 가는 사람에게 보시한 것은 이루 다 헤아릴 수 없었다. 그러나 이미 참소를 믿었기 때문에 사람을 초개처럼 여겨 베어 죽인 사람이 산더미 같이 쌓였으며 항상 백성의 고혈을 다 짜내어 재를 올리는 데 이바지했으니 부처가 영험이 있다면 어찌 즐거이 공양을 받겠는가. 이때에 자식이 되고 돌아다니면서 구걸하는 무리들이 와서 여러 중들과 서로 섞여서 재에 가는 자가 많았으니 무슨 이익이 있었겠는가……또 승려 선회(善會)를 시켜 그 보시를 주관케 하니 떡과 쌀을 함부로 다른 데에 허비했다. 이로 말미암아 선회가 수명대로 살지 못하였고 길가의 송장이 되었으니 당시의 의론이 이를 기록했다.[62]

광종에 따라 확립된 불교적 전제왕권은 경종으로 계승되었으며, 광종 말기의 전제체제가 몰고 온 혼돈을 극복하기 위한 일종의 개혁정치도 실시하였다. 광종에 의해 숙청된 지방세력은 이 조치를 복권의 기회로 활용

---

62) 《고려사》 권 93, 〈열전〉 6, 최승로.

하였다. 그러므로 경종의 통치는 일종의 복고적 성격을 갖고 있었다. 경종은 즉위하자 이전에 숙청된 지방 유력자들과 공신세력을 대부분 복권시켰으며, 특히 참소 처형된 공신의 자손들이 그들의 정적을 복수할 수 있는 기회를 갖도록 했다. 이것이 빌미가 되어 대규모의 살육전이 되풀이되었다.[63] 불교의 해원상생에 바탕을 둔 경종의 복고적 조치는 그 과정에서 시정전시과를 실시했는가 하면, 신라 경순왕 김전(金傅)의 딸을 왕비로 맞아들이기도 했다. 이러한 사실은 신라계 유학자들의 재등용으로 이어졌고, 결과적으로 이들의 영향력을 증대시키는 계기가 되었음을 앞에서도 살펴보았다.

이처럼 혼미한 정치세력의 갈등과정에서 불교는 특정 지배세력과 연관을 맺고 그 세력을 강화하는 논리를 제공하면서도 통치를 위한 사회구조적 통합에 기여했다. 특히 서경세력으로 무신들은 불교에 대한 신심이 강했으며, 문신들의 유교적 성격과는 대조적이었다. 그 당시 문벌 귀족과 연결되었던 대표적인 교단은 화엄종과 경원 이씨 세력과 연결되었던 법상종이었다. 이는 현종대 이후 중앙집권적인 지배체제가 어느 정도 정비되고 그 체제의 주도세력으로서 문벌 귀족이 대두하면서 보수적인 귀족 불교의 성격을 지니고 있던 법상종이 융성하고 중앙집권화라는 정치적 배경으로 고려 초기 이래 성장한 화엄종의 지속에 근거한 결과였다. 그 반면에 지방사회의 향리층이나 대다수의 농민, 천민층은 특정 종파세력과는 괴리된 채 독자적인 신앙공동체를 형성하여 정토신앙·공덕신앙을 기반으로 한 사원의 소규모 조탑, 주종활동에 참여하기도 하고, 팔관회와 연등회 같은 불교의 전통신앙과 결합한 형태를 지켜 유지하고 있었다.[64]

---

63) 이러한 상황은 다음의 글에서 읽을 수 있다. "광종 말년에는 세상이 어지러워 참소가 일어나서 모든 형벌에 걸린 이는 죄 없는 사람이 많았으며 역대의 훈신숙장들도 모두 죽음을 면치 못하였다. 경종이 왕위에 오를 때는 구신으로 살아 남은 사람이 겨우 40여 명뿐이었다. 그 해에도 또한 살해를 당한 사람이 많았으나 이는 모두 후생 요적들이므로 진실로 애석히 여길 것은 없다. 다만 천안 진주의 두 낭군만은 본래 황가의 후손이어서 광종께서도 너그럽게 대우하여 마침내 처형하지 않았는데 경종 때에 와서는 울타리가 될 만한데도 문득 권신의 해침을 당하였으니 어찌 원통하고 애석하지 않겠는가."(《고려사》 권 92, 〈열전〉 6, 최승로)

64) 남인국, 〈고려귀족사회의 전개와 동요〉, 《한국사》 12, 국사편찬위원회, 1993, p.238.

그러나 지배세력에서 무신들이 권력의 중추부로 등장하면 이들과 연관을 맺었던 선종이 다시 주도하는 특성을 보여주었다. 고려 중기에 부흥한 선종은 혜조국사를 중심으로 한 굴산파와 학일을 중심으로 한 가지산파로 나누어졌는데, 그 주류는 굴산파 선승들이었다. 당시의 선종은 문벌 중심의 교학불교를 외면하지 않아 교선융합의 경향을 갖고 있었다. 굴산파 선종은 일찍부터 교선융합의 경향을 띠었는데, 가지산파의 학일도 교선융합의 사상경향을 가지게 되었고, 고려 중기의 선종이 가지고 있었던 이러한 분위기는 무신란 이후 조계종의 선오후수(先悟後修) 사상의 성립에 영향을 주었다.[65] 조계종은 중국에서 달마를 시조로 하여 6조 혜능(惠能)이 전개한 남돈선(南頓禪)에서 비롯했는데, 신라 말의 9산 선문을 중심으로 형성되었다. 선종은 원래 율원(律院)에 속하였는데, 백장청규(百丈淸規)가 만들어지면서 독립했고, 나중에는 법당만 꾸미는 제도를 만들면서 임제선원(臨濟禪院)이 독립적으로 등장하기도 했다. 선문의 가풍에 따른 5가 7종의 분파가 이루어지면서 선종의 발전을 보여주었다. 이 기간의 선종은 가풍에 따른 종맥보다는 선사의 인맥을 더 중시했다.[66] 가풍을 중시하는 중국 선종은 '문자를 세우지 않고 가르침 밖에 따로 전하는 바가 있다(不立文字 敎外別傳)'는 교판을 가지고 당나라 말부터 번성했다. 이러한 성격의 선풍은 이(理)와 사(事)가 둘이 아니라는 일종의 선과 교의 융합을 지향하였다. 의천(대각국사)에 의해 이러한 성격이 집대성되었다.[67]

의천은 당시 불교의 3대 종파, 즉 화엄종·조계종·유가종 외에 새롭게 천태종을 개립했으며, 이로써 일종의 새로운 불교혁신운동을 일으키기도 했다. 의천은 본래 화엄종계에 속했는데 송나라로부터 천태종을 받

---

65) 김두진, 앞의 글, p.61.

66) 高翊晉, 〈新羅下代의 禪 傳來〉, 佛教文化研究院 편, 《韓國禪思想研究》, 1984, p.56.

67) 의천은 문종의 네번째 아들로 중국에 들어가 진수(晉水) 정원(淨源)의 문하에서 수학했다. 의천은 정원을 따라 혜인원에 머물면서 경론 7,500여 권을 조판 인쇄하여 비치하였다. 귀국 후에도 혜인원에 대한 원조를 계속했으며 개성에서는 홍원사(洪圓寺)에 구조당(九祖堂)을 건축했으며 여기에 화엄의 9조사상(祖師像)을 모셨는데, 마명(馬鳴), 용수(龍樹), 천친(天親), 불타(佛陀), 혜광(惠光), 두순(杜順), 지엄(智儼), 법장(法藏), 증관 등이 그들이다.

아들여 국청사(國淸寺)를 짓고 이를 개창했다.[68] 천태종은 선교 양파를 하나로 아우르는 데 앞장섰으며, 이를 화엄학의 관점에서 이룩했기 때문에 경전의 간행에도 관심을 두었다. 의천이 《속장경》을 간행한 것도 이 때문이었다. 즉 고려의 불교는 이 시기에 이르면 왕실과 일반 민간인들의 생활에서 중요한 기준이 되고 있었다. 당시 유교는 신앙의 관점에서가 아니라 선진사회의 문물로 여겨졌으며, 이를 받아들여 제도를 정비하고 선정을 베푸는 가르침의 대상으로 삼았다. 불교에 대해서는 종교적 기원성을 중심으로 한 불교 법력의 실제적인 작용을 믿었다. 불교의 법력에 따라 군왕의 명운이 결정되고, 이는 전적으로 불교로 철저하게 귀의하고 불법적인 신앙으로만 얻을 수 있다고 믿었다. 불교에 대한 귀의의식은 단지 상층 지배세력에만 국한된 것은 아니었다. 일반 민중들도 그렇게 생각하였으며, 일상적인 삶의 모든 것이 불법에 따라서 규정되는 것이라고 여기는 철저한 인과응보적 관념이 지배하고 있었다. 그 결과 한때 금지되었던 팔관회와 연등회가 다시 행해졌으며, 그것도 거국적인 행사로 치러졌다. 승려의 수도 늘어났는데, 이는 문종 13년(1059)에 한 집에 세 아들 가운데 한 자식은 15세에 출가하여 승려가 될 수 있게 해주는 법까지 제정될 정도였으며, 승과와 왕사, 국사제도를 마련함으로써 불교는 거국적인 국가 종교로 자리잡을 수 있었다.

5. 중세적 전제체제의 기반

고려는 중세적 전제체제의 성격을 갖고 있었다. 중세적 전제체제는 고

---

68) 의천은 송에 가서 자변(慈辯) 종간(從諫)으로부터 법등을 전하는 믿음의 징표를 받은 후 다시 천태산(天台山)에 올라 지자(智者) 대사탑 앞에 참배하고 다음의 발원문을 지어 서원하였다. "저는 머리를 조아려 귀명하며 천태교주 지자 대사께 아룁니다.……제가 분발하여 몸을 돌보지 않고 스승을 찾아 도를 묻던바 이제 전당의 자변대사 강석에서 교관을 이어 받고 그 대략이나마 알게 되었습니다. 이에 후일 고국에 돌아가면 목숨을 바쳐 선양하여 대사께서 중생을 위하여 가르침을 펴신 노고의 덕에 보답할 것을 이에 서원합니다."(이봉춘, 〈불교사상의 전개〉, 《한국사》 16, 국사편찬위원회, 1994, p.78에서 새인용)

대국가의 전제체제와는 다른 일면이 있었다. 고대국가의 전제체제는 왕실을 중심으로 한 특정 지배집단의 권력 독점으로 인한 자의적인 통치권을 의미한다면, 중세적 전제체제에서는 왕의 전제권 행사가 일정한 이념적 기반을 바탕으로 했음을 찾아볼 수 있다. 즉 중세의 전제체제는 주로 국가를 특정 종교와 일치시킴으로써 그 종교적 이념에 의해 왕권의 전제권을 합리화한 일면을 보여준다. 그러므로 고려의 전제체제는 불교에 따른 이념적 기반 위에서 행해졌다는 점에서 중세적 전제체제에 해당된다고 할 수 있다.

중세적 전제체제에서 통치구조도 왕실을 핵심으로 하는 지배세력들에 의해 이루어졌다. 그리고 군왕은 불교에 따른 운명적 창조물이며 불법에 의한 역사과정이라고 여겨졌다. '불교국가＝왕조체제＝지배도구로서의 군부와 관료'라는 통치구조가 성립되었다. 이 점에서 왕조의 주요 기능은 불법을 보호하고 불교의 교리에 바탕을 둔 세상을 이루는 것이며, 그것은 전적으로 군왕 통치의 기본 목표였다.

그러나 현실적으로 왕권장악은 왕의 적자가 상속하는 세습군주국가의 절차를 확립하지 않았기 때문에 심각한 정치적 갈등을 수반하였다. 즉 고려의 건국과정에서 왕건의 지방세력 포용책의 결과로 다수의 유력한 외척이 등장하게 되었다. 이들 외척은 왕권을 장악하고 통치권을 점유하려고까지 하였다. 즉 왕권은 불교의 교리에 의한 것으로 전제할지라도 군왕을 통해서 실제적인 권력을 외척이 장악할 수 있다는 점에서 외척들의 활동이 격렬하게 전개될 수밖에 없었다.

외척은 주로 이전의 지방유력자였기 때문에 최소한 다음의 몇 가지 성격을 가졌다. 하나는 군사력이었다. 사병을 가지고 있었으며, 심한 경우 병사와 장군까지도 합류하였다. 또한 이들은 자신들과 오랜 관계를 맺고 있었던 그 지방의 사찰과 승려의 지원을 받았다. 마지막으로 이들은 문신으로 관료가 된 인사들과도 교분을 맺음으로써 이들의 지원도 받을 수 있었다.

그래서 외척은 어떤 면에서는 왕실 이상으로 전장과 가옥을 지녔으며, 군왕의 사가와 같은 성격을 띠었다. 즉 겉으로는 왕을 내세웠지만 실제로는 외척들이 통치권력을 행사했다. 이러한 상황에서 군왕의 통치권은 대부분의 경우 외척의 손안에 있었으며 약한 군주는 필연적이었다. 왕권을 중심으로 전개된 외척의 그러한 권력에 따라 지배층 안에서만 국한된 통치는 사실상 일반 민중들을 제외시켰다. 즉 민중들을 전제하지 않는 통치체제는 물론이고, 그들을 약탈과 억압의 대상으로 삼음으로써 중세적 전제체제의 가산제적 통치구조의 일면을 보여주었다. 이러한 한계적 성격을 유지하면서 민중들에게 복속의 관념을 심화시켰던 것이 불교였다. 즉 불교는 고려 왕실과 그를 중심으로 한 소수 지배세력에 의한 통치를 합리화하는 수단이었고, 전제체제를 지속시킬 수 있는 이념적 함의를 가지고 있었다.

제8장 몽고군의 침탈과 원 간섭기의 통치체제

1. 사대와 종속의 중세적 개념

고려 건국을 전후로 중국대륙에는 새로운 권력 판도가 짜여지고 있었다. 북방민족이 중원을 지배하려는 상황을 엮어가고 있었던 것이다. 그 가운데 등장한 몽고는 점점 세계 대제국으로 자리잡아 갔다. 이러한 변화의 여파는 고려에도 미쳤으며, 고려왕조의 명운은 어느 면에서는 중국대륙의 변화가 갖는 자장권(磁場圈)에 포함되어 있었다. 중국대륙의 정치상황과 고려왕조의 안정은 직접 연관되어 있었다. 물론 이러한 성격이 고려에만 국한된 것은 아니었다. 삼국시대도 조선왕조도 마찬가지였다. 그만큼 한반도의 지정학적 위치 자체가 중국대륙으로부터 영향을 받을 수밖에 없는 한정성에 놓여 있었다.

고려는 중국대륙의 정치상황에 직접 영향을 받고 있었기 때문에, 중국대륙이 분열이나 갈등 상태에 놓이면 중국은 그들 사이의 갈등에 일차적인 관심을 둘 뿐, 한반도 등 주변지역의 문제에는 관심을 갖지 않았다. 그러나 중국대륙이 특정 정치세력으로 통합 평정되면, 특히 대제국의 등장은 그 영향력이 곧바로 주변지역으로 퍼졌는데, 한반도도 거기에서 예외는 아니었다. 한사군의 설치도, 수와 당의 고구려와 백제 침탈도, 원과 청의 침입도 이러한 성격을 반영한 것이었다. 중국에 통일제국이 등장하면 한반도가 곧장 그 위협 아래 놓였고, 중국대륙이 분열하면 한반도는 안정을 유지할 수 있었다. 이러한 성격은 한반도에서 왕조의 흥기와 멸망은 중국대륙에서 정치세력의 소장(消長)과 관계가 있음을 뜻한다.

고려 왕건의 대외관계는, 특히 중국에 대해서, 이전의 신라가 보여주었던 것과는 다른 모습을 보여주려 했다. 왕건은 고려 건국의 명분을 고구려의 계승에서 찾을 정도로 탈신라적 성격을 보여주기도 했다. 특히 서경(西京)을 중시한 것은 단순히 도참사상 때문이라기보다는 중국 진출과 고구려의 고토를 회복하려는 의도로 이해할 수 있다. 이는 그가 남긴 〈훈요십조〉의 네 번째 항목에서도 잘 드러나 있다.

> 우리 동방은 오래 전부터 중국 풍습을 본받아 문물, 예악, 제도를 다 그대로 준수하여 왔다. 그러나 지역이 다르고 사람의 성품도 각각 같지 않으니 구태여 억지로 맞출 필요는 없다. 그리고 거란은 금수와 같이 우매한 나라로써 풍속과 언어가 다르니 그들의 의관 제도를 아예 본받지 말라.(惟我東方舊慕唐風文物禮樂 悉尊其制殊方異土人性各異不必 苟同契丹 是禽獸之國風俗不同言語亦異衣冠制度愼勿效焉)[1]

왕건의 이러한 생각은 고려 국왕과 통치세력의 대외의식을 반영하고 있다. 그러나 고려의 국력이 주변 강대국의 영향력을 막아낼 정도로 강성했다면 별 문제가 없었지만, 그렇지 못했을 경우 그러한 지향은 강대국의 침범을 유도하는 빌미가 될 수도 있었다. 이 점에서 고려 초기의 대외관계는 당위론적 성격의 지배 아래에 놓여 있었던 셈이다. 그러나 이를 뒷받침해줄 국력이 마련되지 않았다는 점에서는 그것 자체가 문제일 수밖에 없었다. 그러므로 이러한 인식의 대외 표출은 자칫하면 국가 존립에 어려움을 가져다 줄 위기를 안게 된다. 특히 통치세력들 사이에 사대와 독립이라는 노선의 이분현상은 결과적으로 통치세력의 분열을 불러오는 계기가 되기도 했다. 즉 문신 주도의 통치에서는 유교적인 대외 관념의 강조로 그것에 따라 사대교린정책이 외교의 기본으로 자리잡을 수 있었다. 이에 따라 사대주의 통치의 합리화를 유교에서 확보할 수 있었다. 그

---

1) 《고려사》 권 2, 〈세가〉 2, 태조 2.

러나 무신들의 경우, 고구려 고토의 회복은 물론이며 독립적인 주체성을 강조했기 때문에 문신들과 갈등을 빚게 되었다. 이 점에서 확고한 대외정책을 결여하고 원칙과 수단 사이에서 적절한 균형을 이루지 못했던 고려 통치세력은, 결국 전쟁에 휘말릴 수밖에 없었다.

여기서 문제는 사대주의의 의미에 대한 것으로, 이는 동아시아의 중세적 개념을 바탕으로 이해해야 한다. 중세적 개념으로 사대주의는 국제관계의 주요한 패턴이다. 그것은 존주대의(尊周大義)의 유교 관념에 바탕을 둔 강대국과 약소국의 국제관계였다. 유교에서 천하는 하나의 질서이며 왕조나 국제사회도 이 원칙에 지배를 받는다고 생각했다. 즉 천하는 하늘의 뜻에 바탕을 둔 황제의 통치체제로, 그 황제 밑에 제후들이 다스리는 소국이나 영역이 존재하며, 이들 영역은 다시 그 속에 나름의 일정한 위계체제를 갖는다고 생각했다. 하나의 피라미드와 같은 위계적 질서체제 그것이 유교적인 국제관계 관념이었다. 그 피라미드의 맨 꼭대기에는 황제가 자리잡고 있으며, 황제 아래는 앞에서 말한 제후국가가, 제후국가 아래는 만족(蠻族)이나 원방의 소국들이 자리하고 있다고 생각했다. 따라서 천하의 제후나 국왕은 모두 황제의 신하로, 이들 신하 국가는 서로 대등하기 때문에 교린관계를 맺어야 했다. 소국은 황제인 천자에 신복(臣僕) 위치에 놓이고 소국 사이에는 평등한 관계지만 그들 아래에 놓인 만족이나 원방의 소국보다는 우월한 지위, 형과 같은 위치에 서게 되었다.

중국의 황제인 천자를 소국들이 섬기는 것, 그것을 이소사대(以小事大)의 유교이념에 바탕을 둔 천리로 여겼다. 이소사대는 오늘의 국제관계에서는 성립될 수 없는, 어느 면에서는 종속적인 사대의식이다. 그러나 중세사회에서 이소사대는 엄연한 천하의 법칙으로 받아들여지고 있었다. 무릇 작은 존재가 큰 존재를 예로 섬기는 것이야말로 천하의 질서를 지켜가는 적법한 절차이자 온당한 행동이라고 생각했다. 그렇다고 해서 사대로 섬기는 대국의 천자가 소국의 국왕이나 그 소국의 국내 문제를 직접 주도하는 내정간섭을 되풀이할 수는 없었다. 단지 대국은 천하의 정법, 즉 올바름을 지키는 심판자이자 최고의 규제자이기 때문에 소국이 천리에 어긋나지 않는 한 간섭하지 않았다. 예를 들면 소국에서 적법하게 왕위승계가 이루어지지 못했거나, 역신이 왕위를 찬탈했거나 왕족 사이에 살육이 자행되었다면 천자는 천군, 즉 중국의 군대를 동원하여 이를 징벌하는 것으로 되어 있었다. 천자의 위엄으로 천하를 다스리는 것, 그것이 곧 이소사대에 따른 천하질서 유지의 원칙이었다.

이소사대와 같은 중세적 종속성은 오늘의 차원에서 논의할 수 있는 제국주의적 헤게모니하고는 다르다. 즉 헤게모니를 장악한 국가가 종속국가의 경제나 정치사회를 약탈하기 위한 식민지적 종속관계를 이루는 것은 차이가 있었다. 그런데도 이러한 사대관계가 중요한 문제를 제기하게 되는 것은, 그것이 소국의 지배세력에게 대국을 섬기는 정신적 굴종을 갖게 한다는 점이며, 그 결과 독립적인 주체의식의 약화를 가져올 수 있다는 점이다. 독립적인 주체의식의 약화로 중세의 사대주의적 관념이 근대의 국제관계에도 그대로 옮겨질 수 있다. 이 점에서 이소사대를 행했던 소국은 19세기부터 근대적인 국제관계가 대두하자 강대국의 제국주의에 굴종하게 되었고, 끝내는 식민화의 길을 걷게 되었다는 점을 지적할 수 있다.[2]

이소사대의 중세적 사대주의 관계의 설정은 고려에서도 예외는 아니었다. 고려는 건국 초부터 중국의 여러 국가들과 사대관계를 맺는 데 관심을 두고 있었다. 당시 사대관계의 기본 내용은 다음과 같은 것들로 되어 있었다.

먼저 중국의 천자인 황제로부터 고려 국왕을 합당한 왕으로 인정받는 것, 즉 책봉이 가장 중요한 대상이었다. 책봉은 중국 황제가 번국이나 소국의 군왕에게 왕의 칭호를 부여하고 중국식 관작을 제공하며, 천자의 신하로서 일정한 서열 속에 편입시키는 것을 뜻했다. 책봉을 받음으로써

---

2) 물론 이러한 사대 종속관계는 국가를 유지하기 위한 전근대적 국제사회에서 존립의 수단이었으며, 실제로 국가는 주권적인 위치를 유지할 수 있었다. 따라서 이를 근대적인 의미의 속방으로는 이해할 수 없다는 주장도 없지 않다. 그러나 이러한 주장은 현재의 시점에서 과거를 인식하는 논리일 뿐이다. 전통사회에서는 책봉과 조공, 그리고 연호의 사용과 같은 것은 국제사회의 주요한 대외적 성격의 전부였으며 실체적 내용이었다. 그러므로 그러한 성격을 중국에 의존했다는 것 자체가 그 당시의 상황에서는 속방이라는 말로 표현할 수도 있다.

중국 황제의 신하라는 관계에 놓이는 것이다. 또한 책봉은 그것을 받은 군왕 자신의 정통성이 중국 황제로부터 부여되었기 때문에 정당한 군주로서 자리매김되는 것으로 여겨졌다. 이는 결국 그 왕조의 정당성을 외부 강대국가였던 중국 황제로부터 제공받는 것이라고 할 수 있다. 따라서 책봉받지 못한 국왕은 정통성을 결여했기 때문에 군왕의 위치는 상대적으로 불안해질 수밖에 없었다. 고려 왕실의 정통성, 즉 군왕으로서의 정통성을 책봉으로 확보하려 했던 것이 이 시기 통치세력들의 기본 관심사였다.

책봉을 받음과 동시에 중국 황제와 그 측근 인사들에게 사절을 정기적으로 파견하고 조공을 바쳐야 했다. 즉 매년 3, 4회의 사절을 중국에 정기 또는 수시로 파견했다. 신년은 물론이고 중국의 주요 경축일이나 황제의 등극, 왕자 탄생과 같은 경축사에는 그것에 맞게 중국의 황실과 지배층에게 예물을 바치는 것으로 되어 있었다. 이 시기 중국에 바친 조공 물품은 고려의 특산품이었는데, 그 속에는 진기한 보물도 들어 있었다. 물론 황제나 중국 고위 관직자가 좋아할 물품들로 채워졌는데, 때로는 중국측에서 일정한 물품을 조공으로 요구하기도 했다.[3]

사대관계는 책봉·조공과 함께 중국의 연호(年號)와 책력(冊曆)을 사용할 의무를 지게 되었다. 즉 중국의 연호를 사용한다는 것은 전근대 전통사회에서는 중국 중심의 세계적 질서체제로 귀속됨을 의미한다. 중국의 속방으로서 중국의 책력을 사용하는 것 등은 중국적 세계질서를 수용한다는 의미이기도 했다. 책력은 일상적인 삶의 기준이기 때문에 중국 중심

---

3) 최근에 조공을 조공무역으로 파악하는 연구경향을 보여주고 있다. 즉 형식적으로는 조공이지만 실제로는 무역의 성격을 갖고 있었다는 주장이다. 그러나 이 경우 무역의 개념이 성립되기 위해서는 최소한 등가교환의 개념이 성립되어야 하며 나아가 무역에 따른 경제적 가치 축적과 발전이 이루어져야 한다. 즉 송과 고려의 조공관계가 무역의 의미로 이해되기 위해서는 중국측에서 고려에 제공한 답례품 형식들이 실제로 경제적 가치 통용의 성격과 나아가 그것에 따른 자본축적 내지 경제발전에 보탬이 되어야 하는데 이러한 성격을 찾기가 힘든 것이 사실이다. 이 점에서 조공 자체가 무역으로 이해할 수 있기보다는 조공과정에서 사절로 수행되었던 인사들이 개별적으로 중국과 물물교역의 형식을 취했던 경우는 있을 수 있었을 것이며 이것이 곧 무역의 범주에 해당되었다고 말할 수는 있을 것이다.

의 기준을 고려 사람들이 그대로 사용한다는 것이었다.

고려 초기 중국과의 사대종속관계는 비교적 느슨하게 전개되고 있었다. 그러나 중기로 넘어서면서부터 거란이 강성해짐에 따라 자주 고려를 범하게 되었다. 그 결과 양국 관계는 변화하였으며, 그 뒤 몽고의 장기적인 침입으로 고려는 중국에 대한 종속적 위치로 완전히 전락하였다. 물론 한때 고려는 중국대륙에서 국가승계의 정통성을 송(宋)이 가졌다고 생각해서 송을 섬기는 자세를 보여준 적도 있었다. 그렇기 때문에 송 이외의 주변국가들, 즉 거란이나 몽고는 이적(夷狄)으로 여겨 마치 하등국가처럼 생각했다. 이러한 의식은 왕건은 물론이고 그 뒤의 군왕들에게도 그대로 이어졌다. 즉 송에는 자주 사절을 파견했으며 송의 선진문화를 수용하기 위해 노력했다. 이와는 달리 그 밖의 주변국가에 대해서는 냉담하게 대했다. 고려가 보여준 지나친 중국대륙의 정통성에 바탕을 둔 대외인식은 현실상황을 무시하고 관념적으로 기운 것으로, 거란과 몽고의 침탈을 불러오는 요인이 되기도 했다.

2. 책봉과 사대의 제도적 영향

고려 왕건에 대한 책봉은 이전 신라 때부터 섬겨왔던 당(唐)의 계승국가인 후당(後唐)에 의해 행해졌다. 후당은, 이전의 당과 같지 않았지만 왕경(王瓊), 양소업(楊昭業) 등 사절을 보내(933) 책봉조서를 전달했다. 이 조서에는 고려 왕건이 건국하고 나서 후당에 사절을 지속적으로 파견, 조공했던 결과로 왕건을 책봉한다고 되어 있다. 주요한 내용을 살펴보면 다음과 같다.

첫째, 국왕의 존재와 그 의미를 밝혀 놓았는데, "무릇 제왕이란 하늘의 이치를 본받아 모든 백성을 양육하며 땅의 도(道)를 체현하여 천하를 편하게 하는" 존재라고 규정했다.[4] 제왕의 존재를 하늘의 이치에 비추어 설명했다. 그것은 마치 북두칠성과 북극성이 제자리를 지키면 다른 많은 별

---

4) 《고려사》 권 2, 〈세가〉 2, 태조 2.

들이 그것을 중심으로 자리를 잡아 운행하는 불변적인 우주질서와 같이, 중국 황제가 곧 하늘의 북극성이니 그를 중심으로 변방의 제왕도 각자의 위치를 잡아야 한다는 것이다.

둘째, 중국 황제를 충심으로 모시는 제왕이 되어야 비로소 올바른 국왕 역할을 할 수 있다고 강조했다. 그렇게 하면 "진심으로 복종하는 자에 대해서는 황제의 신하로 황제가 친히 돌보아줄 것이며, 황제의 지도에 순응하는 자만이 교화를 입게 될 것"이라고 적었다. 고려 국왕을 중국 황제가 책봉하는 것도 이러한 원칙에 따르는 것이며, 나아가 이것은 큰 특전으로 예로부터의 전통으로 감히 폐지할 수 없는 중요한 일이라고 강조했다. 그러면서도 왕건이 한반도 중남부의 국토를 평정했고, 군사 주도권을 잡아 5족의 씨족을 통합하여 삼한 본토를 장악했기 때문에 전례에 따라 중국의 황제가 책봉을 내린다고 적었다. 이어서 왕건의 책봉을 아래의 글로써 다시 한번 강조했다.

아아 권지고려국왕사(權知高麗國王事) 건(建)은 용맹스러운 자질에 지혜가 특출하며 변방에서 으뜸가는 장한 포부를 품고 일어섰다. 하늘이 산하를 주었고 국토가 광활하다. 주몽(朱蒙)이 건국한 전통을 계승하여 그곳의 임금으로 되었으며 기자(箕子)가 번신(藩臣)으로 있던 옛 사실을 본받아 나의 교화를 넓히고 있다. 풍속이 순후하고 글을 아는지라 능히 예의로서 지도할 수 있으며, 성질이 효용하고 무술을 숭상하는지라 능히 위험을 떨칠 수 있다. 여기서 봉토를 가지고 행복을 누리며 백성을 안정시키고 재부를 축적하였다. 뿐만 아니라 우리나라와 관계는 순치(脣齒)와 같이 이해가 일치하고 피모(皮毛)처럼 정분이 긴밀하다. 간사한 오랑캐가 말썽을 부리는 것을 분개하게 생각하고 이웃 나라를 동정하여 어려운 환난을 구원하여 주었고, 특히 우리나라를 성심성의로 대하고 있다. 또한 우리 백성들이 편안히 살고 시절이 무사하여 요순의 정치가 보장되고 있는 것을 부럽게 생각하여 바다를 건너고 산을 넘어 공물을 보내며 자기 사업을 보고하는 절차를 이행함으로써 선린정책에 훌륭한 공적을 나타내고 있다.

대체로 지극한 정성에 비추어 훌륭한 갚음을 받는 것은 도리로 보아 떳떳한 일이요, 실지봉작을 주어 인방(隣邦)을 찬양하는 것은 예절로 보아 중대한 것이다. 공로가 극진한 사람에게 내 무엇을 아끼겠는가. 이제 사신으로서 태복경 왕경과 부사로 대부소경 겸 통사사인 양소업을 보내어 신인장과 예절을 갖추어 당신을 고려국 왕으로 책봉한다.

아아, 착한 일을 하면 하늘이 경사를 내리는 것이요, 바른 도리를 지키면 신명이 복을 주는 것이다. 무기는 위급할 때 조심하여 쓰고 문교는 원대한 장래를 위한 것이다. 영원히 우리의 인방으로서 대대로 왕업을 누리며 모든 일에 삼가야 할 것이다.[5]

이 책봉에서 고려 왕건은 중국 황제의 번신으로 '特進檢校太保 使持節 玄菟州都督 上柱國 充大義軍使 高麗國王'이라는 직책을 받았다. 이 책봉서를 가지고 온 중국의 사절에게 고려의 국왕은 높은 제단을 만들어 응접했고, 왕이 직접 백관을 거느리고 그 자리에 나가 중국 황실이 있는 북쪽을 향하여 중국 황제에 사은 숙배하는 사은례(謝恩禮)를 올렸으며, 사절로부터 공손하게 황제의 책봉서찰을 받았다. 여기에서 중국 사절은 다른 국서도 함께 전달하면서, 중국 황실이 보내준 은그릇, 비단 등 하사품 목록도 전해 주었다.

중국 황제의 책봉은 군왕에게만 국한하지 않고, 왕비와 세자에게도 내려졌다. 후당의 황제가 왕비에게 내린 교서에는 "……가정이 화목하니 백성의 모범으로 될 만하다. 식읍을 나누어 당신의 부인을 경사롭게 하려는 것이니, 그로 하여금 내조의 공을 빛나게 하며 이 특별한 대우에 어긋나지 않게 할 것이다. 당신의 성의를 아는 바이니 나의 은혜를 짐작하리라. 이제 부인 류씨를 하동군부인(河東君夫人)으로 책봉한다"고 명기했다.

또한 후당의 책서에는 왕건의 군대 장병들을 찬하(讚賀)하는 내용도 있었다. 거기에는 "(왕건이) 성운(星雲)의 아름다운 정기를 타고 난 인물로 금석을 뚫을 만한 정성을 기울이고 있으며……그의 신의는 이웃나라들과 화목한 것에서도 나타나고 있고, 충효는 큰 나라를 대하는 태도에서 찾아볼 수 있을 정도이다. 삼한의 아름다운 강토를 가지고 매양 중국의 정삭(正朔)을 시행하며 머나먼 창해를 건너 항상 공물을 보내오고 있

---

5) 《고려사》권 2, 〈세가〉 2, 태조 2.

다.……이제 그를 고려국왕으로 봉하기 위하여 사신으로 하여금 예를 갖추어 책명을 전하게 하는 동시에 그를 위로케 하노니 모두들 그렇게 알라"는 전군에 대한 황제의 특별 명령문으로 되어 있다.

후당으로부터 책봉을 받은 왕건은 곧바로 사은사절을 보냈으며, 고려 건국 때 연호 천수를 버리고 후당의 연호를 사용하였다. 이어 935년 예빈경 형순(邢順)을 후당에 사은사절로 파견했다. 그로부터 얼마 뒤 중국에서 후당을 이어 후진이 등장하자, 왕건은 왕규(王規)와 형순을 다시 그 나라로 보내어 건국을 축하했으며 조공을 바쳤다. 938년부터 이전 후당의 연호를 버리고 후진의 연호를 사용하였다. 고려의 이러한 조공에 부응하여 후진에서는 국자박사(國子博士) 사반(謝攀)을 보내어 왕건을 새롭게 고려군왕으로 책봉하는 의식을 치렀다. 이번에는 왕건을 '開府儀同三司檢校 太師'로 표기했으며, 그 밖의 관작은 이전과 같다고 발표했다.

이러한 책봉은 고려에서 새 왕이 들어서면 정례적으로 보내주었으며, 책봉을 받지 못한 고려 군왕은 그 정당성을 결여한 존재로 여겨졌다. 구체적으로, 고려 2대 혜종이 왕위에 오르자 곧바로 중국에 사절을 보내 이를 통보했고, 중국 역시 사절을 파견하여 새로 책봉의 절차를 거치도록 했다. 942년에 진은 범광정을 고려에 보내와 책봉의 칙서를 전달했다.[6] 이 책봉과 함께 중국은 고려에 보내는 물품, 즉 법물(法物)도 보내주었다. 물론 이러한 법물은 먼저 고려에서 혜종의 즉위와 함께 중국에 보낸 조공에 대한 답례이기도 했다.[7]

---

6) 그 칙서는 다음의 내용으로 되어 있다. "……당신이 부왕의 유언과 관리들의 추대로 국사를 맡아보게 되었다는 것을 알았다. 당신은 나라에 경사가 거듭되고 충효를 계승하여 왔다. 당신은 또한 어려서부터 자기 부모보다 돋났다는 이름을 드날려왔고 자기 조상들의 훌륭한 일을 잘 계승한다는 영예를 나타내었다. 그렇기 때문에 당연히 왕위를 계승하여야 하며 그것은 또한 여론에 부합되는 것이다.……당신의 재주와 책략이 특이하고……용맹스러운 자세로 적들의 침공을 만리 밖에서 막아냈으며 자애롭고 화순한 정치는 온 나라에 널리 침투되었다. 우리나라에 대한 성의가 깊고 공물을 보내는 절차가 계속되어 왔다. 이에 강일을 택하여 특별한 은전을 보내나니 마땅히 세상에 이름 높은 인재를 정식으로 왕위에 오르도록 하며 아름다운 절개를 표창하여 높은 품계를 올려주겠다. 그리하여 당신을 '持節玄菟州都督上柱國充大義軍使'로 하는 동시에 고려국 왕으로 책봉한다."(《고려사》 권 2, 〈세가〉 2, 혜종 2)

7) 고려가 중국에 보낸 중요한 조공의 물품으로 혜종대에는 다음과 같은 것이었다. 붉

중국에서 변화가 일어나면 고려는 곧장 새로 사절과 조공을 보냈고, 번국의 예를 맹세함으로써 황제로부터 칭신의 관계로 돈독히 했으며, 책봉을 받기도 하면서 두 나라는 관계를 유지해 왔다. 즉 후한(後漢)이 들어서면 고려는 후한의 연호를 사용했고 후주(後周)가 들어서면 이번에는 후주의 연호를 사용할 정도로 기민하게 중국대륙의 변화에 대응했다.

고려의 대외관계에서 가장 중점을 둔 것은 송으로, 송과 사대종속의 관계를 맺었다. 앞에서도 말했지만, 고려의 지배층들은 송을 중국의 정통 왕조로 생각했기 때문이다. 976년 고려는 사절을 파견하여 송 태종의 즉위를 축하했으며, 송도 고려에 사절을 보내 경종을 책봉하고 식읍 3천 호를 준다고 적었다. 그리고 그 다음 해 고려왕을 시중으로 책봉했고, 식읍 1천 호를 더 주는 조치를 취했다. 물론 여기서 식읍은 한낱 명분이었지만 그것은 송나라 관직의 위계를 의미했다. 고려에서는 새로 왕이 등장하면 송으로부터 책봉 받는 것을 점점 더 중요하게 여기게 되었고, 그것에 대

은 바탕에 금·은 오색실로 일, 월, 용, 봉을 수놓은 도표감 두 벌, 붉은 바탕에 금·은 오색실로 용을 수놓은 침대요 두 벌, 금별을 수놓은 가죽 갑옷 두 벌, 모직에 은별을 수놓은 가죽 갑옷 두 벌, 모직을 받친 쇠투구 4개, 모직 붉은 바탕에 금·은 오색실로 꽃과 새를 수놓은 모직 다리 싸개 4개, 각궁 4개, 붉은 바탕에 금·은 오색실로 용과 물고기를 수놓은 모직 활전대 4개, 가는 대화살 200개 중 100개는 금을 물렸고 100개는 은을 물렸으며, 나무화살 200개, 붉은 바탕에 금·은 오색실로 구름과 용을 수놓은 화살통 4개, 금·은으로 칼자루와 칼집을 장식하고 구름과 하늘을 가늘게 새겨 넣은 검 10자루, 그 가운데 2개는 금·은으로 장식하고 모직으로 된 칼집이 들어 있으며, 구름과 하늘을 가늘게 새겨 넣은 장도 10개, 금·은으로 싼 창 10개, 금·은으로 장식하고 모직으로 만든 칼집에 넣은 단도 10개, 금·은으로 칼집을 장식한 비수 10개, 가는 모시 100필, 흰 모직 200필, 가는 실로 짠 중마포 300필 등이었다. 이 물품들에 대하여 중국에서는 "보배와 비단으로 무늬를 놓아 그 아름답기가 중국의 동포(橦布)보다 우월하며 상자에 들어 있는 물건들은 모두 진기하다. 그 가운데에서도 병기는 예리하고 갑옷은 아름다워 어느 것이나 정묘하지 않는 것이 없으니 가히 당신의 정성을 알 만한지라 깊이 찬양하여 마지않는다"라고 적어 놓았다. 이러한 물품에 대해서 중국에서 고려에 보낸 것은 다음과 같았다. 죽책 한 벌 80쪽, 자색실과 땋은 실로 묶고 붉은 비단으로 거죽을 장식한 책갑 한 개, 검은 칠판에 은실 입힌 금동 자물쇠 2개, 고리 손잡이에 붉은 비단으로 안을 받친 책문 두 폭, 황색 능직으로 만든 겹수건 1개, 책 뚜껑 3폭, 황색 견직에 기름결 입힌 겹수건 1개, 숙사 끈이 달린 드는 책 상자판 2개, 자색실로 그물을 씌운 유화 책상 덮개 1장, 다리를 은으로 싸고 네모와 머리를 금으로 장식한 백자목 책상 1개, 자색능직으로 만든 책상보 1개, 자색 능직에 선을 두른 공무용 방석 1개, 책상 앞에 놓는 자색 능직 방석 1개 등이었다.(《고려사》권 2, 〈세가〉 2, 혜종)

한 의식도 장엄하게 치렀다. 이는 유교적 문치를 추구했던 성종에서 더한 층 심해졌는데, 그는 송으로부터 책봉을 받고 그 감격의 기쁨을 조서로 내려 죄수들을 석방해줄 정도였으며, 문무관료 가운데 원윤·의상에게 말 1필씩 나누어주기도 했다.[8] 그로부터 2년 뒤 985년, 송은 그들의 문물과 제도를 적극적으로 따랐던 성종을 "……추로의 의관제도를 따르고 산하를 가리켜 신의를 맹세했으며, 우리의 믿음직한 인방으로 모두들 당신을 착한 사람이라고 일컫는다.……이에 당신을 태부로 높여 봉토를 주나니 동방의 백성들을 길이 편안하고 융성하게 할 것이다"라고 치하하면서 관작을 높여 주었다.[9] 물론 성종은 송의 조서에 감사했으며, 전국적으로 대사령을 내리기도 했다. 이러한 일은 그 뒤 다른 왕에도 수없이 되풀이되었다.

송이 고려 군왕에게 높은 봉작을 내리고 치하했던 것은 그 당시 송이 당면한 국가의 문제 때문이었다. 송은 거란을 공격하여 그들이 잃었던 연주(燕州) 계주(薊州)를 회복하려 했는데, 거란과 접하고 있는 고려와 공동 전선을 구축할 필요성이 있었다. 물론 고려는 송의 이러한 요구를 들어주지 않았지만 외교에서는 여전히 상국으로 예우하는 사대관계를 유지하고 있었다.

한동안 거란의 침입으로 송과 관계가 소원해졌지만 여전히 고려왕실에서 송에 대한 사대는 정신적인 종속으로까지 이어질 정도였다. 즉 송이 다시 국서를 보냈던 1078년 목종 32년 4월에 송 황제의 생일을 기념해서, 개성에서는 왕명으로 동림사와 대운사 두 절에서 추수제를 지냈으며, 송

---

8) 그 조서에는 다음의 내용이 담겨 있었다. "……중국으로 사신을 보내어 이 일을 보고 하였으며 폐백을 선사하여 선대 임금들의 전례를 준수하였더니 중국의 선박이 큰 바다를 건너 우리 수도로 왔으며, 사절이 우리나라에 와서 조서를 전하였다. 나의 관작을 1품으로 높이고 품계를 삼사와 같은 등급으로 올리었다. 뜻밖에 임금의 지위와 군사상 실권을 지니게 되어 내 일신의 영예가 이미 이루어졌으니 마땅히 만백성에게 기쁨을 나누어야 할 것이다.……이에 윤음을 내리어 특별히 은혜를 베푸노니, 금년 즉 태평흥국 8년(893) 3월 22일 새벽 이전으로 이미 발각되었거나 발각되지 않았거나 판결되었거나 판결되지 않았거나 간에 서로 다투다가 남을 죽인 자를 제외하고는 일체 죄상을 경중에 관계없이 용서하기로 한다."(《고려사》 권 3, 〈세가〉 3, 성종 15년)

9) 《고려사》 권 3, 〈세가〉 3, 성종 15년.

에서 사신이 와서 왕에게 책서를 전달하자 왕은 감격하여 다음과 같이
말할 정도였다.

> 송나라에서 우리에게 사절을 파견할 줄을 어찌 생각이나 하였으랴! 나
> 는 일변 기쁘기도 하고 일변 놀랍기도 하다. 사절 접대를 담당할 모든 관
> 원은 각각 직책을 다하여 실수가 없게 하라! 열성과 재능을 발휘한 자에
> 게는 벼슬을 높여줄 것이요 태만하고 용렬하여 과실을 범한 자에게는 별
> 도로 강직 혹은 파직을 적용할 것이다.[10]

그러나 고려는 중국 이외의 만족들, 즉 거란에 대해서는 이와는 전혀
다른 태도를 보였다. 이들 국가에 대해서는 하대했을 뿐 아니라 적대하는
태도까지 보였다. 물론 그 당시만 해도 거란은 미약한 존재였다. 그러나
고려 왕실이 거란에게 보인 태도는 송이나 중국에 대한 것과는 대조적으
로, 중국을 섬기는 만큼이나 거란은 하대하는 일종의 중국 섬김에 대한
보상의식을 느끼게 할 정도였다. 즉 고려는 중국과 같은 문명을 가진 왕
조이지만 거란은 금수와 같은 하등집단으로 여겼다. 고려의 왕실이 거란
에 보여준 하대가 어느 정도였는가는 다음 글에서도 읽을 수 있다.

> 임인 25년(942) 겨울 10월에 거란 사신이 낙타 50필을 보내었다. 왕이
> 거란은 일찍이 발해와 동맹을 맺고 있다가 갑자기 의심을 품어 맹약을
> 배신하고 그 나라를 멸망시켰으니, 이는 심히 무도한 나라로서 친선관계
> 를 맺을 나위가 못 된다고 생각하여 드디어 국교를 단절하고, 그 사신 30
> 명은 섬으로 귀양을 보냈으며, 낙타는 萬夫橋 아래 매어 두었더니 다 굶
> 어 죽었다.[11]

위의 글에서 드러나듯이, 거란에 대한 왕건의 대응은 적대적이었다. 사
신으로 온 사람 모두를 귀양보냈고, 예물로 준 낙타 50필도 개성 만부교
다리 아래 매어 놓고 굶어 죽게 했으니, 거란에 대한 왕건의 적대감정을

---

10)《고려사》권 9,〈세가〉9, 문종 3년.
11)《고려사》권 2,〈세가〉2, 태조 2년.

짐작하게 한다. 그는 거란이 이전에 발해를 멸망시켰다는 이유로 가까이 할 수 없는 적대국가라 여겼다. 당시 거란의 국력은 미약했기 때문에 왕건의 태도는 그 나름으로 통용될 수 있었다. 그러나 거란이 강해지면 고려에 보복적으로 나올 것임은 분명했고, 실제로 그러한 상황이 일어났다.

고려의 송에 대한 사대는 실익보다는 명분논리였으며, 고려의 국가 안전에는 별 도움이 되지 못했다. 고려가 하대했던 거란은 그 뒤 점점 강성해져서, 993년에는 소손녕의 지휘 아래 거란군의 제1차 침입이 자행되었다. 그 뒤에도 여러 번에 걸쳐 거란군의 침탈이 있었다. 이 과정에서 한때 서희(徐熙)의 활약이 있었지만 그것은 일시적인 미봉책에 지나지 않았다. 거란의 침략은 여전히 계속되었고, 고려의 국력으로는 이를 감당할 수 없었다. 그러므로 고려는 거란을 회유하기 위해 994년에는 거란의 연호인 통화(統和)를 사용하는 등 저자세를 보일 수밖에 없었다. 거란의 침략에서 벗어나기 위해 고려는 시종 박양유(朴良柔)를 거란에 보내어 거란의 연호는 물론이고 정삭의 시행도 통보해야 할 정도로 사대적인 화친을 구하는 굴욕적인 모습을 보여야 했다.[12] 995년 고려는 이주정(李周禎)을 거란 왕실에 보내 토산품과 매를 선사했으며, 고려의 거듭되는 화친 요청에 거란은 996년 장간(張幹)과 소숙갈(蕭熟葛)을 보내 고려 군왕을 책봉한다는 다음 내용의 책서를 보냄으로써 고려는 거란의 종속국가로 전락하였다.

······동방에 위치한 고려에서도 우리나라(거란)와 관계를 맺은 이래로 여러 해가 되도록 조공을 게을리하지 않았으니 마땅히 책봉의 예전을 갖추어서 내부의 성의를 표창하여야 하겠다. 이에 떳떳한 규례에 따라 삼가 총애의 뜻을 보이는 바이다.······압록강을 서쪽 경계로 삼이 일찍이 천험

---

12) 거란의 침입을 막기 위해서 고려는 송에 사신을 보내어 구원군을 파견해줄 것을 요구했으나 송은 자기들의 북방국경이 불안하다는 이유로 경솔히 군대를 동원할 수 없다고 통보해 왔다. 이 일을 기회로 고려는 송과 일시 관계를 단절하기도 했다. 이 뒤부터 고려는 직접 거란에 대한 회유책을 강구하여 그들의 연호를 사용할 뿐 아니라 심지어 기생과 악기를 선사했다. 그러나 거란은 이를 받지 않았다.(《고려사》권 3, 〈세가〉 3, 성종 4년)

을 믿고 교만한 일이 없었으며 천자의 궁궐을 북으로 바라보고 매 시기의 조공을 극진히 하여 왔다. 그 성의를 생각하니 봉작을 높여야 하겠으므로 1품의 귀한 품계에 올려 최고의 영예로운 위치에 놓으려고 한다. 이에 국왕의 작위를 주어 더욱 나의 은혜를 보이고자 당신(고려의 군왕)을 開府儀 同三司 尙書令 高麗國王으로 책봉한다.[13]

이 책서는 고려가 거란의 번국임을 드러내고 있다. 거란을 야인으로 취급했던 고려는 유교에 바탕을 둔 문신통치로 성종 때부터 문약해졌으며, 무신에 대한 경시로 국방을 게을리했다. 그 결과 거란의 침입을 당했고, 이를 모면하기 위한 일시 방편으로 거란의 번국이 되는 수모를 받아들여야 했다. 거란도 고려의 이러한 생각을 간파했기 때문에 책서에서도 "당신(고려 군왕)은……이 부귀를 지키고 교만을 경계하며 소인의 꾀를 쓰지 말고 우리와 약속을 어기지 말라. 조심하여 자기의 직무를 수행함으로써 조정의 법(거란의 법)에 맞도록 하며, 나라 사람들로 하여금 다 같이 태평세월을 누리도록 하라. 길이 좋은 운명을 유지하는 것이 아름답지 않겠는가"라고 경고할 정도였다.[14]

고려는 거란의 요구로, 개성 서쪽 교외에 제단을 쌓고 거란에서 온 사신 장간이 가져온 책서를 성종이 직접 나가 사대의 예로 받는 번국의 절차를 정식으로 올려야 했다. 거란으로부터 책봉 받은 것을 기념하여 전례에 따라 전국에 대사령을 내렸으며, 이어 한언경(韓彦卿)을 거란에 보내어 조공의 폐백을 바치기도 했다.

그 뒤 거란은 상국으로 고려에 지속적으로 책서를 보냈다. 1008년에 서경 도순검사(都巡檢使) 강조(康兆)가 목종을 폐위, 살해한 행위를 문책한다는 이유로, 거란의 성종은 40만의 대군을 이끌고 고려를 침입했다. 그 명분은 번국의 왕실에서 이변이 일어났기 때문에 이를 진압 조치한다는 것이었다. 거란군의 대규모 침입은 전국을 전쟁의 참화 속으로 떨어지게 했으며, 고려 현종은 개경을 내놓고 나주로 피난해야 했다.[15] 거란군은 퇴

---

13) 《고려사》 권 3, 〈세가〉 3, 성종 15년.
14) 《고려사》 권 3, 〈세가〉 3, 성종 15년.

각하면서도 고려 국왕이 거란에 친히 예방하라고 명령했다. 고려에서는 왕의 발병을 이유로 예방을 늦춰 달라고 사정하면서 이를 유예시켰다. 고려는 거란에 사신을 파견하여 조공하는 등 상국의 예우를 계속함으로써 그 환심을 사는 사대관계를 꾸준히 표시했다. 그 뒤 거란은 북방 6개 성을 요구했으며, 자주 국경을 침범했다. 1018년 거란은 소손녕이 지휘하는 10만의 군대로 고려를 침입했고, 귀주에서 강감찬이 이를 막는 전공을 올리기도 했다. 그러나 1020년에는 다시 이작인(李作仁)을 시켜 표문(表文)을 가지고 거란으로 보내 고려가 번국으로 종전과 다름없이 공물을 바치겠다고 약속했다. 이로부터 거란의 침입을 멈출 수 있었다. 그 뒤부터 고려는 왕실의 주요한 일들, 세자 책봉은 물론이고 왕자의 탄생까지도 상국인 거란에 통보함으로써 번국의 예를 충실하게 다했다.[16] 고려는 거란에 대해 춘기·하기에 문후사를 1년 1회 파견했으며, 천녕절과 신년 축하 사신도 보냈고 동기문후사도 연 1차 파견했으며 태후의 생일을 축하하는 사절도 파견했다.

거란을 대신해서 여진족이 고려의 동북방에서 강성해지자 고려는 여진과 전쟁관계로 돌입했다. 11세기 초부터 그 지역에 정착하여 생활해 오던 여진은 오고내(1021~1074)의 통치기에 들어서자 주변의 여러 여진족을 통합하여 두만강 유역으로까지 세력권을 확대했다. 그러면서 고려에 대해 1102년 11월 여진족의 추장 영가는 사절을 보내 은세공 기술자를 보내달라고 요청했으며, 토산품을 진상했다.[17] 그러나 여진족은 곧이어 고

---

15) 거란군이 침입하자 고려의 국방은 허술하기 짝이 없었다. 문신통치의 성격상 국방이 미약했기 때문에 심지어 강조는 포로가 되어 살해되었고, 거란군은 청천강까지 침입하자 안북도호부사 공부시랑 박섬(朴暹)은 백성보다 먼저 도망쳤으며, 양주(楊州)로 피신한 현종은 거란군에게 화친을 청하지 않을 수 없었다. 물론 이 경우 화친의 조건은 신하로 거란군의 요구를 받아들인다는 것으로 되어 있다. 거란군은 개경에 침입하여 대묘, 궁궐, 민가를 불태웠으며, 그 때문에 무신이나 문신이나 간에 조정의 신하들은 백성을 버리고 모두 도망갈 정도였다.

16) 1022년 4월 거란의 어사대부 상장군 소회례(蕭懷禮)가 고려에 와서는 고려왕을 개부의동삼사(開府儀同三司) 수상서령상주국고려국왕 식읍 1만 호 식실봉 1천 호로 책봉했으며, 동시에 수레·복식·기물들을 보내주었다. 그리고 고려는 거란의 연호를 사용했다.(《고려사》 권 4, 〈세가〉 4, 현종 13년)

17) 《고려사절요》 권 6, 숙종 7년.

려를 침입했으며, 몇 차례 교전에서 고려군이 패하고 전쟁은 장기전으로 돌입하게 되었다. 첫번째 침탈이 있었던 1104년 2월의 전투는 동북면 행영병마사 임간이 주도했지만 성공하지 못했다. 1104년 3월 고려의 윤관이 동북면 토통사가 되어 여진군을 격파할 수 있었다. 이로써 여진과 강화하여, 마천령 이북(함경북도 길주 남대천)으로 여진군을 몰아냈다. 그러나 여진은 기회 있을 때마다 침범했다. 특히 1106년 3월 정주성 일대에 2천여 명의 여진군이 침범하자 고려는 윤관을 원수로 오연총을 부원수로 해서 17만의 대병을 조직하여 여진족을 정벌했다. 고려와 여진족 사이의 갈등은 그 뒤에도 계속되었다. 그러나 윤관 등은 영주·웅주·복주(단천)·길주·함주(함흥)·공험진 등 9성을 신축, 여진의 침공을 막는 최선진의 근거지로 활용했다. 그리고 되찾은 동북지방 9성을 중심으로 여진군의 공세는 여전히 지속되었다. 고려는 이 지역을 유지하는 데 여러 가지 어려움이 따랐기 때문에 여진족의 요구대로 9성을 되돌려 주었다.[18] 그래서 이 지역에 거주하던 고려인들과 군인들은 철수하였다. 여진은 아골타가 금(金)을 건국하기까지 이 약속을 지켰지만 그 뒤의 관계는 역전되어 고려는 금에 사대할 수밖에 없었다. 송에 대한 사대가 정신적인 것이었다면, 요와 금에 대한 사대는 일종의 형식적인 것으로 지속되었지만, 금에까지 사대할 정도로 고려의 대외관계는 굴종적인 성격을 지닐 수밖에 없었다.[19]

---

18) 1109년 여진의 오야속은 사절을 고려에 보내어 화의를 요구하면서 고려를 부모의 나라로 섬길 것이며 다음과 같이 간청했다. "태사(오야속)가 우리를 시켜 옛 땅을 내줄 것을 청하게 된 것이니 9성을 내주어 백성들의 생활을 안착시켜 준다면 우리들은 하늘에 맹세하여 자자손손에 이르기까지 정성을 다해 공물을 바칠 것이며 기와조각 하나라도 고려국경에 던지지 않겠습니다."(《고려사》권 13, 〈세가〉 13, 예종 4년 6월)
19) 북만주에 있었던 여진족은 추장 오야속(烏雅束)에 의하여 통일되었으며, 그 아우 아골타(阿骨打)에 의하여 금을 건국했다. 금은 거란을 멸망시키고 송의 서울 변경(汴京, 開封)을 함락시킬 정도로 국세가 강했다. 고려는 인종 5년(1127)부터 금나라에 대해서 칭신하게 되었는데, 그 과정에서 인종은 칭신 여부를 점을 쳐 결정했다. 이 점에 대해서는 다음과 같이 적어 놓았다. "이지미(李之美)를 시켜 금나라를 섬기는 문제에 대해서 태묘에 고하고 시초를 뽑고 이 문제의 가부를 점치게 했다. 점치면서 외운 글은 다음과 같다. '저 여진이 황제라 자칭하고 있는데 그들이 남으로는 송나라를 침공하고 북으로는 요나라를 멸망시켜 인구가 많아진 데다가 강토도 넓어졌다. 생각하건대 우리나라는 저들과 인접되어 있는지라 사신을 보내어 강화하고 싶기도 하며 혹은 군사를

3. 무신정권의 반몽 저항

고려의 대외관계는 사대와 종속의 범주에서 크게 벗어나지 못했다. 국왕이나 지배층은 사대종속의 방법이 사직을 지킬 수 있는 불가피한 조치라고 생각했다. 그 시기 중국대륙에는 몽고의 원이 등장해서 대제국을 이루었으며, 고려 역시 그 영향권 속으로 전락하였다. 여기에서 지적해야 할 사실은, 고려는 그 당시 문신체제로부터 무신정권으로 변했기 때문에 대외관계에서도 무신이 주도하게 되었다. 유학자로서 문신들은 중국의 정통왕조에 대한 귀속의식에 젖어 있었으며, 그 결과 송에 대해서 사대하는 것을 당연하게 여길 정도였다. 거란군에 대해서도 맞서기보다는 소극적인 타협책이나 미봉으로 일관했다. 이러한 대응책에 대해서 무신들은 불만을 가질 수밖에 없었다. 적극적으로 투쟁하지 않은 채 오랑캐에 불과한 거란을 사대하려는 문신체제에 무신들의 불만이 가중되었음은 피할 수 없는 일이기도 했다. 그러나 국력의 차원에서는 최씨 무단정권의 등장과 그들 일문의 과도한 부의 약탈로 이전보다 국력은 쇠약해졌고 민중의 고통도 가중되고 있었다. 이 점에서 몽고와 같은 거대제국에 맞설 수 있는 왕조의 국력으로는 그 한계를 절감할 수밖에 없었다. 국정을 전단했던 무신들은 호전적인 투쟁성을 보여주었지만 국력이 이를 뒷받침해 주지 못했으며, 따라서 그 과정에서 생기는 고통은 오로지 피지배 민중한테 돌아오게 되었다.

문신체제를 뒤엎고 무신정권이 등장한 것은 단순히 대외관계 때문만

훈련하여 방비대책을 취하려고도 생각하여 이를 판단하기 위하여 점을 치는 것이니, 신이여 해결책을 명시하라!"(《고려사》 권 15, 〈세가〉 15, 인종 1년) 그리고 다음과 같은 표문을 지어 금에 칭신하게 되었다. "……삼가 생각하건대 당신(금의 황제)은 천성이 영명하고 덕행이 날로 새로워져서 일단 명령을 내리면 모든 백성이 성심으로 따르지 않는 자가 없으며 위풍이 미치는 곳에서는 인근의 적들이 항거하지 못하고 있다.……내가(고려 인종) 작은 나라의 변변치 못한 사람으로 당신이 비상한 공적을 세웠다는 말을 듣고 경건한 마음을 기울여온 지는 오래되었다. 이제 많지 않는 예물이나마 나의 성의를 표시하려고 한다. 비록 물건은 변변치 않으나 넓은 도량으로 받아 주기 바란다"로 되어 있었다.

은 아니다. 그보다는 통치권 행사에서 문신들의 독점적 지배와 그들에
대한 무신들의 불만에 말미암은 것이었다. 그러나 무신정권은 성격상 대
외관계에서도 군사적인 대결을 강조할 수밖에 없었다. 그것은 무신들의
기본 속성이자 존재이유이기도 했다. 이러한 현상은 무신정권 기간 동안
몽고의 침탈에서도 그대로 나타났다. 몽고의 영향력이 중국은 물론 유럽
으로 확장되었음에도 고려가 장기간 몽고에 대항할 수 있었던 것은 앞에
서 말한 무신정권이었기 때문이라 하겠다. 물론 몽고를 중국의 정통국가
를 멸망시킨 오랑캐라고 여기는 고려 지배층의 하대감정, 그리고 불교의
원력이 몽고군을 퇴출시켜 줄 것이라는 종교적 기대감 등의 결합으로 몽
고군의 침탈에 장기간 투쟁할 수 있었다. 그러므로 최씨 무신정권 시기
에 가장 중요한 사건은 곧 항몽전쟁이었다. 대제국을 이룩했던 몽고는
고려와 함께 거란을 소탕하자고 제의했는데, 여기에 고려가 부응하여 거
란이 장악했던 강동성을 소탕했다. 그러나 이 전투에 참가했던 몽고의
장군 합진은 군대를 철수하기에 앞서 부하 포리와 대완 등 10명에게 조
서를 주어 고려의 강화를 요구했다. 이 과정에 대해 《고려사》는 이렇게
적고 있다.

　　……합진(哈眞)이 포리(蒲里) 대완(帒完) 등 10명에게 조서를 주어 보
내어 강화를 청하였다. 왕이 시어사 박시윤(朴時允)을 보내어 그들을 맞
게 하고 문무관에게 명령하여 예복을 갖추고 선의문으로부터 십자 거리
까지 좌우로 갈라서게 하였다. 포리 대완등이 관(館) 밖에 이르러 머뭇거
리면서 들어오지 않고 꼭 국왕이 나와서 맞아야 한다고 하였다. 이때 통
역을 시켜 두세 번 힐난하다가 드디어 말을 타고 관문으로 들어왔다. 신
묘일에 왕이 대관전에서 그들을 접견하였는데 모두 털옷 털관에 활과 화
살을 메고 곧추 정원으로 올라오더니 품속에서 편지를 꺼내어 왕의 손을
잡으면서 편지를 주는 것이었다. 왕은 그만 얼굴색이 변하였고 측근자들
은 황겁하여 가까이 가지 못하였다. 시신 최선단이 울면서 말하기를 '어
찌 이 더러운 오랑캐를 왕에게 접근시키겠는가? 가령 왕의 신변에 불측
지변이 생긴다고 하더라도 반드시 미처 손쓸 겨를이 없을 것이다'라고 하
면서 드디어 그들을 내보내자고 하였다. 포리 대완 등이 다시 우리나라의
의관으로 고쳐 차리고 정전에 들어와서 보통 예를 표하였는데, 읍만 하고

절은 하지 않았다. 그들이 돌아갈 때 금은 그릇과 비단, 포목, 수달피 등
속을 차등 있게 내어 주었다.[20]

몽고와 고려 왕실 사이의 최초 접촉에 대한 설명에서 알 수 있듯이 고
려는 몽고를 오랑캐로 여겼으며 천대했다. 이 생각은 중국 정통왕조에 대
한 사대의식에서 비롯되었으며, 북방의 정치세력은 야만으로 천대했기
때문이었다. 그러나 몽고는 이미 대제국을 이룩했기 때문에 고려를 속방
으로 생각했으며, 몽고 황족들조차 고려 왕실에 대해 막대한 공물을 요구
하기도 했다. 이러한 사정은 다음의 글에서도 알 수 있다.

갑자일에 왕이 대관전에서 몽고 조서를 접수하였다. 이때 몽고와 동진
사람 21명이 다 정전에 올라와서 명령을 전달하겠다고 하였다. 우리나라
에서는 다만 한 명만 정전에 올려보내라고 하여 옥신각신 판결이 나지
않았다. 해질 무렵에야 8명을 정전에 올라오게 하였다. 그들이 몽고 皇太
弟의 편지를 전달하고 수달피 1만 장, 가는 명주 3천 필, 가는 모시 2천
필, 솜 1만 근, 용단묵(龍團墨) 1천 장, 붓 2백 자루, 종이 10만 장, 자초(紫
草) 5근, 홍화(紅花)·남순(藍筍)·주홍(朱紅) 각 50근, 자황(紫黃)·광칠
(光漆)·동유(桐油) 각 10근을 요구하였다. 저고여(著古與) 등이 문건을
전달하고 정전에서 내려가려 할 때 제각기 품속에 품었던 것을 꺼내어
왕의 앞에 던졌는데, 그것은 다 연전에 주었던 거친 주포(紬布)였다. 그들
은 연회에도 참석하지 않았다. 그들이 또 자기나라 원수들인 찰나(札喇)
와 포흑(蒲黑)의 편지 각 한 통을 내어놓았는데 이 편지들에도 다 수달
피·면주(綿紬)·솜 등속을 청구하였다.[21]

위의 글에서 알 수 있듯이 고려에 대한 몽고의 요구는 단순한 조공이
아니고 징발이었으며 약탈이었다. 사대관계의 단순한 번신이 아니라 점
령군과 피점령군의 관계였다. 그 뒤 몽고군의 대규모 침입은 저고여(著古
與)의 암살을 구실 삼아 고종 18년(1231) 8월 살례탑(撒禮塔)에 의한 제1차

---

20) 《고려사》 권 22, 〈세가〉 22, 고종 1년.
21) 《고려사》 권 22, 〈세가〉 22, 고종 1년.

침입이 일어났다.[22] 고려는 이 침탈에 맞서기도 하고 화의를 구하기도 하는 등 여러 방법으로 이를 모면하려 했다. 몽고의 살례탑은 안북부(안주)에 본영을 두고 별동대로 하여금 개경과 그 이남 지역을 침탈했다.[23] 몽고군은 개경의 4문 밖에 와서 주둔하는 한편 흥왕사를 공격했다. 고려는 어사 민희를 시켜 몽고군에 음식을 대접하고 강화를 맺도록 조치했다. 그 다음날 민희는 몽고군의 병영에 가서 몽고 사절 2명과 수원 20명을 데리고 왔다. 이러한 접촉을 통하여 몽고와 강화를 맺었는데 당시의 상황을 아래의 글에서 읽을 수 있다.

> "……왕이 지합문사 최공(崔珙)을 접반사로 임명하여 의장병을 갖추고 선의문 밖에 나가서 그들을 맞아다가 선은관(宣恩館)으로 들게 하였다. 살례탑이 안북(安北) 도호부에 주둔하고 있으면서 또 사절 3명을 보내어 강화를 하겠다고 하였다. 이튿날 그들이 대궐에 이르렀다. 왕이 대관전(大觀殿) 뜰에 내려가 북쪽을 향하여 영접하니 몽고 사절이 만류하므로 왕이 그제야 남쪽으로 향해 서서 사절을 맞이하였다. 몽고 사절은 털옷 털관에 활과 칼을 찼다. 우리 정부에서 자색 난삼과 띠를 주어 갈아입으라고 하니 몽고 사절이 듣지 않고 다만 겉에 걸치기만 하였다.……"[24]

몽고의 제1차 침입에서부터 고려는 사실 무방비에 가까울 정도의 상태

---

22) 고려에 공물을 징수한 뒤 몽고로 돌아가던 저고여(著古與)가 압록강가에서 암살되었는데, 이 책임을 몽고는 고려에게 물었다. 고려는 그 사건은 금나라 사람의 소행이라고 변명했지만 몽고는 이 사건을 계기로 고려와 단교하였다. 그로부터 7년이 지난 뒤 몽고의 대규모 침입이 시작되었다.(강진철,〈몽고의 침입에 대한 항쟁〉,《한국사》7, 국사편찬위원회, 1977, p.341)

23) 고려를 공격한 철례탑(撒禮塔)에 대해서 북계(北界) 분대(分臺)의 어사였던 민희(閔曦)가 몽고군의 병영에 가서 음식을 대접하였는데, 그가 본 철례탑에 대해서 이렇게 보고하였다. 웬 원수 한 사람이 자칭 권황제(權皇帝)로 이름은 철례탑이라고 하며 모포를 두른 집에 앉아 있었다. 방은 비단으로 꾸며졌고 좌우에는 여자들을 세워 놓았다. 그가 말하기를 "귀국에서 굳게 지키려거든 굳게 지키고 투항하려거든 투항하고 맞서서 싸우려거든 맞서서 싸우되 여하간 빨리 판결을 내자. 그런데 당신의 직책은 무엇이냐?"고 하였다. 민희가 분대의 관원이라 대답하니 그가 말하기를 "당신은 낮은 관직에 있는 사람이군. 고관이 빨리 와서 항복하라"고 했다는 것이다.(《고려사》권 23,〈세가〉23, 고종 2년)

24)《고려사》권 23,〈세가〉23, 고종 2년.

에서 패배했으며 항복했다. 국왕은 몽고군의 사신에게 금주전자·잔반·은병·수달피 의복·주포·저포 등을 선물했고, 살례탑에게는 더 큰 선물을 바쳐야 했다. 그 과정에서도 몽고군은 전국을 유린했으며, 광주(廣州), 충주(忠州), 청주(淸州) 등지의 주민을 학살했고 가옥을 파괴하는 등 만행을 저질렀다. 지방에서는 몽고군의 유린이 계속되었기 때문에 고려 왕실은 살례탑이 보낸 사절들을 물품으로 회유하려 했다. 살례탑의 아들에게는 은 5근, 저포 10필, 추포 2천 필, 말다래, 말굴래 등의 물품을 주었다. 그러나 살례탑은 더 많은 진상품을 요구했으며, 그가 요구하는 "물품은 우리나라(몽고)에는 하나도 없는 것이니 이 물품과 직물들을 함께 보내야 할 것이며, 우리(몽고)가 요구하는 좋은 금·은과 좋은 구슬, 수달피, 아람(鵝嵐), 좋은 의복은 당신(고려왕)이 많이 갖고 있기 때문"이라고 말했다. 살례탑은 구체적으로 이렇게 적어 놓고 있다. "당신(고려국왕)이 주는 금·은과 의복은 많으면 말 2만 필에 실어 보내고, 적으면 말 1만 필에 실어 보내야 한다. 우리 군사들이 집을 떠난 지 오래되어 입고 온 의복이 다 해졌다. 100만 명의 대군이 입을 의복을 당신이 짐작하여 주어야 할 것이며, 특별히 보내는 물품 이외 진자라(眞紫羅) 1만 필을 보내야 할 것이며, 수달피 230매와 함께 보내 주어야 할 것이다." 그의 요구는 실로 엄청났다. 수달피 2만 매, 좋은 큰 말 1만 필, 작은 말 1만 필을 더 요구했고, 심지어 "(고려)왕의 자손으로 (몽고)황제에게 보낼 공주, 대왕, 모든 군주 등 남자 1천 명, 그 밖에 대관집 부녀자도 보내 주어야 할 것이며, 귀국의 태자, 장령, 대왕의 자제들과 대관의 아들 1천 명, 딸 1천 명도 황제에게 보내라"고 요구했다.[25]

살례탑은 많은 물품을 징발한 뒤 일시 요동으로 철거했다. 군대 철수에 앞서 그는 몽고군이 점령한 지역에 몽고인의 관리로 다루가치(達魯花赤)를 주둔시켰는데, 이들은 몽고 점령지역의 민정 등을 감찰하는 일종의 정보기관원이었다. 다루가치가 설치된 지역은 40여 개의 성이었다. 다루가치들이 보여준 방자한 태도는 점령군의 지역사령관과 같았다. 살례탑

---

25) 《고려사》 권 23, 〈세가〉 23, 고종 19년 4월.

은 고종 19년(1232) "고려의 국사를 도통한다"면서 그 일을 맡을 책임자로 몽고인 도단(都旦)을 개경에 파견했다. 도단은 다루가치의 최고책임자로 고려 내정을 직접 간섭하기 위해 파견되었다. 도단은 몽고의 군대를 배경으로 고려 내정의 최고감독관이나 총독과 같이 오만하게 행동했다.[26]

고려는 몽고의 이러한 요구에 한편으로는 몽고 사신을 뇌물로 회유했고, 다른 한편으로는 지방에서 몽고 군대의 약탈에 맞서 농민들과 승병이 합세하여 산발적으로 투쟁했다. 그러면서도 고려는 몽고 황실에 직접 사절을 파견하여 칭신의 표문을 바치는 등 다각적으로 몽고군의 철수를 교섭했다. 이 당시의 사정은 고종 19년(1232) 4월 조숙창에 의해 몽고에 바친 표문에서도 읽을 수 있다. 즉 몽고의 물품 요구를 고려가 충족시킬 여유가 없음을 간곡하게 사정하면서, 특히 몽고에서 요구한 동남동녀의 인질에 대해 구구하게 사정을 호소하고 있다.

> 황제에게 보내는 물품 중에서 좋은 수달피 1천 장에 대해서 말한다면……처음부터 온갖 방법을 다하여 잡았으나……그 준비가 곤란해졌으며 겨우 977장을 보내니 그렇게 알아주기 바랄 뿐이다. 또 국왕, 모든 종친, 공주, 군주, 대신들의 자제 500명과 처녀 500명을 보내라고 한 데 대하여 전번 편지에도 말했지만 우리나라 법령에는 아무리 높은 임금이라도 오직 한 명의 정실이 있을 뿐 다른 잉첩을 두지 못하게 되어 있으므로……이 작은 인원을 귀국에 다 보낸다면 누가 왕위를 이으며 정부관리의 직책은 누가 계승하여 귀국을 받을 수 있겠는가.……"[27]

---

26) 도단의 오만함에 대해서는 다음과 같은 내용을 찾아볼 수 있다. "……왕이 양제방(楊提坊) 별궁으로 옮겨 앉으려 하니 도단(都旦)이 이 말을 듣고 '내가 고려의 국사를 지도하기 위하여 여기에 파견된 만큼 장차 대궐에 들어가 있겠다'고 하였다. 조정에서 이 문제를 난처하게 생각하여 광화문을 폐쇄했다. 왕이 우승선(右承宣) 유경현(庾敬玄)에게 명령하여 도단을 타일러 그의 요구를 취소하게 하고 연회에 초대하였다. 도단은 대궐에 들어와서 왕과 한자리에 앉으려고 하였고, 또 대궐에 머물러 있으려 하므로 서로 힐난하다가 저녁이 되어야 도단이 연회에 참석한 후 사관으로 돌아갔다.……도단은 사관의 영송판관(迎送判官)으로 배치되어 있는 낭중 민회적(閔懷迪)이 자기에 잘 공대하지 않는다고 매질하여 그를 때려 죽였다.……도단이 또 사관이 심심하다 하여 민가에 옮겨가려 하므로 그에게 금 주전자 1벌, 저포 80필을 주었더니 그제야 잠자코 있었다."(《고려사》 권 23, 〈세가〉 23, 고종 2년)

27) 《고려사》 권 23, 〈세가〉 23, 고종 2년.

고려의 이러한 호소에 대해 살례탑은 오히려 고려의 사신들을 몽고로 끌고 가버렸다. 몽고의 강경한 요구에 고려는 더 이상 맞설 힘이 없었으며, 그렇다고 그들이 요구하는 물품을 제공할 여력도 없는 실로 진퇴양난에 놓였다. 유일한 대응책은 최씨 정권 최우(崔瑀)가 한 강화도 천도였다. 즉 고종 19년(1232)에 고려 왕실은 강화도로 천도했으며, 몽고와 관계를 끊고 적극 투쟁하기로 결정했다.[28] 최우는 개경의 거주민들에게 "빨리 강화도로 들어가라. 뒤에 처지는 자는 군법으로 처단할 것이다"라고 위협하면서 급하게 강화도로 천도했다.[29] 그리고 각 지방에도 지방관이 앞장서서 주민들을 깊은 산성이나 섬으로 숨게 했으며, 일종의 청야작전으로 몽고군의 침략에 대응했다.

지방민과 관군들은 몽고의 약탈에 맞서서 그들 진영을 급습했다. 특히 몽고의 다루가치를 잡아 죽였고, 각처에서 게릴라 전법으로 몽고군과 투쟁을 계속했다. 국왕과 무신정권의 통치자들은 강화도로 옮겼지만 일반 민중들은 직접 몽고의 약탈에 노출되어 거의 죽음 상태에 놓여 있었다. 그 결과 몽고군과 직접적인 투쟁은 관군이 아니라 민중의 자발적인 투쟁으로 지속되었다. 군사적인 전투나 지휘부나 전략은 존재하지 않은 채, 오직 민간인들의 자발적인 투쟁으로 고려는 그 명맥을 겨우 지키고 있었다. 몽고군에 맞섰던 고려 민중의 적대적인 태도를 제압하기 위해서 살례

---

28) 최우에 의한 강화도 천도는 몽고의 무리한 요구가 계속되자 더 이상 이에 맞서서 저항하는 것도 한계가 있었기 때문에 장기적인 항몽투쟁을 위해서도 강화도로 천도하는 것이 좋겠다는 의견이 제기되었는데 재추(宰樞)와 4품 이상의 관원들이 선경전(宣慶殿)에 모여 이 문제를 토의했다. 여기서 대다수는 "성을 지키고 적을 막자"고 주장하였으며, 다만 태집성(太集成) 등은 "도읍을 옮기고 몽고의 난을 피해야 한다"는 주장하기에 이르렀다. 개성을 그대로 지키자는 천도 반대론자로는 참지정사 유승단(兪承旦), 야별초의 지휘관 김세충(金世沖) 등이었다. 최우는 반대론을 억누르고 천도를 결정했으며, 그 과정에 반대파 김세충의 목을 베었으며 고종 19년 6월에 강화도로 천도하였다.(강진철, 앞의 글, p.347)

29) 최우를 중심으로 하는 무신정권의 핵심인사들과 왕실은 강화도로 피신했지만 개경에 살았던 일반 민중들은 그럴 수 없었다. 강화도 피난에 대한 아무런 대책도 수립하지 않았으며, 무조건 깊은 산이나 섬으로 옮기라는 명령만 내려놓았다. 개경 사람들을 비롯한 일반 민중들은 전쟁의 약탈과 고려왕실의 강압에 온갖 고난을 다 겪을 수밖에 없었다. 그런데도 최우는 자기 집의 가재도구를 실어 나르기 위하여 100여 량의 녹전차(錄轉車)로 이것을 강화도로 옮겨 날랐다.(위의 글, p.347)

탑의 몽고군은 제2차 침입을 자행했다. 살례탑은 먼저 사절을 강화도로 보내 고려 왕실이 개경으로 되돌아와서 몽고에 항복할 것을 요구하면서 몽고군대를 동원해서는 고려의 남부지방까지 약탈했다. 그러나 그 과정에서 고려 민중들의 저항으로 살례탑은 처인성에서 요격 살해되었으며, 제2차 몽고군의 침입은 무위로 끝났다.[30]

몽고의 제3차 침입은 고종 22년에서 26년까지(1235~1239) 약 5년 동안 당구(唐古)의 지휘로 이루어졌다. 당구는 역신 홍복원(洪福源)을 앞장세워 고려로 쳐들어왔다.[31] 당고는, 이전의 몽고 장수와는 달리, 고려 왕실과 교섭하는 것보다는 고려 전국을 정복하는 데 치중했다. 평안도와 함경도에서부터 전라도・경상도까지 점령했고, 또 직접 약탈했다. 전쟁이 장기화되자 강화도의 고려 왕실은 불안을 느꼈으며, 그것의 극복책으로 〈팔만대장경〉을 조판하는 역경사업을 하게 되었다. 불력(佛力)에 의한 고려 왕실의 가호를 기원했으며, 이는 또한 관민일체의 정신적 통합을 이룩하기 위한 것이기도 했다. 불경의 조판과 함께 고려 왕실은 몽고군 쪽에 다시 사절을 보내어 철군을 호소하였다. 고려 왕실의 요구에 몽고는 고려왕이 직접 몽고 조정에 가서 칭신할 것을 요구했다. 그러나 고려는 왕의 모후인 유(柳)씨가 병중이기 때문에 갈 수 없다면서 왕을 대신해서 왕족인

---

30) 살례탑을 요격한 사람은 불승(佛僧)으로 속명이 김윤후(金允侯)였는데, 그는 처인성 (處仁城) 밖에 있는 자현원(自峴院) 주지였다. 그 뒤 그는 강화도에 들어가 섭랑장(攝 郎將)이 되었으며 충주성(忠州城) 전투에도 공을 세웠다.(위의 글, p.348)

31) 홍복원(洪福源)은 본래 인주도령(麟州都領) 대순(大純)의 아들로 설례탑이 쳐들어오 자 이들 부자는 앞장서서 항복해서는 그 앞잡이가 되어 온갖 못된 짓을 저질렀으며, 살례탑이 철수하자 이전 다루가치가 지배했던 지역을 홍복원 부자와 필현보(畢賢甫) 등이 맡아 통치하였다. 이들은 서경을 본거지로 하여 주민들을 결속시켜 중앙정부에 반역하게 했다. 최우는 기병 3천 명을 보내어 이를 진압했는데, 홍복원은 이때 몽고로 도망갔으며, 그 애비 되는 대순과 필현보는 포로로 잡혔다. 그리고 서경의 주민들은 전부 섬으로 추방당했다. 이 일로 서경은 반역향(反逆鄕)으로 낙인찍혔다. 홍복원은 몽고로 도망가서 몽고의 훈장을 받았으며, 고려에서 같이 온 항민(降民) 1,500호를 다 스리는 관영귀부고려군민만호(管領歸附高麗軍民萬戶)가 되었다. 이때부터 홍복원은 몽고의 앞잡이가 되어 고려를 괴롭혔으며, 그의 아들 홍차구(洪茶丘)도 몽고의 일본 정벌에 앞장서서 고려 왕실을 괴롭히는 실로 조손(組孫) 3대가 반민족적 역적질을 했 다. 아마도 한국의 역사에서 홍복원이야말로 가장 악질적인 민족의 전형적인 역적 가 운데 한 사람이었다.

신안공 전(新安公佺)을 보냈다. 고려 고종 28년(1241)에는 다시 왕족 영녕
공 준(永寧公綧)을 국왕의 친아들이라고 속여 귀족 자제 10여 명과 함께
몽고 왕실로 가게 했으며, 이들은 그 뒤 몽고의 인질로 평생 그곳에서 살
아야 했다.

몽고는 아무간(阿毋侃)을 주장으로 삼아 제4차 고려 침입을 감행했다.
이는 고려의 왕이 몽고에 친조하지 않는다는 것과 개경으로 환도하지 않
았음을 구실로 삼았다. 제4차 침입은 주로 평안도와 황해도를 중심으로
이루어졌기 때문에 피해는 비교적 한정적이었다. 특히 그 다음 해 몽고
황제 정종이 사망했기 때문에 몽고군은 퇴거했다. 그러면서도 몽고는 고
려왕의 친조와 고려 왕실의 개경 귀환을 집요하게 요구했는데, 이를 고려
왕실이 불응하자 제5차 몽고군의 침입은 고종 34년(1247)에 행해졌다. 그
러나 제5차 침입은 비교적 소규모로 관서지방에만 한정되었으며 고종 41
년(1254) 7월에 다시 자릴타이(차라대)에 의한 침략이 일어났다. 그 뒤에도
여러 차례 몽고군의 침략이 되풀이되었다.

몽고는 해마다 고려왕의 친조와 개경환도를 요구했다. 고려도 더 이상
항몽의 여력이 없었으며 최씨 무단정권의 몰락을 계기로 양국간 타협의
가능성도 높아졌다. 몽고는 고려에 대해 왕이 직접 친조하는 대신 태자를
몽고에 보낼 것을 요구했으며, 이것에 응해 고려의 고종은 강화도를 나와
서 그 대안에 있는 승천부(昇天府)에 새 궁궐을 지어 몽고 장군 야고(也
古)의 사절을 접견하기도 했다. 그리고 제2왕자 안경공 창(安慶公淐)을 몽
고에 보냈는데, 이를 본 뒤 몽고군도 일시 철퇴하기도 했다.

몽고와 고려의 타협은 사실 양국의 정치적 변화의 결과였다. 몽고에서
는 아골타가 사망하고 황후의 수렴청정이 이루어지는 등 내정의 복잡성
이 심화되었으며, 고려 역시 고종이 죽고 헌종이 즉위하게 되었다. 특히
최씨 무단정권에 대한 일반 민중들의 반감이 심화되었기 때문에 김인
준·임연 등이 주동이 되어 고종 45년(1258)에 최의(崔竩)를 죽였으며, 이
로써 최씨 무단정권은 4대 60여 년 만에 끝날 수 있었다.[32]

---

32) 강화도의 최씨 무단정권은 최우가 집권 30년 만에 죽고 그 아들 항(沆)이 계승했다.

최씨 무신통치의 종식은 몽고에 대한 고려왕조의 저항 포기를 의미한다. 고려 왕실은 왕위만 유지될 수 있다면 몽고의 요구에 따라 친조는 물론이고 개경으로 환궁함과 동시에 칭신의 관계도 받으려 했다. 왕실의 이러한 생각을 억누르면서 최씨 무신정권은 강화도를 중심으로 항몽투쟁을 계속할 것을 시도했지만, 전쟁이 길어지자 일반 민중의 고통은 격심해졌고 효과적인 군사활동도 전개할 수 없게 된 막다른 골목에 놓이게 되었다.[33] 다만 최씨정권의 직속부대였던 삼별초와 각 지방의 농민 등 하층민

항은 최우의 서자로 일찍이 승려가 되었지만 탐욕스럽고 포악하여 민중들의 원성이 높았다. 즉 그는 "……무뢰한 악승들을 문도로 삼아 권력을 배경으로 적군의 침략에 허덕이는 민중들에게 가혹한 착취를 계속하였다. 특히 이들의 고리대금업은 향민들이 증오와 원망의 대상이 되어 최우도 이들을 소환하지 않을 수 없었다. 강도로 소환된 항(불명 萬全)은……자기 아버지의 뒤를 이어 정권을 잡았다. 집권 후에도 그의 성격은 포악하여 조신을 탄압 살해하고 계모 대(大)씨와 불화하여 그를 죽이고 그의 일족을 멸하니 조정의 군신은 모두 그를 두려워하여 감히 그의 뜻을 거역치 못하고 있었다."(강진철, 앞의 글, p.354) 그리고 최항은 집권 8년 만에 죽고 그의 비첩 소생인 의(竩)가 계승했는데, 그는 나이가 어리고 '신참다기'(信讒多忌)한 인물이기에 지도자의 자질이 아니었다. 민심이 최씨정권에서 이탈한 것을 기회로 하여 김인준(金仁俊), 임연(林衍) 등이 주모가 되어 야별초(夜別抄)를 동원, 최의(崔竩)를 죽이고 정권을 왕에게 돌려주는 왕정복고를 실현시켰다.

33) 몽고군에 잡혀간 고려인은 남녀 26만 6,800명으로 되어 있으며, 몽고군에 의하여 살육을 당한 자는 이루 말할 수 없었고, 몽고군이 지나고 난 뒤는 문자 그대로 폐허가 되었다. 사람들은 생령을 보장할 수 없었으며 굶주림과 전역에 시달려 길거리는 죽은 시체로 가득 찬 형편이었다. 이러한 상황에 놓이게 되자 군왕인 고종은 41년(1254)에 신묘에 제사지내면서 이렇게 고할 정도였다. "……최근 몇 년 사이에 학살당한 사람의 숫자와 약탈된 가축은 이루다 셀 수 없을 정도였고, 살아 있는 백성들도 부자 사이에 서로 구원하지 못하고 처자를 보존하지 못하게 되었다. 금년 한해 동안 굶어죽은 시체가 거리에 널려 있으니 나라의 형세가 얼마나 위급한가!"라고 말할 정도였다.(《고려사》 권 24, 〈세가〉 24, 고종 3년) 강화도에서 고종은 최씨 무단정권 아래에 있었기 때문에 실권이 없었으며, 심지어 "대궐 밖에서 반찬거리가 들어오지 않고 저장고에 있는 것은 다 떨어져서 점심 반찬을 줄여야 할 형편"이었으며, 이를 책임진 좌창별감 윤평을 왕이 몇 차례 불러도 오지 않았는데 사흘이 지난 뒤에야 나타났기에 왕이 노하여 삭탈하려 했지만, 비록 오늘 삭탈해도 최씨정권에 의해 내일이면 복직되는 세태를 한탄할 수밖에 없었다. 강화도에서 최씨는 왕실의 이러한 어려움과는 대조적으로 호화롭게 지냈는데, 가령 고종 32년(1245) 4월 초팔일날, 최의는 연등놀이를 하면서 밤새도록 기악을 올리게 하였고, 5월에는 종실과 재추를 자기 집에 초대하여 큰 잔치를 열었으며, 악공 1,310여 인이 모두 아름답게 성장하고 들어와서는 음악을 연주하니 그 소리가 천지를 진동하였다 한다. 이처럼 몽고군의 침탈로 살육당하는 백성들과는 다른 모습의 무신 집정자로서는 효과적인 항몽투쟁은 성공할 수 없었으며, 단지 무신정권 그 자체를 유지하기 위한 수단에 불과했다.

들의 자발적인 항몽투쟁은 곳곳에서 일어나고 있었다. 이는 고려 왕실에 대한 충성이라기보다는 그들 스스로 자신들의 삶을 지키기 위한 최후의 저항이었다.[34]

무신들에 의한 항몽투쟁은 사직을 보전하기 위한 저항의 의미도 있었지만 실제적인 대응전략과 구체적인 투쟁역량은 시간이 지남에 따라 고갈되었으며, 단순히 몽고의 침탈을 피하는 것에만 국한된 소극적인 태도로 일관하고 있었다. 그러므로 고려 왕실과 문신들, 심지어 일부 무신들조차도 몽고와 화친해서 전쟁을 종식시켜야 한다는 생각에 젖어 있었다. 그러한 흐름의 한가닥이 앞에서 말한 최씨 무단정권을 종식시켰던 또다른 정변 발생의 배경이었다. 따라서 고려 왕실이 몽고에 대해서 칭신해서 화친하려는 노력은 더한층 적극적으로 전개되었으며, 고종 46년(1259)에는 태자 전이 이 일을 이루기 위해 몽고로 들어갔다. 정사 이세재, 추밀원부사 김보정 등 40여 명이 태자와 동행했다.[35] 그리고 몽고에 보낸 표문에서는 그 사이에 올바르게 몽고의 조정에 왕이 친조하지 못한 것은 무신정권 때문이었다고 변명하는 등 다음의 구절로 그 이해를 구하고 있다.

돌이켜 생각하건대, 우리나라는 일찍이 군사통제권을 가진 간신이 오랫동안 군사통치를 독단한 적이 있었는데, 내가 그의 수단에 빠져서 그를 제어하지 못하였기 때문에 당신의 요구를 시행하지 못한 것이 자못 많았더니, 다행히 천우신조로 이 흉악한 무리를 쉽사리 처단할 수 있었다. 장

---

34) 몽고에 대한 군사적인 직접 저항은 정부의 관군보다는 일반 민중이 중심이 된 민병들이었다. 그 가운데서 주목할 만한 것은 이른바 초적(草賊)들로, 이들은 본래 조정의 탐학에 반대하여 궐기했던 농민들이었는데, 이들은 몽고가 침탈하자 이번에는 이들을 막기 위해 앞장서게 되었다. 몽고의 초기 침략에 맞섰던 마산(馬山, 평북 龜州)의 초적, 광주(廣州) 관악산(冠岳山)의 초적들이 특히 큰 공을 세웠다. 또한 노예와 부곡의 천민들이 몽고군에 맞섰는데, 충주성의 노예군의 투쟁은 큰 공을 세웠으며, 살례탑을 살해한 처인성의 김윤후도, 그리고 충주성의 전투에서의 승리도 지방의 부곡 천민들과 노예들의 도움으로 이루어질 수 있었다.

35) 이때 행차에 대해서 《고려사》는 이렇게 적어 놓았다. "이때에 문무 4품 이상 관원은 각각 은 한 근씩 내고 5품 이하 관원들은 포를 각각 차등 있게 내어 태자의 여비에 충당하였으며, 몽고에 대한 예물로는 말 300여 필을 보내는데 말이 부족하여 길에 가던 말을 강제로 사들였다. 이리하여 문무 양반에서 말을 타고 다니는 자가 적었다."(《고려사》권 24, 〈세가〉 24, 고종 3년)

차 만대를 내려가면서 한 마음으로 힘을 다 할 것이며, 근래에 섬으로 피난하여 왔던 백성들을 다 제 고장으로 돌아가게 하였다. 한심하게도 내가 늙은 데다가 병세조차 위중한 것은 당신도 아는 바이다. 그리하여 내가 오늘 직접 가지 못하고 태자를 우선 당신에게로 보내는 것이니, 삼가 바라건대 당신은 이 뜻을 양해하여 태자의 말을 신임하며 다시 약소국을 보호하는 은혜를 베풀어 나의 직책을 다할 수 있도록 해주기 바란다.[36]

이 표문을 가진 태자는 몽고의 황제를 만나기 위해 중국의 먼 곳까지 찾아야 했다. 그때 몽고의 황제 쿠빌라이는 중국 개봉 근처에서 전쟁에 참전했기 때문이었다. 고려의 태자를 만난 몽고의 쿠빌라이는 "고려는 이역만리의 먼 나라이다. 당 태종 이래로 (고려를) 여러 번 친정했지만 이를 굴복시키지 못했다. 이제 그 세자가 스스로 우리에게 돌아온 것은 하늘의 뜻이다"라고 하면서 크게 좋아했다.[37] 쿠빌라이는 태자를 고려 본국으로 돌아가게 했으며, 그 다음 해(원종 원년, 1260) 3월에 그는 왕위를 계승하여 원종으로 즉위했다. 쿠빌라이도 몽고에서 황위를 계승, 세조가 되었으며, 이로써 몽고의 고려 침략은 종식될 수 있었다. 그때부터 몽고와 고려는 특수한 종속관계로 들어갔는데, 부마왕국으로의 변모가 그것이다.

4. 부마왕국(駙馬王國)으로서 종속적 통치체제

고려는 몽고에 저항할 수 없을 정도로 피폐했다. 고려는 몽고에 대한 칭신의 표시로 강화도의 성벽을 파괴했다.[38] 무신정권기에 보여준 몽고에

---

36) 《고려사》 권 24, 〈세가〉 24, 고종 3년.
37) 《고려사절요》 권 18, 원종 1년 3월.
38) 강화(江華) 내성을 허무는 것은 고려가 더 이상 군사적으로 몽고에 대항하지 않겠다는 표시였다. 이 시점의 상황을 《고려사》는 이렇게 적어 놓았다. "몽고 사절의 독촉이 너무 심하여 모든 대오의 군사들이 그 고통을 견딜 수가 없어 울면서 말하기를 '이럴 줄 알았다면 성을 쌓지 않았던 것만 못하다'고 하였다. ……성 무너지는 소리가 모진 우레와도 같이 온 거리를 진동하였다. 거리의 아이들과 부녀들이 다 슬피 울었다.…… 몽고 사절이 외성(外城)을 헐지 않았다는 말을 듣고 말하기를 외성이 아직 그대로 있으니 성심으로 항복하였다고 말할 수 있겠는가? 성을 다 헐어야 돌아가겠노라고 하였

대한 저항도 최씨 무신정권이 종식된 뒤 왕실이 앞장서서 몽고에 종속함으로써 그 결과는 사대로 끝나고 말았다.

고려와 몽고의 관계는 몽고의 대외정벌에서 빚어진 제국으로서의 영향력 확장의 결과라 할 수 있다. 몽고가 점령했던 지역의 통치는 몇 가지 유형이 있었다. 정복된 땅을 몽고 왕족이 형식적으로 통치하는 일종의 간접통치체제가 일반적이었다. 이 경우 점령지역의 통치기구는 그대로 존속되었지만 상층부에는 몽고 왕실에서 파견된 통치자가 자리잡고 있었으며, 최고 정책결정자 역할을 맡고 있었다. 둘째로, 점령지역 자체를 몽고의 한 지역으로 완전히 편입해서는 몽고 왕실이 직접 통치하는 경우이다. 주로 몽고와 인접된 지역에서 행해졌다. 셋째는, 점령국을 준독립국으로 인정해 주었지만 다루가치와 같은 몽고의 관리들이 점령지에 나와서는 그 나라의 내정을 직·간접으로 통제하는 형태였다.[39] 이 세 가지 형식 가운데 고려는 세 번째 형식에 해당되었다. 어느 경우에서나 몽고의 지배를 받았던 복속국가들은 몽고 왕실에 대해 다음의 의무를 부담해야 했다. "一은 君長의 親朝요, 二는 子弟의 入質이요 三은 民數를 編함이요 四는 軍役을 出함이요 五는 稅賦를 輸納함이요 六은 達魯花赤을 置함"이었다.

고려의 경우 앞에서도 말했지만, 국왕을 대신해서 초기에는 태자가 몽고에 친조했지만 뒷날에는 국왕도 직접 친조하였다. 그 과정에서 몽고의 세조가 된 쿠빌라이와 개인적인 인연 때문에 몽고와 고려 왕실은 이전과는 달리 새로운 화해 분위기를 이룩할 수 있는 계기를 마련했다. 특히 태자가 원종으로 왕위를 계승한 뒤 이러한 성격은 더한층 밀접해졌다.[40] 즉

다. 국가에서 그에게 귀중한 보배를 뇌물로 주고 곧 도방(都房)에 명령하여 외성을 헐게 하였다. 이때에 강화 사람들은 안팎의 성을 모조리 헐어버리는 것은 반드시 까닭이 있는 것이라고 하면서 앞을 다투어 배를 사들이니 배 값이 등귀하게 되었다."(《고려사》 권 24, 〈세가〉 24, 고종 3년)

39) 고병익, 〈원과의 관계의 변천〉, 《한국사》 7, 국사편찬위원회, 1977, p.393.

40) 고종이 죽자 태자 전(倎)은 몽고에 가 있었기 때문에 "김인준(金仁俊)이 군복을 입고 무장한 병사들과 동궁의 관료들을 데리고 태손 심(諶)을 모시고 대궐에 들어가서 임시로 나라 일을 보게 하니 문무백관이 궁전에 와서 축하하였다." 몽고에 있었던 태자는 고종이 죽었다는 소식에 상복을 입었는데, 이 사실을 안 몽고의 강회(江淮) 선무사(宣

원종 원년 4월 고려는 영안공 희(永安公僖)를 원에 파견 세조의 즉위를 축하했으며, 그때부터 고려는 자진해서 몽고의 연호인 중통(中統)을 사용하는 등 복속적 성격을 강화하고 있었다.

강화도에서 개경으로 돌아오면서 시작된 고려와 몽고의 화해는 항몽투쟁을 주도했던 무신들의 전면적인 퇴거를 가져왔다. 무신들의 항몽투쟁의 퇴각은 국왕과 문신 주도의 원에 대한 복속으로 이어졌다. 이 점에서 강화에서 개경으로의 환도는 무신과 문신 사이의 권력 교체 성격을 갖고 있었다. 무신들이 물러난 뒤 문신들은 대부분이 무신정권 아래서 그들을 지원해 주었던 인물들이었지만, 무신이 제거된 뒤 이들은 왕권 강화를 위해 앞장서게 되었다. 문신들은 원종의 지원세력이 되었으며, 원에 대해서도 종속적인 성격을 강화하는 데 기여했다. 이 시기 대표적인 세력으로는 일부 남아 있던 무신으로 김인준(金仁俊), 문신으로는 이장용(李藏用)을 들 수 있다. 이들은 원이 요구한 두 가지 사실, 국왕의 친조와 몽고-고려의 일본 정벌군 파병 문제 때문에 서로 대립했다. 국왕과 문신들이 주도했던 원 제국에 대한 종속정책은 무신들의 저항을 불러왔으며, 그 과정에서 김인준은 국왕의 폐위를 추진했다. 무인들에 맞서서 국왕과 문신

撫使) 조양필(趙良弼)이 다음과 같은 진언을 해서 태자를 귀국하게 했다. 즉 "고려는 비록 작은 나라라고 하지만 산과 바다가 가로막혀 우리나라(몽고)가 무력을 쓴 지 20여 년이 되었어도 아직 항복 받지 못하였습니다. 고려태자 왕전(王倎)이 왔는데 마침 황제가 서쪽 지방 정벌차 나가 있었으므로 그에 대한 접대가 소박하여 진정으로 우리를 따르게 하지 못하였으니 그가 일단 돌아가기만 한다면 다시는 오지 않을 것입니다.……지금 듣건대 그의 아비가 죽었다고 하니 정적 왕전을 왕으로 삼아 귀국시켜 줄 수 있다면 그는 반드시 은덕에 감사하여 자원하여 우리와 친한 인방이 될 것입니다. 이것은 군사 한 사람도 괴롭히지 않고서도 한 개 나라를 얻는 것이 됩니다"라고 말했다.(《고려사》권 25, 〈세가〉 25, 원종 1년) 이리하여 세자는 귀국하였으며 원의 적극적인 지원을 받고 왕위에 올랐는데, 그 모습을 《고려사》는 이렇게 적고 있다. "왕이 강안전(康安殿)에서 왕위에 올랐다. 경녕전(慶寧殿)에서 관정(灌頂)하고 보살계를 받고 강안전에서 나와 백관의 축하를 받은 다음에 누런 옷을 입고 남쪽을 향해 용상에 앉았다. 속리대 파두도 강안전 위에 올라 의자에 앉아서 동쪽으로 향하였으며 태손, 공, 후, 백과 재상들과 문무양반의 참상 인원들은 차례로 강안전 뜰에 들어섰으며 참외 인원들은 문밖에 섰다. 표문을 올리고 예식을 거행한 뒤 만세를 불렀다. 예식이 끝나자 왕은 편전으로 들어가면서 태손에게 분부하여 손님들을 위하여 연회를 차리게 했으며, 복사(僕射) 이하 문무 관원들로 하여금 연회에 참석하여 그들을 배석하도록 하였다."(《고려사》, 같은 조)

들은 원에 유화적인 정책을 적극 추구했는데, 그 한 표시가 원 조정에 국왕이 직접 친조하는 것이었다.

1264년 원종은 "내가 삼한 땅의 임금으로 통치하기 시작한 지 이미 다섯 해가 되었는데, 이번에 사직과 만백성을 보존하기 위하여 장차 만리나 떨어진 곳으로 친히 황제를 만나러 가려고 한다"고 명령을 내리고, 고려 군왕으로서 최초로 친조함으로써 부용적인 종속성을 확립하는 계기를 마련하게 되었다.[41] 원에서는 고려의 반원 무신세력의 중심인물인 김인준(김준으로 개명함) 부자를 원의 황실로 압송할 것을 명령했다. 원의 이러한 조처는 고려에서 무신들의 영향력을 배제하고 철저하게 고려 왕실을 원의 부용국가로 만들려는 의도 때문이었다. 국왕과 문신들의 원에 대한 종속정책에 반발했던 무신들은 친원적인 국왕을 폐위하고 더 멀리 떨어진 섬으로 왕도를 옮겨 원과 투쟁하려는 음모를 추진하기도 했다.

무신들의 이러한 음모는 임연이 중심이 되어 김준과 그 일가를 주살했고, 원종을 폐위하고 왕의 동생인 안경공 창(安慶公淐)을 왕으로 옹립했다.[42] 이 정변의 소식을 원에 체류했던 세자가 알고는 곧장 원의 조정에 알리게 되었다. 이 소식에 접한 원의 세조는 "(몽고)조정에 보고도 하지 않고 신하된 자가 함부로 국왕을 폐위시켰다 즉위시켰다 하니 예로부터 이런 법은 어디 있는가?……국왕과 세자 및 그 일족 가운데 누구라도 살해하는 자가 있다면 나는 반드시 용서하지 않으려니, 그대들은 나의 마음을 명확히 이해하고 신하된 도리를 깊이 생각하며 그간 실정을 구체적으로 열거해 보고하라"면서 억압적인 태도를 취했다. 원의 압력에 임연도

41) 《고려사》 권 26, 〈세가〉 26, 원종 5년 5월.
42) 임연은 원종을 폐하고 새로 그 동생 안경공 창을 옹립하면서 이 사실을 원에 알리는 사절을 보냈는데, 여기에는 원종 자신이 건강이 좋지 않아서 부득이 동생에게 양위한 것처럼 적어 놓았다. "……항상 솔선하여 나의 도리를 다하고 언제나 당신에게 보답하려고 하였더니 그 무슨 연고인지 작년부터 재변이 자주 일어나 지금까지 계속되며 또 병까지 걸려서 온갖 노력을 다하여도 조금도 효력을 보지 못한 채 벌써 위독한 지경에 이르렀다.……그런데 원자(元子)는 입조하여 아직까지 돌아오지 않고 있다.……나의 아우 안경공 창은 세 번이나 귀국 조정에 가서 당신에게 조근하였고 여러 번 당신의 사랑을 받았으며 백성들의 기대를 받고 있으니 나라를 능히 감당하며 다스릴 만한 인물이다.……6월 22일에 그로 하여금 나라 일을 임시로 대행하게 하였다."(《고려사》 권 26, 〈세가〉 26, 원종 10년 7월, p.64)

결국 굴복할 수밖에 없게 되어, 다시 원종을 복위시켰다. 이 과정에서 임연의 돌연한 사망이 뒤따랐고 그 아들 임유무(林惟茂)가 권력을 계승하게 되었다.

원종의 복위는 무신세력의 약화와 왕권강화의 한 계기가 되었다. 이 시기부터 고려 내정에 대한 원의 간섭이 한층 더해졌다. 특히 원종의 친원정책은 복위 뒤 몽고에 스스로 입조했으며, 귀국하는 길에 자신을 수행했던 상장군 정자여(鄭子璵), 대장군 이분희(李汾禧)를 먼저 강화도로 보내어 원나라 '황제의 명'이라면서 개경으로 완전 출륙환도(出陸還都)를 명령했다.

이 명령을 받았던 강화도의 임유무는 몽고와 전쟁이 불가피하다고 생각했으며, 항몽투쟁을 지속적으로 전개하기로 결정했다. 각 지방민들에게 해도나 산성에 입보할 것을 촉진했으며, 강화도의 외곽인 교동에 장군 김문비(金文庇)를 주둔시켜 원종의 귀국군사를 막도록 했다. 무신들의 조치에 대하여 원종은 자신과 내통했던 홍문계(洪文系), 송송예(宋松禮) 등을 앞장 세워 삼별초의 일부를 회유해서 임유무를 체포, 처단했으며, 그들의 행동을 사전에 진압할 수 있었다.

임유무의 처단에 처음에 동조했던 삼별초도 개경으로 환도하는 날짜가 결정되자 동요했다. 이러한 상황을 간파한 원종은 강화도에 김지저(金之氐)를 파견, 삼별초를 해산했으며, 그 명부를 가져오도록 했다. 무신정권의 기반이자 항몽의 전위대였던 삼별초는 이제 원종의 개경세력과 원나라에 맞설 수밖에 없게 되었으며, 끝내는 저항군의 위치에 서게 되었다. 배중손(裵仲孫), 노영희(盧永禧)의 지휘로 삼별초는 강화도 사람들이 육지로 출입하는 것을 막았으며, 강화도에 대한 지배권을 완전 장악했다. 그리고 왕족인 승화후 온(承化侯溫)을 왕으로 추대했으며, 새로 관부를 설치했다. 그러나 문무관리들은 다투어 강화도를 빠져나갔기 때문에 삼별초로서도 더 이상 강화도에 머물 수 없게 되었다. 삼별초는 진도의 용장성을 거점으로 삼아 그들이 고려의 정통세력임을 자처하면서 그들의 왕을 제(帝)라고 칭하는 등 반원적인 왕조임을 안팎에 알렸고, 남해안 일대와 동해안 일부 지역을 그들의 영향력 아래 둘 수 있었다.

삼별초는 진도에 온 지 3개월 뒤인 원종 11년 11월에 제주도를 점령하여 그들의 활동기지로 확보했다. 그러나 여몽연합군이 진도로 진공해 옴에 따라, 삼별초의 중심인물인 배중손, 승화후 온 등이 전사하였다. 삼별초는 김통정(金通精) 등 일부가 제주도로 들어갔으며, 여기서도 항몽투쟁을 계속했다. 그러나 여몽연합군은 제주도로 진입하여 삼별초의 항전을 진압했는데, 이 과정에는 몽고에 일찍 귀화했던 역적 홍다구가 앞장섰으며, 그는 삼별초의 잔류군사들을 모두 처단했다. 이 전쟁에서 삼별초의 김통정은 자결했다. 이로써 무신들이 주도했던 40여 년의 항몽투쟁은 끝났으며, 문신 중심의 친원세력이 권력의 중추부로 등장하게 되었고, 그들에 따라 몽고에 대한 고려의 부용화도 급속하게 진전되었다.

몽고는 고려를 복속시키자 일본 정벌을 단행하기 위해서 군량미를 확보하고자 고려에서 둔전을 실시했으며, 이를 위해 둔전경략사(屯田經略司)를 설치했다. 이들은 직접 고려 농민들에게서 농우·농기구·종자·군량 등을 약탈했다. 일본 정벌을 위해 여몽연합군을 편성하였다. 이들은 전후 두 차례의 원정을 했는데, 여기에 고려는 군인 8천 명, 뱃사공 6,700명, 전함 900척을 동원해야 했다. 2차 정벌에는 군사 1만 명, 사공 1만 5천명, 전함 900척, 군량 11만 석의 조달을 맡기도 했다. 특히 몽고는 일본 정벌을 위해 설치한 정동행성(征東行省)을, 원정이 실패한 뒤에는 이름을 고쳐 고려의 내정간섭기구로 충렬왕 13년(1287)부터 운영했다. 정동행성의 최고관직은 승상으로 고려왕이 겸직했다. 즉 고려왕은 몽고의 승상에 해당되는 직위에 놓여 있었던 셈이다. 정동행성의 관직자는 대부분 고려인으로 몽고에 부용했거나 고려에 반역했던 인사들이 차지하였으며, 이들이 고려 내정을 간섭, 통제했다. 고려 왕실도 정동행성의 이러한 성격을 기정 사실로 수용했으며, 때로는 그것에 출사해서 권력을 행사하려는 지배층 인사들의 친원적 성격이 드러나기도 했다. 이러한 성격이야말로 문신들의 종속적이고도 사대적인 굴종의식의 한 표현이었다.

원에 대한 고려의 종속은 고려가 몽고의 한 제후국임을 의미했다. 이전에 고려 국왕이 사용했던 조(祖)나 종(宗)의 묘호도 사용할 수 없게 되었고, 원의 왕이나 재상들이 사후에 부여받았던 충(忠)자를 묘호로 받아

야 했다. 심지어 의식·의복·용어 등도 제후국으로서 원의 것을 모방했
으며, 이전의 3성(省) 6부(部)와 추밀원(樞密院) 중심의 정치체제도 고쳤
고, 6전(典)의 기능도 약해졌다. 대신 제후국의 관료제도로 첨의부(僉議府)
와 밀직사(密直司)의 양부 4사(四司)체제로 단순해졌다.

 한낱 제후국으로 전락되었음은 어느 면에서는 원 황실의 힘을 빌려 왕
권을 강화하려 했던 원종의 의도에서도 비롯된 결과였다. 그는 고려와 원
황실 사이의 혼인을 요청하기도 했다. 그 결과 고려는 원 황실의 왕자나
부마격인 제왕이 될 수 있었다. 고려 국왕은 독립국의 군주가 아니라 원
황실의 부마국가로 원 제국 안에서 일정한 위치와 서열을 차지할 수 있
었으며, 이 지위를 이용해서 왕권강화를 꾀하게 되었다. 국왕과 통치세력
이 그들의 위치를 유지, 강화하기 위해 국가를 원의 부용적인 왕조로 만
들었고, 일반 민중들에게는 이중 삼중의 약탈상태에 놓이도록 했다. 이에
따라 결과적으로 국왕의 승계조차도 원 황실에 의해 좌우되었고, 고려 왕
실과 지배층은 원에 대한 사대적인 의존의식을 심화시키는 촉매자적 기
능을 앞장서서 수행했다.[43]

 고려 왕실은 원 황실에 의존하여 통치권을 행사하는 부마왕국으로, 어
느 면에서는 이를 당연한 것으로 받아들였던 전형적인 사대종속국에 지
나지 않았다. 이는 왕권강화의 배경으로 원 황실을 이용한 것에서 비롯되
었다. 국왕의 승계나 폐위도 원 황실의 의사에 따라 결정되었으며, 원 황
실은 고려 왕실의 외가 또는 처가였기 때문에 이러한 혈연관계가 통치권
행사에 영향을 미쳤다. 이러한 성격은 충선왕의 다음과 같은 교서에서도
읽을 수 있다.

---

43) 고려의 왕위에 대한 몽고의 영향력을 나타내는 대표적인 사례로는 충선왕과 충열왕
 사이의 갈등이었다. 충선왕은 충열왕 24년에 왕위를 물려받았는데, 8개월 만에 원에서
 보내온 사신에 따라 국왕의 인을 빼앗기고 쫓겨났으며, 다시 충열왕이 복위하였다. 충
 선왕은 그 뒤 원에 가서 머물렀는데 충열왕과 사이가 극도로 나빴으며 고려 조정의 신
 하들조차도 양편으로 갈릴 정도였다. 충선왕은 원에서 황제의 숙위도 하면서 황족과
 친밀한 사이가 되어 원의 무제가 등극하는 데 공을 세웠다. 원의 후원을 얻어 충선왕
 은 아버지 충열왕을 연금하고 고려 국정을 사실상 원나라에서 장악 통제하였다. 이로
 써 아버지 충열왕은 사실상 고려에서 형식적인 군왕에 불과한 형편이었다.(고병익, 앞
 의 글, p.409)

"……우리 광문선덕(光文宣德) 태상왕(太上王)에 이르러 그가 잠저에
있을 때는 백성을 편안하게 하기 위하여 스스로 결심하고 원나라에 가서
황제의 딸과 결혼하였다. 조상의 유업을 계승하여 25년 동안 태평시대를
이루었다. 아 하늘이 돌보지 않아 나의 모후 정민장선인명태후(貞敏莊宣
仁明太后)가 갑자기 세상을 떠나시니 부왕이 심회가 울울하시어 정사에
권태를 느끼게 되었다. 나에게 국가의 큰일을 맡기므로 굳이 사양하다가
부득이 새로 왕위에 오르게 되었다. 변변치 못한 나는 다행이 원나라 세
조 황제의 외손으로 또 원의 황제와 황태후의 깊은 배려를 받아 공주와
결혼하고 본국에 돌아왔다.……황제가 베풀어 준 두터운 은덕을 온 나라
에 안에 널리 미치도록 하여야겠다.……"[44]

이때 이후 고려 국왕은 세자로, 또는 왕의 신분으로 원의 황실에 장기
간 머물렀다. 그래서 어느새 원 황실의 공주와 결혼하는 것이 관례처럼
되었다. 가령 충렬왕은 원 세조의 딸 제국대장공주(齊國大長公主)와 결혼
했고, 충선왕은 세조의 장손인 진왕의 딸과 결혼했으며, 충숙왕은 세조의
아들인 영왕의 딸과 결혼했고, 충혜왕은 진서무정왕의 딸을, 그리고 공민
왕은 위왕의 딸 노국대장공주와 결혼했다. 이들은 고려의 국왕이었지만
실제로는 원 황실과 맺은 혈연적 관계에 고려 국왕으로서 갖는 정통성의
기반을 두고 있었다. 이 점에서 고려의 국왕은 고려를 지배하는 원 황실
의 파견자와 같았다.

원의 고려에 대한 내정 간섭은 군왕에 대한 영향력 행사는 물론이고[45]
동녕부,[46] 쌍성총관부[47] 등을 설치하여 이를 관철했으며, 마침내 입성론(立

---

44) 《고려사》 권 33, 〈세가〉 33, 충선왕 1년.
45) 고려왕실에 대한 원의 영향력 행사는 심양왕에 의하여 행해지기도 했다. 심양왕은 몽
고에 투항한 고려인들을 지배했던 체제로, 원나라는 요동의 중심지인 심양과 요양에
심양로를 설치하고 심양왕을 따로 두어 고려에서 온 투항민을 다스리게 했다. 심양왕
은 원에 의하여 고려왕에 대한 일종의 견제장치로 활용되었는데, 이것은 원의 대표적
인 고려왕실에 대한 분리 충성 경쟁 방식이었다. 심양왕의 제도적 출발은 고려를 반역
하고 원에 투항해서 온갖 반역을 저질렀던 홍복원에서부터 시작되어, 그 아들 홍다구
를 거쳐 그의 자손으로 세습되었는데, 홍중희·홍자에게 이어졌다. 그러나 원은 홍다
구의 세력을 견제하기 위해서 고려왕의 친자 가운데 원에 있었던 인물을 골라 심양왕
으로 봉하기도 했다. 심양왕은 원의 관제에서 43위부 가운데 39위였고 고려왕은 41위
였기 때문에 고려국왕보다 높은 위치에 있었다.(《고려사절요》 권 18, 원종 4년 3월)

省論)과 노비개혁 문제까지 제기될 정도였다. 입성론은 고려의 정동행성을 개편하여 본격적으로 기능했던 충선왕(1308~1313) 이후 약 30여 년 동안 꾸준히 제기되었는데, 전후 다섯 차례의 논의과정을 거치기도 했다. 그 핵심 내용은 '입행성 삭국호'(立行省削國號)를 내걸고 있었다. 즉 고려 왕국을 없앤 뒤 중국 안의 여러 행성의 위치로 떨어뜨려 고려의 민중을 원의 신민으로 포함시키려는 것이었다. 특히 입성론은 '나라를 없애고, 군현으로 삼아'(廢其國爲郡縣) '고려를 삼한성으로 해서 다른 성들과 같이 다루는'(立三韓省制式如他省) 단계로까지 주장되기도 했다.[48]

고려의 내정간섭의 한 표시로 제기된 노비개혁 문제도 원에서 고려 감국으로 파견된 활리길사(闊里吉思)의 주장에서 제기되었다. 그는 수많은 고려 노예의 해방에 목적을 두었는데, 실제로 고려 지배층을 개편하려는 목표가 있었다. 이 조치가 취해지면 고려 지배층은 일대 타격을 받게 된다. 즉 고려에서는 일천즉천(一賤則賤)을 원칙으로 삼아 부모 가운데 어느 한편이 노예면 자식도 노예가 되었는데, 이를 활리길사는 일량즉량(一良則良)으로 바꾸려는 것이었다. 부모 가운데 어느 한 편이 양민이면 노예에서 해방시키자는 것이었다. 이렇게 되면 노비 가운데 상당수가 평민이 될 수 있었다. 그러므로 이러한 변혁은 당시의 사회구조나 사회상황에서는 일대 개혁이었다. 이는 고려 사회의 구조적 변혁을 이끌어내는 계기가 될 수 있었다. 고려 왕실과 지배층은 활리길사의 개혁안을 한사코 반

---

46) 원종 11년(1270) 2월에 귀주도령 출신의 서북면 병마사 최탄(崔坦)이 권신 임연에게 반기를 들고 북계의 54성과 서해도 6성을 포함하는 60여 성을 몽고에 귀속시키자, 원 세조는 이를 심양행성에 소속시켜 동녕부를 설치하였다. 이때에 고려에 반기를 들고 몽고에 투항했던 인사로는 앞에서 말한 최탄을 비롯하여 이연령(李延齡), 현효철(玄孝哲) 등으로 이들은 서북면의 토호로서 개경정부와는 대립적인 위치에 있었다. 몽고는 투항한 이들에게 이 지역의 지배권을 인정해 주었으며 단지 이 지역을 몽고의 직접 지배영역으로 포함시켰다.

47) 쌍성총관부는 고려 동북면 지방에 설치된 몽고의 관부였다. 1세기 동안 존속했으며, 실제로 고려의 동북면 주민을 실질적으로 통치하였다. 본래 쌍성은 고려의 동북면 화주(和州, 영흥)를 말하는데, 화주 이북의 15주가 그 관할 아래 있었다.

48) 고려를 삼한성이라는 원의 한 성으로 격하시켜서는 그 제도와 통치방식을 원의 지방 군현과 같은 위치로 만들자는 것으로 원이 고려를 직접 통치하려는 의도에서 비롯된 것이었다.(장동익, 〈여원관계의 전개〉, 《한국사》 20, 국사편찬위원회, 1994, p.286)

대했는데, 왜냐하면 그것은 그들의 기존 이익을 박탈할 뿐 아니라 그의 지나친 내정간섭이기 때문이었다. 활리길사의 의도가 그대로 실현되었다면 고려의 통치세력은 그들의 사적 이익의 상당 부분을 잃어야 했고, 그것은 곧 고려 사회의 총체적인 변화로 이어질 수 있었다. 그러므로 고려의 통치세력이 보여준 거부는 맹렬했으며, 고려 왕실도 원에 대해서 활리길사의 소환을 요청하게 되었다. 고려의 반대에 부딪친 원은 "고려왕의 요구에 따라 고려의 여러 제도와 법을 기준으로 행하는 통치를 그대로 유지시켜 갈 것을 인정해 준다"는 점을 통고하였으며, 마침내 1301년 3월 활리길사를 소환 파직했다.[49]

고려는 원의 간섭 아래에 있으면서도 그 나름의 독자성을 부분적으로나마 확보하기 위해 여러 가지 시도를 했다. 내정에 대한 원의 간섭을 극복하기 위해 애썼으며, 특히 원에 의해 설치된 제주도의 점령기구인 '탐라군민만호부'의 폐지도 요구했다. 그러나 원의 영향력은 지속적이고 집요하게 전개되었는데, 그 가운데 하나가 고려의 국왕 계승에 영향력을 행사하는 것이었다. 고려의 왕위승계에서 최종 결정권은 사실상 원 황실이 갖고 있었다. 특히 원은 요양과 심양에 설치했던 심양왕을 활용하여 고려 국왕을 직·간접으로 견제하기도 했다.[50]

원의 간섭을 받았던 고려 국왕은 한편으로는 원의 영향력을 부분적으로 차단하면서도 다른 한편으로는 원 황실의 세력을 이용해서 국왕 자신의 권력 강화를 도모하는 이중 대응책을 취하였다. 고려 국왕의 통치권 자체가 원에 의해 부여된, 즉 원 황실이 그 정당성을 마련해준 것이었기 때문에 국왕의 통치권 행사 기반도 원의 후원에 의존할 수밖에 없었다. 이러한 현상은 문신들을 비롯한 지배세력의 원 황실에 대한 종속의식을

---

49) 《고려사》 권 31, 〈세가〉 31, 충렬왕 26년.

50) 심양왕은 만주 일원, 즉 요양과 심양 일대에 거주했던 고려인들을 통치한 원 황실의 직속 왕제였는데, 이 왕은 대부분 고려왕을 지냈거나 고려왕의 승계자격이 있는 인사를 임명하였다. 이렇게 함으로써 실제로 고려국왕을 견제하는 영향력의 행사가 가능했다. 구체적으로 1307년 원의 황제인 성종이 죽은 뒤 그 계승을 위한 제위쟁탈전에서 고려의 충선왕은 무종의 승계에 일정 부분 공을 세웠기 때문에 그 공으로 원에서는 그를 심양왕으로 임명하기도 했다.(《고려사》 권 32, 〈세가〉 32, 충렬왕 34년 5월)

심화시켰다.

어느 면에서 고려는 원 제국의 한 지방 영역으로 편입되고 있었다. 그러므로 원과 인적 물적 교류는 물론이고, 문화적으로도 고려의 통치세력이나 지배층 사이에서는 몽고풍이 유행할 정도였다.[51] 자주 원의 수도를 방문했던 고려의 국왕이나 통치세력은 그곳에 거대한 저택을 마련했으며, 원 황실을 본받아 사치스럽게 생활했고, 심지어 고려에서 가지고 온 금이나 은 등으로 원의 각지에 토지를 매입해서 그 소출을 사용하기도 했다. 이처럼 통치세력은 원 황실과 고려 왕실의 깊은 연계에 따른 공고한 결착관계를 맺었다.

원과의 이러한 관계는 고려에 친원파를 등장시켰다. 이들은 주로 원 황실에서 환관이나 측신으로 일했던 고려 출신 인사들의 인척들이었는데, 이들은 원을 배경으로 해서 그 위세를 내세웠으며, 왕권조차도 무시하려는 태도를 보여주기도 했다. 그 가운데 대표적인 사례가 기철이었다. 그의 누이동생은 원 황제인 순제의 후궁으로 뽑혀 제2황후가 되었으며 황태자를 출산했는데, 이를 배경으로 삼아 그의 형제들은 고려에서 온갖 횡포를 부렸다. 기철은 원의 정동행성의 참지정사, 요양행성의 평장 관직을 가졌으며, 대사도로 승진했고, 공민왕에 대해 신하라는 말을 사용하지 않을 정도로 그 위세를 과시하였다. 이러한 사정을 고려 국왕들은 더 이상 묵과할 수 없었으며, 원과 이러한 관계의 지속은 결과적으로 고려의 멸망으로 이어질 수 있다는 위기감마저 들게 하였다. 따라서 여기서 벗어나기 위해 원의 관료로 정동행성 등에 나와 있던 인사들과 원을 믿고 방자하게 행동하던 친원파의 제거를 필연적인 과제로 여기기도 했다. 결국 이 과제는 원의 국력이 쇠잔해졌던 고려 말 공민왕 때 가서야 나타날 수 있었다.

---

51) 이러한 사실을 구체적으로 알려주는 예로는 고려 국왕의 원 황실 방문이다. 충렬왕은 그 10년(1284) 4월에 원을 방문했는데, 그 일행이 무려 1,200여 명이나 되었으며, 여비로는 은 630여 근, 저포 2,440여 필, 저폐 1,800여 정을 가져갈 정도였다.(《고려사절요》 권 20, 충렬왕 10년 4월)

5. 여말(麗末) 통치세력과 통치이념의 변화

무신정권의 등장과 몽고와 치른 전쟁에서 알 수 있듯이, 이는 결과적으로 통치체제에 새로운 변화를 가져다 주었다.[52] 고려 전기의 지방 유력세력이나 특정 벌족 중심의 통치세력과는 다른 새로운 통치세력을 보여주었다. 무신정권의 등장으로 통치세력의 변화가 불가피했기 때문이다. 이전의 문신 벌족들이 퇴거했으며, 그들을 대신했던 무신세력의 등장은 그들에 연계된 새로운 문신층의 등장을 가져왔다. 무신통치는 실제로 그것을 추진하고 집행하는 과정에서 '능문능리'(能文能史)로서 문신들의 지원을 필요로 했다. 특히 대외관계에서 문한의 기능은 오로지 문신들의 역할에 맡겨졌다. 그러면서도 이 시기에 이르면 과거제와 교육 등으로 문신들의 위치도 제도적으로 자리잡을 수 있었다. 이들 문신들의 위치는 이전 벌족문신들과는 다른 성격, 즉 사회계층적인 면에서는 이전의 상층과는 다른 지방 향리층이나 중하층 출신도 들어 있었다.

또한 이 시기에는 통치이념이나 사회통합의 기반으로 불교의 영향력이 지속되었지만 실제 통치과정에서나 그 제도의 기능에서는 유교가 자리잡게 되었다. 유교는 단순히 지배이데올로기가 아니라 통치이데올로기의 성격을 가지게 되었다. 한 사회구성원 가운데 대다수가 믿는 지배이데올로기와 달리 일부 문신들에게만 수용되었지만, 실제 국가의 통치에서는 유교가 중요한 영향력을 미치고 있었다. 즉 유교는 왕조체제의 이념적 정당성은 물론이고 국왕과 통치세력에 대한 이론적 합리화를 마련해 주었으며, 나아가 통치의 지향성을 설정해 주었다. 이 점에서 유교는 통치자의 이념으로 자리잡게 되었다.[53] 물론 유교의 등장은 당시에 표출되지

---

52) 정치세력의 변화를 시기적으로 구분한 논의 가운데는 다음의 것이 설득력이 있다. 여기에서도 이 글의 기준에 따라서 인식하려고 한다. 즉 "고려 건국에서 선종까지를 전기로 하고, 12세기의 시작인 숙종에서 무신정권의 몰락과 더불어 실질적인 왕조복고가 이루어진 원종 11년까지를 중기로, 그 이후부터 고려왕조의 멸망과 조선왕조의 건국까지를 후기로 각각 구분할 수 있다."(남인국,《고려중기 정치세력연구》, 신서원, 1999, p.14)

는 않았지만, 불교와 갈등하게 되었으며, 일정 시점에서는 둘 사이의 대립이 표출될 여지가 있었다. 이 점에서 새로 등장한 문신세력과 이전의 전통적 통치세력 사이의 갈등에 불교와 유교의 갈등이 더해짐으로써 결과적으로 이념과 통치세력 사이에 이중적 갈등이라는 복합구조를 이루게 되었다. 이러한 사실이 고려의 멸망을 불러내는 내재적 갈등요인으로 작용하게 되었다.

먼저 새로운 문신층의 등장과 형성을 살펴보기로 하겠다. 무신정권 자체가 문신벌족에 대항적이었기 때문에 이에 맞서는 새로운 통치세력의 형성이 필연적인 과제가 되었다. 무신세력은 그것을 주도했던 무신들과, 여기에 적극 가담했던 하급 무인, 졸오 등을 포함했고, 일부 문신들도 참여했다. 무신정권 초기에도 문신으로는 문극겸(文克謙), 한문준(韓文俊), 윤인첨(尹鱗瞻) 등이 활동하고 있었다. 이들은 직·간접으로 무신정권과 연관을 맺었다.[54] 무신정권의 확립이 본격적으로 이루어진 최충헌 시기부터 무신정권에 연관된 문신 가운데는 문벌과 비슷한 형태를 갖추게 되었으며, 각기 그들 나름의 통치적 영향력도 행사할 수 있었다.[55]

최씨 무단정권기에 이들 밖에도 또 다른 문신들이 참여했던 것은 최의 집권기의 서방에서 비롯하였는데, 여기에 다수 유생들이 참여하였다. 그 뒤 정방을 통해 문신들은 유력한 관직으로 등용될 수 있었다. 이 제도에 따라 관직을 갖게 된 문신들은 통치세력의 일원으로 활동할 수 있는 기반을 마련하였다.[56] 이런 식으로 정계에 등장했던 문신으로는 김창(金敞),

---

53) 물론 불교와 유교 사이의 관계는 초기에는 별다른 마찰이 없었다. 불교는 종교적 성격, 즉 미래를 기원하는 의미를 갖고 있었다면, 유교는 통치이념이나 그 기능에 국한되어 어느 면에서는 둘 사이에 기능적 분화가 일어날 수 있었기 때문이다. 다만 이 시기에 불교도 변화의 모습을 보여주었는데, 그것은 교종 중심의 왕실불교적 성격이 선종 중심으로 옮아갔다는 점이다.

54) 가령 문극겸의 딸과 이의방의 아우 이인과의 혼인, 정항(鄭沆)의 사위로 최유청과 동서였던 김태영의 딸과 정중부의 아들 정균(鄭筠)과의 혼인 등이 그러했다.(남인국, 앞의 책, p.192. 각주 29 참조)

55) 여기에 해당하는 인물로는 철원 최씨로 최종재(崔宗梓), 최종준(崔宗峻), 최린(崔璘) 등이었으며, 최종재는 최선의 아들이었다. 이 가문은 최씨 무단정권의 3대 인물인 최항과 통혼할 정도로 밀접했으며 그 나름의 벌족을 이룩하였다. 정안 임씨의 경우 임유를 중심으로 그의 아들 임경숙이 최씨 무단정권과 깊은 관계를 맺었다.

박훤(朴暄), 송국첨(宋國瞻), 유천우(兪千遇) 등을 들 수 있다.[57] 특정 문벌의 등장은 물론이고 이름난 문신들도 최씨 무단정권에 적극적으로 참여했는데, 대표적인 인물이 이규보였다.[58] 문신들은 최씨 정권기에 무단통치에 필요한 문신적인 기능, 즉 대외교섭과 문서 작성 기능을 수행했으며, 그 밖에 필요한 정무 기능도 맡았다. 그러나 이 역할은 실제로 문신들이 최고 정책결정의 위치로 올라섰던 것이 아니라 무신들이 정해 놓은 것을 단순히 집행하는 것이었다. 어디까지나 무단정권의 전개과정에서 필요한 일정 부분, 즉 문신이 맡아야 할 부분의 기능만 수행했을 뿐이다. 그러면서도 이들도 점차 집단적 세력권을 형성하였으며, 결과적으로 명문 벌족으로 등장하는 계기를 잡게 되었다.

문신들의 출사와 함께 지적되어야 할 사실은 원 종속기에 나타난 이른바 '천류현관'(賤流顯官)의 등장이다.[59] 이들은 응방(鷹坊), 역관(譯官), 환관

---

56) 정방이 갖는 이러한 성격에 대한 연구로는 다음을 들 수 있다. 閔丙河,《高麗武人政權研究》, 성균관대출판부, 1990 ; 金昌賢,《高麗後期政房硏究》, 고려대 민족문화연구소, 1999.

57) 이들 가운데 대표적으로 김창을 예로 들어 살펴보면, 그는 최충헌 집권기에 과거에 급제하여 등용되었는데, 그는 정방에 소속되어 전주권(인사충원의 교과평점에 대한 권한)을 행사함에서 최의의 의견을 사전에 물을 정도로 그에게 아첨이 심했으며, 그와 친교가 있는 문사들을 최의에게 추천했던 것으로 알려졌다.(《고려사》권 102,〈열전〉50, 김창)

58) 이규보의 경우 본래 황여현(黃驪縣) 사람인데 과거로 등단하였다. 최충헌의 모정에서 당대의 문신들과 함께 시작(作詩)하였으며, 이를 계기로 최충헌에게 중용될 수 있었다. 최의가 실력자로 등장하자 그의 정책에 적극 협조했으며, 강화도로 천도했을 때 강화도의 생활을 찬양하는 시〈망해인추경천도〉(望海因追慶遷都)를 짓기도 했다.(《동국이상국집》권 18) 그리고 최의가 주도해서 대몽책으로 시작된 대장경 조판사업을 찬탄하는 시를 지었는데,〈대장각판군신기고문〉(大藏刻板君臣祈告文)이 그것이다.(《동국이상국집》권 25) 그는 문재(文才)를 기회로 삼아 몽고에 대한 외교문서의 작성도 맡았다. 이처럼 그는 최씨 무단정권에서 적극적인 협조자로 기능했다. 이규보의 최씨 무단정권에 대한 기여에 대해 최의는 병상에 있었던 이규보를 위해《동국이상국집》의 간행을 서둘렀을 정도였다. 이규보의 이러한 행적에 대해서는 朴菖熙,〈무신정권시대의 문인〉,《한국사》7, 국사편찬위원회, 1977, pp.267~289에서도 읽을 수 있다.

59) 천계 출신으로 현관이 되었다는 의미에서 '천계현관'(賤系顯官)이라는 개념이 사용되고 있다. 즉 노비와 같은 최하층 출신이지만 개인적으로는 국왕에 대한 충성이나 군공으로 통치구조에서 요직을 차지할 수 있었던 인사들을 의미한다. 역사적으로 이들의 출사나 고위직 점유가 음서나 벌족에 의한 것이 아니라 개인적인 능력과 그 성취에서 이루어졌음을 전제로 할 때 그 의미는 새롭게 평가되어야 할 것 같다. 그러나 기존 연

(宦官),[60] 내료(內僚) 등에 소속되었던 인사들로, 일정한 기회를 포착해서 국왕의 총애를 얻고, 그에 따라 고위 관직자로 출사했던 인물들을 의미했다.[61] 이들은 개인적인 출사 기회를 이용하여 그들 자신의 위치 강화에 진력했다. 개인적인 출세를 위해 기존 체제, 즉 원 간섭 아래 국왕 중심체제의 존속에 보탬이 되는 활동을 전개했다. 그 때문에 이들 하층계급 인사들의 등장이 갖는 의미를 마치 계층적 상향성이나 사회유동성의 관점에서 파악하는 것은 합당하지 않다. 그보다는 이들은 단지 기존 체제를 지속 강화시킴으로써 개인적인 영달을 추구했던 존재였다고 할 수 있다.

무신정권기를 지나 원 간섭기로 들어서면 문신들의 위치는 점점 더 공고해졌다.[62] 특히 원의 지원으로 왕권이 강화되고 체제 안정을 마련했던

구에서는 단지 노비나 천계의 인물이 관인으로 등장했던 것으로 파악하고 있다. 여기서는 이들 천계 출신의 인사들의 등용을 벌족이나 권문세가들이 보여준 부패와 부정, 그리고 무능에 대해 대역적인 가능성을 가진 새로운 변혁의 의미를 지닌 것으로 파악할 수도 있을 것 같다. 물론 '천계현관'들이 집단적으로 새로운 사회변혁의 가능성을 모색했다기보다는 개인적인 출사와 가문의 형성에 진력했다는 점에서는 벌족과 차이가 없었다.(洪承基,《高麗貴族社會와 奴婢》, 일조각, 1983, pp.345~351 ; 黃雲龍,〈賤流顯官考〉,《釜山史學》4, 1980, pp.36~48)

60) 여기서 특히 환관은 원의 궁중에서 고려 출신을 활용했는데, 본래 충렬왕비였던 제국공주(齊國公主)가 그의 아버지 원 세조에게 고려의 환자(宦者) 여러 명을 바친 것이 계기가 되었다. 고려 출신의 환자 가운데에는 황제나 황후의 총애를 받아 요직으로 임명되기도 했다. 때로는 황제의 명을 받아 고려 사신으로 오는 경우도 있었는데, 고려에서 이들의 위세는 실로 안하무인이었다. 고려왕실에서는 이들의 비위를 맞춰주기 위해 군(君)으로 봉작하는 일도 있었다. 그 가운데 대표적인 것만 해도 충선왕 2년에 원의 고려 환관 이대순(李大順)을 태안부원군(泰安府院君)에 봉했고, 전독만(全禿萬)을 영인군(寧仁君)에, 이숙(李淑)을 평창군(平昌君)에 방선우(方臣祐)를 중모군(中牟君)에 봉했다.(《고려사》권 23,〈열전〉23, 충선왕 2년 9월)

61) 여기에 소속된 대표적인 인사로는 이정(李貞, 賤隸로 副知密直司事가 됨), 박의(朴義, 部曲人으로 知密直司事가 됨), 강윤소(康允紹, 家奴로 몽고어를 잘했으며 判三司事가 됨), 유청신(柳淸臣, 部曲人으로 監察大夫가 됨), 도성기(陶成器, 宦者로 뒤에 將軍이 됨), 최세연(崔世延, 宦者로 將軍이 됨), 이숙(李淑, 宦者로 封崇上三韓正匡이 됨), 김자연(金子廷, 家奴로 上將軍 東京副使가 됨), 차득규(車得珪, 內僚로 將軍이 됨), 이지씨(李之氏, 內僚로 三司左使가 됨), 김의광(金義光, 忠州官奴로 密直副使가 됨), 송균(宋均, 合德官奴로 護軍이 됨), 고종수(高宗秀, 內僚로 密直副使가 됨), 유복화(劉福和, 內僚로 判禮賓寺理가 됨), 석주(石冑, 內僚로 密直司理가 됨), 정오부(丁伍孚, 靜州官奴로 將軍이 됨)를 들 수 있다.(金塘澤,《元干涉下의 高麗政治史》, 일조각, 1998, p.8)

62) 여기서 사용하는 '원 간섭기'라는 표현은 김당택(金塘澤)의《원간섭하의 고려정치사》(일조각, 1998)라는 책에서 차용했다. 이 책에서는 '원 간섭하'라는 표현을 사용하면서 이러한 표현을 책제목으로 선정한 것에 대해 독자들이 가질 수 있는 불쾌감에 대

충렬왕(1275~1308) 때부터는 이러한 성격이 더한층 두드러졌다. 이 시기 통치권의 안정은 통치구조의 재편, 즉 무신정권에서 왕권 복구라는 것에서 오는 일면도 없지 않았다. 통치세력의 재편은 기존 통치세력을 새로운 통치세력으로 대치한다는 의미였다. 이러한 성격을 파악하기 위해 이 시대의 중요한 통치세력의 흐름을 살펴볼 필요가 있는데, 비록 개략적이기는 하지만 이들 통치세력은 무신집권기 이후부터 왕정복구에 이르기까지 다음 몇 갈래 구분이 가능해진다.[63]

첫번째는, 무신집권기의 핵심 무인들의 가문은 그 체제가 무너지고 원의 간섭기에 들어가서도 상층부의 위치를 차지하는 인사들로 남아 있었다. 이것의 주요 사례로는 무신정권의 단초를 열었던 최충헌과 연계된 일가들이었는데, 그 가운데 대표적으로는 우봉 최씨(牛峰崔氏) 가문을 들 수 있다. 이들은 무신정권의 4대 동안 통치세력의 핵심부였으며, 어느 면에서는 국왕을 능가하는 부와 권력을 누렸다. 그 때문에 이들 일가는 물론 그들과 연계된 외척이나 인척들도 권력과 부를 지속적으로 누렸다. 이들과 함께 무신정권기 통치세력의 상층부에 속했던 인사들로 김취려(金就礪)의 언양 김씨(彦陽金氏)를 들 수 있다. 김취려는 무신들의 권력 장악에 연관을 맺었기 때문에 권력구조의 최고 지배층이 된 것이 아니라, 거란군을 격퇴시킨 공로로 관직을 차지했으며 시중이 될 수 있었다. 그의 자제들도 음직으로 고위 권력층의 일원이 되었다. 그 밖에 채송년(蔡松年)의 평강 채씨(平康蔡氏), 김중구(金仲龜)의 안동 김씨(安東金氏) 등도 역시 이 부류에 속했다. 이들은 무신정권은 물론이고 원의 간섭기에도 통치구조의 상층부에서 영향력을 행사할 수 있었다.

해서도 염려하면서, 다음과 같이 책머리에 있는 저자의 솔직한 소감을 밝혀 놓았다. "저자는 정치사의 경우 원의 간섭을 지나치게 강조해서도 안 되지만 무시해서도 안 된다는 결론에 도달했다. 원의 정치적 간섭 아래에서 고려의 정치적 상황이 어떻게 되었는가를 알아보는 것이 이 시기의 정치사를 이해하는 올바른 길이라고 여기에 되었다. 원의 간섭을 받은 86년 간의 역사는 우리로서는 매우 부끄럽고 잊어버리고 싶은 시기임에 틀림없으나 그렇다고 이를 방치하거나 긍정적인 측면만을 부각시킬 수는 없다고 판단했던 것이다."(같은 책, p.iv)

63) 박용운, 《고려시대사》 하, 일지사, 1987, pp.528~529.

　두 번째 부류는 무신정권 시기부터 그들의 통치과정에서 수단적 행사자의 역할을 맡았던 인사들로, 이른바 '능문능리'(能文能吏)의 관료들이었다. 이들은 처음에는 미관말직에서 관직을 시작했지만 점차 높은 관직으로 올랐으며, 무신정권기에는 중요한 행정 업무를 수행하는 위치에 있었다. 이들 대부분은 처음부터 문벌가문과는 연관이 없었던 하급 관료였지만, 무신란 이후 고위 문신들이 대거 숙청, 살육된 뒤에는 문신의 공백을 메울 만한 위치로 올라설 수 있었다. 이들은 과거를 통해 출사했기 때문에 유학을 바탕으로 승진했다. 여기에 속했던 인물들로는 민영모(閔令謨)의 여흥 민씨(驪興閔氏)와 조영인(趙永仁), 조충(趙沖) 등을 배출한 횡천 조씨(橫川趙氏), 홍규(洪奎)의 남양(당성) 홍씨[南陽(唐城)洪氏] 등을 들 수 있다.

　세 번째는, 고려 전기의 문벌로 비록 무신란 때문에 많은 인사들이 지위를 잃었지만 그 소용돌이에도 관직과 통치세력의 위치를 지킬 수 있었던 부류이다. 여기에 속했던 대표적인 인사로는 이장용(李藏用) 등이 속했던 경원 이씨(慶源李氏), 최자(崔滋) 등이 속했던 해주 최씨(海州崔氏), 윤선좌(尹宣佐) 등이 속했던 파평 윤씨(坡平尹氏), 임박(任薄)의 정안 임씨(定安任氏), 최선(崔詵) 등의 철원 최씨(鐵原崔氏), 허공(許珙)을 대표로 하는 공암 허씨(孔巖許氏), 김태서(金台瑞)의 경주 김씨(慶州金氏) 등을 들 수 있다.

　네 번째로, 강화도에서 개경으로 환도한 뒤 원과의 관계에 편승해서 새롭게 지배층으로 등장했던 인사들이었다. 이들 가운데는 앞에서 말한 '천류현관' 부류에 속했던 인사들로 몽고어 역관 출신인 조인규(趙仁規)의 평양 조씨(平壤趙氏), 매를 사육하여 몽고 조정에 바치는 일을 맡은 응방(鷹坊)에서 출세 기회를 잡았던 윤수(尹秀)의 칠원 윤씨(漆原尹氏)도 여기에 속했다. 삼별초 토벌에 공을 세웠던 김방경(金方慶), 원의 조정에 환관으로 또는 원에 입조하는 왕의 수행자로 공을 세워 공신 반열에 올랐던 인사들도 그러했다.

　원 간섭기에 고려 통치구조의 상층부 인사들은 부용왕조로서 왕실의 안정 추구에 힘입어 점차 통치체제에서 핵심세력으로 자리잡을 수 있게 되었다. 이렇게 해서 형성된 문벌이 충선왕 즉위년(1308)에 발표된 이른바 재상지종(宰相之宗)이었다.[64] 왕실과 통혼할 수 있는 특정가문으로 지정되었던 이들 벌족이 그들이었는데, 이들의 위치를 왕실에서도 인정해 주었다는 뜻이다. 실제로 이들 특정 벌족, 즉 '재상지종'에 의해 점유된 통치구조는 강화도에서는 물론이고 원에 복속된 이후에도 계속 통치구조의 정상부를 점유하고 있었다. 그러나 원과의 관계가 서서히 변함에 따라 이들의 모습도 변화했다. 즉 이 시기 통치세력은 원의 지나친 내정 간섭에 저항하는 태도를 보여주었던 반원적 세력과, 이와는 달리 원에 대해 여전히 타협적이고 종속적인 친원세력이 우세를 보이는 이분적인 분화로 나아갔다. 반원세력은 무신들이나 그들에 연계되었던 인사들로 이루어졌으며, 여기에 새롭게 등장했던 지방 향리층의 문신들도 가담했다. 원과 강화할 것을 요구하면서 기존의 종속적 상황을 받아들였던 친원세력은 주로 벌족의 문신들이 주류를 이루었다. 이들 문신들이 고려 왕실을 원의 부용국가로 정착시키는 데 앞장섰던 인사들이며, 원에 대한 고려의 종속화를 심화시키는 기능도 담당했다. 그리고 그 연장선 위에서 자신들의 위치를 유지하려 했다. 친원파와 반원파의 양분 속에서 국왕은 대체로 친원파의 위치에 서 있었지만 친원파의 영향력을 약화시킬 필요가 있을 때는 반원파를 활용하기도 했다.

통치세력이 보여준 이러한 변화, 즉 친원적 세력과 반원적 세력 사이의 갈등의 이면에는 종교적 흐름이 영향을 미치고 있었다. 왕실 중심의

---

64) 재상지종은 충선왕이 하교한 것으로 왕실의 동성혼인을 금지시키려는 의도에서 행해진 것인데 왕실이 혼인할 수 있는 가문을 열거한 것이었다. 이러한 성격을 갖고 있었던 충선왕의 하교를 살펴보면 다음과 같다. "지금으로부터 만약 종친(宗親)으로 동성과 혼인하는 자는 (원 세조의) 성지(聖旨)를 어긴 것으로 논죄할 터인즉 마땅히 (종친은) 누세 재상을 지낸 집안의 딸을 아내로 맞고 재상 집안의 아들은 종실의 딸에게 장가를 들 것이다. 만약에 가세가 비미(卑微)한 자는 이 제한에 구애받지 않는다. 신라의 왕손인 김휘(金暉) 일가는 역시 순경태후(順敬太后)의 숙백(叔伯) 집안이며, 언양 김씨 일족과 정안임태후 일족, 경원이태후와 안산김태후 및 철원최씨·해주최씨·공암허씨·평강채씨·청주이씨·당성홍씨·황려민씨·횡천조씨·파평윤씨·평양조씨는 모두 누대 공신이요 재상지종이니, 가히 세세로 혼인을 하여 아들은 종실의 여자에게 장가를 들고 딸은 비를 삼을 만하다. 문무양반가도 동성 사이에는 결혼하지 못하나 외가 4촌간은 구혼을 허한다."(《고려사》 권 33, 〈세가〉 33, 충선왕 복위년 11월)

교종에서 벗어나 선종으로 옮겨간 뒤 불교는 시대상황에서나 그 대응성에서, 그리고 미래지향성에서도 점차 영향력의 한계에 봉착하게 되었다. 사원의 남설이 가져다 주는 피해는 물론이고, 타락한 불승들의 행태는 통치세력에게나 민중들에게 불교를 기복적인 차원에서 인식하게 하는 요인으로 작용했다. 그러나 통치세력은 여전히 불교로 전체 구성원들의 통합을 모색했으며, 이러한 배경에서 빚어진 대표적인 것이 대장경 조판사업이었다. 불력으로 외국의 침탈을 막을 수 있다는 믿음은 통치 차원에서만 빚어진 것이 아니라, 그렇게 함으로써 국난극복을 이룩할 수 있는 신민의 결집을 이룰 수 있을 것으로 여겼기 때문이다.

불교가 갖는 통합적이고 기원적인 성격에 부가해서 실제 통치이념으로 자리잡기 시작한 것은 유교였다. 이 시기 유교는 성리학으로, 안유(安裕)와 백이정(白頤正) 등이 원에서 들여왔다.[65] 그 뒤 이는 점점 문신들 사이에 퍼져나갔다.[66] 성리학이 지향하는 통치체제는 중국 삼대(三代)를 오늘에 이룩하려는 것이었다. 삼대의 통치를 이상적인 것으로 설정해서는 이를 현실화하려는 것이 성리학의 왕도정치였다. 이러한 생각은 당시 성리학자들의 공통적인 관점으로, 대표적인 인물이 이제현이었다.[67] 그의 주장에 따르면 군주는 대학장구(大學章句)에 있는 '일일신 우일신'(日日新 又日新)의 실천을 이룩하여야 하고, 그렇게 함으로써 군주 수신의 본질적 존재성을 확립할 수 있었다.[68] 군주 스스로 현군이 되는 것이 성리학적 이

---

65) 고려에서 성리학의 유입을 고려 중기 최충(崔沖)의 9재학당(九齋學堂)에 9경(九經), 3사(三史), 즉 경학과 역사를 바탕으로 하는 덕성의 함양과 심성 성명론(心性性命論)의 심화에 중점을 두었다는 점에서 이는 곧 송 유학의 흐름과 병행했다고 설명한다.(高惠玲,《高麗後期 士大夫와 性理學 受容》, 일조각, 2001, p.55)

66) 안유(安裕)는 충렬왕 15년(1289)에 정동행성의 좌우사랑중(左右司郎中)이 되었으며 유학제거(儒學提擧)가 되었다. 그 해 연경에 가서 《주자전서》를 보고 필사했다. 그는 만년에 주자를 숭배하여 그의 화상을 그려 벽에 걸어두고 경배할 정도였다. 백이정(白頤正)은 충선왕을 따라 연경에 가서는 10년 동안 그곳에 머물면서 정주(程朱)의 저서를 수집 연구했으며, 귀국한 뒤 이제현(李齊賢), 박충좌(朴忠佐)에게 전함으로써 성리학의 전파가 본격적으로 이루어졌다.

67) 金仁昊,《高麗後期 士大夫의 經世論 硏究》, 혜안, 1999, pp.187~194.

68) 이제현의 군주수신(君主修身)에 대한 논의는 다음 글에서 읽을 수 있다. "……공경하고 삼가는 실상은 덕을 닦는 것보다 더한 것이 없으며 덕을 닦는 데 있어 중요한 것은 학문을 하는 것보다 더한 것이 없습니다. 지금 제주(祭主) 전숙몽(田淑蒙)이 이미 사

넘의 첫 출발이며, 이렇게 된다면 일반 사민들도 자연히 도를 알아 생활 속에서 실천할 것으로 생각했다.

성리학의 실천적 윤리는《주자가례》(朱子家禮)에서 시작되었다. 효의 사회제도적 실천을 내용으로 한《주자가례》는, 조상을 숭배하여 사우(祠宇)를 세우고, 조상 3대의 제사를 지내며, 선대 묘소에 비석을 세우는 등, 효의 대상을 조상숭배로부터 실천했다. 효와 충의 관계를 일치시킴으로써 성리학은 왕조체제의 국가적 의미로 전환되는 이론적 계기를 마련하게 된다. 강압적 통치체제인 왕조를 가(家)의 확대 개념으로, 충(忠)과 효(孝)를 같은 의미로 파악했던 것은 성리학의 영향이었다. 이 점에서 성리학은 충성의 대상으로 정립된 국왕 자신의 실천적 덕목으로 부과되었고, 이를 기준으로 왕도정치의 규범을 정립할 수 있었다. 즉 국왕 자신도 성리학적 평가대상이 될 수밖에 없었다. 왕조체제가 단순히 국왕 개인의 사적 소유물이 아니라 신민들의 유족한 일상성을 담보하는 기구여야 한다는 새로운 통치이념을 성리학이 제공하고 있었다.

이러한 인식은 당시 문신들 사이에는 성리학에 대한 수용으로, 그리고 그것의 실천적 모색으로 전개되고 있었다.[69] 성리학에서 강조하는 충과 효의 일치성은 문신들의 실천윤리이자 가치관념으로 자리잡게 되었다. 성리학에서 설정한 이상적인 통치체제를 이러한 관념에 따라 이룩할 수 있다고 믿었다. 물론 문신들의 이러한 관념과 이에 따른 실천은 고려 말 이후 조선왕조의 개창에서 비로소 확고한 가치체계로 정착되는 시기적 유예를 가지기도 했다. 왕조체제와 성리학의 연계성, 즉 왕조 정립의 이념적 가치관, 국왕의 수기치인적 덕목, 관인의 치자적 윤리의식, 그리고

(師)가 되었으니 다시 현유(賢儒) 두 사람을 가려 숙몽과 함께 효경(孝經)·논어(論語)·맹자(孟子)·대학(大學)·중용(中庸)을 강하게 하여 격물치지 성의정심(格物致知誠意正心)의 도를 익히게 하고 의관자제(衣冠子弟) 중에서 정직 군후하고 호학하며 예를 사랑하는 자 10명쯤 선발 시학(侍學)으로 삼아 좌우에서 보도(輔導)하게 하여 사서를 익힌 후 육경을 차례로 강명(講明)하게 함으로써 교사(驕奢)·음일(淫泆)·성색(聲色)·구마(狗馬)를 눈과 귀에 접하지 못하게 하여야 합니다. 이리하여 습관이 성품과 함께 완성되면 덕으로 나아감을 스스로도 깨닫지 못하게 되는 것이니 이것이 더 없이 급한 당무인 것입니다."(《고려사》권 110,〈열전〉23, 이제현)

69) 李熙德,《高麗儒敎政治思想의 硏究》, 일조각, 1997, p.304.

신민의 왕조에 대한 충의 확립과 그것의 표현으로 치자에 대한 복종 등
이 자리잡았으며, 이는 민중들의 일상적인 삶에서 충과 효의 유기적 실천
성으로 이어지게 되었다.

문신들을 중심으로 성리학이 자리를 잡자 그것은 불교의 실천성, 즉
자비나 극락왕생의 기원과 같은 불교적 열망과 대립하는 위치에 서게 되
었고, 둘 사이에 그 대립의 예각이 세워질 수밖에 없었다.[70] 성리학은 문
신만이 아니라 일반 민중들 속으로도 파급됨으로써 둘 사이에는 갈등이
불가피해졌다. 이 점에서 불교왕국인 고려는 성리학에 따라 새롭게 재편
되거나, 아니면 극복 대치될 수밖에 없는 상황으로 내몰렸다. 특히 새로
대두한 신진문신들의 등장과 전통적 벌족 사이의 갈등을 한 축으로, 그
리고 불교와 성리학이 다른 한 축이 되어 교착적으로 연계된 통치체제는
둘 사이에 대립구도를 만들었다.[71] 이러한 성격은 체제변혁으로 달려갈

---

70) 물론 고려말 불교와 유교가 반드시 대립적이었는가에 대한 논의는 유보적일 수도 있
다. 가령 다음의 논의와 같이 둘 사이에 연관성이 있음이 지적되고 있다. "문벌체제에
의하여 주도되던 기존의 불교계에 대한 자각과 비판 운동이 일어나기 시작하였다. 그
비판 운동은 신앙결사의 형태로서 전개되었는데, 신앙결사는 뜻을 같이하는 도반들이
자기네의 신앙에 대한 수행과 반성을 위하여 맺은 단체를 중심으로 활동하는 것을 의
미한다. 여기서 수행은 종래의 명찰을 버리고 산림에 은둔하여 당시 사회와 불교계가
안고 있는 모순과 갈등에 대한 반성을 중심으로 하는 것이었다. 즉 지눌은 수선사를
개창하고 심성론에서 자신의 마음이 부처의 근본임을 일깨워 '내 마음이 깨끗하면 부
처의 마음도 깨끗하다'는 이론을 제시하였다. 그리고 뒤를 이은 慧諶(1178~1234)은 유
불일치론으로 성리학 수용의 사상적 기반을 마련하였다." 위의 글에서 짐작할 수 있는
것은 고려 말 불교 일부의 타락적 현상에서 벗어나려는 시도에서 유교적 성격을 보여
주었으며, 둘 사이에는 사실상 연계성을 마련하게 되었다는 의미를 갖고 있다.(고혜령,
앞의 책, p.56)
71) 고려에서 성리학의 수용계층을 '신흥 사대부'로 파악함으로써 이들이 과거를 통해 출
사했고, 신흥 가문에 속했으며, 중소 지주층이었음을 주장하는 논지를 주장한 변동명
(邊東明)은 다음과 같이 이 점을 강조하고 있다. "성리학을 수용한 계층은 대개 三南
지역에 본관을 둔 과거 급제자로서 주로 무인정권이 붕괴된 이후 부각되기 시작하던
신진세력이었다. 이들은 대부분이 대간과 문한의 직을 거쳐 宰樞에까지 올랐으나 銓注
權을 장악하는 것과 같은 핵심적인 권력에 접근한 경우는 드물었다. 그리고 그 경제적
처지는 대지주로부터 전호에 이르기까지 다양한 분포를 보였는데, 중소지주를 축으로
하여 대지주가 일부 가담한 형태였던 것으로 파악되었다. 또한 이들은 성리학을 수용
전파하는 과정에서 반발에 부딪치기도 하였다. 각종 폐단을 야기하는 장본인으로 지목
되던 권세가들이 그로서 그들은 천계출신으로 內僚를 거친 자들이 주축을 이룬 국왕
측근의 권력층이었다."(邊東明, 《高麗後期性理學受容研究》, 일조각, 1995, p.62)

수밖에 없는 상황으로 내몰렸다. 이 점에서 고려 말은 사상사의 전환을 보여주었으며, 나아가 지배이데올로기 자체의 변혁을 불가피하게 했다.[72] 그것은 곧 고려왕조의 종언을 그 속에 내포하고 있었던 셈이다.

6. 부용적 왕조의 퇴역적 통치

부용적 왕조로서 고려의 후기 통치체제를 어떻게 규정해야 할까. 단순히 부용국가라는 관점에서 사대 종속으로 이해할 수 있을까. 벌족 통치체제의 연장선에서 파악해야 할 것인지, 아니면 또 다른 통치체제로 인식할 것인지가 문제의 관건이다. 이 문제를 다루기 위해 여기서는 원 간섭기 고려의 통치구조와 그 성격을 종합해서 인식하기로 한다.

원의 간섭기로 들어서면 고려는 친원세력과 반원세력으로 통치세력이 둘로 나누어지는 모습을 보여주었다. 친원세력은 주로 문신 벌족의 후예가 그 중심에 있었다. 반원파는 신진문신들로 이루어졌으며, 이전의 무신정권기의 주요 인사들이 여기에 속했다. 친원파와 반원파의 등장은 사실상 고려왕조의 한계상황을 의미하는 것이었다. 즉 고려는 몽고군의 침탈로 왕조국가로서의 위치에 큰 위협을 받게 되었다. 이러한 위협은 단순히 몽고군과 같은 외국군대의 침입에 따른 국토유린에만 한정된 것이 아니라, 이미 국왕으로 그 위세와 통치권을 최씨 무단정권에 빼앗겼기 때문이었다. 최씨 무단정권은 사실상의 통치주체였다. 단지 국왕은 형식적인 상징성만 있었을 뿐 실제 영향력은 소멸되었다. 그렇다고 해서 최씨 무단정권 자체가 정상적으로 왕조국가의 통치기능을 수행했던 것도 아니었다. 최씨 무단정권은 항몽투쟁의 전시상황을 그들의 권력 장악과 통치권 행사에 이용했으며, 무신들에 의한 강압적 통치를 행함으로써 그 체제를 지속시킬 수 있었다. 강화도를 중심으로 한 통치권의 영향력은 지역적으로 떨어진 곳에서는 거의 없어졌으며, 피지배 민중들은 생존을 위해 전국의 유민으로 떠돌아다닐 수밖에 없게 되었다.

---

72) 蔡尙植, 《高麗後期佛敎史硏究》, 일조각, 1991, p.30.

몽고군의 침입은 결과적으로 강화도의 무신정권을 무너뜨렸으며, 이어 왕권을 복권시켰다. 이는 국왕 자체의 역량에 의해서가 아니라 전적으로 원의 영향력에 말미암은 결과였다. 그러므로 국왕은 원의 위세를 자신의 통치권 행사에 그대로 대입했으며, 그가 갖고 있는 통치권은 원의 황실에 연유된 것으로 여기고 있었다. 스스로 원 황실의 혈통을 이어받았음을 과시했으며, 이러한 상황에서 국왕은 곧 원 황실에서 파견 옹립해준 존재였음을 의미했다. 원에서 파견된 다루가치를 비롯한 관인들의 위세를 제압하는 데도 국왕은 자신의 혈통이 원 황실에 연계된 존재임을 내세워 그 효과를 거두기도 했다.

국왕의 이러한 성격과 마찬가지로, 그를 옹립했던 통치세력이나 관인들도 대부분 그러한 한계적 성격을 갖고 있었다. 그들이 차지한 고위관직의 배경은 원 황실이나 원의 유력자였으며, 그들의 지원으로 권력 행사를 보장받고 있는 실정이었다. 관인들의 원에 대한 배원적(拜元的) 성격은 비록 소수이지만 민중들 일부에서도 나타나고 있었다. 국경을 넘어 원의 점령지로 이거하려는 움직임도 보여주었다. 스스로 원나라 황실에 출사할 수 있는 기회를 노려, 원나라 황실의 환관이나 궁녀로 차출되는 것을 마다하지 않을 정도였다.

고려 후기의 이러한 상황은 결국 고려가 왕조로서 정상성을 잃었다 해도 틀린 말은 아니었다. 원 간섭기의 고려왕조는 이전의 고려왕조와는 구분되는 한낱 부용국가였음을 의미하는 것이기도 했다. 그것은 고려왕조 몰락의 시간적 유예에 불과했으며, 그것을 유예시킨 기본적인 힘을 오로지 원에서 찾고 있었다. 만일 원이 무너지거나 약화되면 그것에 연접해서 유지되었던 고려도 곧장 멸망하게 되는 상황이었다. 원이 그대로 지속되면 고려는 비록 부용국가의 한계를 지녔지만 그대로 지속될 수 있는 것이다. 즉 원은 고려의 지속을 담보하는 영향력의 행사자였다.

부용국가로서 고려의 종속적 상황이 미친 역사적 영향을 어떻게 이해해야 할 것인가. 이 문제에 대한 대답으로 먼저, 주변 강대국에 대한 사대의식의 심화현상을 들 수 있다. 몽고군의 침탈을 고려 자신의 국력으로 막지 못하고 결국 그에게 항복했던 그 한계점은, 일반적으로 강대국의 침탈과 약소국의 복속 사이에서 보게 되는 적대적 대결의식과 같은 내재화 현상이 고려에서는 일어날 수 없음을 보여준다. 고려 왕실 자체가 원 황실의 혈통에 연계되었기 때문에, 원에 대한 복속 자체를 정상으로 여겼다. 따라서 내재적 독자성이나 주체적인 발전의 추구는 고려의 대상에서 벗어난다. 이러한 성격은 원 황실과 고려 왕실의 관계는 통치세력은 물론이고 일반 민중에게도 원에 대한 사대 관념의 심화로 이어졌다. 고려 후기의 통치세력이나 일반 민중들조차도 주체의식이나 독자성을 점점 상실하는 모습을 보여주기도 했다. 따라서 외국군대의 침탈을 자신의 힘으로 막고 극복하기보다는, 외국의 힘을 빌려 극복하려는 사대 속성이 뿌리를 내렸다. 1359년 홍건적의 침입에서도 이러한 성격을 찾아볼 수 있다. 어느 면에서는 관군에 의한 방어라기보다는 홍건적의 침입으로 고통받았던 민중 스스로의 저항이 이를 막을 수 있게 했다.

원 간섭기 고려왕조의 통치권 행사는 고대적 전제체제로 후퇴한 것이라고 할 수 있다. 왕권이나 통치체제는 중세적 속성, 즉 구심력과 원심력 사이의 적절한 균형관계를 이룰 수 있는 제도로 정착되어야 했다. 국왕이나 통치세력의 전제적 통치에서 벗어나 통치체제를 제도적으로 정립하는 것이어야 했다. 그러나 원 간섭기에는 이러한 성격이 나타나지 않았다. 국왕, 상층 통치세력, 그리고 관인들 사이에 연대와 결속이 이루어지지 못했으며, 통치체제의 정당성과 효율성을 담보하는 권력 과정의 제도화도 나타나지 않았다. 통치권의 행사는 그것을 장악한 개인이나 집단의 자의로 이루어졌을 뿐이다. 원 간섭 아래 국왕의 위치나 통치권은 제약받았으며, 어느 면에서는 불안정하기도 했다. 상층 통치세력들도 벌족을 이루었지만 그 지속성을 보장해 주는 제도적 조치는 존재하지 않았다. 때문에 상층 통치세력은 권력을 장악해서 행사했을 그 당장에 최대로 권력의 수확을 확보해야 했다. 즉 전장의 확보는 물론이고 재산을 축재해야 했으며, 권력 점유를 위한 경쟁이나 투쟁에만 치중해야 하는, 어느 면에서는 중세적 통치체제와는 다른 고대적 전제체제로 되돌아가는 일면을 보여줄 수밖에 없었다.[73] 이러한 사실은 제도화된 중세적 통치체제의 종식을 뜻하는 것이며, 전제적 통치체제, 즉 국왕이나 특정 권신들의 무한대적인 자의적 권력 행사로 시종되었음을 의미한다. 이러한 성격은 결과적으로 피지배 민중들에 대한 가중된 억압으로 귀결되었다.

앞에서 말한 두 가지 사실, 즉 원에 의한 통치권의 실질적인 보장과 고대사회적 전제체제로 퇴화하는 현상은 결과적으로 민중들에 대한 과중한 약탈과 억압적 통치기제로 작동하게 되었다. 통치구조를 구성했던 통치세력들 사이에도 권력 장악을 위한 격심한 경쟁이 빚어질 수밖에 없었다. 먼저 민중들은 오랜 전쟁 때문에 고통을 받았으며, 통치세력에 의한 가혹한 약탈로 삶의 기반을 잃었다. 고려와 원의 일본원정군을 지원하기 위해 강제된 고려 민중들에 대한 약탈은 극한적이었으며, 그 시기 삼남 지방을 휩쓸었던 기근으로 민중들은 초근목피로 겨우겨우 생활을 이어가고 있었다. 민중들의 이러한 상황과는 대조적으로 충렬왕 등 고려국왕의 원 황실에 대한 친조 방문 행렬에는 막대한 비용을 사용했으며, 이를 염출하기 위해 지방 관리는 물론이고 중앙 관리들까지 지방으로 파견하는 데 앞장섰다.[74] 억압과 약탈에 시달렸던 민중들은 폭동을 일으킬 수밖에 없었다. 1286년 영월의 민중폭동은 현령 이순과 향리들을 처형했고, 1318년 제주도의 민중봉기는 대표적인 사례였으며, 그 밖에 전국적으로 초적으로 불리었던 농민폭동이 빈발하였다.

그러나 국왕을 비롯한 상층 통치세력들은 극심한 권력 갈등에 놓여 있었으며, 이 한 사례가 바로 충선왕과 충숙왕의 대립이었다. 충선왕은 재

---

73) 이러한 성격에 대한 한 사례로 충선왕의 경우 그는 독실하게 불교를 신봉했기 때문에 매일 2천여 명이 넘는 불승들에게 잔치를 베풀어 연 5일 동안 1만 명에 가까운 승려를 대접했으며, 부처를 기리는 등불 1만 개를 켜는 만승회를 하기도 했다.(《고려사절요》권 23, 충선왕 5년 10월)

74) 가령 충숙왕 15년(1284) 4월 국왕의 원나라 조정 방문에는 그 일행이 무려 1,200여 명으로, 여비로는 은 630여 근, 저포 2,440여 필, 저폐 1,800여 정을 가지고 갔다.(《고려사》권 35, 〈세가〉35, 충숙왕 15년 7월) 그리고 1282년 중앙의 왕지사용별감인 임정기와 경상도 안렴사 민훤이 민중들에 대해 특히 심한 약탈을 자행했는데, 이들은 붉은 띠를 매고 있었기 때문에 민중들 사이에 '요즘 관리들이 두른 붉은 띠는 생사람들의 피로 물들였네'라고 저주할 정도였다.(《고려사절요》권 20, 충렬왕 8년 1월) 또한 고려의 국왕으로 원의 연경에 머무를 때 소요된 경비도 적지 않았는데, 충선왕의 경우 원에 머물렀을 때 소요된 비용이 베만 10만 필로 되어 있었다.(《고려사절요》권 23, 충선왕 5년 1월)

위기간 내내 거의 원에 체류했다. 그는 충렬왕 34년에 다시 왕으로 복위했는데, 이때도 단지 복위교서만 반포하고 고려의 국내 통치는 유청신(柳淸臣) 등에게만 맡겨놓고 원으로 돌아가 버렸다. 5년 뒤 그는 고려로 귀국하지 않으려고 왕위를 충숙왕에게 양위하려 했다. 그러나 원이 이를 인정하지 않자 부득이 고려로 되돌아올 수밖에 없었다. 이는 곧 고려 국왕의 선임과 승계는 물론이고, 주요한 국정은 원에 의해 결정되었음을 의미하는 것이기도 했다.[75]

원 간섭기의 이러한 상황은 왕조의 종언을 사실상 예고하는 것으로, 비록 개혁적 통치가 모색되었다 해도 그것은 고려의 종말만 재촉하는 것이 되었을 뿐이었다. 가령 공민왕 때의 일련의 개혁이 진행되고 원의 간섭이 배제되었으며, 신돈에 의한 개혁이 이루어지기도 했다. 그러나 그것 자체가 근본적인 체제변혁이 아니라 단지 기존 체제의 강화만을 모색하는 것이었기 때문에, 여전히 고대사회의 전제적 통치체제로의 퇴화를 되돌릴 수는 없었다. 이 점에서 그러한 개혁적 조치는 오히려 고려왕조의 명운을 앞당기는 결과가 되어 버렸다. 즉 고려왕조는 이미 시대와 상황에서 부적절성을 가진 통치체제로, 이념적으로나 통치세력에서 이러한 성격을 드러내었다. 불교왕국에 대한 성리학의 도전과 벌족에 대한 신진문신들의 도전은 성리학적 이념과 신진문신 통치세력 사이의 결속을 강화시켰다. 이들은 결국 중세적 통치체제에서 퇴화했던 고려를 중세적 체제로 자리잡게 한 새로운 통치체제로 조선을 수립하게 되었다.

---

75) 김당택, 앞의 책, p.74.

제9장 조선왕조 : 승계된 전제적 통치체제

1. 시대성과 왕조체제의 변동

조선의 등장은 단순히 왕조의 교체일 뿐이었다. 고려로부터 조선으로의 변혁은 시대사적 의미, 즉 시대성의 반영이기보다는 통치세력의 부분적 교체에 지나지 않았다. 일반적으로, 한 시대의 변혁적 표현으로 왕조나 통치체제가 몰락하고 등장하게 된다. 시대적 변화와 통치체제의 흥망이라는 연계와는 달리 조선의 등장은 통치세력을 중심으로 한 단순한 왕조의 교체였다. 고려와 조선은 시대적 속성에서는 별 차이가 없었으며, 중세적 성격의 연장선 위에 놓여 있었다.

통치체제의 변동이나 왕조의 변혁은 정치적 요인으로만 이루어지는 것은 아니다. 시대적 변혁과 무관한 통치체제만의 변화라 해도 그 나름의 변혁요인을 가진다. 경제나 사회구조도 통치체제의 변동요인으로 작용하게 된다. 그러므로 이들 요소는 한 시대를 구성하는 기본적인 내용물이자 속성이기도 하다. 시대성을 전제할 경우 여기에는 정치만이 아니라 경제·사회·문화·사상 등 여러 요소들 사이의 연계로 이루어진 하나의 통합적이고도 독특한 성격을 이루게 되며, 이를 시대성으로 규정할 수 있다. 그러므로 통치체제는 이러한 시대성의 반영이자 표현이다. 대부분의 경우, 왕조체제의 변동은 한 시대로부터 다른 시대로의 이행을 의미한다. 그렇다고 해서 어느 시대나 사회에서도 늘 통치체제가 시대성의 단순한 종속변수라고는 말할 수 없다. 때로는 통치체제 자체가 경제·사회·문화·사상 등을 규제함으로써 거꾸로 시대성의 형성에 기능하는 사회변동에서 독립변수일 수도 있다. 앞의 경우를 경제사회 결정론적 인식이라 한다면, 뒤의 경우를 정치 결정론적 인식이라 해도 좋다.

일반적으로 같은 시대성 안에서 이루어지는 왕조체제의 변동은 동일시대적 속성을 가질 뿐 아니라 어느 면에서는 그것 자체가 시대성의 변화를 가로막는 규제적 영향력을 미치기도 한다. 즉 정치에 따른 통제적 규제 때문에 사회 발전이나 변혁이 저해를 받게 된다. 이러한 성격, 즉 통치체제가 사회발전을 제약하고 규제해온 것은 한국 정치사에서 일관된 특성 가운데 하나라고 해도 좋다. 시대성과 밀접하게 연관된 통치체제라기보다는, 또는 시대성에 영향을 미치는 정치적 상황과는 다른 성격을 보여주었기 때문이다. 이 점에서 한국의 정치사는 경제사회적 결정론적 인식으로 이해하기보다는 정치 결정론적 인식으로 바라보는 것이 더 타당하다.

조선의 등장도 경제나 사회구조적인 면에서는 이전의 고려와 큰 차이가 없었다. 새로운 시대성을 담고 있다기보다는 지난 시대를 그대로 잇는 연장에 지나지 않았다. 물론 고려와 조선 사이에 전혀 차별성이 없다고 말할 수는 없다. 그 나름의 특징도 없지 않았다. 그러나 두 왕조는 기본적으로 유사한 통치체제였다. 조선도 고려와 같이 중세적 상황을 그대로 갖고 있었다. 단지 몇 가지 점에서 차이를 보였다. 이러한 차이점, 그 가운데 중요한 것으로는 지배이념으로 성리학에 의한 대치와 신진문신이 통치세력으로 등장한 것 등이다. 이는 같은 중세였으면서도 조선은 중세적 후기의 특징을 보여주었다고 할 수 있다.

여기서 설정한 '중세적 후기'의 개념은 자의적인 설정이다. 그러나 이러한 인식이 필요한 것은 그것에 따라서 시대 속성을 담을 수 있기 때문이다. 한국 정치사에서 중세의 시작은, 앞장에서 살핀 것처럼 고려 등장을 전후로 한 기간으로 설정할 수 있다. 그러나 이 시기부터 중세의 전형적인 성격이 나타났다거나 그 뒤에도 별다른 변화를 보여주지 않은 채 그대로 지속되었다고는 할 수 없다. 중세적 속성으로 중앙집권-지방분권 사이의 균형이나 종교와 정치 사이의 연계-분리의 성격은 결과적으로 통치구조에서 구심력과 원심력 사이의 균형으로 이루어지고 있었다. 한편으로는 중앙집권세력이 통치권을 확대했는가 하면 다른 한편으로는 지방분권적 세력들이 각기 자기 지역을 독립적 통치단위로서 확립하려 했던 양면성을 보여주었다. 결과적으로 둘 사이에 일련의 타협과정을 거치게 되었으며, 하나의 통치체제로 귀결될 수 있었다. 즉 지방 중심의 유력자들을 중앙 관직에 임용해서, 그들에게 통치세력으로서의 위치를 보장받게 했으며, 부분적으로는 그들의 지방에 대한 특권도 인정해 주는 형식을 취하였다. 물론 그들도 중앙집권체제가 미치는 구심력의 자장권 안에 있었다. 이는 결국 중앙집권과 지방분권 사이의 합의적인 제도였지만, 결과적으로는 구심력에 따른 원심력의 흡수로 이해할 수 있다. 그러나 최소한 그 내면에는 여전히 둘 사이에서 균형관계를 이룩하려는 시도를 찾아볼 수 있게 된다.[1]

중세적 통치체제의 지배이념으로 특정 종교는, 그 종교의 관념이나 사상에 바탕을 둔 통치라기보다는 통치세력이 그 종교를 활용해서 통치했다고 할 수 있다. 고대의 통치가 종교를 바탕으로 하는 통치, 즉 종교=통치라는 특징을 가졌다면, 중세는 통치체제가 종교의 지원을 받았으며 그것을 통치에 이용했다고 할 수 있다. 이 점에서 중세는, 종교와 국가의 일체성에서 벗어나 둘 사이에 일정한 거리관계를 이루게 되었다. 물론 이 시기도 종교가 통치이데올로기로 자리잡음으로써 때로는 종교국가의 성격을 가지기도 했다. 종교지도자가 통치권을 장악하고 중요 관직자가 될 수도 있었다. 그러나 이러한 사례는 드물었으며, 실제로 종교는 통치

---

1) 고려왕조의 시작부터 종말에 이르기까지 자주 일어났던 정변과 통치세력들 사이의 권력 갈등은 어느 면에서는 중앙집권적 구심력과 지방분권적 원심력 사이에 잠정적으로 또는 외관적으로 이루어진 균형관계가 정착되지 못한 데에서 비롯하였다고 이해할 수 있다. 즉 지방분권적 유력세력들이 갖는 권력 점유에 대한 의식과 경쟁적 갈등이 그러한 속성을 자주 일으켰다고 할 수 있다. 물론 고려 이전과 이후의 왕조에서도 정변이 일어났지만, 그것은 주로 왕권과 연계된 왕족이나 왕실의 인사들에만 한정되었다. 고려의 경우는 그보다 더 넓은 의미의 통치세력들 사이의 관계에서 빚어진 현상으로 이해할 수 있다.

세력을 지원하는 위치에 놓여 있었다.[2] 이 점에서 중세기에 정치와 종교
는 연계되었지만, 둘의 기능적 분화가 이루어지는 초기 단초를 열게 되
었다.

중세의 성격을 이렇게 인식할 때, 고려는 중세적 성격과 함께 고대적
성격도 일부분 지속시키고 있었다. 이는 고려시대가 고대에서 중세로 이
행하는 시기의 성격을 가졌음을 의미한다. 결국 고려는 둘의 혼존을 보여
주었다. 그러나 조선은 고려와 달랐다. 고려의 중앙집권적-지방분권적 균
형관계가 조선에서는 중앙집권적인 것으로 귀결되었다. 그러면서도 여전
히 중세적인 성격도 갖고 있었는데, 그것은 중앙의 관직자가 지방 통치관
으로 파견될 수 있었기 때문에 지방분권적 요소의 약화처럼 보였지만, 실
제로는 다른 면을 드러내고 있었다. 즉 이들 통치관도 실제 지방에서는
기존의 지방통치체제와 지배구조를 인정했으며, 그 범주에서 그것을 활
용할 수밖에 없었다. 이는 중앙에서 파견된 통치관과 지방 유력자들 사이
에 접합이 이루어진 형태를 이루었음을 의미한다. 그러므로 중앙집권-지
방분권의 관계는 중앙집권으로 변했다기보다는 단지 겉으로는 중앙집권
적이었지만 실제로는 둘 사이에 타협점이 마련되었다고 할 수 있다.

종교적으로도 연계-구분의 관점에서 이전과는 다른 모습을 보여주게
되었다. 즉 불교와 통치체제 사이에 일체성이 이루어졌던 고려와 달리,
조선에서는 성리학이 공식적인 통치이념으로 정립되고 있었다. 비록 성
리학도 종교의 외피를 지니기는 했지만 종교적 속성과는 어느 정도 거리
가 있었다.[3] 어느 면에서 조선에서 종교의 영역은 여전히 불교가 차지하

---

2) 중세시대에도 종교 지도자는 정치적으로 왕사나 국사로 임명되었거나 대우받았으며,
   국왕의 자문 구실을 담당하기도 했다. 그러나 중세는 고대사회가 보여준 제정일치적
   성격이나 그 뒤의 종교국가적 상황과는 구분되었다. 즉 종교 지도자에 대한 예우나 대
   우는 이전과 큰 차이가 없었지만, 실제로 통치의 특정 기능을 수행하는 경우는 없었으
   며, 단지 통치이념으로 종교적 상징조작에 대한 책임을 맡았을 뿐이다. 물론 고려 말
   신돈의 경우처럼 종교 지도자가 정치에 직접 관여하였지만, 그것은 어느 면에서 그 당
   시의 통치체제가 중세적인 성격에서 벗어나 고대적 성격으로의 퇴역성을 의미하는 한
   표현으로 이해할 수 있다.
3) 성리학은 외관상 또는 형식적으로 종교적 외피를 가졌는데, 가령 조상숭배와 같은
   것이 그러한 일면이었다. 그러나 성리학은 종교가 갖는 내세에 대한 기원이나 현실에
   대한 기복적 욕망은 충족시켜 주지 못했다. 이 점에서 조선의 종교는 여전히 불교가

고 있었다. 이처럼 고대사회에서 중세로의 이행기에 중세적 성격을 가졌던 고려와, 중세적 속성을 가지고 있으면서도 그 속에 근대로의 전환을 예비하고 있었던, 그리고 그것을 위한 내적 기반을 부분적으로나마 구축해야 했던 조선과는 차이가 있을 수밖에 없었다. 조선의 성리학적 통치이데올로기는 종교의 범주로만 한정될 수는 없다. 오히려 통치이데올로기적 속성, 즉 통치체제의 지향과 그 실천의 주요 내용으로 되어 있었으며, 통치세력에 대한 이념적 자기 구속성을 보여주기도 했다. 물론 성리학은 피지배세력도 통치체제 속으로 끌어들여 포섭하는 통합이념의 기능도 행사하고 있었다.

또한 통치세력 차원에서도 조선은 고려와 구분되는 특징을 보여주고 있었다. 조선에서는 확고한 관인체제가 정립되었다. 통치세력의 중추부는 관인체제의 정점으로 되어 있었으며, 그것은 과거제도와 양반제도의 계층구조로 위계적 성격을 보여주었다. 물론 고려나 조선에서도 특정 벌족의 특권적인 제도였던 음서제가 그대로 지속되었다. 그러나 성리학의 명분논리에 따라 관인제도가 점점 확고하게 자리잡음으로써 음서제의 영향력도 상대적으로 줄어들 수밖에 없었다. 무신이나 문신들 가운데 일부의 권신화와 그에 따른 벌족의 등장이 고려의 주요한 관인체제적 성격으로 자리잡고 있었다면, 이것 자체가 고대와 중세적 성격으로 관통하는 내용일 수도 있다. 즉 통치세력은 직접 국왕 가까운 자리에서 정책결정에 배타적인 영향력을 행사할 수 있을 정도로 특권적인 집단이었으며, 이들을 지원하는 다수의 관인층이 그 아래에 자리잡고 있었다. 이들 관인층 자체가 넓은 의미에서 지배세력이었다. 통치세력과 지배세력 사이의 관계는 고려에서는 분명하지 않았다. 즉 지배세력의 범주에 속했던 인사나 가문도 정변과 같은 특정 정치적 변혁 상황에 따라 상층 통치세력으로 상승할 수 있었기 때문이었다. 이처럼 둘 사이의 구분은 엄격하지 않았으며 어느 면에서는 권력구조의 유동성까지 보여줄 정도였다.

그 자리를 차지했으며, 성리학은 그것과 부분적으로 접합된 단지 통치이념으로 기능하였다.

그러나 조선의 통치세력은 왕조 건립에 직접 참여했던 공신과 외척, 그리고 소수 특권적 관인들로 구성되었다. 그 아래 놓여 있었던 지배세력 은 문무 양반을 비롯한 사림을 포함하였다. 한정적인 통치세력과 그 밖에 넓은 영역에 걸쳐 이루어졌던 지배세력 사이의 구분은 조선의 경우 고려 보다 더 엄격했으며, 계층적 위계성도 확립하고 있었다. 성리학과 과거제 도가 어느 면에서는 이러한 성격을 지탱시켰으며, 때로는 강화시키는 요 인으로 작용했다.

상층 통치세력으로 자리잡기 위한 상향적 유동화를 모색했던 지배층 인사들은 통치권과 유착하게 되었으며, 때로는 기존 통치세력에 대해 투 쟁하기도 했다. 이러한 성격의 구체적인 형태가 사화나 당쟁이었다.[4] 고 려의 권력구조나 통치세력과는 달리 조선에서는 성리학의 엄격한 규제력 때문에 지배세력의 상승화에 많은 제약이 따랐다. 따라서 조선은 고려시 대보다 통치구조나 지배세력 등 통치체제에서 경직성을 보여주었다. 이 러한 경직성은 관인제도로부터 지원받았으며, 그것 자체가 통치제도의 기본 속성으로 자리잡았다.

물론 조선은 전형적인 중세의 왕조체제라고 할 수 있다. 조선의 중세 적 성격, 즉 군왕 중심의 통치권 행사, 그에 따른 왕조의 사유화 개념, 강 제와 억압적인 통치구조, 그리고 정치 통합의 결여로 대다수 피지배층은 통치에서 강압적인 대상으로만 고정되었다. 조선의 등장은 기존의 통치 세력 사이에서 빚어진 결과물이었지만, 여기에는 기본적으로는 통치이념 의 영향력도 주요한 원인으로 작용했다. 이 두 가지 요소들의 연계에 덧 붙여 외세의 영향력도 지적할 수 있다. 즉 이들 삼자의 연계 위에서 이루 어진 통치체제가 조선이었다. 물론 이 세 가지 요소만이 배타적으로 작용 했다고 단정할 수 없다. 이러한 요소들에 덧붙여진 여러 가지 내용들도 생각해볼 수 있다.[5] 조선왕조의 등장은 좁은 의미에서는 통치구조에서 신

---

4) 물론 사화나 당쟁은 통치세력 안의 갈등이었다. 그러나 여기에는 지배층에 속했던 유림이나 관인들이 연계되어 있었다. 그러므로 사화나 당쟁의 결과는 지배층의 인사들 이 상층 통치세력으로 상승화할 수 있는 계기가 될 수 있었다.
5) 그러한 요소의 하나로는 전제(田制)와 같은 것의 제도적 변화로, 이러한 변화는 곧

진문신세력과 전통적인 통치세력 사이에서 빚어진 갈등과, 그 결과로 신진세력이 통치권을 점유한 것으로 인식할 수 있다. 사회경제적으로는 고려 말의 토지제도 등 사회가치 배분의 제도적 한계, 즉 그러한 제도의 문란으로 일어났던 정치 사회적 갈등이 마침내 통치체제를 변혁으로 몰아넣었다고 할 수 있다. 그러나 신진문신세력의 등장은 기본적으로 성리학과의 연관에서 설명될 수 있다. 성리학에 따라 신진세력은 지배세력으로 출사할 수 있는 상승화를 이룰 수 있었으며, 성리학에 근거하여 기존의 통치세력에 대한 대결을 합리화할 수 있었다. 그리고 새로운 통치체제로의 지향을 성리학으로 논리화하고 정당화할 수 있었다. 이 점에서 종교나 가치 관념 차원에서는 지배이데올로기로서 불교의 위치 상실과 그것을 대치한 성리학의 통치이념화에 따른 결과물로 이해할 수 있다.

성리학을 비롯한 지배이데올로기를 필두로 여러 요소들이 서로 연계된 결과가 조선왕조의 등장이었기 때문에, 이러한 사실을 살펴보기 위해서는 조선의 등장을 설명하는 인식논리의 설정이 필요하다. 비록 이념형적이지만 설명력을 높이기 위한 하나의 시도라는 점에서 그 의미를 갖는다.

조선의 등장에 관한 논리는 조선에만 한정시켜서 접근할 수는 없다. 일반적으로 정치사에서 왕조의 흥망은 일정한 통치체제의 변동과정을 거친다. 그러한 변동은 곧 통치세력, 이데올로기, 외세의 영향, 그리고 군사력과 같은 통제수단 사이의 관계를 중심으로 논리적인 분석틀을 마련할 수 있기 때문이다. 이들 사이의 연관을 밝힘으로써 하나의 왕조에서 다른 왕조로 이행하는 데 대한 설명력을 갖게 된다. 이를 도식으로 설정해서 조선왕조의 등장에 대한 분석의 논리로 활용하면 다음과 같이 정리된다.

지배세력의 물적 기반에서 변화를 가져왔다. 어느 면에서 사회경제적인 성격의 변모로 이해할 수 있는 이러한 요소도 중요한 영향력을 미쳤지만, 그것은 앞에서 말한 종교의 지배이데올로기, 통치세력, 외세의 영향력이라는 세 가지 사실에 비춘다면 부가적인 것으로 이해할 수 있다.

조선왕조 등장의 인식논리

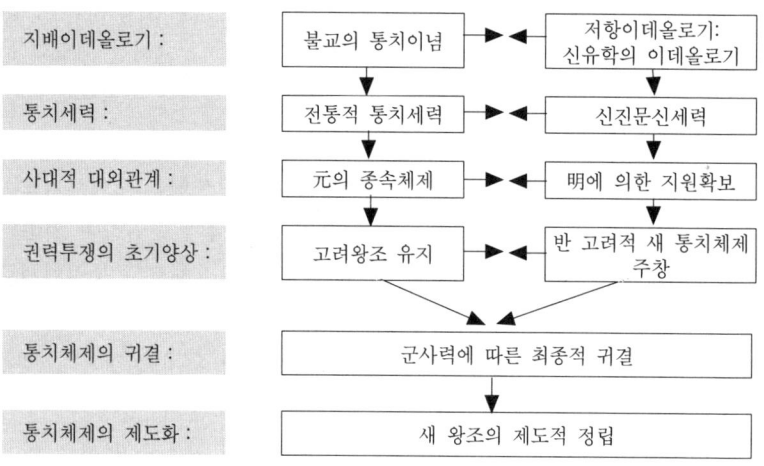

지배이데올로기 :	불교의 통치이념 ◄───	저항이데올로기: 신유학의 이데올로기
통치세력 :	전통적 통치세력 ◄───	신진문신세력
사대적 대외관계 :	元의 종속체제 ◄───	明에 의한 지원확보
권력투쟁의 초기양상 :	고려왕조 유지 ◄───	반 고려적 새 통치체제 주창
통치체제의 귀결 :	군사력에 따른 최종적 귀결	
통치체제의 제도화 :	새 왕조의 제도적 정립	

위에서 알 수 있듯이 조선의 등장은 한국 정치사에서 찾아볼 수 있는 왕조의 변동을 그대로 거치고 있다. 즉 지배이데올로기의 변화와도 연관됨을 보여준다. 불교왕국의 성격을 지녔던 고려의 불교는 민중들의 신앙으로 굳건하게 자리잡고 있었으며, 왕실과 권신의 비호를 받을 수 있었다. 그러나 그것은 왕조의 통치이데올로기로서 점점 그 적실성을 잃어가고 있었다. 고려의 통치제도적 근간과 그 기능은 유학에 근거를 두게 되며, 이 점에서 불교와 유교의 공존적 접합을 이루고 있었다. 물론 이러한 접합은 유교가 고려 중·후기부터 성리학적 지향성으로 변모되면서 불교와 대립적인 성격을 보여주기도 했다. 특히 신진문신세력은 왕실과 권신의 지원 아래 있었던 불교의 통치이념적 한계를 공박했으며, 신앙으로만 전제해야 한다고 생각하기도 했다. 즉 성리학에 따른 통치체제를 추구하려는 생각을 갖고 있었다. 신진문신들의 이러한 이념 지향은 자연히 통치이념으로 기능했던 불교와 마찰을 빚을 수밖에 없었다.

통치이데올로기의 이러한 갈등에 결정적인 기회를 제공한 것은 중국 대륙에서 일어난 원·명의 교체였다. 성리학을 통치이데올로기로 수용하려 했던 신진문신들은 명의 지원을 받을 수 있었고, 성리학에 바탕을 둔 통치라야 왕조체제의 정도라고 강하게 주장하게 되었다. 따라서 신앙체계로서 불교와, 통치이념으로서 성리학 사이에는 필연적인 분화가 나타날 수밖에 없었다. 이는 어느 면에서는 통치이념에 영향을 미쳤던 불교를 배격하고 성리학의 이데올로기로 이어지게 되었다. 이처럼 지배이데올로기의 변화는 신진문신들의 세력강화와 존재성의 정립에 이념적인 자원으로 작용할 수 있었다. 즉 신진문신세력의 통치권 장악과 점유의 명분론으로 동원될 수 있었다. 그러므로 성리학은 불교왕국인 고려를 대신해서 새로운 왕조로서 조선의 등장을 이끌어 내었던 이념적 견인차였다.

또한 신진문신세력은 성리학적 기반을 바탕으로 과거로 출사할 수 있었고, 그들 사이에는 성리학을 중심으로 강한 응집력을 이룰 수 있었으며, 점점 통치세력으로 부상할 수 있었다. 그 결과 신진문신세력은 전통적 권신세력에 대결하는 갈등관계에 놓이게 되었다. 이처럼 지배세력의 분열은 통치권 장악을 중심으로 전개되었다. 신진문신세력도 고려 말까지는 전통적 통치세력, 즉 권신을 근간으로 했던 통치체제에서 하위직을 차지했던 미미한 존재들이었다. 이들은 몇 차례 통치권에 접근하기 위해서 시도했지만 여러 요인들로 제약받기도 했다. 즉 권신을 중심으로 한 통치세력의 권력 점유는 세습성을 보여주고 있었는데, 이는 외척 등 특정 권신에 따른 통치권의 독점화로 나타났으며, 따라서 신진문신세력의 상승 통로는 사실상 차단될 수밖에 없게 되었다.

신진문신세력들의 권력 욕구는 직위와 무관하게 표출되었다. 통치권으로의 접근 통로가 폐쇄적일수록 그들의 상승 욕구는 더한층 증대되었다. 이 점에서 이들의 개인적인 욕구불만은 집단적으로 결속될 수 있는 또 다른 계기가 될 수 있었다. 그 결과 신진문신세력들은 집단을 이루게 되었으며, 그들의 영향력은 마침내 전통적 통치세력과 경쟁관계를 이룰 수 있게 되었다. 이 과정에는 개인적으로 일부 상층의 전통적 통치세력들로부터 지원을 받는 경우도 있었다.

신진문신세력은 권력경쟁에서 전통적인 통치세력에 맞서기 위해 그들의 존립과 활동 지향에 대한 논리화로 성리학을 동원할 수 있었다. 그들이 주장한 성리학은 왕조 통치를 합리화하고 그들의 통치권 접근에 대한 명분논리로 활용되었다. 그것은 신진문신세력의 새로운 통치이데올로기가 되었다. 성리학은 당장에는 일종의 저항이데올로기적 성격을 보여주었다. 그것은 전통적 통치세력을 정당화했던 기존의 통치이데올로기와 대립될 수밖에 없었기 때문이다. 물론 신진문신세력이 주장했던 저항이데올로기로서 성리학은 피지배 민중들을 위한 것이거나 그들을 통치체제 속에 포함시키기 위한 통합성을 갖기보다는 신진문신세력만의 통치권 장악을 위한 이데올로기로 한정되고 있었다. 따라서 그것은 통치체제보다는 통치세력의 변혁적 대치를 주창했으며, 기존 이데올로기의 극복에 따르는 대안적인 존재일 수 있었다.

기존의 통치이데올로기와 저항이데올로기 사이의 대립에서 궁극적인 승리는 어느 집단이 통치권을 장악하는가에 따라 결정될 수 있다. 이 과정에서 주요한 변수는 주변 강대국의 변화와 그것에 따르는 영향력이었다. 외세의 영향력은 한국 정치사에서 일관되게 작용해 왔던 요소였다. 가령 통일신라 이후 중국의 강대국에 대한 사대는 왕조와 통치세력의 명분이자 중요한 통치수단으로 활용되어 왔다. 고려는 원과의 관계에서 이러한 성격을 심화시켰다. 이는 곧 중국의 왕조 교체가 주변국인 고려와 조선에도 곧장 영향을 미치게 되었음을 의미한다. 가령 고려에서 왕위의 세습과 권신의 존속 여부도 원의 영향력으로 결정되었으며, 통치세력이나 도전세력의 위세도 원의 입김에서 크게 벗어날 수 없었다. 중국대륙의 이러한 영향력은 종주국으로서 군사력과 가치 관념의 두 가지 사실에 따라서 주로 행해졌다. 고려에서 조선으로 왕조가 교체되는 시기가 중국대륙에서 원과 명이 교체되는 시기와 일치했음이 이러한 사실을 말해 준다. 이는 또한 원의 통치이념이었던 불교로부터 명의 유학으로 통치이데올로기가 전환되면서 곧장 조선에도 그렇게 영향을 미치게 되었다.

통치세력과 지배이데올로기, 그리고 그것과 연계된 강대국의 영향력을 서로 결부시키면, 중국대륙의 체제변동에 즈음해서 고려의 신진문신세력은 새로운 통치이데올로기로 성리학에 의존하게 되는 계기를 마련할 수 있었다. 물론 신진문신세력이 고려왕조의 통치권을 장악하게 되었다고 해서 곧장 새로운 왕조의 개창으로 달려갈 수 있었던 것은 아니었다. 마

치 중국에서 새 왕조의 등장이 이전 왕조와 상당한 대립기간을 거쳐야
했던 것과 비슷한 사정이었다. 전통적 통치세력도 여전히 잔존하고 있었
으며, 어느 면에서는 이들이 점유하고 있는 각종 사회경제적 가치의 독점
도 무시할 수 없었다. 이러한 상황은 기존 왕조 안에서 신진문신세력의
등장이라는 한정된 성격으로 귀착될 수밖에 없었다. 여기에서 신진문신
세력은 자연히 그들의 영향력을 극대화하기 위해서 전통적 통치세력과
대결관계에 들어가지 않을 수 없었다. 그 대결의 핵심은 왕조체제의 정점
인 국왕을 그들의 영향권에 두려는 데 있었다. 이들 신진문신세력은 신왕
의 옹립이 가장 확실한 방법임을 자신했으며, 국왕의 교체야말로 신진문
신세력이 통치권을 점유하는 것으로, 전통적 통치세력을 제거하는 것일
수 있었다. 이렇게 함으로써 새로운 왕조를 등장시킬 필요성에 놓이게 되
었다. 기존 통치체제 안에서 통치세력들 사이의 권력 갈등이 결과적으로
새 왕조를 창설하게 하였다.

　물론 이러한 전개과정은 전통적 통치세력의 경제 사회적 특권과 그들
의 지지세력의 제거로 시작되었다. 그러한 의도에서 이루어진 제도적 조
치가 고려 후기의 관제와 전제의 개혁, 그리고 노비문제의 혁파였다. 이
러한 과정을 거쳐 전통적 통치세력의 영향력을 어느 정도 약화시킬 수
있었다. 물론 이들의 제거가 곧장 새로운 왕조로 정착될 수는 없었다. 전
통적 통치세력의 제거는 이어서 신진세력 내부에서 분열을 맞았기 때문
이었다. 이는 신왕조 창출과정에서부터 신진세력 내부에서 분열이 일어
나, 체제변혁적 인사들과 개혁적 인사들이 대립하게 되었다. 체제변혁 세
력과 개혁세력 사이의 대립은 무력충돌로 이어졌으며, 그 과정에서 체제
변혁 세력의 승리로 신왕조의 창출이 가능하게 되었다. 신왕조의 창출로
변혁세력은 그들의 위치에 대한 위협을 사전에 차단하기 위해서 적대적
인 세력을 철저하게 제거했다.

　이러한 전개과정을 살펴보면 신왕조의 창출이 이전의 왕조와 완전히
다른 새로운 시대변화나 지배세력과 피지배층 사이의 대치적 변화를 보
여준 것이 아니라, 단순하게 이전 왕조적 성격의 연장선 위에 통치세력만
의 변화에 불과했을 뿐이다. 따라서 이러한 왕조체제의 변화도 결국 중세

적 왕조체제라는 기본 속성에서는 벗어날 수 없는 단지 이전 통치체제의 지속성을 그대로 가질 수밖에 없었다. 이는 통치체제의 외곽에 방치된 피지배 민중의 역량과 그 영향력의 차단에 따른 결과이기도 했다. 그리고 상층 통치세력과 그들을 둘러싼 지배세력의 변화로만 국한시켰기 때문이었다. 이 점에서 '사회혁명 없는 통치체제의 변화'가 갖는 통치세력의 지속성, 즉 상층 지배세력에 의한 통치체제의 변화하는 성격은 조선왕조 통치체제를 제약하는 기본 요인이 될 수밖에 없었다.

2. 성리학과 통치이데올로기의 재편

신진문신으로 공신들은 상대적으로 급진론자였다. 이들과 대립적인 또다른 세력은 신진문신들 가운데 점진적인 개혁을 추구했던 온건론자들이었다. 온건론자들은 고려왕조의 지속을 주장하면서 개혁으로 그 체제를 강화하려 했다. 물론 이들도 성리학을 신봉했다. 그러나 이들은 그 당시 몇 가지 정책에서 급진론자와는 달랐다.[6] 즉 온건론자들, 이제현(李齊賢), 이색(李穡), 정몽주(鄭夢周), 권근(權近, 권근은 뒤에 급진파로 전환했다) 등은 성리학적 기반 위에 서 있었으면서도 불교에 대해서 비교적 타협적이었다.

이들 성리학자들의 핵심 논의 가운데 하나는 주로 기(氣)와 이(理)에 대한 관계로 '기'와 '이'가 어떻게 생성되며, 천지만물의 구성인자가 무엇인지를 밝히는 것이었다. 이러한 논의를 구체적으로 이색에서 찾아볼 수 있다. 이색은 현실과 이상, 유물과 관념의 양분성을 명백하게 구분하지

---

6) 고려시대의 통치사상도 역시 유교였다. 그러나 그것은 훈고학적 성격을 갖고 있었던 한당(漢唐) 유학이었고, 또 불교에 의해 상당한 제약을 받을 수밖에 없었다. 이러한 상황과는 달리 조선조 초기의 유교사상에서 가장 중요하게 생각했던 것은 바로 왕도정치사상이었다. 여기서 의미하는 왕도정치는 유교로 교양된 국왕과 유신(儒臣)들이 이상적인 유교정치를 할 수 있는 정치체제에서 유교적 민본사상으로 덕치(德治)와 인정(仁政)을 베풀고, 나라의 모든 의례는 의례(禮治)에 입각해서 행하며, 유교윤리가 양반 사대부만이 아니라 일반 민중의 생활로 정착되는 것을 의미했다.(이존희, 〈양반관료국가의 특성〉, 《한국사》23, 국사편찬위원회, 1994, p.13)

않았지만, 자연을 이루는 기본을 '기'라고 파악했다. 이 점에 대해 그는 이렇게 주장했다. "비록 하늘과 땅은 본래 하나의 '기'로 되어 있지만 산과 하천, 초목들도 본래 하나의 '기'로 되어 있는 것이 사실이다. 어찌 그 사이에 가히 경중을 말할 수 있을 것인가. 두 가지가 다 중요하다"고 주장했다.[7] 그러면서 그는 하늘과 땅도 본래 '기'로 되어 있으며, 사람과 사물은 이 '기'를 받아 생겨났다고 설명했다. '기'가 큰 것은 천지가 되었고, 그 '기'가 밝은 것은 해와 달이 되었으며, '기'가 흩어지면 바람·비·서리·이슬이 된다는 것이다. 그 '기'가 솟아 산을 이루고 그 '기'가 흘러 강과 하천을 만든다. 특히 이색의 '기'에 대한 설명에서 수기(水氣), 즉 물기가 가장 근원적인 것이며, 우주에 존재하는 형형색색의 사물들은 모두 물[水]에 기초하고 있으며, 사람도 마찬가지다. 만약 우주 공간에 물기가 없거나 통하지 않는다면 자신의 생명조차 유지할 수 없게 된다.[8]

이색의 논의는 자연계의 사물이 변화하고 변전하는 원인을 무극-태극의 관점으로 설명했다. 그의 논의에 따르면 태극이야말로 우주의 근본이며, 그것이 한번 움직이고 고요함에 따라 만물도 변화한다. 음양 변화의 근원은 무극지진으로 귀결된다. 여기서 무극지진의 뜻은 소리도 없고 냄새도 없으면서도 하늘과 같은 궁극적인 실체요 기원이다. 바로 이 점에서 '무극이면 태극이다'는 논리를 설정하게 된다.[9] 곧 무극지진은 사물 변화의 궁극성으로, 일종의 초자연적이고 정신적인 힘이라 할 수 있다. 이 점에서 이색의 사유는 '기'와 '이'의 혼재성을 찾을 수 있으며, 이 점에서 그 한계를 드러내고 있다. 그가 현실문제의 궁극적인 원인 규명과 적극적인 대응책의 강구에 진력하기보다는 공존적이지만 혼존을 수용하는 측면을 드러낸 것에서도 이 점에 이해할 수 있다.[10] 이색이 보여준 고려 말의 혼

---

7) 《목은집》권 3, 국간기.
8) 《동문선》권 73, 침류정기.
9) 《동문선》권 73, 양진재기.
10) 이색은 불교에 대해서 '부처는 성인이다'라고 주장하면서 불교에서 말하는 견성(見性), 즉 사람이 자기의 본성을 알게 되는 것이나 성리학에서 말하는 양성(養性), 즉 사람이 자신의 본성을 키워나가는 것은 같은 의미와 목적을 가진 것으로 그 근원이 동일하다고 말하였다. 이는 곧 불교와 유교 사이의 적절한 타협을 의미하는 것으로 이해할

돈에 대한 인식, 즉 왕실과 권신의 부패를 바라보면서 급진적인 변혁을 반대했으며, 조준이나 정도전 등 급진론자들에 대해 일거에 경솔하게 문제를 고치려 한다고 비판했다.

이색과는 다른 성리학자로 정도전을 들 수 있다. 그는 척불론을 주장했다. 즉 불교에 대한 강한 배격은 〈심기리편〉, 〈심문천답〉, 〈불씨잡변〉 등에서 찾아볼 수 있다. 정도전은 우주 공간에서는 사람을 비롯하여 여러 사물과 현상들이 항상 발생 변전한다고 설명하면서, 이 모든 것들은 우주에 미만된 물질적인 '기'의 작용으로 이루어진다고 강조했다. 그의 인식은 자연히 주관적인 불교의 관념론을 배척하게 되었다. 그는 불교에서 말하는 불멸론을 부정했는데, 자연은 '기'의 운동변화에서 이루어진 산물이며, 그 속에 있는 모든 사물 현상들은 '기'가 모이고 흩어짐에 따라 발생 또는 소멸한다고 말하면서, 사람의 정신은 사람의 육체적인 '기' 때문에 발생하며, 이는 마치 나무가 있어야 그것에 의해 불이 일어나는 것과 같다고 설명했다.[11]

그는 불교에서 주장하는, 사람이 죽어도 정신은 소멸되지 않으며 정신은 다른 사람의 육신에 옮겨져 계속 돌아다닌다는 논의를 정면으로 반격했다. 즉 천지의 변화에서 나고 죽는 것은 무한히 반복되고 끝이 없다고 여겨지지만, 모이는 것이 있으면 흩어지는 것이 있듯이, 그 시작과 종말은 분명히 있을 수밖에 없다고 주장했다. 즉 사람은 '기'에 따라 자연스럽게 출생했다가 그 '기'가 흩어지면 죽는 것인데, 여기에 그 어떤 불멸도 존재할 수 없다는 것이다. 즉 사람이 죽으면 그 육체를 구성했던 '기'도 흩어지기 때문에 정신도 소멸된다고 생각했다. 그러므로 정도전은 불교에서 말하는 영혼불멸론이나 인과응보설, 그리고 극락과 지옥에 대한 논의는 허황된 교리라고 논박했다.[12]

수 있다.

11) 《삼봉집》 권 9, 〈불씨윤회지변〉.

12) 이 점에 대해서 정도전은 이렇게 적어 놓았다. "불교에서 사람의 생사화복은 인과응보에 따라 규정된다고 하는데, 그것은 극히 황당한 것으로 믿을 수 없는 그릇된 논의이다. 원래 사람은 기에 따라 생겨난 것으로 사람에게 빈부귀천과 지혜롭고 힘있고 수명이 길고 짧은 것이 있게 되는 것은 그 사람의 육체를 구성하는 기의 바르고 바르지

정도전은 불교를 비판하면서, '기'에 대한 논의를 중시했던 것이 아니라, 어느 면에서는 '이'의 우선성을 강조했다. 즉 '기'를 사물현상의 본질이라고 인식하면서도 '기'는 '이'에 따라 생긴다는 생각을 갖고 있었다. 그의 주장에 따르면 '이'는 천지에 앞서서 존재하며 '기'도 '이'로 말미암아 생기고 마음도 또한 '이'에 따라 발생한다면서 '이'야말로 '심'(心)과 '기'의 본원이며 '이'가 있고 난 뒤에야 '기'가 있다는 것이다. '이'에 대한 강조는, '이'에 대한 최고 가치성의 부여이며, '이'에 바탕을 둔 그 가치성의 실천이야말로 인간사회의 궁극적인 지향이라고 생각했다. 이 점은 일반적으로 '기'를 중시하는 성리학자보다 '이'를 강조하는 성리학자들이 독단적인 관념론으로 흐르게 된 한 측면을 보여주는 것이기도 하다. 정도전이 급진론자로 앞장설 수 있었음은 '기'에 우선하는 '이'의 전제를 믿고 있었던 그의 성리학적 사유에 바탕을 두고 있었다.

'이'에 대한 정도전의 인식은 현실통치에서 거대 토지를 점유했던 권신들에 대한 공격에 앞장설 수 있었으며, 나아가 그의 토지에 대한 관념을 이룰 수 있었다. 그는 토지는 왕조에서 백성에게 배분 경작하게 하는 것이며, 그곳에서 나오는 소출의 일정 분량을 왕조에 바치고 나머지는 경작자가 갖게 함으로써, 그 경작자를 부유하게 해야 한다고 생각했다. 이러한 성격의 토지제도를 권신과 대지주가 병탄하다 보니 가진 자의 토지는 늘어나게 되고, 경작자는 소작인으로 전락되었다가 나중에는 도적이 되고 만다는 것이다.[13] 사람들이 경작해서 일용에 필요한 농산물과 식생활을 마련할 수 있다면, 본래 착한 인간의 성품은 더한층 반듯해질 것이고, 그렇게 될 수 있는 상황이 마련되면 사람들은 모두 예를 지키고 부모에 효도하고 나라에 충성할 것임을 강조했다.

정도전은 치자들은 농본정치를 이룩하는 것이 신민들을 위한 우선적인 과제라고 강조했다. 그는 한 나라의 번영이나 군비나 재물의 충당은 모두 농사에서 얻게 되며, 백성도 그 농사를 통해 살게 되고 번영을 누리

못한 것 또는 맑고 흐린 것의 차이에 따라 생기는 것으로, 이것이 그 어떤 부처의 의지나 예정된 운명에 따라 규정된 것은 아니다."(《삼봉집》 권 9, 〈불씨인과지변〉)
13) 《삼봉집》 권 7, 〈조선경국전〉 상.

며 미풍양속을 이룰 수 있다고 생각했다. 그러므로 농사야말로 만사의 근본, 즉 농본사상을 강조했다. 이 점에서 국왕 자신이 친히 밭을 갈면, 그 아래 백성들도 따라할 것이라고 주장하기도 했다.

정도전 역시 성리학을 치도의 기본 원리로서 이해하고 있다. 이 점에서 그는 성리학이 관인들의 가치 관념으로 우선 수용되어야 한다고 주장했다. 그가 불교를 배척했음에도 그 시대 대다수 성리학자들의 인식에서는 성리학은 치도의 기본이며 불교는 신앙체계라는 이분적 인식을 갖고 있었다. 즉 불교가 군건하게 사람들의 마음속에 자리잡고 있기 때문에 성리학이 갖는 치도의 관념 사이에 적절한 타협점이 마련되어야 하며, 그 공존의 가능성을 믿게 된 것이다. 물론 정도전과 같은 급진론자들은 불교를 철저히 배격했으며, 그것의 극복은 성리학의 치국이념을 실천하는 것으로 확신할 정도였다.

또한 성리학의 수용에 대해서도 온건파와 급진파 사이에는 차이가 있었는데, 온건파는 성리학의 '이'의 적용에 대해 차이점을 보여주었다.[14] 즉 온건파는 '이'에 편중되었으면서도 치인(治人), 즉 백성을 다스리는 기본 방략보다는 수기(修己), 즉 자신의 수양과 인격화에 치중하는 관념적이고도 윤리적인 면을 강조했다. 그러나 급진론자들은 주리적(主理的)인 관점에 서 있었지만 동시에 '기'를 중시하면서 '수기'보다는 '치인'에 역점을 두었다. 정치 경제적인 측면, 특히 부국강병을 이룩하기 위한 정치와 경제의 개혁에 관심을 두고 있었다. 또한 맹자의 왕도정치사상과 민본 이념, 그리고 《주례》(周禮)에 따른 유교적 이상국가의 건설을 목표로 삼았

---

14) 성리학에서 이(理)와 기(氣)는 정치철학적 사유의 본질로 되어 있다. 즉 우주와 인간의 질서를 형이상의 이(理)와 형이하의 (氣) 사이의 융합으로 구성되어 있다고 생각한다. 이(理)는 물(物)의 성(性)을 결정하고 기(氣)는 물(物)의 형태(形態)를 결정짓는 것으로 구분한다. 이(理)는 우주만물과 인간에 근원적으로 내재하는 것이며, 순수하고 지극히 선하여 인성(人性)의 근원이 되는 것에 견주어 기(氣)는 인간의 형체를 이루는 것으로 여긴다. 이(理)가 본연의 성(性)인데 견주어 기(氣)는 기질의 성으로 되어 인간은 본연의 성과 기질의 성을 동시에 타고나게 된다. 본연의 성은 지선(至善)하여 죄악이 발생하지 않지만 기질의 성은 선악(善惡), 현우(賢愚), 장단(長短), 통색(通塞) 등의 차이가 있어서 이 때문에 각종의 악과 범죄가 발생하고 인간들 사이에도 차별이 생긴다고 한다. 그리고 인간은 부단한 수양을 통하여 범죄·차별·정욕·악 등을 버리고 본연의 성을 되찾는 데 주력해야 한다고 강조한다.(《삼봉집》 권 7)

다.[15] 이들이 추구했던 유교정치의 이상은 중국 삼대(三代)의 이상사회를 실현하는 것이며, 이를 그려놓았던 《주례》를 더 소중하게 여겼다. 즉 《주례》를 기본으로 삼아서 새로운 유교국가의 수립에 목표를 두었으며, 그것에 합당한 제도와 통치를 실시했다. 유교의 통치구조는 곧 경제구조, 산업 부문에서 유교적 실천 관념을 적용하려 했다.[16]

　유교에 바탕을 둔 정치는 교화도 중시했으며, 이것이야말로 인간을 바르게 하는 것으로 여기고 있었다. 인간을 바르게 교화하는 것에는 일정한 순서가 있는데, 개인이 가정을 이루고 가정을 바탕으로 국가가 발전하며, 이들 국가가 다시 모여 천하를 이룬다고 생각했다. 이러한 단계적 성격에 맞게 개인은 수신(修身)을, 가정은 제가(齊家)를 국가는 치국(治國)을, 그리고 천하는 화평을 이룰 수 있어야 하며, 마침내 평천하(平天下)가 종결 목표라고 생각했다. 순서로는 개인이 무릇 모든 것의 시발이며, 그 종국적인 귀결은 천하라고 여겼다. 여기에서 개인이 행해야 할 수기(修己)의 방안은 존심(存心), 양성(養性), 격물치지(格物致知)라야 하며, 제가와 치국 평천하를 이룩하는 데 필요한 윤리와 도덕은 사람들 사이에 삼강오륜(三綱五倫)을 확립함으로써 얻을 수 있게 된다.

　한편 '이'와 '기'에 대한 논의에서는, '이'와 '기'는 둘이면서도 동시에 하나라는 생각을 갖고 있었다. 즉 '이' 속에 이미 '기'가 내포되어 있고 '기' 속에 '이'가 내재되어 있다. 이는 '이'와 '기'가 둘이면서도 하나이기 때문에 이기이원적 일원론(理氣二元的一元論)이라 할 수 있다.[17] 이러한 관점

---

15) 韓永愚, 《정도전사상의 연구》, 서울대출판부, 1983, p.27. 그리고 고려 말의 성리학자들이 보여준 《주례》 위주의 성격에 대해서는 다음과 같은 주장이 제기되고 있다. "고려 말 신흥 사대부 세력은 권문세족과 투쟁하는 과정에서 정치 사상적 입장에 따라 분화하여 전제개혁과 조선건국을 찬성한 세력은 주례를 중요시하여 왕도와 패도의 조화를 추구한 반면에 반대한 세력은 《춘추》를 중요시하여 성리학 본연의 왕도에 충실하였다."(고영진, 《조선시대 사상사를 어떻게 볼 것인가》, 풀빛, 1999, p.22)

16) 특히 경제구조에서는 지주-전호제(佃戶制)를 기반으로 하는 신분사회 질서를 지키기 위해서 사회구조에서 상하의 구분을 중시했으며, 성리학의 발전을 모색하기 위해서는 현량과(賢良科)의 실시와 소격서(昭格署)의 혁파, 유향소(留鄕所)의 복립 운동, 향약의 조직과 활용 등에 의한 향촌사회의 질서확립을 모색했는데, 이는 곧 《주례》에 따른 유교이념을 실천하기 위한 모색이었다.

17) 이존희, 앞의 글, p.16.

에 바탕해서 성리학은 그 통치의 대원칙을 우주와 인간을 지배하는 천리 (天理)에 따르는 것임을 전제하였다. 인간사회를 다스리는 최고의 통치권 자는 국왕이며, 국왕은 하늘의 천리에 따라 인간을 다스리는 존재였다. 이 점에서 국왕은 단순히 통치권을 소유한 지배자가 아니라 하늘로부터 위임된 천리(天理)의 실천자며, 이러한 바탕에서만 그 존재 의미를 갖게 된다. 천리를 실천하기 위해 국왕 스스로도 윤리적이어야 하며, 그렇게 함으로써 가장 천리에 적합한 존재가 될 수 있다고 믿었다. 즉 천리를 철 저하게 익히고 그것에 기반을 둔 충실한 복무자로서 군왕의 위치를 정립 해야 한다. 이 점에서 군왕은 덕을 쌓아야 하고, 윤리적으로도 충실하게 수양해야 하는 존재다. 수양이 이루어진 군왕에 따른 통치 그것이 곧 왕 도정치였기 때문에 군왕은 항상 수덕에 노력해야 하며, 이를 위한 구체적 인 덕목이 인의예지(仁義禮智)의 사덕(四德)이라고 설정했다.[18]

천리의 기본을 이루는 천심은 민심으로 표현되며, 이들 사이에 서로 감응관계를 이루고 있다고 믿었다. 국왕으로부터 민심이 멀어지는 것은 천심이 국왕에게 떠난 것으로, 이는 군왕의 실덕 때문에 빚어진 현상으로 이해했다. 국왕으로부터 멀어진 민심에 대한 천심의 감응은 군왕의 책임 을 묻게 되고, 그 책임 추궁의 구체적인 표현이 천재지변이라고 여겼다. 결국 국왕의 악정은 민심을 동요, 이반시키며, 그것이 곧 천재지변을 불 러온다. 결과적으로 이렇게 되면 천명은 다른 유덕자를 찾아 군왕의 자리 를 옮기는 결과를 가져오게 된다. 이 점에서 맹자는 천명이 바뀌는 것을 혁명이라 불렀으며, 혁명은 선양과 방벌로 이루어진다고 보았다.

민심과 천심의 감응은 국왕을 비롯한 통치세력이 민을 중시해야 함을 의미한다. 이것을 흔히 민본사상(民本思想)으로 설명하고 있는데, 이것은 민을 나라의 근본으로 중시하라는 논리이다. 즉 민유방본(民惟邦本)으로, 구체적으로는 '민을 최고로 귀하게 여기고, 그 다음이 사직이고, 임금은 그 가운데서 가장 가벼운 존재'(民爲貴社稷次之君爲輕)라고 표현되었다. 민본에 대한 이러한 논의는 조선 초기 성리학자들의 일관된 주장으로, 그

18) 위의 글, p.16.

가운데 정도전은 "대저 군주는 국가에 의존하고 국가는 민에 의존하므로 민은 국가의 근본인 동시에 군주의 하늘"이라고 말하고 있다.[19]

그러나 여기서 생각해야 할 것은, 민본은 지배세력에 봉사하는 통치체제의 자원으로서 민의 활용도를 의미하고 있다. 마치 주인의 이익을 위해 고용원을 잘 보살펴주는 것과 같은 논리였다. 민본은 왕조를 지속적으로 유지하기 위해 왕조의 자원인 민을 소중하게 다루어야 왕조체제가 별다른 문제없이 안정을 얻게 된다는 의미였다. 민이 없다면 사직도 관리도 있을 수 없으며, 이 점에서는 민의 중요성을 말하고 있을 뿐이다. 그러나 왕조체제 자체가 민을 위해 존재했던 통치체제는 아니었다. 그것은 단지 국왕과 통치세력의 특권을 배타적으로 확보하기 위해 피지배 민중인 민을 강압적으로 통치하는 체제에 불과했다. 그러므로 민은 왕조체제를 위한 동원적 자원이며, 지배세력에 대한 피지배층으로서 의미만을 가졌을 뿐이다.[20]

이러한 성격의 성리학이 조선왕조의 통치이데올로기가 되었음은 기본적으로 다음 몇 가지 사실을 전제하고 있음을 의미한다.[21] 하나는 계서적

---

19) 위와 같음.
20) 최근 학계의 일각에서 민본적 사고를 중심으로 조선왕조에서 민본정치가 행해졌고, 그리고 그러한 것을 민본사상이라고 규정하고 있다. 심지어 조선왕조는 민본사상에 따른 통치를 했기 때문에 조선왕조야말로 민주주의적 이념을 가졌다는 식으로 설명하는 논의도 없지 않다. 그러나 이러한 논의는 조선왕조에서 민본이 보여준 실제적인 성격, 즉 통치세력이나 지배세력에 따라 억압과 굴종 그리고 약탈의 대상으로 전락된 피지배 민중의 존재성을 실증적으로 인식한다면 조선왕조를 민본주의=민주주의라는 등식적 개념으로 설정할 수는 없을 것이다.
21) 신진문신들의 등장과 통치권 접근의 이론적인 배경은 바로 성리학이 맡았기 때문에 그것 자체가 통치이데올로기로 자리잡게 되었다. 통치에서 성리학적인 지향성으로 인하여 신진문신들 자신이 성리학에 따라 과거에 합격 출사할 수 있었고, 그에 따라서 신진문신세력의 위치를 장악할 수 있었기 때문에 성리학적 사유와 신념체계는 그들의 통치지향성과 불가분의 관계에 놓일 수밖에 없었다. 그러므로 이들의 이러한 성리학적 관념의 일차적인 대결의식은 고려가 단지 소수 벌족이나 그들의 후예인 권신들의 세습적 지배도구에 불과하며, 이를 불교가 정당화해 주고 있다고 비판한 데서 연유되었다. 그러므로 이들의 지향은 성리학자로 숭유억불정책을 통하여 고려의 권신들과 다른 차별성을 추진할 수밖에 없었다. 성리학만이 가치 있으며 이를 통해 이전의 누적된 적폐를 극복할 수 있다는 관념에 젖게 된 것도 모두 신진문신들이라는 그들의 정치사회적 위치와 연계된 성리학적 사유의 표현이라고 할 수 있다. 이 점에서 성리학은 이들에게 처음부터 통치권의 장악과 그 행사의 도그마적 이데올로기로서의 특징을 갖게

우주관의 정립이며, 둘째는 경직적인 사회구조, 셋째는 도그마적 지배 이념의 정립, 그리고 넷째는 고착적 사고를 들 수 있다.

먼저 계서적 우주관은 인간의 모둠체로서 집단, 국가, 세계, 그리고 삼라만상을 포괄하는 대원칙에 따라 일정한 계서적 질서가 이루어져야 한다는 전제에서 비롯되고 있다. 이러한 계서에서 최고의 정점에는 하늘, 즉 천도가 있으며, 이것은 '이'와 '기'의 합일체적인 태극의 존재가 자리잡고 있다. '이'와 '기'는 현실정치에서 천도의 원칙을 이루며, 이것에 따라 모든 권력의 생성과 소멸이 이루어지는 일종의 천의설적 표현으로 나타난다. 그리고 그 표현의 핵심에 군주가 존재한다. 물론 군주도 최고의 군주는 중국의 황제이고 그 다음에 주변의 국왕이 자리잡게 된다. 조선의 국왕이 중국 황제를 섬기는 것은 천리와 천도에 따르는 것이다. 하나의 대원칙, 즉 천도와 천리를 따라야 하는데, 이를 위반하는 국왕은 결국 멸망할 수밖에 없다는 것이다. 이러한 성격의 이데올로기적 성격은 강자에 대한 종속성을 정당화하는 이념적 기반으로 작용했다.

둘째로 지적한 경직적인 사회구조는 성리학적 이데올로기의 사회현상으로, 인간관계나 사회문제는 기본적으로 '정'과 '사', '호'와 '오' 그리고 '장'과 '단'으로 양분되는 분명한 구분과 개별적 규정성의 지배를 받는다. 따라서 이러한 인식은 타협이나 관용, 그리고 합의적 조절과 같은 과정은 단지 사악한 귀결로 흐르게 되며, 배척해야 할 행동과 사고로 여겼다. 그뿐 아니라 이는 성리학적 사유에서는 부당한 처사로 배척되었다. 이처럼 사고의 경직성은 곧장 행위의 경직성으로 이어지고, 그 결과 사회관계는 엄격성과 계율성으로 나아가게 되는 특징을 보여주었다.

셋째로 지적한 성리학의 도그마적 지배이념은 성리학 자체가 우주의 대원칙이기 때문에 불변의 진리라고 여겨졌다. 다른 어떤 이념이나 새로운 사상에 대해서는 무가치한 것이거나 사악한 것으로 규정했으며, 그 결과 성리학만 지배이데올로기로 받아들이는 고착성을 강화시켰다. 성리학 이외의 그 어떤 것도 배격해야 하는 획일적이고도 교조적인 성격은 그

되었다.

것 자체가 하나의 도그마가 될 수밖에 없으며, 강고한 통치논리로서의 규제성을 발휘하게 되었다. 성리학적 인식이라는 하나의 정형화된 틀 속에서만 상황과 문제를 바라보아야 했다. 이 점에서 성리학의 도그마적 지배이념은 결국 왕조체제와 그의 핵심인 상층 통치세력의 이익옹호를 특정화하게 되고, 그것만을 위한 규제성을 지속적으로 강화하시키는 결과를 빚게 되었다.

넷째로 지적한 고착성은, 성리학적 사유 자체가 일정한 틀을 구축했기 때문에 더 이상 변화하는 시대나 사회변동의 인정이나 수용은 있을 수 없었다. 오히려 그러한 변동 자체가 배격되어야 했다. 그러므로 시대적 변화나 새로운 발전 가능성은 극단적으로 경계되었으며, 모든 것을 성리학의 이념에 국한해서 바라보는 강한 고착성을 정립시켰다.

성리학적 지배이데올로기의 이러한 성격은 조선왕조에 사대주의, 농본주의, 척불논리, 그리고 계급사회의 엄격성을 정초시켰다. 사대주의는 성리학에서 연유될 수 있는 아주 자연스러운 통치체제의 결실일 수밖에 없었다. 강대국에 종속되는 것 자체가 천리에 바탕을 둔 아주 자연스러운 일이며, 어느 면에서는 성리학적 사유의 대외적 표현이라 여겼다. 그리고 성리학의 우주관이 가장 적절하게 표출될 수 있는 삶의 수단은 바로 농업일 수밖에 없었다. 하늘과 땅 관계의 실제적인 교합으로 이루어진 결실이 농업이라고 여겼으며, 그것에 입각한 삶이야말로 성리학적 인간의 자기구현이라 생각했다. 상업이나 공업은 성리학의 관점에서는 농업에 견주어 그 의미를 낮게 생각했고, 대신 농본주의적 사고야말로 성리학에 합당한 삶이라고 믿었다. 마지막으로 엄격한 계급사회적 인식은 성리학의 계서적인 성격에 비추어 지극히 자연스러운 현상이기도 했다. 모든 것은 일정한 계서적인 위계체제를 갖는다고 여기고 있었다. 순차성은 물론이고 가치적인 면에서도 각기 일정한 서열은 이루게 되며, 그러한 서열의 사회적 표현을 계급이라고 생각했다. 상층계급은 하층에 대해 규제적인 영향력을 미칠 수 있고, 하층계급은 상층에 대해 종속적인 위치에 서는 것 자체가 성리학적 실천이었다.

물론 성리학은 조선에서 인간의 윤리적 가치를 높이고 삶에 대한 새로운 의미를 부여했으며, 동시에 사람다움의 의미와 집단과 사회, 가족과 지역적 공동체 등, 모든 조직체에 새로운 관계망의 논리를 정립해 주었다는 점에서는 긍정적인 면을 갖고 있었다. 그러나 이러한 기여가 통치체제와 연관된 지배이데올로기 차원에서는 앞에서 말한 한계적 성격, 즉 중세적 통치이념으로 통치세력의 합리화와 그 기능의 효율성을 위한 논리로 귀착되는 통치이데올로기의 도그마로 떨어질 수밖에 없었다.

3. 친원파와 반원파의 갈등, 그리고 위화도회군

조선왕조의 등장은 성리학에 연관된 신진문신세력의 출현이 직접적인 계기였다. 성리학은 새로운 왕조 개창의 이념이었으며, 그것은 신진문신세력의 이념적 기반이었다. 즉 신진문신세력은 성리학에 따라 그들의 통치권적 접근을 합리화했고, 전통적 통치세력을 배척하는 투쟁의 정당성을 확보할 수 있었다. 이 점에서 성리학은 고려의 통치세력과 구분되는 신진문신세력 등장의 이념이었고 통치권 접근의 명분이었다. 신진문신세력은 이전의 통치세력과 구분되는 특징, 즉 성리학에 바탕을 두었다는 자체가 결국 조선왕조의 개창으로까지 달려가게 했으며, 그렇게 하는 것이 성리학의 이념을 실현하는 길이라고 믿고 있었다.

그러므로 여기서는 먼저 신진문신들의 등장과 이들이 권력 점유를 위해 경쟁적으로 접근함으로써 시작된 고려왕조 말기의 상황을 살펴보기로 한다. 그리고 이들의 등장이 결국 시대상황에 따라 친원파와 반원파로 나누어져 고려왕조를 몰락시켰음도 다루어 보기로 한다. 고려 초기만 해도 통치세력은 지방 유력세력과 건국공신들로 구성되었음은 앞에서도 살펴보았다. 이들 가운데 특정인사들은 벌족을 이루었다. 이들 벌족의 부패는 결국 무신정변을 초래했으며, 이어 항몽과정에서 무신에 의한 전제체제가 자행되기도 했다. 이어 몽고에 항복한 뒤에는 배원세력(拜元勢力)이 등장하게 되었는데, 이들 가운데는 일부 신진문신들도 끼여 있었다. 이들 문신은 무신집권기에는 '능문능리'(能文能吏)에 불과했지만 원 간섭기에는 국왕 주변에 포진해 있으면서 통치세력의 일원으로 자리잡았다.

이들 문신 가운데 일부가 그 나름의 영향력을 행사하게 된 것은 원의 영향력이 위축된 공민왕 이후였다. 공민왕 때는, 중국은 원·명 교체기였기 때문에, 고려에서 왕권의 독자성을 구축할 수 있는 기회를 가질 수 있었다. 이러한 시대적 배경에서 이루어진 것이 공민왕의 개혁이었다. 공민왕의 개혁은 두 단계로 이루어졌는데, 첫 단계는 공민왕의 즉위(1351)로부터 5년 동안 계속되었다. 이 기간은 몽고에 종속적이던 고려가 어느 정도 독립성을 회복할 수 있었다. 이를 위해 공민왕은 부원세력의 상징적 존재였던 기철(奇轍), 노책(盧頙), 권겸(權謙) 등을 제거했다.[22] 그리고 원이 고려 내정을 간섭하던 기구인 정동행성도 폐지했다. 또한 원의 연호인 지정을 버리고 원의 통치제도를 모방했던 행정기구도 고려의 옛 제도로 회복했으며, 원이 강점했던 고려의 이전 영토도 되찾게 되었다.[23] 이러한 사실은 고려가 원에 종속된 부용국가에서 벗어남을 의미하는 것이었다. 그러나 고려 왕실의 지원세력이었던 원의 퇴출은, 결과적으로 고려 왕실 자체를 불안정하게 만들었다. 즉 고려 말기의 왕실은 원에 종속되어서만 지속될 수 있었던 통치체제였다.

공민왕의 개혁도 왜구와 홍건적의 공격으로 위기를 맞았는데, 이를 막기 위해 공민왕은 무신들의 지위를 상대적으로 높여 주어야 했다. 이들을 막는 데 군공을 세웠던 무신들에게 고위관직은 물론이고 공신전도 지급했다. 그 결과 이들의 영향력이 확대되었으며, 일부 무신과 부원세력이

---

22) 친원세력의 핵심이었던 기철의 누이는 원의 황제 순제의 후궁으로 뽑혀가서 뒤에 제2황후로 황태자를 출산하게 되었다. 이를 배경으로 기철 형제는 정동행성의 참지정사, 요양행성의 평장 등의 관직을 차지했으며, 대사도로 승진했다. 기철 형제의 위세는 공민왕에 대해서도 신하라는 말을 사용하지 않았으며, 원의 세력을 불러들여 공민왕을 폐위하고 스스로 국왕이 될 것을 획책할 정도였다. 이에 공민왕 5년(1356) 5월 고려는 궁중연회를 베풀고 기철 형제를 초청했으며, 여기에서 군대를 동원하여 기철·권겸 등 친원파 인사들을 처단하고 그 잔당을 체포했으며 그들의 재산을 몰수하였다.(《고려사절요》 권 26, 공민왕 5년 5월)

23) 《고려사》, 〈세가〉 공민왕 2년 4월 정유. 여기에서는 이렇게 적어 놓았다. "태사도 기철, 태감 권겸, 경양부원군 노책이 반역을 도모하다가 처단되었으며 그들의 친척들은 모두 도망하였다. 궁성은 계엄중에 있었으므로 정지상을 석방하여 순군제공으로 삼아 왕을 호위하게 하였다.……그리고 고의로 기철·권겸·노책 도당을 방임하였다는 이유로 원호와 한가귀 및 면성군 구영검을 옥에 가두었다가 죽이고 그들의 집을 몰수하였다."

결탁해서 원의 지원을 다시 받으려는 시도가 있었다. 이들은 반원친왕(反元親王)운동에 앞장섰던 문신들을 제거하려 했다. 이들이 주도한 것은 공민왕의 살해 기도로, 김용(金鏞) 등이 자행했지만 최영 등에 의해 저지되었다. 심지어 원 황실에서도 공민왕을 제거하기 위해 부원세력인 최유에게 1만 명의 병력을 주어 고려로 침입하게 했지만, 이것 역시 최영(崔瑩), 경천흥(慶千興), 오인택(吳仁澤), 이성계(李成桂) 등이 격퇴했다. 이처럼 군공을 세운 무신들이 통치세력으로서 점점 그 영향력을 강화하고 있었다.

공민왕의 2차 개혁은 신돈(辛旽)이 주도했다.[24] 신돈은 최영 등 무신들을 정권에서 배제시켰는데, 그는 먼저 권세가들이 불법으로 점유한 공사전을 원주인에게 돌려주었으며, 양민으로 강제노비가 되었거나 남의 노비로 이적된 사람들을 이전 상태로 되돌리는 전민추정사업(田民推整事業)을 전개했다. 신돈은 고려 말 한량관(閑良官, 散官)들의 행패를 없앴다. 실제로는 별다른 일을 수행하지 않으면서 직함만 가졌던, 그러면서도 일반 민중에게 위세와 약탈을 자행했던 한량관들을 물리쳤다. 그리고 이들을 군사편제에 포함시켜 거경숙위(居京宿衛)하도록 조치하기도 했다. 그 결과 군사력도 증강되었다. 신돈의 개혁에서 특이한 것은 통치이념으로 유교를 정립했다는 점이다. 그는 불승이었는데도 왕조를 발전시키기 위해 유교에 바탕을 둔 문치주의적 통치로 나아갔다. 유교는 민중들에게는 종교적인 것으로 자리잡을 수는 없었지만 통치이념으로, 그리고 관인체제의 기본으로 받아들여졌다. 물론 신돈 이전에도 유교의 이념적 지향이 실천되었지만 무신정변과 원의 간섭 등으로 이러한 유교의 실천성이 상당

---

24) 공민왕에 의하여 신돈(辛旽)이 등장할 수 있었음은 그 당시 권신으로 무장세력과 권문세가의 영향력을 제거하기 위해서는 그러한 것과 연관이 없는 무명의 승려 편조(遍照)가 공민왕의 관점에서는 더 효용성이 높았다고 할 수 있다. 특정 세력화되지 않았기 때문에 군왕으로서의 공민왕 자신에 대한 위협도 없을 것이며, 쉽사리 그의 영향력을 국왕 자신이 규제할 수 있었기 때문이었다. 이 점은 공민왕의 생각이 사실상 적중했던 것으로 여겨진다. 《고려사》〈세가〉 공민왕 4년 12월에는 신돈의 벼슬을 이렇게 적어 놓았다. "守正履順論道燮理保世功臣, 壁上三韓, 三重太匡, 領都僉議使司事, 判監察司事, 鷲城府院君, 提調僧錄司事 兼 判書運觀事"가 그것이다.

부분이 와해되었다. 원의 영향력이 퇴조한 뒤 비로소 과거시험도 다시 실시되었으며 유교 중심의 개혁정치가 주창될 수 있었다. 그 결과 고려왕조는 어느 정도 안정된 체제의 지속성을 이룰 수 있었다.

신돈의 개혁으로 광대한 토지와 특권을 제약받았던 문신 벌족 등이 합세해서 1374년 공민왕을 시해하였다. 신돈은 그보다 먼저 모역(謀逆) 혐의로 공민왕에게 처단되었기 때문에 사실상 공민왕-신돈의 개혁은 무산되었다.[25] 공민왕을 이어 우왕이 10살의 어린 나이로 왕이 되었으나, 실제 통치권은 이인임·임홍방·임견미 등 대토지 소유의 전통적인 권신집단들이 장악했다.[26] 이들 권신들의 통치권 행사는 관직의 독점적 점유는 물론이고 전장과 토지도 강탈 병합했다. 또한 그들은 통치권을 중심으로 격

---

25) 공민왕 6년 선부의랑(選部議郎) 이인(李靭)이 익명서로 신돈의 모역을 고변하였으며, 이에 따라 신돈의 도당으로 기현(寄顯), 최사원(崔思遠), 정구한(鄭龜漢), 진윤검(陳允儉), 기중수(奇仲脩) 등을 국문 처단하였으며, 신돈을 수원으로 귀양보냈다. 이는 공민왕이 신돈을 불신하게 된 시점에서 이전의 권신 등이 그를 모해했음을 알 수 있다. 그리고 이어 신돈은 처단되었다.(《고려사》권 43, 〈세가〉 43, 공민왕 6) 그리고 공민왕은 신돈의 처단에 대해서 "신하들의 보필을 받아 왕업을 성취하려 하였더니 뜻밖에도 신돈이 국정을 천단하고 왕위를 넘겨다보고 있었으며 이춘부(李春富)와 김란(金蘭)은 그의 복심으로 고인기(高仁器)가 함부로 큰소리쳤을 때 이르러서는 표면상으로 고발하는 척하면서 실제 이면에서는 최상을 엄폐하여 고인기로 하여금 3년간이나 형을 모면하게 하였다. 기현과 최사원은 사실이 발각되어 처단되었으나 이춘부와 김란은 의연히 신돈의 일당이면서도 곧 처단되지 않았었다. 그런데 천지 선조 영혼의 도움을 받고 나의 결단을 내려 신돈을 귀양보냈으며, 이후 정신(廷臣)과 헌사(憲司)에서 연이어 글을 올려 죽이기를 청하였으므로 곧 극형에 하였으며 이춘부와 김란도 그 범죄내용이 드러나고 사실이 명백해졌으므로 역시 처단하였다."(《고려사》권 43, 〈세가〉 43, 공민왕 6) 또한 내시 최만생(崔萬生), 홍륜(洪倫), 권진(權瑨), 홍관(洪寬), 한안(韓安)·노선(盧瑄) 등은 또 다른 근신 김홍경과의 사이에서 왕의 총애에 대한 질투와 묶은 감정으로 공민왕을 시해하였다.(《고려사》권 33, 〈열전〉 46, 신우 1)

26) 우왕에 대한 《고려사》의 기록은 믿을 수 없지만 그것에 따르면 우왕의 출생을 신돈의 비첩 반야의 소생으로 공민왕이 미행으로 신돈의 집에 갔을 때 신돈이 이 아이를 가르치면서 "전하께서는 이 아이를 양자로 삼아서 뒤를 이으소서" 하였다. 그 뒤 신돈을 수원으로 귀양 보낸 뒤 공민왕은 "내가 일찍이 신돈의 집에 갔을 때 그 집 여종과 내통하여 아들을 낳았으니 그 아이를 경동시키지 말고 잘 보호하라"고 했으며, 신돈을 죽인 후 왕은 그 아이 모니노(牟尼奴)를 데려다가 명덕태후전에 두고 수시중 이인임에게 이르기를 "맏아들이 있으니 나는 근심 없다"라고 하고 계속해서 말하기를 "신돈의 집에 아름다운 여자가 있었는데 자식을 낳을 수 있다는 말을 듣고 내가 가까이 하였더니 이 아이를 낳았다"고 하였다. 그리고 공민왕은 그 아이 이름을 우로 정하고 궁인 한씨의 소생으로 삼았으며, 이인임 등이 백관을 이끌고 공민왕의 뒤를 이어 왕이 되게 했다.(《고려사》권 133, 〈열전〉 46, 신우 1)

심하게 대립했으며, 우왕 3년(1377)에는 이인임 등을 제거하려 했던 지윤 일파의 음모가 발각 처단되었으며, 그로부터 2년 뒤 1379년 9월 우왕의 유모인 장씨를 내세워 임견미 등을 제거하려 했던 허완 일파의 획책을 최영이 진압했다.

이인임 일파의 통치권 자행이 몰고온 피해는 토지의 겸병만이 아니라 관직사유화의 피해도 있었다. 그 결과 우왕도 점차 이들에 대해 의구심을 가졌으며, 이러한 상황에서 빚어진 것이 조반의 사건이었다.[27] 이 일로 군사권을 장악했던 최영은 우왕의 신임을 얻게 되었으며, 국정의 중심인물이 되었다. 최영은 문하시중으로 이색은 판삼사사로 신돈의 개혁에서 이루지 못한 부분을 지속시키려 했으며, 이로써 한때 왕권이 강화되기도 하였다.

그러나 이 시기에 중국대륙에서는 원이 물러나고 명이 등장하였다.[28] 원을 대신하여 명이 중국대륙을 차지했지만 요동지방에는 아직도 그 영향력이 미치지 못했다. 명은 고려가 북원과 연관성을 지속하고 있으며, 명을 위협할 가능성이 있다고 생각했다. 따라서 고려에게 명을 상국으로

---

27) 1387년 염흥방의 종이었던 이광은 전 밀직부사 조반의 땅을 강제로 뺐았다. 이에 조반은 염흥방에 사정하여 그 땅을 되돌려 받았다. 그러나 이광이 다시 그 땅을 뺏었으며 조반에 모욕을 가했다. 이에 조반은 수십 명의 기병으로 이광을 죽이고 그 집을 불살라 버렸다. 그리고 그 사유를 염흥방에게 말하려고 개경으로 올라왔다. 그러나 염흥방은 조반이 역모를 꾀한다면서 그 어머니와 아내를 잡아 가두었으며 조반을 체포 잔인한 방법으로 고문 처단하려 했다. 그러나 조반은 여기에 맞서서 자신이 반역한 것이 아니라 염흥방과 같은 권신들의 토지 약탈에 항거하는 것임을 주장했다. 이 일에 대해 우왕은 최영과 협의한 뒤 조반을 석방했으며, 염흥방을 잡아 가두고 최영의 군사력의 도움으로 임견미 일당을 체포했다. 임견미 염흥방을 처단하고 이인임을 경산부에 귀양 보냈으며 전민변정도감을 설치하여 권신들이 탈취한 토지와 노비를 되돌려 주게 했다. 그리고 각 도에 안무사를 파견, 임견미와 염흥방 가신들 1천여 명을 죽이고 그 재산을 몰수하였다.(《고려사절요》권 33, 신우 14년 1월)

28) 원의 지배 아래 있었던 중국 농민들의 폭동이 일어났으며 그 가운데 주원장은 1364년 스스로 오왕이라고 자칭하면서 남중국 일대에서 원의 세력을 몰아내었다. 그리고 1368년에 명을 세워 금릉(남경)에 수도를 정했으며, 일시 원과 대립했다. 그러나 1368년 명의 군대가 원을 중국에서 몽골로 몰아내었다. 이로써 몽고에 의한 100여 년 동안의 중국 지배가 종식되었다. 그 결과 원은 중국의 북방에서 그 세력을 유지했는데, 고려는 이를 북원이라고 불렀다. 이전 원이 지배했던 압록강 건너 요동지방은 이전의 원의 잔당들이 세력을 형성하여 지배하는 복잡한 상황을 연출하고 있었다.

섬길 것을 강하게 요구했다.[29] 명의 요구에도 불구하고 권력을 장악하고 있었던 이인임 일파는 북원에 접근하면서 명을 견제하는 등 소극적인 대응책을 취하고 있었다. 그러나 신진문신들, 즉 정도전이나 김구용 등은 북원과 관계를 끊고 명에 사대적인 의례를 해야 한다고 주장했다.

명은 고려가 북원을 지원하지 못하도록 견제했는데, 가령 1387년 고려 사신 설장수(偰長壽)에게 명 주원장은 "지성을 다해 자기 국토를 지킬 것이요, 우리의 중국을 침노하지 말라"고 위협하면서 고려에 경고하기도 했다.[30] 명과 고려의 관계는 초기부터 대립적이었다. 물론 명에 대해 고려는 최대한의 사대로 예우했다. 명의 부당한 요구들, 즉 탐라의 말을 보내라는 요구에 응했으며, 고려에 온 명나라 사절들의 무례함도 받아들일 정도였다. 심지어 고려의 사신 설장수로 하여금 고려인들이 명의 의복과 관모를 사용할 수 있게 허락해 달라고 요청할 정도로 사대적인 태도를 보여주었다.[31] 그러나 명은 1387년 고려 사신이 명의 수도에 오는 것조차도 금지했는데, 이는 사실상 단교조치였다.[32] 이어 1388년 2월 철령 이북의 고려 영토를 요동에 귀속시켜 명이 차지할 것이라고 밝히기도 했다.[33] 명

---

29) 명과 고려는 초기에는 비교적 우호적인 관계를 이루고 있었다. 그러나 1373년경부터 명은 고려의 사절이 요동지방을 통과하지 말 것을 요구하였는데, 이는 고려가 명에 사신을 보내어 명의 사정을 염탐해서 북원에 전달하고 있다고 주장했다. 그러나 고려는 해상으로 사신의 파견이 어렵기 때문에 육로를 이용할 수 있게 해줄 것을 요구하였지만 명은 이를 거절하였다. 이러한 상황에서 빚어진 것이 명의 사신을 고려가 처단한 일이었다. 고려에 온 명의 사신 임밀, 채빈 등을 본국으로 호송해준 김의는 개주참(봉황성)에서 난폭하게 행동하는 것에 분노하여 채빈을 죽였다. 이를 계기로 명은 더한층 고려에 대해 고압적으로 나왔다.(《고려사절요》권 29, 공민왕 23년 11월)

30)《고려사》권 136, 〈열전〉 49, 신우 13년 5월.

31)《고려사》권 136, 〈열전〉 49, 신우 4. 그렇게 해서 입었던 명의 관복과 관모도, 곧 이어 감행되는 요동정벌로 명의 연호인 홍무를 사용하지 않았으며, 복식을 다시 이전 몽고풍으로 입도록 조치했다.

32) 명에서 보낸 명 황제의 지시에는 다음과 같이 적어 놓았다. "……금후 고려국 사신이 오거든 백리 밖에서 정지시켜 돌려보내고 국경 안으로 들어오지 못하게 하는 동시에 또 경사로 보내지 말 것이며 여러 명절의 행예 등으로 온다고 하여도 상대하지 말고 일체 못 오게 하라. 한 나라의 집정 신하들이 경박한 사기꾼과 같아서 믿기 곤란하다. 대체 왕래를 허락한 후 지금까지 모든 사건에서 기한과 약속을 지킨 일이 없다. 기일이 지나거나 일찍이 오거나 하여 한번도 성의 있는 태도를 볼 수 없으니 절교를 하여서 서로 왕래를 하지 말 것이다. 만약 굳이 오겠다 하거든 칙사록(勅使錄)을 보이고 돌려보내라."(《고려사》권 136, 〈열전〉 49, 신우 4)

의 요구를 받아들이면 고려는 동북방의 영토를 잃게 되며, 수도 개경과 불과 300리 거리에서 국경을 접하게 되므로 국가안전이 위험에 놓였다. 명은 군대와 관리를 강계 일대에 파견, 철령위 설치를 준비했으며, 요동 백호 왕득명(王得明)을 고려에 파견해서 철령위 설치를 정식 통고하였다. 고려에서는 실권파인 문하시중 최영을 중심으로 한 반명 친원파들이 요동정벌론을 주장하였다. 외교적인 방식으로는 명의 요구를 막을 수 없었기 때문에 요동공격이라는 적극 공세를 취하게 되었다. 최영은 지배층의 지지를 확보하기 위해 요동공격을 반대했던 이자송(李子松)을 처단했으며, 압록강 부근에 있던 명의 군사들을 물리치고 그 관리들을 억류했다. 1388년 우왕은 4월 초에 마침내 요동공격을 선포하기에 이르렀으며, 이로써 명과는 군사적인 대결로 나아갔다.

그러나 최영의 요동공격론에 대해 수시중 이성계는 이른바 다음의 4불가론으로 반대했다.

> 지금 출정하라는 것은 네 가지 불가한 점이 있습니다. 소국으로 대국을 거역하니 한 가지 불가요, 여름에 군사를 동원하니 두 가지 불가요, 전국의 역량을 기울여서 원정하면 왜적이 빈틈을 탈 우려가 있으니 세 가지 불가요, 지금은 여름철 장마 때이므로 활에 먹인 아교가 풀리고 대군이 역질에 걸릴 우려가 있으니 네 가지 불가입니다.[34]

그러나 우왕은 이미 군대동원령을 내렸기 때문에 요동정벌을 물리칠 수 없다고 응대했다. 이성계는 요동정벌을 하려면 국왕이 서경에 있으면서 가을에 출정하는 것이 합당하다고 주창했다. 그때가 되면 5곡이 들판을 덮어 대군의 군량 확보도 풍족해져 군사들이 진격하기에도 좋다고 말했다. 그러나 만일 지금 출진하면, 요동의 한 성을 함락시킬 수는 있다 해도 장마로 군사들은 결국 전진도 후퇴도 할 수 없을 것이며, 군량이 떨어

---

33) 명은 이 지역이 원의 개원노가 관할했던 쌍성총관부에 속했음을 구실로 하여 원이 망하고 명이 일어났으니 이제 그 땅을 명이 차지해야 한다고 주장했다.(《고려사》 권 137, 〈열전〉 50, 신우 14년 2월)
34) 《고려사》 권 137, 〈열전〉 50, 신우 5.

져 화를 자초할 것이라고 간했다. 그러나 우왕과 최영 등은 이 주장을 듣지 않았다. 국왕은 최영을 8도 도통사로, 조민수를 좌군 도통사로, 그리고 이성계를 우군 도통사로 삼아서, 4월 18일에 3만 8830여 명의 원정군을 요동으로 발진시켰다. 국왕과 최영은 서경에서 독군했으며, 조민수와 이성계의 선발부대는 5월 초 압록강을 건너 위화도로 들어갔다. 이성계는 여기서 다시 회군을 요청했다.[35] 그러나 우왕과 최영은 계속 진군만 명령했다. 결국 이성계는 부하장수들에게 회군해서 개경으로 들어가 최영 등을 제거하자고 설득했으며, 이들의 찬성을 얻어 곧장 회군하게 되었다.[36] 이성계는 그 해 5월 말 위화도회군을 감행했다. 이는 전형적인 군사쿠데타의 의미를 가지는 것이었다. 회군하는 이성계의 군사를 막기 위해 우왕

---

35) 회군을 요청하는 좌우 도통사들은 다음과 같은 글은 국왕에게 올렸다. "우리가 배다리를 타고 도하하였으나 압록강 전면에 큰 내가 있는데 비로 말미암아 물이 불어서 첫째 여울을 건너다가 물에 빠져 죽은 군사가 수백이요, 둘째 여울은 그보다 더 깊습니다. 그러므로 섬 가운데 주둔하면서 공연히 군량만 소모하고 있습니다. 앞으로도 요동성까지의 사이에는 큰 내가 많이 있어서 잘 건너기가 곤란할 것 같습니다. 근일에 이 애로를 조목조목 기록하여 서면으로 도평의사사 지인 박순에게 부탁하여 보고하였으나 아직 비준을 받지 못하고 있으니 진실로 송구합니다. 그러나 대사를 당하여 말할 일을 두고 침묵함은 곧 불충이니 어찌 죽는 것을 두려워서 잠자고 있겠습니까? 대체 소국이 대국을 섬기는 것은 나라를 보전하는 도리인바 우리나라가 삼한을 통일한 뒤 근실하게 대국을 섬겼으며 공민왕이 홍무 2년에 명에 신복할 때 그 글에 '자손만대 길이 신하로 되겠다'라고 하였으며 그 정성이 사실 지극하였습니다.……이번에 명의 유지휘(劉指揮)가 군사를 영솔하고 와서 철령위를 설치한다는 말을 듣고 제학 박의중을 파견하여 명 황제에게 서면을 제출하였으니 이 대책이 대단히 옳았습니다. 그런데 이제 그 회답도 기다리지 않고 갑자기 대국을 침범하니 이것은 사직과 생민의 복으로 되지 못할 것입니다. 하물며 지금은 여름 장마철이라 활은 풀리고 갑옷은 무거워서 사람과 말이 다 피로합니다. 이 군사를 몰고 견고한 성벽 아래에 가서 싸운다면 반드시 승리하리라고 기대할 수 없고 성을 공격하더라도 반드시 함락시킬 것이라고 기대할 수 없습니다. 이런 시기를 당하여 군량 공급이 부족하여 가도오도 못할 궁지에 빠졌으니 어떻게 처리하겠습니까? 전하는 특히 회군의 명을 내려 전국의 기대에 부합되게 하기 바랍니다."(《고려사》 권 137, 〈열전〉 50, 신우 5)

36) 이날 이성계는 다음과 같은 말로 휘하 장수들을 회유했다. "만약 우리가 중국의 땅을 침범하면 천자에게 죄를 지어 나라와 백성에게 화가 당장에 올 것이다. 내가 옳고 그른 것을 가려서 위에 올리고 회군을 청하였으나 왕은 반성치 않고 최영도 늙고 노망하여 말을 듣지 않으니 그대들과 같이 왕을 보고 친히 어느 것이 화며 복인가를 진술하며 임금 곁에 붙어 있는 악당들을 제거하여 일국의 생명을 건져내야 하지 않겠는가?"라고 하였다. 이에 여러 장수들이 "우리 나라의 운명은 당신 한 몸에 달려 있으니 오직 명령대로 하겠습니다"라고 하였다.(《고려사》 권 137, 〈열전〉 50, 신우 5)

과 최영은 서둘러 개경으로 되돌아갔다. 이성계는 자신의 회군에 대한 정당성을 마련하기 위해서 6월에 국왕에게 자신이 취한 행동은 대국을 섬기는 소국의 당연한 도리를 따르기 위한 것이며, 집정대신인 최영이 정사를 잘못하고 있기 때문에 그를 당장 파직시키라고 요구했다. 그러나 우왕은 "왕명을 받들고 국외로 출정한 군인이 상부의 절제를 위반하고 병력을 이끌고 대궐로 오는 것"은 온당하지 못한 일이고, 만일 잘못이 있다면 그것은 우왕 자신에 말미암은 것이며, 최영은 왕실을 위한 충실한 신하라고 말했다. 이성계의 회군은 개성 숭인문 밖 산대암에 진주하고 있었는데, 최영 군대는 역습을 기도했다. 이성계는 직접 숭인문으로 군대를 끌고가 응전했으며, 이 전투야말로 이성계가 일으킨 쿠데타의 명운을 가르는 순간이었다. 이 점에 대해 《고려사》는 이렇게 적어 놓고 있다.

> 태조(이성계)가 숭인문(崇仁門)으로 들어가서 좌군과 호응하여 진군하니 성을 지키던 군사들이 아무도 반항하는 자가 없었으며 개경 성안 남녀들이 앞을 다투어 술을 가지고 나와 환영하며 군사들을 위로하고 장애물을 제거하여 길을 열어 주었으며 노약자들은 성위에 올라가서 기쁨에 넘쳐 소리쳤다. 조민수(曺敏修)가 흑색 깃발을 앞세우고 영의서교(永義署橋)에 이르자 최영의 군사에 쫓기게 되었다. 바로 이때 태조(이성계)가 황룡대기를 세우고 선죽교(善竹橋)를 지나 남산에 올랐는데 먼지가 하늘에 닿고 북소리가 땅을 진동하였다. 최영의 부하 안소(安沼)가 정병을 영솔하고 먼저 남산(南山)을 점거하고 있었으나 이 군기를 바라보고 궤주하였다.[37]

실제 전투가 치열하게 행해졌지만 군사력에서 주도권을 장악했던 이성계의 원정군이 승리할 수 있었음은 필연적이었다. 패배한 최영은 궁성으로 물러가 우왕과 영비(최영의 딸)와 함께 팔각전으로 들어갔다. 밖에서는 궁성을 에워싼 이성계의 군대가 "최영을 내보내라"고 고함치면서 궁궐의 담을 허물고 틈입하게 되었다. 이성계의 막장인 곽충보는 팔각전 안

37) 《고려사》 권 137, 〈열전〉 50, 신우 5.

으로 뛰어들어가서 최영을 내놓을 것을 왕에게 강박하기도 했다. 최영은 우왕에게 두 번 절하고 곽충보(郭忠輔)에 끌려서 밖으로 나왔다. 그 뒤 그는 고봉현(高峰縣)으로 귀양 갔다가 처형당했다. 우왕도 강화도에 유폐되었다. 이로써 이성계의 군사쿠데타는 성공하였다. 이성계의 군사 쿠데타는 그 명분을 4불가론에 의한 위화도회군으로 시작했지만, 이는 이전부터 은밀하게 꾸며진 이성계 일파의 권력 장악을 위한 획책이었다. 고려 말기의 혼돈적인 정치상황에서 상층 통치세력은 서로 갈등을 빚었으며, 특히 신진문신들 가운데 일부가 보여준 권력 장악 욕구는 결과적으로 이성계를 앞장세운 군사적인 행동으로 이어졌으며, 그것은 결국 이성계의 위치를 높여 주었다. 전통적인 권신 일부와 신진문신들 사이에 빚어졌던 권력 갈등은 이성계의 위화도회군을 거쳐 마침내 고려의 멸망으로 이어졌고, 새로운 왕조의 개창으로 나아갔다.

4. 조선의 개국 — 군사 쿠데타의 성공

이성계 일파의 권력 장악이 곧장 조선왕조의 개창으로 이어지지는 못했다. 왜냐하면 이성계 세력 안에는 고려왕실을 개혁 승계할 것을 주장하는 신진문신들도 있었으나, 그 밖에 이전의 전통적 지배세력에 속했던 구신들도 있었기 때문이다. 특히 이성계에 맞섰던 세력 가운데는 이성계와 같이 출병했던 조민수(曺敏修)와 이색(李穡) 등 일부 문신도 들어 있었다. 이들은 이전 이인임(李仁任)계에 속했던 사람들로 조민수가 대표적이었다. 그는 처음 이색의 지원을 받아 통치의 실권을 잡게 되었으며, 우왕을 폐위시키고 그의 아들 창을 옹립할 정도로 영향력을 행사했다.[38] 그러나 이성계를 지지했던 신진문신들의 수가 점점 늘었으며, 이들은 친명 사대

---

38) 이에 대해 《고려사》는 이렇게 기록하고 있다. "태조(이성계)는 왕씨의 자손을 가려서 왕으로 세우려 하였다. 조민수는 이인임이 자기를 추천하여 준 은혜를 생각하고 창을 왕으로 세우고자 하였으나 여러 장수들이 자기 의견을 반대할까 두려워 당시의 명망 높은 유학자 이색의 입을 빌리고 가만히 물으니 이 색이 '전왕의 아들을 왕으로 세워야지'라고 말하였다."(《고려사》, 권 115 〈열전〉 28, 이색)

를 주장하면서 친원 사대를 표방했던 이인임 등 구신계와 일부 문신들을
무력으로 몰락시켰다.

이들의 몰락을 가속시킨 것은 이성계 계열의 신진문신들이 주도했던
전제개혁이었다.[39] 이것에 의해서 구신들과 여기에 연계된 일부 문신들의
사회경제적 기반인 토지소유를 제한했으며, 그 결과 이들의 영향력은 점
점 약화되었다. 이 과정에서 이성계 계열의 신진문신 가운데 대표격인 조
준(趙浚)이 조민수 등을 탄핵했으며, 결국 조민수도 물러나게 되었다. 이
로써 신진문신들의 권력 장악이 기정화되었다. 그리고 이들은 국왕의 권
한도 약화시켰으며, 통치권을 독점적으로 행사하기 위해서 관인기구를
개편하였다. 즉 1388년 8월 정방을 상서사로 고쳤고, 문무관인의 임명권
도 이부와 병부에 돌려주었으며, 간관에는 이성계 일파의 신진문신들이

---

39) 당시 행해졌던 전제개혁의 주요한 내용은 먼저 사전(私田)정리가 이루어졌다. 왕실
소유의 요물고에 속한 360여 개의 장 처전 가운데 사찰에 기증된 토지를 모두 회수했
으며, 동북면과 서북면의 토지는 국방상 개인 수조지를 설정하지 않았는데, 이를 이 지
방의 양반이 불법으로 차지하고 있었다. 이를 모두 몰수했다. 또한 사전 정리에서는
모든 사전들로부터 3년간의 조세를 받아 왕실의 수요와 관리의 녹봉에 충당하게 했다.
그리고 사전 정리사업에서는 전국의 토지를 조사하는 양전사업을 전개했다. 공양왕 2
년(1390) 1월 급전도감을 설치하여 관직자들에게 전적을 배분함으로써 사전 정리사업
은 일단 완성되었다. 이 때 조사된 토지면적은 79만 8천여 결이었으며, 여기에는 양계
지방의 양전사업은 이루어지지 않았기 때문에 결손 부분이 들어 있었다. 1430년대의
양전사업에서 밝혀진 것으로는 총면적이 171만 결이었음을 비교하면 누락된 부분이
많았음을 알 수 있다 그리고 같은 해 9월 이전의 공·사전에 대한 모든 문서를 모아
길거리에 불태웠다. 이어 1391년 5월 경기와 5도의 양전사업을 기반으로 토지와 조세
제도에 대한 일반적 법규로 과전법이 발표되었다. 또한 과전법에는 비록 산관일지라도
관인들에게 18과(등급)로 나누어 제1과의 관인에게는 150결을 주었고, 각 등급에 따라
차등 있게 배분했으며 최하의 18과에는 10결의 수조지를 배분했다. 과전을 분배받은
관인들은 1결당 조세로 30말만 받도록 했으며, 그 가운데서 1결에 쌀 2말(받은 콩 2말)
을 왕조에 전세로 납부하게 했다. 그리고 과전을 받은 자는 그 경작자를 자의적으로
변경할 수 없게 했으며, 그 토지의 매매 양도 상속을 할 수 없게 했다. 과전은 경기지
방의 토지로만 주도록 했다. 이렇게 함으로써 양반 관인들의 토지 겸병을 막으려는 것
이었다. 또 군전이 설정되었는데, 지방의 유력자로 중소지주에 해당되었던 이른바 한
량관리들에게 그들의 본래의 토지면적에 따라 5~10결의 수조지를 주는 동시에 개경
에서 병역을 행하게 했다. 실제로 이들 군전을 받은 자는 새롭게 받았다기보다는 그들
이 소유했던 것을 군전으로 인정했던 것에 불과했다. 그 밖에 공신전이 있었다. 이는
우왕과 최영을 물리치고 공양왕을 등장하게 했던 9명의 공신, 즉 이성계·성석린 등에
게 토지를 부여했는데, 이는 세습되었으며 왕조에 전세를 내지 않아도 되게 했다.
(《고려사》 권 78, 〈식화지〉 32, 신우 14년 6월)

임명되어 이성계에 반대하는 관인들을 제거하는 데 앞장섰다. 그리고 도평의사사의 권한도 늘렸으며, 불필요한 관아를 통폐합했다. 도평의사사에서 내려진 결정은 국왕의 결정을 능가할 정도의 영향력을 미쳤으며, 따라서 국왕의 권한은 점점 미약해졌다. 도평의사사는 정치·군사 문제만이 아니라 경제 문제도 처결했으며, 1388년에는 여기에 6방녹사의 전임관인을 배치했다. 이들은 중앙의 행정기관인 6조를 사실상 통제했다. 그리고 10명의 선차라는 관인을 두어 지방행정까지 장악했다.[40) 도평의사사가 실제의 통치권을 장악함에 따라 국왕의 결제를 받아야 할 문제까지도 여기서 처결했으며, 그 결과 6조는 사실상 실권을 잃어버렸다. 이성계는 도평의사사에 자신을 지지하는 세력들로 포진시켰으며, 여기를 거점으로 권력 탈취를 모색하였다.

특히 이성계는 스스로 수문하시중이 되어 군사권을 장악했다. 이전의 구신들에 의해 옹립된 창왕은 이러한 상황에서도 급진적인 신진문신보다는 구신들과 손잡고 그들에 동조하는 태도를 보여주었다. 그러므로 이성계 중심의 신진문신들은 그를 폐위했으며, 1389년에 공양왕을 국왕으로 옹립했다.[41) 이성계 일파가 강압적으로 공양왕을 옹립했다.[42) 그리고 이성

---

40) 《고려사》 권 77, 〈백관지〉 도평의사사.

41) 창을 폐하고 공양왕을 옹립하게 된 것은 이성계가 중심이 되어 삼사사 심덕부(沈德符), 찬성사 지용기(池勇奇), 정몽주(鄭夢周), 정당문학 설장수(薛長壽), 평리 성석린(成石麟), 지문하부사 조준(趙浚), 판 자혜부사 박위(朴葳), 밀직부사 정도전(鄭道傳) 등과 함께 흥국사에 모여 대병력의 호위를 받고 강압적으로 창의 폐위를 결정하였다. 이날 이성계는 이렇게 말했다. "신우와 신창은 본래 왕씨가 아니다. 그러므로 종묘의 제사를 받들 수 없다. 또 가짜를 폐하고 진짜를 세우라[廢假立眞]는 명나라 천자의 명령이 있다. 정창군 왕요는 신종의 7세손으로 그 족속이 가장 가깝다. 그러므로 그를 세워야 한다"고 말했다. 이날의 논의에서 조준은 "정창군은 부귀한 환경에서 자라 가산을 다스릴 줄은 알아도 나라를 다스릴 줄을 모르니 세울 수 없다"고 했으며, 성석린은 "임금을 세우면서 어진 자를 선택할 일이지 그 족속이 가깝고 먼 것을 논할 것이 아니다"고 말했다. 이에 종실의 몇 사람의 이름을 적어 심덕부와 성석린, 조준을 계명전에 보내어 고려 태조의 영전에 보고하고 제비를 뽑은 결과 과연 정창군의 이름이 나왔다고 하여 그를 임금으로 정했다.(《고려사》 권 45, 〈세가〉 45, 공양왕 1)

42) 이성계는 심덕부 등 8명의 직계인사를 데리고 군대의 호위를 받으며 공민왕의 정비 궁(定妃宮)에 가서는 정비의 교서를 받아 창(昌)을 내쫓고 새 왕을 맞았는데, 새 왕은 놀라고 두려워하여 왕이 되는 것을 사절하였다. 그러나 정비가 손수 국왕의 인(印)을 그에게 전해 주었다. 그리고 정비는 교서를 발표했는데 이 모든 것은 물론 이성계의

계 일파는 자신들을 견제했던 구신 계열의 문신들, 이색(李穡), 변안렬(邊安烈), 우현보(禹玄寶), 왕안덕(王安德) 등을 귀양보냈다. 한때 공양왕은 구신 일부를 복권시켰지만, 결국 그들 대다수를 퇴출해야 했다. 그 밖에 구신들과 연계되었던 문신인 이숭인(李崇仁), 이임(李琳), 우인렬(禹仁烈), 권근(權近), 이종학(李鍾學), 권중화(權仲和) 등을 제거해 버렸다. 왕권을 장악하기 위한 이성계 일파의 시도는 친명사대와 성리학을 명분논리로 주창하게 되었으며, 이를 확고하게 다지기 위한 기반으로는 군사력을 수단으로 활용하였다. 군사력은 명분보다 더 효과적인 통치권 행사의 수단이었으며, 계쟁 문제를 단숨에 해결할 수 있는 효과적인 방안이 되었다.

구체적으로, 공양왕 3년에 군제를 삼군도총제부(三軍都摠制府)로 바꾸면서 이성계 자신이 도총제사가 되었고, 조준을 좌군총제사, 정도전을 우군총제사로 하면서 사실상 이성계 일파가 군사권을 완전히 장악하게 되었다.[43] 이처럼 통치권을 장악한 신진문신계도 또다시 양분되는데, 이는

강압에 따라 이루어졌다. 교서에는 "……권신 이인임이……역적 신돈의 자식 辛禑(우왕)를 공민왕의 아들이라고 이름 씌어 놓고 그를 낳은 어미를 죽여 입을 봉했으며……그로부터 15년이 되었다. 신우를 말하면 무고한 사람을 많이 죽여서 나라 사람들의 원망을 쌓았으며 군사를 움직여 중국을 침범함으로써 명의 황제에 득죄하였다. 이때는 왕씨가 왕계를 회복할 좋은 기회였으나 대장 조민수가 이인임과 친척으로 권력을 잡고 이인임의 간사한 모략으로 신우의 자식 창을 세웠다.……이에 홍무(洪武) 22년 9월 문하평리 윤승순(尹承順) 등이 명나라에서 돌아올 때 명 황제의 교시에 이르기를 '고려의 왕위는 왕씨가 피살된 뒤 후계가 단절되었다. 비록 이성(異姓)이 거짓 왕씨라 하여 왕으로 된다 하더라도 삼한을 대대로 계승하는 좋은 방책이 아닐 것이다.……'라고 하였다. 또 국내 여론을 물어보니 왕가의 친척들과 대소 관원들이 이구동성으로 '종친 정창부원군(定昌府院君) 왕요(王瑤)가 태조의 직계 자손이며 신종(神宗)의 7세손으로 족속이 제일 가까우니 공민왕의 뒤를 잇는 것이 좋겠다'고 하였다. 이에 왕요가 즉위하여 종묘와 사직을 받들 것을 명령하고 신우와 신창을 폐위하여 평민으로 한다.……너희들 신하는 나의 간절한 뜻을 받들라"고 하였다. 물론 이 교서는 이성계 일파에 의하여 작성되었으며 강압적으로 발표된 것으로 그들의 쿠데타적 정당성을 확보하기 위한 절차에 지나지 않았다.(《고려사》권 45, 〈세가〉 45, 공양왕 1) 그리고 공양왕 자신은 "1389년 11월에 국왕으로 즉위하면서도 자신의 위치에 대한 불안감에 젖어 있었는데, 그는 "그는 일평생 입을 것과 먹을 것과 시중할 사람이 모두 풍족하다. 그런데 지금 와서 이렇게 중대한 책임을 지게 되니 어찌 할 바를 모르겠다"고 하면서 눈물을 흘렸다고 기록되어 있다.

43) 이성계 일파는 공양왕을 왕으로 즉위하게 한 뒤 각기 공신으로 책봉되었는데, 이성계는 분충정난광복섭리좌명공신(奮忠定難匡復燮理佐命功臣)의 칭호와 화녕군개국충의백(和寧君開國忠義伯)으로 식읍 1천 호와 실봉 300호, 전 200결, 노비 20명을 가지게

이전 구신들 처리문제와 고려왕조의 승계 여부를 둘러싸고 벌어졌다. 즉 온건파와 강경파의 대립이 그것인데, 온건파는 고려왕조의 계승론을 주장했고 강경파는 신왕조의 개창론을 내세웠다. 온건론은 개혁을 통해 고려왕조를 계승할 것을 주장했으며, 정몽주가 그 중심에 있었다. 그는 신왕조 창건을 모색하는 이성계 일파의 급진세력에 맞섰다. 그러나 정몽주가 이방원 등으로부터 살해됨으로써 온건파들은 전면 제거되고 말았다.[44] 이로써 이성계 중심의 급진파 신진문신들의 권력독점화가 진행됨으로써 여기서부터 새로운 왕조의 창건이 본격 추진되었다.

공양왕은 이성계 일파의 환심을 얻기 위해 이성계를 문하시중으로 삼고 그들 일파의 관직을 높여 주었으며, 기회가 있을 때마다 교서를 내려 이성계를 극찬하는 등 그의 지지를 얻으려고 노력했다. 심지어 이성계 일파의 획책에 공포감을 갖고 있었던 국왕은, 이성계의 아들 방원과 사예(司藝) 조용(趙庸)에게 이성계와 국왕인 자신의 관계를 확고히 하기 위한 군신맹약문을 작성해서 천지신명에게 약속해줄 것을 지시할 정도였다.[45] 이성계 일파에 대한 국왕의 두려움은 결국 현실로 드러났는데, 이성계 일파의 핵심인물인 우시중 배극렴이 왕대비로 하여금 공양왕은 폐위시키는 전교를 내리게 한 것이다. 이에 왕대비는 "지금의 공양왕은 우둔하여 임금의 도리를 잃었고 인심도 떠났다"고 말하면서, 그는 종묘사직과 생령

했다. 그 밖에 심덕부·정몽주·설장수·성석린·박위·조준·정도전 등이 모두 그에 상당한 훈작과 식읍을 받았다. 이는 곧 이성계 일파 스스로의 논공행상이었다.

44) 공양왕 4년 3월 이성계는 명에 갔다가 귀국하는 세자 석(奭)을 출영한 뒤 해주(海州)에서 사냥하다가 낙마 중상을 입었는데 이를 기회로 정몽주 등은 그의 핵심인사인 좌산기상시(左散騎常侍) 김진양(金震陽) 등으로 조준·정도전·남은(南誾)·윤소종(尹紹宗)·남재(南在) 등을 탄핵하여 4월에 유배에 처하기로 계획을 세워 놓고 있었다. 정몽주는 이성계를 위문하기 위해 그의 집을 방문하다 돌아가는 길에 이방원(李芳遠)·조영규(趙英珪) 등에 의하여 선죽교에서 피습, 살해당했다.

45) 그 맹약문에는 "그대(이성계)가 아니었다면 내가 어찌 이에 이를 수 있었으랴? 그대의 공과 덕을 내가 감히 잊을 수 없다. 천지 신명은 위에서나 곁에서나 이것을 굽어보고 있을 것이다. 대대로 우리 자손이 서로 해치지 말 것이다. 내가 그대를 저버린다면 이 맹세를 증거로 하라!"고 했다. 이러한 맹세문은 사실상 국왕과 신하 사이에 맺을 수 있는 것이 아니었지만 이렇게 하지 않을 수 없을 정도로 이 시기 이성계 일파의 영향력으로 공양왕 자신의 위치가 극단적으로 위기에 몰렸음을 의미하는 것이었다.(《고려사》권 46, 〈세가〉 46, 공양왕 2)

의 주인 노릇을 할 수 없기 때문에 폐위한다는 국왕 폐위 교서를 남은(南
誾), 정희계(鄭熙啓) 등이 왕궁으로 가지고 갔다. 부대언(副代言) 한상경
(韓尙敬)이 이를 읽었고, 국왕은 엎드려서 들어야 했다. 이렇게 해서 1392
년 7월 공양왕이 폐위되었다.[46]

국왕을 폐위시킨 뒤 백관은 옥쇄를 받들어 왕대비궁에 가져다 두고 정
사를 했지만, 실제는 이성계 일파가 권력을 장악했기 때문에 새 국왕으로
이성계의 등극은 점점 기정적으로 되고 있었다. 이성계가 왕위를 찬탈해
서 1392년 7월 17일 수창궁에서 새 국왕으로 즉위했는데, 그 과정을《태
조실록》은 이렇게 적어 놓고 있다.

> 7월 13일 대비가 태조(이성계)를 감록국사(監錄國事)로 삼는다고 선포
> 하였다. 그리고 이어 16일에는 배극렴·조준·정도전·김사형(金士衡)·
> 이제(李濟)·이화(李和)·정희계(鄭熙啓)·이지란(李之蘭)·남은(南誾)
> …… 등 대소 신료와 한량·기로 등이 국새(國璽)를 받들고 태조(이성계)
> 의 저택으로 나아가니 사람들이 마을의 골목을 메웠다. 대사헌 민개(閔
> 開)만이 홀로 기뻐하지 않으면서 얼굴빛에 나타내고, 머리를 기울이고 말
> 하지 않으므로 남은이 이를 쳐서 죽이고자 하니, 전하(이방원)가 말하기
> 를, "의리상 죽일 수 없다." 하면서 힘써 이를 말리었다. 이날 마침 족친
> (族親)의 여러 부인들이 태조를 알현(謁見)하는데 태조가 강비(康妃)와 더
> 불어 물에 만 밥을 자시고 계시는 중이므로, 여러 부인들이 모두 놀라 두
> 려워하여 북문(北門)으로 해서 흩어져 가버렸다. 태조는 문을 닫고 들어
> 오지 못하게 했는데, 해질 무렵에 이르러 극렴(克廉) 등이 문을 밀치고
> 바로 내정(內庭)으로 들어와서 국새(國璽)를 청사(聽事) 위에 놓으니, 태
> 조가 두려워하여 거조(擧措)를 잃었다. 이천우(李天祐)를 붙잡고 겨우 침
> 문(寢門) 밖으로 나오니 백관(百官)이 늘어서서 절하고 북을 치면서 만세
> (萬歲)를 불렀다. 태조가 매우 두려워하면서 스스로 용납할 곳이 없는 듯
> 하니, 극렴 등이 합사(合辭)하여 왕위에 오르기를 권고하였다. "나라에 임
> 금이 있는 것은 위로는 사직(社稷)을 받들고 아래로는 백성을 편안하게

---

46) 폐위된 국왕은 원주로 추방되었으며, 왕비와 세자 그리고 빈들이 모두 그곳에 따라갔
   다. 그 얼마 뒤에는 간성군으로 옮겨졌고 공양군(恭讓君)으로 봉해졌으며, 다시 3년이
   지난 후 삼척부에서 죽었다. 왕위는 불과 4년 재임했으며, 이성계 일파의 개국 과정에
   서 희생물로 이용되었다.(《고려사》 권 46, 〈세가〉 46, 공양왕 2)

할 뿐입니다. …… 정창군(定昌君)도 스스로 임금의 도리를 이미 잃고 백
성의 마음이 이미 떠나가서 사직과 백성의 주재자(主宰者)가 될 수 없음
을 물어 알고 물러나와 사제(私第)로 갔습니다. 다만 군정(軍政)과 국정
(國政)의 사무는 지극히 번거롭고 지극히 중대하므로, 하루라도 통솔이
없어서는 안 될 것이니, 마땅히 왕위에 올라서 신(神)과 사람의 기대에
부응하소서."

　　태조는 굳이 거절하면서 말하기를, "예로부터 제왕(帝王)의 일어남은
천명(天命)이 있지 않으면 되지 않는다. 나는 실로 덕(德)이 없는 사람인
데 어찌 감히 이를 감당하겠는가?" 하면서, 마침내 응답하지 아니하였다.
대소 신료와 한량(閑良), 기로(耆老) 등이 부축하여 호위하고 물러가지 않
으면서 왕위에 오르기를 권고함이 더욱 간절하니, 이날에 이르러 태조가
마지 못하여 수창궁(壽昌宮)으로 거동하게 되었다. 백관(百官)들이 궁문
(宮門) 서쪽에서 줄을 지어 영접하니, 태조는 말에서 내려 걸어서 전(殿)
으로 들어가 왕위에 오르는데, 어좌(御座)를 피하고 기둥 안[楹內]에 서서
여러 신하들의 조하(朝賀)를 받았다. 육조(六曹)의 판서(判書) 이상의 관
원에게 명하여 전상(殿上)에 오르게 하고는 이르기를, "내가 수상(首相)이
되어서도 오히려 두려워하는 생각을 가지고 항상 직책을 다하지 못할까
두려워하였는데, 어찌 오늘날 이 일을 볼 것이라 생각했겠는가? 내가 만
약 몸만 건강하다면 필마(匹馬)를 타고도 적봉(賊鋒)을 피할 수 있지마는,
마침 지금은 병에 걸려 손·발을 제대로 쓸 수 없는데 이 지경에 이르렀
으니, 경(卿)들은 마땅히 각자가 마음과 힘을 합하여 덕이 적은 사람을 보
좌하라." 하였다. 이에 명하여 고려 왕조의 중앙과 지방의 대소 신료들에
게 예전대로 정무(政務)를 보게 하고, 드디어 저택(邸宅)으로 돌아왔다.[47]

　　기록은 이성계가 국왕으로 등극한 과정을 설명하고 있다. 겉으로는 짐
짓 사양하는 체하면서 군사 쿠데타로 역성혁명을 일으켜 왕위를 찬탈한
이성계 일파의 정권 장악이 형식상 고려 왕실로부터 왕위를 물려받는 것
으로 만들고 있다. 이성계는 집권하자마자 그가 위화도회군의 명분으로
내걸었던 친명 사대의 예를 실천해서 즉위 다음 날에 명에 사신을 보내
어 왕조 교체를 보고하면서 승인을 요청했다.[48] 그리고 고려조의 왕씨들

―――――――――――

47) 《태조실록》 태조 1년 7월조.

을 개경 밖으로 몰아냈으며, 오직 왕승(王昇)과 그 아들 강(康)은 그들에 협력한 공로가 있고, 정양군(政陽君) 왕우(王瑀)와 그 아들 조(珇), 관(琯)은 고려왕조를 제사하라고 개성에 머물게 했다. 그 밖의 왕씨들은 강화와 거제로 모두 옮기게 했다.

이성계는 자신의 국왕 등극에 맞춰 실제 통치에서 기준으로 삼아야 할 조목을 사헌부의 상소에서 찾을 수 있었는데, 다음과 같았다. 첫째 경(敬)을 통치의 근원으로 삼을 것, 둘째 상벌을 분명히 할 것, 셋째 군자는 친하고 소인은 멀리할 것, 넷째 간하는 말을 받아들일 것, 다섯째 참언을 근절할 것, 여섯째 안일과 욕망을 경계할 것, 일곱째 절약과 검소를 숭상할 것, 여덟째 환관을 물리칠 것, 아홉째는 승니(僧尼)를 도태시켜 억불을 기본으로 삼을 것, 열째 궁궐을 엄중하게 할 것 등이었다.[49] 건의를 받은 이성계는 "환관과 승니를 도태시키는 일은 건국 초기에 갑자기 시행할 수 없지만 나머지는 모두 시행하라"고 밝혔다.

이성계는 7월 28일 자신의 4대 조상에 존호를 바쳤으며, 그날 대소 신료들에게 교지를 내려 통치의 기본을 밝혀 놓았다. 그 중요한 내용은 먼저 자신이 왕이 될 수밖에 없었고 되어야 했던 이유를 말하고 있다. 그는 대소 신료들이 자기에게 왕이 되어야 할 당위성을 주장했지만 스스로 능력 부족을 깨닫고 있었기 때문에 이를 받지 않았지만 여러 사람의 강권에 마지못해 왕위에 오르게 되었다고 적었다. 특히 자신이 고려 왕실의 계승자라는 일견 모순되는 태도를 보여주기도 했는데, 이는 당시 일반 백성들의 지지가 미약했고 왕권의 불안정성에 기인된 것으로 여겨진다. 그

---

48) 지밀직사사 조반(趙胖)이 명에 가서 이성계가 왕위를 차지했음을 말하면서 이를 합리화하였다. 그 글에는 이성계가 최영의 요동출병을 막은 일을 "상국의 국경을 범할 수 없다고 하면서 대의에 의거하여 군사를 일으켰"음을 말했다. 고려 왕실이 유약하기 때문에 정몽주 등이 간사한 계책을 써서 이성계·조준·정도전·남은을 참소하는 일이 일어났고, 또 공양왕이 살육을 꾀했다고 비난하면서 사직과 백성을 받들기 위해서 홍무 25년(1392) 7월 12일에 공민왕의 비 안씨의 명으로 요를 왕위에서 물러나 사제에 있게 하고, 종친 중에 사람을 골라봤지만 적절한 인재가 없어서 문하시중 이성계를 왕으로 추대하기를 원하였으며 이에 조반으로 하여금 주달하게 했다는 것이다.(《태조실록》 원년 7월)

49) 《태조실록》 원년 7월.

는 이렇게 말하고 있다. "나는 여러 사람의 심정에 굽혀 따라 마지못하여 왕위에 오르고 나라 이름은 그 전대로 고려라 하고 의장과 법제는 한결 같이 고려의 고사에 의거하게 한다."[50]

교지에서 밝힌 주요 내용 속에는 종묘와 사직을 세우는 일을 명했으며, 고려 왕족에 대한 처리를 지시했고, 문무 과거를 하나로 합치고, 지방과 중앙에서 합당하게 과거를 치러 입격한 사람을 예조에서 33명을 상고하여 이조로 보내어 탁용하게 하라고 말했다. 그리고 관혼상제를 일정한 법에 따라 행할 것과, 도평의사사와 대간, 6조에서 적절한 인재를 지방 수령으로 천거해서 30개월 임지에서 일하여 평가받을 수 있게 하라고 지시했다. 충신효자를 표창하고 환과고독의 구휼을 명했으며, 전곡과 경비의 임무를 엄정하게 하고 역관을 사사롭게 이용하지 말 것, 호포의 감면, 형률(刑律)을 바로 잡고 고려의 제도에 따라 전법(田法)을 실시하고, 이성계의 왕위 장악에 맞섰던 우현보·이색·설장수 등을 처벌할 것을 지시했다.[51]

교서 뒤, 이성계는 문무백관의 관제를 정비했으며, 이어 자신을 도왔던 인사들을 공신으로 책봉하는 교지를 내렸다.[52]

---

50) 《태조실록》 원년 7월 28일.

51) 이성계가 최초이자 본격적으로 내린 이 교서는 정도전의 작품이었다. 정도전은 이색·우현보·설장수 등에 대한 가혹한 처벌에 대해서는 그 자신이 우현보 집안과 원수로 되어 있었기 때문에 그들에 대해 가혹한 형벌을 요구하게 되었다.

52) 이성계의 조선왕조 개창은 고려 말기 신진문신세력의 권력 장악의 승리였다. 조선은 새로운 사회경제적 변혁이나 지배-피지배관계의 변혁으로 이어진 것은 아니었다. 그 것은 그 이전 통치체제의 지속이었다. 기존 상층 통치세력의 단순한 변화였을 뿐이었다. 이러한 의미에서 동일한 통치체제적 성격을 지닌 채 단순한 왕조의 교체였다. 새로운 시대상황이나 사회경제적 변혁의 결과이기보다는 통치세력의 인적 변화였다. 조선이 등장했음에도 그것에 상응한 새로운 제도의 전면적인 변화보다는 통치권을 장악한 집권자들의 직위 상승과 권력적 영향력의 지속을 추구하는 제도적 장치에 더 큰 의미를 두었는데, 그것이 곧 논공행상으로 나타났다. 즉 이들은 그들이 장악한 통치권력의 지속적인 장악을 전제로 함과 동시에 그들 자신에 대한 제도적 보상과 보장을 전제로 하는 제도를 마련하게 되었는데 그것이 조선왕조의 개국공신책록이었다. 새 왕조의 창건에 대한 논리화나 사회제도적 변혁이나 지배-피지배 관계의 변혁과 같은 문제는 뒤로하고, 기존의 고려왕조에 바탕해서 조선왕조를 세웠으며 이전의 고려의 통치자들이 그들이 갖고 있었던 특권적 위치를 그대로 유지하려는 것으로 이해될 수 있다. 이성계의 통치권 장악과 조선의 개창을 이룩했던 신진문신들은 스스로 개국공신의 위치

개국공신으로 책록된 사람은 52명이었다.[53] 이들을 위해서 공신도감을 설치했으며, 공신의 등급은 3개로 해서 1등공신에 대해서는 150～220결의 토지와 15～30명의 노비를 주었고, 2등공신은 100결의 토지와 10명의 노비를, 3등공신은 70결의 토지와 7명의 노비를 하사했다. 개국공신 외에 별도로 원종공신을 책봉했는데, 이들은 왕조나 왕실의 안정에 공이 큰 사람들로 공신녹권 외에 직책을 올려주었거나 자손들에게 음서의 혜택을 받도록 했으며, 뒷날 죄를 지었을 경우도 대역죄 이외는 처벌받지 않게 했다. 특히 공노비나 사노비 가운데 원종공신에 책봉된 경우는 면천시켜

를 차지했음은, 고려의 통치구조에서 소외되었기 때문에, 여기에 도전했던 이들 신진문신들이 이제는 통치권의 중심으로 올라섰음을 공포하는 것이었다. 그리고 이를 세습적으로 유지함으로써 그들만의 권력 점유의 배타성을 제도화하려는 것이었다. 이 점에서 개국공신으로 자리잡게 된 이들의 성격은 이전의 통치세력 안의 갈등이며, 그 연장선 위에 있었음을 의미하였다. 전혀 달라진 체제적 변혁이 아니었다. 단지 권력 장악의 투쟁에서 승리했던 신진문신들의 지배체제화가 조선왕조였고, 이들의 통치세력적 위치의 보장이 앞에서 말한 개국공신의 책봉이었다

53) 구체적으로 개국공신에 대해서 살펴보면, 이성계의 왕조 창건에 직접 간접으로 지원했던 이들 신진문신세력들은 조선왕조의 개창과 함께 개국공신의 자리에 오르게 되었다. 최초 이성계는 자신을 왕위로 추대에 적극적으로 지원했던 인사로 배극렴(裵克簾)을 익대보조공신문하좌시중성산백(翊戴補祚功臣門下左侍中星山伯)으로, 그리고 조준은 좌명개국공신문하우시중평양백(左命開國功臣門下右侍中平壤伯)으로, 이화(李和)는 좌명개국공신상의문하부사의흥친군위도절제사의안백(左命開國功臣商議門下府事義興親軍衛都節制使義安伯)으로, 김사형(金士衡)은 좌명공신문하시랑찬성사위판팔위사상락군(左命功臣門下侍郎贊成事衛判八衛事上洛君)으로, 정도전은 좌명공신문하시랑찬성사의흥친군위절제사봉화군(佐命功臣門下侍郎贊成事義興親軍衛節制使奉化君)으로 봉작되었으며, 그 밖에 정희계·이지란·남은·김임찬·장사길·정총·조기·조인옥·황희석·남재 등이 좌명 또는 보조공신으로 봉군했다.(《태조실록》권1, 태조 원년 7월 정미) 그러나 이 숫자만으로는 이성계의 왕조 창건에 연관을 맺은 다수의 인사들을 소외시키는 것이 되었기 때문에 다시 본격적인 개국공신에 대한 봉군이 시작되었다. 즉 이성계는 그 뒤 연이어 8월에 왕조 창건의 공로를 3등급으로 나누어 개국공신 44명을 결정 이들에게 토지와 노비를 차등 있게 배분해 주었다. 이때 책봉된 개국공신에는 1등 공신으로 앞에서 적은 배극렴·조준·김사형·정도전·이제·이화·정희계·이지란·남은·장사길·정총·조인옥·남재·조박·오몽을·정탁·김인찬 등이었다. 이들 가운데 무신은 4명에 불과했는데, 이화·이지란·장사길·김인찬이었다. 2등 공신에는 윤호·이민도·박포·조영규·조반·조온·조기·홍길민·유경·정용수·장담·조견·황희석·안경공·김균·유원정·이직·이근·오사충·이서·조영무·이백유·이부·김노였으며, 이들 가운데 무신은 24명 가운데 8명에 불과했다. 3등 공신에는 손흥종·심효생·고여·정지화·함부림·한상경·임언충·황거정·장사정·한충·민여익 등으로, 이 가운데 무신은 11명 가운데 3명이었다.(鄭杜熙, 《朝鮮初期 政治支配勢力硏究》, 일조각, 1983)

주었다.[54]

이들 공신들이 이성계의 집권을 도왔던 것은 도탄에 빠진 민생을 위해
서나 위기에 봉착한 왕조를 구하기 위해서 그러했던 것은 아니다. 그들
자신이 통치세력이 되어 세습적으로 특권을 차지하려는 개인적인 욕망이
더 컸다. 이 때문에 이들 공신들은 책록된 즉시, 즉 태조 원년 9월 28일에
한자리에 모여서는 새로 왕으로 등극한 이성계에 충성을 다짐하고 특권
세력으로 굳건하게 연대하기 위한 의식을 거행하기도 했다. 이 회합에서
는 공신들은 서로 화합과 협력, 그리고 단결을 특별히 강조했으며, 동시
에 새 왕조를 굳건하게 떠받칠 것도 천지신명에 맹세하는 등 한바탕 자
축연을 벌렸다. 이러한 사실은 조선왕조 개창의 의미가 단순히 통치세력
의 교체에 지나지 않았다는 것을 의미하고 있다. 이것은 그날 그들의 맹
세문에서도 읽을 수 있다.

문하부시중 배극렴 등은 삼가 하늘과 땅 송악산과 성황당 등 모든 귀
신에게 고한다. 삼가 생각하건대 우리 전하가 하늘의 의사와 사람의 뜻에
순응하여 큰 자리를 받았으며, 신 등은 마음과 힘을 합하여 큰일을 함께
이루었다. 이미 일을 같이 하여 모두가 한몸이 되었으니 이보다 더 좋은
일은 없다. 그러나 시작을 잘하는 사람들은 많으나 끝을 잘 맺는 사람들
은 적다고 하는 데 대하여 옛사람들은 경계하고 있는 것이다. 일을 같이
한 우리들이 모두 성의껏 임금을 섬기고 믿음으로 서로 사귀어야 할 것
이다. 저만 잘되기 위하여 서로 해치지 말며, 제 잇속을 위하여 서로 시기
하지 말며, 남들이 이간하는 말을 듣고 딴 생각을 하지 말며, 말이나 기색
이 약간 잘못되었다 해서 의심을 품지 말며, 뒤에서는 미워하다가 만나서
는 좋아하는 체하지 말며, 겉으로는 친한 체하면서 속으로는 간격을 두지
말며, 잘못한 일이 있으면 고쳐주고 의심나는 것이 있으면 물어보며 병이
나면 서로 돌봐주고 재난이 있으면 서로 구원할 것이다. 우리 자손들에

---

54) 태조 때 책봉된 원종공신은 개국원종공신 또는 태조 원종공신이라고 불렸다. 지금까
   지 조사된 것으로는 그 숫자가 1,689명에 이른다. 이들 명단을 살펴보면 도조의 처부
   집안인 용천 조씨를 비롯하여 태조의 친인척이 대다수를 차지한다. 실로 태조의 현실
   적인 힘이 그의 조상 때부터 호종했던 동북면 지역의 세력집단에 의존했음을 알게 해
   준다.(이성무,《조선왕조사》 1, 동방미디어, 1998, p.116)

이르기까지 대대로 이 맹세를 지켜나갈 것이다. 만약 어기는 일이 있을
때는 귀신이 반드시 처치해 버릴 것이다.[55]

위의 글에서 읽을 수 있듯이 이들 공신들은 권력과 이권 그리고 가문
의 광영을 확보하려는 패거리에 지나지 않았다. 이성계의 왕위쟁탈이 사
실상 그들의 통치권 행사에 참여하는 것이었음을 말해 주고 있다. 새로운
세상, 즉 지배-피지배의 새로운 변혁이나 사회경제적 변동, 그리고 시대
상황에 대한 조응을 구현하기보다는 그들의 특권적 권력 장악의 제도화
가 곧 조선의 개창이었다. 개국공신에게 특권을 부여함으로써 왕조체제
는 결과적으로 이들 집단의 사적인 공동 전유물과 같았다. 조선은 이성계
를 중심으로 하는 특정세력, 즉 신진문신들로 그 뒤의 집합적 집권체제였
다. 이들은 그 뒤 몇 차례 정치변동과 투쟁에서 승리한 인사들로 조선왕
조 통치세력의 골간으로 이어지게 되었다.

개국공신은 태조 원년 10월부터 태조 6년 10월까지 전후 10여 차례 책
록되었으며, 원종공신으로 책록된 사람은 1,400여 명이었다. 이는 곧 이성
계의 조선왕조 개국에 참여했던 사람들 모두에게 특권적인 혜택을 부여
했다는 의미이다.[56] 이들 공신들은 대부분 문신들로, 고려 말기 과거시험
이나 성리학을 배경으로 출사했기 때문에 성리학적 통치 관념에 치중했
으며 불교를 배척했다. 그들의 통치이념은 성리학의 현군덕치(賢君德治)
였다. 이들은 대외적으로 반원친명(反元親明)을 내세웠으며, 여기서 사대
주의적 지향성은 더욱 필연적이 되었다.[57] 특히 이들은 이전의 개경 중심

---

55) 이 모임이 있은 뒤 공신의 아들과 손자 동생 사위들이 충효계를 조직했으며, 개경의
    왕륜동에서 모여 다시 한번 결속을 다지는 맹세를 하기도 했다.(《태조실록》 권 2, 태
    조 원년 9월 병오)

56) 崔承熙,〈朝鮮太祖의 王權과 政治運營〉,《진단학보》 64, 1987, pp.153~159.

57) 조선의 개국에 주도적으로 관여했던 신진문신들의 이러한 성격을 대표적으로 설명해
    주는 것은 이 과정에서 핵심으로 활동했던 정도전과 조준의 경우이다. 정도전의 경우
    그는 봉화호장(奉化戶長) 정공미(鄭公美)의 4세손으로 3대조인 정영찬(鄭英粲) 대에서
    부터 겨우 관인 신분으로 올라설 수 있었다. 그의 부친 정운경은 "가세가 빈곤하여 처
    자의 배고픔을 못 면했을 정도"로 가난한 집안의 출신이었다. 그러한 그가 유학을 향
    리에서 수학하여 고려 말 과거에 합격했지만 한미한 가문 때문에 개경의 권신들에게
    는 한낱 멸시의 대상에 불과했다. 그러므로 정도전에게는 고려왕조는 단지 극복의 대

의 고려 권신들과 구분되는 영호남 지역 출신들이 많았다. 출신지역을 살펴보면, 이전 신라 지역 출신이 다수를 차지하고 있었는데, 경주·상주·성주·안동·의령·영일·봉화 등 경북 일원지역 출신 인사들이 많았다. 그리고 이들의 정치 사회적 성격은 신진문신들의 속성, 즉 고려왕조의 벌족이나 세습적 통치세력과 구분되는 지방 중소지주 정도의 인사들로 되어 있었다.[58] 이처럼 개국공신 가운데는 지방의 호장 향리 계열 출신 문신들이 다수였기 때문에, 고려왕조의 전통적 지배세력에 대해 강한 반감을 갖고 있었고, 이들을 제약하기 위해 급진적인 개혁정책을 주장하였다. 물론 이러한 개혁도 지배-피지배 관계에서 피지배층을 전제한 변혁이 아니라 단지 기존 지배세력 안의 통치세력 구성에서 나타나는 변화에 지나지

상일 수밖에 없었다. 이를 위한 오랜 시도로 결국 이성계와 손잡게 되었고, 나아가 왕조 개창의 명분논리를 그에게 제공했다. 그것이 바로 성리학이었다. 그의 이러한 인식의 연장선 위에서 억불숭유정책이 나올 수 있었고, 친명 사대주의적 속성으로 나아가게 되었다. 또 한 사람의 인물로는 고려 말 전제개혁에 앞장섰으며 개국공신의 핵심이었던 조준을 들 수 있다. 그도 6대조인 조춘(趙椿) 대에 들어와 겨우 벼슬길에 오를 수 있었던 비교적 미미한 가문의 후손이었다. 그의 아버지는 성품이 청백하고 영리를 좋아하지 않았으며 형제가 6명이나 되어 집안이 어려웠다고 기록되어 있다. 이러한 환경에 놓여 있었기 때문에 그는 고려의 권신들에 대해서는 심한 적개심을 갖게 되었다. 특히 그들이 차지한 거대한 전토에 대해서는 분노감을 갖고 있었다. 그래서 이를 제약하는 것이야말로 다른 어느 것보다 중요하다고 여겼으며, 이는 그의 일관된 정치적 목표로 자리잡게 되었다. 이러한 그의 변혁적 관념을 실천할 수 있는 가능성을 이성계의 새 왕조 개국에서 찾을 수 있었다.

58) 이 점에 대해서는 다음의 글을 인용할 수 있다. "이들……인물들은 국초 이래 세세로 권력과 경제기반을 닦아온 세신대족(世臣大族)이나 국가권력을 배경으로 토지를 집적한 대토지 소유자 등 권문세가에 속하는 관리들이 아니라 대부분 지방의 중소 지주적인 토착적 생활기반을 가진 호족 내지 향리 계열의 지방세력가로 내려오다가, 고려 중기 무신난 이후 또는 고려 말기에 이르러 비로소 중앙관계에 등장하여 사족 가문으로 성장했던 신흥 사족의 후예들이라는 것과 가문을 배경으로 문음에 따라 환로에 오른 것이 아니라 대부분 유학을 깊이 공부하고 과거를 통하여 학문실력으로써 관리가 된 학자 관인, 즉 최고의 유교적 지성을 갖춘 엘리트 관인이라는 점에서는 피차 공통점이 있었다."(韓永愚,〈朝鮮王朝의 政治經濟基盤〉,《한국사》 9, 국사편찬위원회, 1977, p.26) 이 글에서 알 수 있듯이 이들은 고려왕조의 전통적 지배세력에 대해 사실상 도전적인 저항감을 가지고 있었으며, 이러한 저항감은 기존의 이념체계, 즉 고려의 왕실과 권신들의 통치권을 합리화했으며, 그 결과로 권문세가로부터 보호받고 있었던 불교를 극단적으로 배격하게 되었고, 이것에서 벗어나고자 성리학을 받아들였다. 그리고 이들 신진문신들은 고려왕조의 후예국가였던 원에 대해서 적대적인 반원적 성격을 가지고 있었으며, 원과 대립적인 위치에 있었던 명을 추종하는 친명사대적이었다.

않았다.

5. 사대와 전제적 통치체제로 재편

이성계 일파는 조선을 개국하면서 그 정당성을 중국 명나라로부터 인
정받는 것에서 찾았다. 소국의 왕통은 대국의 인정을 받아야 정당성이 확
보될 수 있다는 사고는 이성계 일파에만 한정된 것은 아니었다. 그것은
이미 고대사회에서 연유되었으며, 고려에 들어와서는 더한층 심화되었다.
이처럼 심화된 의식의 연장선 위에 이성계는 자신의 왕권찬탈을 정당화
하기 위해 사대 지향으로 나아갔다. 이성계의 조선 개국은 다른 어떤 것
으로도 합리화될 수 없는 한계를 갖고 있었다. 이러한 한계에서 벗어날
수 있는 유일한 방안은 중국의 명으로부터 새로운 왕조체제를 인정받는
것이었다. 이를 위해 이성계 일파는 집요할 정도로 공을 들였다.

구체적으로, 명 황실에 상사가 생기면 조선 왕실이 먼저 거상하는 예
식을 치렀는데, 가령 명의 황태자가 죽었다는 소식을 접하자 그때 국왕은
평주(平州)에 있었는데, 그곳 행재소에서 신하들을 거느리고 중국 황태자
의 상복을 입고 곡을 할 정도였다. 그뿐 아니라 서울의 각 관사에도 이날
부터 곡을 하도록 지시했다. 권중화(權仲和)가 명의 예부(禮部)에서 기록
해 보낸 상제에 따라 최복(衰服)은 마포로 제조했고, 건(巾)은 사모 위에
싸서 썼으며, 띠를 뒤로 드리우고, 마질대는 100일 만에 벗는 것으로 했을
정도였다. 그리고 13일 동안 일체의 풍악을 정지시키고, 3일 동안 짐승의
도살도 금했으며, 한 달 동안 젊은이들의 결혼예식을 못하게 했다. 13일
동안 대사(大祀)와 소사(小祀)도 정지시켰다. 이러한 조치가 소국이 대국
을 섬기는 사대의 예절이라 생각했으며, 조선 왕실이 성심껏 중국을 받드
는 모습을 보여주려고 애썼다.

이성계 일파는 통치권의 장악과 국왕의 등극을 명에 알리고 명의 황제
로부터 인정받기 위한 사대외교에 심혈을 기울였는데, 조임(趙琳)을 명에
보내어 다음과 같은 표문을 올리게 했다.

　권지고려국사(權知高麗國事) 신(臣) 아무(이성계)는 말씀을 올립니다. 삼가 생각하옵건대, 소방(小邦)에서는 공민왕이 후사가 없이 세상을 떠난 뒤에 신돈(辛旽)의 아들 우(禑)가 성(姓)을 속이고 왕위를 도둑질한 것이 15년이었습니다. 무진년(1388) 봄에 이르러 망령되이 군대를 일으켜 장차 요동(遼東)을 범하려고 하여, 신(臣)을 도통사로 삼아 군대를 거느리고 압록강까지 이르게 하였습니다. 신이 그윽히 스스로 생각해 보건대, 소방(小邦)이 상국(上國)의 경계를 범할 수 없으므로, 여러 장수들에게 대의로써 깨우쳐 즉시 함께 군사를 돌이켰습니다. 우(禑)는 이에 스스로 그 죄를 알고서 아들 창(昌)에게 왕위를 사양했는데, 창(昌)도 또한 어리석고 유약하여 왕위에 있을 수 없으므로, 나라 사람들이 공민왕의 비(妃) 안씨(安氏)의 명령을 받들어 정창부원군(定昌府院君) 왕요(王瑤)로써 임시로 국사를 서리하게 하였습니다. 요가 혼미하여 법도를 어기고 형벌과 정치를 문란시켜서, 참소하고 아첨한 무리를 친근히 하고, 충성스럽고 선량한 신하를 내쫓으니, 신하와 백성이 분개하고 원망했으나, 아뢰어 말할 데가 없었습니다. 공민왕 비(妃) 안씨(安氏)는 그렇게 된 이유를 깊이 생각하여, 그를 명하여 사저에 돌아가게 하였습니다. 이에 온 나라의 대소 신료와 한량·기로·군민 등이 말하기를, '군국의 사무는 하루라도 통솔이 없어서는 안 되겠다' 하면서, 신을 권지군국사(權知軍國事)로 추대하였습니다. 신은 본디부터 재주와 덕행이 없으므로 사양하기를 두세 번에 이르렀으나, 여러 사람의 사정에 몰려서 도망해 피하지도 못하므로, 놀라고 두려워하여 몸둘 곳을 알지 못하겠습니다. 삼가 황제 폐하께서는 건곤의 넓은 도량과 일월의 총명으로써 여러 사람의 뜻을 어길 수 없음과 미신(微臣)이 마지못했던 일임을 살피시어, 성심으로 재가하여 백성들의 뜻을 안정하게 하소서.[59]

　위의 글에서 알 수 있듯이 이성계는 스스로를 국왕이라 부르지 않았으며, 단지 권지군국사, 즉 군국의 책임을 임시로 맡은 사람으로 표현했다. 명의 황제로부터 국왕으로 인정받지 못했기 때문에 왕이 아님을 밝혀 놓은 셈이었다. 그가 통치권을 장악하게 된 이유를 장황하게 늘어놓으면서, 특히 위화도에서 회군했다는 사실을 강조하여 명의 환심을 사려고 애썼

---

59) 《태조실록》 원년 8월 29일조.

다. 새 왕조의 개창에 따르는 정당성의 결여를 명 황실의 책봉으로 메우려는 노력의 일환이었다. 이성계 일파의 이러한 노력은 성과를 얻었는데, 이는 명 황실 쪽에서도 자신들을 대국으로 섬기고, 이전에 요동 공격을 철회했던 이성계에 대해서는 호의를 갖고 있음을 보여주었다. 중국에 사신으로 갔던 조반(趙胖)이 돌아오니, 이성계는 백관을 거느리고 선의문 밖에서 그를 맞을 정도였다. 이 자리에서 조반은 명 황실의 예부(禮部)에서 보낸 차부(箚付)를 이성계에 전했는데, 거기에는 이성계를 왕으로 인정한다고 되어 있었다. 명의 황제는 다음과 같은 칙지를 내리고 있었다.

> 홍무(洪武) 25년 9월 12일……황제의 성지를 삼가 받았는데, 그 칙지에, '천지 사이에 백성들을 주재하는 사람은 크고 작고간에 그 수가 얼마나 되는지 알 수 없는데, 혹은 흥하기도 하고 혹은 패망하기도 하니, 어찌 우연한 일이겠는가? 그 삼한은 왕씨가 망하면서부터 이씨가 계책을 씀이 천태만상인 것이 벌써 몇 해가 되었는데, 지금은 확연히 그러하다. 왕씨가 옛날에 삼한을 차지했던 보답도 또한 그러했으니, 이것이 어찌 왕씨가 옛날에 일을 잘하고, 이씨가 오늘날 계책을 잘 쓰기 때문인가? 상제의 명령이 아니면 되지 않는 것이다. 그 삼한의 신민이 이미 이씨를 높이고 백성들에게 병화가 없으며 사람마다 각기 하늘의 낙을 즐기니, 곧 상제의 명령인 것이다. 비록 그러하나, 금후로는 봉강을 조심하여 지키고 간사한 마음을 내지 말면 복이 더욱 증가될 것이다.……'.[60]

이성계는 통치권 장악이 인정받게 되자 기쁨을 감추지 않았으며, 즉각 정도전을 명 황실에 보내 사은의 예를 올리고 말 60필을 바치는 표문을 바쳤다. 그 표문에는 "신(이성계)이 온 나라 신민과 더불어 감격함을 이길 수 없는 것은 황제의 훈계가 친절하고 황제의 은혜가 넓고 깊으시기 때문입니다. 몸을 어루만지면서 감격함을 느끼고 온 나라가 영광스럽게 여깁니다"라고 적었다. 그리고 이어서 이성계는 "……성감(황제)께서 사정을 환하게 알아 천한 사신의 말을 듣고 즉시 득음(황제의 말)이 갑자기 이르게 될 줄을 어찌 생각했겠습니까? 마음속에 새겨서 은혜를 잊지 않겠

---

60) 《태조실록》 원년 10월 22일조.

으며 쇄골분신이 되어도 보답하기 어렵겠습니다.……더욱 성상을 섬기는 성심을 다하여 억만년이 되어도 항상 조공하고 축복하는 정성을 바치겠습니다"라고 중국 황실에 대한 충성을 서약했다.[61]

명에 대한 조선의 사대의식과 절차는 지극했다. 조임이 가져온 중국 황제의 칙지에는 "동이는……중국이 통치할 바 아니다"라고 적으면서 "성교(聲敎)는 자유로이 할 것이며, ……동이(東夷)의 백성을 편안하게 하고, 변방의 흔단을 발생시키지 않는다면, 사절이 왕래할 것이니 실로 그 나라의 복일 것이다. 문서가 도착하는 날에 나라에서 어떤 칭호로 고칠 것인가를 빨리 달려와서 보고할 것이다"라고 되어 있었다. 이성계에 대해 새로 국호를 무엇으로 정할 것인지를 물었던 셈이다. 이성계는 중국 황제의 이 칙지에 감격해서 즉각 우인열을 중국에 보내 "신(이성계)은 매양 사대(事大)에 전심(專心)하여 다만 절개를 지키기를 더욱 굳게 할" 것임을 맹세했으며, 또한 말 30필을 중국 황실에 바쳤다.

이성계는 새로 국호를 정하면서, 명의 황제에게 조선(朝鮮)과 화령(和寧) 가운데서 선택해 달라고 간청할 정도였다. 이 문제에 대해 이성계는 표문에 이렇게 적었다. "신이 가만히 생각하옵건대, 나라를 차지하고 국호를 세우는 것은 진실로 소신이 감히 마음대로 할 수가 없는 일입니다. 조선과 화령 등의 칭호로써 천총에 주달하오니, 삼가 황제께서 재가해 주심을 바라옵니다." 자기 나라의 국호 하나도 주체적으로 정하지 못한 채 중국의 황실에 위임함으로써 자신의 결여된 정당성을 확보하려 했다. 중국에서는 "동이의 국호에 다만 조선의 칭호가 아름답고 또 그것이 전래한 지가 오래되었으니 그 명칭을 근본으로 삼아 본받을 것이며, 하늘을 본받아 백성을 다스려 후사를 영구히 번성하게 하라"고 정해 주었다.

이성계는 중국 황실의 결정에 감읍했으며, "이것은 종사와 백성의 한 없는 복"이라면서 결정을 중앙과 지방에 널리 알려 혁신의 새 기운을 이룩할 것을 명했으며, 그때부터 고려라는 이름을 없애고 조선으로 쓰게 했다. 그리고 그날, 즉 홍무 26년(1393) 2월 15일 이른 새벽부터 이전의 이죄

---

61) 《태조실록》 원년 10월 25일조.

(二罪) 이하의 죄수는 사해 주라고 지시했다. 이성계 스스로 "아아 제왕의 기업을 세워 자손에게 전하매 이미 국호를 고치게 되었으며, 정사를 발포하고 인정을 시행하는 데 마땅히 백성을 근심하는 정치를 펴야 될 것"이라고 말했다.[62]

이성계 일파에 의해서 개창된 조선은 이미 앞에서도 적었지만, 고려말기에 과거로 출사했던 신진문신들과 변방의 무장들, 즉 이성계 직계 무인들 사이의 연대로 왕권을 탈취한 것이었다. 그러한 탈취의 명분으로 성리학을 강조했고, 명에 사대하는 등 중국대륙의 세력변화와 사상적 발전 등을 내재적으로 담고 있었다. 그러나 이러한 변화는 중세적 시대상황에서의 이탈이나 근대로의 지향을 위한 새로운 모색과는 거리가 있었다. 물론 부분적으로는 그러한 성격도 있었지만 이는 단지 시대변화의 소극적 대응에 지나지 않았다. 이러한 성격을 고려할 때 조선은 중세적 고려왕조를 단순히 승계한 것이며, 동시에 고려왕조에서 빚어졌던 혼돈적 통치세력을 정비한 것으로 생각할 수 있다. 이러한 정비는 중세적 상황에서 벗어나 근대적 지향성으로 나아가기 위한 것이 아니라 더한층 중세적인 것으로 고착되는 왕조적 통치체제로의 재편이었다. 즉 중세적 전제체제라는 한정성을 그대로 계승하고 있었다.

조선 개창의 이러한 성격, 즉 중세적 전제체제의 재편이라는 측면은 고려의 원에 대한 사대가 조선의 명에 대한 사대로 더한층 심화되었음을 보여주었다. 즉 조선왕조의 정당성을 사대로 정립함으로써 그것에서 빚어진 반사적 영향은 일반 민중에 대한 강압적 약탈과 강제의 심화로 나타났다. 즉 밖에서 잃었던 권위와 위신을 안에서 확립하려는 성격을 보여주었다. 그 결과 민중들에 대한 강제는 한층 더 제도화되었으며, 이는 그만큼 통치체제의 전제성이 심화되었음을 의미했다.

시대적 상황이나 발전을 유도하는 통치체제이기보다는 오히려 시대적 변모를 제약하고 중세적 상황을 고착시켰다. 심지어 변모하는 시대 양상을 무시한 채 특정 통치세력이 중심이 된 왕조국가의 등장은 이미 그 안

---

62) 《태조실록》 2년 2월 15일조.

에 이중적 모순이 내재되고 있었다. 하나는 동아시아에서 중국 중심의 사대주의는 세계사적 진운에서 벗어나는 시대모순에 빠지게 되었으며, 다른 하나는 민중의 욕구에 부응해야 할 통치체제가 거꾸로 그것을 극도로 강제하는 민중 모순의 성격을 갖게 되었다. 이를 합리화한 것이 성리학의 통치이념적 도그마였으며, 결과적으로 조선왕조는 중앙집권적이고 전제적인 왕조체제로 귀착되는 한정성을 갖게 되었다.

제10장 조선왕조의 지배구조와 통치양식

1. 중앙집권적 전제왕조의 의미

조선의 통치체제는 중앙집권적 통치체제이자 전제적 왕조체제였다. 이 두 가지가 서로 얽혀 기본적인 통치구조를 일구고 있었다. 조선도 국왕을 정점으로 하는 상층 통치세력과 그들을 떠받치는 지배세력으로 이루어진 통치체제였다. 이들의 억압·약탈·강제가 피지배 민중을 대상으로 일상화되고 있었다. 그러므로 조선은 상층 통치세력의 강제적 약탈기구라는 중세적 왕조체제의 특징을 갖고 있었다. 이러한 통치기능을 효과적으로 이룩하기 위해 통치세력들은 고위 관직자로 자리잡았으며, 그들을 지원해 주는 관인체제로 지배세력의 특권을 유지할 수 있었다. 조선왕조가 어떤 통치체제였는가는 왕조의 기본 성격을 인식함으로써 논의될 수 있을 것이다.

일반적으로, 왕조체제도 고대 전제적 제국체제, 중세 봉건체제, 관료적 제국체제, 절대적 전제체제, 계몽적 군주체제, 계몽적 군주체제, 입헌적 군주제 등 다양한 유형으로 발전되었다. 이들 체제의 유형화는 다음 몇 가지를 기준으로 설명할 수 있다. 먼저 최고 권력점유자인 국왕의 선임, 즉 승계 문제이다. 일반적으로 국왕의 승계는 적자 장남으로 이어진다. 그러나 현실적으로 왕위계승은 이와 다른 경우가 적지 않았다. 장남-장손으로 이어지는 승계원칙을 지킬 수 없는 예외상황이 오히려 일반적이었다. 장남이 사망했거나 유약한 경우는 물론이고, 장손도 너무 어리거나 왕위를 승계하기에 한계가 있을 수 있기 때문이다. 이러한 경우에 대비하여 왕위승계의 일정한 원칙, 즉 같은 왕족 가운데 승계의 일정한 순서를 법적으로 규정해 두게 된다. 물론 예외적으로 왕족 가운데 왕위계승자의 선정이 왕조의 최고 합의기구에 의해 결정될 때도 있다. 그러나 왕위승계에 대한 규정이 사전에 마련되어 있지 않다면 왕위승계 자체가 곧 상층 통치세력들의 권력 갈등 요인으로 작용할 수 있다. 이는 왕조체제의 위기를 부른다. 특히 외척의 영향력이 지나치게 커지는 상황을 막을 수 없고, 심한 경우 왕조 자체가 종언을 맞게 되는 상황으로 내몰리고 만다.

이렇게 선임된 국왕은 전제적 군주로 절대권을 행사하지만 실제 그의 통치권 행사에서 상당 부분 제약을 받는 것이 일반적이다. 아무리 절대권을 행사해도 완전한 전제적 절대권의 행사는 있을 수 없기 때문이다. 기존의 통치제도나 관습에 따라 부과되는 여러 가지 제약도 있을 수 있다. 전제적 왕조사회였던 중세 서유럽의 경우, 왕권은 사실상 교황으로부터 강한 제약을 받아야 했다. 때로는 상층 통치세력 가운데 유력인사나 집단 또는 가문으로부터도 견제를 받았다. 국왕의 통치권을 제도적으로나 관습적으로 전혀 제약하지 않는 전제적 왕권의 행사는 사실 흔하지 않다. 문제는 이러한 제약을 국왕 자신의 개인적인 능력과 통치력에 따라서 얼마나 극복할 수 있는가가 통치권 행사의 핵심 관건이며, 그러한 극복을 합리적으로 이루게 될 때 비로소 국왕의 위치가 제도적으로 강화된다고 할 수 있다.

전제적 왕조체제의 통치권이 국왕 한 사람에게만 전적으로 귀착되는 것은 아니다. 그것은 국왕을 정점으로 하는 상층 통치세력과의 연관성이나 상층 통치세력의 구성 내용에 따라 영향을 받게 된다. 국왕은 절대로 만능이 아니며, 비록 통치권 행사가 국왕의 이름으로 행해지기는 하지만 실제는 공동의 권력에 따른 집행에 불과할 뿐이다. 실제로 국왕과 상층 통치세력 사이에 합일적이고 단일적인 위계체제를 이루는 경우는 상상할 수 없다. 아무리 권력행사와 이익점유가 일치하는 성격을 보여준다 해도 상층 통치세력 사이에서 단일의 합의는 불가능하다. 상층 통치세력 자체가 집단 구성이기 때문에 그들 사이에도 통치권과의 근접을 중심으로 하는 경쟁이 있을 수밖에 없기 때문이다. 이러한 경쟁은 격심한 파벌로 이어지게 된다. 실제로 중세의 전제적 왕조체제는 바로 이들 사이에 빚어지는 갈등과 대립을 정치의 기본 속성으로 하고 있다. 그러나 상층 통치세력 안의 갈등이나 대립도 그 나름의 제도적 속성에 따라 이루어지는 경우도 있을 수 있다. 또한 다양한 통치세력의 존재로 어느 한편에 의한 통치권의 독점이 차단된다. 즉 통치세력 내에 다양한 세력의 존재와 그들 사이의 연계성이 통치체제의 성격을 규정하게 된다.

여기서 생각해 보아야 할 점은 피지배층이 통치권에 어느 정도의 영향력을 행사할 수 있었는가이다. 물론 중세의 전제왕조체제에서 피지배층은 통치권에 대한 근접이 철저히 차단되었다. 단지 국왕이나 통치세력이 결정한 사항을 충실하게 수용하고 복무하기만 하였다. 그러나 이러한 성격도 상황에 따라 달라질 수 있다. 가령 서유럽의 경우, 비록 중세 이후이기는 하지만 피지배 세력층에 속한 도시의 길드나 특정 상인층이 그들의 이권을 확보하기 위해 통치세력과 일정한 거래관계를 맺기도 했으며, 그 나름의 영향력을 행사할 수도 있었다. 이러한 성격은 그 뒤 근대로 넘어오면서부터 피지배층의 정치적 영향력 행사의 모태가 되기도 했다. 이러한 의미에서 통치체제에서 피지배층의 상층 통치세력에 대한 영향력 행사 여부는 중요한 의미를 가지게 된다.

앞에서 말한 몇 가지 기준들, 즉 왕위승계 문제와 국왕의 위치 설정, 상층 통치세력의 구성 성격, 그리고 피지배층의 영향력 행사 여부 등은 그 체제의 성격을 규정하는 요소라 할 수 있다. 조선왕조에서 국왕의 위치는 물론 절대적인 존재로서 통치체제의 정점에 위치하고 있었다. 이러한 성격은 '국왕의 나라'라고 할 수 있으며, 나아가 국왕의 존재성 여부에 따라 그 왕조의 본질이 규정될 수 있었다. 국왕은 절대적 존재로 사람들의 의지나 집단의 능력으로 이루어질 수 있는 것이 아니라 천명에 의해 정해진 존재라는 인식 자체가 그 존재의 절대성을 의미하고 있다. 특히 이러한 성격은 국왕을 합리화해준 신화나 종교로 인해 점점 더 강화 고착되었다.

국왕을 절대적 존재로 인식하는 것은 자연히 국왕 승계 문제에도 영향을 미쳤다. 비록 장자세습이 우선이지만 천명에 따라 다르게 이루어질 수도 있다는 인식이 자리잡을 수도 있었던 것이다. 왕위세습의 원칙이 제도로 자리잡지 못한 상황에서는 오히려 어떤 방식으로든 왕권을 장악했다는 사실 자체가 천명으로 미화될 수 있었다. 이 점에서 조선은 물론이고, 그 이전 왕조에서도 통치체제의 형성과정은 왕권 장악을 위한 일종의 궁중비사처럼 여겨지는 특징을 갖게 되었다. 왕권승계에서 빚어진 이러한 속성은 자연히 왕권의 장악을 지원했던 특정 인사나 집단이 중심이 되는 통치세력의 형성으로 이어졌다. 일반적으로 공신이라는 이름으로 불리었던 국왕 옹립파는 권신으로 관직을 부여받았으며, 그 결과 통치세력의 관직은 왕위 점유에 기여한 공을 중심으로 하는 논공행상의 성격을 갖게 되었다. 물론 일반 관인층의 경우도 이러한 성격이 미치는 파장에 따라서 영향을 받게 되었다.

조선왕조는 고려와 달리 시작부터 이성계를 중심으로 하는 단일 특정 세력에 의한 왕조의 창건이었기 때문에 공신을 중심으로 하는 단일한 통치세력의 영향력이 지속될 수밖에 없었다. 이러한 성격은 곧 견제세력이나 대안적 비판세력의 활동이 미미한, 즉 견제 받지 않는 통치세력으로서의 지배양식을 보여주게 되었다. 조선은 국왕 자신부터 견제 받지 않는 절대적 존재였으며, 통치세력 역시 국왕을 정점으로 한 위계체제를 이루고 있었다. 물론 통치세력 안에 대립이나 권력 점유를 위한 갈등도 있을 수 있었다. 그러나 그 자체가 통치체제의 변혁을 가져올 정도로 심각하지는 않았다. 단지 왕조적 통치체제의 권력행사에 따른 문제로 이어졌을 뿐이었다. 비록 사화가 일어났고 당쟁이 치열했다 해도 그것은 조선왕조를 대치하는 새로운 변혁적 체제를 이룩하기 위한 것이 아니라, 기존의 통치체제를 강화시키는 통치세력 내의 경쟁에 지나지 않았다. 이 점에서 생각해볼 수 있는 것은 이른바 왕권과 신권에 대한 양립적 인식이다. 즉 통치체제는 국왕의 전제적 권력행사를 전제하는 왕권과, 이를 견제하면서 적절히 대응할 수 있는 신권으로 이루어졌다는 전제에서 둘 사이의 갈등과 경쟁이 조정과정을 거쳐 마침내 하나의 통합적인 통치권을 행사할 수 있게 되었다는 논지가 이 개념의 핵심이다. 그러나 이 논의가 가능하기 위해서는 몇 가지 전제가 충족되어야 한다. 하나는 왕권의 제약성을 전제하는 상황이다. 다시 말하면 왕권은 다른 세력이나 집단 또는 문화에 따라 사실상 제약받고 있어야 한다. 유럽 중세의 군주가 교황의 권위에 의해 견제 받았던 경우와 비슷한 상황이 마련되어야 한다. 그 밖에 유력한 통치집단들, 즉 특정 정치세력이 사실 왕권에 육박할 정도로 독자적인 존립과 영향력을 확립할 수 있어야 한다. 가령 중세 봉건제 사회에서, 군주의 권한은 몇몇 봉건영주들에 의해 제약받을 수도 있었으며, 이 경우 군주의 전제권 행사는 상당한 제약을 받지 않을 수 없었다. 여기에 덧붙여 더한 층 중요한 사실은 신권을 논의할 정도로 일반 관인들의 권한과 영향력 행사를 제도적으로 보장해 주는 장치, 즉 관인에 대한 국왕의 자의적 임면권을 제약할 수 있는 관인신분의 제도적 보장이 이루어져야 한다.

이러한 사실들을 전제로 할 때, 조선왕조를 군권과 신권의 이분적 개념으로 접근하는 것은 논리의 비약일 수 있다. 물론 상황에 따라 왕권이 미약해서 특정 권신이나 관인집단이 국왕의 통치권을 제약하고, 그들에 의한 통치권의 전단이 이루어지는 경우도 있을 수 있다. 그러나 그것은 그 시대의 권력구조의 속성에서 빚어진 한 현상일 뿐이며, 그것만으로 군권과 신권의 이분성을 논의할 수는 없다. 최소한 군권과 신권의 이분성을 논의하기 위해서는 권력구조의 제도적인 장치에서나 정치 사회적 성격에서 이것의 존립을 설정할 수 있는 상황이 뒤따라야 한다. 그러나 조선에서 이러한 성격을 찾아볼 수 없기 때문에 군권과 신권의 이분적 인식논리를 실증적인 제도적 성격으로 여기기에는 한계가 있다.

조선은 통치체제의 외적 도전을 차단한 체제 보전과 지속이라는 의미에서는 '완벽한 왕조체제'라 해도 틀린 말이 아니다. 여기서 완벽한 왕조체제의 의미는 지배층이나 피지배층의 체제변혁적 도전을 철저히 그리고 전면 차단했던 체제라는 의미이다. 조선왕조에서 피지배층은 통치세력의 강압과 강제를 받았기 때문에 그러한 도전의 가능성은 완전히 배제되었다. 피지배층의 의식과 사유까지도 철저하게 기존 왕조에 대한 종속으로 규제했던 성리학적 영향력이 파급되고 있었다. 이들에게 성리학은 가치로운 삶을 지향하기 위한 것으로 받아들여졌으며, 그 핵심에는 충과 효가 있었기 때문에 왕조는 도전할 수 없는 절대적 가치체제로 자리잡게 되었다.

조선왕조의 이러한 성격을 전제로 할 때 이를 양반관료제 사회로 그 체제를 규정할 수 있을까? 이렇게 규정한다면 여기에는 몇 가지 문제가 따른다. 그것은 양반관료라는 특정 신분에 의한 통치체제를 전제하기 때문이다. 이렇게 되면 실제 양반이 아니거나 관인이 아닌 피지배층은 이 체제와는 무관한, 즉 제외된 존재가 되고 만다. 반상(班常)의 사회, 즉 양반, 중인, 상인, 천민 등의 사회신분제가 엄존했던 상황에서, 양반으로, 그것도 관인으로 출사한 특정 인사나 집단의 통치체제로 전제하게 되면, 이는 대다수 피지배세력이 이 체제와는 무관한 존재가 되어 버린다. 한 시대의 통치체제를 규정할 경우 포괄성이 전제되어야 하며, 나아가 그것은 다른 시대나 체제와 구분되는 특정성을 가질 수 있어야 한다. 이 두 가지 사실, 즉 포괄성과 특정성을 고려한다면, 조선을 양반관료 사회로 규정하는 것은 어느 한 면만을 인식하는 것이 될 수 있다. 조선왕조는 분명히 양반관료 집단이 주요한 통치세력으로 영향력을 행사했다. 그러나 그것을 그 사회의 전반적인 성격, 즉 포괄적 현상으로 설명할 수는 없다. 하나의 중요한 성격 형태로 이해할 수는 있어도 양반관료가 고려나 그 밖의 시대와 비교할 때 특별히 구분되는 특정성을 지녔다고 말하기 어려운 것이 사실이다.

그렇다면 조선의 정치사회를 어떻게 규정할 수 있을까? 이 물음에 대해서 중앙집권적 전제왕조체제라고 답할 수 있다. 즉 조선은 이전의 통치체제와는 달리 중앙집권적인 면에서 특징적인 성격을 보여주었다. 고려와 조선을 놓고 볼 때, 고려가 중앙집권적-지방세력 사이의 연관에 따라 이루어진 통치체제였다면, 조선은 중앙집권적인 획일성의 지배에 놓여 있었다. 조선왕조는 지방세력을 완전히 평정하여 중앙집권적이고 획일적인 통치체제를 정립했으며, 중앙에서 파견된 관인의 직접통치가 이루어질 정도로 중앙집권적이었다. 중앙의 통치권이 지방에까지 전면적으로 침투되었으며, 중앙의 통치권을 제약하거나 차단할 수 있는 그 나름의 지역적 특수성이나 독자성은 전제될 수 없었다. 이러한 성격과 함께 조선은 전제적 왕조체제의 성격을 그대로 보여주고 있었다. 국왕의 통치권은 견제 받지 않는 자의성으로 행사되었으며, 비록 왕도정치라는 한정된 관념으로 제약할 수 있었다고 해도 실제 효과는 별로 없었다.

따라서 조선을 중앙집권적 전제왕조로 규정할 경우, 그것은 이전 왕조에 견주어 더한층 지배의 영역과 폭이 확대되었고, 통치의 심도도 강화되었다고 할 수 있다. 이는 다른 말로 표현하면 조선왕조에서는 다른 시대보다 피지배층에 대한 약탈과 억압, 그리고 강제가 더한층 치밀하게 행해졌음을 의미한다. 피지배층이 당하는 억압과 강제, 약탈에 따른 고통은 조선왕조에 들어와서 더한층 심해졌다. 이러한 사정은 중국에 대한 사대가 심할수록 더 심화되는 비례관계를 보여주었다. 이 점에서 피지배층은 조선왕조에 의해 간접적으로 중국의 지배를 받는 것과 같은 상황에 놓여 있었던 셈이다. 이러한 점이 조선의 중앙집권적 전제왕조체제의 기본 성격이었다고 할 수 있다.

2. 통치기구의 구성과 기능적 성격

조선은 피지배층에 대한 통치기구를 효율적으로 재편해야 했다. 이렇게 함으로써 고려와 다른 성격을 지니게 되고, 나아가 일반 백성들의 지지를 확보할 수 있었다. 고려에 정신적인 귀속성을 보여준 관인과 대다수 백성들에게 조선왕조 개창의 의미를 인식시키고 수용하도록 할 필요가 있었다. 조선의 건국 초기만 해도 일반 백성들의 의식에서 고려로부터 조선으로 충성심의 전이가 일어나지 않고 있었다.[1] 그러므로 조선왕조의 통치 지향성을 새롭게 정립하고, 이를 제도적으로 관철시키는 일이 우선적

---

1) 이러한 성격을 단적으로 나타낸 것이 개경의 주민들이었는데, 가령 고려의 관리였던 72명이 개성 남대문 남쪽에 있는 부조현 고개에 관을 걸어 놓고 두문동에 들어가 새 왕조를 등지고 살았던 이른바 두문동 72인도 이러한 성격을 말해 주었다. 그 밖의 많은 관료들은 장사치로 직업을 바꿨으며, 새 왕조로부터 녹봉을 받는 것을 수치로 여길 정도로 조선왕조에 출사하기를 심정적으로 거부하였다.

이었다. 조선은 성리학적 통치이념을 새로운 통치 지향성으로 정립했다. 이를 통해 통치세력의 권력 장악을 합리화했으며, 국왕의 통치권 독점이 이루어질 수 있었다. 이러한 성격은 권력구조에서 경쟁성이나 합리적 유동성이 함유될 여지가 없었다. 그보다는 국왕을 정점으로 한 통치기구가 일반 백성에 대한 강제와 약탈, 그리고 억압의 기제로서 얼마나 효율적으로 기능할 수 있는가가 통치기구의 본질이었다. 이러한 의미에서 여기서는 조선의 통치기구가 갖는 특징적 성격을 구체적으로 살펴보기로 하자.

먼저 통치기구의 제도화에서는 권력의 정점에 대한 문제가 핵심으로 떠오르게 된다. 누구에게 최종적인 권력을 어떤 성격으로 부여할 것인가가 그것이다. 이를 위해 권신, 공신들과 국왕의 통치권 행사에서 관계 설정이 일차적 문제로 제기되었다. 국왕을 절대적인 전제자로 설정할 것인지, 아니면 권신이나 공신들 가운데 유력자들의 합의기구에서 통치권의 주요 사항을 결정하게 할 것인지가 관건이었다. 구체적으로 고려에서 조선 초기까지 지속된 도평의사사도 이러한 관점에서 생각해볼 수 있다. 이 문제는 태조 때만 아니라 그 뒤에도 여러 번 되풀이되고 있었다. 수양대군의 쿠데타가 일어났던 1455년 이후에야 이 문제는 어느 정도 매듭을 짓게 되었다. 곧 국왕과 신료들 사이의 권력 관계에 대한 위치 설정이 그만큼 어려웠기 때문에, 이것을 정립하기까지 근 60년의 기간을 필요로 한 셈이었다. 이 문제는 조선의 통치체제를 신진문신들이 주도하는 집권체제로 할 것인지, 아니면 국왕 중심의 전제적 왕권체제로 지향할 것인지에 대한 문제이기 때문이다.

조선은 1392년 7월 28일자로 중앙의 통치기구를 제정했다. 그렇다고 해서 새로운 통치제도나 시대 지향에 적실성이 있는 통치제도를 마련했던 것은 아니었다. 단지 고려 말의 통치제도를 골간으로 여기에 몇 가지 부서를 첨설(添設) 보완했다. 이러한 초기 관제는 이 시기만 해도 이성계 일파가 통치권을 장악, 행사하는 데 완전한 통제력을 발휘하지 못했음을 의미한다. 최초의 관제개혁은 여전히 고려의 도평의사사를 근간으로 삼아 그것을 부분적으로 개정하는 형식을 취하게 되었다. 본래 고려의 도평의사사는 권신들이나 상층 통치세력들이 실제로 주요한 결정은 내리는 기관이었다. 도평의사사는 상층 통치세력들의 합좌 협의기관이었던 것이다. 일찍부터 도방·정방 등 합좌적 통치양식을 구축해 왔던 고려에서는, 주요 결정과 행정 집행은 도평의사사에 맡기는 것이 제도적으로 정착되어 있었다. 최종 결정권은 국왕이 갖고 있었지만 도평의사사의 결정을 국왕은 단순히 인준하는 형식을 취했다. 이러한 성격은 결국 고려가 권신 중심의 통치로 전개될 수 있었음을 의미한다. 고려 말기 이성계가 합법적인 절차를 거쳐 왕권을 장악했다고 합리화할 수 있었던 것도 바로 도평의사사를 이용했기 때문이었다.

먼저 조선왕조 초기의 도평의사사 개편은 여기에 참여할 수 있는 인사들을 제약하는 것에서 비롯되었다. 그렇게 함으로써 이성계 일파의 핵심 인사들로 재조직할 수 있었다. 태조도 도평의사사를 행정집행기관인 문하부와 재정을 담당한 삼사와 군사행정기관인 중추원의 최고위 관리들이 참여하여 국정을 토의하는 합의기관으로 삼고 있다. 즉 종2품관 이상으로 참여자의 자격을 제한했다. 그 뒤 도평의사사를 문무고관의 형식적인 합좌제도로 약화시켰다. 이렇게 함으로써 새 왕조에 적극적인 인사를 등용하고 조선의 건국을 확고하게 정착시킬 수 있었으며, 태조 이성계의 통치권도 강화할 수 있었다.[2]

---

2) 그러나 태조 때는 도평의사사를 중심으로 했던 고려식의 통치제도는 그대로 승계했으며, 다른 통치기구나 관제도 고려 말의 것을 지속시켰다. 태조 초의 관제로 중요한 것을 적으면 다음과 같다. 맨 먼저 도평의사사로 이는 문하부 삼사 중추원의 고관으로 구성된 정치 군사의 합의체 기관이다. 문하부는 백관을 통솔하고 모든 정사를 관장하며 관직은 영부사, 좌·우시중(정1품)으로 되어 있었다. 삼사는 관리들의 녹봉을 주고 왕조의 경비를 산정했으며, 최고 관직은 영사사(정1품)이었다. 예문춘추관은 교명을 논의하고 국사를 편찬했으며, 최고 관직은 관감사로 시중이 겸했다. 중추원은 계복과 왕명의 출납, 병기, 군정, 숙위, 경비 등의 일을 맡았으며, 최고 관직은 판사(정1품)였다. 경연관은 왕에 대한 진강과 경사를 겸하여 장악했으며, 최고 관직은 영사(시중이 겸직)였다. 세자 관속은 세자에 대한 강학과 시위를 겸했다. 최고 관직은 좌·우사(정2품)가 있었다. 사헌부는 시정의 득실을 논하며 이를 집행하며 풍속을 교정하고 관리의 공과를 고찰하고 표예와 탄핵을 맡았는데, 최고 관직은 대사헌(종2품)이었다. 개성부가 있었는데, 이는 경기의 토지·호구·농상·학교·소송 등의 일을 맡았고, 최고 관직은 판사(정2품)였다. 그 밖에 이, 병, 호, 형, 예, 공이 있었으며, 노예를 관장하는 형조도관이 있었다. 또 성균관, 합문, 봉상시(종묘제사의 관장), 전중시(왕의 친속과 전내의 급사등의 일을 맡았다), 훈련관(무예·훈련·병서·전진의 교습을 관장했다)이 있었다.(차문섭,〈정치구조〉,《한국사》10, 국사편찬위원회, 1977, pp.17~21)

고려의 통치기구를 조선 나름으로 고친 것은 정종 2년이었다. 물론 그 때부터 관제가 모두 확정된 것이 아니라 몇 차례의 관제개정을 거쳤는데, 1400년에서 1401년의 1차 관제개정, 1405년의 2차 관제개정, 1466년의 3차 관제개정 등이 그것이다. 그 사이에도 부분적으로 관제를 보완했지만, 대체로 1466년에서야 거의 완성된 면모를 보여줄 수 있었다.[3]

최초의 전면적인 관제개혁이 있었던 1401년에 정종의 명을 받아 하륜·권근·이첨 등이 관제개정의 초안을 작성했다. 여기서 하륜 등은 도평의사사를 폐지하고 대신 중국 고대의 삼공회의제(三公會議制)인 의정부를 신설해서는 겸관 합좌의 형식으로 국정을 논의하게 했다.[4] 즉 의정부는 정1품의 영의정·좌의정·우의정을 비롯하여, 종1품의 좌·우찬성과 정2품의 좌·우참찬과 사인·검상·사록 등의 12명 내외의 관리들을 배치시켰다.[5] 그러나 의정부도 최고의 통치기구였지만 국왕 권한과의 관계로 실제로 별다른 기능을 수행할 수 없었다. 국왕의 전제권이 확립되었거나 강화되면 의정부 합좌 형식의 국정 논의는 무의미해졌다. 그러므로 의정부는 점차 이름만의 기구로 남게 되었다. 1555년 임진왜란 때 비변사를 설치하고 난 뒤에는 특히 그러하였다. 실제 의정부의 기능은 1년 2회 관료들을 표창 강직하고, 관리들의 부임인사를 받는 것, 그리고 망궐례나 서계가 전부였다.[6] 실제로 영의정, 좌·우의정은 관직에서 모든 것을 관찰하기에는 나이가 너무 들었기 때문에 단지 원로로서만 그 지위를 갖고

---

3) 제3차 관제개정은 1465년 세조 때 행해졌는데, 이는 한명회·구치관·황수신 등 관제개정상정소의 당상관들에게 관제개정 초안을 마련하게 했으며, 이것을 중심으로 개정했는데, 대체로 이전의 제2차 관제개정을 기본 골격으로 삼았으며 관직의 등급과 명칭 개정에 집중했다. 특히 지방관제를 개정하는 등 전반적으로 조선왕조의 관제에서도 혼돈적인 성격을 보여주었던 것들을 정리하는 데 중점이 주어졌다. 즉 통치기구의 통일된 체제화를 중심으로 삼았다. 3차 개정을 통하여 비로소 《경국대전》에서 경관직을 완성할 수 있었고, 이로써 조선왕조의 통치구조를 지속적으로 기능하게 할 수 있었다.
4) 李載浩, 《朝鮮政治制度史研究》, 一潮閣, 1997, p.iii.
5) 정1품 관리들인 영의정·좌의정·우의정은 최고의 관리로 대신이었으며, 이를 1재라고 불렀다. 종1품의 찬성들은 2재, 정2품의 좌참찬을 3재, 우참찬을 4재라고 불렀다.
6) 망궐례는 매달 초하루와 보름날 국왕에 인사드린다면서 궐자를 쓴 나무패 앞에 절하는 의식이고, 서계는 종묘에 제사가 있기 일주일 전부터 관리들이 몸가짐을 정결하게 행동하도록 통제하는 일을 의미했다.

있었다.[7]

　의정부 아래 실제 통치기능의 영역별 담당 부처로 이·호·예·병·형·공의 6조를 설치했다. 여기에는 당상관, 즉 정3품 통정대부 이상의 관리로 판서(정2품), 참판(종2품), 참의(정3품) 등을 각 1명씩 배치했으며, 당하관, 즉 정3품 통훈대부 이하 9품 관리로 정랑(정5품), 좌랑(정6품) 등도 각 3명씩 포진시켰다. 그러니까 실제 6조의 주요 관리는 각 조마다 8명 전후의 고위 관직자가 맡았던 셈이다. 6조 관리 가운데 책임자는 판서였고, 실제 실무 책임자는 좌랑이며, 그 밖의 관리들이 이들의 처리를 추종 집행했다. 판서 아래에 참판과 참의가 있었지만 이들에게는 일정한 업무가 부과되지 않았으며, 단지 판서의 자문에 응할 정도였다. 때로는 참의가 그 기관의 일부 잡무를 처리했지만 참판에게 맡길 일정한 책임이나 기능은 규정되지 않았다.[8] 이 가운데서도 특히 호조와 예조, 공조의 참판과 참의는 한직 가운데 한직이었다.[9]

　당상관과 마찬가지로 당하관도 사정은 크게 다르지 않았다. 좌랑이 각 조의 실무를 맡았으며, 정랑은 실제로 일이 없었다. 그 밖의 당상관이나 당하관은 이름만의 벼슬아치에 불과했다. 이러한 사정은 관인들에게 일정한 벼슬을 부여하기 위해 관청과 관직으로 설정된 것이었으며, 대부분의 관인들은 할 일 없이 녹봉만 받는 것으로 되어 있었다. 이들 관인들은 가문이나 학연, 당색에 따라 때가 지나면 승직하여 고위 관직자가 되었다.[10]

---

　7) 의정부의 이러한 성격에 대해 실학자 이긍익은 "중고 이래로 3공이 정부에 출근하여 정치를 행하지 않았던 것이 이미 오래되었다"고 기록할 정도였으며 "찬성으로부터 참찬은 나이 들어 병 고치는 자리에 불과했으며, 사인·검상은 기생놀이나 즐기는 자리에 불과했다"고 적을 정도였다.(이긍익, 《연려실기술》, 〈별집〉권 6 관직 전고 의정부 ; 《문헌촬요》권 8, 〈소론〉, 〈비변사〉)

　8) 이러한 사실에 대해서 이긍익은 "6조의 일은 판서가 모두 결정한다. 각 조 안의 잡무는 참의가 결정하고 참판은 주관하는 일이 없다"고 말했다.(이긍익, 《연려실기술》, 〈별집〉권 6, 관직 전고 예조)

　9) 《경세유표》권 1, 사회창.

　10) 이러한 현상에 대해 《추관지》에서는 이렇게 적어 놓았다. "요즈음 경연에서 묘시(아침 6~8시)에 관아로 등청하고, 유시(저녁 6~8시)에 퇴근하는 관청 가운데 의금부·이조·예조·병조·공조·사복시는 일이 없어 한가하기 때문에 매일 출근할 필요가 없습니다. 따라서 이들 관청은 5일에 한번씩 출근하기로 결정했습니다. 이에 따로 적어 감히 보고합니다." 국왕도 이에 대해 승정원을 통하여 알았음을 통보하고 있을

조선의 관직에서 의정부의 설치는 개국공신들이나 재상들의 권위를 제약하는 조치였으며, 이러한 의도에서 6조를 통치제도의 기본으로 삼았는데, 이는 태종 5년(1405) 2차 관제개혁에서 이루어졌다.[11] 종래의 6조는 왕조통치의 단순한 집행기관에 지나지 않았지만 이를 확대해서 인사행정권과 재정권을 가질 수 있게 했다. 이 조치는 앞에서도 말했지만, 도평의사사의 예에 따라 의정부의 권한이 확대되어 국왕의 전제권을 침범할 정도로 영향력을 행사할 수 있었기 때문에, 1405년에는 의정부의 권한이 대폭 축소되었다. 이렇게 함으로써 의정부의 대신을 거치지 않은 채 국왕이 직접 6조를 관할할 수 있는 6조직계제가 마련되었다. 이것과 연관해서 의정부에서 6조를 관할 통제할 수 있게 한 이른바 의정부 서사제도도 폐지했기 때문에 의정부는 사실상 하는 일 없는 무력한 기구로 자리잡게 되었다.

이로써 조선은 새로운 관제를 구축할 수 있었으며, 6조제도의 강화는 중앙 아문을 모두 6조에 분산 소속시키는 것으로 되어 있었다.[12] 6조 이외 동반(문반)관청으로는 앞에서 말한 승정원과 사헌부(감찰기관), 홍문관(국왕의 학술고문기관), 사간원이 설치되었으며, 성균관·예문관·통례문·봉상시·종묘서·상의원·조지서·광흥창·돈녕부·의빈부·종친부 등은 국왕 직속에 소속시켰다.

이들 기구 가운데 승정원은 국왕의 명령을 받아 해당 관청이나 관료들에게 직접 전달하고 해당 기관과 관리들의 의견을 국왕에게 보고하는 오늘의 청와대 비서실에 해당되었다. 승정원은 정3품 관청이었지만 그 책임자는 2품으로 임명되었다는 점에서 실제 권한과 위치를 가늠할 수 있

정도였다.(《추관지》제3편, 고율부, 5월 1사조)
11) 조선 초기에 있었던 도평의사사에 참여했던 판사, 동판사, 부사들 가운데에는 다수가 의정부의 행정관직을 가지면서 여기에 참여했다. 이들은 대부분이 사병도 보유했다. 이성계도 처음부터 이들 세력을 일시에 제거할 수는 없었다. 도평의사사를 없애는 것이야말로 왕권강화에 절대적인 요건이었기 때문에 이들의 경제적 기반이 되었던 토지 소유를 몰수하는 방안으로 고려 말에 실시했던 과전법에 따라 이러한 목표를 일정 부분은 달성할 수 있었다. 그리고 이들이 소유한 가병을 없애기 위해서는 그 뒤에 사병 철폐가 단행됨으로써 비로소 그 효과를 거둘 수 있게 되었다.
12) 《태종실록》 권 9, 태종 5년 3월 임자·병신.

게 된다. 승정원의 승지들 가운데 수석은 도승지로, 그 아래에 좌·우승지, 좌·우부승지, 동부승지(정3품 당상관) 등으로 구성했다. 여기에는 6방을 두었는데, 도승지는 이방, 좌승지는 호방, 우승지는 예방, 좌부승지는 병방, 우부승지는 형방, 동부승지는 공방을 담당했다. 승정원의 실제 업무 담당 관직으로는 주서(정7품)가 있었으며, 주서는 승지와 함께 국왕의 언행을 기록하고 물음에 대답하고자 수직을 서야 했다. 국왕의 최측근에 승정원을 설치하여 이를 제도화했다는 것은 국왕의 전제권 행사가 통치의 기본이었음을 의미한다.

승정원과 함께 국왕에 영향을 미친 주요 기관으로는 사간원과 사헌부이다. 사간원은 성리학적 통치이념의 발상으로 군왕에 대한 간쟁 기능을 행했으며, 관리들의 잘못도 시비했다. 사간원의 설립은 조선왕조가 수립된 20년 뒤에 이루어졌는데, 이미 이 시기에 이르면 왕권이 확고하게 자리잡았기 때문에 유교적 명분논리에 따른 유덕한 군주를 위한 간쟁의 보좌기관을 가질 수 있게 된 셈이다. 사간원은 대사간(정3품), 사간(종3품), 헌납(종5품) 등이 각 1명씩이었으며, 정언(정6품) 2명이 배치되어 있었다.

사헌부는 현행 통치에 대한 시비와 관리들의 규찰을 통하여 왕조체제의 지속적 보전을 위한 규찰 기능을 담당했다. 사헌부 소속으로는 24, 25명의 감찰이 그 기능을 수행하는 감찰방이 있었으며, 여기에는 비행관리들을 구류하는 구금소도 있었다. 사헌부에는 종2품의 대사헌, 종3품의 집의가 각 1명씩 배치되었으며, 장령(정4품), 지평(정5품)이 각 2명, 감찰(정6품)이 24명 있었다. 사헌부는 관리들의 불법행위를 규탄하였을 뿐 아니라 간쟁을 담당한 사간원과 함께 양사로서 관리의 임명에서부터 중요한 정책결정에 이르기까지 동의를 담당했던 서경을 맡았다. 그러므로 일반 관리들은 이 기관을 경원시했다. 이들 기관에 의하여 국왕은 관리들을 규찰하고 감시 견제함으로써 사실상의 통치 효과를 얻을 수 있었기 때문이다.

의금부는 국왕 직속기관으로, 국왕에 의하여 행해졌던 직접적인 사찰 담당 강제기구였다. 국왕의 직접 지시나, 해당 관리들이 국왕의 지시를 받아 죄인을 심문하여 형을 부과했다. 의금부에는 종1품 판사, 정2품 지사, 종2품 동지사, 종4품 경력이 각 1명씩 있었으며, 종5품, 종8품의 도사가 각 5명 배치되었다. 동지사 이상 당상관들은 다른 관청의 관료가 겸임했다. 15세기 전반기에 영사 40명, 나장 100명, 백호 80명, 도부 외 1천여 명이 의금부에 속해 있었다.[13] 다른 관청과 달리 의금부의 관료 수가 많은 것은 통치체제에 반대하는 세력을 억압하고 사대부와 왕족까지 감시 규찰하는 사찰 역할을 맡았기 때문이었다.

국왕 직속기관인 홍문관은 세조 때 집현전을 폐지하고 1463년에 설치한 것으로, 국왕의 자문에 응하고 경연을 담당했으며, 관리의 임명과 정책수립에 동의하는 서경을 맡고 있었다. 홍문관 관리들은 국왕의 명령서인 교서의 초안을 작성했으며, 일종의 문화기관으로 조선왕조에서는 당대의 유명한 유학자들이 그 직책을 맡았는데, 정1품 영사, 정2품 대제학, 종2품 제학, 정3품 부제학·직제학, 종3품 전한, 정3품 응교가 각 1명 있었으며, 정5품 교리, 종5품 부교리, 정6품 수찬, 종6품 부수찬이 각각 2명이었고, 정7품 박사, 정8품 저작이 각 1명, 정9품 정자 2명이 배치되어 있었다. 영사는 의정이 주로 겸임했고, 대제학과 제학도 다른 관청의 관리가 겸임했으며, 직제학도 나중에는 도승지가 겸임했다.

조선은 기본적으로 중문경무(重文輕武)의 성격을 가졌기 때문에 동반과 달리 서반의 품계가 낮았다. 서반 관아는 병조 소속으로, 5위·훈련원·사복시·군기시·전설사·세자익위사 등이 있었다. 먼저 5위는 중앙의 군대 조직체로 1458년에 마련되었다. 이성계는 자신의 가병으로 군사 쿠데타를 감행하여 권력을 장악했기 때문에, 이들에 대한 특별한 예우는 물론이고 특권적 위치를 부여했다. 즉 여러 왕자들과 종친과 훈신들의 사병으로 의흥친군 좌우위를 구성하여 궁궐을 지키고 국왕 호위 임무를 수행하게 했다.[14] 군사조직체는 세종 때 12사로 개편되었으며, 1451년 문종

---

13) 《세종실록》 권 29, 7년 9월 계축.
14) 조선왕조 초기의 군제정비에서는 왕실 및 일부 권신의 사병을 중심으로 이루어진 의흥삼군부의 성립이었다. 이러한 정비에서 반항심이 강했던 평안도와 함경도 출신의 무관들이 배제되었다. 그리고 병조가 있었지만 단지 무과의 과거시험만 관장할 정도였으며, 실제로 중요한 군사 관계는 의흥삼군부가 맡고 있었다. 이러한 성격이 1400년 사병 철폐를 통하여 중추원 삼군부로 개편되었으며, 1451년에 10사로 개편된 군사조직이 5위로 개편되어 그 뒤 계속 지속되었다.

1년에는 5사로, 1458년에 다시 5위로 개편되어 의흥위·용양위·호분위·충좌위·충무위 등으로 자리잡았다. 이들 5위를 총괄하는 5위도총부의 도총관은 병조판서와 같은 정2품이었기 때문에 병조 산하기관으로는 여겨지지 않았다. 병조는 산하 5위만 관할했기 때문에 사실상 군정과 군령의 구분이 없는 혼돈성을 보여주고 있었다.[15]

5위의 관직은 종2품 장 12명, 정3품 상호군 9명, 종3품 대호군 14명, 정4품 호군 12명, 종4품 부호군 54명, 정5품 사직 14명, 종5품 부사직 123명, 정6품 사과 15명, 종6품 부장 25명과 부사과 176명, 정7품 부사정 309명과 부사용 1,939명을 배치했다. 15세기까지 5위의 지휘관은 군사지휘를 담당했지만, 16세기 이후부터는 실제로 군사부대가 없었기 때문에 이름만의 군사지휘관으로 남게 되었다.

임진왜란 뒤 국왕의 친위부대로 금군이 조직되었으며, 이때부터 5위는 뒤로 밀리게 되었다. 이들 금군은 주로 왕궁의 호위부대로 실제 전선에도 투입되었다. 그 인원이 확대되기도 했으며 양인의 신분인 한량이 중심이 된 금군 내의 정로위가 별도로 설치되기도 했고, 관료들 첩의 자식들로 구성된 우린위도 금군에 소속되었다. 이들 군사제도는 실제로 비효율적

---

15) 5위 가운데 의흥위는 왕국의 중앙을 담당했으며, 갑사와 보충대를 갖고 있었다. 이것은 다시 5부로 나누어 편성했는데, 중부에는 한양의 중부와 개성부, 경기의 양주·광주·수원·장단 등의 부대가 여기에 속했으며, 좌부에는 강원도의 강릉·원주·회양 등 진관의 부대가 소속되었고, 우부에는 충청도의 공주·홍주의 진관이, 그리고 전부에는 충주·청주진관이, 후부에는 황해도의 황주·해주 등 진관이 소속되었다. 용양위는 좌위였는데 여기에는 별시위 등이 있었으며, 중부에는 한양의 동부와 경상도 대구진관, 좌부에는 경주진관, 우부에는 진주진관, 전부에는 김해진관, 후부에는 안동진관이 소속되었다. 호분위는 우위로 여기에는 족친위 친군위 등이 있었으며, 중부에는 수도의 서부 평안도 안주진관, 좌부에는 의주·구성·삭주진관과 창성·창주·방산·인산 4진, 우부에는 성천진관 전부에는 영변·강계·벽동진관과 벽단·만포·고산리·위원·이산·영원 6진을 후부에는 평양진관이 소속되었다. 충좌위는 전위로 충의위·충찬위·파적위 부대들이 소속되었는데, 중부에는 수도의 남부 전라도의 전주진관, 좌부에는 순천진관, 우부에는 나주진관, 전부에는 장흥·제주진관이, 후부에는 남원진관이 소속되었다. 충무위는 후위로 충순위·정병·장용위와 같은 부대가 소속되었다. 중부에는 수도의 북부와 영안도(함경도) 북청진관, 전부에는 갑산진관과 삼수·혜산 2진, 우부에는 온성·경원·경흥진관이, 그리고 전부에는 경성·부령·회령·종성진관이 소속되었으며, 고령·동관 2진도 소속되었다. 후부에는 영흥·안변진관이 소속되었다.

이어서 유명무실했으며, 그 결과 "고정된 지휘관도 없었고 고정된 병사도 없는" 제도가 되고 말았다. 따라서 왕조를 지킬 군사력은 극히 미약했다. 그뿐 아니라 무관들에 대한 천시는 국방력을 약화시켰으며 그 결과 문약한 왕조로 전락하게 되었다.

무반의 이러한 성격을 바탕으로 설치된 훈련원은 군사 훈련의 정도를 시험하고, 무술 훈련이나 군사 관계의 경서를 학습하는 일을 맡았다. 훈련원에는 정2품 지사 1명, 정3품 도정 2명과 정1품, 종3품 부정, 종4품 첨정, 종5품 판관, 종6품 주부, 정7품 참군, 종8품 봉사가 각 2명씩 배치되었다. 지사와 도정은 겸임직이며, 참군·봉사는 군기시의 직장 이하의 관료 4명의 겸임직이었다. 훈련원 당상관은 병조, 5위도총부의 당상관 각 1명과 함께 매달 시험관이 되어 군인들의 병서와 강론 시험, 실기시험을 집행했으며, 그 가운데 우수한 자를 국왕에 보고하여 등용토록 했다. 그리고 사복시에는 수레와 말 목장의 일을 맡았다. 사복시는 내사복과 외사복이 있었는데, 전자는 궁중용 승마를 관리했고, 후자는 전국의 말을 관리했다. 전국의 모든 목장은 사복시 산하에 있었다. 여기에는 제주 2명이 관할했으며, 정직으로는 정3품 정, 종3품 부정, 종4품 첨정, 종5품 판관 등 각 1명과 종6품 주부 2명이 배치되었다. 잡직으로는 이마 4명, 마의 10명, 종6품 안기, 종7품 조기, 종8품 리이, 종9품 보기 등 각 1명과 제원 3명이 있었다. 그리고 군기시는 군사활동에 소요되는 무기 제조의 일을 맡았다. 화약과 같은 중요한 무기의 제조를 담당했기 때문에 화약고는 소격서 등에 두었고, 무기고인 자문감은 대궐 자문 안에 두었다. 이 기구의 책임자는 도제주로 1명, 제주 2명이 맡았으며, 정직으로 정3품 정, 종3품 부정이 각 1명이 있었으며, 여기에 잡직 관리들도 있었다. 특히 군기시는 수공업에 종사했던 칠장과 마조장이 각기 12명, 궁현장 6명, 유칠장 2명, 주장 20명, 생피장 4명, 갑장 35명, 궁인 90명, 시인 150명, 쟁장 11명, 목장 4명, 야장 130명, 연장 160명, 아교장 5명, 고장 4명, 연사장 2명 등 모두 16종 647명이 있었다. 그 밖에 서반으로는 궁중에서 사용하는 천막의 보관과 공급을 맡았던 전설사가 있었고, 왕세자의 동궁을 수위했던 세자익위사가 있었다. 무반직은 문반에 비하여 상대적으로 미약했을 뿐 아니라 이름뿐인

기구가 적지 않았다.

한편 조선의 지방 통치기구는 1413년에서 1414년 사이에 정비되었다. 조선 초기의 지방 관제는 고려의 것을 그대로 사용했으며, 1395년부터 8 도의 전임 행정관으로 관찰사(감사)를 배치했다. 그러나 이때의 감사는 임지에 상주하지 않았다.[16] 관찰사는 해당 도의 각 고을을 순찰했으며 따라서 큰 고을이 작은 고을을 관할하는 형식이었다.[17] 그러나 조선왕조는 점차 중앙 관제를 정비한 뒤 지방의 통치기구를 마련했는데, 경기도를 비롯한 8개 도와 그 아래 300여 개의 부, 목, 대도호부, 군, 현 등에 따라 각기 통치기구를 설치했다. 도에는 종2품의 관찰사를 두었고 그 아래 부윤(종2품), 부사(정3품), 목사(정3품), 부사(종3품), 군수(종4품), 현령(종5품), 현감(종6품) 등의 관직자를 임명했다.[18] 이들 각 주·부·군·현 밑에는 중앙에서 파견된 외관은 없었으며, 자치적인 조직으로 면 또는 방·사, 그 밑에 리·촌·동 등이 있었다. 그러나 한성부와 개성부만은 그 중요성 때문에 중앙에서 직할했으며 경관직으로 되어 있었다.

지방 통치기구에서 가장 중요한 관직은 관찰사였다. 감사 또는 방백으로도 불렸으며, 해당 도의 행정·사법·군사의 전권을 행사했다. 이들은 태종 이후 병사와 수사를 겸하기도 했다. 감영 소재지의 부윤이나 목사 등을 겸직하기도 했으며, 자신이 관리하는 지역을 순찰했기 때문에 순찰사를 겸하기도 했다. 그러나 그 뒤 감사는 서북도 외에는 가족을 데려갈 수 없었고, 감영이 생긴 뒤 비로소 한 지역에 고정적으로 자리잡게 되는 통치자로 기능할 수 있었다. 감사는 자기 출신지에는 임명되지 못했으며 그 임기는 360일로 정해져 있었다. 또한 관찰사는 그의 보좌관으로 중앙에서 파견된 도사, 또는 판관(종5품)을 거느렸다. 이들은 각 도에 1명씩 배치되어 관찰사의 측근에서 행정사무를 보좌했다. 그러나 이들은 관인의

---

16) 《태조실록》 권 8, 4년 11월 신미.

17) 조선왕조 초기도 중앙에서 지방관직을 임명하지 않았던 지역이 많았다. 15세기 말에 들어와서 중앙에서 이들 지방에도 관료의 임명 파견이 이루어졌다.

18) 관찰사는 종2품이었지만 경기나 국방의 요지인 평안·함경도 지방에서는 정2품 이상 자가 파견되기도 했다. 또한 충청·강원·황해도는 음관이나 무신이 파견되기도 했다.

감찰을 주업무로 삼았기 때문에 어느 면에서는 관찰사의 직무에 대해서도 감시 견제하는 역할을 맡기도 했다.

관찰사의 아래 흔히 수령으로 불리는 부윤·목사·군수·현령·현감 등이 있었는데, 이들은 주로 두 유형으로 이루어져 있었다. 부·목과 같은 행정적인 성격과 대도호부, 도호부와 같은 군사적인 성격이 그것이었다. 그러나 조선에서는 군사적인 성격이 약했으며 뒤에 가서는 일원화되었다. 이들 수령 가운데 부윤은 관찰사와 동격이기 때문에 때로는 관찰사가 겸직하기도 했다. 처음 부윤이 있었던 곳은 평양·경주·전주·영흥·의주 등이었다. 이들 수령은 직접 지방민을 통치하는 관료였기 때문에 그들에 대한 감독과 경계가 철저했다. 수령의 임기는 1,800일, 즉 5년 정도였다. 수령의 치적에 대해서는 관찰사가 그 고과를 평가했으며, 이를 근거로 승직 또는 강직이 행해졌다.[19] 지방 수령의 임무는 농업의 장려, 호구의 확보, 과세의 징수, 교육의 진흥, 군정의 수비, 부역의 균등, 소송의 간결, 향리의 부정방지 등이었는데, 그 가운데 공부의 징수와 상납은 왕조 재정의 기본이었기 때문에, 수령에게는 제일 중요한 임무였다.

부와 목에는 또한 지방의 향교와 교생의 지도하기 위해 교수(종6품), 군과 현에는 훈도(종9품)을 두었다. 이들은 지방 교학의 책임을 맡았으며 교수는 일반 문신 가운데서 임명되었고, 훈도는 생원·진사 가운데서 선택되었다. 경상도의 부산포와 제포에는 왜인의 왕래가 잦은 곳이라 왜어 통역을 양성하기 위해 왜학훈도 등이 있었다. 그 밖에 지방의 교통행정을 맡았던 찰방(察訪, 종6품), 역승(驛丞, 종9품), 도승(渡丞, 종9품) 등을 두었다.

관찰사나 수령의 지방 행정사무는 중앙의 6조를 그대로 모방하여 이·호·예·병·형·공의 6방을 두었으며, 이들 6방 행정의 담당자가 향리였다. 조선의 향리는 고려의 토호적 향리와 구분되며[20] 단지 지방 관아의

---

19) 관찰사가 수령에 대한 고과는 수령의 임무수행을 중심으로 일정한 고과표를 만들어 실시했다. 그 차등은 선(善), 최(最), 악(惡), 전(殿)의 4등급으로 되어 있으며, 1년 2회에 걸쳐 실시했다.

20) 조선의 향리는 고려와는 구분된다. 즉 고려 지방 사회의 지배자였던 토호적 향리는 여말선초로 들어서면 각종 전란, 피역, 군현의 개편, 혹은 원오 향리에 대한 법제화 등 북계로의 사민 등으로 고려시대 자기 본고장에 구축했던 세력기반이 약화되었고, 조선

하급 행정실무이자 왕조체제의 최저 기반으로 일반 민중과 직접 연관을 맺고 있었다. 조선은 이들에게도 외역전을 주어 생활기반을 제공했지만 세종 말년에는 이를 철폐했으며, 녹봉마저 지급하지 않았다. 지방관청은 자체적으로 필요한 경비를 조달했기 때문에 여기에서 각종 폐단이 일어날 수밖에 없었다. 이들 향리는 관권을 배경으로 백성을 위협하여 재화를 약탈하거나 각종 행정의 부정으로 사리를 충족시켰다. 수령은 재임기간이 짧아서 그 지방 사정을 잘 몰랐기 때문에 향리에게 의존했다. 따라서 향리의 비리를 막기 힘들었고, 대부분의 경우 이들과 결탁하였다. 이러한 성격은 일반 백성에 대한 약탈로 이어졌다.

향리가 지방 수령을 보좌하는 문관 관리라면, 군사와 경찰의 임무는 군교와 사령이 맡았다. 군교는 군관과 포교를 줄인 말로 주로 군사적인 실무를 맡았다. 포교는 경찰 관계의 실무를 맡았으며, 이들을 도와주는 천역으로는 문졸·일수·나장·군노 등이 있었다. 그리고 수령의 신변에서 심부름하는 어린 사환으로 통인이 있었다. 관노와 관비도 있었는데, 관노에는 급창·고직·구종·방자 등이 있었고, 관비에는 기생 수급 등이 있었다.

중앙에서 파견된 지방관은 군과 현에만 한정되었으며, 따라서 수령들은 그 지방을 다스리기 위해 행정 실무층인 향리의 협조와 지방민 가운데서 양반층의 지원을 필요로 했다. 지방 유력자인 양반의 협조를 얻는 것이 지방민을 효율적으로 통치할 수 있었기 때문에 군이나 현에는 향청이라는 지방 양반들의 자치기구를 마련하고 있었다. 향청은 몇 차례의 변화를 거친 뒤 성종 20년(1489)부터 자리잡았으며, 좌수·별감 등의 임원을 두어 지방자치제도의 모습을 갖추었다. 이들 향청의 임무는 주로 지방행정에 관한 수령의 자문에 응하고 풍기를 단속하며 향리들의 불법행위를 규찰하는 등 수령의 임무를 보좌하는 것이었다. 그 때문에 수령 다음 간다는 의미로 이아(貳衙)라고 불리기도 했다. 향청에 속했던 임원은 앞에

조 국가가 정비됨에 따라 토호적인 것이 아니라 한낱 지방관청의 하급 실무자층으로 굳어져 간 것으로 이해할 수 있다.(이성무, 〈조선초기의 향리〉, 《한국사연구》 5, 1970)

서 말한 좌수·별감 외에도 향임·감관·향정 등으로 불렸는데, 큰 지방
에는 4, 5명, 작은 곳은 3명, 그리고 현에는 2명이 있었다.

향청의 임원들은 지방 양반 가운데 덕망이 있는 자를 추대하되, 우두
머리를 좌수, 차석을 별감이라 불렀다. 수령이 임명하고 임기는 대개 2년
으로 수령이 바뀌면 다시 뽑았다. 향청에도 6방과 같이 일을 분장해서 좌
수가 이방·병방을, 좌별감이 호방·예방을, 우별감이 형방·공방을 맡아
수령의 자문에 응하는 형식을 취했다.

향청은 수령의 횡포를 견제하고 지방민의 유교적 교화를 강화하기 위
해 마련된 것이었지만, 실제로는 수령의 지방민 압제와 약탈에 앞장섰으
며, 대부분의 경우 수령과 결탁해서 이익을 도모했다. 이러한 의미에서 향
청은 지방 양반이 민중을 억압하는 중압적인 압제기관의 성격을 지녔다.[21]

최하의 행정단위로는 동·리·촌 등으로, 이들 행정단위의 임원을 풍
헌·약정·집강·방수·방장·촌장·검독·도평·이정장·관령이라고
불렀다. 주로 좌수와 별감이 그 지방의 덕망 있는 인사를 추천하고 수령
이 임명했다. 그러나 그들이 맡았던 일은 주로 공부와 부역, 군역과 같은
해당 지역주민의 약탈과 억압에 관한 일이었기 때문에 사람들은 이 일
을 서로 맡으려 하지 않았다. 따라서 그 임원의 자질도 낮아질 수밖에
없었다.[22]

조선왕조 통치에서 전반적인 제도적 성격을 살펴보면, 기본적으로 국
왕의 전제권 행사에 초점을 두고 있다. 조선 초기에는 고려의 도평의사사
에서 연유된 재추(宰樞) 통치의 제도를 신진문신들이 정립하려 했는데,
이러한 움직임을 이성계도 수용하려 했다. 이는 그때만 해도 왕권이 상대
적으로 미약했기 때문이었다. 그러나 점차 왕권이 강화되어야 할 필요성
이 절실해지면서 재추들, 즉 대신 중심의 통치체제가 국왕에게는 불안감

---

21) 향청의 기능을 도와주고 유교적인 도덕규범을 유지하기 위한 것으로 향약이 있었다.
    향약은 실제로 중종 38년(1543)에 본격적으로 행해졌으며, 〈여씨향약〉이 그 기본으로
    되어 권선징악과 상호부조를 근간으로 삼았다. 그 가운데에서 가장 유명한 것이 명종
    때 이황이 행한 〈예안향약〉, 선조 때 이이가 행한 〈서원향약〉, 〈해주향약〉등이 있었
    다.
22) 차문섭, 〈정치구조〉, 《한국사》 10, 국사편찬위원회, 1977, p.66.

을 주는 것임이 드러나게 되었다. 그 결과 왕권강화가 시도되었고, 이는 자연히 재추들과 갈등을 빚게 하였다. 특히 재추 통치를 추구했던 세력은 이성계를 왕으로 옹립하는 데 앞장섰던 정도전·남은 등으로, 이들은 재추통치체제가 성리학적 통치 관념의 이상적인 반영이라고 믿었다. 그러나 1398년 태조 7년 8월, 이방원의 정도전 처단으로 그것은 종식되고, 군왕의 전제권이 강화되었다. 재추통치체제 대신 사간원에 의한 국왕의 견제 기능이 정립되었다. 물론 사간원이 설치되었다 해서 국왕의 전제권이 약화된 것은 아니었다. 단지 신하들의 의견을 참작한다는 정도였다. 국왕이 관인을 임명할 때 신하들의 동의를 받는 형식적 절차인 서경의 대상 범위가 축소된 것에서도 이러한 성격을 짐작할 수 있다. 이 점은 다음 글에서도 읽을 수 있다. "먼저 왕조에서는 대간을 두어 국왕의 귀와 눈이 되게 하였으며, 1품부터 3품에 이르기까지 그 직첩에 반드시 서경하게 하였으나 오늘날의 서경은 단지 5품 이하에만 실시되고 4품 이상에는 미치지 못하고 있다"는 기록이 그것이다.[23]

국왕은 1품에서 4품의 고위관료에 대해서는 사헌부와 사간원의 동의를 받지 않고 단독으로 임명할 수 있었으며, 그 아래 관리들의 임명에 대해서는 양사의 동의를 받았지만, 대부분 형식적으로 처리되었다. 5품 이상 관료들에 대해 서경을 요구하였던 것은 군왕 자신이 하층의 관료들을 잘 알지 못한다는 전제에서였다. 이러한 성격만으로도 조선 국왕의 전제권이 고려에 비해 한층 강화되었음을 알 수 있다.[24] 비록 왕도정치라든가 재추통치의 주장이 있었지만, 이는 단지 관념적인 논의에 불과했음을 알수 있다.[25]

---

23) 《세종실록》 권 31, 8년 2월 정묘.
24) 왕의 전제권 확립의 한 사례로 인용될 수 있는 것으로는 1483년 사헌부 장령으로 송영을 임명할 때 사간원과 사헌부의 반대로 곤경에 놓인 성종은, 돈녕부의 영사 이상 관리와 의정부 당상관을 불러 놓고 "인사사업(정치)이 임금에게 있는 것이 옳은가 그렇지 않으면 대각(사헌부와 사간원)에 있는 것이 옳은가?"라고 물었을 때 심회는 "정치는 임금에게 있어야지 만약 신하에게 있다면 어찌 옳겠습니까?"라고 대답하고 있다.(《성종실록》 권 156, 14년 7월 갑인)
25) 조선왕조의 통치기구는 기본적으로 중앙집권적인 성격을 갖고 있었는데, 이 점에 대해서 한우근 교수의 다음의 글이 참고가 될 수 있다. 한우근, 〈중앙집권체제의 특성〉,

국왕의 전제권 강화는 국왕 자신이 통치구조의 핵심이자 민중에 대한 약탈과 억압기구의 최고 수장이었음을 의미한다. 이 점에서 조선의 국왕은 그의 전제권과 관인의 관계가 가산관료제적 성격까지 얽힌 복합적인 성격을 띠고 있었다.[26] 이를 단적으로 보여주는 것으로는 다음 사실이다. 즉 1458년 세조가 궁정 후원에서 고관들과 벌인 연회자리에서 "나에게는 개인창고가 없다"고 말하자, 중추원 판사 권람이 "전하에게 개인창고가 없다고 하더라도 호조와 공조는 전하가 쓰는 창고입니다"라고 대답하니, 이에 세조도 "경의 말이 옳다"고 했다는 기록이 있다. 이 구절에서 알 수 있듯이, 왕조의 모든 기구와 제도는 결국 국왕의 사적 소유와 그 욕구의 표현기구였다. 조선의 통치체제는 외관상으로는 왕도정치나 유덕자 지배 논리로 포장되어 있었지만 국왕의 전제권 강화에 도움이 되는 관인집단의 강제력 집행이 결국 관인들 자신의 이익까지도 확보하는 것이었다. 즉 국왕과 관인 등 상층 통치세력의 연계망을 이루어 이들의 특권 보장을 위해 일반 백성을 약탈하고 유린했던 중세적 전제왕조의 성격을 그대로 지니고 있었다.[27]

3. 초기 통치의 성격 ─ 한양 천도, 양전사업, 과세체제

국왕의 전제권과 관인들의 약탈적 통치체제의 대칭 위치에는 일반 백성들이 있었다. 조선의 왕조 개창에 이어서 백성들에게 그 통치체제의 전제적 억압을 본격적으로 드러낸 것이 한양 천도였다. 한양 천도는 새 왕

《한국사》 10, 1977, p.208.

26) 국왕의 전제권과 가산관료제적 성격의 혼합성은 왕조 자체가 왕의 개인 사유물로 인식된 것에도 알 수 있다. 왕실의 호화생활과 왕의 개인적인 욕구를 충족하고자 마련된 관부들, 이들은 주로 寺(시)자와 監(감)자로 되어 있었는데, 이 점에 대해서 유형원도 이렇게 적을 정도였다. "우리나라에서는 관청을 설치할 적에 여러 시나 감이니 하는 것들의 수가 중국보다 3배가 더 많은데 대부분 궁정에 물자를 공급하는 기관이니 이렇게 되어서야 어찌 폐단이 없겠는가."(《반계수록》 권 16,〈직관지〉)

27) 이 점에 대해서는 뒤에서 지금까지 학계의 지배적인 논의는 양반관료제로 조선왕조의 성격을 설명하고 있다. 그 가운데 한우근 교수 등은 중앙집권적 관료제로 규정하는 논의도 있다.(한우근, 앞의 글, p.209)

조에는 그들의 통치체제를 강화하기 위한 조처였지만, 백성들에게는 가혹한 착취의 구체적인 전개였다. 그리고 이어 백성들에 대한 물질적 약탈을 제도적으로 체계화한 것이 양전사업과 호구조사였다.

조선은 고려시대의 피지배층에 대한 방만한 통제에서 벗어나 더 구체적으로 억압과 강제, 그리고 약탈을 위한 제도적 조치를 마련하게 되었다. 이를 인식하기 위해 먼저 한양 천도에 대해 살펴보기로 하자.

앞에서도 지적했지만 이성계의 왕조 창건에 불만을 품었던 다수의 개성 사람들과 고려의 구신들은 내면적으로 조선의 정당성을 인정하지 않았다. 그러므로 조선의 통치세력은 이들의 반대의지를 억눌러야 했고, 이들이 새 왕조 개창을 수용할 여러 방안을 모색해야 했다. 새 왕조에 대한 백성들의 복종의식 강화와 새 왕조의 위용을 과시할 필요에서도 한양 천도가 고려될 수밖에 없었다. 이와 함께 왕조의 경제적 기반 확립을 위해 조세 기반인 경작지를 전국적으로 조사하여 과세했다. 백성들의 호구를 정확하게 파악함으로써 신분체제를 확립할 수 있었고, 왕조 통치를 효과적으로 창출할 수 있었다.

처음 한양 천도 문제는 조선왕조 창건의 핵심인사들 사이에서 논의되었는데, 이성계의 태실을 묻으러 전라도 진동현(지금 전주)으로 갔던 권중화의 보고에서 그 사단이 비롯되었다.[28] 권중화는 계룡산이 새 수도로 적합하다는 건의안을 제출했던 것이다. 이에 따라 이성계는 다음해 1월 18일에 개성을 출발하여 직접 계룡산을 찾았다. 그 과정에 양주 회암사에서 왕사 자초(무학)를 데리고 2월 8일 계룡산을 둘러본 뒤 새 도읍지 공사를 지시하기도 했다. 그러나 수도 천도에 대해 개성 주민들과 고려 구신들의 반대기류가 높았고,[29] 하륜은 계룡산이 풍수상 흉지이기 때문에 도읍지로

---

28) 최초 수도로 계룡산을 논의하게 된 것에 대해 《태조실록》은 이렇게 적어 놓았다. 1393년 11월 "임금의 태반을 묻을 자리를 잡으러 갔던 권중화가 돌아와서 전라도 진동현에서 좋은 자리를 잡았다고 보고하면서 그곳 산과 물의 형세에 대한 그림을 임금에 바쳤으며, 겸하여 양광도 계룡산 아래 수도로 될 만한 자리를 그려 가지고 와서 바쳤다."(《태조실록》 권3, 2년 정월 무신)

29) 이러한 사실에 대해서 이성계 자신도 이렇게 말하고 있다. "수도를 옮긴다는 데 대해서 대대로 벼슬을 하여온 집안들과 세력 있는 사람들이 다같이 싫어하는 만큼 구실을

적당하지 않다는 상소를 올렸다. 이 상소가 받아들여져 계룡산 도읍지 건
설은 중단되었다. 이성계는 풍수서적을 참고하여 무악 남쪽의 땅을 찾아
보았으며 한양을 둘러보았다. 1394년 8월에 도평의사사에서 이 문제를 의
논했고, 그 결과를 바탕으로 이성계는 한양으로 수도 이전을 지시했다.
수도 건설은 국가적 대사였기 때문에 그 고통은 고스란히 백성들의 몫으
로 떨어지게 되었다. 그러나 이성계는 이를 강행했으며, 한양을 수도로
확정한 뒤 도성 건설에 곧장 들어감으로써 새 왕조의 위용을 과시하기
위한 한 사례로 삼으려 했다.[30]

　1394년 10월 각 부처의 관리 2명과 도평의사사의 분사를 개성에 남겨
두고 국왕과 관료들 모두는 한양으로 이전했다. 한양을 수도로 정했기 때
문에 수도로서의 요건을 구비하기 위한 거대공사가 급속하게 행해졌다.
먼저 왕실의 사당인 종묘와 궁궐·도성·관아·도로·하천·행랑 등이
차례로 건설되었다. 종묘 건설과 함께 기본 궁궐인 경복궁을 건설했는데,
여기에는 1만 5천여 명의 농민들이 강제로 동원되었다. 1395년의 종묘도
이러한 백성들의 무리한 동원 속에서 완공했다.[31] 별궁인 창덕궁은 1405
년 태종 5년에 완공했으며, 그 규모 역시 경복궁에 못지 않았다. 이들 두

붙여 옮기지 못하게 하자는 것이다. 재상들이 송도에 오래 동안 살았기 때문에 본고장
을 떠나기 싫어하는데 수도를 옮기는 것이 어떻게 그네들의 마음에 들겠는가?"라고
하였으며, 연이어 이성계는 "수도를 옮기는 것은 경들도 싫어한다. 예로부터 딴 성의
임금이 새 왕조를 세울 때에는 반드시 수도를 옮겼다. 지금 내가 서둘러서 계룡산으로
가는 것도 내 대에 내 손으로 새 수도를 정하자는 것이다. 어린 아들이 뜻을 이어서 수
도를 옮기자고 한다 한들 대신들이 안 된다고 막아 나서면야 어떻게 옮길 수 있겠는
가?"라고 힐문했으며, 새 수도 건설의 강행을 지시할 정도였다.(《태조실록》 권 3, 2월
병자)

30) 한양은 수상운수의 차원에서도 대단히 유리한 조건을 갖추고 있었다. 한강을 끼고
있어서 그 상류를 통하여 문경 새재를 경유하여 경상도의 물류를 쉽게 운송할 수 있
었고, 소양강을 통해서는 강원도 지방과 편리한 교통이 이루어질 수 있었으며, 한강
하류는 인천을 경유하여 서해에 이어져 있었으며, 북으로도 임진강·예성강 등과 맞
닿아 여러 면에서 편리한 지역적 요충지였다. 그뿐 아니라 주변의 산세가 수도의 방위
에 효과적인 자연성벽이 될 수 있었던 점도 한양이 수도로 등장할 수 있었던 요건이
기도 했다.

31) 경복궁의 둘레에는 높이 약 4m, 길이 약 2,200m의 궁성을 쌓았으며, 광화문을 비롯
한 4개의 대문을 설치하였고, 그 안에 근정전을 비롯한 12개의 궁전, 경회루를 비롯한
3개의 누각과 많은 부속건물을 배열하였다.

궁을 중심으로 40리에 걸쳐 도성을 쌓았다. 1396년 1월부터 경상·전라·강원과 서북·동북 등 조선 8도에서 11만 8천 명의 백성들을 강제로 동원해서 97개의 단위로 나누어 쉴 틈 없이 성곽을 쌓도록 했다. 도성 안에는 동서로 뻗은 종로가 마련되었으며, 종로 북쪽은 거주환경이 좋은 지대로, 여기에는 경복궁과 6조 관아를 비롯하여 양반관료들의 주택지를 마련했다. 종로 남쪽은 습지대로 일반 민중의 주택지로 삼았다. 한양 도성 안에는 서북으로부터 동남 방향으로 하수도용 개천을 새로 팠는데, 이 공사는 1412년부터 시작되었으며 청계천으로 이름 붙였다. 청계천 공사와 함께 그것을 건너는 다리로 대광통교·소광통교·혜정교 등 6개의 다리를 놓았다. 개천공사가 끝나자 한양의 주요 가로에는 행랑이 건설되었다. 이 행랑은 대부분 물건을 팔고 사는 상점으로, 그 가운데 일부는 관청의 대기소인 조방으로도 이용되었다. 행랑 건물의 완공으로 비로소 한양 도성 건설은 완성되었으며, 인구 10만 명 거주의 새 도성이 자리잡게 되었다.

거대한 도성을 단기간에 착공 완성했다는 것은 새 왕조가 이 일을 강압적으로 진행시켰음을 알게 한다. 이 점에서 새 왕조는 한양 도성 건설에 총력을 기울였는데, 이는 새 왕조의 권위에 대한 상징성으로 인식되었기 때문이다. 이전의 왕조와 다른 새 왕조라는 상징성을 심화시켜서는 통치권력의 강화를 이룩하려 한 것이다. 이렇게 함으로써 상대적으로 개경의 고려 왕실과는 구분되는 조선왕조를 세울 수 있었으며, 이는 더 강한 왕조체제, 즉 강압적인 통치체제로서 조선을 드러낼 수 있게 하였다. 수도건설사업에 동원된 삼남의 백성만이 아니라 함경도·평안도의 변경지대 주민들까지 강제노역에 참여했으며, 그 과정에서 인신에 대한 강압은 물론이고, 재산의 약탈, 그리고 노역과정에서 일어난 사고로 불구자, 사망자 발생 등 온갖 재해의 고통을 감내해야 했는데, 1422년 한 해에 희생된 사람만도 872명이나 되었다.[32] 이는 백성에 대한 강압적 통치의 한 표시였으며, 이를 통해 민중을 통제하는 효과까지 얻을 수 있었다. 즉 한양 도성 건설은 민중들에게 복종할 수밖에 없는 강력한 왕조체제라는 인상

32)《태조실록》권 10, 5년 8월 신묘.

을 심어주었고, 이것이 계기가 되어 효과적인 민중통제도 가능했다.[33]

백성들에게 새 왕조의 성격을 구체적으로 표현한 것 가운데 하나가 양전사업이었다. 왕조체제는 민중들로부터 강제 수납한 조세를 물적인 기반을 삼고 있었기 때문에, 조세원은 일차적으로 경작지가 대상이 되었다. 이 점에서 새 왕조는 경작지의 소유형태와 새로운 경작지의 개간 문제에 관심을 가졌으며, 여기에서 양전사업이 행해졌다.

실제로 조선왕조는 고려 권신들의 거대 토지를 몰수했으며, 이것에 과세를 했다. 과전법의 연장선 위에서 은결과 여결 등 과세대상에서 벗어났던 토지를 찾아냈다. 그러나 이성계가 군왕이 된 시점에서는 왕권이 아직 미약했고, 특히 남해와 서해 등지에는 왜구의 침탈이 자주 있었기 때문에 이를 실시할 수 없었다. 그러므로 1393년에서야 경기 지역에 대한 논밭의 조사로 14만 9천여 결을 새로 찾아낼 수 있었고, 그 뒤 다시 본격적으로 조사하여 1401년에서 1404년까지 전국적으로 총 93만여 결의 논밭을 조세대상으로 삼을 수 있었다.[34] 그리고 1405년에도 충청·경상·전라 3도에서, 또 경기·강원·풍해(황해) 3도에서 양전사업을 실시하여 30만여 결을 찾을 수 있었다. 그 뒤 평안도와 함경도 지방에서도 양전사업을 했는데, 이는 그만큼 왕조의 통치권이 점점 변방으로 미치게 되었음을 의미했다.

《세종실록지리지》의 기록에 따르면 8도 전지의 총결수는 171만 9806결이었다. 이 숫자는 곧 조선왕조가 이전과는 달리 더 많은 과세원을 포착해서 경제적 기반을 확보했음을 의미한다. 이렇게 수취한 조세로 왕조의

---

33) 한양 수도 건설에서 고통에 직면했던 민중의 억눌림에 대한 이야기로는 효녀 도리장의 이야기를 들 수 있다. 한양 건설에 동원되었다가 골병이 들어 고향으로 돌아가던 한 농사꾼이 광주 판교원에서 앓아 눕게 되었다. 아버지가 모진 병에 걸려 중도에 쓰러졌다는 소식을 들은 무남독녀인 그의 딸 도리장은 아버지를 구하고자 그날로 남자 옷차림으로 길을 떠났다. 그는 서울로 올라가는 도중 길가에 앓아 누운 환자가 있으면 다 찾아보면서 아버지를 애타게 찾았다. 그러던 가운데 처녀는 판교원에 이르러서야 병세가 매우 위태로운 아버지를 찾아냈다. 다시 살아날 가망이 없었던 아버지는 고향에서 멀리 떨어진 타향에서 뜻밖에도 귀여운 딸을 만나 그의 정성어린 간호를 받고 기적적으로 회복되어 고향에 돌아가게 되었다는 이야기이다.(《태조실록》 권 9, 5년 3월 신유)

34) 《태종실록》 권 7, 3년 4월 을미.

재정을 확보할 수 있었고, 통치체제에 소요되는 비용과 관료들의 녹봉도 지급할 수 있었다. 나아가 피지배세력에 대한 왕조의 효과적인 통치를 실 질적으로 전개할 수 있었다.[35] 이들 171만 결 가운데에서 약 30, 40만 결이 과세에서 제외되었기 때문에, 왕조가 직접 백성들에게 부과할 수 있었던 것은 약 130만 결이었다. 이 숫자는 고려 말의 70만 결의 두 배에 육박하 는 것이었다. 이 정도로 조선은 통치권 행사의 물적 기반을 확고하게 마 련했던 것이다. 그리고 이는 상대적으로 일반 민중들에게는 과세에 따른 고통이 부과되었던 것으로 이해할 수 있다.

한편 조선왕조는 조세와 공물, 부역과 병역을 부과하기 위해 백성을 실사할 필요가 있었으며, 나아가 양반 권세가들이 불법으로 차지했던 양 인과 공노비를 찾아 이들을 원상 회복시켜서 왕조의 부역과 조세 부담에 동원해야 했다. 호구수를 정확히 파악하고 이에 따라 과세해야 했기 때문 에, 그리고 양반체제의 신분제도를 확립하기 위해서도 호구조사사업과 호패법이 실시되어야 했다. 여기에 다시 5가작통과 같은 인보제를 부과 했으며, 이로써 왕조에 대한 백성들의 복종을 더욱 철저하게 강요할 수 있는 제도적 장치를 마련하게 되었다. 이 점에서 조선은 사회신분제도를 마련했으며, 그만큼 통제와 약탈의 강도도 높아지게 되었다.

또한 조선왕조는 먼저 전국적인 호구조사를 실시했다. 1392년 9월에 제정된 과호 편성규정에 따라 16세부터 60세까지 남자 10명을 가진 가호 를 대호로, 5~9명을 중호, 4명 이하를 소호로 규정했다.[36] 그 뒤 이를 토 지소유와 연관시켜 과호의 개념을 재조정했다. 즉 토지 15결에 남녀 15명 이상의 가호를 상호로, 토지 10결에 사람 10명 이상은 중호, 토지 5결에

---

35) 조선왕조는 각 관아의 운영비와 관료들의 녹봉 지출을 위하여 직영지, 무세지, 자경 무세지, 각자 수세지 등을 마련해 주었고, 국왕의 친경을 위한 적전, 국둔전 등 직영지 가 있었으며, 국왕의 사용에 사용했던 내수사전, 사찰에 부여한 국행수륙전 등이 있었 다. 지방에 주둔하는 군대의 병영인 영과 진에서 노비로 경작했던 관둔전·마전·원 전·진부전 등이 있었는데, 그 숫자는 총 10만 결 정도였다. 각기 수세권을 인정해준 것으로는 공신들과 관리, 그리고 사찰의 수조권에 따르는 전지가 있었다. 공신들에게 는 공신전·별사전, 그리고 관리들에게는 과전·사원전이 그것이다. 이것도 총수가 약 10만~20만 결 내외로 되어 있었다.
36) 《태조실록》 권 2, 원년 9월 임인.

사람 5명 이상은 하호, 그리고 1, 2결의 토지소유와 사람 수 1, 2명은 불성
호라고 정했다. 그 뒤에도 다시 개정했는데, 1436년에는 사람의 수는 고
려하지 않은 채 토지면적을 중심으로 50결 이상은 대호, 49~20결은 중호,
19~10결은 소호, 9~6결은 잔호, 5결 이하는 잔잔호로 정했으며, 이것에
따라 행해진 1404년과 1406년의 호구조사는 아래의 표와 같았다.[37]

	1404년		1406년		15세기 30년대	
	구	호	구	호	구	호
한성부					10,794	
개성유후사					5,663	10,393
경 기			20,729	38,138	20,882	50,352
충청도	19,561	44,476	19,560	44,476	24,170	100,790
경상도	48,992	98,915	48,993	98,915	42,227	173,759
전라도	15,703	39,151	15,174	39,167	24,073	94,248
황해도	14,170	29,441	14,170	29,441	23,511	17,897
강원도	15,879	29,238	15,879	29,224	11,084	29,009
평안도	27,788	52,872	33,890	62,321	41,167	105,441
함경도	11,311	28,693	11,311	28,683	14,739	66,978
계	153,404	322,786	180,246	370,365	226,310	720,870

　　이 조사에서 조선왕조는 15세기 30년대에 22만 6310호의 과호와 여기
에 망라된 70만 2870명의 장정을 확인할 수 있었다. 이들이 군역과 부역
등의 부과대상자인 셈이다.[38] 이 조사에서도 왕조의 부역이나 조세를 피
하고자 유리상태에 놓여 있거나, 승려로 또는 권세가에 투탁한 사람들의
수는 확인할 수 없었다. 다만 이 조사는 최초 전국적인 호구조사로 피지
배 민중의 수를 확인하고 그들에 대한 부역과 조세를 부과할 수 있는 자

---

37) 1404년의 통계는 《태종실록》의 권 7, 4년 4월 을미조에, 1406년의 통계는 《태종실
　　록》 권 12, 6년 10월 병진조의 것이다. 그리고 경기도는 좌우를 합친 숫자다.
38) 그러나 이렇게 조사 확인된 숫자의 정확성에 대해서는 그 당시로도 논란이 있었다.
　　즉 《세종실록지리지》의 편찬자는 "이조에서 행한 조사방법은 명확성이 없기 때문에
　　호적에 등록된 인구는 실제 인구의 10분지 1 내지 2에 지나지 않는다"고 말할 정도였
　　다. 이러한 주장은 여전히 이 조사의 정확성이 떨어져서 여기에 누락된 경우가 다수였
　　음을 뜻했다.

료를 확보했다는 점에서 그 의미를 찾을 수 있다. 이는 그만큼 통치체제가 일반 백성을 통제하기 위한 수적 기반과 그것에 바탕을 둔 제도화가 이루어졌음을 뜻한다.

조선왕조는 호구조사로 과세대상자를 확인함과 동시에 고려 말 이후 남설된 사찰도 정비했다. 왕조가 이 문제에 관심을 두었던 것은 그 당시 백성들이 왕조의 부역에서 벗어나기 위해 승려가 되는 경향이 있었기 때문이었다. 특히 고려 권신 등의 보호를 받았던 사찰이 여전히 거대 토지를 가지고 있었고, 여기에는 승려는 물론이고 노비도 많이 소유하고 있었기 때문에, 어느 면에서는 조선왕조에 대한 저항세력이 될 위험도 있었다. 이 점에서 조선의 숭유억불정책은 사찰과 승려 수의 감소를 유도했으며, 사찰이 소유했던 장토도 제약하기에 이르렀다. 그러나 실제로는 조선 초기에 승려의 수가 늘어났는데, 그 숫자는 몇 십만을 넘어설 정도였다. 이들 대부분은 양인 출신으로 군역과 조세를 피하고자 일정량의 베를 정전으로 지불한 뒤 도첩을 받기도 했다.[39] 이렇게 함으로써 양반이나 양인이 승려로 출가하는 것을 막았으며, 승려의 수적 증대도 제약했다. 또한 사찰 소유의 사전을 전부 몰수했으며, 사찰 소속 노비도 일정 수 이상일 때는 각 관아 소속 공노비로 만들어버렸다.[40] 이러한 조치는 조선왕조 초

---

39) 1392년 도평의사사에서 승려 문제가 제기되어 논의한 결과 양반으로 승려가 되고자 할 때는 가는 베 100필을, 양인은 150필을, 천인은 200필을 관아에 바쳐야 도첩을 받을 수 있게 했다.(《태조실록》 권 2, 원년 9월 임인)

40) 1388년 사전의 개혁에 따라 사찰 소유의 사전 4, 5만 결이 몰수되었으며, 10만명이 넘는 사찰 소속의 노비를 관아에 소속시켰다. 이러한 조처는 1402년에 단행되었는데, 고려 이래의 5교 양종을 정리하여 선종을 조계종으로, 교종을 화엄종으로 통합하였다. 도선의 밀기에 실려 있는 70개의 절과 100명 이상의 승려가 있는 사찰을 조계종과 화엄종에 분산 소속시켰으며, 사찰의 수조권을 폐지하였고 이를 군자창에 귀속시켰다. 그러나 이 조치가 충분하지 못하여 7개 분파로 되어 있던 불교가 오히려 늘어나 12개 분파가 되었기 때문에 다시 사찰의 정리가 단행되었는데, 이번에는 1406년 3월에 이루어졌다. 이 당시 행해졌던 것 가운데에서 중요한 사항은 다음과 같다. 1) 한양과 개성의 사찰 가운데 선종과 교종의 사찰 하나에 수조지 200결과 노비 100명을 남겨 두었으며, 그 밖의 사찰에는 수조지 100결과 노비 50명만 남겨 두었다. 각 도의 중심지인 계수관에 선종 또는 교종 소속의 1개 사찰에 수조지 100결과 노비 50명을 남겨 두었고, 군현의 주요지역에는 수조지 60결, 노비 30명을 남겨 두었다. 그 밖의 주요 지역에는 수조지 20결, 노비 10명을 남겨 두었다. 3) 그 밖의 사찰에는 시지, 즉 산의 소유지를 1, 2결씩 남겨 놓았다. 4) 금강산 표훈사와 유점사에는 수조지 100결과 노비 50명을

기부터 적대세력의 근거지가 될 가능성이 있었던 사찰 등 불교계를 사전에 약화시키기 위한 것이었다. 그 결과 전국의 사찰 가운데 23개 사찰에 약 1만 1100결의 수조지와 2결에 1명 정도의 노비, 그리고 그 수만큼의 승려만을 인정해 주었다. 조선 초기에 2회에 걸쳐 사찰 정비가 단행되었으며, 그에 따라 3, 4만 결의 토지와 8만 명의 사찰노비가 몰수되었다.

그러나 이러한 조치가 그 효과를 충분히 거두지 못하자 다시 3차 정리가 단행되었는데, 이는 1424년 세종 6년 4월에 이루어졌다. 3차 정리에서는 전국의 주요 사찰 36개를 교종과 선종에 각기 18개씩 분산 소속시켰고, 선종계 사찰에는 4,250결의 수조지와 1,970명의 승려를 남겨놓았다. 교종에 속하는 18개 사찰에 3,700결의 수조지와 1,800명의 승려를 남겨두었다. 이 조치로 전국의 모든 사찰을 결국 36개의 대사찰에 소속시키는 결과가 되었다. 사찰 정리는 사찰 소유의 토지를 8천 결로, 승려의 수는 4천 명 이하로, 그리고 사찰 소속 노비도 소수만 인정되었는데, 이로써 불교의 위세는 이전과는 달리 상실되는 길로 들어서게 되었다.

호구조사와 연관해서 왕조의 과세원 포착을 위한 또 다른 정책으로 노비변정(奴婢辨正)사업을 들 수 있다. 이른바 압량위천(壓良爲賤)된 사람들, 즉 본래 양민이었지만 부호나 권문의 불법적인 강요로 노비로 전락된 사람들을 양민으로 되돌리는 일이 노비변정사업이었다. 이 사업은 고려 말 이래 통치세력들이 보유했던 거대한 농장과 강제로 노비로 전락하여 혹 사당했던 양민들을 다시 양민 신분으로 되돌리는 일이지만, 이렇게 함으로써 조정은 특정 인사나 가문이 통치세력으로 거대화되는 것을 차단하고 왕권을 강화할 수 있게 되었다. 또 양민의 수를 늘려서 과세와 부역대상으로 편성함으로써 왕조의 수입도 높일 수 있었다. 이 일은 1395년과 1400년에서 1401년, 1405년, 그리고 1414년에 시행되었는데, 노비변정도감

남겨 주었다. 규정액 이상의 노비는 각 관청에 나누어주었으며 수조지는 군자감에 소속시켰다. 노비의 대다수는 전농시에 소속해서 자신의 출신지역에서 둔전을 개간하게 했으며, 군기감에 소속된 노비 4천 명은 10번 교대로 무기제조의 일을 맡겼고, 내자시·내섬시에 각기 2천 명의 노비가 배치되었으며, 예빈시·복흥고에 각기 300명의 노비를 소속시켰다.

을 설치, 노비로 전락한 양민들의 소송 업무를 처리했다. 노비변정사업은 노비를 소유했던 부호나 권문들 사이에 그 소유권을 두고 일어났던 소송 문제도 해결했다. 양인 가운데 노비가 된 사람은 여기에서 벗어나 다시 양인이 되게 함으로써 조세와 부역의 의무를 지게 했지만, 그 신분이 분명하지 않는 경우나 노비의 소유주가 불명할 경우, 이들 노비를 공노비나 신량역천(身良役賤), 즉 양인이지만 천한 일을 맡게 함으로써 사실상 왕조의 부역대상자 수를 더 많이 확보할 수 있었다. 또한 노비 소유자들 사이의 노비 소유권 분쟁으로 그 소유가 불명한 경우는 이른바 중분법이라 하여 어느 편이 옳고 그름을 판단하지 않고 서로 노비를 나누어 갖도록 조치했다.[41] 이러한 조치는 곧 양인 확대정책의 일환이었으며, 이전까지 시행되었던 천자수모법(賤者隨母法), 일천즉천(一賤則賤)의 신분원칙을 일시나마 깨면서까지 더 많은 양인을 확보하여, 한편으로는 이전의 사회구조에서 일반 백성의 신분 상승 계기를 마련했다. 이렇게 함으로써 왕조의 조세수입과 부역확보책이 마련될 수 있었다.[42]

4. '양반-관인-지주'층 중심의 신분제도

조선왕조는 피지배세력으로서 백성들의 존재, 즉 삶의 현실을 규정함으로써 왕조 통치에 요구되는 물적 인적 자원을 확보해야 했다. 소수 상

---

41) 조선왕조는 노비 문제에 대해서 철저하게 규제했다. 즉 《경국대전》에 따라 공노비는 3년에 한 번씩 노비등록의 보조장부인 속안에 등재하였으며, 20년에 한번씩 기본 등록 장부인 정안에 등재하여 왕조가 이들에 대해서 평생 관리하게 했다. 공노비가 도망했을 경우 해당 지방의 관헌이 도의 관찰사에 보고하게 되어 있고, 도망한 지역에서 되돌아오게 하는 것을 원칙으로 했으며, 도망한 곳에 살고 있다면 그대로 살게 하되 속안에 등재하게 되어 있었다. 도망한 공노비를 보고하지 않는 경우는 엄하게 처벌했고, 노비의 도망을 적발한 경우 4명에 1명을 상으로 주었으며, 3명이면 그것에 해당되는 노공(노비의 몸값에 해당되는 베)을 상으로 주게 되어 있었다. 그리고 노비의 도망을 막고 그를 추적하는 기구로 추쇄도감을 설치하기도 했다.

42) 이성무 교수는 이것이 조선 초기 개혁파 사대부들의 긍정적인 역할이라고 평가하면서 다음과 같이 적었다. "조선시대는 노비를 비롯한 일부 천인을 제외한 거의 모든 사민을 양인화하는 데 성공하였다. 이것은 조선 초기 개혁파 사대부들의 긍정적인 역할이었다. 그들은 농민에게 신분 상승, 사회경제적 권익 등 상당한 양보를 하였다."(이성무, 〈양반〉, 《한국사》 10, 국사편찬위원회, 1977, p.563)

층 통치세력의 권력을 독점적으로 세습하고, 이들 중심의 정치·경제·
사회·문화로 재편하기 위해 이들 이외의 대다수 사람들을 사회 신분적
으로 하층계급으로 묶어둘 필요가 있었다. 이러한 필요에서 신분제도가
마련되었다. 이른바 양반–상민의 반상제도를 설정했으며, 특정 양반에 따
른 권력과 사회적 가치의 세습적 독점을 일상화하였다. 양반–상민–노비
의 3분적 사회신분제로 이들 사이에 지배–복종의 메커니즘이 확립되었
다. 즉 상층의 지배세력을 단순히 권력자나 경제의 특권층만이 아니라 이
를 사회적으로 외연화하여 상층을 신분적으로 제도화했고 이를 영속화하
려 했다. 특히 성리학에 바탕을 둔 계서적 우주관을 현실 속에도 적용시
켰으며, 이는 곧 조선을 건국한 특정인사들의 세습적 특권을 확립한 제도
적 조치가 곧 양반제도였다. 양반제도는 성리학적 이론으로 합리화되었
는데, 양반은 도학자 같은 존재로 일반 상민은 세속적인 생활인으로 양분
했다. 도덕적으로나 능력 면에서 우수한 능력의 소유자로서 양반층은 그
들 자신을 합리화했으며, 양반이 상민을 지배하는 것은 천리에 합당한 것
이라고 주장했다.

　조선의 양반제도는 기본적으로 '중세적 사회신분제'의 속성을 그대로
갖고 있었다.[43] 중세에는 인간의 개별적 가치나 생명의 존엄, 그리고 평등
한 인격 관계 등은 배제되고, 불평등 그 자체가 당위로 받아들여졌다. 이
점에서 조선의 양반제도는 불평등적인 억압체제였다. 이러한 성격을 양
반·상인·노비의 세 영역에 대해 통치체제의 차원에서 생각해 보기로
하자.[44] 이러한 인식을 통해서 조선의 사회 신분에 부과된 규제의 속성이

43) 여기서 말하는 '중세적 사회신분제'의 의미는 다음과 같다. 일반적으로 중세는 두 가
　지 성격에 따라 개인이나 사회구성원들을 지배하고 있었다. 하나는 종교의 계율에 의
　한 지배로 성직자와 일반 신도들 사이의 불평등한 신분구조가 있었으며, 다른 하나는
　영주–농노적 성격이 그러했다. 그러나 이러한 구분도 대부분의 경우 정치나 사회적인
　것에 국한되었으며, 실제 경제나 문화에서는 크게 문제되지 않았다. 바로 이 점에서
　서유럽에서 근대가 등장할 수 있었던 요소가 경제나 문화에서 중하층에 속했던 사회
　세력의 등장이라고 하겠다. 그러나 조선에서는 중세적 사회신분체제의 심화된 일면을
　보여주었는데, 그것은 정치, 사회에서만이 아니라 경제, 문화의 모든 영역에 걸쳐서 불
　평등한 사회계급적 속성으로 전개되었기 때문이다. 이 점에서 조선은 그 이전의 고려
　나 통일 신라에 견주어 더한층 불평등한 사회구조로 전락된 셈이었다.
44) 조선왕조의 사회계급이 갖는 정치 사회적 성격과 의미를 분석한 연구로는 이화여자

결과적으로 조선왕조를 '신분적 억압체제'로 자리잡게 했음을 찾아볼 수 있다.

조선의 신분계층은 엄격하게 세분하면 양반·중인·양인·천인으로 이루어졌다.[45] 여기에는 양반과 천인을 양극으로 하고, 그 가운데 하층 양반에 해당되는 중인이 있었다. 양인은 양반과 천인의 중간에 속한 계층이었다. 이 가운데서 양반만이 지배세력으로써 양인과 천인으로 이루어진 피지배세력층을 통치했던 사회구조였다. 이들의 사회신분적 고착은 초기만 해도 약했지만, 그 뒤부터 신분제는 곧 계급적 성격으로 전환될 정도로 양분적 계급성을 이루게 되었다.

이러한 성격을 조선왕조에서 구체적으로 찾아보면, 양반은 관제의 문무반 모두를 뜻했으며, 사회신분층으로는 상층 지배세력을 의미했다. 그러나 이 두 가지 내용이 서로 뒤섞여 사용되었으며, 그 결과 사대부, 사족 등의 상층 신분을 통칭 양반이라고 불렀다. 사대부는 본래 4품 이상의 문관을 대부, 5품 이하의 문관을 사(낭관)라고 불렀는데, 이 둘을 다 함께 의미하는 말이었다.[46] 다시 말하면 높은 벼슬아치라는 의미였다. 그러나 이 말은 문관 관료를 배출한 가문, 즉 독서인층으로 확대 사용되었다. 물론 여기에는 무관도 포함되었지만 기본적으로는 문관 우위였기 때문에 양반은 문관 관료 중심의 표현이었다.

또한 조선의 건국이 고려의 신진문신들로 이루어졌기 때문에 이들이 통치세력으로 자리잡게 되었으며, 따라서 이들은 자신을 상층 지배세력으로 정립할 필요가 있었다. 그렇다고 자신들만 상층 사회신분이라고 주장할 수는 없었는데, 그렇게 하기에는 현실적으로 그들의 사회신분이 그다지 높지 않았다. 그러므로 이들은 기존 상층 신분은 물론이고, 그 범위

대학교 사학과연구실, 《朝鮮身分史硏究 : 身分과 그 移動》, 法文社, 1987이 있다. 이 책은 주로 외국학자나 국내학자들 가운데 영어로 작성된 것을 중심으로 삼고 있다.

45) 이들 신분계층에 대해 이중환의 《택리지》(擇里志)에서는 조선왕조의 사회계층을 양반·중인·하인으로 구분했으며, 황현의 《매천야록》에도 사대부·중인·상(常)·한(漢)으로 구분하고 있다. 여기서 말하는 상·한은 양인과 천인으로 다시 구분할 수 있다.(李重煥, 《擇里志》, 總論 ; 黃玹, 《梅泉野錄》 卷 1 上, p.41)

46) 《세종실록》 권 52, 13년 5월 무진.

를 확대한 양반층을 새롭게 설정함으로써 그들 자신도 여기에 포함될 수 있었다. 즉 고려의 권신가문과 지방의 일부 유력자들을 양반으로 설정했으며, 그렇게 해서 그 속에 그들도 자연스럽게 포함될 수 있었다.[47]

양반의 이러한 정립은 기본적으로는 양반 관료층의 개념 정립과도 연관이 있었다. 즉 양반으로의 관료인은 크게 세 부류로 구분할 수 있는데, 제1 양반 관인층은 당상관급 이상이며, 제2 양반 관인층으로는 참상관급, 그리고 제3의 양반 관인층은 참하관으로 되어 있었다. 어느 경우나 이들 양반은《세종실록지리지》성씨조에 따르면, 양반의 품관층으로는 토성(土姓)으로 한정하고 있는데, 향리층은 속성(續姓)으로 구분했다. 토성만이 조선왕조 사족 신분으로 양반에 해당되었다. 특히 조선의 통치세력은 그들과 연계된 지배세력을 양반으로 규정했으며, 이들은 왕조의 주요 정책결정자로 자리잡게 되었다. 그들이 결정한 정책을 하급관리자층인 중인이 집행했으며, 여기에는 지방의 향리들도 포함되었다. 이렇게 함으로써 조선왕조의 권신들은 자신이 소속된 바로 그 향리집단의 인사들이 관인이 될 수 있는 가능성을 제한했으며, 그들만의 지속적 권력 점유를 제도화했다.[48]

---

47) 구체적으로 이 시기에 양반은 고려시대 이후로 실직이거나 산직이거나 한직이거나간에 조정으로부터 문무관직을 제수받았던 인사들과 그 가문을 모두 양반으로 인정했다. 이 과정에서 향리는 지방의 유력자 집단에서 제외되었다. 그것은 군현제의 정비와 향리의 이동, 외역전의 몰수, 원악향리의 처벌 등에서 이러한 성격의 일단을 찾아볼 수 있다.(이성무, 〈조선초기의 향리〉, 《한국사연구》5, 1970)

48) 이러한 사정에 대해서는 1363년 고려 말 공민왕 12년에 잡과 출신 향리가 츨신지를 떠나 개경으로 올라오는 것을 막았으며, 이러한 사실은 또한 공양왕 원년 1389년에는 향리 3정1자라고 해서, 세 사람의 어른 가운데 한 사람의 아들만이 과거에 합격한 경우 향리를 떠나 개경에서 거주할 수 있게 허락했으며, 이전에 향리를 떠난 사람일지라도 가문의 근거가 박약한 경우나 당하관의 경우에는 향리로 되돌아가도록 조처했다. (《고려사》권 75, 〈선거지〉3, 향직 ; 《태조실록》권 2, 원년 9월 임인 ; 이성무, 위의 글, p.558)
   또한 여기서 한 가지 더 지적해야 할 사실은, 이들 향리들은 고려의 향리와는 구분되는 것으로, 고려의 경우는 향리가 사실상 그 지방의 유력자로 정치적인 중요한 영향력의 행사자였다. 그러나 조선왕조에서는 이러한 성격이 사라졌으며, 양인으로 격하시킴으로써 그들의 정치세력화를 막았다. 조선왕조의 지배세력은 심지어 군현제를 개편하여 향리의 지주적 성격도 배제시켰으며 원악향리(元惡鄕吏)의 처벌과 향리의 타지 이동을 감행하였다. 가령 많은 토지와 노비를 소유한 토호적 향리를 원악향리로 지목

조선왕조의 집권 사대부는 양반으로 과전·공신전·별사전 등의 수많
은 농지를 군왕으로부터 하사받아 대토지 소유자가 되었으며, 훈신으로
서 세습 특권층이라는 신분을 지속시킬 수 있었다. 훈신이 아닌 양반들,
즉 재야의 토성층도 훈신에 맞서서 권력구조의 핵심부로 진출하기 위해
노력했다. 재야 토성층은 그들의 지방을 근거지로 삼아 그들 사이에 연대
관계를 형성했으며, 유향소·향약·향청·사마소 등을 만들어 그 지방
특권자의 위치를 구축했다. 또한 한양의 통치 관인들과 연결고리를 맺기
해서 경재소(京在所)를 중심으로 활동했다. 이들은 자제의 과거를 준비하
기 위해 사학을 만들었고, 이를 기반으로 하여 정계 진출을 모색했다. 지
방 양반층의 이러한 노력이 결실을 얻어 마침내 조선왕조 중반기부터 정
계 진출이 이루어졌으며, 그 결과 이들은 조선 건국의 핵심인 훈신파와
대결하는 상황에 놓이게 되었다.[49]

양반은 사회적으로나 신분적으로 두 부류로 구분할 수 있다. 하나는
재경양반(在京兩班)으로 흔히 경반(京班)으로 불렸으며, 다른 하나는 재지
양반(在地兩班)으로 향반(鄕班)이라 불렸다. 경반은 누대에 걸쳐 서울에
거주하면서 과거에 합격했던 가문으로 전주 이씨(全州李氏), 파평 윤씨(坡
平尹氏), 안동 김씨(安東金氏), 풍양 조씨(豊壤趙氏) 등이 여기에 속한다.

하여 철저하게 그 죄상을 치죄했으며, 이들 가운데 거의 80%가 자기 고향에서 멀리
떨어진 다른 곳으로 옮겨 거주하게 했다. 그 결과 이들은 누대에 걸쳐서 자신들의 본
관지에 쌓아왔던 정치 사회적 권위를 잃게 되었고, 단순한 지방의 관리로 전락할 수밖
에 없었다.(이성무, 같은 글 참조)
49) 지방의 양반 유림층의 관료 진출과정에서 한양의 훈구파와의 대결이 곧 사화였으며,
이는 경상도를 중심으로 하는 지방의 토성층에서 새롭게 정계로 진출한 중소 토지소
유자들에 따라 이루어진 하급 관료군이 곧 사림파를 이룩했다. 사림파는 "사대부지림
(士大夫之林)"에서 나온 말로, 이들은 훈구파와는 달리 인간 심성을 도야하는 유교적
가치관념에 바탕한 자기 완성에 노력했다. 그 결과 이들은 때로는 산림에 은거하여 시
문과 도학을 연마했다. 그 결과 조선왕초 초기 양반의 주요한 덕목으로 유교적 교양,
관직 점유, 그리고 도학으로 이루어지게 되었다. 이 점에 대해서 박지원은 그의 〈양반
전〉에 "讀書曰士, 從政曰大夫, 有德爲君子"에서도 이를 읽을 수 있다. 양반은 그 자신
의 이러한 조건의 구비는 물론이고, 가문의 차원에서도 이를 드러내어 징표로 삼고자
족보·문집·묘비·사묘·서원·누정 등을 마련했으며, 이것이 뒷날 당쟁의 한 원인
이 되었을 뿐 아니라 벌열의 발생과도 관계가 있었다.[이성무, 〈양반〉, 《한국사》 10,
국사편찬위원회, 1977, p.554]

향반은 조상 가운데 과거합격자나 저명한 학자가 있어야 하고, 누대에 걸친 세거지가 있으며, 양반으로 '봉제사 접빈객'과 학문에 힘쓰며 양반가문과 혼맥을 유지해야 여기에 해당했다.[50] 이처럼 양반은 권력을 잡았던 사대부이자 경제적으로는 지주였고 사회적으로는 특권적 신분층이었기 때문에 그들의 특권은 일반 민중들과 큰 차이가 있었다. 이 점에 대해서 박지원(朴趾源)도 이렇게 적어 놓을 정도였다.

> 하늘이 백성을 낳음에 그 백성이 넷이다. 사민(四民) 가운데에 가장 귀한 자는 사(士)이다. 양반이라 일컬으면 이(利)가 이보다 큰 것이 없다. 밭 갈지 않고, 장사하지 않고, 문(文)·사(史)를 조섭(粗涉)만 하면 크게는 문과에 합격하여 적어도 진사(進士)가 된다. 문과의 홍패(紅牌)는 2척에 지나지 않으나 백물(百物)이 구비하니 돈 자루라 하겠다. 진사는 30에 첫 벼슬을 하여도 오히려 음사(蔭仕)로 웅부(雄府)의 남행수령(南行守令)으로 가서 잘만 풀리면 귀신 산풍(傘風)에 희어지고 배는 구슬 같은 대답에 불러지며 방에서는 기생의 귀에 귀걸이를 달아주고 뜰에는 명학(鳴鶴)을 기른다. 궁한 선비가 시골에 살지만 오히려 무단(武斷)할 수 있다. 이웃 소를 가져다 밭 갈고 마을 사람들을 불러다 김을 매도 누가 감히 내게 거역하겠는가? 네 코에 재를 붓고 상투를 꺼들고 수염을 뽑아도 감히 원망하지 못한다.[51]

위의 글에서 양반의 특권이 어느 정도였는가를 짐작하게 되지만 이를 구체적으로 정리하면, 우선 양반은 관인이면서 대토지 소유의 지주였다. 지주로 소작인이나 노비를 사용하여 그들의 경제적 권리를 확보했다. 정치적으로 이들은 관인이거나 관인이 될 인사로서 특별한 신분적 대우를 받았다. 관인으로 지배세력의 한 구성원이었기 때문에 부귀와 공명을 소유할 수 있었다. 또한 양반-관인-지주 등식을 가능하게 했기 때문에 현실적으로 관직을 갖고 있는지의 여부와는 관계없이 경제적으로 풍요한 위치를 차지할 수 있었다. 이들의 토지 경영은 지주-전호 관계가 중심이

---

50) 미야지마 히로시, 노영구 옮김,《양반》, 강, 1996, pp.42~43.
51) 박지원, 박정수 역,《양반전》, 청목, 1994.

었다. 양반 가운데도 스스로 농사일을 주관하는 가내 노동력, 즉 노비(奴婢), 비부(婢夫), 고용인 등을 이용하여 자경하는 경우도 있었지만 이는 소수였다. 실제로는 전호로부터 거두어들이는 병작반수(並作半數)의 사조율(私租率)을 관행으로 삼았다.[52]

또한 양반은 군역에서도 특권을 누렸다. 즉 이들은 사실상 군역을 면제받고 있었다. 양반으로 현직 관리나, 성균관·사학·향교 등의 관학생, 전직 관리들은 군역에서 면제받을 수 있었기 때문이다. 양반 가운데 전직 3품 이하의 관리들은 수전패(受田牌)라는 병종(兵種)에 해당되었는데, 이들은 삼군도총제부에 숙위하는 대가로 과전을 받기도 했으며, 경시위패(京侍衛牌)로 1년 3개월을 유경시위(留京侍衛)하는 경우도 그 대가로 군전을 받았다. 이러한 군전을 지급받았던 양반의 군역도 군전의 혁파로 없어졌으며, 형식적으로는 양인과 양반이 구분되지 않는 군역을 맡는 것으로 되어 있었지만, 실제로 양반은 별시위 갑사로, 공신의 후예는 충의·충찬·호순위로, 종친이 소속된 족친위, 그리고 고관 자제들이 소속된 도성위·호익위 등에서 관직과 군역을 동시에 해결했다. 조선 중기 이후에는 군역을 포납으로 납부함으로써 사실상 병역 면제의 특혜를 누리기도 했다.

양반의 계급적 지속성을 가능하게 했던 것은 교육과 과거제도 때문이다. 과거시험에서는 양민도 응시자격이 있었지만 이는 단순히 형식적인 규정이었다.[53] 과거에 합격하기 위해서는 경제적 기반은 물론이고 문벌과 학연 등도 중요한 요소로 작용했다. 사실상 과거제도는 양반들에게만 한정된 관직임용의 한 절차였으며, 그것도 특권적인 몇몇 상층 가문들이 거의 독점하다시피했다.[54] 구체적으로 과거 응시자에게는 그의 가세(家世)

---

52) 千寬宇,〈韓國土地制度史〉하,《韓國文化史大系》政治經濟史 편, 고려대 민족문화연구소, 1965.

53) 조선의 기간적 신분층인 양인도 과거제의 응시자격이 있었으며 동시에 부분적으로 정책적 주요 부서에도 참여할 수 있는 기회가 있었다는 점에서는 왕도정치에 의한 양인의 지지를 확보하려는 일면을 엿볼 수 있다. 그러나 실제로 이들 양인이 과거에 합격하여 통치체제의 핵심부로 진입한다는 것은 사실상 불가능했다는 점에서 단지 명분의 범주에 불과했을 뿐이며, 과거는 양반들의 전유물로 되어 있었다.

와 문지(門地)를 따졌으며, 이것에 따라 차등을 두었다. 양인 등 지방 양반 자제들이 과거에 합격해도 가세와 문지를 따졌기 때문에 실제로 주요 관직에는 임명될 수 없었다. 기껏해야 성균관·교서관의 권지로 분관 소속되었을 뿐이다. 과거 합격자 가운데 상층 관직으로 승진이 보장된 이른바 옥당 분관으로 알려진 홍문관에 출사하는 것은 특권 명문가 자제들의 몫이며, 그 반대로 앞에서 말한 교서관 소속의 관직은 일반 양인의 자제들이 차지했다. 그리고 문과의 장원 합격자와 갑과 합격자를 출육(出六, 또는 陞六)이라 하여 6품 이상의 관직을 받을 수 있게 했다. 실제로 대부분의 과거시험에서 장원은 권문세가 자제들이 독점했다. 과거 합격자의 결정과 관직의 배치는 전적으로 문벌에 따라 좌우되었다. 그러므로 한미한 가문 출신은 과거에 합격해도 홍패만 안은 채 평생 권지로 늙을 수밖에 없었다.

양반의 특권은 형벌에서도 예외적인 대우를 받았다. 양반이 죄를 범했을 경우에는 충분하게 조사해야 하며, 왕의 명령으로 구속 또는 방면하게 되어 있었다. 죄에 대해서는 대부분 속전(贖錢)을 내고 풀려나거나 가노를 대신 처벌하게 했다. 그러나 일반 백성들의 범죄에 대해서는 형조와 한성부, 포도청에서 치죄했지만 양반만은 의금부가 맡았으며, 반역죄나 패륜범이 아닌 한 아무리 죽을 죄를 저질러도 참형에는 처하지 않았고 단지 사약으로 처리하였다. 양반으로 정치범의 경우는 대부분 도형과 유형으로 처리되었다.[55]

---

54) 과거에 합격하기 위해서는 일반적으로 양인 신분의 자제로 8세에 향교·사학 등 소학에, 그리고 15세에 대학, 즉 성균관에 입학할 수 있었다. 다만 공상·무격·노비 잡색천구 등 천계 혈통이나, 그 밖의 결격사유가 없다면 누구나 문과의 생원·진사 시험에 응시할 수 있도록 표면적으로는 그렇게 규정해 놓고 있었다. 그러나 양인 농민들의 경우는 이렇게 할 수 있는 경제적 능력이나 사회적 배경은 전혀 가질 수 없었다. 그러므로 과거시험은 오직 지배세력들 사이에 관직으로 등용하기 위한 일종의 準요식행위와 같은 절차에 불과했으며, 이 점에서 이는 사실상 양반-지주만의 독점물에 지나지 않았다.

55) 양반에 대한 이러한 특권적인 사회신분적 보장은 조선왕조의 기본 통치구조의 일면으로 이해할 수 있는데, 이 점에 대해 이성무는 "양반은 국가와 상호 보험적인 관계에 있었으나 역사발전에 있어서 양자의 이익은 반드시 일치되는 것은 아니었다. 국가의 공적 영역과 양반의 사적 영역과의 관계에서 그러하다. 국가의 공적 영역(공전, 공민)

　양반층 가운데 하층 신분을 중인이라고 했는데, 이들 중인은 고려 이
전부터 행정의 실무진들, 즉 신라의 6두품이나 고려의 하층 행정관리에
서 그 연원을 찾을 수 있다. 이들은 조선에서 각종 기술관이나 향리(鄕
吏), 서리(胥吏), 군교(軍校) 등으로 점차 양반과 구분되는 신분층을 이루
었다. 이들은 양반이 결정한 정책을 실제 집행하는 행정 실무가였다. 그
러므로 이들은 하층 지배세력에 해당했으며, 양반이 몰락해서 중인이 된
경우나, 양인 신분에서 상승해서 중인이 된 경우가 대부분이었다. 물론
중인도 양반의 지배를 받았지만 그들이 갖는 실용적인 지식과 행정 능력
에서 양반에 뒤지지 않는 지식과 재력을 가진 경우도 없지 않았다. 일반
적으로 중인은 생활에서나 행동양식에서 절제를 중시했으며, 사리판단이
민첩하여 대인관계도 능하고, 이해관계를 잘 따지는 전형적인 상인적 인
간형에 속했다.[56] 그러므로 이들에게는 양반도 감히 하대할 수 없었으며,
대부분의 중인들은 한양에서 세거하고 있었다. 중인이 담당했던 행정실
무나 기술직은 전문성을 필요로 했다. 양반들은 대부분 화요청직(華要淸
職)의 고위관직만 맡았으며, 만일 이들이 기술직을 맡으면 다른 사대부
가문과 혼인할 수 없었기 때문에 이 일을 맡지 않으려 했다. 따라서 이
일들은 대부분 중인들의 몫으로 남게 되었다. 실제로 중인들이 맡았던
기술직은 세습되었다. 중인은 다시 세 계층으로 구분되었는데, 상층은 정
3품 당하관까지로 문무관 2품 이상의 양첩(良妾) 자손이거나 상급 기술관
인 역관·의관·천문관·지관 등으로 이루어졌다.[57] 그 다음 계층으로는

　이 강화되는 시기에는 양반의 사적 영역(사전, 사민)이 약화되고 반대로 양반의 사적
　영역이 강화되는 시기에는 국가의 공적 영역이 약화되었다"고 설명함으로써 양반제도
　와 조선의 통치구조의 관계를 설명하고 있다.(이성무, 〈양반〉,《한국사》10, 국사편찬
　위원회, 1977, p.589)
56) 여기서 의미하는 상인적 인간형은 주로 시장의 거래관계에서 찾아볼 수 있는 상업적
　거래행위에서의 특정성을 의미한다. 명백한 계산, 합리적인 상거래, 객관적인 상황 판
　단 등은 상인적 인간형의 기본 틀을 이루었다. 상인적 인간형과 대조적인 인간형으로
　농업적 인간형을 설정할 수 있는데, 이는 전통의 중시와 관습적 생활태도의 중시, 정서
　적 연대성의 강조 등이 그 특징으로 설정될 수 있다.
57) 조선왕조에서 양반의 양첩(良妾)이나 천첩(賤妾)에 대한 자손의 신분을 엄격하게 구
　분했다. 흔히 서얼(庶孽)이라고 말하는 이들 신분은 '서'의 경우는 양첩의 자손을 의미
　하며 '얼'은 천첩의 자손이라는 의미였다. 이들은 양반사대부의 신분에는 해당되지 않

정4품 이하 종6품까지의 참상관으로, 문무관 2품 이상의 천첩자손과 3품 이하 6품 이상 관리의 양·천첩 자손과 7품 이하 무직양반의 양첩 자손, 그리고 토관(土官), 호장(戶長), 녹사(錄事)와 하급 기술관인 산관(算官), 율관(律官), 금루(禁漏), 도류(道流), 화원(畵員) 등으로 이루어졌다. 마지막 하층으로는 7품 이하의 참하관을 한품으로 했거나 품계가 없는 계층으로, 7품 이하 무직양반의 천첩자손, 서리, 육방 향리, 군교 등이 여기에 속했다.[58]

중인의 주요 직책인 기술관을 살펴보면, 이것에 대해서는《경국대전》에도 명기되어 있는데, 역학·의학·음양학·산학·율학·화학·도학을 가르치는 자로 규정해 놓고 있다. 이들 가운데 의관·천문관·지관은 정3품 당하관까지 승진할 수 있었다. 그 밖의 것은 주로 종6품 전후에서 거관되는 하급 기술관이었다. 이들 기술직으로 나아가기 위해서는 먼저 그 분야의 기술학 생도가 되어 전문지식을 습득한 뒤 잡과나 잡학 취재를 거쳐야 했다. 이렇게 해서 이루어진 기술학 생도들은 양반계층에서 떨어져 나온 경우와 지방의 하급관리에서 상승한 경우로 이루어졌으며, 조선 중·후반기부터는 후자 출신이 다수를 차지했다.

기술직 가운데 역관은 중국과의 사대, 왜·몽고·여진과의 교린 등 외교관계에서 주요한 관리자로서, 이들은 사신과 함께 중국에 파견되거나, 중국 등 외국 사절이 왔을 경우에 통역 일을 맡았다. 역관 가운데 대표적인 것이 통사로, 사절과 함께 외국에 파견되었기 때문에 사무역을 부업으로 삼아 축재할 수 있었다.[59]

았으며 하급의 지배신분층인 중인이 되었다. 이 제도는 고려 이전까지만 해도 존재하지 않았는데 조선왕조에 와서는 賤者의 신분은 그 母를 따른다는 이른바 천자수모(賤者隨母)가 정립되었다. 그리고《경국대전》에서는 한품서용(限品敍用)의 정립으로 서얼은 문·무과나 생원·진사시에는 응시하지 못하도록 한 서얼금고(庶孼禁錮)가 행해졌다.

58) 申解淳,〈중간계층〉,《한국사》10, 국사편찬위원회, 1977, p.597.

59) 역관이 사행을 따라 외국에 다녀오면서 행했던 사무역은 주로 중국에서 사치품이나 고가의 물품으로 되어 있었는데, 이것의 수요층은 양반들이었다. 양반들 가운데에는 사행의 역관에게 이들 귀중품을 부탁하는 경우도 있었다. 그러므로 대부분의 경우 이들 통사들이 가져오는 물품에 대해서는 왕조에서도 눈감아 주었다.(《세종실록》권 63, 16년 정월 임오) 그리고 이 점에 대해서는 申解淳, 위의 글, p.604도 참조.

기술직 가운데 의학의 경우는 의관·의원·의사·의생 등으로 불리었으며 주로 왕실의 의료활동에 종사했다. 이들 가운데 내의원(內醫院)에 소속된 경우는 왕실의 진료나 제약(劑藥)을 전문으로 맡았으며, 왕명으로 때로는 대신들의 의료 시술을 맡기도 했다. 이들은 전의감(典醫監)이나 혜민서(惠民署)에 소속되었는데, 전자는 왕실과 조정 관료들의 의료와 일반 서민과 병졸의 의료 행위도 맡았으며, 후자는 일반 서민들의 의료와 향약재의 수납을 맡았다. 그 밖에 활인서(活人署)도 있었는데, 이는 한양 도성 안의 역질, 즉 전염병 환자의 구료를 맡았으며, 빈민이나 죄수들의 의료도 맡았다. 이들 의원들은 실제로 통치세력의 지속적인 활동을 위해서 그 역할이 중요하게 여겨졌기 때문에 다른 기술직에 견주어 높은 대우를 받게 되었다.

중간계층에 속했던 신분 가운데 서리는 서리나 아전으로 불리었다. 이들은 문서 전곡 등을 관장하는 도필의 임무를 맡아 중앙과 지방 관아에 소속되어 말단 행정을 집행했기 때문에 실제로 행정 관리자의 역할을 수행했다. 서리는 녹사와 서리로 나눌 수 있는데, 지방 관아에 소속된 서리를 향리라고 불렀다. 경아전의 녹사는 동·서반의 각 아문에 배치했으며, 문서 취급, 등사 연락의 일을 맡았다. 이들은 대체로 종2품 이상의 아문이나 정3품 이상의 아문에 분속되었으며, 《경국대전》에는 이들의 숫자를 110명으로 한정했지만, 조선조 중기 이후에는 당상관급 이상의 모든 아문에도 녹사를 두었기 때문에 그 숫자는 훨씬 더 많았을 것으로 여겨진다. 녹사에게는 일정한 봉록이 지급되지 않았으며, 주로 지방 부유층의 자제들이기 때문에 개인적으로 생활비를 마련하거나 부정을 저질러 경제적 필요성에 충당했다.[60]

한편 향리는 지방 관아에 소속된 서리로 이를 외아전(外衙前)이라고도 불렀다. 이들은 조선에서는 비사족 신분으로 규제받았으며, 상층 지배신분인 양반사대부와는 사회적으로나 정치적으로 엄격하게 구분되었다. 이

---

60) 이들 녹사는 종6품으로 퇴관하게 되면 지방의 수령, 즉 종6품직인 현감으로 서용될 수 있었다. 그리고 서리는 거관하면 종7품이나 종8품으로 종9품직인 역승이나 도승에 서용되었다. 이 때문에 녹사와 서리의 일을 맡는 것이 일반적이었다.

들은 지방의 행정실무, 즉 향역을 담당했으며, 세습직으로 되어 있었다. 때로는 지방 관아의 땔감을 공급하는 등 잡역도 맡았다. 그러나 지방행정 책임자였던 수령은 지방의 사정을 잘 몰랐으며, 재임기간도 짧았기 때문에 향리가 모든 행정 일을 맡았다. 지방의 통치체계인 6방 가운데 이방·호방·형방을 삼공형(三公兄)이라고 불렸으며, 특히 호방의 수리인 호장은 수령 부재시 그 직무를 대신하는 수석 향리가 되었다. 이들의 주요 업무는 농민의 호적 정리와 공부(貢賦)와 요역(徭役)을 독려하는 것이었기 때문에 지방 농민들에게는 실제적인 통치의 수행자였다. 향리가 문무과나 생원 진사과에 합격하거나 특별히 군공을 세웠을 경우, 그리고 서리의 임기를 마치고 퇴관했을 경우, 그와 그 자손에게 향역을 면제했고 출사의 기회를 갖게 했다. 이렇게 함으로써 중앙의 통치세력은 지방 향리로 농민들을 효과적으로 통치할 수 있었다.[61] 이들 외에도 군교와 토반 등이 있었는데,[62] 군교는 한양에서는 각 군영 소속 서리이며, 지방에는 각 군영의 하급사관으로 지방 관아의 군사 일을 맡았다. 이들 장교층의 대표적인 인사가 군관(軍官)이었다.

조선왕조의 엄격한 신분제에서 하층 신분, 즉 통치세력으로부터 부과되는 온갖 강제와 약탈, 그리고 억압을 받았던 대상은 농민들이었다. 농민은 양인과 노비로 이들 중간에는 이른바 신량역천(身良役賤)이 자리잡고 있었다. 그러므로 농민은 양인·신량역천·노비 등으로 구성되었다고 할 수 있다. 이는 곧 농민층의 과반수가 양인이었으며, 그 밖에는 주로 노비였음을 의미한다. 농민은 지주의 전호로 전토에 얽매어 농경에만 종사했던 것이 아니라 군역과 각종 공물, 부역 등을 맡았기 때문에 납세층이

---

61) 조선왕조에서는 향리층도 다시 세분했는데, 호장층·6방층·색리층이 그것이다. 호장층은 5품 이하의 초사랑 품계를 받을 수 있는 지위가 보장된 층으로 지방행정의 고문 역할을 맡았고, 6방층은 6방아전으로 지방행정의 실무자층이었다. 그리고 색리층은 사회 신분적으로는 중간계층이 아니라 악공·지도·회사 등 잡직 기술관, 나장 등 하급서리와 마찬가지로 양·천인 신분에 해당되었다.(신해순, 앞의 글, p.623)

62) 토반은 조선왕조시대 국경지방, 즉 함경도와 평안도 그리고 제주도에 설치했으며, 이는 해당 지방의 서리에 해당되며, 그 품계는 5품 한계로 되어 있었다. 그 선발과 임용의 경우 동반은 관찰사가 서반은 절도사가 본도인, 즉 토착인 가운데에서 선발 임용하게 되어 있었다.[《경국대전》(經國大典) 권 1, 이전(吏典) 사관직조(土官職條)]

었다. 이들의 경작농토는 양반 소유였기 때문에 그 소출의 반을 양반에게
바치는 병작반수의 의무를 졌으며, 국가에는 조세를 부담하는 등 이중적
약탈상태에 놓여 있었다.

최하층 신분으로는 노비가 있었다. 노비는 그 소유주인 양반-지주의
재산물목으로 "말하는 소와 말"이었다. 법으로는 노비의 소유주인 양반
지주가 이들을 죽일 수 없도록 규정했지만, 실제로 이들은 매매되었으며
사형(私刑)이 공공연하게 행해지기도 했다.[63] 노비는 공노비와 사노비로
구분되었는데, 국가기관의 노비 가운데 중앙관청에 소속된 노비를 각사
노비라 불렀는데, 가령 내수사 노비는 내수사노, 또는 궁노라고 부르는
식이었다. 지방 군현에 소속된 경우는 관노비로, 영과 진에 속한 노비는
영노비 등으로 불렸으며, 역에 속한 경우를 역노비, 향교에 속한 노비는
교노비라 불렀다. 한양에 거주하는 공·사노비들은 일정한 급여를 받으면
서 왕실이 경영하는 잠실(蠶室)에서 일했으며, 지방의 공노비들은 농사일
을 하면서 일정한 신공을 바쳐야 했다. 노비들의 신공은 1407년의 규정에
따르면 해마다 남자 노비는 쌀 3섬, 처 없는 남자 노비와 성인 여자 노비
는 2섬, 남편 없는 여자 노비는 1섬이었고, 그 다음해는 베 5필이나 4필을
부담했다.

사노비의 경우는 상전의 집에 함께 거주하는 솔거노비와 따로 거주하
는 외거노비로 구분했다. 솔거노비는 상전의 하인으로 그 집안의 농사를
다 맡았고, 경제적 생산활동에 직접 참여하나 아무런 보수를 받지 않는
상전의 재산품목에 지나지 않았다. 외거노비는 상전의 전지를 경작하면
서 여기에서 소출된 양곡의 상당수를 상전에게 바쳐야 했다. 상전 집에는
거주하지 않았지만 사실은 상전에게 매여 있는 솔거노비와 큰 차이가 없
었다.

---

63) 노비의 판매가격은 시기에 따라 다소 차이가 있지만 1398편에는 5세베의 150필 값으
로, 이는 말값의 3~4분의 1에 해당되는 가격이었는데, 즉 노비는 사실상 말과 소보다
도 못하게 여겨졌다.

5. 약탈과 강제, 그리고 억압의 통치양식

조선왕조에서 상층 통치세력은 경제에서는 거대지주로, 사회신분제도에서는 양반으로, 그리고 문화적으로는 유학자였다. 외관적으로는 다면적 속성을 가진 것처럼 되어 있었지만 이들은 사실상 단 하나의 기본 속성, 즉 고려 왕실로부터 권력을 탈취했던 신진문신 집단이었다. 그들의 통치체제를 영구히 지속시키기 위해 앞에서 말한 정치·사회·경제·문화의 각 영역에서 특정성을 강조했으며, 그 밖의 사회세력이나 인사들을 배척하는 불평등한 사회구조를 조성했다. 특히 이러한 불평등한 사회구조 조성의 이론적인 기반이 성리학적 통치이데올로기였다.

조선에서 양반-관인-지주의 지배세력에 의한 약탈과 강제, 그리고 억압은 그것이 왕조의 전형적인 기능처럼 여겨질 정도였다. 통치체제의 이분구조, 즉 지배세력의 약탈과 여기에 약탈당했던 피지배층인 일반 백성으로 구성되고 있었다. 이 점에서 조선은 전형적인 양극적 분열적 사회구조였다. 이러한 성격의 통치체제는 이전 왕조보다 더한층 약탈과 강제의 제도화가 이루어지고 있었다. 그만큼 조선왕조는 약탈적인 강제체제였으며, 일반 백성들의 생활상은 극심한 억압상태에 놓여 있었다. 성리학적 논리에 입각해서 겉으로는 왕도정치, 유덕자 지배, 심지어 민본을 강조했지만, 그것은 바로 군왕 중심의 통치세력의 자기 합리화에 불과했다. 그러므로 여기서는 통치세력이 일반 백성을 어느 정도로 극심하게 약탈 억압했는지를 살펴봄으로써 조선의 통치체제의 본질을 생각해 볼 수 있다.

일반 백성은 국왕을 비롯한 통치세력의 약탈과 억압을 받고 있었는데, 그러한 억압의 주요 내용은 역시 전세와 공물착취, 강제노역 등으로 되어 있었다. 이러한 약탈과 강제를 효율적으로 집행하기 위해 마련했던 것이 형률의 처벌규정이었기에 이것을 먼저 살펴보기로 하자.

전세와 공물 착취를 보면, 기본적으로 전세는 고려 말의 과전법을 기준으로 삼고 있었다. 1결당 30말로 정해 놓았는데, 이는 최고 수확고의 10분의 1을 공물로 부과한다는 의미였다. 그러나 실제로 해마다 농사에는

풍년과 흉년으로 수확량에도 차이가 있었다. 이 점을 고려하여 조정에서
는 이른바 손실답험법을 제정했지만,[64] 실제 농민들의 조세부담률에는 큰
차이가 없었다. 이 법이 현실적으로 흉년을 맞은 농민들의 조세를 감해
주기보다는 관리들의 가렴주구의 한 수단으로 전용됨에 따라 이를 대신
해서 1440년에 공법을 만들게 되었다. 이 법은 조세대상이 되는 토지를
비옥도, 즉 전품을 기준으로 삼았기 때문에 실제 농작물의 수확은 별로
고려하지 않았다. 이 방법에 따르면 비옥한 농지를 가진 거대지주들은 유
리했으며, 일반 농민들은 별다른 도움을 받지 못했고 심한 경우 더 많은
조세를 부담해야 했다. 결국 공법에 따라 조세를 징수한 결과 조정에서는
이전보다 많은 조세를 거둘 수 있었다.[65] 즉 조선왕조는 이전의 총 조세가
60만 섬 정도였는데, 이 방법으로 거두어들인 조세는 새로 53만 섬이 늘
어나, 189퍼센트의 조세 증가를 보여준 셈이었다. 공법에 대한 농민의 원
성이 높았기 때문에 1444년에 개정되었으며, 1489년에 들어가서야 전면적
으로 실시될 수 있었다. 그 결과 조선왕조는 해마다 농민들로부터 약 100
만 섬의 조세를 거두어들이게 되었다.[66]

공법의 실시로 지방의 유력자나 거대지주들의 전지 등급은 낮게 매겨
졌고, 일반 농민들은 재해를 입어 소출이 없는 농지라도 조세를 면제받지
못했으며, 실농으로 수확할 수 없는 농민들의 토지에도 징세하는 등 부당
한 조세부담이 이루어지고 있었다. 나라에서 부과하는 조세 외에도 지방
관아에서 부과하는 조세도 있었으며, 그 밖에 수없이 많은 조세 부담으로

---

64) 1388년 과전법 실시 이후 실제 수확이 낮은 정도에 따라 조세부담을 줄이기 위해 현
  지 조사로 평가하는 것을 기본으로 한 법인데, 이것에 따라 흉작이 된 해는 중앙에서
  나 지방의 관리들이 현장에 나가 이를 실사하여 조세를 감하도록 했다. 그러나 실제로
  는 이들 관리들은 지방의 현지에서 오히려 지방 농민을 약탈하고 억압 착취하는 일이
  비일비재했는데, 이 점에 대해서 1441년 우의정 신개의 다음 상소문에서도 읽을 수 있
  다. "관리의 손실 답험 그 자체가 극도로 자의적으로 행해지고 있다. 그들에 대한 지방
  민의 술, 고기 등 접대비가 너무 많다. 또 결부 수를 계산하는 서리들인 서원 산사들은
  그 중간에 갖은 농간을 다 부려서 없는 것도 있다 하고 있는 것은 없다고 하며, 많은
  것을 적다고 하고 작은 것을 많다고 하는 등 한 개 면의 범위에서 은결은 수십 결에
  달한다. 고을 원들은 손실 답험이라는 구실로 가렴 잡세를 부과하는데, 이것이 본래의
  조세보다 더 많은 실정이다."(《세종실록》권 93, 23년 7월 기해)
65) 이러한 사실을 알 수 있는 것으로 다음의 도표를 들 수 있다.

농민들의 일상 생활이 위협받는 상태에 놓이게 되었다.

한편 공물의 경우 각 지방 특산물을 공물 형식으로 수납했다. 실제로 공물의 수납도 전세보다 적은 양은 아니었으며, 오히려 어느 경우에는 더 많기도 했다. 조선은 건국 당시인 1392년에 공부상정도감을 설치해서 지방 공물의 종류와 수량을 정해 놓았다. 전국적으로 대표적인 공물로는 충청도·전라도·경상도의 경우에는 무명, 평안도와 황해도는 명주, 함경도와 강원도는 베, 강원도의 목재, 황해도의 철, 전주와 남원의 종이, 임천과 한산의 생모시, 안동의 돗자리, 제주도 말 등이 있었다.

한번 공물로 등재된 경우는 어느 해나 똑같이 그것을 납부해야 했다. 때로는 그것이 산출되지 않는 해도 있었지만 이는 전혀 고려되지 않은 채 무조건 이를 납부해야 했다. 그 때문에 농민들의 고통은 점점 더 가중되었다. 자기 지방에서 산출되지 않는 공물에 대해서는 타지에서 고가로 구입해서 납부해야 했으며, 이 과정에는 서울에서 구입하여 공물로 납부하는 경우가 있었다. 공물 납부의 고통을 짊어졌던 농민들에게 더한층 무거운 짐이 되었던 것은 지방 관리들의 대납제도였다. 실제 그 지방에서

항목 도별	공법 제정 전 최고 전세를 징수한 해	공법 제정 전 최고로 징세한 전세액	공법으로 늘어난 전세액	공법에 의한 전전세의 증가율
경상도	1434년	169,811섬	87,917섬 13말	152%
전라도	1434년	158,184섬 11말	110,802섬 8말	170%
충청도	1440년	90,451섬 12말	97,388섬 10말	207%
황해도	1440년	41,573섬 10말	101,757섬	344%
강원도	1440년	20,099섬 13말	11,308섬 3말	155%
경기도	1434년	37,390섬 3말	12,810섬 11말	134%
함경도	1440년	29,244섬 8말	26,988섬 1말	192%
평안도	1440년	54,746섬 12말	87,593섬 6말	259%
합계		601,498섬 69말	536,563섬 52말	189%

자료 : 《세종실록》권 93, 23년 7월 무술. 그리고 여기에서 밝혀 놓은 증가율은 《조선전사》 8, pp.119~120에서 인용하였다.

66) 《성종실록》권 129, 12년 5월 신축.

생산되는 특산품을 농민들이 납부하기보다는 베나 곡식으로 환산해서 이를 납부하도록 했다. 이 과정에서 지방 관리들은 상인들과 거래해서 실제보다 높은 가격으로 공물을 구입, 대납하도록 책정하고, 농민들에게는 그것에 해당된 금액만큼 징수했기 때문에, 이것은 농민 약탈의 한 수단이되기도 했다. 한양에는 지방 공물을 대납하는 상인들이 있었으며, 이들에의해 대납되었던 대표적인 물품으로는 기름종이, 기름, 꿀, 베, 표범 가죽, 과일 등으로, 이것에 대해 해당 지방의 농민은 돈을 납부했고, 이렇게 납부된 돈을 받고 서울 상인들이 판매하는 형식을 취하고 있었다. 또한 지방 관아의 수령이나 향리들은 공물의 납부과정에서 부정을 저질렀으며, 이를 통해 축재했다. 실제로 지방 아전이나 향리들이 축재하는 경우가 많았는데, 이는 대부분 이러한 방식의 약탈과 부정으로 이루어졌다. 그러므로 결국 이러한 약탈과 부정의 대가는 농민들이 고스란히 지게 되었으며, 그 결과 공물은 농민들에게 가장 심한 고통이 되었다.

지방 농민들이 부담했던 것으로 진상이라는 것이 있었다. 본래 진상은 각 도의 감사나 병사 등이 왕조의 제사용 제물로 새로 나온 물품을 바치는 것에서 비롯되었다. 형식적으로는 지방의 수령 방백이 바치는 것이었지만 실제 진상품의 부담자는 역시 농민들이었다. 공물과 진상은 이름만 달랐지 아무런 구분이 없었다. 같은 물품이 때로는 공물로 때로는 진상으로 정해졌다. 다만 공물 납부는 연 1회로 한정했지만 진상의 경우는 1년에도 몇 차례 행해질 정도로 잦았다. 진상은 종묘와 사직단, 성균관의 제사를 위해 새로 나오는 곡식과 과일, 어물 등을 바치는 제향 천신의 성격을 갖고 있었으며, 새해와 명절에 바치는 행행과 강무방물이 있었고, 궁중에서 사용하는 반찬거리로서의 물선, 지방관의 부임과 해임 때 진상하는 도계진상과 과체진상, 그리고 임시로 진상하는 별진상, 개인적으로 진상하는 사헌 등이 1년 내내 행해졌다.[67]

진상 가운데 물선이 가장 자주 행해졌으며, 그 가운데는 매월 1일과 15

---

67) 별진상으로 감사들이 방물로 표범 가죽, 호랑이 가죽, 사슴 가죽을 배정하고 인정으로 표범 가죽에는 무명 30여 필, 호랑이 가죽에는 20여 필, 사슴 가죽에는 7~16여 필을 덧붙여 농민들로부터 약탈하였다.

일에 바치는 월선이 기본이었다. 그 밖에 수시로 진상하는 별선과 7일에 한 번씩 바치는 대일차, 심지어 날마다 바치는 소일차 등이 있었는데, 이는 오로지 왕실에 대한 지방 관리들의 임무로 되어 있었다. 이들 물선의 진상을 담당하는 사옹원에서는 진상을 접수할 때 인정이라는 뇌물을 요구하기도 했으며, 인정이 없는 물선은 사옹원에서는 접수조차 하지 않았을 정도였다. 이들 진상 가운데 물선을 실제로 부담한 곳은 경기 지방으로, 특히 경기도의 포구에 거주하는 어민들이 잡아온 생선 등이 진상의 주요 항목으로 되어 있었다. 그 때문에 어민들의 고통도 이루 말할 수 없을 정도로 심했다.[68]

농민들이 부담했던 조세나 그 밖의 물적 약탈 외에도 강제부역이 있었다. 부역은 생산물을 국가에 제공하는 것이 아니라 노동력을 무상으로 왕조에 제공하는 것으로, 조선왕조에서 부역 동원은 경작지의 8결을 중심으로 하여 부과했다. 부역에는 정기적으로 행하는 상례조발과 그때 그때 필요에 따라 행하는 별례조발 두 가지가 있었다. 상례조발은 서울 빙고의 얼음 저장과 금광에서 금 채취, 역과 조정의 여인숙인 관의 수리, 목장의 보수, 숯구이, 교량 가설, 풀과 잡초 제초, 장례와 분묘 등의 일에 종사하는 경우가 그러했다. 그리고 별례조발에는 성을 개축하고 신축하는 일, 조운, 목장 건설, 왕의 사냥시 숙소인 파오달 건설, 화약 제조, 나무와 돌의 운반, 제방 신축 등이 있을 때마다 동원되는 부역 등도 있었다. 이러한 부역에서 특히 축성이나 왕궁 신축과 같은 건설 공사장의 부역은 농민들을 강제동원했으며, 여기에서 오는 부담이 가장 가혹했기에 농민들의 원성도 높을 수밖에 없었다.

이러한 조세와 부역의 고통 속에 있었던 백성들은 오직 복종 이외는 별다른 방도가 없었다. 즉 그것에서 벗어나는 것은 곧 강력한 형률의 제재를 받았기 때문이다. 조선왕조의 형률은 기본적으로 《경국대전》에 조세에 대한 〈호전〉과 형률에 대한 〈형전〉으로 규정되어 있었다. 그러나

---

68) 경기도의 포구 어민들은 해마다 국왕과 왕족의 생일과 명절에 718마리를, 그리고 대일차와 소일차에 4,800마리, 평소에는 점심 반찬과 연회용으로 2천 마리의 생선을 부담하여야 했다.

그 이전부터 농민들의 복종을 확보하기 위해 호구법, 호적법 등을 통해 그들에 대한 강제성을 확보해 놓고 있었으며, 나아가 5가작통법을 활용해서는 거주이동의 자유도 크게 제한했다. 농민 가운데 범법자는 형조·의금부·한성부가 치죄했으며, 그 밖의 도와 군, 현의 관리들도 죄인을 직접 심문할 수 있었다. 사법의 일을 맡았던 하급 관직은 율학교수·겸교수·명률·심률·검상 등이 있었지만 지방의 아전들을 비롯하여 관리들이 직접 심문할 수 있었다. 형식적으로는 피의자에 대한 3심제도가 있었는데 지방 관아의 판결이 억울할 경우에는 중앙의 의정부에 제기해서 형조에서 판결을 받을 수 있게 했으며, 형조의 판결이 부당하다고 여겨질 경우 국왕에게 직접 호소하여 의금부에서 처리하도록 했지만 이는 다만 일부 양반들에 한정된 3심제도였고, 대부분의 농민들은 1심이 곧 종심이었다.

반역죄의 경우, 본인은 물론이고 가족, 친인척까지 연좌되어 처벌받았으며 가족들은 노비가 되었다. 사형은 교수형, 참수형, 효수형, 능지처참형, 그리고 죽은 자를 다시 처단하는 부관참시 등이 있었다. 양반들의 경우는 주로 유배되었는데, 섬이나 변경지대로 보내졌다. 유형지에서 가족과 함께 살게 하는 것에서, 일정한 곳에 가두는 형식의 안치, 가시 울타리를 쳐서 격리시키는 위리천극 등이 있었다. 일반적으로 널리 행해진 형벌은 도형으로, 이는 일정 기간의 징역형이었다. 또한 장형, 태형이 있었는데, 그 악독한 방식 때문에 대부분의 죄수들은 형장에서 죽었다. 그 밖에 경자형, 압술형, 전도주뢰형과 같은 악형이 예사로 자행되었다. 이러한 형률은 야만적인 것으로 지탄받아야 할 악형으로, 비록 일정한 행형의 규정이 있었지만 실제로 죄인을 심문하는 관리의 자의에 따라 행해지고 있었다. 죄의 여부를 심문받는 것 자체가 이미 죄인이 되는 것이기 때문에 심문은 오직 자백을 강요하는 것에 지나지 않았다. 이러한 반인간적 악형을 통해 농민들을 강압하고 위협함으로써 왕조체제에 대한 일반 백성들의 복종을 철저하게 확보하는 전형적인 전제왕조체제의 통치를 자행하고 있었다.

6. 중앙집권적-전제적 왕조체제 — 형해화된 억압체제

중앙집권적-전제적 통치체제인 조선왕조의 통치를 어떻게 규정할 수 있을까. 일반적으로 조선을 양반관료국가라고 설명한다. 이 논의의 연장선에서 중앙집권적 관료국가론이 주장되기도 한다.[69] 이들 논의는 기본적으로 통치세력으로 관료에 의해 지배체제가 이루어졌다는 의미로, 다른 한편에서는 양반신분제에 의한 지배세력의 존재를 주장함으로써 양반과 관료를 일치성으로 파악하여 양반관료국가라는 말로 설명하고 있다. 즉 양반이자 관직을 차지한 특정 통치세력의 지배체제라는 의미이다.

그러나 양반관료국가라면 실제 국왕의 존재는 어떻게 규정할 수 있는가가 문제로 남게 된다. 단순히 국왕은 양반관료들에 속한 부속요소이거나 아니면 양반관료의 추대로 수장이 된 형식적인 대표자에 불과하다는 논리가 가능해져야 한다. 즉 국왕은 단지 양반관료들의 한 정점으로 이해되어야 하기 때문이다. 다른 하나는 양반관료국가라면 신분제와 통치세력이 하나로 일치될 수 있어야 한다. 즉 신분제에서 상층을 차지하는 양반이 모두 통치세력으로 권력의 행사자라는 의미가 가능해야 한다. 그렇지 않고 양반 가운데 일부가 관인이 되어 통치한다면 양반은 단순히 통치세력이 될 수 있는 필요조건일 뿐이지 충분조건이 될 수는 없다. 그러나 조선에서 양반은 모두 관인일 수는 없었다. 단지 양반 신분은 그것을 위한 전제조건이었다. 이와 함께 논의되어야 할 것은 관료국가의 개념에 대한 문제이다.

먼저 관료국가라는 말은 관료가 통치체제의 본질적인 요소이자 그것에 바탕을 둔 관료제도가 통치체제를 이끌고 주도한다는 의미이다. 관료국가의 개념에 관료제를 먼저 논의하는 것도 그 때문이다. 즉 관료제가

---

69) 양반관료국가론은 다음의 책에서 읽을 수 있다. 이기백, 《한국사신론》, 일조각, 2000, p.198과 한영우, 〈양반관료국가의 성립〉, 《한국사》 9 , 국사편찬위원회, 1977 등이다. 여기서 특히 한영우 교수는 조선왕조의 세종조에 대한 논의에서 이를 민본적 민족국가의 확립으로 파악하고 있다.(같은 책, p.93)

확립된 뒤 비로소 관료라는 특정 통치자층의 집단적 통치양식의 제도화
가 가능해지고, 여기에는 일정한 통치규정과 절차에 따르는 통치권의 행
사가 제도적으로 뒷받침 받게 된다는 의미이다. 서유럽의 경우 일반적으
로 18세기 이후의 상황으로 설명되는 것도 이러한 의미에서이다. 그 이전
의 관료는 관료제와 무관한, 단지 관직 점유자와 국왕의 관계에 따라 비
로소 통치자의 한 구성요소이거나 그 지원자로서 행사할 수 있었다.[70]

이러한 사실을 전제로 할 때 조선왕조를 양반관료국가로 규정하려면,
그 당시 관인의 성격이나 통치양식이 과연 관료 기능에서 전문화되고, 관
료신분의 법적인 보호는 물론이고 일정한 집행복무규정에 바탕을 둔 제
도적 통치의 성격이 있었는가가 하나의 관건일 수 있다. 조선왕조의 관인
들은 과거제로 출사했으며,《경국대전》과 같은 일정 통치규정에 따른 규
제를 받았고, 관인들의 영향력은 정책의 결정에 영향을 미쳤던 것도 사실
이다. 그러나 이 정도는 단지 상대적인 성격일 뿐이다. 앞에서 말한 관료
에 의한 통치체제나 관료제의 요건과는 상당한 거리를 보여주기 때문이
다. 다시 말하면 조선에서 관인들은 관료의 개념에 값할 수 있는 전문성,
신분보장, 정책적 집행의 자기책임성 등을 갖고 있지는 않았다. 실제적인
통치는 관료에 따라 이루어지기보다는 일정한 통치세력, 그것은 국왕과
외척 또는 몇몇 권신들로 이루어진 집단에 의해 좌우되었으며, 대다수 관
인들은 단지 이들 통치세력의 하수인에 지나지 않았다. 그러므로 관료에
의해 일관된 정책의 결정과 집행은 이루어질 수 없었으며, 국왕이나 특정
통치세력의 자의로 이루어졌다. 심지어 관인들은 관료제에서 찾아볼 수
있는 배타적인 영향력의 행사나 일관된 정책 수행 또는 관직 점유의 법

---

70) 여기서 관료제에 대한 개념적 논의를 인용할 필요가 있게 된다. "관료제는 근대적 정
부개념에서 찾아볼 수 있는 합리주의에 대한 18세기적 기대감과 그 반대로 근대적인
통치체제에 대한 급진적인 합리적 비판론을 모두 포함하고 있다. 그러므로 이러한 성
격을 가진 관료제는 19세기에 들어서면서부터 중앙집권적인 유럽대륙의 국가, 즉 행정
법에 따라 전문성을 훈련하고 그것에 따라서 시민들의 삶을 전반적으로 규제할 전문적
인 존재로서의 관료에 의한 배타적인 통치가 이루어졌던 프러시아적인 국가 개념과 연
관을 맺고 있다."(Vernon Bogdanor, ed., *The Blackwell Encyclopaedia of Political
Institutions* (Blackwell, 1987) p.62)

적 보장이 전혀 이루어지지 않았다. 엄격한 의미에서 조선의 관인, 특히 고위 관인은 관료적인 존재가 아니라 통치세력에 지나지 않았으며, 관직 점유자였지 관료는 아니었다.

이러한 성격을 고려한다면 조선왕조를 양반관료국가로 설정하는 것은 인식의 편의성에서 비롯된 것일 따름이다. 그렇다면 조선의 통치체제를 어떻게 규정할 수 있을까? 이 문제는 앞에서도 말했지만, 조선왕조는 중세적인 전제체제의 한 연장선 위에 놓여 있었으며, 그것의 제도화로 이루어진 중앙집권적인 전제적 왕조체제에 지나지 않는다. 이는 중세적 전제 왕조체제가 통치과정에서 중앙집권적인 제도를 구축하게 됨으로써 더한층 심화된 통치권의 기능화가 이루어진 것으로 이해할 수 있다. 이 점에서 조선왕조는 중세적 전제왕조의 성격을 가지면서도 피지배층과의 관계에서는 심화된 통치 기능을 행사하는 중앙집권적 성격을 보여줌으로써 강제와 억압의 규제가 그만큼 강화되었다고 할 수 있다. 이 점에서 조선왕조는 중세적 전제왕조가 강화된 것이었으며, 지배세력과 피지배층의 관계에서는 시대적인 퇴역현상을 보여주었다고 할 수 있다.

그러나 여기서 생각해야 할 것은 '중세적'인 것의 성격이다. 이미 앞에서도 적었지만 중세는 위계적 사회구조의 경직성과 종교의 정치사회적 통제양식을 기본 성격으로 갖고 있었다. 다시 말하면 다원적인 사회구조나 평등성은 전제되지 않았으며, 세습적인 신분사회, 또는 계급구조적 경직성이 강화 지속된 일원적인 사회구조였다. 정치의 지배자는 경제도 사회도 문화도 지배했다. 이러한 지배체제의 위계성을 바탕으로 획일화된 사회구조야말로 중세적인 특징의 하나였다. 이 점에서 종교는 사회구조의 획일성과 기능을 행사하게 했던 이념이자 실천기반이었다. 유럽의 중세는 기독교로, 동아시아의 중세는 불교와 성리학에 따라 통치양식의 전개과정을 이룩했던 것도 이러한 맥락에서 이해할 수 있다. 중세적 성격으로 단일적 사회구조의 위계체제, 종교 중심의 통치양식 등은 조선에서도 예외는 아니었다. 단지 고려에 견주어볼 때 조선왕조는 내용면에서 더한층 구체화되었고, 제도적인 정착성을 이룩함으로써 지배체제가 공고해졌다고 할 수 있다.

　물론 조선왕조를 전제적 통치체제로 규정할 경우 '전제적 통치체제'의 성격 문제가 제기될 수도 있다. 일반적으로 전제적 통치체제는 "군왕을 비롯한 특정 통치세력의 통치양식에서 자의성이 지배하는 영역과 폭이 넓은 경우"를 의미한다. 전제체제와 대립적인 위치에 근대적 입법체제가 자리잡고 있다면, 전제체제야말로 국왕을 중심으로 한 통치세력들의 자의권 확보와 행사, 그리고 그 지속이 배타적으로 추구되는 통치양식이라고 할 수 있다. 이러한 성격에는 국왕의 절대권적 성격이 중심이 되지만 그것을 행사하는 과정에서는 통치세력들 사이에 권력 관계의 길항이 일어날 수 있다. 그러나 기본적으로 전제적이라는 사실에서만은 벗어날 수 없게 된다.

　전제적 통치체제는 왕국 자체가 국왕의 사유물로 인식된다. 왕국의 국왕 사유화 개념은, 그것이 조상이나 전통 때문에 확보된 것이라 해도 기본적으로는 하늘과 같은 절대적인 존재가 부여한 것으로 합리화되었기 때문에, 그 소유주는 국왕이 되고 만다. 이 점에서 국왕은 자신의 소유물인 왕조를 통치함에서 기본적으로는 왕조의 번영, 다시 말하면 왕실과 왕족 일문의 번영을 추구하게 된다. 국왕 이외의 구성원들은 비록 그 신분이 상층이고 통치세력이라 해도 기본적으로는 이러한 지향에서 수단적인 위치에 놓이게 된다. 왕조의 주요한 기능자들, 즉 국왕을 도와 왕조의 전제적 성격을 최대한 발휘하기 위한 장치로서의 관인일 수밖에 없게 된다. 이 경우 관인들은 국왕의 왕조를 관리해 주는 단순한 국왕의 하수인에 지나지 않는다.

　조선을 중세적 전제왕조로 설명할 경우, 관인들은 왕조의 유지와 발전에 기여함으로써 국왕으로부터 부여되는 각종 혜택을 얻을 수 있었고, 그것에 따라 가문과 신분을 지속적으로 유지할 수 있었다. 관료는 곧 왕의 가신과도 같았으며, 이 점에서 왕과 관인들 사이에는 통치세력이라는 단일적 일체성을 확립할 수 있었다. 왕과 관료는 각기 다른 영향권의 영역을 확보하게 된 이분적 통치체제가 아니라, 국왕의 전제성을 중심으로 해서 여기에 관료들이 부가된 통합적 일체성을 이루는 일종의 권력의 피라미드 체제를 이루게 된다. 이 점에서 조선왕조는 군신일체적 통치체제라고 할 수 있다.

국왕과 통치세력의 억압과 강제에 대칭적인 위치에 놓여 있었던 피지배층으로서의 백성들은 복종과 약탈의 대상자로 자리하게 되었다. 이러한 관계에서 한 가지 의문은 바로 왜 이들 백성들은 통치세력의 전제적인 억압과 약탈에 적극적으로 저항할 수 없었을까 하는 것이다. 이는 앞에서 말한 중앙집권적 통치체제의 성격과 성리학적 이데올로기에 따른 관념적 지배양태에서 설명될 수 있다. 즉 중앙집권적 통치구조는 중앙의 통치세력이 백성을 직접 약탈-억압하는 체제였기 때문이다. 중앙의 통치세력에 의한 지방민의 직접적인 통치는 그만큼 강화된 통치양식으로 행사될 수 있었다. 이 과정에서 서리·아전 등 지방 유력자들을 중앙 통치체제의 하수인으로 활용함으로써 그 효율을 높일 수 있게 되었다. 중앙집권적 통치체제와 함께 성리학적 이데올로기는 일반 백성들에게 통치세력에 대한 복종을 관념화했으며, 그 결과 백성들에게 복종 이외의 방도는 존재하지 않았다. 통치세력으로는 상승 편입될 수 없었던 대다수의 지배세력들을 신분적으로 양반으로 대우하여 스스로 지배자적 위치에 있다는 의식을 갖게 함으로써 통치체제에 협력적인 태도를 갖게 하였다. 그 결과 조선은 소수의 통치세력이 다수의 지배세력과 연계해서 일반 백성들을 억압 강제했던 통치체제였으며, 이것의 지속 가능성을 관념적으로 담보해준 것이 앞에서 말한 성리학적 지배이데올로기였다. 어느 면에서 이러한 성격은 조선왕조 중반기까지는 민란이 덜 일어났던 이유이기도 했다. 도전과 저항의 일상성을 보여줄 수 있어야 했던 백성들이 마침내 스스로 전제적 통치체제의 온순한 수용자가 되었으며, 그 통치구조를 저항할 수 없는 것으로 여기게 되었다. 이 점에서 백성들은 통치체제로서의 실제성을 인식하지 못한 채 단지 강압적으로 군림하는 통치양식에 굴복하게 된, 어느 면에서는 내용과 실제를 결여한 단지 형해화된 통치체제에 굴종하게 되는 상황으로 떨어졌다. 그 통치체제의 무력함과 공소성의 한계가 드러나게 되는 것은 최소한 성리학적 지배이데올로기의 비적실성이 드러난 시점에서만 가능할 수 있었다.

제11장 훈신과 사림파의 갈등과 약탈적 통치체제

1. 군신일체(君臣一體)의 피라미드 권력구조

조선왕조의 권력구조는 통치세력 안의 분열과 대립을 주조로 했다. 일반적으로 권력구조는 통치세력과 그 외곽에 놓여 있는 지배세력, 그리고 피지배층으로 이루어져 정치사회의 전체적 구조를 이루게 된다. 그러나 조선왕조의 권력구조에는 이러한 성격이 제약적으로 표현되고 있음을 찾아볼 수 있다. 통치세력 안에는 그들만의 분열과 갈증이 시종되었기 때문이다. 이러한 성격은 조선왕조가 지배세력과 피지배층 사이에 통합적인 정치체제를 이룩하지 못한 단지 통치세력 중심의 권력구조였기 때문에 생긴 결과였다.

조선왕조 초기에는 통치세력이 비교적 단일적인 결속을 이룰 수 있었다. 그것은 새 정권을 창출하기 위한 이성계 일파의 쿠데타에서 비롯된 결과로 이해할 수 있다. 이성계 직계의 서북 무인, 이방원 등 이성계 가문, 새 왕조 창출에 적극 참여했던 정도전 등 문신, 그리고 조선왕조 개창 전후에 합류한 고려 말 유신들로 이루어진 통치세력의 구성에서 비교적 단일적인 성격, 새 왕국의 개창이라는 사실로 계속될 수 있었기 때문이었다. 이들은 조선왕조 창건 직후부터 권력구조에서 위계관계를 정립했는데, 그 과정에서 몇 차례의 정치적 갈등도 일어났다. 이러한 갈등의 계기는 주로 국왕 승계 때문이었는데, 국왕을 중심으로 이루어진 통치세력 사이의 영향력 관계로 빚어졌다. 물론 이러한 현상은 조선왕조만이 아니라 전근대적 왕조체제에서는 흔히 찾아볼 수 있는 특징이기도 했다. 새 국왕이 등장하면 그를 중심으로 통치세력 안에 새로운 위계체제를 마련하게 된다. 이는 곧 국왕과 신료들이 통치세력을 이루어 그들 사이에 피라미드의 단일적인 권력구조를 만들기 때문이다. 물론 단일적 권력구조였지만 통치세력들 사이에는 국왕의 승계 문제를 계기로 해서 새로운 위계체제화가 모색되었으며, 심지어 그러한 모색의 한 방도로 국왕 승계 자체가 특정 권신집단의 영향력에 따라 자행되는 경우가 대부분이었다.[1]

조선왕조의 권력구조에서 이러한 성격을 살펴보기 위해서는 먼저 그것의 형성에 대해 인식할 필요가 있다.[2] 조선왕조는 국왕을 정점으로 왕실과 종친, 외척, 관인들로 이루어진 단일적인 통치세력으로 되어 있었다. 이들 사이의 권력과 영향력의 행사는 피라미드의 위계구조를 보여준다. 일반 관인들은 왕의 가신과 같은 위치에 놓여 있었으며, 왕으로부터 부여받은 일정 범주 안에서 권력을 행사할 수 있었고, 그것에 따른 정치적 지

---

1) 이러한 현상은 국왕의 위치 설정에 따라 권력구조의 전반적인 위계관계가 자리잡기 때문이었다. 국왕과 신료 합의제적 통치구조를 가졌던 고려의 도평의사사의 제도는 국왕보다는 권신의 영향력이 강화되는 제도적 장치였다. 이러한 제도 아래에서는 사실상 국왕의 승계는 권력을 점유한 권신의 의사에 따라 좌우되었다. 그러나 이러한 합좌적 제도 대신에 국왕이 만기 친람하는 전제적 왕권의 등장에서는 국왕의 승계가 왕실의 고유 권한, 즉 국왕 자신에 의하여 선정되었다. 그러나 그 과정에도 역시 특정적인 권신들의 영향력이 행사되었으며 특히 왕실과 연계된 외척이 그러했다. 따라서 새 국왕의 등장은 권력구조의 전반적인 위계성을 재편하는 것으로 이어졌다. 특히 왕권의 승계가 장자세습이 원칙이었지만 현실적으로는 그대로만 행해지지 않았기 때문에, 자연히 그 과정에는 권신과 신료들의 영향력이 크게 작용했다. 이 점에서 조선왕조는 어느 면에서는 국왕의 승계를 중심으로 하는 권신들 사이의 투쟁이라고 할 수 있다. 이러한 성격의 구체적인 사례가 이방원에 따른 쿠데타와 그 뒤 수양대군의 쿠데타인 계유정난 등으로 이러한 일련의 과정을 겪은 뒤에야 비로소 왕권도 실질적으로 강화될 수 있었다.
2) 권력구조가 다양한 정치세력으로 이루어졌는지, 이룩된 권력구조가 단일적 위계성을 확립할 수 있었는지에 따라 통치체제의 성격과 그 전개가 다르게 나타날 수 있기 때문이다. 특히 권력구조의 형성에서 국왕을 중심으로 한 왕실과 왕족 등이 하나의 통치세력으로 자리잡고, 다시 그 아래 신료들로 이루어진 집단이 별도의 통치세력을 이루었는지, 아니면 국왕은 권력구조에서 형식적인 정점에 불과하고 그 아래 여러 갈래의 통치세력들 사이의 경쟁에 의하여 권력구조의 위계성이 이루어졌는지에 따라 통치체제 성격이 다를 수 있기 때문이다.

위와 권한을 향유했다. 관인들은 왕의 권위를 내세워 권력 행사의 정당성을 확보함으로써 피지배층에 대한 강제력을 집행했다. 관인들의 통치권 행사는 전적으로 왕권의 범주 안에서 이루어진 셈이었다. 그런데 왕권이 미약할 경우, 즉 국왕이 통치에 직접 참여하지 않거나 참여해도 형식적이라면 특정 권신들이나 관인들의 권력 행사가 강하게 표출되기도 했다. 반대로 왕권이 강해지면 관인들의 권력 행사는 국왕을 보좌하는 위치에만 머물게 되었다.

여기서 지적해야 할 것은, 조선왕조의 권력구조에서 군권과 신권을 구분, 이를 이분적으로 파악하려는 경향이다.[3] 이는 다음의 주장에서 읽을 수 있다. "국왕 혼자만의 능력으로 정치를 수행할 수는 없었다. 이에 국왕은 정치를 관료들에게 위임하지 않을 수 없었고, 여기에 정치권력을 둘러싼 왕권과 신권의 대립과 갈등이 생기게 되었다."[4] 이 논리에 따르면 왕권과 신권은 대립적이며 양분적이었음을 전제하고 있다. 군왕의 통치권을 관인들이 제도적으로 견제함과 동시에 이를 제약할 수 있었으며, 또한 국왕은 신하들이 자신의 통치권에 버금가는 권력 행사가 가능했기 때문에 이를 약화시켰다는 의미로 이해할 수 있기 때문이다. 그러므로 둘 사이는 일종의 이분적인 관계이자 대립적이며 경쟁적인 관계였다는 논지로 이어질 수 있다.

그러나 조선왕조 권력구조의 실제적인 성격을 파악하기 위해 먼저 역사정치학에 따른 인식이 전제될 필요가 있다. 일반적으로 권력구조에서 정치세력들 사이에 이분적인 경쟁성이나 대립관계를 설정할 경우, 여기

---

3) 왕권과 신권의 구분에 대한 학계의 최초의 주장에 대한 설명으로는 다음의 글에서 읽을 수 있다. "지금까지 조선왕조의 권력구조에 초점을 맞춘 연구는 별로 없었다. 다만 조선 초기의 통치기구에 관한 연구과정에서 부분적으로 소개되었을 뿐이다. 스에마쓰(末松保和)는 의정부의 연혁과 성립과정 및 변천과정에 관한 연구 속에서 의정부서사제와 6조직계제라는 행정체계에 주목하여 왕과 의정부 및 6조의 역학관계를 설명해냈다. 조선 시기 주권의 소재에 대해 관심을 갖고 있는 그는 우선 최고의 관부인 의정부를 왕권에 대한 신권의 결집기구라고 성격지우고, 의정부서사제의 부활은 신권의 승리였다고 해석하였다."(정홍준, 《조선중기 정치권력구조 연구》, 고려대 민족문화연구소, 1996, p.9)

4) 李成茂, 《朝鮮의 社會와 思想》, 一潮閣, 1999, p.4.

에는 정치세력들 사이에 각기 다른 사회적 기반과 지향성을 가지고 있다는 것이 전제되어야 한다. 가령 중세유럽의 경우, 국왕에 맞섰던 지방영주나 특정 귀족의 경우라면 분명히 군권과 신권의 이분적 개념을 설정할 수 있을 것이다. 이 시기 이들 정치세력들은 봉건제에 기반을 두고 있었기 때문에 국왕과 마찬가지로 영주나 귀족들은 자신들의 지배영역에 대해 배타적으로 독자적인 영향력을 행사할 수 있었으며, 이를 기반으로 국왕에 대응하는 영향력도 행사할 수 있었다. 심지어 중세 종교의 교단도 국왕을 견제하는 영향력을 미칠 수 있었는데, 종교의 교단은 독자적인 정치사회의 기반을 갖고 있었기 때문이었다. 이처럼 권력구조에서 정치세력 사이에 경쟁적이고 대립적인 의미에서 군권과 신권의 이분성을 논할 경우, 결국 각기 서로 다른 정치사회적 기반이 전제될 수 있어야 한다. 다시 말하면 하나의 권력적 실체가 다른 권력적 실체를 대치할 수 있는 상황이나 조건이 부여될 때 비로소 이분성의 의미가 설정될 수 있다.

그러나 조선왕조는 엄격한 의미에서 하나의 통치체제와 단일적 통치체제, 즉 국왕을 정점으로 하는 단일적인 성격을 갖고 있었기 때문에 왕권과 신권의 이분적 인식은 관념적인 것에 지나지 않게 된다. 이는 아마도 국왕의 통치권을 부분적으로 견제할 수 있는 관인들의 영향력이 행사되었다는 의미로 이해해야 할 것이다. 즉 단일적인 권력구조 안에서 행해지는 통치과정의 현상일 뿐이다. 물론 그 시대의 기록에서도 '군약신강'(君弱臣强)이라는 표현을 찾아볼 수 있다. 그러나 그것만으로 군권과 신권 사이의 이분성을 말할 수는 없다. 군약신강은 하나의 단일적인 권력구조 안에서 보여주는 통치권 결정과정과 집행과정에서 영향력 행사의 차이 정도로 이해할 수 있다. 군권과 신권이 이분화되었다면 그것은 단지 왕권의 범주 안에서 행해지는 보완적인 것에 지나지 않게 된다. 이러한 사실을 말해 주는 명쾌한 주장으로는 다음 글을 인용할 수 있다.

조선의 관료들이 독자적으로 권력을 창출해낼 수 있는 존재였는가? 그렇다면 그들의 권력행사 기반은 어떻게 설정될 수 있는가? 이 두 문제

504

외에도 조선국가의 성격을 어떻게 정의하고 있는가에 대해서 설명이 필요하다. 조선의 관료는 기본적으로 왕명에 따라 임명된 존재였다. 특히 최고위관료인 대신에 대한 임면권은 철저히 왕 고유 사안이었다. 그런데 어떻게 해서 의정부가 독자적인 권력기구로 이해될 수 있는지 설명이 필요할 것이다. 의정부나 6조는 통치기구일 따름이므로 기구를 중심으로 해서 설명하는 방식은 적절하지 않다고 본다.[5]

결국 조선왕조의 권력구조는 군신일체의 단일적이고도 피라미드적인 것으로 이해해야 한다. 물론 이러한 성격은 조선왕조 초기부터 단계적 전개과정을 거쳐 확립되었으며, 권력구조 안에서 통치적 영향력 행사의 위계성을 확립할 수 있게 되었다.[6]

조선왕조 초기, 비록 국왕의 전제 아래 있었지만 국왕과 특정 신료들 사이에는 왕조의 창출과정에서 이루어진 '혁명동지'와 같은 연대감 때문에 신료라도 국왕에 대해 어느 면에서는 제약적인 영향력을 행사할 수도 있었을 것이다. 그러나 이러한 성격은 국왕의 통치권을 제재하기 위한 것이 아니라 그것을 보완하기 위한 것으로 이해해야 한다. 이 시기 통치세력들 사이의 혁명동지적 연대는 제도적으로는 고려의 도평의사사의 유지에서 그 성격의 일단을 짐작할 수 있다.[7] 그 뒤 왕조의 통치권은 의정부

---

5) 위의 책, p.10.
6) 왕권과 신권의 양분적 인식에 바탕하여 왕권의 제약을 전제로 하는 조선 개국 초기의 상황을 다음과 같이 적고 있다. "정도전은 정치권력이 본질적으로 국왕에게 있는 것이지만 국왕의 자질이 늘 훌륭할 수만은 없으므로 국왕을 대신하여 재상이 실제 정치를 주도해야 한다고 하였다. 의정부서사제는 재상의 권한을 강조한 정치제도였다. 의정부는 고려 도평의사사의 직능을 이어받아 각 관청의 업무를 의정부에 보고하면 의정부가 이를 조정하여 국왕과 의논하는 제도였다. 그러나 태종이나 세조와 같은 전제군주는 실무 행정부서인 6조가 직접 업무를 국왕에게 보고하게 하였다. 6조직계제가 그것이다. 이 두 제도는 왕권의 소장에 따라 바뀌지만 결국은 의정부서사제로 귀결되고 말았다. 조선 중기 이후의 정국이 군약신강(君弱臣强)이라 할 만큼 양반귀족의 세력이 강했기 때문이다."(위의 책, pp.4~5) 그러나 여기서 말한 국약신강의 개념도 결국은 군신일체적 권력구조에서는 군왕과 신료들 사이에 양분된 권력구조의 성격으로 파악하기보다는 군왕의 전제적 결정권의 전개과정에서 신료들의 의견 개진이 활발했기 때문에 국왕의 자의적 결정이 상대적으로 약화되었으며, 그러한 국왕을 보좌했던 신하들의 영향력이 상대적으로 더 커졌다는 정도의 의미, 즉 동일체적 권력구조 내의 정책결정과 집행에서 일어난 일로 이해해야 할 것이다.
7) 구체적으로 도평의사사의 기능을 살펴보면, 국정의 상달과 왕명의 봉행으로 되어 있

로 제도화되었는데, 이는 이전의 '혁명동지'적 연대가 사라진 뒤에 온 현상이기도 했다. 이처럼 왕조 초기에 신료들의 영향력이 강했다 해도 그것은 어디까지나 군왕의 전제적 통치체제를 보좌하기 위한, 그리고 왕조의 기반을 강화하기 위한 조치였을 뿐이다. 국왕과 신료들 사이의 결속관계는 어느 면에서는 강력한 왕조국가, 즉 국왕의 전제권 확립으로 이어졌으며, 이는 국왕-신료의 일체적 권력구조의 정립으로 이어졌다.

그러나, 그 뒤 권력구조가 일정한 제도로 틀 지워짐으로써 군왕의 전제적 통치권은 더한층 확고하게 자리잡게 되었다. 왕은 전제적 통치권의 행사자였고, 신료는 왕권 강화를 위한 보조자에 불과했다. 이러한 제도는 도평의사사의 폐지와 의정부로의 이행이 규정된 정종 2년(1400)의 제1차 관제개혁에서 본격적으로 나타났다.[8] 관제개혁으로 왕권의 강화가 이루어졌지만 그렇다고 해서 권력구조의 핵심인 개국공신의 권한이 축소되었다고 할 수 없다. 그들은 여전히 특정 통치세력으로 지속되었으며 조선왕조 통치구조의 한 축을 이루었다.[9] 이는 앞에서도 말했지만 피라미드 권

었는데, 국정의 상달 형식은 상청하는 경우, 계문 또는 상언하는 경우, 각 관부와 지방관의 보고에 의거하여 계문하는 경우 등으로 되어 있었다. 그리고 상달의 내용은 국정 전반에 관한 것으로 태조 이성계는 개인적인 판단에 따라 이를 재가하기도 했고, 쉽게 결정하기 어려운 문제는 다시 도평의사사에 내려 보내 재차 심의 결정하게 했다. 각 관부와 지방관의 보고도 도평의사사를 경유하여 상달되었으며 상달된 내용은 대부분 재가되었다.(崔承熙, 《朝鮮初期 言官 言論硏究》, 서울대출판부, 1976, pp.144~145)

8) 조선왕조 초기 도평의사사에서 중요 국정이 결정되었다 해서 왕권의 미약을 의미한다고는 할 수 없다. 앞에서도 말한 혁명동지의 관계라는 특수성 때문에 이들 사이에는 심각한 갈등 같은 것은 표출될 수 없었다. 조선왕조 초기의 왕권과 신료 사이의 관계에 대한 논의에서 이성계의 왕권 강화 여부에 대해서는 서로 다른 주장이 나오고 있다. 즉 이성계의 왕권은 초기에 미약했지만 왕자의 난을 거쳐 점차 왕권이 강화되었으며, 특히 태종에 이르러 비로소 왕권의 강화가 확립되었다는 주장이 그것이다. 이와는 달리 처음부터 왕권이 약화된 것이 아니라 강한 신료들의 권한에 견주어 제도화한 왕권으로 강한 성격을 가졌다는 논의가 그것이다.[이러한 논의에 대해서는 최승희, 〈개국초 왕권의 강화와 국정 운영체제〉, 《한국사》 22, 국사편찬위원회, 1995, p.32 참조] 그렇다고 해서 이 시기의 왕권이 미약했다는 의미는 아니다. 또한 조선왕조의 통치제도적 성격에 대한 논의에서 초기의 도평의사사—의정부(정종 2년)—문하부 혁파와 문하부 여러 신하의 의정부 구성원으로 재편—6조직계제(태종 14년)로 발전되었다.(정홍준, 앞의 책, p.18)

9) 실제로 조선 초기의 통치제도는 재상과 같은 원로 신료들에 따른 협의체의 통치기구로 도평의사사와 같은 기구를 제도로 설정했으며, 여기에서 이루어진 정책을 최종적으

력구조에서 국왕과 함께 핵심적 상층 통치세력으로 자리잡음으로써 피지
배층에 대한 억압의 중심부로 존속했음을 의미한다. 이들에 대한 법적 제
도적 보장에 대한 예우가 바로 훈신의 위치를 보장하는 것이었다.

조선왕조에서 훈신 등 통치세력은 관계와 관직의 제도화로 그들의 신
분과 권력적 위치를 확보받을 수 있었다. 실제로 조선왕조에서 "권력구
조에서 최고위층의 구성요소를 국왕, 대신, 대간으로 파악"할 수 있으며,[10]
이들이 결정한 정책은 6조를 비롯한 각급 부서에서 집행되었다. 앞에서
말한 대신은 의정부나 비변사 등 관부의 장으로 백관과 백사를 총찰(摠
察)하는 직권을 가진 2품관의 재신(宰臣) 등 3정승을 의미했다. 대간은 삼
사의 간관으로 간쟁의 기능을 수행했으며, 이들의 기본 의무는 왕조의 체
제 지속성을 유지하기 위한 것이었다. 조선왕조의 권력구조에서 한 가지
특이한 것은 성리학의 지배이데올로기 때문에 산림이 갖는 중요성이었
다. 재야의 성리학자로 이들은 서원을 중심으로 학통을 이어 후진 교육을
맡았지만, 학문에 대한 높은 평판과 지명도를 갖게 되면 산림이라는 이름
을 얻게 되고, 이렇게 되면 국왕의 초빙으로 고위 관직자로 예우 받았다.
이러한 성격의 산림을 유현이라고 불렀으며, 때로는 의정의 관직에도 오
를 수 있었고, 재야에 있으면서도 직간접으로 왕조의 통치에 영향력을 미
칠 수 있었다.

상층 통치세력은 곧 고위 관인으로서, 이들은 정책을 결정하고 집행을
맡았는데, 이들은 관인제도에 대해서는 관계(官階)와 관직(官職) 두 가지
로 규정해 놓았다. 관계는 관직의 위계적 등급으로 정1품부터 종9품까지

로 군왕이 재가하는 형식을 취하게 했는데, 이렇게 하는 것이 성리학적 덕치에도 부합
한다고 주장했다. 물론 이 경우 재상에 해당되는 인물로는 정도전·남은·조준과 같은
인사들이어야 한다는 암묵적 의미를 갖고 있었다. 그러나 조선왕조의 개창에 공을 새
운 개국공신만도 52명이나 되었고 원종공신은 무려 1,400명이었기 때문에, 이들 모두
는 비록 처음부터 특권적인 관직과 토지와 노비 등을 하사 받기는 했지만 자신들도 재
상의 반열에 올라서 배타적인 통치권의 결정에 참여해야 한다고 생각했다. 따라서 이
러한 인식은 자연히 공신들 사이에도 권력 점유의 경쟁적 갈등으로 이행되었다. 특히
왕조 개창에 공을 세운 방원 등 왕의 종친 인사들은 정도전 등이 보여주는 재추 중심
의 통치체제에 크게 반발했으며, 이것이 왕위계승과 연관을 맺음으로써 그 뒤 심각한
권력 갈등의 계기가 되어 버렸다.

10) 정홍준, 앞의 책, p.7.

18개로 나누었다. 관직의 구분은 정1품 대광보국숭록대부에서 정3품 통정대부까지의 당상관을 제1급 상층 관료층으로, 정3품 통훈대부에서 종6품의 참상관까지를 제2급 관료군으로, 그리고 정7품부터 종9품의 참하관까지를 제3급 관료군으로 구분했다. 제2급 관료군과 제3급 관료군을 합쳐 당하관으로 불렀다. 조선왕조에서 당상관급 이상 관직자의 수는 약 360여 명으로 제한했으며, 이들이 왕조의 권력구조에서 중핵적인 위치에 있었으며 사실상 실제적인 권력 행사자였다.[11]

당상관 이상의 관직은 대부분 특정 문벌의 세습적 전유물이었다. 즉 개국공신이나 그 밖의 공신가문의 후예들이 배타적으로 점유했는데, 이들의 관직 출사는, 과거 합격자의 경우 예문관의 검열, 대교, 봉교나 승정원의 주서와 같은 이른바 청요직에서 시작하였다. 이 가운데 검열과 같은 한림의 관직만은 최고문벌의 후손들이 차지했다. 이들의 첫 관직은 참하관으로 시작해도 일정 기간이 지나면 이조의 낭청과 같은 참상관을 거쳐 곧장 당상관으로 승진했으며, 이어 승지로 올라서게 되었다. 즉 권문세족의 후예들은 조선왕조의 관료제도에서 최고위 관직으로 사실상 출세의 길을 독점하고 있었다. 이러한 과정을 확보하기 위한 이들의 구체적인 제약조건으로 계궁(階窮)과 준직(准職)제도를 두고 있었다.[12] 실제로 이 제도는 참하관에서 참상관으로 승진하는 데 적용되었으며, 그 결과 권문세족의 자제만이 최고위 관직을 차지할 수 있도록 마련해 놓은 장치였다.

---

11) 《예종실록》 권 8, 원년 10월 갑인.

12) 권문세가 출신이 아닌 인사들은 과거에 합격해도 참하관으로 시작하여 비록 기간이 오래되었다 해도 기껏해야 참봉, 봉사, 직장의 순서로 승급하도록 되어 있다. 여기에 한가지 관심을 가져야 할 것은 계궁과 준직에 대해서이다. 계궁은 흔히 자궁이라고도 말하며, 당하관으로 최고위 관직인 정3품 통훈대부를 최종 한계관직으로 정했는데 이를 자궁 또는 계궁이라 했다. 통훈대부의 관직자들, 즉 계궁자들 가운데서도 준직을 거쳐야 통정대부, 즉 당상관으로 오를 수 있었다. 여기서 준직에 해당되는 관직이 일정하게 정해져 있었다. 그것은 종부시·내자시·내섬시·사도시·사섬시·군자감·제용감·사재감·봉상시·예빈시·관상감·사복시·군기시·선공감 등 시와 감의 장관으로서 정과, 그 밖에 사옹원·상의원·장악원 등의 장관인 정, 교서관의 판교, 5위의 상호군, 훈련원의 정으로 되어 있었다. 그리고 정3품 관직 가운데서도 승지와 6조의 참의, 홍문관의 부제학, 성균관의 대사성, 제주, 장예원의 판결사, 상서원의 정 등은 당상관으로 되어 있었다.

제2급 관료군에 속하는 문관 참상관은 364명이었다.[13] 그리고 최하위의
제3급 관료군인 참하관의 숫자는 모두 260명이었다. 문무관의 정직 가운
데 문반이 중시되었으며, 그 가운데 중앙의 청요직은 《경국대전》에서 구
체적으로 규정해 놓고 있다. 즉 의정부를 비롯하여 6조와 그 밖에 중앙의
약 80여 개 관직의 책임자는 모두 822명으로, 문관으로만 그 자리를 차지
할 수 있도록 했다.[14]

이처럼 최고 관직으로 오를 수 있는 청요직은 특정 가문의 수중에 놓
여 있었던 셈이다.[15] 이들이 조선왕조의 수립과정에서나 그 밖에 왕권의
승계에서 공을 세운 특정 공신의 가문이었음은, 곧 이들과 왕실이 하나로
연대된 통치체제라는 의미이기도 했다.[16] 조선왕조 초기, 시기적으로는
대략 15세기까지 최고 통치권의 점유에 참여했던 15대 세습문벌이 등장
했는데, 이들은 배타적인 관직 점유로 정승급 이상의 관직자를 배출할 수
있었다. 안동 김씨, 청송 심씨, 진주 하씨, 창성 성씨, 한양 조씨, 안동 권
씨, 의령 남씨, 문화 류씨, 청주 한씨, 장수 황씨, 고령 신씨, 광주 이씨, 남
양 홍씨, 파평 윤씨, 교화 노씨가 그들이었다. 이들은 이성계의 쿠데타를

---

13) 그 가운데 정3품은 29명, 종3품 26명, 정4품 16명, 종4품 34명, 정5품 38명, 종5품 46
  명, 정6품 74명, 종6품 101명으로 되어 있었다. 참하관으로는 정7품 18명, 종7품 43명,
  정8품 14명, 종8품 42명, 정9품 54명, 종9품 89명으로 한정되어 있었다.

14) 중앙관직과 그 직에 해당되는 숫자를 찾아보면 첫째 당상관 급은 다음과 같다. 정1품
  16, 종1품 6, 정2품 27, 종2품 30, 정3품 당상관 35로 되어 있었다. 그리고 참상관은 다
  음과 같다. 정3품 당하관 29, 종3품 27, 정4품 16, 종4품 38, 정5품 38, 종5품 38, 정6품
  74, 종6품 101이었다. 마지막으로 참하관은 다음과 같다. 정7품 18, 종7품 43, 정8품 14,
  종8품 42, 정9품 98, 종9품 89였다.

15) 선왕조의 핵심적인 통치세력으로는 의정부에 속하는 정1품의 영의정·좌의정·우의
  정, 종1품 찬성, 정2품 참찬, 정4품 사인으로 되어 있었다. 6조는 정2품 판서, 종2품 참
  판, 정3품 참의, 정5품 정랑, 정6품 좌랑으로 되어 있었으며, 의금부에는 종1품 판사가
  있었다. 그리고 삼사에 속하는 홍문관의 정3품 부제학·직제학, 종3품 전한, 정4품 응
  교, 종4품 부응교, 정5품 교리, 종5품 부교리, 정6품 수찬, 종6품 부수찬, 정7품 박사, 정
  8품 저작, 정9품 정자가 있었다. 사헌부에는 종2품 대사헌, 정3품 집의, 정4품 장령, 정
  5품 지평이 있었으며, 사간원에는 정3품 대사간, 종3품 사간, 정5품 헌납, 정6품 정언과
  승정원의 승지 등이 여기에 속했다.

16) 이러한 사정을 드러내주는 것으로는 조선왕조 온 기간 동안 특권 관직을 차지했던
  세습권문으로는 약 20개의 가문이 차지했다. 이들 가문이 배출한 영의정과 문과 합격
  자 수를 정리한 것이 아래의 도표이다.(장국종, 《조선정치제도사》, 백산자료원, 1998,
  재인용, p.142)

직접 지원했으며, 그 뒤 왕위쟁탈에서나 그 승계에서 적극 후원자였던 공신들의 후예였다. 이들은 주로 경기와 충청도 일대에서 많은 전장을 소유했으며, 노비를 거느리고 주요 관직을 배타적으로 점유하는 등 특권층을 이룰 수 있었다. 이 점에서 조선왕조는 왕실과 이들 특권적인 권문들로 그 상층부를 구성하고 있던 셈이다.

이들 특정 문벌들은 그들의 세습적인 특권을 유지하기 위해 그들이 차지했던 중앙관직에 대해서는 그 후임 관인을 추천할 수 있었다. 대표적인 것이 이조 전랑 추천권이다. 이조 전랑은 정5품 관직이지만 관리들의 임명을 맡았는데, 문관 관리의 80퍼센트를 임명 또는 해임할 수 있는 권한을 행사할 수 있었다. 관리임명의 대상자 명단이었던 3반 안은 이조 전랑이 작성했기 때문에 그들이 관직 임명에 미친 영향력은 실로 막강했다. 그 때문에 한번 전랑을 거치면 대부분의 경우 3공 6경의 최고위 관직으로 오를 수 있었다. 전랑의 후임은 전랑이 추천하는 이른바 자대권을 가지고 있었기 때문에 이것 자체가 세습적인 특정 가문에 의한 그 관직의 독점을 가능하게 했다. 이러한 추천제도는 대제학과 의정의 경우에도 마찬가지였다. 이러한 제도적 장치로 특정 가문이 권문세족으로 세습적인 통치세력의 자리를 잡을 수 있었다.

한편, 중문경무(重文輕武)의 관인제도에서 무반은 문반에 견주어 낮은

조선왕조의 주요 문벌가문

문 벌	영의정	문과 합격자	문 벌	영의정	문과 합격자	문 벌	영의정	문과 합격자
안동김씨	20	255	창령성씨	5	141	달성서씨	8	28
동래정씨	15	189	양천허씨	5	141	덕수이씨	7	76
청주한씨	11	274	해평윤씨	5	76	풍양조씨	7	125
여흥민씨	7	250	경주김씨	5	127	나주박씨	6	57
문화유씨	8	330	전주이씨	19	614	양주조씨	6	57
연안이씨	8	230	청송심씨	11	192	광주이씨	5	107
청풍김씨	8	75	파평윤씨	11	330	연안김씨	5	116
경주이씨	7	88	안동권씨	8	359	영일정씨	5	117
의령남씨	6	141	남양홍씨	8	330	풍산홍씨	5	125
평산신씨	6	85						

대우를 받았다. 실제로 당상관직의 대부분은 문반으로 되어 있었다. 무관 참하관의 경우 그 숫자는 무관의 성격상 많을 수밖에 없었으며, 그 결과 문관의 10여 배나 되는 2,987명이었다. 조선왕조에서 중앙 관직자의 총수 4,090명 가운데 4분의 3은 무반이었지만, 이들은 문반의 지휘 감독을 받아야 했다.

통치세력의 한 축으로 왕실의 종친이나, 부마 친척 등은 종친부나 의빈부, 돈녕부에 소속되었다. 이들의 특권과 장토는 왕실로부터 부여되었기 때문에 통치세력 안의 특권층이 되었으며 거대지주로 세습될 수 있었고, 수많은 노비를 거느리는 등 왕실에 버금가는 위치에서 통치권의 한축을 이루었다.[17] 그러나 국왕의 후손이라도 5대가 지나면 친진이라 하여 종친에서 제외되었으며, 일반 관료들과 마찬가지로 과거에 의해 관직에 올라야 했다. 그러나 이들은 여전히 특권적인 존재로 대우받았으며, 음사에 따라 관료로 진출할 수 있었기 때문에 그 위치는 그대로 지속될 수 있었다.

왕실의 종친 등은 왕위승계과정은 물론이고 왕조의 변혁기에 주요한 영향력을 행사하기도 했다. 다시 말하면 조선왕조는 왕과 왕족의 사유물이었기 때문에 왕위승계는 그들만의 배타적인 특권이었으며, 이 점에서 왕위승계를 둘러싼 통치세력 안의 갈등에 이들이 직간접으로 개입할 수밖에 없었다. 이 과정에서 이들은 특정 신료나 당파와도 연계 또는 대립

---

17) 국왕의 정실에서 출생한 아들은 대군으로, 비빈에서 출생한 서자들은 군으로 봉해졌으며, 대군의 정실 소생의 장남은 정1품으로나 종1품으로, 왕세자의 손자와 대군의 아들과 장중손, 왕자들의 정실 소생의 장손은 종2품으로, 세자의 여러 증손이나 대군의 손자나 왕자들의 아들과 장중손은 정3품 도정으로, 대군의 증손과 왕자의 손자는 종3품 부정으로, 그리고 왕자들의 여러 증손은 정4품 수로 봉해졌으며, 이들은 모두 종친부에 소속되었다. 여기에 속한 이들은 사실상 관직을 가질 수 없게 되었지만, 실제로 이들은 권력구조의 핵심부에 놓여 있었기에 녹봉을 받았으며 통치과정에 직간접으로 영향력을 행사하고 있었다. 특히 이들은 거대한 장토나 어장을 가진 대지주로 다수의 노비를 사용하는 왕실의 특권층이었다. 비록 종친은 아니지만 그 범주에 해당되는 것으로는 의빈부와 돈녕부에 속한 왕실 척족을 포함할 수 있다. 국왕의 딸인 공주와 옹주의 부마들이 속한 관아가 바로 의빈부로 공주 부마를 정1품 위나 종1품 위로, 옹주의 남편을 정2품 위로, 그리고 왕세자 장녀의 남편은 정3품 부위 등으로 여기에 속했다. 돈녕부의 경우는 국왕의 가까운 친척이 여기에 속했는데 외척까지도 포함되었다.

함으로써 통치의 핵심부에서 빚어지는 정쟁의 소용돌이 속에 스스로 부침하기도 했다.

고위 관직자로서 신료와 왕실 종친을 두 날개로 삼아 그 위에 국왕이 군림하고 있었다. 그러므로 국왕은 자신의 통치권을 강화하고자 외척이나 종친의 힘을 빌리기도 했고, 때로는 고위 신료의 힘으로 종친을 억누르는 등 둘의 관계를 균형 있게 조정함으로써 그의 통치권을 강화하고 유지할 수 있었다. 고위 신료와 종친이 연대해서 왕권을 제약하는 경우도 있었지만 이는 사실상 왕위교체와 같은 성격을 가졌기 때문에 대단히 드물었다.

2. 사대부 통치기의 권력구조

국왕 중심의 권력구조는 국왕의 승계만이 아니라 통치양식, 그리고 대외관계에서도 시기에 따라 각기 다른 성격을 보여주었다. 이를 다음 몇 단계로 나누어 생각해볼 수 있다. 첫 단계는 사대부 통치기로, 이성계의 건국에서 단종 때까지이다. 둘째는 훈신통치기로 세조로부터 명종 때까지이며, 셋째 단계는 사림 통치기, 그리고 넷째로는 외척 세도기로 구분할 수 있다.[18] 여기서는 우선 앞의 두 단계, 즉 사대부 통치기와 훈신 통치

---

18) 이러한 단계 구분은 학자들마다 약간의 차이는 있다. 가령 최완기의 경우는 아래와 같이 설정하고 있다. "조선왕조의 발전과정은 왕권의 강화, 제도의 정비, 사회구조, 대외관계의 변화에 따라 크게 6단계로 단계적 특성을 보여주었다. 제1기인 15세기에는 왕권이 확립되어 갔고, 제2기인 16세기에는 왕권의 약화와 더불어 사회체제가 변질되어 갔으며, 제3기인 17세기에는 왜란 호란으로 동요되었던 사회구조를 정비하고 극복하는 과정이었고, 제4기인 18세기에는 정치적 경제적 안정과 더불어 문물이 융성하였으며, 제5기인 19세기 전반기에는 세도정치로 말미암아 정치질서가 붕괴되고 이로 인하여 사회체제가 와해되고 농촌사회가 동요하였고, 마지막 제6기인 19세기 후반에는 문호의 개방과 더불어 밀어닥친 세계 열강들의 각축 속에서 내외의 정세가 크게 격동하였다."(최완기, 《조선시대사의 이해》, 느티나무, 1992, p.24) 그리고 같은 책에서 최완기는 태조에서 성종대까지를 조선왕조의 확립기로 연산군에서 선조까지를 변질기, 광해군에서 숙종까지를 정비기, 영조에서 정조 사이를 안정기, 순조에서 철종까지를 동요기, 그리고 고종에서 순종까지를 격동기로 세분해서 설명하고 있다.(같은 책, pp.24~33) 또한 역사정치학적 관점에서 조선시대를 구분한 것으로는 박종성의 논의를 들 수 있는데, 그는 다음과 같이 적고 있다. "첫번째의 분석시기는 태조에서 성종조

기는 조선왕조의 중기인데 여기서는 이 시기를 다루기로 하며, 그 뒷부분
은 다음 장에서 다루기로 한다.

사대부 통치기는 조선의 개국에서 단종 때까지다. 이 시기는 왕조국가
의 기본 골격은 물론이고 통치지향을 정립했던 시기였다. 특히 이전 왕조
와 다른 면모를 새 왕조가 보여주어야 했기 때문에 통치세력과 그 체제
의 정당성을 새롭게 정립해야 했다. 이러한 의도에서 성리학적 왕조체제
의 정립에 그 의미를 두게 되었다. 국왕의 통치권 행사는 성리학에 기본
을 두어야 한다고 생각했으며, 실제로 그렇게 하기 위한 노력을 감행했
다. 이에 따라 이전의 고려왕조가 성리학적 도학정치나 애민적 휼민정책
을 등한시했기 때문에 붕괴되었다는 식으로 논리화했으며, 이는 결국 고
려왕조가 성리학적 가치 관념을 경시한 결과로 망했다고 설명했다. 특히
이전 왕조는 특정 벌족에 의한 부패와 무능을 드러냈기 때문에 멸망할
수밖에 없었으며, 조선왕조는 이를 극복하기 위한 새로운 통치체제의 실
현에 의미를 두고 있다고 천명했다. 그러므로 조선왕조는 권력구조의 핵
심요직을 이성계 일파의 공신들에게 분배했다. 이들은 고려왕조체제에서
는 비록 상층의 통치세력에 속했지만, 상대적으로는 그 시대의 권문벌족
의 횡포에 불만을 가졌던 변혁 지향적 인사들로, 고려와는 다른 특징성,
즉 성리학에 바탕을 둔 사대부로 스스로를 차별화했다. 성리학에 바탕을
둔 유덕자에 의한 통치체제, 즉 도학정치를 기본 통치이념으로 설정했던
사대부의 통치야말로 이상적이며, 그것을 실현하기 위한 통치체제로 조
선왕조를 세웠다고 강조했다.

그러나 자신을 사대부로 합리화했던 이들은 결국 성리학에 스스로 사
로잡히는 존재가 되어 버렸다. 도학정치에서 유덕자의 지배, 지치주의적
지향성은 상층 관인으로서 그들의 위치와 일상성을 그것에 맞게 규정해

까지의 102년간 조선 전기 정치변동과정을 대상으로 한다. 다음 조선 중기 정치변동
과정은 연산군으로부터 정조조까지의 306년간을 대상으로 한다. 마지막 조선 후기 정
치변동과정은 순조에서 순종조까지의 110년간을 말한다."(박종성, 《왕조의 정치변동》,
인간사랑, 1995, p.145) 그러나 여기서는 이성무, 《조선왕조사》 1, 동방미디어, 1998,
p.397에서 논의한 구분을 그대로 받아들이기로 한다.

야 했기 때문이었다. 실제로 권력정치의 현실성에서 벗어날 수 없었으면서도 성리학적 지향성을 주장하고 합리화해야 했기 때문에 둘은 불균형적인 갈등에 놓일 수밖에 없었다. 이 점은 조선왕조의 전 기간 동안에 지속되었던 현실과 이념 사이의 갈등이기도 했다. 그러면서도 조선왕조 초기에는 비교적 사대부 통치기라는 표현이 성립될 정도로 성리학적 가치관념에 바탕을 둔 정치를 실현하려는 노력을 보여주었으며, 고위 통치세력들 자신도 성리학자의 지향성 구축에 치중했다. 이는 특히 당시의 고위 통치세력에 속한 인사들이 고려 때부터 성리학에 집착했기 때문이기도 했다.

물론 개국공신이나 고위 신료들 모두가 조선왕조 개창 이후에도 계속해서 그 자리를 지킬 수 있었던 것은 아니었다. 조선왕조 초기만 해도 정치 변혁이 자주 있었는데, 이는 국왕의 왕위승계에서 빚어졌던 통치세력 내의 권력적 힐항 관계 때문이기도 했다. 이러한 사정은 왕조 개창 초기에는 으레 거치는 권력 점유의 논공행상에서 비롯되는 것이며, 왕위세습에서 오는 정통성 확립 과정에서 빚게 되는 투쟁이기도 했다. 이는 마치 혁명이나 쿠데타 이후 '혁명동지'들 사이의 갈등으로 '반혁명분자'를 숙청하는 것과도 같았다.

조선왕조 초기에도 이러한 성격이 그대로 이어졌는데, 대표적인 것이 태종의 왕권 장악에서 비롯된 궁정 쿠데타였다. 이 과정에서 조선왕조의 설계자였던 정도전 등이 제거되었다.[19] 그러나 대부분의 개국공신들은 그대로 남아 사대부로서 통치세력을 구성할 수 있었다. 이들은 마치 사대부이기 때문에 상층 관인으로 출사할 수 있었던 것처럼 합리화했다. 특히 이들이 성리학을 통치이념으로 삼으면서 성리학자로 자처했기 때문에 사대부 통치의 성격을 강조할 수 있었다.[20]

---

19) 정도전에 대해서는 다음 책을 참고할 것. 한영우, 《정도전 사상의 연구》, 서울대 출판부, 1983 ; 한영우, 《왕조의 설계자 정도전》, 지식산업사, 1999.

20) 국왕을 정점으로 하는 통치권의 행사도 정도전 등 성리학적 통치관념에서는 재상 중심의 통치제도를 이상적인 것으로 추구하려 했다. 구체적으로, 정도전은 《조선경국전》에서 이상으로 구현하려 했던 통치체제의 이념과 제도를 제시하였다. 여기서 그는 성리학적 가치관념에 바탕하여 유교왕국의 건설을 목표로 삼았다. 즉 덕치와 인치에

물론 조선왕조를 개창한 인사들은 성리학의 지배이데올로기적 의미를 강조했지만, 실제 현실정치는 이와는 다른 면을 보여주었다. 즉 효와 충을 강조했던 성리학과는 무관하게 왕권 장악을 위한 투쟁에서는 부자 사이에도 그리고 개국공신들 사이에도 피의 숙청이 자행될 정도였다. 그것의 가장 극적인 전개는 부왕인 이성계와 왕자들 사이에 빚어졌던 왕자의 난이다. 조선왕조는 본질적으로 사대부 통치라고 주장하면서도 내면적으로는 힘의 통치, 즉 권력경쟁의 냉혹한 속성에 지배받고 있었다. 이러한 사실은 어느 면에서는 새 왕조의 개창에서 그들이 내걸었던 성리학적 이념의 정당성을 훼손하는 일이기도 했다.

특히 성리학의 효와 충의 개념은 실제 통치구조에서는 강자의 지배논리에 압도되어 버렸다. 이 점에서 성리학이 아무리 충과 효를 강조해도 현실적으로는 왕실과 특정 공신들을 비롯한 사대부들의 통치권 장악을 합리화했을 뿐이다. 이 점에서 이 시기 성리학은 통치이데올로기 그 이상도 이하도 아니었다. 과거제도로 성리학을 학습한 사람들을 관인으로 등장시켰으며, 이렇게 함으로써 성리학적 사대부와 관인들의 후속 세대를 확보할 수 있었고, 나아가 성리학적 통치체제로 자리잡을 수 있었다. 이러한 성격의 제도적인 정비는 세종 때 이루어졌다. 세종 때 집현전은 개국공신들의 영향력을 일정 부분 견제하면서도 성리학에 바탕을 둔 사대부들을 관직자로 임명하는 등 고위 신료들의 통치를 위한 제도적 장치였

입각한 왕도정치를 이상으로 설정하면서 통치의 기본이 인(仁)임을 강조했다. 인정(仁政)은 인군으로서의 마음을 바로 잡은 연후에야 가능하다고 적었다. 그가 이상으로 생각하는 통치체제는 주대(周代)의 총재(冢宰), 즉 재상 중심의 통치체제였다. 이 제도에서는 총재에게 통치의 실권을 부여하였으며, 총재의 직책은 위로는 인군을 받들어 올바르게 인도하고 아래로는 백관을 총괄하고 만민을 다스리는 책임을 지고 있었다. 그러므로 옳은 통치의 여부는 총재의 현부에 달려 있었으며, 현군 여부는 바로 총재를 잘 선택하는 것에 달렸다고 생각했다. 정도전은 이러한 성격을 인주지직 재택일상(人主之職 在擇一相)이라고 말했다. 인군은 오직 어진 재상을 선택하여 그에게 모든 백사를 다 위임하는 것으로 인식했다. 정도전의 이러한 주장은 자신과 같은 특정 공신들이 중심이 되어 국정을 통괄해야 하며 그렇게 해야만 국왕에 따른 폐도를 막을 수 있다고 생각했다.(정도전의 이러한 주장은 그의 《삼봉집》 권 7과 《조선경국전》 참조). 이 점에 대한 논의로는 최승희, 〈유교정치의 진전〉, 《한국사》 22, 국사편찬위원회, 1995, p.62에서도 그 성격을 읽을 수 있다.

다. 조선왕조 초기의 권력구조는 개국공신들을 핵심으로 했지만 신진 유
학자들도 다수 참여하였으며, 따라서 통치구조는 점점 더 성리학적으로
심화되었다. 개국공신 가운데 대다수가 성리학적 지향성을 갖고 있었고,
새로 등장한 신진관인들도 성리학을 학습한 인사들이었다는 점에서 이들
모두를 사대부로 통칭해도 될 만큼 공통성을 지니고 있었다. 이들은 통치
체제의 중심부에 자리잡음으로써 건국 초기라는 시대성과 함께 집현전에
의한 정치적 지원을 받을 수 있었다. 이로써 조선왕조는 성리학적 통치체
제의 기반을 초기부터 마련할 수 있었으며, 성리학적 가치 실현을 정치의
최대 목표로 정립했으며, 이는 곧 성리학적 왕조국가로서의 특이한 체제
를 정립할 수 있었다. 일종의 신정체제와도 같은 준종교국가적 성격을 갖
게 되었다.

그러나 통치이념으로서의 성리학은 권력 갈등을 해소하고 극복하기보
다는 오히려 어느 면에서는 그것을 한층 격화시키는 요인이 되었다. 특히
이러한 사정은 조선왕조 초기의 핵심 통치세력들 사이에 빚어졌던 권력
갈등의 격화에서도 찾아볼 수 있다. 이는 이념으로서 성리학과 실천으로
서 통치권 사이의 간격을 말해 주는 것이었다. 조선왕조 최초의 권력 갈
등은 태조 7년(1398) 제1차 왕자의 난[21]이었다. 이 과정에서 태조조차도 왕
위에서 물러나야 했으며, 방원이 권력의 중추부로 올라섰다. 쿠데타의 주
역인 방원은 쿠데타의 명분을 확립하고자 세자의 자리를 곧장 차지하는
것을 사양하면서 방과를 세자로 책봉했고, 태조 7년 9월 정종으로 즉위하
게 했다. 그러나 연이어 정종 2년(1400) 제2차 왕자의 난으로 방간을 토산
으로 추방한 뒤 방원 자신이 정종 2년 11월 국왕으로 등장하여 태종이 되

---

21) 제1차 왕자의 난은 사실상 태종의 개인적인 권력 욕망에서 말미암은 것이지만 그 이
면에는 왕권의 전제적 통치권확보라는 성격도 들어 있었다. 우선 개인적으로 태종, 즉
방원은 태조 이성계의 5남으로 조선왕조의 창건에 적극 가담하여 정몽주를 살해하는
등 잔인하고 비도덕적인 성격의 소유자였다. 그는 자신이 아니라 강비 소생인 방석의
세자 책봉에 정도전 등이 연관되어 있음에 분노를 느끼고, 1398년(태조 7년) 자신의
추종세력을 동원하여 정권탈취의 쿠데타를 감행했으며, 정도전·남은 등 재신들과 방
번 등 강비 소생을 살해했다. 그리고 그는 이 쿠데타의 명분을 정도전 등에 의한 왕권
의 제약을 이유로 들었다.

었다. 태종의 쿠데타는 성리학적 관념에 젖어 있었던 신료들 일부의 저항을 불러왔기 때문에 태종도 한때 위기감에 사로잡힐 정도였다. 그 결과 그는 주변 인사들까지 불신하게 되었으며, 잠재적 적대세력으로 간주된 인사라면 왕실의 종친은 물론이고 고위 신료들까지도 살해했다. 태종의 이러한 행동은 결과론적이기는 하지만 조선왕조의 왕권을 강화시키는 한 계기로도 작용했다.[22]

태종은 특히 권신들이 보유했던 사병을 혁파했으며, 국왕 중심의 제도로 개혁을 단행했다. 도평의사사를 의정부로 대치했으며 중추원을 삼군부로 고쳤고, 삼군부 근무자는 의정부에는 합좌하지 못하게 함으로써 군권과 군령을 구분해서 두 기관의 영향력을 축소시켰다. 6조직계제를 실시함으로써 의정부의 영향력도 약화시켰으며, 국왕이 직접 국정을 처결함으로써 상대적으로 왕권을 강화했다. 태종의 왕권강화는 조선 초기 왕조 창건의 주역들을 제거하는 것으로 이어졌다.[23] 이들을 대체할 새로운

---

22) 가령 태종 2년에 발생했던 조사의 난은 친태조 반태종적인 난이었으며, 정종이 태종에 선위하는 것에 반대했던 신료들 31명이 사헌부의 탄핵을 받아 그 가운데 26명은 외방에 자원 안치되기도 했다. 그리고 태조의 맏사위였던 이거와 그 아들 저 등이 정종을 다시 세우려는 역모를 했다는 혐의로 폐서인이 되었다. 때로는 태종 스스로 선위를 위장하기도 했으며 신문고를 설치하여 사실상 반왕세력을 색출하기 위한 방도로 활용하기도 했다.(최승희, 〈개국초 왕권의 강화와 국정운영체제〉, 앞의 책, pp.36~39) 태종의 권력 장악은 그 시작에서부터 정당성의 결여에 대한 공세는 물론이고 신료들로부터 공격을 받았으며, 이를 극복하기 위한 조치는 오직 왕권의 강화밖에 없었다. 그는 먼저 왕권강화에 제약적인 존재였던 공신세력들, 즉 개국·정사·좌명공신들이 강고한 통치세력으로 발전할 것을 우려하여 이들 상당수를 사전에 제거했다. 개국공신 가운데 정도전·남은은 제1차 왕자의 난에서 제거되었으며, 개국공신으로 방원에 협력하여 정사공신이 된 자는 13명이었고 그 가운데 다시 방원이 제2차 왕자의 난을 거친 후 태종이 되어 좌명공신이 된 사람은 6명에 불과했다. 태조 때의 공신으로 태종에서도 공신이 된 자는 조영무(趙英茂 정사 1등, 좌명 1등), 이화(李和 정사1등, 좌명 2등), 황거정(黃居正 좌명 3등), 이지란(李之蘭 정사 2등, 좌명 3등), 조박(趙璞)(정사 1등, 좌명 4등), 조온(趙溫 정사 2등, 좌명 4등)이었다. 이들 가운데 이화(종친), 조박(문신)을 제외하면 무인으로 태종의 시기에 정치세력으로 발전할 가능성은 없었으며, 이미 개국공신 가운데 많은 숫자가 살해되었거나 통치세력에서 밀려나고 있었다.(최승희, 같은 글, p.41) 그뿐 아니라 척족 민씨계도 제거하였다. 민무구(閔無咎)·무질(無疾) 형제는 태종비인 정비(靜妃)의 동기이자 정사·좌명공신으로 태종 자신의 왕권탈취에 앞장섰던 인사들이었는데도 이들이 세력화하여 왕권을 제약할 가능성을 갖게 되자 이들 형제를 사사(賜死)시키기도 했다.

23) 제1차 왕자의 난으로 정도전 등 유력한 인재가 다수 살해되었으며, 한상질은 정종 2

인재의 필요에서 이루어진 것이 앞에서 말한 집현전의 설치였다.

집현전은 세종 2년(1420)에 문신 가운데 유능한 인재를 선발해서 경사를 강론하게 했던 데서 시작되었다. 집현전의 직제는 다른 부처보다 중시되었으며, 특히 녹관에는 재주와 덕행을 가진 연소 문인을 임명했다.[24] 그뿐 아니라 이들은 모두 경연관을 겸했고, 일부는 서연에도 나갔다. 이들이 유학을 연구하도록 사가독서제도 실시했다. 집현전의 설치는 유능한 젊은 인재를 양성하는 것이 있었기 때문에 세종 자신이 '전업학술, 기이종신'(專業學術期以終身)이라고 말할 정도로 10년 이상 연구할 수 있게 했으며, 여기에서 직제학이 된 이후 다시 여러 해 지나면 6조와 의정부와 승정원, 대간 등 요직으로 나갈 수 있게 했다. 집현전 학사들의 연구는 유학을 바탕으로 치국경세를 논했기 때문에 왕조 경영의 미래상을 설정하고 이를 정책화하는 일종의 싱크탱크와 같았다. 집현전 학사들의 영향력은 점점 증대되었으며, 이는 세종의 특별한 배려의 결과였다. 특히 그는 첨사원이라는 왕세자로 하여금 서무를 맡아보게 하는 기관을 만들어 여기에 집현전 학사들도 관계하게 했는데, 세종 27년부터 내선으로 세자의 섭정이 본격화하자 세자와 연관을 맺었던 집현전 학사들의 영향력이 상대적으로 커지게 되었다. 그리고 세자가 세종의 뒤를 이어 문종으로 즉위하자 집현전 학사들이 대거 통치 요직을 차지했다.[25]

년에, 조준은 태종 5년에, 조박은 태종 8년에, 권근은 태종 9년에 사망함으로써 이전의 유력한 인재는 사실상 존재하지 않았다.(위의 글, p.64)

24) 집현전의 직제는 영전사(정1품), 대제학(정2품), 제학(종2품), 부제학(정3품), 직제학(종3품), 직전(정4품), 응교(정4품), 교리(정5품), 부교리(종5품), 수찬(정6품), 부수찬(종6품), 박사(정7품), 저작(정8품), 정자(정9품)로, 이들 가운데 재학 이상은 겸관으로 되어 있었고, 부제학 이하는 녹관으로 신색·김조는 직제학으로, 어변갑·감상직은 응교로, 설순·유상지는 교리로, 유효통·안지는 수찬으로, 김돈·최만리는 박사로 임명했다.

25) 이들 가운데 영의정으로는 정인지·이사철·정창손·신숙주·권람·조석문·최항·윤자운·홍응·노사신 등 10여 명이나 되었으며, 문형(文衡, 대제학)으로는 윤회·정인지·안지·신장·신숙주·최항·양성지·이계전·서거정 등이었다. 집현전 학사로 문종 이후 중요한 관직을 차지했던 인사들은 90여 명에 이른다. 그 가운데 대표적인 인사로는 강희맹(좌찬성), 권람(권근의 손자, 좌의정), 권체(좌승지), 김돈(예판), 김예몽(이판), 김수녕(이조참판), 남수문(집현전 직제학), 노사신(영의정), 박팽년(형조참판), 서거정(좌찬성), 성삼문(좌부승지),신석조(대사헌), 신숙주(영의정), 신색(대제학),

　사대부 통치기에는 국왕의 전제권을 기본으로 했지만 그 과정에는 특
정 사대부의 의견이 크게 반영되었는데, 구체적으로 재추급 대신들의 의
견이 그러했다. 사대부 통치의 정착은 세종 때였으며, 이 시기는 국왕이
중심이 되어 국정의 최고 결정을 내렸다. 여기에는 영의정과 좌·우의정,
그리고 그 밖의 소수인사들의 자문이 결정적인 변수로 작용했다. 이 과정
에도 최종적인 결정권은 국왕이 가졌지만 재추들의 영향력도 점점 크게
작용했다. 이 시기의 통치양식의 구체적인 표현 가운데 하나가 의정부 서
사제였다. 이 제도는 세종 18년에 행해졌는데, "6조는 각기 그 직사를
모두 먼저 의정부에 보고하고 의정부에서는 가부를 헤아려 의논한 후 계
문하여 재가를 받아 다시 6조에 내려 시행한다. 다만 이·병조의 제수,
병조의 용군, 형조의 사수 외의 평결은 그대로 본조에서 직계하여 시행하
되 곧 의정부에 보고한다. 만약 마땅치 않은 것이 있으면 의정부에 살펴
논박하여 다시 계하여 시행한다"[26]는 규정에서 연유되었다. 이 결정은 곧
정도전 등이 주장했던 재추 중심 통치의 일면을 구현했던 것으로, 세종
자신도 이 점에 대해 "서합고자전임재상지의"(庶合古者專任宰相之意)라고
말할 정도로 주대(周代)의 사대부 통치체제를 다시 이룩했다고 자부할 정
도였다. 즉 주대의 3공 6경의 통치제도와 일치된 것으로 유교에서 이상적
인 제도로 설정했던 통치기구의 정립이라고 강조했다. 세종 때 국정에 참
여했던 주요 인사로는 좌의정 황희, 우의정 맹사성, 판부사 변계량, 예조
판서 신상 등이며, 그 밖의 문제에 대해 국왕은 정승과 6조의 당상관급
이상의 관직자들과 함께 논의 결정하는 것을 통치의 기본으로 했다. 그만
큼 국왕의 전제권 행사에 사대부의 영향력도 크게 작용했던 셈이다.

　사대부의 기본적인 지향은 유교의 도학정치였는데, 먼저 통치세력 자
신의 성리학적 소양과 성리학에 바탕을 둔 생활규범을 실천하는 것을 중

안지(대제학), 양성지(대제학), 유성원(사육신), 유의손(예조참판), 윤자운(우의정), 이
개(직제학), 이사철(좌의정), 이석형(지중추부사), 정인지(영의정, 원상), 정창손(영의정,
원상), 조석문(영의정), 최만리(부제학), 최항(영의정), 하위지(예조참판), 한계희(좌찬
성), 홍응(좌찬성) 등으로, 이들이 곧 사대부 통치기의 핵심인사들이었다.

26) 《세종실록》 권 72, 18년 4월 무신.

시했다. 이 점에는 군왕도 유덕자로서의 위치를 확보해야만 했다. 유덕자 통치의 개념은 세종에 의해 더 구체적으로 정립되었다. 즉 세종은 양녕대군과 효녕대군을 제치고 세자로 책봉되었는데, 이는 그 자신이 독서와 호학에 말미암은 결과였다. 세종은 재위 32년 동안 사대부 통치기의 전형적인 성격을 보여주었다. 이 기간 동안 사대부와 협의체적 통치양식을 정립했으며, 이 점에 대해 '수상참, 시사, 윤대, 경연'(受常參 視事 輪對 經筵)의 방식 등을 정립했다. 세종 때는 성리학적 의례와 통치제도의 정비는 물론이고 유교 전적의 출간에도 힘썼다. 사대부 통치기에는 또한 휼민도 강조되었으며, 이는 유교적 민본사상의 한 표현이기도 했다.[27]

그러나 사대부 통치기에서 특별히 강조되었던 왕권 중심의 전제적 통

---

27) 세종은 휼민을 중시했는데 특히 애민의 관점에서 부역과 공납 등의 경감을 통치의 기본으로 삼았으며, 휼민의 경우 흉년에 호조의 창고를 열어 진휼했으며 각 감사와 수령들에게 영내에 굶주리는 사람이 없게 하라고 엄명할 정도였다. 즉 세종은 백성을 굶주림에서 벗어나게 하는 것이 치도의 근본으로 여길 정도였다. 흉년을 당했을 때 세종은 그 지역의 진선은 받지 않았으며 의창·환상·상평창·사창 등을 열어 진재·진휼 사업에 치중했다. 역병이 돌았을 때 병자를 치료하기 위한 활인서를 중앙과 지방에 설치했으며, 죄수들에 대한 치죄에 대해 형률의 감형을 추진했다. 감옥의 죄수들에게 맑을 물을 먹게 하고 여름에 찬물을 갈아주도록 명했으며, 의금부 삼복법, 태배 금지, 노비 사형 금지, 남형 금지 등을 지시했다.(세종의 휼민정책은 그가 즉위했던 11월에 중외의 신료들에게 내린 유시에서도 드러나고 있다. 그는 1) 흉년에는 영선을 일으켜 농민을 사역하는 수령이 없도록 감사가 단속할 것, 2) 교육진흥책을 강구하여 보고할 것, 3) 30년 이래 수령의 치민 성적을 사실대로 보고할 것, 4) 소과독고와 역질 잔역자를 구호할 것, 5) 수령들은 굶주리는 자가 없도록 진제에 힘쓸 것, 6) 가난하여 혼기를 넘겼거나 장기를 넘긴 자는 비용을 보조할 것, 7) 탐ान오리가 위법으로 거둬들여 민생을 괴롭히는 일이 없도록 감사는 고과에 철저할 것, 8) 감사는 수령이 비법으로 무고한 백성을 왕형, 남형하는 일이 없도록 주지시킬 것, 9) 향원 품관과 원악 향리에 의한 백성들의 피해가 없도록 단속할 것, 10) 의부·절부·효자·순손을 널리 조사하여 포상할 것, 11) 수륙전망사졸의 자손은 복호 서용할 것, 12) 초야의 인재를 발굴, 보고할 것 등으로 되어 있었다. ;《세종실록》권 2, 즉위년 11월 기유) 이러한 조치는 곧 세종조의 통치양식이 성리학적 사대부 통치의 성격이라 할 수 있는데, 구체적으로는 민본의 관점에서 조세부담과 요역의 경감, 공물의 축소, 진상의 감성, 환자 진제의 시행, 흠휼제의 실시 등으로 이루어졌다. 일반적으로 유교정치에서 민본은 상서의 민유방본(民惟邦本), 본고방녕(本固邦寧)에서 비롯된 것으로 일종의 민본적인 관념을 갖고 있지만, 이것은 현대의 민본주의와는 구분된다. 이 점에 대해서 최승희 교수는 이렇게 적었다. "유교정치에서는 민본을 기본으로 하고 덕치, 인정, 예치, 애민을 강조한다. 민본의 민은 주로 피치자층을 의미하며 민본사상은 치자의 피치자에 대한 지배 통치를 위한 안전판적인 것이다. 그러므로 유교적 민본사상은 근대의 민본주의와는 구별되는 것이다."(최승희,〈개국초 왕권의 강화와 국정운영체제〉, 앞의 책, p.88)

치는 시간이 지남에 따라 점차 공고화했다. 이러한 성격은 한편으로는 현실과 관념 사이에 격차를 보여주기도 했다. 왕도정치가 강조되었지만 실제로는 재추 대신들의 자리는 권문세가가 독점했고, 그들의 호화로운 생활은 성리학적 명분에서 벗어난 일탈이었다. 이들에 의한 권력의 전단은 물론이고 피지배층에 대한 강제와 약탈도 끝없이 전개되었다. 그러므로 사대부 통치기의 한계점은 명분과 현실 사이의 괴리였으며, 그러면서도 왕도정치를 주장했다는 것은 이를 은폐하기 위한 논리의 활용에 지나지 않았다. 이러한 현상은 권력구조의 내부에서 권력 갈등의 내연을 조장시키는 결과가 될 수밖에 없었다. 그러므로 사대부 통치야말로 전적으로 국왕의 자의성, 즉 국왕의 개인적인 능력과 의지에 따라서만 행해질 수 있었다. 세종이나 성종과 같은 비교적 성리학적 기반을 갖고 도학정치의 이념을 실천하려는 의지를 가진, 그리고 그것을 구현할 능력이 있는 국왕이 등장했을 때만 그에 대한 가능성이 어느 정도 담보될 수 있었다. 그 반대로 국왕이나 왕실이 약했을 경우, 사대부 통치는 사대부 사이에 격심한 대립과 권력경쟁을 불러오는 결과를 맞게 되었다. 이 점에서 사대부 통치는 가치롭고 합리적인 제도로 정착되기보다는 국왕의 성품과 자질, 그리고 그를 둘러싼 통치세력에 따라 그 성과가 좌우될 수밖에 없었다. 물론 조선왕조가 그 뒤 장기간 존속될 수 있었음은 초기 사대부 통치에 따른 체제적 정립, 즉 성리학의 통치이데올로기적 확립과 그의 제도화에 따른 결과임도 이러한 성격에서 이해할 수 있다.

3. 훈신 통치기 — 특권적 통치세력의 등장

세종 때 정착된 사대부 통치는 그 뒤 붕괴되었다. 세종을 이은 문종의 짧은 재위기간과 어린 단종의 등장으로 사대부 통치는 결국 격심한 정권투쟁으로 이어지게 되었으며, 이는 결과적으로 수양대군의 왕위 찬탈, 즉 계유정란을 몰고 왔다. 계유정란은 사대부 통치에 대한 왕실종친 세력의 반격이었다. 조선왕조 초기의 통치권은 국왕과 권신, 사대부 사이의 연대로 행해졌는데, 특히 단종 때부터 사대부 출신의 원상(院相)에 의한 통치가 행해지고 있었다. 사대부 통치기의 기본은 국왕의 유덕자 지배였으며, 이를 위해 특정 신료, 즉 사대부에게 신임을 부여해서 이들의 통치를 앞장서서 행하는 것이었다. 만일 국왕과 사대부 사이에 합일적 연대가 이루어질 수 없다면, 사대부 통치는 사실상 중단될 수밖에 없었다. 이렇게 되면 국왕의 전제체제나 특정 문벌 집단에 따른 권력의 전단 가운데 어느하나로 전락될 수밖에 없었다. 세조 이후 사대부 통치의 변형도 이러한 한계에서 비롯된 것으로 이해할 수 있다.

먼저 계유정난으로 왕권을 장악한 세조는 그 정당성의 한계에 부딪히게 되었다. 그는 왕권장악 과정에서 공이 크고 신임했던 특정 훈신을 요직에 임명했으며, 그렇게 함으로써 그 자신의 안위와 통치 효과를 높일수 있었다. 즉 성리학의 이념적 지향보다는 왕권을 강화하고 왕조체제의 확립에 더 큰 의미를 부여했으며, 이를 위해 그를 지원했던 특정 공신들, 즉 훈신을 권력구조에서 핵심 요직에 포진시켰다.

앞에서도 말했지만, 훈신 통치기로 들어서면 국왕의 총애를 얻은 특정인사들이 고위 신료로 임명된다. 이것을 제도적으로 확보하기 위한 조치가 공신책록이었으며, 이렇게 함으로써 그들에 대한 특권을 보장해줄 수있었다. 이를 통해 통치과정에서 훈신들의 주도권이 보장되었으며, 이들에 따라 왕권도 강화되는, 결국 둘 사이의 협력관계가 효과적으로 이루어지게 되었다. 그러므로 성리학의 통치이념은 이 기간에는 상대적으로 약화되기도 했으며, 특정 훈신들의 지원을 받았던 왕권이 전제적으로 자행됨으로써 국왕-훈신의 관계가 전형적인 왕조체제적 성격을 보여주게 되었다. 때로는 이들의 연대가 결혼관계로 이어지기도 했다. 그 결과 외척이 된 훈신들은 준 왕실적 위치로 올라서서 왕권의 승계에 영향력을 미치기도 했다.

훈신 통치를 등장시킨 계기는 계유정난이었다. 그러므로 계유정난을 살펴봄으로써 훈신 통치기의 성격을 이해할 수 있을 것으로 여겨진다. 계유정난은 왕위승계를 제도화하지 못했던 조선왕조 초기의 체제적 한계에서 비롯된 것이다. 세종의 뒤를 이은 문종의 재위기간은 2년의 단기간으로 끝났다.[28] 그 뒤를 열두 살의 단종이 1452년에 즉위했지만 그를 지원해

줄 왕실이나 외척은 없었다. 단지 문종의 부탁을 받았던 김종서·황보인
과 같은 재상들뿐이었다. 이들 재상과 왕권의 도전세력인 수양대군과 안
평대군 등의 포진은 권력경쟁을 치열하게 만들었다. 단종의 재위시기만
해도 사대부의 최고 상징인 재상이 통치를 주도하고 있었으며, 의정부가
국정을 책임지고 있었다. 결과적으로 왕실의 종친세력들도 재상에 의해
서 견제받는 상황이었기 때문에 상대적으로 소외감을 느낄 정도였다. 재
상들의 통치권 행사는 다른 한편으로 그들에 대해 비판적 위치에 있었던
집현전 학사 출신의 젊은 관료들의 불만을 가중시키기도 했으며, 그 결과
집현전 학사 출신 가운데 일부는 수양대군을 지지하기도 했다.[29]

이는 왕권을 쟁탈하기 위한 통치세력의 갈등적 개편이기도 했다.[30] 수
양대군은 왕권을 찬탈하기 위해 권람·신숙주 등 문신들을 포섭했으며,
한명회·홍달손·양정 등 무신과 내금위 무사들까지도 규합했다. 수양대
군은 단종 원년 1455년 10월 10일 쿠데타를 일으켰으며, 그 명분으로 안
평대군을 역모로 몰았다. 수양대군의 왕권 찬탈을 저해하는 위치에 있었
던 원상 김종서·황보인·조극관·이양 등이 살해되었으며, 안평대군은
유배되었다. 수양대군은 영의정부사판리병조겸 내외병마도통사가 되어
국정 전반을 통괄하는 위치에 올라섰다. 이를 계유정난이라 불렀으며, 수
양대군의 왕권 탈취에 앞장섰던 신료들은 그 뒤 정난공신으로 봉해지기
도 했다.[31] 그리고 끝내는 단종에게 선위를 강요했으며, 그 결과 수양대군

---

28) 문종의 병약함은 그의 첫째 부인 휘빈 김씨가 실행으로 친정으로 내쳐질 정도였으며,
　　이어 자결하게 했고, 그 뒤를 이은 순빈 봉씨 역시 실덕으로 친정으로 쫓겨났다. 그 결
　　과 궁인 권씨의 소생인 단종이 세자가 될 수 있었다.

29) 이 당시 의정부의 국정 전단에 대해서는 아래와 같은 비판이 있을 정도였다. "인주는
　　손 하나 움직일 수 없는 괴뢰적인 존재로 전락되었고 백관은 왕명을 거들떠보지도 않
　　았으며 의정부가 있는 것은 알겠으나 군주가 있는 것은 알지 못한 지가 오래되었다."
　　(《세조실록》권 2, 원년 8월 임자)

30) 단종을 지지했던 재신들과 집현전 학사 출신의 신료들은 종친의 영향력, 특히 수양대
　　군과 안평대군의 영향력이 강화되는 시점에 이르게 되면 정치의 새 판도를 이루고 있
　　었다. 수양대군과 안평대군의 본격적인 권력 경쟁은 재신들로 하여금 양평대군 지지세
　　력으로 돌아서게 했으며, 재신들에 비판적인 집현전 출신의 젊은 학사 일부는 수양
　　대군을 지지하는 성격을 보여주기도 했다. 이러한 상황 변화는 왕권을 쟁탈하기 위한
　　통치세력 안의 세력 개편의 조짐이기도 했다.

31) 정난공신에 봉해졌던 신료로는 1등에 수양대군 자신과 정인지·한확·한명회·권

은 1455년 윤6월 11일 왕위를 차지해서 세조가 되었다.

세조는 자신의 왕권장악의 정당성에 한계가 있음을 인정하고 이를 극복하기 위해 신료들을 포섭했으며, 이들을 높여주기 위해 공신책록을 만들기도 했다. 그는 정난공신 외에도 그가 왕이 된 이후에 도움을 받았거나 명망가였던 고위 신료들을 좌익공신·원종공신 등으로 책록했다. 즉 세조 원년(1455)에 한명회·권람·신숙주·정인지 등 46명을 좌익공신에 책록했고, 그 뒤 3년과 6년에 전·현직 정1품부터 종9품에 이르는 관인 등 2천여 명을 원종공신에 책록했다.[32]

이처럼 다수에 대한 공신책록은 세조의 정통성 한계를 보완하기 위해서였으며, 신료들로부터 지지를 얻어내기 위한 조치이기도 했다. 그러나 세조의 정당성 문제는 그 뒤에도 계속 논란이 되었는데, 구체적으로 이징옥의 난에서부터 사육신의 역쿠데타 음모, 금성대군의 단종복위운동, 그리고 이시애 난 등에서 그러했다. 그 가운데 사육신의 음모는 조선왕조 초기의 젊은 신료들이 세조를 일대 반격한 것이었다. 세조는 이를 제압한 뒤 강권적인 통치를 강화했으며, 그 결과 이전의 사대부 통치에 대치되었던 훈신 통치기라는 새로운 통치시대를 정립하게 되었다. 즉 이전의 사대부 통치의 기반인 성리학을 실천하기 위한 군왕과 신료들 사이의 일체성확립이 통치체제의 기본 정형이었다면, 훈신 통치기는 강력한 왕권을 바탕으로 국왕과 연계된 특정 훈신, 즉 공신 등이 왕실의 외척이나 특정 문벌로 자리잡거나 또는 종친 가운데 국왕을 지지하는 인사들이 고위직에 발탁되어 국왕의 통치권 행사를 전폭적으로 지원하는 통치세력 안의 집단화를 의미했다.[33]

람·홍달손·박종우·김효성·이사철·이계전·박중손·최항 등 12명이었다. 2등에는 신숙주·홍윤성·양정·유수·유하·권준·윤사윤·봉석주·곽연성·엄자치·전균 등 11명이었고, 3등에는 성삼문·이흥상·이예장·김처의·권언·설계조·유사·강곤·임자번·유자황·권경·송익손·홍순손·조윤·유서·안경손·한명진·한서구·이몽가·홍순로 등 20명으로 총 53명이었다.

32) 이 점에 대해서는 정두희, 《조선초기 정치지배세력연구》, 일조각, 1983, pp.197~222 참조.

33) 훈신통치가 자리잡게 된 세조 시기는 왕권의 강화를 위해 국왕이 신임하는 인사를 파격적으로 중용했다. 종친이나 공신과 승정원의 승지도 중용했으며 이들을 측근세력으

그러면서도 한편으로는 이들 훈신들끼리도 상호 견제하게 했는데, 이는 훈신들이 서로 연대해서 세조의 통치권을 제약할지도 모른다는 위기감 때문에 내려진 조치였다. 그 결과 중요 훈신으로 신숙주·권람·한명회 등은 6조의 지위를 거쳐 의정으로 승진할 수 있었지만, 이들을 견제하기 위해 구성군 준, 강순, 윤필상, 김국광, 남이 등 적기공신들이 의정부 6조와 도총부 등에 제수되어 그들 나름의 견제적 기능을 수행하기도 했다. 세조는 중앙과 지방의 통치제도도 국왕 중심으로 개편했으며, 왕실의 재정문제를 해결하기 위해 이른바 계출양입에 의한 공안제도를 마련하는 등 국왕의 전제권 확립을 위한 제도의 정비에 한층 치중했다. 그리고 이를 집대성한 《경국대전》을 편찬했다. 그러나 그의 강권적 통치는 지나친 왕권의 전제화에 대한 고위 신료들 사이의 비판과 백성들의 원성을 불러오기도 했다.[34]

세조의 뒤를 이은 예종은 겨우 1년 만에 사망하고 13세의 성종이 등장했다. 한동안 세조비 정희황후가 섭정했으며, 한명회·신숙주 등 원상이 통치의 중심부에서 영향력을 미치기도 했다. 훈신들은 왕실과 더한층 긴

로 양성했다. 세조는 왕권에 도전적인 인사나 세력에 대해서는 철저히 숙청했다. 그러나 자신에 충성스러운 인사들에 대해서는 범법을 해도 이를 용서하였다. 가령 그 당시 명망이 있었던 영의정 부사 정인지가 취중에 세조의 숭불정책을 비판한 것을 빌미로 파면했으며, 정난·좌익 2등 공신이었던 양정은 연회석에서 세조에게 "퇴위하여 편안하게 지내라"고 한 말 때문에 사사했다. 그런가 하면 공신인 홍윤성은 강압적으로 양가의 여인을 축첩했는가 하면, 가신이 수조(收租)하면서 정병(正兵) 나계문(羅季文)을 살해했지만 간단히 주의를 주었을 뿐이었다.(《세조실록》권 39, 12년 6월 정미·신해)

34) 이 점에 대해서는 다음과 같은 논의가 그 타당성을 가질 정도였다. "세조 11년(1465)까지는 세조의 국왕 중심의 운영체제가 실효를 거두어 왕권이 강화되고 국왕중심의 정치가 운영되었다. 그러나 세조 11년 이후에는 신병이 악화되어 세자와 원상으로 하여금 서무를 재결하게 했으며, 한명회·신숙주·구치관 등 원로대신들을 원상으로 삼아 승정원에서 국정을 처결하게 하였다. 이러한 성격은 기본적으로 이들 훈신인 원로대신들의 권한이 비대해졌다. 즉 한편으로는 세조의 지나친 왕권 전제화가 있었는가 하면 여기에 편승했던 훈신의 통치가 정착되는 성격을 보여주게 되었다. 이러한 통치양식은 국정의 난맥이 일어나게 되었으며 여기에 대한 비판 분위기가 신료들 일각에서 조성되었으며, 그 연장선상에서 이시애 난이 일어나는 등 정치 사회적 변화의 조짐도 나타났다. 또한 세조의 강압적 무단정치로 왕권은 강화되었지만 정국운영에는 심각한 획일적 정체성을 초래하게 되었으며 사회도처에 비리가 만연되면서 관료 기강도 이완되었다."(한충희, 〈왕권의 재확립과 제도의 완성〉, 《한국사》22, 국사편찬위원회, 1995, p.120)

밀하게 관계를 맺었으며, 그들의 권력 기반을 강화하기 위해 먼저 구성군 준을 유배시키는 등 통치권 행사에 제약이 될 종친들을 제거했으며, 심지어 개수한 《경국대전》에는 '종친불임이사'(宗親不任以事)를 규정할 정도로 그들의 출사를 막았다. 물론 이러한 훈신들의 지나친 통치권 행사를 견제해 보려는 움직임도 없지는 않았다. 즉 예종은 왕권의 강화를 기도했는데, 이를 위해 그 자신의 친정체제를 모색한 적도 있었다. 그는 훈신들의 위세를 견제하려 했으며, 신숙주, 김질, 구성군 준, 박중선, 성임에게 분경하는 자를 적발토록 규제했으며, 왕권에 저촉되는 대간의 활동도 강하게 억제했다. 그러나 이러한 시도도 정희왕후와 원상들의 영향력, 그리고 남이의 옥사 등으로 실패했다.[35]

성종도 왕권을 강화하기 위해 여러 가지를 모색했는데, 이는 훈신들의 영향력이 강했기 때문에 이를 견제하지 않고서는 왕권의 실제적인 행사가 어려웠기 때문이었다. 그러나 성종 초기에는 여전히 정희왕후가 수렴청정했고, 한명회·신숙주 등이 원상이었기 때문에 실제로 훈신 통치의 성격은 그대로 지속되고 있었다. 정희황후의 수렴청정이 끝난 성종 7년부터 왕권강화를 위한 시도로 홍문관이 설치되었고, 대간을 중용하기도 했다. 성종의 왕권강화의 이면에는 역대 공신들, 즉 정난·좌익·적개·익대·좌리공신들이 의정부와 6조 당상을 모두 차지함으로써 여전히 그 영향력을 유지할 수 있었기 때문이었다. 그러나 훈신들도 이 시기에 이르면 한명회가 대비의 환정 반대로 대간들로부터 탄핵받아 해직되었으며, 최항·신숙주·홍윤성·조석문·정인지 등 원상급 훈신들도 사망했기 때문에 실제로 그 수는 많이 줄었다. 그뿐 아니라 성종은 훈신을 견제할

---

35) 남이는 태종의 외증손으로 세조 6년과 12년에 무과와 발영시에 급제하였고, 세조 13년에 이시애 난의 토벌에 공을 세웠으며, 세조의 총애를 받아 적개 1등 공신에 책록되었고, 이어 동지중추와 공조판서겸 오위도총관에 제수되었다. 24세에 병조판서가 되었으며, 예종의 왕권강화에 호응하여 훈신들을 비판하였다. 예종 원년 8월에 남이의 역모를 유자광이 고변했으며, 이로써 남이의 옥사가 일어났다. 이 옥사로 남이와 영의정 강순·정숭노 등 적개공신인 무인이 대거 제거되었다. 남이 옥사를 주도했던 한명회 등은 익대공신에 책록되었으며, 그 영향력을 더한층 키우게 되었다.(崔永浩, 〈南怡 (1441~1468)의 獄 再考〉,《高柄翊先生回甲紀念史學論叢 韓國史編 歷史와 人間의 對應》, 한울, 1985, pp.132~136)

수 있는 새로운 문신들에게 관직을 부여하였다. 이때 진출한 인사로는 윤
필상·이극배·노사신 등이 있다. 또한 성종 15년(1484)부터 김종직의 제
자들이 홍문관과 대간에 등용되었는데, 권오복·김일손·이원 등이 그들
이었다.[36] 이들에 의한 비판적 언론활동으로 훈신들은 점점 더 견제받게
되었다.

성종이 경연을 통한 성리학의 학문적 논의는 물론이고, 통치의 주요
현안을 다룸으로써 유학자들의 위치도 조금씩 강화될 수 있었다. 성종의
성리학 진작은 각종 서적 편찬은 물론이고 억불정책으로도 행해졌으며,
효자와 열부를 표창하는 등 유교적인 상례를 적극 권장했다.[37] 성종의 훈
신들에 대한 견제는 사림파가 등장하는 계기를 마련해 주었다. 이는 성종
의 성리학적 통치에 말미암은 결과로 이해할 수 있다. 무엇보다 성종은
그의 25년 동안 29회에 걸친 과거를 통하여 성리학에 바탕을 둔 사림파
를 등장시켰다.[38]

사림파는 그 당시만 해도 여전히 수적으로나 정치적으로 훈신들에 견
줄 바는 아니었다. 이들은 주로 홍문관과 대간에 재직했기 때문에 훈신들
을 비판할 수 있는 위치에 서게 되었다. 이러한 상황은 훈신과 사림파 사
이의 갈등과 대립으로 발전했다. 이들의 첫 대립은 성종 9년 주계부정 이
심원(朱溪副正 李深源)이 세조 공신에 대한 비판과 유학 남효온의 소릉(昭

---

36) 이 시기의 상황에 대해서는 다음의 글을 인용할 수 있다. "성종의 문치가 궤도에 오
    르고 김종직이 경직에 복귀하게 되고, 그의 문인 중에서 연령상으로나 학문상으로 점
    차 성장하여 문과에 급제하는 사람이 늘어갔고 그에 따라 중앙정계에의 진출도 다소
    활발해졌기 때문이다. 그리하여 종래 홍문관에 약간 진출한데 그쳤던 사림파의 세력은
    대간으로도 서서히 진출하면서 언관에 골고루 분포되는 추세를 보인 것이다."(李秉烋,
    《朝鮮前期畿湖士林派研究》, 一潮閣, 1984, p.42)
37) 성종 때 간행된 역사서와 각종 성리학 서책으로는 성종 원년 정인지 등에 의한 《단
    종실록》, 성종 2년 신숙주·한명회 등에 의한 《세조실록》, 성종 3년에는 신숙주·한명
    회 등에 의한 《예종실록》, 성종 5년에는 신숙주·정척 등에 의한 《국조오례의》(國朝
    五禮儀), 성종 6년에는 소혜황후에 의한 《내훈》(內訓), 성종 7년에는 노사신등에 의한
    《삼국사절요》(三國史節要), 12년에는 노사신 등의 《동국여지승람》, 16년에는 서거정
    등의 《동국통감》(東國通鑑)과 최항 등에 의한 《경국대전》(經國大典), 22년에는 이극
    증 등에 의한 《대전속론》(大典續論), 24년에는 성현·유자광 등의 《악학궤범》(樂學
    軌範) 등이 출간되었다.
38) 최승희, 〈개국초 왕권의 강화와 국정운영체제〉, 앞의 책, p.139.

陵, 현덕왕후) 복위 주장이었다. 이들의 주장에 맞서 훈신인 임사홍·손창손·심회·홍응 등은 사림파를 강력하게 비난했다.[39] 이러한 갈등이 본격적으로 드러난 것은 성종 20년 이후부터였는데, 이 시기 삼사를 장악한 사림파는 국왕과 의정부, 6조와도 대립하면서 왕실의 외척인 임사홍·임원준·윤은로·윤탕로를 탄핵 유배시키거나 파직시킬 정도로 영향력을 키우고 있었다. 사림파의 공세는 공신·외척·재상 등 훈신들의 영향력을 제약할 정도로 강화되었다.[40]

그러나 성종은 전반적으로 훈신과 사림파들 사이에 균형을 유지함으로써 왕권을 강화할 수 있었다. 어느 한편이 강화되는 것을 막기 위해 다른 한편을 활용하는 전형적인 이이제이책으로 나왔다. 사림파가 과격한 언론으로 의정부의 훈신들을 공박할 경우, 이를 주도했던 대간을 외직으로 체직하거나 책망했다. 또한 대간과 의정부나 6조 사이에 대립이 일어날 경우 대개 의정부나 6조 편을 드는 것으로 조정의 기능을 수행했다. 성종은 기본적으로 원로대신들, 즉 훈신을 중용했으며, 국정을 이들과 논의 결정하는 것을 기본 틀로 삼았다. 다만 훈신들의 지나친 통치권 행사나 파당화에 대해서는 사림파로 하여금 규탄하게 하는 등 둘의 균형 유지에 치중했다. 그러나 사림파의 언관들이 훈신들로부터 심한 언사로 공박 받았을 경우 성종은 사림파를 옹호했으며, 이들의 처벌을 막아주기도 했다.[41]

성종의 뒤를 이은 연산군대는 훈신과 사림파의 대립이 강하게 드러났던 시기였다. 연산군은 전제적 통치자로서 절대권을 모색했으며, 그의 통치과정에 어떠한 제약도 배격했다. 생모인 폐비 윤씨에 대한 원한으로 성리학에 바탕을 둔 유학적 명분론에 강한 반감을 가지고 있었으며, 폐비사건에 개입된 소혜왕후 한씨에 대한 감정은 사망 후 3년상을 치러야 함에

---

39) 《성종실록》 권 91, 9년 4월 기해·병오·신해.
40) 성종 말기에 들어오면 대간의 위치에 있었던 사림파의 언론 공세로 의정부와 6조가 대간을 꺼리어 정사를 논할 때는 분명한 의견 진술을 피할 정도가 되었다는 것이다. (《성종실록》 권 290, 25년 5월 을사)
41) 최승희, 〈개국초 왕권의 강화와 국정운영체제〉, 앞의 책, p.142.

도 25일로 단축하여, 성리학적 관념으로는 패륜이라는 비판을 받았다. 연산군의 통치에 비판적일 수밖에 없었던 사림파를 제거하는 일은 그의 통치 초반기부터 짐작되는 바였다. 성리학적 명분논리나 효와 같은 유교적 규제는 그의 통치권 행사를 전적으로 제약하는 것일 뿐 아니라 심지어 무의미한 공론이라 생각할 정도였다.

연산군에게 사림파 제거의 빌미가 된 것은 김일손의 사초로 작성된 김종직의 〈조의제문〉이었다.[42] 사림파들로부터 "탐욕스럽고 무능한 소인배"로 규탄당했던 훈신들이 "도도하게 구는 경박한 야심배들"에 불과한 사림파들을 일거에 몰아낼 수 있는 기회로 이를 활용하게 되었다.[43] 훈신에 의한 사림파의 제거로 표출된 무오사화의 이면에는 김일손과 이극돈의 사감은 물론이고, 김종직과 유자광 이전의 원한도 그 바탕이 되었다.[44] 유자광의 상소로 연산군은 유자광에게 사림파를 국문하게 했으며, 그 결과 김종직은 부관참시, 김일손은 능지처참, 권오복·권경유·이목·허반 등은 참형을 당했고, 다수의 사림파 인사들은 유배 또는 좌천당했다.

무오사화는 사림파를 몰아내는 계기가 되었으며, 그 결과 훈신들이 권력을 독점할 수 있게 되었다. 훈신들도 연산군의 폐정으로 더 이상 지속될 수 없었다. 연산군의 폐정이 왕실 재정을 파탄시키자 공물의 수량을 늘려야 했고, 훈신들에게 지급되었던 토지와 노비도 몰수할 수밖에 없었다.[45] 여기에 반발했던 훈신들은 연산군을 견제하려 했다. 그러나 훈신들

---

42) 조의제문(弔義帝文)은 김종직이 세조 3년(1457)에 여행 도중 여관에서 지은 것으로 항우에게 죽임을 당한 초나라 의제[懷王]를 애도하는 내용으로 되어 있었다. 단종의 왕위를 찬탈한 세조를 항우에 빗대어 비난하는 것으로 되어 있었다.

43) 이성무, 앞의 책, p.346.

44) 연산군 4년 《성종실록》을 편찬하기 위한 실록청이 설치되었으며, 여기에 당상관에 임명된 이극돈은 김일손의 사초에서 김종직이 쓴 조의제문을 발견하였다. 이전에 김일손으로부터 수모를 당했던 이극돈은 사원을 갚을 기회로 이를 활용하게 되었다. 즉 이극돈이 전라감사로 재임했던 기간 세조비 정희왕후의 상을 당했을 때 기생과의 유람과 수뢰혐의 등 비리를 김일손이 사초에 기록했기 때문에 이를 삭제해줄 것을 요청했지만 거절당한 구원이 있었다. 또한 훈신의 한 사람인 유자광이 경상도 함양 고을의 객사에 자신의 시액을 걸어 두었는데, 뒷날 사림파의 영수이자 성종의 신임을 받았던 김종직이 함양군수로 부임하자 이를 불태워 버렸다. 이를 앙갚음하려고 절치부심했던 유자광이 연산군에 상소하여 문제를 일으키게 되었다.

45) 연산군대의 열악한 재정상태를 설명한 것으로는 다음의 글을 인용할 수 있다. "연산

가운데 연산군에 밀착된 임사홍·신수근 등은 그들과 경쟁적인 다른 훈신들과 연대하여 사림파의 잔여세력을 제거하려 했다. 연산군의 왕권 강화 욕구와 연산군 주변 인사들의 의도가 서로 결착하여 나타난 것이 갑자사화였다. 여기에는 폐비 윤씨 사건이 그 빌미를 마련해 주었다.[46]

거듭되는 실정으로 연산군은 재위 12년(1506)에 중종반정으로 쫓겨났다. 중종반정은 조선왕조 초기에 거듭되었던 쿠데타와는 다른 성격을 보여주었다. 이전의 쿠데타는 국왕 자신이 주역이었지만, 연산군의 뒤를 이어 왕위에 올랐던 중종은 박원종·성희안·유순정 등 쿠데타 세력의 옹립으로 국왕이 되었기 때문에 상대적으로 왕권 행사에 제약을 받을 수밖에 없었다. 이러한 한계점을 가지면서도 중종은 연산군 이전, 즉 성종의 치세를 기본으로 삼았다. 그는 성리학을 진흥하고 왕조 통치의 기본 이념임을 분명히 했다. 그 연장선 위에서 성균관을 수리했고 경연을 다시 시작했으며, 사화로 처형되었던 성리학자들을 신원해 주었다. 중종의 통치로 성종 시대의 면모를 부분적으로 되찾을 수 있었으며, 도학정치의 성격

군대로부터 시작된 국왕과 왕실이 주도하는 지나친 국가재정의 낭비는 중앙 각사 재정을 피폐시키고 재정적자의 누적의 폭을 확대시켰을 뿐 아니라 지방재정에까지 영향을 미쳐 국가 전체의 재정운영을 어렵게 하는 주요 원인이 되었다."(김성우, 《조선중기국가와 사족》, 역사비평사, 2001, p.63)

46) 연산군은 자신의 왕권강화의 필요성을 느끼고 있었는데 이는 특히 능상지풍, 즉 왕을 무시하는 풍조가 훈구파 대신들 사이에 있었다. 그러한 성격의 대표적인 것이 이세좌의 회사배 사건이었다. 연산군 9년(1503) 9월 예조판서 이세좌가 회사배를 쏟아 연산군의 옷을 적시는 무례한 행동이 일어났다. 이 사건에 대해 대신이나 대간이 이세좌의 위신을 겁내어 그를 죄주자고 말하는 인사가 없는 것에 연산군은 분노감을 갖고 있었다. 이에 연산군은 이세좌를 무안에 귀양 보냈으며, 그 아들을 모두 파직시켰다. 그리고 그 다음해인 연산군 10년(1504)에 홍언충이 후궁 간택에 불응하는 사건이 발생했는데도 그 아비 홍귀달이 이를 적극 비호하는 사태가 발생했다. 이러한 일들은 곧 국왕의 존엄성의 문제로 이어질 수밖에 없었고, 이 점에서 연산군은 기회를 노리고 있었다. 갑자사화는 임사홍에 따라 제기되었으며, 연산군은 우선 이 사건에 연계된 성종의 후궁 엄소용과 정소용, 그리고 그 아들들을 처형했다. 이 사건에서 이른바 12간으로 지목된 윤필상·한치형·한명회·정창손·어세겸·심회·이파·김승경·이세좌·권주·이극균·성준 등을 처벌했으며, 홍귀달도 교형에 처했다. 또한 갑자사화에는 임사홍에 의해 사림파로 왕실에 남아 있었던 인사들까지도 처형했다. 이때 처형당했던 사림파는 무오사화에서 화를 입었던 박한주·이수공·강백진·이총·최부·이원·김굉필·이주·강겸이 유배지에서 사형에 처해졌으며, 이미 죽은 정여창·조위·남효온 등이 부관참시되었다.

도 되살아났다.

도학정치의 기본 학맥은 정몽주-길재-김숙자-김종직-김굉필로 정립
되었으며, 이 학맥에 따라 사림파는 성균관을 중심으로 성리학의 통치이
념을 모색했으며, 이를 조광조가 앞장서서 추진하게 되었다.[47] 조광조는
먼저 도학정치를 강조함으로써 성리학적 기반에 따른 통치체제를 정립하
려 했으며, 이 관점에 서서 중종반정으로 훈신이 되어 특권을 향유하는
반정공신들을 비판했다.[48] 그는 훈신들이 차지했던 대토지, 과도한 공조
의 부담, 군역의 고통으로 백성들이 점점 더 피폐해지고 있는 현실을 극
복하려 했다. 이상적인 통치, 즉 지치의 최고성을 이룩하기 위해서는 먼
저 성군, 즉 현명하고 어진 군왕이 존재해야 했으며, 성군은 성리학에 따
른 왕도의 추구와 덕치에서 얻어질 수 있다고 생각했다. 성군은 어진 신
료의 확보에서 이루어질 수 있었기 때문에 군신 사이의 성리학적 가치관
념에 따른 일치성은 물론이고 깊은 신뢰가 이루어질 수 있어야 한다고
믿었다. 신료는 군주를 보필하고 군주는 신료를 신뢰하는 둘 사이의 관계
정립에서 일차적인 토양은 신료들의 공론을 군주가 수렴할 수 있는 군주
자신의 능력과 관용성이 전제되어야 했다.

이러한 공론을 보장해 주는 가장 중요한 제도는 삼사에 의해 행해지는
간쟁, 즉 대간들의 활동이라고 생각했다. 대간은 왕조의 안전과 발전을
위해 일신을 돌보지 않으면서 탄핵하고 간쟁하면서 국왕을 보필해야 했

---

47) 중종대의 사림파의 성격에 대한 분석으로는 李秉烋, 《朝鮮前期畿湖士林派研究》,一潮
閣, 1984 참조. 이 가운데 제3장 "中宗初의 支配勢力과 士林派"를 참조할 것.

48) 조광조는 중종의 신임을 얻어 성리학적 이상사회를 구현하여 요순의 이상정치를 지
향하려 했지만 이념과 현실 사이의 괴리에 놓이게 되었다. 즉 현실은 반정 공신들의
권력독점적 위치의 장악은 물론이며, 성리학적 이상주의는 현실적으로는 단순히 관념
에 불과했기 때문이다. 이러한 성격은 결국 조광조에게 또 다른 역사적 반동성으로 나
아갈 수밖에 없게 했다. 조광조의 도학정치가 비록 중종의 지지에서 시작되었지만 실
패할 수밖에 없는 자기 한계를 그 속에 갖고 있었다. 조광조가 추구했던 도학정치는
주대의 유교적인 이상사회의 실현이기 때문에 먼저 유교적 관념에 바탕한 위민과 애
민, 즉 피지배자에 대한 지배자의 시혜적 조치를 기본 관점으로 삼고 있었다. 그가 말
한 도학정치의 기본인 애민에 대한 논의의 한 구절을 적으면 다음과 같다. "무릇 임금
과 신하는 백성을 위해 있는 것입니다. 윗사람과 아랫사람이 이 뜻을 알고 백성을 마
음속에 새긴다면 잘 다스리는 방도를 이룩할 수 있을 것입니다."(《정암집》 권 3, 검토
관시계)

다. 조광조 자신이 대간의 활동을 적극 주장했는데, 이는 훈신들을 탄핵하기 위한 제도적 보장을 얻기 위해서였다. 이는 물론 일문의 영화를 위해 인사권을 장악해서는 훈신들의 관직 점유를 세습화하는 것을 규탄하기 위한 수단의 의미를 담기도 했다. 조광조는 군자인 선비의 중용과, 소인배들을 멀리하고 유능한 선비들을 널리 구하기 위해 현량과의 설치를 중종에게 건의했다. 이 제도로 중종 14년(1519)에 천거된 선비는 120명이었으며, 이들은 근정전에서 시험을 치러 그 가운데 28명이 선발되었는데, 김식·박훈 등 대다수는 조광조 추종자들이었으며, 홍문관을 비롯하여 사헌부·사간원·승정원·성균관 등의 언로기관에 기용되어 조광조의 지치주의를 강력하게 후원하는 언권을 행사하게 되었다.

조광조는 성리학적 통치, 즉 지치주의를 실현하기 위해 《소학》을 특별히 사민의 생활기준으로 강조했다.[49] 《소학》에 대한 강조는 사회적 기풍을 성리학적으로 정립하려는 의도였다. 조광조는 이렇게 적었다. "안일한 마음을 다잡고 덕성을 함양하는 데 《소학》보다 더 좋은 것은 없습니다. 이제 동네마다 서당에서 《소학》을 숭상하게 한다면 자연히 교화가 크게 일어날 것이며 소학의 길이 온 세상에 밝아질 것입니다."[50] 중종은 조광조의 진언으로 사림들과 일반인들이 《소학》을 널리 실천하는 유학적 생활을 할 수 있도록 강조하였다.

현량과에 따라 대간의 직을 점유하고 《소학》에 따라 성리학적 명분을 강조하게 된 조광조는 그 연장선에서 두 가지 중요하고도 결정적인 일을 추구하였다. 그 하나가 소격서(昭格署)의 혁파였으며[51] 다른 하나는 위훈

---

49) 《소학》은 주회의 뜻에 따라 그의 문인이었던 유자징(劉子澄)이 저술한 것으로 고려 말에 유입되어 성리학적 교양을 확립하는 기본 도서로 활용되었다. 16세기에 들어와 《소학》은 다시 사림에게 주목하게 되었는데 이는 조광조의 스승인 김굉필이 일생 동안 《소학》의 실천에 힘쓰면서 스스로 소학동자라고 말할 정도였다. 본래 이 책은 어린 아이들이 배우는 성리학적 예절교과서이지만 모든 사람들이 일상생활에서 지켜야 예법을 여러 책에서 뽑아 모아 놓은 것이었다.

50) 《중종실록》 권 26, 11년 11월 신사.

51) 소격서는 중국의 도교에서 유래된 관아로 도교의 일월성신을 구상화한 상청·태청·옥청 등 위하여 성제단을 세우고 제사지내는 일을 맡았다. 왕실이나 왕조에 흉사가 일어났을 때 기도하는 곳이었다. 특히 수해나 가뭄과 같은 천재지변이 있을 때 이곳에서 기도를 드렸다.(이성무, 앞의 책, p.370)

삭제였다. 먼저 소격서는 성리학자들의 관점에서 한낱 백성을 우롱하는 사술의 표현이었다. 그러므로 중종 초기부터 대간과 유생들에 의해 혁파가 주장되었는데, 이것이 다시 논의된 것은 중종 13년(1518) 양사와 홍문관, 예문관의 복합상소에서였다. 부제학인 조광조가 동료들을 이끌고 합문 밖에 엎드려 네 차례 장계를 올리고 밤이 되어도 물러나지 않았다. 중종은 결국 소격서의 혁파를 허락하기에 이르렀다. 그러나 소격서 혁파를 둘러싸고 조광조에 대한 중중의 신뢰에도 금이 가게 되었으며, 무엇보다 왕실과 훈신들이 조광조를 경원하는 계기가 되었다.

훈신들에게 공격의 실제적인 빌미를 제공한 것은 위훈삭제였다. 중종 14년(1519) 11월에 조광조는 대간을 이끌고 궁문 밖에 부복하면서 반정공신 가운데 공을 지나치게 크게 인정받았던 76명의 관작을 삭탈하라고 주청하였다.[52] 그러나 이들 반정공신이야말로 중종을 왕으로 옹립했던 핵심세력이었으며, 이미 훈신으로 통치구조의 중심에 서 있었기 때문에 이들에 대한 공세는 중종을 어려움에 놓이게 했다. 그러나 조광조의 집요한 상소로 결국 대간들은 사직 사태로까지 돌입하였다. 국왕이 조광조에게 복직을 권유했지만 듣지 않았으며, 결국 공신 가운데 2, 3등에서 일부와 4등 전원 등 총 76명을 훈적에서 삭제하기에 이르렀다.

위훈삭제는 중종과 훈신세력을 긴밀하게 서로 연계시키는 기회를 제공하였다. 처음 중종이 사림을 이용하여 훈신을 견제하려 했던 것에서 벗어나 이제는 훈신의 말을 듣고 사림을 견제하려 했다. 훈신 가운데서 특히 남곤·심정·홍경주 등은 중종에게 조광조와 사림이 붕당을 지어 조정을 전단하고 있기 때문에 처벌해야 한다고 상소했다.[53] 이에 중종도 이

---

52) 이날 조광조에 따라 제기된 주장을 살펴보면 다음과 같다. "정국공신이 너무 많습니다. 반정공신 가운데 성희안·유자광 같은 사람은 그야말로 소인에 불과하며 모든 일을 다스림에 항상 사리사욕을 우선으로 삼고 있습니다. 사류(士流)들은 이들 공신들을 진작부터 불쾌하게 여기고 있습니다. 박원종과 성희안 등이 공이 크다고 하지만 반정으로 왕이 등극한 것은 인력으로 한 것이 아니요, 천명과 인심이 자연히 이에 돌아갔을 뿐입니다. 반정공신 2,3등 가운데에 가장 심한 것은 이를 개정하고 4등인 50여 명은 모두 공도 없으면서 나라의 녹을 함부로 먹고 있는 자들이니 이를 삭제함이 좋을 것입니다."(《중종실록》 권 37, 14년 10월 을유)

53) 홍경주의 상소는 다음과 같다. "신등이 가만히 보니 조광조의 무리가 붕당을 지어 자

를 받아 들여 조광조·김정·기준·한충·김식 등을 사사 또는 자결하게 했으며, 김구·박세희·박훈·홍언필·이자·유인숙 등 수십 명의 사림은 귀양보냈다. 이것이 기묘사화이며, 이때 희생된 사림을 기묘명현이라고 불렀다.

기묘사화는 사림의 몰락을 의미했으며, 통치구조에서 훈신들의 위세를 입증하는 것이었다. 이들 훈신들은 곧 세조 이후 성종에 이르기까지 양산된 공신 250여 명이 사실상 왕조체제의 근간이며 권력의 독점층으로 이들에게 도전했던 사림파를 기묘사화로 제거함으로써 그들만의 통치권을 강화하였다. 특히 기묘사화에서 주역을 담당했던 훈신 가운데 이른바 기묘삼간(己卯三奸)으로 알려진 심정·남곤·홍경주는 권력구조의 정점에까지 올라섰다. 그러나 훈신들의 권력독점으로 그들 사이에 갈등이 지속되었으며, 그 결과 한때 김안로에게 권력이 독점되는 현상이 빚어지기도 했다.

김안로는 중종의 비 장경왕후 소생인 효혜공주를 며느리로 맞아 왕실과 연결되었으며, 스스로 장경왕후 소생의 원자인 세자의 보호역을 자처하기도 했다. 특히 중종은 기묘사화 후 홍경주·남곤·심정 등 기묘삼간이 정국을 주도하자 이를 견제하기 위해서 김안로를 중용하기도 했다. 김안로는 이른바 '작서(灼鼠)의 변'[54]을 기회로 경빈 박씨와 복성군을 폐서인시켰으며, 이 과정에 대윤과 소윤의 지지를 얻기도 했다.[55] 김안로는 점

<hr />

기들에게 아부하는 자는 진출시키고 자기와 달리하는 자는 배척하고 있습니다. 그들은 중요한 자리에 도사리고 앉아 임금을 속이고 후진들을 꾀어 과격한 습관을 길러 젊은 이로 어른들을 누르고 천한 이로 귀한 이를 누르게 하고 있습니다. 이로써 국세를 기울게 하고 조정의 일을 날로 그릇되게 하니 조정에 있는 신하들이 속으로는 분함을 느끼고 있으나 그 위세를 두려워하여 감히 입을 열지 못하고 곁눈질을 하며 다니고 조심스러운 발로 서게 됩니다. 사세가 이러하오니 한심하다 하니 할 수 없습니다. 속히 그 죄를 밝혀 바로 잡으시기 바랍니다."(《중종실록》 권 37, 14년 11월 을사)

54) '작서의 변'이란 두 차례에 걸쳐 불에 그슬린 쥐를 동궁의 북쪽 동산에 매달았거나 대전 침실의 곡란에 버린 사건으로 동궁을 음해하려는 것으로 여겨졌다. 이 사건의 구체적인 증거가 없었음에도 불구하고 경빈 박씨와 복성군이 사건의 혐의자로 몰려서는 폐서인되었으며, 그 일가 친척 등은 파직되는 등의 사건으로 이어졌다. 이 점에 대해서는 金宇基, 《朝鮮中期戚臣政治硏究》, 集文堂, 2001, p.32 참조.

55) 중종은 모두 3명의 왕비를 두었다. 단경왕후 신씨는 중종 원년(1506) 9월에 책봉된 지 7일 만에 신수근의 딸이었기 때문에 폐비되었다. 제1계비 장경왕후 윤씨는 인종을

차 통치권의 핵심인물로 자리잡았으며, 그의 무리들이 요직을 차지하자 이를 우려했던 중종과 문정왕후와 소윤 등은 그를 제거하기에 이르렀다. 그를 제거했던 방식은 왕조 통치의 한 단면을 알게 했는데, 김안로 제거의 밀지를 중종이 소윤의 윤원형 등을 통하여 대사헌 양연에게 내렸으며, 이 밀지에 따라 김안로의 '전권횡자 흉사해독'(專權橫恣|凶邪害毒)의 죄를 논박했다. 양연의 논박을 계기로 중종은 김안로를 대신, 언관과 면대시켜서, 여기서 죄상을 폭로하고, 삼사와 대신들의 요구로 김안로와 그 일당인 허항·채무택 등을 정유삼흉(丁酉三凶)으로 몰아 사사했다.

이처럼 당시 권신들의 권력 기반도 역시 국왕과 왕실에 연계되어 있었기 때문에 국왕의 승계는 새로운 외척의 권력 점유로 전이되는 권력구조의 변화과정 그 자체를 보여주었다. 바로 이러한 성격이 중종·인종·명종의 왕위승계과정에 드러났으며, 그것은 결국 외척 사이의 권력경쟁을 필연화시켰다. 이렇게 해서 등장한 것이 외척 권신으로, 앞에서 말한 대윤과 소윤이었고, 그들 사이에는 격심한 갈등과 분쟁이 따랐다. 이 분쟁의 연장선 위에서 일부 사림도 연계되어 제거되었는데, 이것이 을사사화였다.[56]

훈신세력의 통치기반은 기본적으로 왕실과의 관계였다. 이들은 반정과

낳고 죽었으며, 제2계비인 문정왕후 윤씨는 명종을 낳았다. 이들은 모두 파평 윤씨로 9촌 사이였다. 중종의 원자 오(인종이 됨)가 적자로 세자에 책봉되었으며 곧 이어 문정왕후가 경원대군(뒤에 명종이 됨)을 출산하여 서로 권력투쟁을 전개했다. 세자의 외숙 윤임과 유관·유인숙의 계를 대윤이라 불렀고, 경원대군의 모후 문정왕후와 외숙 윤원로·윤원형·윤안임·양연·윤개를 소윤이라고 불렀다. 대윤과 소윤의 갈등은 세자인 인종을 보호하려 했던 윤임과 세자를 바꾸려 했던 윤원로·윤원형 등 두 외척 사이의 파당적 투쟁을 빚게 되었다. 인종 대에는 대윤과 소윤의 갈등이 표면화되지 않았지만 대체로 대윤이 우위를 차지했다. 인종이 재위 8개월 만에 죽자 12세의 명종이 즉위하고부터 문정왕후가 수렴청정을 하자 소윤이 세를 얻게 되었다. 대윤과 소윤은 곧 외척들 사이의 권력 경쟁의 성격을 보여주게 되었다.

56) 인종의 뒤를 경원대군이 잇자 문정왕후 윤씨의 7년간의 수렴청정이 행해졌다. 그 결과 이전까지 인종의 외가인 대윤의 권력은 문정왕후의 친정 쪽인 소윤으로 옮아갔다. 소윤이 득세하자 대윤을 몰아내기 위해 문정왕후와 윤원형 등의 사주를 받았던 대사헌 민제인, 대사간 김광준 등 양사에서 대윤의 윤임(형조판서), 유관(좌의정), 유인숙(이조판서)을 탄핵하는 상소를 올렸고, 여기에서 몇 차례의 논의 끝에 대윤 일파를 제거했다. 그 과정에는 이를 비판했던 사림 일부도 연계되어 같이 처벌받았는데, 이를 을사사화라고 불렀다.

같은 정변과정에서 국왕의 등극에 기여한 공로로 공신이 되었고, 특권적 위치를 차지할 수 있었다. 조선왕조에서 공신들의 영향력은 태종에 의해 차단되었으며, 그 뒤 세조의 쿠데타에 연관된 공신들이 중종반정에 이르는 기간 동안 그 영향력을 행사할 수 있었다. 이들 공신 가운데 국왕의 신임을 얻은 인사들은 왕실과 인척관계가 있었기 때문인데, 국왕의 외척으로 특권적인 통치권을 장악하고 있었다. 그러므로 훈신 통치의 기반은 공신이라는 특정 성격 때문이었지만, 실제로 그들 가운데 3~5명의 인사들이 권력의 중추부에 있었다. 이들은 엄격한 의미에서 왕권의 1차적인 옹호자였지만 또 다른 면에서는 국왕으로부터 부여된 특권의 향유자였기 때문에, 둘은 통치체제의 협력자로 사실상 동일체적 일체성을 이루고 있었다.

조선왕조 초기에서 중기까지 드러나는 사대부 통치, 훈신 통치의 성격은 기본적으로 조선왕조가 성리학적 왕조체제였고 이는 국왕·공신·사대부 등 특정 통치세력들의 지배체제로 정착되었음을 의미한다. 이 점은 고려에서 보여주었던 특정 문벌의 지배체제와 비슷했으며, 실제 전개과정에서는 오히려 성리학의 정당성을 바탕으로 삼았기 때문에 이념적 체계를 좀더 강조하였다. 이는 곧 성리학이 지향하는 왕조를 표면에 내세움으로써 이면적으로는 자신들의 통치를 더한층 자의적으로 수행했다. 그 결과 성리학적 왕도정치를 사실상 '실현 불가능의 통치체제'로 만들어 버렸다. 이러한 성격은 조선왕조의 통치체제적 성격이 특정 권신이나 관인들로 이루어진 피라미드적 위계구조로 정립되었음을 의미한다. 그리고 그 체제의 안정을 위한 논리적 기반으로 성리학적 이데올로기를 강조함에 따라 권력구조의 내적 갈등을 격화시키는 결과를 맞았다. 사대부 통치기에서 훈신 통치기로의 전환은 결국 조선왕조의 통치권력을 국왕 중심의 특정 세력에 의한 사유화로 이어졌으며, 결과적으로 이것을 외관적으로 정당화한 것이 성리학적 이데올로기였다. 그러므로 성리학적 이데올로기는 조선왕조에서 권력갈등의 이념적 배경으로 작용했으며, 그것의 일상화는 곧 통치의 본질로 자리잡았다. 이 점은 그 뒤 조선왕조에서 훈신을 대신하여 등장한 사림의 극심한 당쟁에서도 드러나게 되었다.

제12장 당쟁, 세도, 그리고 중세적 전제왕조의 붕괴

　　앞장에서 조선왕조 명종대까지의 권력구조를 살펴보았다. 사대부 통치기로부터 훈신 통치기까지의 변화를 살펴봄으로써 조선왕조 초반기의 권력구조와 정치변동을 인식할 수 있었다. 여기서는 조선왕조 후반부를 사림의 등장과 당쟁, 그리고 그 연장선에서 나타난 세도통치를 중심으로 살펴보기로 한다.[1] 사림파의 집권으로 빚어진 당쟁은 사림들만의 권력독점화에 따른 분화 현상이었다. 당쟁을 이념적으로 정당화해준 것도 물론 성리학이었다. 그러므로 성리학적 이데올로기는 당쟁을 불러일으킨 요인이었다. 당쟁은 사림집단의 지속적인 권력 점유에 말미암은 세습화 과정에서 그들 사이에 빚어진 분열과 갈등으로 이해할 수 있다. 그리고 이를 부추겼던 것이 성리학에 바탕을 둔 서원 등 학맥과 지연이었다. 사림·성리학·당쟁 사이의 연관은 지배세력과 통치체제의 성격을 극단적으로 좁혀놓았으며, 그에 비례해서 권력 점유자의 자의성은 점점 더 강화되었다.[2]

---

1) 여기서 말하는 세도는 왕실의 외척으로 권력의 핵심부에 등장했던 풍양 조씨, 안동 김씨 등을 의미한다. 세도통치 자체가 사실상 조선왕조의 정치적 성격의 후반부에 속하는 기간이기도 하다. 물론 그 이후의 시기, 즉 대원군의 등장과 민씨 척족에 따른 세도통치도 엄격한 의미에서는 조선왕조의 후반부에 속한다고 할 수 있다. 그러나 이 부분을 별도의 책, 즉 이 연구의 제3권에 해당되는 《한국의 근대성과 정치적 변용》에서 다루기 때문에 여기서는 다루지 않을 것이다. 왜냐하면 이 기간은 사실상 한국의 근대성의 문제와 연관된 시기이기 때문이다.

2) 물론 이 점에 대해서는 당쟁 자체가 특정 집권세력의 자의적 통치를 견제하는 장치

따라서 당쟁은 조선왕조의 발전적 지향을 차단했으며, 그 체제를 퇴역적 상황으로 몰아넣었다. 즉 중세적 전제왕조로의 퇴역이 그것이다. 이러한 성격을 인식하기 위해 이 장에서는 당쟁의 정치사적 의미와 성격, 그리고 그 연장선에서 등장했던 세도통치의 일면을 다루어 보기로 한다. 당쟁과 세도통치의 이해를 통해 그것이 결과적으로 조선왕조를 어떻게 중세적 전제체제로 퇴역 고착시켰는가를 살펴보기로 하자. 결국 이 장에서는 중세적 전제체제인 조선왕조가 몰락하기 이전, 즉 제국주의의 침탈이 있기 이전까지를 다루고자 한다. 엄격한 의미에서 대원군 시기와 민씨 척신 통치는 서구의 근대성과 접합하는 과정이었기 때문에 이는 한국 정치의 전통성을 와해시키는 기간이기도 했다. 그러므로 이 시기는 별도의 책에서 다루기로 하고, 여기서는 근대성 이전의 전통적 성격을 중심으로 하겠다.

1. 사림과 훈신의 갈등, 그리고 당쟁

당쟁에 대한 인식은 관점에 따라 그 원인을 달리 설명하고 있다. 원인 가운데 먼저 지적할 수 있는 것은 정치사회의 가치적 미분화라고 할 수 있다. 그 시기는 관직만이 가치 접근의 유일한 통로였던 시대였다. 성리학에 대한 학문적 연찬도, 서원에 따른 학문적 연대도 궁극적으로는 과거에 합격해서 출사하기 위한 것이었다. 과거는 관직으로 나아가는 통로였으며 관직만이 가치 점유의 유일한 수단이었다. 그러나 관직은 한정되어 있었다. 따라서 그것을 열망하는 수많은 인사들 사이에는 격심한 경쟁이 불가피했다. 과거에 합격했다 해도 더 좋은 관직으로 출사하기 위해서는 권문세가의 문객이 되어야 했다. 이러한 현상은 결국 특정 권문을 중심으로 하는 파당을 형성하게 되었다. 그리고 이들 파당의 이념적 근거가 바

적 기능을 수행했다는 주장도 없지 않다. 그러나 이것은 단지 당쟁의 내적 과정에서만 빚어진 것에 지나지 않았으며, 실제 당쟁이 없었다면 이러한 견제적 성격이 없었을 것으로는 생각되지 않기 때문이다. 따라서 당쟁의 의미를 긍정적으로 수용하려는, 그리고 당쟁이 갖는 극단적인 비판적 의미를 약화시키기 위한 논의에 지나지 않게 된다.

로 성리학이었다. 성리학은 파당의 이념적 기반으로 전용되었으며, 이는 파쟁적 투쟁을 격화시키는 논쟁의 계기가 되었을 뿐 아니라 결국 당쟁을 상승적으로 고양시키는 동인으로 작용하였다.

당쟁은 비단 조선왕조 후반기의 정치사에만 한정되는 일은 아니다. 이전 시대에도 부분적으로 그 모습을 보여주었으며, 이후에도 비슷한 일이 없지 않았다.[3] 그러나 이 시기의 당쟁은 조선조 후반기라는 시대상황에서 그 모습을 드러내었는데, 당쟁은 당시 통치체제 존립의 당위적 의미로 여겨질 정도였다. 당쟁은 통치세력에게는 당연히 스스로 소속해야 하는 자기 규제적 가치로 받아들여지기도 했다. 당색 중심의 통치양식과 특정 당색 중심의 집단적 권력 관계의 형성이 당연하게 여겨졌으며, 다른 당파나 당색에 대해서는 무자비할 정도로 배척하였던 것도 이러한 사정을 말해주고 있다.[4] 그러나 당쟁은 기본적으로 반정치적일 수밖에 없었다. 당쟁

---

3) 이러한 성격은 시대를 넘어 그 뒤의 시대에서도 정치 사회적으로 영향력을 미쳤다. 지배세력들 사이의 격심한 분파성은 물론이고 정치적 경쟁세력에 대한 적대적 배척, 당위론적 명분에 따른 파당성의 합리화, 그리고 정치사회적 통합의 결여 등은 당쟁에 말미암은 영향력으로 인식될 수 있다. 이 점에서 당쟁은 어제의 일만 아니라 그 본질적 속성이 현재로 외연되는 일면을 갖고 있다.

4) 물론 당쟁이 지닌 성격 논의에 대해서는 관점에 따라 여러 가지 주장이 개진되고 있다. 이는 전적으로 관점의 차이에서 빚어진 것으로, 이러한 성격을 드러내 주는 것으로는 다음의 글을 인용할 수 있다. "광복후 한국학자들은 사화 당쟁을 조선시대 정치사의 중요한 줄기로 보고 이것이 한국사의 발전과 연관시켜 설명되어야 한다고 주장하였다. 사화와 당쟁은 세계에서 유례가 드문 조선시대 문신정치, 사림정치의 특성을 나타내 주는 권력투쟁의 소산이었고 특히 17세기 이후의 당쟁은 붕당간의 공존을 바탕으로 공론에 입각하여 상호비판 상호 견제하는 붕당정치를 구현하였다는 것이다. 따라서 당쟁에는 사회의 역기능만 있었던 것이 아니고 순기능이 있었으며 오히려 역기능보다는 순기능이 강조되어야 한다는 것이었다. 그러므로 일제시대 부정적인 의미로 오염된 '당쟁'이란 용어를 버리고 '붕당정치'라는 용어로 바꾸어 써야 한다고 하였다." 이 글의 앞에는 일제제국주의 시대 일본인 학자들에 따른 사화와 당쟁의 연구가 지극히 부정적인 관점에서 행해졌으며 그것은 조선이 반도국가이기 때문에 타율성, 의타성을 가질 수밖에 없으며, 이것에 말미암아 민족성이 당파성과 노동성이 강하게 되었다는 논의를 주장하였음을 적고 있다. 그리고 이들 일본 학자들은 사화와 당쟁이 갖는 대립상과 반복성 계속성, 그리고 잔인성을 지나치게 부각시키고 있다고 비판하면서 본문에서 인용한 주장을 하고 있다.(李成茂·鄭萬祚 外,《朝鮮後期 黨爭의 綜合的 檢討》, 한국정신문화연구원, 1992, p.3) 그러나 당쟁을 붕당으로 규정해서 그 성격을 조선왕조의 시대상황에 비추어 긍정적으로 인식할 수 있다 해도 기본적으로 그것은 통치세력들 사이의 집단적 파당이라는 점은 벗어날 수 없다. 당쟁은 권력의 위치로 올라섰던 사림 통치세력 사이에 빚어진 격심한 권력투쟁이자 갈등의 한 표현이었다. 기본적

자체가 국가의 지향이나 정치 통합을 저해하였다. 당쟁에서 논의되었던 종묘사직은 단순히 그것에 연관된 관인들과 군왕을 중심으로 한 왕조체제에 국한되었으며, 정치 통합이나 사회 유동성과도 무관한 특정 통치세력의 지속에만 치중했다. 따라서 당쟁은 시대변화나 사회 유동성을 차단하였으며 통치세력을 수적으로도 아주 한정시켰고, 결국 그들 자신도 그 속에 함몰되고 말았다.[5]

조선왕조는 당쟁으로 정치사회의 유동화를 고착시켰으며, 이것이 정치사회를 정체시켰던 요인의 하나가 되었다. 물론 당쟁 자체가 통치세력을 자주 교체시킨 원인이지만, 그것은 결국 통치세력 내부에만 한정된 그들만의 교체에 지나지 않았으며, 넓은 의미에서 정치사회의 유동성과는 점점 더 멀어지고 있었다. 이러한 한정성은 결국 통치세력의 동종번식으로만 이어졌으며, 결과적으로 그들을 붕괴시키고 상층구조의 전반적인 몰락으로 귀결지웠다. 이러한 몰락은 단일한 피라미드적 권력구조를 이루고 있었기 때문에 일어날 수밖에 없었던 불가피한 현상이기도 했다. 이들 세력의 전반적인 몰락은 그것을 대치할 대안세력을 가지지 못했기 때문에 생긴 현상이기도 했다. 통치세력이나 지배세력은 모두 당파에 소속되

으로 권력을 장악함과 동시에 그것을 유지함으로써 그들 일파의 부귀와 영화를 영속화하기 위한 파쟁이었다. 물론 대외적으로 붕당의 전개는 마치 일정한 이념적 대립이나 갈등이 전제된 것처럼 논리화되고 있지만 그것은 단지 외관상 그들 파쟁의 합리화에 지나지 않았다. 당쟁과 성리학과의 관계는 다음의 글에서 그 성격의 일단을 찾아볼 수 있다. "한편 양반관료들의 정쟁의 근거는 유교이념에서 구하는 것이 보통이었다. 16세기에 이기심성론(理氣心性論)이 발달하여 국왕 중심, 가부장 중심을 합리화하는 가치관을 확립한 위에 17세기에 정쟁(政爭)에서는 이것의 현실적인 행용(行用)의 예론(禮論)이 발달하게 되었다. 유교적 문치주의의 극치인 예치주의(禮治主義)가 강화되게 된 것이다. 따라서 17세기에 이르면 예에 대한 학문적 연구가 활발해져서는 예학이 발달하고 많은 예서들이 쏟아져 나왔다.(李成茂, 〈17世期의 禮論과 黨爭〉, 앞의 책?, pp.10~11)

5) 당쟁이 조선의 통치체제에 갖고 있었던 성격을 살펴보면 이는 곧 통치세력의 교체와 같은 권력구조의 유동화의 차단을 의미하게 된다. 일반적으로 왕조의 몰락은 통치세력의 능력과 체제의 한계에 말미암은 것이지만 이를 부추긴 것은 권력구조의 유동화가 고착된 현상에서 온다. 즉 통치세력의 한계에 말미암은 그들의 몰락은, 통치세력을 떠받쳐주는 지배세력 안의 특정 집단이나 인사들이 새로운 통치세력으로 부상 대치되는 권력구조적 유동화를 결과하게 된다. 이렇게 되면 통치체제는 체제 안의 변용을 이루게 되며, 이를 통해 결과적으로 그 체제는 자기강화의 일면을 보여주게 된다.

었으며, 당쟁으로 어느 한편이 승리하고 다른 편이 패배하는 것이 아니라 승자도 패자도 결국 함께 몰락하는 것이었다. 이 점에서 조선왕조는 결과적으로 가장 약한 통치체제이기도 했다.

조선왕조의 당쟁은 성리학적 실천을 이룩하기 위한 사림 안의 이념적인 또는 정책적인 대립에서 빚어졌다고 할 수는 없다. 성리학이 강조되기는 했지만, 그것은 권력경쟁에 참여했던 그들 자신을 위한 의미부여에 지나지 않았으며, 또한 그들의 특권적 위치의 세습화를 위한 것이기도 했다.[6] 당쟁은 권력 장악을 위한 사림들 사이의 권력투쟁 그 이상도 이하도 아니었다. 당쟁에 대한 긍정적인 논의도 없지 않지만, 그 실제적이고도 본질적 의미는 왕실과 통치세력의 권력 장악과 지속을 위한 그들만의 집단화일 뿐이었다.[7] 이 점에서 당쟁은 조선왕조의 통치체제적 한계를 보여준다. 이는 특정 통치세력들의 집권과 그들 사이에 빚어진 권력경쟁으로, 한편의 권력 점유는 다른 한편의 몰락을 가져왔던 중세적 전제체제의 통치구조였다.[8]

---

6) 조선조 후기의 당쟁에는 성리학의 영향이 컸다. 정사 시비 곡직의 이분적 논리 위에 엄격한 교조성을 강조해온 성리학은 정치 사회적으로 예론을 강조했다. 그것은 왕조에서는 왕통이 기본으로 자리잡았다. 혈통, 가통, 학통[學統(道統)]·왕통[王統(大統)] 등 통의식(統意識)이나 종법(宗法)이 중시되었다.(崔鳳永,〈朝鮮時代 精神研究 — 統意識을 중심으로〉,《정신문화연구》1983년 가을호, pp.134~141) 성리학적 통치이념은 현실적으로 민중의 삶에 대해서는 상대적으로 경시되었다. 이러한 사정을 말해주는 것으로는 임진왜란시의 백성들의 참상에 대한 다음의 글에서도 짐작할 수 있다. "경기의 사민들이 크게 굶주려서 죽은 시체가 길에 가득하였다. 사대수(査大受)가 길 가다가 어린애가 기어가서 이미 죽은 어미의 젖을 먹는 것을 보고 유성룡에게 말하기를, '왜적은 아직 물러가지 않았는데 인민의 사망이 이와 같으니 장차 어찌할까요.' 하자, 탄식하기를, '하늘도 근심하고 땅도 슬퍼할 것이다.' 하였다. 유성룡은 눈물을 흘리며 남방의 의병장 안민학(安敏學)이 실어 보낸 의곡(義穀) 수천 석을 가지고 진휼하기를 주청하였고, 제독도 애긍히 여기고 스스로 군인 먹일 군량을 나누어서 구제해 주었으나 백분에 1, 2에도 미칠 수 없었는데, 기민이 잇따라 얻어먹으러 왔다. 개성의 3문 밖 몇 리 사이에 그들먹하게 모여서 처량하게 얻어먹더니, 제독이 떠난 뒤에는 모두 즐비하게 죽었다."(《신선조실록》26년 2월 1일조)

7) 당쟁을 근대적 정당과 연관시키는 논의도 없지 않다. 그러나 이는 정당의 근대적 의미를 이해하지 못한 것에 말미암은 논의일 뿐이다. 정당과 정책 그리고 집권은 일정한 제도적 틀로 규정되어 있으며, 정당 사이의 경쟁의 승패는 정당을 지지해주는 일반인들의 선택에 달려 있다. 이 점에서 당쟁은 통치세력만으로 한정된 것으로, 당쟁에 따른 권력 점유는 제도적 틀과는 무관하게 이루어졌다.

당쟁의 이러한 성격을 인식하기 위해 여기서는 먼저 당쟁의 당사자였던 사림을 생각해 보기로 하자.[9] 사림은 조선왕조의 수립에 공을 세워 훈작을 받았던 특권적 훈신과는 대립되는 존재였다. 조선조 훈신들은 건국 초기부터 고위 관직을 점유자하고 있었으며, 기호 지방을 근거로 한 거대 규모의 농장을 소유했고, 세습화된 특권적 통치세력이었다. 특히 세조의 쿠데타인 계유정난 이후 성종대까지 거의 20여 년은 250여 명의 공신들로 이루어진 훈신들의 집권기였다. 그러나 성종은 자신의 왕권을 정상적으로 행사하기 위해 훈신들의 영향력을 약화시켜야 했기 때문에 신진사류를 다수 등용하게 되었다.[10]

---

8) 중세적 전제체제는 기본적으로 군왕이 통치세력의 핵심이기에 그에 따른 자의적 권력 행사가 주요한 특징일 수밖에 없다. 이러한 상황에서 관인들이나 정신(庭臣)들은 사실상 국왕의 전제권 행사의 수단적 존재에 불과하다. 그러나 조선왕조 후반기의 당쟁은 결국 국왕의 통치권 약화, 그것이 왕위승계의 한계나 국왕으로서 능력의 결여 등에 말미암은 결과는 자연히 외척이나 권신의 등장을 가져왔다. 이들은 다른 관인들과 집단을 이루어 권력을 지속적으로 유지하게 되었기 때문에 그들에 도전적인 다른 집단을 철저하게 배격하게 되었다. 통치권의 행사는 이처럼 집단화한 특정 세력의 전유물이 되었으며 그 위에 국왕이 군림했다는 점에서 당쟁은 국왕의 통치권 행사에서 부분적 한계를 보여주기도 했다. 이러한 성격은 국왕의 전제적 성격이 국왕, 당파의 혼합적 전제성으로 이어짐으로써 중세적 전제체제의 또 다른 변형이라 할 수 있다. 이 점에서 조선 중기를 훈신과 사림으로의 이분화가 아니라 척신의 위치를 설정함으로써 일종의 3자적 관계로 파악하는 주장도 제기되고 있다.(金宇基, 《朝鮮中期戚臣政治硏究》, 集文堂, 2001)

9) 이 부분에 대한 설명은 이미 앞장에서 부분적으로 다루었기 때문에 다소 겹치는 면도 없지 않다. 사림은 고려 후기 성리학의 수용에 따른 사대부로부터 비롯된다. 사대부는 조선으로 왕조 교체기에 양분되었다. 하나는 조선의 건국과정에 참여로 건국공신 또는 훈신이 되어 실제 통치권을 점유할 수 있었다. 다른 하나는 고려에 충성을 다하면서 고려를 개혁하려 했다. 이들 후자는, 조선의 개국으로 지방으로 물러나 향촌에 은거하게 되었으며 여기서 성리학적 후학 양성에 치중했다. 이들이 사림의 주류가 되었으며 그 후예나 후학 문도 등이 과거를 통해 다시 중앙 정계로 진출하게 되었다. 실제로 이들의 출사에 대한 논의는 앞장에서 살펴 본 것처럼 성종 때부터 본격적으로 이루어졌다.

10) 이성무, 《조선시대 당쟁사》1, 동방미디어, 2000, p.107. 사림파는 주로 영남지방을 중심으로 정몽주-길재-김숙자-김종직으로 이어진 성리학의 학통을 이었던 넓은 의미의 지배층이었다. 물론 사림 가운데는 기호지방 출신도 있었지만 영남에 거주했던 사림이 다수를 이루었다. 그러나 영남사림과 기호사림 사이에도 학연으로도 연관을 맺고 있었다. 영남사림과 기호사림은 성종 때 김종직·김굉필·정여창을 중심으로 본격적인 사림파를 형성할 수 있었다. 그 가운데도 사림의 종장인 김종직은 본관이 경상도 선산이었으며, 1431년(세종 13년)에 밀양 외가에서 출생하여 1492년(성종 23년)에 사

이것과 동시에 과거제에 힘입어 사림파의 지속적인 출사가 이루어졌으며, 그 결과 이들은 훈신들과 권력경쟁을 하게 되었다. 훈신과 사림 사이의 갈등은 먼저 사림의 등장에 자극 받았던 훈신 집권세력의 사림에 대한 견제로 나타났는데, 연산군 때의 사화가 바로 그러했다. 그러나 중종반정 이후 주요 관직에서 추방되었던 사림이 다시 중용되어, 한때는 조광조의 도학정치가 등장할 정도까지 되었다.[11] 그러나 조광조의 지나친 성리학적 관념론은 현실성을 중시했던 훈신들의 반격을 받게 되었다.[12] 중종 뒤 인종-명종의 시기에 인종의 외척인 대윤과 명종의 외척인 소윤 사이에 갈등이 첨예화되었다. 이 시기만 해도 사림들 다수가 제거되었기 때문에 훈신들 사이에서만 갈등이 일어났고, 이것이 정국의 주요 쟁점이 되었다.[13]

망했다. 그의 부친은 김숙자로 길재에게 수학했다. 29세에 문과에 합격했고 후학을 양성했다. 그의 3대 제자로는 김굉필·정여창·김일손 등인데, 이들을 비롯한 그의 제자들이 기호·영남 사림들을 이루고 있었다.

11) 조광조는 정몽주-길재-김숙자-김종직-김굉필의 학통을 이었으며 소학군자로 알려지기도 했다. 중종 5년(1510)에 사마시에 장원으로 합격하여 진사가 되어 성균관에 들어갔다. 그 뒤 이조판서 안당의 추천을 받아 6품직의 조지서 사지에 임명되었지만 중종 10년(1515) 알성시에 합격, 성균관 전적이 되었다. 이어 그는 사간원 정언이 되었으며 이때부터 도학정치를 주장하면서 훈신파와 대결하게 되었다. 그의 도학정치의 기본은 민유방본, 즉 통치의 주요한 대상을 애민에 두자는 것이었으며 이를 위해 훈구파의 대토지 소유를 제한하고 조세제도의 개편, 군역의 경감 등을 주장했다. 그는 성군론도 주장했으며 군주 자신이 성리학을 연마하고 그 이상을 정치에 실현할 수 있어야 한다고 생각했다. 그리고 친군자(親君子) 원소인(遠小人)을 주장하면서 군자는 바로 사림들이요, 소인은 훈신들이라고 이분했다. 그는 대간들의 활동을 중시했는데 이는 언로의 확충으로 나타났다. 이 경우 대간들의 언로확충은 곧 훈신들에 대한 비판적 견제의 강화였다. 이 점에 대해서는 崔異敦,《朝鮮中期士林政治構造研究》, 一潮閣, 1994 참조

12) 여기서 말하는 조광조의 도학정치는 성리학인 도학을 정치와 교화의 근본으로 삼아 왕도정치와 요순시대를 지향하려는 지배형태였다. 그러므로 군주는 요순처럼 되기 위해서 도학을 궁구해야 한다고 강조했다. 조광조의 이러한 지치주의적 통치는 훈신들에 대해서는 이른바 위훈삭제 문제로 충돌했다. 중종반정의 공신 가운데서 그 공을 너무 크게 인정받았던 공신들의 관작 삭탈을 주청했다. 그러나 중종은 이들 공신이 중종반정 후 권력구조의 핵심을 점하고 있으며 원로대신이기 때문에 중종 자신의 안위와 관련된 문제였다. 중종은 훈신과 손잡고 조광조 등 사림을 제거하게 되었는데, 조광조는 사사되었고 김정·기준·한충·김석 등도 사사 자결에 처해졌다. 김구·박세희·박훈·홍언필·이자·유인숙 등은 귀양갔다. 이 사건을 기묘사화라고 하며, 이때 희생된 사림들을 기묘명현(己卯名賢)이라 불렀다.

13) 이 시기 외척 권신의 등장은, 훈신들 가운데 일부가 왕실의 외척이 되어 실제 통치권

선조의 등장으로 그의 지원을 받았던 사림들이 다시 대거 관인으로 출사했으며, 그 결과 훈신과 외척 권신들의 영향력을 점점 대치하게 되었다. 그 결과 사림들에 의한 권력 점유가 이루어졌다. 권력이 사림파의 독무대로 변하자 이번에는 사림파 안에서 권력 점유를 위해 그들끼리 경쟁이 치열해졌는데 이것이 당쟁이었다. 처음에는 사림들 사이의 친소관계를 중심으로 분열되었던 것이 점차 핵분열적 가열성을 보여, 결국 동·서·노·소의 분당으로 분열되기 시작했다.

당쟁은 선조 때 본격적으로 대두했다. 이 시기는 사림들의 출사와 그것에 비례하여 훈신들의 퇴각이 일어나고 있었다.[14] 훈신들이 통치세력에

의 중심부로 진입 권신으로 자리잡을 수 있었기 때문이었다. 이러한 현상의 대두는 실제 왕위계승과정에서 정당성이 약한 국왕이 등장한 경우, 즉 적실 왕통에서 벗어난 왕이 등극했거나 또는 쿠데타와 같은 수법으로 왕위를 차지한 경우 그 위치의 불안을 메우기 위해서 특정 권신을 외척으로 끌여들였다. 이렇게 해서 등장한 외척은 국왕의 보위자임과 동시에 스스로 통치권의 주요 행사자가 되어 사실상 권신의 위치에 오르게 되었다. 권신이 된 외척의 몰락은 새 왕의 등극에 따라 다른 외척이 권신이 된 경우였다. 새로 등장한 외척은 이전 외척의 제거를 통상적인 관례처럼 자행했다. 이 점에서 조선왕조 중·후기는 이들 외척들의 교체에 따라 이루어진 훈신들과 사림 사이의 갈등이 맞물려서 이루어진 권력구조가 통치의 기본 속성으로 자리잡게 되었다. 이러한 성격의 한 사례가 바로 대윤, 즉 인종의 외척과 소윤, 즉 명종의 외척 사이에 빚어졌던 갈등으로 여기에는 일부의 사림이 연관되기도 했다. 이들 외척이 사림에 대해 어떤 태도를 취하는가에 따라 사림의 위치도 달라졌기 때문이었다. 구체적으로 대윤을 대표했던 윤임은 사림에 대해 호외적이었으며 그들을 비호해 주었다. 그러나 소윤의 윤원형은 문정왕후의 수렴정청에 힘입어 권력의 핵심부로 오르자 대윤의 윤임과 사림들을 숙청하는 을사사화를 일으켰으며, 이로서 다수의 사림들이 피해를 보게 되었다. 문정왕후의 수렴청정이 끝난 뒤 명종의 친정이 행해진 뒤 이번에는 명종비 인순왕후의 동생 심의겸이 실권을 장악했다. 인순왕후의 외삼촌인 이량이 동부승지로 특진되어 윤원형의 20년 세도를 견제했다. 이량은 명종 18년 강력한 권력의 행사자가 되어 외척 권신의 위치를 차지할 수 있었다. 그는 자신의 반대세력을 제거하기 위해 사림과 가까운 인순왕후의 동생 심의겸도 제거하려 했다. 이 사실을 알게 된 심의겸의 아비, 즉 인순왕후의 부친인 심강은 인순왕후를 등에 업고 명종에게 호소해서 이량을 제거할 수 있었다. 그 결과 심의겸이 통치세력의 중추부로 올라설 수 있었다. 그러나 명종은 재위 23년 만에 후사 없이 사망했고, 선조가 그 뒤를 이었으며, 이로써 권력구조는 새로운 변화를 겪을 수밖에 없게 되었다.

14) 여기서 지적되어야 할 사실은, 선조의 국왕 승계의 한계 자체가 당쟁의 가능성을 부추겼다는 점이다. 구체적으로 선조는 중종의 서자인 덕흥군의 셋째 아들로 16세에 왕위에 올랐다. 그는 자신의 한계를 사림들에 대한 비호로써 그들로부터 정당성을 부여받으려 했다. 그 결과 이 시기부터 사림들이 본격적으로 중앙 정계로 진출할 수 있었다. 선조는 사림을 옹호했으며 특히 이황을 예조판서 겸 지경연사로 임명했고, 71세의

서 물러난 뒤 관직은 사림들의 독무대가 되었으며, 그렇게 되자 이번에는 사림들 사이에 분열이 생겼으며 동서로 분당되었다.[15] 당시 동인과 서인 사이를 조정했던 이이가 죽은 뒤 서인은 급속하게 몰락했으며, 그로부터 거의 5, 6년 동안 통치 요직은 동인의 독무대가 되었다. 이 시기에 동서 분당의 갈등은 정여립의 난으로 한층 고조되었다. 이것을 계기로 서인은 동인을 공격했으며 한때 정권을 잡았고, 그 연장선 위에 서인에 속한 정

백인걸을 직제학에 임명했을 정도였다. 을사사화 이후 죄인으로 몰렸던 사림 출신의 노수신·유희춘·김난상 등 10명을 서용했으며, 이때부터 사림세력은 급속하게 성장하게 되었다. 선조는 또한 조광조를 추증했으며 이와는 달리 훈신이었던 남곤을 관작 삭탈하는 조처를 취함으로써 사림에게는 호의적인 태도를 보였다.

15) 동서분당은 척신인 심의겸의 지원으로 선조 집정 초기에 사림으로 출사했던 이른바 구신들과 그 뒤에 출사한 신진 사림들 사이의 분열에서 시작되었다. 전자에는 이준경·심통원·민기·홍섬·홍담·송순·김개 등이 포함되어 있었으며, 후자의 신진 사림으로는 이황·노수신·유희춘·김난상·이이·정철·기대승·심의겸·이후백·신응시·유성룡·오건·김우옹 등이 있었다. 당쟁의 첫 시발로는 선조 5년(1572) 이조 전랑 추천 문제를 중심으로 설명하게 된다. 전랑은 문무관의 인사행정을 담당했던 이조와 병조의 전랑 좌랑의 통칭이었다. 비록 품계는 낮았지만 청요직 가운데 제일 직책이었다. 이조전랑은 문관 인사에서 정승 판서를 제재할 수 있는 권한을 가졌으며, 언관 삼사인 사헌부·사간원·홍문관의 청요직을 선발하고 재야인사의 추천권을 가지고 있었다. 특히 이조전랑은 자대권을 갖고 있었다. 그러므로 이조 전랑직을 누가 차지하는가에 따라 통치세력의 향배가 갈릴 정도였다. 사림 일부의 지지를 받았던 구신 세력의 중심인물인 이조참의 심의겸이 앞장서서 이조전랑 오건이 자신의 후임으로 추천한 신진사림 대표 김효원을 거부했으며, 그 대신 심의겸과 가까운 조정기를 그 자리에 앉힌 것이 문제의 발단이었다. 심의겸이 김효원을 배척했던 이유는 김효원이 비록 청백·조신·문재를 겸비한 인물로 평가되었지만, 지난날 윤원형의 집에 김효원이 드나드는 것을 보고 한낱 권신의 문객이라고 치부했기 때문이었다. 이 문제는 다른 사림들에 따라 그가 권신의 문객이 아님이 드러났지만 심의겸은 이를 받아들이지 않았다. 그 반면에 김효원은 심의겸을 노회한 척신이라고 생각했다. 이들 사이의 관계는 뒷날 김효원이 이조정랑이 되었으며 이로써 김효원이 심의겸을 공박하게 되었다. 김효원은 자신의 뒤를 이을 이조정랑에 거론된 심의겸의 동생 심충겸을 두고 "전랑이 외척집안의 물건이냐, 어째서 심씨 문중에서 차지해야 하는가?"라고 말할 정도로 비판적이었다. 그 당시 김효원의 집은 서울의 동쪽인 건천동에 있었기 때문에 그를 추종하는 문인들을 동인이라 했고, 심의겸의 집은 서쪽의 정릉동에 있었기 때문에 서인이라 불렸다. 1575년(선조 8)에 동서 분당으로 갈라지게 되었으며, 이를 을해붕당(乙亥朋黨)이라고 불렀다. 동인은 대체로 이황과 조식 문인들이었으며, 그 영수로는 허엽이 추대되었고 유성룡·우성전·김성일·남이공·김우옹·이발·이산해·송응개·허봉·이광정·이원익·홍가신·이덕형 등 소장파로 구성되었다. 서인의 경우는 허엽과 대립관계에 있었던 박순이 영수가 되었으며 여기에는 이이와 성혼의 제자들로 정철·신응시·정엽·송익필·조헌·이귀·황정욱·김계휘·홍성민·이해수·윤두수·윤근수·이산보 등으로 되어 있었다.

철은 1천여 명의 동인을 숙청했다.[16] 그러나 서인의 정철도 세자 책봉문제로 선조의 신임을 잃게 되자 파직당했으며 명천으로 유배되었다. 그 결과 다시 동인이 등장했다. 동인은 또한 기축옥사의 잘못에 대해 서인을 처벌하는 문제로 서인 내부에서 북인과 남인으로 재분열되는 양상을 보여주었다.[17]

당쟁의 전개를 살펴보면 국왕과 권신 중심으로 엮어졌던 사림들이 그들끼리 엉킨 것으로, 이는 정치상황에 따라 처신했던 국왕의 분열통치적 일면도 원인이 되기도 했다. 국왕의 통치권을 효율적으로 보장해줄 새 당파가 필요하면, 일정한 명분을 내세워 기존의 집권 당파를 실각시켰다. 이는 기존 당파의 지나친 비대로 국왕의 통치권이 위축될 여지가 있었기 때문이었다. 실각된 당파의 인사들은 파직은 물론이고 처벌·유배 등으로 제거되었다. 이렇게 함으로써 결과적으로 왕권은 지속될 수 있었다. 이 점은 선조 이후 역대 국왕의 재임기간 동안 있었던 최소한 2~4회 이상의 환국, 즉 당파의 교체에서 알 수 있다. 그런가 하면 다른 차원에서는 다수의 사림에게 관직을 제공할 수 없었던 한정된 관직 사정의 결과로도 인식할 수 있는데, 관직 점유의 치열함 자체가 당쟁으로 전개되었음은 이

---

16) 기축옥사는 정여립 사건이 그 계기였다. 본래 정여립은 서인으로 같은 당료인 이발·이길의 형제로부터 추천을 받아 사헌부와 홍문관에 발탁되었다. 그러나 이이의 사후 서인에서 동인으로 전향했다. 선조 앞에서 이이를 "나라를 그르친 소인"으로 매도하기도 했는데 선조가 그를 혹평하여 중용하지 않았다. 그는 전주로 낙향하여 전주 금구·태인 등지에서 무사들과 공·사천 노비를 모아 대동계를 조직했으며, 왜구가 침범했을 때는 전주부윤이 그에게 군사 원조를 받을 정도였다. 그의 역모 사건을 안악군수 이축, 재령군수 박충간, 신천군수 한응인 등이 고변하게 되었고, 그는 변숭복, 아들 옥남 등과 함께 죽도로 도망했다. 여기에서 관군의 추격을 받아 변숭복과 옥남을 죽이고 자결했다. 기축옥사는 동인으로부터 공격을 받아 관직에 물러났던 서인에게는 동인을 반격하고 다시 관직을 되찾을 수 있는 일대 호기로 작용했다. 당시 서인의 실세였던 정철이 우의정에 임명되어 이 사건을 조사하는 책임을 맡았는데, 그는 평소 사감이 컸던 동인의 요인들을 대거 이 사건에 연루시켜 다수의 동인을 엄벌했는데, 이때에 처형된 자가 1천 명이 넘었다.

17) 동인 가운데는 서인을 엄격하게 처벌하자는 이발·이산해·정인홍 등 강경파와, 그 처벌의 범위를 최대한 감소시켜야 한다는 유성룡·김성일·우성전 등 온건파로의 양분되었다. 전자를 북인이라 불렀고 후자를 남인이라 불렀다. 북인의 수령인 이발의 산하에는 정여립·최영경·정인홍 등 화담과 남명의 문인들이 들어있었으며, 남인의 수령 유성룡 일파에는 김성일·이성중·우성전 등 퇴계 문인들이 자리잡고 있었다.

미 앞에서도 지적하였다. 그러므로 당쟁은 결과적으로 사림의 출사 명분을 집단 차원에서 제기하는 형식이었다고 할 수 있다.

이러한 사실을 전제로 하면, 당쟁은 조선왕조의 특이한 통치양식이었다. 그것은 국왕·권신·관인들 사이에 수직으로 단일화된 피라미드적 권력구조와 통치체제 안의 가치 미분화에서 관직만을 유일한 가치로 여겼던 상황에서 빚어질 수밖에 없었던 현상이었다. 결국 국왕이나 관인, 그리고 사림 모두가 당쟁을 통치의 불가피한 제도로 수용했던 것도 이러한 상황에 기인한 것이었다. 이 점에서 조선왕조는 그 체제의 지속을 위해 당쟁의 존속을 필요로 했고, 그것은 역으로 그 체제를 퇴역적으로 몰게 되는, 즉 중세적 전제왕조체제로 회귀 고착시킴으로써 비로소 통치체제의 안정을 이루는 묘한 상황을 연출하게 되었다.

2. 당쟁의 전개와 왜란

당쟁의 이러한 성격을 더한층 부추긴 것은 왜란과 호란이었다. 외침을 당하면 군민일체의 대응으로 방어하는 것이 일반적이지만, 조선왕조는 이러한 성격과는 거리가 있었다. 외침에 효과적으로 방어하지 못했을 뿐 아니라 전쟁의 책임, 특히 국왕의 파천 문제를 중심으로 오히려 당쟁이 격렬하게 전개되었다. 또한 전쟁 가운데 전공을 세웠던 대북이 당쟁에서 유리한 위치를 차지했고, 그들이 실권을 장악하는 등 전쟁이 곧 당쟁과 연결되었으며 그것을 격화시키는 상황까지 빚어놓았다. 이처럼 당쟁은 전쟁의 소용돌이 속에서 더한층 심한 대립과 갈등을 빚어 놓는, 실로 비정상적 통치체제의 한계를 드러내었다.

사실 왜란이나 호란은 조선왕조의 무능과 무력함의 실증이었다. 외국의 침탈을 막을 군비조차 마련되지 않고, 당장 그들이 최고로 중시했던 종묘사직이 무너질 위기인데도 고위 관직자들은 권력의 장악에만 치중했으며, 이를 위해 다른 당색을 공격하였다. 그러면서도 명나라에 대한 사대로 군사 지원을 받아 왕조를 보전하려는 전형적인 사대 종속적 문약체제의 모습을 보여주고 있었다. 이러한 성격은 결국 전쟁의 참화를 백성들에게 고스란히 떠넘기게 되었다. 이러한 사실을 인식하기 위해 여기서는 먼저 왜란을 살펴보고 이어 호란도 밝혀보기로 한다.

1592년 4월 13일 일본의 침략군은 고니시 유키나가(小西幸長)와 가토 기요마사(加藤淸正)를 선봉장으로 15만 8700명의 육군과 수만 명의 수군 이 조선을 침범했다.[18] 부산성과 동래성을 함락한 뒤 일본군은 조선의 내 륙으로 곧장 진군했다.[19] 그러나 4월 29일 선조는 평양을 거쳐 의주로 피 난해 버렸다. 당시 선조의 황망한 피난은 다음 글에서 읽을 수 있다.

> 새벽에 상이 인정전에 나오니 백관들과 인마 등이 대궐 뜰을 가득 메 웠다. 이날 온종일 비가 쏟아졌다. 상과 동궁은 말을 타고 중전 등은 뚜껑 있는 교자를 탔는데 홍제원에 이르러 비가 심해지자 숙의 이하는 교자를 버리고 말을 탔다. 궁인들은 모두 통곡하면서 걸어서 따라갔으며 종친과 호종하는 문무관은 그 수가 백 명도 되지 않았다. 점심을 벽제관에서 먹 는데 왕과 왕비의 반찬은 겨우 준비되었으나 동궁은 반찬도 없었다. 병조 판서 金應南이 흙탕물 속을 분주히 뛰어다녔으나 여전히 어찌 해볼 도리 가 없었고 경기관찰사 權徵은 무릎을 끼고 앉아 눈을 휘둥그레 뜬 채 어 찌할 바를 몰랐다.[20]

---

18) 일본군의 조선 침탈은 일본이 이른바 '전국시대'를 통일한 도요토미 히데요시가 통 일한 1585년 관백이 되어 조선을 침탈하기 위해 준비했다. 이는 오사카·나가사키 등 의 도시 상인들과 이득을 함께 했던 도요토미의 대외적 진출의 의도를 갖고 있었으며, 또한 일본의 봉건영주들과 사무라이들의 투쟁의식을 대외로 표출시키려는 의도도 담 겨 있었다.

19) 일본군의 침탈은 먼저 중부로는 대구-상주-문경-조령-충주로 잡았으며, 동부에는 경 주-영천-문경-조령-충주로, 그리고 서부로는 김해-성산-금산-추풍령-청주로 했다. 조선왕조는 이일을 순변사로 유성룡을 도체찰사로 신립을 3도 순변사로 하여 방어전 에 임했지만 이일, 신립 등은 패전했다. 순변사 이일은 서울에서 불과 60여 명의 군인 을 이끌고 4월 23일 상주에 도착, 그곳에서 수백 명의 군대를 징모하여 당일부터 진법 을 훈련시켜 진지를 구축했지만 일본군의 공세로 도망쳐 버렸다.(《선조수정실록》권 26, 25년 4월) 신립도 충주에서 패전했는데 이는 신립의 잘못된 전투지휘에서 온 것이 지만 급조된 농민군의 성격을 갖는 관군의 한계이기도 했다. 조정에서는 서울로 일본 군이 진격하자 서울 방어를 위해 김명원을 도원수로 삼아 한강을 지키게 했고, 우의정 이양원을 유도대장으로 서울을 지키게 했다. 그러나 선조의 피난이 있고 난 뒤 도원수 김명원과 이양원 등은 퇴각할 수밖에 없었다. 임진강 방어 전투가 어느 정도 그 효과를 나타내어 일본군의 진격이 약 20일 정도 정지시킬 수 있었다. 그러나 고니시와 구로다 가 이끈 일본군은 피난하는 선조를 잡기 위해 평양으로 접근하였다. 일본군은 6월 중 순에는 평양을, 7월에는 함경북도까지 진격하였다.(《선조수정실록》권 26, 25년 7월)

피난하는 도중 선조의 피난 문제가 정쟁의 불씨가 되어 당파들 사이에 한바탕 파쟁을 불러일으켰다. 승지들과 어가를 호종한 신료들은 선조의 파천이 잘못된 선택이라고 공격하면서 이를 추진한 동인에 속한 영상 이산해를 공격했다. 선조는 그 자신의 허물은 눈감으면서 그 대신 "미리 막지 못하고 적으로 하여금 마치 무인지경을 들어오듯 하게 하였으니 대신들이 어떻게 죄를 면할 수 있겠는가"라고 말하면서 이산해를 파직하는 조치를 취했다. 선조가 피난하자 서울은 일본군의 수중으로 곧장 떨어졌다.[21] 선조의 피난길에 함께 한 관인들은 기껏 수십 명에 지나지 않았다.[22] 국왕의 피난 행차라기에는 너무나 초라했다. 선조는 개성을 거쳐 평양에 머물렀다가 추격하는 일본군을 피해 의주까지 피난했다. 그리고 끝내 일본군의 추격에 겁먹고 국경을 건너 중국 요동으로 들어갈 생각을 했으며, 그것을 논의할 정도로 궁박한 상황으로 내몰렸다.[23]

---

20) 《선조실록》 권 26, 25년 4월 30일 기미.

21) 서울의 함락에 대해서는 이렇게 적어 놓았다. "도검찰사 이양원(李陽元) 도원수 김명원(金命元) 부원수 신각(申恪)이 모두 달아났다.……적의 기병 두어 명이 한강 남쪽 언덕에 도착하여 장난 삼아 헤엄쳐 건너는 시늉을 하자 우리의 장수들은 얼굴빛을 잃고 부하들을 시켜 말에 안장을 얹도록 명하니 군사들이 다 붕괴되었다. 이양원 등은 성을 버리고 달아났고, 김명원·신각 등은 뿔뿔이 흩어져 도망하였으므로 경성이 텅 비게 되었다."(《선조실록》 권 26, 25년 5월 3일)

22) 이때의 사정을 다음 글에서 읽을 수 있다. "당초 상이 서울을 나올 적에 사서인(士庶人)만이 나라의 형세가 다시 진작하지 못할 것이라고 말한 것이 아니라, 유식한 진신(縉紳)들도 결국은 반드시 멸망할 것이라고 여겨 조신 가운데 호종한 자가 백 명 가운데 한두 사람도 없었다. 인심이 이미 떠났으니 다 책망할 수는 없으나 수찬 임몽정(任蒙正)은 하루 앞서 도피하여 숨어 버리고 정언 정사신(鄭士信)은 반송정까지 왔다가 달아나고 지평 남근(南瑾)은 연서까지 왔다가 달아났으며 그 이외에 낭서와 모든 관사의 소관들도 마음대로 흩어졌다. 대가가 평양에 도착함에 이르러서는 대사성 임국로(任國老)는 어미가 병환이 났다는 핑계로 상소하여 명을 기다리지도 않고 떠나갔으며 이조좌랑 허성(許筬)은 그와 가까운 사람에게 촉탁하여 소모관이 되어 가족이 있는 곳에 머물면서 전혀 하는 일이 없었으며 한림 조존세(趙存世)·김선여(金善餘), 주서 임취정(任就正)·박정현(朴鼎賢) 등은 선전관 성우길(成佑吉)을 달래기도 하고 으르기도 하여 안주에 도착하기 전에 달아났으며……이때에 호종한 사람이 문무관을 통틀어 수십 명에 이르지 않았으며 세자를 따른 사람도 고작 10여 명에 지나지 않았다고 한다. (《선조실록》 권 27, 25년 6월 21일 기유)

23) 그 해 6월 24일에 선조는 신하들에게 "요동으로 가든지 다른 곳으로 가든지 부질없이 의논만 할 것이 아니라 속히 결정하여 그때를 당해서 갈팡질팡하는 폐단이 없도록 하라"고 말했고, 여기에 대신들의 대답은 "당초에 요동으로 가자는 계책이 어디에서

그 소용돌이 속에도 다행스러웠던 것은 이순신의 승전과 의병들의 활동, 그리고 명의 원병이었다. 전라좌도 수군절도사 이순신의 승전은 일본군의 침탈을 제약했다. 1592년 5월 7일 옥포해전의 승전, 6월 2일 당포해전의 승리, 한산도 대첩 등으로 일본 수군을 격멸했다. 그 결과 육지에서 일본군의 진격을 차단시킬 수 있었다.[24] 이순신의 해군을 제외한 조선의 군사력은 임진왜란 개전 초에 이미 와해 상태에 놓여 있었다. 조선왕조의 중문경무가 가져다 준 당연한 귀결이었다. 문신 주도의 통치체제에서는 최고사령관조차 문신이 차지했으며, 병사나 병대는 물론이고 군비조차 정비되지 못했다. 이러한 상황이었기에 일본군은 곧장 전국을 유린할 수 있었다. 관군의 지휘관으로 임명된 인사들 가운데 다수는 도망치기에 바빴고 일부 무능한 지휘자는 전사했다. 그 결과 개전 초기에 이미 관군의 대부분은 붕괴상태에 놓여 있었다.

관군은 패배했고 각 지방 수령들은 도망쳤다. 이러한 상황에서 조선왕조를 구하기 위해 나섰던 것은 의병들이었다. 의병은 지방의 사림들이 주축을 이루었지만 실제 행동대는 농민과 노비였고, 여기에 지방 하급 관인들도 참여했다.[25] 수많은 의병장들이 전국 곳곳에서 적게는 수백 명에어

나왔는지 모르겠습니다.……그리고 명나라에서 대접하여 허락할는지의 여부도 예측할 수 없으며 일행 사이에 비빈도 뒤떨어져 갈 수 없는데 요동사람들은 대부분 무식하여 복색도 다르고 말소리도 전혀 다르니 비웃고 업신여기며 무례히 굴면 어떻게 저지하겠습니까. 비록 요동에 도착한다 하더라도 그곳의 풍토와 음식을 어떻게 견디시렵니까. 생각이 이에 이르자 눈물이 절로 흐릅니다. 요동으로 가는 문제는 신들은 결코 다시 의논할 수 없습니다."(《선조실록》 권 26, 25년 6월 24일)

24) 한산도 해전에서 이순신 장군이 승리함으로써 일본군의 진격은 사실상 차단될 수밖에 없었다. 서해바다로 해서 군사와 군량을 수송해야 할 형편이었는데도 그것이 불가능했기 때문이다. 이러한 사정은 다음의 글에서도 읽을 수 있다. "한산도 해전으로 일본군의 한 팔은 끊어진 셈이었다. 일본군의 고니시가 비록 평양을 점령했지만 그 형세가 불리해졌고 더 이상 북진을 감행할 수 없었다. 그 결과 왕조는 전라도·충청도·황해도·평안도 등의 연안 일대를 장악하게 되었고, 이를 통해 군량을 조달할 수 있었으며 군령을 신속하게 전달할 수 있었기 때문에 조정의 기능을 회복할 수 있었다. 또 요동의 금주·복주·해주·개주 등과 천진 등 지역이 전란을 면할 수 있었음은……사실상 한산도 해전의 승리의 성과였다."(《징비록》 권 1, 총론)

25) 최초 의병활동은 경상우도 의령의 곽재우에 따라 이루어졌으며 그의 지휘로 이 지역에 침탈한 일본군을 격퇴했다. 홍의장군 곽재우는 의령의 유생으로 지방 수령들이 제 목숨만을 지키려고 도망치면서 나라의 흥망은 생각하지 않으니 이러한 시점을 맞아

많게는 수천 명이 무리를 지어 일본군과 맞서 투쟁했다. 그 때문에 관군도 정비할 시간을 얻어 군사력을 복원할 수 있었고, 일본군이 점령했던 지역의 일부를 탈환할 수 있었다. 일본군과 벌인 주요 격전지로는 진주성 전투,[26] 상주성 탈환[27] 등을 들 수 있다. 관군과 의병 총수는 17만여 명을 넘어섰으며, 전세는 점차 소강국면으로 접어들었다. 그 해 10월에 일본군은 부산과 서울 사이의 주둔지를 도시 중심의 22개소로 제한했으며, 부산에서 서울과 평양을 잇는 선만을 유지하고 있었다.

한편 명나라는 거듭된 조선의 원군 요청에 따라 선조 25년 12월 이여송으로 하여금 4만 명의 군대를 조선으로 파병했다.[28] 조·명 연합군은

우리 같은 백성들이 죽음으로 나라를 구할 수밖에 없다는 생각으로 4월 22일 자기 집 노비 10여 명으로 의병을 조직하였으며, 곧 여기에 참여한 숫자는 1천여 명이나 되었다. 서부 경상도의 지역에서 일본군을 패배시킨 곽재우 의병부대는 창녕·양산의 탈환전투에서 승리하였다.(《선조실록》권 27, 25년 6월 병진) 그 밖에 경상도의 합천에서는 정인홍의 의병부대가, 고령에서는 김면, 영천에서는 권응수 등의 의병부대가 접전을 벌렸다. 전라도 담양에서는 5월말에 고경명과 우팽로의 의병활동이 일어났으며 관군과 협력으로 금산성 전투에서 승리했다. 충청도에서는 조헌의 의병부대가 활약했으며, 경기에서는 김천일, 홍계남의 의병부대가, 평안도에서는 김진수 의병부대가 활동했다. 황해도 등 서부에서는 이정암·김천일의 의병부대의 활약상을 보여주었다.

26) 당시 진주는 경상우도의 중심지이자 병마첨절제사가 있었던 요지였다. 일본군은 개전 초기 하세가와의 지휘 아래에 3만 명의 육군과 수군이 참여했다. 그 해 10월 6일의 일본군 공격에 맞서서 진주성을 수호했던 진주판관 김시민의 지휘 아래에 관군과 의병이 연합하여 이들을 막을 수 있었다. 진주성을 포위한 일본군의 외곽에 곽재우 의병들이 다시 공격하였으며, 고성의 의병 최강, 이달 말의 부대가 가세하였다. 10월 10일에도 일본군의 대대적인 공세가 있었지만 진주성의 백성들과 군인들의 항전으로 결국 일본군을 몰아낼 수 있었다. 진주성 전투에서의 승리는 개전 초 이순신의 한산도 해전의 승리와 함께 중요한 의미를 갖고 있었다.

27) 상주성 탈환은 정기룡의 관군이 중심이 되어 11월 23일 밤에 이루어졌으며 화공으로 일본군의 기선을 제압하고, 이 전투에서 일본군 300명을 섬멸할 수 있었다. 정기룡 부대는 퇴각하는 일본군을 추격하여 당교에서 소탕하였다.

28) 명은 거듭되는 조선 국왕의 원병 요청에 대하여 먼저 행인사행인(行人司行人) 설번(薛藩)을 파견, 조직으로 다음과 같이 유시하여 조선국왕과 신료들을 안심시켰다. "그대 나라는 대대로 동번(東藩)을 지키며 평소 공손히 순종하였고, 의관 문물(衣冠文物)이 성해 낙토(樂土)라고 불려졌다. 그런데 요즈음 듣건대 왜노가 창궐하여 대거 침입해서 왕성(王城)을 함락시키고 평양을 점거하여 생민들은 도탄에 빠져 원근이 소란하며 국왕은 서쪽의 바닷가로 피신하여 초야에 있다고 하니, 그렇게 결딴난 모습을 생각하면 짐(朕)의 마음이 서글퍼진다. 엊그제 급박함을 고하는 소식을 받고 이미 변신(邊臣)에게 조칙을 내려 군사를 일으켜 구원하도록 하였다. 이제 또 행인(行人)을 차송하여 그대 국왕에게 알리는 것이니 마땅히 그대 조종(祖宗)이 대대로 전한 기업을 생각

일본군이 점령한 평양성을 탈환하게 위해 공격했다. 그 결과 고니시의 일본군대를 퇴각시킬 수 있었으며, 이로써 일본군을 패전으로 내몰 수 있게 되었다. 서울을 탈환하기 위한 전투는 권율의 지휘 아래 행주산성에서 행해졌으며, 마침내 행주대첩으로 관군과 의병이 대승하는 결과를 가져왔다.[29] 그리고 서울 일원을 포위한 관군과 의병의 공격은 서울을 점령했던 일본군을 4월 11일 퇴각시켰다.

조선을 지원했던 명나라 군대는 일본군과 전쟁을 끝내기 위해 일방적으로 강화회담을 시작했으며, 여기에서 일본군의 퇴로를 열어주기로 약속해 버렸다. 일본군은 서울에서 물러나 경상도의 해안지역으로 결집할 수 있었다. 울산 서생포에서 거제도 지역까지 진지를 구축함으로써 장기 주둔을 모색하기도 했다. 일본군은 한편으로는 강화회담에 임하면서 다른 한편으로는 전세를 만회하고자 침략을 계속했다. 1593년 6월에 진주성을 다시 공격했던 것이다.[30] 그러나 진주성 전투에서 관군과 의병, 그리고

하도록 하라. 어떻게 차마 하루아침에 가벼이 버리겠는가? 급히 치욕을 썻고 흉적을 제거해야 할 것이니 힘써 바로잡고 회복할 것을 도모하라. 그리고 다시 해국(該國)의 문무 신민에게 잇따라 유시하여 각기 군주에게 보답하는 마음을 견고히 하고 원수를 갚는 의리를 크게 분발하도록 해야 할 것이다. 짐이 지금 문무 대신(大臣) 2원(員)에게 명하여 요양(遼陽)의 정병(精兵) 10만 명을 통솔하고 가서 도와 적을 토벌하도록 하였다.……옛날의 문물을 회복시켜 국왕으로 하여금 개가를 울리며 도성으로 돌아가 종묘와 사직을 굳건히 지키며 번병(藩屛)의 임무를 길이 보전하게 하라. 그리하여야 먼 곳을 보살피고 작은 나라를 사랑하는 짐의 뜻을 위로하게 될 것이다. 부디 공경할지어다. 그러므로 흠유하노라."(《신선조실록》 25년 9월 1일조)

29) 행주대첩은 서울 탈환을 준비하기 위해서 권율 부대가 행주산성에 들어왔으며 여기에 의병과 일반 민간인들이 가세하였다. 서울에 집결된 일본군은 행주산성을 점령하기 위해서 일본군은 전후 9차례 공격했지만 행주성 안의 관군 의병 민간인들이 합세하여 일본군을 물리쳤으며, 이 전투에서 일본군은 거의 섬멸되었고 일본군 대장 요시가와도 부상을 당했다.(《선조수정실록》 권 27, 26년 2월 ; 《연려실기술》 권 16, 권율, 행주지첩)

30) 진주성의 수비 군대는 의병장 김천일 등의 의병과 관군이 모두 3천 명 정도로 그보다 40배나 많은 12만여 명의 일본군이 진주성 주변을 둘러쌌다. 6월 22일에서 시작된 전투는 27일까지 계속되었으며 폭우 속에도 진주성에 있었던 의병, 관군, 주민들의 투쟁은 실제로 문자 그대로 영웅적이었다. 진주성이 일본군에 함락되자 김천일·이종인 등의 자결과 장렬한 전사에 이어 6만여 명의 무고한 진주 주민들이 일본군에 학살당했다.(《선조실록》 권 40, 26년 7월 갑자·을축) 실제로 진주성 전투는 비록 일본군에 함락되었지만 사실상 일본군은 이 전투에 패배했으며 심대한 타격을 입게 됨으로써 더 이상 전라도 지방으로 진군할 수 없게 되었다. 이 전투는 임진왜란에서 가장 격렬

성중 백성들의 일심협력은 일본군을 파탄시킬 수 있었으며, 이로서 종전을 가져올 한 계기를 마련하게 되었다.

일본군과 명 사이의 강화회담은 1592년 9월부터 명의 심유경과 일본의 고니시 사이에 평양에서 시작되었다. 명은 전쟁의 종결을 기대했으며 일본은 명과의 관계 회복으로 교역을 행할 수 있게 하고, 조선의 남부 4개도를 할양할 것을 요구했다. 명은 도요토미를 일본 왕으로 책봉하여야 일본군이 조선에서 철병할 것이라는 심유경의 제의에 따라 책봉사를 일본에 파견했으며, 여기에 조선에서도 돈녕부 도정 황신을 정사로 상호군 박호장을 부사로 파견했는데, 일본은 이들을 강제로 억류하였다. 그리고 일본은 계속해서 하삼도의 할양만을 요구했다. 이 기간에도 일본군의 군사행동은 그대로 자행되고 있었다. 여기에 맞서 1593년 11월 담양의 김덕령 의병부대의 활동은 일본군을 연파하게 되었다.

강화회담에서 일본측이 하삼도의 할양과 조선 왕자를 볼모로 요구했지만 이를 달성하지 못하자 다시 1596년 7월에 대규모의 침략군을 동원하기에 이르렀다. 즉 가토가 선봉장이 되어 14만 여의 일본군을 8개의 편대로 나누어 부산, 울산, 사천, 진주, 순천, 해남에 진지를 구축하고 경상도와 전라도를 거쳐 다시 서울을 점령하려 했다. 그러나 직산 남쪽 10리 밖 소사평에서 도원수 권율과 충청병사 이시언의 지휘로 일본군을 패배시켰으며, 이로서 일본군의 예봉은 꺾였고 조선군이 전쟁의 주도권을 쥐게 되었다. 그리고 전라도 해남의 명량해전에서 통제사 이순신의 지휘로 일본 적선 30여 척과 4천 명의 적군을 섬멸하는 대전공을 세웠다.[31] 일본군에 대한 결정적인 공세는 그 해 12월부터 1월까지 전개된 울산 전투와[32] 노량해전이었다. 특히 노량해전에서는 이순신의 지휘로 200여 척의

했던 전투였으며 그것은 진주성 안의 주민들과 그 지역에 있었던 관군은 물론이고 의병의 애국적 승전이었다. 그러나 순변사 이빈, 전라감사 권율 등은 진주성을 지원하지 않고 남원으로 철군하였으며 남원에 있었던 충청도 조방장 홍계남도 진주성 방어에 도움을 주지 못했다.

31) 《이충무공전서》권 8, 난중일기, 정유 9월 15·16일.

32) 울산 도산성 전투는 경기도까지 진출했던 가토의 지휘 아래에 일군 수만 명이 집결해 있었다. 12월 23일 도원수 권율의 군대가 성을 공격하다가 퇴각하는 척 하면서 다

왜선을 격침시켰고, 2만 명의 적병을 섬멸했다. 이로서 일본군을 퇴각시킬 수 있었다.

임진왜란은 조선왕조의 무능과 부패 그리고 당쟁의 격렬함이 가져다준 구체적인 실례였다. 일본군의 침탈로 보름 만에 도성을 일본군 수중에 내주어야 했다. 이에 분격했던 백성들은 왕궁에 불을 질렀다. 그러나 일본군의 침탈에서 최대의 희생은 백성들이 치렀기에 그들 스스로를 지키기 위해 의병으로 나섰다. 이는 왕조를 위해서 그런 것이기보다는 일종의 자구책에서 행해진 것이었다. 그러나 그것은 결과적으로는 근왕군의 성격을 갖게 되었다.

전쟁의 소용돌이 속에 선조를 중심으로 한 상층 통치세력들은 여전히 당파적 파쟁을 일삼고 있었다. 그 과정에 서인은 집권세력인 동인의 책임을 물어 이산해를 파직시킬 정도로 공세를 취했다. 다만 동인의 유성룡만은 전란을 수습하기 위해 관직을 지킬 수 있었지만 실제의 권한은 서인들의 손안에 있었다. 특히 전쟁 중에, 경의와 실천을 강조한 남명(조식)의 문인들이 의병장으로 앞장서서 활약했는데, 이들이 소속된 북인은 그 전공(戰功)으로 정국의 주도권을 장악할 수 있었다. 북인도 남명계와 화담계가 섞여 있었기 때문에 기성과 신진 사이에 대립이 일어나 소북과 대북으로 분열되었다.[33] 대북 인사들은 일본의 침탈과정에 공을 세웠으므로 선조의 신임을 얻었으며, 그 결과 대북이 실권을 장악하게 되었다. 그 뒤 대북은 선조 33년(1600)에 육북과 골북으로 다시 갈라지는 분열상을 보이기도 했다.[34]

시 반격을 가하여 적군 500명을 살육하였다. 다시 그 다음날 조선 군대는 3개 부대로 나누어 그곳의 반구정과 태화강에서 적을 포위 공격하였으며, 그 때 불어온 강풍을 이용하여 적진을 화공으로 공격했으며 수천 명의 일군을 섬멸하고 외성을 점령하였다. 포위된 가토는 조선군 진영에 금품을 보내면서 성의 포위를 풀어달라고 요구하였다. 그러나 1월에 일본군이 부산 양산에서 90여 척의 배를 타고 태화강을 거슬러 올라와 지원하였다. 이에 조선군대는 경주로 일시 퇴각했지만 실제 이 전투로 일본군의 사기는 완전 저상되었다.(《연려실기술》 권 17)

33) 이들의 갈등은 주로 관직 천거 문제로 대립했다. 북인 가운데 신진세력에 속하는 김신국과 남이공은 북인의 기성세력인 홍여순에 맞섰는데, 이것이 소북과 대북의 분열로, 전자를 소북으로 후자를 대북이라고 불렀다.

34) 선조는 일본군의 침탈과정에서 공빈 김씨의 둘째아들 광해군을 세자로 삼고 분조체

광해군의 즉위로 대북 정권이 확립되자 그들은 이른바 사림 5현의 문묘 종사에 대한 논의를 매듭지을 수 있었다.[35] 그러나 사림 5현의 선정 문제로 남명 조식, 계인 정인홍이 불평을 품게 되었다. 남명과 대립적인 위치에 있었던 퇴계는 5현으로 선정되었고 남명은 여기에 빠진 것에 분개해서 광해군 3년(1611)에 회퇴변척소(晦退辨斥疏)를 올렸다.[36] 그리고 인조반정으로 서인이 유리한 위치에 놓이게 되었으며, 서인들은 대북 세력을 견제하기 위해 남인을 불러들여 일종의 공동 정권의 형식을 취했지만 실제로는 서인이 권력을 독점할 수 있게 되었다.

3. 호란과 서인-노론의 갈등과 환국

인조반정에 공을 세운 서인들은 통치권을 놓치지 않기 위해서 공신맹약의 자리를 마련, 여기서 '무실국혼 숭장산림'(毋失國婚崇獎山林)을 내걸

제로 근왕군을 모아 일본군에 맞섰다. 그러나 명과 일반 민중들이 선조보다 광해군을 지지했기 때문에 광해군은 선조의 눈밖에 났다. 선조 말년 당쟁은 세자인 광해군과 영창대군 사이의 왕위계승문제로 이합집산을 거듭했다. 여기에 소북이 영창대군을 지지했고 대북은 광해군을 지지함에 따라 당파의 갈등이 심했다. 이 과정에서 선조는 영창대군이 적자이기 때문에 그에게 왕위를 세습하려 했으며 이를 소북의 유영경 등이 지지했다. 유영경에 맞선 대북은 재야 사림인 정인홍으로 하여금 유영경의 탄핵소를 올리게 했다. 선조는 정인홍 등 대북의 요인들을 유배했다. 그러나 선조가 급서하자 유영경 등 소북은 몰락했고 대북이 득세했다. 즉 광해군을 지지했던 대북이 정권을 장악했기 때문이다. 당파의 권력 갈등은 왕자들 사이에도 격심한 대립을 보여주었는데, 광해군은 명의 왕통승계에 개입된 혐의가 있었던 그의 형 임해군을 강화도로 유배 살해했다. 그뿐 아니라 광해군은 어린 적자인 영창대군을 죽였으며 영창대군의 어머니이자 자신의 서모이기도 한 인목대비도 서궁에 유폐시켰다.

35) 이는 김굉필·정여창·조광조·이언적·이황의 5인에 대한 문묘 배향문제로 최초 선조 때 이언적에 대한 반대로 오랫동안 논란이 거듭되었지만 광해군에 와서야 인정되어 배향함으로써 조선조에서 사림이 중핵적인 통치세력이 되었음을 공식적으로 인정하는 결과가 될 수 있었다.

36) 이 상소에서 이언적과 이황을 냉혹하게 비판하여, 이들은 자기 이익만 노리는 몰염치한 인물이라고 몰아붙였다. 그리고 남명 조식은 사림 5현으로 당연히 올라가야 한다는 점을 강조했다. 그러나 이 회퇴변척소에 대해 성균관 유생들을 비롯한 사림들은 이언적·이황을 옹호하고 정인홍을 배척하여 그를 유적에서 삭제해 버렸다. 이로써 대북의 영향력도 축소되었으며 그 연장선 위에서 인조반정을 맞게 되었다.(조여항,《정인홍과 광해군》, 동녘, 2001, pp.255~258)

게 되었다. 이는 당시 통치권력을 지속적으로 유지하기 위한 방안으로 서인만이 왕실의 외척자리를 맡아야 하고 그들의 통치를 이념적으로 지원받기 위해서는 산림의 유학자들로부터 지지받을 수 있는 공론을 확보하는 것이 중요하다는 의미였다. 이 표현은 곧 산림이 당쟁의 근원지였음을 의미하는 것이었다.[37] 어느 면에서 당파는 산림처사들의 근거지인 서원을 중심으로 삼았는데, 특히 안동·연산·회덕·산음이 대표적이었다. 서원은 당쟁의 정신적이고 이론적인 기반이며 특히 임진왜란 때는 의병의 진원지이기도 했다. 근왕군의 위세는 대부분 서원을 중심으로 한 산림처사들이 앞장서서 이루어졌다. 특히 의병을 주도했던 북인이 선조와 광해군 연간에 집권했던 것도 이 때문이었다.[38]

광해군의 등극으로 그를 지지했던 대북의 정인홍·이이첨·이경전 등이 정국을 주도[39]했으나 인조반정으로[40] 광해군이 제거되자 대북의 유희

---

37) 산림은 조정 대신이나 신료들의 지원 기반이었기 때문에 이들 중신에 대한 중망은 사림으로부터 연유되었기 때문이었다. 이 점에서 산림은 비록 출사는 하지 않았으면서도 성리학을 논구하는 유자로서 그 영향력을 행사하고 있었다. 주로 서원을 바탕으로 여기서 공론을 논의하고 산림처사로 일관하지만 국정에 대한 시시비비에 민감하게 반응했다. 산림처사들 가운데서도 때로는 관직에 나가는 경우도 있었지만 대부분의 경우 사퇴소를 올리는 것으로 되어 있었다.

38) 북인은 절의와 경(敬)을 강조하는 산림처사로 척화의 위치에 서 있었다. 북인의 구성은 화담과 남명의 학통으로 자연히 그들 사이에 결집력은 미약할 수밖에 없었다. 이러한 사정은 선조 후기 북인의 김신국·남이공 등 신진 인사들의 등장으로 이미 북인 정국의 주도권을 행사했던 이산해·홍여순 등과 마찰을 빚었다. 그 결과 북인은 대북과 소북으로 분열되었다. 구체적으로 북인의 분열에는 1599년(선조 32) 3월 이조판서 이기가 홍여순을 대사헌으로 천거하려 하자 이조정랑이었던 남이공이 "여순은 탐욕이 많고 방종한 사람이라 대사헌에 적합하지 않다"고 반대한 것에서 비롯되었다. 이것이 계기가 되어 홍여순과 남이공이 대립했는데 홍여순의 북인을 대북이라 불렀고 남이공을 소북이라 불렀다. 대북과 소북의 대립에서 대북이 사실상 정국을 주도함으로써 홍여순의 세력이 확대되었으며 여기에 맞서 이산해가 견제했는데, 1600년(선조 33)에 이산해를 지지하는 대북을 육북이라 불렀고 홍여순을 지지하는 대북을 골북으로 불렀다.

39) 광해군은 왕위계승에서 선조의 적극적인 지지를 얻지 못했기 때문에 정당성이 미약했다. 그의 잠재적 경쟁자였던 임해군과 영창대군을 제거했고 그 과정에 소북의 핵심으로 선조의 신임을 얻었던 유영경이 축출되었고 임해군은 강화도로 귀양갔으며, 그뒤 강화현감 이직에 의해 피살되었다. 임해군은 광해군의 친형으로 왕위계승에서도 광해군보다 앞이었지만 성정이 사납고 방자하여 세자의 자리를 광해군에게 내주게 되었다. 임해군이 역관 이윤상에게 수만 냥의 은으로 명의 관리에게 "장자로 왕을 삼으라"는 명령서를 얻도록 도모했다는 구실로 역모로 몰아 강화도에 유배시켰다. 임해군의 처벌을 강조했던 집단이 광해군의 등장을 도왔던 대북의 정인홍·이이첨 등이었으므

556

분·이이첨·정인홍·박엽·정준 등 수백 명이 처형되거나 유배되었으며, 이이첨은 참형되고, 광해군도 강화도로 유배되었다.[41] 인조반정을 주도했던 서인들은 반정공신으로 정사공신(靖社功臣)의 책록을 받았으며, 그 수는 53명이었다.[42] 이이첨·정인홍을 '만고의 역적'이라고 규정했고,

로, 이들은 임해군의 비복 100명을 국문과정에서 죽게 하는 참혹한 옥사를 저지르기도 했다.(《연려실기술》권 19, 폐주 광해군 고사본말) 그 뒤 '칠서(七庶)의 옥(獄)'에 연류시켜 영창대군도 강화도로 유배시켜 강화부사 정항에 의해 죽임을 당했으며 인목대비를 서궁에 유폐하기도 했다. '칠서의 옥'은 1613년(광해군 5)에 서인의 거두인 박순의 서자 박응서를 비롯하여 서양갑·심우영·이경준·박치인·박치의·허홍은 등은 스스로 죽림칠현이라 자칭하면서 변혁을 도모했는데, 이를 위한 자금으로 조령에서 은장수를 죽이고 은 6, 7백 냥을 강탈했다. 이 사건을 빌미로 대북의 이이첨이 이의승을 시켜 박응서로 하여금 영창대군을 왕으로 삼기 위해 국구 김제남과 짜고 영창대군을 왕으로 옹립하려 했다고 허위 자백하게 했다. 광해군의 친국에 이들 서자의 주모자인 서양갑은 자신의 어머니가 모진 고문을 받는 것을 보고 "광해가 내 어머니를 죽이니 나도 제 어미를 죽여야겠다"고 중얼대면서 그들의 모의가 김제남과 밀통했다고 고변해 버렸다. 이로써 영창은 강화도로 귀양갔으며 인목대비는 서궁에 유폐되었다. 광해군의 왕권 유지는 정국을 대북의 주도에 맡기게 되었고, 그 결과 이이첨·정인홍·유희분·박엽·정준 등이 권력구조의 핵심으로 자리잡았다. 여기에서 소외된 서인과 소북, 남인 등의 불만이 높았다. 이 시기의 이러한 상황을 빗대어 "서인은 이를 갈았고 남인은 원망을 품었으며 소북은 비웃었다"고 말할 정도에 이르렀다.(이성무,《조선왕조사》, 동방미디어, 1998, p.544)

40) 인조는 조선왕조의 제16대 군왕으로 선조의 손자였으며 정원군의 맏아들로 태어났다. 어릴 때 선조의 총애를 얻어 궁중에서 성장했다. 인조반정을 주도했던 것은 율곡 문인인 이귀 등이었고, 여기에 김류·장유·심기원·김자점 등 서인의 무신집단이 가담했다. 훈련대장 이흥립 등도 호응했다. 몇 차례 고변으로 어려움이 있었지만 1623년(광해군 15) 3월 13일 반정군 7천여 명이 홍제원에 모여서 김류를 대장으로 밤 3시에 창의문을 지나 창덕궁으로 들어갔으며 인조 자신이 왕위에 오를 수 있었다.

41) 인목대비는 인조반정을 정당화하는 교서를 내렸는데, 그 내용은 다음과 같다. "적신 이이첨과 정인홍 등이 악행을 부추겨 (광해군으로 하여금) 형(임해군)을 해치고 아우(영창대군)를 죽이며 조카(능창군)를 도륙하는 등 여러 차례 큰 옥사를 일으켜 무고한 사람들을 해쳤다. 또 대비를 서궁에 유폐하는가 하면 의로는 곧 군신이며 은혜로는 부자와 같은 명에 대해 배은망덕하여 속으로 다른 뜻을 품고 오랑캐에게 성의를 베풀었다. 이에 인조가 윤리와 기강이 이미 무너져 종묘 사직이 망해 가는 것을 보고 있을 수만은 없어 반정을 도모했다."(《인조실록》 권 1, 1년 3월 갑진)

42) 이들이 인조 시기의 정국을 주도했다. 서인 공신들 가운데는 율곡 문인, 우계 문인, 백사 문인, 그리고 사계 문인 등으로 구성되어 있었다. 율곡 이이와 우계 성혼, 백사 이항복은 이미 죽었기 때문에 실제로는 사계(沙溪) 김장생(金長生)의 위력이 절대적이었다. 사계도 율곡 이이의 학문을 이었으며 호서 산림을 형성하고 연산에서 그 위명을 날리고 있었다. 이는 어느 면에서 율곡학파로부터 사계학파로의 독자적 형성을 의미하였다. 사계는 광산 김씨로 그 조상은 역대 훈신으로 서인에 속했으며 그 아들 김집(愼獨齊)에 따라 학문이 승계되었다. 여기에서 우암 송시열, 동춘당 송준길, 초려 이유태,

대북을 역당으로 지목했다. 서인은 일종의 관제 야당으로 남인 일부를 등용해서 겉으로는 연합정권과 같은 형식을 취하기도 했다.[43] 그리고 이괄의 난에 공을 세운 장만·정충신·남이홍 등 32명을 진무공신(振武功臣)으로 책봉했다.[44] 같은 서인 가운데 집권했던 서인을 공서라고 불렀으며 그 핵심에는 김류가 자리잡았다. 여기에 맞섰던 서인을 청서라고 했는데 김상헌·신흠·오윤겸·황상·김상용·나만갑·강석기 등이었으며, 이들은 인조반정에서 공신은 아니었지만 청의를 표방함으로써 공서를 공격하는 데 앞장섰다.

집권세력이 된 서인들 사이에 원종추숭문제로[45] 다시 반목이 일어나게

시남 유계 등의 인물이 나와 사계학파를 확고하게 자리잡게 했다. 이들은 연산·회덕·옥천·공주를 중심으로 호서산림을 형성했으며 이들이 서인의 학문적 기반이 되었다.

43) 비록 남인의 참여가 있었지만 서인과 남인 사이의 대립과 갈등은 인조반정 이후 심각한 대립을 보여주었다. 이러한 사정에 대해서는 許捲洙,《朝鮮後期 南人과 西人의 學問的 對立》, 法仁文化社, 1993, pp.40~47 참조.

44) 서인의 반정공신들 사이에도 공신책봉을 두고 불만이 일어났으며, 특히 김류와 이괄의 대립은 격심했다. 특히 이괄이 2등 공신으로 책록되고 김류가 최1등 공신이 된 것에 대해 이괄의 불만이 심했다. 이괄의 불만은 군사행동으로 전개되었다. 즉 후금에 대한 대비책으로 북방 경비를 강화코자 장만이 도원수에 임명되었고 부원수 겸 평안부사에는 이괄이 임명되었다. 그러나 이괄의 아들 이전의 모역이 고변되었으며 이것에 분노한 이괄이 군대를 동원 서울을 점령, 선조의 제10 왕자 흥안군을 왕으로 옹립하는 이른바 이괄의 난이 일어났다. 그러나 도원수 장만과 경기감사 이서 등이 서울을 포위하여 이괄의 군을 격파했으며 이괄은 부하였던 기익헌·이수백 등에게 살해되었다. 공주로 피난갔던 인조는 피난 22일 만에 환도했다. 이괄의 반란은 기본적으로 공신책봉에 불만을 가진 서인 내부의 저항이었기 때문에 서인의 분열이라고 할 수 있다. 서인 가운데도 인조반정에 불참했거나 이괄의 난의 평정에도 관여하지 못했던 인사들이 있었는데 이들은 서인의 관직자들이 보여주는 지배의 한계에 대해 강한 논조로 비판했다.

45) 인조는 인목대비의 교서에서 밝힌 것처럼 왕위승계의 정당성을 합리화할 수 있었지만 성리학적 관점에서는 왕통의 정당한 승계에는 부분적으로 문제가 있었다. 이것이 바로 '원종추숭'(元宗追崇) 문제였다. 선조의 뒤를 이은 인조는 선조의 손자이었기 때문에 자신의 아버지인 정원군을 어떻게 불러야 하는가가 왕통승계문제의 대상이 될 수밖에 없었다. 조선왕조에서는 가례(家禮)의 원칙이 강조되었기 때문에 이 문제는 사람들 사이에 논란의 대상이 될 수밖에 없었다. 한편에서는 인조의 아버지 정원군을 인조가 그대로 아버지로 불러야 한다는 논의, 즉 칭고칭자설(稱考稱子說)이 있었는가 하면, 다른 한편에서는 인조는 선조의 뒤를 이었기 때문에 그 아들이 되어야 하며 그의 아버지 정원군은 백숙부로 불러야 한다는 숙질론(叔姪論)이 제기되었다. 사림 가운데서 전자의 대표적인 인물이 김장생이었고 후자는 박직계였다. 이러한 논의는 성리학

되었다. 인조 때 서인은 그 이전 광해군의 중립적인 대외노선에서 벗어나 친명 반후금의 대외정책을 추진했으며 후금과 국교도 단절해 버렸다. 그 뿐 아니라 후금에서 도망쳐 온 한인과 여진들을 받아들였으며, 후금에서 밀려 내려와 가도에 주둔하고 있었던 명의 모문룡을 지원해 주었다. 인조 의 이러한 대외정책은 후금과 대립적인 관계로 떨어지게 되었으며 그 결 과 후금의 침략으로 이어졌다. 인조의 정책은 왜란 때 지원해준 명에 대 한 사대적인 섬김으로 치중하고 있었기 때문이었다. 이는 국가와 국가 사 이의 외교관계를 현실에서 벗어나 명분론으로 인식했던 조선왕조 통치세 력의 한계를 보여주는 것이었다. 결국 1627년 1월 13일 후금의 3만 병력 이 침략했는데 이를 정묘호란이라 불렀다. 후금의 군대는 의주·안주· 황주·평산 등 서북지방을 단숨에 점령했다. 후금의 침탈에 맞섰던 관군 은 사기도 장비도 보잘것없었다. 심지어 관군의 일선 지휘관이었던 평안 감사 윤선, 황주병사 정호서 등은 도망치기에 바빴다. 조정에서는 영중추 부사 이원익을 하삼도체찰사로 삼았고, 이정구를 병조판서로 임명했으며, 김자점에게 강화도를 수비하게 했고, 4도체찰사 장만에게 전선 방어에 대한 책임을 맡겼다. 그러나 장만은 평산에서 황주병사와 평안감사가 도 망쳤음을 알고 자신도 도망치고 말았다. 후금군은 불과 보름 만에 평양성 을 함락시켰으며, 그 때문에 인조는 급히 서울을 벗어나서는 강화도로, 그리고 세자는 전주로 각기 피난했다.[46]

의 명분론으로 그 뒤에도 사림들 사이에 격심한 논쟁의 대상이 되었다. 즉 일반 민중 의 삶이나 정치 사회적 통합, 또는 외적의 침입과 같은 국방 문제는 이러한 명분논리 로 말미암아 뒤로 밀려났다. 인조는 허목 등 성균관 4학의 유생들의 반대를 물리치고 자신의 생각을 지지해 준 이귀를 이조판서에 최명길을 예조판서로 임명했으며, 자신 의 아버지 정원군을 원종으로 어머니는 인헌왕후로 칭하게 함으로써 왕실의 종통을 선조-원종-인조로 정립했다. 이로써 자신의 왕위승계에 따르는 정당성을 스스로 확 립하였다.

46) 이날 인조는 다음과 같은 교서를 내렸다. "……아! 그대들 중외(中外)의 사민들은 비 록 나를 임금답지 못하다고 하겠지마는 열성들의 사랑하고 보살펴주신 유택(遺澤)에 감사하지 않을 수 있겠는가. 내가 나라를 잃는 것이야 오히려 안타까울 것이 없겠지만 종묘의 제사가 끊기고 팔도가 어육이 되는 것을 염려하지 않을 수 있겠는가. 이에 옛 것을 버리고 새로운 것을 좇아서 제도의 어사를 소환하여 호패를 모두 파기하고 그 성 적(成籍)들을 불사르며 무릇 전후에 걸쳐서 호패의 일로 인하여 구류되었거나 도배된 자들도 다 사면시켜 석방한다. 나의 진심을 한 장의 종이에 담아 사방에 널리 고하노

인조는 각 도에 호소사를 파견해서 근왕병을 초모하게 했다. 그러나 충청·경상·전라의 하삼도에서는 근왕병의 초모가 제대로 성과를 거둘 수 없었으며, 그 결과 평산 이남과 충청도 공주 이북의 전 지역은 완전 무방비상태에 떨어지게 되었다. 후금군을 막을 수 없었기 때문에 인조는 왕족인 진창군 강인에게 형조판서라는 임시 직함을 주어 후금 군영으로 찾아가 다음의 글로 화친을 청하기에 이르렀다.

> ……천지 신명이 진실로 함께 굽어보시는 바이기에 이에 감히 생각한 바를 모두 토로하겠습니다. 우리나라가 명나라의 신하가 되어 섬긴 지 200여 년이어서 명분이 이미 정해졌는데 감히 딴 뜻을 가질 수 있겠습니까. 우리나라가 약소하지만 본시 예의로 일컬어졌는데, 하루아침에 황조를 저버린다면 귀국도 장차 우리나라를 어떻게 여기겠습니까. 대국을 섬기고 이웃 나라와 교제하는 예에는 본시 방도가 있는 것입니다. 지금 우리가 귀국과 화친하는 것은 이웃 나라와 교제하는 것이요 황조를 섬기는 것은 대국을 섬기는 것이니, 이 두 가지는 아울러 시행되면서 서로 어긋나지 않아야 하는 것입니다.[47]

이로써 가까스로 후금과 화의하게 되었다. 그 결과 조선과 후금은 형제관계의 국가, 즉 조선은 후금을 형으로 섬겨야 하는 불평등한 관계가 성립되었다.[48] 이것으로 전쟁을 종식시킬 수 있었다.

니 모두 나의 이 마음을 이해하여 충의(忠義)를 격앙(激仰)하고 온 몸의 힘을 다하여, 혹 의병을 소집하여 행재(行在)로 달려오기도 하고 혹 군량미를 모아서 군인들 앞으로 실어 보내기도 하여, 제각기 힘이 미치는 대로 분의(分義)의 당연함을 다하도록 하라."(《인조실록》권 15, 5년 1월 5일)

47) 《인조실록》권 15, 5년 2월 5일.

48) 후금에서 요구했던 것은 다음의 내용으로 되어 있었다. "대금국(大金國) 이왕자(二王子)는 조선 국왕에게 답서를 보낸다. 두 나라가 화친하고 좋게 지내자는 것은 다 함께 아름다운 일이다. 귀국이 참으로 화친을 바란다면, 꼭 종전대로 명나라를 섬기지 말고 그들과 왕래를 끊고서 우리가 형이 되고 귀국이 아우가 되자. 명나라가 노여워하더라도 우리 이웃 나라가 가까운데 무슨 두려워할 것이 있겠는가. 과연 이 의논과 같이 한다면, 우리 두 나라가 하늘에 고하고 맹세하여 영원히 형제의 나라가 되어 함께 태평을 누릴 것이다. 일이 완결된 뒤에 상(賞)을 내리는 격식은 귀국의 조처에 달려 있으니, 국사를 담당할 만한 대신을 차출하여 속히 결정하여 일을 완결하라. 그렇지 않으면 오가는 길에 시간만 지연되어 불편할 터이니, 우리를 신의가 없다고 여기지 말기

그러나 불과 10년이 안 되어 후금은 1636년 4월 국호를 청으로, 군주를 황제라고 자칭하면서 조선에 국서를 보내 형제관계를 군신관계로 종속할 것을 강요했다. 이를 조선이 거절하자 1636년 12월 9일 청 태종은 12만 명의 병력으로 다시 침략했는데, 이를 병자호란이라 불렀다. 청의 군대는 이전과는 달리 직접 서울로 진군했으며, 안주방어선을 격파하고 12월 14일 개성을 점령했다. 조정에서는 급박하게 왕족과 권신의 가족들을 강화도로 피신시켰고, 국왕도 강화도로 피신하려 했지만 이미 청군 마부대의 기병들이 강화도의 길목을 차단했기 때문에 남한산성으로 피신할 수밖에 없었다. 청의 군대는 세 갈래로 나누어 한 갈래는 강화도를 공격했고, 다른 한 갈래는 하삼도에서 오는 지방 원군의 상경을 차단했으며, 그리고 마지막 주력부대는 남한산성을 집중 공격했다.

인조가 피난한 남한산성에는 서울의 방비를 맡았던 1만 3천여 명의 군대와 어영군 5천 명 등 모두 2만 명의 군대가 방위에 임했고, 비축미가 1만 4천 섬이 있었기 때문에 상당기간 방어할 수 있었다. 그러나 지휘관의 비겁함과 문신들의 용렬함은 결국 성 안에서 주화론자와 척화론자로 양분되는 상황에 놓이게 했다. 전선은 고착되었고 남한산성은 청군에 완전 포위되었으며 지방의 구원군은 차단되었다. 그리고 남한산성에는 추위와 굶주림으로 군민들의 사기가 극도로 떨어졌다.[49] 이러한 상황에서 인조를 비롯한 권신들은 청에 항복할 것을 주장하는 주화론을 제기했으며, 단지 성내의 하급관인들과 장병들만이 청과의 대적을 주장하는 척화론을 내세웠다. 주화론자와 척화론자 사이의 대립에서 결국 강화도가 1637년 1월 22일 청군에 강점되었다는 소식이 전해지자 성 안의 주화파 주장이 기세를 얻게 되었다. 1637년 1월 26일 신경진·구굉·구인후 등은 음모를 꾸미며 군대를 선동해서 국왕의 처소에서 척화론자들을 체포해서 청에 넘겨

바란다."(《인조실록》 권 3, 5년 2월 2일)

49) 하삼도의 각도 감사와 병사들에 따라 초병된 부대가 남한산성의 구원군으로 진공하는 도중에 청군에 패배하게 되었다. 즉 충청도에서 올라온 군대는 경기의 금천(시흥)에서, 경상도의 군대는 경기의 쌍령(광주)에서 전라도의 군대는 광교산(수원과 용인 사이)에서 청군에 패배했다. 그리고 함경도에서 온 군대는 경기의 양근에서 저지되었다.(《인조실록》 권 34, 15년 1월)

주고 빠른 시일 안에 화의할 것을 요구하였다. 이에 인조도 마침내 1월 30일 삼전도에서 청의 태종에게 신하라고 자칭하면서 그 예를 드리는 굴욕적 수모를 받아들였다. 이 날의 기록에서 삼전도(三田渡)의 현장을 상상할 수 있게 해준다.

청의 장수 용골대(龍骨大)와 마부대(馬夫大)가 성 밖에 와서 국왕의 출성(出城)을 재촉했다. 국왕이 남염의(藍染衣) 차림으로 백마를 타고 의장(儀仗)은 모두 제거한 채 시종 50여 명을 거느리고 서문을 통해 성을 나갔는데, 왕세자가 따랐다.……국왕이 단지 삼공 및 판서·승지 각 5인, 한림(翰林)·주서(注書) 각 1인을 거느렸으며, 세자는 시강원(侍講院)·익위사(翊衛司)의 제관(諸官)을 거느리고 삼전도로 나아갔다. ……국왕이 걸어 진(陣) 앞에 이르고, 용골대 등이 국왕을 진문(陣門) 동쪽에 머물게 했다.……용골대 등이 인도하여 들어가 단 아래에 북쪽을 향해 자리를 마련하고 국왕에게 자리로 나가기를 청하였는데, 청나라 사람을 시켜 개창(唱唱)하게 하였다. 국왕이 세 번 절하고 아홉 번 머리를 조아리는 예를 행하였다. 용골대 등이 상을 인도하여 진의 동문을 통해 나왔다가 다시 동쪽에 앉게 하였다.……용골대가 청 태종의 말로 빈궁과 대군 부인에게 나와 절하도록 청하였으므로 보는 자들이 눈물을 흘렸는데, 사실은 나인들이 대신하였다고 한다.……도승지 이경직으로 하여금 국보(國寶)를 받들어 올리게 하니, 용골대가 받아서 갔다. 조금 있다가 와서 힐책하기를 '고명과 옥책은 어찌하여 바치지 않는가'라고 하니, 국왕이 이르기를 '옥책은 일찍이 갑자년 변란으로 인하여 잃어버렸고, 고명은 강화도에 보냈는데 전쟁으로 어수선한 때에 온전하게 되었으리라고 보장하기 어렵소. 그러나 혹시 그대로 있으면 나중에 바치는 것이 뭐가 어렵겠소'라고 하자, 용골대가 알았다고 하고 갔다.……국왕이 밭 가운데 앉아 진퇴를 기다렸는데 해질 무렵이 된 뒤에야 비로소 도성으로 돌아갈 수 있게 해주었다. 왕세자와 빈궁 및 두 대군과 부인은 모두 머물러 두도록 했는데, 이는 대체로 장차 북쪽으로 데리고 가려는 목적에서였다. 국왕이 물러나 막차(幕次)에 들어가 빈궁을 보고, 최명길을 머물도록 해서 우선 배종(陪從) 호위하게 했다. 상이 소파진(所波津)을 경유하여 배를 타고 건넜다. 당시 진졸(津卒)은 거의 모두 죽고 빈 배 두 척만이 있었는데, 백관들이 다투어 건너려고 어의(御衣)를 잡아당기기까지 하면서 배에 오르기도 하였다. 국왕이 건넌 뒤에, 청 태종이 뒤따라 말을 타고 달려와 얕은 여울로 군사들을 건너게 하고, 상전(桑田)에 나아가 진을 치게 하였다. 그리고 용골대로 하여금 군병을 이끌고 행차를 호위하게 하였는데, 길의 좌우를 끼고 국왕을 인도했다. 사로잡힌 자녀들이 바라보고 울부짖으며 모두 말하기를, '우리 임금이시여, 우리 임금이시여. 우리를 버리고 가십니까'라고 하였는데, 길을 끼고 울며 부르짖는 자가 만 명을 헤아렸다. 인정(人定) 때가 되어서야 비로소 서울에 도달하여 창경궁 양화당으로 나아갔다.[50]

청과 화의가 이루어진 뒤 인조와 최명길·김류·홍서봉 등 주화파는 화의 지연의 책임을 물어 척화파의 홍익한·오달제·윤집을 청군에 넘겨주었다. 주화파가 현실적인 상황론자라면 척화파는 이념적 당위론자였고, 주화파가 주체적 지향성을 경시했다면 척화파는 주체성에 더 큰 의미를 두고 있었다. 이들이 어떠한 성격을 갖고 있었던 간에 결과적으로 왕조의 보위와 생민의 보호 능력을 상실했던 통치체제였음을 드러내었다. 이러한 성격은 청군 침탈 50일 만에 국왕 인조가 청의 태종에게 신하로서의 예를 올려야 하는 치욕을 받아들인 것에서 알 수 있다. 이로써 조선왕조는 명을 대신해서 청에 종속적인 사대로 나아가게 되었다. 호란의 소용돌이에도 남한산성에서 벌어졌던 척화파와 주화파 사이의 갈등이 기본적으로는 당쟁의 연장선이었음을 알 수 있으며, 이는 뒷날 당쟁의 또 다른 명분론으로 주장될 수 있었다. 호란의 치욕을 극복하기 위한 왕조부흥을 위한 변혁적 발전을 추구하기보다는 당쟁에만 매달리는 권력투쟁만을 보여주었다. 어느 면에서 두 번에 걸친 호란은 당쟁을 기정적인 정치과정으로 수용하는 결과가 되었다. 즉 호란 이후의 정국은 당쟁의 전개로 이어지는 당쟁 그 자체였다.

이러한 성격은 인조의 뒤를 이은 효종에서도 드러났다. 효종은 서인의 산림세력을 중용했으며, 청서에 속하는 인사를 다수 등용했다.[51] 효종은

---

50) 《인조실록》 권 34, 15년 1월 30일.

51) 인조 때부터 분열되었던 서인의 공서 청서는 효종에 와서는 더한층 세분되어 낙당(洛黨)·원당(原黨)·한당(漢黨)·산당(山黨)으로 분열되었다. 낙당과 원당은 인조반정의 원훈인 김자점과 원두표를 중심으로 결당되었으며, 인종반정의 훈구세력이었지만, 한당과 산당은 김육과 김집을 각각 당주로 결당한 서인 출신의 신진 산림세력들이었다. 효종의 측근에서 정치적 영향력을 확보했던 것은 김집의 산당으로, 이들은 김자

북벌을 통치의 주요 과제로 설정, 서인의 송시열을 정국 표면으로 등장시
켰다.[52] 송시열은 자기 당색인 송준길·유계·이유태 등 당료들을 관직에
등용시켜 자신의 위력을 강화했다.[53] 그러나 그 뒤 서인, 즉 송시열 중심
의 청서가 몰락하고 남인 일부가 권력의 중심부로 올라서는 변화를 보여
주었다.[54] 이러한 성격은 효종에서 현종, 숙종의 기간 동안 당인의 위치가

점 역모사건 등으로 원당과 낙당 등 훈구세력을 제거할 수 있었다. 그 가운데 김자점
은 인조반정의 1등 공신으로 30여 년간 정권의 실력자였다. 그러나 산당의 등장으로
물러나게 되자 역관 이형장을 시켜 청에 "효종이 구신을 몰아내고 산림인사들을 등용
하여 북벌으로 도모하려 한다"고 밀고하게 했다. 청은 김자점의 밀고로 두 차례 조사
단을 파견하였는데, 여기서 변심한 이형장이 오히려 김자점의 죄를 극론하였다. 이로
써 김자점의 시도는 실패했으며 이어서 그 다음해 1651년 12월 김자점이 그의 아들과
역적 모의를 하다가 복주되어 처벌되었다. 이로써 낙당은 완전히 몰락했다. 그 결과
조정에는 한당과 산당만이 존재하게 되었다. 또한 한당과 산당의 대립은 김육과 김집
의 대립이었다. 김육의 한당은 경화사족으로 구성된 관료지향적 성격이 강했으며, 김
집을 당주로 한 산당은 송준길·송시열·유계·이유태·윤선거 등이 여기에 속했다.
이들은 호서의 연산, 회덕을 중심으로 한 지방 출신의 유학자들로 이루어졌다. 특히
산림세력이 갖고 있었던 정국의 막후자적 성격과 위치에 대해서는 禹仁秀,《朝鮮後期
山林勢力研究》, 一潮閣, 1999 참조.
52) 송시열은 존명 사대와 재조지은(再造之恩: 임진왜란 때 명의 구원병이 패망에서 구
해준 것에 대한 은혜)에 바탕한 전형적인 춘추대의적 사대주의자였다. 북벌에 대한 송
시열의 생각은 춘추대의에 입각한 관념론이었다면 효종의 북벌은 삼전도의 치욕을 씻
는 더 실천적인 것이었다.
53) 송시열과 효종의 북벌론 사이에는 차이가 있었다. 효종은 10만 양병과 군비확장을 통
하여 무력적으로 청에 의하여 조선왕조가 받았던 치욕을 갚으려는 것이었다. 그러나
송시열의 경우는 치인보다는 수신, 양병보다는 민생안정, 무력보다는 군덕을 먼저 닦
는 것이 필요하다고 주장했다. 즉 치욕을 씻기 위해서는 먼저 군왕과 제신들의 수신이
이루어져야 한다는 것이다. 이 점에서 송시열과 효종의 같은 북벌론도 실제로는 송시
열의 산당이 효종의 군비확장을 비판하고 견제하는 성격을 보여주었으며, 이 점에서
효종은 "일이 위급한데 내 마음이 아직 바르지 못하다하여 팔짱만 끼고 앉아 있을 수
있을까? 치욕을 씻지 못하면 수신한들 무슨 소용이 있는가?"라고 반문할 정도였다. 결
국 효종의 북벌론은 사실상 송시열 등에 따른 내수외양과 수기치인의 논리에 발목이
잡힌 격이 된 셈이었다. 송시열은 현종이 19세의 나이로 1659년 왕이 되자 안하무인으
로 행동했다. 그는 세도 재상론을 표방하면서 국왕의 권위를 압박하는 경향까지 보였
으며 세상 사람들은 그를 "회덕의 호랑이"라고 부를 정도였다.
54) 숙종은 본래 송시열을 좋아하지 않았다. 숙종은 즉위하자 현종의 묘지문을 송시열에
게 짓게 했는데 이를 부당하다고 상소한 진주 유생 곽세건(郭世楗)은 송시열이 예를
잘못 정한 사람이기에 그에게 이를 맡겨서는 안 된다고 주장했다. 이에 숙종은 묘지문
을 김석주에게 짓게 했다. 그리고 현종의 행장을 이단하(李端夏)가 짓도록 하면서 여
기에 송시열이 "예를 잘못 정했다"(誤定禮)는 구절을 넣을 것을 지시했다. 현종의 장
례가 끝나자 남천한·이옥·목창명 등 남인 관리들은 송시열과 갑인예송에 참여한 대

왕권에 따라 자주 교체되었음을 의미한다. 이러한 성격의 정국 변화를 환국이라고 불렀다. 대표적인 환국으로는 기해예송과[55] 갑인예송,[56] 갑인환국, 경신환국[57] 등을 들 수 있다.

숙종대에 들어와서 탕평책이 주장되었지만 실제로는 서인과 남인이 번갈아가면서 등용된 것에 지나지 않았으며, 이는 국왕의 통치권 강화를 위해 당쟁이 이용되고 있었음을 의미했다. 그러므로 숙종의 탕평책은 당쟁을 더한층 격화시키는 일면도 없지 않았다. 이 시기에 들어서면 서인은 이전의 청서와 공서의 분열에서 벗어나 송시열과 박세채를 각기 중심으로 하는 노론과 소론으로 양분되어 버렸다. 분열의 동기는 송시열의 주장에 동조하는 서인의 장로층과 그에 맞섰던 박세채 지지의 젊은 서인들 사이에 빚어졌던 반목이었다. 노론과 소론의 분열은 정책적인 차이보다

신들을 공격하였다. 이에 1675년 숙종 1년에 송시열은 관직을 삭탈당하고 덕원으로 유배되었으며 그 대신 남인이 요직을 차지했다. 이를 갑인환국이라고 불렀다.

55) 효종의 사망에 따른 인조의 계비 자의대비(장렬왕후) 조씨의 상복문제로 1년복과 3년복을 중심으로 서인의 산당인 송시열의 1년복에 맞서 남인의 윤휴는 3년복을 주장했다. 남인의 허목도 윤휴와는 약간의 차이가 있었지만 그도 역시 3년설로 맞섰으며 이점에서는 윤선도 마찬가지였다. 그러나 서인은 송시열의 주장에 따라 1년복으로 확정했으며, 윤선도를 삼수로 귀양보냈다. 이를 기해예송(己亥禮訟)이라고 불렀다.

56) 발단은 현종 15년(1674) 2월 23일 효종비 인성왕후의 승하에서 시작되었다. 여기에서도 여전히 가례의 적용에 대한 문제가 제기되었는데 이번에도 대왕대비 조씨의 상복을 몇 년으로 할 것인지가 쟁점이었다. 이번의 쟁점을 갑인 예송문제라고 하였는데, 이는 대왕대비에게 인선왕후는 과연 장자부인가, 중자부인가가 논란의 대상이 되었다. 이는 곧 효종을 장자로 볼 것인가의 여부와 직결되는 문제였다. 처음 조정의 예조에서는 조대비의 상복을 기년복, 즉 1년으로 정했다. 그러나 그 뒤 《가례복도》와 《경국대전》에 따라 대공복, 즉 9개월로 바꿨다. 그 뒤 이 문제에 대한 영남 유생 도신징(都愼徵)이 상소했는데 그 요지는 "인선왕후를 중자부로 본다면 현종은 중서손으로 적장손이 될 수 없는데 고금에 대통을 이어 종사의 주인이 되고도 적장자가 되지 못하는 경우가 어디에 있단 말인가?"라고 반문하는 상소였다. 이 상소로 시작된 예송 논쟁에서 송시열이 주도했던 기해예송이 사실 효종의 정통성을 부정하는 논리, 즉 "효종대왕은 인조의 서자라 해도 괜찮다"는 말에 효종의 뒤를 이은 현종은 지극히 불쾌하게 여기고 있었다.

57) 1680년(숙종 6) 3월 28일 숙종은 이번에는 남인들을 몰아내고 서인들을 중용함으로써 갑인환국에서 물러났던 서인들이 불과 5년 만에 다시 권력의 위치로 되돌아올 수 있게 했다.(李熙煥, 《朝鮮後期黨爭研究》, 國學資料院, 1995, 제4장과 5장 참조) 갑인환국에서 남인들과 종친 세력들 거의 100여 명이 처벌되는 가혹한 보복이 자행되기도 했다.

는 이른바 '회니시비'(懷尼是非)에 따른 송시열과 윤증 부자간의 갈등이 그 원인의 하나로 작용했다.[58] 그러나 노론의 영수인 송시열은 희빈 장씨 사건으로 인해 기사환국으로 죽음을 맞게 되었다.[59] 숙종대의 당쟁은 병

---

58) 회니시비는 본래 송시열과 윤휴 사이의 논쟁에서 비롯되었다. 송시열에게 주자는 절대적인 존재였다. 그러나 윤휴는 주자에 대한 생각이 달랐다. 이 점에서 송시열은 윤휴를 사문난적으로 몰았다. 그러나 윤선거는 송시열의 이러한 생각에 맞서서 윤휴를 비호했기 때문에 송시열은 윤선거를 싫어했다. 윤선거는 송시열의 이러한 태도 때문에 한동안 윤휴와 절교한 것처럼 행동했다. 그러나 윤선거가 죽자 윤휴가 제문을 지어 보냈는데 윤선거의 아들 윤증이 이를 받아들였다. 윤휴와 윤선거가 절교하지 않은 것을 안 송시열은 이를 용납하려 하지 않았다. 본래 윤선거는 병자호란 때 강화도로 갔는데 그곳에서 권순장·김익겸 등 서인 친구들과 의병을 일으켜 실패하면 자결하기로 했는데, 성이 함락되자 권순장·김익겸은 자살하였고 윤선거의 아내도 따라 자살했다. 그러나 윤선거는 병마에 시달린 아버지 윤황이 남한산성에 포위되었음을 알았기 때문에 아버지와 함께 죽기로 하고 노비로 변장 강화도를 탈출했지만 남한산성에는 가지 못했다. 병자호란 뒤 윤선거는 자괴감에 시달렸으며 출사도 하지 않았고 재혼도 하지 않았다. 그렇게 지내다가 1669년(현종 10)에 죽자 이번에는 그 아들 윤증이 스승인 송시열에게 아버지의 묘갈명을 윤휴의 조문사와 함께 보내면서 이를 부탁하자 송시열은 윤선거에 대해 좋지 않게 묘갈명을 작성했는데, 여기에 유명한 "술이부작(述而不作), 즉 박세채가 쓴 것을 따라 그냥 쓴 것이지 자신은 따로 글을 짓지는 않는다"고 되어 있었다. 이에 몇 차례 비문의 개작을 간청했지만 이를 송시열은 용납하지 않았다.
　　이번에는 윤증이 더 이상 송시열을 자신의 스승으로 여기지 않았으며 1682년에 송시열을 비판하는 신유의서(申酉擬書)라는 글을 공포했다. 여기에서 그는 송시열이 지나치게 윤휴를 사문난적으로 몰았고 그 결과 당쟁을 격화했으며 송시열이 평생 강조한 춘추대의도 실효가 없는 것이라고 못박았다. 이 신유의서가 조정에서 논쟁의 대상이 되었으며, 여기에서부터 노소의 분당이 일어나게 되었다. 경신환국으로 재집권한 서인들은 그 뒤 거듭되는 옥사와 격심한 당쟁을 극복하기에는 어려움이 많았다. 이를 극복하기 위한 방책으로 척신이면서 숙종의 지지를 얻었던 민정중이 묘안을 내었는데, 그것은 우선 서인 영수들을 한자리에 초빙함으로써 정국 안정을 이룩하자는 것이었다. 서인 영수란 송시열·박세채·윤증이었다. 윤증만은 송시열과 같은 자리에 설 수 없다면서 참석을 거부했다. 박세채의 권유로 윤증은 서울로 올라오는 길에 과천에서 송시열을 비판하는 그의 제자 나양좌 집에 머물렀다. 거듭되는 요청을 묵살하면서 윤증은 입조의 3대 조건을 내걸었다. 1) 서인과 남인 사이의 원독을 풀어줄 수 있는가? 2) 외척의 정치개입을 막을 수 있는가? 3) 자기편만 등용하고 반대편은 배척하는 폐단을 시정할 수 있는가였다. 이 가운데 첫 번째는 경신환국 등에 따른 녹훈 삭제를 요구하는 것이었으며, 둘째는 그 당시 외척이었던 광산 김씨, 청풍 김씨, 여흥 민씨를 겨냥한 것이었고, 셋째는 송시열의 안하무인적인 정치 횡포를 비난하는 것이었다. 이에 윤증은 오히려 박세채를 설득하여 남인들이 서인들에 대해 용납하지 않으려 하는 정국을 말해 주면서 그로 하여금 자신을 지지하게 했다. 이것을 들은 박세채도 파주로 내려갔고 송시열은 화양동으로 내려가면서 "윤증이 나를 죽이려 하는구나!"라고 절규하였다.

59) 희빈 장씨는 숙종의 총애를 입고 왕자 균(昀, 훗날의 경종)을 낳았으며, 이에 장씨의 어미가 딸의 산후조리를 위해 8인용 옥교를 타고 궁중에 왔는데 이를 지평 이익수가 불질러 버렸다. 숙종은 서인의 이러한 태도가 왕권에 대한 도전으로 여겼다. 이러한

신처분으로[60] 노론 지배체제가 전반적으로 확립될 수 있었던 기간이었다. 노론은 경종이 즉위했을 때 경종에게 후사가 없음을 이유로 해서 세제의 책봉을 주장하기에 이르렀다.[61] 경종도 여기에 따랐지만 영의정인 소론의 조태구가 경종에게 세제의 대리청정 명령을 환수할 것을 진언했으며, 소

숙종의 감정을 더 건드린 것은 숙종이 장희빈의 소생을 왕자의 명호로 정하려 했는데 이를 송시열이 반대소를 올리자 숙종은 송시열과 같은 서인이 있는 한 왕권의 강화는 불가능하다고 여겨 그를 파직했으며 제주도로 위리안치시켰다. 그때부터 서인을 다시 내치고 남인을 관직에 불렀다. 이를 기사환국이라고 한다. 기사환국은 송시열의 상소 문이 직접적인 원인이 되었지만 이 일로 1년 동안 전·현직 관료와 재야유림 100여 명 의 서인이 처벌되었다. 기사환국으로 인현왕후 민씨가 폐출되었고, 남인이 정권을 잡 자 이번에는 송시열을 극형에 처하라는 상소가 빗발쳤다. 마침내 송시열은 잡혀오는 도중 정읍에서 사약을 마시게 되었다.

60) 숙종이 송시열을 사사한 후 윤증에 대한 호감을 표시했으며 소론을 중용하기에 이르 렀다. 윤증의 사망에 대해서 숙종은 추도시를 보낼 정도였다. 병신처분은 본래 《가례 원류》(家禮源流)를 둘러싸고 빚어진 것에서 비롯되었다. 이 책은 윤증의 아버지 윤선 거와 유계가 공동 편찬했는데, 뒷날 유계가 그 초본을 윤증에게 맡겼다. 유계의 손자 이자 윤증의 문인인 유상기가 그 책을 돌려달라고 했지만 윤증은 그 책이 공동집필이 라면서 거부했다. 이 책에서 송시열의 수제자인 권상하가 윤증을 비난했는데, 이를 본 숙종은 윤증의 편을 들어주었다. 그러나 그 뒤 숙종은 1716년(숙종 42)에 윤선거의 〈신유의서〉를 본 후에 윤증이 잘못했다면서 송시열을 편들어 주었다. 즉 소론에 대한 지지를 전면적으로 철회해 버렸다. 이를 병신처분이라고 부른 것은, 숙종의 병신처분 과 노론의 승리는 장희빈의 소생인 세자에 대한 불만에서 비롯된 것으로, 숙빈 최씨에 의해 출생한 연잉군과 명빈 박씨에게서 출생한 연령군을 세자 대신에 왕으로 승계시 키려는 의사가 있었기 때문이었다. 기존의 세자를 제거하고 연잉군이나 연령군 가운데 후사를 정하려 했던 숙종에게는 세자의 지지세력인 소론을 제거하는 것이 우선적으로 필요하기도 했다. 이를 위해 숙종은 이른바 정유독대(丁酉獨對)로 자신의 의사를 노론 측에 밝히고 그들의 협조를 당부했으며 여기에서 나온 구체적인 방략이 세자의 대리 청정으로 나타났다. 정유독대는 1717년(숙종 43)에 좌의정 이이명을 독대했는데, 이날 의 독대 내용은 그 뒤에 알려졌다. 숙종은 두 왕자인 연잉군과 연령군의 안전을 부탁 했으며, 여기에서 세자로 하여금 대리청정하게 하여 실정이 있을 경우 폐세자하려는 것이었다. 다시 말하면 폐세자와 같은 것은 명분이 있어야 했기 때문에 이를 마련하기 위한 일종의 함정으로 세자에게 대리청정하게 했다. 즉 세자로 하여금 대리청정하게 하여 실정하게 되면 그를 폐하고 새롭게 세자를 옹립하려는 것이었다. 그러나 세자는 수렴청정 기간 동안 별다른 잘못을 저지르지 않았으며, 숙종이 죽기까지 3년 동안 대 리청정을 무사히 할 수 있었다. 세자는 자신을 반대하는 노론의 눈치를 보면서, 노론 이 주도하는 정국을 그대로 받아들였던 것이다.

61) 구체적으로 1721년(경종 1년) 8월 노론은 강력하게 세제 책봉을 건의했으며, 경종도 이들의 진언에 따라 연잉군을 세제로 정했다. 이러한 일련의 과정은 통치세력으로서의 노론의 집권을 지속하기 위한 방책이었다. 연잉군이 세제로 책봉되자 노론은 한 걸음 더 나아가 세제로 하여금 대리청정시킬 것을 진언했다.

론의 지원에 힘입어 경종도 결국 그 명령을 환수했다. 이것을 기회로 삼아 소론은 세제의 대리청정을 건의했던 노론의 4대신인 김창집·이이명·이건명·조태채 등을 탄핵하기에 이르렀으며, 경종은 이들을 위리안치시켰고 50, 60여 명의 노론 인사들을 처벌했다.[62]

경종의 세제인 영조가 즉위하자 그를 지지했던 노론이 다시 정국을 주도했다.[63] 영조는 먼저 목호룡의 고변에서 빚어졌던 신임옥사를 무옥이라고 규정했으며, 노론 4대신을 신원시켜 주었다.[64] 이로부터 소론은 영조에 따라 행해질 위해의 가능성에 불안감을 느끼고 있었다. 노론은 영조가 자

---

62) 경종의 이 조치를 신축환국(辛丑換局)이라고 불렀는데, 이 시기에는 소론이 경종을 세자 시절부터 지지하여 상대적으로 유리한 위치에 있었기 때문에 가능한 일이었다. 그러므로 세제의 대리청정 문제로 노론 일파가 탄핵됨으로써 소론이 적극적으로 정국을 주도했다. 정국의 주도권을 장악했던 소론은 노론 일파를 타도하기 위해 목호룡의 고변으로 노론과 연잉군(영조) 측근 인물이 경종을 죽이려 했다고 고변했으며, 이로써 노론 4대신은 사사되었고 노론 인사 170여 명도 살육되는 등 가혹한 처벌을 받았는데 이를 임임옥사라고 불렀다. 목호룡(睦虎龍)의 고변은 1722년(경종 2) 3월 27일 노론의 대신 김창집의 손자 김성행과 이이명의 아들 이기지와 조카 이희지, 사위 이천기, 그리고 김춘택의 종제 김용택 등 노론의 명문 자제들이 환관 궁녀들과 결탁하여 3급수(急手)로 왕을 죽이려 한다는 내용이었다. 여기서 말하는 3급수는 첫째는 대급수(大急手)로 자객을 궁중에 침투시켜 왕을 시해하는 것이며, 둘째 소급수(小急手)는 궁녀와 내통해 음식에 독약을 타서 독살하는 것이다. 셋째는 평지수(平地手)라고 해서 숙종의 전교를 위조해서 경종을 폐출하려 했다는 것이다. 이 옥사로 노론 4대신은 모두 죽임을 당했고, 170여 명이 처벌되었다. 흔히 신축환국과 임인옥사를 합쳐 신임옥사라고 부르는데, 이는 노론의 퇴치와 소론의 지배를 의미한다.

63) 모후인 장희빈이 죽은 뒤 경종은 그 충격으로 건강을 잃었으며 재위 4년 만인 1724년에 사망했다.(경종의 사망에는 독살설이 유포되었는데, 이는 세제인 영조가 게장과 생감을 지나치게 많이 먹게 해서 죽게 되었다는 논의가 제기된 것이다. 경종의 독살설에 혐의를 받게 되었던 영조는 그 뒤 이렇게 적어 놓았다. "그 때 게장을 올린 것은 동조(東朝)에서 보낸 것이 아니고 어주(御廚)에서 올린 것이다. 경종의 죽음은 그 후 5일 만이었는데 '무식한 시인이 지나치게 진어했다'는 소문이 퍼졌다. 그러나 이는 사실과 다르다." ;《영조실록》권 86, 31년 10월 기유)

64) 영조는 신임옥사를 일으킨 소론의 김일경·목호룡을 처단했으며 이의연을 장살함으로써 노론을 지지했다. 이를 을사처분(乙巳處分)이라고 불렀다. 영조는 어느 일파의 정국 주도는 결국 왕권에 대한 제약이 될 수 있다고 생각했으며 이러한 의미에서 그는 확고한 탕평론자였다. 영조는 양치양해(兩治兩解), 시비불분(是非不分), 탕평수용(蕩平受容)의 기치로 노소당쟁의 조정에 주력했다. 양치양해의 의미는 "노론과 소론에 대해서 죄를 줘도 함께 주고 풀어줘도 함께 풀어준다"는 의미를 갖고 있으며, 영조 자신이 당쟁에서 중립을 지키기 위해서는 노론과 소론 사이의 忠逆의 시비에 대해서는 일체 관여하지 않겠다는 의미이다. 그리고 탕평수용은《서경》의 황극설에 나오는 구절인 "無偏無黨, 王道蕩蕩, 無黨無偏, 王道平平"의 의미로 사용했다.

신들의 지원으로 국왕이 되었기 때문에 적극적으로 자신들을 지원해 주기를 기대하고 있었다. 물론 영조는 기본적으로는 노론의 지지에 의존했기 때문에 노론 위주의 통치구조로 나아갔지만 외관상으로는 탕평을 거론하고 소론과 일부 남인들을 관직에 등용하였다.[65]

영조는 노론이 주장해 온 소론 일파를 치죄하자는 진언을 금지시켰다. 그러나 노론은 물러서지 않았고 영조에게 노론과 소론 가운데 어느 한 당파를 택일하라고 강권할 정도였다. 이에 영조는 노론 가운데서도 강경파, 즉 준론을 물리치고 온건파인 완론을 수용했는데, 이 과정에서 영조는 노론 완론의 대표인 홍치중을 중용해서 그의 도움을 받아 탕평책을 구현하려 했다. 그러나 노론 가운데 준론의 반격으로 홍치중이 물러나게 되자 영조는 노론에 대한 반감으로 소론을 요직에 재등용했으며, 그 결과 정국의 주도권은 다시 노론으로부터 소론으로 옮아가게 된 정미환국이 일어났다. 이로써 유배되었던 60여 명의 소론계 인사들이 석방 복직되었으며 이번에는 노론 4대신이 다시 역신으로 전락되는 변화를 가져왔다.

바로 이 시기에 무신란이 일어났다.[66] 즉 1728년(영조 4) 3월 무신 일부의 반란은 영조와 노론에 대한 반감으로 소론의 급진인사들과 남인 세력이 그 중심을 이루고 있었다. 영조는 소론 일파가 무신란을 일으켰지만 노론 역시 그 반란의 원인을 제공했다는 점에서 이들 당파 가운데 어느 하나를 중용하기보다는 탕평으로 나아갈 것임을 재천명하게 되었다.[67]

---

65) 金成潤, 《朝鮮後期蕩平政治硏究》, 지식산업사, 1997, 제2장 참조.

66) 경종의 독살설을 믿고 있었던 소론의 과격론자와 남인 일부는 영조를 군주로 인정하지 않았으며 경종의 원수를 갚는다는 명분을 내걸고 호남의 박필현(朴弼顯), 호서의 이인좌(李麟佐), 영남의 정희량(鄭希亮) 3인이 주모자였다. 여기에서 특히 영남의 정희량이 참여하게 된 것은 인조반정 이후 역향으로 간주되어 심한 차별을 받았던 경상우도의 유림들의 불만으로 말미암은 것이었다. 이들은 무신당을 결성하여 1728년 3월 15일 이인좌가 청주성을 점령함으로써 시작된 반란은 관군에 따라 궤멸되었으며, 정희량 등 21명이 체포 처형되었다.

67) 영조의 이러한 결정을 기유처분(己酉處分, 1729년 8월 18일)이라고 불렀다. 기유처분은 좌의정 이광좌 이하 소론과 탕평파로 구성된 신료들을 희정당에 불러 놓고서는 노론에게는 노론 4대신을 신원해 주기로 약속하였고, 소론의 일부 인사도 신원해 주기로 했으며, 노소 공존의 틀을 확립할 것임을 선언했다. 이는 곧 노론과 소론에 충신과 역적이 모두 있기 때문에 이를 균등하게 처리한다는 점을 그 날 영조가 행한 약속의 주요 요지였다. 기유처분은 곧 탕평파에 대한 영조의 신임을 의미했지만, 그렇다고 이들

영조의 탕평책도 기본적으로는 그 자신의 왕권강화를 위한 전략에 지나지 않았으며, 그의 왕통승계가 정당하다는 것을 강조하는 데 중점을 두고 있었다. 그러므로 경신처분[68]만 해도 그의 이러한 의도를 이루기 위한 표현이었다. 그러나 이러한 전개과정에서 을해옥사와 같은 사건이 일어나기도 했다.[69] 그러나 전반적으로 영조 시대는 노론과 소론 사이의 대립적이고 균형적인 갈등관계가 약화되었으며, 노론이 정국을 주도하는 시대로 자리잡게 되었다.[70]

영조는 세손(정조)으로 하여금 1775년(영조 51)에 대리청정을 시켰으며, 3개월 뒤 정조가 왕위를 계승하게 되었다. 그의 왕위승계는 왕실 외척들의 영향력이 강화되었던 시점이기도 했다. 정조의 외가인 홍봉한(풍산 홍씨) 가문과 백부 효장세자의 외가인 김귀주(경주 김씨) 가문이 외척의 핵

이 내놓았던 기유처분을 노론과 소론 모두가 다 수용했던 것은 아니었다. 기유처분으로 정국의 주도권은 소론계열의 탕평파인 조문명·송인명·조현명 등이 잡게 되었다.

68) 영조는 그의 탕평책이 어느 정도 이루어진 것으로 생각했으며, 이어 그 자신이 연유된 임인옥사에서 벗어나는 것을 급선무로 여겼다. 그렇게 되어야 하자 없는 왕통의 승계자가 될 수 있다고 생각했기 때문이다. 이 의도로 행한 것이 경신처분으로, 임인년 옥사로 죽은 노론의 4대신을 영조의 왕위승계를 위해 노력했으며 죄가 없다고 선언하게 되었다. 이렇게 함으로써 그 자신에 덧붙여진 불명예스러운 허물을 벗겨낼 수 있었다.

69) 이 사건은 1755년(영조 31) 1월 20일 나주목의 객사인 망화루 기둥에 괘서가 나붙었는데 그것은 조정의 집권층에 대한 비난과 새로운 거병을 말하는 것으로 되어 있었다. 이 괘서는 주동자는 나주에 정배되어 있던 전 지평 윤취였다. 그는 소론인 목호룡의 심복으로서 그 음모에도 연류되어 유배되었는데 나주에서 자신의 아들 윤광철을 통해 필묵계를 조직하는 등 역모를 획책하고 있었다. 이 사건이 터지자 영조는 소론의 핵심 인물인 박사집·박찬신·유수원·신치운 등을 사형에 처했으며 소론인사들 대다수가 이 사건으로 몰락하게 되었다.

70) 노론이 정국을 주도하자 이번에는 다시 노론내 민진원·김진규·신만·홍봉한 등과 같이 영조와 인척관계를 맺은 인사들이 정국의 주도권을 장악하기 위해 대립하는 척신이 등장하게 되었다. 그러나 영조는 노론 척신을 견제하기 위해 그들과 대립적인 위치에 있는 소론 척신인 정우량·조문명 등을 등장시켜 견제하게 했다. 노론 척신계 인물 가운데서도 세자(사도세자)의 장인인 홍봉환이 척신의 핵심이 되었으며, 그를 지지하는 세력 즉 부홍파(扶洪派)와 그를 견제하려했던 공홍파(功洪派)로 노론은 분열되었다. 전자는 주로 사도세자의 비행을 막아서는 세자를 보호하려했던 홍봉한을 지지했으며, 그 반대로 공홍파는 이러한 홍봉한의 태도를 공격하였다. 이 과정에서 세자의 비행이 영조에게도 알려졌으며 그 결과가 사도세자로 하여금 죽음을 당하게 하는 1762년(영조 38년)의 임오화변(壬午禍變)이 일어나게 되었다. 즉 영조가 자신의 아들을 죽게 하는 사도세자의 참변이 일어나게 되었다.

심이 되어 전자가 부흥파를 이루었고, 후자는 공홍파를 형성하게 되었다. 이들의 갈등을 정조는 그의 친위세력인 홍국영을 중심으로 하는 비척신 계열의 인사들, 즉 정이환·김종수·서명선 등의 도움을 받아 제거할 수 있었다.[71]

노론도 이 시기에 이르면 정조의 탕평정책을 지지했던 시파와 그것에 반대했던 벽파로 양분되었는데, 시파의 경우 정조의 아버지 사도세자의 죽음에 동정적이었으며 정조의 정국운영을 지지했는데, 이들은 이전의 부흥파와도 연계를 맺고 있었다. 그리고 이들은 호락논쟁에서도 인물성 동론을 주장하는 낙론 계열이었으며, 주로 서울 근기 지방 중심의 인사들이었다. 이와는 달리 벽파는 사도세자의 죽음을 당연하게 받아 들여야 한다고 주장했으며, 정조의 정국 운영에 비판적인 인사들로 이루어졌다. 이들은 호락논쟁에서 인물성이론을 주장했던 호론 계열로 호서 지방 출신들이었다. 시파와 벽파 사이의 심한 대립의 밑바탕에는 기본적으로 노론과 소론, 그리고 여기에 참여했던 남인들 사이에 빚어진 권력 점유의 투쟁이 주류로 깔려 있었다.

정조는 자신의 힘이 미약했던 초기에는 척신들을 제거하는 것에 치중하고 있었다. 그러나 그의 영향력이 강화되자 노론의 영향력을 견제하기에 이르게 되었다. 노론의 견제야말로 정조 자신이 구축하려 했던 탕평의 가능성을 실천할 수 있는 핵심이었으며 왕권을 강화시킬 방안이었기 때문이다. 노론과 함께 정조의 왕권강화에 역기능적이었던 것은 앞에서 말한 외척들이었기 때문에 이들을 제거하기 위해 노력하였으며, 이 과정에 정조의 친위세력이었던 홍국영을 비롯한 동덕회가 한때 활용되기도 했다.[72] 그러나 홍국영 역시 정조가 왕권을 강화하기 위해서는 제거해야 할

---

71) 정조의 즉위를 도와준 홍국영·김종수·서명선·정민시는 정조의 직계 친위세력이었다. 이 가운데서 홍국영은 정조가 세손의 시절부터 충복이었다. 세손의 왕위계승에 대해 반대상소를 한 홍인한의 삼불필지설(三不必知說)에 대해서 반박 상소로 세손의 위치를 정당화했던 서명선은 정조 즉위 후에 영의정에 오를 정도였다. 정조는 자신을 위해서 공헌한 이들의 공을 인정하여 동덕회(同德會)라는 모임을 만들고 매년 12월 3일 자리를 함께 했는데, 이 날은 서명선의 반박상소가 있었던 날이었다.

72) 홍국영은 정조 즉위의 원훈으로 정조 초반의 정국을 주도했다. 그는 1748년(영조 24)

대상이었다. 홍국영의 제거는 노론 시파를 중심으로 하는 정국으로 변모시켰으며 그때부터 정조의 탕평책은 당색을 골고루 등용하는 것에 치중했는데, 이것의 구체적인 표현이 1788년(정조 12)에 3정승의 임명이었다. 즉 노론의 김치인, 소론의 이성원, 남인의 채제공으로 각기 당색을 고르게 배분 임명하였다.

정조의 탕평책에 따라 임용된 이들은 정조의 기본 의도가 사도세자의 신원임을 알고 있었다. 이를 위해 앞장선 것이 채제공으로 1793년(정조 17)의 그의 주장, 즉 "사도세자를 신원해야 정조의 왕권도 천양될 수 있다"는 내용의 상소를 올리게 되었다. 이 상소가 계기가 되어 영남의 남인 유생들의 만인소가 일어났다. 영남은 1694년(숙종 20)의 갑술환국에서 정계로부터 배제되어 1728년(영조 4) 무신란 이후 역향으로 낙인했던 곳으로 경상감영에다 평영남비(平嶺南碑)를 세울 정도로 심한 차별을 받고 있었다. 이들 영남 남인은 같은 당색의 채제공이 발탁된 것에 고무되었으며, 특히 사도세자 30주기를 기념해서 1만 57명이 연명한 만인소를 상소하게 되었으며, 이어 1만 368명이 연서한 2차 상소도 제출했다. 이 과정에서 정조는 1800년(정조 24)에 오회연교(五晦筵敎)를 발표하였다.[73]

에 풍산 홍씨의 명문가 출신으로 그의 6대조 홍주원은 선조의 부마로 영안위였고, 정조의 외조 홍봉한은 그의 10촌 할아버지였다. 25세에 과거에 급제한 뒤 시강원 사서가 되어 왕세손인 정조와 인연을 맺었으며, 그 뒤부터 홍국영은 정조의 스승이자 친구였고 참모이자 정치적 대변자였다. 홍국영은 정조가 주체적인 군왕이 되기 위해서는 외척을 제거해야 한다고 진언했으며, 그 결과 외척인 홍인한의 삼불필지지설이 나올 수 있었다. 이로써 외척과 정조는 대립적인 위치에 놓이게 되었으며 이는 곧 홍국영의 위치 강화로 이어졌다. 그 뒤 홍국영은 정조의 친위체제로서 숙위소를 설치하게 하고 자신이 훈련대장 금위대장이 되었다. 이로써 홍국영의 세도정치가 행해지게 되었다. 홍국영은 자신의 누이를 정조의 후궁으로 삼게 했다. 그러나 원빈 홍씨는 소생이 없었고 1년 만에 사망함에 따라 정조의 이복동생 은언군의 아들 담을 원빈 홍씨의 양자로 삼아 원풍군에 봉했다. 이러한 과정은 정조 이후의 왕권을 장악하기 위한 것이었다. 이를 못마땅하게 여긴 정조에 따라 홍국영은 1779년(정조 3)에 관직에서 물러났다. 홍국영의 3년 세도가 사실상 종식되었다.

73) 그 내용은 영조 시기의 노론 중심의 통치에서 벗어나 달라진 시대에 합당한 정치를 해야 한다는 것으로, 주지에서 그는 정치원칙이라도 시대에 따라 달라져야 한다고 점을 천명하고 있다. 이는 노론의 완고한 성리학적 가례원칙에 대한 반격이었다. 다른 하나는 "임오의리를 천명하되 관련자를 처벌하지 않고 임오의리로 인해 신임의리를 번복하지 않는다"는 점이다. 즉 사도세자를 모해한 공홍파(벽파)의 행동은 역절이지만

정조의 탕평책도 왕권강화에 목적을 두었다. 여기에는 조선 후기의 통치가 지배세력 안의 거듭되는 분파와 분열로 왕권-외척-당인의 3자 사이의 통치권이 점점 노론을 중심으로 하는 일당적 통치구도로 변모되고 있었기 때문에, 이를 본래의 전제군주적 왕조체제로 복원시키기 위한 의도가 깔려 있었다. 그러므로 정조의 탕평책과 집권 노론의 반격은 정조의 왕권에 대한 반격으로까지 전개될 정도였다. 그러나 외관상으로라도 영조나 정조와 같은 강한 왕권에 따라 당파들 사이에 견제와 균형을 어느 정도는 이룰 수 있었다. 정조는 이를 위해 규장각은 물론이고 사도세자의 능인 현륭원의 조성, 화성 축조, 신해통공,[74] 초계문신제[75] 등을 실시하는 등 왕권을 강화하는 데 필요한 일련의 조치를 과감하게 실시했다. 그러나 이러한 조치도 정조의 급서로 중단될 수밖에 없었으며, 순조의 등장으로 새로운 국면, 즉 세도통치의 단계로 옮아가게 되었다.

4. 전제왕권체제에서 당쟁의 의미

조선왕조 중·후기의 당쟁을 어떻게 인식할 수 있을까? 이 문제에 대한 설득력 있는 주장은 실학자들에게서 찾을 수 있다. 먼저 이익은 당쟁의 발생을 '관직소이응조다'(官職小而應調多)로 설명하고 있다. 그의 논지에 따르면 잦은 과거시험으로 관직 후보자는 실제 관직의 수보다 지나치게

지금이라도 과오를 인정한다면 용서해 주겠다는 것으로 이는 자신을 견제하는 위치에 있었던 노론 벽파의 전면적인 투항을 요구하는 명령서의 성격을 갖고 있었다.(金成潤, 앞의 책, p.310. 각주 참고)

74) 1791년(정조 15) 6월, 정조는 좌상인 채제공의 건의를 받아들여 육의전을 제외한 모든 시전의 금난전권(禁難廛權)을 혁파하여 개별 상인들이 자유롭게 상행위를 할 수 있게 했는데, 이를 신해통공이라고 불렀다.

75) 초계문신제(抄戒文臣制)는 1781년(정조 5) 문신강정절목(文臣講定節目)의 제정되어 의정부에서 37세 미만의 문신을 선발하면 규장각에서 이들의 재교육을 담당하게 한 제도로 그들이 받았던 재교육은 엄격하게 실시되었으며, 과강(課講) 과제(課製)를 통해 학업을 평가받았으며 매달 친시(親試)와 친강(親講)의 명목으로 어전에서 시험을 치르게 하였다. 이는 정조가 자신을 지지하는 새로운 관인을 양성하기 위한 것이며, 정조 시대 초계문신으로 선발된 사람의 숫자는 138명이나 되었는데, 여기에 정약용·서유구도 포함되어 있었다.

많아졌으며 그 결과 이들 사이에 경쟁이 격심해졌다는 것이다. 이는 결과적으로 문벌 자제들도 홍패만 안고 한탄하는 세상이 되었다고 적어 놓았다.[76] 같은 실학자로 유수원도 이와 비슷한 주장을 하고 있다. 그는 조선 중·후기로 넘어오면서 문벌 위주로 인재를 중용했기 때문에 특정 문벌이나 실력자와 연관을 맺는 관직사회의 기풍이 자리잡게 되었으며, 이것이 당파로 이어지게 되었다고 설명했다. 그는 당쟁은 성리학적 공론의 주장자인 대간들의 활동이 조선왕조에서 여론정치의 특징성을 확립하게 되었지만, 유능한 대간이 아닌 경우 당파의 앞잡이로 공론을 당론으로 전용시켰다는 것이다. 그러므로 대간제도는 결과적으로 당쟁을 부채질했다. 유수원의 논지에 따르면, 당쟁을 없애기 위해서는 먼저 문벌을 타파하고 사민 모두가 전업할 수 있는 사회변혁이 필요하다고 강조했으며, 지나치게 공론을 내세워 당쟁의 앞잡이로 활약하는 대간제도를 폐지해야 한다고 주장했다.

대간제도의 역기능에 대한 논의는 이중환도 비슷했다. 그는 이조 전랑의 후임 추천권인 자대권과 3품 이하의 청요직 후보자 추천권인 당하통청권 자체가 당쟁의 원인이었음을 지적했다. 그는 동·서의 분열이 이조 전랑에서 비롯되었으며, 여기에서 조선왕조 300년을 당쟁으로 물들게 만들었다고 비판했다.[77] 그런가 하면 박제형은 그의 《조선정감》에서 당쟁의 원인을 서원에서 찾고 있다. 어느 경우에서나 실학자들은 당쟁을 조선왕조의 제도적 한계에서 빚어진 현상이라고 파악했으며, 동시에 성리학의 정통성에 기반을 둔 산림 위주의 공론이 몰고 온 피해라고 파악함으로써 이것을 군왕이 신하들을 통치하는 술수로 활용했다는 점도 지적하였다.

당쟁의 발생에 대한 종합적인 지적으로는 이건창의 《당의통략》(黨議通略)에서 다음의 글을 적을 수 있다.

---

76) 《성호집》(星湖集) 권 45, 〈잡저〉(雜著) 下 논붕당(論朋黨).
77) 《택리지》(擇里志), 인심(人心).

만약 온 나라 사람들이 분열하여 두 당이 세 당이 되고 네 당이 되어 200여 년이란 긴 기간 동안 종내 사정과 역순의 분별을 합의하지 못하고 또 밝게 정론을 세우지 못한 붕당을 들라면 오직 우리 조선이 그러한 것이다. 이 또한 고금 붕당을 통틀어 지극히 크고 지극히 오래되었으며 지극히 말하기 어려운 것이라 말할 수 있을 것이다. 가만히 그 까닭을 논의해 보면 여덟 가지가 있다. 첫째가 도학이 지나치게 중한 것이고(道學太重), 둘째는 명분과 의리가 지나치게 엄한 것이며(名義太嚴), 셋째는 문사가 지나치게 번잡한 까닭이고(文詞太繁), 넷째는 옥사와 형벌이 지나친 것이며(刑獄太密), 다섯째는 대각이 너무 높은 것이고(大閣太峻), 여섯째는 관직이 너무 맑은 것이요(官職太淸), 일곱째는 문벌이 너무 성대한 것이고(閥閱太盛), 여덟째는 나라가 태평한 것이 너무 오래 되었기 때문(承平太久)이라 할 것이다.[78]

당쟁에 대한 비판적인 인식은 조선 식민화 과정에 대한 일본인들의 논의에서도 거론되었다.[79] 그들은 당쟁과 당시의 정국이 보여준 부정적인

---

78) 李建昌, 李德一·李俊寧 옮김, 《黨議通略》, 자유문고, 1998, p.376.

79) 대표적인 몇 사람의 주장을 살펴보면, 먼저 시데하라 히로시(弊原担)는 《韓國政爭誌》(1907)에서 당쟁의 발생은 지배세력 내의 관직자들 사이에 빚어진 개별적인 감정의 갈등에서 일어난 것으로 파악했다. 당쟁은 조선만의 특징적인 정치라고 설명한다. 가와이 히로다미(河合弘民)는 〈조선에서의 당쟁의 원인 및 당시의 상황〉, 《사학잡지》 27-3, 1915에서 당쟁은 지배세력의 경제적 소유상태와 사회제도의 문란에서 빚어진 결과물로 파악하였다. 그러므로 당쟁은 충군애국의 관념은 그들에게 희박했으며, 그 대신 사우(師友) 관계와 가문의 영달과 이익을 중시하는 것이 고정관념이 되어 버렸다. 당쟁에서 성리학적 예론은 외관적으로 드러난 논리며 내면적으로는 경제생활의 실제적인 궁핍과 관료제도의 문란에서 빚어진 현상이라고 파악했다. 또한 미지마 소에이(三品彰英)의 주장에 따르면 조선은 지정학적으로 반도국으로 북으로는 중국 만주에 이었고 남으로는 일본과 대국들에 둘러 쌓여 있기 때문에 예로부터 중국의 예전주의(典禮主義)·주지주의(主知主義)의 지배를 받을 수밖에 없었고, 만주와 몽고로부터는 정복주의(征服主義)·주의주의(主意主義)의 지배 아래에 놓이게 되었으며, 일본으로부터도 공존주의적이고 주정주의적(主精主義的) 지배를 번갈아 받아왔다고 설명한다. 이 점에서 조선의 역사는 자기 스스로 결정하고 추구하지 못했으며 외부에 따른 타율적인 결정에 놓이는 상황에 처했다. 그 결과 조선인들에게는 자율성과 독립성을 결여하게 되었으며 그 대신에 의타성(依他性)·당여성(黨與性)·뇌동성(雷同性) 등이 민족성의 핵심요소로 자리잡았다고 강조했다. 이것이 곧 당벌(黨閥)로 이어졌고 정치에서 당쟁으로 표현되었다는 것이다. 미지마 소에이의 《朝鮮史槪說》(1940)에서의 이러한 논리는 그 뒤의 많은 사람들에게 영향을 미쳤다. 이러한 사실의 설명은 다음 책을 참조할 것. 이성무, 《조선시대당쟁사》동방미디어, 2000.

측면만 추출해서 몰락왕조의 현실성과 연계시키려는 의도성을 보여주기도 했다. 이 점에서 조선왕조의 당쟁→조선왕조의 몰락 원인→조선민족의 파당성이라는 세 가지 사실을 등치시켰다. 그러나 조선왕조의 멸망은 비단 당쟁만이 원인이었던 것은 아니며, 특히 그것을 조선민족의 파당성으로 이해한 것은 논리적인 비약이다. 당쟁은 조선왕조 양반관인들로 이루어진 지배층의 특정성이었지 피지배층인 일반 민중들의 삶이나 사고와는 전혀 연관이 없는 오직 그들만의 것이었다.

당쟁은 조선의 백성이나 민족과 연관이 있는 것이 아니라 민중을 약탈하고 억압했던 조선왕조의 특정 지배층이 갖고 있었던 고질적인 파당성에 기인된 것이었다. 그런데도 이를 전체 조선 민족의 민족성으로 이해하려 했던 것은 일본의 식민지 경영을 합리화하려는 논리 구축에서 빚어진 억지 주장이었다. 일본학자들이 말하는 조선 민족의 파당성이나 의타적 사대주의, 그리고 사회발전의 정체성 등은 식민지 사회로 전락된 상황에서, 특히 정복자의 위치에서 그들의 식민지 통치를 합리화하기 위한 논리적 의도에 지나지 않는다. 특히 그들은 '그럴 수도 있다'는 개연성을 '그럴 수밖에 없다'는 필연성으로 정립해 놓음으로써 총독부의 어용논리로 전용되었다. 그러므로 조선왕조의 당쟁을 이해하기 위해서는 다음 세 가지 사실을 전제하여야 할 것이다.

첫째, 성리학이 갖는 교조주의적 배타성과의 관계에 대해서이다.

둘째, 통치구조의 제도적 한계에 따른 관인들 사이의 배타적 의식과 행위양식이다.

셋째, 왕조체제 안의 지배층과 피지배층 사이의 사회 유동성 결여에 대해서이다.

이들 사실이 서로 맞물려 일어났던 것이 당쟁이었다. 먼저 성리학의 교조주의적 성격에 대해 살펴보면, 조선왕조 성리학의 지치주의, 즉 도학정치의 이념적 기반이었던 성리학은 새 왕조의 정립기에는 어느 면에서는 통치세력의 결집과 그들 사이의 상호 견제적인 의미를 가질 수 있었다. 불교의 중세적 이데올로기가 고려를 부패와 무능으로 몰아넣었기 때문에 이를 단절하고 새로운 이념적 지향성으로 주장되었던 것이 성리학이었다. 그러므로 조선 초기만 해도 성리학적 이데올로기는 상당 부분 그 나름의 정당성을 가질 수 있었다.

그러나 조선 중기로 넘어오면서부터 성리학에 바탕을 둔 사림이 성장했으며, 이들은 더 적극적으로 환로로 진출하게 되었다. 따라서 성리학은 이들의 관직 점유를 합리화하는 논리로 활용되고 있었다. 특히 사림들의 환로 진출을 견제했던 훈신들에 대해 사림파는 성리학을 공격논리로 활용했다. 이들의 공세에 맞선 훈신들의 저항이 몇 차례 사화로 이어지게 되었다. 그러나 사화는 사림파에게는 성리학을 도학정치의 교조적 명분 의식으로 더욱 수용하게 했으며 성리학적 지치주의(至治主義)로 달려가게 했다. 그 결과 성리학의 교조성은 더한층 경직될 수밖에 없었다.

조선왕조 후반기로 접어들면서부터 사림파가 통치세력의 위치로 올라서자, 이제는 사림파들 사이에 각기 관직을 지속적으로 점유하려는 경쟁이 치열해졌다. 이러한 관직 경쟁의 논리적 명분을 성리학에 바탕을 둔 예론에서 찾았으며, 이것이 복제(服制) 문제로 귀착된 실로 전대미문의 상황을 보여주기도 했다. 왕실 부녀자들이 사망한 군왕의 상복을 몇 년 동안 입어야 하는가를 중심으로 정쟁이 행해졌고 반대론자들을 일거에 처형하는 행위야말로 조선의 당쟁에서만 찾아볼 수 있는 실로 전근대적인 한편의 회화적 사건이었다. 이는 성리학적 교조성과 그 배타성에서만 설명될 수 있다. 성리학의 교조성은 그것에 맞서는 이설이나 새 논리의 등장을 엄격히 규제했으며, 정론으로 확정된 것 이외의 다른 주장은 사문난적으로 몰았으며, 그 주장자를 처형하는 등 이념적 결백성을 특별히 강화하였다.

한편 조선왕조의 통치구조는 당제(唐制)를 모방해서 전근대 왕조체제의 제도를 성립시켰지만 실제로는 군왕과 특정 권신들의 자의성으로 관직 점유와 배분이 전횡되기도 했다. 비록 과거제도가 실시되었고, 이조 전랑의 자대추천권이나 통청권 등이 제도로 정착되기도 했고, 서경도 있었으며, 심지어 삼사의 간쟁도 제도적으로 마련되어 있었지만, 이는 단지 국왕의 전제적 통치권 행사를 효율화하고 합리화해 주기 위한 장치에 지나지 않았다. 실제로 관직은 《경국대전》에 따라 확정되었다 해도 그것의 실제 운영에서는 한낱 참고사항에 불과했다. 조선왕조의 관직에서 양반이라도 관직을 차지한 출사양반만이 통치세력의 범주에 해당되었기 때문에 양반들 사이에도 관직 점유를 위한 경쟁이 치열할 수밖에 없었다. 조선왕조에서 관직만이 사회적 가치의 유일한 존재로 여겨졌기 때문에 관직 자체가 전부였다. 관직을 차지함과 동시에 그것을 지속하고 세습적으로 전승하기 위한 조치야말로 절대적인 과제로 자리잡게 되었다. 이러한 필요성은 가문이나 지역, 서원을 중심으로 하는 사우관계로 연결되었다. 한정된 관직을 장악 지속하기 위해 사회적인 연결고리를 맺어야 했으며, 그 과정에 관직 경쟁자들끼리 심각한 대결을 지속시켰고, 여기에 비례하여 결국 파당적 결집도 강화되었다. 그리고 각기 파당에 따라 경쟁자를 배척하는 것이 정치의 관행으로 자리잡게 되었다. 경쟁자는 자신들에게는 공존의 가능성이 전혀 없는 철저하게 배격해야 할 위협적 존재에 지나지 않았다. 공존적 경쟁, 또는 관직 점유의 제도적인 합리성을 결여했던 상황에서 상대방을 극단적으로 배격하는 하나의 연결고리는 당인들 사이의 결속이었으며, 이는 점점 더 그들 사이에 동류의식의 심화로 나타났다. 이 과정에서 논리적 핵심으로 내세워졌던 것이 성리학이었다. 겉으로는 충군과 휼민을 강조했고, 종묘사직을 거론했지만 그것은 관념적 논리에 지나지 않았다. 실제로는 그것과 무관한 관직 점유에 따른 특권 확보에 달렸던 것이 그 시대 관인들의 본질적 행태였다. 즉 성리학은 관직을 점유하기 위해서 양반들 사이에 적대세력을 물리치고 제압하는 명분으로 활용되었으며, 경쟁자를 제거하는 효과적인 무기였다. 그러므로 성리학은 정치적 통합이나 변혁적 지향을 구현하기 위한 이념으로 활용되기보다는 관념적 주장으로 치중되었으며, 결국은 허학으로 전락했다.

또한 조선왕조에서 사회유동성의 결여가 당쟁이 주도하는 정국을 가져왔다고 말할 수 있다. 물론 대부분의 전근대적 왕조체제에서는 사회유동성의 결여라는 일반적인 상황을 보여주게 된다. 그러나 이들 사회에서도 그 나름의 사회유동성, 즉 지배세력과 피지배세력 사이의 접합이나 대치와 같은 유동성을 어느 정도는 확보하고 있었다. 그리고 여기에 사회구조적으로 중간층도 존재할 수 있었다. 양민 또는 시민층의 존재가 그러했

는데, 이들은 피지배층이었지만 실제로는 지배세력과 피지배층 사이에
자리잡고 있었으며, 중간층으로서의 일정한 기능을 수행할 수 있었다. 그
뿐 아니라 권력에 의존하지 않고서도 일정 부분의 부나 명예와 같은 다
른 사회적 가치를 점유 축적할 수 있었다. 그러한 가치의 점유로 일반 민
중은 최소한 중간층으로나 때로는 상층으로까지 사회 이동할 수 있는 유
동적 가능성을 부분적으로나마 확보할 수 있었다.

그러나 이러한 사회유동성은 조선왕조에 들어와서는 철저하게 배제되
었다. 중인의 신분도 있었지만 이는 양반층에 속했으며, 따라서 양반-상
민의 이분성만 자리잡고 있었기 때문에 사회유동성은 단지 양반 안에서
만 국한되었다. 양반들만의 사회유동성에서 유일한 통로는 관직의 점유
였다. 그들에게 관직 점유 이외의 사회적 유동성의 통로는 철저하게 봉
쇄되었다. 양반 관인이 아니고서는 경제적으로 부를 축적할 기회가 없었
으며 대토지를 사유할 가능성도 희박했다. 이러한 사실은 다원적인 사회
적 가치의 결여에서 생길 수밖에 없었던 것으로, 결과적으로는 특정 통
치세력에 한정된 사회 가치의 독점화로 나아갔다. 그러므로 권력경쟁에
서의 승리로 실세한 세력의 점유 토지와 노비 등 사회적 가치를 몰수해
서 자신들의 소유로 편입시킬 수 있었다. 이 과정에서 실세한 세력은 멸
문이라는 극단적인 운명을 받아들여야 했다. 그러므로 통치세력으로 관
직을 점유한 인사들은 그들의 지위를 보전하기 위해 당파로 결속했으며,
나아가 왕권과도 결탁할 수밖에 없었고, 다른 당파에 대해서는 적대적
대립으로 대결하게 되었다. 그러므로 당쟁에 따른 대결은 곧 삶과 죽음
의 대결이었다.

위에서 지적한 세 가지 요소, 즉 성리학의 교조적 성격, 통치제도 전개
의 비합리성, 그리고 사회유동성의 한계 등이 서로 교차함으로써 지배세
력 사이에 당파가 등장했으며, 그것에 따른 통치가 왕조 통치의 기본으로
자리잡게 되었다. 반대 당파를 배제하고 그들을 처벌하는 것, 그리고 자
기 당파의 강화만이 통치과정의 기본적인 성격처럼 자리잡게 되었다.

특히 당파의 진원지로나 기반으로는 서원의 산림이 자리잡고 있었다.
이들은 과거제도와 성리학의 결과물이었다. 서원은 실제로 양반 자제들

의 과거제도에 따른 출사를 위한 준비기관이었고, 관인으로 출사한 인사
들에게는 정신적 후원처였다. 특히 서원은 학통을 이어받았다고 자처함
으로써 산림의 활동 근거지가 되었다. 산림은 출사하지 않는 재야의 성리
학자, 즉 산림처사였지만 실제로는 출사한 관인과 다름없는 영향력을 직
간접적으로 행사할 수 있었다. 이들 산림에 대한 관직의 추증과 예우는
관직자와 같은 위치로 그들을 올려놓고 있었다. 그러므로 산림들은 중앙
관직자와 깊은 연계를 맺었다. 이 점에서 이들은 당쟁의 후원부대였으며
때로는 당쟁의 전위부대이기도 했다.[80] 이들의 상소는 당쟁의 구실이 되
었으며 권신에 대한 비판은 정국의 변화를 가져오는 환국의 시발이었다.
그러므로 산림이야말로 당쟁 그 자체라고 할 수 있다.[81]

또한 당쟁은 왕권의 유지수단으로도 동원되었다. 왕이 새로 등극했거
나 어린 나이로 국왕이 되었을 경우 왕권의 행사는 권신이나 외척의 지
원을 필요로 했기 때문에 그들의 영향에서 벗어날 수 없었다. 그러나 군
왕의 통치권 행사는 재위기간에 따라 강화될 수도 있었으며, 이는 자연히
국왕의 자의적인 전제권으로 나아가게 되었고, 그 과정에서 기존의 권문
세력을 제약할 필요도 있었다. 이 과정에서 군왕이 활용할 수 있었던 것
이 환국이었다. 이러한 의미에서 생각할 때 당쟁은 어느 면에서는 왕권을
제약하는 면도 있었지만, 그것 때문에 국왕의 전제권을 강화할 수 있었던
계기가 되었다. 거듭되는 당쟁의 대립은 유력한 통치세력이나 특정 권문
을 멸문시켰으며 그렇게 함으로써 왕권에 대한 신료들의 도전을 차단할
수 있었다. 국왕의 이러한 전제권 행사는 당쟁을 이용하여 고위 관인 통
치세력을 서로 견제하게 함으로써 왕조자체를 붕괴 교체시킬 정치사회적
변혁을 차단하는 요인이 되었다.

그러므로 당쟁은 왕조체제의 제도적 성격과 연관이 있었다. 그것은 성

---

80) 또한 산림은 자신의 존재에 대한 정당성을 성리학의 교조적 성격을 생활 속에 실천
하면서 그것은 극단화했다. 이렇게 함으로써 산림으로서의 존재를 과시할 수 있었다.
바로 이러한 사실도 당쟁의 격화는 물론이고 성리학의 교조적 허학으로 진입하게 했
던 이유이기도 했다.

81) 산림에 대한 논의는 禹仁秀, 《朝鮮後期山林勢力硏究》, 一潮閣, 1999, 제2장 참조.

리학의 교조성, 관직 점유의 배타적 경쟁성, 관직 중심의 사회적 가치와 그 세습성, 그리고 이것 위에 놓여 있었던 군왕의 전제권 등이 뒤섞여서 조선왕조를 당쟁에 따른 통치로 일관시켰다. 그러므로 성리학과 그것에 연계된 당쟁에서 빚어진 규범적이고 획일적인 인식체계와 규제성은 경제 사회적 변동의 가능성조차 차단시켰다. 성리학에 기반을 둔 파당성은 조선왕조를 단지 양반 관인들에게 국한된 그들만의 정치로 자리잡게 했으며 피지배층인 민중들을 그것에서 제외하는, '양반 관인들 사이의 파벌'적 통치형태로 지속시켰다.

5. 외척 세도의 등장과 왕조의 몰락

당쟁은 외척 세도로 전환되었다. 이러한 현상은 당쟁의 심화이자 통치체제의 제도적 한계로 조선왕조의 몰락을 가져오는 직접적인 계기로 기능했다. 세도는 당쟁과 마찬가지로 조선왕조 후기의 또 다른 본질적 성격이었다. 왕조가 국왕을 비롯한 왕실과 소수의 통치세력들 사이에 혼맥으로 이루어진 단일한 통치구조로 장기간 지속되었기 때문이다. 국왕의 등극에서나 그 정당성이나 실제 영향력의 보완을 위한 방도로 외척의 지원을 동원하게 된 것이 왕조체제 후반기의 일반적인 현상이었다. 특정 외척으로부터 세자 시절부터 보호를 받다가 국왕이 되면 그에 대한 반대급부를 외척에게 배려할 수밖에 없었다. 이러한 성격은 조선왕조에서 왕위승계에 대한 확고한 제도적 장치가 마련되지 못했기 때문에 빚어졌던 결과였고, 국왕과 권신들 사이의 영향력 관계에 따라서 좌우되고 있었다. 그러므로 왕위쟁탈전은 전형적인 중세적 왕조체제의 성격을 그대로 잔존시켰다. 이 과정에서 국왕과 연대된 외척은 세도 벌족으로 등장해서 사실상 통치권의 행사자적 위치에 놓이게 되었다.[82]

---

82) 조선왕조에서 국왕의 왕위계승에 대한 문제는 특히 후기로 넘어오면서 대통입승이 원칙으로 되어 있었지만 이는 사실상 조정 권신들에 따라 좌우되는 일면도 있었다. 조선왕조의 후기에 들어와서 왕위계승의 내용과 성격에 대해서는 李迎春, 《朝鮮後期王位繼承研究》, 集文堂, 1998 참고.

조선왕조 말기 외척의 통치권 점유는 이들 외척에게 국왕의 통치권 행사의 일부를 사실상 위임한 것과 같은 상태에 놓이게 했다. 그뿐 아니라 외척의 세도에 대해서 당인이나 산림들조차도 세도문벌의 영향력 범주 속에 편입되어 버렸다. 그러므로 당쟁은 사실상 외척 문벌과 일정한 연관성에 따라 지속적으로 강화될 수 있었고 외척의 보호막 속에 당파적 속성이 잔존하게 되었다. 이 점에서 외척의 세도는 당쟁의 극단적인 표현이라 할 수 있다. 왕조의 통치권이 특정 집단의 사유물로 점유될수록 대다수 지배세력은 그것으로부터 소외될 수밖에 없었다. 이는 결과적으로 권력갈등을 그만큼 내면적으로 심화시키게 되었으며 그것은 결국 왕조체제의 약화를 가져왔다.[83]

세도는 국왕의 보호 속에서 통치권을 행사함으로써 관직의 자의적 임면, 주요 정책의 임의적 결정, 그리고 거대 토지와 노비 등의 소유로 준왕실적 위치로 올라설 수 있었다. 그리고 이들 세도는 그 위치와 영향력을 세습적으로 전승함으로써 때로는 왕실을 능가하는 부와 권세를 행사하기도 했다. 앞에서도 말했지만 외척 세도는 당쟁과 관련 때문에, 명분상 성리학적 위민정치나 지치주의를 주장하기도 했지만 그들의 특정적인 이익 독점을 확보하기 위한 강제와 약탈을 극단화함으로써 사실상 통치체제의 존재 의미를 상실하기도 했다. 세도는 국왕에 따라 특정 권신에게 통치권의 일부를 맡겨 놓은 것과 같았기 때문에 세도의 위치에 오른 인사는 벼슬이나 지위가 낮아도 고위 관직자들조차 그의 지휘 감독 아래 들어갔다. 왕조의 주요 결정과 기밀사항에 대한 처결이나 지방 방백의 보고조차도 모두 세도인사와 사전 상정한 뒤에야 국왕에게 보고하는 형식

---

83) 여기서 한가지 구분되어야 할 것은 척신정치와 외척의 세도와의 차이점이다. 전자의 경우는 주로 16세기에 있었던 것으로 명종조의 통치체제의 현상을 의미한다. 그러나 세도정치는 조선조 후기, 즉 당쟁의 귀결적 현상으로 파악할 수 있다. 먼저 외척의 세도와 구분되는 척신에 대한 인식으로는 다음 글을 인용할 수 있다. "……척신은 국왕의 외척이 되는 관료를 의미한다. 척신의 등장은 통시대적인 현상일 수도 있으나 이 시기의 척신들은 왕실과의 혼인관계를 이용하여 권력을 행사함으로써 정국에 커다란 영향을 끼친 역사적 의미를 갖는 인물들"로 파악하고 있다.(金宇基, 《朝鮮中期戚臣政治硏究》, 集文堂, 2001, p.14)

을 취하였다. 그 결과 세도를 맡은 인사나 그 가문은 왕조의 통치를 좌우했고 관직자를 자의적으로 임면할 수 있었다. 그러므로 이를 둘러싸고 뇌물이 세도가로 집중됨으로써 왕실을 능가하는 축재를 이룰 수 있었다.

조선왕조에서 최초의 세도는 정조 때 홍국영에 의해 행해졌지만, 그것의 본격적인 등장은 순조 때부터였다. 그로부터 조선왕조 멸망까지를 세도정치의 기간으로 이해할 수 있다. 이는 안동 김씨와 풍양 조씨의 세도정치, 안동 김씨에 의한 독점적 세도정치기, 그 뒤 대원군의 통치기, 그리고 민비 척족의 세도통치로 이어졌는데, 기본적으로는 세도정치라는 속성을 갖고 있었다. 먼저 안동 김씨 세도통치의 등장은 순조 초기 정순왕후의 수렴청정에서부터 시작되었다.[84]

정순왕후의 수렴청정은 노론의 시파와 벽파 사이의 대립이 격화되었던 시기였다. 정순왕후는 사도세자에 동정적인 시파를 배척했으며, 심환지의 벽파를 중용했다. 정순왕후는 천주교 신자가 많았던 시파를 제거하기 위해 이가환·정약용 등을 옥사 유배시키는 등 신유박해를 일으키기도 했다.[85] 정순왕후는 1802년에 순조비로 김조순의 딸(순원왕후)을 맞았다.[86] 1804년부터 순조의 친정체제가 시작되었지만 1년 뒤 정순왕후가 사망했다. 그 결과 순조는 국구인 김조순과 외조부 박준원의 도움을 받아 국정을 다스리게 되었으며, 곧 통치의 실권은 사실상 이들의 수중에 집중

---

84) 순조는 정조의 둘째 아들로 1790년(정조 14)에 박준원의 딸 수빈 박씨에게서 태어났으며, 이어서 정조의 효의왕후 김씨가 아들로 삼았다. 1800년 1월 왕세자로 책봉되었고 그해 6월 정조가 사망하자 7월에 11살로 왕이 되었고 대왕대비 정순왕후 김씨(영조의 계비)가 수렴청정 했다. 정순왕후는 경주 김씨 김한구의 딸인데 영조 말년에는 그의 오빠인 김귀주가 등장하여 사도세자의 외조부 홍봉한 중심의 정치세력에 맞섰으며 이들 두 사람은 모두 노론이었다. 사도세자의 일로 정순왕후는 아버지 김한구의 사주를 받았던 나경언이 사도세자의 비행을 열거하여 그를 뒤주에서 죽게 한 것에 연루되었기 때문에 당쟁에서 사도세자를 옹호했던 노론의 시파를 미워했고 그 반대편에 있었던 벽파를 옹호했다. 정순왕후는 벽파와 결탁하여 시파를 견제했는데, 특히 시파 가운데는 천주교 신자도 있었기 때문에 천주교도에 대한 박해를 행하기도 했다.

85) 정순왕후는 왕권의 잠재적 경쟁 가능성이 있었던 종친으로 은원군과 그 부인 며느리를 천주교도라는 이유로 처형했다. 또한 정조의 이복동생인 은언군 인과 혜경궁 홍씨의 동생 홍낙임, 윤행임 등도 처형했다. 남인의 채제공도 탄핵, 관작을 박탈했다.

86) 김조순은 시파였기 때문에 정순왕후는 그의 딸을 세자빈이 되는 것을 반대했지만, 이미 정조가 재간택을 했기 때문에 명분상 이를 파약할 수 없어 세자빈이 될 수 있었다.

되었다. 정순왕후의 사망으로 시파인 김조순이 실권을 장악하면서 상대적으로는 노론 벽파의 몰락을 가져왔다.

김조순에 의해 시작된 안동 김씨 세도정치는 김조순으로부터 김좌근·김문근·김병기로 이어져 60년 동안 계속되었다. 안동 김씨는 세도를 지속하고자 왕실 외척의 위치를 유지하기 위해 순조 이후의 왕비를 배출하는 가문이 되었고, 헌종·철종의 처가로 자리잡게 되었다. 이들은 사실상 왕실보다 더 강한 권력의 행사자였으며, 왕을 단순히 그들의 보호막으로만 활용했을 정도였다. 안동 김씨 세도는 가장 사악한 형태의 세도를 보여주었는데, 매관매직으로 일문일가가 요직을 차지했고, 그들의 당인과 지원세력을 모두 관직에 등용했다. 타락한 세도정치의 등장은 어린 국왕의 등장과도 연관이 있었다. 어린 순조가 등장했고, 순조 재임시 효명세자의 대리청정이 있었지만 요절한 뒤 그 뒤를 겨우 여덟 살밖에 안 된 헌종이 왕이 되었는가 하면 철종처럼 철부지였던 강화도령이 왕이 되는 등 사고무친과 무능력한 왕족을 국왕으로 등장시킴으로써 외척으로서 안동 김씨의 발호가 지속될 수 있었다.

순조 재위의 후반기에 안동 김씨의 세도정치를 대신해서 풍양 조씨의 세도가 한때 행해졌지만 안동 김씨의 세도는 대원군의 등장까지 그대로 지속되었다.[87] 특히 헌종의 재위기간 15년은 안동 김씨의 독점적 세도기간이었다. 이 시기에 안동 김씨의 가렴주구로 삼정은 극도로 문란했고 홍경래 난을 비롯하여 전국적으로 민란이 일어나기도 했다. 천주교도에 대

---

87) 순조는 안동 김씨 세도에 실증을 느꼈기 때문에 이들을 견제하기 위해 순조 27년 (1827) 효명세자에게 대리청정을 시켰다. 그 결과 효명세자의 처가였던 풍양 조씨가 등장했는데 조씨 일문 중 조만영·조인영·조종영·조병현 등이 그 핵심을 이루었다. 그들 가운데 효명세자의 장인인 조만영은 요직을 두루 차지했으며, 순조 후반기에는 한때 안동 김씨 세도를 대치할 정도였다. 그러나 효명세자는 대리청정을 맡은 지 3년 3개월 만에 사망하고(1830) 순조도 1834년에 죽자 그의 손자이자 효명세자(익종으로 추존)의 아들인 헌종이 8살로 24대 국왕이 되었다. 이 과정에서 대왕대비(순조의 비, 김조순의 딸) 순원왕후 김씨가 수렴청정을 했기 때문에 다시 안동 김씨의 세도로 이어지게 되었다. 헌종은 11살의 나이로 같은 안동 김씨 김조근의 딸과 결혼했는데 그가 효현왕후였다. 그러나 효현왕후가 3년 뒤에 죽자 홍재룡의 딸을 다시 맞았는데 그가 효정왕후였다. 한동안 풍양 조씨와 안동 김씨 사이에 권력 갈등이 재연되었지만 조만영이 1846년에 죽자 풍양 조씨 세력은 위축되었다.

한 탄압으로 민심도 크게 동요했으며, 이양선의 출몰 등 조선왕조의 말기
적 증세가 나타났다. 헌종이 후사 없이 23세로 죽자 순조 비 순원왕후 김
씨는 '전계군 제3자인 이원범을 순조 대왕의 대통을 잇게' 함으로써 철종
으로 옹립하였다. 철종의 등장은 안동 김씨 세도의 지속을 위한 한 방안
이었다. 이로써 안동 김씨 세도는 더한층 강화되었으며, 안동 김씨는 철
종 2년에는 순원왕후의 친척인 김문근의 딸을 왕비로 맞았는데 그가 명
순왕후였다. 이렇게 함으로써 안동 김씨는 순조-헌종-철종의 3대에 걸쳐
왕비를 독점했으며, 그 결과 세습적인 세도정치를 이루게 되었다.

그 과정에서 안동 김씨는 풍양 조씨와 정치적 갈등을 조정하면서 대원
군의 등장에 이르기까지 통치권을 전횡하였다. 안동 김씨의 세도정치 아
래 국왕의 존재는 세도를 단순히 합리화해 주는 병풍과도 같았다. 종묘사
직 등 국가기구는 통치의 명분상 별다른 변화가 없었지만 실제 통치에서
정책의 수립은 안동 김씨 일문의 사랑방에서 이루어질 정도였다. 국정의
주요 문제는 세도가문에서 먼저 결정되었고, 국왕과 의정 대신들은 단지
형식에 지나지 않았다. 이러한 사정은 국왕조차도 "먼저 세도재상에게
물어본 다음 결정하라"고 말할 정도였다. 이들 세도가문은 자신들의 권
력독점과 지속을 위해 국왕의 승계도 자의적으로 행했으며 그들에게 위
협이 될 종친들을 역적으로 제거하기도 했다. 가령 철종의 형 이원경이나
철종의 왕위승계과정, 이하전의 제거 등도 이러한 성격에서 빚어졌다.

물론 풍양 조씨와 안동 김씨 사이에만 대립이 있었던 것은 아니었다.
같은 김씨 일문 가운데도 각축이 행해졌는데, 가령 같은 안동 김씨 일족
가운데에서도 시파에 속했던 김조순은 벽파에 속한 우의정 김달순 등을
죽일 정도였다. 이들 세도가문의 권력독점은 결국 왕권을 약화시켰고 간
관과 같은 조정의 견제 기능도 무력하게 만들었으며, 민중에 대한 억압과
약탈은 아무런 제약도 받지 않은 채 자행되었다. 이들 세도가문은 축재수
단으로 매관매직을 성행시켰으며 과거가 그들의 의사에 따라 좌우될 정
도였다.[88] 그 결과 지방관리는 세도가문을 위한 민중 약탈의 하수인처럼

---

88) 매관매직에 대한 구체적인 내용으로는 "뇌물을 싸든 사람들이 길가에 늘어서서는 세

기능했다. 이러한 성격은 특히 중앙과 거리가 있는 지방, 그 가운데도 영호남 지방이 더한층 심했는데 이 시기의 이러한 심각한 상황에 대해 정약용은 〈감사론〉에서 이렇게 적었다.

감사가 부임지에 내려올 때는 큰 기를 앞세우고 큰 일산을 펼친 쌍교자를 타고 오는데 그 행차가 북소리와 나팔소리에 요란했으며 관속은 수십 명이고 교군 구종군 관노 사령이 수백 명이며 사람 태운 말이 백여필, 마중 나온 관속 아전들이 수백 명이고 강제로 끌려나와 구경하는 사람도 수천 명이나 되었다. 행차시에는 그 일행까지도 감사를 닮아서 진수성찬을 차려 놓아도 불만족해서 상을 물리쳐 버리며 백가지 음식 가운데 한가지가 맞지 않아도 음식장만한 자를 곤장을 치며 행차 말이 돌에 채었다고 백성을 치고 길가의 질서유지에 잘못이 있었다고 또 치며 영접하는 부녀자들이 적다고 때리며 병풍이 곱지 않다거나 불이 밝지 않고 방이 덥지 않다느니 하면서 민중을 마구 때렸다.[89]

특히 세도가문에 따른 매관매직은 공식적인 것이 되었는데 그것이 공명첩이었다. 공명첩은 이름을 밝히지 않는 관직 임명장으로, 한 번에 수천 장씩 세도가문에서 팔았는데, 1809년 11월 전라도에 1천 장, 충청도에 700장, 경기도에 900장, 수원에 200장을 판 것으로 되어 있었다.[90] 공명첩은 어떤 신분이거나 돈으로 살 수 있는 사람이면 다 구입할 수 있었다.

도가문의 집 앞을 메웠으니 단지 3공 6경은 그 자리만 지켰을 뿐이었다." 그리고 지방의 감사는 보통 5, 6만 냥으로 거래되었고 고을 원은 2, 3만 냥으로 매매되었으며 그밖의 관직은 일정한 액수가 정해져 있을 정도였다.

89) 《여유당전서》 제1집 12권. 특히 지방관들은 세도가문으로부터 돈을 주고 관직을 매입했기 때문에 가렴주구가 극심할 수밖에 없었으며 "곤장과 항쇄·족쇄·수쇄로 날마다 가난하고 파리한 백성의 기름을 빨아내었다." 이들은 일반 민중은 물론이고 지방부호들의 재산을 강탈했다. 지방 관리들의 약탈에 편승해서 지방 아전들도 직접 지방민을 약탈했으며 이를 중앙의 세도가문에 상납함으로써 그들의 위치를 유지할 수 있었다. 그러므로 중앙에서 내려온 관직자도 아전을 함부로 대할 수 없을 정도로 아전의 위세도 당당했다. 세도가문의 축재를 담당한 현장 책임자가 되어 버린 지방 아전들의 숫자도 급격히 늘어났다. 가령 함경도 《단천 읍지》에 따르면 150명이었던 아전이 242명으로 늘어난 것으로 되어 있을 정도로 그 수는 배나 늘었으며, 그만큼 민중의 약탈정도도 심화되었다.

90) 《순조실록》 권 12, 9년 11월 정축.

그러므로 주로 상인들과 지주, 그리고 아전과 같은 하급관리들이 이를 구입했다. 쌀 몇 섬에 공명첩을 구입하여 통정대부, 통훈대부가 되어 고위 관직자나 양반 행세를 할 수 있었다. 황현의 다음 글은 이 시기 세도가문의 타락성을 말해 주고 있다.

> 장동 김가(안동 김씨)는……그 후손에 이르러서는 드디어 탐욕스럽고 완고하며 교만하고 사치하였으니 실로 외척은 망국의 화근으로 되었다. 그러나 나라의 정권을 잡은 지 이미 오래이므로 세상에서는 장동 김가가 있다는 것만 알았지 왕조가 있다는 것은 알지 못했다. 어떤 사람은 장동 김가는 나라의 기둥이며 초석이라고 말하고 있으나 어찌 그렇게 될 수 있겠는가![91]

이처럼 세도정치는 조선왕조의 명운을 단축시켰는데, 이를 차단하고 다시 조선왕조의 왕권의 재강화를 시도한 것이 대원군이었다. 그러나 대원군의 집정도 엄격한 의미에서는 또 다른 세도의 한 형태였다. 비록 그가 왕실의 종친으로 군왕의 아버지, 즉 대원군으로 안동 김씨 일문을 배척하고 왕권을 강화하려는 의도에서 통치권을 행사했지만 그것 역시 국왕의 권위를 배경으로 한 대원군 자신과 그의 지지세력들에 따른 통치권의 행사에 지나지 않았기 때문이다. 다시 말하면 정상적인 왕조의 통치체제는 아니었다.[92] 고종 초기 3년 동안은 조대비가 형식상 수렴청정했다.

---

91) 《매천야록》 권 1 상, 고종 원년.

92) 대원군의 등장은 철종이 후사 없이 사망하자 신정왕후 조씨(익종의 왕비)에 따라 이하응의 둘째아들 명복(고종)에게 대통을 잇도록 함으로써 이루어졌다. 조대비는 그 당시 3대비 가운데 최존의 위치에 있었지만 안동 김씨의 세도로 이름만을 가지고 있었을 뿐이었다. 영의정 조두순은 조씨 일문을 대표하여 새 왕을 옹립하여 익종의 대통을 잇게 함으로써 조씨 일문의 위력을 높이려 했다. 그러나 홍대비는 신왕으로 하여금 헌종의 통을 잇게 하여 홍씨의 권위를 높이려 했다. 그러나 철종의 왕비인 김씨는 철종의 사망으로 비애 가운데 있었지만 안동 김씨 세도가문을 믿고 새 왕이 철종의 뒤를 이을 것으로 믿고 있었다. 그러므로 조대비의 뜻에 따라 하교하여 "흥선군의 제2자 명복으로 하여금 대통을 잇게 하라"고 했으며 전 영의정 정원용을 원상(院相)으로 삼아 영의정 김좌근 등으로 운현의 사제에서 명복을 영입하게 하고 조대비는 스스로 수렴청정을 선언하였으니 새 왕은 익종을 황고(아버지), 헌종을 황형, 철종을 황숙으로 하여 왕위에 올랐다. 이 시기에 조대비는 조카 조성하의 보고로 철종의 임종을 듣고서는

대원군의 등장을 경계했던 안동 김씨는 그의 정치 개입을 막기 위해 정치에 관여하는 번거로움을 갖게 해서는 안 된다는 논지를 펴기도 했다. 그러나 대원군의 권력행사를 막을 수는 없었으며, 실제로 조대비의 수렴청정이 끝나자 본격적으로 대원군의 통치가 이루어졌다.[93] 이전의 세도정치가 왕권의 이면에 서서 그들의 실체가 드러나지 않도록 권력을 장악 행사했다면, 대원군의 통치는 '대원위 분부'(大院位分付)라는 이름으로 그가 주도했던 의정원에서 정식으로 결정해서 관료기구를 통해 집행하는 형식을 취했다. 이 점에서 그는 국왕과도 같은 존재로 군림할 수 있었다.

그의 집정 의도는 왕권의 강화였기 때문에 이를 위해 대원군은 안동 김씨 세도를 무너뜨리게 되었다.[94] 대원군은 안동 김씨 세도의 기반으로

철종의 침두에 이르러 스스로 왕실의 존장이라는 이유로 대보를 수중에 거두니, 시석하던 제신은 그 위세에 놀라 관망할 뿐이었다. 고종이 궁에 들어서자 조대비는 외전까지 출영하여 "나의 아들"이라고 부르며 친히 손을 잡고 내전에 들어와 왕좌 뒤에 염을 드리우고 대신을 불러 하교하기를 "사왕(고종)은 익종대왕의 통을 잇고 미망인(조대비 자신을 가리킴)이 수렴하였노라"라고 하니 여러 대신은 조대비의 거동에 놀라면서도 그럴 수밖에 없다고 승명하게 되었다.[이상백, 《한국사》 근세 후기편(진단학회 편), 을유문화사, p.375]

93) 대원군의 섭정은 조대비에 따라 그 길이 열렸는데 "사왕이 연유하고 국사가 다난하므로 대원군으로 하여금 대정을 협찬케 하고 그 의는 대신과 동등하되 상전에 추배치 않고 칭명치 않으면 가하다"고 하고하니 이로써 정권은 대원군의 수중에 모아지게 되었다. 조대비는 또한 하교하여 백관유사로 하여금 대원군의 사저에 가서 그 지휘를 받게 하고 삼군영의 병용을 골라 호위에 충당하고 남여를 타고 궐문을 출입하게 하고 조참에는 좌위를 대신의 상위에 별설케 하였다.(위의 책, pp.375~376)

94) 안동 김씨 세도의 핵심인 김좌근을 영의정에서 해임했으며 그의 아들 김병기를 광주유수로 좌천시켰고 안동 김씨 세력에 밀착된 전 참판 심의면과 전 의주부사 심이택 부자를 유배시켰다. 조두순을 영의정으로, 김병학을 우의정, 이의익을 이조판서, 정기세를 병조판서, 김세균을 호조판서, 이승보를 선혜청 당상, 이경하를 훈련대장, 이장영을 금위대장, 이경우를 어영대장으로 삼는 인사조치를 내린 것도 이러한 성격의 반영이었다. 특히 이경하·이의익·정기세는 대원군의 막료였으며 특히 이경하는 군사 경찰의 책임을 맡았기 때문에 사람들은 그를 두려워하여 그가 살았던 낙동의 염라대왕이라는 의미에서 "낙동염라"라고 부를 정도였다. 흔히 대원군의 심복으로 "천하장안"를 말하는데 천희열·하청일·장순규·안필국 등은 그들의 여동생이 상궁이었기 때문에 왕의 좌우에 시립했으며 환관 이민화는 공사청 내시가 되어 내명을 출납하면서 대원군에게 궁중의 동정을 보고하였다. 대원군의 사제에 있었던 이승업·유제소 등도 그 위세가 높았다. 대원군은 유능한 하급관리를 선발하여 요소에 배치하였는데, 의정부에는 윤광석, 이조에는 이계환, 호조에는 김완조, 병조에는 박봉래, 형조에는 오도영 등이 그러한 인물이었다.

활용되고 있었던 비변사의 기능을 약화시키고 의정부와 6조를 확대했으며 삼군부를 부활했다. 안동 김씨계 인사들 대신에 남인·북인 등 당색을 초월해서 인재를 등용했다.[95] 왕권강화의 상징으로 경복궁의 중건,[96] 3정의 개혁,[97] 서원 철폐,[98] 그리고 1864년에는 공금이나 국가 양곡의 절취 관리들을 적발 처벌하는 조치도 취했다.[99] 대원군의 개혁적 통치는 세도정

95) 남인의 유후조·한계원, 북인의 임백경·강로 등을 정승급으로 임명하였고, 남인의 조성교에게는 대제학을 맡겼다. 더 나아가서 안동 김씨 문중에서도 자신의 통치에 협조적인 김병학에게는 좌의정을, 김병기는 좌찬성으로 임명했다. 중인출신의 유홍기·오경석 등에게도 관직을 맡겼다. 대원군의 주변에서 정찰과 경무의 일을 맡았던 천희연·하정일·장순규·안필주에게도 관직을 제수했다.

96) 임진왜란에 불타서 폐허가 된 경복궁 중건을 위해 1865년 4월에 영건도감을 설치하여 그 자신이 이 일을 직접 맡았다. 1865년 4월부터 1868년 7월 2일 국왕이 이거하기까지 3년 2개월 만에 완공하였다. 경복궁의 건축에 소요되는 경비를 조달하기 위해서 이른바 "자발적으로 바친 돈"이라는 의미의 원납전을 민중들로부터 거두어들였으며 왕실재정과 국고금 등 총 780만 냥의 돈을 들였고 '자원부역'을 내세우고 각지의 민중들을 동원했다.

97) 그 가운데 전정을 개혁, 농민들의 부담을 줄였다. 군정에 대해서도 군역 대신에 납부하게 한 군포를 양반도 물게 하는 호포의 실시로 왕실 재정을 충실하게 했다. 환정도 이전의 개별 호를 대상으로 했던 환자제도를 마을 단위로 실시했으며, 이로써 환자의 미납을 줄였고 서리들의 중간착취를 막을 수 있었다. 대원군의 3정의 개혁으로 왕실 수입이 늘어났는데, 1864~1873년의 대원군 10년 집정기간 동안 금 51%, 동 255%, 무명 158%, 베 673%, 쌀 165%, 콩 299%가 늘어났다. 대원군의 개혁은 그것의 정착을 위해 1864년 다음 내용의 포고문을 발표했다. "철종 통치 14년 동안 나라의 창고가 텅 비었고 국가 규율이 해이되었으며 풍속이 더욱 문란해지고 고관대작으로부터 하급관리에 이르기까지 자기 직무에 부지런하지 않았으며 가렴주구와 뇌물에만 급급하였으며 모든 왕조의 각 기관이 책임을 다하지 못한 모습을 보여주었다. 이제 조야의 모든 관인들은 자기의 직책에 최선을 다하고 충실함으로써 국왕에 죄를 짓지 말아야 한다"고 경고했다.(《고종실록》 권 1, 원년 1월 10일)

98) 대원군은 1864년 4월 전국의 거기과 서원에 소속된 토지와 재산을 조사 등록했으며, 1864년 8월 서원의 철폐를 명령했다. 1871년 4월 6백개 이상의 서원 가운데서 청주의 만동묘와 화양서원을 비롯하여 전국의 서원들이 폐쇄되었고 단지 47개소만 남겨 놓았다. 서원 철폐를 반대했던 유림들은 강력한 집단항의를 제기하였는데, 부호군 임헌휘가 1865년 만동묘 철폐의 취소를 요구하는 상소문을 올렸으며, 이것을 계기로 1865년 11월에는 경상도 유생 1,460명이 국왕에 항의의 상소를 올렸다. 그러나 대원군은 관권을 동원하여 서원을 강제철거했다. 이렇게 함으로써 마침내 서원 철폐를 관철할 수 있었고, 그 결과 재지 토호적 위치를 차지했던 지방유림도 통제할 수 있었다.(서원은 조선왕조에서 붕당의 소굴로 전락했고 민중약탈의 진원지였다. 실제로 서원은 18세기에 약 1천여 개나 되었고 대원군 집권 때만 해도 670여 개였다. 서원 철폐는 중앙왕실의 통치권위의 회복과 강화로 이어졌으며, 지방양반들에 대한 탐학을 줄이는 계기도 되었고 국고 수입도 늘이는 효과도 얻었다)

치에서 온 왕실의 유약함을 만회하는 계기가 되었으며, 왕조의 차원에서
는 부국강병의 복고적 성격도 있었다. 그러나 더 이상 전제적 왕조체제로
의 복귀는 불가능한 시대적 흐름 속에 놓여 있었다. 가령 서세동점, 즉 19
세기 서구 제국주의의 침탈도 그러한 시대적 성격의 한 표현이었다. 이러
한 시대상황을 고려하면 대원군의 왕실강화는 어느 면에서는 시대착오적
인 일면도 있었다. 시대의 변화에 대한 대응성을 결여한 채 이전의 통치
양식과 그 제도를 복고 강화하려 했던 것은 시대적 반동성일 수밖에 없
다. 또한 전제적 왕권체제의 강화에 통치의 기본을 두었다는 것은 전형적
인 중세 전제왕권의 지속일 뿐이었다. 결과적으로 이러한 성격 때문에 달
라진 시대상황에 따라 조선왕조 자체가 종식될 수밖에 없는 외래적 충격
의 비극성을 경험하게 되었다. 대원군의 개혁대상은 바로 왕실이어야 했
고 왕조체제 그 자체라야 했다. 그런데도 그는 왕조를 개혁대상에서 벗어
나 오히려 그 왕조를 강화하는 반 시대성을 보여주었다. 이 점에서 대원
군의 집정도 이전 세도의 되풀이라 해도 지나치지 않다. 그는 노론의 외
척인 안동 김씨에 맞섰던 남인계에 속했지만, 실제 그의 통치권 행사를
위해 필요하다면 노론 인사들 가운데서도 충원했다는 점에서 이를 알 수
있다. 따라서 대원군의 집정도 사실상 노론 지배체제의 연장이라 할 수
있는 세도통치에 해당된다고 할 수 있다.

　세도와 그 변형으로서 대원군의 집정은, 결과적으로 왕조 자체를 멸망
으로 몰고 갔던 내적 동요와 외적 충격의 와중에 떨어지게 하였다. 즉 세
도가 타락된 통치세력의 집단적 권력 장악이었다면 대원군의 집정은 그

---

99) 이러한 사정은 1865년 공충도(충청도) 관찰사의 보고에 따르면 100석 이상의 절취관
리가 76명이나 되었으며 100석 이하의 절취자는 부지기수로 되어 있었다. 이에 조정에
서는 1천 석 이상을 절취했던 김노홍을 사형에 처했으며 900석에서 200석까지 약취한
자에 대해서는 그 액수에 따라 귀양 보냈으며, 그 이하의 약취자는 해당 고을에서 처
벌하게 했다. 1865년 4월 경기관찰사의 보고에 따르면 양근·안성·용인·적성·연
천·화량·덕포·장봉 등 8개 읍진에서 국가양곡의 절취량은 수만 섬에 이르렀고 강
원도관찰사의 보고에 의하면 양곡의 절취자는 1만 8200여 석으로 평창에서는 7, 8천여
석으로 되어 있었다. 1864년 3월 27만 3700냥을 횡령한 의주부윤 심리택을 의금부에
잡아들여 취조한 다음 서울 종로 네거리에서 군중 앞에 매질했으며 제주도로 귀양 보
냈다. 같은 해 9월 남양부에서는 대동미를 절취한 윤영관을 사형했으며, 그 고을의 원
을 의금부에 구금했다.

것을 극복하기 위한 것이라기보다는 대체한 것이었다. 심한 경우 이는 결과적으로 또 다른 세도적인 성격을 예비하는, 즉 민씨 세도의 길을 열어주는 단계로 기능하였다. 그러므로 시대상황에 대한 대응성을 결여한 채 단순히 기존 통치권을 강화하는 데만 치중했던 대원군의 집정은 피지배층인 민중들에 대해서는 여전히 중세적 전제왕조체제로서의 억압과 강제의 성격을 지니고 있었다. 어느 면에서 그의 통치는 통치세력과 피지배층 사이의 대립관계를 심화시켰으며, 그것도 왕조체제의 강화라는 명분으로 자행된 전형적인 전근대적 전제왕조의 속성을 반복하였다. 특히 왕조체제는 민씨 세도에 들어와서는 곧장 피지배 민중에 대한 가혹한 억압과 약탈로 전개되었으며, 그것의 심도와 왕조체제의 강화가 일치되는 것으로 인식될 정도였다. 이 점에서 조선왕조는 이미 이 시기에 들어서면 변화한 시대에 대한 대응성 결여로, 그리고 내적으로는 더 이상 고통을 인내할 수 없었던 민중의 저항으로 존속될 수 없는 상태로까지 내몰렸으며, 끝내는 민중으로부터 '버림받은 왕조'가 되어 버렸다. 왕조는 민중의 도전으로부터 벗어나기 위해 외세를 불러들여서 의존함으로써, 결과적으로 왕조는 살아 남았지만 민중은 죽게 되었으며, 민족은 식민지적 종속으로 전락되었다. 이 점에서 조선왕조는 민족까지도 배신하게 되는 이중적인 전락으로 귀결되었다.[100] 한국 정치사에서 전통성으로 규정할 수 있는, 그리고 그것에 의해 시대적인 특징으로 표출되었던 그 자체를 서구의 근대성에 따른 충격이 미치기 이전의 기간으로 한정해서 생각할 수 있다. 이러한 의미에서 한국의 정치사에서 전통성은 곧 근대성과의 조우과정에서 겪게 되는 일련의 변용과정을 거치게 되었는데, 이는 엄격한 의미에서 전통성의 해체 또는 좌절로 파악할 수 있다. 이 점에서 이 책에서는 한국 정치사의 전통성이 지속되었음과 동시에 실제로 주도했던 기간으로 대원

---

100) 조선왕조의 이러한 전략은 외세의 도전과 민중 저항이라는 두 가지 차원에서 빚어진 것으로, 그것은 18세기와 19세기의 시대상황에의 대응성, 즉 근대성의 문제에서 빚어진 것이기도 했다. 이러한 의미에서 이들 문제에 대한 논의는 대원군과 민씨 세도와 연관을 맺고 있기 때문에 그 전략의 구체적인 과정과 성격 등은 외세와 민중저항의 연계를 바탕으로 하는 또 다른 연구의 대상일 수밖에 없다.

군 집권 이전까지만 다루었다. 이렇게 함으로써 한국 정치사를 총체적으로 관류하는 전통성의 본질을 파악할 수 있기 때문이다. 따라서 한국 정치사에서 정치적 전통성이 근대성의 충격으로 와해 또는 변용되는 과정이나 그 성격에 대해서는 대원군 집권기 이후의 정치 사회적 현상으로 이해할 수 있다.

결 론 : 한국 정치의 전통성에 대하여

1. 한국 정치의 전통성에 대한 인식

한국 정치의 전통성에 대해서는 많은 주장이 발표되었다. 그 가운데 한국의 정치적 전통을 긍정적 또는 발전적 관점에서 인식한 것도 있고, 비교론적이고 비판적인 시각도 있다. 전자의 관점은 한국 정치의 특수성을 강조하는 데 치중하고 있다. 후자는 서구의 정치사적 발전을 기준으로 한국 정치의 전통성과 비교 논의하는 특징을 보여주고 있다. 한국 정치 사회의 특수성만 주장하는 관점에 서면 한국 정치는 서구의 발전논리나 관념으로는 해석할 수 없는 영역과 성격을 갖고 있기 때문에 한국의 정 치사와 정치 전통의 인식은 그 나름의 특이성을 밝혀내야 한다는 것이다. 이러한 관점에 서면 인식의 기준을 한국의 정치나 정치사 그 자체를 중심으로 삼아 그 특징을 밝히는 작업을 중시하게 된다. 이러한 성격의 한 논의로 함병춘(咸秉春) 교수의 다음 글을 인용할 수 있다.

> 한민족의 정치사상은 서양과는 다른 변증법을 기반으로 삼았다. 치자 와 피치자가 '너와 나'로 구별되어 서로 겨룸으로써 바람직한 정치가 이 루어지는 것이 아니었다. 치자와 피치자는 이심전심, 서로 한 마음이 될 때 바람직한 정치가 이루어지는 것으로 한민족은 믿어 왔다. 치자와 피치 자 사이에 대립이나 긴장이 있을 때 정치는 실패하는 것으로 보았다. 바 람직한 정치란 치지와 피치자가 "혼연이 한 덩어리의 화기로 화하는" 경

우라고 할 수 있다. 치자의 덕이 心心相印 피치자에게 감화를 주고 또 피치자의 마음과 바라는 바가 "人心 즉 天命"이라는 과정을 거쳐서 치자에게 전달되는 것이다. 서양의 안목에서 볼 때 이것은 정치라기보다는 윤리나 정의로 밖에 보이지 않는다. 그 뿐만 아니라 서양의 사고방식으로는 한민족의 정치관이란 너무나 막연하고 불명료하다.

권력욕이란 권력을 쟁취하기 위한 끊임없는 투쟁을 정면으로 직시하지 않고 어물어물 호도해 버리려는 위선이라고까지 간주되기 쉽다. 변증법적인 긴장이나 대치되는 반항세력이 피치자들 사이에 없다는 사실은, 즉 치자에 의한 일방적인 무제한의 착취, 즉 세계사상 그 유례를 볼 수 없는 소위 "동양적 전제"를 불가피하게 가져온다고 한다. "역학적 균형" 혹은 "변증접적 긴장"이 없는 곳에는 힘의 무한한 橫暴만이 있게 된다는 것이다. 가족과 국가를 명확하게 구분하지 못하고 가족윤리와 정치윤리를 구별하지 못하고 국왕에 대한 충성이 가부에 대한 효성보다 劣位에서는 한민족의 정치생활을 정치적 후진성이라는 개념으로 간단히 설명해 버리는 수밖에 없다. 刑이나 권력보다는 예나 염치를 정치의 핵심개념으로 삼고자 하던 한국의 정치사상이란 어딘지 무기력하고 감상적인 것으로밖에 보여지지 않는다.[1]

이 주장에 따르면 한국 정치의 전통성에 대한 인식을 비교사적 관점에서 서구 이론을 바탕으로 인식할 경우 한국의 정치 전통이 갖는 본질을 사상할 여지를 안게 된다는 전제가 깔려 있다. 한국과 같은 비서구 정치사회에서 정치와 국가, 지배와 피지배, 그리고 권력과 통치에 대한 기본 성격은 서구적인 것과는 다르기 때문에, 서유럽에서 인식되어 온 논리로는 설명력이 약할 수밖에 없다는 점을 강조하고 있다. 특히 서유럽의 학문적 인식논리의 근간이 되는 기독교적 가치관이나 과학적 합리성, 변증법인 귀결, 그리고 권력 행사에서 균형론적 인식 등은 한국의 정치문화나 정치적 전통성과 기본적으로 차이가 있다는 견해를 갖게 된다. 이러한 인식은 특히 위의 글을 쓴 함병춘 교수가 "과거의 한국인들이 근대의 구미식 정치사상을 가지고 있지 않다는 것은 분명한 사실이다. 그러나 서양인

---

1) 咸秉春, 〈韓國의 政治思想〉, 《東方學志》 제10호, 1969. 이 글은 다음 책에 재록되었다. 咸秉春, 《韓國의 文化 傳統과 法 : 葛藤과 調和》, 韓國學術研究院, 1993, pp.305~306.

들이 가졌던 것을 우리의 선인들이 가지고 있지 않았다고 해서 그들이 못났다고 욕할 필요는 없는 것이다"는 주장에서 알 수 있듯이, 가치론적 평가도 배격하고 있다.[2] 이러한 논의는 자연히 "한국의 정치사상의 과거를 논하는 데 있어서 비합리적이니 전근대적이니 권위주의적이니 전제적이니 원시적이니 동양적이니 등등의 형용사를 사용하는 것은 전혀 무의미한 것"임을 강조하는 논지로 이어진다. 이러한 주장에 대해서 함병춘 교수는 구체적으로 조선조의 사례를 들어 다음과 같이 적어 놓고 있다.

> 조선조의 왕권을 볼 때 헌법과 같은 제도상의 제한이나 서양의 변증법적인 대치세력의 작용도 없었던 것이 사실이다. 그러나 조선조의 군주제가 서양에서 말하는 전제는 아니었다. 유교에서 내려오는 왕도에 관한 전통이나 명분론이 군신 모두의 가치관 속에 흡수되고 내면화되어 그들의 행위를 좌우했던 것이다. 이러한 제약이 서양의 안목으로 볼 때는 윤리적인 것이고 제도화되지 못한 막연한 것이지만 조선조의 역사를 읽어보면 그것이 얼마나 큰 효력과 영향력을 가졌던 것인가를 알 수 있다. 왕으로써의 체통을 지켜야 하고 천지지변이나 흉년이 들면 부덕함에 대한 책임을 느껴 素食이라도 해야 하고 나라의 중대사를 당해서는 널리 求言하여 공론을 듣고 言路를 막아서는 안되고 대신들이 조정신하들을 인솔하고 반대하면 양보해야 하고 또 신하된 자는 목숨을 걸고 나라와 백성을 위하여 간하고 또 실제로 바른 말을 하고 간하다 죽음을 당한 사람의 수는 헤아릴 수 없이 많았다.[3]

한국 정치의 역사성에 대한 인식은 한국의 특수성을 전제로 그것을 인식할 수 있는 그 나름의 새로운 틀과 관점을 마련하고 이것에 입각해서 연구해야 한다는 주장은 어느 사회나 어느 시대를 막론하고 주장될 수 있는 논의이다. 다만 문제는 그러한 특수성이 과연 한국에만 국한된 것인가에 대한 엄밀한 논증이 필요하고, 그것을 입증할 구체적인 인식 틀이 과학적 인과성에 의한 학문적 논리 위에 구축되어야 한다. 단순히 특수성을

---

2) 위의 글, p.295.
3) 위의 글, p.312.

주장하고 그것에 대한 새로운 관점이 설정될 필요성만을 강조하고 이를 그대로 받아들인다 해도 문제는 그것에 대한 실제적인 접근과 평가 문제를 남겨 두기 때문이다. 그러나 분명한 것은 위의 글에서 알 수 있듯이 한국 정치의 전통성을 특수성의 관점에서 규정할 경우라 해도 그것을 입증하는 논리 전개에서 서구의 학문적 잣대로만 접근한다면 적지 않은 문제도 따를 수 있다. 서구적인 학문 인식 논리에 입각하여 한국 정치의 전통성을 인식한다는 것은 그것에 예외적인 것은 곧 특수성이라는 개념으로 설정될 여지를 가질 수 있기 때문이다. 문제는 한국 정치의 전통성을 설정할 경우 최소한 두 가지 접근에 의하여 인정되어야 하는데, 하나는 서구 정치학의 인식 논리에 의해서, 다른 하나는 한국적인 정치학의 인식 논리(그러한 논리가 있다는 전제에서)에 의해서도 주장될 수 있어야 한다.

　위의 주장과 대조적인 논의, 즉 한국의 정치 전통과 성격을 서구 정치사의 발전과정이나 그 인식 논리에 입각해서 분석한 연구를 쉽사리 찾아볼 수 있다. 이런 사례로는 그레고리 헨더슨의 《한국 : 소용돌이의 정치》를 들 수 있다. 그의 주장은 한마디로 한국 정치의 본질과 그 전통성을 중앙집중화라는 말로 설정하고 있다. 즉 한국의 정치는 역사적으로 정치권력을 잡기 위해서 마치 돌진하는 소용돌이의 바람몰이와도 같이 움직이고 있다는 것이다. 그의 이러한 주장을 여기에 전부 다 담을 수는 없지만 핵심 내용을 적어 보면 아래와 같다.

　　……동질성, 중앙집중화, 공통의 경험 등은 아직도 이 나라 힘의 근원이지만 그것은 동시에 큰 어려움을 제기하는 원인이 되기도 했으며 어느 정도 줄어들고는 있지만 아직도 그러하다.……자연조건으로부터 생기는 분열이 없었기 때문에, 사회는 원자화된 상태로 중앙권력에 대한 의존성을 강화시켜 의회정치의 토대를 구축할 수 있는 시기를 지연시켜왔다. 사람들과 각각의 조그만 분파 조직들은 서로 적대시하면서 단 하나의 극점을 향한 큰 흐름 속에 몸을 내맡기고 있었다.……한국의 여러 조직들은 조직 자체나 조직원들이 중심 축을 향해 상승하는 흐름에 참여하려고 하는 아메바적 성격을 갖고 있어야 했다. 그 중심 축은 가정 이외의 한국 문화가 만들어 낸 거대한 산물이다. 조직은 유동성만을 가지고 있으며 어

떻게 기능하는가는 문제시되지 않는다. 위계질서적 상하관계도, 조직원
칙도, 지도자를 결정하기 위한 확실한 기준도 없다.⋯⋯결과적으로 장기
간에 걸친 한국의 격렬한 정치사에는 중요한 토착적 철학이 전혀 생겨나
지 못했으며 지속적인 강력한 정치지도자도 나타나지 않았다. 마찬가지
로 수도 (서울의) 바깥에 뿌리를 두고 발생하는 사건도 정쟁의 대상이 되
지 못했다. 이 때문에 중앙의 이익에 관계없는 개발계획은 곧 사라져버리
는 경우가 많았다. 모든 가치는 중앙권력에 속했다. 권력기반도 안정성도
야심을 만족시킬 수 있는 대체 수단도 없이 권력을 향한 경쟁에 뛰어드
는 사람들이 계속 증가하기만 했다. 이 사회는 높이 솟은 원추형의 소용
돌이라는 특유의 형태를 만들어 내고 말았다.[4]

그레고리 헨더슨의 주장은 한국 정치가 중앙집권적이기 때문에 정치
권력의 전개나 권력 점유에 참여하기 위해서 사람들이나 집단들은 중앙
으로만 모여들 수밖에 없으며, 그러한 행동은 마치 소용돌이를 일으키는
바람처럼 항상 회오리를 몰고 오는 것과 같다고 설명한다. 다시 말하면
한국 정치의 전통성은 이미 그 본질상 정상적인 정치 참여에서 벗어나
중앙이라는 특정 지역으로만 들이닥치는 성격을 보여주게 되고, 그러다
보니 정치참여와 권력 기능의 정상성에서 벗어날 수밖에 없는 자기 한계
성으로 떨어지게 되었다는 것이다.[5] 그의 이러한 논의는 한국 정치의 역

---

4) Gregory Henderson, *Korea ; The Politics of the Vortex*, Harvard University
   Press, 1968. 여기서는 이 책의 한국어 번역판, 박행웅 · 이종삼 옮김, 《소용돌이의 한
   국정치》, 한울 아카데미, 2000, pp.513~515를 몇 자 수정하여 인용했다.
5) 이 책에서 주장하고 있는 구체적인 내용에 대해서는 이 책의 한국판 번역에 해설을
   맡았던 김달중(金達中) 교수의 다음 글에서 읽을 수 있게 된다. "이 책은 조선시대에서
   일제 식민통치와 미군정을 거쳐 현재에 이르는 한국 정치의 양상을 정치문화와 정치
   발전의 관점에서 일관된 설명을 하고 있다. 이 책에서 저자가 제기하는 중심적인 논지
   는 네 부분으로 집약될 수 있다. 첫째는 한국 사회를 이해하는 핵심적 열쇠는 동질성
   (homogeneity)과 중앙집중(centralization)에 있으며, 둘째는 엘리트와 대중간에 매개
   그룹이 없는 사회관계로 인해 한국 정치의 역학은 사회의 모든 활동적인 요소들을 태
   풍의 눈인 중앙권력을 행해 치닫게 하는 거센 소용돌이(vortex)를 닮았다는 것이며,
   셋째는 이런 중앙집중적 환경 속에서 한국의 정치는 당파성, 개인중심, 기회주의성을
   보이면서 합리적 타협의 기초를 결여하게 되었다는 것이며, 마지막으로 이런 소용돌이
   정치패턴에 대한 처방은 다원주의(pluralism)와 분권화(decentralization)에서 찾아볼
   수밖에 없다는 것이다."(위의 책, pp.5~6)

사적 성격에서 그 특징성을 지적함과 동시에 어느 면에서는 정치사적 한계를 말해 주는 것이라고 할 수 있다. 바로 그러한 한계점은 곧 서구 정치사를 기준으로 인식한 결과에서 얻어질 수 있는 논의이기도 하다.

여기서 함병춘 교수와 헨더슨의 주장을 길게 인용한 것은 그들의 논지가 갖는 타당성 여부를 가리기 위해서가 아니다. 그보다는 한국 정치를 틀 지워 온 일정한 정치적 전통성을 어떤 관점에 의거해서 바라보고 규정할 것인가의 문제점이 갖는 중요성을 말하기 위해서이다. 그러므로 여기에서 먼저 지적할 수 있는 것은, 한국 정치의 전통성을 정확하고도 객관적으로 인식할 수 있는 관점의 설정이 더욱 중요하다는 사실이다. 이를 위해서 정치적 전통성에 대한 타당성을 가진 이론적 논의가 설정될 수 있어야 한다. 함병춘 교수의 경우에는 그러한 인식 관점은 보편론이나 비교론적인 차원과 구분되는 한국 정치사의 특수성과 개별성을 전제로 하는 그 나름의 특징성에 치중하면서 그것을 강조하는 성격을 부각시키고 있다. 그러나 헨더슨의 경우 한국의 정치사는 전체 정치사의 범주, 정확하게 말하면 서구의 정치사에 편입시켜 그 속에서 이를 바라보기 때문에 한국 정치사의 정치적 특수성은 그의 논의에서는 일종의 한계론적 의미로 설정된다.

위의 두 주장을 생각해 보면, 한 국가나 사회의 정치사적 성격에 대한 특징성을 규정함에는 관점에 따라 각기 다른 주장이 나올 수 있으며, 그러한 차이점 자체가 어느 면에서는 서로를 보완해줄 수 있게 된다. 즉 함병춘 교수가 주장하는 한국 정치의 특수성이나 헨더슨이 말한 특수성은 각기 독자적인 의미에서보다는 그 주장을 서로 비교해 봄으로써 좀더 선명하게 본질적 내용을 밝혀낼 수 있기 때문이다. 다만 이 경우 어느 것을 기준으로 삼을 것인가의 문제보다는 둘의 접합적이고 비교론적 인식이 더 중요하다 할 것이다. 즉 보편적인 인식 논리에 기반을 두면서도 특수성을 생각할 수 있어야 하고, 그렇게 얻어진 특수성을 다시 보편적인 논리에 위해서 재평가하는 것이 바람직한 인식 지향이라고 할 수 있다. 그러므로 최소한 한국의 역사적 정치학은 보편론에서 특수성을, 그 특수성을 보편적인 차원에서 재인식한다. 둘의 접합적이고 교호적인 지향을 필요로 한다고 할 수 있다. 그러면서도 단순히 역사로서만 아니라 현재라는 관점에서 이를 바라보는 인식적 성격을 가져야 할 것이다.[6]

역사정치학의 지향이 "오늘의 정치를 분석하기 위한 어제의 정치에 대한 인식"이라면 그것을 밝혀내는 중요한 접근 개념의 하나가 전통성일 수 있음은 분명하다. 정치에서 전통성은 어제라는 전체 역사적 기간을 통하여 경험되었던 정치적 사건들이 엮여 있는 정치 전개의 모둠이며, 그러한 모둠에 의하여 일정한 틀로 새롭게 엮어 놓은 하나의 얼개라 해도 좋다. 물론 그 얼개는 관점에 따라 포함된 정치적 사건도 있을 수 있고 그렇지 않은 것도 있다. 이 점에서 어느 시기의 정치사에 대한 얼개가 반드시 그 시대의 것을 축소시켰거나 그 모습대로 창출되었다고는 할 수 없다. 그것은 오히려 얼개를 만드는 사람의 자기 관점에 의한 새로움의 창조라고 해도 좋다. 그러한 얼개이지만 문제는 그 얼개가 담고 있는 시대를 정확하게 바라볼 수 있는 축소판일 수 있으면 그것으로 족하다. 이렇게 해서 얻어진 얼개를 통해 과거의 정치와 현실정치를 하나로 아우르고, 나아가 그 본질을 더 정확하게 인식할 수 있는 결과물을 도출하게 된다. 아마도 이러한 얼개의 하나로 제시된 것이 앞에서 살펴본 정치 전통성이라는 개념일 수 있다. 정치 전통성이라는 얼개, 또는 개념을 통해서 구체적으로 한 시대 정치의 본질을 밝혀낼 수 있는 가능성을 가지기 때문이다. 그러므로 정치 전통성이 어떤 것이고 어떻게 형성되었으며, 시대의 흐름에 따라 어떤 연속성을 보여주었는가를 밝혀내는 일이야말로 역사정치학의 핵심 내용일 수 있다.

그러면서도 여기서 다시 한번 지적하고 싶은 것은, 한국의 전근대 정

---

6) 결국 현실정치는 현재라는 일정 시점에 한정시켜 인식할 수 없는 일이며, 현실을 구조화해 놓은 어제의 틀 위에 일어나는 현실적 정치, 즉 어제와 오늘의 연계 위에 이루어진 것으로 이해해야만 한다. 이 점에서 정치의 어제와 오늘은 하나로 이어지는 연속적 관계 위에 놓을 수 있어야 한다. 비록 오늘의 틀이 어제의 것을 그대로 이어받았다고는 말할 수 없어도, 그리고 때로는 어제와는 완전히 구분될 수 있는 새로운 것으로 드러난다 해도 이것도 역시 드러나지 않는 어제의 것에서 기원된 것으로 이해할 수 있다. 이 점에서 오늘의 정치에 대한 주요한 대답을 어제의 역사 속에 그 단초를 얻어 보려는 것도 결코 무의미한 일일 수는 없다. 이러한 인식이야말로 이 책에서 지금까지 거론해온 역사정치학의 본질적 의미이기도 하다.

치사에서 지적할 수 있는 정치 전통성은 비교론적 인식, 즉 서구의 정치
사회적 발전과정을 전제로 하면서도 그것과 대비적인 인식에서 접근해야
만 비로소 정확하게 그 실체를 파악할 수 있다는 점이다. 물론 이러한 주
장은 단순히 한국의 전근대적 정치사회에 대한 인식을 서구의 관점을 기
준으로 삼아야 한다는 주장과는 다르다. 그것은 인식의 한 관점으로 비교
적 시각으로서의 의미로 이해해야 한다. 이 점에서 역사정치학은 어제와
오늘 사이의 연계성을 담아야 하기 때문에, 그것은 서구 정치사회의 전개
과정과 대비해서 그 본질을 더욱 분명하게 부각시킬 필요가 있다는 의미
이기도 하다. 즉 역사정치학의 접근은 어제와 오늘의 시차를 넘어서고 지
역의 동과 서를 동시에 아우르는 통합적인 차원에서 이루어지는 비교라
는 의미로, 이 점에서 이 책에서 주장하고 있는 일련의 논지는 기본적으
로 한국적 특수성을 인정하면서도 그것을 서구적 발전의 보편론에 의해
새롭게 평가될 수 있어야 한다는 둘의 유기적 관계를 중시하고 있다.

2. 이데올로기를 위한 통치체제

이 점에서 여기서는 한국 정치의 전근대적 역사에서 이루어진 정치 전
통성이 무엇인가를 먼저 규명함과 동시에 그것이 현실정치에 어떻게 교
잡되어 정치적 표상으로 자리잡게 되었는가를 생각해볼 필요가 있다. 이
러한 의도에서 지금까지 이 책에서 다루면서 밝혀 놓은 내용들을 바탕으
로 여기서 하나의 잠정적인 결론을 내려보기로 한다. 이 일을 위해 먼저
이 책에서 지금까지 다루어 온 기본적인 인식틀을 전제로 그것의 주요
성격들을 반추함으로써 한국의 전근대적 전통사회의 정치적 성격, 즉 정
치 전통성에 대해서 생각해 보기로 한다.

이 책에서 지금까지 다루어 온 인식의 기본 구조에서 다룬, 이데올로
기, 지배세력, 군사력과 대외관계, 통치기구 등의 차원에서 이것들이 어
떻게 정치적 실체로 엮어졌는지를 지배세력과 피지배층 사이의 통치구조
를 중점으로 생각해 보려는 것이었다. 그러므로 여기서는 전근대의 한국
정치사를 관류했던 이들 성격들을 종합해서 다시 한번 생각해볼 필요가

있다. 그렇게 하는 것이 한국 정치의 전통성을 설정할 수 있는 가능성을 확보할 수 있기 때문이다. 이 일을 위해 먼저 이념, 즉 통치이데올로기에 대해 생각해 보기로 하자. 한국의 전근대 정치사에서는 제의-종교에 의한 통치체제의 이념화가 통치이데올로기적 성격의 주요 내용이 되었으며, 그것에 의한 강력한 구속성이 행사되어 왔음을 찾아볼 수 있다. 제의 체제로 시작된 한국 고대사회의 성격은 그 뒤에도 제의, 신화, 종교, 지배 이념 등을 통치이데올로기로 전화 활용했으며, 마침내 그것은 피지배층에 대한 강한 구속력을 행사할 수 있게 되었다.

이러한 성격의 통치이데올로기는 정치사회 구성원들 사이에 암묵적이거나 명시적으로 합의된 이데올로기적 통제성과는 달랐다. 즉 한국 고대사회에서 통치이데올로기는 특정 집단이나 세력을 위한, 그리고 그들에 의해 '강제되었던 관념'으로 통치적 성격을 가지고 있었던, 즉 통치이데올로기로 부과되었다. 그러므로 전체 구성원의 통합적이고도 미래 지향적인 가치 관념으로서의 이데올로기와 달랐다. 이는 지배세력이나 통치세력이 피지배층에 대해 일방적으로 강요함과 동시에 강제하는 성격을 갖고 있었다. 물론 이러한 성격이 점점 더 심화됨으로써, 심지어 지배세력들을 스스로 규제하게 되는 그들 자신에 대한 제약성도 발휘하게 되었다. 이 점에서 지배이데올로기와 구분되는 통치이데올로기의 정립은 한국의 전근대사회를 '이념의 왕국'으로 정착시키게 되었다. 한국의 전근대 사회에서 특정의 이념이 갖고 있는 정치적 미래상은 통치의 기본 목표로 자리잡았으며, 정치 구성원의 삶의 의미로 강요되었기 때문에 그것은 정치사회에서 최고의 가치로 자리를 잡게 되었다.[7]

구체적으로, 한국의 정치 전통성에서 통치이데올로기의 성격을 살펴보기로 하자. 고대의 제의국가적 상황에서 제의는 무속적 영향력에 따라 다른 어떤 것보다 더 중요한 정치사회적 결정요소로 작용했다. 제의의 집전

---

7) 앞에서도 지적되었지만 여기서는 개념적으로 지배이데올로기와 통치이데올로기를 구분해서 인식할 필요가 있게 된다. 전자의 경우는 그 시대 대부분의 사람들이 믿는 주류적 이데올로기를 의미하며, 후자의 경우는 통치세력에 의하여 공식적으로 수용된 통치의 지향이념으로서의 관제 이데올로기를 의미하게 된다.

은 집단의 존재 그 자체였으며, 구성원의 삶을 구속하는 본질적 의미를 갖고 있었다. 이처럼 강한 영향력을 행사할 수 있었던 제의적 성격이 이룩한 그 바탕에 외부로부터 유입된 고등종교가 자리를 잡았다. 즉 불교는 제의적 성격의 바탕 위에 유입됨으로써 그것과 일정한 접합관계를 가졌으며, 그것에 의해 점차 종교국가와 같은 성격을 강화하게 되었다. 그 결과 불교가 갖는 고등종교로서의 가치성은 통치의 현실과도 접합되었다. 결과적으로 통치의 현실과 종교적 지향이 구분되지 않는 상황으로 발전하였으며, 때로는 통치적 성격을 내용으로 수용한 종교적 성격을 가지게 됨으로써 통치권을 점유한 특정 집단이나 세력을 옹호하는 논리로 기능하게 되었다. 심지어 사회구성원에게는 그러한 성격의 불교적 통치이데올로기는 세속적 가치에 대한 경시 관념을 심어주게 되었고, 그 결과 통치체제의 전개에 종교적 영향력을 미쳤다. 불교사상이 갖고 있는 심원한 가치성과 종교적 의미는 결국 한국 정치사회가 갖고 있었던 제의적 통치체제의 틀에 의해 변용되었으며, 이와 동시에 불교의 통치이데올로기적 전환은 통치체제의 성격에도 일정 부분 영향을 미치게 되었다.

통치이데올로기로 전화된 불교는, 본래 불교가 갖는 본질적인 사상이나 가치와 무관하게 통치 차원에서 통치체제 그 자체를 위한 이데올로기로 기능하게 되었으며, 이는 피지배층에 대해 불교에 의한 강한 귀의의식을 강화함과 동시에 탈정치성을 심화시키는 결과를 가져다주었다. 불교의 통치이데올로기적 전환으로 통치세력은 그들의 지배와 통치에 이를 적극 활용하는 결과를 맞게 되었다. 불교의 통치이데올로기적 성격은, 지배층에 의해 약탈과 강제의 상황에 놓여 있었던 피지배층으로 하여금 현실상황을 순순히 수용하고 그것에 순응하게 했으며, '유순한 피지배층'으로 자리잡게 했다. 이러한 성격은 결국 기존 체제의 정당화는 물론이고 그 지속성까지 담보하는 결과가 되어 버렸다. 불교의 통치이데올로기적 성격은 곧 불교가 갖는 본질적 가치와 무관한, 즉 그것이 제의국가적 성격에 바탕을 둔 무속적 성격과 접합하여 빚어졌던 결과물로 이해할 수 있다. 이것은 끝내 통치세력을 위한 통치이데올로기로 지속되는 성격을 갖게 되었다. 그 결과 신라나 고려에서 통치이데올로기로 전화된 불교와는 다른 성격의 불교, 즉 불교의 본질적 지향을 모색하는 현상도 일부 불승에서나 민중 속에서 일어나기도 했다. 권력의 점유나 행사와 무관한 불교의 본질적 가치에 집착한 불교사상과 이념의 구현이, 통치세력과 무관한 불교로 지향하게 되었으며, 그것은 때로는 억압받는 민중을 위한 불교로 자리매김하기도 했다. 그리고 그 연장선에서 일어났던 것이 선종은 물론이고 미륵신앙 등에 이르는 다양한 불교적 전개로 이해할 수 있다.

통치이데올로기로서 불교에 대한 공박은 같은 통치세력 안에서 일어났다. 최초로 이러한 성격을 가진 인사들은 신라 후기 유학을 받아들였던 6두품 출신 인사들로 시작되었다. 이들은 자신의 신분적 상승에서 오는 한계점과 기존 통치체제에 대한 불만, 그리고 여기에 연계된 통치이데올로기로서 불교에 대한 비판의식이 뒤섞였으며, 결과적으로 불교에 대한 대치감정을 축적시켰다. 이들의 이러한 성격이 구체적인 의미를 갖게 된 것은 고려 말기 신진문신 세력들, 이들은 이미 유교적인 사유와 실천을 추구할 수 있었던 집단적 영향력을 구축할 수 있게 되었다. 이들에 의한 고려 후기의 통치체제에 대한 영향력 행사나 조선왕조의 개창은 통치이데올로기의 변혁에 기인된 원인이자 그 결과라고 할 수 있다. 이 시기에 쿠데타로 조선을 건국했던 통치세력들에게는 성리학이야말로 새로운 이념이자 통치이데올로기였다. 그것은 바로 새로운 시대 이념이었으며 지향가치였고 궁극적인 의미의 실현 그 자체로 주장되었다.

조선조의 성리학은 통치이데올로기 이상의 의미를 갖게 되었다. 조선왕조의 성리학은 마치 신정국가에서의 국교와 다를 바 없을 정도로 그것은 종교국가적 기본이었다. 왕조의 존재성이나 그 지향은 오직 성리학을 위한 것으로 되어 있었으며, 이 점에서 성리학은 왕조체제의 기반이자 그 당위적 의미를 갖게 되었다. 성리학적 가치의 실현을 위해서라면 국왕까지도 폐위시킬 수 있었으며, 성리학을 위해서라면 외국 침략군의 전쟁도 성리학적 명분논리에 따라 스스로 무력사용을 포기할 수 있을 정도였다. 조선왕조에서 통치이데올로기로서의 성리학이 차지했던 이러한 의미는 국왕과 신료들을 중심으로 한 지치주의적 수기치인의 성격을 강화했다.[8]

이처럼 조선왕조에서 성리학의 통치이데올로기는 현실화할 수 없는 가치성을 설정하고 있었다. 유덕자 지배, 덕치주의 등의 주창은 절대적인 가치의 설정이었다. 즉 실현 불가능의 수준을 그 속에 갖고 있었다. 이 점에서 조선왕조의 성리학적 통치이데올로기는 '불가능의 가능성을 강조'하는 한계를 갖고 있었다. 따라서 통치이데올로기로는 현실보다는 당위를 절대시했으며, 실천보다는 관념을 더 중시하는 상황으로 기울어지게 되었다. 그 결과 성리학적 통치이데올로기는 지향보다는 구속적인 것으로 귀착되어 버렸다. 불가능의 가능성을 믿어야 했고 그것에 의한 통치를 우선시했다는 것 자체가 결국 시대나 상황보다는 원칙과 이념만 강조하는 계율적인 것으로 자리잡게 되었으며, 그 결과 피지배층에 대한 통치적 구속성이 특징으로 자리잡게 되었다. 이러한 성격은 비단 피지배층에 대한 이념적 동원과 구속만이 아니라 지배층이나 통치세력에 대한 자기 규제적 성격도 없지 않았다. 조선왕조는 이러한 의미에서 생각한다면 바로 성리학에 의해 지배된, 성리학을 위한 왕조라고 할 수 있다. 왕조를 위한, 또는 그 왕조의 통치세력이나 그 밖의 구성원 모두를 위한 통치이데올로기에서는 벗어나고 있었다.

시비곡직의 명분론으로, 그리고 관념적 당위론에 치중했던 성리학적 통치이데올로기는 비단 조선왕조에만 한정된 영향력을 미쳤던 것은 아니었다. 그것은 통치세력과 지배층의 정치적 행동원칙이었으며 가치판단의 기준이었기 때문에 그것 자체가 모든 것을 규제하게 되었고, 이것에서 이탈된 어떤 것도 용납될 수 없었다. 그러므로 성리학 신봉자들에게는 원칙만 중시되었고 그것에서 조금이라도 이탈되는 타협은 금기시되었으며,

---

8) 이 점에서는 다음의 글을 여기에 인용할 수 있게 된다. 통치자의 자기 규율이라는 이러한 정치적 과제가 당시의 주자학 사상을 통하여 문제시되게 되었다는 것은 이 시기의 사상상황의 래벨에서 볼 때 극히 자연스러운 것이었다고 할 수 있다. 특히 김종직 김굉필의 학문적 경향을 계승한 조광조의 도학주의는 제1의적으로는 통치자의 수신론을 강조하는 것이었다.……군신은 통치자가 되기 위해서는 우선 통치자로서의 필요한 덕을 구비하지 아니하면 안 된다는 수신론으로 기울어지게 되었던 것이다. 또한 이러한 의미에서 그들에게는 치국평천하의 전제로서의 주자학적 수신론 — 특히 존심(存心) 또는 지경정좌(持敬靜座)와 같은 주관주의적 수신론 — 이 가장 적합하였던 것이다.(박충석・유근호,《조선조의 정치사상》, 평화출판사, 1982, p.38)

통합은 단지 패배자의 행태라고 비하될 정도였다. 이러한 성격은 결과적으로 격렬한 사색당쟁을 야기하는 분당의 이념적 기반으로 작용하였다. 실천을 결여한 관념 논리로서 통치이데올로기는 치자들의 자기 합리화를 위한 관념적 청담 그 이상도 이하도 아니었다. 성현의 도에 대한 궁극적인 해석에만 치중했던 통치세력들 사이의 공론으로서의 성리학적 쟁점이 뜨겁게 달구어졌던 바로 그 순간, 일반 백성들의 삶의 현실성은 점점 더 버림받은 존재로 자리잡게 되었다.

제의국가로 시작된 통치이데올로기의 통치체제로 한국의 전근대 정치사는 지속되었다. 불교 · 유교를 통치이데올로기로 삼았으면서 결과적으로 통치체제나 구성원의 삶을 위해서나, 지배세력과 피지배층의 유기적이고 통합적인 발전을 이룩하기 위한 지향성으로 또는 실천방안으로 그것이 기능했기보다는, 단순히 통치세력의 통치 명분으로 존속했을 뿐이다. 결과적으로 그것은 한국의 정치사회를 위한 통치이데올로기가 아니라, 통치이데올로기를 위해 한국의 정치사를 엮게 된 '이데올로기의 반역'으로 점철되어 버렸다.[9] 바로 이러한 성격이 가져다 준 결과물로서의 대가는 나중에 한국 정치사가 지불하게 되는 고통을 감내하는 것으로 나타났다. 즉 이데올로기의 이름으로 민족분단은 물론이고 민족적 분열과 전쟁까지 치르게 되는, 실로 이데올로기를 위한 국가로 존속하는 이데올로기 국가로 전락했다.

3. 통치세력의 분열과 지배세력의 유동

한국 전근대 정치사에 대한 인식에서 두 번째의 인식 기준으로 지배세력, 또는 통치세력에 대해서 먼저 지적되어야 할 것은, 서유럽의 정치

---

9) 여기서 의미하는 '이데올로기의 반역'은 어느 이데올로기든 그것은 인간의 현실적 해방과 지향을 추구하고 그것을 위한 연대를 강조하는 특성을 갖게 되며, 그것을 주장하게 된다. 그러나 불행히도 통치이데올로기로 자리잡았던 특정 이념이 이러한 성격에서 벗어나 단지 통치세력만을 위해서나 또는 이데올로기 그 자체만을 위한 집단이나 구성원의 구속으로 달려갈 때 이것이야말로 전형적인 '이데올로기의 반역'에 해당된다.

사회사적 성격과는 다르다는 점이다. 서구의 정치사에서는 경제적 생산양식에 기반을 둔 지배세력의 등장이나 교체가 이루어졌지만 한국의 전근대적 정치사에서는 이러한 성격은 찾을 수 없다는 점이다. 이렇게 된 이유는 한국의 전근대 사회에서는 경제적 생산양식의 변화가 획기적인 사회발전을 유도하는 기본 인자로 기능하지 못했기 때문이다. 물론 장기적으로 생각하면 고대 수렵사회로부터 농경사회로의 발전과정에서 그것의 소유관계를 중심으로 생각할 때 그 나름의 변화가 없었다고는 할 수 없다. 그러나 서유럽 사회와 같이 고대, 중세, 근대로 구분할 수 있는 생산양식의 교체 같은 것은 이루어지지 않았다. 그뿐 아니라 이렇게 변모된 생산양식에 기반을 둔 정치 사회세력도 등장하지 못했다. 다시 말하면, 한국의 전근대 정치사에서는 경제적 생산양식의 변동에 의한 정치적 지배세력의 교체와 같은 것은 이루어지지 못했다. 이 점에서 한국의 전근대적 전통사회에서 정치적 지배세력 그 자체가 오히려 생산양식의 변모를 유도할 수 있는 위치에 놓이게 되었다. 즉 정치에 의한 경제적 변화를 야기시키는 상황을 보여주었다. 그러한 경제적 변화의 대부분은 사실상 토지의 소유문제를 중심으로 법 규정으로 표현되었다. 이 점에서 한국의 정치사에서는 경제결정론적 인식은 한계를 가지게 되었으며, 오히려 거꾸로 정치결정론적 성격이 더한층 중요한 의미를 가질 수 있게 된다.

한국의 고대사회에서 제의의 담당자로, 또는 군사 지도자로 시작된 지배세력의 등장은 점차 역사의 전개에 따라 특정적인 군장으로 자리잡게 되었다. 이는 지도자 자신의 개인적인 능력과 상황, 그리고 집단의 성격 등이 어우러져 이룩된 결과였다. 한번 등장한 군장은 스스로의 위치를 정당화하거나 합리화함으로써 점차 지배자로서 영향력을 행사할 수 있게 되었다. 그러나 이들 군장들의 위치는 그들 사회가 놓여 있었던 상황적 영향을 더 많이 받고 있었기 때문에 그들의 지위변동도 그만큼 자주 일어날 수밖에 없었다. 외부와 전쟁, 자연재해, 그들 사회의 내적 갈등 등에 의해 군장의 교체가 더욱 자주 이루어졌다. 그러나 고대국가의 등장 이후부터 이러한 성격은 사라졌으며 세습제적 성격이 한층 더 자리잡게 되었다. 세습화된 왕조체제에서 군왕은 그를 보좌하는 특정 주변인사들을 제도적으로 장치할 수 있었는데, 이들이 군왕의 참모이자 신료였다. 그러나 이 시기만 해도 군왕과 상층 세력으로 이루어진 통치세력과 그들의 지도를 받았던 일반 구성원들 사이에는 엄격한 사회적 구분 같은 것은 이루어지지 않았다. 그러나 군왕의 권위는 외적 영향, 특히 전쟁을 경험하고부터 점점 더 강화될 수 있었다.

고대사회에서 군왕의 권위가 한층 더 강화되었고 법적 제도로 명기될 수 있었던 것은 고대국가의 전제적 왕조체제에서였다. 이 시기부터 본격적인 지배-복종의 통치체제적 통치구조를 정립할 수 있었다. 사회신분과 통치권력은 서로 연관성을 갖게 되었으며, 특정 상층 집단만이 통치권을 점유하거나 그것에 근접된 위치에 설 수 있었다. 전체 사회구성원을 일정한 신분으로 구분했으며, 국왕의 통치는 지도자의 수준에서 벗어나 전제적 통치자로 군림했다. 그의 이러한 통치권의 제도적 보장을 위해서 신료들도 점점 특권층으로 자리잡을 수 있었으며, 이들도 엄격한 의미에서는 국왕의 종복적 위치에 놓이게 되었다. 그뿐 아니라 국왕의 전제적 권위는 불교의 지원으로 강화될 수 있었으며, 그 결과 국왕은 종교의 최고 수장이었고 통치의 최고 핵심이었으며 가치창출과 배분의 기준이며, 나아가 그 사회의 총체로 수용되었다.

전제적 왕조체제는 신분제로서나 정치적으로 계층성을 강화했기 때문에 일정한 신분, 즉 상층 관인층에 해당되지 못한 사람들은 권력 행사에서 철저하게 배제되었다. 즉 국왕이나 국왕의 측신, 또는 상층 관인층에 포함되지 못한 사람들은 통치권에 근접할 수 있는 통로가 막혀 있었다. 이는 단순히 정치제도의 차원만이 아니라 종교에서도 다른 존재처럼 인식될 정도였다. 그 결과 통치체제의 권력구조에서 상층과 하층 사이의 엄격한 구분도 이루어졌으며, 하층에 속한 사람들이 상층으로 유동한다는 것은 거의 불가능해졌다. 하층은 오직 의무만 부과받았으며 상층에 대한 복종만 강요되었을 뿐이다.

이러한 성격은 고대의 전제적 왕조체제가 중세적 전제왕권으로 변모되어도 별다른 변화를 보여주지 않았다. 서유럽에서 찾아볼 수 있는 혁명

적 변화와는 구분되는 지속성을 보여주었다. 비록 전쟁이 일어났고, 정치
사회적으로 새 왕조도 등장했지만 통치세력이나 지배세력에는 큰 변화가
일어나지 않았다. 그것은 하층에 의해 상층이 대치되는 권력구조의 전반
적인 변혁을 수반하는 혁명적인 것과는 무관했기 때문이다. 이 점에서 한
국의 전근대 정치사에서 권력구조의 변동이나 왕조체제의 변화는 기본적
으로 '혁명 없는 전개', 즉 통치세력이나 지배세력 내의 단순한 교체로만
이행되었다.

구체적으로 통일신라로부터 고려로 이행되는 통치체제의 변화에서도,
그리고 고려로부터 조선으로의 변화도 이러한 성격을 그대로 보여주었
다. 고려의 다수 지배세력은 사실상 통일신라의 지배세력으로 이루어졌
다. 통치세력의 경우 이들 지배세력으로부터 충원도 있었고, 지방호족으
로 불리었던 지방의 유력세력들로 이루어지기도 했다. 비록 고려의 통치
세력 형성에서 지방유력자로부터 상승적 유동화가 이루어졌다 해도 그것
은 하층에서 상층으로의 혁명적인 변화와는 다른 것이었다. 기껏해야 지
배층 안에서 통치세력으로 상승한 것에 지나지 않았다. 물론 이 경우 지
배세력과 통치세력은 본질적으로 동질적인 통치집단의 범주에 속하고 있
었다. 통일신라기의 통치체제에 대한 불만은 하층민에게도 널리 만연되
어 있었지만, 그렇다고 해서 하층민들에 의해서 고려의 통치권이 장악된
것이 아니라 신라의 지배세력에 해당되었던 인사들이 고려의 통치권을
점유하는, 어느 면에서는 통치권의 수평 이동을 보여주었다.

고려 초기는 이러한 성격이 그대로 반영되고 있었는데, 광종대까지 통
일신라의 지배세력이 고려의 통치권에 접근해 왔던 기간이었다고 할 수
있다. 그러므로 지방의 유력세력과 신라의 6두품 세력, 그리고 후삼국의
통치세력들 사이의 통치권적 재편도 그 이후에 이루어질 수 있었다. 이어
서 고려 성종 이후 유학이 통치의 주요 이념으로 수용 정립됨에 따라 그
것을 받쳐주는 과거제에 힘입어 문신들의 진출이 이루어질 수 있었다. 이
들 문신들의 사회배경은 통치세력 출신이거나 최소한 통일신라 이후의
지방유력자 또는 향리계열의 자제들로 이루어지고 있었다. 고려 중기 이
후 무신란의 발발과 무신집권체제, 그리고 원의 지배 아래에서도 이러한

성격에는 사실상 큰 변화가 없었다. 오히려 문신들이나 권신들은 벌족을 이룩할 수 있었으며, 그들의 영향력에는 부침이 있었지만 관인으로 자리 잡았던 넓은 의미의 지배세력은 그대로 잔존할 수 있었다.

이들 지배세력을 기반으로 통치세력이 자리잡고 있었기 때문에 바로 지배세력 안의 권력 경쟁을 통하여 통치세력으로 상승하였고, 상승된 통치세력은 지배세력의 상승적 공세를 차단하기 위해 때로는 지배세력의 일부와 연대하거나 전면적으로 지배세력을 통제하기도 했다. 그러므로 통일신라나 고려시대는 지배층과 통치세력들 사이에만 권력 관계의 유동성이 일어날 수 있었던 통치체제였으며, 이러한 유동화 과정에서 하층의 일반인들은 철저히 배제되었다. 이 점에서 통치는 통치세력과 지배세력에만 한정된 특권이었으며, 왕조는 그러한 특권적 실체로 구조화된 것에 불과했다. 피지배층으로서 일반인들이 철저히 배제된 통치체제, 그것이 바로 전근대적 왕조체제였다. 이러한 성격은 조선에서도 마찬가지였다. 조선의 건국 역시 고려 지배세력 안의 분열과 갈등의 한 표현이었다. 고려의 지배세력에 속했던 특정 인사들, 이들은 대부분 신진문신들로 전통적인 통치세력을 붕괴시키고 통치권을 장악할 수 있었다. 이 점에서 한국의 전근대 정치사에서 왕조의 교체는 새로운 시대성의 반영이나 혁명적 변혁으로 하층에 의한 상층의 대치와 같은 것과는 무관한, 지배세력 안의 분열과 갈등의 시대적 표현에 지나지 않았다.

조선왕조에서 보여준 거듭되는 사화와 당쟁도 이러한 관점에서 해석할 수 있다. 특권적 통치권을 장악한 훈구 공신들에 대한 신진 사림들의 공세의 차단이 사화였다. 거듭되는 도전으로 실제 공신들을 대치할 수 있었던 사림들이 통치권의 독점을 두고 벌인 그들 사이의 분파가 당쟁이었다. 당쟁은 그들 사이에 더 많은 권력적 가치를 지속적으로 점유하기 위한 대립이었다. 비록 온갖 논리로, 또는 성리학적 이론이 합리화되었다 해도 그것은 역시 권력을 장악했던 지배세력 내의 분파적 투쟁에 지나지 않았다. 그들이 주장했던 성리학적 명분론도 본질적인 의미에서는 그들의 특권을 지속시키기 위한 자기 합리화일 뿐이었다. 그들 사이에만 거듭된 권력투쟁은 지배세력의 심한 분파로 이어졌으며, 권력투쟁에서 효율성을 확보하기 위해 이들 분파들은 각기 공고화로 달려갔고, 그 연장선에 서 세도가문도 등장하게 되었다. 즉 세도가문은 특정 당파에 속했던 핵심 인사가 왕실과 통혼하여 통치권의 근접성을 확보하는 데서 비롯되었다. 이 점에서 조선왕조는 특정 집단과 문벌에 의한 통치권의 독점화라는 차 원에서는 그 이전의 왕조보다 더한층 피지배층을 배제했던 그들만의 통 치체제였다.

이상의 사실을 고려할 때 한국의 전근대 정치사에서 통치체제의 변동 은 통치세력이나 지배세력의 내적 분열과 갈등의 결과물이었다. 이들 지 배세력은 왕조에서 왕조로 이어지는 통치체제의 변화와 무관하게, 사실 상 몇몇 가문과 집단에 의해 영속적인 통치권 점유가 지속적으로 이루어 졌다. 이러한 성격에 비례해서 피지배층으로서는 통치권에 근접할 가능 성을 철저하게 차단당한, 지배세력만의 통치체제로 이어진 왕조체제였다.

4. 중문경무(重文輕武)의 통치체제와 사대주의

한국의 전근대 정치사회에 대한 세 번째 분석변수로서의 군사력은 통 치체제의 안전을 담보하는 유일한 수단이자 외부의 강제나 영향력의 침 투를 막을 수 있는 통치체제 존립의 가장 확실한 자위수단이었다. 전근대 통치체제에서 군사력이 통치에서 1차적 중요성을 가졌던 이유는, 그것을 소유 또는 통제할 수 있는 세력이 바로 통치세력이 될 수 있었기 때문이 었다. 이미 이 책에서 살펴본 것처럼 초기 국가의 형성과 발전에서 주요 한 견인차는 전쟁이었다. 전쟁은 단순히 외국의 영향력을 차단하고 특정 통치체제가 독립을 유지할 수 있는 수단으로서의 의미만을 가지는 것이 아니라, 그 전쟁에 의하여 통치체제의 구성원의 결속은 물론이고 전쟁에 의하여 선진 문명의 수용까지 촉발할 수 있었다. 그렇다고 해서 정치사에 서 전쟁을 긍정적으로 파악해야 한다는 의미는 아니다. 다만 전쟁이 통치 체제의 존립과 그 성격의 정립에 기본적인 영향을 미쳤다는 점을 주장하 려는 것이다.

특히 전쟁과 국가의 형성과 발전에 대한 하나의 논리로 '전쟁 없는 근

610

대국가 없다'라는 주장이 있다. 이러한 의미에서 전쟁은 고대사회나 전근
대적 왕조국가에서는 그 의미가 더한층 컸을 것으로 여겨진다. 전쟁을 통
하여 고대국가나 중세국가는 그 영역성을 변경할 수 있었으며, 전쟁을 통
해서 한 단계 높은 발전도 이룩할 수 있었다. 특히 전쟁에 소요되는 일련
의 필요사항 등은 국가체제의 정립에 기여하는 영향력을 미칠 수 있었다.
즉 전쟁은 수많은 인적 자원의 동원은 물론이고 병참에 요구되는 물자와
병기 등을 새롭게 제조할 수 있게 했다. 특히 이러한 요청은 결과적으로
인적 동원의 효율화를 위한 행정관리의 수준을 향상시켰고, 새 병기의 개
발은 과학기술의 발전을 가져왔으며, 군대의 진군에 필요한 축성과 도로,
교량의 건설에는 획기적인 건축술을 발달시킬 수 있었다. 이러한 의미에
서 전쟁은 정치사회 변동의 기폭제로서 영향을 미치게 되었다. 따라서 전
쟁은 결과적으로 그 사회 발전의 한 계기를 마련하였다. 물론 전쟁 때문
에 지불되는 희생의 대가는 그 어느 것보다 큰 것이 사실이다. 전쟁을 경
험하게 되는 세대가 지불해야 하는 고통과 희생은 말할 수 없을 정도로
치명적이지만, 그것이 결과적으로 미치는 영향은 앞에서 말한 것처럼 정
치·사회의 변혁적 발전의 계기가 되었음도 사실이었다.

국가 형성과 발전에서 전쟁의 빈도와 전쟁 참여자의 숫자를 연계시켜
설명하는 것도 이러한 관점에 근거를 두고 있다. 한국의 전근대 정치사에
서 전쟁은 한반도 안의 국가들 사이에서 일어나기도 하였지만, 그보다는
중국대륙에서 비롯된 침탈도 적지 않았고, 규모도 한층 컸다. 그뿐 아니
라 이러한 전쟁은 중국의 선진문명과 접촉하는 하나의 통로와 같은 접합
성을 갖게 되었다. 구체적으로 예시하면, 고대사회에서 낙랑만 해도 그것
은 한반도와 중국의 본격적인 접전에서 빚어진 결과였으며, 그것은 한반
도의 전반적인 정치 지형을 재편하는 계기가 되었다. 이어 수, 당의 고구
려와 백제에 대한 침입이 자행되었고, 그 연장선에서 신라의 삼국통일도
이루어질 수 있었다. 그리고 통일신라의 군사력은 중국의 군사력을 한반
도에서 축출하는 일대 전환의 큰 계기를 마련하기도 했다. 이 시기까지만
해도 한반도의 국가는 군사력에 의한 자주적인 국토방위와 영토확장을
위한 전쟁에도 적극성을 보여주었다. 그러나 신라 통일 이후 통치세력의

안일성과, 특히 중국에 대한 극도의 사대적인 국교관계로 점차 군사력은 단순한 국내반란의 진압용, 또는 대내적인 기능에 더 큰 비중을 두게 되었다. 그 결과 사대적인 외교관계가 심화되어 그것에 의한 왕조 정통성의 확보와 비례하여 군사력은 점점 더 약화되었으며, 이는 전형적인 중문경무의 통치체제로 전환되는 성격을 보여주었다. 특히 이러한 성격을 강화시킨 것은 한자문화의 접촉과 유학의 수용과 영향이 있었으며, 결국 지배층의 사대의식은 더한층 강화되었다. 그 결과 그들의 통치적 명분과 정당성 자체를 강대국의 사대에 의존하는 한계적 특징이 심화됨으로써 점차 군사력의 약화를 가져오게 되었다.[10]

고려에 들어와서도 이러한 성격은 크게 달라지지 않았다. 몇 차례 외국의 침탈을 받아 고려가 이를 물리쳤다 해도 군사력에 의한 극복이기보다는 화친과 협상 또는 사대적인 의례에 따른 해결에 불과했다. 이러한 상황은 결과적으로 몽고의 침탈을 받아 원의 부용왕조로서 성격의 변화를 보여주기도 했다. 고려는 무신정변 이후 원의 지배 아래 거의 100여년 동안 놓이게 되었으며, 이 시기야말로 고려는 전형적인 부용왕조 그 자체로 지속될 수밖에 없었다.[11] 그 뒤 고려왕조의 존립 기반은 전적으로 원의 지원에 의존했는데, 원의 힘을 빌려 고려 왕실은 그들의 통치권을 행사할 정도에 이르렀다. 공민왕에 의한 반원정책이 이루어졌지만 오랜 원의 지배와 영향력 아래 놓여 있었던 고려로서는 새로운 변화에 효과적으로 대응할 수 없었다. 이러한 한계야말로 고려의 멸망으로 이어지는 한

---

10) 전근대적 전통사회에서 동아시아의 국제관계에서 사대는 강대국에 대한 약소국의 단순한 의례적인 것에 지나지 않았다는 주장이 주류논리로 자리잡아 왔다. 그러나 현실적으로 전근대사회에서는 바로 그 의례적인 것 자체가 국가의 자주성과 직결되는 문제였다. 책봉을 받는 것은 약소국으로는 불가피한 것으로 인식될 수 있다 해도 그것에 의한 통치체제의 정통성을 확립하려는 통치세력의 의식이나 시도는 결과적으로 사대적인 것의 심화현상으로 이해할 수 있다.

11) 고려에서 몽고의 침탈을 받아 강화도에서 항전했음을 지적하면서 몽고의 침탈을 받았던 왕조 가운데에서 고려만이 유일하게 항전했음을 주장하는 논지도 없지 않다. 그러나 그것은 왕조 자체의 주체적인 주권확보의 차원에서 행해진 것이기보다는 최씨 무단정권 하에 빚어졌던 특정 무신세력의 투쟁이라는 측면도 없지 않았다. 몽고에 대한 인식은 왕실과 최씨 집권세력이 서로 달랐으며 실제 통치권은 무신세력에 의하여 점유되었다는 점에서 고려의 항몽투쟁이 갖는 성격을 인식할 수 있게 된다.

계기로 작용하였다.

조선은 중문경무에 의한 전형적인 문약적 왕조체제였다. 그것은 사대적인 대외관계에 의해 그 존립을 담보 받고 있었다. 이러한 성격은 조선왕조의 국호조차 주체적으로 결정 못했던 통치세력의 사대의식에서 비롯된 것이기도 했다. 조선왕조가 청과 왜의 침탈을 받았으면서도 스스로의 군사력으로 왕조를 지키려는 의식조차도 아주 미약했다. 이러한 성격은 성리학의 영향도 있었지만 중국에 대해 단순히 의례적인 사대관계 이상의 사대주의적 종속성으로 이어진 결과이기도 했다. 임진왜란에서 명의 원군이 있고부터 이러한 상황은 더한층 심화되었으며, 그 결과 통치세력은 물론이고 지배층에게는 사대주의적 사고양식이 굳건하게 자리잡게 되었다. 그러나 사대관계에 있었던 종주국가에서 정치체제적 변화가 일어나면 그 여파는 곧장 종속국인 조선에 미쳤다. 가령 중국에서 청이 등장한 뒤 빚어졌던 호란도 그러한 사실의 한 반영이었으며, 심지어 중국이 서구의 제국주의 열강에 침탈되었을 때 한국 역시 식민지로 전락되었던 것에서 알 수 있듯이, 종주국-종속국의 연대적 관계가 갖는 영향력에서 벗어날 수 없었다.

이처럼 심화된 사대의식은 단순히 통치에서만 아니라 지배세력은 물론이고 일반 백성들의 생활 속에도 침투되어 중국 등 강대국에 대한 정신적 종속의식으로까지 이어졌으며, 군사, 통치, 문화, 경제, 사회에서도 종속적 의식으로 파급되는 전면적인 사대양식이 자리잡게 되었다. 그런데 한 가지 특이하게도 바로 이러한 성격, 즉 사대주의가 거꾸로 조선왕조를 지탱시켜 주었던 셈이었다. 이 점에서 조선왕조는 민족적인 차원에서도, 국가적인 의미에서도, 주체적인 것과는 무관한 종속적인 통치체제로 일관했으며, 이들이 사대했던 강대국의 힘을 빌려 피지배층인 일반 백성들을 강제하고 억압했다고 할 수 있다. 조선왕조 스스로 힘으로는 더 이상 일반 백성들의 도전을 차단할 수 없던 왕조체제였다. 그러므로 백성들의 투쟁적 저항까지도 종국에는 외세의 힘을 빌려 억압하려 했던 전형적인 반민족적 왕조체제의 속성을 보여주기도 했다.

5. 약탈적 강제기구로서의 통치체제

이데올로기, 통치세력, 강대국과의 대외관계 등을 중심으로 정치사회를 인식할 경우 그것의 귀착점은 결국 통치기구(P : Politics)로 종착된다. 비록 전근대 사회라 해도 통치는 통치세력을 핵으로 하는 넓은 의미의 지배세력과 피지배층 사이의 관계라고 할 수 있다. 즉 둘 사이에 통합적인 지향성의 확보를 통치라고 규정할 수 있다. 즉 통치는 지배세력과 피지배세력 사이의 관계로 통치세력이 부과하는 일정한 강제와 약탈은 피지배세력에 대해서는 그것에 대응되는 가치를 제공하는 것으로 상쇄되어야 했다. 즉 안전, 생존, 연대, 발전과 같은 사회구성원의 기본적인 삶의 요건들을 통치체제가 마련해줄 수 있어야 비로소 정상적인 통치관계로서 체제적 통합도 이루어질 수 있었다.

서유럽 사회의 전근대적 정치사는 비록 그것이 전제적 왕권체제에 의한 강제성이 피지배층에 부과되었다 해도 여기에는 통치세력, 즉 국왕을 비롯한 권신들을 견제하는 정치 사회세력이 존재하였다. 대표적인 것이 종교였으며, 지방에 할거했던 봉건영주였고, 도시의 상인층이었다. 중앙집권적이기보다는 분권적이었으며, 지배세력과 피지배층 사이의 관계는 점점 더 쌍무적인 성격을 보여주었다. '동의 없는 과세 없다'라든가 '대표 없는 과세 없다'는 주장은 비록 중세적인 상황으로부터 근대로 넘어오는 과정에서 본격적으로 주창되었다 해도 정신적 배경만은 이미 그 이전부터 존속되고 있었다. 따라서 서유럽의 전근대적 정치사에는 통치세력에 의한 일방적인 강제나 약탈은 점점 더 약화되고 있었다.

그러나 이러한 성격은 한국의 전근대 정치사에서는 찾을 수 없다. 기본적으로 한국의 왕조에서 국가는 왕의 사유물이며, 국가는 단지 왕의 소유물을 관리 관장하는 도구에 지나지 않았다. 국왕이 국가를 사유할 수 있는 근거는 그것을 '천명(天命)에 의해 이루어진 것'으로 정립하고 있었기 때문이다. 이 경우 천명은 국왕에게는 대단히 편리한 개념이었다. 이 천명을 논리화하고 정당화하는 기능은 오로지 종교의 역할이었다. 천명에 의해 국왕의 사적 소유물로 마련된 것이 국가였기 때문에, 그 국가 구성원들은 왕의 종복일 뿐이었다. 이들은 단지 국왕을 위해 존재했다. 이점에서 왕조의 관인들은 국왕의 사유물인 국가의 관리자로 국왕으로부터 임명된 관직자였다. 관인들의 유일한 충성의 대상은 국왕이었고, 국왕을 중심으로 하는 그 왕조의 지속적 발전에 있었다. 이 경우 왕조는 곧 국왕이었으며, 그 속에 일반 백성은 들어 있지 않았거나 기껏해야 왕조의 존립을 위한 구성요소에 불과했다. 아무리 성리학에서 민본을 강조하는 논리를 주장해도 그것은 엄격한 의미에서 국왕 통치의 합목적적인 논의에 지나지 않았다. 백성에 대한 성리학적 논의는 청담으로나 공론으로 유자들 사이에 거론되었을 뿐이며, 현실은 국왕과 관인 등으로 이루어진 지배세력의 가혹한 통치체제였을 뿐이었다.

피지배층에 대한 약탈은 왕조의 통치체제를 유지하기 위한 기본 방안이었다. 수탈은 조용조의 형태로 부과되었으며, 그것은 곧 왕실과 왕조의 유지를 위한 것이었다. 도로를 건설하고 교량을 신축하며, 심지어 건물을 건축하는 것도 단지 국왕을 비롯한 왕실과 통치세력의 필요성에 기인된 것이었으며, 일반 백성의 안전과 편함과 발전을 이룩하기 위한 조치는 아니었다. 오직 왕조의 지속적 통제를 가능하게 하는 길은 일반 백성들의 유순한 복종에 있었다. 이를 위해 앞에서 말한 종교의 기여는 물론 사대부들이 주장했던 충효의 개념을 비롯한 가치 관념이 자리잡고 있었다. 유순한 백성, 그것은 왕조에 대한 절대적인 복종을 보여주는 사람들이었다. 생활의 궁핍함으로 삶을 이어갈 수 없는 상황에 놓여 있어도, 무조건 국왕과 관인들이 부과한 조용조의 의무를 우선 부담하는 것이 백성들의 기본 의무여야 했다.

그러나 백성들의 현실적인 삶은 왕조체제가 부과한 조용조를 감당할 상황이 아니었으며, 따라서 지배세력은 가혹한 약탈과 강제로 백성들로부터 이것을 수탈하는 형식을 강행했다. 이러한 상황에서 백성들이 할 수 있었던 일은 거주지에서 이탈해서 유민이 되거나 굶어 죽는 길뿐이었다.[12] 간혹 저항적인 태도를 보여주기도 했지만 왕조의 가혹한 탄압에 의해 무산될 수밖에 없었다. 백성들의 저항을 막는 왕조의 통제가 관인들의 지속적인 약탈을 담보했음은 물론이며, 가혹한 형벌은 백성들의 저항의 지를 원천적으로 봉쇄할 정도였다. 저항적인 투쟁을 벌였던 그 당사자에게만 아니라 그의 일족은 물론 촌락의 거주민 전체로 문책이 전가될 정도였다. 왕조가 부과한 강제와 약탈에서 피할 수 있는 방법은 백성들에게는 처음부터 봉쇄되었다. 오직 복종만이 백성들이 행할 수 있는 전부였고, 그렇지 않을 경우 죽음이 그 앞을 가로막고 있었을 뿐이었다.[13]

고대사회로부터 조선왕조에 이르는 전체 기간은 국왕을 정점으로 하는 통치세력과 지배세력에 의한 약탈적 강제기구로서 왕조의 존속을 보여주고 있었다. 고대로부터 중세의 고려로, 다시 조선왕조로 전화되는 전체 과정은 바로 피지배층에 대한 지배층 약탈의 심화와 강화 일면을 보여준 셈이었다. 전형적인 아시아적 전제체제의 속성을 유감 없이 발휘했다 해도 틀린 말은 아니다. 아시아적 전제체제에서 '국왕은 모든 것에서 책임지지 않는 절대적 존재'였다. 그가 책임지는 유일한 대상은 하늘이며, 이 경우 하늘은 사실상 책임을 묻는 법이 없는 한낱 관념적 대상에 지나지 않았다. 책임을 지지 않는 왕권은 곧 무제한의 권력 행사를 의미하였으며, 이 점에서 국왕은 실제로 그러한 존재로 전락할 수밖에 없었다. 물론 현실적으로 국왕에 대한 견제기구가 제도로 마련되어 있었다. 그러나 그러한 견제는 국왕의 자의성에 따른 선택의 문제이지 그것 자체가 견제 기능을 충분히 할 수 있는 것은 아니었다. 또한 왕도정치를 말하면서 유

---

12) 특히 기근이 들면 백성들은 아사할 수밖에 없었다. 물론 그러한 상황에서도 관인들의 약탈이 계속되었는데 이는 백성들을 더한층 극심한 죽음으로 몰아넣었다. 이때의 상황을 다산 정약용의 시구에서는 이렇게 적어 놓았다. "가다 가다 고을 문에 이르러 보면/ 웅기중기 입만 들고 죽솥으로 모여든다./ 개돼지도 버리고 거들떠 안 볼 텐데/ 굶주린 사람 입엔 엿보다도 달고나./ 어진정사 한다는 말 당치도 않고/ 주린 백성 구한다니 당치도 않네/ 관가 마구간엔 마소들도 살찌는데/ 이건 바로 우리들의 살일러라./ 슬피 울며 고을 문을 나서고 보니/ 눈앞이 캄캄하여 갈 길은 막연하다./ 잠시 발 멈추어 마른 잔디 언덕에서/ 무릎을 펴고 앉아 우는 애기 달래노라./ 고개 숙여 우는 애기의 서캐이를 잡노라니/ 두눈에선 폭포같이 눈물이 곤두서네."(丁若鏞, 金智勇 譯,《丁茶山 詩文選》, 敎文社, 1991, p.108)

13) 한국의 전근대 정치사에서는 '혁명 없는 정치사회'의 성격을 찾아볼 수 있다. 피지배층에 의한 집단적이고 조직적이며 지속적인 저항이 결과적으로 체제변혁을 가져오는 사례는 찾아볼 수 없는데, 이는 바로 왕조체제가 부과했던 가혹한 강제에서 설명될 수 있다.

덕자 지배를 주장했지만 이것 역시 실상은 한낱 허구적인 합리화일 뿐이었다. 가뭄이 들고 흉년이라고 왕의 밥상이 소식으로 차려졌다 해도 그것은 한낱 공식적인 일회성 행사일 따름이었다. 가뭄을 맞아 제단을 차려놓고 기우제를 지내면서 그것이 국왕 자신의 죄라고 말했던 왕의 행동을 두고 어진 정사를 폈다고 찬탄하는 논리가 없지는 않지만, 그것은 한편만 보는 시각에 지나지 않는다. 흉년과 같은 재앙에 유리걸식하고, 전란에 죽어나는 백성들의 참상에 대해 왕이 져야 할 참 책임은 어떤 것이어야 했을까. 그러한 형식적인 제의가 아니라 흉년을 극복하고 가뭄을 이길 수 있는 항구적인 대책을 세우는 일, 일반 백성들을 연옥과도 같은 아비규환 속에서 구해 내는 일, 국난에 빠진 현실을 해결하는 일은 국왕과 통치세력들 사이에 빚어졌던 한낱 한담이나 공론만으로 이루어질 수 있는 것은 아니었다.

국왕의 이러한 전제적 태도는 그를 보좌했던 고위 관직자에 의해 더한층 부추겨졌다. 왕의 행동을 간하는 대간이 있었고 삼사제도가 마련되었지만 실제로 그것은 통치세력의 권력 향방을 가리켜 주는 풍향계에 불과했다. 국왕을 위해 간하고 국왕을 위해 직소했지 백성을 위한 나라로 발전하기 위해, 도탄에 빠진 민초들을 구하기 위해 소장을 올린 경우는 아주 예외적이었다. 기껏해야 그들과 다른 정파의 통치세력이나 관인들을 파직하고 죄 주라는 것이 다였다. 관인들의 이러한 태도는 관직을 개인이나 가문의 영달을 이루거나 축재의 수단으로 이용했을 따름이다. 그들은 자자손손 특권층으로 자리잡기 위해서 과거제도조차 그들만의 축제로 만들어 버렸으며, 그들 일문이 차지했던 농장이며 이권은 부정과 부패의 본거지로 바뀌었다. 세도가문이 되어 왕조의 벼슬자리를 자신들의 소장품처럼 팔아먹는 파렴치한 행동이 버젓이 자행되는 상황에서는 이미 왕조 존립의 정당성은 어느 곳에서도 찾을 수 없게 된다. 이들 권문이 누린 영광과 호사에는 백성들에게 부과된 가렴주구가 필연적일 수밖에 없는, 즉 백성들의 궁핍에 근거했던 것이다.

통치세력을 형성했던 권신들의 태도와 마찬가지로 그들에 빌붙어 관직을 얻어 출사하려 했던 사대부나 지방의 향리들에 의해 이루어졌던 넓

은 범주의 지배세력도 신분적으로는 스스로 양반임을 내세우면서 백성을
멸시했고, 그들을 약탈했던 어느 면에서는 백성 억압과 약탈의 최전방 악
리(惡吏)들이었다. 그들 대부분은 서원이나 향교에서 《공자》와 《맹자》를
읽었지만 그것은 관인으로 출세하기 위한 과거시험 준비용에 지나지 않
았다. 백성을 무시하고 억압하는 지방 양반들의 행패는 그들이 서울의 특
권층에 아부하는 뇌물을 바쳤던 그 대가와 비례했다. 그 결과 백성들은
통치세력은 물론이고 이들 지방의 양반들에 의한 약탈까지 가중됨으로써
삼중 사중의 억압적인 굴레에 놓이게 되었다. 어느 면에서 조선왕조는 부
패의 왕조였고, 그 부패가 공공연하게 인정되었던 구조적 병폐를 근원적
으로 함유하고 있었다. 이러한 상황에서 백성들이 숨쉴 곳은 어느 곳에서
도 없었다. 엄격하게 말한다면 조선왕조 후반기에 들어와서부터 이러한
성격은 더한층 심화되고 있었다. 이 점에서 조선왕조는 식민지로 전락되
기 이전에 이미 민중들로부터 버림받을 수밖에 없었던 왕조였다. 그 왕조
에서 국왕을 정점으로 온갖 방법으로 축재했던 특권층이 이른바 5대 명
문가 또는 15대 가문이었으며, 이들에 의한 집단적 강제기구이자 약탈구
조가 바로 전제적 왕조체제였다. 결국 한국의 전근대 정치사는 시대의 전
개에 따라 특권적인 통치세력이나 지배세력에 의해서 점점 더 약탈적이
고 강제적인 전제왕조로 전락되었음을 알 수 있다.

6. 전근대적 정치 전통성의 집요한 저류

한국의 전근대적 정치 전통성에 관하여 위의 네 가지 분석기준을 중심
으로 생각하면 결국 다음과 같은 사실을 설정할 수 있다.

(1) 통치이데올로기의 심화는 정치적 현실성이나 미래를 위해서가 아니
라 통치세력을 위한 이데올로기였다. 이는 국왕이나 통치세력의 권력
장악과 행사만을 정당화해 주는 관념이나 논리로 활용되었다. 그 결과
통치 현실 문제의 극복이나 발전의 논의나 정책적 실천성을 위한 것은
배격되었으며, 단지 공론 공담으로 이어질 수밖에 없었다. 결국 한국의
전근대적 정치 전통성으로서 통치이데올로기는 "이룩될 수 없는 공론

의 장"으로 정립되었으며, 실학이 존속할 수 없는 허학적인 통치이데
올로기로 일관되었으며, 그 결과 특정 통치이데올로기를 중심으로 하
는 왕조체제를 정립시켰다.

(2) 통치세력이나 지배세력이 그들의 지지기반을 피지배층에 두기보다
는 그들 내의 단순한 영향력 관계로만 한정된 통치체제를 구축함으로
써 실제 통치과정에서 피지배층을 배제해 버렸다. 그 결과 통치세력이
나 지배세력은 왕조의 변화와 무관하게 지속적으로 유지되는 통치세
력의 세습적 연속성을 강하게 보여주었다. 비록 왕조의 교체가 있었지
만 그것은 왕실에만 국한된 문제였으며, 실제로 지배세력의 범주에서
는 체제 변화와 무관하게 그대로 지속되는 강고한 유지가 가능했다.
통치체제는 피지배층을 배제한 지배세력만의 것으로 존속됨으로써 결
국 통치는 단순히 지배세력들 사이의 권력 점유를 위한 극심한 권력투
쟁이 통치기능의 중요 성격으로 자리잡게 되었다.

(3) 통치체제에서 지배세력의 구성은 삼국통일 이후 중문경무를 기조로
삼았기 때문에 무신에 비해 문신은 주체적인 독립의지가 상대적으로
약할 수밖에 없었다. 군사력을 경시했던 왕조체제는 결국 문약한 문신
들의 지배 아래 놓이게 되었고, 그 결과 그들이 중심이 된 사대주의적
사고가 자연스럽게 강대국에 대한 의존성으로 전락하였다. 삼국통일
이전만 해도 사대적인 외교관계가 있었지만 그것은 단지 체제 보전과
통일을 위한 한 방법에 지나지 않았다. 그러나 그 뒤 군사력의 경시와
전쟁에 대한 무방비는 끝내 문신들에 의해 사대를 근간으로 받아들였
으며, 끝내는 그것 자체가 수단적인 것이 아니라 명분논리로 자리잡게
되었다. 그 결과 스스로 소국으로 비하하는 종속성을 가져오는 등 극
단적인 자기 비하의 상황이 조성되었다. 그러한 성격의 두드러진 시대
가 조선왕조였으며, 조선왕조는 중국이라는 강대국의 힘을 빌려 백성
들의 도전을 제압하는 반민족적이자 반민중적 속성까지도 보여줄 정
도였다.

(4) 한국의 전근대적 정치 전통성에서 주요한 의미는 왕조나 사직, 나라
에 대한 개념은 있었지만 국가적인 실체는 형성되지 못했다는 문제이

다. 국왕 중심의 전근대적인 통치체제는 전형적으로 국왕의 사적 소유
물일 뿐이었다. 그러므로 지배세력과 피지배층 사이의 교호성과 통합
성을 결여했으며, 지배세력과 피지배세력 사이의 관계는 피지배층을
국왕의 종복이라는 관념에서 바라보게 했을 뿐이다. 그러므로 한국의
전근대적 정치 전통성에서 근대국가의 미형성은 중세 전제왕권에 의
한 피지배층에 대한 억압과 강제, 약탈기구적 성격을 존속시켰다.

이상의 사실을 종합해서 고려하면 결국 (1)의 통치이데올로기적 지향
성과 (2) 한정된 통치세력과 지배세력에 의한 권력 점유의 배타적 지속성
은 결국 (1)과 (2) 사이에 강고한 결속관계를 마련하게 되었다. 그 결과 통
치이데올로기로 전용된 불교·유교는 지배세력에게는 권력 점유의 정당
성을, 피지배층에게는 복종의 관념을 심화시키는 영향력을 지속적으로
행사하게 했다. 이러한 성격은 나아가 통치이데올로기의 절대적 가치성
에 대한 정립으로 이어졌으며, 결과적으로 그것의 구체적인 실체를 중국
사회와 역사에서 구함으로써 사대적 종속의식 (3)으로 발전하게 되었다.
이는 자연히 중문경무의 풍조를 심화시켰다. 또한 그러한 성격은 결과적
으로 오직 국왕과 지배세력으로만 이루어진 통치체제를 형성하게 되었으
며, 이들에 의해 부과되는 피지배층에 대한 약탈과 강제가 통치체제의 본
질 (4)처럼 자리잡게 되었다. 특히 이러한 성격은 통치권력의 점유에만
그 가치와 의미를 부여했던 지배세력들 사이에 극심한 분열과 갈등이 통
치과정의 본질처럼 자리잡게 되었다. 이를 합리화해 준 후견적인 세력으
로 강대국에 대한 종속성이 등장했다. 결국 한국의 전근대적 정치 전통성
을 "중세의 전제적 왕조체제의 지속"이라는 특징으로 귀착하게 했다. 이
러한 성격은 한국의 정치사회가 근대적인 국가로 발전해 가야 할 시대성
에서 점점 더 벗어나게 하는 요인으로 작용했다.

서구에서 전근대 전통사회에서 근대적 국가로 넘어가는 것이 시대상
황에 따라서 민족국가나 절대주의 체제로 나타났다. 여기에는 전통 사회
의 통치체제가 갖는 왕조 전제를 극복하였던 내외적 동력이 수반되었다.
그러한 동력은 지배세력에 대한 피지배층의 집단적 도전으로 이루어진

경우도 있었고, 때로는 지배세력 내의 분열과 이들에 대한 피지배층의 지지로 행해지기도 했다. 그리고 그러한 전개과정에는 피지배층의 발전적 동력을 형성할 수 있었다. 그러한 사례로는 도시 상인층의 발전, 상인 자본가층의 형성 등을 들 수 있다. 이들의 이러한 변화에 대한 동력적 영향력 행사를 가능하게 지원해 주었던 것이 항해술의 발전과 같은 과학의 발전, 신대륙의 탐험, 그리고 전제적 왕권을 견제했던 종교의 영향 등이라고 할 수 있다.

그러나 한국의 전통사회에서는 이러한 동력적 가능성이 바로 지배세력의 강고한 탄압과 강제에 의하여 차단당했다. 시민사회적 발전의 가능성은 처음부터 배제되었으며, 과학과 기술은 왕실이나 지배층의 필요에만 한정된 상태로 국한되었다. 상인층은 단지 왕실이나 고위 관직자의 수요를 공급해 주는 것으로만 활동을 사실상 한정시키거나 장려했을 뿐이다. 종교는 철저할 정도로 왕실과 지배세력의 통치권 행사를 합리화하는 그것만을 위한 기본 기능의 수행에 앞장섰을 뿐이다. 그리고 심지어 강대국에 대한 종속적 사대 관념도 *그것에 의해 지배세력의 존재가 정당화되었으며, 심한 경우 피지배세력의 저항까지 억압하기 위해 외세를 이용하는 참담한 한계를 보여주기도 했다. 이러한 전반적인 상황을 고려할 때 한국의 전근대사회에서는 피지배층에 의한 새로운 변동의 가능성이란 처음부터 지배층에 의해 철저하게 배제되었던 셈이다.

그러므로 한국의 전근대적 정치 전통은 국왕과 그를 보좌했던 고위 관직자 등 상층 통치세력과 그 기반으로 기능했던 지배세력들 사이에 엉켜졌던 공고한 정치적 결정체였다. 비록 왕조 교체와 같은 변화도 있었지만 그것은 단지 상층 지배세력들 사이에 빚어진 권력의 단순한 전이 현상으로 궁극적으로는 전제적 왕조체제의 범주에서 벗어나지 않았으며 피지배층의 상승적 유동화와도 무관했다. 이처럼 공고하게 결속된 정치적 결정체로서 통치체제가 발산하는 통치력의 행사가 피지배층 전부를 강제하고 탄압하는 데 일관했다. 그 결과 한국의 정치사회는 시대적 발전이나 변동에서 이탈된 존재로 존속될 수밖에 없는 자기 한계를 지니고 있었다. 시대변화의 새로운 가능성이 전반적으로 차단된 정치적 결정체가 바로 한국 전근대의 정치 전통성으로 자리잡게 되었다. 이러한 성격이 파괴되지 않고서는, 그것도 자각된 피지배층에 의해서나 또는 일부 지배층의 자기 각성으로 이룩될 수 없다면 자연히 두 가지 양극적 상황으로 달려갈 수밖에 없는 위치로 내몰리게 되었다. 그 하나는 외부세계의 더 강한 힘, 즉 전통적 왕조체제가 종속했던 중국보다도 더 강한 국력을 가진 제국주의 세력에 의해 부가되는 충격을 받아 붕괴되거나, 아니면 전통적 왕조 스스로의 전락으로 통제력이 이완되어 피지배층이 전면 도전해 옴으로써 몰락했다고 볼 수 있다. 이 두 가지 가능성을 양극으로 삼아 그 사이에 몇 가지 변형이 이루어질 수 있었지만, 어느 경우에서나 그것은 한국의 전통적 정치사회에서는 역사적 비극일 수밖에 없는 결과를 빚게 되었다.

실제로 그러한 양상은 19세기 초에 들어와 한국의 전근대적 전통적 정치사회가 전면 와해상태로 돌입하게 되었는데, 그것은 한편으로는 제국주의 세력에 의해, 다른 한편으로는 피지배층에 의한 도전이 동시에 전개됨으로써 깊은 혼돈과 갈등, 그리고 왜곡적인 변동과정을 거침으로써 빚어진 결과였다. 이는 곧 지배층만의 통치체제라는 그들의 것에서 벗어나 모두의 것으로 옮아가기 위한 힘겨운 근대성의 의미를 가지게 되었다. 그러나 이러한 과정 자체의 비정상성은 그것에 대한 정상적인 극복이나 대안적 가능성을 마련하지 못했으며, 오히려 변형된 왜곡 때문에 심화되는 결과를 맞게 되었다. 이 점에서 한국의 전근대적 정치 전통은 온전하게 가치로운 자기 변혁을 맞기보다는 변형적인 속성 속에서 앞에서 말한 전제적 왕조체제의 성격과 내용을 내면적으로 간직하게 되는 집요한 지속성을 보여주게 되었다. 그러한 지속성은 제국주의의 침탈기에도 식민지 통치의 상황에서도 그대로 이어졌거나 아니면 더한층 왜곡 변형됨으로써 사실상 한국 정치의 현실성에서도 마주할 수 있게 된 한계적 상황을 배태하는 실로 집요한 저류로 작용하였다.

후 기

　참 느린 발걸음이었다. 쉬엄쉬엄 걸었던 걸음이라 그럴 수밖에 없었다. 더딘 발걸음은 재촉만으로 내달려지지 않는다는 것도 깨달았다. 워낙 그런 자신이다 보니 이렇게 늦게 이 책을 펴내게 되었다는 것이 미련스럽게 여겨지기도 한다. 다른 사람은 다 이루었는데 이제 겨우 시작하는 출발선에 섰으니 말이다. "70에 능참봉"이라는 말이 딱 들어맞는다는 자조감을 가질 정도이니……. 그래도 면서생(免書生)이라 기분은 좋다. 적어도 그런 마음으로 걷는 걸음이다보니 때로는 실없이 학교 행정일에 관여했던 지난날이 적지 않게 후회된다. 한 길로만 내달렸던들 지금쯤은 어느 산모퉁이의 큰 나무 그늘 아래에서 편히 쉬고 있을 텐데…….

　이런 상념에 잠기면서도 늘 괴로움을 곱씹게 되는 것은 이 일의 의미에 대해서였다. 그러나 이제는 그것에 대해서도 일정한 해답을 갖게 되었다. 지금 당장 의미 같은 것을 부여하지 않기로 말이다. 그냥 달려가는 것, 그리고 그것에 대한 의미는 생각하지 않는다는 실로 묘한 타협을 마련할 수 있게 된 것이다. 비록 이렇게 시작된 발걸음이지만 걸을 수 있는 그날까지 그렇게 걸어가고 싶다. 가능하다면 이 연구의 뒤를 계속 마무리하면서 말이다.

　이 책의 자료는 오래 전에 마련해 놓았고 초고도 그때 적은 것들이 대부분이지만 다시 읽어보니 부끄러움에서 벗어날 수 없었다. 그래서 때로는 새 글도 덧붙이고 이전의 글을 지워가면서 다듬기 시작했던 것이 이화여대 법정관 309호실이었는데, 페인트 냄새 묻어나는 포철관 506호에서 마무리짓게 되었다. 어느 면에서는 생경한 환경에서 끝맺어야 했던 작업이었던 셈이다. 그나마 이제는 다시 서은재(西隱齋)로 되돌아가게 되었으니 그것만으로도 피로해진 마음을 조금이나마 달랠 수 있을 것 같아 기분이 좋다.

이 책의 집필과정에서 도움 받았던 사람들을 모두 거명할 수는 없지만 몇 사람만은 꼭 기록해 놓고 싶다. 먼저 초고 상태로 강의를 들었던 3년 전 이화여대 대학원 수강생들에게 먼저 감사하고 싶다. 그들의 날카로운 지적은 이 책의 완성에 많은 도움이 되었다. 그렇게 해서 수정된 원고를 치밀하게 비판해준 이화여대 정외과의 차남희 교수는 어느 면에서는 이 책의 공동 저자라고 해야 옳을 것이다. 그의 지적을 그대로 따랐다면 좀 더 좋은 책이 될 수 있을 텐데, 필자의 무능 때문에 그렇게 하지 못하고 그저 고맙다는 말만 해야 할 것 같다. 최은봉 교수도 이 책의 원고를 찬찬히 읽고 전체적으로 보태야 할 것과 제외해야 할 부분을 정확하게 지적해 주었다. 정말 고맙기 그지없다. 브라운 백 세미나를 준비하면서 같이 원고를 읽고 젊은 독자로서 자신들의 생각을 거침없이 말하면서 원고 정리까지 맡아준 양지은과 윤현수, 그리고 그 자리에서 깊이 있는 비판을 가해준 전상숙 박사에게도 고마움을 표하고 싶다. 최종 원고를 도맡아 수정하고 마감하는 귀찮은 일들을 다 해준 두 사람의 조교 박주명과 김소희도 오래도록 기억하게 될 것 같다. 이 두 사람의 도움이 없었다면 이 책은 아직도 출간의 긴 산고에서 벗어나지 못한 채 허우적거리고 있을 것이다. 그리고 이 책의 원고 일부를 읽고 생각의 갈피를 바로 잡도록 격려해준 글방모임의 오랜 동료들, 김성건, 차성환, 이향순, 이윤희, 박 희, 김준현, 민문홍, 이홍균, 이선향, 이준식 교수에게 감사의 인사를 올린다. 이제는 이들이 필자를 노교수로 대하는 것 같아 한편으로는 섭섭하기도 하고 한편으로는 고맙기도 한 묘한 느낌이 들지만, 그래도 그들과 함께 하는 기쁨이 점점 더 큰 의미로 다가오는 것은 부인할 수 없을 것 같다.

이 책이 이미 간행된 《현대한국정치사서설》에 이은 제2권임을 항상 깨우쳐 주면서 은근히 제3권을 독촉하는 눈길을 보내는, 그러면서도 단 한번도 그런 표현을 입 밖에 낸 적이 없는 지식산업사의 김경희 사장님께 감사의 인사를 적어 놓고 싶다. 이 책의 원고를 처음부터 끝까지 읽고 틀린 곳을 바로잡아주고 눈병까지 생긴 그에게 단순히 고맙다는 말보다는 "함께 간다"는 말로 나의 고마움을 전하고 싶다. 늘 그래왔듯이 이번에도 지식산업사 편집부에게 너무 큰 도움을 받았다. 이제는 남처럼 여겨지지 않는다는 말로 인사를 대신하고 싶다.

끝으로 나는 이 책을 "현실에서는 졌지만 역사에서는 이겼던 이 땅의 고통받은 옛 영혼들을 위로하는 작은 진혼곡"으로 바치고 싶다.

2002년 7월
필 자

참고문헌

1. 1차 자료

《三國史記》(이병도 역, 을유문화사, 1993)

《三國遺史》(리상호 역, 까치, 1999 ; 이가원 역, 태학사, 1991)

《新增東國輿地勝覽》(朝鮮史學會, 1930)

《高麗史》(동아대 고전연구실 역, 동아대출판부, 1970)

《高麗史節要》(민족문화추진회, 1976)

《後漢書》(景仁文化社, 1975)

《三國志》(景仁文化社, 1975)

《魏書》(景仁文化社, 1977)

《태조실록》(세종대왕기념사업회, 1972)

《태종실록》(세종대왕기념사업회, 1974)

《세종실록》(세종대왕기념사업회, 1968)

《성종실록》(세종대왕기념사업회, 1981)

《세조실록》(세종대왕기념사업회, 1979)

《중종실록》(민족문화추진회, 1989)

《선조실록》(민족문화추진회, 1987)

《신선조실록》(민족문화추진회, 1989)

《인조실록》(민족문화추진회, 1990)

《新編 經國大典》(윤국일 역, 신서원, 1998)

《海東繹史》(朝鮮古書刊行會, 1928)

《朝鮮金石總覽》 上(朝鮮總督府, 1919)

《磻溪隨錄》(한장경 역, 충남대학교, 1962)
《三峯集》(민족문화추진회, 1997)
《燃藜室記述》(민족문화추진회, 1966)
《靜菴集》(민족문화추진회, 1988)
《國朝寶鑑》(민족문화추진회, 1996)
《梅泉野錄》(국사편찬위원회, 1955)
《經世遺表》(민족문화추진회, 1977)
《星湖先生文集》(景仁文化社, 1994)
《懲毖錄》(서애선생기념사업회, 2001)
《與猶堂全書》(景仁文化社, 1970)
《李忠武公全書》(민족문화추진회, 1990)
《朝鮮政鑑》(李翼成 역, 한길사, 1992)
《黨議通略》(李建昌 저, 李德一・李俊寧 역, 자유문고, 1998)

2. 북한측 자료

《고조선력사개관》(북한 사회과학출판사, 1989)
장국종, 《조선정치제도사》(백산자료원, 1998)

3. 영문자료

Anderson, P., 1974, *Lineages of the Absolute State*, New Left.

Andrew, Vincent, 1987, *Theories of the State*, Basil Blackwell.

Bendix, Reinhard, 1977, *Nation-Building and Citizenship*, University of California Press.

Bendix, Reinhard, 1978, *Kings or People*, University of California Press.

Bogdanor, Vernon, ed., 1987, *The Blackwell Encyclopedia of Political Institutions*, Blackwell.

Cohen, R. and Service, E. R. eds., 1978, *Origins of the State*, Institute for the Study of Human Issues.

Creveld, Martin Van, 1999, *The Rise and Decline of the State*, Cambridge University Press.

Eisenstadt, S., 1969, *The Political System of Empires*, The Free Press.

Finley, I., 1983, *Politics in the Ancient World*, Cambridge University Press.

Fried, M. H., 1967, *The Evolution of Political Society*, Random House.

Giddens, Anthony, 1985, *The Nation-State and Violence*, Polity Press.

Hall, John A., 1985, *Powers and Liberties: The Causes and Consequences of the Rise of the West*, Basil Blackwell.

Hall, John A. ed., 1986. *States in History*, Basil Blackwell.

Henderson, Gregory, 1968, *Korea : The Politics of the Vortex*, Harvard University Press ; 박행웅·이종삼 옮김, 2000, 《소용돌이의 한국정치》, 한울 아카데미.

Kinross, Lord, 1977, *The Ottoman Centuries: The Rise and Fall of the Turkish Empire*, Morrow Quill.

Mann, Michael, 1986, *The Sources of Social Power* Vol. 1. II., Cambridge University Press.

──, 1988, *States, War and Capitalism*, Blackwell.

Mumford, L., 1961, *The City in History*, Penguin Books.

Murphy and Murphy, R. P., 1974, *Woman of the Forest*, Columbia University Press.

Poggi, G., 1992, *The Development of the Modern State: A Sociological Introduction*, Stanford University Press ; 박상섭 옮김, 1995, 《근대국가의 발전》, 민음사.

Porter, Bruce D., 1994, *War and the Rise of the State*, Free Press.

Seaton, S. L. and Claessen, H. J. M. eds., 1979, *Political Anthropology: The State of Art*, Mouton.

Service, E. E., 1964, *Primitive Social Organization: An Evolutionary Perspectives*, Random House.

Thucydides, 1921, *The Peloponnesian War*, Heinemann.

Turney-High, 1937, *Primitive War: Its Theory and Concepts*, University of South Carolina Press.

Weber, M., 1968, *Economy and Society*, Bedminister Press.

Wittfogel, K., 1957, *Oriental Despotism*, Yale University Press.

4. 저서와 논문

강진철, 1977, 〈몽고의 침입에 대한 항쟁〉, 《한국사》 7, 국사편찬위원회.

고병익, 1977, 〈원과의 관계의 변천〉, 《한국사》 7, 국사편찬위원회.

고영진, 1999, 《조선시대 사상사를 어떻게 볼 것인가》, 풀빛.

高翊晉, 1984, 〈新羅下代의 禪 傳來〉, 佛敎文化硏究院 편, 《韓國禪思想硏究》.

高惠玲, 2001, 《高麗後期 士大夫와 性理學 受容》, 一潮閣.

곽철환, 1999, 《불교의 길라잡이》, 시공사.

권인호, 1995, 《조선중기 사림파의 사회정치사상》, 한길사.

김갑동, 1993, 〈왕권의 확립과정과 호족〉, 《한국사》 12, 국사편찬위원회.

──, 1993, 〈고려 귀족사회의 성립〉, 《한국사》 12, 국사편찬위원회.

金光哲, 1991, 《高麗後期世族層硏究》, 동아대학교출판부.

김기섭, 2000, 《백제와 근초고왕》, 학연문화사.

金塘澤, 1987, 《高麗武人政權硏究》, 새문사.

──, 1998, 《元干涉下의 高麗政治史》, 일조각.

金東華, 2001, 《三國時代의 佛敎思想》, 民族文化社.

金杜珍, 1994, 〈불교사상의 전개〉, 《한국사》 16, 국사편찬위원회.

──, 1994, 〈나말려초의 교종과 선종〉, 《한국사》 16, 국사편찬위원회.

金文經, 1970, 〈儀式을 통한 佛敎의 大衆化運動〉, 《史學志》 4.

金庠基, 1991, 《高麗時代史》, 서울대출판부.

金相鉉, 1984, 〈新羅中代 專制王權과 華嚴宗〉, 《東方學志》 44.

──, 1999, 《신라의 사상과 문화》, 일지사.

김성우, 2001, 《조선중기국가와 사족》, 역사비평사.

金成潤, 1997, 《朝鮮後期蕩平政治研究》, 지식산업사.

金壽泰, 1996, 《新羅中代政治史研究》, 一潮閣.

金煐泰, 1975, 〈고구려 불교사상〉, 《한국불교사상사》, 원광대출판부.

────, 1978, 〈新羅佛敎天神考〉, 《佛敎學報》 15.

────, 1993, 《新羅佛敎研究》, 民族文化社.

────, 1997, 〈신라의 미타사상〉, 《신라불교연구》, 민족문화사.

────, 1997, 《韓國佛敎史正論》, 불지사.

金容郁, 1988, 《朝鮮時代政治體系》, 원광대출판부.

金宇基, 2001, 《朝鮮中期戚臣政治研究》, 集文堂.

金雲泰, 1970, 《朝鮮王朝行政史》, 박영사.

────, 1995, 《朝鮮王朝政治行政史》, 박영사.

金潤坤, 1977, 〈高麗貴族社會의 諸矛盾〉, 《한국사》 7, 국사편찬위원회.

金仁昊, 1999, 《高麗後期 士大夫의 經世論 研究》, 혜안.

金仁會, 1987, 《韓國巫俗思想研究》, 集文堂.

金日宇, 1998, 《高麗初期 국가의 地方支配體系연구》, 일지사.

金貞培, 1976, 〈準王 및 辰國과 三韓正統論의 諸問題〉, 《韓國史研究》13.

────, 1986, 《韓國古代의 國家起源과 形成》, 고려대출판부.

────, 1997, 〈국가형성이론의 한국사 적용문제〉, 《한국사》 4, 국사편찬위원회.

────, 1997, 〈고조선〉, 《한국사》 4, 국사편찬위원회.

金廷鶴, 1992, 《韓國上古史研究》, 범우사.

金昌賢, 1999, 《高麗後期政房研究》, 고려대 민족문화연구소.

김철준, 1964, 〈한국고대국가발달사〉, 《한국문화사대계1》, 고려대 민족문화연구소.

────, 1975, 〈고구려 신라의 관계조직과 성립과정〉, 《한국고대사연구》, 지식산업사.

────, 1975, 《韓國古代國家發達史》, 春秋文庫.

────, 1993, 《한국고대사연구》, 서울대출판부.

────, 1994, 〈신라상대 사회의 Dual Organization〉, 《한국고대사회연구》, 서울대출판부.

김태식, 1990, 〈가야의 사회발전단계〉, 《한국고대국가의 형성》, 민음사.

김태영, 1983, 《조선전기 토지제도사 연구》, 지식산업사.

김홍우, 1999, 《현상학과 정치철학》, 문학과지성사.

남인국, 〈고려귀족사회의 전개와 동요〉, 《한국사》 12, 국사편찬위원회.

───, 1999, 《고려중기 정치세력연구》, 신서원.

노태돈, 1999, 《고구려사연구》, 사계절.

文昌魯, 2000, 《三韓時代 邑落과 社會》, 신서원.

미야지마 히로시, 노영구 옮김, 1996, 《양반》, 강.

朴龍雲, 1982, 〈고려시대 음서제의 실제와 그 기능 상〉, 《韓國史硏究》 36.

───, 1987, 《고려시대사》, 일지사.

박종성, 1995, 《왕조의 정치변동》, 인간사랑.

朴菖熙, 1977, 〈무신정권시대의 문인〉, 《한국사》 7. 국사편찬위원회.

박충석·유근호, 1982, 《조선조의 정치사상》, 평화출판사.

박충석, 1982, 《한국정치사상사》, 삼영사.

박한설, 1993, 〈고려의 건국과 호족〉, 《한국사》 12, 국사편찬위원회.

藩允洪, 1986, 《朝鮮時代史論講》, 敎文社.

邊東明, 1995, 《高麗後期性理學受容硏究》, 一潮閣.

邊太燮, 1993, 〈중앙의 통치기구〉, 《한국사》 13, 국사편찬위원회.

───, 1977, 〈武臣亂과 崔氏政權의 成立〉, 《한국사》 7, 국사편찬위원회.

볼코프, 박노자 옮김, 1998, 《한국고대불교사》, 서울대출판부.

손영종, 2000, 《고구려사의 제문제》, 신서원.

孫晉泰, 1948, 《朝鮮民族史槪論》 上, 을유문화사.

송호정, 1997, 〈부여의 성립〉, 《한국사》 4, 국사편찬위원회.

신동하, 1979, 〈신라 골품제 형성과정〉, 《한국사론》 5.

신종원, 1998, 〈불교〉, 《한국사 》 8, 국사편찬위원회.

申解淳, 1977, 〈중간계층〉, 《한국사》 10, 국사편찬위원회.

申瀅植, 1983, 〈三國時代 戰爭의 政治的 意味〉, 《韓國史硏究》 43.

───, 1985, 《新羅史》, 이대출판부.

───, 1997, 《韓國古代史의 新硏究》, 一潮閣.

安啓賢, 1982, 《韓國佛敎史硏究》, 同和出版公社.

禹仁秀, 1999, 《朝鮮後期 山林勢力硏究》, 一潮閣.

李基東, 1994, 《신라골품제사회와 화랑도》, 일조각.

───, 1995, 〈한국사 시대구분의 여러 유형과 문제점〉, 《한국사시대구
분론》, 소화.

──, 1996,《百濟史硏究》, 일조각.

李基白, 1974,《新羅政治社會史硏究》, 一潮閣.

──, 1982,〈통일신라와 발해의 사회〉,《한국사강좌 고대편》, 일조각.

──, 1992,《한국사신론》 수정판, 일조각.

──, 1994,《高麗貴族社會의 形成》, 一潮閣.

── 편, 1990,《檀君神話論集》, 새문사.

李基淳, 1998,《仁祖 孝宗代政治史硏究》, 國學資料院.

李文基, 1997,《新羅兵制史硏究》, 一潮閣.

李範稷, 1991,《韓國中世禮思想硏究》, 一潮閣.

李秉烋, 1984,《朝鮮前期畿湖士林派硏究》, 一潮閣.

이봉춘, 1994,〈불교사상의 전개〉,《한국사》 16, 국사편찬위원회.

李成茂, 1970,〈조선초기의 향리〉,《한국사연구》, 5, 1970.

──, 1977,〈양반〉,《한국사》 10, 국사편찬위원회.

──, 1980,《朝鮮初期 兩班硏究》, 一潮閣.

──, 1998,《조선왕조사》 상·하, 동방미디어.

──, 1999,《朝鮮의 社會와 思想》, 一潮閣.

──, 2000,《조선시대 당쟁사》 상·하, 동방미디어.

李成茂·鄭萬祚 外著, 1992,《朝鮮後期 黨爭의 綜合的 檢討》, 韓國精神文
    化硏究院.

李迎春, 1998,《朝鮮後期王位繼承硏究》, 集文堂.

이원균, 2001,《朝鮮時代史硏究》, 국학자료원.

李仁哲, 1993,《新羅政治制度史硏究》, 一志社.

──, 1996,《新羅村落社會史硏究》, 一志社.

李載襲, 1984,《朝鮮初期社會構造硏究》, 一潮閣.

李載浩, 1997,《朝鮮政治制度史硏究》, 一潮閣.

이존희, 1994,〈양반관료국가의 특성〉,《한국사》 23, 국사편찬위원회.

李鍾旭, 1980,《新羅上代王位繼承硏究》, 嶺南大 民族文化硏究所.

──, 1982,〈신라골품제의 기원〉,《동방학지》 30, 연세대 국학연구원.

──, 1994,《古朝鮮史硏究》, 一潮閣, 1994.

──, 1999,《한국초기국가발전론》, 새문사.

──, 1999,《한국고대사의 새로운 체계》, 소나무.

李鍾旭·李基白 등, 1993,《韓國史上의 政治形態》, 一潮閣.

이지영, 2000,《한국신화의 신격 유래에 관한 연구》, 태학사.

李賢惠, 1997,《三韓社會形成過程硏究》, 一潮閣.

李昊榮, 2001,《新羅三國統合과 麗齊敗亡原因硏究》, 書景文化社.

李弘斗, 1999,《朝鮮時代 身分變動 硏究》, 혜안.

李孝鍾, 1996, 〈王建의 勢力形成과 高麗建國〉, 洪承基 편,《高麗太祖의 國家經營》, 서울대출판부.

李熙德, 1994, 〈유학사상의 실천적 전개〉,《한국사》16, 국사편찬위원회.

────, 1997,《高麗儒敎政治思想의 硏究》, 一潮閣.

李熙煥, 1995,《朝鮮後期黨爭硏究》, 國學資料院.

이화여자대학교 사학과 연구실, 1987,《朝鮮身分史硏究—身分과 그 移動》, 法文社.

이희진, 1998,《가야정치사연구》, 학연문화사.

張東翼, 1994,《高麗後期外交史硏究》, 一潮閣.

鄭杜熙, 1983,《朝鮮初期 政治支配勢力硏究》, 一潮閣.

정옥자, 1998,《조선후기 조선중화사상연구》, 일지사.

정홍준, 1996,《조선중기 정치권력구조 연구》, 고려대 민족문화연구소.

조여항, 2001,《정인홍과 광해군》, 동녘.

朱甫暾, 1998,《新羅地方統治體制의 整備過程과 村落》, 신서원.

지두환, 2001,《조선전기정치사》, 역사문화.

차문섭, 1977, 〈정치구조〉,《한국사》10, 국사편찬위원회.

車美姬, 1999,《朝鮮時代文科制度硏究》, 國學資料院.

차하순, 1995, 〈시대구분의 이론과 실제〉,《한국사시대구분론》, 소화.

蔡尙植, 1991,《高麗後期佛敎史硏究》, 一潮閣.

千寬宇, 1965, 〈韓國土地制度史〉下,《韓國文化史大系》, 고려대 민족문화연구소.

────, 1972, 〈韓國史의 潮流—桓雄族의 登場〉,《新東亞》6월호

────, 1975, 〈三韓의 成立過程〉,《歷史硏究》26.

────, 1995,《古朝鮮史·三韓史硏究》, 一潮閣.

千寬宇 편, 1976,《韓國上古史의 爭點》, 一潮閣.

최광식, 1994,《고대한국의 국가와 제사》, 한길사.

최근영, 1999,《통일신라시대의 지방세력 연구》, 신서원.

최몽룡·최성락 편저, 1997,《한국고대국가형성론—고고학상으로 본 국

가》, 서울대출판부.

崔鳳永, 1983, 〈朝鮮時代 선비 精神研究-統意識을 중심으로〉, 《精神文化研究》 가을호.

崔承熙, 1987, 〈朝鮮太祖의 王權과 政治運營〉, 《震檀學報》 64.

──, 1995, 〈유교정치의 진전〉, 《한국사》 22, 국사편찬위원회.

崔永浩, 1985, 〈南怡(1441-1468)의 獄 再考〉, 《高柄翊先生回甲紀念史學論叢》, 한울.

최완기, 1992, 《조선시대사의 이해》, 느티나무.

崔異敦, 1994, 《朝鮮中期士林政治構造研究》, 一潮閣.

河炫綱, 1984, 〈高麗王朝의 成立과 豪族聯合政權〉, 《한국사》 4, 국사편찬위원회.

──, 1988, 《韓國中世史研究》, 一潮閣.

韓永愚, 1977, 〈朝鮮王朝의 政治經濟基盤〉, 《한국사》 9, 국사편찬위원회.

──, 1983, 《朝鮮前期社會思想研究》, 知識産業社.

──, 1983, 《정도전 사상의 연구》, 서울대출판부.

──, 1999, 《왕조의 설계자 정도전》, 지식산업사.

──, 〈양반관료국가의 성립〉, 《한국사》 9, 국사편찬위원회.

한우근, 1977, 〈중앙집권체제의 특성〉, 《한국사》 10, 국사편찬위원회.

한충희, 1995, 〈왕권의 재확립과 제도의 완성〉, 《한국사》 22, 국사편찬위원회.

咸秉春, 1969, 〈韓國의 政治思想〉, 《東方學志》 10, 연세대 국학연구원.

──, 1993, 《韓國의 文化 傳統과 法 : 葛藤과 調和》, 韓國學術研究院.

許捲洙, 1993, 《朝鮮後期 南人과 西人의 學問的 對立》, 法仁文化社.

洪承基, 1983, 《高麗貴族社會와 奴婢》, 一潮閣.

황병성, 1998, 《고려무인정권연구》, 신서원.

黃善榮, 1993, 《高麗初期王權研究》, 東亞大學校出版部.

찾아보기

636